NOMOSSTUDIUM

Prof. Dr. Ingeborg Puppe,
Universität Bonn

# Strafrecht
# Allgemeiner Teil

## im Spiegel der Rechtsprechung

5. Auflage

**Die Deutsche Nationalbibliothek** verzeichnet diese Publikation in
der Deutschen Nationalbibliografie; detaillierte bibliografische
Daten sind im Internet über http://dnb.d-nb.de abrufbar.

ISBN 978-3-8487-7331-2 (Print)
ISBN 978-3-7489-1337-5 (ePDF)

5. Auflage 2023
© Nomos Verlagsgesellschaft, Baden-Baden 2023. Gesamtverantwortung für Druck
und Herstellung bei der Nomos Verlagsgesellschaft mbH & Co. KG. Alle Rechte, auch die
des Nachdrucks von Auszügen, der fotomechanischen Wiedergabe und der Übersetzung,
vorbehalten.

# Vorwort zur 5. Auflage

Ein juristisches Problem kann man nur verstehen, indem man die Fälle betrachtet, in denen es auftritt. Deshalb beginnt in den Anfängerlehrbüchern für Jurastudenten die Erörterung eines jeden Problems mit einem oder mehreren Beispielen. Aber diese Beispiele sind simpel und plakativ und können auch nicht anders sein, gilt es doch, den Lesern zunächst einmal die einfachsten Grundbegriffe und Grundunterscheidungen aufzuzeigen, ehe sie sich komplizierteren Fällen zuwenden können.

In der Rechtswirklichkeit stellen sich die Probleme aber oft anders und komplizierter. Das Problem der Doppelkausalität wird in der Literatur fast ausschließlich an dem altbackenen Fall von der Köchin und der Zofe diskutiert, die, ohne voneinander zu wissen, je eine tödliche Dosis des gleichen Gifts in das Essen der Herrin mischen. In der Praxis stellt sich das Phänomen der Doppelkausalität etwas komplizierter dar. So beispielsweise beim sog. Gremienproblem (BGHSt 37, 106), es werden für einen rechtswidrigen Beschluss mehr Stimmen abgegeben als notwendig. Ein weiteres Beispiel dafür ist der berühmte Lastzug-Radfahrer-Fall (BGHSt 11, 1). Von zwei begangenen Sorgfaltspflichtverletzungen ist jede hinreichend, um den Unfall herbeizuführen.

Ein weiteres Beispiel dafür, dass ein Problem in der Praxis in einer komplizierteren Form auftritt, als es in der Lehrbuchliteratur dargestellt wird, ist die Bestimmung des Schutzzwecks einer Sorgfaltsnorm. Ein so einfacher Fall wie der in Lehrbüchern so beliebte Gewitterfall oder der Rotlichtfall wird erst gar nicht angeklagt. Findet aber die Verkehrsübertretung unmittelbar vor Eintritt der sog. kritischen Situation statt, so erkennt man das Problem der Bestimmung des Schutzzwecks der Norm nicht so ohne Weiteres.

Bei der actio libera in causa geht es in der Praxis nicht um einen Täter, der sich erst bis zur Schuldunfähigkeit betrinken muss, um die gewünschte Straftat begehen zu können, sondern um einen Täter, der die Straftat zwar geplant hat, aber in der Wartezeit nur aus Langeweile trinkt und so in den Zustand der Schuldunfähigkeit gewissermaßen hineinschlittert.

Auch der Fall der Notwehrprovokation tritt in der Praxis nicht in der einfachen Form auf, in der er in den Lehrbüchern erörtert wird, dass nämlich der Täter sein Opfer, wohlweislich ohne es selbst anzugreifen, so lange provoziert, bis dieses sich zu einem Angriff hinreißen lässt, so dass der Täter es unter dem Schutz des Rechtfertigungsgrundes der Notwehr verletzen kann. In der Praxis provozieren sich die beiden Kontrahenten gegenseitig, bis schließlich einer von ihnen zum Angriff übergeht, so dass man schwerlich die Schuld an dieser Eskalation allein dem Angegriffenen anlasten kann.

Deshalb sollten die fortgeschrittenen Studierenden die Rechtsprobleme anhand von Fällen analysieren und verstehen lernen, in denen sie in der Praxis wirklich auftreten.

Das vorliegende Buch verfolgt das Ziel, den Studierenden eine anschauliche Darstellung der Probleme des Allgemeinen Teils des Strafrechts anhand von praktischen Fällen und deren Entscheidung durch die Rechtsprechung zu bieten. Da die besprochenen Entscheidungen vor allem unter dem Gesichtspunkt ausgewählt wurden, dass sie sich zu diesem Zweck eignen, ist ihr Bestand im Wesentlichen derselbe geblieben. Neu in die Sammlung aufgenommen wurde eine spektakuläre Entscheidung zum Rücktritt vom Versuch der Erpressung mit Todesfolge durch Erpressung und eine Entscheidung nach Anfragebeschluss zum Konkurrenzverhältnis zwischen Einbruchsdiebstahl und Sachbeschädigung, in deren Konsequenz die Ersetzung der Konkurrenzform der stillschweigenden Subsidiarität durch Idealkonkurrenz liegt. Zwei weitere Entscheidungen wurden auch deshalb aufgenommen, weil sie in der Fachöffentlichkeit und teilweise auch in der allgemeinen Öffentlichkeit zu heftigen Diskussionen geführt haben: die zweite Entscheidung des BGH zum sog. Berliner Kudamm-Raser-Fall und die Entscheidung zum Fall Zschäpe. Beide Entscheidungen werfen grundlegende Fragen zur Unterscheidung von Vorsatz und Fahrlässigkeit bzw. von Täterschaft und Beihilfe auf, und Sie sollten diese Diskussion kennen. Die Besprechung der Entscheidungen aus früheren Auflagen, die in der Neuauflage nicht mehr erscheinen, können Sie unter folgendem Link herunterladen: www.puppe.nomos.de.

Das zweite Ziel dieses Buches ist eine kritische Auseinandersetzung mit dem derzeitigen Stand der Rechtsprechung zum Allgemeinen Teil des Strafrechts. Der BGH scheut sich seit langem, sich an allgemeine Regeln und sog. Theorien zu binden. Bezeichnend dafür ist, dass er keine Leitsätze mehr formuliert, sondern dies den Redakteuren der Fachzeitschriften überlässt. Die Formeln, die er zur Beantwortung der grundsätzlichen Fragen des Allgemeinen Teils des Strafrechts immer wieder anbietet, sind nahezu inhaltsleer. Zur Frage, wie man den bedingten Vorsatz von der Fahrlässigkeit unterscheiden soll und ebenso zu der Frage, wie man Täterschaft von Beihilfe unterscheiden soll, gibt er keine andere Antwort als die, dass dies in einer „Gesamtschau" unter Berücksichtigung aller relevanten Umstände des Einzelfalles wertend zu entscheiden sei. Dabei wird nicht einmal unterschieden zwischen einer Tatsachenfeststellung und einer Tatsachenbewertung, und unser höchstes Gericht versagt es sich, allgemeine Regeln darüber aufzustellen, welche Tatsachen im Einzelfall relevant sind und welches Gewicht sie im Vergleich zu anderen relevanten Tatsachen haben, weil das ein unzulässiger Eingriff in die freie Beweiswürdigung des Tatgerichts sei. Eine solche Gesamtschau können die Studierenden in der Klausur oder Hausarbeit gar nicht durchführen, weil sie nicht alle Umstände des Falles kennen und auch nicht die Persönlichkeit des Angeklagten, deren Einbeziehung in die Gesamtschau der BGH ausdrücklich verlangt. Es bleibt also nichts anderes übrig, als die alten vom BGH längst abgelegten „Theorien" anzuwenden.

Im Schrifttum ist eine gewisse Resignation zu beobachten, die ihren Grund wohl auch darin hat, dass der BGH jegliche Kritik an seiner Rechtsprechung, und sei sie noch so einhellig und nachhaltig, damit erledigt, dass er sich auf eben diese „ständige Rechtsprechung" beruft (vgl. z.B. BGH 22, 375 [377]; 50, 1 [5]). So wendet sich die Strafrechtswissenschaft von den praktischen Problemen der Anwendung des Strafrechts, insbesondere des Allgemeinen Teils ab und zieht sich auf eine Metaebene zurück, z.B. Straftheorie, Strafverfassungsrecht oder Normentheorie, wo der Geist frei ist und keiner staatlichen Autorität gegenübersteht.

Die für das Studium verfassten Lehrbücher, die sog. Lernbücher, sehen, sofern sie nicht gerade ein Steckenpferd des Autors oder der Autorin behandeln, ihre Hauptaufgabe darin, den Lesern auf möglichst einfache und einprägsame Weise die h.L. beizubringen. Auch das hat seinen Grund. Zwar versichert man den Studierenden allenthalben, dass Art. 5 GG auch für sie gilt und dies auch in der Übungs- oder Examensklausur. Zugleich wird vielfältiger und großer Druck auf sie ausgeübt, immer der h.L. zu folgen. Es heißt, sie könnten ungestraft sich jeder in der Literatur vertretenen Rechtsansicht anschließen oder sich gar eine eigene überlegen, aber dann müssten sie das eben gut begründen. Zur Begründung der h.L., vor allem der Ansicht der Rechtsprechung genügt es, ihren Inhalt kurz in Schlagworten zu wiederholen, wie das oft auch in den Lernbüchern geschieht, z.B.: „§ 316 kann nicht in mittelbarer Täterschaft begangen werden, weil es ein eigenhändiges Delikt ist." Dabei werden die Kandidaten durch Überfrachtung des Falles in der Klausur so unter Zeitdruck gesetzt, dass sie es sich gar nicht leisten können, über die „Probleme" wirklich nachzudenken, sondern nur schnell die „Definitionen" und die „Formeln" niederschreiben können, die sie zuvor auswendig gelernt haben müssen, immer in der Hoffnung, die „richtigen" erwischt zu haben. Die schlimmste Gefahr, die ein Kandidat oder eine Kandidatin läuft, wenn sie nicht der h.L. folgt, besteht darin, dass ihr „ein Problem entgeht", denn das kostet Punkte, auch wenn die Lösung noch so vertretbar ist.

Aber trotz alledem darf die Rechtswissenschaft in der kritischen Auseinandersetzung mit der Rechtspraxis, insbesondere mit der höchstrichterlichen Rechtsprechung, nicht nachlassen. Sie würde sich nicht nur selbst aufgeben, sondern auch ihre demokratische Pflicht versäumen. Wie die Politik freie öffentliche Medien braucht und Journalisten, die sich kritisch mit ihr auseinandersetzen, braucht die Rechtsprechung eine kritische Begleitung durch die Rechtswissenschaft. Auch die Studierenden sind aufgerufen, sich an diesem notwendigen Diskurs im akademischen Unterricht, etwa im Seminar, zu beteiligen.

Deshalb beginnt in diesem Buch jede Entscheidungsbesprechung mit einer kurzen Schilderung des Sachverhalts gefolgt von einem wörtlichen Zitat der maßgeblichen Sätze der Entscheidungsbegründung. Dann folgt die Auseinandersetzung mit dieser Entscheidungsbegründung und ihrem Ergebnis, die von der Forderung ausgeht, dass die Rechtsfindung nicht einer unspezifizierten Gesamtschau aller Umstände des Einzelfalles überlassen bleiben darf, sondern sich nach allgemeinen Regeln richten muss, die der Rechtsanwender und auch der Rechtsunterworfene nachvollziehen und daraufhin überprüfen kann, ob sie akzeptabel sind und ob sie im Einzelfall richtig und konsequent angewandt worden sind.

Die Literaturhinweise in dieser Auflage sind bis zum 1.6.2022 aktualisiert. Für diese wenig dankbare Arbeit, die gleichwohl Sachkunde und Sorgfalt erfordert danke ich meinen studentischen Hilfskräften Julia Cremer, Taina Schneider, Matthias Welzel sowie Frau Claudia Rendschmidt.

# Inhaltsübersicht

# Inhalt

## IV. SCHULD UND ENTSCHULDIGUNG

# I. Die Grundlagen der Zurechnung eines Erfolges

## § 1 Der tatbestandsmäßige Erfolg

### 1. Die Lehre vom Erfolg in seiner konkreten Gestalt – Der Staubhemdfall, RGSt 8, 267

▶ Der wegen Beihilfe zur Körperverletzung Angeklagte hatte dem K, der dem P auflauern und ihn misshandeln wollte, ein blaues „Staubhemd" geliehen, das dieser bei Ausführung der Tat über seinem Anzug trug, damit das Opfer ihn nicht so leicht erkenne. Um die Strafbarkeit des Angeklagten wegen Beihilfe zu begründen, hielt es das RG für nötig, zu erklären, dass für Beihilfe nicht unbedingt Kausalität der Gehilfenhandlung erforderlich sei, es vielmehr genüge, wenn der Gehilfe die Tat fördere. ◀    1

Dazu schreibt *Mezger*:

> „Dieser ganzen Unterscheidung zwischen Verursachung und Förderung liegt Unklarheit über den Gedanken der Kausalität zugrunde: Was nämlich die Modalität (Art und Weise im besonderen Fall) der Handlung mitbestimmt hat, ist in Wahrheit auch kausal für den Erfolg. Denn auf den Erfolg in seiner ganz konkreten Gestalt kommt es entscheidend an. Daher treffen die Urteile des RG, die den erwähnten abwegigen Verzicht auf das Kausalitätserfordernis bei der Teilnahme ergeben sollen, vielfach in der Sache das Richtige; denn sie leugnen den ursächlichen Zusammenhang, wo sie ihn gar nicht hätten leugnen dürfen und wo daher die Annahme einer strafbaren Teilnahme gar keinen Bedenken begegnet." Es heißt dann weiter zu unserem Beispielsfall: „Hier hat die Beihilfehandlung bei der konkreten Ausführung tatsächlich mitgewirkt, an der Kausalität für den Erfolg besteht keinerlei Zweifel."[1]

Diese Art und Weise, mithilfe eines Erfolges in seiner ganz konkreten Gestalt Kausalität zu begründen, ist bis heute herrschend geblieben, was Beispiele aus neuerer Zeit belegen. So heißt es etwa bei *Roxin* in der Miyazawa-Festschrift:    2

> „Ursächlich ist auch, wer dem Dieb einen Nachschlüssel mitgibt, den dieser aber nicht benutzt und von vornherein nicht benutzen will, weil er weiß, dass die Tür offen steht. Denn immerhin modifiziert das Beisichführen eines Nachschlüssels die konkrete Art und Weise der Ausführung."[2]

Die Kausalität eines Schmierestehers beim Diebstahl, auch für den Fall, dass er nicht tätig werden muss, begründen *Roxin/Schünemann* wie folgt:

> „An der Kausalität dieser Hilfeleistung fehlt es (unabhängig von der Frage einer psychischen Beihilfe) nicht; denn ein Diebstahl durch zwei Personen (den Wegnehmenden und den Wachestehenden), der etwas anderes ist als eine allein ausgeführte Tat, wird selbstverständlich durch jeden der beiden Beteiligten mitverursacht."[3]

Aber was bedeutet denn der Ausdruck „ein Diebstahl durch zwei Personen" wenn nicht die Behauptung, dass auch die zweite Person kausal für den Diebstahl ist? Das    3

---

1 *Mezger* Lb (3. Aufl. 1949), 413; *ders.* StuB StrafR AT/1 (1960), 224.
2 *Roxin* Miyazawa-FS (1995), 501 (509).
3 LK-*Schünemann/Greco* § 27 Rn. 9; *Roxin* Miyazawa-FS (1995), 501 (511).

Schmierestehen gehört also zum Diebstahlserfolg in seiner konkreten Gestalt, weil es für ihn kausal ist und es ist kausal für ihn, weil es zum Diebstahl in seiner konkreten Gestalt gehört. Deutlicher kann ein Zirkelschluss nicht sein.

Der BGH hat mit eben diesem Zirkelschluss die Kausalität der nachträglichen Zustimmung zweier Geschäftsführer zu einem bereits mit ausreichender Mehrheit gefassten rechtswidrigen Beschluss wie folgt begründet:

> „Auf diese Weise leisteten sie den notwendigen Beitrag dazu, dass … ein – durch ihre Billigung „komplettiertes" – Einverständnis darüber erzielt wurde, keine Rückrufaktion anzuordnen."[4]

Die Zustimmung der nachträglich gefragten Geschäftsführer soll also deshalb kausal für den rechtswidrigen Beschluss sein, weil sie notwendige Bedingung dafür sei, dass auch sie diesem Beschluss zugestimmt haben. Dass die Kausalität einer Handlung für einen Erfolg durch einen Zirkelschluss begründet wird, wenn man die Kausalität der Handlung für den Erfolg zur Bestimmung des Erfolges in seiner konkreten Gestalt zählt, hat schon *Engisch* aufgezeigt.[5] Gleichwohl heißt es immer noch in Lehrbüchern und Kommentaren, zum Erfolg in seiner konkreten Gestalt gehöre auch die „Art und Weise", wie er eingetreten ist[6] oder „der Weg dorthin".[7]

4    *Engisch* hat zwar die Trennung von Kausalverlauf und Erfolg postuliert, gleichwohl ist er es gewesen, der die Lehre von der Maßgeblichkeit des Erfolges in seiner konkreten Gestalt für viele Jahrzehnte in der deutschen Strafrechtsdogmatik durchgesetzt hat.[8] Danach ist der Erfolg in seiner konkreten Gestalt also ein Zustand, der in dem Moment besteht, in dem ein tatbestandsmäßiger Erfolg eintritt. Aber was gehört denn zu dieser konkreten Erfolgsgestalt? Warum gehört dazu beispielsweise das blaue Staubhemd, das der Prügler trägt, während er die Prügel austeilt oder der Tascheninhalt des Diebes? Gehören die Socken, die der Täter im Moment der Tat trägt, auch zum Erfolg in seiner konkreten Gestalt, so dass seine fürsorgliche Ehefrau, die ihm am Morgen frische Socken zurecht gelegt hat, ebenfalls kausal für die Prügel ist, die er einem Anderen in diesen Socken verabreicht hat? Besteht der Grund dafür, dass das Staubhemd des Täters zum Körperverletzungserfolg in seiner konkreten Gestalt gehört in etwas anderem, als darin, dass der Verleiher es ihm zum Zwecke der Tarnung überlassen hat und dass man ihn deshalb auch für den Erfolg verantwortlichen machen will?

5    Solange wir keine allgemeinen Regeln dafür aufstellen, was zu einem strafrechtlich relevanten Erfolg in seiner konkreten Gestalt gehört und was nicht, können wir jede beliebige Tatsache in die Erfolgsbeschreibung einfügen, deren Verursacher wir aus Gründen, über die wir uns weiter keine Klarheit zu verschaffen brauchen, für den Erfolg verantwortlich machen wollen. Aus dieser Erfolgsbeschreibung wird dann mes-

---

4  BGHSt 37, 106 (129 f.).
5  *Engisch* (1931), 9 ff.; vgl. auch *Puppe* ZStW 92 (1980), 863 (870 f.) = Analysen (2006), 101 (110); *dies.* GA 1994, 297 (300 ff.); *Binns* (2001), 85 f.
6  *Baumann/Weber/Mitsch/Eisele* AT 10/33; *Jescheck/Weigend* AT 28 II 4; *Roxin/Greco* AT/1 11/21; LK-*Walter* Vor § 13 Rn. 79.
7  *Jakobs* AT 7/15, 18.
8  *Engisch* (1931), 9 ff.; vgl. dazu *Samson* (1972), 30 ff. (86 ff.); *Puppe* ZStW 92 (1980), 863 (873 ff.) = Analysen (2006), 101 (109 ff.).

serscharf geschlossen, dass der Verursacher der betreffenden Tatsache kausal für den gesamten strafrechtlich relevanten Erfolg ist.[9]

*Hilgendorf* propagiert diese Methode, Kausalität der Handlung durch Konkretisierung des Erfolges zu begründen, mit folgenden Worten:   6

> „Besteht etwa im Warnruffall die Chance, dass auch dem A ein strafrechtlicher Vorwurf gemacht werden kann, so ist der Erfolg in der Weise zu beschreiben, dass auch A´s Verhalten erforderlich ist, um die Beeinträchtigung des Rechtsgutsobjekts zu erklären. [...] Ist hingegen von vornherein offensichtlich, dass einer bestimmten Person in Bezug auf einen bestimmten Erfolg kein strafrechtlicher Vorwurf zu machen ist, etwa weil es offenkundig an Vorsatz und Fahrlässigkeit in Bezug auf die Rechtsgutsverletzung fehlt, so kann bei der Erfolgsbeschreibung das Verhalten dieser Person unberücksichtigt bleiben, dh der Erfolg wird so beschrieben, dass zu seiner kausalen Erklärung das Verhalten dieser Person nicht erforderlich ist."[10]

Angesichts dieser „Methode" der Kausalitätsbestimmung und der Kausalitätsfeststellung kann es nicht verwundern, dass der Feststellung eines Kausalzusammenhangs zwischen Handlung und Erfolg als Grundlage der Zurechnung kaum noch ein Erkenntniswert zugetraut wird. Allerdings wirft man ihr nicht Zirkelschlüssigkeit vor, sondern Wertblindheit und Uferlosigkeit.[11] Erst die Lehre von der objektiven Zurechnung formuliere die entscheidenden Fragen und bestimme die objektiven Beziehungen zwischen Handlung und Erfolg, auf denen die Verantwortlichkeit des Handelnden für eben diesen Erfolg beruht.[12] Aber es wäre schlecht um die Lehre von der objektiven Zurechnung bestellt, wenn sie die Aufgabe hätte, die methodischen Fehler einer zirkelschlüssigen Kausalitätsbestimmung zu korrigieren. Denn, wie sich zeigen wird, beruht jede Lehre von der objektiven Zurechnung auf einer korrekten Bestimmung und Feststellung des Kausalzusammenhangs zwischen Handlung und Erfolg. Ganz offenkundig ist das bei dem allgemeinsten und wichtigsten Kriterium der objektiven Zurechnung, der Realisierung einer unerlaubten Gefahr im Erfolgseintritt. Diese ist nichts anderes, als eine Beziehung zwischen Eigenschaften der Handlung und dem Kausalverlauf zum Erfolg (s. dazu u. 3/1 ff.). Solange sich die Aussagen über die Kausalität der Handlung für den Erfolg in inhaltsleeren Zirkelschlüssen erschöpfen, wird auch die Lehre von der objektiven Zurechnung also nichts anderes hervorbringen können, als weitere Leerformeln zur intuitiven Handhabung.[13]   7

## 2. Was ist ein tatbestandsmäßiger Erfolg?

Während über die Frage, was der richtige Begriff der Handlung ist, ganze Bibliotheken geschrieben worden sind und um diese Frage in den 50iger Jahren ein heftiger Schulenstreit entbrannt ist,[14] findet sich in den allgemeinen Lehren des Strafrechts kaum ein Wort darüber, was ein strafrechtlich relevanter Erfolg eigentlich ist. Im Besonderen   8

---

9  NK[6]-*Puppe* Vor § 13 Rn. 63 ff., Rn. 95 ff.; *dies.* ZStW 93 (1980), 863 (870 ff.) = Analysen (2006), 101 (107 ff.); *dies.* GA 2010, 558 ff.; zust. *Roxin/Greco* AT/1 11/19, 11/21.

10  *Hilgendorf* GA 1995, 515 (531); ähnlich *Toepel* (1992), 78 ff.

11  *Wessels/Beulke/Satzger* AT Rn. 253 f.

12  *Jescheck/Weigend* AT § 28 I 2; *Roxin* Honig-FS (1970), 133 ff.

13  *Puppe* GA 1994, 297 (308 ff.). Dies wird der Lehre von der objektiven Zurechnung von ihren Gegnern denn auch vorgeworfen.

14  Vgl. etwa *Jakobs* AT 6/1 ff.; *Welzel* ZStW 51 (1931), 703 ff.; *Eb. Schmidt* JZ 1956, 188; *Schaffstein* ZStW 72 (1960), 369 ff.

Teil finden sich vereinzelt Diskussionen darüber, was der Erfolg eines bestimmten Tatbestandes ist, ob es zum Beispiel bei einem ärztlichen Heileingriff an einem Körperverletzungserfolg fehlt, wenn der Patient gesünder aus der Behandlung hervorgeht als er hineingegangen ist, oder ob jede einzelne ärztliche Handlung gesondert zu würdigen ist. Wenn aber von der Kausalität der Handlung für den Erfolg oder von der Zurechnung des Erfolges zur Handlung des Täters die Rede ist, geht die Dogmatik offenbar davon aus, dass es einer Bestimmung des Zurechnungsgegenstandes gar nicht mehr bedarf, weil uns der Erfolg in seiner konkreten Gestalt eben von Natur aus vorgegeben ist.

9    Die Vorstellungen vom tatbestandsmäßigen Erfolg in seiner ganz konkreten Gestalt, die der herrschenden Zurechnungsdogmatik oft mehr unbewusst als bewusst zugrunde gelegt werden, sind etwa die folgenden. Die strafrechtlich relevanten Erfolge sind uns, ehe wir sie unter einen Tatbestand subsumieren, von Natur aus als konkrete Erfolgsgestalten vorgegeben. Eine solche konkrete Gestalt hat unendlich viele „Aspekte", und einer davon ist die Tatsache, dass sie einen bestimmten Straftatbestand erfüllt. Wegen dieser unendlich vielen Aspekte ist es unmöglich, die konkrete Gestalt des Erfolges vollständig zu beschreiben.[15] Je mehr Aspekte wir aber angeben, desto besser ist unsere Beschreibung, desto näher kommt sie der konkreten Realität. Es ist eine künstliche Abstraktion, wenn wir von einzelnen Aspekten dieser konkreten Erfolgsgestalt absehen, und es ist bedauerlich, dass wir uns mit dieser Unvollkommenheit unseres Begriffsvermögens abfinden müssen. Wir tun es in der Hoffnung, dass sich diese Unvollkommenheit im Ergebnis nicht auswirken wird. Zeichnet sich eine solche Auswirkung im Einzelfall doch einmal ab, beispielsweise indem eine Ersatzursache als Ursache erscheint oder eine Ursache als Nichtursache, so müssen wir eben nach jenem vergessenen Detail der konkreten Erfolgsgestalt suchen, das uns zur Korrektur dieses Fehlers verhilft. Diese Methode haben wir oben an verschiedenen Fällen vorgeführt, und wir werden weiter unten nochmals darauf zu sprechen kommen, wenn es um die Ausschaltung von Ersatzursachen geht (s. dazu u. 2/1 ff.).

10    In Wahrheit verhält es sich aber umgekehrt: Unsere Begriffe abstrahieren nicht mehr oder weniger künstlich von vorgegebenen Gestalten der Welt oder des Lebens, sondern die Gestalten bilden sich erst dank unserer Begriffe. Nicht anders als von der Handlung oder von Tatbestandsmerkmalen wie wegnehmen, täuschen oder vorsätzlich, muss der Jurist sich einen Begriff von dem Erfolg bilden, der dem Täter als von ihm verursachtes Unrecht zugerechnet werden soll. Dabei hat er sich nicht an von Natur aus vorgegebene konkrete Erfolgsgestalten zu halten, sondern zunächst an die Erfolgsbeschreibungen der Tatbestände. Was ist also eine Tötung, eine Körperverletzung oder eine Sachbeschädigung? Einen Menschen töten heißt, ihn vom Leben zum Tode bringen. Die Gesundheit eines Menschen schädigen heißt, diesen Menschen kränker zu machen, als er zuvor war. Das Vermögen eines anderen schädigen heißt, den Erfolg verursachen, dass es in seiner Summe geringer ist, als es zuvor war. Eine Sache beschädigen heißt, verursachen, dass sie weniger brauchbar ist, als sie zuvor war.

---

15    *Jakobs* AT (1. Aufl., 1983) 7/15; *Hilgendorf* GA 1995, 515 (520); vgl. dazu NK[6]-*Puppe* Vor § 13 Rn. 62 ff.; *dies.* ZStW 92 (1980), 863 (872) = Analysen (2006), 101 (109); *Dencker* (1996), 105 f.; *Sofos* (1999), 73 f.

Abstrakt gesprochen ist ein tatbestandsmäßiger Erfolg die nachteilige Veränderung  11
eines gegebenen Rechtsgutsobjekts.[16] Dabei wird die Existenz des Rechtsgutsobjekts
sowie sein Zustand vor Erfolgseintritt als gegeben vorausgesetzt, er gehört nicht zum
Unrecht und bedarf deshalb nicht der kausalen Erklärung.[17] Damit erledigt sich ein
altes akademisches Problem: Man hat früher den Künstler, der eine Vase geschaffen
oder bemalt hat, die später ein anderer zerschlagen hat, als für die Zerstörung der Vase
kausal angesehen.[18] Der abstrakte Ausdruck nachteilige Veränderung ist ein wertender
Begriff. Aber der Gesetzgeber hat dem Rechtsanwender die Wertentscheidung darüber
abgenommen, welche nachteiligen Veränderungen bei Strafe nicht herbeigeführt werden dürfen, indem er diese Veränderungen mit speziellen Ausdrücken beschrieben
hat, die, jedenfalls im Kern, deskriptiv und nicht wertend sind, mögen auch in den
Randbereichen noch Wertentscheidungen erforderlich sein. Diese „Konkretisierung"
der Erfolgsbeschreibung durch den Gesetzgeber ist die einzige, die für die Beschreibung
eines strafrechtlich relevanten Erfolges maßgeblich ist.[19]

### 3. Quantifizierbare Erfolge – Der Wasserverunreinigungsfall

▶ Fabrikant B leitet eine Menge giftigen Zyanids in einen Fluss, so dass in einem bestimm-  12
ten Bereich des Flusses im Wasser eine Zyanidkonzentration von 0,1 Einheiten entsteht.
Gleichzeitig leitet Fabrikant C ebenfalls Zyanid in diesen Fluss und erhöht dadurch die
Zyanidkonzentration in dem gleichen Bereich auf 0,3 Einheiten. Ist dem Fabrikanten C die
Kontamination des Flusses mit 0,3 Einheiten zuzurechnen, weil er für diese ursächlich
geworden ist, oder nur die mit 0,2? ◀

Dazu schreibt *Samson*:

> „Wenn im Beispiel C den nachteiligen Gewässerzustand von 0,1 vorfindet und ihn dann
> weiter auf 0,3 verschlechtert, dann kann ihm die Gesamtabweichung von Soll-Zustand
> in Höhe von 0,3 schon deshalb nicht zugerechnet werden, weil er die Basis-Abweichung
> vom Sollwert in Höhe von 0,1 nicht verursacht hat. Das bedarf keiner weiteren Begrün-
> dung, weil es sich ohne Weiteres sowohl aus der naiv verstandenen Conditio-sine-qua-
> non-Formel wie auch aus der Lehre von der gesetzmäßigen Bedingung ergibt."[20]

*Kuhlen* führt zu dem gleichen Problem aus:

> „Diese Argumentation ist verfehlt […]. Stellt man, […], auf die jeweiligen Erfolge ab,
> so zeigt sich, dass ein Gesamterfolg ebenso real und damit tauglicher Gegenstand eines
> Kausalurteils ist wie die ihn ausmachenden Teilerfolge. Im Fall 1 ist damit, wie sich
> bei schlichter Anwendung der Conditio-sine-qua-non-Formel ergibt, die Kausalität jeder
> einzelnen Einleitung für den schädlichen Gesamterfolg zu bejahen."[21]

Obwohl sich diese Ausführungen offensichtlich widersprechen, haben beide Autoren  13
von ihren Prämissen aus Recht. Der Streit liegt in den Prämissen. Hat man einmal,

---

16  NK[6]-*Puppe* Vor § 13 Rn. 73; *dies.* ZStW 92 (1980), 863 (880); = Analysen (2006), 101 (115); zust. *Kindhäuser/*
    *Zimmermann* AT 10/3; *ders.* ZStW 120 (2008), 481 (483); *Roxin/Greco* AT/1 11/21; vgl. auch *Frister* AT 9/23.
17  *Vogel* (1993), 50; *Sofos* (1999), 96; *Puppe* ZStW 92 (1980), 863 (880) = Analysen (2006), 101 (115); *dies.* NK
    Vor § 13 Rn. 72.
18  Vgl. hierzu *Müller* (1912), 10 ff.; *Engisch* (1931), 11 ff.; *Samson* (1972), 29 ff.
19  NK[6]-*Puppe* Vor § 13 Rn. 73.
20  *Samson* ZStW 99 (1987), 617 (628).
21  *Kuhlen* (1991), 181 (196).

wie *Kuhlen* es tut, den zuzurechnenden Erfolg als Gesamterfolg der Kontamination des Flusses mit Zyanid bestimmt, so besteht in der Tat kein Zweifel daran, dass jeder, der eine Teilmenge des Zyanids in den Fluss eingeleitet hat, ursächlich für das Vorhandensein der Gesamtmenge in dem Fluss ist. Hat man dagegen, wie *Samson* es getan hat, die Gesamtmenge aufgespalten in diejenigen Teilmengen, die die einzelnen Fabrikanten eingeleitet haben, so steht ebenso sicher fest, dass keiner ursächlich für das Vorhandensein derjenigen Teilmenge geworden ist, die der andere eingeleitet hat. Die Rechtsfrage, die hier zu klären ist, entscheidet sich bei der Bestimmung des Erfolges, nicht bei seiner Zurechnung.

14    Von jeder Person, die irgendeinen Sachverhalt durch ihre Handlung verursacht hat, kann man sagen, dass sie einen tatbestandsmäßigen Erfolg verursacht hat, nachdem man diesen Sachverhalt in die Beschreibung des Erfolges einbezogen hat. Deshalb ist die Lehre von der Maßgeblichkeit des Erfolges in seiner konkreten Gestalt theoretisch unbegrenzt manipulierbar.[22] Weil dies nicht erkannt wird, gilt der Überschwemmungsfall nach *v. Buri*[23] immer noch als Problem. Während einer Überschwemmung schüttet eine Hausfrau einen Eimer Schmutzwasser in die an ihrem Haus vorbeiströmenden Fluten. Hat sie die Überschwemmung verursacht? Dies wird mit der Begründung bejaht, dass die Überschwemmung in ihrer konkreten Gestalt mit ihrem Eimer Schmutzwasser ohne ihr Verhalten nicht kausal zu erklären ist.[24]

15    Dieses offensichtlich unsinnige Ergebnis soll dann in der Lehre der objektiven Zurechnung mit der Begründung korrigiert werden, dass das Verhalten der Hausfrau sozialadäquat war,[25] dass es das Normvertrauen nicht enttäuscht hat,[26] oder dass es das Risiko des Erfolgseintritts nicht erhöht hat.[27] Es heißt zu diesem Fall bei *Roxin*:

> Er „ist also in dem Sinne zu lösen, dass zwar wegen der (sei es auch extrem geringen) Erfolgsmodifizierung die Kausalität bejaht werden mag (Rn. 21), dass aber dieses Verhalten jedenfalls nicht als Herbeiführung einer Überschwemmung dem Tatbestand des § 313 zugerechnet werden kann; denn die Gefahren, denen diese Strafbestimmung vorbeugen will, werden durch die Hinzufügung einer so geringen Wassermenge nicht vergrößert."[28]

16    Die Aussage, dass die Hausfrau keine Überschwemmung herbeigeführt hat, ist nur dann richtig, wenn man sich weigert, den Inhalt des Wassereimers mit dem übrigen vorhandenen Wasser zu einem konkreten Erfolg der Überschwemmung zusammenzuzählen. Ebendies haben aber Roxin/Greco zuvor getan, indem sie ausführen, dass wegen der, wenn auch noch so geringen, Modifizierung des Erfolges, die Hinzufügung des Eimers Wasser für den Überschwemmungserfolg kausal war. Wenn sie dann geltend machen, dass die Hinzufügung einer so geringen Wassermenge die Gefahr, der der Tatbestand vorbeugen will, also die Gefahr einer Überschwemmung, nicht erhöht, so gehen sie wiederum von einer anderen Erfolgsbeschreibung aus. Denn geht man davon aus, dass es auf den Erfolg in seiner ganz konkreten Gestalt, also auf die genaue Angabe der Gesamtmenge des Wassers ankommt, die sich über das Land ergießt, so kann kein Zweifel daran bestehen, dass die Hausfrau durch das Ausschütten des Wasserei-

---

22    NK[6]-*Puppe* Vor § 13 Rn. 68, 98; *dies.* ZStW 92 (1980), 863 (873); *dies.* GA 1994, 297 (300); *Sofos* (1999), 70.
23    *V. Buri* (1873), 69; vgl. auch *Traeger* (1904), 41.
24    *Roxin/Greco* AT/1 11/55; *Hilgendorf* GA 1995, 515 (520); dagegen *Jescheck/Weigend* AT § 28 II 2.
25    *Maurach/Zipf* AT/1 18/30.
26    *Jakobs* AT 1/4 7/15.
27    *Roxin/Greco* AT/1 11/55.
28    *Roxin/Greco* AT/1 11/55.

mers die Gefahr, dass eben dieser Erfolg in seiner konkreten Gestalt eintritt, erhöht hat, und zwar von null auf hundert Prozent.[29] Aber warum dürfen wir eigentlich das Wasser aus dem Eimer mit dem Wasser, das schon über den Boden fließt zu einem Überschwemmungserfolg zusammenfassen? Etwa weil es auch Wasser ist? Ist ein Erfolg teilbar, so darf jeder Verursacher nur für den Teilerfolg verantwortlich gemacht werden den er verursacht hat. Gibt es einen weiteren Teilerfolg, der unabhängig von seinem Verhalten kausal zu erklären ist, so darf seine Mitverantwortung für diesen nicht damit begründet werden, dass man beide Teilerfolge zu einem Gesamterfolg „in seiner ganz konkreten Gestalt" zusammenfasst. Im Wasserverunreinigungsfall ist also jeder Einleiter nur für die Menge an Verunreinigungen des Wassers verantwortlich, die er selbst eingeleitet hat.[30] Eine solche quantitative Differenzierung der Verursachung ist allerdings nicht möglich, wenn der Erfolg nicht teilbar ist. Hat die Zyanitkontamination des Gewässers die Gefahr des Todes oder einer schweren Gesundheitsbeschädigung einer großen Zahl von Menschen oder den Tod eines Menschen verursacht, so ist jedem der Einleiter des Gifts dieser Erfolg nach § 330a zuzurechnen, gleichgültig wie viel von dem Gift er und wie viel andere eingeleitet haben.

---

29 NK[6]-*Puppe* Vor § 13 Rn. 65, 69; *Sofos* (1999), 71.
30 Mit der Erkenntnis, dass bei quantifizierbaren Erfolgen dem Täter nur dasjenige Quantum des Erfolges zugerechnet werden darf, das er verursacht hat, und dieses Quantum nicht mit anderen Quanten zu einer Erfolgseinheit verschmolzen werden darf, erledigt sich auch ein Problem, das unter dem Stichwort der Risikoverringerung an folgendem klassischen Beispiel diskutiert wird: Wer bei einer Überschwemmung verhindert, dass mehr Wasser über das Land fließt, indem er die Schleusentore schließt, verringert nicht das Risiko, dass ein bestimmter Erfolg eintritt, sondern den Überschwemmungserfolg selbst. Dadurch wird er nicht für den verbleibenden Resterfolg der Überschwemmung kausal, *Kindhäuser* ZStW 120 (2008), 482 (592).

## § 2 Die Kausalität

### 1. Die Ursache als notweniger Bestandteil einer hinreichenden und wahren Entstehungsbedingung des Erfolges – Der Psychiatriefall, BGHSt 49, 1

1 ▶ Der BGH hatte über den Tatvorwurf einer fahrlässigen Tötung gegen zwei Ärzte einer psychiatrischen Klinik zu entscheiden, die einem von ihnen als hochgradig gefährlich erkannten Patienten unbewachten Ausgang genehmigt hatten. Dieser nutzte diesen Ausgang dazu, zwei alte Frauen zu töten. Bereits zuvor war dieser Patient zweimal aus der Anstalt ausgebrochen, indem er die zu schwachen Gitterstäbe eines Fensters auseinander bog und sich an zusammengeknoteten Betttüchern auf den Boden abseilte. Da die Fassade des Hauses unter Denkmalschutz stand, wurden diese Gitterstäbe trotzdem nicht verstärkt, so dass der Patient ohne Weiteres auch ein drittes Mal auf die gleiche Weise hätte ausbrechen können, falls ihm der unbewachte Ausgang nicht genehmigt worden wäre. ◀

Die Prüfung der Kausalität der Ausgangserlaubnis für den Tod der beiden alten Frauen beginnt der BGH mit den folgenden Worten:

> „Nach ständiger Rechtsprechung ist als haftungsbegründende Ursache eines strafrechtlich bedeutsamen Erfolges jede Bedingung anzusehen, die nicht hinweggedacht werden kann, ohne dass der Erfolg entfiele."[1]

Nicht nur nach der ständigen Rechtsprechung,[2] sondern auch nach der herrschenden Lehre wird das Bedingungsverhältnis zwischen Handlung und Erfolg, das die Kausalität der Handlung für den Erfolg begründet, nach dieser sog Conditio-sine-qua-non-Formel bestimmt. Sie wird in fast allen Lehrbüchern als die richtige Methode der Kausalitätsbestimmung und Kausalitätsermittlung im Einzelfall empfohlen.[3] Sie besagt, etwas weniger schülerhaft ausgedrückt, dass eine Handlung nur dann als Ursache für einen Erfolg anerkannt wird, wenn sie eine notwendige Bedingung dafür ist, dass dieser Erfolg eintreten konnte, denn nur dann würde der Erfolg ja entfallen, wenn man sich die Handlung hinweg denkt.

2 Das Landgericht ist, indem es eben diese Formel angewandt hat, zu dem Ergebnis gekommen, dass die angeklagten Ärzte der psychiatrischen Klinik für den Tod der beiden alten Frauen nicht ursächlich waren. Denkt man sich nämlich deren Ausgangsgenehmigung hinweg, so wäre der Patient – dies ist jedenfalls nach dem Zweifelsgrundsatz anzunehmen – auf die von ihm schon erprobte Weise durch Aufbiegen der zu schwachen Gitterstäbe aus der Klinik entwichen und hätte die Tötungsdelikte genau zu der gleichen Zeit und in genau der gleichen Weise begangen. In diesem Fall hilft auch nicht die sonst zur Ausscheidung sog Ersatzursachen beliebte Methode, auf den Erfolg in seiner „ganz konkreten Gestalt" abzustellen.[4] Mithilfe dieser konkreten Erfolgsgestalt wird in der Literatur beispielsweise begründet, dass derjenige, der dem Täter ein Messer geliehen hat, um einen anderen zu erstechen, nicht kausal für dessen Tod ist, wenn sich in der Wunde ein anderes Messer befindet. Denn der Tod mit dem Messer des A

---

1 BGHSt 49, 1 (3).
2 BGHSt 1, 332; 2, 24; 3, 69; 7, 114; 24, 34; 31, 98; 37, 106 ff.; 39, 195 (197); 45, 270 (294 f.); OGH 1, 330 (367); 2, 286; OLG Stuttgart JZ 1980, 618.
3 *Wessels/Beulke/Satzger* AT Rn. 226 ff.; *Kindhäuser/Zimmermann* AT 10/9; *Gropp* AT 4/35; *Baumann/Weber/Mitsch/Eisele* AT 10/7; *Frister* AT 9/33; ausführliche Kritik dazu bei *Roxin/Greco* AT/1 11/12 ff.
4 Zur Ausscheidung von Ersatzursachen unter Berufung auf die Maßgeblichkeit einer „ganz konkreten Gestalt des Erfolges", s. NK[6]-*Puppe* Vor § 13 Rn. 62 ff., 95 ff.

im Rücken ist eben in seiner konkreten Gestalt ein ganz anderer Tod, als der Tod mit dem Messer des B im Rücken.[5] Abgesehen davon, dass wir in § 1 festgestellt haben, dass die Rede vom Erfolg in seiner konkreten Gestalt sinnlos ist, würde sie im vorliegenden Fall nicht weiterhelfen, weil die beiden Opfer des Patienten zu genau der gleichen Zeit und am gleichen Ort und auf die gleiche Weise hätten sterben können, wenn der Täter die Ausgangserlaubnis nicht bekommen hätte, sondern aus der Klinik ausgebrochen wäre.

Diese Überlegung erklärt der BGH mit der Begründung für rechtsfehlerhaft, dass für einen solchen gewaltsamen Ausbruch „keine hinreichend konkreten Anhaltspunkte bestanden", und fährt dann fort:

> „Dass die hypothetische Möglichkeit eines gewaltsamen Entweichens des S. nicht die Kausalität des von den Angeklagten zu verantwortenden Ausgangs beseitigen kann, belegt auch die Verantwortung Dritter für die Sicherheit des Klinikgebäudes. Im Fall einer Erfolgsverursachung nach einem Ausbruch hätten an Stelle der Angeklagten [...] nämlich diejenigen Personen S. die Freiheit verschafft, die für die in Folge pflichtwidrigen Unterlassens fehlenden Sicherungen der geschlossenen Station der psychiatrischen Klinik die Verantwortung trugen. Demnach durfte der von den Angeklagten gewährte Ausgang als Erfolgsursache nicht ausgeschlossen werden."[6]

Wieso für ein Entweichen des Angeklagten im Fall einer Verweigerung einer Ausgangserlaubnis keine konkreten Anhaltspunkte vorhanden gewesen sein sollen, ist nicht recht verständlich. Die Fenstergitter standen nach wie vor unter Denkmalschutz und waren nach wie vor marode. Der Patient hatte zweimal bewiesen, dass er genug Kraft, Geschicklichkeit und Mut besaß, um in dieser Weise aus der Klinik auszubrechen. Es ist also kein Grund dafür ersichtlich, ausgerechnet diese Möglichkeit des Geschehensverlaufs außer Betracht zu lassen, wenn man die Frage beantworten soll, ob die Tötungsdelikte auch dann begangen worden wären, wenn man sich die Ausgangserlaubnis „hinweg denkt".

Richtig ist aber die Feststellung des BGH, dass die Anwendung dieser Wegdenk-Methode zur Feststellung von Kausalität die Konsequenz hat, dass sich ein pflichtwidrig handelnder Beteiligter vom Vorwurf der Erfolgsverursachung dadurch entlasten kann, dass er auf das pflichtwidrige Verhalten eines anderen verweist, das ohne sein Handeln den Erfolg herbeigeführt hätte. Schlimmer noch, er könnte sich nicht nur auf ein wirklich vorhandenes pflichtwidriges Verhalten eines anderen berufen, sondern auch auf ein solches, das sicher, oder auch nur möglicherweise (in dubio pro reo) geschehen wäre, wenn er nicht pflichtwidrig gehandelt hätte. Für den anderen Beteiligten würde das gleiche gelten, so dass keiner von ihnen für den Erfolg kausal wäre. Diese Konsequenzen sind natürlich unerträglich, aber es sind die logisch zwingenden Konsequenzen der sog Conditio-sine-qua-non-Formel, wonach nur derjenige kausal für einen Erfolg ist, dessen Handlung nicht hinweggedacht werden kann, ohne dass dieser entfiele. Der BGH hätte also diese Formel im vorliegenden Urteil nicht erneut bestätigen, sondern preisgeben müssen, weil sie offenbar das Bedingungsverhältnis zwischen Ursache und Erfolg logisch falsch beschreibt.

3

4

---

5  SK-*Jäger* Vor § 1 Rn. 71.
6  BGHSt 49, 1 (5).

Gibt es nämlich zwei hinreichende Bedingungen für den Eintritt des Erfolges, von denen jede die Handlung einer anderen Person als Bestandteil enthält, so kann von keiner dieser Handlungen behauptet werden, dass sie für den Eintritt des Erfolges notwendig sind. Die Lehre von der notwendigen Bedingung (conditio-sine-qua-non) bestimmt also die Bedingungsbeziehung zwischen Handlung und Erfolg logisch falsch. Es muss keine notwendige Bedingung sein, sondern es genügt eine hinreichende.

5    Eine hinreichende Bedingung für den Eintritt eines Erfolges ist ein Komplex von Tatsachen und Ereignissen dann, wenn es eine allgemeine Regel gibt, wonach der Erfolg immer dann eintritt, wenn dieser Komplex von Tatsachen und Ereignissen gegeben ist. Im Idealfall sind diese allgemeinen Regeln wissenschaftlich bewiesene sog Kausalgesetze. Wir müssen uns in der Jurisprudenz aber auch mit anderen Erfahrungsregeln begnügen und wir brauchen, wie wir sogleich sehen werden, auch Rechtsregeln, um die von Rechts wegen relevanten Ursachen eines Erfolges zu finden. Da in unserem Fall der Patient ursprünglich in der geschlossenen Anstalt einer psychiatrischen Klinik eingesperrt war, gehört zur hinreichenden Bedingung dafür, dass er gleichwohl außerhalb der Anstalt Tötungsdelikte begehen konnte, die Tatsache, dass er die Anstalt verlassen hat. Dafür war eine hinreichende Bedingung, dass er dem diensttuenden Pförtner eine von den beiden angeklagten Ärzten erteilte Ausgangserlaubnis vorlegen konnte. Die Erteilung dieser Ausgangserlaubnis allein ist natürlich keine hinreichende Bedingung für den Tod der beiden Verbrechensopfer. Dazu musste noch kommen, dass der Angeklagte die Klinik verließ, seinen beiden Opfern begegnete und sie tötete. Die Erteilung der Ausgangserlaubnis ist aber ein notweniger Bestandteil dieser hinreichenden Erfolgsbedingung. Eben dieses Bedingungsverhältnis begründet die Ursächlichkeit eines Ereignisses: Ein Ereignis, insbesondere eine Handlung, ist dann kausal für einen Erfolg, wenn sie als notwendiger Bestandteil zu einer hinreichenden Bedingung dieses Erfolges gehört, die tatsächlich erfüllt war, also wahr ist.[7]

6    Aus dieser hinreichenden Bedingung können wir die zu prüfende Einzelursache dadurch isolieren, dass wir sie aus ihr streichen, um dann zu prüfen, ob die Bedingung auch ohne diese Tatsache noch hinreichend ist. In gewissem Sinne ist es also richtig, die Kausalität der Tatsache, etwa einer Handlung, dadurch zu prüfen, dass man sich diese Handlung hinweg denkt. Man darf sie sich aber nicht aus der Welt hinwegdenken, um dann zu prüfen, ob der Erfolg auch ohne diese Bedingung eingetreten wäre, man muss sie sich vielmehr aus einer bestimmten bereits festgestellten hinreichenden Bedingung für den Erfolgseintritt hinwegdenken, um festzustellen, ob die Bedingung auch ohne die Handlung noch hinreichend für den Erfolgseintritt wäre.[8] In der neuen Literatur wird zum Teil bestritten, dass zwischen diesen beiden Verfahren überhaupt ein Unterschied besteht,[9] oder dass dieser Unterschied groß ist.[10] Ob man diesen Unterschied als groß oder klein empfindet, ist ohne Belang, denn es ist genau der Unterschied zwischen richtig und falsch. Der vorliegende Fall zeigt das. Mithilfe der Formel vom notwendigen Bestandteil einer hinreichenden Bedingung kommt man zu

---

7  NK[6]-*Puppe* Vor § 13 Rn. 102; *dies.* ZStW 92 (1980), 863 (865 ff.) = Analysen (2006), 101 (103 ff.).

8  NK[6]-*Puppe* Vor § 13 Rn. 106; *dies.* ZStW 92 (1980), 863 (876) = Analysen (2006), 101 (112); *dies.* SchwZStr 1990, 141 (151); zust. *Roxin/Greco* AT/1 11/15a; *Kindhäuser* (1989), 84 ff.; *ders.* ZStW 120 (2008), 481 (485); *Rodriguez Montanes* Roxin-FS (2001), 307 (313 f., 317).

9  *Samson* Rudolphi-FS (2004), 259 (266). Er bemerkt nicht ohne Hohn: „Puppe wird nicht müde zu betonen, welch eminenter Unterschied zwischen ihrem Verfahren einerseits und dem hypothetischen Eliminationsverfahren der conditio-sine-qua-non-Formel andererseits besteht" (aaO, 265). Nun, sie darf offenbar auch nicht müde werden, denn *Samson* hat diesen Unterschied immer noch nicht begriffen.

10  *Koriath* (2007), 110; *Röckrath* NStZ 2003, 641; vgl. auch *Kindhäuser/Zimmermann* AT 10/15 f.

dem auch vom BGH angestrebten Ergebnis, dass die Erteilung der Ausgangserlaubnis durch die Ärzte eine Ursache für den Tod der beiden Opfer des gefährlichen Patienten war. Mithilfe der Conditio-sine-qua-non-Formel kommt man zu dem gegenteiligen Ergebnis.

An unserer Formel vom notwendigen Bestandteil einer hinreichenden Bedingung sind   7 noch zwei wichtige Präzisierungen erforderlich. Die erste können wir demonstrieren, indem wir folgende ebenfalls hinreichende Bedingung für das Entweichen des gefangenen Patienten bilden: Der Patient hatte eine schriftliche Ausgangserlaubnis der beiden behandelnden Ärzte und die Gitterstäbe waren zu schwach, um ihn an einem Entweichen aus der Klinik durch Aufbiegen der Gitterstäbe und Abseilen mit Betttüchern zu hindern. Diese Bedingung ist hinreichend für das Entweichen des Patienten. Streichen wir nun aus dieser Bedingung die Ausgangserlaubnis der Ärzte weg, so bleibt sie hinreichend. Das Ergebnis dieser Prüfung ist also, dass die Ausgangserlaubnis nicht kausal für das Entweichen des Patienten war. Der Fehler besteht darin, dass diese hinreichende Bedingung zwei Elemente enthält, die sich gegenseitig ersetzen können, nämlich die Ausgangserlaubnis und die maroden Gitterstäbe. So kommt es zu dem Ergebnis, dass keines dieser beiden Elemente innerhalb dieser hinreichenden Bedingung notwendig ist. Wir müssen also das Bedingungserfordernis dahin präzisieren, dass die hinreichende Bedingung eine Mindestbedingung sein muss. Sie darf nicht mehr Bestandteile enthalten, als für die Begründung des Urteils erforderlich sind, dass sie für den Erfolgseintritt hinreichend ist.[11] Im vorliegenden Fall haben wir zwei solche hinreichenden Mindestbedingungen für das Entweichen des Patienten aus der geschlossenen Anstalt: Die eine besteht darin, dass die behandelnden Ärzte ihm eine Ausgangserlaubnis erteilt haben, die andere besteht darin, dass die Gitterstäbe an den Fenstern zu schwach waren, um ihn am Entweichen aus der Anstalt zu hindern.

An dieser Konstellation können wir nun auch die zweite noch erforderliche Korrektur   8 unserer Formel zu Feststellung der Kausalität demonstrieren. Auch die Tatsache, dass die Gitterstäbe erfahrungsgemäß zu schwach waren, diesen Patienten am Entweichen aus der Klinik zu hindern, bildet eine hinreichende Bedingung für dessen Entweichen. Wie können wir nun begründen, dass diejenigen Angestellten der Klinik, die es pflichtwidrig unterlassen haben, die Gitterstäbe verstärken zu lassen, im vorliegenden Fall nicht kausal für das Entweichen des Patienten und die von ihm außerhalb der Klinik begangenen Tötungsdelikte waren? Wir stellen uns die Verknüpfung zwischen einer Ursache und einem zeitlich und örtlich von dieser entfernt liegenden Folge stets als einen kontinuierlichen Prozess vor, in dem die zeitlich und örtlich aufeinander folgenden Zustände jeweils wieder als Ursachen und Wirkungen miteinander verknüpft sind. Sie bilden eine Kausalkette, die die zeitlich entfernter liegenden Ursachen durch Zwischenwirkungen, die ihrerseits wieder Ursachen neuer Wirkungen sind, mit dem Enderfolg verbinden. Diese Zwischenursachen sind ihrerseits hinreichende Bedingungen für die späteren Zwischenfolgen. Fehlen nun einzelne Glieder dieser Kausalkette, die eine zeitlich entfernte hinreichende Bedingung für einen Erfolg mit diesem verbinden müsste, so erweist sich die hinreichende Bedingung als nicht ursächlich (sog Ersatzursache).[12] Im vorliegenden Beispiel gehören zu der Kausalkette, die die Unterlassung der Verstärkung der Gitterstäbe mit dem Entweichen des Patienten und den sodann von ihm begangenen Tötungsdelikten verbinden müsste beispielsweise die Tatsache,

---

11  NK⁶-*Puppe* Vor § 13 Rn. 103; *dies.* ZStW 92 (1980), 863 (875 f.) = Analysen (2006), 101 (112).
12  NK⁶-*Puppe* Vor § 13 Rn. 114 ff.; *dies.* ZStW 92 (1980), 863 (869 ff.) = Analysen (2006), 101 (106 ff.).

dass der Patient die Gitterstäbe aufgebogen und sich sodann aus dem Fenster auf die Straße abgeseilt hätte. Dies ist aber in Wahrheit nicht geschehen. Damit erweist sich die Unterlassung der Verstärkung der Gitterstäbe im vorliegenden Fall nicht als Ursache, sondern als Ersatzursache für die vom Patienten begangenen Tötungsdelikte. Wir müssen also unsere Bestimmung der Ursache als notwendiger Bestandteil einer hinreichenden Mindestbedingung noch dahin präzisieren, dass diese hinreichende Mindestbedingung wahr sein muss und auch diejenigen Zwischenglieder der Kausalkette, die diese hinreichende Bedingung mit dem Erfolg verbinden, gegeben sein müssen. Daran, dass einzelne Glieder dieser Kette fehlen, erkennt man, dass die hinreichen Bedingung eine sogenannte Ersatzursache ist, dh eine potenzielle Ursache, die durch den wirklichen Kausalprozess verdrängt worden ist.[13] Eine solche Ersatzursache begründet keine Zurechnung des Erfolges.

### 2. Mehrfachkausalität – Der Ledersprayfall, erstes Problem, BGHSt 37, 106

9 Sind mehrere hinreichende Bedingungen eines Erfolgseintritts vorhanden, die jeweils durch eine vollständige Kausalkette mit diesem verbunden sind, so spricht man von Doppel- oder Mehrfachkausalität. Tritt in jeder dieser hinreichenden Bedingungen eine andere menschliche Handlung auf, so ist jede dieser Handlungen kausal für den Erfolg. Es gibt keinen Grund, diesen Erfolg nur einem der Handelnden zuzurechnen und die andere Handlung zurücktreten zu lassen und erst recht keinen Grund, sie keinem von ihnen zuzurechnen, weil keiner eine schlechthin notwendige Bedingung dafür gesetzt hat. Das Standardbeispiel für eine solche Mehrfachkausalität in den Lehrbüchern ist die Verursachung des Todes einer Hausherrin durch zwei jeweils hinreichende Dosen des gleichen Giftes, das die Köchin und die Zofe ihr unabhängig voneinander und ohne voneinander zu wissen in die Suppe gegeben haben.[14] Wie schon dieses Lehrbuchbeispiel zeigt, können die beiden hinreichenden Bedingungen gemeinsame Elemente haben, im vorliegenden Fall etwa die Tatsache, dass die Hausherrin die Suppe gegessen hat. Verfolgt man die Kausalketten nur weit genug zurück, so werden sie stets gemeinsame Elemente haben. Als Fall von Mehrfachkausalität erweist sich auch das vieldiskutierte Gremienproblem. Der BGH hatte es im sog Ledersprayfall zu lösen, den wir hier in einer etwas vereinfachten Fassung darstellen.

10 Ein Gremium von vier Geschäftsführern einer Gesellschaft hatte darüber zu entscheiden, ob die Auslieferung eines von dieser Firma produzierten Ledersprays gestoppt und die ausgelieferten Spraydosen zurückgerufen werden sollten, weil der Verdacht bestand, dass dieses Lederspray bei bestimmten Verbrauchern Lungenödeme verursacht. Die Geschäftsführer lehnten einstimmig einen Rückruf und eine Einstellung der Auslieferung ab, weil sie es für ausreichend hielten, Warnhinweise auf den Spraydosen anzubringen. Der BGH ging davon aus, dass sie zur Einstellung der Auslieferung und zum Rückruf der bereits ausgelieferten Spraydosen von Rechts wegen verpflichtet waren und dass die noch im Handel befindlichen sowie die nach dem Beschluss ausgelieferten Spraydosen bei einigen Konsumenten tatsächlich Lungenödeme verursacht haben.

11 Nach der damals wie heute herrschenden Bestimmung der Ursache als notwendige Bedingung des Erfolges konnte sich jeder, der an diesem Beschluss beteiligten Geschäfts-

---

13 NK[6]-*Puppe* Vor § 13 Rn. 114 f.; *dies.* ZStW 92 (1980), 863 (869 ff.) = Analysen (2006), 101 (106 ff.); zust. *Roxin/Greco* AT/1 11/23, 11 30b; *Kindhäuser* ZStW 120 (2008), 481 (486).
14 *Wessels/Beulke/Satzger* AT Rn. 230 f.; *Kühl* AT 4/19; *Kindhäuser/Zimmermann* AT 10/31; *Frister* AT 9/9 f.; *Baumann/Weber/Mitsch/Eisele* AT 10/24.

führer damit entlasten, dass seine Stimmabgabe für die Ablehnung der Rückrufaktion nicht kausal gewesen sei, weil er, sofern er pflichtgemäß für den Rückruf gestimmt hätte, durch die anderen drei Geschäftsführer überstimmt worden wäre.

Mit der folgenden Begründung kommt aber der BGH zum gegenteiligen Ergebnis:

> „Allerdings muss auch insoweit berücksichtigt werden, dass die Handlungspflicht jedes einzelnen Angeklagten sich darauf beschränkte, alles ihm Mögliche und Zumutbare zu tun, um einen Beschluss der Gesamtgeschäftsführung über Anordnung und Vollzug des gebotenen Rückrufs zustande zu bringen. Demgemäß ist entscheidend, ob die Erfüllung dieser Handlungspflicht dazu geführt hätte, dass ein solcher Beschluss gefasst worden wäre. Wird diese Frage für jeden Angeklagten gesondert gestellt, so kann ihre Beantwortung deshalb zweifelhaft sein, weil nicht auszuschließen ist, dass jeder der Geschäftsführer mit dem Versuch, die erforderliche Entscheidung herbeizuführen, am Widerstand der übrigen, den Rückruf ablehnenden Geschäftsführer gescheitert wäre. Doch lässt dies seine strafrechtliche Haftung gleichwohl bestehen. Für den Bereich des Schuldvorwurfs der gefährlichen Körperverletzung gilt das schon deshalb, weil die vier Angeklagten zusammen mit den früheren Mitangeklagten insoweit Mittäter waren, so dass sich jeder von ihnen die Unterlassungsbeiträge aller anderen zurechnen lassen muss und mithin für das Unterbleiben des gebotenen Rückrufs insgesamt haftet."[15]

Aber woher wusste der BGH, dass die Geschäftsführer Mittäter waren, bevor er feststellen konnte, ob sie für den Erfolg kausal waren? Normalerweise setzt die Mittäterschaft die Kausalität jedes einzelnen Mittäters für den Erfolg ja voraus, die Mittäterschaft ist also mit der Kausalität zu begründen und nicht die Kausalität mit der Mittäterschaft. Theoretisch kann man jeden auf diesem Wege zum Mitverursacher eines Erfolges machen, indem man ihn zunächst einmal zum Mittäter erklärt und dann sein Verhalten gemeinsam mit dem anderer prüft, das ursächlich für den Erfolg gewesen ist.[16] Man könnte zB den Laborleiter, der bei der Sitzung zugegen war und über die Ergebnisse der bisherigen Untersuchungen berichtet hat, ebenfalls als Mitverursacher des Erfolges darstellen, indem man ihn zu einem Mittäter erklärt und dann sein Verhalten gemeinsam mit dem der entscheidenden Geschäftsführer prüft. Er könnte sich nicht mehr mit dem Hinweis verteidigen, dass sein Verhalten nicht kausal für das Zustandekommen des Beschlusses gewesen sei. 12

Bestimmt man die Ursache als notwendigen Bestandteil einer hinreichenden Bedingung und erkennt man, dass mehrere solcher hinreichenden Bedingungen gleichzeitig vorhanden sein können, so folgt daraus, dass jeder, der für einen tatsächlich gefassten Beschluss gestimmt hat, kausal für diesen Beschluss ist, gleichgültig mit welcher Mehrheit der Beschluss gefasst worden ist. An unserem Beispiel lässt sich das wie folgt zeigen: Die erforderliche Mehrheit für das Zustandekommen des rechtswidrigen Beschlusses waren drei Stimmen. Ich erhalte also eine hinreichende Bedingung für das Zustandekommen des Beschlusses, indem ich die Stimme des jeweils zu prüfenden Geschäftsführers mit zwei beliebigen anderen zusammenfasse. Streiche ich nun aus dieser hinreichenden Bedingung die Stimme des zu prüfenden Geschäftsführers, so habe ich nur noch zwei Stimmen für den Beschluss, diese sind für sein Zustandekommen 13

---

15 BGHSt 37, 106 (126 ff.); ebenso *Kuhlen* NStZ 1990, 566 (570); *Brammsen* Jura 1991, 533 (537); *Beulke/Bachmann* JuS 1992, 737 (743 ff.); *Hilgendorf* NStZ 1994, 561 (563); *Otto* WiB 1995, 929 (934); dagegen *Puppe* JR 1992, 30 (32); *Hoyer* GA 1996, 160 (173).

16 So verfährt zB *Frister* AT 9/13. Kritisch dazu NK⁶-*Puppe* Vor § 13 Rn. 93, 108 mwN.

nicht mehr hinreichend. Wie der vierte Geschäftsführer abgestimmt hat, brauche ich dabei nicht zu sagen, mehr noch, ich darf es nicht sagen. Wenn ich nämlich die für den Beschluss abgegebene vierte Stimme hinzunehme, so habe ich zwar immer noch eine hinreichende Bedingung, aber keine Mindestbedingung mehr. In der Bedingung vier Stimmen ist eine Stimme überflüssig, so dass man bei der Prüfung einer jeden Stimme daraufhin, ob sie notwendiger Bestandteil dieser Bedingung ist, zu einem negativen Ergebnis kommt. Hält man sich aber an die Mindestbedingung, so kann man die Kausalität jedes einzelnen Geschäftsführers dartun, indem man seine Stimme mit zwei anderen zu der hinreichenden Mindestbedingung zusammenfasst. Dass man dabei mehrere hinreichende Bedingungen erhält deren Elemente zum Teil identisch sind, ist kein Grund, die Kausalität jeder einzelnen Stimme für den rechtswidrigen Beschluss abzulehnen.[17] Dies ist, wie schon am Beispiel der doppelten Giftdosis gezeigt in einem Fall von Mehrfachkausalität, wie er hier vorliegt, immer der Fall. Von manchen Rechtswissenschaftlern wird diese Lösung des „Gremienproblems" nicht deshalb abgelehnt, weil sie falsch, sondern weil sie für einen Juristen zu schwer zu verstehen ist.[18] Ich hoffe, dass das für Sie als angehende Juristen nicht gilt.

### 3. Kausalgesetze und andere Regeln zur Bestimmung einer hinreichenden Mindestbedingung

### a) Kausalgesetze und ihr Beweis – Der Ledersprayfall, zweites Problem

14    Dass ein Komplex von Zuständen und Ereignissen eine hinreichende Mindestbedingung für den Eintritt eines Erfolges ist, bedeutet, dass es eine allgemeine Regel gibt, von der logischen Form „immer wenn, dann...", in der dieser Komplex von Zuständen und Ereignissen die Bedingung, der Erfolg das Bedingte ist. Im Ledersprayfall konnte nicht festgestellt werden, dass bestimmte Substanzen oder Kombinationen von Substanzen, die in dem Lederspray enthalten waren, geeignet waren, Lungenödeme zu verursachen. Ein allgemeines Gesetz von der Form, immer wenn eine Person ein Spray mit bestimmter Zusammensetzung in bestimmter Weise verwendet, bekommt sie ein Lungenödem, konnte also nicht aufgestellt werden. Zwar konnte man in Tierversuchen Lungenödeme mit dem Lederspray erzeugen, im Übrigen war aber lediglich bekannt, dass von den Tausenden von Konsumenten, die das Lederspray benutzt hatten, einige wenige, ungefähr vierzig, nach dessen Benutzung an einem Lungenödem erkrankt waren. Kein Chemiker oder Toxikologe würde aufgrund einer so dürftigen Tatsachenbasis ein Kausalgesetz akzeptieren. Auch müssten in diesem Kausalgesetz die chemischen Stoffe benannt sein, von denen behauptet wird, dass sie allein oder in

---

17   NK[6]-*Puppe* Vor § 13, Rn. 108, 120; *dies.* JR 1992, 30 (32); *dies.* GA 2004, 129 (143 f.); *dies.* ZIS 2018, 57 (58 f.); zust. *Roxin/Greco* AT 11/19; *Beulke/Bachmann* JuS 1992, 737 (744). Dagegen wird eingewandt, dass all diese hinreichenden Bedingungen gemeinsame Elemente haben, hier etwa die Durchführung der Abstimmung und das dürfte nicht sein. Deshalb müsse man alle abgegebenen Ja-Stimmen zu einer einzigen hinreichenden Bedingung zusammenfassen, in der keine von ihnen notwendig wäre, *Kindhäuser* GA 2012, 134 (140); *ders.*, ZIS 2016, 574 (580 f.); *Rotsch* Roxin-FS (2011), 377 (382 ff.). Nach *Rotsch* ist deshalb die obige Lösung des sog. Gremienproblems „logisch falsch und stellt einen Zirkelschluss dar", außerdem ist sie „widersprüchlich", ZIS 2016, 1 (4), näher dazu *Puppe* ZIS 2018, 57 (58). Die Forderung, dass verschiedene kausale Erklärungen keine gemeinsamen Elemente haben dürfen, ist nicht nur gänzlich unbegründet, sie ist absurd. Wenn man nur weit genug in der Zeit zurückgeht, haben sie immer gemeinsame Elemente, letztlich den Urknall.

18   [AT]*Greco* in ZIS 2011, 674 (686): „So elegant, wie diese Lehre ist, so schwierig ist sie auch"; zur gleichen Meinung von *Roxin Puppe* GA 2004, 129 (142 f.); vgl. dazu *Kühl* AT 4/9; *Hilgendorf* JZ 1997, 611; *Koriath* (2007), 149; anders jetzt aber *Greco* in *Roxin/Greco* AT/1, 11/15a ff.

Kombination miteinander ein Lungenödem erzeugen könnten. Eigennamen, wie etwa Produktbezeichnungen, dürfen in einem allgemeinen Naturgesetz nicht vorkommen.

Trotzdem hat die Strafkammer die Kausalität des Ledersprays für die Lungenödeme 15
als bewiesen erachtet und der BGH hat diese Beweiswürdigung mit den folgenden Worten als korrekt akzeptiert:

> „Die Strafkammer hat [...] nicht etwa offen gelassen, ob die Ursache der Schadensfälle in der Beschaffenheit des Sprays zu erblicken ist. Abgesehen davon, dass sich dies jedenfalls aus dem Zusammenhang der Urteilsgründe ergibt, hat sie im Rahmen der Sachverhaltsschilderung ausdrücklich festgestellt, dass die Ursache der Vorfälle nur in etwaigen toxikologischen Wirkungsmechanismen einzelner Rohstoffe allein oder zusammen in der Kombination mit anderen' liegen könnte und mithin gelegen hat. Diese für das Revisionsgericht bindenden Feststellungen reichen zur Bejahung des Ursachenzusammenhangs aus".[19]

Aber wenn schon die angenommene Kausalerklärung in keiner Weise kausalgesetzlich 16
untermauert, also eigentlich unbekannt ist, so kann doch nicht ausgeschlossen werden, dass es andere ebenfalls unbekannte Ursachen gibt, die das Auftreten der Lungenödeme kausal erklären. Es ist aus prinzipiellen Gründen nicht möglich, die Ursächlichkeit eines Phänomens dadurch zu beweisen, dass man alle anderen Ursachen vollständig ausschließt.[20]

Begnügt man sich deshalb für den Beweis der Ursächlichkeit damit, dass erstens gewis- 17
se Anzeichen für sie sprechen und dass man zweitens keine andere Ursache für diese Erfolge gefunden hat, so läuft das auf einen prima facie Beweis mit Beweislastumkehr hinaus. Da das Kausalgesetz, das auf den Einzelfall angewandt wird, nicht einmal namhaft gemacht werden kann, ist es dem Beschuldigten unmöglich, es zu erschüttern oder gar zu widerlegen. Also wird das unbenannte Kausalgesetz solange zu seinen Lasten angewandt, bis es ihm gelungen ist, dem Richter eine plausiblere Kausalhypothese anzubieten. Bildlich gesprochen, der Angeklagte wird nur dann freigesprochen, wenn er wie in schlechten Kriminalgeschichten dem Gericht den wirklich Schuldigen selbst liefert.[21] Dennoch hat inzwischen auch die Literatur, nach anfänglichem starkem Protest[22] dies als einen korrekten Beweis eines Kausalzusammenhangs akzeptiert.[23] Manche Verfechter der Conditio-sine-qua-non-Formel sehen es neuerdings gerade als deren besonderen Vorzug vor der Lehre von der gesetzmäßigen Bedingung an, dass man sie anwenden kann, ohne die Kausalgesetze beweisen oder auch nur formulieren zu können, die den Kausalprozess regieren sollen.[24] Hat man eine nicht unplausible Vermutung, dass eine Handlung Kraft unbekannter Kausalgesetze einen bestimmten Erfolg verursacht hat, so kann man einfach hinschreiben; „diese Handlung kann nicht

---

19  BGHSt 37, 106 (112 f.). Dem stimmt *Schaal* (2001), 81 f. zu, indem er es als einen Vorzug der Wegdenkmethode zur Feststellung von Kausalität darstellt, dass man durch sie des Beweises von gesetzmäßigen Zusammenhängen zwischen Ursache und Wirkung enthoben ist.
20  *Samson* StV 1991, 182 (183); *Puppe* JR 1992, 30 (31).
21  *Puppe* (1996), 225; *dies.* JZ 1996, 315 (318 f.); *dies.* JZ 1994, 1147 (1149 f.); *dies.* NK Vor § 13 Rn. 84; zust. *Ransiek* (1996), 59 ff.; *Kuhlen* NStZ 1990, 566 (570); *Brammsen* Jura 1991, 533 (537); *Beulke/Bachmann* JuS 1992, 737 (743 ff.); *Hilgendorf* (1993), 125 f.; *ders.* NStZ 1994, 561 (563); *Otto* WiB 1995, 929 (934).
22  *Arm. Kaufmann* JZ 1971, 569 (573); *Samson* StV 1991, 182 (183); *Puppe* JR 1992, 30 (31).
23  *Kuhlen* NStZ 1990, 566, (567); *Roxin/Greco* AT 11/17; *Erb* JuS 1994, 449 (449); *Bloy* Maiwald-FS (2010), 35 (51 f.).
24  *Frisch* Maiwald-FS (2010), 239 (253 ff.); *ders.* Gössel-FS (2002), 51 (65 ff.); *Jäger* Maiwald-FS (2010), 345 (351 f.).

hinweggedacht werden, ohne dass dieser Erfolg entfiele". „Der Rechtsanwender kann sich auf die Feststellung beschränken, dass das Recht hier nach seinen Maßstäben – ohne damit Aussagen über Gesetzmäßigkeiten zu treffen – einen normativ ausreichenden Zusammenhang als gegeben erachtet."[25] Meine Persiflage dieser „Methode" der Kausalitätsermittlung[26] wurde von manchem Leser auch noch für bare Münze genommen.

### b) Zurechnung nach Wahrscheinlichkeitsgesetzen (die sog. kausalitätsersetzende Risikoerhöhungstheorie) – Der Metastasenfall, BGH GA 1988, 184[27]

18    ▶ Der angeklagte Arzt hatte bei einem Patienten mit Prostatakrebs zur Entfernung der bösartigen Geschwulst eine Semikastration durchgeführt. Da bei einer solchen Operation einzelne Restkrebszellen im Operationsfeld verbleiben können, die sich über den Körper verteilen und an anderen Stellen Metastasen bilden können, ist eine Bestrahlung zur Abtötung dieser Restzellen medizinisch unbedingt indiziert. Diese hat der Arzt versäumt. Der Patient verstarb nach zwei Jahren an Metastasen. Der medizinische Sachverständige führte aus, dass nach statistischen Ermittlungsergebnissen 90 % der Patienten, die nach vergleichbaren Eingriffen bestrahlt worden sind, länger als zwei Jahre gelebt haben, 10 % aber nicht. ◀

Der BGH hob die Verurteilung des Arztes nach § 222 mit der folgenden Begründung auf:

> „Unter Berücksichtigung dieser Gutachten geht die Strafkammer davon aus, dass zumindest 90 von 100 Patienten, die an einem Seminom im Stadium I operiert und anschließend bestrahlt werden, die Operation fünf bis zehn Jahre lang überleben. Die für die Verurteilung des Angekl. erforderliche Überzeugung, dass sein Patient nicht zu den etwa 10 % der nach einer Semikastration ohne Erfolg Bestrahlten gezählt hätte, gewinnt das LG aus drei Umständen: [...]"[28]

19    Von diesen drei Umständen, so führt der BGH aus, sei der erste schon von den Sachverständigen bei ihren statistischen Berechnungen einkalkuliert worden, der zweite aus tatsächlichen, der dritte aus rechtlichen Gründen nicht überzeugend. Eine Wahrscheinlichkeit von 90 % grenze noch nicht an Gewissheit, deshalb verstoße die Verurteilung des Arztes gegen den Zweifelsgrundsatz.

20    Dem liegt eine Interpretation der Aussage des Sachverständigen zugrunde, die dem heutigen Stand der Naturwissenschaft, insbesondere auch der Medizin, nicht gerecht wird. Danach steht es zu dem Zeitpunkt, in dem die Bestrahlung zu erfolgen hat, in jedem Fall objektiv fest, ob sie im Einzelfall das Leben des Patienten verlängert hätte oder nicht, so dass eine Ungewissheit darüber ihren Grund nur darin haben kann, dass wir nicht alle zu diesem Zeitpunkt dafür maßgeblichen Faktoren nachträglich feststellen können. Eine solche Ungewissheit über tatsächlich vorhandene und für die Frage der Kausalität maßgebliche Faktoren muss nach dem Grundsatz in dubio pro reo zugunsten des Angeklagten behoben werden. In der heutigen medizinischen Wissenschaft werden aber viele Krankheitsprozesse und auch Heilungsprozesse nicht mehr als vollständig kausalgesetzlich determiniert angesehen. Ob beispielsweise einzelne Krebszel-

---

25    *Frisch* Maiwald-FS (2010), 239 (258).
26    GA 2010, 551 (565 ff.).
27    = NJW 1987, 2940 = MDR 1987, 948.
28    GA 1988, 184.

len vom Immunapparat rechtzeitig erkannt und abgetötet werden oder ob sie sich als Metastasen ansiedeln, hängt von der Verfassung des Immunapparats ab und diese wiederum vom Verhalten des Patienten und seiner Einstellung zum Krankheitsprozess. Die Bewältigung der Krankheit ist also unter anderem davon abhängig, ob der Ehepartner zu dem Patienten hält und ihn unterstützt, ob seine Kinder ihm Sorgen bereiten, ob er mit seinem Berufsleben zufrieden ist oder nicht, wie er sich ernährt, ob er Sport treibt, ob er fröhlich oder bedrückt ist, ob er Kampfgeist entwickelt oder in Apathie verfällt usw. Unter der Voraussetzung dieser prinzipiellen Ungewissheit ist es naiv, einen Beweis dafür zu verlangen, dass der Patient zu den 95 % Betroffener gehört, bei denen die Bestrahlung etwas nützt, und nicht zu den 5 %, bei denen sie es nicht tut. Dies steht in dem Moment, in dem der Arzt die angezeigte Strahlenbehandlung versäumt, objektiv noch nicht fest. Die Aussage des Sachverständigen ist vielmehr dahin zu verstehen, dass dieser Patient eine 90 %ige Chance hatte, bei Bestrahlung länger als zwei Jahre zu leben, und ein 10 %iges Risiko, trotz der Bestrahlung binnen zwei Jahren zu sterben.[29]

Diese Aussage stellt ein Wahrscheinlichkeitsgesetz dar, das mit statistischen und empirischen Methoden aufgestellt wird. Mehr als ein solches Wahrscheinlichkeitsgesetz ist in nicht vollständig determinierten Bereichen empirisch nicht zu ermitteln. *Es ist nun eine normative Frage, ob in nicht determinierten Bereichen solche statistischen Gesetze zur Herstellung eines Kausalzusammenhangs angewendet werden dürfen oder nicht. Diese Frage ist nicht, wie es die hL annimmt,*[30] *durch den Grundsatz in dubio pro reo im verneinenden Sinne entschieden.* Der Grundsatz in dubio pro reo ist nur dann anwendbar, wenn ein Zweifel darüber besteht, welcher von mehreren möglichen Sachverhalten vorliegt, wobei objektiv gewiss ist, dass einer von ihnen vorliegt. Bei einem nicht determinierten Prozess kann aber naturgemäß kein Zweifel darüber bestehen, ob er in der einen oder anderen Richtung determiniert ist, es steht fest, dass beide Determinationsannahmen falsch sind. Würde man nun unter Berufung auf den Zweifelsgrundsatz die dem Angeklagten günstigere Determinationsannahme zugrunde legen, so würde man nicht etwas Zweifelhaftes annehmen, sondern etwas, was mit Gewissheit falsch ist. Das tun alle diejenigen, die auch bei prinzipieller Ungewissheit, also nicht determinierten Verläufen, ganz im Sinne des BGH die Frage aufwerfen, „wie der Krankheitsverlauf im konkreten Fall angelegt war", und der Risikoerhöhungstheorie einen Verstoß gegen den Zweifelsgrundsatz vorwerfen, weil sie nicht bereit ist, diese Frage zugunsten des Angeklagten zu beantworten.[31]

Wir stehen damit in nicht determinierten Bereichen vor der Wahl, entweder aufgrund der Anwendung empirisch fundierter Wahrscheinlichkeitsgesetze zuzurechnen oder überhaupt nicht. Wird eine Zurechnung aufgrund von Wahrscheinlichkeitsgesetzen als nicht zureichend abgelehnt, so ist in nicht determinierten Bereichen keine Zurechnung mehr möglich. Auch eine Bestrafung wegen Versuchs ist dann nicht mehr möglich, es sei denn, der Täter hält den Verlauf irrtümlich für einen determinierten. Denn

---

29 NK[6]-*Puppe* Vor § 13 Rn. 138 ff.; *dies.* Roxin-FS (2001), 287 (301); *dies.* JR 1994, 515 (517); *Stratenwerth/Kuhlen* AT 13/56; *Kahlo* GA 1987, 66.

30 BGHSt 11,1; 21, 59; 24, 31; GA 1988, 184; BayObLG VRS 58, 412; OLG Düsseldorf StV 1993, 477; LK-*Vogel/Bülte* § 15 Rn. 198; *Baumann/Weber/Mitsch/Eisele* AT 10/89 f.; *Jakobs* AT 7/98 ff.; *Wessels/Beulke/Satzger* AT Rn. 302; *Ulsenheimer* JZ 1969, 364 (367); *Schlüchter* JA 1984, 673 (676); *Kuhlen* FS Roxin (2001), 431 (442); anders SK-*Hoyer* Anh. zu § 16 Rn. 74 ff.; *Kühl* AT 17/57; Lackner/Kühl-*Kühl* § 15 Rn. 44; *Roxin/Greco* AT/1 11/90.

31 *Jakobs* AT 7/101; vgl. auch *Dencker* JuS 1980, 210 (212).

andernfalls weiß ja auch er, dass die Voraussetzung für eine zurechnende Verknüpfung zwischen seiner Handlung und dem Erfolg nicht gegeben sein können.[32] Er kann also den nicht determinierten Prozess straflos negativ, dh im Sinne einer Risikosteigerung beeinflussen. *Hat man also einmal erkannt, dass es in bestimmten Bereichen nicht vollständig determinierte Prozesse gibt, so bleibt nichts anderes übrig, als in diesen Bereichen die Zurechnung auf Wahrscheinlichkeitsgesetze zu gründen.*

23    Die Versuche, auch im nicht determinierten Bereich ohne dies eine Erfolgszurechnung zu begründen, erweisen sich als Scheinlösungen. An erster Stelle ist hier die Anwendung der Conditio-sine-qua-non-Formel zu nennen, die iVm auf den ersten Blick plausiblen aber nicht begründeten Behauptungen darüber, was ohne die Handlung oder ohne die Pflichtverletzung geschehen wäre, die Rekonstruktion des wirklichen Kausalverlaufs scheinbar erspart.[33] Die zweite Manipulationsmöglichkeit stellt das Abstellen auf den Erfolg in seiner ganz konkreten Gestalt dar, das es theoretisch ermöglicht, jedem alles zuzurechnen.[34] Wie den Kausalverlauf so kann man auch die Risikoerhöhung selbst zu einem Bestandteil des erklärungsbedürftigen Erfolges machen,[35] um darauf die Erfolgszurechnung in den Fällen zu gründen, in denen seine Verhinderung durch eine versäumte Behandlung zwar mit großer Wahrscheinlichkeit feststeht, mit Sicherheit aber nur festgestellt werden kann, dass die Behandlung für den Patienten eine kurze Lebensverlängerung erbracht hätte, wenn auch in Agonie, Bewusstlosigkeit oder Schmerzen. Dem Einwand, dass es nicht Zweck des Gebotes der Durchführung eines schweren medizinischen Eingriffs sei, dem Patienten eine Überlebenszeit von wenigen Stunden oder Tagen in Narkose, Agonie oder Schmerzen zu verschaffen, wird dann entgegengehalten, der zurechenbare Erfolg bestehe nicht nur in einer kurzen Verlängerung der Lebenszeit, sondern in einer kurzen Verlängerung der Lebenszeit mit einer Heilungschance. Dies sei ein entscheidender Unterschied im Erfolg. Wer die

---

32   Vgl. dazu schon *Kahrs* (1968), 46 ff.; *Stratenwerth* FS Gallas (1973), 277 (274 ff.); *Walder* SchwZStR 93 (1977), 113 (161 ff.); NK[6]-*Puppe* Vor § 13 Rn. 135 ff., insb. 151; *dies.* Roxin-FS (2001), 287 (304 f.); *dies.* ZStW 95 (1983), 287 (305 ff.); *dies.* ZStW 99 (1987), 565 (603). Das wird nicht erkannt von *Jakobs* AT 29/20; *Vogel* (1993), 164; *Kuhlen* Müller-Dietz-FS (2001), 431 (442).

33   Können wir von einem Prozess nicht annehmen, dass er durch allgemeine kausale Gesetze determiniert ist, oder können wir doch solche Gesetze nicht formulieren, wie beim Verdacht auf die Kausalität chemischer Substanzen (s. o. 2/14 ff.), so kann man die Kausalität des Verhaltens für diesen Prozess nicht im Sinne der gesetzmäßigen Mindestbedingung feststellen. Gerade in diesen Fällen soll sich die conditio-sine-qua-non-Formel besonders bewähren. Man soll dann die Kausalität damit begründen, dass man behauptet, jener unbekannte nichtdeterminierte Prozess wäre ohne dieses Verhalten nicht abgelaufen (*Frisch* Gössel-FS (2002), 51 (67 f.); *Samson* Rudolphi–FS (2004), 259 (263 f.); wohl auch *Kindhäuser/Zimmermann* AT 10/13 f.; *Frister* AT 9/36; LK-*Walter* Vor § 13 Rn. 74. Zur Begründung dieser Behauptung soll genügen, dass sie nach einer Gesamtbetrachtung des Einzelfalls *Schaal* (2001), 89 plausibel ist und keine andere Ursache gefunden wird. Auf diese Weise wird das Problem der Kausalitätsermittlung bei unbekannten oder indeterminierten Prozessen nicht behoben, sondern nur das Problembewusstsein.

34   S. dazu NK[6]-*Puppe* Vor § 13 Rn. 68, 140; *dies.* ZStW 92 (1980), 863 (872 f.) = Analysen (2006), 101 (109 f.) mit Nachweisen aus der Wissenschaftstheorie.

35   Ein Zirkelschluss und daher keine Lösung des Problems ist also der von *Otto* Jura 2001, 275 (277) gemachte Vorschlag, die Risikoerhöhung dadurch als mit Sicherheit kausal darzulegen, dass sie zum Bestandteil des Kausalverlaufs in seiner konkreten Gestalt erklärt, s. zu diesem Zirkelschluss o. 1/7. *Frisch* (1988), 559 geht nicht den Weg über den Kausalverlauf, sondern zählt die Risikoerhöhung direkt zum Erfolg in seiner konkreten Gestalt, weil Leben mit einer größeren Heilungschance in seiner konkreten Gestalt eben etwas anderes sei als Leben ohne eine solche. Kritisch dazu *Erb* (1991) 101 f.; NK[6]-*Puppe* Vor § 13 Rn. 140. Es ist also nur konsequent, wenn der BGH, nachdem er in ständiger Rechtsprechung die Zurechnung kraft Risikoerhöhung auch bei nicht determinierten Verläufen abgelehnt hat (zuletzt BGH NStZ 2000, 583 mwN), bei nicht determinierten Verläufen nun auch die Pflichtverletzung des Handelns oder Unterlassens ablehnt, weil nicht eindeutig feststeht, dass bei richtigem Verhalten der Erfolg nicht eingetreten wäre, BGH NJW 2000, 2754 (2757).

sichere kurze Lebensverlängerung begrifflich von der Heilungschance trenne, „spaltet, was zusammengehört".[36] Es ergibt aber keinen Sinn, die Risikoerhöhung als Grund der Zurechnung abzulehnen, um sie dann durch die Hintertür hereinzulassen, indem man sie zum zurechenbaren Erfolg schlägt.

Die Anwendung von Wahrscheinlichkeitsgesetzen stellt aber im Vergleich zu der von deterministischen Gesetzen ein zusätzliches logisches Problem. Ein deterministisches Gesetz lässt einen zwingenden Schluss von der Ursache auf die Folge zu, denn es weist die Ursache als hinreichende Bedingung für die Folge aus. Ein deterministisches Gesetz ist also dann vollständig, wenn es einen solchen zwingenden Schluss auf die Folge zulässt. Ein Wahrscheinlichkeitsgesetz lässt aber niemals einen zwingenden Schluss auf die Folge zu, sondern nur einen Schluss auf eine mehr oder weniger große Wahrscheinlichkeit des Eintritts dieser Folge. Daraus ergibt sich kein Kriterium für die Vollständigkeit des Gesetzes. Ein Wahrscheinlichkeitsgesetz ist dann vollständig, wenn es den höchstmöglichen Grad an Wahrscheinlichkeit angibt, wenn es also alle Faktoren enthält, die die Wahrscheinlichkeit des Erfolgseintritts erhöhen. Deshalb können wir niemals sicher sein, ob wir ein Wahrscheinlichkeitsgesetz wirklich vollständig angegeben haben. Das ist aber bei der Anwendung des Gesetzes zur Begründung einer Erfolgszurechnung auch gar nicht unsere Aufgabe. Es genügt, darzutun, dass das Verhalten des Täters, das die Zurechnung begründen soll, zu den Bestandteilen des vollständigen Wahrscheinlichkeitsgesetzes gehört. Dies ist dann der Fall, wenn dieses Verhalten den Wahrscheinlichkeitsgrad, den das Gesetz angibt, erhöht. Deshalb läuft die Anwendung von Wahrscheinlichkeitsgesetzen bei der Erfolgszurechnung auf die sogenannte kausalitätsersetzende Risikoerhöhungstheorie hinaus.

Demonstrieren wir das sich daraus ergebende einfache Verfahren der Zurechnung an unserem Beispielsfall: Wir stellen zunächst fest, wie hoch das Risiko von Patienten mit Prostatakrebs ist, die Semikastration um weniger als zwei Jahre zu überleben, unabhängig davon, ob sie bestrahlt worden sind oder nicht. Greifen wir dann aus dieser Gesamtheit die Gruppe derjenigen Patienten heraus, die nicht bestrahlt worden sind, so wird sich eine signifikante Steigerung des Risikos abzeichnen, nicht mehr als zwei Jahre zu überleben. Damit ist gezeigt, dass die Unterlassung der Bestrahlung jedenfalls ein Bestandteil des auf diesen Fall anwendbaren vollständigen Wahrscheinlichkeitsgesetzes ist, unabhängig davon, ob wir die übrigen im Einzelfall vorhandenen wahrscheinlichkeitserhöhenden Faktoren vollständig angegeben haben oder nicht. Damit sind die Voraussetzungen für die Zurechnung des Todes des Patienten zur pflichtwidrigen Unterlassung der Bestrahlung mit derjenigen Bestimmtheit und Gewissheit nachgewiesen, die prinzipiell überhaupt möglich ist.

Nun muss allerdings allgemein die Frage entschieden werden, ob der Kausalprozess, den der Täter beeinflusst haben könnte, ein determinierter oder ein nichtdeterminierter ist. Theoretisch sind wir nicht sicher, ob die Unbestimmtheit unserer Kausalvorstellung auf nicht vollständiger Determination des Prozesses oder auf nicht vollständiger Kenntnis seiner Determinanten beruht. Aber wir sind auch in determinierten Bereichen theoretisch nie sicher, dass wir die richtigen Determinanten kennen. Auch hier geben wir das Kausalgesetz nie vollständig an, sondern lassen einen Großteil seiner Bestandteile ungenannt im sog kausalen Feld. Nach dem heutigen Stande der theoretischen Erkenntnis sollten als nicht determiniert gelten mikrophysikalische (mit denen es der Ju-

24

25

26

---

36  *Frisch* (1988), 559.

rist selten zu tun hat) und mikrobiologische Prozesse, Krankheits- und Heilungsprozesse, menschliche Leistungen unter gesteigerten Anforderungen, zB Reaktionsschnelligkeit und Geistesgegenwart im Straßenverkehr und nicht zuletzt jede menschliche Entscheidung, die in der Kausalkette der Täterhandlung nachfolgt (s. dazu sogleich 2/27 ff.).

### c) Rechtspflichten als Zurechnungsgrundlage, die Missachtung der Pflicht, Dritten Gelegenheit zur Pflichterfüllung zu geben

### aa) Der Ledersprayfall, drittes Problem, BGHSt 37, 106

27　▶ Den Geschäftsführern der das Lederspray vertreibenden Gesellschaft wurde zum Vorwurf gemacht, dass sie nach Auftreten der ersten Lungenödeme keine Rückrufaktion eingeleitet hatten. Der Verteidiger machte geltend, es sei nicht zu beweisen, dass in den Einzelfällen, in denen die Benutzer tatsächlich Lungenödeme erlitten hatten, die Einzelhändler die Rückrufaktion auch befolgt hätten. ◀

Obwohl der BGH den Erfahrungssatz, dass viele Einzelhändler Rückrufe nicht befolgen, sondern ihre Bestände weiterverkaufen, keineswegs bestreitet, weist er dieses Verteidigungsvorbringen mit folgenden Worten zurück:

> „Die Frage der Ursächlichkeit stellt sich im vorliegenden Fall auf drei verschiedenen Stufen. Auf der ersten Stufe war zu entscheiden, ob die Rückrufaktion überhaupt zustande gckommen wäre, auf der zweiten, ob sie den jeweils zwischengeschalteten Händler rechtzeitig erreichte und auf der dritten, ob dieser den Rückruf beachtet, das schadensauslösende Lederspray also nicht dem Verbraucher ausgefolgt hätte, so dass dessen gesundheitliche Schädigung unterblieben wäre. Den (hypothetischen) Ursachenzusammenhang der zweiten und dritten Stufe hat die Strafkammer ohne Rechtsfehler dargelegt. Ihre dafür gegebene Begründung liegt ausschließlich auf dem Gebiete der Tatsachenfeststellung und der sie tragenden Beweiswürdigung, mithin in einem Bereich, der einer umfassenden Richtigkeitskontrolle des Revisionsgerichts nicht zugänglich ist. Das gilt insbesondere für die Feststellung des Zeitablaufs, der für die Durchführung der Rückrufaktion zu veranschlagen ist, wie auch für die Beurteilung des hypothetischen Verhaltens der daran Beteiligten und davon Betroffenen. Dass die Beweisbarkeit des hypothetischen Ursachenzusammenhangs zwischen Rückrufs- und Schadensabwendung – allgemein gesehen – skeptisch beurteilt wird, ist demgegenüber ohne Belang, da es nur auf die tatsächliche Beweiswürdigung im hier zu entscheidenden Fall ankommen kann".[37]

28　Hier unterschätzt der BGH seine Prüfungskompetenz als Revisionsgericht. Das Revisionsgericht muss nicht jede Feststellung des Tatgerichts unbesehen übernehmen. Es hat sie vielmehr daraufhin zu überprüfen, ob sie auf einwandfreie Weise gewonnen worden ist. Das Revisionsgericht ist vor allem verpflichtet, die Sachverhaltsfeststellung des Tatgerichts daraufhin zu überprüfen, ob sie mit allgemeinen Erfahrungssätzen und den allgemeinen Denkgesetzen vereinbar sind. Ohne die Urteilsgründe des Tatgerichtes zu kennen, kann die Feststellung getroffen werden, dass dies nicht der Fall sein kann. Denn nach den Maßstäben, die der BGH an die Feststellung von Kausalität, sowohl ihren Inhalt als auch ihre Gewissheit, sonst anlegt (s. dazu u. 2/35 ff.), schließt der oben dargestellte und vom BGH nicht in Zweifel gezogene Erfahrungssatz eine Fest-

---

37　BGHSt 37, 107 (127 f.).

stellung der Kausalität der Unterlassung des Rückrufs für die Verletzung der Benutzer des Ledersprays auf der vom BGH sog zweiten und dritten Stufe logisch aus.

Versucht man, das Problem nach der Wegdenk-Methode des BGH zu lösen, so ergibt sich die Frage, ob gerade derjenige Einzelhändler, bei dem der einzelne von dem Lungenödem betroffene Benutzer sein Lederspray gekauft hat, den Rückruf rechtzeitig erfahren und ihn dann auch prompt befolgt hätte, wenn er stattgefunden hätte. Diese Frage ist aus prinzipiellen Gründen nicht zu beantworten. Selbst wenn man den Einzelhändler fragt, wie er sich in einem solchen Fall verhalten hätte, und wenn er sich um eine ehrliche Antwort bemühen würde, könnte er diese Frage nicht beantworten. Er könnte nur darüber spekulieren. Niemand von uns weiß, wie er sich in einer bestimmten schwierigen Situation verhalten würde, ehe er ihr wirklich ausgesetzt ist. Es gibt kein allgemeines Gesetz, wie sich Einzelhändler oder bestimmte Gruppen von Einzelhändlern mit Notwendigkeit verhalten werden, wenn sie von einer Rückrufaktion erreicht werden. Wir sind nach dem derzeitigen Stand der Humanwissenschaften auch nicht berechtigt, das Vorhandensein solcher Gesetze einfach vorauszusetzen. Denn die Humanwissenschaften konnten den grundsätzlichen Streit zwischen Determinismus und Indeterminismus nicht zugunsten des Determinismus entscheiden.

Der kausalitätsersetzenden Risikoerhöhungstheorie, die hier allenfalls zu einer Begründung der Zurechnung kommen könnte, hat der BGH in dieser Entscheidung nochmals ausdrücklich eine Absage erteilt.[38] Er hat sich also dafür entschieden, dass eine Zurechnung nur aufgrund deterministischer strikter Kausalgesetze stattfinden kann. Stellt man aber im vorliegenden Fall an die Ermittlung der Kausalität die vom BGH vorausgesetzten Anforderungen einer strikt deterministischen Gesetzlichkeit, so ist sie logisch unmöglich, da allenfalls ein Wahrscheinlichkeitsurteil darüber abgegeben werden könnte, ob diejenigen Einzelhändler, von denen die Geschädigten ihr Lederspray gekauft haben, die Rückrufaktion befolgt hätten oder nicht. Danach hätte der BGH auf die Sachrüge der Verteidigung hin die Kausalitätsfeststellung des Instanzgerichts wegen Verstoßes gegen allgemeine Erfahrungssätze oder gegen die Logik aufheben müssen.

Dennoch liefert die Risikoerhöhungstheorie keine befriedigende Lösung für das Problem. Sie macht nämlich die Zurechnung des Erfolges davon abhängig, ob eine gewisse Wahrscheinlichkeit dafür besteht, dass die Einzelhändler die Rückrufaktion befolgt hätten. Stellt man sich vor, dass unter den Einzelhändlern die Unsitte eingerissen ist, Rückrufaktionen grundsätzlich nicht zu befolgen, so wären die Produzenten der Pflicht zu Rückrufaktionen faktisch enthoben. Sie könnten sich zu ihrer Entlastung auf ein fiktives Verschulden der Einzelhändler berufen, das gerade wegen ihres eigenen faktischen Verschuldens, der Unterlassung des Rückrufs, nicht stattgefunden hat und nicht stattfinden konnte.

Wir stehen damit vor der Frage, ob, und wenn ja, auf welcher theoretischen Grundlage ein Erfolg zu einem Verhalten zugerechnet werden kann, das darin besteht, einem anderen nicht die Gelegenheit gegeben zu haben, das Rechtsgut pflichtgemäß zu retten. Die gleiche Frage stellt sich, wenn diese Gelegenheit durch den Täter aktiv handelnd beseitigt worden ist. Deshalb geht es hier nicht um ein Sonderproblem der Zurechnung zum Unterlassen. Von den Fällen, in denen wir die Risikoerhöhungstheorie angewandt haben, unterscheidet sich diese Konstellation zunächst dadurch, dass das Fehlverhalten

29

30

31

32

---

38   BGHSt 37, 107 (127).

in Verbindung mit den übrigen gegebenen Tatsachen eine hinreichende Bedingung für den Eintritt des Erfolges darstellt. Wer keine Gelegenheit erhält, das Rechtsgutsobjekt zu retten, kann dies eben nicht tun. Nachdem die Geschäftsführer der Produzentin den Rückruf abgelehnt hatten, stand mit 100 %iger Sicherheit fest, dass die Produkte im Handel und damit den Konsumenten zugänglich bleiben. Problematisch ist lediglich, ob die Unterlassung des Rückrufs ein notwendiger Bestandteil der hinreichenden Bedingung war, denn auch wenn der Rückruf ergangen wäre, bestünde noch die Möglichkeit, dass die Produkte wegen einer Pflichtverletzung der Einzelhändler im Handel bleiben. Aber diese Pflichtverletzung der Einzelhändler hat nicht stattgefunden, weil sie keinen Rückruf erhalten haben. Eine kausale Erklärung darf nur aus wahren Bedingungen bestehen. Fiktionen nicht vorhandener Sorgfaltspflichtverletzungen gehören nicht in die hinreichende Mindestbedingung des Erfolgseintritts. Diese bestand hier darin, dass die Produzenten die Einzelhändler nicht zur Herausnahme der Spraydosen aus ihrem Angebot aufgefordert haben. Denn wer die Voraussetzungen seiner Pflicht nicht kennt, der kann ihr auch nicht nachkommen.

33    Es gibt aber außer dem logischen noch einen normativen Grund dafür, dass die faktische Erfahrung, dass Einzelhändler Rückrufe oft nicht befolgen, bei der Prüfung der Kausalität der Unterlassung eines Rückrufs keine Rolle spielen darf – und normative Gründe überzeugen Juristen meistens mehr als logische. Die Berücksichtigung eines solchen Erfahrungssatzes liefe darauf hinaus, dass sich der, der seine Pflicht tatsächlich verletzt hat, mit der fiktiven Pflichtverletzung eines anderen entlasten könnte. Da nun dieser andere tatsächlich seine Pflicht gar nicht verletzen konnte, ist er jedenfalls nicht für den Erfolg ursächlich. Die Konsequenz wäre, dass der Erfolg überhaupt nicht kausal zu erklären und niemandem zurechenbar wäre.

34    Um dies zu verhindern, müssen wir außer den Naturgesetzen auch noch andere Gesetze, nämlich juristische, als Grundlage einer kausalen Erklärung heranziehen. *Wir müssen bei einer Kausalerklärung von der Regel ausgehen, dass andere Beteiligte ihre Pflichten erfüllen, solange sie sie nicht tatsächlich verletzt haben.*[39] Das einschlägige Gesetz in unserem Fall lautet, wenn Produktionsfirmen ihre Produkte aus dem Handel zurückrufen, so werden sie von den Einzelhändlern nicht mehr weiterverkauft. Unter der Voraussetzung dieser Regel ist die Unterlassung des Rückrufs im vorliegenden Fall notwendiger Bestandteil der hinreichenden Bedingung dafür, dass die Produkte im Handel bleiben und die Konsumenten schädigen können. Die Verteidigung der Angeklagten, dass erfahrungsgemäß Rückrufe nicht immer befolgt werden, und dass nicht festgestellt werden kann, ob gerade die Einzelhändler, von denen die Geschädigten das Lederspray bezogen haben, dies getan hätten, hat der BGH also im Ergebnis zu Recht zurückgewiesen. Er hat es jedoch versäumt, die theoretischen Grundlagen für diese Zurückweisung zu legen.

### bb) Der Abszessfall, BGH NStZ 1986, 217[40]

35    Der angeklagte Stationsarzt hatte bei einer unlängst am Blinddarm operierten Patientin unter der Woche Anzeichen eines entzündlichen Prozesses festgestellt, die er sich nicht erklären konnte. Gleichwohl hat er es pflichtwidrig unterlassen, den Oberarzt hinzuzuziehen. Dieser stellte bei einer Visite am Wochenende die Anzeichen ebenfalls fest,

---

39   NK[6]-*Puppe* Vor § 13 Rn. 133 ff.; *dies.* Roxin-FS (2001), 287 (298); *dies.* JR 2017, 513 (519 ff.); *Sofos* (1999), 241 ff.; vgl. auch *Jakobs* AT 7/24; inzwischen auch der BGH in BGHSt 48, 77.

40   Bspr. *Kahlo* GA 1987, 66.

ordnete aber erst für den folgenden Montag umfangreiche Laboruntersuchungen an. Am Montag war die Patientin nicht mehr zu retten. Das Landgericht hatte die Kausalität der Unterlassung des Stationsarztes für den Tod der Patientin damit begründet, dass der Oberarzt unter der Woche sofortige diagnostische Maßnahmen angeordnet hätte, wovon er am Wochenende nur deshalb abgesehen habe, weil für das Labor am Wochenende nur eine Rufbereitschaft besteht. Der BGH hob das Urteil wegen mangelhafter Sachverhaltsfeststellung auf.

Das geschah mit der Begründung:

> „dass das LG andere Möglichkeiten, das seinerseits sorgfaltswidrige Verhalten des Oberarztes zu erklären, nicht hinreichend beachtet habe". Der BGH führt dazu aus: „Mit diesen Fragen hat sich das LG nicht auseinandergesetzt. Daher lässt sich nicht ausschließen, dass es bei erschöpfender, alle nicht fern liegenden Möglichkeiten einbeziehender Würdigung des Sachverhalts zu dem Ergebnis gelangt wäre, es lasse sich nicht eindeutig feststellen, ob die Dr. D vorzuwerfende Pflichtwidrigkeit „wochenendbedingt" war oder nicht. Bliebe dies offen, so würde das nicht den Schuldspruch gegen ihn selbst berühren. Anders verhielte es sich aber mit der Beurteilung der Pflichtwidrigkeit des Angeklagten Dr. U. Wäre nicht auszuschließen, dass sich Dr. D bei pflichtgemäßer Unterrichtung durch den Stationsarzt innerhalb der Woche ebenso untätig wie am 21.10. verhalten hätte, so bliebe kein Raum für die Annahme, der Angeklagte habe durch unterlassene Benachrichtigung des für die Station zuständigen Oberarztes den Tod der Patientin verursacht".[41]

Für eine Verurteilung des Stationsarztes ist also nach dieser Entscheidung der Beweis notwendig, dass der Oberarzt die notwendigen diagnostischen Maßnahmen veranlasst hätte, wenn er an einem Wochentag zugezogen worden wäre. Ein solcher Beweis ist prinzipiell unmöglich. Konsequenterweise dürfte also einem Täter, der die Information eines Rettungspflichtigen verhindert oder unterlässt, der Untergang des Rechtsgutsobjekts niemals zugerechnet werden. Aber selbst, wenn eine Aussage dahin möglich wäre, dass der Oberarzt sich am Freitag mit größter Wahrscheinlichkeit, eine Gewissheit gibt es aus prinzipiellen Gründen nicht, genau so verhalten hätte, wie er sich am Sonntag verhalten hat, dürfte diese fiktive Pflichtverletzung den Stationsarzt, der seine Pflicht wirklich verletzt hat, nicht entlasten. *Von Rechts wegen kann eine Rechtsgutsverletzung nicht mit einer fiktiven Pflichtverletzung erklärt werden.*

Deshalb müssen in Fällen der vorliegenden Art zur gesetzlichen Verknüpfung zwischen Handlung und Erfolg außer empirischen Gesetzen auch juristische angewandt werden, diejenigen nämlich, die den Inhalt der Pflicht eines anderen Beteiligten bestimmen, deren Aktualisierung der Täter versäumt oder verhindert hat. Es kommt also im vorliegenden Fall gar nicht darauf an, ob der Oberarzt am Freitag die gebotenen diagnostischen und therapeutischen Maßnahmen angeordnet hätte, wenn er vom Stationsarzt pflichtgemäß hinzugezogen worden wäre, sondern nur darauf, dass er dies hätte tun sollen. Es ist zu vermuten, dass der BGH diese Pflichterfüllung des Oberarztes auch unterstellt hätte, wenn auch nicht aus juristischen, sondern aus faktischen Gründen, wenn nicht dessen späteres pflichtwidriges Verhalten eine faktische Begründung dieser Annahme erschüttert und außerdem die Möglichkeit geboten hätte, ihm den Tod der Patientin zuzurechnen.

36

37

---

41  BGH NStZ 1986, 217 (218).

### d) Selbstschutzregeln als Zurechnungsregeln

### aa) Der Lawinenfall, Schweizerisches Bundesgericht, BGE 91 IV 117

38 Wie kann nun aber die Kausalität eines Verhaltens begründet werden, das nicht in der Verhinderung fremder Pflichterfüllung, sondern im Ausschluss von Vorsichtsmaßnahmen des Verletzten selbst, gegen die ihm drohende Gefahr besteht, die sich dann im Erfolg verwirklicht?

▶ Der Angeklagte, ein Produzent von Skifilmen, wollte mit einigen Rennläufern im Gelände drehen, hatte aber für das vorgesehene Gebiet eine Lawinenwarnung erhalten. Nur einen Teil dieser Warnung gab er an seine Darsteller weiter, die sich daraufhin entschlossen, trotzdem die Strecke zu befahren. Mehrere Rennläufer kamen in einer Lawine ums Leben. ◀

39 Vereinfachen wir den Fall dahin, dass der Produzent seinen Darstellern die Lawinenwarnung überhaupt nicht weitergegeben hat. Weder mithilfe von empirischen, noch mithilfe von juristischen Gesetzen ist zwischen dieser Pflichtverletzung und dem Lawinentod der Skiläufer ein gesetzmäßiger Zusammenhang herzustellen. Empirisch steht nicht fest, ob sie sich bei Kenntnis von der Lawinenwarnung anders verhalten hätten, oder diese genau so missachtet hätten, wie es der Produzent getan hat. Auch juristisch ist dies nicht bestimmt, da es, sieht man von einer möglichen Gefährdung von Rettern ab, kein Verbot gibt, sich selbst in Lawinengefahr zu begeben. Hatten aber die Skiläufer ein Recht darauf, die Lawinenwarnung zu erfahren, so muss es auch eine Möglichkeit geben, dieses Recht strafrechtlich zu garantieren. Dies ist prinzipiell nur dann möglich, wenn man außer Rechtsregeln auch Klugheitsregeln als Grundlage einer gesetzmäßigen Verknüpfung zwischen Täterhandlung und Erfolg anerkennt. Sich nicht in lawinengefährdetes Gelände zu begeben, ist eine Klugheitsregel, die die Skifahrer nicht verletzt haben und angesichts ihrer Unwissenheit auch nicht verletzen konnten. *Es ist normativ inakzeptabel, eine Schädigung mit einer fiktiven Obliegenheitsverletzung des Opfers zu erklären.* Dies gilt unabhängig davon, ob diese für den Fall einer Pflichterfüllung des Angeklagten mehr oder weniger wahrscheinlich ist. Nur wenn die Obliegenheitsverletzung tatsächlich geschehen wäre, beispielsweise, weil die Skiläufer aus anderer Quelle die Lawinenwarnung noch rechtzeitig erfahren und in den Wind geschlagen haben, wäre die Anwendung der Klugheitsregel aus faktischen Gründen ausgeschlossen, weil die Obliegenheitsverletzung der Skifahrer eine Ursache ihres Unglücks dargestellt hätte, die den vom Filmproduzenten durch seine Pflichtverletzung angestoßenen Kausalverlauf überholt hätte.

### bb) Der Gasanschlussfall, OLG Naumburg, NStZ-RR 1996, 229

40 ▶ Der Angeklagte beschäftigte mehrere Bautrupps, die unter anderem auch Gasanschlüsse unter Druck legten. Da das Gasnetz noch mit kohlenmonoxydhaltigem Stadtgas betrieben wurde, bestand die Vorschrift, bei solchen Arbeiten, zumal in einer Grube, ein Atemschutzgerät anzulegen, da sich das Gas, das spezifisch schwerer ist als Luft, im Innern der Grube sammelt. Entgegen den bestehenden Vorschriften stellte aber der Angeklagte nicht jedem seiner Bautrupps ein eigenes Atemschutzgerät zur Verfügung, sondern für alle nur ein einziges. Das Opfer erstickte beim Legen eines Gasanschlusses unter Druck in einer Grube, weil es kein Atemschutzgerät angelegt hatte. Das Atemschutzgerät befand sich zu der Zeit an einer anderen Stelle, von der es erst hätte geholt werden müssen. ◀

Hier hat der Arbeiter seine Selbstschutzobliegenheit verletzt, er hätte sich eben die Zeit nehmen müssen, das Gerät zu holen. Dass aber das Atemschutzgerät nicht zur

Hand war, wofür der Unternehmer hätte sorgen müssen, war der Grund für diese Obliegenheitsverletzung. Das OLG Naumburg verlangt nun Feststellungen darüber,

> „ob der Geschädigte tatsächlich mit an Sicherheit grenzender Wahrscheinlichkeit vor Beginn seiner Arbeiten ein Atemschutzgerät angelegt hätte, wenn ein solches vorhanden gewesen wäre".[42]

Eine solche Feststellung ist prinzipiell unmöglich. Denn es steht objektiv nicht fest, wie sich der Arbeiter verhalten hätte, wenn das Gerät griffbereit gewesen wäre. Es ist nicht auszuschließen, dass er es gleichwohl nicht angelegt hätte, denn das Tragen eines Atemschutzgerätes ist bei der Arbeit hinderlich. Zur Beantwortung dieser Frage kann nicht etwa der Grundsatz in dubio pro reo herangezogen werden, denn die Beantwortung dieser Frage ist nicht zweifelhaft, sie ist unmöglich, weil die Frage sinnlos ist. Unter der Voraussetzung menschlicher Entscheidungsfreiheit lassen sich keine Aussagen darüber machen, wie eine Person sich verhalten hätte, wenn die Situation anders gewesen wäre als sie in Wirklichkeit war.                                                                                      41

Es wäre aber eine noch schwerwiegendere Obliegenheitsverletzung als sie in Wirklichkeit geschehen ist, wenn der Arbeiter ein griffbereites Atemschutzgerät unbenutzt gelassen hätte. *Ebenso wenig, wie sich ein Täter mit einer fiktiven Sorgfaltspflichtverletzung oder mit einer fiktiven Obliegenheitsverletzung eines anderen Beteiligten entlasten kann, um darzutun, dass seine eigene Sorgfaltspflichtverletzung kein notwendiger Bestandteil der hinreichenden Kausalbedingung war, kann er sich mit einer fiktiven Steigerung der Sorgfaltspflichtverletzung des anderen Beteiligten entlasten.* Die Möglichkeit, dass der Monteur selbst das griffbereite Atemschutzgerät nicht angelegt hätte, ist also bei der Feststellung der Notwendigkeit des Täterverhaltens für die Erklärung des Erfolgseintritts nicht zu berücksichtigen. Allenfalls unter dem Gesichtspunkt einer freiwilligen Selbstgefährdung des Opfers käme eine Entlastung des Unternehmers in Betracht. Dem steht aber entgegen, dass es gerade der Sinn der Arbeitsschutzvorschrift ist, jeden Bautrupp mit einem Atemschutzgerät auszurüsten, dass ein Konflikt zwischen Zeitersparnis und Selbstgefährdung für die Angehörigen des Bautrupps nicht entsteht.                                                                                      42

## 4. Psychische Kausalität

### a) Der Referendarfall, BGHSt 13, 13

Es gibt aber Fälle, in denen man nicht einmal einigermaßen plausible Wahrscheinlichkeitsregeln oder Rechtspflichtregeln oder Selbstschutzregeln zur Verfügung hat, um das Verhalten des Täters mit dem eines anderen Beteiligten so zu verknüpfen, dass ersteres über letzteres als Zwischenursache einen Schadenserfolg kausiert. Solche Fälle sind in der strafrechtlichen Praxis gar nicht selten. Man spricht zB ohne Weiteres von Verursachung des Tatentschlusses bei der Anstiftung und von Verursachung der Vermögensverfügung beim Betrug oder bei der Erpressung. In vielen Fällen dieser Art ließe sich zwar die kausalitätsersetzende Risikoerhöhungstheorie anwenden, in manchen aber auch nicht. Hierfür ein berühmtes Beispiel:                                                                                      43

▶ Ein Referendar hatte einen Kaufmann, der ihn offensichtlich für einen Richter hielt, um einen Kredit von 2000 DM angegangen mit der falschen Behauptung, er erwarte in Kürze Geld aus Bergwerks-Aktien und weiteres Geld von seinem reichen Vater, benötige

---

42  NStZ-RR 1996, 229 (232).

den Kredit also nur ganz kurzfristig. In dem Strafverfahren gegen den Referendar wegen Betruges erklärte der Kaufmann, er war übrigens Handelsrichter, er hätte dem Angeklagten den Kredit auch dann gegeben, wenn er gewusst hätte, dass er nicht Richter, sondern nur Referendar war, und wenn er ihm nichts von Bergwerks-Aktien und einem reichen Vater vorgelogen hätte. ◀

Das Gericht stand also vor der Frage, ob die Täuschungen des Angeklagten für die Vermögensverfügung des Kaufmanns ursächlich waren. Die Anwendung der Wegdenk-Methode ergibt offenbar die Verneinung dieser Frage, wenn man die Behauptung des Zeugen zugrunde legt. Trotzdem hat der BGH sie mit der folgenden Begründung bejaht:

> „Es kommt jedoch nicht darauf an, ob für A schon dieser Grund ausgereicht hätte, dem Angeklagten das Geld zu geben. Tatsächlich gab er es, wie die Feststellungen des Urteils erkennen oder sich mindestens deuten lassen, deshalb, weil er den falschen Angaben des Angeklagten vertraute. Wenn dies für ihn wenigstens mitbestimmend war, büßt ein solcher Beweggrund seine rechtliche Bedeutung nicht deshalb ein, weil daneben ein anderer bestand, der von dem Irrtum nicht berührt wurde und für sich allein zu demselben Entschluss geführt hätte".[43]

44    Aber auch, wenn man den wirklichen Verlauf nach den bisher vorgestellten Regeln der Kausalitätsfeststellung prüft, kommt man in Verlegenheit. Es gibt kein allgemeingültiges Gesetz darüber, unter welchen Bedingungen Handelsrichter Referendaren Kleinkredite gewähren. Auch die kausalitätsersetzende Risikoerhöhungstheorie hilft hier nicht weiter, denn es gibt auch keine hinreichend plausibel begründbaren allgemeinen Wahrscheinlichkeitsregeln dafür, welche Sicherheiten Kaufleute verlangen, die Referendaren Kleinkredite geben.

45    Wollen wir also weiterhin von Verursachung eines Entschlusses sprechen, wie es die Strafrechtsdoktrin seit eh und je so unbefangen tut, so brauchen wir noch eine andere Art von Verknüpfung zwischen Ursache und Wirkung als die durch strikte Kausalgesetze oder statistische Gesetze. Alles, was wir tun, tun wir aus Gründen, seien es technische oder seien es ethische. Wir tun etwas entweder, weil wir dieses Tun selbst für richtig halten oder weil wir es für zweckmäßig halten, um ein Ziel zu erreichen, das wir für richtig halten. Diese Gründe unseres Handelns müssen uns bewusst sein, und es ist unsere freie Entscheidung, was wir uns zu Gründen unseres Handelns wählen. Das unterscheidet die Gründe von den Motiven, die unbewusst und auch unbeherrschbar sein können. Unbewusste Motive lassen sich bei der Kausalitätsfeststellung nur anhand von Wahrscheinlichkeitsregeln verwerten. Die bewussten Gründe lassen sich aber auch zu einer anderen Art von Verknüpfung zwischen Ursache und Folge verwerten, die wir auch Kausalität nennen können, obwohl wir uns dessen bewusst sein müssen, dass sie von ganz anderer Art ist als die Naturkausalität. *Jeder, der einem anderen einen Grund dafür liefert, einen bestimmten Entschluss zu fassen, wird kausal für den Entschluss, wenn der andere ihn aus diesem Grunde fasst.*[44] Das gilt auch dann, wenn der andere auch noch weitere Gründe für diesen Entschluss gehabt hat. Die Zurechnung davon abhängig zu machen, ob diese anderen Gründe für den Entschluss ebenfalls ausgereicht hätten, ist schon deshalb nicht sinnvoll, weil diese Frage aus prinzipiellen Gründen nicht zu beantworten ist. Denn – wie schon gesagt

---

43  BGHSt 13, 13 (14).
44  NK[6]-*Puppe* Vor § 13 Rn. 131 f.; *dies.* GA 1984, 101 (109); *dies.* JR 2017, 513 (516 f.); *Otto* AT 6/38.

– lassen sich keine Aussagen darüber machen, wie sich ein Mensch verhalten hätte, wenn er sich in einer anderen Situation befunden hätte.

Nach dieser Regel löst sich unser Fall wie folgt: Der Kreditgeber ist nicht zu fragen, ob er den Kredit auch ohne die falschen Behauptungen des Referendars gegeben hätte, sondern ob diese Behauptungen bei seinem wirklichen Entschluss, den Kredit zu geben, eine Rolle gespielt haben. Er stand eben nicht vor der Frage, ob er einem mittellosen Referendar einen Kredit geben sollte, sondern vor der, ob er einem jungen Richter, der Aktienvermögen und außerdem einen reichen Vater hat, einen Kredit geben soll. Nur wenn die falschen Angaben des Referendars bei seiner Überlegung keine Rolle gespielt haben, ist die Kausalität zu verneinen. Der BGH hätte gut daran getan, sich in dem folgenden Beschluss auf dieses von ihm selbst entwickelte Verständnis der psychischen Kausalität zu besinnen.

### b) Der Galavitfall, BGH NStZ 2010, 88

▶ Der angeklagte Arzt war vom Instanzgericht ua deshalb wegen gewerbsmäßigen Betruges verurteilt worden, weil er an austherapierte Krebspatienten ein Mittel namens Galavit zu einem stark überhöhten Preis verkauft hatte, dass in Deutschland arzneimittelrechtlich nicht zugelassen war, aber über internationale Apotheken zu einem weit geringeren Preis bezogen werden konnte als der Angeklagte verlangte. Er spiegelte den Patienten, auch im Rahmen einer Fernsehsendung vor, dass Galavit in Russland erfolgreich als Heilmittel gegen alle Krebsarten getestet worden sei. Ein Schauspieler präsentierte sich wahrheitswidrig als von einem Prostatakrebs allein durch Galavit geheilter Patient. Mit den Revisionen wurde geltend gemacht, dass die Kausalität dieser Täuschung für die Entscheidung der Patienten, das überteuerte Medikament zu kaufen, nicht erweislich sei. Dem schließt sich der BGH mit den folgenden Worten an: ◀

> „Dass die Behauptung der Angeklagten zum Grad der wissenschaftlichen Verlässlichkeit ihrer Angaben in allen Fällen kausal für die Vermögensverfügung der Getäuschten waren, versteht sich angesichts der Lage, in der sich die Interessenten befanden, nicht von selbst. Zutreffend weisen die Revisionen darauf hin, dass es sich überwiegend um austherapierte Krebspatienten handelte, die genötigt waren, nach „jedem Strohhalm zu greifen". Es liegt schon deshalb nicht fern, dass sich jedenfalls ein Teil der Patienten auch dann für eine Behandlung mit Galavit entschieden hätte, wenn ihnen nicht eine nachgewiesene, sondern lediglich die – nach den Feststellungen der StrK nicht ausschließbar gegebene – Möglichkeit einer entsprechenden Wirkung in Aussicht gestellt worden wäre".[45]

Es soll nicht verschwiegen werden, dass der BGH einen anderen, allerdings höchst zweifelhaften Weg fand, die Verurteilung wegen Betruges doch aufrecht zu erhalten, der im vorliegenden Zusammenhang nicht zu erörtern ist.[46] Aber der Fall zeigt deutlich genug, wohin es führt, wenn das Recht in Fällen psychischer Kausalität sich nicht

46

47

48

49

---

45 NStZ 2010, 88 (89).
46 Der Senat begründet nämlich den seiner Ansicht nach gleichwohl bestehenden Vorwurf des Betruges wie folgt: „Das betrügerische Verhalten aller Angeklagten liegt hier darin, dass sie die Patienten über die Grundlagen ihrer Preisgestaltung und den Apothekenabgabepreis von Galavit in Deutschland täuschten. Zwar liegt im Fordern eines bestimmten Preises nicht ohne Weiteres die Zusicherung, dass dieser auch angemessen oder üblich ist. Die Angeklagten haben jedoch durch ihre wahrheitswidrige Behauptung, der Exportpreis des Medikaments Galavit betrage 600 DM pro Ampulle, den Patienten vorgespiegelt, das Medikament sei in Deutschland nicht zu einem günstigeren Preis erhältlich." Es ist aber in der Lehre vom Betrug allgemein anerkannt, dass der Anbieter einer Ware oder Leistung nicht nur keine konkludente

am wirklich abgelaufenen Entscheidungsprozess des Beeinflussten orientiert, sondern an der Frage, wie sich der Betroffene entschieden hätte, wenn der andere Beteiligte sich rechtmäßig verhalten hätte (sog rechtmäßiges Alternativverhalten). Da wir das Verhalten von Menschen in kritischen Situationen nach wie vor nicht als kausal determiniert betrachten und da wir vor allem keine Kausalgesetze kennen, die dieses Verhalten bestimmen, können wir keine sinnvolle Aussage darüber machen, wie sich ein bestimmter austherapierter Krebspatient entschieden hätte, wenn er die Wahrheit über Galavit gewusst hätte. Sofern es auf diese Frage überhaupt ankommt, bleibt nichts anderes übrig, als nach dem Zweifelsgrundsatz zugunsten des Täuschenden davon auszugehen, dass der Patient das Medikament auch dann gekauft hätte. Die Konsequenz ist, dass man einem austherapierten Krebspatienten sowie auch andere Personen, die sich in einer verzweifelten Lage befinden, über die Wirksamkeit einer Therapie oder sonstigen Abhilfe straflos vortäuschen kann was man will, um ihnen „das Geld aus der Tasche zu ziehen".

50    Hätte der entscheidende Senat sich auf die Entscheidung des BGH im Referendar-Fall besonnen, statt routinemäßig die Conditio- sine-qua-non-Formel anzuwenden und sich das rechtswidrige Verhalten der Angeklagten hinwegzudenken, so hätte er erkannt, dass der zynische Hinweis der Revision auf die verzweifelte Situation der getäuschten Patienten nicht geeignet ist, den Vorwurf gegen den angeklagten Arzt, er habe durch eine Täuschung eine selbstschädigende Vermögensverfügung der Patienten verursacht, zu entkräften. Es kommt eben nicht darauf an, was geschehen wäre, wenn sich der Angeklagte rechtmäßig verhalten hätte, sondern darauf, was tatsächlich geschehen ist.[47] Tatsächlich ist kein Zweifel daran denkbar, dass bei der Entscheidung jedes einzelnen Patienten, das teure Medikament zu kaufen, die falsche Information eine Rolle gespielt hat, dass das Medikament in Russland erfolgreich als Krebstherapie getestet worden ist und dass es mindestens einem Patienten, nämlich besagtem Schauspieler, schon geholfen hat. Dass der Angeklagte sich dieses Kausalzusammenhanges bewusst war, wird er schwerlich bestreiten können, sonst wäre der finanzielle und technische Aufwand, den er getrieben hat, um den Patienten die erwiesene Wirksamkeit von Galavit bei Krebs vorzutäuschen, nicht zu erklären.

51    Bei der Anstiftung ist die Kausalität nach den gleichen Regeln festzustellen. Üblicherweise wendet man auch hier die Wegdenk-Methode an und behauptet einfach, der Täter hätte den Entschluss zur Tat nicht gefasst, wenn der andere ihn nicht angestiftet hätte. Es bleibt aber völlig unklar, mit welchem Recht diese Behauptung aufgestellt wird. Es ist nicht der kleinste Mangel der Wegdenk-Formel, dass sie die Strafrechtler in der Illusion wiegt, man könne Kausalität auch ohne Gesetze und andere Verknüpfungsregeln zwischen Ursache und Folge behaupten, man brauche eben nur das Verhalten des Täters hinwegzudenken, und dann werde man schon sehen.[48] Plausibel ist die Behauptung, der Täter hätte ohne die Anstiftung den Tatentschluss nicht gefasst, nur dann, wenn er ohne diese Anstiftung keinen Grund dazu gehabt hätte. Hat er aber noch weitere Gründe, so hilft auch kein Wegdenken, um die Frage zu beantworten, ob diese übrigen Gründe zur Fassung des Tatentschlusses ausgereicht hätten.

---

Zusicherung darüber abgibt, dass der von ihm verlangte Preis angemessen sei, sondern auch nicht darüber, dass die Ware oder die Leistung nicht anderswo zu einem günstigen Preis erhältlich ist.

47  So auch *Roxin/Greco* AT/1 11/32a.

48  *Frisch* Gössel-FS (2002), 51 (67 f.); *ders.* Maiwald-FS (2010), 239 (253 ff.); *Samson* Rudolphi-FS (2004), 257 (262 ff.); *Greco* ZIS 2011, 674 (685). Kritisch dazu *Puppe* Rechtswissenschaft 2011, 400 (407 ff.); *dies.* NK Vor § 13 Rn. 91; *dies.* GA 2010, 551 (569 f.).

### 5. Verursachung durch Hinderung rettender Kausalverläufe

### a) Der Serum-Fall[49]

▷ In einem Dschungel ist ein Expeditionsmitglied lebensbedrohlich erkrankt und kann nur 52
durch Verabreichung eines bestimmten Serums gerettet werden. Auf einem Buschflugplatz
steht ein Flugzeug bereit sowie die erforderliche Menge des Serums. Da im Flugzeug aber
keine Kühlmöglichkeit vorhanden ist, würde das Serum auf dem Flug zum Patienten verder-
ben. Ein unachtsamer Verladearbeiter verschüttet das Serum. Ist der Arbeiter für den Tod
des Kranken ursächlich geworden? ◁

Das könnte man mit der Begründung bejahen, dass der Verderb des Serums durch 53
Wärme ja in Wirklichkeit nicht stattgefunden hat, so dass zur Darstellung des wirklichen Kausalverlaufs die Tatsache gehört, dass der Arbeiter das Serum verschüttet
hat.[50] Aber zur Erklärung des Todes des Kranken brauchen wir diese Information
gar nicht, wir erhalten vielmehr die vollständige Kausalerklärung, indem wir die Entstehung und den Verlauf seiner Krankheit schildern. Wenn es wegen des Fehlens einer
Kühlanlage von vornherein unmöglich war, dem Erkrankten von dem Flugplatz aus
ein rettendes Serum zu bringen, so hat das geschäftige Treiben auf dem Flugplatz
mit dem Tod des Erkrankten nichts zu tun.[51] Waren aber alle tatsächlichen Voraussetzungen dafür vorhanden, dass der Kranke durch das Serum gerettet und geheilt
wird, so ist diese Kausalerklärung nach allgemeinen Gesetzen unschlüssig. Um sie
schlüssig zu machen, müssen wir erklären, warum es nicht zu der zu erwartenden
Rettung des Patienten gekommen ist. Dies ist mit der Tatsache zu erklären, dass der
Verladearbeiter das Serum verschüttet hat. Würden wir bei unseren Kausalerklärungen
die Möglichkeit außer Acht lassen, dass der ins Auge gefasste Kausalverlauf durch eine
störende Bedingung verhindert werden kann, so würden wir, falls eine solche störende
Bedingung vorhanden ist, eine falsche Kausalerklärung des Erfolgseintritts als richtig
akzeptieren, obwohl der Erfolg durch einen anderen Kausalverlauf herbeigeführt worden ist.

Es hat nun den Anschein, als würden wir zur Conditio-sine-qua-non-Formel zurück- 54
kehren, indem wir die Verhinderung eines Kausalverlaufs nur dann als Ursache des
Erfolges anerkennen, wenn zum Zeitpunkt der Verhinderungshandlung alle Bedingungen dafür gegeben waren, dass dieser Kausalverlauf ein rettender war. Aber der Schein
trügt. Sind in einem Sachverhalt mehrere hinreichende Bedingungen für den Erfolgseintritt angelegt, und ist nur für eine davon eine inhibierende Bedingung vorhanden, so
wird auch der für den Erfolg kausal, der diese eine inhibierende Bedingung beseitigt.
Er setzt dann nämlich ein notwendiges Element einer hinreichenden Bedingung für den
Erfolgseintritt.[52]

Wenn es um die Frage geht, welche von mehreren möglichen Ursachen die wirkliche 55
Ursache und welches nur eine Ersatzursache ist, so verhält es sich bei der Verhinderung rettender Kausalverläufe und beim Unterlassen genau umgekehrt wie bei der
unmittelbaren Verursachung. Bei der unmittelbaren Verursachung verdrängt ein Kausalverlauf, der einen anderen bereits angelegten Kausalverlauf überholt, diesen, ist also

---

49 *Samson* (1972), 95 f.
50 So *Jakobs* AT 7/24.
51 NK[6]-*Puppe* Vor § 13 Rn. 112; *dies.* ZIS 2018, 484 (486); *dies.* JR 2017, 513 (521); *dies.* ZStW 92 (1980), 863
(904 f.); vgl. *Roxin/Greco* AT/1 11/34.
52 *Puppe* ZIS 2018, 484 (485).

die wirkliche Ursache, während der früher angelegte Kausalverlauf nur eine Ersatzursache darstellt. Bei der Hinderung rettender Kausalverläufe dagegen verdrängt die erste Ursache dafür, dass der Kausalverlauf kein rettender mehr ist, jede weitere.[53] Bei der Verursachung durch Verhinderung rettender Kausalverläufe verdrängt jede natürliche Ursache jede Verursachung durch menschliches Verhalten also schon deshalb, weil die natürlichen Ursachen beliebig in die Vergangenheit zurückverfolgt werden können, während eine Verursachung durch menschliches Handeln gemäß der Vorstellung von der Handlungsfreiheit erst mit dieser Handlung beginnt.[54] Dass das rettende Serum, das vom Buschflugplatz zum Kranken geschickt wird, diesen nicht in unverdorbenem Zustand erreichen wird, steht theoretisch vom Anbeginn der Welt fest.

56 Besteht der Eingriff in einen rettenden Kausalverlauf darin, dass ein Retter an der Rettung gehindert wird, so liegt eine Verursachung nur dann vor, wenn dem Retter die Rettung nach allgemeinen Kausalgesetzen gelingen konnte. Besteht der Eingriff darin, dass die Benachrichtigung des verpflichteten Retters verhindert wird, so gilt dieser Grundsatz ebenfalls. Aber in diesem Fall kommen wir nicht mit Kausalgesetzen aus, um die Frage zu entscheiden, ob der verhinderte Kausalverlauf ein rettender war. Er war nämlich nur unter der Voraussetzung ein rettender, dass der nicht benachrichtigte Verpflichtete seiner Verpflichtung nachgekommen wäre. Im Abszess-Fall (s.o. 2/35 ff.), bei dem es allerdings nicht um die Verhinderung, sondern um die Unterlassung der Benachrichtigung des Rettungspflichtigen ging, hat der BGH ja die Zurechnung an den Verhinderer von dem prinzipiell unmöglichen Beweis der Behauptung abhängig gemacht, dass der Rettungspflichtige seine Pflicht erfüllt hätte.[55] An diesem Beispiel hatten wir bereits gezeigt, dass es notwendig und auch legitim ist, dessen Pflichterfüllung zu unterstellen, um die Frage zu entscheiden, ob der Kausalverlauf, den der Täter verhindert bzw. pflichtwidrig zu initiieren unterlassen hat, ein rettender war (s.o. 2/35 ff.). Würde man nämlich für die Kausalität der Verhinderung des Rettungseinsatzes eines verpflichteten Retters den Nachweis verlangen, dass der Retter seiner Pflicht nachgekommen wäre, wenn ihn die Nachricht erreicht hätte, so würde man dem Täter gestatten, sich zu seiner Entlastung auf eine fiktive Pflichtverletzung des potenziellen Retters zu berufen, also auf eine Pflichtverletzung, die dieser in Wirklichkeit gar nicht begangen hat, weil der Täter pflichtwidrig die Gelegenheit zur Pflichterfüllung verhindert bzw. nicht herbeigeführt hat (s. dazu auch u. 30/12 ff.).[56]

### b) Erschleichung von Spenderorganen durch falsche Angaben bei Eurotransplant als Tötungsdelikt – Der Organspendeskandalfall BGH NStZ 2017, 701

57 ▶ Der Angeklagte war als Transplantationschirurg in einem Göttinger Transplantationszentrum tätig. Er meldete zwei seiner Patientinnen auf die Warteliste, obwohl diese nach den von der Bundesärztekammer aufgrund der Ermächtigung nach § 16 Transplantationsgesetz erlassenen Richtlinien gar nicht für die Warteliste zugelassen waren. Außerdem täuschte er bei anderen Patienten Gründe vor, die ihnen einen höheren Rang auf der Warteliste verschafften, als ihnen nach den von der Bundesärztekammer festgelegten Regeln zustanden. Der BGH sprach den Angeklagten vom Vorwurf sowohl der vollendeten als auch der ver-

---

53 NK[6]-*Puppe* Vor § 13 Rn. 112 f.; *dies.* ZIS 2018, 484 (486); *dies.* Rechtswissenschaft 2011, 400 (432 ff.).
54 Vgl. *Puppe* Rechtswissenschaft 2011, 400 (434).
55 BGH NStZ 1986, 217 f.
56 NK[6]-*Puppe* Vor § 13 Rn. 133 ff.; *dies.* JR 2017, 513 (520 f.); *dies.* Rechtswissenschaft 2011, 400 (433 f.).

suchten Tötung anderer auf der Warteliste durch seine Manipulationen verdrängter Patienten frei. ◄

Zunächst macht sich der Senat Gedanken über die Frage, ob bei einer Falschangabe von Patientendaten im Organverteilungsverfahren die Tötungsdelikte überhaupt einschlägig sein können. Dagegen wird vorgebracht, dass der einzelne Patient im Verteilungsverfahren keinen Anspruch auf ein bestimmtes Organ hat, sondern allenfalls einen Anspruch auf Beteiligung an einem ordnungsgemäß und unmanipuliert geführten Verteilungsverfahren.[57] Außerdem zweifelt der Senat die Verfassungsmäßigkeit der von der Bundesärztekammer festgelegten Richtlinien zur Organverteilung an, weil diese seiner Ansicht nach jedenfalls teilweise nicht den neuesten Erkenntnissen der Medizin entsprechen, vor allem aber deshalb, weil sie nicht durch ein formelles Gesetz erlassen worden sind und nicht hinreichend bestimmt sind. Nach Art. 103 Abs. 2 GG hätten die Verteilungsregeln diese Anforderungen erfüllen müssen, weil sie letztlich strafbarkeitsbegründende Wirkung haben.[58] Deshalb könne die objektive Zurechnung des Todes eines anderen Patienten nicht darauf gegründet werden, dass ein Arzt durch Täuschung eine Verletzung dieser Verteilungsregeln bei Eurotransplant bewirkt hat.[59] Allerdings lässt das Gericht es letztlich dahingestellt, ob diese Überlegungen schlüssig sind und stützt den Freispruch auf andere.

Aber all diese Überlegungen liegen neben der Sache. Das Recht verbietet es grundsätzlich, das Unglück des einen Betroffenen auf einen anderen abzuwälzen, auch wenn dieser andere kein Recht darauf hatte, vor dem Unglück bewahrt zu bleiben, sondern es nur auf zufälligen Tatsachen beruht, dass das Unglück nicht diesen anderen bedroht, sondern den ersteren. Es ist grundsätzlich auch verboten, einen rettenden Kausalverlauf wie z.B. die Zuteilung eines Spenderorgans von demjenigen Gefährdeten, auf den er, und sei es zufällig, zuläuft, auf einen anderen umzulenken. Wenn ein Schiffbrüchiger den anderen von der rettenden Planke stößt, um sich selbst daran festzuhalten, begeht er Tötungsunrecht und ist nur nach § 35 StGB entschuldigt. Tut er dies um nicht sich selbst, sondern einen anderen zu retten, so ist er wegen eines Tötungsdelikts strafbar. Er kann sich weder darauf berufen, dass er doch, indem er einen Menschen getötet hat, zugleich einen anderen gerettet hat, der sonst gestorben wäre, noch darauf, dass der ursprüngliche Besitzer der Planke ebenso wenig wie er selbst oder der andere ein Recht auf diese Planke hatte.[60] Wenn knappe Rettungsmittel nicht von Rechts wegen bestimmten Interessenten zugewiesen sind, so gilt eben im Recht der Grundsatz, wer hat, der hat. Auch wenn sich das Rechtsgefühl dagegen sträuben mag, so ist diese Regelung doch notwendig, weil es sonst um diese knappen nicht von Rechts wegen zugeteilten Ressourcen zu einem Krieg aller gegen alle kommt.[61]

Zur Ablehnung eines vollendeten Tötungsdelikts zum Nachteil eines der jeweils um einen Platz auf der Warteliste verdrängten Patienten schließt sich der Senat mit folgenden Worten den Ausführungen des Landgerichts Göttingen an:

> „Mit Recht geht das *LG* davon aus, dass der Nachweis einer mit an Sicherheit grenzender Wahrscheinlichkeit eintretenden Lebensverlängerung und damit eines vollendeten

57 BGH NStZ 2017, 701 (702); *Schroth* NStZ 2013, 437 (443).
58 BGH NStZ 2017, 701 (703 f.); *Schroth* NStZ 2013, 437 (440 f.); kritisch *Sternberg-Lieben/Sternberg-Lieben* JZ 2018, 32 (34 f.); *Puppe* ZIS 2018, 484 (490).
59 BGH NStZ 2017, 701 (702 f.); *Schroth* NStZ 2013, 437 (443 f.).
60 *Puppe* ZIS 2018, 484 (489 f.); *Schroth* NStZ 2013, 437 (443 Fn. 74) hält diesen Vergleich mit dem Brett des Karneades zwar für schief, aber er sagt nicht, warum.
61 *Böse* ZJS 2014, 117 (121).

58

59

Totschlags vorliegend nicht geführt werden kann. Das gilt bereits wegen des mit 5 bis 10 % beträchtlichen Risikos jedes Patienten, in oder unmittelbar nach der Transplantation zu versterben. Die in den Urteilsgründen im Einzelnen dargelegten Unwägbarkeiten des Allokationsverfahrens kommen hinzu. Danach kann unter anderem nicht beurteilt werden, ob das konkrete Organ für den „überholten" Patienten überhaupt geeignet und er zum maßgebenden Zeitpunkt transplantabel gewesen wäre sowie ob die Transplantation zum Zeitpunkt des Angebots im fraglichen Transplantationszentrum hätte durchgeführt werden können."[62]

Wie schon das Instanzgericht konzentriert sich auch der BGH nur auf einen einzigen möglicherweise geschädigten Patienten, nämlich den sogenannten Erstüberholten. Schon das Landgericht hatte ausgeführt, dass es nur auf diesen erstüberholten Patienten ankommen könne, in Bezug auf weitere „überholte" Patienten könne aufgrund eines gänzlich unübersichtlichen tatsächlichen Verlaufs der Organverteilung schon nicht von einer Vorhersehbarkeit des Kausalverlaufs in seinen wesentlichen Zügen und damit nicht vom kognitiven Vorsatzelement ausgegangen werden.[63]

60   Obwohl das Landgericht an dieser Stelle vom Vorsatz und nicht vom objektiven Tatbestand spricht, liegt diesen Ausführungen, ebenso wie denen des BGH doch wohl der Gedanke zugrunde, dass schon im objektiven Tatbestand die individuelle Person des Geschädigten festgestellt werden muss, so dass man gewissermaßen auf ihn zeigen kann. Beim Organverteilungsverfahren ist das aber jedenfalls zum Zeitpunkt der Listenmanipulation nicht möglich, weil dabei weitere menschliche Entscheidungen eine Rolle spielen. So kann beispielsweise ein Patient bzw. dessen Arzt ein angebotenes Organ ablehnen, weil er hofft, noch ein qualitativ besseres angeboten zu bekommen. Außerdem kann ein überholter Patient ein Organ deshalb erhalten, weil dieses im außerordentlichen Eilverfahren allen Transplantationszentren angeboten wird, um seinen Verderb abzuwenden.

Aber all das ist kein Grund, sich bei der Frage, ob ein Tötungserfolg eingetreten ist und der Frage, ob er vom Vorsatz des Täters umfasst war, auf den erstüberholten Patienten zu beschränken. Die Erfolgsbeschreibung des § 212, ebenso wie die aller anderen Erfolgsdelikte, verwendet den unbestimmten Artikel. Für den objektiven Tatbestand ist also nur die Feststellung erforderlich, dass durch die Wartelistenmanipulation irgendein Mensch zu Tode gekommen ist, der ohne diese am Leben geblieben wäre.[64] Und auch der Vorsatz des Täters muss sich nur auf diese Tatsache beziehen. Der Tötungs- oder Verletzungsvorsatz impliziert also keinerlei Vorstellungen über die Identität oder Individualität der verletzten Person. Die Redensart von der sogenannten Opferwahlfeststellung ist also mindestens missverständlich.

61   Sowohl in die Frage nach dem objektiven Erfolgseintritt als auch in die nach dem Erfolgsherbeiführungsvorsatz sind also alle Patienten einzubeziehen, die der Patient des manipulierenden Transplantationsarztes um jeweils einen Platz auf der Warteliste verdrängt hat. Rückt also beispielsweise der von dem Arzt begünstigte Patient durch dessen Falschangaben um zehn Plätze auf der Warteliste vor, so werden dadurch die Chancen von zehn Patienten gemindert, rechtzeitig ein Spenderorgan zu erhalten. Damit wird auch das Argument des BGH, dass der Erstüberholte möglicherweise das

---

62   BGH NStZ 2017, 701 (706).
63   BGH NStZ 2017, 701 (702).
64   *Böse* ZJS 2014, 117 (118); *Roxin/Greco* AT/1 11/34a.

angebotene Organ nicht hätte annehmen können bzw. nicht angenommen hätte, hinfällig. Denn dann wäre das Organ nicht aus dem Verteilungsverfahren verschwunden, sondern dem jeweils nächsten auf der Warteliste angeboten worden. Das Strafrecht braucht also nicht sogleich vor den „Unwägbarkeiten des Allokationsverfahrens" zu kapitulieren, wie es der Senat getan hat.

Was müsste das Gericht also feststellen können, um zu beweisen, dass der Transplanta-62 tionsarzt durch die seinen Patienten begünstigende Wartelistenmanipulation den Tod eines anderen Patienten verursacht hat? Zunächst müsste festgestellt werden, dass der Patient aufgrund der Listenmanipulation ein Organ tatsächlich erhalten hat. Dies war in den entschiedenen Fällen durchweg gegeben. Weiter müsste festgestellt werden, wie viele und welche Patienten der begünstigte Patient infolge der Manipulation überholt hat. Dabei sind freilich nur diejenigen Patienten in Betracht zu ziehen, die für die dem begünstigten Patienten transplantierte Leber als Empfänger in Betracht gekommen wären. Diese Feststellung ist prinzipiell möglich anhand der sog. Match-Listen (Empfängerlisten), die Eurotransplant für jedes gemeldete Spenderorgan nach den Allokationskriterien aufstellt. Weiter ist festzustellen, ob innerhalb der überholten Patientengruppe ein Patient auf der Warteliste verstorben ist, dem rechtzeitig ein Organ hätte angeboten werden können, wenn die durch die unberechtigte Bevorzugung des Patienten des Angeklagten bedingte Verzögerung der Angebote nicht eingetreten wäre. Dass diesem Patienten auch im Eilverfahren kein passendes Organ angeboten werden konnte, steht ebenfalls jedenfalls nachträglich objektiv fest. Dass das Gericht diese Feststellungen aufgrund des Datenschutzes nur anonymisiert treffen kann, schadet nichts, weil die Identität des Geschädigten gar nicht festgestellt werden muss.

Übrig bleibt die Ungewissheit, ob die Operation mit dem Organ, das diesem Patienten 63 durch die Manipulation entgangen ist, mindestens insofern erfolgreich gewesen wäre, dass er den Eingriff selbst überlebt und eine gewisse Zeit länger gelebt hätte, als er ohne das transplantierte Organ tatsächlich gelebt hat. Dieser Feststellung steht nun allerdings die Erfahrung entgegen, dass bei Lebertransplantationen ein fünf- bis zehnprozentiges Mortalitätsrisiko besteht. Geht man, wie es hier vorgeschlagen wird, davon aus, dass es sich dabei um einen prinzipiell nicht determinierten Prozess handelt, so ist diese Frage mithilfe der Risikoerhöhungstheorie dahin zu entscheiden, dass die Zurechnung des Todes dieses Patienten damit zu begründen ist, dass der manipulierende Arzt ihm eine tatsächlich bestehende 90 bis 95-prozentige Überlebenschance entzogen hat (s. dazu o. 2/18 ff.).[65]

Geht man aber mit dem BGH davon aus, dass auch diese Prozesse vollständig determi-64 niert sind, dass also objektiv mit 100-prozentiger Sicherheit feststeht, ob dieser Patient zu der Gruppe von 90–95 % der Patienten gehört, die eine Lebertransplantation überleben oder zu der Gruppe von 5–10 %, die sie nicht überleben, so ist der Erfolgseintritt allerdings nicht feststellbar, obwohl objektiv feststeht, ob er stattgefunden hat oder nicht, und darauf hat sich der Senat im vorliegenden Fall denn auch berufen. Da aber auch der Transplantationsarzt, der die Warteliste manipuliert hat, nicht wissen kann, ob dieser Patient zu der einen oder anderen Gruppe gehört, kommt nach dem „Weltbild" des BGH immer noch eine Strafbarkeit wegen Versuchs in Betracht.

Um vorsätzlich zu handeln, muss sich der Täter danach einen vollständig determinier-65 ten Kausalverlauf vorstellen, der zum Tode eines oder auch mehrerer auf der Warteliste

---

65 So *Rissing-van Saan/Verrel* NStZ 2018, 57 (65); *Puppe* ZIS 2018, 484 (491).

von ihm zurückgesetzten Patienten führt. Er muss sich also lediglich vorstellen, dass einer dieser Patienten, die als Empfänger des von ihm erschlichenen Organs in Betracht gekommen wären und auf der Warteliste vor dem von ihm begünstigten Patienten standen, verstorben ist, weil er nicht rechtzeitig ein Spenderorgan erhalten hat. Er muss sich weiter vorstellen – und diese Aussage ist im vollständig determinierten Weltbild des BGH durchaus sinnvoll – dass der Patient die Operation überlebt hätte, wenn er rechtzeitig ein Organ erhalten hätte. Diesen Kausalverlauf muss sich aber der Angeklagte nicht als sicher feststehend, sondern nur als möglich vorstellen.[66] Und aufgrund der tatsächlichen Gegebenheiten des Organverteilungsverfahrens, das der Angeklagte ja genau kannte, ist ein solcher Kausalverlauf stets möglich. Dann wäre nur noch die Frage nach dem sogenannten voluntativen Vorsatzelement zu entscheiden. Auf diesen Streit brauchen wir aber im vorliegenden Zusammenhang nicht mehr einzugehen, denn der BGH hat schon das kognitive Vorsatzelement mit der erstaunlichen Begründung abgelehnt, der Täter müsse sich den zum Todeserfolg führenden Kausalverlauf als sicher eintretend vorstellen.[67] Das hat in der Literatur zu einiger Irritation geführt.[68]

### 6. Hinweise zur praktischen Anwendung

66  Die Conditio-sine-qua-non-Formel ist zwar falsch, ihre Anwendung wird aber vom Kandidaten immer noch erwartet, es wird erwartet, dass er die Kausalität einer Handlung dadurch prüft, dass er sie hinweg denkt. Nun kann man auch die Lehre von der gesetzmäßigen Mindestbedingung so anwenden, dass man die zu prüfende Handlung irgendwo hinweg denkt, nur nicht aus der Welt, um zu fragen, was ohne sie (hypothetisch) geschehen wäre, sondern nur aus einer bereits projektierten kausalen Erklärung des Erfolges, um zu fragen, ob diese ohne die Handlung noch schlüssig ist (s. o. 2/5 ff.).

67  Man beschreibt also zunächst den Kausalverlauf, der wirklich abgelaufen ist und schließlich zum Erfolg geführt hat. Das kann je nach dem wie trivial oder komplex die kausale Erklärung des Erfolgseintritts ist mehr oder weniger ausführlich geschehen. In einem trivialen Fall wie etwa dem, dass der Täter sein Opfer mit einem Hammer erschlagen hat, genügt dazu die folgende Feststellung: Der Tod des Opfers ist durch zahlreiche Hammerschläge auf seinen Kopf eingetreten. Dann kann man hinschreiben, aus diesem Kausalverlauf sind die Schläge des Täters nicht hinwegzudenken ohne dass der Erfolg entfiele. Im Psychiatriefall (s. o. 2/1 ff.) ist die Kausalerklärung nicht ganz so trivial, da das Verhalten Dritter, nämlich das des Klinikpförtners und das des Patienten dabei eine Rolle spielen. Sie könnte etwa wie folgt lauten: Der Täter befand sich vor den Tötungsdelikten in der geschlossenen Abteilung einer psychiatrischen Klinik. Er hat seine Freiheit dadurch erlangt, dass ihm der Pförtner die Haustür geöffnet hat. Dies hat der Pförtner getan, weil der Patient ihm einen Erlaubnisschein der behandelnden Ärzte vorgewiesen hat. Da er dann keiner Aufsicht mehr unterlag, konnte er mehrere Tötungsdelikte begehen.

68  Schon in diesem Beispiel haben wir zur Begründung der hinreichenden Mindestbedingung für die Verbrechen des Patienten eine allgemeine Regel angewandt, die kein

---

66  Nähere Auseinandersetzung mit der Argumentation des BGH bei *Puppe* ZIS 2018, 484 (491 f.).
67  BGH NStZ 2017, 701 (706).
68  *Hoven* NStZ 2017, 707 f.; *Rissing-van Saan/Verrel* NStZ 2018, 57 (65 f.); *Ast* HRRS 2017, 500 (501); *Sternberg-Lieben/Sternberg-Lieben* JZ 2018, 32 (37).

Kausalgesetz ist, sondern ein Rechtsgesetz. Diese Regel lautet: Wenn ein Patient dem diensttuenden Pförtner einer geschlossenen Psychiatrischen Klinik einen von den behandelnden Ärzten unterzeichneten Erlaubnisschein für einen unbewachten Ausgang vorlegt, so öffnet dieser ihm die Klinikpforte. Niemand nimmt daran Anstoß. Im Ledersprayfall benötigen wir als allgemeine Regel zur Begründung der Kausalität der für den Beschluss abgegebenen Stimmen aus der Verfassung der Gesellschaft die Rechtsregel, welche Mehrheit für das Zustandekommen des betreffenden Beschlusses erforderlich ist. Eine besondere Rechtsfigur für den Einsatz einer Rechtsregel benötigen wir nur in dem Fall, dass diese ihre Begründung nicht darin findet, dass sie im vorliegenden Fall tatsächlich befolgt wurde, war, sondern darin, dass sich niemand zu seiner Entlastung auf eine fiktive Regelverletzung eines anderen berufen darf. Solche Regeln sind die von Rechts wegen bestehenden Pflichten, die der Täter durch Information des Pflichtigen hätte aktualisieren sollen, wie etwa die Pflicht des Einzelhändlers, zurückgerufene Produkte nicht weiterzuverkaufen oder die Pflicht des Oberarztes, auf einen Anruf des wachhabenden Stationsarztes in der Klinik zu erscheinen und die nötigen Maßnahmen zu treffen. Das gleiche gilt für Klugheitsregeln zum Selbstschutz, zu deren Anwendung der Täter einem anderen pflichtwidrig keine Gelegenheit gegeben hat, wie beispielsweise im Lawinenfall und im Gasanschlussfall.

Hat man den tatsächlich abgelaufenen Kausalprozess anhand allgemeiner Regeln beschrieben, so kann man hinschreiben: Aus diesem Kausalverlauf kann die Handlung des Täters nicht hinweggedacht werden, ohne dass der Erfolg entfiele. 69

Ist der Beurteiler Ihrer Arbeit ein Anhänger der Conditio-sine-qua-non-Theorie, so wird er entweder gar nicht merken, dass Sie diese Theorie nicht angewandt haben oder er wird Ihnen attestieren, dass Sie sie ganz korrekt angewandt haben, weil Sie nichts hinzugedacht haben, was nicht tatsächlich geschehen ist. Ist Ihr Prüfer kein Anhänger der Conditio-sine-qua-non-Formel, so wird er Ihnen ein gründliches Verständnis der Kausalität bescheinigen.

Dieses Vorgehen hat im Vergleich zur sog Conditio-sine-qua-non-Formel drei Vorteile: 70 Erstens ist das Wegdenken der Handlung aus einer bereits aufgestellten wahren und schlüssigen Kausalerklärung des Erfolges im Gegensatz zur Formel von der notwendigen Bedingung eine logisch und methodisch korrekte Weise der Ermittlung von Kausalität im Einzelfall. Zweitens führt dieses Vorgehen, wiederum im Gegensatz zur Conditio-sine-qua-non-Formel, auch dann ohne Weiteres zum richtigen Ergebnis, wenn ein Fall der Mehrfachkausalität vorliegt oder im Sachverhalt eine Ersatzursache angelegt ist. Man braucht sich also nicht zu fragen, was man sich im Einzelfall hinzudenken oder nicht hinzudenken muss, um auch in solchen Fällen zu richtigen Ergebnissen zu kommen. Man braucht auch nicht weitere Anwendungsregeln der Formel zu lernen, die die hL für diese Fälle entwickelt hat, incl. der allgemein bekannten Alternativen-Formel. Drittens, lenkt dieses Vorgehen die Aufmerksamkeit des Juristen von vornherein auf den Kausalverlauf, der wirklich abgelaufen ist und nicht auf einen fiktiven, der ohne die Handlung des Täters abgelaufen wäre. So kann er sofort erkennen, ob der Kausalverlauf Besonderheiten aufweist, die der Zurechnung des Erfolges zur Handlung des Täters entgegenstehen könnten, obwohl diese für den Erfolg kausal war.

Wir werden solche Besonderheiten noch ausführlich besprechen. Hierher gehört zB ein 71 Kausalverlauf, der nach der pflichtwidrigen Handlung des Täters zunächst in ein erlaubtes Risiko übergegangen ist, das sich dann durch Zufall im Erfolg realisiert hat oder sich durch das Fehlverhalten eines anderen wieder in ein unerlaubtes Risiko verwandelt hat, sog Erfordernis der Realisierung des unerlaubten Risikos (s. u. 3/1 ff.). Hierher gehört weiter der Fall, dass der Verletzte sich bewusst an seiner Gefährdung selbst beteiligt hat, sog freiverantwortliche Selbstgefährdung (s. u. 6/5 ff.).

72     Auch der Psychiatriefall (s. o. 2/1 ff.) wirft ein solches Problem auf, das sog Regressverbot. Der Kausalverlauf zum Tod der Verbrechensopfer verlief nämlich über eine vorsätzliche Tötungshandlung des Patienten. Sie müssten also ausführen, dass das sog Regressverbot, wonach der Kausalverlauf, abgesehen von den Fällen der Beteiligung an fremder Vorsatztat, nicht hinter die vorsätzliche Handlung eines anderen Verursachers zurückverfolgt werden darf, im vorliegenden Fall nicht einschlägig ist, weil der vorsätzlich Handelnde nicht voll verantwortungsfähig war und weil es die Aufgabe der Angeklagten war, potenzielle Opfer gerade vor der Gefahr zu schützen, die von dessen vorsätzlichen Handlungen ausging.

73     Im Gegensatz zur Kausalität, die die Grundvoraussetzung jeder Zurechnung ist, sind diese Fragen nur dann bei einer Fallprüfung anzusprechen, wenn der Sachverhalt dazu Anlass gibt. Wenn Sie aber die Prüfung der Kausalität dadurch erledigen, dass Sie einfach die Conditio-sine-qua-non-Formel herunter beten, werden Sie unter Umständen gar nicht merken, ob das der Fall ist. Schildern Sie dagegen kurz den wirklichen Kausalverlauf, so haben Sie eine etwa einschlägige Prüfung weiterer Zurechnungsprobleme bereits vorbereitet.

74     Während die Elemente Kausalität, Sorgfaltswidrigkeit und Kausalität der Sorgfaltspflichtverletzung bei jedem Fahrlässigkeitsdelikt zu prüfen sind, gehört die Einschlägigkeit des Schutzzwecks der Norm zu denjenigen Erfordernissen der objektiven Zurechnung, die nur dann anzusprechen sind, wenn sie im Einzelfall problematisch erscheinen. Ob das der Fall ist, erkennt man, wenn man den tatsächlich abgelaufenen Kausalprozess beschrieben hat. Auf den Kausalverlauf, nicht etwa auf den Erfolg bezieht sich die Frage, ob es der Zweck der verletzten Verhaltensnorm ist, einen Kausalverlauf dieser Art zu verhindern.[69]

---

69  Die Norm, um deren Schutzzweck es dabei geht, ist nicht etwa der Tatbestand des Strafgesetzbuchs, also bspw. § 222 oder § 230. Denn über deren Schutzzwecke lässt sich nichts anderes sagen, als dass sie dazu da sind, Todesfälle bzw. Körperverletzungen zu verhindern. Die Norm, um deren Schutzzweck es geht ist vielmehr die Sorgfaltsnorm, die der Täter übertreten hat.

## § 3 Die Kausalität der Sorgfaltspflichtverletzung, auch Rechtswidrigkeitszusammenhang oder Realisierung des unerlaubten Risikos genannt

### 1. Was ist Kausalität der Sorgfaltspflichtverletzung? – Der Blinkerfall

▶ Als A des Morgens mit seinem Auto in sein Büro fahren will, stellt er fest, dass der linke Blinker nicht leuchtet. Offenbar ist die Birne oder die Sicherung durchgebrannt. Obwohl er eine Birne und eine Sicherung griffbereit hat, fährt er mit dem defekten Blinker los, um nicht zu spät zur Arbeit zu kommen. Als er an einer roten Ampel halten muss, fährt ein anderes Auto von hinten auf das seine auf, dessen Fahrer erstens zu schnell und zweitens unaufmerksam gefahren ist. ◀   1

Obwohl A sich sorgfaltswidrig verhalten hat, weil er mit einem kaputten Blinker gefahren ist, und obwohl er durch eben dieses Fahren und das Halten an der Ampel auch kausal für den Unfall geworden ist (zu einem Zusammenstoß gehören zwei), ist er für den Personenschaden des anderen Fahrers nicht verantwortlich, wenn er ihn nicht, wie es in § 222 StGB heißt „durch Fahrlässigkeit verursacht" hat. Es genügt eben offenbar nicht, dass eine Handlung pflichtwidrig war und die gleiche Handlung für einen Schaden kausal geworden ist. Es muss vielmehr gerade diejenige Eigenschaft der Handlung, die ihre Pflichtwidrigkeit ausmacht, ursächlich für den Schaden sein, in dem Sinne, dass sie notwendiger Bestandteil der hinreichenden Bedingung für dessen Eintritt war.[1] Um diesen Unfall zu erklären, brauche ich aber keine Angaben über den Zustand der Blinkanlage des Fahrzeugs, weil A vor dem Unfallgeschehen die Blinkanlage gar nicht zu betätigen hatte. Ich könnte also die Kausalität der Sorgfaltspflichtverletzung ohne Weiteres mit der Begründung ablehnen, dass eine Angabe über den defekten linken Blinker in der hinreichenden Bedingung für den Unfall gar nicht vorkommt. Man könnte das, der hL zuliebe, auch so ausdrücken: man kann den defekten Blinker hinweg denken, ohne dass der Erfolg entfiele.   2

Der BGH bezeichnet im Kern ganz richtig diese Zurechnungsbeziehung als „Kausalität der Sorgfaltspflichtverletzung".[2] Mit einem gewissen Recht hat dieser Ausdruck allerdings in der Wissenschaft Anstoß erregt, weil eine Pflichtverletzung als solche keine Ursache sein kann, denn sie ist der Widerspruch zwischen einem Verhalten und einer Sorgfaltsnorm. Dieser Ausdrucksfehler wäre allerdings leicht zu korrigieren gewesen, wenn man statt von der Sorgfaltspflichtverletzung von der sorgfaltswidrigen Eigenschaft der Handlung gesprochen hätte. Statt aber diese einfache Korrektur vorzunehmen, zieht es die Lehre vor, den erforderlichen Zusammenhang nicht als Kausalzusammenhang zu bezeichnen, sondern als Rechtwidrigkeitszusammenhang, Pflichtwidrigkeitszusammenhang oder Realisierung des unerlaubten Risikos.[3] Diese Ausdrücke sind nicht falsch, aber sie haben den Mangel, über die Art des erforderlichen Zusammenhangs zwischen der Sorgfaltswidrigkeit der Handlung und dem Erfolg gar nichts auszusagen. Wer nichts sagt, der sagt auch nichts Falsches.   3

---

1  NK6-*Puppe* Vor § 13 Rn. 206 ff.; *dies.* ZJS 2008, 488 (492).
2  BGHSt 11, 1 (7); 21, 59; 33, 61 (64); VRS 21, 6; JR 1982, 382; OLG Thüringen VRS 111, 180 (184); *Fischer* vor § 13 Rn. 35 mwN; *Jakobs* AT 7/78; NK-*Puppe* Vor § 13 Rn. 206; *dies.* GA 2015, 206 (207 ff.).
3  Lackner/Kühl-*Kühl* § 15 Rn. 41; Schönke/Schröder-*Eisele* vor § 13 Rn. 95 f.; Schönke/Schröder- *Sternberg/ Lieben/Schuster* § 15 Rn. 173; *Wessels/Beulke/Satzger* AT Rn. 303; *Kindhäuser/Zimmermann* AT 33/33 f.; *Kühl* AT 17/47; *Frisch* GA 2003, 719 (728).

4    Eine weitere überflüssige Schwierigkeit handelt sich nicht nur die Lehre, sondern auch die Rechtsprechung ein. Beide sträuben sich nämlich dagegen, eine Angabe im Sachverhalt unbestimmt zu lassen, die man bestimmt machen kann. Deshalb lehnen sie es ab, bei der Feststellung der Kausalität der Sorgfaltspflichtverletzung die Angaben über die sorgfaltswidrigen Eigenschaften der Handlung einfach unbestimmt zu lassen, sondern verlangen stattdessen, dass an die Stelle des sorgfaltswidrigen Verhaltens ein sorgfaltsgemäßes gesetzt wird, das sog „korrespondierende sorgfaltsgemäße Alternativverhalten".[4] Aber diese Operation ist nicht nur völlig überflüssig, sie macht den erforderlichen Zurechnungszusammenhang auch mehrdeutig, weil nicht bestimmt ist, welche sorgfaltsgemäße Verhaltensweise der tatsächlich vom Täter vorgenommenen sorgfaltswidrigen denn „korrespondiert".[5] In unserem Fall hätte der Täter zB den defekten Blinker reparieren können, er hätte aber auch mit der Straßenbahn, dem Fahrrad oder dem Taxi zur Arbeit fahren können. Denkt man sich als sorgfaltsgemäßes Verhalten das Fahren mit repariertem Blinker hinzu, so entfällt der Erfolg nicht, denkt man sich das Fahren mit dem Fahrrad oder mit der Straßenbahn hinzu, so entfällt er. Denkt man sich das Fahren mit einem Taxi hinzu, so weiß man nicht, ob der Erfolg entfallen würde, man weiß ja schließlich nicht, ob der Taxifahrer genau so gefahren wäre wie der Angeklagte oder etwas anders. Welche dieser Verhaltensweisen soll also die korrespondierende sein? Hängt die Frage, ob es das Fahren mit repariertem Blinker sein kann, etwa davon ab, ob der Täter im Einzelfall eine Ersatzbirne oder Ersatzsicherung zur Hand hatte und die Blinkanlage selbst hätte reparieren können oder ob er diese Möglichkeit de facto nicht hatte? Dieses Kriterium ist abzulehnen, denn das Fahren mit repariertem Blinker wäre erlaubt gewesen, mit der Folge, dass andere Verkehrsteilnehmer das damit verbundene Risiko als erlaubtes Risiko hätten tragen müssen. Aus der Tatsache, dass es diesem Fahrer im Einzelfall nicht möglich war, den Blinker sofort zu reparieren, erwächst den anderen Verkehrsteilnehmern kein Anspruch darauf, von dieser Gefahr verschont zu bleiben.[6]

## 2. Das Vollständigkeitserfordernis

### a) Der Drei-Radfahrerfall, RGSt 63, 392

5    ▶ Alle drei an dem Unfall beteiligten Radfahrer, A, B und C, fuhren bei Dunkelheit ohne Licht. Der Radfahrer B fuhr hinter dem Radfahrer A in einer Richtung, der Radfahrer C kreuzte die Fahrbahn von A und B und sah sie beide nicht. Er kollidierte mit B. Das RG hatte die Frage zu entscheiden, ob Radfahrer A an dem Unfall deshalb schuld ist, weil er kein Licht geführt hat. Hätte er dies nämlich getan, hätte C deshalb von der Kreuzung der Fahrbahn in diesem Moment abgesehen, weil er den beleuchteten Radfahrer A sah. ◀

Der Oberreichsanwalt hatte damit argumentiert, dass man sich den Radfahrer A ganz hinwegdenken könne, ohne dass der Erfolg entfiele. Das lehnte das RG mit folgenden Worten ab:

> „Hierbei muss der Vorfall, wie er sich wirklich abgespielt hat, entscheiden. Deshalb kann nicht – wovon der Oberreichsanwalt ausging – der Angeklagte ganz hinweggedacht werden, sondern es muss mit seiner Anwesenheit mit unbeleuchtetem Fahrrad gerechnet

---

4  *Kindhäuser* AT 33/34; *Wessels/Beulke/Satzger* AT Rn. 1129 f.; *Baumann/Weber/Mitsch/Eisele* AT 10/88 ff.; Schönke/Schröder-*Sternberg-Lieben/Schuster* § 15 Rn. 174 ff.
5  NK[6]-*Puppe* Vor § 13 Rn. 202, 209 ff.
6  *Jakobs* AT 7/86; NK[6]-*Puppe* Vor § 13 Rn. 213.

und gefragt werden, wie der Sachverhalt gewesen wäre, wenn er die Beleuchtung nicht unterlassen hätte."[7]

Damit ist die Frage, ob A durch sein Fahren ohne Licht für den Unfall kausal war, natürlich in bejahendem Sinne zu beantworten, da das Scheinwerferlicht des A von C gesehen worden wäre, ist zur Erklärung des Unfalls unter der Voraussetzung, dass B mit seinem Rad hinter A hergefahren ist, die Angabe erforderlich, dass A ohne Licht fuhr. Gegen diese Begründung der Zurechnung wird gewöhnlich eingewandt, es sei nicht der Schutzzweck der Norm, dass man beim Radfahren in der Dunkelheit ein Licht führen soll, andere Verkehrsteilnehmer zu beleuchten oder vor anderen ebenfalls unbeleuchteten Fahrzeugen zu warnen.[8] Das ist zwar im Ergebnis richtig, es lässt aber keine Methode erkennen, nach der der Schutzzweck der Norm bestimmt wird. Ganz ähnlich hatte schon das RG argumentiert, indem es das Verhalten des A als Unterlassen der Lichtführung qualifiziert hat, um dann eine Garantenpflicht des A gegenüber B abzulehnen. Aber das Fahren ohne Licht bei Dunkelheit ist keine Unterlassung, sondern eine Handlung unter Außerachtlassung von Sorgfaltsregeln (s. u. 28/8 f.). 6

Das Ergebnis lässt sich methodisch eindeutig begründen, wenn man, statt gleich auf den Schutzzweck der Norm zu rekurrieren, zunächst einmal den Inhalt der verletzten Sorgfaltsnorm genauer prüft. Es gibt nämlich keine Sorgfaltsnorm des Inhalts, du sollst bei Dunkelheit ein Licht führen, sondern nur eine Norm des Inhalts, du sollst, wenn du bei Dunkelheit auf öffentlichen Straßen Rad fährst, ein Licht führen. Die unerlaubte Gefahr, die in der Verletzung dieser Sorgfaltsnorm besteht, realisiert sich im Kausalverlauf nur dann, wenn alle Bedingungen dieser Sorgfaltsnorm in der kausalen Erklärung als notwendige Bestandteile vorkommen und nicht nur die eine oder andere.[9] Im vorliegenden Fall hat sich also diese unerlaubte Gefahr nicht schon dann realisiert, wenn zur Erklärung des Unfalls die Angabe notwendig ist, dass B kein Licht führte, sondern erst dann, wenn diese Angabe zusammen mit der weiteren Angabe notwendig ist, dass er hinter A hergefahren ist. Denken wir aber diese beiden Angaben gemeinsam hinweg, so erhalten wir wieder eine schlüssige Kausalerklärung des Unfalls. Deshalb war die Überlegung des Rechtsanwalts richtig, dass dem A der Unfall deshalb nicht zugerechnet werden kann, weil man ihn mitsamt seinem Fahrrad hinweg denken kann, ohne dass, wie er sich damals ausdrückte, der Erfolg entfiele und ohne dass, wie wir uns jetzt ausdrücken, die kausale Erklärung des Erfolges unschlüssig wird. 7

Mithilfe des Erfordernisses, dass alle Bedingungen der Sorgfaltspflichtverletzung zusammen als ein notwendiger Bestandteil in der Kausalerklärung des Erfolges vorkommen müssen, sind wir in der Lage, die sog Schutzreflexe auszuscheiden.[10] Das sind diejenigen Fälle, in denen das sorgfaltsgemäße Verhalten eines Beteiligten, einem anderen Beteiligten nur zufällig zugute gekommen wäre. So lag ja auch unser Drei-Radfahrerfall. Das Fahrradlicht des A wäre dem ebenfalls unbeleuchtet fahrenden B nur zufällig zugute gekommen, indem es ihn vor dem Zusammenstoß mit C bewahrt hätte. 8

---

7 RGSt 63, 392 (393).
8 Schönke/Schröder-*Sternberg-Lieben/Schuster* § 15 Rn. 158; *Jescheck/Weigend* AT § 55 II 2 a) bb); *Roxin/Greco* AT/1 11/84; *Wessels/Beulke/Satzger* AT Rn. 263.
9 NK[6]-*Puppe* Vor § 13 Rn. 215; *dies.* ZStW 99 (1987), 595 (601 f.); *dies.* GA 2015, 206 (211 f.); im Ansatz ebenso *Jakobs* AT 7/78.
10 NK[6]-*Puppe* Vor § 13 Rn. 228 ff., insb. Rn. 231; vgl. *Krümpelmann* Bockelmann-FS (1979), 443.

9   Solche Schutzreflexe treten bei Beleuchtungspflichten leicht auf. Wenn zB der Gastwirt seine Pflicht missachtet, den Eingang seiner Gaststätte ausreichend zu beleuchten, so ist er für den Unfall eines auf der ebenfalls unbeleuchteten Straße stolpernden Fußgängers nicht verantwortlich, auch wenn dieser nicht gestürzt wäre, falls der Gastwirt sich sorgfältig verhalten hätte, weil dann ein Teil seines Eingangslichts auch auf den Gehsteig gefallen wäre. Auch um diesen Fall zu lösen, braucht man nicht auf den Schutzzweck der Norm zurückzugreifen, um zu erklären, es sei nicht der Schutzzweck der Norm: „Du sollst den Eingang deiner Gaststätte beleuchten!", die Beleuchtung auf dem Gehsteig zu verbessern. Wenn die Verletzung der Beleuchtungspflicht eine Zurechnung des Sturzes auf dem Gehsteig nicht begründet, so kann es natürlich auch nicht Schutzzweck der Beleuchtungspflicht sein, den Fußgänger vor dem Sturz zu bewahren. Aber die Ablehnung der Zurechnung folgt nicht aus der Ablehnung des Schutzzwecks, sondern umgekehrt die Ablehnung des Schutzzwecks aus der Unmöglichkeit der Zurechnung. Die verletzte Norm lautet eben hier nicht: „Du sollst ein Licht anzünden", sondern: „Du sollst, sofern du eine Gaststätte bei Dunkelheit offen hältst, ein hinreichend starkes Licht an der Tür anzünden." Deshalb müsste, wenn sich die unerlaubte Gefahr dieser Normverletzung im Kausalverlauf realisiert haben soll, in diesem auch die Angabe vorkommen, dass der Gastwirt zu dieser Zeit seine Gaststätte noch offen hielt. Der Sturz des Fußgängers war aber davon völlig unabhängig, da er sich ja nicht im Eingangsbereich der Gaststätte befand und nicht die Absicht hatte, sie zu betreten. Damit erweist sich der tatsächliche Schutzeffekt der Beleuchtung für den Passanten als bloßer Schutzreflex.

### b) Austausch von Sorgfaltspflichten – Der Reifenfall, OLG Köln VRS 64, 257

10   ▶ Ein Autofahrer war mit einem anderen kollidiert, weil einer seiner Reifen geplatzt war. Die Reifen seines Fahrzeugs waren zu stark abgenutzt. Nach dem Beweisergebnis war aber nicht auszuschließen, dass nicht dies die Ursache für das Platzen des Reifen gewesen ist, sondern ein spitzer Gegenstand, der in einen der Reifen eingedrungen ist, was bei einem ausreichend profilierten Reifen natürlich genauso passiert wäre. ◀

Trotzdem hob das OLG Köln den Freispruch des Angeklagten aus Mangel an Beweisen mit der folgenden Begründung auf:

> „Vorliegend hat der Angeklagte in zweierlei Weise gegen die Straßenverkehrsordnung verstoßen. Einmal, weil er abgefahrene Reifen benutzt hat, zum anderen, weil er darüber hinaus mit Rücksicht auf den schlechten Zustand der Reifen zu schnell gefahren ist (§ 3 StVO). Unter diesen Umständen durfte sich die Strafkammer nicht mit der Feststellung begnügen, das Eindringen des Fremdkörpers hätte sich in gleicher Weise auf einen technisch einwandfreien Reifen ausgewirkt, der Einstich mit dem scharfen Gegenstand hätte ebenso bei einem neuwertigen Reifen zu einem schlagartigen Entlüften führen können. Dieser Vergleich reicht für eine Verneinung der Kausalität des Fehlverhaltens des Angeklagten für den Unfall nicht aus. Vielmehr hätte die Strafkammer hier zunächst prüfen und klären müssen, welche Geschwindigkeit – wenn der Angeklagte schon mit abgefahrenen Reifen fuhr – noch angemessen war. Nur wenn sich hierbei herausgestellt hätte, dass es zu dem Unfall auch bei einer mit Rücksicht auf den schlechten Zustand der Reifen angemessenen Geschwindigkeit gekommen wäre, würde die Ursächlichkeit des verbotswidrigen Reifenzustandes entfallen."[11]

---

11   OLG Köln VRS 64, 257 (258).

Es ist nicht richtig, dass der Angeklagte „in zweierlei Weise gegen die Straßenverkehrs-ordnung verstoßen" hat. Er hat nur gegen eine einzige Norm des Straßenverkehrs-rechts verstoßen, nämlich gegen § 36 StVZO, wonach das Autofahren mit abgefahre-nen Reifen verboten ist. Ist das Autofahren mit abgefahrenen Reifen verboten, so gibt es keine Geschwindigkeit, bei der das Fahren mit abgefahrenen Reifen erlaubt ist. Des-halb ist § 3 StVO auf einen Fahrer mit abgefahrenen Reifen nicht anwendbar.[12] Die Sorgfaltspflicht des Angeklagten besteht also ausschließlich darin, mit Reifen gefahren zu sein, die nicht ausreichend profiliert waren. Diese Sorgfaltspflichtverletzung wäre für den Unfall nur dann kausal, wenn in der Erklärung dieses Unfalls die Tatsache, dass die Reifen nicht ausreichend profiliert waren als notwendiger Bestandteil vor-kommt. Unterstellen wir aber die Einlassung des Angeklagten, dass der Reifen nicht wegen seiner Überalterung, sondern wegen des Eindringens eines spitzen Gegenstandes die Luft verloren hat, so wäre diese Zurechnungsvoraussetzung nicht erfüllt. 11

Das OLG verhält sich nun diesem Angeklagten gegenüber scheinbar großzügig, indem es ihm zugesteht, er dürfe trotz der abgefahrenen Reifen mit dem Auto fahren, sofern er nur seine Geschwindigkeit gemäß § 3 StVO diesem Umstand anpasst, dh so langsam fährt, dass er mit den zu schwach profilierten Reifen keinen längeren Bremsweg hat als ein Autofahrer mit ausreichend profilierten Reifen bei Einhaltung der höchsten zulässi-gen Geschwindigkeit haben würde. Wie bringt es nun aber das Gericht fertig, auf diese großzügigere Bestimmung der Sorgfaltspflicht des Angeklagten eine Zurechnung des Erfolges zu gründen, die auf die strengere, nämlich das absolute Verbot mit überalter-ten Reifen zu fahren, nicht zu gründen ist? Der weitere Fehler der Entscheidung, der dieses Ergebnis ermöglicht, besteht in einem Verstoß gegen das Vollständigkeitserfor-dernis. In der kausalen Erklärung des Unfalls kommt zwar die Tatsache vor, dass der Angeklagte schneller gefahren ist, als er mit seinen abgefahrenen Reifen nach der vom Gericht neu gebildeten Sorgfaltsnorm hätte fahren dürfen, denn bei einer langsameren Geschwindigkeit hätte er sein Auto trotz des platten Reifens noch ohne Gefährdung ei-nes anderen zum Stehen bringen können. Aber in dieser kausalen Erklärung kommt die Tatsache nicht vor, dass sein Reifen überaltert und nicht mehr ausreichend profi-liert war, sofern man seine Behauptung, dieser habe die Luft wegen eines eindringen-den spitzen Gegenstandes verloren, als richtig unterstellt. Die neue Sorgfaltsregel für Fahrer mit abgefahrenen Reifen lautet aber nicht, du sollst langsam fahren, sondern, du sollst langsam fahren, wenn deine Reifen überaltert sind. Durch die vom OLG vor-genommene Abschwächung des Verbots mit abgefahrenen Reifen zu fahren zu einem Gebot bei abgefahrenen Reifen mit langsamerer Geschwindigkeit zu fahren, ist also die Haftung des Fahrers nicht zu begründen, sofern die Tatsache, dass seine Reifen überal-tert waren, für die Erklärung des Unfalls nicht erforderlich ist.[13] 12

### 3. Mehrfachkausalität von Sorgfaltspflichtverletzungen

#### a) Der Bushaltestellenfall, BGH VRS 25, 262

Außer dem aufgezeigten Mangel der Mehrdeutigkeit und Manipulierbarkeit weist die Lehre von der Vermeidbarkeit des Erfolges durch sorgfältiges Alternativverhalten noch einen weiteren Mangel auf, den wir ebenfalls kennen. Sie versagt nämlich in dem Fall, dass Sorgfaltspflichtverletzungen mehrerer Beteiligter dergestalt zusammentreffen, dass 13

---

12 *Puppe* (2019), 257 f.
13 *Puppe* ZJS 2008, 600 (603 f.); vgl. *dies.* NStZ 1997, 389 (391).

jede von ihnen für sich allein ausreicht, den Erfolg zu erklären, also im Fall der Mehrfachkausalität von Sorgfaltspflichtverletzungen. Sie versagt dann aus den gleichen Gründen, aus denen die Lehre von der notwendigen Bedingung bei Mehrfachkausalität versagt.[14]

Hierfür ein Beispiel:

An Bushaltestellen, an denen gerade ein Bus steht, sind Kraftfahrer verpflichtet, entweder einen Sicherheitsabstand von 2 m einzuhalten oder die Bushaltestelle mit Anhaltegeschwindigkeit zu passieren. Der Grund dafür besteht in der Möglichkeit, dass Fahrgäste, die nach dem Aussteigen die Fahrbahn überqueren wollen, statt die Abfahrt des Busses abzuwarten, ein Stück hinter diesem hervortreten, um sich freie Sicht zu verschaffen. Dieses Verhalten ist zwar ebenfalls sorgfaltswidrig, die Kraftfahrer sind aber gehalten, darauf Rücksicht zu nehmen.

▶ Der Angeklagte fuhr in Normaltempo und in zu engem Abstand an dem Bus vorbei. Ein Kind, das hinter dem Bus hervortrat, wurde von dem Pkw angefahren und tödlich verletzt. Der Angeklagte verteidigte sich damit, das Kind sei auf die Straße gerannt, ohne nach rechts und links zu sehen, deshalb hätte er es auch dann angefahren, wenn er einen Sicherheitsabstand von 2 m eingehalten hätte. ◀

Der BGH hob die Verurteilung des Angeklagten nach § 222 auf und rügte folgendes:

> „Die Urteilsgründe enthalten jedoch keine Ausführungen über die Ursächlichkeit der Fahrweise des Angeklagten für den tödlichen Unfall. Die Strafkammer erörtert nicht, ob und unter welchen Umständen der Angeklagte den Anprall des Kindes gegen sein Fahrzeug mit Sicherheit hätte vermeiden können. Dem Urteil ist daher nicht zu entnehmen, ob das LG beachtet hat, dass ein verkehrswidriges Verhalten nur dann als ursächlich für einen schädlichen Erfolg angesehen werden darf, wenn sicher ist, dass es bei verkehrsgerechtem Verhalten nicht zu dem Erfolg gekommen wäre."[15]

14    Der BGH wendet also hier die Vermeidbarkeitstheorie bzw. die Conditio-sine-qua-non-Formel an und kommt damit notwendig zu dem Ergebnis, dass der Angeklagte sich mit der unwiderlegbaren Behauptung entlasten kann, auch der andere Verkehrsteilnehmer, hier das Kind, habe sich derart sorgfaltswidrig verhalten, dass der Unfall allein durch dessen Fehlverhalten erklärbar wäre. Obwohl der Täter sich sorgfaltswidrig verhalten hat, bildet seine Sorgfaltspflichtverletzung keine notwendige Bedingung für den Erfolgseintritt, weil für diesen schon die Sorgfaltspflichtverletzung des anderen Beteiligten hinreicht. Aus demselben Grunde wäre der Unfall vom Täter auch nicht durch sorgfaltsgemäßes Verhalten vermeidbar gewesen. Das Ergebnis kann aber nicht richtig sein.

15    Das zeigt sich, wenn man sich einmal vorstellt, das Kind würde für den Unfall verantwortlich gemacht und würde sich nun damit verteidigen, es sei zwar, ohne nach rechts und links zu sehen, auf die Straße gelaufen, es hätte den Unfall aber auch dann nicht vermieden, wenn es nur, wie üblich, einige Schritte hinter dem Bus hervorgetreten wäre, weil der Angeklagte weder in ausreichendem Sicherheitsabstand noch mit Schrittgeschwindigkeit gefahren sei. Es liegt also das gleiche Phänomen vor wie bei kumulativer Kausalität. Nimmt man das Erfordernis der Vermeidbarkeit ernst, so kann sich bei Mehrfachkausalität von Sorgfaltspflichtverletzungen jeder Beteiligte

---

14  NK[6]-*Puppe* Vor § 13 Rn. 203; *dies.* Roxin-FS (2001), 287 (290 ff.).
15  BGH VRS 25, 262 (263).

mit der Sorgfaltspflichtverletzung des anderen entlasten, der Unfall ist durch beide verursacht worden war deshalb für keinen von beiden vermeidbar. Also gibt es keinen verantwortlichen Täter. Das kann nicht richtig sein.

Das Problem ist prinzipiell auf die gleiche Weise zu lösen wie bei der Mehrfachkausalität (s. o. 2/9 ff.). Es ist eine hinreichende Bedingung für den Unfall zu formulieren, in der nur die Sorgfaltspflichtverletzung eines der Beteiligten vorkommt und dann ist zu prüfen, ob diese Erklärung stimmig bleibt, wenn man die sorgfaltswidrigen Eigenschaften des Täterverhaltens wegdenkt, also unbestimmt lässt. *Da aber bei mehreren Beteiligten das Verhalten des jeweils anderen nicht vollständig hinweggedacht werden kann, ohne dass die hinreichende Bedingung zusammenbricht – zu einem Zusammenstoß gehören immer zwei –, muss man sich eben das Verhalten des anderen Beteiligten so vorstellen, dass es kausal bleibt, aber nicht sorgfaltswidrig ist.* Hier muss also in gewissem Sinne mit einem sorgfaltsgemäßen Alternativverhalten gearbeitet werden, allerdings nicht des Täters, sondern des anderen Beteiligten.[16] Trotzdem entsteht dadurch keine Mehrdeutigkeit, da nur ein sorgfaltsgemäßes Verhalten des anderen Beteiligten in Betracht kommt das auch kausal für den Erfolg wäre.[17] Im vorliegenden Fall muss man also die Tatsache für die Kausalerklärung verwerten, dass das Kind hinter dem Bus hervorgetreten ist, aber nicht die, dass es dies im Laufschritt getan hat, ohne nach rechts und links zu sehen.

Der Autofahrer hatte mehrere Alternativen, sich sorgfaltsgemäß zu verhalten. Er hätte entweder einen Abstand von 2 m einhalten müssen oder Schrittgeschwindigkeit. Sein Verhalten ist also nur deshalb sorgfaltswidrig, weil er sowohl in einem geringeren Abstand, als auch mit einer schnelleren Geschwindigkeit den haltenden Bus passiert hat. Alle diese Angaben müssen also in der hinreichenden Bedingung, die den Unfall erklären soll, als notwendige Bestandteile vorkommen. Das ist nun, sofern man von der Sorgfaltspflichtverletzung des Kindes absieht, in der Tat der Fall, da das Kind innerhalb der Sicherheitszone angefahren wurde. Damit ist die Zurechnung des Unfalls für den Autofahrer begründet, obwohl er ihn durch sorgfaltsgemäßes Verhalten nicht hätte vermeiden können, weil auch die Sorgfaltspflichtverletzung des Kindes ohne die seine i. V. mit anderen Tatsachen hinreichend gewesen ist, um den Zusammenstoß zu erklären.

## b) Der Lastzug-Radfahrer-Fall, BGHSt 11, 1

Die Entscheidung BGHSt 11, 1 hat Strafrechtsgeschichte gemacht. Anhand dieses Falles entwickelte der BGH das Erfordernis der Kausalität der Sorgfaltsverletzung und Roxin, darauf aufbauend, die ursprüngliche Fassung der Risikoerhöhungstheorie.

▶ Der angeklagte Fahrer, der einen LKW mit Anhänger lenkte, überholte einen Radfahrer in einem Abstand von nur 75 cm bis 1 m, obwohl ein Abstand von 1,5 – 2 m vorgeschrieben ist. Der Radfahrer war aber, für den LKW-Fahrer unerkennbar, erheblich angetrunken und daher nicht mehr fahrtüchtig. Der Sachverständige belehrte das Gericht dahin, es sei nach allgemeiner Erfahrung typisch, dass angetrunkene Radfahrer, denen sich von hinten plötzlich ein Fahrzeug nähert, ihr Rad im Schreck nach links ziehen, also gerade in die Fahrbahn dieses Fahrzeugs. Es sei möglich, dass sich der verunglückte Radfahrer genauso verhalten hat. ◀

16

17

18

---

16  NK[6]-*Puppe* Vor § 13 Rn. 219; *dies.* Roxin-FS (2001), 287 (294, Fn. 33); ebenso, jedoch ohne Begründung *Ranft* NJW 1984, 1425 (1429).
17  NK[6]-*Puppe* Vor § 13 Rn. 218 ff.

Um diese Information richtig in die Fall-Lösung einzuordnen, muss aber bedacht werden, dass der Radfahrer nicht etwa unter die Vorderräder der Zugmaschine geraten ist, sondern unter die Vorderräder des Anhängers. Der zu knappe Überholvorgang war also bereits im Gange, als er zu Sturz kam. Es waren also zwei unerlaubte Gefahrfaktoren gleichzeitig vorhanden, die trunkenheitsbedingte Fahruntüchtigkeit des Radfahrers und der zu knappe Überholabstand des Lkws.

19    Mit den folgenden Worten führt der BGH aus Anlass dieses Falles das Erfordernis der Kausalität der Sorgfaltspflichtverletzung erstmalig ein.

> „Nach § 222 StGB wird bestraft, wer den Tod eines Menschen durch Fahrlässigkeit verursacht. Ein Erfolg ist nur dann schuldhaft verursacht, wenn er gerade durch dasjenige Tun oder Unterlassen herbeigeführt wird, das einen Vorwurf gegen den Täter begründet.[18]"

Dies stellte in der Dogmatik der objektiven Zurechnung einen großen Fortschritt dar. Es war von nun an nicht mehr nötig die fahrlässige Handlung umzudeuten in eine Unterlassung der sorgfaltsgemäßen Handlung und dann die Verantwortung des Täters davon abhängig zu machen, dass diese sorgfältige Handlung den Erfolg verhindert hätte.[19]

Aber der BGH ist auf halbem Wege stehen geblieben, indem er die Kausalität der Sorgfaltspflichtverletzung nach der Lehre von der notwendigen Bedingung mit folgenden Worten verneint:

> „Für eine das menschliche Verhalten wertende Betrachtungsweise ist vielmehr wesentlich, ob die Bedingung nach rechtlichen Bewertungsmaßstäben für den Erfolg bedeutsam war. Dafür ist entscheidend, wie das Geschehen abgelaufen wäre, wenn der Täter sich rechtlich einwandfrei verhalten hätte. Wäre auch dann der gleiche Erfolg eingetreten oder lässt sich das aufgrund von erheblichen Tatsachen nach der Überzeugung des Tatrichters nicht ausschließen, so ist die vom Angeklagten gesetzte Bedingung für die Würdigung des Erfolges ohne strafrechtliche Bedeutung. In diesem Falle darf der ursächliche Zusammenhang zwischen Handlung und Erfolg nicht bejaht werden."[20]

20    Nach dem Beweisergebnis steht fest, das die Trunkenheit des Radfahrers zusammen mit dem zu knappen Überholabstand eine hinreichende Bedingung für den Tot des Radfahrers darstellt. Es ist aber offen, ob der zu knappe Überholvorgang ein notwendiger Bestandteil dieser hinreichenden Erfolgsbedingung ist. Das wäre nicht der Fall, wenn der Radfahrer auch bei einem Überholabstand von 1,5 m bis 2 m unter die Räder geraten wäre. Da dies von der Leistungsfähigkeit dieses individuellen Radfahrers in seinem alkoholisierten Zustand abhängt, steht es objektiv gar nicht fest. Deshalb hat der BGH den Lastzugfahrer nach dem Zweifelsgrundsatz freigesprochen. Ebenso hätte er mit dem Radfahrer verfahren müssen, wenn seine Verantwortlichkeit für den Unfall zu prüfen gewesen wäre. Gegen dieses Ergebnis hat nun *Roxin* mit seiner Risikoerhöhungstheorie argumentiert, nach der es genügt, wenn die Sorgfaltspflichtverletzung eines an dem Unfall Beteiligten das Risiko seines Eintritts wesentlich erhöht. Eben dies soll der Lastzugfahrer durch sein zu knappes Überholen getan haben.[21] Beträgt nun

---

18  BGHSt 11, 1 (3).
19  *Kaufmann* (1959), 167 f.; *Androulakis* (1963), 134 f.; *Mezger/Blei* AT (1965), S. 198.
20  BGHSt 11, 1 (7).
21  *Roxin/Greco* AT/1 11/88 f.; *ders.* ZStW 74 (1962), 411 (434).

aber die Wahrscheinlichkeit, dass der Radfahrer auch bei ordnungsgemäßem Überholabstand unter die Räder gekommen wäre 100 %, so kann dieses Risiko durch den zu knappen Überholabstand nicht mehr erhöht werden. Ist diese Wahrscheinlichkeit geringer als 100 %, so liegt ein Fall von sog. kumulativer Kausalität bei der Sorgfaltspflichtverletzung vor, so dass wir für die Zurechnung des Unfalls zur Sorgfaltspflichtverletzung des LKW-Fahrers die Risikoerhöhungstheorie gar nicht brauchen.

Weder der BGH, noch *Roxin*, noch seine Gegner, die ihm einen Verstoß gegen den Zweifelsgrundsatz entgegen halten,[22] haben aber gesehen, dass der Zweifel nur die Frage betrifft, ob ein Fall der kumulativen Kausalität vorliegt oder ein Fall der Doppelkausalität. Ein Fall der Doppelkausalität liegt vor, wenn jeder der beiden Sorgfaltspflichtverletzungen eine Unfallwahrscheinlichkeit von 100 % ergibt. Der Zweifel, ob kumulative oder alternative Kausalität (Doppelkausalität) vorliegt ist für die Zurechnung im Ergebnis irrelevant. 21

Die Risikoerhöhungstheorie ist nur einschlägig, wenn die Sorgfaltspflichtverletzung des anderen Unfallbeteiligten, hier die Trunkenheit des Radfahrers, ohne die des Angeklagten eine Unfallwahrscheinlichkeit von 100 % ergibt, die des Angeklagten, also der zu knappe Überholabstand, ohne die des anderen Beteiligten aber nur eine Unfallwahrscheinlichkeit von weniger als 100 %. Aber auch für diese Konstellation lässt sich die Zurechnung auch ohne die Risikoerhöhungstheorie begründen. Denn es gilt das Prinzip, dass sich niemand, der sich pflichtwidrig verhält, mit der Pflichtwidrigkeit eines anderen Beteiligten entlasten kann (s. o. 3/13 ff.) und das muss auch für das Ausmaß der Pflichtwidrigkeit gelten. Also kann sich unser LKW-Fahrer nicht damit verteidigen, dass die Trunkenheit des Radfahrers so stark war, dass dieser auch bei ordnungsgemäßem Überholabstand mit einer Wahrscheinlichkeit von 100 % unter die Räder gekommen wäre. Es genügt vielmehr für die Zurechnung des Unfalls auch zum Fehlverhalten des LKW-Fahrers, dass sein zu knappes Überholen zur Erklärung des Unfalls notwendig wäre, wenn der Radfahrer weniger stark angetrunken gewesen wäre (s. dazu auch u. 3/27). 22

### c) Der Trunkenheitsfahrerfall, BGHSt 24, 31[23]

▷ Der Angeklagte fuhr in trunkenheitsbedingt fahruntüchtigem Zustand mit 120 km/h auf einer Schnellstraße, auf der diese Geschwindigkeit generell zulässig war. Er überfuhr einen Motorradfahrer tödlich. Zu seiner Verteidigung machte er geltend, dieser hätte ihn so knapp geschnitten, dass auch ein nüchterner Fahrer den Zusammenstoß nicht mehr durch Bremsen hätte verhindern können. Das konnte ihm nicht widerlegt werden, denn der Motorradfahrer war tot. ◁ 23

Dennoch weist der BGH diese Verteidigung mit der folgenden Begründung zurück:

> „Der ursächliche Zusammenhang zwischen einem verkehrswidrigen Verhalten des Angeklagten und der Tötung des von ihm angefahrenen Zweiradfahrers entfiele nur dann, wenn der gleiche Erfolg auch bei verkehrsgerechtem Verhalten eingetreten wäre. [...] Dabei hat die Prüfung der Ursächlichkeit eines verkehrswidrigen Verhaltens erst mit dem Eintritt der konkreten kritischen Verkehrssituation einzusetzen, die unmittelbar zu dem

---

22 Etwa *Wessels/Beulke/Satzger* AT Rn. 303 f.; *Baumann/Weber/Mitsch/Eisele* AT 10/90; *Kindhäuser/Zimmermann* AT 33/46; *Jakobs* AT 7/101; MüKo-*Duttge* § 15 Rn. 182.
23 = MDR 1971, 150 = NJW 1971, 388 = JR 1971, 247 mAnm *Möhl* JR 1971, 249; Bspr. *Hofmann* VersR 1971, 1103.

schädigenden Erfolg geführt hat. […] Die Frage, welches Verhalten des Täters verkehrsgerecht gewesen wäre, ist demnach im Hinblick auf die Verkehrswidrigkeit zu beantworten, die als unmittelbare Ursache in Betracht kommt, während im übrigen von dem tatsächlichen Geschehensablauf auszugehen ist. Nach diesen Grundsätzen kann bei der Frage nach der Ursächlichkeit des Verhaltens des Angeklagten für den Tod des Zweiradfahrers nicht darauf abgestellt werden, ob er den Zweiradfahrer auch angefahren hätte, wenn er bei der Einhaltung der für einen nüchternen Fahrer nicht zu beanstandenden Geschwindigkeit von 100 bis 120 km/h selbst nüchtern gewesen wäre. Auszugehen ist vielmehr von der Grundregel des § 9 Abs. 1 Satz 1 StVO, wonach der Fahrzeugführer seine Geschwindigkeit so einzurichten hat, dass er jederzeit in der Lage ist, seinen Verpflichtungen im Verkehr genüge zu leisten, und dass er das Fahrzeug nötigenfalls rechtzeitig anhalten kann. […] Er (der Angeklagte) war zwar unbedingt fahruntüchtig und handelte der Vorschrift des § 316 StGB zuwider, wenn er überhaupt am Verkehr teilnahm. Tat er das aber doch, so durfte er die sich schon aus seiner Fahruntüchtigkeit ergebenden abstrakten Gefahren nicht noch dadurch steigern, dass er übermäßig schnell fuhr. Er […] durfte nur so schnell fahren, dass er auch bei Berücksichtigung seiner durch den erheblichen Alkoholgenuss verminderten Aufnahme- und Reaktionsfähigkeit seine Verpflichtungen im Verkehr noch nachkommen konnte. Dass der Angeklagte bei einem Blutalkoholgehalt von 1,9 ‰ unbedingt fahruntüchtig war und darum überhaupt nicht am öffentlichen Straßenverkehr teilnehmen durfte (§ 316 StGB), muss bei der Entscheidung über die Ursächlichkeit seines tatsächlichen Fahrverhaltens für den Tod des Zweiradfahrers außer Betracht bleiben. […] Wenn ein angetrunkener Fahrer auch bei verlangsamter Geschwindigkeit wegen seiner alkoholbedingt beeinträchtigten Reaktionsfähigkeit einen Unfall verursacht, so folgt daraus nur, dass er bei seinem Zustand immer noch zu schnell gefahren ist.“[24]

24   Die Argumentation, mit der der BGH hier die Kausalität der Sorgfaltspflichtverletzung des Trunkenheitsfahrers für den Tod des Motorradfahrers begründet, kennen wir bereits vom Reifenfall (s. o. 3/10 ff.). Das Verbot, in trunkenheitsbedingt fahruntüchtigem Zustand Auto zu fahren wird zunächst abgeschwächt, zu einem Verbot, in diesem Zustand zu schnell zu fahren. Dann wird die Kausalität der Sorgfaltspflichtverletzung damit begründet, dass der Autofahrer den Zusammenstoß verhindert hätte, wenn er langsamer gefahren wäre. Dabei verstößt der BGH gegen das Vollständigkeitserfordernis, weil in dieser Kausalerklärung des Zusammenstoßes die Tatsache nicht mehr vorkommt, dass der Autofahrer trunkenheitsbedingt fahruntüchtig war. Die abgeschwächte Norm, die der BGH angenommen hat, lautet ja nicht: „ Du sollst langsam fahren“, sondern „Du sollst langsam fahren, wenn du trunkenheitsbedingt fahruntüchtig bist“, also hätte die Trunkenheit in der Feststellung der Kausalität des Verstoßes gegen diese Norm für den Unfall vorkommen müssen.

25   In der vorliegenden Entscheidung tritt allerdings noch ein im Vergleich zum Reifenfall neuer Gedanke auf. Der BGH befürchtet offenbar, dass sich ein Trunkenheitsfahrer die Abschwächung des Fahrverbots zu einem Verbot zu schnell zu fahren, zu Nutze machen könnte, indem er mit Rücksicht auf seine Fahruntüchtigkeit tatsächlich langsamer fährt, als ein nüchterner Fahrer in dieser Situation fahren darf. Geschieht nun dennoch ein Unfall, so könnte dieser Fahrer sich gegen den Vorwurf, ihn durch seine Trunkenheit verursacht zu haben, damit verteidigen, dass er ja keine Sorgfaltspflichtverletzung begangen hat, weil er seine Fahrgeschwindigkeit gemäß § 3 StVO (damals

---

24   BGHSt 24, 31 (34, 37).

§ 9 StVO) seiner trunkenheitsbedingten Fahruntüchtigkeit angepasst habe. Daher heißt es abschließend, dass aus der Tatsache, dass es überhaupt zum Unfall gekommen ist, zu schließen sei, dass der Trunkenheitsfahrer immer noch zu schnell gefahren sei, weshalb es nicht nötig sei, die ihm gebotene langsamere Geschwindigkeit quantitativ zu bestimmen. Das ist bestes versari in re illicita.

In der Literatur setzt sich denn auch mehr und mehr die Ansicht durch, dass der fahruntüchtige Autofahrer sich zu seiner Verteidigung in diesem Fall darauf berufen kann, dass es zu dem Unfall auch dann gekommen wäre, wenn er nüchtern gewesen wäre.[25] Aber auch dagegen besteht ein Bedenken, beruft sich doch der Autofahrer zu seiner Verteidigung auf nichts anderes, als die Sorgfaltspflichtverletzung des anderen Unfallbeteiligten. Es könnte also ein Fall der Doppelkausalität von Sorgfaltspflichtverletzungen vorliegen. Ein solcher Fall liegt vor, wenn die Sorgfaltspflichtverletzung jedes der Beteiligten ausreicht, den Unfall zu erklären, auch wenn man ein sorgfaltsgemäßes Verhalten des anderen Beteiligten unterstellt. Für den verunglückten Motorradfahrer lässt sich dies ohne Weiteres feststellen, denn er hatte ja die Fahrbahn des Autofahrers so knapp geschnitten, dass dieser auch in nüchternem Zustand nicht mehr rechtzeitig hätte bremsen können.

26

Schwierigkeiten macht diese Feststellung aber für den angetrunkenen Autofahrer. Denkt man sich das Verhalten des Motorradfahrers nämlich als ein sorgfaltsgemäßes, so hätte er die Fahrbahn des Autofahrers gar nicht so gekreuzt, dass dieser überhaupt hätte bremsen müssen. Nun ist es aber der Zweck vieler Verhaltensregeln im Straßenverkehr, den Verkehrsteilnehmer in die Lage zu versetzen, auch auf falsches Verhalten anderer Verkehrsteilnehmer effektiv unfallverhindernd zu reagieren. Das gilt für Geschwindigkeitsbeschränkungen, aber auch für das Gebot nur nüchtern Auto zu fahren. Diesen Schutzzweck würden diese Sorgfaltsregeln verfehlen, wenn der Verkehrsteilnehmer, der sie übertreten hat, sich damit entlasten könnte, dass es nicht zu einem Unfall gekommen wäre, wenn der andere Verkehrsteilnehmer sich richtig verhalten hätte. Um diese Entlastung zu vermeiden, muss es für seine Verantwortung ausreichen, dass er den Unfall verhindert hätte, sofern der andere Beteiligte sich weniger krass sorgfaltswidrig verhalten hätte. Die Mitverantwortung des angetrunkenen Autofahrers ist danach damit zu begründen, dass er den Unfall in nüchternem Zustand verhindert hätte, sofern der Motorradfahrer seine Fahrbahn weniger knapp geschnitten hätte.[26] Für eine Geschwindigkeitsüberschreitung gilt das Gleiche (s. dazu u. 4/23).

27

Danach kann sich ein Unfallbeteiligter, dessen Unfallgegner den Unfall nicht überlebt hat, nicht mehr dadurch vor der Zurechnung des Unfalls schützen, dass er eine besonders krasse Pflichtverletzung des anderen Beteiligten behauptet, die den Unfall auch dann erklären würde, wenn er selbst sich pflichtgemäß verhalten hätte. Im vorliegenden Fall ist der Angeklagte so vorgegangen. Damit erledigen sich also auch eine Reihe praktischer Beweisprobleme. Der Gedanke, dass bei mehreren Unfallbeteiligten, die sich beide sorgfaltswidrig verhalten haben, die Zurechnung zu dem einen auch dann begründet ist, wenn der Zweck der Sorgfaltspflicht ist, eine Sorgfaltspflichtverletzung des anderen zu kompensieren und ihm dies möglich gewesen wäre, wenn dessen Sorgfaltspflichtverletzung weniger krass gewesen wäre, ist neu und im Schrifttum nicht aufgegriffen worden. Wenn Sie sich, etwa in einer Klausur nicht darauf einlassen

28

---

25  *Kindhäuser/Zimmermann* AT 33/50 ff.; *Kühl* AT 17/63; *Wessels/Beulke/Satzger* AT Rn. 1131 zu Fall 18d; *Otto* AT 10/21 f.; vgl. auch *Roxin/Greco* AT/1 11/102 f.
26  *Puppe* Frisch-FS (2013), 447 (455 ff.).

wollen, so gelangen Sie zu dem Ergebnis der hL, dass der Trunkenheitsfahrer für den Unfall nicht verantwortlich ist, weil er ihn wegen des knappen Schneidens des anderen auch in nüchternem Zustand nicht hätte vermeiden können.

### 4. Hinweise zur praktischen Anwendung

29  Die Zurechnungsvoraussetzung der Kausalität der Sorgfaltswidrigkeit, auch Realisierung des unerlaubten Risikos genannt, gilt nicht nur für das Fahrlässigkeitsdelikt, sondern auch bei Vorsatz. Der Neffe, der dem Erbonkel eine Flugreise schenkt, damit dieser durch einen Flugzeugabsturz umkommt, wird nicht wegen vorsätzlicher Tötung bestraft, obwohl er dessen Tod beabsichtigt. Denn es ist generell erlaubt, einen anderen zu einer Flugreise zu veranlassen. Wer aber vorsätzlich handelt, bedient sich in aller Regel einer Methode der Erfolgsverursachung, die so eindeutig ein unerlaubtes Erfolgsrisiko darstellt, dass die Frage, ob der Täter dabei eine Sorgfaltspflicht verletzt, nachgerade lächerlich wirkt. Deshalb genügen zur Feststellung des objektiven Tatbestandes eines vorsätzlichen Erfolgsdelikts in der Regel der Erfolg, die Handlung und deren Kausalität.

30  Beim Fahrlässigkeitsdelikt ist die ausdrückliche Bestimmung der sorgfaltswidrigen Eigenschaften der Handlung, also des durch sie gesetzten unerlaubten Risikos, unbedingt notwendig. Diejenigen Eigenschaften dieser Handlung, die mit der verletzten Sorgfaltspflicht unvereinbar sind, müssen für den Erfolg kausal sein, dh sie müssen notwendige Bestandteile einer hinreichenden und wahren Mindestbedingung des Erfolgseintritts sein. Anders ausgedrückt, es muss notwendig sein, diese Eigenschaften der Täterhandlung anzugeben, um den Erfolg mit dieser Mindestbedingung erklären zu können.

31  Dabei ist darauf zu achten, dass nicht nur ein Teil derjenigen Eigenschaften der Handlung in dieser Kausalerklärung des Erfolges vorkommt, sondern alle Eigenschaften der Handlung, von denen die Feststellung abhängt, dass sie einer Sorgfaltspflicht widerspricht. Das bedeutet, dass in der kausalen Erklärung des Erfolgseintritts nicht nur die Eigenschaft der Täterhandlung vorkommen muss, die mit der Sorgfaltspflicht unvereinbar ist, sondern auch alle tatsächlichen Voraussetzungen dafür, dass diese Sorgfaltspflicht für den Täter gilt. Das hatten wir am berühmten Drei-Radfahrer-Fall gesehen. Die Sorgfaltspflichtverletzung eines unbeleuchtet bei Dunkelheit fahrenden Radfahrers ist für den Zusammenstoß zweier anderer Radfahrer nur dann kausal, wenn zu dessen Erklärung nicht nur die Tatsache erforderlich ist, dass der erste Radfahrer kein Licht geführt hat, sondern auch die Tatsache, dass er dort, wo der Zusammenstoß der beiden anderen stattgefunden hat, mit seinem Rad gefahren ist. Denn nur unter dieser Voraussetzung hat er überhaupt die Pflicht, sein Licht einzuschalten. Wenn ein Verkehrsteilnehmer unter bestimmten Bedingungen, etwa bei Nebel oder Glatteis die Verpflichtung hat, langsamer zu fahren, als es ihm sonst erlaubt wäre, so ist die Verletzung dieser Sorgfaltspflicht nur dann kausal für einen Unfall, wenn für dessen Erklärung nicht nur die unter den gegebenen Umständen zu hohe Geschwindigkeit erforderlich ist, sondern auch der Nebel oder das Glatteis, also die Gründe dafür, dass diese Geschwindigkeit in der konkreten Verkehrssituation zu hoch war. Wenn es für einen Autofahrer mit überalterten Reifen statt des Gebotes, mit diesen überhaupt nicht Auto zu fahren, ein Gebot gäbe, langsamer zu fahren, als er mit ordnungsgemäßen Reifen hätte fahren dürfen, so wäre die Verletzung dieses Gebots für einen Unfall nur dann kausal, wenn in dessen Erklärung nicht nur die überhöhte Geschwindigkeit als notwendiger Bestandteil vorkäme, sondern auch die

Tatsache, dass seine Reifen überaltert waren, denn nur um dieser Tatsache willen, war seine Geschwindigkeit zu hoch, also sorgfaltswidrig. In keinem Fall darf die vom Täter übertretene Sorgfaltspflicht durch eine andere ersetzt werden, um eine Kausalität der Sorgfaltspflichtverletzung begründen zu können, die mit der Verletzung der für den Täter in Wahrheit von Rechts wegen gültigen Sorgfaltspflicht nicht zu begründen wäre.

Ebenso wie eine Mehrfachkausalität von Handlungen ist auch eine Mehrfachkausalität    32
von Sorgfaltspflichtverletzungen möglich. Diese ist sogar in der Praxis bei weitem häufiger, als eine Mehrfachkausalität von Handlungen, weil an einem Unfallgeschehen meist mehrere beteiligt sind und zwar in der Regel so, dass jeder der Beteiligten sich sorgfaltswidrig verhaltene hat. Ist zur Erklärung des Unfalls die Sorgfaltspflicht-verletzung aller Beteiligten erforderlich, so sind alle Beteiligten für den Unfall verant-wortlich. Das muss aber auch dann gelten, wenn das Verhalten jedes der Beteiligten zur Erklärung des Unfalls genügt. Nun kann aber das Verhalten des anderen Betei-ligten aus dieser kausalen Erklärung nicht völlig eliminiert werden, denn zu einem Zusammenstoß gehören zwei. Um gleichwohl dessen Sorgfaltspflichtverletzung aus der Kausalerklärung eliminieren zu können, muss also unterstellt werden, dass der andere Beteiligte sich richtig verhalten hat, um zu fragen, ob die Sorgfaltspflichtverletzung des Täters allein zur Erklärung des Unfalls genügt. Dies ist notwendig, um zu verhindern, dass bei Mehrfachkausalität der Sorgfaltspflichtverletzungen jeder der Beteiligten sich mit der Sorgfaltspflichtverletzung des anderen entlastet.

Bei Sorgfaltspflichten, deren Zweck es ist, den Täter in den Stand zu versetzen, auf    33
fehlerhaftes Verhalten anderer Beteiligter effektiv zu reagieren, kann der Täter sich auch nicht mit dem Vorbringen entlasten, der andere habe sich so falsch verhalten, dass er den Unfall auch durch sorgfaltsgemäßes Verhalten nicht hätte verhindern kön-nen, sofern er ihn hätte verhindern können, wenn der andere sich weniger krass sorg-faltswidrig verhalten hätte. Das bedeutet, dass sich ein Verkehrsteilnehmer niemals mit der Behauptung entlasten kann, der andere habe seine Fahrbahn so knapp geschnitten, dass er den Unfall auch bei ordnungsgemäßer Geschwindigkeit, Fahren im nüchternen Zustand oder Fahren mit ausreichend profilierten Reifen nicht hätte verhindern kön-nen. Es genügt für seine Mitverantwortung für den Unfall, dass er ihn bei richtigem Verhalten hätte verhindern können, wenn der andere seine Sorgfaltspflicht weniger krass verletzt hätte, zB seine Fahrbahn zwar immer noch verkehrswidrig, aber doch weniger knapp geschnitten hätte.

## § 4 Der Schutzzweck einer Sorgfaltsnorm und seine Ermittlung

### 1. Das Durchgängigkeitserfordernis oder die Verursachung erlaubter Gefahren durch unerlaubtes Verhalten

#### a) Der Taxifall

1    Die Kausalität der Sorgfaltspflichtverletzung kann nicht die einzige Voraussetzung der objektiven Zurechnung sein. Dies zeigt folgende Überlegung: Ein strafrechtlich relevanter Erfolg kann auch durch eine erlaubte Gefahr verursacht werden. Wer dies tut, dem wird der Erfolg nicht zugerechnet, obwohl er ihn verursacht hat. Dann ist es aber auch denkbar, dass der Täter durch unerlaubtes Verhalten eine erlaubte Gefahr verursacht, die dann ihrerseits den strafrechtlich relevanten Erfolg herbeiführt. Konsequenterweise kann dann dieser Erfolg dem Täter ebenfalls nicht zugerechnet werden, obwohl er ihn, sogar durch sein sorgfaltswidriges Verhalten, verursacht hat. Zum Beispiel:

> ▶ Der Täter sticht, wir können sogar annehmen, mit Tötungsvorsatz, auf sein Opfer ein. Da dessen Verletzungen nicht lebensgefährlich erscheinen, bedient es sich zur Fahrt ins Krankenhaus eines Taxis. Durch einen Fahrfehler des Taxifahrers kommt es zu einem Zusammenstoß, bei dem der Fahrgast ein Schädelhirntrauma erleidet, an dem er stirbt. ◀

2    Es besteht Einigkeit darüber, dass dem Messerstecher dieser Todeserfolg nicht zugerechnet werden kann, unabhängig davon, ob er Tötungsvorsatz hatte oder nicht. Die übliche Begründung besteht in dem Hinweis, der Erfolg sei unvorhersehbar gewesen[1] oder es habe sich das unerlaubte Risiko der Messerstiche in dem Erfolg nicht realisiert, sondern nur das erlaubte Risiko einer gewöhnlichen Fahrt mit dem Taxi,[2] oder es sei nicht Schutzzweck des Verbots, einen anderen mit einem Messer zu stechen, dessen Verkehrsunfall bei einer Taxifahrt zu verhindern.[3] Aber seit wann sind Verkehrsunfälle bei Autofahrten unvorhersehbar? Wieso hat sich das unerlaubte Risiko des Messerstiches nicht realisiert, sondern nur das erlaubte der Taxifahrt, wenn doch der Messerstich notwendiger Bestandteil der kausalen Erklärung des Todeserfolges ist? Warum ist die Verhinderung dieses Erfolges nicht Schutzzweck des Verbotes, einen anderen mit einem Messer zu stechen? Anders gefragt, wie ermittelt man den Schutzzweck einer Sorgfaltsnorm?

3    Die Begründung dafür, dass sich die unerlaubte Gefahr des Messerstiches in dem Todeserfolg nicht realisiert oder der Schutzzweck der Norm nicht betroffen ist, erschließt sich aber nicht, wenn man, wie es etwa die Wegdenk-Methode tut, eine unmittelbare Beziehung zwischen dem Handeln des Täters und dem Erfolg herstellt. Man muss vielmehr den tatsächlichen Kausalverlauf in seinen einzelnen Zwischenstadien analysieren. Dieser sieht hier so aus: Der Messerstich hat zur Folge gehabt, dass der Verletzte die Taxifahrt antrat. Zur Rekonstruktion des weiteren Kausalverlaufs wird die Tatsache, dass er verletzt worden ist oder eine sonstige unerlaubte Konsequenz des Täterverhaltens nicht mehr benötigt, sondern nur noch die Tatsache, dass er mit einem Taxi eine bestimmte Strecke gefahren ist. Es ist nicht nur erlaubt, mit einem Taxi zu fahren, es ist auch erlaubt, einen anderen in die Situation zu bringen, mit einem Taxi fahren zu müssen. Diese Gefahr geht im Folgenden allerdings wiederum in eine unerlaubte

---

1  *Maurach/Zipf* AT/1 23/28.
2  *Kühl* AT 4/61; *Wessels/Beulke/Satzger* Rn. 306 zu Fall 6b; *Frister* AT 10/24 ff.
3  *Jescheck/Weigend* AT § 28 IV 3.

über dadurch, dass der Taxifahrer seinerseits eine Verkehrswidrigkeit begeht. Nur diese unerlaubte Gefahr wird dann zur weiteren Rekonstruktion des Kausalverlaufs bis zum Todeserfolg hin benötigt. Dies ist eigentlich gemeint, wenn behauptet wird, in solch einem Fall habe sich nicht die Gefahr des Messerstiches, sondern nur die einer Taxifahrt realisiert.

Aber der Topos von der Realisierung der unerlaubten Gefahr wird in der Lehre von der objektiven Zurechnung zur Bezeichnung verschiedener Beziehungen zwischen Sorgfaltspflichtverletzung und Kausalverlauf angewandt, ua auch für die Kausalität der Sorgfaltspflichtverletzung überhaupt,[4] die in Fällen wie dem Taxifall zweifelsfrei gegeben ist. Deswegen habe ich für das weitere Zurechnungselement, um das es hier geht, einen neuen Ausdruck vorgeschlagen und es das „Durchgängigkeitserfordernis" genannt. *Abstrakt lässt sich das Durchgängigkeitserfordernis wie folgt formulieren: Das Täterverhalten mit seinen unerlaubten Eigenschaften muss mit dem Erfolgseintritt durch eine Kausalkette verknüpft sein dergestalt, dass jedes Glied dieser Kette ein unerlaubtes Element enthält.*[5] Geht der Kausalverlauf, bildlich gesprochen, nachdem er in unerlaubter Weise angestoßen worden ist, in einen erlaubten Kausalverlauf über, ehe er, möglicherweise durch erneutes unerlaubtes Verhalten, zum Erfolg führt, so ist dieses Durchgängigkeitserfordernis nicht erfüllt und deshalb der Erfolg dem Täter nicht zuzurechnen. [4]

Zur Veranschaulichung des Durchgängigkeitserfordernisses hier noch etwas Kasuistik: Dieses Erfordernis ist beispielsweise dann nicht erfüllt, wenn das Opfer der Verletzung im Krankenhaus infolge eines Brandes umkommt. Das ist aber bereits dann anders, wenn dies auch dadurch bedingt war, dass es infolge der Primärverletzung unfähig war, sich vor den Flammen in Sicherheit zu bringen.

Dass ein gefährlicher Zustand auch durch Zufall, also Unglück, entstehen kann, macht ihn noch nicht zu einem erlaubten. Denn die Rechtsordnung kann auch dann den Zweck verfolgen, die Häufigkeit dieser Gefahr zu reduzieren. Stirbt das Opfer zB an einem Narkosezwischenfall bei der durch die Primärverletzung notwendig gewordenen Operation, so muss die Frage entschieden werden, ob eine normale Narkose als unerlaubte Folge einer sorgfaltswidrigen Handlung anerkannt wird oder ob dieser Zustand zum allgemeinen Lebensrisiko eines jeden Zeitgenossen gezählt werden soll. [5]

Vor ein ähnliches Problem stellen den Strafrechtler diejenigen Fälle, in denen die sorgfaltspflichtwidrig verursachte Primärverletzung eine ärztliche Behandlung erfordert, bei der ein Kunstfehler mit weiteren Verletzungsfolgen unterläuft. Hier wird man nicht ohne Weiteres das Durchgängigkeitserfordernis ablehnen dürfen, denn das Risiko, verletzt zu sein und einer ärztlichen Heilbehandlung zu bedürfen, kann nicht a limine als erlaubtes Risiko bezeichnet werden, auch wenn es möglich ist, dass es den einzelnen durch einen Unglücksfall trifft, der nicht von einem anderen schuldhaft verursacht worden ist. Mag das Risiko einer normalen ärztlichen Routinebehandlung noch als erlaubtes akzeptiert werden, so gilt dies jedenfalls nicht für eine schwierige Operation oder sonstige Behandlung. Dass der Arzt das Risiko dieser Operation eingehen darf, [6]

---

4  Schönke/Schröder-*Eisele* vor § 13 Rn. 92; S/S- *Lenckner/Eisele* vor § 13 Rn. 92; Lackner/Kühl/*Kühl* vor § 13 Rn. 14; *Roxin/Greco* AT/1 11/47; *Wessels/Beulke/Satzger* AT Rn. 301 f.
5  NK[6]-*Puppe* Vor § 13 Rn. 237 ff.; *dies.* ZStW 99 (1987), 595 (610 f.); *dies.* GA 2015, 206 (212 ff.); das war ursprünglich bei *von Kries* mit Adäquanz des Kausalverlaufs gemeint, vgl. ZStW 9 (1889), 528 (532); *Puppe* Bemmann-FS (1997), 227 (228) = Analysen 169 (170).

weil sonst dem Patienten noch größerer Schaden drohen würde, macht diese Situation als solche nicht zu einer erlaubten.

7    Das Durchgängigkeitserfordernis ist nicht zu verwechseln mit einem Unmittelbarkeitserfordernis. Es kann auch dann erfüllt sein, wenn der Kausalverlauf in irgendeinem Sinne ungewöhnlich ist oder wenn zusätzliches Verschulden anderer Beteiligter oder des Opfers dazu kommen. Nur wenn die Kausalkette in einen Normalzustand des alltäglichen Lebens übergeht, ist der Durchgängigkeitszusammenhang unterbrochen.

### b) Zum Schutzzweck von Geschwindigkeitsbegrenzungen – Der erste Ortstafelfall, BayObLG VRS 57, 360

8    ▶ Der Angeklagte fuhr innerorts kurz vor Erreichen der das Ortsende anzeigenden gelben Tafel bereits erheblich schneller als 50 km/h. Nach Passieren der Ortstafel wurde seine Fahrbahn von einem Radfahrer gekreuzt, der aus der Gegenrichtung kommend nach links in eine einmündende Straße biegen wollte. Der Radfahrer kreuzte die Fahrbahn des Autofahrers in derart kurzem Abstand, dass dieser trotz sofortiger Einleitung einer Vollbremsung einen Zusammenstoß mit tödlicher Verletzung des Radfahrers nicht mehr verhindern konnte. Seine Geschwindigkeit betrug in dem Augenblick, als er die Vollbremsung einleiten musste, 83 km/h. Hätte er innerorts bis zum Passieren des Ortsschildes die Höchstgeschwindigkeit von 50 km/h eingehalten, so hätte er sein Fahrzeug bis zum Moment der Vollbremsung nicht auf 83 km/h beschleunigen können. Bei der unter dieser Voraussetzung notwendig geringeren Geschwindigkeit hätte der Bremsweg zur Vermeidung des Zusammenstoßes ausgereicht. ◀

9    Im vorliegenden Fall ist also nicht nur die Kausalität des Autofahrers für den Tod des Radfahrers schlechthin gegeben, weil zu einem Zusammenstoß nun einmal zwei gehören, sondern auch die Kausalität seiner Sorgfaltspflichtverletzung. Geht man nämlich von dem tatsächlichen Fahrverhalten der Beteiligten, beispielsweise vom genauen Zeitpunkt ihres Fahrtantritts und den gefahrenen Geschwindigkeiten aus, so ist der Zusammenstoß nicht ohne die Tatsache zu erklären, dass der Autofahrer vor Erreichen der Ortstafel mehr als 50 km/h gefahren ist. Hierfür gibt es zwei Gründe: Erstens hätte sich der Autofahrer bei im übrigen gleicher Verhaltensweise aller Beteiligten, sofern er nicht innerorts zu schnell gefahren wäre, in einer größeren Entfernung von dem Radfahrer befunden, als dieser seine Fahrbahn kreuzte; zweitens hätte der Autofahrer sein Fahrzeug, einen VW-Bus, zwischen Ortstafel und Beginn des Bremsmanövers nicht auf eine Geschwindigkeit von 83 km/h bringen können, wenn er vor der Ortstafel nicht schneller als 50 km/h gefahren wäre.

10   Das BayObLG lehnt die Zurechnung des Todeserfolges zur Sorgfaltspflichtverletzung des Autofahrers mit folgender Begründung ab:

> „Es genügt nicht, dass die dem Angeklagten vorzuwerfende Geschwindigkeitsüberschreitung eine Bedingung für den später eingetretenen Erfolg gewesen ist, die nicht hinweggedacht werden kann, ohne dass auch dieser entfiele. Es müsste vielmehr hinzukommen, dass sie sich im Rahmen des mit der Festsetzung einer Höchstgeschwindigkeit im innerörtlichen Verkehr verfolgten Schutzzwecks nachteilig ausgewirkt hat. Diese Voraussetzung erfüllt jedoch ein sich außerorts ereignender Verkehrsablauf nicht; denn die innerörtlich geltende Geschwindigkeitsbeschränkung soll lediglich den Verkehrsgefahren in geschlossenen Ortschaften begegnen. Sie schafft keine über das gekennzeichnete Ortsende hinausreichende Schutzzone, innerhalb der nur mit einer allmählich gesteigerten

Geschwindigkeit gefahren werden darf.[6] Auch wenn es aus technischen Gründen nicht möglich ist, nach Verlassen des Ortsbereiches die Geschwindigkeit eines Kraftfahrzeugs sofort auf die dann höchst zulässige Geschwindigkeit zu steigern, so hängt die Beschleunigung doch so sehr von der Motorstärke des jeweiligen Fahrzeugtyps und der Straßenbeschaffenheit ab, dass eine derartige 'Schutzzone' auch nicht annähernd abgegrenzt und inhaltlich bestimmt werden könnte."[7]

Wenden wir auf diesen Fall das Durchgängigkeitserfordernis an, so zeigt sich, dass die Entscheidung in Ergebnis und Begründung richtig ist. Das Durchgängigkeitserfordernis ist nämlich im vorliegenden Fall nicht erfüllt, sofern jenseits der Ortstafel eine Geschwindigkeit von 83 km/h erlaubt war. Für die weitere Erklärung des Unfalls ist nur die Tatsache erforderlich, dass der VW-Bus des Angeklagten in dem Moment, als er wegen des in zu kurzem Abstand kreuzenden Radfahrers die Vollbremsung einleiten musste, eine Geschwindigkeit von 83 km/h hatte. Ist dieses erlaubt, so ist es gleichgültig, ob er diesen Zustand auf erlaubte oder unerlaubte Weise herbeigeführt hat. 11

Die besondere Bedeutung der vorliegenden Entscheidung besteht darin, dass sie folgendes klarstellt: Eine hohe Geschwindigkeit außerhalb einer Ortschaft wird auch nicht dadurch unerlaubt, dass es dem Autofahrer, der sich innerorts an die Geschwindigkeitsbegrenzung hält, aus technischen Gründen unmöglich ist, sie zu erreichen. Eine Geschwindigkeit von beispielsweise 100 km/h unmittelbar jenseits einer Geschwindigkeitsbegrenzung ist also auch dann ein erlaubter Zustand, wenn es keinem Autofahrer möglich ist, an dieser Stelle diese Geschwindigkeit zu fahren, es sei denn, er fährt schon diesseits der Geschwindigkeitsbegrenzung schneller als erlaubt. Es kommt nicht darauf an, was einer tun kann, sondern darauf, was er tun darf.[8] 12

## 2. Das Kriterium der generellen Geeignetheit

### a) Vom Sinn des Topos von der Maßgeblichkeit des Versagens in der konkreten Verkehrssituation

Um zu begründen, dass ein Verkehrsteilnehmer, der die in einem bestimmten Bereich gültigen Vorschriften über sein Fahrverhalten übertreten hat, nicht um dessentwillen für Unfälle haftet, in die er jenseits dieses Bereiches verwickelt wurde, hat die Rechtsprechung den Satz aufgestellt, im Straßenverkehr sei allein das Versagen der Verkehrsteilnehmer in der kritischen Situation maßgeblich.[9] Dieser Satz führt in den geschilderten Fällen offensichtlich zum richtigen Ergebnis. Aber er begründet dieses Ergebnis nicht, er bedarf ja selbst der Begründung. Dabei geht es keineswegs nur um das theoretische Interesse, dahinter zu kommen, was es eigentlich auf sich hat mit der Maßgeblichkeit der konkreten Situation im Straßenverkehr, sondern es geht darum, zu verhindern, dass der Topos von der Maßgeblichkeit des Versagens in der kritischen Situation dazu missbraucht wird, Zurechnung zu begründen, wo sie nicht zu begründen ist. Zwei Fälle dieser Art haben wir bereits kennen gelernt, den Reifenfall 13

---

6  Vgl. BayObLG VRS 6, 366; OLG Koblenz VRS 48, 180 f.
7  BayObLG VRS 57, 360 f.
8  *Jakobs* (1972), 102 f.; *ders*. AT 7/86; *Puppe* JZ 1985, 295 (296); *dies*. NK Vor § 13 Rn. 239.
9  BGHSt 24, 31 (34); 33, 61 (63 ff.); VRS 20, 129 (131); 23, 369 (370); 24, 124 (126); 25, 262 (263 f.); 54, 436 (437); OLG Frankfurt/M. JR 1994, 77 (78); BayObLG NZV 1994, 283 (284) = VRS 87, 121; OLG Stuttgart VRS 87, 336 (337 f.); OLG Düsseldorf VRS 88, 268 (269).

(s. o. 3/10 ff.) und den Trunkenheitsfahrerfall (s. o. 3/23 ff.). In beiden Fällen hat der BGH den Topos von der Maßgeblichkeit des Versagens in der kritischen Situation dazu benutzt, dem Täter eine andere Sorgfaltspflichtverletzung zu unterschieben, als er sie tatsächlich begangen hat. Dem Fahrer mit den überalterten Reifen wurde nicht vorgeworfen, dass er mit überalterten Reifen gefahren ist, sondern dass er in der konkreten Situation zu schnell gefahren ist, weil ein Fahrer mit überalterten Reifen langsam fahren müsse. Dem betrunkenen Autofahrer wurde nicht vorgeworfen, dass er in betrunkenem Zustand Auto gefahren ist, sondern, dass er in der kritischen Situation zu schnell gefahren ist, weil er als angetrunkener Fahrer langsam hätte fahren müssen. Die Verantwortung der Angeklagten für den Unfall wurde dann nicht damit begründet, dass die abgefahrenen Reifen oder die Trunkenheit kausal für den Unfall gewesen seien, sondern damit, dass ihr zu schnelles Fahren kausal für den Unfall gewesen sei. Es muss also geklärt werden, wann und in welchem Sinne der Topos von der Maßgeblichkeit des Versagens in der kritischen Situation richtig ist.

14 Es geht um die Feststellung derjenigen Kausalverläufe, zu deren Verhinderung eine bestimmte Verhaltensvorschrift, beispielsweise eine Geschwindigkeitsbegrenzung oder ein Haltegebot generell geeignet ist. Normen, die das Fahrverhalten im Straßenverkehr regeln, sind generell nur dazu geeignet, Gefahren in dem Bereich zu reduzieren, für den sie gelten. Das Gebot, an einer Kreuzung die rote Ampel zu beachten oder einem Vorfahrtsberechtigten die Vorfahrt einzuräumen, ist generell nur geeignet, den Verkehr an der Kreuzung sicherer zu machen, mag eine Einhaltung im Einzelfall auch einen Unfall jenseits der Kreuzung verhindert haben, weil der Fahrer zum Zeitpunkt des Zusammenstoßes noch gar nicht am Ort des Zusammenstoßes gewesen wäre, wenn er das Haltegebot respektiert hätte. Die Einhaltung der Höchstgeschwindigkeit von 50 km/h hätte im Ortstafelfall den Unfall jenseits der Ortsgrenze verhindert, weil der Autofahrer in dem Moment, als der Radfahrer seine Fahrbahn kreuzte, noch gar nicht dort gewesen wäre, wenn er innerorts 50 km/h gefahren wäre. Aber eine Geschwindigkeitsbegrenzung ist nicht generell dazu geeignet, den Verkehr außerhalb ihres Gültigkeitsbereiches sicherer zu machen. Das liegt nicht etwa daran, dass es Fälle gibt, in denen auch die Einhaltung der Vorschrift den Unfall jenseits ihres Geltungsbereichs nicht verhindert, und erst recht nicht daran, dass der Täter im Einzelfall den Unfall auch dann vermieden hätte, wenn er die Geschwindigkeitsbegrenzung noch krasser übertreten hätte.[10] Es liegt vielmehr daran, dass es Fälle gibt, in denen die Einhaltung der Vorschrift den Unfall jenseits ihres Geltungsbereichs gerade herbeiführt. Hätte in unserem Beispielsfall der Autofahrer seine Fahrt etwas früher angetreten oder eine Pause nicht gemacht, so hätte er gerade durch die Einhaltung der Geschwindigkeitsbegrenzung im Ortsbereich eine Voraussetzung dafür geschaffen, dass er jenseits des Ortsbereichs von dem Radfahrer zu knapp geschnitten wurde und mit ihm kollidiert ist, während er den Unfall gerade dadurch hätte verhindern können, dass er die Geschwindigkeitsbegrenzung innerorts missachtet hätte. Es geht also, allgemein gesprochen, um die generelle Eignung einer Sorgfaltspflicht, schädliche Kausalverläufe der vorliegenden Art zu verhindern.[11] An dieser generellen Eignung kann es fehlen, auch wenn die

---

10  So OLG Düsseldorf VRS 88, 268 (269); *Jakobs* AT 7/80; vgl. auch *Roxin/Greco* AT/1 11/75. Dieses Argument wirkt bestechend, weil es bei fehlender Durchgängigkeit der Übertretung einer Geschwindigkeitsbegrenzung zum offensichtlich richtigen Ereignis führt. Wenn es aber richtig wäre, könnte sich jeder Raser damit entlasten, der wegen seines zu langen Bremsweges einen Unfall nicht verhindern konnte. Siehe dazu *Puppe* Bemmann-FS (1997), 227 (232).

11  BGH VRS 20, 129 (131); 23, 369 (370); 26, 203.

Einhaltung der Sorgfaltspflicht im Einzelfall zur Verhinderung des Schadens geeignet gewesen wäre. Diejenigen Schadensverläufe, zu deren Verhinderung die Einhaltung einer Sorgfaltsnorm generell geeignet ist, bilden ihren Schutzzweck.[12] *Wir benötigen das Erfordernis des Schutzzwecks der Norm als zusätzliches Zurechnungserfordernis um zu verhindern, dass dem Täter Schadensverläufe zugerechnet werden, zu deren Verhinderung die Einhaltung der Sorgfaltsnorm nur im Einzelfall und nicht generell, also nur zufällig, taugte.*

Die Beantwortung der Frage, warum der Topos von der Maßgeblichkeit der konkreten Situation in manchen Fällen zum richtigen Ergebnis führt, zeigt, dass dieser Topos jedenfalls nicht so allgemein richtig ist, wie er formuliert ist.[13] Er gilt sicher nicht für alle Sorgfaltspflichten, nicht einmal für alle Sorgfaltspflichten des Verkehrsteilnehmers, sondern nur für diejenigen, deren Geltungsbereich örtlich oder situativ begrenzt ist, die also entweder nur in einem bestimmten Bereich gelten, beispielsweise innerorts oder an einer Straßenkreuzung, oder selbst erst durch den Eintritt einer kritischen Situation entstehen. Wer einen Verkehrsunfall durch eine Notbremsung hätte vermeiden sollen, dies aber nicht getan, sondern dem anderen Verkehrsteilnehmer überlassen hat, wird dadurch nicht verantwortlich für einen Zusammenstoß jenseits dieser kritischen Situation. 15

Der Satz von der Maßgeblichkeit des Versagens in der konkreten Situation gilt aber nicht für Vorschriften, die jederzeit und überall zu befolgen sind, wie beispielsweise die Vorschriften über die technischen Einrichtungen eines Kraftfahrzeugs und deren Funktionstüchtigkeit. Kein Gericht würde einen Automonteur, der einen Unfall dadurch mitverursacht hat, dass er eine Bremse oder ein Rad nicht richtig montiert hat, mit der Einlassung hören, in der konkreten Unfallsituation, in der die Bremse nicht gegriffen oder das Rad sich gelöst hat, habe er ja gar nicht versagt, sondern zu Hause ferngesehen. 16

### b) Die generelle Geeignetheit von Geschwindigkeitsbegrenzungen – Der Fußgängerfall, BGH VRS 20, 129

▶ Der angeklagte Autofahrer war innerorts 70 km/h gefahren und hatte einen betrunkenen Fußgänger tödlich überfahren. Dieser hatte seine Fahrbahn in so knappen Abstand gekreuzt, dass sein Bremsweg auch bei 50 km/h kurz vor dem Unfall nicht ausgereicht hätte. Bei 50 km/h kurz vor dem Unfall hätte aber der Fußgänger noch zwei Schritte weiter gehen können und wäre so dem Zusammenstoß knapp entgangen. ◀ 17

Dazu nun der BGH:

> „Die vom LG angestellte Erwägung, A hätte die unmittelbare Fahrbahn des von dem Angeklagten gesteuerten Wagens schon verlassen gehabt, wenn ihm infolge des Abbremsens des Wagens etwas mehr Zeit zur Weiterbewegung geblieben wäre, rechtfertigt den Vorwurf fahrlässiger Unfallverursachung ebenfalls nicht. Das LG übersieht, dass es nicht der Sinn des Verbots zu schnellen Fahrens ist, sicherzustellen, dass ein die Fahrbahn vor einem nahenden Kraftfahrzeug verkehrswidrig betretender Fußgänger ein größeres Stück auf der Fahrbahn zurückzulegen vermag. [...] Ob eine solche Möglichkeit den Fußgänger vor einem Zusammenstoß mit dem Kraftfahrzeug retten könnte, hängt nämlich nicht oder jedenfalls nicht entscheidend von der Geschwindigkeit des Fahrzeugs, sondern

---

12  AK-*Zielinski* §§ 15/16 Rn. 118; NK[6]-*Puppe* Vor § 13 Rn. 232 ff.; *dies.* ZStW 99 (1987), 595 (614).
13  NK[6]-*Puppe* Vor § 13 Rn. 234; *dies.* JZ 1985, 295 (296).

davon ab, wann der Fußgänger die Fahrbahn betreten hat und wo er sich deshalb im Augenblick des Herankommens befindet. Hätte im vorliegenden Fall A mit dem Überqueren der Straße später begonnen, so würde eine geringere Geschwindigkeit des Angeklagten die Gefahr für den Fußgänger nicht vermindert, sondern erhöht haben; sie hätte dazu geführt, dass dieser erst in den unmittelbaren Gefahrenbereich getreten wäre, während das Kraftfahrzeug bei der vom Angeklagten eingehaltenen höheren Geschwindigkeit noch links an A vorbeigekommen wäre."[14]

18    In diesem Urteil wird also nicht eine These darüber aufgestellt und begründet, welche Arten von Kausalverläufen die Sorgfaltsnorm zu verhindern generell geeignet ist, um dann zu prüfen, ob der vorliegende Fall zu einer solchen Art gehört. Es wird vielmehr umgekehrt gefragt, ob und warum der vorliegende Kausalverlauf zu einer solchen Art gehört, zu deren Verhinderung die verletzte Sorgfaltsnorm generell nicht geeignet ist. Zu diesem Zweck gilt es, diejenigen Kausalfaktoren zu untersuchen, von denen die Verhinderung des Unfalls bei Befolgung der Norm im Einzelfall abhängig war. Stellt sich nun heraus, dass diese Faktoren ihrerseits nicht durch Normen geregelt, also vom Zufall abhängig sind und dass nach der Lebenserfahrung zu erwarten ist, sie würden annähernd ebenso oft bei Einhaltung der Sorgfaltsnorm zu einem Schaden führen wie bei ihrer Verletzung, so können wir feststellen, dass der vorliegende Verlauf zu einer Klasse von Verläufen gehört, bei denen die Einhaltung der Norm zur Verhinderung von Schäden generell nicht geeignet ist.[15] Betritt ein Fußgänger die Fahrbahn, ohne im geringsten auf den Autoverkehr zu achten, oder nimmt ein Autofahrer einem anderen ohne jede Rücksicht die Vorfahrt, so hängt es eben vom Zufall ab, ob die Position der beiden Verkehrsteilnehmer in dem Moment, in dem der andere deshalb bremsen muss, so gestaltet war, dass die Einhaltung der Geschwindigkeit den Zusammenstoß durch die Eigenbewegung des kreuzenden Verkehrsteilnehmers verhindert, oder so, dass dies gerade durch die Geschwindigkeitsüberschreitung ermöglicht wird. Trotz dieser richtigen Überlegungen zum Schutzzweck der Geschwindigkeitsbegrenzung erweist sich der Freispruch des Autofahrers als unrichtig, weil ein Fall von Doppelkausalität von Sorgfaltspflichten vorliegt (dazu 4/19 ff. sogleich).

### c) Generelle Geeignetheit und Doppelkausalität – Der Kreuzungsfall, BGHSt 33, 61

19    Für die Kausalität von Sorgfaltspflichtverletzungen hatten wir festgestellt, dass wir in einem Fall, in dem die Pflichtverletzung eines jeden der Beteiligten hinreicht, den Unfall zu erklären, diese Kausalität nur dadurch feststellen können, dass wir das Verhalten des anderen Beteiligten als sorgfaltsgemäß setzen (s. o. 3/13 ff.). Diese Regel gilt auch für die Entscheidung der Frage, ob die Sorgfaltspflichtverletzung generell geeignet war, Kausalverläufe der vorliegenden Art zu verhindern. Auch hier gilt, dass es genügt, wenn die Einhaltung der Sorgfaltspflichten des einen Beteiligten zur Verhinderung des Unfallgeschehens generell geeignet war, unter der Voraussetzung, dass der andere Beteiligte sich sorgfaltsgemäß verhalten hätte. Auch bei der Prüfung des Geeignetheitserfordernisses kann sich also keiner der Beteiligten mit der Pflichtverletzung des anderen entlasten.

---

14   BGH VRS 20, 129 (131).
15   Bei Mehrfachkausalität darf die konkurrierende Ursache auch in die Prüfung der generellen Eignung nicht einbezogen werden, ebensowenig wie in die der Kausalität, näher *Puppe* Bemmann-FS (1997), 227 (236 f.) = Analysen (2006), 169 (180 f.).

Gerade aus dem Schutzzweck gewisser Normen, den Normadressaten in den Stand zu    20
versetzen, effektiv auf das Fehlverhalten Anderer zu reagieren, haben wir aber auch
abgeleitet, dass sich derjenige, der eine solche Norm verletzt, zu seiner Entlastung
auch nicht auf die Krassheit des Fehlverhaltens des anderen Beteiligten berufen kann
(s. o. 3/18 ff.). Auch für das Geeignetheitserfordernis gilt, dass es genügt, wenn die
Normbefolgung durch den Täter zur Verhinderung des Unfalls dann generell geeignet
gewesen wäre, wenn der andere Beteiligte die für ihn gültige Norm weniger krass
übertreten hätte.

In einem anderen Fall, in dem sich beide Beteiligte falsch verhalten hatten, hat der    21
gleiche Senat des BGH seine eigenen, in VRS 20, 129 angestellten Überlegungen zum
Schutzzweck der Norm verworfen.

▶ Der angeklagte Autofahrer näherte sich einer Kreuzung auf einer Vorfahrtsstraße mit zu
hoher Geschwindigkeit. Ein anderer Autofahrer nahm ihm die Vorfahrt in einem so knappen
Abstand, dass er den Unfall durch bremsen auch dann nicht verhindert hätte, wenn er sich
an die Geschwindigkeitsbegrenzung gehalten hätte. Dann wäre aber der andere Autofahrer
dadurch dem Zusammenstoß entgangen, dass er noch ein, zwei Meter vorwärts gefahren
wäre, ehe der Angeklagte seine Höhe erreichte. ◀

Nach dem Urteil BGH VRS 20, 129 hätte sich dieser Angeklagte zu seiner Entlastung
darauf berufen können, dass auch bei ordnungsgemäßer Geschwindigkeit sein Bremsweg zu lang gewesen wäre, um den Unfall zu verhindern. Denn nach der damaligen
Rechtsauffassung des IV. Senats des BGH konnte es nicht als Schutzzweck einer Norm
anerkannt werden, dass der andere Unfallbeteiligte bei ordnungsgemäßem Verhalten
noch ein Stück auf seinem Weg hätte zurücklegen und so dem Zusammenstoß entgehen können. Denn dies hängt ja von Zufälligkeiten ab, die die Beteiligten nicht beeinflussen können. Diesen Gedanken verwirft nun der IV. Senat mit folgenden Worten:

> „Nach dem Eintritt der kritischen Verkehrslage ist allein von Bedeutung, wie bei richtiger    22
> Fahrweise die Vorgänge, die zum Unfall geführt haben, abgelaufen wären. Der Tatrichter,
> der im übrigen von den weiteren tatsächlichen Voraussetzungen auszugehen hat, kann
> Feststellungen darüber nur treffen, wenn er das Verhalten der anderen Verkehrsteilneh-
> mer, zB Art und Ausmaß ihrer Fortbewegung, in seine Erwägungen einbezieht. Damit
> verlässt er aber nicht den Normzweck der allgemeinen Geschwindigkeitsbegrenzung
> auf Landstraßen. Dieser besteht [...] auch darin, anderen Verkehrsteilnehmern einen
> gefahrlosen Begegnungs- und Kreuzungsverkehr zu ermöglichen. Es geht [...] um deren
> Schutz vor den Gefahren hoher Geschwindigkeiten. [...] Die Gefahren verwirklichen
> sich, wenn der Kraftfahrzeugführer infolge überhöhter Geschwindigkeit nicht mehr so
> bremsen kann, dass es gerade noch einmal gut geht.“ [16]

Die Schutzzweckbestimmung, eine Geschwindigkeitsbegrenzung soll vor den Gefahren
hoher Geschwindigkeiten schützen, ist ebenso tautologisch, wie der Satz, es ist der
Schutzzweck einer Sorgfaltsnorm, dafür zu sorgen, dass es gerade noch einmal gut
geht. Eine solche Schutzzweckprüfung kann man sich ebenso gut ersparen, weil sie die
Zurechnung nicht über die Feststellung der Kausalität der Sorgfaltspflichtverletzung
hinaus einschränkt.

Und doch ist die Entscheidung im Ergebnis richtig und die Entscheidung BGH VRS    23
20, 129 trotz ihrer richtigen Schutzzwecküberlegungen im Ergebnis falsch. In beiden

---

16   BGHSt 33, 61 (65).

Fällen liegt eine Doppelkausalität von Sorgfaltspflichtverletzungen vor. Der Autofahrer im Kreuzungsfall ist nicht deshalb für den Zusammenstoß mitverantwortlich, weil bei ordnungsgemäßer Geschwindigkeit der Unfall dadurch verhindert worden wäre, dass der andere Beteiligte noch einen Meter weiter hätte fahren können, ehe der Angeklagte seine Höhe erreichte. Denn, wie gezeigt, ist eine Geschwindigkeitsbegrenzung generell nicht geeignet dazu, einen Zusammenstoß auf solche Weise zu verhindern. Beide Angeklagten sind aber deshalb für den Unfall mitverantwortlich, weil sie ihn bei ordnungsgemäßer Geschwindigkeit durch bremsen hätten verhindern können, wenn der Fußgänger bzw. der andere Autofahrer ihre Fahrbahn weniger knapp gekreuzt hätten. Dies ist damit zu rechtfertigen, dass es der Zweck mancher Sorgfaltspflichten, zB von Geschwindigkeitsbegrenzungen ist, den Verkehrsteilnehmer in den Stand zu setzen, auf Fehlverhalten Anderer effektiv unfallverhindernd zu reagieren (s. dazu o. 3/27 f.).[17]

24    Dieses letzte Argument ist neu[18] und in der Literatur noch nicht aufgegriffen worden. Wenn Sie das Risiko nicht eingehen wollen, sich seiner zu bedienen, etwa in der Klausur, so sollten Sie sich der Argumentation von BGH VRS 20, 129 (s. o. 4/17) anschließen und die Einschlägigkeit des Schutzzwecks der Geschwindigkeitsbegrenzung mit der Begründung ablehnen, dass eine solche generell nicht geeignet ist, sicher zu stellen, dass der andere Beteiligte noch ein kurzes Stück weiter kommt und dadurch dem Zusammenstoß entgeht.

### 3. Hinweise zur praktischen Anwendung

25    Während die Elemente Kausalität, Sorgfaltswidrigkeit und Kausalität der Sorgfaltspflichtverletzung bei jedem Fahrlässigkeitsdelikt zu prüfen sind, gehört die Einschlägigkeit des Schutzzwecks der Norm zu denjenigen Erfordernissen der objektiven Zurechnung, die nur dann anzusprechen sind, wenn sie im Einzelfall problematisch erscheinen. Ob das der Fall ist, erkennt man, wenn man den tatsächlich abgelaufenen Kausalprozess beschrieben hat. Auf den Kausalverlauf, nicht etwa auf den Erfolg bezieht sich die Frage, ob es der Zweck der verletzten Sorgfaltsnorm ist, einen Kausalverlauf dieser Art zu verhindern. Die Norm, um deren Schutzzweck es dabei geht, ist nicht etwa der Tatbestand des Strafgesetzbuches, also beispielsweise § 222 oder § 229. Denn über deren Schutzzweck lässt sich nichts anderes sagen, als dass sie dazu da sind, Todesfälle bzw. Körperverletzungen zu verhindern. Die Norm, um deren Schutzzweck es geht, ist immer die Sorgfaltsnorm, die der Täter übertreten hat.

26    Zur Entscheidung der Frage, ob der vorliegende Kausalverlauf vom Schutzzweck der Norm erfasst ist, gibt es zwei voneinander unabhängige Kriterien: Das Durchgängigkeitserfordernis und das Geeignetheitserfordernis. Das Durchgängigkeitserfordernis beruht auf der normativen Entscheidung der Rechtsordnung, gewisse Risiken zu akzeptieren. Diese Entscheidung hat zur Folge, dass die Zurechnung eines Erfolges dadurch unterbrochen wird, dass der Kausalprozess, auch wenn er in unerlaubter Weise initiiert worden ist, in einen erlaubten Zustand, also ein erlaubtes Risiko übergeht. Das bedeutet, dass von einem bestimmten Punkt der Kausalkette an nur noch erlaubte Tatsachen für die Erklärung der weiteren Glieder der Kausalkette gebraucht werden. Es ist also nicht erforderlich, dass der unerlaubte Zustand, den der Täter ursprünglich

---

17  *Puppe* Frisch-FS (2013), 447 (456 f.).
18  *Puppe* Frisch-FS (2013), 447 (455 ff.).

herbeigeführt hat, aufgehört hat zu existieren, sondern lediglich, dass er für die weitere Erklärung des Kausalprozesses nicht mehr gebraucht wird. Wenn das von Täter verletzte Opfer ein Taxi nimmt, um ins Krankenhaus zu fahren und auf der Taxifahrt einen Unfall erleidet, so hat während dieses Unfallgeschehens der unerlaubte Zustand der Verletzung weiter bestanden, aber für die weitere Erklärung des Kausalverlaufs zur zweiten Verletzung wird lediglich die Tatsache gebraucht, dass das Opfer mit einem Taxi auf einer bestimmten Strecke gefahren ist.

Das zweite Kriterium, die generelle Geeignetheit der Befolgung der Sorgfaltsnorm zur Verhinderung von Kausalverläufen der vorliegenden Art, dient dazu, die Zurechnung des Erfolges dann auszuschließen, wenn zwar im Einzelfall die Sorgfaltspflichtverletzung für diesen kausal war, dies aber von Zufällen abhing, die die Rechtsordnung nicht beeinflussen kann. Ein solcher Zufall ist etwa die Position der an einem Unfall beteiligten Verkehrsteilnehmer in der kritischen Verkehrssituation kurz vor dem Unfall. Sie kann zufälligerweise so beschaffen sein, dass der Täter durch Einhaltung der zulässigen Geschwindigkeit und rechtzeitiges Bremsen den Unfall verhindert hätte, sie kann aber auch so sein, dass er gerade dadurch die Kollision herbeigeführt hätte. Dann ist die Norm nicht generell dazu geeignet, Kausalverläufe der vorliegenden Art zu verhindern. 27

Beide Schutzzweckkriterien sind begrifflich und normativ voneinander unabhängig. Das Durchgängigkeitserfordernis ist eine Konsequenz des erlaubten Risikos, das Kriterium der generellen Geeignetheit dient dazu, zufällige Effekte aus der Zurechnung auszuschließen. Trotzdem werden beide Kriterien in vielen Fällen gleichzeitig erfüllt sein. So scheitert die Zurechnung des Unfalls sowohl am Durchgängigkeitserfordernis als auch am Kriterium der generellen Geeignetheit, wenn die Sorgfaltspflichtverletzung des Täters, die den Unfall erklärt, in der Missachtung eines Geschwindigkeitslimits oder eines Haltegebots einige Zeit vor Eintritt der kritischen Situation bestanden hat, während er sich in der kritischen Situation verkehrsgerecht verhalten hat. Hier ist das Durchgängigkeitserfordernis nicht erfüllt, weil zwischen der Missachtung des Geschwindigkeitslimits bzw. des Haltegebots und dem Unfallereignis ein ordnungsgemäßes Fahrverhalten des Täters als erlaubter Zustand liegt. Auch fehlt es an der generellen Eignung des Haltegebots oder des Geschwindigkeitslimits, Unfälle der vorliegenden Art zu verhindern, weil solche Gebote nur dazu geeignet sind, den Verkehr in ihrem Geltungsbereich sicherer zu machen. 28

Nur das Durchgängigkeitserfordernis, nicht aber das der generellen Geeignetheit hilft in den Fällen weiter, in denen der Täter das Opfer einem erlaubten Risiko ausgesetzt hat, denn auch ein erlaubtes Risiko ist ein Risiko, so dass die Unterlassung der Herbeiführung eines solchen Risikos geeignet wäre, die Zahl seiner Realisierungen zu reduzieren. Wenn aber die Rechtsordnung sich mit einem bestimmten Risiko generell abfindet, so ist die Herbeiführung des Erfolges durch Verursachung eines solchen Risikos auch dann nicht rechtswidrig, wenn das Risiko auf unerlaubte Weise herbeigeführt worden ist. 29

Kann die Einschlägigkeit des Schutzzwecks der Norm sowohl anhand des Durchgängigkeitserfordernisses als auch des Geeignetheitskriteriums abgelehnt werden, so sollte man zunächst das Durchgängigkeitskriterium anwenden, weil es leichter zu handhaben ist. Es ist aber auch nichts dagegen einzuwenden, zusätzlich das Geeignetheitserfordernis anzuwenden, weil beide Schutzzweckkriterien völlig verschiedene normative Grundlagen haben. 30

31    Den Topos von der Maßgeblichkeit des Versagens in der kritischen Situation sollte man nur in Verbindung mit dem Kriterium der generellen Geeignetheit verwenden, denn nur für die Fälle, in denen die generelle Geeignetheit nicht gegeben ist, ist die Maßgeblichkeit des Versagens in der kritischen Situation überhaupt begründet. Es ist davor zu warnen, den Topos von der Maßgeblichkeit der kritischen Situation dazu zu verwenden, an die Stelle der Sorgfaltspflicht, die der Täter tatsächlich verletzt hat, irgendeine andere Sorgfaltspflicht zu setzen, die für ihn gar nicht galt oder die er nicht verletzt hat.

32    Auch für die Bestimmung des Schutzzwecks der Norm gilt der Grundsatz, dass sich niemand mit der Sorgfaltspflichtverletzung eines anderen Beteiligten entlasten kann. Bei der Prüfung des Schutzzwecks der Norm, insbesondere der generellen Geeignetheit, ist also davon auszugehen, dass der andere Beteiligte sich sorgfaltsgemäß oder dass er sich in weniger krasser Weise sorgfaltswidrig verhalten hat.

# § 5  Der Vertrauensgrundsatz

## 1. Vertrauensgrundsatz und Sorgfaltspflicht – Der Pyromanenfall, OLG Stuttgart JR 1997, 517

▶ Der Angeklagte, Vermieter eines teilweise frisch renovierten Hauses, hatte die Renovierungsabfälle, Tapetenreste, Teppichboden, Holzreste, Kartonagen, im Eingangsbereich an der Treppe aufgestapelt. Eines Nachts, als die Eingangstür offen stand, bemerkte dies ein Pyromane und kam dadurch auf die Idee, im Hause Feuer zu legen. Er hielt einfach sein Feuerzeug solange an ein Stück Karton, bis dieses Feuer fing. Die hoch aufgestapelten Renovierungsabfälle setzten die Treppe in Brand, so dass den Hausbewohnern in den oberen Stockwerken der Fluchtweg abgeschnitten war, als das gesamte Haus in Brand geriet. Sieben Menschen kamen ums Leben. ◀    1

Ein Anhänger der Lehre vom Regressverbot, sei es in ihrer klassischen, sei es in ihrer modernen Version,[1] würde die Strafbarkeit des Angeklagten nach § 222 schlicht mit dem Hinweis ablehnen, dass zwischen seiner Handlung und dem Todeserfolg als Zwischenursache die vorsätzliche Brandstiftung eines anderen tritt. Das OLG Stuttgart urteilt differenzierter, wenn es die Eröffnung des Hauptverfahrens mit der folgenden Begründung ablehnt:

> „Da jeder grundsätzlich auf normgemäßes Verhalten (anderer) vertrauen darf, weil das Gesetz auch diesen ein verantwortliches Verhalten unterstellt, darf sich jeder grundsätzlich – mangels gegenteiliger Anhaltspunkte – darauf verlassen, dass andere eine von ihm eröffnete Gefahrenquelle nicht zur Begehung von Straftaten ausnutzen. Art und Maß der Sorgfaltspflichten richten sich daher nach der objektiven Wahrscheinlichkeit der Ausnutzung der Gefahrenquelle durch Dritte; diese Wahrscheinlichkeit wiederum bestimmt sich nach der Beschaffenheit des gefahrenträchtigen Gegenstandes und der ihm eigentümlichen Gefahr des Missbrauchs durch Dritte. Gegenstände, die selbst bei bestimmungsgemäßem Gebrauch erfahrungsgemäß Gefahren für die Rechtsgüter anderer mit sich bringen, bedürfen besonders sorgfältiger Sicherung; in aller Regel ergibt sich dies bereits aus Rechtsvorschriften. So muss beispielsweise eine Waffe gegen Missbrauch besonders gesichert werden (§ 42 Abs. 1 WaffG), weil sie von unbefugten Dritten in aller Regel zur Rechtsgutsverletzung benutzt wird; dasselbe gilt für explosivgefährliche Stoffe (§ 24 Abs. 2 Nr. 4 SprengstoffG) und für Kernbrennstoffe (§ 5 Abs. 1, § 6 Abs. 2 AtomG). Auch Kraftfahrzeuge werden als grundsätzlich missbrauchsgefährdete und dann besonders gefahrenträchtige Gegenstände eingeschätzt; daher bestimmt § 14 Abs. 2 S. 2 StVO, dass sie beim Verlassen durch den Nutzungsberechtigten gegen unbefugte Benutzung zu sichern sind. In all diesen Fällen an sich gefährlicher oder missbrauchsgefährdeter Gegenstände führt die Verletzung der durch eine Rechtsvorschrift angeordneten besonderen Sicherungspflicht dazu, dass, wenn diese Gegenstände infolge mangelnder Sicherung durch den Garanten von Dritten zu Fahrlässigkeits- oder Vorsatztaten missbraucht werden, der Rechtswidrigkeitszusammenhang zwischen Verletzung der Sorgfaltspflicht und der Straftat des Dritten hergestellt wird."

---

1 Nach der klassischen Version des Regressverbots unterbricht die freie Handlung bereits den Kausalzusammenhang, weil der Wille causa sui ist (*Frank* § 1 Anm. III 2a, vgl. die Darstellung bei *Ling* [1996], 43 ff.; *Otto* Maurach-FS [1972], 91 [95 ff.]; *Roxin* Tröndle-FS [1989], 177), nach der modernen erst den Zurechnungszusammenhang (*Otto* AT 6/54; *ders.*, Maurach-FS [1972], 91 [98]; *Roxin* Tröndle-FS [1989], 177 [179]; *Köhler* AT S. 145 f.).

Mit diesen Ausführungen, die sich noch nicht auf den zu entscheidenden Fall beziehen, demonstriert das Gericht an Beispielen, wie weit unsere positive Rechtsordnung von der Akzeptanz eines allgemein gültigen Regressverbotes, sei es in der klassischen, sei es in der modernen Form, entfernt ist. Es fährt dann fort:

> „Demgegenüber gibt es eine Vielzahl von Gegenständen, die zwar bei bestimmungsge-
> mäßen, aber sozialadäquaten Gebrauch keine Gefahr für Rechtsgüter anderer in sich
> bergen, jedoch bei Benutzung durch unerfahrene Personen gefährlich sind … Die Sorg-
> faltspflicht des Garanten kann daher nicht soweit gehen wie bei generell gefährlichen Ge-
> genständen; zu verlangen ist lediglich eine Sicherung gegen den fahrlässigen Fehlgebrauch
> durch unerfahrene oder unvorsichtige Personen … Dagegen liegt die Gefahr deliktischen
> Missbrauchs hier so fern, dass eine dahin gehende Sicherung von Rechts wegen nicht
> verlangt werden kann, weil sonst die bestimmungsgemäße sozialadäquate Verwendung
> solcher Gegenstände in unzumutbarer Weise eingeschränkt würde … Bei Anwendung
> dieser Grundsätze hat der Angeklagte nicht pflichtwidrig gehandelt."[2]

2    Diese Ausführungen des OLG Stuttgart sind ein Lehrstück zum Thema Vertrauensgrundsatz. Zunächst lokalisiert das Gericht das Problem eindeutig und richtig bei der
Bestimmung der Sorgfaltspflicht[3] und nicht erst bei der objektiven Zurechnung, etwa
beim Rechtswidrigkeitszusammenhang, oder gar bei einer besonderen Stufe innerhalb
der objektiven Zurechnung, die man Selbstverantwortungsprinzip nennt.[4] Bei der Bestimmung dieser Sorgfaltspflicht ist zunächst vom Vertrauensgrundsatz auszugehen.
Solange er keine Indizien für das Gegenteil hat, darf der Bürger davon ausgehen, dass
andere sein Verhalten oder die von ihm beherrschten Sachmittel nicht zur Begehung
von Straftaten ausnutzen werden.[5] Welches aber diese Indizien sind, bei deren Vorhandensein das Recht zum Vertrauen umschlägt in die Pflicht zum Misstrauen, lässt sich
naturgemäß nicht allgemein sagen. Das OLG Stuttgart greift eines heraus, das für die
Entscheidung seines Falles einschlägig ist, die mehr oder weniger große Gefährlichkeit
oder Tateignung der im Herrschaftsbereich des Täters befindlichen Gegenstände. Als
ein anderes Kriterium nennen *Roxin/Greco*[6] das Vorhandensein tatbereiter oder tatge-
neigter Personen.

3    Aber entgegen *Roxin* ist das nicht das einzige Indiz, das den Vertrauensgrundsatz ausschließt. Ein solches Indiz kann etwa auch in der kriminalitätsgefährdeten Örtlichkeit
bestehen.[7] Im vorliegenden Fall bestanden keinerlei besondere Anhaltspunkte dafür,
dass die Renovierungsabfälle als Zündmaterial für eine Brandstiftung benutzt werden
könnten. Der Vertrauensgrundsatz ist also einschlägig und das OLG Stuttgart hat zu
Recht eine allgemeine Pflicht von Hauseigentümern abgelehnt, brennbare Materialien
so zu lagern, dass Pyromanen von ihrem Anblick nicht zur Brandstiftung angeregt
werden oder sich zu diesem Zweck ihrer bedienen können.

---

2  OLG Stuttgart JR 1997, 517 (518).
3  Vgl. hierzu NK[6]-*Puppe* Vor § 13 Rn. 165; *dies.* ZStW 99 (1987), 595 (611); *dies.* Jura 1998, 21 ff.; MüKo-*Duttge*
   § 15 Rn. 145 ff.; *Stratenwerth/Kuhlen* AT 15/65 ff.; *Krümpelmann* Lackner-FS (1987), 289 (292).
4  Dazu zuerst *Lenckner* Engisch-FS (1969), 496 (504); Schönke/Schröder-*Eisele* Vor § 13 Rn. 101a; *Schumann*
   (1986), 42 ff.; *Diel* (1997), 315 ff.; *Renzikowski* (1997), 72 ff.
5  Schönke/Schröder-*Eisele* Vor § 13 Rn. 101c ff.; *Roxin/Greco* AT/1 24/26.
6  *Roxin/Greco* AT/1 24/28; *ders.* Tröndle-FS (1989), 177 (190 ff.); LK-*Schünemann/Greco* § 27 Rn. 19; *Herzberg*
   (1972), 315.
7  NK[6]-*Puppe* Vor § 13 Rn. 170.

Eine andere Frage ist, ob die Lagerung der Abfälle im Eingangsbereich und in der Nähe der Treppe einer Verpflichtung des Vermieters widerspricht, den Fluchtweg für den Fall eines Feuers freizuhalten. Für den Vermieter eines Privathauses hat das OLG eine solche Pflicht abgelehnt. Sie gilt aber sicher für die Betreiber von Hotels und sonstigen Räumen mit Publikumsverkehr. Wenn eine solche Pflicht gilt, so kann sich ihr Verletzter nicht auf den Vertrauensgrundsatz berufen, wenn das Feuer, in dem Menschen, die nicht fliehen können, umkommen, durch einen Brandstifter vorsätzlich gelegt worden ist. Denn die baupolizeilichen und feuerpolizeilichen Vorschriften zur Sicherheit der Hausbewohner sollen jeglicher Gefährdung durch Feuer, vorbeugen, gleichgültig wie sie entstanden ist. Der Gesetzgeber ist durch nichts, vor allem durch kein vorpositives allgemeines Prinzip genannt Vertrauensgrundsatz oder Regressverbot, daran gehindert, solche Pflichten aufzustellen.

4

## 2. Der Vertrauensgrundsatz im Straßenverkehr – Der zweite Ortstafelfall, BayObLG VRS 58, 221

▶ Eine PKW-Fahrerin hielt kurz vor Ende einer Ortsdurchfahrt eine Geschwindigkeit von mindestens 85 km/h statt einer von 50 km/h ein. Jenseits der Ortstafel schickte sich ein älterer Mann an, die Straße zu überqueren. Während die Angeklagte jenseits der Ortstafel weiter beschleunigte, betrat der Fußgänger die Fahrbahn, ohne in ihre Richtung zu sehen. Als sie das bemerkte, konnte sie durch Bremsen und Ausweichen einen tödlichen Zusammenstoß nicht mehr verhindern. ◀

5

Das BayObLG stellt zunächst klar, dass sich die Zurechnung des Todeserfolges nicht damit begründen lässt, dass die Angeklagte in dem Moment, als der Fußgänger die Fahrbahn überquerte, nicht am Unfallort gewesen wäre, wenn sie innerorts die Höchstgeschwindigkeit eingehalten hätte. Sie könne auch nicht damit begründet werden, dass sie, sofern sie dies getan hätte, aus technischen Gründen nicht in der Lage gewesen wäre, das Fahrzeug derart zu beschleunigen, dass es bei Eintritt der „kritischen Verkehrslage" eine derart hohe Geschwindigkeit hatte.

Dennoch bestätigt das Revisionsgericht die Verurteilung der Angeklagten mit der folgenden Begründung:

6

> „Gleichwohl ist im vorliegenden Fall der Umstand, dass die Angeklagte innerhalb der geschlossenen Ortschaft wesentlich zu schnell gefahren war, von entscheidender rechtlicher Bedeutung. Wenn auch ein Kraftfahrer im Allgemeinen darauf vertrauen darf, dass ein am Straßenrand stehender Fußgänger sich vor dem Betreten der Fahrbahn vergewissern wird, dass dies gefahrlos geschehen kann (BGH VRS 20, 126; 130; 26, 203, 204), so darf sich auf den Vertrauensgrundsatz doch nur berufen, wer sich selbst verkehrsgerecht verhält. Dies hat die Angeklagte nicht getan. In Anbetracht ihrer bedeutend überhöhten Geschwindigkeit, mit der sie sich dem Ortsausgang näherte, musste sie damit rechnen, dass der am Fahrbahnrand von ihr noch innerhalb der Ortschaft wahrgenommene Fußgänger ihre Fahrgeschwindigkeit falsch einschätzen und vor ihr die Fahrbahn betreten werde. Dies gilt hier umso mehr deshalb, weil es sich um einen alten Menschen handelte, der auch nicht zu ihr hinsah. Das LG ist daher jedenfalls im Ergebnis zutreffend davon ausgegangen, dass die Angeklagte ihr Fahrzeug vom Erkennen des Fußgängers an nicht mehr beschleunigen durfte, sondern es vielmehr verlangsamen musste, damit sie erforderlichenfalls vor ihm anhalten konnte, wenn er in ihre Fahrbahn trat."[8]

---

8 BayObLG VRS 58, 221 (222).

7    Der Vertrauensgrundsatz gilt auch im Straßenverkehr, hier ist er sogar ursprünglich entwickelt worden.[9] Er schränkt das Gebot des § 1 StVO ein, sich so zu verhalten, dass man keine anderen Verkehrsteilnehmer gefährdet oder behindert. Ohne den Vertrauensgrundsatz würde dieses Gebot darauf hinauslaufen, dass man sich im Straßenverkehr nicht vorwärts bewegen darf, weil erfahrungsgemäß stets damit zu rechnen ist, dass ein anderer sich sorgfaltswidrig verhält, etwa die eigene Fahrbahn schneidet. Deshalb wird das Sorgfaltsgebot des § 1 StVZO durch den Vertrauensgrundsatz eingeschränkt. Auch wenn die Erfahrung lehrt, dass viele Verkehrsteilnehmer Verkehrsvorschriften missachten, darf der Einzelne bei der Bestimmung seines eigenen Verhaltens darauf vertrauen, dass die anderen Verkehrsteilnehmer sich richtig verhalten, wenn er nicht besondere Anhaltspunkte dafür hat, dass sie es nicht tun werden. Der Vertrauensgrundsatz dient also zunächst der Bestimmung von Sorgfaltspflichten.

8    Im vorliegenden Fall war ein Anhaltspunkt dafür gegeben, dass der Fußgänger sich nicht verkehrsgerecht verhalten werde, er war ein hochbetagter Mann. Für erkennbar verkehrsungewandte Verkehrsteilnehmer, etwa Kinder, Behinderte oder Hochbetagte gilt der Vertrauensgrundsatz nicht. Aber das Gericht hatte der Angeklagten zu Gute gehalten, dass sie das Alter des Fußgängers nicht hat erkennen können, so dass sie bei der Bestimmung ihres Verhaltens dieser Tatsache nicht Rechnung tragen konnte.

9    Das Gericht deutet einen zweiten Grund dafür an, dass die Angeklagte nicht auf richtiges Verhalten des Fußgängers habe vertrauen können. Wegen ihrer überhöhten Geschwindigkeit vor der Ortstafel war es möglich, dass er die Fahrbahn deshalb zu früh betrat, weil er ihre Geschwindigkeit unterschätzte. Aber dieses Argument gegen den Vertrauensgrundsatz konterkariert das Gericht sogleich selbst mit dem Hinweis: „Dies gilt umso mehr deshalb, weil es sich um einen alten Mann handelte, der auch nicht zu ihr hinsah." Wenn der Fußgänger vor dem Überqueren der Straße gar nicht in die Richtung des sich nähernden Autos geschaut hat, kann er dessen Geschwindigkeit auch nicht unterschätzt haben. Auch unter diesem Gesichtspunkt kann also die Geschwindigkeitsüberschreitung der Angeklagten innerorts nicht kausal für den Unfall gewesen sein.

10    Das BayObLG führt aber noch einen dritten Grund dafür an, dass sich die Angeklagte bei ihrer Annäherung an den Fußgänger nicht darauf berufen kann, sie habe darauf vertraut, dass dieser sich vor Überqueren der Straße pflichtgemäß davon überzeugen werde, dass dies gefahrlos geschehen könne. Es „darf sich auf den Vertrauensgrundsatz doch nur berufen, wer sich selbst verkehrsgerecht verhält. Dies hat die Angeklagte nicht getan." Man beachte aber den Wechsel des Tempus. Die Angeklagte hatte sich zuvor verkehrswidrig verhalten, indem sie innerorts die Geschwindigkeit von 50 km/h überschritten hat. Jenseits der Ortstafel war ihre Geschwindigkeit aber zulässig. Trotzdem verlangt das Gericht nunmehr von ihr, mit einem sorgfaltswidrigen Verhalten des Fußgängers zu rechnen und deshalb ihre Geschwindigkeit zu verlangsamen, weil sie selbst sich soeben doch sorgfaltswidrig verhalten hat und deshalb nicht darauf vertrauen dürfe, dass der Fußgänger sich jetzt richtig verhält.

11    Der Satz „Wer sich sorgfaltswidrig verhält, kann sich nicht darauf berufen, dass er auf das sorgfaltsgemäße Verhalten eines anderen vertraut hat", ist insofern richtig, als niemand eine Sorgfaltspflicht im Vertrauen darauf verletzen darf, dass andere durch ihr sorgfaltsgemäßes Verhalten die Realisierung der unerlaubt von ihm gesetzten Gefahr

---

9  NK[6]-*Puppe* Vor § 13 Rn. 163.

verhindern werden. Der Vorfahrtsberechtigte ist verpflichtet, zu bremsen, wenn er erkennt, dass ein anderer im Begriff ist ihm die Vorfahrt zu nehmen. Kommt es deshalb zu einer Kollision, so kann sich der Wartepflichtige nicht darauf berufen, er habe im Vertrauen darauf gehandelt, dass der Vorfahrtsberechtigte dieser Pflicht nachkommen werde. Das ist der Sinn des Satzes, „Wer sich selbst sorgfaltswidrig verhält, kann sich nicht auf den Vertrauensgrundsatz berufen."

Im vorliegenden Fall geht es nicht darum, dass sich die Angeklagte auf den Vertrauensgrundsatz beruft, während sie sich selbst sorgfaltswidrig verhält, sondern darum, dass das Gericht ihr die Berufung auf den Vertrauensgrundsatz abspricht, weil sie sich zuvor sorgfaltswidrig verhalten hat. Aber der Grund dafür, dass sich derjenige, der sich selbst sorgfaltswidrig verhält, nicht auf den Vertrauensgrundsatz berufen kann, besteht nicht darin, dass man dies als pharisäisch empfinden würde, sondern darin, dass der Vertrauensgrundsatz ausschließlich dazu dient, die Sorgfaltspflichten zu bestimmen und zu begrenzen. Steht einmal fest, dass ein Beteiligter sich sorgfaltswidrig verhalten hat, so ist für die Anwendung des Vertrauensgrundsatzes kein Raum mehr.[10]

Deshalb gilt der Satz, dass niemand, der sich selbst sorgfaltswidrig verhält, sich auf sein Vertrauen auf sorgfältiges Verhalten anderer berufen kann, nur für die Zurechnung des Erfolges zu dieser Sorgfaltspflichtverletzung. Er begründet keine Verwirkung des Vertrauensgrundsatzes für die Zukunft. Es kann im vorliegenden Fall aus diesem Satz nicht abgeleitet werden, dass die Angeklagte wegen ihrer Geschwindigkeitsüberschreitung innerorts verpflichtet gewesen sei, jenseits der Ortstafel langsam zu fahren, weil sie nicht mehr darauf vertrauen dürfe, dass andere Verkehrsteilnehmer ihre Sorgfaltspflichten einhalten. Es ist ein methodischer Fehler, einen Satz, der in einem bestimmten Kontext entwickelt wurde und als richtig erwiesen worden ist, in einen anderen Kontext zu verpflanzen. Eben das ist hier geschehen mit dem Satz: „Wer sich selbst sorgfaltswidrig verhält, darf sich nicht auf sein Vertrauen in sorgfaltsgemäßes Verhalten anderer berufen."

### 3. Vertrauensgrundsatz und nachträgliches Verschulden – Der Feuerwehrfall, OLG Stuttgart NStZ 2009, 331

▷ Der Angeklagte hatte die vermeintlich ausgekühlte Asche aus einem Holzofen in eine Papiertüte getan und diese in einen Karton gestellt, der auf dem Holzfußboden stand. Dann hatte er das Haus verlassen. Durch in der Asche noch vorhandene Glut entwickelte sich zunächst in der Tüte ein Schwelbrand, der zu einem Durchbrennen des Holzfußbodens führte und dann auf das gesamte Haus übergriff, das größtenteils ausbrannte. Der Einsatzleiter der Feuerwehr, der keine Menschen mehr in dem Haus vermutete, schickte unter anderem zwei Feuerwehrleute mit Pressluftgeräten, einen sogenannten Atemschutztrupp, in das brennende Gebäude. Da Atemschutzträger während des Einsatzes dringend anderweitig beschäftigt sind, muss ein Kamerad dafür sorgen, dass sie rechtzeitig den Brandort verlassen, ehe ihr Pressluftvorrat aufgebraucht ist. Zu diesem Zweck muss er zu festgesetzten Zeiten bei dem Atemschutztrupp den Pressluftvorrat abfragen und diesen nach Verbrauch eines Drittels des Vorrats zum Rückzug auffordern. Der hiermit beauftragte Feuerwehrmann hatte keine Uhr zur Verfügung und rief deshalb die beiden Atemschutzträger nicht rechtzeitig zurück, so dass diese in Folge von Luftmangel in dem brennenden Haus erstickten. ◁

---

10  NK⁶-*Puppe* Vor § 13 Rn. 165.

Das OLG Stuttgart lehnte die Eröffnung des Hauptverfahrens wegen fahrlässiger Tötung gegen den angeklagten Hausbewohner ab. In seiner Begründung erinnerte das Gericht zunächst an die Grundsätze, die der BGH zu Verantwortlichkeit eines Gefahrverursachers für die Schädigung eines Retters aufgestellt hat. Diese ist nach Auffassung des BGH grundsätzlich zu bejahen, solange die Rettungsmaßnahmen des Verunglückten vernünftig sind. Nur wenn sein Rettungsversuch grob unvernünftig mit unverhältnismäßigen Risiken behaftet oder mutwillig ist, werden dem Verursacher der Gefahr dessen Folgen nicht mehr zugerechnet. Aus diesen Grundsätzen leitet das OLG für den vorliegenden Fall ab, dass der Tod der beiden verunglückten Feuerwehrmänner dem Brandverursacher nicht zuzurechnen ist, weil deren Einsatz grob unvernünftig gewesen ist. Den verunglückten Feuerwehrleuten selbst kann der Vorwurf unvernünftiger Selbstgefährdung nicht gemacht werden. Das Gericht rechnet ihnen aber mit der folgenden Begründung das unvernünftige Verhalten anderer zu:

15

> „Ferner ruht die Risikoabwägung vorliegend nicht allein in der Hand der verunglückten Rettungspersonen. Vielmehr muss sich ein Feuerwehrmann in seinem Entschluss, eine riskante Rettungshandlung zu beginnen und durchzuführen, auch auf das pflicht- und fachgerechte Handeln und Entscheiden seiner Kollegen verlassen. So hängen die Einsatzbedingungen und das Risiko eines Atemschutztrupps wesentlich von den Entscheidungen der den Atemschutzeinsatz überwachenden Feuerwehrmänner ab. An Letzteren liegt es maßgeblich, die lebenswichtigen Entscheidungen zu Einsatz, Ablösung und Rückzug unter Berücksichtigung der dem jeweiligen Atemschutztrupp unter Umständen gar nicht zugänglichen Erkenntnisse zum gesamten Brandgeschehen zu treffen. Ohne diese arbeitsteilige Vorgehensweise ist die Handhabung der modernen Brandschutztechnik nicht denkbar. Wenn aber dem Täter das hierdurch ermöglichte höhere Risiko des einzelnen Retters zugerechnet wird, muss ihm andererseits bei der Frage der Begrenzung der objektiven Zurechnung – nämlich bei der Bewertung der Frage, ob offensichtlich unvernünftig gehandelt wurde – auch das durch die arbeitsteilige Vorgehensweise bedingte Fehlerrisiko zugute kommen. Daher müssen sich im Einsatz befindliche Feuerwehrleute, welche individuell in ihre hochgradige Gefährdung gar nicht eingewilligt hätten, offensichtlich unvernünftige Entscheidungen der den Einsatz überwachenden Feuerwehrmänner zurechnen lassen. Somit ist nicht auf die Wahrnehmung, Entscheidung oder Handlung einzelner gefährdeter Feuerwehrangehöriger, sondern auf das gesamte Handeln der am Einsatz beteiligten Feuerwehrangehörigen abzustellen."[11]

Dieser Text ist ein Lehrstück zur oben dargestellten Methode, einen Gedanken, der in einem bestimmten Kontext entwickelt worden ist, aus diesem Kontext herauszureißen und ihn in einen völlig anderen Kontext zu stellen. Gewiss müssen sich die Atemschutzträger darauf verlassen, dass der Atemschutzbeauftragte sie rechtzeitig zurückbeordert ehe ihr Pressluftvorrat zu knapp wird. Aber das bedeutet nicht, dass sie sich die Versäumnisse des Überwachungsbeauftragten wie eigene Versäumnisse zurechnen lassen müssen. Der Einsatz des Atemschutztrupps wurde unter Inkaufnahme unverhältnismäßiger Risiken in offensichtlich unvernünftiger Weise durchgeführt. Das würde die Verantwortung des Gefahrverursachers für den Rettungseinsatz nach den Regeln der freiverantwortlichen Selbstgefährdung aber nur dann ausschließen, wenn die Verunglückten Retter in diesen Einsatz eingewilligt hätten. Dass sie dies nicht getan haben betont das Urteil selbst. Die Regel, dass der Gefahrverursacher für einen

---

11   NStZ 2009, 331 (332).

unvernünftigen Einsatz des Retters nicht verantwortlich ist, ist also im vorliegenden Fall nicht einschlägig.[12]

Das Charakteristikum dieses Falles besteht darin, dass der Kausalverlauf zwischen der Handlung des Täters, hier der fahrlässigen Brandlegung, und dem Erfolg, hier dem Tod der beiden Feuerwehrleute, ein krass sorgfaltswidriges Verhalten eines Dritten, hier die völlig unzureichende Kontrolle des Einsatzes durch den Überwachungsbeauftragten, getreten ist. Für solche Fälle werden in der Literatur verschiedene Gründe angegeben, die Folgen dem Erstverursacher nicht zuzurechnen. 16

Einer dieser Gründe ist der Vertrauensgrundsatz, aus dem abgeleitet wird, dass der Erstverursacher darauf vertrauen könne, dass andere bei der Bekämpfung der von ihm verursachten Gefahr die erforderliche Sorgfalt anwenden werden, jedenfalls aber nicht durch krass unsorgfältiges Verhalten neue Gefahren verursachen.[13] Aber was heißt in diesem Kontext neue Gefahren? Auch das Dazwischentreten fremder neuer schuldhafter Handlungen ändert nichts daran, dass die Handlung des Angeklagten den Tod der beiden Feuerwehrleute verursacht hat. Denn ohne die Handlung ist nicht zu erklären, dass diese mit ihren Atemschutzgeräten überhaupt in ein brennendes Haus gegangen sind. Wie wir oben (5/11 ff.) gezeigt haben, ist es aber nicht der Sinn des Vertrauensgrundsatzes, die Verantwortlichkeit für die Folgen eigenen Handelns zu begrenzen, wenn dessen Sorgfaltswidrigkeit einmal feststeht. Auch der Vertrauensgrundsatz ist im vorliegenden Fall also nicht einschlägig.

Nach dem sogenannten Selbstverantwortungsprinzip sind einem Gefahrverursacher die Folgen nicht zuzurechnen, wenn zwischen seine Handlung und diesen Folgen ein fehlerhaftes Verhalten eines Dritten als Ursache tritt. Das wird damit begründet, dass man sonst dem Erstverursacher den Fehler des Zweitverursachers zurechnen würde.[14] Das ist nicht richtig. Dem Verursacher eines Schadens wird nicht jede einzelne Zwischenursache zugerechnet, sondern nur diejenige, die von ihm beherrscht und durch Handeln ins Werk gesetzt worden ist. Es ist aber kein Hindernis für die Zurechnung, dass er nicht alle Zwischenursachen beherrscht. Das gilt für von anderen Beteiligten gesetzte Ursachen ebenso, wie von natürlichen Ursachen. Von einer Zurechnung fremden Fehlverhaltens kann also nicht die Rede sein.[15] 17

Dieses Selbstverantwortungsprinzip wird vereinzelt in OLG-Entscheidungen herangezogen um den mittelbaren Verursacher eines Erfolges trotz seines sorgfaltswidrigen Handelns vom Vorwurf der fahrlässigen Erfolgsherbeiführung zu entlasten.[16] Andere OLG-Entscheidungen haben dies entschieden abgelehnt.[17] Der BGH hat eine solche Einschränkung der Zurechnung auf den Letzten, der gehandelt hat, sog Vordermann, nie anerkannt. Sie ist auch unvereinbar mit der Anerkennung von Sorgfaltspflichten, die den Zweck haben, fremdem Fehlverhalten vorzubeugen, wie der Pflicht, Schuss-

---

12  *Puppe* NStZ 2009, 333 f.
13  Dazu NK[6]-*Puppe* Vor 13 Rn. 252 ff.
14  LK-*Walter* Vor § 13 Rn. 112 ff.; SK-*Hoyer* § 25 Rn. 151 f.; *ders.* GA 2006, 298 (299 f.); *ders.* Puppe-FS (2011), 515 (526 ff.); *Kühl* AT 4/83 ff.; *Renzikowski* (1997), 199 ff.; *Heribert Schumann* (1986), 69 ff.; *Walther* (1991), 79 ff.; *Wehrle* (1986), 83 f.; dagegen S/S-*Heine* Vor § 25 Rn. 107; *Schlehofer* Herzberg-FS (2008), 355 (mit dem Argument, dass jedenfalls die Straflosigkeit der fahrlässigen „Anstiftung" zum Fahrlässigkeitsdelikt schlecht zur tätergleichen Strafbarkeit der Anstiftung zum Vorsatzdelikt passt).
15  NK[6]-*Puppe* Vor 13 Rn. 178.
16  OLG Rostock NStZ 2000, 199 (200) mit ablehnender Besprechung *Puppe* AT 2. Aufl. 29/19 ff.; OLG Stuttgart JR 2012, 163 mit kritischer Anm. *Puppe*.
17  OLG Celle NZV 2012, 345 (347) mit zust. Anm. *Rengier* StV 2013, 27 ff.

waffen vor unbefugtem Zugriff zu schützen nach § 42 Abs. 1 WaffenG (s. dazu o. 5/1), die Pflicht ein abgestelltes KFZ zu verschließen nach § 7 Abs. 3 StVG (s. dazu u. 29/9 ff.). Das gilt auch für das Verbot, sich im öffentlichen Straßenverkehr auf ein wildes Rennen oder sonstiges Kräftemessen einzulassen. Es kann keinen anderen Zweck haben, als eine Verführung des anderen Rennteilnehmers zu verkehrswidriger Fahrweise zu vermeiden, denn zur Vermeidung eigenen verkehrswidrigen Verhaltens genügen die allgemeinen Verkehrsvorschriften.[18]

18    Ein Ausschluss der Zurechnung von durch nachfolgendes Mitverschulden eines Dritten mitverursachten Folgen wird auch für den Fall gefordert, dass dieses hinzutretende Mitverschulden ein grobes war. Das war hier sicherlich der Fall. Der Feuerwehrmann, der den Auftrag zur Überwachung eines Atemschutzeinsatzes annimmt, ohne eine Uhr zu besitzen oder sich sofort eine solche zu verschaffen, handelt in hohem Grade verantwortungslos seinen Kameraden gegenüber. Aber es stellt sich die Frage, ob sein Verschulden eigentlich gröber war, als das des Brandstifters, der seine frisch aus dem Ofen geholte Asche in einer Papiertüte und einem Pappkarton auf dem Holzfußboden abstellte und dann das Haus verließ. Soll grobes Mitverschulden des Zweitverursachers, des sogenannten Vordermanns, den Erstverursacher, sogenannter Hintermann, auch dann entlasten, wenn auch dieser grob sorgfaltswidrig gehandelt hat? Wie groß muss die Diskrepanz zwischen dem Verschulden des Erstverursachers und dem des Zweitverursachers sein, auf die der Erstverursacher sich zu seiner Entlastung berufen kann?

19    Vor allem aber könnte eine solche Entlastung durch überwiegendes Mitverschulden nur dem Hintermann, also dem Erstverursacher zu Gute kommen, nicht aber dem Zweitverursacher. Hält man nämlich auch dem Vordermann das überwiegende Verschulden des Hintermanns zugute, so könnte dieser risikolos seine Sorgfaltspflicht verletzen bis zur Grenze dieses Verschuldens. Dieses Verschulden und sein Ausmaß stehen ja zum Zeitpunkt seiner Handlung fest und sind ihm womöglich auch bekannt. Das ist der Grund weshalb die Entlastung wegen überwiegenden Mitverschuldens nur zugunsten des Hintermanns vorgeschlagen wird, aber niemals zugunsten des Vordermannes. Aber diese Bevorzugung des Hintermannes im Vergleich zum Vordermann ist ungerecht. Keiner von ihnen kann sich also dem Vorwurf der schuldhaften Mitverursachung entziehen, dadurch dass er auf das überwiegende Verschulden eines anderen Beteiligten verweist. Allerdings sollte es strafmildernd berücksichtigt werden, wenn ein dem Täter zurechenbarer Erfolg nicht nur durch ihn allein, sondern auch durch einen anderen Beteiligten schuldhaft mitverursacht wurde. Dies gilt aber zugunsten des Vordermannes ebenso wie zugunsten des Hintermannes.

20    Da aber das Mitverschulden eines anderen Beteiligten sich für den Täter schuldmindernd auswirkt, stellt sich die Frage, ob auch das Erfordernis der Leichtfertigkeit der Todesverursachung nach § 306c erfüllt wäre, wenn der Angeklagte die Brandstiftung vorsätzlich begangen hätte. Dafür ist nicht nur erforderlich, dass der Täter eine große Lebensgefahr erkannt hat oder als naheliegend leicht hätte erkennen können, sondern auch, dass sich eben diese große Gefahr im Kausalverlauf zum Todeserfolg realisiert hat. Das bedeutet, dass die Tatsachen, die die große Gefahr ausmachen, im Kausalverlauf zum Erfolg als notwendige Bestandteile der wahren hinreichenden Erfolgsbedingung vorkommen müssen. Der Täter hat zunächst lediglich die Gefahr eines normalen

---

18    Dazu *Puppe* JR 2012, 164 (165); *dies.* NK Vor § 13 Rn. 179 und OLG Celle NZV 2012, 345 (347).

Löscheinsatzes der Feuerwehr verursacht. Diese hatte sich noch dadurch reduziert, dass zu dem Zeitpunkt, als der Atemschutztrupp in das brennende Haus ging, sich dort keine Personen mehr befanden, die hätten gerettet werden müssen. Sodann hat sich die Gefahr durch unvernünftiges Verhalten des Einsatzleiters, der den Atemschutztrupp ohne Notwendigkeit in das brennende Fachwerkhaus geschickt hat, und des Atemschutzbeauftragten, der ohne eine Uhr seine Aufgabe gar nicht ordnungsgemäß erfüllen konnte, erheblich gesteigert, bevor sie in den für die Atemschutzträger tödlichen Verlauf gemündet ist. Diese Gefahrfaktoren waren zwar nicht gänzlich unvorhersehbar, auch bei professionellen Brandeinsätzen passieren Fehler und der Täter muss nicht jeden einzelnen Kausalfaktor voraussehen können, aber naheliegend war diese Gefahrsteigerung aus der Perspektive des Täters nicht. Das Leichtfertigkeitserfordernis des § 306c wäre also nicht erfüllt.

### 4. Hinweise zur praktischen Anwendung

Der Feststellung der Kausalität einer Handlung des Täters für den Erfolg folgt die 21 Frage, inwiefern diese seine Handlung Sorgfaltspflichten verletzt hat. Wenn es keine positiv festgelegte Sorgfaltspflicht wie beispielsweise eine Verkehrsregel oder eine ärztliche oder technische Kunstregel gibt, die der Täter durch seine Handlung missachtet hat, so gilt es zunächst, die Sorgfaltspflichten, die für den Täter bei Ausführung seiner Tätigkeit galten, selbst zu konstituieren. Dabei ist von dem Wissen auszugehen, dass der Täter zur Zeit der Handlung hatte und zu fragen, ob sich aus diesem Wissen der Schluss für ihn ergab, dass er durch seine Handlung eine Gefahr für ein Rechtsgut verursachen wird, die er nicht verursachen darf. Dabei kann die Frage auftreten, ob er auch eine solche Gefahr vermeiden muss, die außer durch sein eigenes Handeln auch noch durch ein Handeln eines Dritten bedingt ist, dass seinerseits sorgfaltswidrig ist. Hier ist der Vertrauensgrundsatz einschlägig. Auch wenn die Erfahrung lehrt, dass die anderen an einem Schadensprozess Beteiligten sich oft sorgfaltswidrig verhalten, ist der Bürger doch nicht immer dazu verpflichtet, eigenes Verhalten so einzurichten, dass es in Verbindung mit dem sorgfaltswidrigen Verhalten anderer nicht zu einem Schaden führen kann. Er darf bei der Bestimmung seiner eigenen Sorgfaltspflichten darauf vertrauen, dass die anderen Beteiligten ihre Sorgfaltspflichten einhalten werden.

Dieser Vertrauensgrundsatz gilt nicht für die Bestimmung jeder Sorgfaltspflicht. Es ist 22 sogar zweifelhaft, ob er die Regel oder eher eine Ausnahme ist. Es gibt Sorgfaltspflichten deren Zweck es gerade ist, den Pflichtigen in den Stand zu setzen, Fehler anderer besser kompensieren zu können. Hierher gehören beispielsweise die Geschwindigkeitsbegrenzungen im Straßenverkehr und auch das Verbot in fahruntüchtigem Zustand ein Fahrzeug zu führen. Allerdings sind diese Sorgfaltspflichten positivrechtlich festgelegt. Gegen diese positivrechtlichen Gebote kann sich ihr Übertreter jedenfalls nicht auf den Vertrauensgrundsatz berufen. Aber es sind auch ungeschriebene Sorgfaltspflichten denkbar, die den Zweck haben, fremdem Fehlverhalten vorzubeugen. Nur so ist eine Doppelsicherung gegen Gefahren möglich. So ist es etwa bei Zusammenarbeit in einem Über- und Unterordnungsverhältnis die Regel, dass der Übergeordnete den Untergeordneten zu kontrollieren hat und nicht darauf vertrauen kann, dass dieser ausreichend seinen Pflichten nachkommt. Dagegen sind die Pflichten des untergeordneten oder gleichgeordneten Mitarbeiters in der Regel durch den Vertrauensgrundsatz begrenzt. Sonst könnten sich die Mitarbeiter nicht gegenseitig entlasten und die Zusammenarbeit wäre ineffektiv. Aber auch von dieser Regel kann es bei besonders gefährlichen Aufgaben Ausnahmen geben, weil nur so eine Doppelsicherung gegen Fehler möglich ist. Dann können auch gleichgeordnete Mitarbeiter verpflichtet sein sich gegenseitig zu überwachen. Eine allgemeine Regel darüber, wann der Vertrauensgrundsatz für die Bestimmung der Sorgfaltspflichten eines Beteiligten gilt und wann nicht, lässt sich nicht aufstellen.

23   Steht fest, dass der Beteiligte seine Sorgfaltspflicht verletzt hat, so ist der Vertrauensgrundsatz nicht mehr einschlägig. Insbesondere kann er sich dann nicht mehr darauf berufen, dass es zu dem Schadensprozess nicht gekommen wäre, wenn ein anderer daran Beteiligte seinerseits seine Sorgfaltspflicht eingehalten hätte. Niemand darf im Vertrauen darauf, dass andere ihre Sorgfaltspflichten einhalten, die seinen verletzen. Es gilt vielmehr der Grundsatz, dass sich niemand, der selbst seine Sorgfaltspflicht verletzt hat, mit der Sorgfaltspflichtverletzung eines anderen entlasten kann. Sonst würden sich mehrere Sorgfaltspflichtverletzer womöglich gegenseitig entlasten, wenn sie gleichzeitig ihre Sorgfaltspflicht derart verletzt haben, dass jede der beiden Handlungen iVm bestimmten Begleitumständen eine hinreichende Bedingung des Schadens darstellt (s. dazu o. 3/13 ff.). Auch wenn zwei Beteiligte nacheinander durch pflichtwidriges Verhalten ein und denselben Erfolg verursacht haben, kann sich der Erstverursacher nicht damit entlasten, er habe darauf vertraut dass der Zweitverursacher seine Sorgfaltspflicht einhalten werde.

24   Dieser Grundsatz wird aber falsch verstanden, wenn dem Täter, der einmal seine Sorgfaltspflicht verletzt hat, für einen späteren Zeitpunkt, strengere Sorgfaltspflichten auferlegt werden mit der Begründung, er dürfe nicht mehr auf sorgfaltsgemäßes Verhalten anderer vertrauen, weil er selbst seine Sorgfaltspflicht verletzt hat. Der Satz, wer selbst seine Sorgfaltspflicht verletzt darf nicht auf sorgfaltsgemäßes Verhalten anderer Vertrauen, besagt lediglich, dass der Vertrauensgrundsatz die Haftung eines Täters für die Folgen einer Sorgfaltspflichtverletzung, die bereits feststeht, nicht nachträglich einschränkt. Er besagt nicht, dass der Täter, der sich einmal sorgfaltswidrig verhalten hat, für die Zukunft ein Recht verwirkt auf sorgfaltsgemäßes Verhalten anderer zu vertrauen. Deshalb taugt dieser Satz nicht dazu, einem Täter der sich einmal sorgfaltswidrig verhalten hat, gewissermaßen zur Strafe, für die Zukunft strengere Sorgfaltspflichten aufzuerlegen, als einem, der sich zuvor nicht sorgfaltswidrig verhalten hat.

## § 6 Zurechnungsausschluss wegen Selbstgefährdung des Opfers

### 1. Das Prinzip der freiverantwortlichen Selbstgefährdung – Der Motorradrennenfall, BGHSt 7, 112

▶ Der Angeklagte hatte sich von seinem Freund zu einem Motorradrennen überreden    1
lassen, obwohl er aus Erfahrung wusste, dass dieser sich durch seinen Ehrgeiz, ein Rennen
unbedingt zu gewinnen, zu einer rücksichtslosen und auch waghalsigen Fahrweise verführen ließ. Bei diesem Rennen kam der Freund ausschließlich durch einen eigenen Fahrfehler
ums Leben. ◀

Der Angeklagte wurde wegen fahrlässiger Tötung mit der Begründung verurteilt, dass
die Selbstgefährdung ebenso irrelevant sei wie es eine Einwilligung in die eigene Tötung ist. Die Doktrin von der freiverantwortlichen Selbstgefährdung gab es damals
noch nicht. Der Angeklagte hat sorgfaltswidrig gehandelt, denn wilde Rennen auf öffentlichen Straßen sind nach § 29 Abs. 1 StVO verboten. Hätte der Verunglückte nicht
sich selbst, sondern einen anderen Verkehrsteilnehmer durch falsches Fahren im Eifer
des Rennens zu Schaden gebracht, so wäre der Konkurrent dafür mitverantwortlich.
Für ein Regressverbot ist hier kein Raum, weil der Gesetzgeber durch das Verbot wilder Rennen die Gefahr der Verführung zum Falschfahren durch den Ehrgeiz, ein
Rennen zu gewinnen, für eine unerlaubte erklärt hat. Einen anderen Sinn kann das
Verbot wilder Rennen nicht haben. Eben diese unerlaubte Gefahr hat sich auch dadurch realisiert, dass der andere Rennteilnehmer durch einen eigenen Fahrfehler verunglückt ist. Denn gerade die Eigenschaft des Fahrverhaltens des Angeklagten als Wettrennen hat den Anderen zu seinem falschen Verhalten motiviert. Es sind also alle Voraussetzungen einer objektiven Zurechnung erfüllt.

Nur dann, wenn alle allgemeinen Voraussetzungen der objektiven Zurechnung erfüllt    2
sind, stellt sich die Frage, ob diese dadurch ausgeschlossen sein kann, dass das Opfer
selbst sich an seiner Gefährdung oder Verletzung beteiligt hat. Fehlt es bereits an
allgemeinen Zurechnungsvoraussetzungen, ist beispielsweise das Risiko, dem der Täter
das Opfer ausgesetzt hat generell erlaubt, so hängt der Ausschluss der Zurechnung von
einem etwa vorhandenen Einverständnis des Opfers mit diesem Risiko nicht ab. Es
gibt keinen Sachverhalt, in den das Opfer hätte einwilligen müssen.[1] Ist das vom Täter
geschaffene Risiko generell unerlaubt, so bedarf es der Begründung, dass ihm seine
Realisierung deshalb nicht zugerechnet werden soll, weil sich das Opfer in irgendeiner
Weise an der Schaffung dieses Risikos beteiligt hat. Dann haben sich eben beide
falsch verhalten, der Täter hat seine Sorgfaltspflicht, das Opfer seine Obliegenheiten
gegenüber seinen Rechtsgütern verletzt. Allein die Tatsache, dass das Opfer für sein
Unglück mitverantwortlich ist, ist kein Grund, einen anderen Mitschuldigen von jeder
Verantwortung dafür zu entlassen.[2] Das würde sogar dem allgemeinen Grundsatz
widersprechen, dass sich niemand zu seiner Entlastung auf das Mitverschulden eines
Anderen berufen darf. Wenn es also einen Grund gibt, dem Täter den Erfolg um der
Selbstgefährdung des Opfers Willen nicht zuzurechnen, so kann dieser jedenfalls nicht
darin bestehen, dass man auch dem Opfer aus seinem Verhalten in irgendeinem Sinne
einen Vorwurf macht.

---

1  Es ist deshalb systematisch falsch etwa in den sog Erbonkelkonstellationen (s. dazu o. 3/29) die Ablehnung
der Verantwortung des Neffen erstens mit dem Fehlen der Schaffung eines unerlaubten Risikos und zweitens mit dem Einverständnis des Onkels mit diesen Risiko zu begründen (so aber *Kühl* AT 4/92 f.).
2  Näher dazu *Puppe* GA 2009, 486 ff.; *dies.* Androulakis-FS, 555 (564) = ZIS 2007, 247 (250).

3    Aber jeder mündige Bürger hat das Recht, selbst darüber zu entscheiden, welchen Gefahren er sich aussetzt und wie und in welchem Maße er sich gegen diese schützt. Würde das Recht einem Bürger die Sorgfaltspflicht auferlegen, einem Anderen keine Gelegenheit zu geben, sich in eine bestimmte Gefahr zu begeben, so würde es diesen dadurch zum Vormund des anderen machen.[3] Wie wir noch sehen werden, tut das die Rechtsordnung in gewissen Fällen tatsächlich, indem sie paternalistische Sorgfaltspflichten aufstellt.[4] Aber grundsätzlich wird ein Bürger von Rechts wegen nicht verpflichtet, einen anderen zu vernünftigem Umgang mit seinen Rechtsgütern und Interessen anzuhalten. Es ist beispielsweise erlaubt, anderen Gleitschirme oder Tauchgeräte zu verkaufen, ohne sich davon zu überzeugen, dass der Käufer für deren Benutzung hinreichend ausgebildet und ausgerüstet ist. Solange dieser sich allein selbstgefährdet, ist dies seine eigene Angelegenheit. Es ist sogar erlaubt, einem Rauschgiftkonsumenten sterile Spritzen zu verschaffen, solange dieser noch fähig ist, selbst über deren Verwendung zu entscheiden. Dann fällt die damit verbundene Gefahr einer tödlichen Überdosis ausschließlich in seine eigene Verantwortung.[5]

4    Als Problem der objektiven Zurechnung kann die freiverantwortliche Selbstgefährdung aber dann auftreten, wenn die Sorgfaltspflicht des Täters dem Schutz Dritter dient, das Opfer sich aber wissentlich und freiverantwortlich in die vom Täter unerlaubterweise mitgeschaffene Gefahr begeben hat. So verhält es sich im vorliegenden Fall. Der Rennteilnehmer ist verantwortlich für jede Gefährdung eines Dritten, zu der sich sein Konkurrent hinreißen lässt, um das Rennen zu gewinnen. Insofern der Konkurrent sich selbst in Gefahr bringt, ist dies aber seine freiverantwortliche Entscheidung. Der Ehrgeiz, das Rennen zu gewinnen, schließt seine Entscheidungsfreiheit und seine Verantwortung für sich selbst nicht aus. Im Gegensatz zu den gefährdeten Dritten bedarf der Rennteilnehmer eines Schutzes vor seiner eigenen Unvernunft nicht und ist eines solchen Schutzes auch nicht würdig. Er kann auf seine Selbstschutzobliegenheiten verwiesen werden.[6] Unter der heute herrschenden Doktrin der freiverantwortlichen Selbstgefährdung hätte der Angeklagte im vorliegenden Fall also vom Vorwurf der fahrlässigen Tötung seines Renngegners freigesprochen werden müssen.

## 2. Freiverantwortliche Selbstgefährdung und einverständliche Fremdgefährdung – Der Beschleunigungstestfall, BGHSt 53, 55[7]

5    ▶ Die Angeklagten hatten auf einer Straße, auf der eine Höchstgeschwindigkeit von 120 km/h galt, mit zwei Kraftfahrzeugen ein wildes Rennen in Form eines sog Beschleunigungstests durchgeführt. Dabei brachten beide Fahrer die Fahrzeuge zunächst gleichzeitig auf eine Geschwindigkeit von 80 km/h und begannen dann auf ein Startzeichen des spä-

---

3  NK[6]-*Puppe* Vor § 13 Rn. 190.
4  Die berühmteste paternalistische Sorgfaltspflicht ist das Verbot des Handeltreibens mit Betäubungsmitteln, s. dazu u 6/13 ff.
5  BGHSt 32, 262 (263 f.). Dabei hätte der BGH den Umweg über die Straflosigkeit der Beihilfe zur Selbstverletzung gar nicht gehen sollen (s. dazu u. 6/5 ff.). Es fehlt bei der Verursachung einer freiverantwortlichen Selbstgefährdung schon an der verletzten Sorgfaltspflicht. Später haben staatliche Stellen selbst Spritzen an Süchtige ausgegeben, um der Aidsgefahr vorzubeugen.
6  *Zaczyk* (1993), 48, 56 f., 6 f.; *Otto* NStZ 2001, 206 (207); MüKo-*Duttge*, § 15 Rn. 152; *Frisch* NStZ 1992, 1 (5); *Cancio Melia* ZStW 111 (1999), 357 (373 f.); *Puppe* Androulakis-FS, 555 (564 ff.) = ZIS 2007, 247 (250 ff.); *dies.* NK Vor § 13 Rn. 190; *Jahn*, JuS 2009, 370. *Jahn* müsste jedoch begründen, dass das von ihm postulierte Recht auf ein gefährliches Leben nur die Beteiligung an einer Selbstgefährdung deckt, aber nicht die einverständliche Fremdgefährdung.
7  Besprochen von *Roxin* JZ 2009, 399 ff.; *Puppe* GA 2009, 486 ff.

ter tödlich verunglückten Beifahrers so stark wie möglich zu beschleunigen. Als sie sich einem dritten PKW näherten, brachen sie das Rennen nicht ab, sondern überholten diesen gleichzeitig auf gleicher Höhe auf der einzig verfügbaren zweiten Richtungsfahrbahn. Der Abstand zwischen den beiden überholenden PKWs betrug nur 30 Zentimeter. Der Wagen, in dem der tödlich verunglückte Beifahrer nicht angeschnallt saß, geriet ins Schleudern, überschlug sich und prallte gegen ein Verkehrsschild. Der Beifahrer wurde aus dem Fahrzeug geschleudert und tödlich verletzt. ◀

Der Verunglückte war zwar mit einer gewissen Gefährdung durch die Teilnahme an dem Rennen als Beifahrer einverstanden. Es ist aber zweifelhaft, ob dieses Einverständnis auch das hochgradig gefährliche Überholmanöver noch deckt, durch das es dann schließlich zum tödlichen Unfall kam. Der BGH hält diese Frage aber deshalb nicht für entscheidungserheblich, weil der Verunglückte sich nicht selbst gefährdet habe, sondern lediglich mit seiner Gefährdung durch das Fahrverhalten der anderen Rennteilnehmer einverstanden gewesen sei. Während nach heutiger Auffassung des BGH die Beteiligung an einer Selbstgefährdung „aus Gründen der Akzessorietät" nicht strafbar sein kann, entlaste das Einverständnis mit einer Fremdgefährdung den Gefährder nicht, sofern es gegen die guten Sitten verstößt. Dies sei hier schon wegen der unmittelbaren Lebensgefährlichkeit des Überholmanövers der Fall.[8]

Es heißt dazu im Urteil:                                                               6

> „Maßgebliches Abgrenzungskriterium zwischen strafloser Beteiligung an einer eigenverantwortlichen Selbstgefährdung bzw. -schädigung und der – grundsätzlich tatbestandsmäßigen – Fremdgefährdung eines anderen ist die Trennungslinie zwischen Täterschaft und Teilnahme. Liegt die Tatherrschaft über die Gefährdungs- bzw. Schädigungshandlung nicht allein beim Gefährdeten bzw. Geschädigten, sondern zumindest auch bei dem sich hieran Beteiligenden, begeht dieser eine eigene Tat und kann nicht aus Gründen der Akzessorietät wegen fehlender Haupttat des Geschädigten straffrei sein".[9]

Nun herrscht bei Fahrlässigkeitsdelikten immer noch der Einheitstäterbegriff,[10] und dies ist auch vom BGH bisher nicht grundsätzlich in Frage gestellt worden. Nur wenn einer der Beteiligten der Verletzte selbst ist, soll beim anderen Beteiligten zwischen fahrlässiger Beihilfe und fahrlässiger Täterschaft unterschieden werden, mit der Folge, dass zwar die fahrlässige Täterschaft wegen Sittenwidrigkeit strafbar sein kann, niemals aber die fahrlässige Beihilfe oder Anstiftung.[11] Das Täterkriterium, das der BGH bei Vorsatzdelikten anwendet, kann auf Fahrlässigkeitsdelikte aber gar nicht zutreffen. Wer den Taterfolg nicht will, der will ihn auch nicht „als eigenen". Deshalb kommt nach der vorliegenden Entscheidung die Tatherrschaftslehre zu unerwarteten Ehren. Aber auch das Kriterium der Tatherrschaftslehre ist auf das Fahrlässigkeitsdelikt nicht anwendbar, denn die Tatherrschaft bezieht sich ja ihrem Begriff nach auf die Tatbestandsverwirklichung. Die beherrscht bei einem Fahrlässigkeitsdelikt keiner der Beteiligten.[12]

---

8  BGHSt 53, 55 (62 f.).
9  BGHSt 53, 55 (60 f.).
10 *Welzel* (1975), 120 (160); *Kühl* AT 20/10; *Jakobs* AT 21/111; *Stratenwerth/Kuhlen* AT 15/76; *Gropp* GA 2009, 265 (274); *Schlehofer* Herzberg-FS, 355 (370 ff.); zuletzt *Rotsch* (2009), 197 ff.
11 BGHSt 53, 55 (60 f.).
12 *Welzel* (1975), 120 (160); *Puppe* GA 2009, 486 (492 f.); *dies.* NK Vor § 13 Rn. 179, 185.

7    Seine Rechtsansicht, dass die fahrlässige Mitverursachung einer Selbstgefährdung nicht strafbar sein kann, während die fahrlässige einverständliche Fremdgefährdung bei Sittenwidrigkeit strafbar ist, begründet der BGH damit, dass ein „Wertungswiderspruch" zur Straflosigkeit der Beteiligung an der Selbstverletzung des anderen vermieden werden müsse.[13] Es bleibt abzuwarten, ob die Rechtsprechung und die diese befürwortende Lehre darauf reagieren wird, dass der Gesetzgeber die Selbstmordbeihilfe in bestimmten Fällen nun doch unter Strafe gestellt hat. In Wahrheit besteht aber dieser Wertungswiderspruch nicht.[14] Wenn der Rechtsgutsträger selbst die Beschädigung oder Zerstörung seines Rechtsgutsobjekts will, so hört dieses Objekt auf, Träger seines Rechtsguts zu sein. Wer sich an der Zerstörung dieses Objekts beteiligt, beteiligt sich nicht an einer Rechtsgutsverletzung.[15] Wer aber sein Rechtsgutsobjekt nur gefährdet, will es deshalb nicht preisgeben. Das rechtlich schutzfähige Interesse an der Erhaltung dieses Objekts besteht also nach wie vor, und deshalb können auch weiterhin Sorgfaltspflichten zu seinem Schutz bestehen.[16]

8    Bei Beteiligung an einer Selbstgefährdung ebenso wie bei einverständlicher Fremdgefährdung verhalten sich beide Beteiligte im Hinblick auf das Rechtsgut des Gefährdeten sorgfaltswidrig, aber keiner der Beteiligten will die Verletzung. Trotzdem wird die Ansicht vertreten, dass allein derjenige für diesen Schaden verantwortlich sein soll, der ihn erlitten hat.[17] Als allgemeine Regel ist das ungerecht.[18] Der Grund dafür kann nur darin bestehen, den anderen Beteiligten nicht zum Vormund des Verletzten zu machen (s. dazu o. 6/3). Wenn der später Verletzte sich freiverantwortlich für die Gefährdung seines eigenen Rechtsguts entscheidet, so gehört diese Entscheidung zu seiner autonomen Lebensgestaltung. Wer bei der Ausführung dieser Entscheidung mitwirkt ist dann nicht für ihre Folgen mitverantwortlich. Dabei kommt es allein darauf an, ob der sich selbst Gefährdende den Schutz des Rechts vor dieser Gefährdung verdient, nicht darauf, ob die äußere Gestalt der Beteiligung des anderen an dieser Selbstgefährdung eher der Beihilfe oder der Täterschaft ähnlich sieht.[19] Eine gewisse Berechtigung hat der Gedanke der Straflosigkeit der Anstiftung oder Beihilfe zu einer Selbstgefährdung dann, wenn Gefährder und Gefährdeter nicht gleichzeitig handeln, sondern der erstere zunächst eine Gefahr schafft, in die das Opfer sich dann in voller Kenntnis und vollkommen freiwillig begibt, ohne dass der andere auf die weitere Entwicklung der Gefahr noch einen Einfluss hat. Dann fehlt es aber, sofern es nicht wie im Motorradrennenfall um den Schutz Dritter geht (s.o. 6/4), an einer Sorgfaltspflichtverletzung des

---

13  BGHSt 53, 55 (62 f.); Dieser Gedanke stammt von *Roxin*: Gallas-FS (1973), 241 (246); *ders.* AT/1 11/107; zuletzt *ders.* JZ 2009, 399 (401) und wird von diesem auch auf die Retterfälle angewandt, *ders.* AT/1 11/115; ihm grundsätzlich folgend: *Schünemann* JA 1975, 715 (721); *Horn* JR 1984, 511 (513); *Dölling* GA 1984, 71 (77); *Bernsmann/Zieschang* JuS 1995, 775 (778); *Hellmann* Roxin-FS (2001), 271 (283).

14  *Schilling* JZ 1979, 159 (166); *Herzberg* JA 1985, 265 (270); *Frisch* NStZ 1992, 1 (5); *Zaczyk* (1993), 53; *Puppe* Androulakis-FS, 555 (560 f.) = ZIS 2007, 247 (249 f.); *dies.* NK Vor § 13 Rn. 183; *Otto* JZ 1997, 522 f.; *Hardtung* NStZ 2001, 206 (206 f.); *Cancio Melia* ZStW 111 (1999), 357 (368 ff.). Das erkennt nun auch *Roxin* an, JZ 2009, 399 (400). Aber er zieht daraus lediglich die Konsequenz, dass der Rechtfertigungsgrund der Einwilligung in das Risiko eben ein anderer ist als der der Einwilligung in die Verletzung. Gleichwohl soll er sich ohne Weiteres auch auf die Verletzung erstrecken.

15  *Neumann* JA 1987, 244 (247 f.); *Frisch* NStZ 1992, 1 (4 f.); NK⁶-*Puppe* Vor § 13 Rn. 183.

16  So jetzt auch *Roxin* JZ 2009, 399 (400).

17  So *Roxin* GA 2018, 250 (250 ff.); *Cancio Melia* ZStW 111 (1999), 357 (372 ff.); *Hellmann* Roxin-FS (2001), 271 f.; *Radtke* Puppe-FS (2011), 831 (837); *Luzón Peña* GA 2011, 295 (307 ff.); *Kretschmer* NStZ 2012, 177 (180); *Matthes-Wegfraß* (2013), 125 ff.

18  NK⁶-*Puppe* Vor § 13 Rn. 185.

19  *Puppe* GA 2009, 486 (493); *Otto* Schlüchter-GS (2002), 77 (92 f.).

anderen.[20] Wie wir noch sehen werden, gilt das Kriterium der Schutzwürdigkeit des sich selbst Gefährdenden auch für den Fall, dass der andere Beteiligte rein äußerlich eher die Rolle eines Anstifters oder Gehilfen als die eines Täters einnimmt (s. dazu u. 6/10 ff.).

Eine freiverantwortliche Selbstgefährdung des Verletzten liegt aber nur dann vor, wenn dieser die Gefahr kennt, der er sich aussetzt. Im vorliegenden Fall hat sich der tödlich Verunglückte zwar der Gefahr eines wilden Rennens ausgesetzt, es fragt sich aber, ob diese Selbstgefährdung jedes Verhalten deckt, zu dem sich die Fahrer hinreißen lassen könnten, um das Rennen zu gewinnen. Indem die beiden Fahrer bei einer Geschwindigkeit von 240 km/h auf gleicher Höhe in einem Abstand von nur 30 cm ein drittes Fahrzeug überholten, haben sie sich in einer Weise krass unvernünftig und hochgradig gefährlich verhalten, mit der ein passiver Rennteilnehmer nicht ohne Weiteres rechnen muss. Auch bei einem wilden Rennen kann ein Rennteilnehmer noch auf ein Mindestmaß von Vernunft und Sorgfalt der anderen Beteiligten vertrauen. Das ist der Grund dafür, dass die Mitverursachung der eigenen Gefährdung des Verunglückten durch passive Teilnahme an dem wilden Rennen die als Fahrer Beteiligten nicht von ihrer Mitverantwortung für dessen Tod entlastet.[21]

### 3. Die Verantwortlichkeit des Gefahrverursachers für die Selbstgefährdung eines Retters – Der Retterfall, BGHSt 39, 322

▶ Der Angeklagte war als Gast auf einer Gartenparty und steckte das Haus der Gastgeber in Brand, in das sich der 12-jährige Sohn des Hauses und ein Gast bereits zum Schlafen zurückgezogen hatten. Als der ältere, 22-jährige Sohn, der zu dieser Zeit bereits einen Blutalkoholgehalt von 2,17 ‰ aufwies, die Flammen aus dem Haus schlagen sah, stürzte er in das Obergeschoss um im Haus vermutete Personen zu retten. Dort brach er bewusstlos zusammen und verstarb an einer Rauchvergiftung. ◀

Wendet man auf diesen Fall die vom BGH entwickelten Regeln zur Unterscheidung zwischen einverständlicher Fremdgefährdung und Beteiligung an einer Selbstgefährdung an, so lag hier das letztere vor. Der Brandstifter hat den Verunglückten gewissermaßen dazu angestiftet, sich selbst der bereits vorhandenen Gefahr des brennenden Hauses auszusetzen. Auch zu dem Fall, dass ein Retter verunglückt, der sich in die vom Täter geschaffene Gefahr begibt, wollen *Roxin/Greco* die Regel der Straflosigkeit der Teilnahme an einer Selbstgefährdung grundsätzlich anwenden.[22] Im vorliegenden Fall kommen sie nur deshalb zu einem anderen Ergebnis, weil sie dem verunglückten Retter seine hochgradige Alkoholisierung zugute halten, um zu begründen, dass seine Selbstgefährdung nicht mehr freiverantwortlich war.[23]

Das wird der Situation des Retters im vorliegenden Fall nicht gerecht. Der BGH begründet die Verantwortung des Brandstifters für den Tod des Retters denn auch nicht mit dessen hochgradiger Alkoholisierung, sondern damit, dass der Brandstifter

9

10

11

---

20 *NK6-Puppe* Vor § 13 Rn. 185, 190.
21 *Roxin* JZ 2009, 399 (402); *Puppe* GA 2009, 486 (496).
22 *Roxin/Greco* AT/1 11/115.
23 *Roxin/Greco* AT/1 11/117.

„für diesen ein einsichtiges Motiv für gefährliche Rettungsmaßnahmen" geschaffen hat. Es heißt dazu in den Entscheidungsgründen:

> „Einer Einschränkung des Grundsatzes der Straffreiheit wegen bewusster Selbstgefährdung des Opfers bedarf es insbesondere dann, wenn der Täter durch seine deliktische Handlung die nahe liegende Möglichkeit einer bewussten Selbstgefährdung dadurch schafft, dass er ohne Mitwirkung und ohne Einverständnis des Opfers eine erhebliche Gefahr für ein Rechtsgut des Opfers oder ihm nahe stehender Personen begründet und damit für dieses ein einsichtiges Motiv für gefährliche Rettungsmaßnahmen schafft. Es ist sachgerecht, diese sich in solchen Situationen selbst gefährdenden Personen in den Schutzbereich strafrechtlicher Vorschriften einzubeziehen. Ebenso wie dem Täter bei Gelingen der Rettungshandlung die Erfolgsabwendung zugute kommt, hat er im Fall des Misserfolges dafür einzustehen. Etwas anderes mag gelten, wenn es sich um einen von vorneherein sinnlosen oder mit offensichtlich unverhältnismäßigen Wagnissen verbundenen Rettungsversuch handelt."[24]

12    Dass der Rettungsversuch auch im Interesse des Gefahrverursachers ist und diesem zugute kommt, sofern er gelingt, ist nicht der entscheidende Grund für seine Verantwortlichkeit für dessen Folgen. Das Unglück des Retters wird ihm nicht deshalb zugerechnet, weil der Retter gewissermaßen in seinem Auftrag oder in seinem Interesse tätig geworden ist, sondern deshalb, weil er den Retter in eine Konfliktsituation gebracht hat, in die man einen Anderen nicht bringen darf, indem er ihn vor die Wahl stellte, sich entweder selbst in Gefahr zu bringen oder es ggf. hinzunehmen, dass sein kleiner Bruder oder sein Gast in den Flammen umkommt. Wer sich in solchen Situation für eine Selbstgefährdung entscheidet, mag ein Held sein und in einem moralischen Sinne frei handeln, im Rechtssinne freiverantwortlich ist seine Selbstgefährdung nicht.[25] Dabei macht es keinen Unterschied, ob diese Selbstgefährdung darin besteht, dass er sich in eine bereits vorhandene Gefahr begibt, oder darin, dass er sich von einem Anderen mit seinem Einverständnis gefährden lässt. Entscheidend ist in jedem Fall, dass der Retter den Schutz vor der eigenen Entscheidung zur Selbstgefährdung verdient und seiner bedarf.[26]

Mit dieser Entscheidung hat der BGH das Dogma von der absoluten Straflosigkeit der Beteiligung an fremder Selbstgefährdung als Konsequenz der Straflosigkeit der Beteiligung an der Selbsttötung in der Sache aufgegeben. Das hat ihn freilich nicht daran gehindert, es in anderen Fällen nach wie vor ohne Weiteres anzuwenden.[27]

*Roxin*, der dieses Dogma entwickelt hat,[28] hat es ursprünglich ausnahmslos auf alle freiverantwortlich handelnden Retter angewandt, auch auf diejenigen, die zu einer selbstgefährdenden Rettungshandlung von Rechts wegen verpflichtet sind, beispielsweise Feuerwehrleute, Bergwachtangehörige oder Bademeister an Stränden.[29] Nunmehr hat er es eingeschränkt auf freiwillige Retter und solche verpflichteten Retter, die

---

24   BGHSt 39, 322 (353 f.).

25   Sogar wenn das gebotene Eingreifen des sich Gefährdenden gegen die Interessen des Gefahrverursachers erfolgt, zB eine Nothilfe gegen dessen Angriff oder seine Verfolgung, ist der Gefahrverursacher für die Realisierung der Gefahr des Eingriffs verantwortlich, vgl. hierzu die Vorauflage AT/1 6/37; aA *Roxin/Greco* AT/1 11/140.

26   *Puppe* Androulakis-FS, 555 (566) = ZIS 2007, 247 (251); *dies.* GA 2009, 486 (494).

27   S. o. 6/5 ff.

28   *Roxin* Gallas-FS (1973), 241 ff.

29   *Roxin* Gallas-FS (1973), 241 (246 f.).

sich über ihre Verpflichtung hinaus selbst gefährden.[30] *Stuckenberg* verteidigt dagegen die alte Auffassung von Roxin gegen seine neue mit der Begründung, dass die Haftung der Verursacher einer Gefahr nicht unbegrenzt sein darf.[31] Aber muss man mit einer solchen Einschränkung der strafrechtlichen Verantwortung für einen Schaden über das Erfordernis der Kausalität der Sorgfaltspflichtverletzung hinaus, sofern man sie denn für notwendig hält, ausgerechnet bei den Rettern anfangen?

### 4. Paternalistische Sorgfaltspflichten – Der Heroinfall BGH NStZ 2001, 205

▶ Die Angeklagte hatte an Endverbraucher hochreines Heroin verkauft. Sie wies die Käufer    13
darauf hin, dass das Rauschgift sehr stark sei und nur geschnieft und nicht gespritzt werden
dürfe. Ein 20-jähriger Konsument, der nicht rauschgiftsüchtig war, nahm das Heroin durch
Schniefen zu sich und verstarb an einer Überdosis. ◀

Hier liegt eindeutig ein Fall der freiverantwortlichen Selbstgefährdung vor. Der Konsument war über die Gefährlichkeit des Heroins informiert, er war weder süchtig noch stand der zum Zeitpunkt des Konsums unter Alkoholeinfluss.

Nachdem er die Rechtsprechung des BGH zur Straflosigkeit der Teilnahme an einer    14
Selbstgefährdung ausführlich dargestellt hat, wendet sich der Senat dem § 30 Abs. 1
Ziff. 3 BtMG zu. Danach erhöht sich die Strafe für die Überlassung von Betäubungsmitteln von Freiheitsstrafe bis zu 5 Jahren oder Geldstrafe auf Freiheitsstrafe von 2
bis 15 Jahren, wenn dadurch der Tod eines Konsumenten leichtfertig verursacht worden ist. Es heißt dazu in den Urteilsgründen:

> „Der Regelungsinhalt des § 30 Abs. Abs. 1 Ziff. 3 BtMG ist dadurch geprägt, dass der
> Gesichtspunkt der Selbstgefährdung nach der positiv rechtlichen Entscheidung des Ge-
> setzgebers die objektive Zurechnung des Todeserfolges nicht hindern soll. Allerdings er-
> weist sich die auf der subjektiven Tatseite zu stellende Anforderung, dass dem Täter
> Leichtfertigkeit zur Last fallen muss, als gewisse Einschränkung des Anwendungsbe-
> reich."[32]

Mit der Begründung, dass dem Angeklagten nur einfache Fahrlässigkeit, nicht aber Leichtfertigkeit vorzuwerfen sei, erklärte der Senat die allgemeinen Regeln der Straflosigkeit der Beteiligung an einer freiverantwortlichen Selbstgefährdung auch in diesem Fall für anwendbar, so dass der Angeklagten der Tod des Konsumenten auch nicht nach § 222 StGB zugerechnet wurde.

Die Einschränkung des Anwendungsbereich bezieht sich aber nur auf § 30 BtMG,    15
nicht auf § 222 StGB. Es fragt sich also, auf welche Norm sich das Urteil bezieht, das
die freiverantwortliche Selbstgefährdung des Rauschgiftkonsumenten nach der Zwecksetzung des Gesetzgebers die Zurechnung des Erfolges zum Rauschgiftlieferanten nicht
ausschließen soll. Nach der Rechtsauffassung des BGH bezieht sie sich auf den Straftatbestand des § 30 Abs. 1 Ziff. 3 BtMG. Aber die Bestimmung von Schutzzwecken, etwa
nach dem Kriterium der generellen Geeignetheit oder dem Durchgängigkeitserfordernis ist nur für eine bestimmte Verhaltensnorm möglich (s. dazu o. 4/24). Das gilt auch
für den paternalistischen Zweck des Schutzes vor einer bestimmten Art der Selbstgefährdung. Vom Schutzzweck einer Strafandrohung lässt sich nur aussagen, dass er da-

---

30  *Roxin* Puppe-FS (2011), 909 (914 ff.).
31  *Stuckenberg* Roxin-FS (2011), 411 (421 ff.).
32  BGH NStZ 2001, 205 f.

rin besteht, die Verursachung bestimmter Erfolge zu verhindern. Es geht also nicht um den Schutzzweck eines Straftatbestandes, sondern um den einer Sorgfaltsnorm. Diese verbietet es, anderen Rauschgift zum Konsum zur Verfügung zu stellen. Indem § 30 Abs. 1 Ziff. 3 BtMG den Verstoß gegen diese Norm unter erhöhte Strafe stellt, sofern er zum Tode des freiverantwortlich handelnden Konsumenten führt, bringt er zum Ausdruck, dass es gerade der Zweck des Verbots des Rauschgifthandels ist, eine freiverantwortlichem Selbstgefährdung des Konsumenten zu verhindern. Es liegt eine paternalistische Sorgfaltsnorm vor, die den einen Bürger insofern zum Vormund des anderen macht, als sie ihm bei Strafe verbietet, jedem Gelegenheit zu geben, durch Rauschgiftkonsum seine Gesundheit und sein Leben zu gefährden.[33]

16   Es würde dem Sinn und Zweck einer paternalistischen Sorgfaltsnorm widersprechen, wenn der Normverletzer sich zu seiner Entlastung darauf berufen könnte, dass derjenige, demgegenüber er sie verletzt hat, sich freiverantwortlich selbst gefährdet hat. Das gilt aber nicht nur für den Straftatbestand des § 30 BtMG, sondern auch für den des § 222 StGB. Die Regeln der Zurechnung eines Erfolges zur Verletzung einer Sorgfaltsnorm können im allgemeinen Strafrecht keinen anderen sein, als in Betäubungsmittelrecht.[34]

17   Es gibt noch weitere paternalistische Sorgfaltspflichten, deren paternalistischer Charakter allerdings nicht immer so deutlich aus dem Gesetz ableitbar ist. Hierher gehören beispielsweise die Pflichten eines Arztes gegenüber seinem suchtkranken Patienten, dem er die Verwaltung eines Substitutionsmittels (beispielsweise Methadon) nicht ohne Weiteres anvertrauen darf, hat doch der Patient sich gerade wegen seiner suchtbedingten Willensschwäche in die Obhut und damit unter die Vormundschaft des Arztes begeben.[35] Paternalistischen Charakter haben auch Arbeitsschutzpflichten des Arbeitgebers. Er muss den Arbeitnehmern nicht nur Schutzmittel, beispielsweise Helme oder Atemschutzgeräte zur Verfügung stellen, sondern sie auch dazu anhalten, diese zu benutzen. Vernachlässigt er diese Pflicht, so kann er sich bei einem Unfall nicht damit entlasten, dass der Arbeitnehmer gewusst habe, wie gefährlich der Arbeitseinsatz ohne Schutzmittel ist, sich also freiverantwortlich selbst gefährdet habe.[36]

### 5. Hinweise zur praktischen Anwendung

18   Der Gesichtspunkt der freiverantwortlichen Selbstgefährdung, also der Gedanke, dass der mündige Bürger über seine eigene Gefährdung selbst entscheiden kann und der andere Bürger von Rechts wegen nicht dazu verpflichtet ist, ihn zum vernünftigen und sorgfältigen Umgang mit seinen eigenen Rechtsgütern anzuhalten, kann in zwei verschiedenen Zusammenhängen auftreten. Systematisch vorrangig ist seine Bedeutung für die Bestimmung von Sorgfaltspflichten. Ein Grund für die Akzeptanz der Verursachung einer Gefahr als erlaubt, kann auch sein, dass es der Gefährdete selbst in der Hand hat, sich dieser Gefahr auszusetzen oder sie zu meiden. So ist es beispielsweise erlaubt, Alkohol zu verkaufen, obwohl viele Menschen sich durch dessen Genuss zu Schaden bringen und zu Grunde richten. Es ist erlaubt Zigaretten zu produzieren und an Erwachsene zu verkaufen. Es ist erlaubt Geräte zur Ausübung gefährlicher Sportar-

---

33   NK[6]-*Puppe* Vor § 13 Rn. 193 f.; *Puppe* GA 2009, 486 (495).

34   NK[6]-*Puppe* Vor § 13 Rn. 194; *Kindhäuser/Zimmermann* AT 11/35; *Kubink* Kohlmann-FS (2003), 53 (57); *Hardtung* NStZ 2001, 206 (207).

35   BayObLG JZ 1997, 52 mit Anm. *Puppe* 1. Aufl. AT/1 6/31 ff.

36   Vgl. den Gasanschlussfall OLG Naumburg NStZ-RR 1996, 229, s. dazu o. 2/40 ff. und die 1. Aufl. AT/1 6/28 f.

ten zu vermieten oder zu verkaufen. Indem die Rechtsordnung solche Verhaltensweisen erlaubt, respektiert sie die autonome Lebensgestaltung des mündigen Staatsbürgers, der eines Schutzes vor solcher Selbstgefährdung nicht bedürftig und unter Umständen auch nicht würdig ist.

Ausnahmsweise statuiert die Rechtsordnung aber auch paternalistische Sorgfaltspflichten, die die Verhinderung einer Selbstgefährdung zum Inhalt haben. Hierher gehört vor allem das Verbot des Handels mit Rauschgift, aber auch Arbeitsschutzvorschriften und Pflichten des Arztes gegenüber seinem Patienten bei einer Suchttherapie. Als paternalistisch mag man auch die Pflichten von Eltern und Erziehern gegenüber Kindern und Jugendlichen bezeichnen, diese an einem selbstgefährdenden Verhalten zu hindern. Kinder und in gewissem Maße auch Jugendliche bedürfen des Schutzes vor unverantwortlichem gefährlichem Umgang mit ihren eigenen Rechtsgütern. Sie sind eben noch keine mündigen Bürger, deren autonome Lebensgestaltung die Rechtsordnung grundsätzlich respektiert. Für paternalistische Sorgfaltspflichten gilt, dass derjenige, der sie missachtet, sich nicht damit entlasten kann, dass der Verletzte sich selbst in Gefahr begeben hat. 19

Der zweite Zusammenhang, in dem der Gedanke der freiverantwortlichen Selbstgefährdung auftreten kann, ist die objektive Zurechnung. Dies geschieht dann, wenn die Sorgfaltspflichtverletzung keinen paternalistischen Charakter hat und die Kausalkette, die sie mit dem Erfolg verknüpft über ein freiverantwortliches Verhalten des Verletzten selbst verläuft. Dann führt der Respekt vor der autonomen Lebensgestaltung des Verletzten zu einer Unterbrechung des Zurechnungszusammenhangs. 20

Ob eine freiverantwortliche Selbstgefährdung des Verletzten vorliegt, hängt nicht davon ab, ob sich sein Verhalten äußerlich betrachtet eher als quasitäterschaftliche Selbstgefährdung oder als Einverständnis mit einer Fremdgefährdung darstellt, sondern davon, ob er eines Schutzes vor der Entscheidung zu dieser Selbstgefährdung würdig und bedürftig ist oder auf seine eigene Vernünftigkeit verwiesen werden kann. Hat der sich selbst Gefährdende ein verständiges oder moralisches Motiv zur Selbstgefährdung oder ist er gar von Rechts wegen zu ihr verpflichtet, so ist er des Schutzes vor der Verursachung der Situation, in der er aus diesem Motiv heraus sich selbst gefährdet würdig und bedürftig. Es liegt dann keine freiverantwortliche Selbstgefährdung vor, auch wenn er in psychologischem und moralischem Sinne freiwillig gehandelt hat. Eine im Rechtsinne freiverantwortliche Selbstgefährdung liegt dagegen vor, wenn der Verletzte sich mutwillig oder gar aus verbotenen Gründen der Gefahr ausgesetzt hat. Dann ist er eines Schutzes vor der Entscheidung zur Selbstgefährdung weder würdig noch bedürftig. 21

## II. Der Tatbestand des Vorsatzdelikts

### § 7 Das Begriffsverhältnis von Fahrlässigkeitsdelikt und Vorsatzdelikt

#### 1. Allgemeines

**1**  Die Erfordernisse der objektiven Zurechnung, also erstens die Verursachung des Erfolges durch eine sorgfaltswidrige Handlung, zweitens die Kausalität der sorgfaltspflichtwidrigen Eigenschaften dieser Handlung für den Erfolg, drittens die generelle Geeignetheit der Befolgung der verletzten Sorgfaltsnorm zur Verhinderung von Kausalverläufen der vorliegenden Art und viertens das Fehlen einer Verdrängung der Täterverantwortung durch freiverantwortliche Verfügung des Opfers über seine eigene Gefährdung, gelten für das Vorsatzdelikt ebenso wie für das Fahrlässigkeitsdelikt. Es mag befremdlich sein, im Zusammenhang mit Vorsatzdelikten von Sorgfaltspflichtverletzungen zu sprechen. Ausdrücke in unserer natürlichen Sprache haben oft mehrere Bedeutungen zugleich, sog Konnotationen, die durchaus nicht zwingend zusammenhängen. Der Satz „der Täter hat den Erfolg fahrlässig oder sorgfaltswidrig verursacht" impliziert im normalen Alltagssprachgebrauch zwei völlig verschiedene Aussagen. Erstens, der Täter hat den Erfolg durch eine Pflichtverletzung verursacht, zweitens der Täter hat den Erfolg nicht beabsichtigt und nicht gewünscht. In einer wissenschaftlichen Sprache müssen diese verschiedenen Konnotationen unterschieden werden, um nicht die eine mit der anderen in einen Problemzusammenhang unkontrolliert einzuschleppen. Ein Erfordernis, dass der Täter ohne Vorsatz gehandelt habe, ist bei den Fahrlässigkeitsdelikten nicht nur überflüssig, sondern schädlich.[1] Deshalb verwendet man heute gerne statt des Begriffs der Sorgfaltspflichtverletzung den der Schaffung eines unerlaubten Risikos.[2]

**2**  Die verbreitete Vorstellung, dass Vorsatz und Fahrlässigkeit sich ausschließen[3] oder dass gar beim Vorsatzdelikt der wie auch immer verstandene Wille zur Erfolgsherbeiführung das Erfordernis der Sorgfaltspflichtverletzung bzw. der Schaffung eines unerlaubten Risikos ersetzt, hat sich also als falsch erwiesen.[4] Das logische Begriffsverhältnis zwischen Fahrlässigkeit und Vorsatz ist vielmehr das der Implikation. Jeder vorsätzlich handelnde Täter erfüllt auch alle Voraussetzungen des Fahrlässigkeitsdelikts. Das hat weitreichende auch prozessuale Konsequenzen. Man braucht weder das Institut der Wahlfeststellung noch ein sog normatives Stufenverhältnis zwischen Vorsatz und Fahrlässigkeit zu bemühen,[5] wenn im Prozess offen geblieben ist, ob der

---

1  NK[6]-*Puppe* § 15 Rn. 5; Vor § 52 Rn. 10, 21; *dies.* JR 1984, 229 (231); so jetzt auch *Herzberg* FG BGH (2000), Bd. IV, 51 (61 ff.); *Roxin/Greco* AT/1 24/80, anders noch die Voraufl.

2  Schönke/Schröder-*Eisele* vor § 13 Rn. 95; NK[6]-*Puppe* Vor § 13 Rn. 154; *Jakobs* AT 7/99; *Jescheck/Weigend* AT § 28 IV; *Roxin/Greco* AT/1 11/53, 24/80; *Schmidhäuser* AT 9/31; *ders.* StuB AT 6/109; *Stratenwerth/Kuhlen* AT 8/27; *Wessels/Beulke/Satzger* AT Rn. 264 ff.; *Frisch* (1988), 33 ff.; *Otto* NJW 1980, 417 (420).

3  BGHSt 4, 340 (341); LK-*Vogel/Bülte* § 15 Rn. 23; MüKo-*Duttge* § 15 Rn. 101 ff.; *Baumann/Weber/Mitsch/Eisele* AT 12/3; *Jescheck/Weigend* AT § 54 I 2; Maurach/Gössel/Zipf-*Gössel* AT/2 42/47; vgl. Schönke/Schröder-*Sternberg-Lieben/Schuster* § 15 Rn. 3.

4  NK[6]-*Puppe* § 15 Rn. 5; *Jakobs* AT 9/4; *ders.* GA 1971, 257 (260); *Schmidhäuser* AT 7/122; *Hall* Mezger-FS (1954), 229 (241); *Herzberg* JuS 1996, 377 (380); *ders.* FG BGH (2000), Bd. IV, 51 (58ff); SK-*Wolter* Anh. zu § 55 Rn. 46.

5  So aber BGHSt 48, 57; Schönke/Schröder § 1 Rn. 85; *Jescheck/Weigend* AT § 54 I 2; *Wolter* (1987), 65; *Otto* Peters- FS (1974), 373 (382).

Täter den Erfolg im Rechtssinne wollte oder nicht. Hat er ein unerlaubtes Risiko gesetzt, so steht seine Strafbarkeit nach dem Fahrlässigkeitsdelikt jedenfalls fest.[6]

Neuerdings hat nun auch der BGH ausdrücklich anerkannt, dass der Vorsatz, insbesondere das billigende Inkaufnehmen des Erfolges, die Anforderungen der objektiven Zurechnung, insbesondere die Sorgfaltspflichtverletzung und ihre Realisierung im Erfolg nicht ersetzt: 3

## 2. Der Unfallprovokationsfall, BGH StV 2000, 22[7]

▶ Der Angeklagte provozierte durch scheinbar verkehrsgerechtes Verhalten Zusammen- 4 stöße mit nachfolgenden Fahrern, um von deren Haftpflichtversicherungen Geld für die Beschädigung seines Fahrzeugs zu erlangen. Beispielsweise setzte er vor einer Kreuzung, vor der sich auf der linken Straßenseite eine Tankstelleneinfahrt befand, den linken Blinker, so dass seine Nachfolger glaubten, er wolle an der Kreuzung links abbiegen. Er bog dann aber stattdessen bereits bei der Tankstellenauffahrt ab, und der nachfolgende Fahrer stieß mit ihm zusammen. ◀

Der BGH bejaht eine Strafbarkeit des Angeklagten wegen Bereitens eines Hindernisses bzw. eines ebenso gefährlichen Eingriffs in den Straßenverkehr. Nachdem der BGH ausgeführt hat, dass auch ein äußerlich am fließenden Verkehr teilnehmender Kraftfahrer den Tatbestand des § 315 b erfüllen kann, fährt er wie folgt fort:

> „Wegen gefährlichen Eingriffs in den Straßenverkehr gem. § 315 b Abs. 1 macht sich nicht strafbar, wer sich in jeder Hinsicht verkehrsgerecht verhält und dies mit der Hoffnung verbindet, dass ihm ein Unfall Gelegenheit zu einer vorteilhaften Schadensabrechnung mit der gegnerischen Haftpflichtversicherung bietet. Das gilt auch dann, wenn der Verkehrsteilnehmer das Unfallereignis billigend in Kauf nimmt. Die bloße Hoffnung auf einen Verkehrsunfall wie auch die billigende Inkaufnahme eines drohenden Unfalls mögen verwerflich sein. Aus dem verkehrsordnungsgemäßen Fahrverhalten wird auf diese Weise aber kein unerlaubter Eingriff in die Sicherheit des Straßenverkehrs. Eine Bestrafung nach § 315 b liefe darauf hinaus, dass schon die böse Gesinnung geahndet würde.
>
> Anders verhält es sich, wenn der Täter einen Unfall absichtlich herbeiführt. Wer ein bestimmtes – in der konkreten Verkehrssituation an sich korrektes – Fahrmanöver (etwa ein Bremsen oder Beschleunigen des Fahrzeugs oder ein Abbiegen) zu dem Zweck ausführt, die Unaufmerksamkeit oder eine Fehleinschätzung eines anderen Verkehrsteilnehmers auszunutzen und so einen Verkehrsunfall herbeizuführen, der die Möglichkeit einer vorteilhaften Schadensregulierung eröffnet, setzt sein Fahrzeug verkehrsfeindlich und zweckwidrig ein. Damit erfüllt er den Tatbestand des § 315 b Abs. 1, selbst wenn sein Verhalten äußerlich verkehrsgerecht erscheinen mag. Tatsächlich verhält er sich damit verkehrswidrig: denn ein Verhalten, das allein die Schädigung eines anderen Verkehrsteilnehmers bezweckt, verstößt stets (vgl. nur § 1 Abs. 2 StVO) gegen die Straßenverkehrsordnung. Der Anwendung des § 315 b auf die absichtliche Provokation eines Unfalls durch ein äußerlich verkehrsordnungsgemäßes Verhalten lässt sich nicht entgegenhalten, dass sie Gesinnungsstrafrecht sei. Die Feststellung, der Täter habe einen Unfall absichtlich herbeige-

---

6  NK-*Frister* Nach § 2 Rn. 33 f.; NK[6]-*Puppe* Vor § 52 Rn. 10; *dies.* NK-§ 15 Rn. 5; *Herzberg* FG BGH (2000), Bd. IV, 51 (61 ff.).

7  = BGHR StGB § 315 b Abs. 1 Nr. 2 Hindernisbereiten 3 = DAR 1999, 511 = MDR 1999, 1382 = NJW 1999, 3132 = NZV 1999, 430 = VersR 1999, 1431 = VRS 98, 12; Anm. *Kudlich* StV 2000, 23; Bspr. *Freund* JuS 2000, 754; Bspr. *König* JA 2000, 777; Bspr. *Kopp* JA 2000, 365.

führt, enthält notwendigerweise, dass er seine verwerfliche Gesinnung in ein unfallverursachendes Verhalten umgesetzt hat, dass es also nicht bei dem bösen Gedanken geblieben ist."[8]

5    Die Entscheidung besagt nicht etwa, dass zwar der dolus eventualis, also das billigende Inkaufnehmen des Erfolges, die Sorgfaltspflichtverletzung nicht ersetzt, wohl aber die Absicht. Zurecht hebt der BGH hervor, dass die Absicht des Täters, einen Verkehrsunfall herbeizuführen, auch sein Verhalten beeinflusst, so dass es nur dem Anschein nach den Vorschriften der Straßenverkehrsordnung, insbesondere § 1 StVO genügt. Der Verkehrsteilnehmer hat sich so zu verhalten, dass andere seine Absichten erkennen können. Ist die Situation, wie beispielsweise bei der Tankstelleneinfahrt kurz vor einer Kreuzung nicht eindeutig, so ist es Sache des Kraftfahrers, durch rechtzeitiges Setzen des Blinkers dafür zu sorgen, dass sein Nachfolger seine Absicht, bereits in die Einfahrt der Tankstelle und nicht erst in die Kreuzung links einzubiegen, eindeutig erkennen kann. Die Absicht, einen Zusammenstoß zu provozieren, ersetzt also nicht die Sorgfaltspflichtverletzung, sondern sie motiviert den Täter zu einer solchen. Es ist diese Sorgfaltspflichtverletzung, durch die der Täter seine Absicht verwirklicht, die die Grundlage der objektiven Zurechnung ist, nicht die Absicht selbst.

---

8    BGH StV 2000, 22 (23).

## § 8 Der Inhalt des vorsatzbegründenden Wissens

### 1. Tatbestand und Vorsatzinhalt

§ 16 StGB formuliert den Inhalt des Vorsatzes gewissermaßen negativ, indem er aussagt, dass es am vorsatzbegründenden Wissen fehlt, wenn „der Täter einen Umstand nicht kennt, der zum gesetzlichen Tatbestand gehört". Ein Umstand ist eine Tatsache. Darüber was der Ausdruck bedeutet, dass ein Umstand zum gesetzlichen Tatbestand gehört, herrschen recht unklare Vorstellungen. Für die sog deskriptiven Tatbestandsmerkmale, im Gegensatz zu den normativen Tatbestandsmerkmalen (s. zu diesen u. 8/7 ff.), soll gelten, dass durch sinnliche Wahrnehmung ohne jedes Begriffsverständnis erkannt werden kann, dass sie im einzelnen Fall gegeben sind.[1] Beim Tatbestandsmerkmal des Erfolges hatten wir gesehen, dass die hL davon ausgeht, die Wirklichkeit sei uns in konkreten Gestalten fertig vorgegeben, die wir nur noch sinnlich wahrnehmen müssen, um sie richtig und vollständig zu erkennen (Kritisch dazu o 1/9 ff.). Das glaubt man auch von den anderen Tatumständen, die zum gesetzlichen Tatbestand gehören.

Die Funktion der Tatbestandsmerkmale besteht danach nur darin, Gefäße zu sein, in denen diese konkreten Gestalten der Tatumstände, die sog Lebenskonkreta zusammengefasst werden, wie Erbsen in einem Erbsenglas. Der Täter muss diese konkreten Tatsachen kennen, nicht ihre Beschreibungen im Tatbestand, die Erbsen, nicht die Erbsengläser.[2]

Wie wir bereits am Beispiel der tatbestandsmäßigen Erfolge gesehen haben, gibt es diese konkreten Gestalten nicht. Allein das Gesetz bestimmt, was ein strafbarer Erfolg ist (s. o. 1/1 ff.). Das gleiche gilt für alle anderen Umstände, die zum gesetzlichen Tatbestand gehören. Der Täter kennt diese Umstände nur dann, wenn er sich ihre Beschreibung vorstellt, so wie sie im Gesetz gegeben ist, anders ausgedrückt, wenn er sich den Sinn des Tatbestandes als verwirklicht vorstellt.[3]

Gegen diese Bestimmung des Vorsatzwissens wird seit je eingewandt, dass nur Juristen es haben könnten[4] und dass der Täter sich nicht mit den Auslegungsproblemen des Tatbestandes auseinanderzusetzen braucht, um vorsätzlich zu handeln.[5] Dies ist ein Kurzschluss. Der Täter kann die Tatsache kennen, die ein Tatbestand beschreibt, ohne zu wissen, dass der Tatbestand sie beschreibt. Er braucht den Tatbestand weder richtig noch vollständig zu verstehen, noch braucht er ihn auch nur zu kennen. Der Täter kann sich die Tatsache, die der Tatbestand beschreibt, auch in anderen (synonymen) Worten und Begriffen vorstellen. Er kann sie sich auch in spezielleren Begriffen vor-

1 Vgl. *Welzel* JZ 1953, 119 (120); *Mezger* Lb (1949), 325; *ders.* Traeger-FS (1926), 187 (225); LK-*Vogel/Bülte* § 16 Rn. 21; Schönke/Schröder-*Sternberg-Lieben/Schuster* § 15 Rn. 18; *Roxin/Greco* AT/1 12/100; *Kindhäuser/Zimmermann* AT 27/23; *Schmidhäuser* AT 10/53; kritisch dazu NK[6]-*Puppe* § 16 Rn. 41; SK-*Stein* § 16 Rn. 18. Aus vielen Lehrdarstellungen ist die Formulierung von der sinnlichen Wahrnehmbarkeit deskriptiver Tatbestandsmerkmale mittlerweile ersatzlos verschwunden, vgl. 3. Aufl. 10/1 Fn. 1.
2 *Stratenwerth* Baumann-FS (1992), 57 (62); *Silva Sanchez* ZStW 101 (1989), 352; *Hettinger* GA 1990, 531 (549); *Frisch* (1988), 600; *Rath* (1993), 262; *Toepel* Jahrbuch für Recht und Ethik (1994), 413 (419); *Hruschka* AT, S. 8; *Schlehofer* GA 1992, 307 (312 f.); wohl auch S/S-*Sternberg-Lieben/Schuster* § 15 Rn. 57.
3 NK[6]-*Puppe* § 16 Rn. 36, *dies.* GA 1990, 145 (153) = Analysen (2006), 265 (274); *Frisch* (1990), 281. *Roxin/Greco* AT/1 12/104 sprechen etwas unklar vom „sozialen Sinn" des Tatbestandes.
4 *Frank* § 59, Anm. II; *Jescheck/Weigend* AT, § 29 II 3a); *Maurach/Zipf* AT/1, 22/50; *Stratenwerth/Kuhlen* AT 8/70; *Schlüchter* (1983), 103.
5 *Schlüchter* (1983), 102; *Vogel* (1993), 219.

stellen, die mehr aussagen, als die im Tatbestand verwendeten, diese aber sprachlich implizieren.[6]

4    Erläutern wir dies an einem Tatbestandsmerkmal, das von jeher als Beispiel für ein sog normatives Tatbestandsmerkmal verwendet wird, für das man bei einem Laien ein Begriffsverständnis nicht erwarten kann, so dass man sich deshalb mit einer sog Parallelwertung in der Laiensphäre begnügt (s. dazu u. 8/7 ff.), dem Merkmal Urkunde in § 267.[7] Auf die Frage des Richters, ob sie wisse, was eine Urkunde sei oder was die herrschende Lehre und Praxis unter einer Urkunde verstehe, wird die angeklagte Hausfrau, die in einem Supermarkt ein Preisschild ausgetauscht hat, um die Ware für einen billigeren Preis zu erwerben, kaum zur Antwort geben, „eine Urkunde ist eine Gedankenerklärung, die in dauerhaften Zeichen verkörpert ist, ihren Aussteller erkennen lässt und zum Beweis bestimmt und geeignet ist". Sie wird auch kaum auf die Frage, ob sie wusste, dass ein Preisschild in Verbindung mit der ausgezeichneten Ware eine Urkunde ist, sog zusammengesetzte Urkunde oder Beweiszeichen, mit „ja" antworten. Zweckmäßigerweise wird der Richter sie fragen, warum sie das Preisschild ausgetauscht habe und was sie damit habe erreichen wollen. Es wird ihr dann nichts übrig bleiben, als ihm zu antworten, sie wollte den Anschein erwecken, der Inhaber des Geschäfts biete diese Ware zu einem billigeren Preis an, als er sie wirklich angeboten habe. Ein Kaufangebot ist ein Spezialfall einer Gedankenerklärung, die ihren Aussteller erkennen lässt, das Befestigen eines Preisschildes an einer Ware ist ein Spezialfall einer dauerhaften Verkörperung. Die Tatsache, die sich unsere Hausfrau vorstellt, dass sie das dauerhaft verkörperte Kaufangebot eines Einzelhändlers über eine bestimmte Ware verfälschte, impliziert also die Tatsache, dass sie eine Urkunde verfälschte.

5    Bei komplizierteren gesetzlichen Begriffen hat der Täter zwar oft nicht die Vorstellung des allgemeinen Begriffs, wohl aber die eines Begriffs, der diesen allgemeinen Begriff logisch impliziert. Weiß der Täter nicht, dass der spezielle Begriff zu dem im Tatbestand verwendeten allgemeineren Begriff in diesem Implikationsverhältnis steht, so befindet er sich in einem sog Subsumtionsirrtum.[8] Ein Subsumtionsirrtum wäre es beispielsweise, wenn unsere Hausfrau dem Richter nach wie vor erklären würde, sie habe nicht im Traum daran gedacht, dass so eine banale Preisauszeichnung eine Urkunde sei, vielmehr habe sie geglaubt, dass Urkunden nur schriftliche vom Aussteller handschriftlich unterschriebene Erklärungen seien.

6    Es sollte danach klar geworden sein, dass auch die Fähigkeiten des Laien nicht überfordert werden, wenn man als Voraussetzung des Vorsatzes das Wissen um die im Tatbestand beschriebenen Tatsachen verlangt. Es sollte weiterhin klar geworden sein, dass der viel berufene Laie dieses Wissen haben kann, ohne sich in die Auslegungsprobleme des Tatbestandes vertieft zu haben. Was der Täter wissen muss, um vorsätzlich zu handeln, ist schlicht, dass er den deskriptiven Sinn des Tatbestandes verwirklicht. Dieser deskriptive Sinn des Tatbestandes besteht aus Tatsachen. Der Täter kennt diesen Sinn nicht nur dann, wenn er sich die allgemein abstrakte Tatbestandsbeschreibung vorstellt, sondern auch dann, wenn er sich die Beschreibung eines Spezialfalls vorstellt, die den allgemeinen Fall seinem Sinn nach enthält. Das fällt einem Laien oft leichter.[9]

---

6  NK[6]-*Puppe* § 16 Rn. 46; *dies.* GA 1990, 145 (150 f.) = Analysen (2008), 265 (271).
7  *Jakobs* AT 8/49; *Maurach/Zipf* AT/1, 22/50; *Roxin/Greco* AT/1 10/60.
8  NK[6]-*Puppe* § 16 Rn. 42 ff., 47; *dies.* GA 1990, 145 (152 f.). = Analysen (2008), 265 (274).
9  NK[6]-*Puppe* § 16 Rn. 42; *dies.* (1992), 6; *dies.* GA 1990, 145 (149); *Frisch* in: Eser/Perron (1990), 217 (276 ff.).

## 2. Die sog. normativen Tatbestandsmerkmale als Inhalt des Vorsatzwissens

### a) Der Irrtum über das Bestehen eines Anspruchs – Der Kakaobutterfall, BGHSt 5, 90

Die Rechtsverhältnisse, die von den sog normativen Tatbestandsmerkmalen beschrieben werden, sind genauso Tatsachen, wie die natürlichen Tatsachen,[10] die von den sog deskriptiven Tatbestandsmerkmalen beschrieben werden.[11] Für beide Arten von Tatsachen gilt, dass der Täter sie kennen muss, um vorsätzlich zu handeln.[12] Schon in einem Urteil von 1953, hat der BGH dies mit aller Klarheit ausgesprochen:

▶ Die Angeklagte war bei der Einfuhr von Kakaobutter behilflich, die nicht verzollt wurde. Sie wusste nicht, dass Kakaobutter zollpflichtig ist. ◀

Der BGH sprach die Angeklagte mit der folgenden Begründung vom Vorwurf der vorsätzlichen Steuerhinterziehung frei:

> „Bei natürlicher Betrachtung des § 369 RAbgO… ist nun aber Gegenstand der Verkürzungshandlung nicht die tatsächliche Steuereinnahme, sondern der bestehende Steueranspruch. Zum Inhalt des Vorsatzes der Steuerhinterziehung gehört mithin auch, dass der Täter den bestehenden bestimmten Steueranspruch kennt und ihn trotz dieser Kenntnis gegenüber der Steuerbehörde verkürzen will. Nach den Urteilsgründen hat die Angeklagte aber nicht gewusst, dass für Kakaobutter Zoll zu entrichten ist. Durch ihren Irrtum über die einschlägigen zollrechtlichen Vorschriften ist der Beschwerdeführerin mithin das Bestehen des Steueranspruchs, also eines „Tatumstandes" des § 396 RAbgO, verschleiert worden. Als „Tatumstand des gesetzlichen Tatbestandes" muss nicht notwendig etwas „Tatsächliches" angesehen werden. Auch ein rechtliches Verhältnis, zB ein rechtlicher Anspruch, fällt hierunter."[13]

Die Skrupel, die der BGH damals hatte, auch Ansprüche als Tatsachen zu bezeichnen, sind nicht angebracht. Eine Tatsache ist alles, was ein Satz beschreibt, der wahr oder falsch sein kann. Der Satz, dass ein Rechtsverhältnis oder ein Rechtsanspruch existiert, ist wahr oder falsch, also eine Tatsache. Auch für eine solche Tatsache gilt, dass der Täter sie wissen muss, um vorsätzlich zu handeln. Zu diesem richtigen Ergebnis kommt hier denn auch der BGH, indem er das Bestehen des Zollanspruchs zwar nicht als Tatsache, aber als Tatumstand bezeichnet und deshalb dessen Unkenntnis unter § 16 (damals § 59 aF) subsumiert.[14] Tatbestandsmerkmal ist nur die Tatsache, dass ein bestimmtes Recht oder Rechtsverhältnis besteht, nicht die Art und Weise wie es zustande gekommen ist oder die außerstrafrechtlichen Normen, Kraft deren es zustande

---

10 NK⁶-*Puppe* § 16 Rn. 50; *dies.* GA 1990, 145 (156, Fn. 19); SK-*Stein* § 16 Rn. 19; vgl. auch *Frister* AT 11/34; *Kindhäuser/Zimmermann* AT 27/29 f.; *Searle* (1973), 78 ff. (80 f.).

11 Ein wesentlicher Unterschied zwischen den natürlichen Tatsachen und den institutionellen oder gesellschaftlichen Tatsachen wird auch darin gesehen, dass nur zur Erkenntnis der letzteren ein „Akt des geistigen Verstehens" erforderlich sei, während natürliche Tatsachen „im allgemeinen der sinnlichen Wahrnehmung zugänglich" sind, SK-*Rudolphi* (Voraufl.) § 16 Rn. 21; Schönke/Schröder-*Sternberg-Lieben/Schuster* § 15 Rn. 18 ff.; *Roxin/Greco* AT/1 12/101. Aber jede Erkenntnis einer Tatsache, sei es eine natürliche oder eine institutionelle, erfordert einen „Akt geistigen Verstehens".

12 NK⁶-*Puppe* § 16 Rn. 46 ff.; *dies.* GA 1990, 145 (157); LK-*Vogel/Bülte* § 16 Rn. 30.

13 BGHSt 5, 90 (92).

14 So auch jüngst BGHSt 42, 268 (272) zum Irrtum über den Anspruch auf die Bereicherung bei § 263; BGH NJW 1986, 1623; StV 1992, 106; OLG Bamberg NJW 1982, 778 zum gleichen Irrtum bei § 253, § 255, § 263; BGHSt 5, 90 (92); 16, 282 (285); BGH NJW 1980, 1005 (1006); wistra 1986, 174; NStZ 1991, 89 zum Bestehen eines Steueranspruchs, § 370 AO; BGHSt 17, 87 (90); BGH GA 1966, 211 (212); 1982, 144; NStZ 1982, 380; 1988, 216; wistra 1987, 98, 136; 1990, 350; StV 1994, 118 zur Rechtswidrigkeit der Zueignung.

gekommen ist.[15] Deshalb steht es dem Vorsatz nicht entgegen, wenn der Täter tatsächlich unrichtige oder auch von Rechts wegen unmögliche Vorstellungen darüber hat, wie eine Rechtsanspruch oder ein Pfandrecht zustande gekommen oder wie der Bestohlene zum Eigentum an der Sache gekommen ist, sofern er nur weiß, dass der Anspruch, das Pfandrecht oder das fremde Eigentum besteht.

### b) Der Vorsatzinhalt in Bezug auf die Rechtswidrigkeit der Bereicherung – Der Erpressungsfall, BGH NStZ 2017, 465

10    ▶ Um vor dem Finanzamt absetzbare Werbungskosten vorzutäuschen, ließ sich der Angeklagte vom später Geschädigten eine fingierte Rechnung auf dessen Chef ausstellen, die er an den Chef zahlte und bar zurückerhalten sollte. Stattdessen setzte sich der Chef ins Ausland ab. Daraufhin versuchte der Angeklagte den Betrag mit Waffengewalt vom Geschädigten selbst einzutreiben. ◀

Dass dies eine Nötigung darstellt, ist unzweifelhaft, eine Erpressung liegt aber nur dann vor, wenn der Täter die Absicht hatte sich zu Unrecht zu bereichern, was nicht der Fall ist, wenn er glaubt, einen Anspruch auf die angestrebte Bereicherung zu haben. Dazu führt der BGH folgendes aus:

> „Stellt sich der Täter für die erstrebte Bereicherung eine Anspruchsgrundlage vor, die in Wirklichkeit nicht besteht, so handelt er in einem Tatbestandsirrtum im Sinne von § 16 I 1 StGB. Ein solcher Irrtum über die Rechtswidrigkeit der Bereicherung liegt aber nicht schon dann vor, wenn sich der Nötigende nach den Anschauungen der einschlägigen kriminellen Kreise als berechtigter Inhaber eines Anspruchs gegen das Opfer fühlt. Entscheidend ist, ob er sich vorstellt, dass dieser Anspruch auch von der Rechtsordnung anerkannt wird und er seine Forderung demgemäß mit gerichtlicher Hilfe in einem Zivilprozess durchsetzen könnte."[16]

11    Die falsche Vorstellung, die den Tatbestandsirrtum begründet, ist also rein tatsächlicher und nicht etwa wertender Natur. Dass die Rechtsordnung einem Bürger einen Anspruch zuerkennt bzw. nicht zuerkennt, ist zwar keine natürliche, von der Natur geschaffene Tatsache, aber eine institutionelle Tatsache[17], die von der Gesellschaft, insbesondere von der Rechtsordnung geschaffen worden ist. Setzt ein Tatbestand, wie beispielsweise § 253 StGB, voraus, dass der Täter auf die erstrebte Bereicherung keinen Anspruch hat, so muss der Täter diese Tatsache kennen, um vorsätzlich zu handeln.[18] Der Angeklagte kannte diese Tatsache auch, entweder weil ihm § 817 BGB bekannt war, oder, weil ihm doch bekannt war, dass er die Geldleistung, die er vom Geschädigten zurückforderte, gar nicht an diesen, sondern an seinen Chef erbracht hatte. Der BGH hat hier also völlig zu Recht und ganz unabhängig von irgendwelchen Wertvor-

---

15  NK⁶-*Puppe* § 16 Rn. 21, 40; *dies.* Herzberg-FS (2008) 275, (290); *Jakobs* AT 8/58; LK-*Vogel/Bülte* § 16 Rn. 40 f.

16  BGH NStZ 2017, 465 (467).

17  NK⁶-*Puppe* § 16 Rn 31, 46, 50; *dies.* GA 1990, 145 (156, Fn 19) = Analysen (2006), 265 (278, Fn 19); SK-*Stein* § 16 Rn. 19; vgl. auch *Frister* AT 11/34; *Kindhäuser/Zimmermann* AT 27/29 f.; *Searle* (1973), 78 ff. (80 f.). Ein wesentlicher Unterschied zwischen den natürlichen Tatsachen und den institutionellen oder gesellschaftlichen Tatsachen wird auch darin gesehen, dass nur zur Erkenntnis der letzteren ein „Akt des geistigen Verstehens" erforderlich sei, während die Erkenntnis natürlicher Tatsachen „im Allgemeinen durch sinnliche Wahrnehmung erfolgen kann", Schönke/Schröder-*Sternberg-Lieben/Schuster* § 15 Rn. 18; *Roxin/Greco* AT/1 12/101. Aber jede Erkenntnis einer Tatsache, sei es eine natürliche oder eine institutionelle, erfordert einen „Akt geistigen Verstehens".

18  NK⁶-*Puppe* § 16 Rn 46 ff; *dies.* GA 1990, 145 (154 ff.) = Analysen (2006), 265 (276 ff.).

stellungen in den einschlägigen Täterkreisen einen Tatbestandsirrtum abgelehnt. Einen Tatbestandsirrtum über das Bestehen eines Anspruchs erhält man, wenn man den Fall so vereinfacht, dass die fingierten Rechnungen an den Geschädigten selbst zu zahlen waren und vom Angeklagten bezahlt wurden und dieser nun glaubte, einen einklagbaren Anspruch gegen diesen zu haben, weil er § 817 nicht kannte.

Aber die hL vom Tatbestandsirrtum hat mit Merkmalen, die institutionelle Tatsachen, insbesondere Rechtstatsachen beschreiben, seit eh und je seltsame Schwierigkeiten. Sie traut dem juristischen Laien nicht recht zu, den Sinn solcher Merkmale zu verstehen und will sich daher für den Vorsatz mit einer sog. Parallelwertung in der Laiensphäre begnügen[19], wonach der Nichtjurist die Rechte und Rechtsverhältnisse, um die es in den Tatbeständen des StGB geht, nur so ungefähr verstehen muss. Das ist juristische Überheblichkeit. Die Rechte und Rechtsverhältnisse, um die es in den Straftatbeständen geht, sind so elementar, dass fast jeder geschäftsfähige Bürger sie kennt und versteht.[20] Sollte er aber einmal auf ein Rechtsverhältnis stoßen, das ihm nicht bekannt ist, so hat er in Bezug auf die Verletzung dieses Rechtsverhältnisses keinen Vorsatz, da hilft auch keine Parallelwertung in der Laiensphäre.[21] Der Wanderer, der im Wald eine Abwurfstange findet und sie als Kleiderhaken mitnimmt, ohne zu wissen, dass diese Sache dem Jagdrecht unterliegt, hat den Vorsatz des § 292 Abs. 1 S. 2 nicht. Der Zechpreller, der mit seiner teuren Fotoausrüstung nachts heimlich an der Pförtnerloge des Hotels vorbeischleicht, ohne bezahlt zu haben, hat den Vorsatz des § 298 nicht, wenn er nicht weiß, dass der Wirt nach § 704 BGB an der Fotoausrüstung ein Beherbergungspfandrecht hat. Ein mulmiges Gefühl, dass das vielleicht doch nicht ganz in Ordnung sei, begründet den Vorsatz der Pfandkehr nicht.[22]

### 3. Das Vorsatzwissen um wertende Tatbestandsmerkmale

### a) Der Vorsatzinhalt in Bezug auf tatbewertende Tatbestandsmerkmale – Der Kolonnenspringerfall, BayObLG NJW 1969, 565

▶ Um andere Kraftfahrzeuge überholen zu können, wechselte die Angeklagte mehrfach die Fahrspur. Während etwa 100 Meter vor ihr ein Lastwagen auf der rechten Fahrspur fuhr, überholte sie zwei PKWs, die ihr die linke Fahrspur nicht freigegeben hatten, mit 120 km/h rechts. Um sodann nicht mit dem LKW zu kollidieren, schnitt sie die Fahrbahn des vorderen überholten PKWs so knapp, dass dieser sich zu einer Vollbremsung gezwungen sah. Das BayObLG verurteilte die Angeklagte nach § 315c Abs. 1 Nr. 2 b, Abs. 3 Nr. 1 wegen grob verkehrswidrigen und rücksichtslosen falschen Überholens in Verbindung mit fahrlässiger Verursachung einer konkreten Gefahr. Zum Vorsatz führt das Urteil folgendes aus: ◀

> „Nach den Urteilsfeststellungen hat die Angeklagte vorsätzlich falsch überholt. Sie hat auch alle Tatsachen gekannt, aus denen sich ergab, daß ihre Fahrweise als grob verkehrswidrig und rücksichtslos anzusehen ist. Lediglich den Eintritt einer konkreten Gefähr-

---

19 *Fischer* § 16 Rn. 14; Schönke/Schröder-*Sternberg-Lieben/Schuster* § 15 Rn. 43a; MüKo-*Joecks* § 16 Rn. 70 f.; Matt/Renzikowski-*Gaede* § 16 Rn. 20; *Jescheck/Weigend* AT 29 II 3 a; *Baumann/Weber/Mitsch/Eisele* AT 11/63 ff.; *Maurach/Zipf* AT/1 22/49; *Welzel* Lb (1969), 73; *Arthur Kaufmann* (1982), 20 (37 f.); *Kunert* (1958), 73; *Schlüchter* (1983), 67 ff.; *Otto* Meyer-GS (1990), 583 (587); *Welzel* JZ 1954, 276 (279); *Roxin/Greco* AT/1 12/101, anders aber *dies.* AT/1 12/121. Diese Formel stammt von *Mezger* Lb. (1949), 325 ff; *ders.* JZ 1951, 179 f.

20 NK[6]-*Puppe* § 16 Rn. 48; *dies.* GA 1990, 145 (157) = Analysen (2006), 265 (279).

21 NK[6]-*Puppe* § 16 Rn. 48, 50; *dies.* GA 1990, 145 (157 ff.) = Analysen (2006), 265 (279 ff.); LK-*Vogel/Bülte* § 16 Rn. 30.

22 NK[6]-*Puppe* § 16 Rn. 48; *Kindhäuser/Zimmermann* AT 27/30.

dung hat sie nicht in ihren Vorsatz aufgenommen, sondern insoweit nur fahrlässig gehandelt. Damit hat sie entgegen der Meinung des LG den Tatbestand der fahrlässigen Straßenverkehrsgefährdung nicht in der Begehungsform der Nr. 2, sondern in der (ihrem Unrechtsgehalt nach schwereren) Begehungsform der Nr. 1 des § 315 c Abs. 3 StGB verwirklicht. Letztere setzt ebensowenig wie die vorsätzliche Straßenverkehrsgefährdung nach § 315 c Abs. 1 Nr. 2 StGB das Wissen des Täters voraus, sein (ihm bekanntes) Verhalten sei als grob verkehrswidrig und rücksichtslos zu werten. Ob ein bestimmtes Verhalten dieses Unwerturteil verdient, ist eine Frage der rechtlichen Würdigung, auf die sich der Vorsatz nicht zu erstrecken braucht. Es gilt hier nichts anderes als beispielsweise für die Nötigung, bei der vorsätzliches Handeln nicht das Wissen des Täters voraussetzt, daß die ihm bekannten Tatumstände sein Verhalten als „verwerflich" und damit „rechtswidrig" (§ 240 Abs. 2 StGB) erscheinen lassen (…). Entscheidend ist allein, daß der Täter die Tatsachen kennt, die das Unwerturteil „grob verkehrswidrig und rücksichtslos" rechtfertigen."[23]

14    Das Gericht spricht hier mit aller Deutlichkeit aus, dass die Bewertung des eigenen Handelns, auch wenn sie in einem Tatbestand als Merkmal auftritt, nicht zum tatbestandsmäßigen Vorsatz gehört. Dem liegt der Gedanke zugrunde, dass das Recht vom Täter erwartet, dass er die elementaren Wertungen der Rechtsordnung, die in den Straftatbeständen vorkommen, wenn schon nicht teilt, so doch kraft seines Wertbewusstseins und seiner Sozialisation begreift und nachvollzieht.[24] Eine zu laxe Wertvorstellung des Täters schließt deshalb den Vorsatz nicht aus,[25] sondern begründet nur einen, in der Regel auch vermeidbaren, Verbotsirrtum. Dies gilt für alle Tatbestandsmerkmale, die die Tat nicht beschreiben, sondern bewerten,[26] beispielsweise „grausam oder sonst unmenschlich" in § 131 Abs. 1 Nr. 1, „pornographisch" in § 184,[27] „verwerflich" in § 240 Abs. 2[28] oder „auffälliges Mißverhältnis" in § 291. Der Ausdruck „Parallelwertung in der Laiensphäre" wird also gerade auf Wertungen, auf die er am ehesten passt, nicht angewandt.[29]

### b)    Zur Unterscheidung von Tatsachenirrtum und Wertungsirrtum beim Vorsatz – Der Fall Mannesmann, BGH NJW 2006, 522[30]

15    ▶ Die drei Angeklagten bildeten den Aufsichtsratsausschuss für Vorstandsangelegenheiten, im folgenden Präsidium genannt, der Mannesmann AG, die kurz vor ihrer Übernahme durch Vodafone stand. In dieser Eigenschaft bewilligten sie mehreren Vorstandsmitgliedern und auch einem der drei Präsidiumsmitglieder sogenannte Anerkennungsprämien in Millionenhöhe für in der Vergangenheit erbrachte Leistungen aus dem Vermögen der

---

23   BayObLG NJW 1969, 565 f.
24   BGHSt 2, 194 (200 f.); *Puppe* GA 1990, 145 (176 f.) = Analysen (2006), 265 (301); SK-*Stein* § 16 Rn. 21. Ähnlich für die sog. gesamttatbewertenden Merkmale *Roxin/Greco* AT/1, 12/105; Schönke/Schröder-*Sternberg-Lieben/Schuster*, § 16 Rn. 22; aA LK-*Vogel/Bülte* § 16 Rn. 3, 51.
25   NK⁶-*Puppe* § 16 Rn. 59.
26   Nachweise aus der Rechtspr. bei NK⁶-*Puppe* § 16 Rn. 55 Fn. 53.
27   BGHSt 36, 55.
28   Dazu schon BGHSt 2, 194 (211).
29   *Puppe* GA 1990, 145 (176 f.) = Analysen (2006), 265 (297, 301); *dies.* NK § 16 Rn. 58; anders nur LK-*Vogel/Bülte* § 16 Rn. 51.
30   Die Entscheidung ist auch noch an anderen Stellen abgedruckt, sowie in der amtlichen Sammlung des BGH. Aber an keiner anderen Stelle findet sich die Passage der Entscheidungsbegründung, um die es hier geht.

Mannesmann AG. Dabei waren sie der Ansicht dadurch keine Treuepflicht gegenüber der Mannesmann AG zu verletzen, sondern sich im Rahmen ihres unternehmerischen Ermessens zu halten. ◀

Unter Aktienrechtlern wird diese Meinung auch vertreten. Der BGH lehnt sie mit der Begründung ab, dass die Anerkennungsprämien der Mannesmann AG keinerlei Vorteile bringen konnten, auch nicht in der Form eines Leistungsanreizes für die Prämienempfänger, da diese ohnehin binnen kurzem aus dem Management der Mannesmann AG ausscheiden sollten und auch nicht für andere, da die Übernahme der Mannesmann AG durch Vodafone bevorstand. Daher stellten die Prämien eine Verschwendung von Firmenvermögen dar und seien nicht mehr durch ein unternehmerisches Ermessen gedeckt, sondern verstießen gegen die Treuepflicht, die die Präsidiumsmitglieder gegenüber der Mannesmann AG hatten. Deshalb verwies der BGH die Sache zur neuen Entscheidung an eine andere Kammer des Landgerichts Frankfurt.

Da die Angeklagten den Standpunkt vertraten, ihr Verhalten sei nicht treuwidrig sondern liege im Rahmen ihres unternehmerischen Ermessens, stellte sich nun für das Tatgericht die Frage, ob ein solcher Irrtum der Angeklagten den Vorsatz ausschließt oder nicht. Zu dieser Frage erteilte der BGH dem Tatgericht die folgende Belehrung:     16

> „Angesichts der Ungewissheit, welche Feststellungen der neue Tatrichter insoweit gegebenenfalls treffen wird, und insbesondere der Vielgestaltigkeit der denkbaren Sachverhaltsgestaltungen, wäre ein Versuch, für alle in Betracht kommenden Vorstellungen und Motivationen Hinweise auf die – nach Auffassung des Senats – zutreffende rechtliche Einordnung zu geben, von vornherein verfehlt; dies gilt auch deshalb, weil weder das LG noch der – gegebenenfalls in anderer Besetzung entscheidende – Senat in einem etwaigen Revisionsverfahren daran gebunden wären. Die schriftlichen Stellungnahmen von Bundesanwaltschaft und Verteidigung sowie die Erörterung der Fragen in der Hauptverhandlung geben Anlass zu folgenden Anmerkungen:
>
> Eine sachgerechte Einordnung etwaiger Fehlvorstellungen oder -bewertungen der Angekl. wird sich nicht durch schlichte Anwendung einfacher Formeln ohne Rückgriff auf wertende Kriterien und differenzierende Betrachtungen erreichen lassen. Die Annahme etwa, dass jede (worin auch immer begründete) fehlerhafte Wertung, nicht pflichtwidrig zu handeln, stets zum Vorsatzausschluss führt, weil zum Vorsatz bei der Untreue auch das Bewusstsein des Täters gehöre, die ihm obliegende Vermögensfürsorgepflicht zu verletzen, kann nicht überzeugen. Umgekehrt könnte der Senat auch der Auffassung nicht folgen, dass es für die Bejahung vorsätzlichen Handelns ausreicht, wenn der Täter alle die objektive Pflichtwidrigkeit seines Handelns begründenden tatsächlichen Umstände kennt und dass seine in Kenntnis dieser Umstände aufgrund unzutreffender Bewertung gewonnene fehlerhafte Überzeugung, seine Vermögensbetreuungspflichten nicht zu verletzen, stets nur als Verbotsirrtum zu werten ist.“[31]

Liest man diese Rechtsbelehrung, die in der amtlichen Sammlung der BGH-Entscheidungen nicht mit abgedruckt ist, so hat man Verständnis dafür, dass das Landgericht daraufhin das Verfahren gegen einen Obolus[32] nach § 153 a StPO einstellte, mit der Begründung, es sei nicht in der Lage, in einem vertretbaren Zeitraum festzustellen, ob diese den subjektiven Tatbestand erfüllt haben oder nicht. Dabei ging es kaum um die     17

---

31  BGH NJW 2006, 522 (527); zust. LK-*Vogel/Bülte* § 16 Rn. 32.
32  Obolus: Kleine Münze, die die Griechen und Römer ihren Toten in den Mund legten, damit sie damit den Fährmann Charon bezahlten, der sie über den unterirdischen Fluss Styx ins Totenreich führte.

Ermittlung von Tatsachen, denn was die Angeklagten beschlossen hatten stand fest, und als erfahrene und hochqualifizierte Manager wussten sie auch, was sie getan hatten und die Gründe dafür lagen auf der Hand. Aber angesichts der Rechtsbelehrung, die das neue Tatgericht vom BGH erhalten hatte, musste es damit rechnen, dass sein neues Urteil, wie auch immer es ausfallen würde und wie auch immer es begründet würde der „rechtlichen Nachprüfung" durch diesen Senat des BGH, sei es in neuer, sei es in alter Besetzung, „nicht standhalten" werde. Auf dieses Lotteriespiel wollte sich das Tatgericht offenbar nicht einlassen. Als die Angeklagten nach Verkündung des Einstellungsbeschlusses den Gerichtssaal verlassen hatten und die Fernsehkameras auf sie gerichtet waren, erhob einer von ihnen die Hand zum Victory-Zeichen. Er und seine Mitstreiter hatten die deutsche Justiz besiegt.

18    Die Frage, ob das Bewusstsein eine Treuepflicht zu verletzen zum Vorsatz i.S.v. § 266 gehört oder nicht, kann freilich nicht durch die „Anwendung einfacher Formeln" entschieden werden, aber sie kann auch nicht durch Rückgriff auf nicht näher bestimmte „wertende Kriterien und differenzierende Betrachtungen" von Fall zu Fall, mal in bejahendem, mal in verneinendem Sinne, beantwortetet werden, wie es dem BGH offenbar vorschwebt. Es handelt sich um eine Frage der Auslegung des Tatbestandes des § 266, die allgemein für alle Anwendungsfälle dieses Tatbestandes entschieden werden muss und dies nicht durch eine Einzelfallbetrachtung, sondern anhand einer Analyse der Bedeutung des Merkmals Verletzung einer Treuepflicht.

19    Der Begriff Treuepflicht vereinigt zwei heterogene Elemente: eine institutionelle Tatsache und eine Wertung. Die institutionelle Tatsache ist, dass der Täter überhaupt eine Rechtspflicht hat im fremden Vermögensinteresse zu handeln. Der Täter muss also positiv wissen, dass er von Rechts wegen verpflichtet ist, fremde Vermögensinteressen wahrzunehmen, dass ihm also seine Macht über fremdes Vermögen nicht etwa, wie bei der Abwicklung mancher Rechtsgeschäfte, im Eigeninteresse gegeben ist. Dass diese Pflicht die Dignität einer Treuepflicht i. S. von § 266 hat, ist eine Frage der Wertung, also nicht Bestandteil des Vorsatzes.[33] Kennt also der Täter seine Pflicht, für fremde Vermögensinteressen zu sorgen, räumt er ihr aber nicht das Gewicht einer Treuepflicht ein, so begründet das nur einen Verbotsirrtum. Dasselbe gilt für das Urteil, dass der Täter im Einzelfall durch eine bestimmte, für das Vermögen des Treugebers nachteilige Disposition im Innenverhältnis seinen unternehmerischen Ermessensspielraum überschreitet, also seine Treuepflicht verletzt.[34] Der Irrtum, den die Angeklagten im Fall Mannesmann geltend machen können, betrifft nur die Grenzen ihres unternehmerischen Ermessens, ist also nur ein Verbotsirrtum.

20    Obwohl aus der Mannesmann-Entscheidung zu alledem nichts zu entnehmen ist, wird sie in der Literatur heute als Leitentscheidung zitiert, was dann zu einer weitgehenden Auflösung der Unterscheidung zwischen Tatbestandsirrtum und Verbotsirrtum bei der Untreue führt, indem auf den Irrtum über die Treuepflichtverletzung die alte Lehre von der Parallelwertung in der Laiensphäre angewandt wird.[35] Diese Entwicklung erklärt sich daraus, dass es bei diesem Tatbestand weder der Wissenschaft noch der Praxis gelungen ist, die Grenzen zwischen erlaubter unternehmerischer Entscheidung und verbotenem Missbrauch der Befugnisse einigermaßen klar zu ziehen. Deshalb scheut man davor zurück, den Irrtum des Täters über diese Grenze stets nur als prinzipiell unbe-

---

33   SK-*Hoyer* § 266 Rn. 118.
34   NK-*Kindhäuser* § 266 Rn. 122; LK-*Schünemann* § 266 Rn. 193 f.
35   Schönke/Schröder-*Perron* § 266 Rn. 49; SK-*Hoyer* § 266 Rn. 118; *Vogel/Hocke* JZ 2006, 568 (571).

achtlichen, nur ausnahmsweise entschuldigenden Verbotsirrtum zu behandeln. Man behält sich die Möglichkeit vor, den Irrtum über die Grenzen des unternehmerischen Ermessens als vorsatzausschließenden Tatbestandsirrtum zu behandeln, sofern man im Einzelfall für den Irrtum des Angeklagten ein gewisses Verständnis aufbringt.[36] Aber dieser Weg, die Probleme des § 266 zu lösen, ist nicht gangbar, ob ein bestimmter Vorstellungsinhalt Bestandteil des Vorsatzes ist oder nicht, kann nicht von Billigkeitserwägungen im Einzelfall abhängig gemacht werden. Der hier bestehenden Rechtsunsicherheit kann nur dadurch Rechnung getragen werden, dass man dem Täter die Unvermeidbarkeit seines Verbotsirrtums zugutehält. Da aber die Mannesmann-Entscheidung heute für die Unterscheidung zwischen Tatbestandsirrtum und Verbotsirrtum bei der Untreue nachgerade als vorbildlich gilt, ist nicht zu hoffen, dass die Rechtsprechung und die herrschende Lehre hier zu klaren Unterscheidungen zurückkehrt, obwohl das Gesetz sie doch eigentlich vorschreibt. Zu hoffen ist lediglich, dass die Begriffsverwirrung, die das Mannesmann-Urteil zwischen Tatbestandsirrtum und Verbotsirrtum bei der Untreue angerichtet hat, auf diesen Tatbestand beschränkt bleibt.

Auch wenn es in manchen Fällen immer noch eine Zumutung an den Bürger ist, die im Sinne der gelebten Rechtsordnung richtige Wertung aufgrund der Kenntnis der bewerteten Tatsachen selbst zu treffen, muss es dabei bleiben, dass die Bewertung des Sachverhalts im Sinne eines wertenden Tatbestandsmerkmals nicht zum Vorsatz gehört. Sonst hätte diese Wertung keine Verbindlichkeit für den Täter, der sich weigert, sie nachzuvollziehen, sei es, um seine persönliche Überzeugung auszuleben, sei es aus Mangel an Wertbewusstsein oder aus Gleichgültigkeit gegenüber den Werten des Rechts. Tatsachenwissen kann sich dem Täter aufdrängen, eine Wertung kann er stets verweigern. Aber angesichts der Erkenntnis, dass die in manchen Tatbeständen in Bezug genommenen Werturteile nicht immer so einfach und eindeutig zu treffen sind, wie es für die Bestimmtheit des Strafgesetzes wünschenswert wäre, sollten die Gerichte eher bereit sein, die Möglichkeit eines im Sinne von § 17 unvermeidbaren Verbotsirrtums zu prüfen. Dass sie dabei so zurückhaltend sind, mag seinen Grund darin haben, dass das Eingeständnis, der Täter hätte bei aller Sorgfalt nicht erkennen können, dass er das Recht missachtet, eine gewisse Blamage für die Rechtsordnung darstellt, der es nicht gelungen ist, dem Bürger eindeutig zu vermitteln, was ihm erlaubt ist und was verboten.

21

### 4. Vorsatzwissen bei Blankettmerkmalen

### a) Der Fall Mig 21, BGH NStZ 1993, 594[37]

▷ Die Angeklagten, eine Krankenschwester und ihr flugzeugbegeisterter Sohn, hatten sich von Offizieren der polnischen Armee überreden lassen, eine ausgemusterte MIG 21 zu kaufen, die durch Zersägen eines tragenden Holms fluguntauglich gemacht (demilitarisiert) worden war. Sie wollten das Flugzeug an einen angeblichen deutschen Waffenhändler weiterverkaufen, der behauptete, es als Museumsstück in Italien absetzen zu können. In Wirklichkeit handelte es sich um einen Undercover-Agenten der deutschen Polizei. Sowohl die polnischen Offiziere als auch der angebliche deutsche Waffenhändler hatten ihnen erklärt, die Maschine sei nach ihrer Demilitarisierung keine Kriegswaffe mehr, sie unterfalle also nicht mehr dem Verbot des § 22a Abs. 1 KWKG, Kriegswaffen ohne Genehmigung einzufüh-

22

---

36 S/S/W-*Saliger* § 266 Rn. 129; Matt/Renzikowski-*Matt* § 266 Rn. 151.
37 = NJW 1994, 61 = StV 1994, 128 = NStZ 1993, 595 mit Anm. *Puppe.*

ren. Das Flugzeug wurde zerlegt auf einem Lastwagen an die deutsche Grenze transportiert und dort angehalten. ◀

Der BGH lässt es dahingestellt, ob die Demilitarisierung dem Flugzeug als Ganzem die Eigenschaft einer Kriegswaffe genommen hat, und sieht den objektiven Tatbestand der versuchten Einfuhr einer Kriegswaffe schon durch die Einfuhr des intakt gebliebenen Flugzeugtriebwerks als erfüllt an, weil Triebwerke von Kampfflugzeugen in der Kriegswaffenliste gesondert aufgeführt sind. Da die Angeklagten wussten, dass sie ua ein intaktes Triebwerk eines Kampfflugzeugs einführten, hätten sie sich lediglich in einem Irrtum über die Genehmigungsbedürftigkeit dieses ihres Verhaltens befunden. Dass dies lediglich ein Verbotsirrtum und kein Tatbestandsirrtum sei, wird wie folgt begründet:

23      „Im Nebenstrafrecht – insbesondere im Umweltstrafrecht – wird zwar die Auffassung vertreten, ein Irrtum über das Genehmigungserfordernis stelle einen Tatumstandsirrtum nach § 16 I dar, wenn im Tatbestand der Vorschrift die Formulierung „ohne Genehmigung" enthalten sei. Dieser Auffassung vermag der Senat aber jedenfalls für die Verbrechenstatbestände des Kriegswaffenkontrollgesetzes nicht zu folgen:

Die Frage, ob in Fällen des Irrtums über das Genehmigungserfordernis Tatumstandsirrtum nach § 16 I oder Verbotsirrtum nach § 17 S. 1 vorliegt, kann nur differenzierend nach dem jeweilig in Betracht kommenden gesetzlichen Tatbestand entschieden werden. Der vom Kriegswaffenkontrollgesetz erfasste Umgang mit Kriegswaffen stellt bereits aufgrund seiner besonderen Gefährlichkeit schweres Unrecht dar, das allenfalls durch Erteilung einer behördlichen Genehmigung im Wege der Rechtfertigung ausgeräumt werden kann."[38]

24   Der BGH ordnet die Genehmigung der Einfuhr einer Kriegswaffe als Rechtfertigungsgrund ein, weil der „vom Kriegswaffenkontrollgesetz erfasste Umgang mit Kriegswaffen schweres Unrecht" darstelle. Wenn diese Einordnung richtig ist, dann ist der Irrtum über „das Genehmigungserfordernis" nichts anderes, als der Irrtum darüber, dass dieses schwere Unrecht durch eine Genehmigung als Rechtfertigungsgrund aufhebbar ist. Solange der Täter nicht gleichzeitig irrtümlich annimmt, dass eine solche Genehmigung vorliegt, ist das noch nicht einmal ein Verbotsirrtum. Der BGH meint denn auch wohl nicht den Irrtum über die Genehmigungsmöglichkeit, sondern den Irrtum über das Verbot ohne Genehmigung die MIG 21 einzuführen. Das ist freilich ein Verbotsirrtum, aber es fragt sich, ob der BGH den Irrtum der Angeklagten als Irrtum über ein Verbot mit Erlaubnisvorbehalt richtig und vollständig beschreibt. Die Angeklagten irrten zunächst darüber, dass die MIG 21 trotz ihrer Demilitarisierung noch eine Kriegswaffe in Gestalt des intakten Triebwerks enthielt, woraus dann freilich ein Verbotsirrtum folgte.

25   Die Unterscheidung zwischen Tatbestandsirrtum und Verbotsirrtum setzt eine genaue Bestimmung des Sinnes des Tatbestandes voraus. Um den Sinn des § 22a KWKG zu bestimmen, ist zu klären, was dem Begriffe nach eine Kriegswaffe ist. Eine Kriegswaffe ist nicht etwa ein Gegenstand, der zur Kriegsführung oder zu Kampfhandlungen oder zur Verletzung von Personen und Zerstörung von Sachen bestimmt oder geeignet ist. § 1 KWKG definiert diesen Begriff wie folgt: „Zur Kriegsführung bestimmte Waffen iS dieses Gesetzes (Kriegswaffen) sind die in der Anlage zu diesem Gesetz (Kriegswaffen-

---

38   BGH NStZ 1993, 594 (595).

liste) aufgeführten Gegenstände, Stoffe und Organismen". Der Begriff Kriegswaffe hat also keinen eigenständigen Sinn, sondern verweist auf eine Liste, die durch Rechtsverordnungen erlassen, geändert und ergänzt werden kann. Die Rechtsfolge der Einstellung eines Gegenstandes in diese Liste ist eben die, dass der Handel mit diesem Gegenstand ohne Genehmigung künftig nach dem KWKG verboten ist. Solange ein bestimmter Gegenstand nicht in die Liste aufgenommen worden ist und sobald er aus der Liste gestrichen worden ist, ist er keine Kriegswaffe und der Handel mit ihm ist kein schweres Unrecht.

§ 22a KWKG ist also teilweise ein Blanketttatbestand. Man erkennt ein Teilblankett 26
daran, dass die Norm ohne Ergänzung durch die Tatbestände weiterer Normen, der sog blankettausfüllenden Normen, tautologisch wird.[39] Ersetzen wir das Wort Kriegswaffe in § 22a KWKG durch die gesetzliche Definition dieses Begriffes, so ergibt sich etwa folgende Norm: „Du sollst keine Gegenstände einführen, deren Einfuhr durch Aufnahme in die Kriegswaffenliste verboten ist". Einen Sinn ergibt die Norm eines Blanketttatbestandes nur dann, wenn man den gesetzlichen Tatbestand durch die Tatbestände der blankettausfüllenden Normen ergänzt.[40] So verfährt denn auch die hL.[41] Dann ergibt sich für die hier einschlägige Alternative die folgende Norm „Du sollst keine Triebwerke von Kampfflugzeugen einführen". Erst diese Norm hat einen deskriptiven Sinn. Der Täter muss also, um den Tatbestandsvorsatz zu haben, wenigstens wissen, dass der Gegenstand, den er einführt, beispielsweise das Düsentriebwerk eines Kampfflugzeugs ist.

Es fragt sich aber, ob die Norm „Du sollst keine Düsentriebwerke von Kampfflugzeu- 27
gen einführen" den Sinn der einschlägigen Alternative des § 22a KWKG vollständig wiedergibt. Der Begriff Kriegswaffe ist zwar seinem Umfang (Extension) nach identisch mit der Aufzählung der Gegenstände in der Kriegswaffenliste, nicht aber seinem Sinn (Begriffsinhalt, Intension) nach. Aber eben auf den Sinn des Tatbestandsbegriffs, auf seinen Begriffsinhalt kommt es bei der Bestimmung der Tatsachen, die iS von § 16 zum gesetzlichen Tatbestand gehören, an. Der Täter muss, um vorsätzlich zu handeln, wissen, dass der Sinn des Tatbestandes erfüllt ist.[42] Deshalb darf bei der Bestimmung des für den Vorsatz erforderlichen Vorstellungsinhalts ein Ausdruck des Gesetzes nicht durch einen anderen ersetzt werden, der zwar den gleichen Begriffsumfang (Extension) hat, nicht aber den gleichen Sinn.[43] Ebendies geschieht durch die Lehre vom Zusammenschreiben, wenn der Begriff des Tatbestandes, der auf andere Vorschriften verweist, durch eine Aufzählung der Tatbestände dieser anderen Vorschriften ersetzt wird. Denn jene blankettausfüllenden Tatbestände, beispielsweise die Kriegswaffenliste, sind nur ihrem Begriffsumfang (Extension), nicht dem Begriffsinhalt (Intension) nach identisch mit dem Begriff Kriegswaffe.

Fragt man nun nach dem Begriffskriterium des Kriegswaffenbegriffs, also nach der Ei- 28
genschaft, die allen Gegenständen gemeinsam ist, die in der Kriegswaffenliste stehen,

---

39 NK[6]-Puppe § 16 Rn. 20; dies. GA 1990, 145 (162 f.) = Analysen (2006), 265 (285); zust. Frister AT 11/37 ff.
40 NK[6]-Puppe § 16 Rn. 18; dies. GA 1990, 145 (162) = Analysen (2006), 265 (285).
41 SK-Stein § 16 Rn. 22; Schönke/Schröder- Sternberg-Lieben/Schuster § 15 Rn. 99 f.; LK-Vogel/Bülte § 16 Rn. 37; Jescheck/Weigend AT § 29 V 3; Maurach/Zipf AT/1 23/9; Welzel StrafR, 168; ders. MDR 1952, 584 (586); Warda (1955), 36 ff.; Bachmann (1993), 25.
42 S. o. 1/8 ff.; NK[6]-Puppe § 16 Rn. 34 ff.; dies. GA 1990, 145 (149 ff., 153) = Analysen (2006), 265 (270); dies. (1992), 6; Frisch in: Eser/Perron (1990), 217 (276 ff.).
43 S. dazu schon o. 8/1 ff.; ferner Kuhlen (1987), 369 ff., 383 f.; NK[6]-Puppe Vor § 13 Rn. 25; § 16 Rn. 38, 145; dies. GA 1990, 145 (154 ff.); Herzberg JZ 1993, 1017 (1018).

so findet man nur die diesen Gegenständen durch den zuständigen Verordnungsgeber verliehene rechtliche Eigenschaft, dass der Handel mit Gegenständen dieser Art nach dem KWKG verboten ist. Also weiß der Täter, der das Triebwerk eines Kampfflugzeugs einführt, nur dann, dass er den Sinn des Tatbestandes des § 22a KWKG erfüllt, wenn er weiß, dass Triebwerke von Kampfflugzeugen Kriegswaffen iS des KWKG sind. Das wussten die Angeklagten im vorliegenden Fall nicht, sie befanden sich also in einem Tatbestandsirrtum.

29   Bei einem Blankett- oder Teilblankettgesetz muss der Täter also sowohl um die Erfüllung des blankettausfüllenden Tatbestandes als auch um die des Blankettbegriffs wissen. Denn ohne den ausfüllenden Tatbestand hat die Blankettnorm keinen deskriptiven und ohne den Blankettbegriff keinen normativen Sinn.[44] Deshalb bleibt für den direkten Verbotsirrtum bei einem Blankettbestand kein Anwendungsbereich und bei einem Teilblankett beschränkt er sich auf die für sich sinnvollen Tatbestandsmerkmale. Gegen die hier vertretene Lehre wird eingewandt, dass sie bei Blankettgesetzen praktisch auf die sog Vorsatztheorie hinauslaufe, die für den Vorsatz das aktuelle Unrechtsbewusstsein fordert.[45] Das ist aber bei Blankettgesetzen legitim, bei denen es nicht einmal dem Gesetzgeber gelingt, den Unrechtsgehalt des Tatbestandes vollständig zu beschreiben, so dass er auf ganze Gesetzeswerke oder gar Verordnungen verweist, die auch unabhängig vom Straftatbestand änderbar sind. Solche Tatbestände sind Gehorsamsnormen. Auch wenn sie wie § 22a KWKG Verbrechen sind, ändert dies nichts daran, dass ihr deskriptiver Gehalt den Schluss auf die Rechtswidrigkeit ohne das positive Verbot nicht zulässt. Deshalb muss der Täter das positive Verbot kennen, um vorsätzlich zu handeln.

### b)   Zur Unterscheidung institutioneller (sog. normativer) Merkmale von Blankettmerkmalen

30   Es ist notwendig, die Blankettmerkmale von solchen Merkmalen zu unterscheiden, die selbst Rechte oder Rechtsverhältnisse beschreiben und deshalb keiner ausfüllenden Ergänzung durch die Tatbestände anderer Normen bedürfen. Hierher gehören Tatbestandsmerkmale wie fremd, Pfandrecht, Bestehen eines Anspruchs als Ausschluss der Rechtswidrigkeit der Zueignung oder der Bereicherung und das Merkmal fremdem Jagdrecht unterliegend. Es genügt, dass der Dieb weiß, dass die Sache, die er wegnimmt, einem anderen gehört, er braucht nicht zu wissen, aufgrund welcher Vorgänge und nach welchen zivilrechtlichen Normen dieser sein Eigentum erworben hat (s. o. 8/12).[46] Denn der Begriff Eigentum und damit der Begriff fremd haben für sich einen vom Verbot des Diebstahls unabhängigen Sinn und bedürfen deshalb keiner Ausfüllung durch andere Tatbestände. Der Begriff unrechtmäßige Bereicherung, also die Negation eines Rechtsanspruchs, hat seinen Sinn unabhängig davon, dass ein Verbot existiert, sich eine solche Bereicherung durch Täuschung oder Drohung zu verschaffen.

31   Auch der Begriff Wild, in § 292, ist nicht etwa ein Blankettbegriff, der der Ausfüllung durch die in § 2 BJagdG als dem Jagdrecht unterliegend aufgeführten Tierarten bedarf. Sein Sinn ist, dass eine bestimmte Person ein Recht hat, sich die auf einem bestimmten Gebiet vorhandenen Tiere bestimmter Gattungen anzuzeigen. Indem das BJagdG eine

---

44   NK[6]-*Puppe* § 16 Rn. 67; *dies.* Herzberg-FS (2008), 275 (290); SK-*Stein* § 16 Rn. 23.
45   Schönke/Schröder-*Sternberg-Lieben/Schuster* § 15 Rn. 99; *Jakobs* AT, 8/46.
46   BGHSt 3, 248 (255); NK[6]-*Puppe* § 16 Rn. 21, 40; *dies.* GA 1990, 145 (156 ff.); *Kindhäuser/Zimmermann* AT 27/29 f.; aA *Jakobs* AT 8/47.

Liste solcher Tiergattungen aufstellt, eröffnet es die Möglichkeit, in bezug auf diese Tiergattungen das Rechtsverhältnis des Jagdrechts zu begründen und füllt nicht nur den Tatbestand der Wilderei aus. Auf die Rechtsfolge, dass ein bestimmtes Tier fremdem Jagdrecht unterliegt, bezieht sich der Vorsatz des Wilderers, nicht auf den Tatbestand des Jagdgesetzes, der diese Rechtsfolge im Einzelfall begründet. Der Wilderer braucht also nicht zu wissen, welcher der im Jagdgesetz als Wild definierten Tiergattungen das von ihm erlegte Tier angehört, er muss nur wissen, dass er ein fremdes Jagdrecht verletzt, indem er sich dieses Tier aneignet. Damit ist das viel erörterte Problem des sog. Doppelirrtums gegenstandslos. Der Täter der ein Mauswiesel, das dem Jagdrecht unterliegt, irrtümlich für eine Maus hält und irrtümlich glaubt, dass auch Mäuse dem Jagdrecht unterliegen, weiß, dass dieses Tier dem Jagdrecht unterliegt und hat daher den Vorsatz des § 292, wenn er es sich aneignet.

Beschreibt dagegen ein Tatbestandsmerkmal nicht ein Recht oder Rechtsverhältnis, 32 welches naturgemäß eine Rechtsfolge einer außerstrafrechtlichen Norm ist, sondern verweist es auf nicht näher bestimmte Rechtspflichten, die in außerstrafrechtlichen Normen aufgestellt sind, so ist es ein Blankettmerkmal. Dann muss der Täter jedenfalls die Tatsachen kennen, die zu der blankettausfüllenden außerstrafrechtlichen Norm gehören, richtiger Ansicht nach muss er aber auch wissen, welchen Inhalt diese außerstrafrechtliche Pflichtbestimmung hat (vgl. dazu o. 8/36).

Im Kernstrafrecht waren solche Blankettmerkmale früher selten, tauchen aber gerade 33 in modernen Straftatbeständen häufiger auf. Beispielsweise das Merkmal „wer gegen Rechtsvorschriften zur Sicherung des Schienenbahn-, Schwebebahn- oder Luftverkehrs verstößt" in § 315a, das Merkmal „unter Verletzung verwaltungsrechtlicher Pflichten" in § 324a und § 325, das Merkmal „ohne die erforderliche Genehmigung" in § 327 und § 328, das Merkmal „entgegen einer aufgrund des Bundes-Immissionsschutzgesetzes erlassenen Verordnung" in § 329, das Merkmal „eine Handlung vornimmt … und dadurch seine Dienstpflicht verletzt" in § 332 und § 334, das Merkmal „entgegen den Rechtsvorschriften über die Subventionsvergabe über subventionserhebliche Tatsachen in Unkenntnis lässt" in § 264 Abs. 1 Ziff. 3. Im Nebenstrafrecht sind solche Blankettmerkmale nicht selten.[47]

Dass es sich um Blankettmerkmale handelt, die durch die blankettausfüllenden Normen ergänzt werden müssen, erkennt man, wenn man versucht, die Bestimmungsnorm 34 des betreffenden Tatbestandes zu formulieren. Sie würde beispielsweise für § 264 Abs. 3 lauten: Du sollst den Subventionsgeber nicht über Tatsachen in Unkenntnis lassen, über die du ihn nach den Vorschriften über die Subventionsvergabe zu informieren verpflichtet bist. Die Bestimmungsnorm des § 324a würde lauten: Du sollst nicht Stoffe in den Boden einbringen, wenn das Verwaltungsrecht es verbietet, diese Stoffe in den Boden einzubringen. Die Bestimmungsnorm des § 329 würde lauten: Du sollst nicht Anlagen an Orten betreiben, wo dir das Betreiben dieser Anlagen durch eine aufgrund des Bundesimmissionsschutzgesetzes erlassenen Verordnung verboten ist.

Es gibt Tatbestandsmerkmale, die den Anschein erwecken, eine Rechtsfolge zu bezeich- 35 nen, sich bei genauer Analyse ihrer Bedeutung aber als Blankettmerkmale erweisen, die nur auf Rechtspflichten Bezug nehmen, die außerhalb des Strafrechts normiert sind. Manch intrikates Irrtumsproblem kann man dann leicht lösen, wenn man die Merkmale, um die es dabei geht, als Blankettmerkmale erkennt. Das meist diskutierte Bei-

---

47 Vgl. dazu *Puppe* Herzberg-FS (2008), 275 (289 ff.).

spiel dafür ist das Merkmal „vor einem Gericht oder einer anderen zur Abnahme von Eiden zuständigen Behörde" in § 154. Auf den ersten Blick scheint dies ein Merkmal zu sein, das ein bestimmtes Recht oder Rechtsverhältnis bezeichnet, eben die Zuständigkeit zur Abnahme von Eiden. Betrachtet man aber den Sinn dieses Merkmals genauer, so ergibt es ohne Ergänzung seines Begriffsinhalts eine tautologische Norm und erweist sich damit als Blankettmerkmal.[48] Zur Abnahme von Eiden zuständig sind eine Behörde und auch ein Gericht nicht schlechthin, sondern nur in solchen Verfahren, in denen die Abnahme von Eiden gesetzlich zugelassen ist. Einen Eid abnehmen dürfen bedeutet aber nichts anderes, als den Aussagenden bei Strafe zur Wahrhaftigkeit verpflichten zu können. Nach dieser Begriffserläuterung ergibt sich für § 154 etwa folgende Bestimmungsnorm: „Du sollst vor Gerichten und Behörden nicht die Unwahrheit sagen, wenn Du nach den Regeln des Verfahrens, in dem Du Deine Aussage machst, bei Strafe verpflichtet bist, die Wahrheit zu sagen!" Eine solche Bestimmungsnorm hat keinen Sinn. Sie gewinnt erst Sinn dadurch, dass die jeweilige Verfahrensart und ihre rechtlichen Voraussetzungen angegeben werden, unter denen der Aussagende zur Wahrheit verpflichtet ist. Deshalb liegt ein Wahndelikt und nicht etwa ein versuchter oder gar vollendeter Meineid vor, wenn beispielsweise ein ersuchter Richter in einem Verfahren, in dem eine Vereidigung des Vernommenen nicht zulässig ist, diesem einen Eid abnimmt und dieser im Glauben an die Zulässigkeit der Vereidigung die Unwahrheit sagt (vgl. dazu u. 20/16).[49]

### 5. Der unbeachtliche Subsumtionsirrtum – Der Flutkoordinatorfall, BGH NStZ 2008, 87

36    Nicht zum Vorsatzwissen gehört, dass das Verhalten des Täters unter einen bestimmten Tatbestand fällt oder dass es überhaupt strafbar ist. Weiß der Täter das nicht, obwohl er die Tatsachen kennt, die iSv § 16 zum gesetzlichen Tatbestand gehören, so befindet er sich in einem sog Subsumtionsirrtum, der als solcher unbeachtlich ist. Aber ein Subsumtionsirrtum kann zur Folge haben, dass der Täter fälschlich glaubt, sein Verhalten sei rechtmäßig. Auch die Vorstellung, dass das eigene Verhalten gegen das Recht verstößt, gehört nicht zum Vorsatz. Sie stellt aber einen Verbotsirrtum dar, der nach § 17 die Schuld ausschließt, wenn er unvermeidlich ist und sie mildert, wenn er vermeidbar ist. Da der Täter sich die Tatsachen, die zum gesetzlichen Tatbestand gehören, vorstellen muss, um vorsätzlich zu handeln und für die Bestimmung dieser Tatsachen die tatbestandsmäßige Beschreibung maßgeblich ist (s. o. 8/6), kann ein Subsumtionsirrtum nur darin bestehen, dass der Täter sich diese Tatsachen unter anderen Begriffen vorstellt, die mit denen des Gesetzes entweder synonym sind, oder diese implizieren, ohne dass der Täter weiß, dass sie mit den Begriffen des Tatbestandes synonym sind oder sie implizieren (s. dazu o. 8/7 ff.). Ein Subsumtionsirrtum ist ein Irrtum über die Bedeutung des Tatbestandes. Plausible Beispiele für einen Subsumtionsirrtum sind solche, in denen die Auslegung des Tatbestandes zweifelhaft ist oder sich womöglich ändert. Der Bürger wird also in seinem Vertrauen, dass er sich durch sein Verhalten noch nicht strafbar macht, nicht geschützt, selbst dann nicht, wenn sein Irrtum unvermeidlich ist. Wer sich an der Grenze der Strafbarkeit bewegen oder Strafbarkeitslücken

---

48  NK[6]-*Puppe* § 16 Rn. 18, 24, 150; *dies.* GA 1990, 145 (164) = Analysen 265 (287 f.).

49  NK[6]-*Puppe* § 16 Rn. 24, 150; *dies.* GA 1990, 145 (164) = Analysen 265 (287 f.); Schönke/Schröder-*Bosch/Schittenhelm*§ 154 Rn. 15; SK-*Zöller* § 154 Rn. 11; NK-*Vormbaum* § 154 Rn. 50 f.; *Jakobs* AT 25/49, Fn. 77; *Roxin* (1959), 165 ff.; *ders.* JZ 1996, 981 (986); *Herzberg* JuS 1980, 469 (475 f.); aA BGHSt 3, 248 (253); 5, 111 (117); 10, 272 (275 f.); 12, 56 (58).

ausnutzen will, trägt das Irrtumsrisiko, sofern sein Subsumtionsirrtum nicht auch einen Verbotsirrtum zur Folge hat oder dieser vermeidbar ist.

Machen wir uns die Rechtsfigur des Subsumtionsirrtums an einem Beispiel der Rechtsprechung klar: 37

▷ Der Angeklagte war vom Bürgermeister von Dresden als sog Flutkoordinator dazu bestellt, die Wiederherstellung öffentlicher Gebäude, die beim Elbhochwasser Schaden genommen hatten, zu organisieren. Dabei hatte er auch Einfluss auf die Vergabe von Bauaufträgen. Unter Hinweis darauf bemühte er sich bei an solchen Aufträgen interessierten Firmen um sog Beraterverträge mit festen Gehaltszusagen. Er wurde wegen Bestechlichkeit verurteilt. ◁

Der BGH bestätigt die Rechtsansicht des Landgerichts, dass der Angeklagte Amtsträger iSv § 331 ff. war, weil er mit der Wahrnehmung öffentlicher Aufgaben betraut und in die behördliche Organisation eingegliedert war, auch wenn er nicht von Rechts wegen weisungsbefugt gegenüber untergeordneten Mitarbeitern war.[50] Die Bestellung zur Wahrnehmung öffentlicher Aufgaben iSv § 11 Abs. 1 Nr. 2c liege vor, hierzu bedürfe es keines förmlichen Bestellungsaktes.

Zum Vorsatz der Bestechlichkeit führt das Urteil aus: 38

„Das Landgericht hat bei dem Angeklagten S. auch den entsprechenden Vorsatz eines Amtsträgers rechtsfehlerfrei bejaht. [...] Dabei reicht es nicht aus, dass der Betreffende nur um die seine Amtsträgerstellung begründenden Tatsachen weiß. Er muss auch eine Bedeutungskenntnis gerade von seiner Funktion als Amtsträger haben. Hieran kann aber bei der gegebenen Sachlage kein Zweifel bestehen, weil der Angeklagte S. ausweislich der Feststellungen seine Einbeziehung in die Verwaltungstätigkeit der Stadt Dresden kannte und um seinen Einfluss wusste. Hiermit warb er sowohl gegenüber der G. als auch gegenüber der B. Insoweit war ihm die gesetzliche Wertung bewusst, die Grundlage der Strafvorschriften über Amtsträger ist. Dagegen brauchte der Angeklagte S. seine Tätigkeit nicht juristisch zutreffend einzuordnen. Ein solcher Subsumtionsirrtum lässt – wie das Landgericht zutreffend ausgeführt hat – den Vorsatz unberührt."

Befreit man diesen Text von terminologischen Unklarheiten, so stellt sich heraus, dass 39 er sich mit der oben (8/6) angegebenen inhaltlichen Bestimmung des Vorsatzwissens deckt. Der Täter muss wissen, dass er den deskriptiven Sinn des Tatbestandes verwirklicht. Das sind diejenigen Tatsachen, die iSv § 16 zum gesetzlichen Tatbestand gehören. Dass der Täter Amtsträger ist, ist keine „gesetzliche Wertung" sondern institutionelle Tatsache, die der Täter kennen muss, weil sie zum gesetzlichen Tatbestand des § 332 gehört. Ein Sonderfall der Amtsträgereigenschaft ist nach § 11 Abs. 1 Ziff. 2 c) die Eigenschaft, dazu „bestellt" zu sein, „ Aufgaben der öffentlichen Verwaltung wahrzunehmen". Die Erteilung von Bauaufträgen einer Gemeinde zur Beseitigung von Gebäudeschäden ist ein Sonderfall der Wahrnehmung von Aufgaben der öffentlichen Verwaltung. Da der Angeklagte wusste, dass er als Flutkoordinator zur Mitwirkung an der Erteilung solcher Aufträge bestellt war, wusste er also, dass er den Sinn des Tatbestandsmerkmals Amtsträger, so wie er ua von § 11 Abs. 1 Ziff. 2 c) bestimmt ist, erfüllte. Hatte er nun geglaubt, dass ein Amtsträger nur eine Person ist, die durch förmlichen Akt zur Wahrnehmung von Verwaltungsaufgaben bestellt ist oder dass Aufgaben der öffentlichen Verwaltung nur solche sind, die in den Formen des öffentlichen Rechts

---

50  BGH NStZ 2008, 87 (88).

abgewickelt werden, so stellte er sich einen anderen Sinn des Tatbestandsmerkmals Amtsträger vor, nämlich einen engeren, als er nach der Rechtsprechung gilt. Eben dies ist ein Subsumtionsirrtum.[51]

40    Ein solcher Subsumtionsirrtum kann nach § 17 für die Schuld des Täters erheblich sein, sofern er einen Irrtum über die Rechtswidrigkeit seines Verhaltens, einen sogenannten Verbotsirrtum im Gefolge hat. Dies lehnt der BGH im vorliegenden Fall mit der folgenden Begründung ab:

> „Entgegen der Auffassung der Verteidigung bedurfte es hier keiner Ausführungen zu einem Verbotsirrtum im Sinne des § 17 StGB. Ein die Anwendbarkeit des § 17 begründendes fehlendes Unrechtsbewusstsein hat der Angeklagte S. nach den Urteilsfeststellungen nicht einmal behauptet. Die bloße falsche Einordnung seines Verhaltens beinhaltet dies nicht notwendigerweise. Dies gilt hier insbesondere deshalb, weil das Verhalten des Angeklagten S., wäre er nicht als Amtsträger anzusehen, jedenfalls unter dem Gesichtspunkt der Bestechlichkeit im geschäftlichen Verkehr nach § 299 StGB strafbar wäre. Namentlich unter Berücksichtigung dieses Umstandes brauchte das Landgericht die Möglichkeit nicht zu erörtern, der Angeklagte habe sein Verhalten als rechtmäßig angesehen und sich deshalb in einem Verbotsirrtum befunden."

41    In einem Verbotsirrtum hätte sich der Angeklagte im vorliegenden Fall nur dann befunden, wenn er sein Bemühen um Beraterverträge unter Hinweis auf seinen Einfluss auf die Vergabe von Bauaufträgen nicht nur für nicht tatbestandsmäßig iSd § 332, sondern für rechtmäßig in dem Sinne gehalten hätte, dass dies mit seinen Pflichten als zur Wahrnehmung öffentlicher Aufgaben bestellter Flutkoordinator vereinbar gewesen sei. Das hat der Angeklagte selbst wohlweißlich nicht behauptet, hätte er doch damit nur seine Wertblindheit und Rechtsblindheit dokumentiert. Sollte er sich also in einem Subsumtionsirrtum befunden haben, so betraf dieser lediglich die Strafbarkeit seines Verhaltens nach § 332, nicht seine Rechtswidrigkeit. Er hatte also keinen Verbotsirrtum im Gefolge.

42    Die Begründung, die der BGH für dieses Ergebnis gibt, verfehlt allerdings die von ihm selbst entwickelte Lehre von der sogenannten Teilbarkeit des Unrechtsbewusstseins[52] (vgl. dazu u. 19/1 ff.). Danach hat das Unrechtsbewusstsein, das den Verbotsirrtum ausschließt, nicht irgendeine außertatbestandliche Beschreibung des Verhaltens des Täters zum Gegenstand, sondern die Tatbestandsverwirklichung selbst. Einem Verbotsirrtum würde es also nicht entgegenstehen, wenn der Täter sein Verhalten nach einem anderen Tatbestand für strafbar hält, beispielsweise nach § 299 als Bestechlichkeit im geschäftlichen Verkehr. Anders wäre das freilich, wenn § 332 ein durch die Amtsträgereigenschaft qualifizierter Fall des § 299 wäre. Das ist indessen nicht der Fall. Beide Tatbestände schützen verschiedene Rechtsgüter. § 299 die Lauterkeit des Wettbewerbs unter Anbietern, § 332 die Lauterkeit und Sachlichkeit der öffentlichen Verwaltung. Der Täter befindet sich also dann in einem nach § 17 beachtlichen Verbotsirrtum, wenn er irrtümlich meint, dass die ihm ja bekannten Tatsachen, die zum gesetzlichen Tatbestand gehören, keine Verletzung seiner Pflichten als Beauftragter der öffentlichen Verwaltung darstellen. Der gänzlich unbeachtliche Subsumtionsirrtum ist also nur der Irrtum über die Strafbarkeit, nicht der Irrtum über die Rechtswidrigkeit der Tatbestandsverwirklichung.

---

51   NK[6]-*Puppe* § 16 Rn. 42; NK-*Neumann* § 17 Rn. 49; *Kühl* AT 13/56 f.
52   Seit BGHSt 10, 35; auch in BGHSt 22, 318; StV 82, 218.

## 6. Hinweise zur praktischen Anwendung

Die Analyse der Bedeutungen der verschiedenen Tatbestandsmerkmale ergibt fünf 43
verschiedene Irrtumsarten, die sich auf den Tatbestand beziehen: Erstens Irrtümer
über natürliche Tatsachen, die zum gesetzlichen Tatbestand gehören (betreffend deskriptive Tatbestandsmerkmale), zweitens Irrtümer über institutionelle Tatsachen, insbesondere Rechte und Rechtsverhältnisse, die zum gesetzlichen Tatbestand gehören
(betreffend sog normative Tatbestandsmerkmale), drittens Irrtümer über Bewertungen
von Tatsachen, die zum gesetzlichen Tatbestand gehören (betreffend wertende Tatbestandsmerkmale), viertens Irrtümer über den Inhalt blankettausfüllender Normen
(betreffend Blanketttatbestände und Blankettmerkmale), fünftens Irrtümer über die
Subsumierbarkeit der Tatsachen, die zum gesetzlichen Tatbestand gehören, unter den
Tatbestand (sog Subsumtionsirrtum). Nur bei der vierten Irrtumsart, dem Irrtum über
den Inhalt von blankettausfüllenden Normen, besteht Streit darüber, ob er den Vorsatz
ausschließt, oder nicht. Der Irrtum über Tatsachen, die zum gesetzlichen Tatbestand
gehören, schließt den Vorsatz aus, gleichgültig ob es natürliche Tatsachen oder institutionelle Tatsachen sind. Ein Wertungsirrtum und ein Subsumtionsirrtum stehen dagegen dem Vorsatz nicht entgegen.

Die erste Aufgabe bei der praktischen Anwendung der Lehre vom Tatbestandsirrtum 44
besteht aber darin, den gegebenen Irrtum richtig in eine der fünf angeführten Kategori-
en einzuordnen. Dazu ist es zunächst erforderlich ihn inhaltlich genau zu bestimmen,
also zu sagen, welche Vorstellungen der Täter hatte und in welcher Weise sie von der
Wirklichkeit abweichen. Das wird von den Fallbearbeitern oft versäumt, so dass man
lange theoretische Ausführungen über verschiedene Irrtumsarten liest, ohne zu wissen,
worin der von dem Fallbearbeiter angenommene Irrtum eigentlich bestanden hat. Diese theoretischen Ausführungen können sich dann später sogar als irrelevant erweisen,
wenn der Kandidat zur genaueren Darstellung des Irrtums und seiner Subsumtion
unter eine der fünf Irrtumskategorien kommt.

Meistens leicht erkennbar ist der Irrtum über natürliche Tatsachen. Problematisch 45
kann aber sein, ob die Tatsache, über die der Täter sich geirrt hat, überhaupt zum
gesetzlichen Tatbestand gehört. Das klassische Beispiel eines Irrtums, der eine Tatsache
betrifft, die nicht zum gesetzlichen Tatbestand gehört, ist der sog error in objecto,
der Irrtum über die Identität oder über die Eigenschaften des Tatobjekts. Soweit
Eigenschaften des Tatobjekts nicht im Tatbestand beschrieben sind, also nicht zum
gesetzlichen Tatbestand gehören, sind sie auch dann irrelevant, wenn es dem Täter
persönlich auf sie ankommt. Zur Unterscheidung zwischen einem Tatbestandsirrtum
und einem Subsumtionsirrtum kann man in Grenzfällen die folgende Probe machen:
Man versuche die Vorstellung des Täters so zu formulieren, dass sie mit der Tatsachenbeschreibung des Tatbestandes synonym ist oder diese als Spezialfall logisch impliziert.
Gelingt dies nicht, so befindet sich der Täter in einem Irrtum über einen zum Tatbestand gehörenden „Umstand", gelingt es, so liegt nur ein Subsumtionsirrtum vor.

Für den Irrtum über institutionelle Tatsachen gilt dasselbe, denn auch dies sind Tatsa- 46
chen, die der Täter wissen muss um vorsätzlich zu handeln und nicht etwa Wertungen.
Deshalb ist es ratsam die Formel von der Parallelwertung in der Laiensphäre bei normativen Tatbestandsmerkmalen erst gar nicht zu erwähnen. Sie bringt nur Verwirrung
in die Unterscheidung zwischen Tatsachen und Wertungen und suggeriert fälschlicherweise, dass auch ein Wertungsirrtum den Täter entlasten würde. Sie wird auch von der
Rechtsprechung nicht mehr angewandt. Die Rechtsprechung begnügt sich heute damit

festzustellen ob dem Täter bekannt war, dass ein bestimmtes im Tatbestand beschriebenes Rechtsverhältnis gegeben war. War ihm dies nicht bekannt, so fehlt ihm iSv § 16 die Kenntnis einer Tatsache, die zum gesetzlichen Tatbestand gehört. Sie können also bei der Fallbearbeitung genauso verfahren, wie bei den natürlichen Tatsachen. Wollen Sie ein Übriges tun und sich gegen den Vorwurf schützen, die sog hL von der Parallelwertung in der Laiensphäre nicht zu kennen, so vermerken Sie, dass diese Formulierung das gleiche meint aber missverständlich ist.

47    Bei einem Irrtum über ein tatbewertendes Merkmal müssen Sie zunächst zwischen den Tatsachen, die diese Wertung begründen und der wertenden Bedeutung des Merkmals unterscheiden. Diese Tatsachen gehören zum gesetzlichen Tatbestand iSv § 16, so dass der Täter nicht vorsätzlich handelt, wenn er solche Tatsachen nicht kennt. Dagegen gehört die Bewertung dieser Tatsachen iS der wertenden Tatbestandsmerkmale nicht zum Vorsatzwissen, weil sie selbst keine Tatsache ist. Um festzustellen, ob der Täter sich in einem Irrtum über diese Bewertung befindet, muss zunächst deren genauer Sinn ermittelt werden, also diejenigen Wertmaßstäbe, die das Recht und das heißt in Praxi die Rechtsprechung bei der Bestimmung dieses wertenden Tatbestandsmerkmals anlegt. Der Täter befindet sich in einem Wertungsirrtum über die Bedeutung dieses Tatbestandsmerkmals, wenn er weniger strenge Maßstäbe anlegt, als die Rechtsprechung. Deshalb muss auch hier genau festgestellt werden, welche Maßstäbe der Täter angelegt hat und inwiefern sie von den Maßstäben der Rechtsprechung abweichen. Das ist nicht nur deshalb nötig, weil man erst dann den Irrtum unter den Begriff des Wertungsirrtums subsumieren kann, sondern auch, weil man erst dann entscheiden kann, ob der Täter den Irrtum vermeiden konnte, was nach § 17 für seine Schuld relevant ist.

48    Bei einem Irrtum über ein Blankettmerkmal gilt es vor allem, dieses von einem sog normativen Tatbestandsmerkmal, insbesondere einem ein Recht oder Rechtsverhältnis beschreibenden Merkmal zu unterscheiden. Denn nur bei einem Blankettmerkmal ist der Tatbestand der blankettausfüllenden Norm Bestandteil des Straftatbestandes, so dass die Tatsachen, die diesen Tatbestand erfüllen iS v. § 16 zum gesetzlichen Tatbestand gehören. Bei einem sog normativen Tatbestandsmerkmal, das ein Recht oder ein Rechtsverhältnis beschreibt, gehört dagegen nur dieses Rechtsverhältnis, also eine Rechtsfolge von außerhalb des Strafrechts stehenden Tatbeständen zum Straftatbestand. Dass ein bestimmtes Tatbestandsmerkmal ein Blankettmerkmal und nicht ein rechtsfolgenbeschreibendes Merkmal ist, erkennt man, wenn man aus dem Tatbestand eine Bestimmungsnorm abzuleiten versucht. Handelt es sich um einen Blanketttatbestand oder enthält der Tatbestand ein Blankettmerkmal, so erweist sich diese Bestimmungsnorm als tautologisch, etwa in dem Sinne, du sollst eine bestimmte Handlung nicht vornehmen, wenn dir diese Handlung nach außerhalb des Strafgesetzes liegenden Gesetzen verboten ist oder du sollst eine Handlung vornehmen, wenn dir diese Handlung nach außerhalb des Strafrechts liegenden Gesetzen geboten ist. Ob der Täter sich in einem Tatbestands- oder in einem Verbotsirrtum befindet, wenn er zwar die Tatsachen kennt, die den Tatbestand der blankettausfüllenden Norm erfüllen, aber nicht weiß, dass dies der Fall ist, weil er den Inhalt der blankettausfüllenden Norm nicht oder nicht richtig verstanden hat ist streitig (s. dazu o. Rn. 8/31 ff.).

49    Einen Subsumtionsirrtum, der den tatbestandsmäßigen Vorsatz nicht ausschließt, erkennt man, indem man die Tatsachenvorstellung des Täters daraufhin überprüft, ob sie mit der Tatsachenbeschreibung des gesetzlichen Tatbestandes synonym ist oder sie logisch impliziert, dh einen Spezialfall dieser Beschreibung darstellt. Ist dies der Fall

und macht der Täter trotzdem geltend, nicht gewusst zu haben, dass er den Tatbestand erfüllt, so liegt nur ein Subsumtionsirrtum vor. Dieser betrifft zunächst nur die Strafbarkeit und das Vertrauen des Täters darauf, sich nicht strafbar gemacht zu haben, wird als solches nicht geschützt. Glaubt aber der Täter infolge seines Subsumtionsirrtums, sein Verhalten sei nicht nur nicht strafbar, sondern nicht rechtswidrig, so stellt dies einen sog direkten Verbotsirrtum dar, der nach § 17 auf Vermeidbarkeit zu prüfen ist.

Eine praktisch sehr brauchbare erste Orientierung über die Frage, ob ein Irrtum ein Tatbestandsirrtum oder nur ein Subsumtions- oder Verbotsirrtum ist, liefert die Unterscheidung des Reichsgerichts zwischen einem beachtlichen außerstrafrechtlichen und einem strafrechtlichen Irrtum. Die Unterscheidung ist zwar etwas grobschlächtig und sollte in einer Falllösung auch nicht expressis verbis auftauchen, weil sie heute von der ganz hL abgelehnt wird. Trotzdem sollte man sie zur ersten Orientierung im Kopf durchführen. Ein sog außerstrafrechtlicher Rechtsirrtum ist nämlich insbesondere ein Irrtum über Rechte und Rechtsverhältnisse, also sog normative Tatbestandsmerkmale, der auch nach heutiger Rechtsauffassung den Vorsatz ausschließt. Ein strafrechtlicher Irrtum ist dagegen der Subsumtionsirrtum und auch der Wertungsirrtum, die auch nach heutiger Rechtsauffassung beide den Vorsatz nicht ausschließen.

50

## § 9 Der Vorsatz als schwere Unrechtsform und Schuld

### 1. Der Streit um das sog. Willenselement des Vorsatzes

1  Aber das Wissen um die Umstände, die zum gesetzlichen Tatbestand gehören, dh um die Möglichkeit von deren Vorhandensein oder künftigem Eintreten kann für Vorsatz nicht genügen. Wir kennen auch eine Form der Fahrlässigkeit, bei der der Täter dieses Wissen besitzt, die sog bewusste Fahrlässigkeit. Es ist deshalb einigermaßen verwirrend, dass es eine Rechtsansicht zur Unterscheidung des dolus eventualis von der bewussten Fahrlässigkeit gibt, die sich selbst als Möglichkeitstheorie bezeichnet.[1] Denn auch diese Theorie verlangt für dolus eventualis mehr als die Vorstellung des Täters, dass der Erfolg möglich ist.[2] Es stellt sich also die Frage, was zu dem Wissen um die Gefahr der Tatbestandsverwirklichung noch hinzukommen muss, um den Vorwurf des Vorsatzes zu begründen. Dabei geht es nicht darum, irgendein vorjuristisches Verständnis davon, was Vorsatz ist, auf den Begriff zu bringen, sondern die Rechtsfrage zu entscheiden, unter welchen Bedingungen ein Täter, der die Umstände, die zum gesetzlichen Tatbestand gehören, für möglich hält, den schwereren Vorwurf des Vorsatzes verdient und unter welchen nur den leichteren der bewussten Fahrlässigkeit. Dabei können wir zwar vom alltagssprachlichen Verständnis von Vorsatz ausgehen, sind aber nicht an dieses alltagssprachliche Verständnis gebunden. Denn die Alltagssprache ist nicht geschaffen worden, um Rechtsfragen zu entscheiden. Es wird sich herausstellen, dass wir über das alltagssprachliche Verständnis von Vorsatz weit hinausgehen müssen, um die Rechtsfrage nach der schwereren Schuldform sinnvoll entscheiden zu können, und dies nach jeder der dazu vertretenen Rechtsansichten.

2  Wenn man den sprichwörtlichen Mann auf der Straße fragen würde, wann jemand nach seinem Verständnis ein Ereignis mit Vorsatz verursacht, bekäme man die Antwort, wenn er das Ereignis will. Wille im natürlichen Sinne ist Absicht. Nach dem alltagssprachlichen Verständnis führt ein Täter einen Erfolg also nur dann willentlich herbei, wenn er ihn zum Ziel seines Handelns macht. Das bedeutet nicht unbedingt, dass die Vorstellung, diesen Erfolg mit seiner Handlung herbeizuführen, den Täter zu der Handlung motiviert oder auch dass der Erfolg das Endziel seines Handelns ist. Er kann auch ein als solches dem Täter sogar unwillkommenes Zwischenziel sein, das er als Mittel zur Erreichung eines Endziels einsetzt. Dem Brutus in Shakespeares Drama Julius Cäsar war es durchaus unwillkommen, dass er den Tod seines väterlichen Freundes verursachte. Trotzdem hat er ihn ohne Zweifel beabsichtigt, als er Cäsar erstach, denn er strebte ihn als Mittel an, die römische Republik wieder herzustellen.

3  Aber auf den Willen im natürlichen Sinne, also auf die Absicht kann der Vorsatz im Recht nicht beschränkt sein. Wenn der Täter den Erfolg zwar nicht als Mittel zur Erreichung eines gewollten Zweckes einsetzt, aber erkennt, dass dieser Erfolg sicher oder höchstwahrscheinlich eintreten wird, sofern er sein Ziel erreicht, so kann er sich nicht darauf berufen, diesen Erfolg nicht vorsätzlich herbeizuführen, wenn er trotz dieser Erkenntnis sein Ziel anstrebt. Die Offiziere der Wehrmacht um Henning von Tresckow können nicht damit gehört werden, sie hätten nicht den Vorsatz gehabt,

---

1  *Kindhäuser/Zimmermann* AT 14/16, 27 ff.; *Freund* AT 7/71; *Frister* AT 11/24 f.
2  Nach *Kindhäuser/Zimmermann* muss der Erfolgseintritt „konkret möglich" sein, AT 14/16. Damit ist nicht etwa der Unterschied zwischen einer abstrakten und einer konkreten Erfolgsgefahr gemeint, sondern eine Unterscheidung innerhalb der konkreten Erfolgsgefahr. Es bleibt daher unklar, was hier konkret möglich (im Gegensatz zu abstrakt möglich) bedeuten soll.

auch Hitlers Begleiter und seinen Piloten zu töten, als sie eine Zeitbombe in Hitlers Flugzeug schmuggelten, die auf dem Rückflug von der Ostfront explodieren und das Flugzeug zerreißen sollte. Das gilt auch dann, wenn sie sich durchaus nicht sicher sein konnten, dass der Zünder funktionieren wird. Entscheidend ist, dass es sicher ist, dass die anderen Insassen des Flugzeuges auch umkommen werden, sofern sie ihr Ziel erreichen, Hitler zu töten. Man spricht von der Vorsatzform der Wissentlichkeit oder, recht kurios von dolus directus 2. Grades.[3]

Aber auch dann, wenn der Täter den Erfolg nicht als sein Handlungsziel anstrebt und auch nicht als sicher mit der Erreichung eines seiner Ziele eintretend ansieht, sind wir nicht ohne Weiteres bereit, ihm den schweren Vorwurf des Vorsatzes zu ersparen und zu attestieren, er habe den Erfolg lediglich „aus Versehen" herbeigeführt, dies insbesondere dann, wenn er den Eintritt des Erfolges als wahrscheinlich mit seiner Handlung oder der Erreichung eines seiner Ziele verknüpft erkennt. Um die erforderliche Erweiterung des Vorsatzbegriffs vorzunehmen, können wir von den beiden Fixpunkten des Vorsatzbegriffs ausgehen, der Absicht oder der Wissentlichkeit. Die ganz hL geht von der Absicht aus, also von dem Satz, Vorsatz ist Wille. Was den Vorsatz von der bewussten Fahrlässigkeit unterscheidet, ist danach die innere Einstellung des Täters zu der von ihm erkannten Möglichkeit des Erfolgseintritts. Der absichtlich handelnde Täter bejaht den Erfolgseintritt. Demgemäß sucht die hL in der Psyche des Täters nach einer positiven inneren Einstellung zum Erfolg, die zwar nicht ein Wollen des Erfolges im psychologischen Sinne ist, aber doch eine schwächere Form der Bejahung, die als eine Art von Surrogat den eigentlichen Willen zum Erfolg ersetzen könnte. Es werden verschiedene Formeln vorgeschlagen, um diese innere Einstellung des Täters zum Erfolgseintritt zu beschreiben. Nach der Rechtsprechung muss er den Erfolg billigend in Kauf nehmen oder sich um der Erreichung seines Zieles willen wenigstens mit ihm abfinden.[4] In der Literatur fand die Formulierung große Anerkennung, dass der Täter „sich für den Erfolg entscheiden" müsse.[5] Es wurden zahllose

4

---

3  *Wessels/Beulke/Satzger* AT Rn. 330; *Maurach/Zipf* AT/1, 22/23; *Frister* AT 11/13; *Kühl* AT 5/38, 42; *Köhler* AT 163. In der spätmittelalterlichen Moralphilosophie und der gemeinrechtlichen Jurisprudenz bezeichnete man diese Vorsatzform, viel treffender, als dolus indirectus und verstand sie wohl auch etwas weiter, indem man nicht nur die Fälle annähernder Gewissheit, sondern auch die hoher Wahrscheinlichkeit des Erfolgseintritts darunter subsumierte. Von einem indirekten Willen sprach man deshalb, weil der Täter den Erfolg zwar nicht direkt wollte, aber etwas wollte, womit der Erfolg, immediate et per se (unmittelbar und von Natur aus) verbunden war. Das war damit gemeint, dass der Täter den Erfolg indirekt wolle, indem er die diesen mit annähernder Sicherheit verursachende Handlung wolle. Das wurde damit begründet, dass „ein jeder nach rechter Vernunft beurteilt wird"(*Böhmer* [1759] pars 1, Abs. II qu 1). Es wird nun Feuerbach als ein großes Verdienst angerechnet, dass er diese Konstruktion des indirekten Willens dadurch diskreditiert hat, dass er dargetan hat, dass dies kein Wille im natürlichen Sinne sei. Der Täter könne die Handlung durchaus willentlich begehen, ohne den damit annähernd notwendigen Erfolg in einem psychologischen Sinne zu wollen, dann ist sein Wille eben nicht vernünftig. Da man aber mit dem Willen im natürlichen Sinne, also der Absicht als einziger Vorsatzform niemals auskommen konnte, traten nun an die Stelle des alten dolus indirectus zwei Vorsatzformen, der sog dolus directus 2.Grades und der dolus eventualis (vgl. zu dieser Geschichte des Vorsatzbegriffs *Puppe* ZStW 103 [1991], 1 [23 ff.] = Analysen [2006], 227 [246 ff.]). Nur um sich von der verpönten Rechtsfigur des dolus indirectus abzusetzen, nannte man dessen deutlichsten Fall, die Wissentlichkeit, eben nicht mehr dolus indirectus, sondern dolus directus 2. Grades. Die Bezeichnung dolus directus ist unrichtig, weil der Täter den Erfolg eben nicht direkt, also nicht beabsichtigt und was der Ausdruck 2. Grades nun bedeuten soll, ist völlig unklar.

4  BGH NStZ 2013, 581 (582); BGH NStZ-RR 2013, 75 (76 f.); BGH NStZ-RR 2013, 89 (90); BGH BeckRS 2013, 07323; BGH BeckRS 2013, 15925; BGH BeckRS 2013, 16656.

5  *Roxin/Greco* AT/1 12/23; *ders.* JuS 1964, 53 (58); *ders.* Rudolphi-FS (2004), 241 (242, 249); *Hassemer* Kaufmann-GS (1989), 289 (296).

weitere Formulierungsvorschläge gemacht,[6] aber es hat wenig Sinn, sich abstrakt mit ihnen auseinanderzusetzen und nach der „adäquaten Formel"[7] zu fragen, denn der Sinn all dieser Formeln ist wenig klar, so dass auch nicht klar wird, worin sie sich eigentlich unterscheiden.

5    Der andere Ausgangspunkt für die Erweiterung des Vorsatzbegriffs ist die Vorsatzform der Wissentlichkeit. Bei dieser Vorsatzform besteht die Beziehung des Willens des Täters zum Erfolg nicht darin, dass er den Erfolg gewollt hat, sondern darin, dass er etwas gewollt hat, was mit dem Eintritt des Erfolges notwendig verbunden ist. Es kommt also nicht auf eine innere Einstellung an, die der Täter tatsächlich zum als möglich erkannten Erfolgseintritt bezieht, sondern darauf, dass er, wenn er trotz der Erkenntnis, dass mit der Erreichung seines angestrebten Ziels der Erfolg verbunden ist, dieses Ziel anstrebt, vernünftigerweise keine andere Einstellung zum Eintritt des Erfolges beziehen kann als, dass er diesen akzeptiert, als etwas was sein darf.[8] Er hat dann vielleicht nicht in einem psychisch faktischen Sinne den Erfolg billigend in Kauf genommen und sich dafür entschieden, aber in einem normativen Sinne nach den Maßstäben praktischer Vernunft. Auch in der Alltagssprache wird das Wort wollen in diesem normativen Sinne verwendet, wenn man zu jemanden, der unvernünftiger Weise eine große Gefahr eingegangen ist, wenn die sich dann tatsächlich verwirklicht, sagt: „Nun, du hast es ja nicht anders gewollt." Ein solches Urteil über das Verhalten, nicht die Gesinnung des Täters, ist aber nicht erst dann gerechtfertigt, wenn der Eintritt des Erfolges bei Erreichung des Endziels oder eines Zwischenziels des Täters hundertprozentig sicher ist, sondern schon dann, wenn gemäß den Kenntnissen des Täters eine große Gefahr dafür besteht, dass bei Zielerreichung auch der Erfolg eintreten wird. Wenn also das Verhalten des Täters auch als Methode zur Herbeiführung des Erfolges angesehen werden kann,[9] auch wenn er diesen Erfolg tatsächlich nicht anstrebt, maßgeblich ist, dass ein vernünftig denkender und handelnder Mensch dieses Risiko nicht eingehen würde, wenn er mit dem Eintritt des Erfolges nicht einverstanden wäre.[10] Dann wird der Täter mit der Verteidigung nicht gehört, er habe gleichwohl, wenn auch unvernünftiger Weise diesen Erfolg nicht in Kauf genommen, seinen Eintritt nicht gebilligt, sondern darauf vertraut, dass er dieses Mal nicht eintreten werde. Denn ein solches frivoles Vertrauen ist, normativ betrachtet, nichts anderes, als der Ausdruck tiefster Gleichgültigkeit gegenüber dem verletzten Interesse des anderen.[11] Diese Gleichgültigkeit gegenüber dem Erfolgseintritt bzw. der indirekte Wille, ihn herbeizuführen, ist kein psychisches Faktum, sondern das Ergebnis einer Interpretation der Handlung des Täters, sie werden ihm nach normativ bestimmten Maßstäben und Regeln praktischer Vernunft als gewollt zugeschrieben.[12] Tatsächliche Grundlage dieser Zuschreibung ist allein die Vorstellung des Täters von der Größe und

---

6    „in den Erfolg einwilligen", *Maurach/Zipf* AT/1, 22/36; „Ernstnehmen" der Gefahr, vgl. nur *Jescheck/Weigend* AT 29 III 3; „für den Täter gültiges Urteil", dass die Tatbestandsverwirklichung möglich, bzw. nicht unwahrscheinlich ist, *Jakobs* 8/23.

7    *Frisch* Meyer-GS (1990), 533 (547).

8    *Puppe* ZStW 103 (1991), 1, 41; *dies.* GA 2006, 65 (73); *dies.* NK § 15 Rn. 68; zust. *Bung* Wissen und Wollen im Strafrecht (2009), 267 f.

9    *Puppe* ZStW 103 (1991), 1 (21 f.); *dies.* NK § 15 Rn. 69 ff.

10    *Puppe* ZStW 103 (1991), 1, 41 f.; *dies.* GA 2006, 65 (73); *dies.* NK § 15 Rn. 68.

11    *Puppe* GA 2006, 65 (67); *dies.* ZIS 2014, 66 (68); *dies.* NK § 15 Rn. 68.

12    *Puppe* ZStW 103 (1991), 1, 2; *dies.* GA 2006, 65 (76); *dies.* ZIS 2014, 66 (68).

Anschaulichkeit der Gefahr, die er wissentlich eingegangen ist, sog Vorstellungstheorie des Vorsatzes, oder Lehre von der Vorsatzgefahr.[13]

Aber auch die Lehre vom billigenden in Kauf nehmen, sog Willenstheorie des Vorsatzes läuft letztlich auf eine Zuschreibung hinaus, obwohl der BGH als wichtigster Vertreter dieser Lehre nachdrücklich betont, dass es sich um ein reines psychisches Faktum handelt, das vom Instanzgericht mit prozessual zulässigen Beweisverfahren festzustellen ist und zugunsten des Angeklagten zu verneinen ist, falls dem Instanzgericht Zweifel daran bleiben, ob bei diesem Täter jenes psychische Faktum wirklich vorliegt.[14] Die Anhänger der Willenstheorie in der Lehre sind dagegen meistens der Ansicht, dass es auch hier um einen Akt der Zuschreibung geht, weil der Richter dem Täter nicht während der Tat in den Kopf gucken konnte, um dort abzulesen, ob er den Erfolg in Kauf genommen hat oder ernsthaft auf sein Ausbleiben vertraut hat.[15] Das ist aber keine Begründung dafür, dass das billigend in Kauf nehmen nicht festgestellt werden kann, sondern zugeschrieben werden muss. Im Prozess werden verschiedene psychische Tatsachen festgestellt, auch wenn weder der Richter noch ein Zeuge sie unmittelbar wahrnehmen kann, beispielsweise die Kenntnisse einer Person oder ihre psychische Verfassung in einer bestimmten Situation, zB Erregung, Wut, Trauer oder Zufriedenheit. Wenn es aber ein psychisches Faktum sein soll, dass der Täter den Erfolg billigend in Kauf nimmt, bzw. ernsthaft auf sein Ausbleiben vertraut, so muss in jeder Tatsituation entweder die eine oder die andere psychische Gegebenheit tatsächlich vorhanden sein. Das ist aber sehr oft nicht der Fall. Der Täter hat es gar nicht nötig, ehe er die Gefahr für einen Erfolgseintritt eingeht, sich zu entscheiden, ob er den Erfolg in Kauf nehmen, oder ernsthaft auf sein Ausbleiben vertrauen will. Gerade in den Fällen, in denen die Feststellung des Vorsatzes besonders problematisch ist, nämlich bei spontanen Entscheidungen, bei Entscheidungen in heftiger Erregung oder unter Alkoholeinfluss geht der Täter das Risiko eben einfach ein und selbst der Richter, der in seinen Kopf gucken könnte, würde dort weder ein In-Kauf-Nehmen des Erfolges, noch ein ernsthaftes Vertrauen auf sein Ausbleiben finden.[16] Die praktische Handhabung dieser Alternative läuft also darauf hinaus, dass dem Täter das eine oder das andere nach normativen Maßstäben zugeschrieben werden muss.[17]

6

---

13  Die Vorstellungstheorie des Vorsatzes hat in der deutschen Strafrechtswissenschaft in Gestalt der sog Wahrscheinlichkeitstheorie des dolus eventualis eine große Tradition, *Müller* (1912), 45 f.; *Grossmann* (1924), 33 f.; *Sauer* (1921), 609; *Lacmann*, der Erfinder des berühmten Schießbudenfalles, GA 58 (1911), 109 (113), zuletzt *Hellmuth Mayer* (1967), 121. Die Wahrscheinlichkeitstheorie scheiterte an der Scheinexaktheit ihrer Formulierung, die ihre Gegner immer wieder zu der ironischen Frage nach einer exakten Bestimmung der Wahrscheinlichkeitsquote der vorsatzbegründenden Gefahr provozierte (*Wessels/Beulke/Satzger* AT Rn. 335; s. dazu NK-*Puppe* § 15 Rn. 63). Die hier vertretene Lehre von der Vorsatzgefahr ist nichts anderes als die Wiederbelebung des Grundgedankens der Wahrscheinlichkeitstheorie unter Vermeidung dieses Fehlers der Scheinexaktheit. Sie ersetzt die rein quantitativen Kriterien der Wahrscheinlichkeitstheorie durch qualitative (s. im Text 9/11).

14  BGH NStZ 2013, 581 (582); BGH NStZ-RR 2013, 75 (77); BGH NStZ-RR 2013, 89 (90); BGH, Urt. v. 4.4.2013 – 3 StR 37/13 = BeckRS 2013, 07323; BGH NStZ-RR 2013, 343 (Ls.) = BeckRS 2013, 15925.

15  *Hassemer* Kaufmann-GS (1989), 289 (303 ff.); *Mylonopoulos* Frisch-FS (2013), 349; *Roxin* Rudolphi-FS, S. 243 (246 f.); vgl. auch *dies.* NK § 15 Rn 31; *dies.* ZStW 103 (1991), 1 (12 f.). Von einer Zuschreibung des voluntativen Vorsatzelements gehen auch aus *Jakobs* Rechtswissenschaft (2010), 283 (287 ff.); *Hruschka* Kleinknecht-FS (1985), 191 (201); *Kindhäuser* Eser-FS (2005), 345 (354); *Pérez-Barberá* GA 2013, 454 (456 f.); *Stuckenberg* (2007), 385 f.; *Leitmeier* HRRS 2016, 243 (245 f.); *Pawlik* (2012) S. 376 ff.

16  *Puppe* ZIS 2014, 66 (68); *Schünemann* Hirsch-FS (1999), 363 (367 f.).

17  Schönke/Schröder-*Sternberg-Lieben/Schuster* § 15 Rn. 87c; *Roxin* Rudolphi-FS (2004), 243 (246 f.); *Schünemann* Hirsch-FS (1999), 363 (373 ff.).

7    Eine Zuschreibung unterscheidet sich grundsätzlich von einer Tatsachenfeststellung. Sie ist eine Bewertung oder Interpretation und daher eine Rechtsfrage. Welche Tatsachen für diese Bewertung des Täterverhaltens maßgeblich sind und ob sie für oder gegen die Zuschreibung des billigenden In-Kauf-Nehmens sprechen, muss allgemein nach normativen Maßstäben festgelegt sein.[18] Das sind die sog Indikatoren des Vorsatzes.[19] Dagegen sind die Tatsachen, die für oder gegen den Beweis einer anderen Tatsache sprechen, die sog Indizien, nicht allgemein und abschließend durch das Recht festzulegen, sondern durch Erfahrung, insbesondere durch die empirischen Wissenschaften zu erkennen. Das gilt auch für den Beweis psychischer Tatsachen. Einen abschließenden Katalog von Indizien zur Feststellung bestimmter Tatsachen aufzustellen, würde auf eine künstliche Einschränkung der Beweismethoden hinauslaufen und wäre mit dem Grundsatz der freien richterlichen Beweiswürdigung unvereinbar. Für eine Zuschreibung gilt auch nicht der Zweifelsgrundsatz. Der Richter muss sich entscheiden, ob er aufgrund der bewiesenen Tatsachen das Handeln des Täters als In-Kauf-Nehmen des Erfolges interpretiert oder als Eingehung eines Risikos in ernsthaftem Vertrauen darauf, dass es sich nicht verwirklichen wird. Denn es handelt sich um eine Rechtsfrage, deren Beantwortung ein Richter auch dann nicht verweigern darf, wenn er im Zweifel über die richtige Antwort ist.[20] Wohl gilt der Zweifelsgrundsatz für das Tatsachenmaterial, das der Richter dieser Wertung zugrunde legen muss. Er muss also bei Zweifeln darüber, ob ein Indikator vorliegt, der für, oder einer, der gegen den Vorsatz spricht, von letzterem ausgehen.

8    Aber der BGH erkennt diesen fundamentalen Unterschied zwischen Tatsachenfeststellungen und Wertungsaussagen nicht mehr an. Bezeichnend dafür ist, dass in einer vielen BGH-Entscheidung die Darstellung des angefochtenen Instanzurteils mit den Worten beginnt: „Nach den Feststellungen und Wertungen des Tatgerichts …“.[21] Der BGH besteht zwar mit Nachdruck darauf, dass das Vorliegen oder Fehlen des billigenden In-Kauf-Nehmens eine Tatsache ist, die durch das Instanzgericht in freier Beweiswürdigung festzustellen ist, in die das Revisionsgericht selbst dann nicht eingreifen darf, wenn ihm selbst eine andere Beweiswürdigung überzeugender erscheint.[22] Andererseits ist bei der geforderten „Gesamtschau“[23] allenthalben von „Wertung“ und sogar von einem „Bewertungsspielraum“ des Tatgerichts die Rede.[24] Will der BGH trotzdem das Ergebnis des Instanzgerichts nicht akzeptieren, so wirft er ihm vor, nicht alle relevanten Tatsachen bei seiner Beweiswürdigung berücksichtigt zu haben. Das Urteil leidet dann an „durchgreifenden Erörterungsmängeln“.[25] Ein solcher Vorwurf ist stets möglich, da die Zahl der in Betracht kommenden Indizien oder Indikatoren prinzipiell nicht begrenzt ist. Das Revisionsgericht soll aber in die freie Beweiswürdigung des Instanzgerichts nur ganz ausnahmsweise eingreifen, wenn dieses Indiztatsachen unberücksichtigt gelassen hat, die sich offensichtlich aufdrängen. Für den BGH genügt für die Aufhebung eines Urteils wegen Erörterungsmängeln aber schon, dass das Gericht

---

18  *Roxin/Greco* AT/1, 12/30; *Puppe* NStZ 2012, 409 (413 f.); *dies.* ZIS 2014, 66 (68).

19  *Hassemer* Kaufmann-GS (1989), 289 (304); *Schünemann* Hirsch-FS (1999), 363 ff.; *Volk* BGH-FG (2000), 739 ff.; *Philipps* Roxin-FS, 365; *Mylonopoulos* Komparative und Dispositionsbegriffe im Strafrecht (1998), S. 101; *ders.* Frisch-FS (2013), 349 (351).

20  *Puppe* NStZ 2014, 183 (186); *dies.* ZIS 2014, 66 (70); *dies.* NK.

21  BGH NStZ 2014, 709 (710); vgl. *Fischer* ZIS 2014, 97 (100 f.).

22  BGH NStZ 2013, 581 (582); BGH NStZ-RR 2013, 75 (77); BGH NStZ-RR 2013, 89 (90).

23  BGH NStZ 2010, 102 (103); NStZ-RR 2013, 75 (76).

24  BGH NStZ 2014, 35; BGH NStZ 2014, 84 (85); BGH NStZ-RR 2013, 75 (77); BGH NStZ-RR 2013, 89 (90).

25  BGH NStZ 2015, 266 (267); oder es fehle eine „umfassende Gesamtwürdigung“, BGH NStZ 2014, 25.

den Indiztatsachen im Verhältnis zueinander ein anderes Gewicht beigemessen hat als es der Senat für richtig hielt.[26] Trotz des ihm gewährten Bewertungsspielraums ist das Tatgericht niemals davor sicher, dass der BGH sein Urteil wegen „durchgreifender Erörterungsmängel" aufhebt, weil das LG die Indizien nicht in dem Sinne und der Richtung bewertet hat, wie es der Senat getan hätte. So hat der BGH in NJW 2014, 3382 f. eine Verurteilung des LG Detmold wegen Totschlagversuchs mit der Begründung aufgehoben, das LG habe die Wut des Täters auf sein Opfer sowie den sofort nach der Tat abgesetzten Notruf nicht erörtert. Eine Nachprüfung des Urteils des LG ergab, dass dieses die Wut (plausiblerweise) als Indiz für Tötungsvorsatz gewürdigt hatte und den Notruf deshalb nicht als Indiz gegen den Vorsatz gewürdigt hat, weil der Täter den Notarztwagen nicht für das trotz seines hohen Blutverlusts noch geflohene Opfer, sondern nur zur Behandlung seiner eigenen geringfügigen Verletzungen angefordert hatte.

Dass der BGH keinen Unterschied macht zwischen Feststellungen und Wertungen wird insbesondere deutlich bei den vom BGH sog „ambivalenten" Indizien, die je nachdem, wie das Instanzgericht es „bewertet", sowohl für als auch gegen den Vorsatz angeführt werden können. Es handelt sich dabei insbesondere um die Spontaneität des Tatentschlusses,[27] eine „affektive Erregung"[28] oder erheblichen Alkoholeinfluss während der Tat[29]. Eine solche Ambivalenz einzelner Indizien kann ohne Widerspruch anerkannt werden, wenn Regeln dafür angegeben werden, unter welchen Bedingungen diese ambivalenten Tatsachen für und unter welchen sie gegen den Vorsatz sprechen. Diese Entscheidung überlässt der BGH aber dem Tatgericht: „Gleichermaßen Sache des Tatrichters ist es, die Bedeutung und das Gewicht der einzelnen be- oder entlastenden Indizien in der Gesamtwürdigung des Beweisergebnisses zu bewerten." Das Tatgericht „kann jedoch nicht gehalten sein, denselben Umstand nochmals in dem anderen Beweiszusammenhang zu erwägen, um damit Gefahr zu laufen sich zu seinem anderweitig gefundenen Beweisergebnis zu Ungunsten oder zugunsten des Angeklagten in Widerspruch zu setzen."[30] Das Tatgericht ist also „gehalten", bei der Anwendung ambivalenter Indizien einseitig nur diejenigen Erwägungen vorzutragen, die für sein Endergebnis sprechen. Zweifel darf es erst gar nicht artikulieren, weil das Revisionsgericht ihm sonst einen Widerspruch vorwerfen könnte. Populär ausgedrückt, das Instanzgericht soll bei der Begründung seines Ergebnisses „auf den Putz hauen".[31] Das ist sicher eine gute Strategie, Widersprüche innerhalb einer Entscheidung zu vermeiden, aber eine Strategie Widersprüche zwischen verschiedenen Entscheidungen zu vermeiden und dadurch eine insgesamt konsistente und berechenbare Rechtsprechung herbeizuführen ist es nicht, wie unsere späteren Beispiele deutlich zeigen werden.

In der Literatur, soweit sie der Willenstheorie folgt, dürfte die Auffassung überwiegen, dass es sich bei der Entscheidung der Frage, ob der Täter einen Erfolg billigend in Kauf genommen, sich mit ihm abgefunden oder ernsthaft und nicht nur vage auf sein Ausbleiben vertraut hat, um einen Akt der Wertung handelt und dass die Tatsachen, mit denen dieses Ergebnis begründet wird, nicht Indizien für andere Tatsachen sind, sondern Indikatoren die eine Wertung begründen, indem sie zugleich Gegenstand die-

9

10

26  BGH NJW 2014, 3382 (3383); BGH NStZ 2014, 35; BGH NStZ-RR 2013, 89 (90).
27  BGH NStZ 2014, 35; BGH NStZ 2010, 571 (572).
28  BGH NStZ-RR 2012, 46; BGH NStZ 2012, 384 (387); BGH NStZ 2013, 581 (583); BGH NJW 2014, 3382 (3383).
29  BGH NStZ 2012, 384 (387); BGH NStZ 2013, 581 (583); BGH NStZ-RR 2013, 75 (77).
30  BGH NStZ-RR 2013, 242 (243); NStZ-RR 2013, 75 (77); BGH NStZ-RR 2013, 89 (90).
31  Puppe ZIS 2014, 66 (69).

ser Wertung sind. Der Katalog dieser Indikatoren soll aber offen sein und auch das Gewicht, das sie im Verhältnis zueinander haben, bleibt der Einzelfallentscheidung überlassen. Nach dieser Lehre handelt es sich beim Vorsatz um einen sog Typusbegriff, der nicht abschließend definiert werden kann.[32] In der praktischen Anwendung unterscheidet sich die Lehre vom dolus eventualis als Typus nicht wesentlich von der Methode der Gesamtschau, wie sie die Rechtsprechung anwendet, nur dass noch nicht klar ist, ob die Anhänger des Vorsatzes als Typusbegriff auch die vom BGH entwickelte Lehre von den ambivalenten Indizien anerkennen werden. Die Anhänger dieser Lehre sprechen denn auch meist dem BGH ein großes Lob für die Gerechtigkeit seiner Rechtsprechung zum dolus eventualis aus.[33] Dabei haben sie aber für den Vorsatz als Typusbegriff in Anspruch genommen, dass er die Lehre vom dolus eventualis von den lähmenden Alternativen von Vorstellungstheorie und Willenstheorie befreit.[34]

11   Dies ist eine gefährliche Illusion,[35] die weitere Unklarheit in beide Konzeptionen des dolus eventualis zu bringen droht, sowohl in die Willenstheorie als auch in die Vorstellungstheorie. Auch wenn beide Konzeptionen das Urteil, dass der Täter mit dolus eventualis gehandelt hat, als Zuschreibung verstehen, so müssen sie doch verschiedene Indikatoren für diese Zuschreibung verwenden und, soweit sie die gleichen Indikatoren verwenden, mit ganz verschiedenem Gewicht. Die Vorstellungstheorie anerkennt nur zwei Indikatoren für die Zuschreibung, dass der Täter den Erfolg indirekt gewollt habe: Die Größe der Gefahr, die er nach seiner Vorstellung gesetzt hat und ihre Anschaulichkeit. Die Gegner der Vorstellungstheorie in ihrer früheren Form, der Wahrscheinlichkeitstheorie, haben dieser immer wieder unterstellt oder von ihr verlangt, dass sie eine Wahrscheinlichkeitsquote angeben müsse,[36] beispielsweise 50 %. Das ist aber ein im strengen Sinne des Wortes unsinniges Verlangen und dies aus zwei Gründen: Erstens kann nicht einmal ein Sachverständiger eine belastbare Aussage darüber machen, welche Wahrscheinlichkeitsquote sich aus den Vorstellungen des Täters über die bestehenden Gefahrfaktoren ergibt. Zweitens wird sich kein Täter, ehe er sich entscheidet, die Gefahr zu setzen, irgendwelche Wahrscheinlichkeitsquoten für ihre Realisierung vorstellen. Die große Gefahr kann also nicht quantitativ, sondern nur qualitativ bestimmt werden. Eine Vorsatzgefahr liegt dann vor, wenn ein vernünftiger Mensch in der Situation des Täters sie nicht eingehen würde, sofern er den Eintritt des Erfolges nicht akzeptiert oder, um es mit den Worten der Rechtsprechung auszudrücken, nicht in Kauf nimmt.[37] Der zweite Indikator, die Anschaulichkeit der Gefahr lässt sich dahin charakterisieren, dass die Risikofaktoren, die der Täter wissentlich setzt oder zu setzen glaubt, nach den Maßstäben praktischen Handelns eine Methode darstellen, den Erfolg herbeizuführen.[38] Da es nicht um Fälle von Absicht geht, hat der Täter wohlge-

---

32   *Hassemer* Kaufmann-GS (1989), 289 (304); *ders.* Einführung in die Grundlagen des Strafrechts (1990), S. 184; *Mylonopoulos* Komparative und Dispositionsbegriffe im Strafrecht (1998), S. 101; *ders.* Frisch-FS (2013), 349 (351).

33   *Schünemann* Hirsch-FS (1999), 368 (373); *Hassemer* Kaufmann-GS (1989), 289 (306 f.); *Volk* BGH-FG (2000), 739 (746); LK-*Vogel/Bülte* § 15 Rn. 126, 128; Matt/Renzikowski-*Gaede* § 15 Rn. 23 f.; siehe auch *Steinberg/ Stam* NStZ 2011, 177; vgl. aber jetzt *Schünemann* FS Hassemer (2010), 239 (244 f.).

34   *Prittwitz* Strafrecht und Risiko, Untersuchungen zur Krise von Strafrecht und Kriminalität in der Risikogesellschaft (1993), 359; *Hassemer* Kaufmann-GS (1989), 289 (297); *Frisch* Meyer-GS (1990), 535 (550ff); *Volk* BGH-FG (2000), 739 (745 ff.).

35   Ausführlich dazu *Puppe* GA 2006, 65 (70 ff.).

36   Schönke/Schröder-*Sternberg-Lieben/Schuster* § 15 Rn. 76; *Jakobs* 8/26 Rn. 47; *Jescheck/Weigend* AT 29 III 3; *Frisch* (1983), 20; *Ambrosius* (1966), 62; *Ziegert* (1987), 107; vgl. auch *Herzberg* JuS 1986, 249 (251).

37   NK[6]-*Puppe* § 15 Rn. 68, 71; *dies.* ZStW 103 (1991), 1 (17f).

38   NK[6]-*Puppe* § 15 Rn. 69, 72 ff.; *dies.* ZStW 103 (1991), 1 (21 f.); iE ähnlich *Ragués/Vallés* GA 2004, 257 (269).

merkt diese Methode zur Erfolgsherbeiführung nicht angewandt, weil er andere Zwecke verfolgte. Es verschlägt daher auch nichts, wenn der Täter, falls er den Erfolg wirklich hätte herbeiführen wollen, im Einzelfall eine andere Methode angewandt hätte oder noch mehr Gefährdungsfaktoren gesetzt hätte als er es getan hat. So abstrakt der Begriff der Methode der Erfolgsherbeiführung erscheint, so lässt sich doch bis auf wenige Grenzfälle weitgehend Einigkeit darüber erzielen, was eine Erfolgsherbeiführungsmethode ist. Das gilt insbesondere für die Methoden, den Tod eines Menschen herbeizuführen.[39]

Dagegen ist die Menge der Indikatoren, die nach der Willenstheorie für die Zuschreibung des billigend In-Kauf-nehmens relevant sein sollen, ebenso unbegrenzt wie unbestimmt. Das gilt mindestens für die Form der Willenstheorie, die der BGH praktiziert. Er leitet seine Entscheidungen zum Vorsatz stets mit folgenden Worten ein: „Da die Schuldformen des bedingten Vorsatzes und der bewussten Fahrlässigkeit im Grenzbereich eng beieinander liegen, müssen vor der Annahme bedingten Vorsatzes beide Elemente der inneren Tatseite, also sowohl das Willens- als auch das Wissenselement, umfassend geprüft und gegebenenfalls durch tatsächliche Feststellungen belegt werden. Hierzu bedarf es einer Gesamtschau aller objektiven und subjektiven Tatumstände des Einzelfalls, in die die objektive Gefährlichkeit der Gewalthandlung, aber auch die konkrete Angriffsweise des Täters, seine psychische Verfassung bei der Tatbegehung und seine Motive mit einzubeziehen sind".[40] Hier werden die Faktoren, die für oder gegen den Vorsatz sprechen sollen, nicht einmal ausdrücklich namhaft gemacht, sondern nur die Lebensbereiche, denen sie entnommen werden sollen, beispielsweise die Art des Angriffs oder die Gemütsverfassung des Täters während der Tat. Während der BGH früher der Lebensgefährlichkeit der Gewaltanwendung ein besonderes Gewicht bei der Entscheidung über den Vorsatz zugemessen hatte,[41] lehnt er solche Gewichtsverteilungen nunmehr als unzulässigen Eingriff in die freie Beweiswürdigung der Tatgerichte ab.[42] Aber nicht nur die Zahl und das Gewicht der einzelnen Vorsatzindikatoren bleibt völlig offen, sondern, seit der Entdeckung der ambivalenten Indikatoren sogar die Richtung, in der sie beweisen. Ambivalente Indikatoren wie Spontaneität, Erregung während der Tat oder Alkohol- und Drogeneinfluss können, je nachdem, wie das Instanzgericht es „bewertet", sowohl für als auch gegen den Vorsatz sprechen.[43] Es dürfte danach klar sein, dass auch das Verständnis des Vorsatzes als Typusbegriff und der Entscheidung über den Vorsatz als Zuschreibung den Gegensatz zwischen der Vorstellungstheorie und der Theorie vom billigenden In-Kauf-nehmen nicht aufheben kann. Zwischen diesen beiden Theorien muss sich der Jurist entscheiden.[44]

Der Lehre von der Vorsatzgefahr werden im Wesentlichen drei Einwände entgegengesetzt: Erstens, sie könne nicht zwischen Verletzungsvorsatz und konkretem Gefähr-

12

13

---

39  Vgl. dazu NK[6]-*Puppe* § 15 Rn. 72 ff.
40  BGH NStZ 2014, 84; BGH NStZ 2013, 538 (539); BGH NStZ-RR 2013, 89 (90); BGH BeckRS 2013, 12717, Rn. 5.
41  BGHSt 36, 1, 15; BGH NStZ 1983, 365; 407; 1984, 19; 585; 1986, 549; 1987, 284; 424; 1988, 175; 362; 1991, 126; 1992, 384; 587; 1993, 307; 384; 1994, 19; 585; 2003, 220 (221); 369; 431 f.; 2004, 329 (330); 2006, 169 f.; 2007, 199 f.; 267 f.; 307; 2008, 453 (454); StV 1982, 509; 1984, 187 f.; 1987, 92; 1988, 93; 1991, 510; 1992, 10; 1993, 307; 1993, 641; 1994, 14; 655; 1997, 7; 2004, 74 f.; 75; 76.
42  BGH NStZ 2013, 581 (582); NStZ-RR 2013, 75 (77); 89 (90); BeckRS 2013, 07323; ähnlich BGH NJW 2005, 2322 (2326).
43  BGH NStZ 2013, 581 (582 f.); NStZ-RR 2013, 75 (77); 89 (90); 343 (Ls.) = BeckRS 2013, 15925; BeckRS 07323.
44  *Puppe* GA 2006, 65 (78f).

dungsvorsatz unterscheiden,[45] zweitens, sie sei zu unbestimmt, um den dolus eventualis gegen die bewusste Fahrlässigkeit abzugrenzen,[46] drittens sei das Ergebnis, zu dem sie bei konsequenter Anwendung bei absichtlichem Handeln führen würde, unerträglich, dass nämlich auch der mit dolus directus 1. Grades handelnde Täter nur dann wegen Vorsatzes bestraft werden kann, wenn er seine Erfolgsherbeiführungsabsicht durch Setzung einer Vorsatzgefahr verfolgt.[47] Der erste Einwand beruht auf einem Missverständnis der Lehre von der Vorsatzgefahr. Die Vorsatzgefahr muss ein erheblich höheres Niveau erreichen, als es für die vorsätzliche Verwirklichung eines konkreten Gefährdungsdelikts, beispielsweise § 315c, erforderlich ist.[48] Das riskante Überholmanöver eines Autofahrers erfüllt den Tatbestand des § 315c, wenn ein anderer Verkehrsteilnehmer dadurch überhaupt gefährdet ist. Eine Vorsatzgefahr setzt ein solcher Täter noch längst nicht.

14    Ernster zu nehmen ist zunächst der zweite Einwand, dass der Begriff der Vorsatzgefahr zu unbestimmt sei. Nach der Lehre von der Vorsatzgefahr liegt offen zu Tage, dass der Übergang zwischen dolus eventualis und bewusster Fahrlässigkeit ein fließender ist. Es lassen sich leicht Grenzfälle ausdenken, in denen die Entscheidung, ob eine bestimmte vom Täter wissentlich gesetzte Gefahr schon eine Vorsatzgefahr ist oder nur eine Fahrlässigkeitsgefahr, zweifelhaft ist. Praktisch dürften diese Fälle aber eher selten sein. Der Vorwurf der mangelnden Bestimmtheit oder der unerträglichen Abgrenzungsschwierigkeiten wird heute in der strafrechtlichen Diskussion allenthalben gegen eine Gegenposition erhoben. Er ist aber nur dann berechtigt, wenn die eigene Position diesen Vorwurf gar nicht, mindestens aber in geringerem Maße verdient, als die kritisierte Gegenansicht. Auf den ersten Blick kann die Lehre vom billigenden In-Kauf-nehmen für sich in Anspruch nehmen, eine eindeutige Grenze zwischen dolus eventualis und bewusster Fahrlässigkeit zu ziehen. Der Täter hat eben den Erfolg entweder billigend in Kauf genommen, oder hat dies nicht getan. Untersucht man allerdings die Kriterien näher, nach denen diese Frage entschieden wird, so zeigt sich, dass die Unbestimmtheit der Entscheidung, die diese Lehre der Gegenansicht vorwirft, für sie selbst in höherem Maße gilt, nämlich nicht nur für einzelne Grenzfälle, sondern durchgängig für die gesamte Unterscheidung zwischen dolus eventualis und bewusster Fahrlässigkeit. Was man unter dem billigend In-Kauf-nehmen oder sich Abfinden mit dem Erfolg eigentlich verstehen soll, das man dem Täter zuschreibt, ist völlig ungeklärt. Die Klasse der Indikatoren, mit denen eine solche Zuschreibung begründet werden soll, ist offen, so dass jederzeit neue Indikatoren hinzukommen können. Vollends unbestimmt wird diese Methode der Unterscheidung zwischen dolus directus und dolus eventualis durch die „Entdeckung" der ambivalenten Indikatoren. Dies gilt jedenfalls für die Art und Weise, wie die Rechtsprechung die Lehre vom billigenden In-Kauf-nehmen handhabt.

---

45   *Roxin* Rudolphi-FS (2004), 243 (252 f.); *ders.* AT/1 12/52; *Köhler* (1982), 288; *Küpper* ZStW 100 (1988), 758 (774); *Schünemann* Hirsch-FS (1999), 363 (370); vgl. auch BGH StV 1994, 655 (656).

46   *Schroth* Widmaier-FS (2008), 779 (783); *ders.* (1994), 93; *Verrel* NStZ 2004, 309 (311).

47   *Prittwitz* StV 1989, 123 f.; *Schumann* JZ 1989, 427 (431); *Küpper* ZStW 100 (1988), 758 (780); *Frisch* (1983), 21; *Herzberg* Schwind-FS (2006), 317 (329); *Maurach/Zipf* AT/1 22/35; *Roxin/Greco* AT/1 12/51; *ders.* Rudolphi-FS (2004), 243 (248 f.); *Stratenwerth/Kuhlen* AT 8/114; *Frister* AT 11/27; S/S-*Sternberg-Lieben*/Schuster § 15 Rn. 76; nach *Vogel/Bülte* (LK § 15 Rn. 85) ersetzt die Absicht als „Sonderwollen" sogar die allgemeinen Erfordernisse der objektiven Zurechnung, also die Schaffung einer unerlaubten Gefahr. Unter den Anhängern der Wahrscheinlichkeitstheorie war diese Frage streitig, dafür *Sauer* (1921), 617; *Müller* (1912), 45 (52); dafür, dass Absicht in jedem Fall Vorsatz begründet *Grossmann* (1924), 49; *Lacmann* GA 58 (1911), 109 (121); *Kohler* GA 56 (1909), 285 (292).

48   *Puppe* ZStW 103 (1991), 1 (34); *Otto* Puppe-FS (2011), 1247 (1258 f.).

Dafür werden die folgenden Beispiele aus der Rechtsprechung einen nachgerade drastischen Anschauungsunterricht erteilen.

Am häufigsten wird der dritte Einwand gegen die Lehre von der Vorsatzgefahr erhoben, durch den man diese Lehre ein für alle Mal für erledigt hält. Man kann sich gewiss darüber streiten, ob man aus der Lehre von der Vorsatzgefahr auch die Konsequenz ziehen soll, dass der Absichtstäter nicht wegen Vorsatzes bestraft wird, wenn er keine Vorsatzgefahr gesetzt hat, beispielsweise der Schütze, der aus großer Entfernung mit einer nicht zielgenauen Waffe auf einen flüchtenden Feind schießt, um ihn zu töten.[49] Aber auch wenn man der Ansicht ist, dass ein solcher Täter wegen vorsätzlicher Tötung oder Tötungsversuch zu bestrafen ist, ist damit die Lehre von der Vorsatzgefahr nicht ein für alle Mal erledigt. Diese Entscheidung ist zwar vom Standpunkt dieser Lehre aus inkonsequent, sofern man einen einheitlichen Vorsatzbegriff verlangt, aber auch die Willenstheorie liefert keinen einheitlichen Vorsatzbegriff, sondern schwankt zwischen der Maßgeblichkeit von Willenselementen, beim dolus directus 1. Grades und dolus eventualis, und der Maßgeblichkeit eines Wissenselements beim dolus directus 2. Grades. Was der herrschenden Lehre recht ist, sollte einer anderen Auffassung billig sein. Für jede juristische Argumentation gilt der Grundsatz, wer im Glashaus sitzt, soll nicht mit Steinen werfen.

## 2. Die Normativierung des Willenselements des Vorsatzes

### Der Berliner Raserfall BGH NStZ 2020, 602

▶ Der Angeklagte H trug nachts um 12:30 Uhr auf dem Kurfürstendamm, wo noch erheblicher Autoverkehr herrschte, mit dem Mitangeklagten N ein Autorennen aus. Dabei überfuhren sie 13 durch Lichtzeichen regulierte Kreuzungen bei Rotlicht und sieben weitere Kreuzungen ohne Rücksicht auf den ihre Fahrbahn querenden Verkehr. In die 13. Kreuzung fuhr der Angeklagte H mit einer Geschwindigkeit von 160-170 Km/h ein und rammte einen PKW seitlich. Dieser war bei grünem Licht in die Kreuzung eingefahren. Dieses Fahrzeug wurde durch die Kollision völlig zerstört, der Fahrer verstarb noch an der Unfallstelle. H wurde nicht verletzt, wohl aber seine Beifahrerin. ◀

Zunächst setzt sich der Senat ausführlich mit dem in der Literatur gegen die Annahme eines Tötungsvorsatzes häufig vorgebrachten Einwand auseinander, dass eine Kollision während des Rennens auch mit einer Eigengefährdung der Gesundheit des H verbunden gewesen wäre.[50] Er lehnt ihn mit der Begründung ab, dass die Gefahr für die Gesundheit des Rennfahrers bei einem wilden Rennen wesentlich geringer ist, als die des anderen betroffenen Verkehrsteilnehmers.[51] Dem ist zuzustimmen. Aber auch eine große Selbstgefährdung würde die Verneinung des Verletzungsvorsatzes nach der h.L. noch nicht begründen, denn die h.L. verlangt die Inkaufnahme der Verletzung, nicht die der Gefährdung. Der Rennfahrer kann sich also damit verteidigen, dass er eine mehr oder weniger große Gefahr eines Unfalls in Kauf genommen habe, aber nicht den Eintritt des Unfalls selbst.

---

49  So *Sauer* (1921), 617; *Müller* (1912), 45 (52); dafür, dass Absicht in jedem Fall Vorsatz begründet *Grossmann* (1924), 49; *Lacmann* GA 58 (1911), 109 (121); *Kohler* GA 56 (1909), 285 (292).

50  *Bechtel* JuS 2019, 114 (116); *Krell/Eibach/Wolter* JuS 2019, 628 (641); *Steinert* SVR 2019, 326 (328); *Hörnle* NJW 2018, 1576 (1578).

51  BGH NStZ 2020, 602 (606).

18   Aber man braucht im Fall des wilden Rennens gar nicht die bewusste Selbstgefährdung des Rennfahrers zu bemühen um zu begründen, dass er eine Kollision mit einem anderen Fahrzeug nicht wollte und auch nicht billigend in Kauf nahm. Der Eintritt eines Verkehrsunfalls war schlechthin unvereinbar mit dem Ziel des Täters, das ihm zu seinem Verhalten motiviert hat, nämlich das Rennen zu gewinnen. Denn mit einer Kollision wäre das Rennen beendet, ohne dass ein Sieger ermittelt worden wäre.[52] Es handelt sich um das Problem des Schießbudenfalles, mit dem seinerzeit Lacmann die erste Frank'sche Formel widerlegt hat, wonach der Täter nicht mit Vorsatz handelt, wenn er von der Handlung Abstand genommen hätte, sofern er mit Sicherheit gewusst hätte, dass sie zu dem strafbaren Erfolg führen würde.[53] Ein junger Mann schließt mit einem anderen an einer Schießbude eine Wette ab, dass er von dem anderen 20 Mark bekommen soll, sofern es ihm gelingt, dem Mädchen, das an der Schießbude bedient eine Glaskugel aus der Hand zu schießen. Er weiß, dass er nur ein mäßiger Schütze ist und sagt sich: „Wenn ich die Hand oder den Arm des Mädchens treffe, lasse ich das Gewehr fallen und verschwinde in der Menge". Hätte der Wetter mit Sicherheit gewusst, dass er die Hand treffen würde, so hätte er nicht geschossen, weil er dann die 20 DM nicht bekommen hätte.[54] Aber das Argument von *Lacmann* richtet sich nicht nur gegen die erste Frank'sche Formel, sondern widerlegt jeglichen Versuch, den bedingten Vorsatz an ein Willenselement zu binden, das sich auf den Erfolgseintritt bezieht, es sei denn, man wollte den Vorsatz in solchen Fällen ablehnen. Denn wenn der Täter durch seine Handlung ein Ziel erreichen will, dass mit dem Eintritt des Erfolges schlechthin unvereinbar ist, so kann er diesen Erfolg auch nicht in einem noch so bescheidenen Sinne wollen, ihn in Kauf nehmen, sich um der Erreichung seines Zieles willen mit ihm abfinden, oder ihn auch nur gleichgültig hinnehmen. Er will vielmehr entschieden, dass der mit seinem Handlungsziel unvereinbar Erfolg nicht eintritt.[55]

19   Eine ähnliche Fallkonstellation ist vom LG Oldenburg rechtskräftig und unter allgemeiner Zustimmung dahin entschieden worden, dass der Angeklagte mit Tötungsvorsatz handelte.[56] Er spritzte als Altenpfleger Patienten Medikamente, die deren Herzrhythmus störten, um sich bei ihrer Wiederbelebung als kompetenter Fachmann zu profilieren. In über 90 Fällen starben die Patienten trotz der Wiederbelebungsversuche. Auch hier hat der Angeklagte nicht nur den Tod der Patienten nicht gewollt, er hat vielmehr dezidiert gewollt, dass sie dank seiner Wiederbelebungsversuche überleben. Diese Einstellung ist mit einem in Kauf nehmen des Erfolges in faktisch psychologischem Sinne unvereinbar.

Im vorliegenden Fall äußert sich der BGH zu diesem Problem wie folgt:

20   „Das LG hat das Motiv des Angeklagten, das Rennen zu gewinnen als Vorsatz bestätigend gewertet, wobei es nicht erörtert hat, dass die Realisierung des erkannten Risikos auch zu seinem Unterliegen im Rennen führen würde, und damit die Erreichung des Handlungsziels unmöglich wäre. Dies ist aus Rechtsgründen nicht zu beanstanden. Nach der Wertung des LG war dem Angeklagten bewusst, dass er, um eine Chance zu haben, das Rennen trotz seines Rückstandes und der schwächeren Motorisierung seines

---

52   *Puppe* ZiS 2017, 441.
53   *Frank* Das Strafgesetzbuch für das Deutsche Reich, 18. Aufl. (1931), § 59, V (S. 190).
54   *Lacmann* GA 58 (1911), 109 (119); *ders.* ZStW 31 (1911), 149 (159 f.).
55   NK-*Puppe* 6. Aufl. § 15 Rn. 40; *dies.* ZIS 2017, 441.
56   OLG Oldenburg v. 6.6.2019 - 5 Ks 800 Js 54254. Der BGH hat die Revision dagegen laut Pressemitteilung Nr. 121/2020 durch sog. o.u. Beschluss verworfen.

Fahrzeugs doch noch zu gewinnen, das Risiko für sich und andere Verkehrsteilnehmer aufs äußerste steigern musste. Mit diesem maximalen Risiko musste er sich um des erstrebten Zieles wissen abfinden. Dabei hoffte er zwar auf den Gewinn des Rennens vor den Augen seiner Bekannten, er erkannte aber wegen des extremen Risikos, das er um dieses Ziels willen bewusst einging, auch die Möglichkeit des Rennverlustes durch einen folgenschweren Unfall. Angesichts dieser maximalen Risikosteigerung ist die Wertung des LG, der unbedingte Wille des Angeklagten das Rennen zu gewinnen sei als Handlungsmotiv derart wirkungsmächtig gewesen, dass ihm die weiteren als möglich erkannten, wenn auch unerwünschten Folgen letztlich gleichgültig waren, nicht zu beanstanden. Eine weitergehende Auseinandersetzung mit dem Handlungsmotiv des Angeklagten war nicht erforderlich."[57]

Der BGH hat also das Problem des Falles durchaus erkannt und hat es letztlich ganz im Sinne Lacmanns und letztlich i.S. der Lehre von der Vorsatzgefahr gelöst, indem er nicht mehr auf den Erfolg abgestellt hat, sondern auf die wissentliche Setzung einer großen Erfolgsgefahr.[58] Dabei hätte er sich die Behauptung sparen können, dass der Täter sich mit der großen Gefahr abgefunden hat. Denn in Bezug auf eine große Gefahr bestand die Vorsatzform der Wissentlichkeit.[59] Das Urteil ist also im Ergebnis und auch in seiner Begründung richtig, nur dass der BGH hier seinen Schwenk zur Vorstellungstheorie des Vorsatzes und letztlich zur Lehre von der Vorsatzgefahr nicht deutlich gemacht hat. Es ist deshalb zu fürchten, dass er dies in späteren Entscheidungen selbst nicht erkennen und weiterhin die Willenstheorie anwenden wird.     21

Der Fall wirft noch ein weiteres Problem auf, das der BGH nicht angesprochen hat, weil er die Vorsatzprüfung erst mit der Einfahrt in die 13 Kreuzungen begonnen hat.[60] Ob das Unfallrisiko, das mit einer einzigen Überquerung einer Kreuzung bei Rotlicht verbunden ist als Vorsatzgefahr ausreicht, kann bezweifelt werden. Wenn aber der Täter 20 Straßenkreuzungen oder Einmündungen ohne Rücksicht auf den bevorrechtigten Verkehr mit hoher Geschwindigkeit überfährt, steigt das Risiko exponentiell. Wir müssen aber mehrere solcher Gefahrschaffungen zu einer vorsatzbegründenden Gefahr zusammenfassen, wenn sie in tatbestandlicher Handlungseinheit stehen. Eine tatbestandliche Handlungseinheit liegt vor, wenn die mehreren Einzelhandlungen unmittelbar aufeinander folgen oder auf einem einheitlichen Tatenschluss beruhen.[61] Im vorliegenden Fall sind beide alternativen Bedingungen der tatbestandlichen Handlungseinheit erfüllt.     22

### 3. Die Methode des offenen Katalogs von Vorsatzindikatoren in der Praxis

### a) Der Aids-Fall, BGHSt 36, 1

▶ Der Angeklagte, ein HIV-positiver Homosexueller, war über die Ansteckungsgefahr bei ungeschütztem Geschlechtsverkehr ärztlich eingehend aufgeklärt worden und angewiesen worden stets ein Kondom zu benutzen. Aus Aufklärungsbüchern wusste er, dass das Infekti-     23

---

57  BGH NStZ 2020, 602 (606).
58  *Grünewald* NJW 2020, 206 (207); *Puppe* ZIS 2020, 384 (385).
59  *Puppe* ZIS 2020, 584 (585).
60  NStZ 2020, 602 (605). Zu Unrecht akzeptiert der BGH die Formulierung des LG, der Tatentschluss habe kurz vor der 13. Kreuzung „eine Erweiterung erfahren" NStZ 2020, 602 (604). In Wahrheit wurde der ursprüngliche Tatentschluss nur aufrechterhalten (*Puppe* ZIS 2020, 584 [586]; *dies.* JR 2018, 323 [324]).
61  NK Puppe § 52 Rn. 13.

onsrisiko bei gewaltfreiem ungeschütztem Verkehr 0,1 % bis 1 % beträgt. Dennoch übte er mit Partnern, die er nicht über seine Krankheit aufklärte, den Analverkehr zunächst ohne und kurz vor der Ejakulation mit Kondom aus. Eine Infektion eines seiner Sexualpartner wurde nicht festgestellt. Das Landgericht verurteilte ihn wegen versuchter gefährlicher Körperverletzung durch eine das Leben gefährdende Behandlung, sprach ihn aber vom Vorwurf einer versuchten vorsätzlichen Tötung frei. ◀

24    Der BGH bestätigt das Urteil mit folgenden Gründen:

> „Es ist zwar unzulässig, ohne Weiteres aus dem Wissen des Täters um seine HIV-Infektion und darum, dass ungeschützter Sexualverkehr generell zur Virusübertragung geeignet ist, auf die billigende Hinnahme einer Infizierung des Partners zu schließen. Doch kann im Rahmen der vom Tatrichter vorzunehmenden Gesamtwürdigung der konkreten Gegebenheiten auch der Wissensstand des Täters, soweit er Rückschlüsse auf sein Wollen zulässt, herangezogen werden. Weiter ist zu beachten: In Fällen wie dem vorliegenden, in denen der Täter nach Setzen der Ursache den Geschehensablauf selbst nicht mehr steuernd beeinflussen, ihn nicht beherrschen kann, kann die Frage besondere Bedeutung gewinnen, inwieweit er die Gefahr „unabgeschirmt" gesetzt hat und ihr dann ihren Lauf lässt. Die Behauptung des Täters, er habe geglaubt oder gehofft, es werde schon nichts passieren, steht, wenn es dem Zufall überlassen bleibt, ob sich die ihm bekannte Gefahr verwirklicht, der Annahme einer Billigung nicht entgegen. Andererseits kann gegen diese Annahme sprechen, dass der Täter Grund zu der Meinung hatte, das Ansteckungsrisiko sei bei der Gestaltung des konkreten Falles nur geringfügig. Als Umstand, der für die Annahme des bedingten Vorsatzes spricht, kann aber auch ins Gewicht fallen, dass selbst bei statistisch gering zu veranschlagendem Infektionsrisiko *jeder* ungeschützte Sexualverkehr derjenige von vielen sein kann, der eine Virusübertragung zur Folge hat, dass also jeder einzelne für sich in Wirklichkeit das volle Risiko einer Ansteckung in sich trägt.
>
> Die Annahme, der Angeklagte habe jeweils mit bedingtem Vorsatz einen Versuch der gefährlichen Körperverletzung begangen, wird auch nicht dadurch in Frage gestellt, dass das Landgericht trotz der mit einer Ansteckung verbundenen tödlichen Gefahr einen bedingten Tötungsvorsatz nicht festgestellt hat. Auch insoweit hält sich das angefochtene Urteil im Rahmen gefestigter Rechtsprechung, die immer wieder darauf hingewiesen hat, dass vor dem Tötungsvorsatz eine viel höhere Hemmschwelle steht als vor dem Gefährdungs- oder Verletzungsvorsatz. Dass diese Hemmschwelle hier überschritten war, konnte die Strafkammer nicht feststellen: Zweifel an der Billigung eines tödlichen Ausgangs leitet sie insbesondere daraus her, dass bei AIDS mit einer variablen, unter Umständen sehr langen Inkubationszeit gerechnet wird und dass der Angeklagte möglicherweise die Hoffnung vieler HIV-Infizierter teilte, in dieser Zeit werde ein Heilmittel gegen AIDS gefunden werden, und die Krankheit werde bei ihm selbst, aber auch bei seinen Partnern, sollte er sie überhaupt angesteckt haben, erst nach Entdeckung eines solchen Heilmittels ausbrechen. Es ist durchaus möglich, dass der Täter alle Umstände kennt, die sein Vorgehen zu einer das Leben gefährdenden Behandlung machen, ohne doch – infolge welcher Gegebenheiten der konkreten Situation auch immer – billigend in Kauf zu nehmen, dass sein Tun zum Tode des Opfers führt."[62]

25    Misst man die Aids-Entscheidung an jenen manchmal etwas kurzsichtigen Nützlichkeitskriterien, die man heute kriminal-politische Gründe nennt, so gebührt ihr höchs-

---

62   BGHSt 36, 1 (11, 15).

tes Lob, und sie hat es auch erhalten.[63] Ein Zeichen wurde gesetzt, dass sich der HIV-Infizierte strafbar macht, wenn er mit einem unaufgeklärten Partner ungeschützt sexuell verkehrt. Ein Fahrlässigkeitsvorwurf hätte dafür nicht genügt, weder im vorliegenden Fall, noch generell. Es ist praktisch kaum möglich, die Entstehung einer Aids-Infektion zurückzuverfolgen und im vorliegenden Fall war eine solche bei den Sexualpartnern gar nicht aufgetreten. Also musste ein Körperverletzungsvorsatz festgestellt werden und zwar in der Form der vorsätzlichen das Leben gefährdenden Behandlung, denn vor dem 6. Strafrechtsreformgesetz war die einfache versuchte Körperverletzung noch nicht strafbar. Da verschlägt es nichts, dass der Täter gewisse Vorsichtsmaßnahmen gegen die Infektion seines Partners ergriffen hat, denn es ist immer noch ein unerlaubtes Risiko übrig geblieben. Auch die geringe Wahrscheinlichkeit einer Infektion, sie wird etwa mit 1 % angegeben, tut nichts zur Sache, denn, um ein frivoles Lied zu zitieren, von einmal da kann es doch sein. Außerdem war dem Täter die Infektionsgefahr von dem behandelnden Arzt ja so anschaulich vor Augen geführt worden, dass sein Vertrauen, diese geringe Gefahr werde sich nicht realisieren, nicht ernsthaft, sondern nur vage sein konnte.

Andererseits erschien eine Bestrafung des Täters wegen Mordversuchs (Befriedigung des Geschlechtstriebs) im Hinblick auf die geringe Wahrscheinlichkeit der Aids-Infektion und im Hinblick auf seine unglückliche Lebenssituation allzu hart. Also war das ihm unterstellte Vertrauen, dass in den nächsten Jahren ein wirksames Heilmittel gegen Aids gefunden wird, wofür es nicht den geringsten Anhaltspunkt gibt, nicht vage, sondern ernsthaft. (Der Fall liegt mehr als 20 Jahre zurück, und bis heute ist kein Heilmittel gegen Aids gefunden worden). Die Konsequenz, dass jemand, der einen anderen vorsätzlich mit einem absolut tödlichen Virus zu infizieren versucht, ihn auch zu töten versucht, musste nicht gezogen werden, denn vor dem Tötungsvorsatz steht eine hohe Hemmschwelle.     26

Nachdem aber der Körperverletzungsvorsatz festgestellt worden ist, müsste nach der Lehre vom sog dolus directus 2. Grades der Tötungsvorsatz daraus folgen, weil nach der richtigen Vorstellung des Täters für den Fall des Eintritts der Körperverletzung auch der Tod mit Sicherheit oder mit größter Wahrscheinlichkeit die Folge ist. Bisher wird die Figur des dolus directus 2. Grades zwar nur auf solche Nebenfolgen angewandt, die mit einer absichtlich herbeigeführten Folge notwendig verknüpft sind, aber es ist kein Grund ersichtlich, diesen Rechtsgedanken nicht auch auf einen mit dolus eventualis herbeigeführten Erfolg anzuwenden. Denn der Rechtsgedanke, dass der Täter sich nicht darauf berufen kann, etwas nicht gewollt zu haben, was nach seiner richtigen Erkenntnis notwendig mit dem verknüpft ist, was er gewollt hat, ist von der Intensität dieses Wollens nicht abhängig. Immerhin könnte dem entgegengehalten werden, dass die Verknüpfung zwischen Körperverletzung und Tod im vorliegenden Fall nicht eng genug ist, nicht etwa deshalb, weil noch rechtzeitig ein wirksames Heilmittel gegen Aids gefunden werden könnte, aber deshalb, weil die Möglichkeit besteht, dass das infizierte Opfer, ehe die Krankheit ausbricht, an einem Unfall oder einer anderen Krankheit stirbt.     27

Aber das voluntaristische Vorsatzelement ist an die Logik nicht gebunden. Der Täter ist nicht gehindert, von zwei notwendig miteinander verknüpften Erfolgen den einen     28

---

63 *Helgerth* NStZ 1989, 117 (118); *Herzberg* JZ 1989, 470 (477).

billigend in Kauf zu nehmen und den anderen nicht, und vor dem Tötungsvorsatz steht eine hohe Hemmschwelle.

29   Der grundlegende Fehler der Entscheidung besteht nicht darin, dass der Täter vom Vorwurf des Tötungsversuchs (in Form des Mordes zur Befriedigung des Geschlechtstriebs) freigesprochen wurde, er besteht darin, dass er wegen versuchter gefährlicher Körperverletzung verurteilt wurde. Das gilt nicht nur nach der hier vertretenen Lehre von der Vorsatzgefahr, sondern auch nach der Auffassung der Rechtsprechung, wonach es darauf ankommt, ob der Täter bei der Verursachung einer unerlaubten Gefahr – auch wenn sie noch so groß ist – darauf vertraut, dass sie sich nicht realisieren wird. Dass ein Täter, wie es im vorliegenden Fall dem Angeklagten durch seinen behandelnden Arzt widerfahren ist, streng ermahnt worden ist, sich an seine Sorgfaltspflichten zu halten, ist für sich allein kein Grund, sein Vertrauen, dass sich die unerlaubt von ihm verursachte Gefahr gleichwohl nicht realisieren wird, als vage und nicht ernsthaft anzusehen, zumal wenn diese Gefahr so gering ist, wie im vorliegenden Fall. Legt man an die tatrichterliche Feststellung des Körperverletzungsvorsatzes die Maßstäbe an, die der BGH sonst zur Überprüfung der Beweiswürdigung bei der tatrichterlichen Feststellung von dolus eventualis anzuwenden pflegt, so genügt die eingehende Aufklärung und Ermahnung als einziges Indiz für ein billigendes In-Kauf-nehmen des Körperverletzungserfolges sicher nicht.[64] Mindestens hätte das Tatgericht feststellen müssen, dass der Angeklagte seinen Sexualpartnern Übel wollte. Aber für den Körperverletzungsvorsatz sprachen eben die oben dargestellten kriminal-politischen Gründe.

30   Misst man das Urteil einmal nicht an den „kriminal-politischen Kriterien", die heute als die überzeugendsten und rationalsten Qualitätskriterien der Rechtsprechung gelten, sondern an den altmodischen Maßstäben von Rechtssicherheit, Rechtsgleichheit und Einschränkung richterlichen Gutdünkens, so sollte es eher beunruhigen als befriedigen. Es ist nicht nur ein Beispiel dafür, wie leicht die von der Rechtsprechung vertretene Unterscheidung zwischen Vorsatz und Fahrlässigkeit, die Unterscheidung zwischen billigendem In-Kauf-nehmen des Erfolges im Rechtssinne und nicht In-Kauf-nehmen im Rechtssinne, die Unterscheidung zwischen einem ernsthaften und einem nur vagen Vertrauen auf sein Ausbleiben zugunsten des Angeklagten manipuliert werden kann. Sie ist vor allem, und das sollte besonders beunruhigen, auch ein Beispiel dafür, wie diese Unterscheidung zulasten des Angeklagten manipulierbar ist. Die Lehre von der Vorsatzgefahr führt hier eindeutig zur Ablehnung des Körperverletzungsvorsatzes, unabhängig davon, ob der Täter auf das Ausbleiben einer Infektion ernsthaft oder vage oder gar nicht vertraut hat. Eine Gefahr von 0.1 % bis 1 % ist keine taugliche Verletzungsmethode. Ein verständiger Täter könnte sie eingehen, ohne den Erfolgseintritt in Kauf zu nehmen.

### b)  Der Feuerzeugfall, BGH NStZ 2000, 583

31   ▶ Das spätere Tatopfer, offenbar masochistisch veranlagt, verlangte von der Angeklagten, ihn nackt ans Bett zu fesseln, mit Benzin zu übergießen und dann über seinem Körper ein Feuerzeug mehrmals zu zünden. Die Angekl. kam diesem Verlangen nach, und war froh, dass bei den ersten Zündungen nichts passierte. Sie glaubte, dass die Brandgefahr bei den nachfolgenden Zündungen immer kleiner werde. Dann, offenbar nachdem sich Benzindämpfe entwickelt hatten, entstand plötzlich ein Feuerball, in dem der Mann an einem Hit-

---

64   *Frisch* JuS 1990, 362 (367 f.).

zeschock starb, während sich die Angekl. Verbrennungen von mehr als 20 % ihrer Hautoberfläche zuzog. ◀

Der BGH rügt, dass das Landgericht einen Tötungsvorsatz nicht für nachweisbar gehalten hat mit folgenden Ausführungen:   32

> „Seine (des Landgerichts) Annahme, es könne nicht ausgeschlossen werden, dass die Angeklagte ernsthaft darauf vertraut hat, der als möglich erkannte tatbestandsmäßige Erfolg werde nicht eintreten, beruht aber auf einer rechtsfehlerhaften Wertung. Ihr stehen schon die Angaben der Angeklagten zur inneren Tatseite entgegen. Wenn nämlich die Angeklagte „froh" war, „dass bei den ersten Zündungen nichts passierte", folgt daraus im Umkehrschluss, dass sie beim Entzünden des Feuerzeugs wegen des ihr bekannten „besonders großen Gefahrenpotentials" gerade nicht auf einen glücklichen Ausgang vertraut hat. Hält der Täter aber den Eintritt des tatbestandsmäßigen Erfolges für möglich und setzt er sein Handeln dennoch fort, liegt es bei äußerst gefährlichem Tun nahe, dass er den Eintritt des Erfolges billigend in Kauf nimmt. Der Angeklagten mag es, wie das LG meint, im Hinblick insbesondere auf die, wie der Geschehensablauf belegt, allerdings gegenüber der Gefährdung des Tatopfers wesentlich geringeren Eigengefährdung und das Fehlen eines einsichtigen Beweggrunds für eine so schwere Tat unerwünscht gewesen sein, dass es zur Entzündung des Benzins und den damit verbundenen Folgen kam. Dies hindert aber die Annahme eines bedingten Tötungsvorsatzes ebenso wenig, wie die nach Auffassung des LG im Hinblick auf deren Vorgehensweise „als nachvollziehbar und nicht völlig lebensfremd" erscheinende „Hoffnung" der Angeklagten „es werde nichts passieren". Diese Erwägung des LG lässt viel mehr ... besorgen, dass es an das Willenselement zu hohe Anforderungen gestellt hat."[65]

Hier zieht also das Revisionsgericht den, seiner Meinung nach offenbar zwingenden, Schluss von der Verursachung einer hochgradigen Lebensgefahr auf den Tötungsvorsatz, den das Gericht in zahllosen anderen Entscheidungen als fehlerhaft gerügt hat.[66] Dabei legt der BGH offensichtlich die wirkliche Gefahr zu Grunde, nicht die Gefahrvorstellung der Täterin. Sonst hätte er sich die naheliegende Frage stellen müssen, ob die Täterin sich nicht ganz falsche Vorstellungen von Art und Ausmaß der Gefahr gemacht und diese deshalb weit unterschätzt hat. Dafür spricht schon die Tatsache, dass mit der Realisierung dieser Gefahr zwangsläufig schwerste Brandverletzungen auch für sie selbst verbunden waren, die sie offensichtlich nicht „billigend in Kauf genommen" hat. Ihre Äußerung, sie sei erleichtert gewesen, als bei den ersten Zündungen nichts passierte, lässt gerade nicht darauf schließen, dass sie das Ausmaß der Gefahr erkannt hat, sondern darauf, dass sie sich völlig falsche Vorstellungen über Art und Ausmaß dieser Gefahr gemacht hat. Sie wusste nämlich offensichtlich nicht, dass die Gefahr nicht von dem flüssigen Benzin am Körper des Mannes ausging, sondern von den Benzindämpfen, die von dem warmen Körper aufstiegen und sich mit der Luft zu   33

---

65  BGH NStZ 2000, 583 (584). In einem vergleichbaren Fall, in dem diesmal der Mann auf Drängen seiner Freundin sado-masochistische Sexualpraktiken an ihr vollzog, die er klar als lebensgefährlich erkannte (drei Minuten drücken einer Metallstange auf den Hals), bestätigte der BGH dem Landgericht mit wenigen Worten, dass es durch die „gebotene Gesamtbetrachtung aller objektiven und subjektiven Tatumstände" rechtsfehlerfrei zu dem Ergebnis gekommen ist, dass der Täter den Tod der Frau nicht billigend in Kauf genommen hat, BGH JR 2004, 472 (473). Der auffälligste objektive und subjektive Tatumstand, in dem sich dieser Fall vom Benzinfall unterscheidet ist, dass dieser Angeklagte sich selbst nicht mitgefährdet hat.
66  Aus der neueren Rspr. BGH NStZ 2013, 581 (582 f.); NStZ-RR 2013, 75 (77); BeckRS 2013, 07323; 15925; weitere Nachweise bei NK6-*Puppe* § 15 Fn. 90.

einem explosiven Gemisch verbanden, das nicht nur den sofortigen Tod des Mannes, sondern auch schwerste Verletzungen der Angeklagten verursachen musste.

34   Alle Umstände, die das Instanzgericht in seiner „Gesamtschau" noch zugunsten der Angeklagten gewürdigt hat, nämlich dass sie dem Opfer grundsätzlich wohlgesonnen war, nur das tat, was dieses verlangte und auch keinen Grund hatte, seinen Tod in Kauf zu nehmen, würdigt nun der BGH seinerseits und zwar im gegenteiligen Sinne. Sie sollen zwar dafür sprechen, dass die Angeklagte den Tod des Mannes nicht gewünscht habe, stehen aber einem billigenden In-Kauf-nehmen dieses Todes nicht entgegen, wenn man an das Willenselement des dolus eventualis nicht „zu hohe Anforderungen" stellt.

35   Nach der Lehre von der Vorsatzgefahr kommt es nicht auf die wirkliche Gefahr an, die der Täter setzt.[67] Diese beträgt, sofern der Erfolg eintritt, immer 100 %. Es kommt vielmehr auf diejenigen Gefahrfaktoren an, die der Täter kennt bzw. sich vorstellt und auf die Vorstellungen, die er sich von dem drohenden Kausalverlauf macht. Hiervon hat sich die Täterin aber wie dargelegt völlig falsche Vorstellungen gemacht. Sie hat die Gefahr offensichtlich nicht als sehr hoch eingeschätzt, sonst hätte sie sich selbst ihr nicht ausgesetzt. Danach wäre ein Tötungsvorsatz eindeutig abzulehnen.

### c) Der Brandbeschleunigerfall, BGH NStZ 2013, 159

36   ▶ Die Angeklagten nahmen gemeinsam mit dem späteren Tatopfer erhebliche Mengen Alkohol zu sich und gerieten sodann mit ihm in einen Streit. Sie beschlossen, das Opfer in Brand zu setzen. Zu diesem Zweck goss der eine Angeklagte etwa einen halben Liter Terpentinersatz über Kopf und Oberkörper des Opfers, während der andere ein Feuerzeug an dessen Körper und Kleidung hielt. Als das Opfer sofort lichterloh brannte, versuchten sie die Flammen mit einer Decke zu ersticken, was nicht gelang. Schließlich holte einer der Angeklagten einen Eimer voll Wasser und entleerte ihn über dem brennenden Opfer, wodurch die Flammen erloschen. Sie alarmierten dann einen Rettungswagen. Das Opfer verstarb im Krankenhaus einige Tage später an seinen schweren Brandverletzungen. Der BGH bestätigt die Entscheidung des LG gegen einen eventualen Vorsatz mit diesen Worten: ◀

> „Das *SchwurGer.* hat im Rahmen der gebotenen Gesamtschau insbesondere das ambivalente Verhältnis des Tatopfers zu den beiden Angeklagten in den Blick genommen, das bereits vor der Tat von Gewalttätigkeiten und Demütigungen gegenüber dem Tatopfer geprägt war. Das Gericht hat dabei nicht verkannt, dass die konkrete Handlungsweise der Angeklagten objektiv als äußerst gefährlich anzusehen ist. Die Berücksichtigung der Tatmotivation und der erheblichen Alkoholisierung der Angeklagten, aus der das *LG* jedoch die Möglichkeit folgert, dass sie die Gefährlichkeit und die Unbeherrschbarkeit ihres Handelns unterschätzt haben, lässt einen Rechtsfehler nicht erkennen. Gleiches gilt letztlich auch für die vom GBA zitierte, etwas missverständliche Wendung zum bewussten Eingehen einer erheblichen Gefahr, welche die im Einklang mit den Feststellungen zur naheliegenden Motivation stehende Mutwilligkeit des Tatverhaltens unterstützt, einen erheblichen Mangel an kritischer Sicht der Gefahrenbeherrschung indes nicht widerlegt. Dem RevGer. ist es verwehrt, eine eigene Bewertung der Beweise vorzunehmen, auch wenn eine andere Bewertung näher gelegen haben mag. Deshalb ist es auch nicht zu beanstanden, dass das *SchwurGer.* das durch objektive Befunde belegte Nachtatverhalten der Angeklagten als Gesichtspunkt dafür herangezogen hat, dass sie den Tod des Opfers

---

67   Völlig missverstanden von Schönke/Schröder-*Sternberg-Lieben/Schuster* § 15 Rn. 79.

nicht wollten, obgleich dies auch als Ausdruck ihrer plötzlichen Ernüchterung hätte gedeutet werden können."[68]

Vergleicht man diesen Fall mit dem vorhergehenden, so fällt auf, wie unterschiedlich die Maßstäbe sind, an denen der BGH schon die Gefahrvorstellung bemisst, die als Indikator für oder gegen den Tötungsvorsatz zu „werten" ist. Im Gegensatz zum Brandbeschleuniger-Fall hatte es der BGH im Feuerzeug-Fall ja abgelehnt, die Möglichkeit auch nur in Erwägung zu ziehen, dass die Angeklagte die Gefahr unterschätzt haben könnte. Zwar sprechen die sofort einsetzenden Löschungsbemühungen der Angeklagten dafür, dass sie die Gefahr unterschätzt haben könnten, aber welche Vorstellungen über die geringere Lebensgefahr hätten sie sich denn machen können, dass die mit Brandbeschleuniger durchtränkten Haare und Kleider des Opfers nicht so richtig anfangen würden zu brennen oder dass die Flammen von alleine wieder ausgehen würden? 37

Als weiterer Indikator gegen den Tötungsvorsatz hatte das LG neben den sofort nach der Tat einsetzenden Rettungsbemühungen der Angeklagten auch die Tatsache gewürdigt, dass sie kein Interesse am Tod des Opfers hatten, weil einer von ihnen bereits in dessen Wohnung eingezogen war und der andere es demnächst ebenfalls tun wollte. Schließlich spricht es nach der vom BGH hingenommenen Wertung des LG auch gegen den Tötungsvorsatz, dass die Angeklagten das Opfer bereits vorher auf verschiedene Weise, unter anderem durch Beibringen von Brandwunden, gequält hatten, was zugunsten der Angeklagten als bewiesen unterstellt werden müsse und woraus folge, dass sie es auch diesmal nur quälen, nicht aber töten wollten. Mit der Behandlung des Feuerzeug-Falls durch den BGH lässt sich diese Argumentationsweise schwerlich vereinbaren. Schließlich hatte auch diese Angeklagte keinerlei Interesse am Tod des Opfers und war diesem sogar grundsätzlich wohlgesinnt, sie tat nur, was das Opfer ihr befohlen hatte. Zu Rettungsbemühungen hatte sie allerdings keine Gelegenheit mehr, weil erstens das Opfer sofort tot und zweitens sie selbst durch ihre schweren Brandverletzungen wohl auch handlungsunfähig war. 38

Der Vergleich beider Entscheidungen zeigt, zu welchen Ergebnissen die neue Linie des BGH, die zur Zeit des Feuerzeug-Falls noch nicht galt, führt. Danach ist es nämlich die alleinige Kompetenz des Tatrichters zu entscheiden, ob ein bestimmter Indikator für oder gegen den Vorsatz spricht oder auch bei der Entscheidung überhaupt keine Rolle spielt. Nach der neuen Rechtsprechung des BGH akzeptiert dieser eine solche Entscheidung selbst dann, wenn sie mit anderen Entscheidungen in krassem Widerspruch steht. Der BGH hat sich also bewusst der Möglichkeit begeben, als Revisionsgericht eine gewisse Einheitlichkeit und Gleichheit der Rechtsprechung zum Tötungsvorsatz herzustellen. Wie er sich aber gleichwohl die Möglichkeit verschafft, ein Urteil aufzuheben, wenn er das Ergebnis nicht akzeptieren will, werden wir sogleich sehen. 39

### d) Der Türsteherfall, BGH NStZ 2014, 35

▶ Die beiden Angeklagten arbeiteten als Türsteher in einer Diskothek. Als einer von ihnen gegen das Opfer stolperte und von diesem aufgefangen wurde, versetzte er dem Opfer einen Schlag, weil er sich provoziert fühlte. Das Opfer schlug zurück. Daraufhin schlug der Angeklagte es mit kräftigen Fausthieben zu Boden, setzte sich dann auf den Bauch des 40

---

68   BGH NStZ 2013, 159 (161).

Bewusstlosen und bearbeitete seinen Kopf mit den Fäusten. Der andere Angeklagte trat das Opfer mehrfach gegen den Kopf und in den Leib. Das Opfer, das schwere Kopfverletzungen erlitten hatte, starb schließlich an einem Leberriss, der entweder durch das Aufsitzen des einen Angeklagten oder durch die Tritte des anderen verursacht worden ist. ◄

Das Landgericht sah hier keine Gründe, die gegen den Tötungsvorsatz sprechen. So darf ein Landgericht natürlich seine Entscheidung nicht begründen, denn das ist keine Gesamtschau. Das Urteil wurde denn auch mit der folgenden Begründung vom BGH aufgehoben:

41   „Auch unter Berücksichtigung des bestehenden tatrichterlichen Bewertungsspielraums werden die Ausführungen des LG den Anforderungen an die Prüfung des bedingten Tötungsvorsatzes nicht gerecht. (…)

Das LG hat den Angekl. G und H im Rahmen der Strafzumessung zugutegehalten, dass es sich um eine Spontantat gehandelt hat. Dieser Umstand, der einem bedingten Tötungsvorsatz entgegenstehen kann (…), hätte aber nicht nur im Rahmen der Strafzumessung, sondern bereits bei der Prüfung des voluntativen Vorsatzelements erörtert werden müssen. Es kommt hinzu, dass es an einem einsichtigen Grund dafür fehlt, dass die Angekl. in der konkreten Tatsituation den Tod des Geschädigten billigend in Kauf genommen haben (…). Dies hat die StrK ebenfalls nicht in ihre Gesamtwürdigung einbezogen, obwohl sie festgestellt hat, dass – zumindest aus Sicht des Angekl. B – die Gewalthandlungen der Angekl. G und H letztlich den Zweck verfolgten, ,den Geschädigten aus der Diskothek zu schaffen'.“

42   Fürwahr, eine gute Methode jemanden aus einem Haus zu bekommen, dass man ihn bewusstlos schlägt und sich dann auf seinen Bauch setzt, um seinen Kopf mit den Fäusten zu bearbeiten oder ihm mit den Füßen gegen den Kopf und in den Leib zu treten. Eine „Spontantat" ist praktisch jede hochgradig lebensgefährliche Gewaltanwendung, die nicht mit direktem Tötungsvorsatz geschieht. Grundsätzlich problematisch ist das Argument gegen den Tötungsvorsatz „dass es an einem einsichtigen Grund dafür fehlt, dass die Angeklagten in der konkreten Situation den Tod des Geschädigten billigend in Kauf genommen haben", nicht nur deshalb, weil völlig unklar ist, was unter dem billigenden In-Kauf-nehmen eigentlich zu verstehen ist. Offenbar ist aber nach einer inneren Entscheidung des Täters gefragt, unabhängig davon, was er dem Opfer antut, seinen Tod billigend in Kauf zu nehmen oder nicht in Kauf zu nehmen und nach einem Grund oder Motiv für diese Entscheidung. Wie schon gesagt, hat es der Täter aber gar nicht nötig, eine solche Entscheidung zu treffen, außerdem gibt es Täter, die keinen einsichtigen Grund brauchen, ihre Opfer totzuschlagen. Der BGH wendet denn auch das Argument vom fehlenden Motiv keineswegs konsequent an, wie der Feuerzeug-Fall gezeigt hat.

43   Nach alledem lässt sich schwerlich behaupten, dass die Entscheidung des Tatgerichts den dem Tatrichter vom BGH so großzügig gewährten „Bewertungsspielraum" eindeutig überschritten hat und deshalb aufgehoben werden musste. Aber trotz dieses Bewertungsspielraums und des Grundsatzes der freien Beweiswürdigung, hat sich der BGH eben die Möglichkeit vorbehalten, jedes instanzgerichtliche Urteil mit der Begründung aufzuheben, dass es an „durchgreifenden Erörterungsmängeln" leidet, weil es irgendeinen oder auch mehrere der Besonderheiten des Einzelfalles, die der BGH selbst für relevant hält, nicht ausdrücklich erörtert hat.

### e) Der Ausländerfall, BGH NStZ 2015, 216

▷ Der Angeklagte, vermutlich selbst ausländischer Herkunft, beleidigte den ruhig auf einer 44
Bank sitzenden Nebenkläger, indem er ihn auf Polnisch als Neger bezeichnete. Dieser verstand das Wort und fragte auf Russisch zurück, was er dem Angeklagten denn getan habe. Daraufhin zog der Angeklagte den Nebenkläger von der Parkbank hoch, schubste ihn und versetzte ihm drei wuchtige Schläge ins Gesicht. Als der Nebenkläger dadurch das Bewusstsein verlor, zog der Angeklagte ihn am Gürtel hoch und ließ ihn mit dem Gesicht voraus auf den Boden fallen. Dann trat und schlug er gemeinsam mit einem Komplizen weiter auf den Nebenkläger ein, bis Passanten erschienen und beide energisch aufforderten, von diesem abzulassen. ◁

Bei seiner Ablehnung des Tötungsvorsatzes orientierte sich das LG an früheren Entscheidungen des BGH, in dem es als Gründe gegen den dolus eventualis anführte, dass es sich um eine Spontantat gehandelt habe und dass die Angeklagten Kampferfahrung besaßen.[69] Nach der Auffassung des Revisionsgerichts genügt die tatrichterliche Beweiswürdigung den Anforderungen an eine „individuelle Gesamtschau" nicht, weil „mehrere wesentlich für einen bedingten Tötungsvorsatz der Angeklagten sprechenden tatsächlichen Umstände nicht bedacht werden." Dazu führt das Revisionsgericht folgendes aus:

> „Soweit die StrfK gegen das Vorliegen des voluntativen Elements eines Tötungsvorsatzes 45
> ausführt, es habe sich um eine ‚spontane, unüberlegte und sehr kurz andauernde' Tat
> gehandelt, berücksichtigt sie nicht, dass beide Angekl. gegen den bereits bewusstlosen
> Nebenkläger mehrere gefährliche Gewalthandlungen ausführten und mit diesen erst aufhörten, als sich Passanten näherten und sie lautstark aufforderten, vom Nebenkläger
> abzulassen. Der Tatsache, dass die Angekl. nicht freiwillig mit der Misshandlung des
> Nebenklägers aufhörten, kann ein hoher Indizwert für ihre innere Einstellung gegenüber
> einer möglichen Tötung des Nebenklägers zukommen (…). Das gewollte weitere Tun
> kann den Schluss nahelegen, dass ihnen die Folgen ihrer Tat bis hin zum möglichen
> Tod des Nebenklägers gleichgültig waren. Dies würde für die Annahme von bedingtem
> Tötungsvorsatz genügen und war mithin erörterungsbedürftig. Zudem sprechen die Urteilsfeststellungen zum Verhalten der – berauschten – Angekl. vor der Tat gegen ein
> spontanes und unüberlegtes Handeln, sondern eher dafür, dass sie bewusst Streit suchten.
> (…)
>
> Es ist auch nicht belegt oder sonst ersichtlich, dass eine von der Schwurgerichtskammer
> angenommene ‚gruppendynamische Situation' vorlag, bei der sich die Entstehung oder
> zumindest das Ausmaß der Gewalttätigkeit der Angekl. ausschließlich aus ihrer Interaktion untereinander oder mit dem Nebenkläger oder den Umstehenden ergab. Abgesehen
> davon stünden stattgehabte gruppendynamische Prozesse der Entwicklung eines – anfangs nicht vorhandenen – bedingten Tötungsvorsatzes in ihrem Verlauf auch keineswegs
> entgegen, sondern könnten sie im Gegenteil gerade gefördert haben.
>
> Soweit die StrfK meint, aus der – rechtsfehlerfrei festgestellten – fremdenfeindlichen
> Motivation der Angekl. keinen Tötungsvorsatz schlussfolgern zu können, berücksichtigt
> sie nicht, dass die Angekl. noch in der Hauptverhandlung ihre anhaltende Missachtung
> für den anwesenden Nebenkläger durch höhnisches Lachen über ein Foto des schwer im

---

69  BGH NStZ 2013, 581 (583); 2014, 35.

141

Gesicht Verletzten sowie ‚demonstratives Gähnen, Lümmeln und Lachen' während der Beweisaufnahme zum Ausdruck gebracht haben."

46    Die Lektüre dieser Ausführungen zeigt, dass das Instanzgericht diese Umstände keineswegs unbedacht und unerörtert gelassen hat, es hat sie nur eben nicht in dem Sinne als Indikatoren oder Indizien bewertet, den der BGH für richtig hielt, nämlich als für, statt gegen den Vorsatz sprechend. Es soll hier nicht bestritten werden, dass die Würdigung der Indikatoren als für den Vorsatz sprechend im vorliegenden Fall plausibler ist, als die gegenteilige Würdigung des Landgerichts. Aber wenn ein Revisionsgericht seine Wertmaßstäbe bei der Entscheidung einer Rechtsfrage durchsetzen will, so darf es diese Wertmaßstäbe eben nicht der freien Beweiswürdigung oder einem besonderen dem Tatgericht gewährten Bewertungsspielraum anheimstellen, um die Entscheidungen dann doch als rechtsfehlerhaft aufzuheben, wenn die Instanzgerichte von diesen ihnen gewährten Entscheidungsspielräumen nicht den Gebrauch gemacht haben, den das Revisionsgericht für richtig hielt.

47    Vergleicht man nun diesen Fall mit dem Fall BGH NStZ 2014, 35, so gleichen sie sich in fast allen für den Vorsatz als maßgeblich angeführten Details. In beiden Fällen waren die Misshandlungen der Opfer hochgradig und offensichtlich lebensbedrohlich. In beiden Fällen hatten sich die Täter spontan, ohne Überlegung oder Vorbereitung, zu diesen Gewalthandlungen hinreißen lassen. In beiden Fällen hatten die Opfer die Täter in keiner Weise zu solchen Gewalthandlungen provoziert. Der einzige Unterschied zwischen beiden Fällen, der für die Entscheidung über den Tötungsvorsatz von Bedeutung sein kann ist der, dass die Täter im ersten Fall keinen Grund hatten, ihr Opfer derart schwer und auch grausam zu misshandeln, während ihr Verhalten im zweiten Fall seinen Grund in Rassenhass und Menschenverachtung hatte. Hätte das Landgericht im Ausländerfall die Rechtsprechung des BGH zum Tötungsvorsatz bei äußerst lebensgefährlichen Gewalthandlungen eingehender studiert, so hätte es gefunden, dass die Nachsicht und Geduld, die der BGH in solchen Fällen von den Instanzgerichten unermüdlich einfordert, nicht für Rassisten gilt.[70] Bei rassistischen Gewalttaten wäre solche Nachsicht auch aus allgemeinpolitischen Gründen unerträglich. Es stellt sich nur die Frage, warum wir sie bei anderen äußerst lebensgefährlichen Gewalthandlungen akzeptieren sollen. Der Ausländerfall lehrt noch ein weiteres: Je weniger allgemeine Regeln für die Entscheidung einer Rechtsfrage anerkannt werden, desto stärker sind die Gerichte bei ihrer Einzelfallentscheidung allgemeinpolitischen Forderungen und Bedürfnissen ausgesetzt.

### 4. Hinweise zur praktischen Anwendung

48    Die vom BGH bei der Entscheidung zwischen bedingtem Vorsatz und Fahrlässigkeit bei Tötungsdelikten praktizierte Methode der „individuellen Gesamtschau aller objektiven und subjektiven Umstände des Einzelfalles" wird an der Universität nicht gelehrt, denn sie ist nicht lehrbar. Sie ist auch nicht prüfbar. Denn, um sie überhaupt anwenden zu können, müsste der Kandidat alle relevanten Umstände des Einzelfalles erst einmal kennen, wozu beispielsweise auch der Charakter des Angeklagten, sein Vorleben und Nachtatverhalten und sein Benehmen im Strafprozess gehört. Vor allem aber hat die höchstrichterliche Rechtsprechung sich nicht festgelegt, ob es dabei um Tatsachenfeststellungen und Subsumtion unter einen deskriptiven Begriff geht, oder um eine werten-

---

70    BGH NStZ 1994, 483; 584; StV 1994, 654 (655); NStZ-RR 2000, 165 (166).

de oder zuschreibende Interpretation des Täterverhaltens. In der Literatur, jedenfalls soweit sie sich eingehender mit diesem Problem beschäftigt, hat sich inzwischen wohl die Auffassung durchgesetzt, dass der Wille oder das Willenselement des Vorsatzes dem Täter durch Interpretation seiner Handlung zugeschrieben wird. Die Gründe dieser Zuschreibung sind zwischen der Vorstellungstheorie und der Willenstheorie streitig.

Die Willenstheorie hat bisher keinen abgeschlossenen Katalog von Gründen für diese Zuschreibung, sog Indikatoren, entwickelt. Deshalb müssen Sie, wenn sie diese Lehre anwenden, vor allen Dingen Fantasie und Urteilsvermögen, den sog gesunden Menschenverstand, beweisen. Schöpfen Sie den Sachverhalt daraufhin aus, welche Gründe für und welche dagegen sprechen könnten, dass man dem Täter ein billigendes In-Kauf-nehmen des Erfolges zuschreiben, sein Verhalten in diesem Sinne interpretieren kann. Den Kandidaten, die es gewohnt sind, unter sog „Formeln" direkt zu subsumieren, fällt das schwer. Nach der Vorstellungstheorie haben Sie nur zwei Kriterien anzuwenden, die Größe der dem Täter bewussten Gefahr und ihre Anschaulichkeit. Eine Vorsatzgefahr liegt vor, wenn eine verständig denkende Person in der Lage des Täters diese Gefahr nur dann eingehen würde, wenn sie mit dem Eintritt des Erfolges einverstanden wäre. Das zweite Kriterium der Vorsatzgefahr ist, dass sie nach allgemeinen Maßstäben verständigen Handelns als Methode zur Herbeiführung des Erfolges anerkannt werden kann. 49

Da die Willenstheorie des Vorsatzes ebenso wie die Rechtsprechung bisher keinen abgeschlossenen Katalog von Indizien bzw. Indikatoren für das billigende In-Kauf-nehmen des Erfolges entwickelt hat, kann man, abgesehen von ganz eindeutigen Fällen, in denen Vorsatz von vornherein nicht in Betracht kommt, nach dieser Theorie die Bejahung ebenso wie die Verneinung des Vorsatzes begründen. Daraus erklärt es sich, dass es Kandidaten immer wieder „hinkriegen", dass alle Meinungen zur Bestimmung des dolus eventualis zum gleichen Ergebnis führen, so dass sich eine Streitentscheidung erübrigt. Als falsch kann dies der Korrektor allenfalls ausnahmsweise ankreiden. Es fragt sich aber, ob dies immer die optimale Lösung des Falles ist. Manche Fälle fordern auch eine Entscheidung des Streits zwischen der kognitiven und der voluntaristischen Vorsatztheorie heraus. Während im Allgemeinen die Kandidaten davor gewarnt werden müssen, theoretische Streitigkeiten breit zu erörtern, die sich dann im Einzelfall doch nicht als relevant herausstellen, müssen sie zur Diskussion um das kognitive und das voluntaristische Element des Vorsatzes in solchen Fällen ermuntert werden. So etwa in dem Fall, dass der Täter sich eine sehr geringe Erfolgsgefahr vorstellt, den Erfolg auch nicht als Zweck oder Mittel geradezu anstrebt, aber seinem Eintritt positiv gegenüber steht, indem er ihn wünscht, willkommen heißt oder gleichgültig hinnimmt. Stellen Sie sich etwa den Aids-Fall so abgewandelt vor, dass der Täter wohl weiß, dass die Infektionswahrscheinlichkeit bei dem von ihm ausgeübten gewaltfreien Geschlechtsverkehr nur 0,1 % bis 1 % beträgt, es ihm aber „recht ist", wenn seine Partner sein Schicksal teilen müssen. Hier würde die kognitivistische Vorsatztheorie zu einer Ablehnung, die voluntaristische zu einer Bejahung des Vorsatzes kommen. Der umgekehrte Fall ist der, dass der Täter eine, auch nach seiner Vorstellung, hochgradige unmittelbare und anschauliche Erfolgsgefahr verursacht, den Eintritt des Erfolges aber innerlich zutiefst ablehnt. Hier würde die voluntaristische Vorsatztheorie zu einer Verneinung des Vorsatzes kommen, die kognitivistische zu seiner Bejahung. Bei Vorstellung einer mittleren Gefahr würde die kognitivistische Vorsatztheorie den dolus eventualis ablehnen, die 50 voluntaristische ihn davon abhängig machen, welche innere Einstellung der Täter zur Realisierung dieser Gefahr bezieht.

51 Während bei einer geringen Gefahr auch die Willenstheorie Mittel und Wege finden wird, das billigende In-Kauf-nehmen abzulehnen, spitzt sich das Problem in den Fällen zu, in denen der Täter sich zwar bewusst ist, eine große und anschauliche Gefahr zu setzen, nach den Maßstäben der Willenstheorie den Erfolg aber nicht billigend in Kauf nimmt. Um hier zu einer substantiierten Entscheidung zwischen den Theorien zu kommen, müssen Sie sich folgende Fragen stellen: Soll man bei der Erweiterung des Vorsatzbegriffs über Absicht und Wissentlichkeit hinaus von der Vorsatzform der Absicht ausgehen und damit von einem sog Willenselement, oder von der Vorsatzform der Wissentlichkeit und damit allein von einem Wissenselement? Soll es für die Frage, ob der Täter die schwerere Strafe der Vorsatztat verdient darauf ankommen, welche innere Einstellung er selbst zu dem Erfolg bezogen hat oder darauf, welche er nach allgemeinen normativen Maßstäben hätte beziehen müssen, um so zu handeln, wie er gehandelt hat? Ist das Recht gehalten auch auf eine unvernünftige Ablehnung der Möglichkeit des Erfolgseintritts durch den Täter einzugehen oder muss sich der Täter an allgemeinen Maßstäben der Vernünftigkeit messen lassen? Verdient der Täter Nachsicht dafür, dass er angesichts einer ihm bewussten großen Erfolgsgefahr gleichwohl auf das Ausbleiben des Erfolges hofft oder ist gerade dieses Hoffen nicht vielmehr Ausdruck einer Gleichgültigkeit gegenüber dem Schicksal des Opfers, die keine Prämierung verdient? Ich kann nicht ausschließen, dass dieser Fragenkatalog ein wenig parteiisch zugunsten der Vorstellungstheorie des Vorsatzes ist, aber Sie können sich ja weitere Fragen überlegen.

52 Bei der theoretischen Erörterung des Streits um das Willenselement des Vorsatzes ist vor Zirkelschlüssen zu warnen. Ein Zirkelschluss ist ein Argument zum Beweis der Richtigkeit einer theoretischen Aussage, das die Richtigkeit dieser Aussage bereits voraussetzt.[71] Die einfachste Form des Zirkelschlusses ist die schlichte Wiederholung der verteidigten Aussage mit etwas anderen Worten oder in Anwendung auf den Einzelfall. Ich habe auf keinem Gebiet in den Lehrbüchern so oft Zirkelschlüsse angetroffen wie bei der Diskussion der verschiedenen Lehren zur Unterscheidung zwischen Vorsatz und Fahrlässigkeit. Es wird beispielsweise in einem der gängigsten Lehrbücher gegen die sog Möglichkeitstheorie, wonach die „konkrete" Vorstellung der Möglichkeit des Erfolgseintritts für den Vorsatz genüge, wie folgt argumentiert:

> „Diese Auffassung ist abzulehnen, weil sie den Vorsatz zu weit in den Bereich der bewussten Fahrlässigkeit ausdehnt und auf der Fiktion beruht, dass im Festhalten am Tatentschluss zwangsläufig eine Entscheidung für die als möglich erkannte Rechtsgutsverletzung zu erblicken sei."[72]

Zu solch einer Fiktion müsste nur greifen, wer die „Entscheidung für die Rechtsgutsverletzung" als selbstständiges Element (Willenselement) des Vorsatzes anerkennt, was die sog Möglichkeitstheorie gerade nicht tut.

53 Oft findet man in der Sachverhaltsdarstellung einer Klausuraufgabe die folgende Formulierung: „Dabei nahm er billigend in Kauf, dass …". Damit signalisiert der Aufgabensteller dem Bearbeiter, dass er ohne weitere Begründung vom Vorsatz auszugehen

---

71  Näher dazu *Puppe* (2019), 259ff.
72  *Wessels/Beulke/Satzger* AT Rn. 334.

hat und dass er dabei die hL vom billigenden In-Kauf-nehmen anzuwenden hat. Das ist aus zwei Gründen unzulässig: Erstens hat jeder Kandidat einen Antwortspielraum, der jede vertretbare Lehre umfasst, der Aufgabensteller darf ihn also nicht dazu zwingen, sich einer bestimmten Rechtsauffassung anzuschließen, auch wenn es die der Rechtsprechung ist. Zweitens stellt der Ausdruck „billigend In-Kauf-nehmen" keine Tatsachenbehauptung dar, sondern eine Wertung, und gehört schon deshalb nicht in eine Sachverhaltsschilderung. Vergleichbar wäre hier etwa ein Nötigungsfall, in dem der Aufgabensteller schreibt: „Dabei handelte der Täter besonders verwerflich". Im Examen kann natürlich kein Kandidat im Vertrauen auf die verwaltungsgerichtliche Rechtsprechung zum Antwortspielraum einer solchen Anweisung den Gehorsam verweigern, aber in einer Übungsklausur mag man das durchaus einmal probieren, wenn es um einen Fall geht, in dem die Gefahr des Erfolgseintritts nach der Vorstellung des Täters verhältnismäßig gering ist, wie beispielsweise die Infektionsgefahr im Aids-Fall.

## § 10  Die Zurechnung des Erfolges und des Kausalverlaufs zum Vorsatz

### 1.  Die allgemeinen Regeln der Zurechnung zum Vorsatz

1   Die gesetzliche Beschreibung des Tatbestandes entscheidet darüber, welche Bedingungen gegeben sein müssen, um einen objektiven Tatbestand zu erfüllen. Sie entscheidet aber auch darüber, welche Vorstellungen der Täter haben muss, um im Sinne dieses Tatbestandes vorsätzlich zu handeln. Er muss sich den Sinn des Tatbestandes, so wie er im Gesetz beschrieben ist vorstellen, nicht mehr und nicht weniger (s. o. 8/6). Ist nun festgestellt, dass der objektive Tatbestand eines bestimmten Strafgesetzes erfüllt ist und der Täter in dem Bewusstsein gehandelt hat, dass er den deskriptiven Sinn dieses Tatbestandes erfüllt, so sollte damit eigentlich die Zurechnung des objektiven Tatbestandes zum Vorsatz des Täters feststehen, so dass es einer besonderen Prüfung der Frage, ob der Vorsatz des Täters zum objektiven Tatbestand in ausreichendem Maße „passt" gar nicht mehr bedürfen sollte. Dass dies in Einzelfällen anders sein kann hat zwei Gründe:

2   Zunächst gibt es in vielen Tatbeständen steigerungsfähige Unrechtsmerkmale. Eine Körperverletzung oder Gesundheitsbeschädigung kann mehr oder weniger schwer sein, das gleiche gilt für eine Sachbeschädigung. Ein durch Betrug oder Untreue verursachter Vermögensschaden kann mehr oder weniger groß sein usw. Einem Täter darf aber nicht mehr Unrecht zum Vorsatz zugerechnet werden, als sein Vorsatz, also seine Gefahrvorstellung bzw. sein Wille umfasste. Deshalb ist es möglich, dass ein Teil des vom Täter verursachten tatbestandsmäßigen Unrechts ihm zum Vorsatz, ein anderer nur zur Fahrlässigkeit zurechenbar ist. Dies wird dem Juristen als Sonderproblem oft gar nicht bewusst, weil er unter den objektiven Tatbestand beispielsweise der vorsätzlichen Körperverletzung von vornherein nur denjenigen Teil der vom Täter verursachten Gesundheitsbeschädigung subsumiert, auf den sich sein Vorsatz bezieht. Sodann wird der über den Vorsatz hinausgehende Körperverletzungserfolg daraufhin geprüft, ob er fahrlässig verursacht worden ist und gegebenenfalls ob er eine schwere Körperverletzung iSv § 226 oder eine Körperverletzung mit Todesfolge nach § 227 begründet. Auch etwa bei der Brandstiftung kann die Konstellation auftreten, dass der Täter in Bezug auf den Brand eines Gebäudes vorsätzlich handelt und dabei fahrlässig einen weiteren Brandstiftungserfolg verursacht. Bei anderen Tatbeständen, zB der Sachbeschädigung oder den Vermögensdelikten, kommt eine strafrechtliche Haftung für das nur fahrlässig verursachte Unrechtsquantum nicht in Betracht.

3   Nun gibt es aber auch, typischerweise gerade bei der Körperverletzung, einen Vorsatz, der im Hinblick auf das zu verursachende Unrechtsquantum unbestimmt ist. Wer einen anderen zusammenschlägt oder mit Fußtritten traktiert, macht sich in aller Regel keine bestimmten Vorstellungen darüber, welche Körperverletzungen er dabei verursachen wird. Das ist kein Grund, den Körperverletzungsvorsatz als solchen abzulehnen. Es ist also für den tatbestandsmäßigen Vorsatz nicht erforderlich, dass er auf ein bestimmtes Unrechtsquantum beschränkt ist. Ist er aber auf ein bestimmtes Unrechtsquantum beschränkt, so kann dem Täter ein Unrechtsquantum, das darüber hinausgeht, nicht zum Vorsatz zugerechnet werden. Dies ist der einzige Fall, in dem eine Vorstellung des Täters, die für den Vorsatz nicht nötig ist, die Zurechnung des Erfolges zum Vorsatz beschränkt. Diese Beschränkung hat einen normativen Grund: Dem Täter darf nicht mehr Unrecht zum Vorsatz zugerechnet werden, als von seinem Vorsatz umfasst ist.

Im Übrigen gilt die Regel, dass eine Vorstellung des Täters, die nicht notwendiger Bestandteil des Vorsatzes ist, die Zurechnung des Erfolges zum Vorsatz nicht einschränken kann. Ein Straftäter hat nicht die Kompetenz, den Umfang seiner Verantwortung, m.a.W. den Umfang der Klasse von Tatbestandsverwirklichungen, die ihm als Erfüllung seines Vorsatzes zugerechnet werden, nach seinen Wünschen mehr oder weniger zu beschränken.[1] Insbesondere ist es kein Grund für die Ablehnung der Zurechnung eines Erfolges zum Vorsatz, dass er so, wie er eingetreten ist, dem Täter nicht ins Konzept passt.[2] Das klassische Beispiel dafür ist der error in objecto. Der Täter verwechselt das ausersehene Opfer mit einem anderen und verletzt dieses oder er irrt sich über bestimmte Eigenschaften des Opfers, auf die es ihm persönlich ankommt, etwa dass es sein Nebenbuhler ist oder sein Gläubiger. Die Unbeachtlichkeit eines solchen error in objecto vel persona ist allgemein anerkannt, auch und gerade dann, wenn der Täter sich über Eigenschaften des Opfers geirrt hat, auf die es ihm persönlich besonders angekommen ist.[3]

4

Was für den Erfolg gilt, gilt auch für den Kausalverlauf: Dass er in einer Weise eingetreten ist, die den Plänen und Zielen des Täters zuwiderläuft, ist kein Grund, ihm diesen Kausalverlauf nicht zuzurechnen. Nehmen wir als Beispiel einen Gangster, der einen Tatzeugen, welcher bisher aus Angst vor ihm geschwiegen hat, endgültig zum Schweigen bringen will. Es wird ihm daran gelegen sein, ihn so zu treffen, dass er sofort tot ist. Trifft er ihn nun zwar tödlich, aber so, dass der Zeuge, der nun nichts mehr von ihm zu befürchten braucht, der Polizei sein Wissen noch offenbaren kann, so wird er dem Richter glaubhaft versichern, dass er diesen Kausalverlauf nicht gewollt hat. Die einzige Konsequenz, die der Richter daraus ziehen wird, ist, ihn wegen Mordes zu verurteilen, weil er zur Verdeckung einer Straftat gehandelt hat.[4]

5

Trotzdem kennt die herrschende Lehre eine Rechtsfigur der sogenannten wesentlichen Abweichung im Kausalverlauf zwischen der Vorstellung des Täters und der Wirklichkeit, die zur Folge haben soll, dass dem Täter der Erfolg zwar zur Fahrlässigkeit, aber nicht zum Vorsatz zugerechnet wird. Dies wird damit begründet, dass sich im Erfolg nicht das vorsätzlich verursachte Risiko realisiert habe, sondern ein anderes nur fahrlässig verursachtes.[5] Man untersucht also denjenigen Kausalfaktor, in Bezug auf den die Vorstellung des Täters mit der Wirklichkeit nicht übereinstimmt, daraufhin, ob er wesentlich ist, bzw. dazu berechtigt, von einer anderen Gefahr zu sprechen.[6] Das Ergebnis hängt davon ab, ob man die verwirklichte Gefahr mit dem Gefahrfaktor beschreibt, der von der Tätervorstellung abweicht, dann ist die realisierte Gefahr eine andere als die im Tätervorsatz enthaltene, oder ob man die Gefahr mit einem Begriff beschreibt, der so allgemein ist, dass er die Wirklichkeit und die Tätervorstellung gleichermaßen umfasst, dann ist es dieselbe Gefahr.[7]

6

---

1 *Puppe* (1992), 10 ff.; *dies.* NK § 16 Rn. 102.
2 So aber das Tatplanerfüllungskriterium nach *Roxin* Würtenberger-FS (1977), 109 (120 f.); *ders.* AT/1 12/177 ff. und LK-*Vogel/Bülte* § 16 Rn. 72. Während *Roxin* dem Richter dabei noch die Möglichkeit vorbehält, einer Wunschvorstellung des Täters anhand einer „Wertung" die Relevanz abzusprechen, AT/1 12/155, bestimmen *Vogel/Bülte* den Umfang der Vorsatzzurechnung konsequent nach dem Plan und Wunsch des Täters, LK § 16 Rn. 72 (84).
3 *Roxin/Greco* AT/1 12/194; *Kindhäuser/Zimmermann* AT 27/41; *Wessels/Beulke/Satzger* AT Rn. 369f.
4 *Puppe* HRRS 2009, 91 (91).
5 *Jakobs* AT 8/65 ff.; *Roxin/Greco* AT/1 11/156 ff.; aA *Stratenwerth/Kuhlen* AT 8/89.
6 *Jakobs* AT 8/65 ff.; *Kindhäuser/Zimmermann* AT 27/44 f.
7 *Puppe* (1992), 23; *dies.* GA 1994, 297 (308 ff.); *dies.* NK § 16 Rn. 78 f.

7    Ob sich die vom Täter vorsätzlich gesetzte Gefahr im Kausalverlauf zum Erfolg realisiert hat oder nicht, lässt sich nur entscheiden anhand der Gefahrfaktoren, in denen diese Gefahr mit der Wirklichkeit übereinstimmt, nicht anhand solcher Faktoren, in denen sie von ihr abweicht. Geht man von der herrschenden Lehre zur Bestimmung des Vorstellungsinhaltes des Vorsatzes aus, so verursacht der Täter schon dann vorsätzlich eine Erfolgsgefahr, wenn er den Erfolg für möglich und nicht ganz fern liegend hält (s. dazu o. 9/4 ff.). An die Gefahrvorstellung werden beim Vorsatz also keine höheren Anforderungen gestellt, als bei der Fahrlässigkeit, nämlich die Verursachung eines unerlaubten Risikos. Der Täter verursacht ein unerlaubtes Risiko, wenn er Tatsachen kennt, aus denen er von Rechts wegen den Schluss ziehen müsste, dass eine Gefahr des Erfolgseintritts besteht und er deshalb seine Handlung unterlassen bzw. modifizieren sollte. Der Vorsatztäter hat aber eben diesen Schluss auch tatsächlich gezogen. Dass die unerlaubte Gefahr sich im Kausalverlauf zum Erfolg realisiert hat, ist aber bereits in der Prüfungsstation der sogenannten objektiven Zurechnung festgestellt worden (s. dazu o. 3/1 ff.). Hätte sie sich nicht realisiert, so käme auch keine Zurechnung des Erfolges zur Fahrlässigkeit in Betracht. Aus der herrschenden Lehre zum Wissenselement des Vorsatzes ist also das Ergebnis, dass dem Täter der Erfolg zur Fahrlässigkeit zugerechnet werden kann, aber nicht zum Vorsatz, aus logischen Gründen nicht ableitbar.[8] Es kommt nicht von ungefähr, dass die herrschende Lehre so gut wie nie zu einer sogenannten wesentlichen Abweichung im Kausalverlauf kommt.

8    Nur wenn man an die Vorstellung des Täters von der von ihm verursachen Gefahr beim Vorsatz höhere Anforderungen stellt als bei der Fahrlässigkeit, ist das Ergebnis ableitbar, dass der Täter ein und denselben Erfolg fahrlässig verursacht hat und vorsätzlich zu verursachen versucht hat, sog wesentliche Abweichung im Kausalverlauf. Aus dem Erfordernis, dass der Täter sich nicht nur ein unerlaubtes Risiko im Sinne der objektiven Zurechnung, sondern eine gesteigerte Gefahr, im Sinne einer Vorsatztat vorstellen muss, um vorsätzlich zu handeln, folgt nämlich, dass diese Vorsatzgefahr sich im Erfolg realisiert haben muss, wenn dieser dem Täter nicht nur zur Fahrlässigkeit, sondern zum Vorsatz zugerechnet werden soll. Das bedeutet, dass der objektive Kausalverlauf mit den Gefahrvorstellungen des Täters in so vielen Momenten übereinstimmen muss, wie erforderlich sind, um eine Vorsatzgefahr zu begründen.[9] Das ist der zweite Grund dafür, dass nach der Feststellung der Verursachung des Erfolges durch eine unerlaubte Gefahrschaffung und der Feststellung des Vorsatzes noch eine Prüfung der Frage notwendig sein kann, ob der Erfolg dem Täter auch zum Vorsatz zuzurechnen ist. Hat der Täter sich zwar eine Vorsatzgefahr vorgestellt, stimmt aber der wirkliche Kausalverlauf mit dieser Vorstellung nur in so vielen Gefahrfaktoren überein, wie eine Fahrlässigkeitsgefahr begründen, so kann ihm der Erfolg zwar zur Fahrlässigkeit, nicht aber zum Vorsatz zugerechnet werden. So kommt das Ergebnis zustande, dass der Täter wegen Versuchs in Tateinheit mit fahrlässiger Herbeiführung des gleichen Erfolges zu verurteilen ist.

9    Eine Vorsatzgefahr hat sich im Kausalverlauf zum Erfolg nur dann realisiert, wenn in jedem Stadium des Kausalverlaufs, gewissermaßen in jedem Glied der Ursachenkette, die zum Erfolg führt, solche und so viele vom Täter angenommene Kausalfaktoren vorkommen, wie erforderlich sind, um eine Vorsatzgefahr zu begründen, sog Durch-

---

8  *Puppe* (1992), 30 ff.
9  NK[6]-*Puppe* § 16 Rn. 80; *dies.* (1992), 49; *dies.* ZStW 129 (2017), 1 (7 ff.); vgl. auch *Kindhäuser/Zimmermann* AT 27/44 f. und *Roxin/Greco* AT/1 12/159a.

gängigkeitserfordernis. Reduziert sich diese Gefahr im Laufe des Kausalprozesses auf ein Niveau, das nur noch eine Fahrlässigkeitszurechnung begründet, so ist dieses Durchgängigkeitserfordernis nicht mehr erfüllt. Kommt es gleichwohl zum Erfolgseintritt, also zu einer objektiven Gefahr von 100 Prozent, so kann das durch einen unglücklichen, vom Täter nicht vorhergesehenen Zufall zu erklären sein, aber auch durch hinzutretendes Fehlverhalten eines Dritten oder des Opfers. In diesen Fällen kann davon gesprochen werden, es habe sich nicht das vorsätzlich vom Täter verursachte Risiko realisiert, sondern nur ein fahrlässig von ihm verursachtes.

Nach diesen Regeln ist auch der Fall des sog dolus generalis oder verspäteten Erfolgseintritts zu beurteilen. In diesen Fällen glaubt der Täter, sein Opfer bereits durch eine erste Handlung getötet zu haben, und nimmt nun mit der vermeintlichen Leiche Handlungen vor, die in Wirklichkeit den Tod des Opfers erst unmittelbar verursachen. In diesen Fällen wird die Zurechnung des Erfolges als Verwirklichung der Vorsatzgefahr oft mit der Begründung abgelehnt, dass sich nicht die vom Täter durch die vorsätzliche Ersthandlung verursachte Gefahr realisiert habe.[10] Dabei wird der Kausalzusammenhang zwischen der Ersthandlung und dem Tod des Opfers, der durch die unvorsätzliche Zweithandlung nur vermittelt wird, verkannt. Der Grund dafür, dass der Täter das Opfer einer Behandlung unterzieht, an der es dann stirbt, besteht darin, dass er es zuvor einer Behandlung unterzogen hat, die hochgradig lebensgefährlich war, weshalb er es nun für tot hält und die vermeintliche Leiche verbergen will. **10**

Ein zusätzliches Problem tritt dagegen in den Fällen des vorzeitigen Erfolgseintritts auf, in denen der Täter den Tod des Opfers durch eine Handlung verursacht, durch die er die unmittelbar tödliche Handlung erst vorbereiten will. Der Erfolg ist dem Täter nämlich nur dann als vorsätzlich verursacht zuzurechnen, wenn er durch eine Handlung verursacht worden ist, die bereits einen Anfang der Ausführung und nicht nur eine Vorbereitungshandlung darstellt. Aber auch die Frage, ob der Täter mit der erfolgsursächlichen Handlung bereits ins Versuchsstadium getreten ist, ist nicht danach zu beurteilen, welcher Kausalverlauf dem Täter erwünscht war, sondern nur danach, welchen er sich als möglich und nicht ganz fern liegend vorgestellt hat. Nach der Lehre von der Vorsatzgefahr beginnt der Versuch erst dann, wenn der Täter wissentlich Kausalfaktoren setzt, die eine Vorsatzgefahr darstellen. Diese müssen sich im oben dargestellten Sinne im Kausalverlauf verwirklicht haben, wenn ihm auch der Erfolg zum Vorsatz zugerechnet werden soll. **11**

## 2. Der reine Irrtum über den Kausalverlauf

### a) Der Hauseinsturzfall – BGH NStZ 2007, 700[11]

▶ Der Angeklagte wollte seine Mieter aus seinem Haus vertreiben, um es renovieren und teurer vermieten oder verkaufen zu können. Er verabredete mit einem Komplizen, dass dieser den Verschlussstutzen der Gasleitung im Keller losschrauben und dann eine brennende Kerze auf die Kellertreppe stellen sollte. Die Explosion, die dadurch ausgelöst werden würde, sollte die Wände zum Wackeln bringen und die Mieter erschrecken. Dabei war sich der Angeklagte darüber im Klaren, dass Mieter durch umfallende Möbel oder schwere von der Decke stürzende Gegenstände erschlagen werden könnten. Der Komplize drehte den **12**

---

10 *Kühl* AT 13/48; *Köhler* AT S. 154.
11 Bespr. *Puppe* GA 2008, 569 ff.

Verschlussstutzen der Gasleitung ganz ab, so dass die Explosion sehr viel stärker ausfiel und das Haus zum Einsturz brachte. Sechs der Bewohner kamen dabei um. ◀

Da der Angeklagte den Einsturz des Hauses offensichtlich nicht in Kauf nahm, weil er mit seinen Plänen unvereinbar war, kam das Landgericht zu dem Ergebnis, dass er auch nicht den Vorsatz hatte, Hausbewohner zu töten. Dies erklärt der BGH für rechtsfehlerhaft. Zu den Anforderungen an den Vorsatz führt er folgendes aus:

> „Bedingter Tötungsvorsatz setzt zunächst voraus, dass der Täter es als möglich und nicht ganz fern liegend erkennt, sein Tun werde zum Tode eines anderen führen. Diese Folge muss er darüber hinaus zumindest in der Weise billigend in Kauf nehmen, dass er sich zum Erreichen des mit seinem Handeln verbundenen Endziels mit dem Tod des anderen abfindet, ihn hinnimmt, mag er ihm auch unerwünscht sein. Nach diesen Maßstäben hat das LG bedingten Tötungsvorsatz des Angeklagten rechtsfehlerhaft verneint. Der Angeklagte hatte erkannt, dass die Gasexplosion, die er verursachen wollte, durch herabstürzende Gebäudeteile oder umfallendes Mobiliar zum Tod von Hausbewohnern führen konnte. Dennoch hat er von seinem Vorhaben nicht Abstand genommen und den früheren Mitangeklagten zur Tatausführung schreiten lassen, um seine Sanierungspläne durchzusetzen. In diesem Falle konnte es an einem bedingten Tötungsvorsatz aber nur dann fehlen, wenn der Angeklagte aufgrund besonderer, außergewöhnlicher Umstände darauf vertraute, der von ihm für möglich gehaltene Tod von Hausbewohnern werde nicht eintreten."[12]

13  Dass das In-Kauf-Nehmen des Erfolges nur dann ausgeschlossen sein soll, wenn „der Angeklagte aufgrund besonderer, außergewöhnlicher Umstände darauf vertraut", dass er nicht eintreten werde, geht weit über das hinaus, was der BGH in anderen Fällen für ein ernsthaftes und nicht nur vages Vertrauen auf das Ausbleiben des Erfolges verlangt.[13] Damit steht er nun aber vor dem Problem, ob die Abweichung im Kausalverlauf, die darin bestand, dass die Hausbewohner nicht von umstürzenden Möbeln oder von der Decke fallenden Gegenständen erschlagen wurden, sondern durch Hauseinsturz, eine wesentliche in dem Sinne war, dass sie die Zurechnung des Erfolgs zum Vorsatz ausschließt. Dazu heißt es weiter in den Entscheidungsgründen:

> „Ebenso wenig ist es von Belang, dass die Explosion stärker ausfiel, als es sich der Angeklagte vorgestellt hatte, sie das Haus vollständig zum Einsturz brachte und der Tod sowie die Verletzungen von Hausbewohnern gerade durch den (vom Angeklagten nicht vorhergesehenen und gewollten) Einsturz verursacht wurden; denn hierin liegt nur eine unerhebliche Abweichung des tatsächlichen von dem vom Angeklagten als möglich vorgestellten Kausalverlauf. Maßgeblich für den Tötungsvorsatz sind die vom Angeklagten hingenommenen tödlichen Folgen der Explosion, nicht dagegen die genauen Abläufe, die – ausgelöst durch die Explosion – zu diesen Folgen führten".[14]

14  Hiernach gibt es keinen Irrtum über den Kausalverlauf, der die Zurechnung des Erfolges zum Vorsatz ausschließen könnte, wenn dieser erst einmal festgestellt ist. Denn nach dem vorliegenden Text kommt es nur darauf an, dass der Täter die tödlichen Folgen der Explosion „hingenommen" hat. Das ist nicht von ungefähr so. Da es nach der Rechtsprechung und der herrschenden Lehre für das Wissenselement des Vorsatzes

---

12  BGH NStZ 2007, 700 (701).
13  Vgl. etwa BGH NStZ 1988, 175; NStZ 2003, 603 (604); NStZ 2004, 329 (330).
14  BGH NStZ 2007, 700 (701).

genügt, dass der Täter den Erfolg „für möglich und nicht ganz fern liegend hält", also weiß, dass er eine unerlaubte Gefahr verursacht, wird dem Täter der Erfolg immer dann auch zum Vorsatz zugerechnet, wenn sich die unerlaubte Gefahr im Kausalverlauf realisiert hat, also die Bedingungen der Zurechnung zur Fahrlässigkeit erfüllt sind. Dass dem Täter der Erfolg zur Fahrlässigkeit zugerechnet wird, aber nicht zum Vorsatz, ist bei dieser Bestimmung des Wissenselements des Vorsatzes von vornherein ausgeschlossen.[15]

Verlangt man aber für den Vorsatz eine größere Gefahr, als für die bloße Fahrlässigkeit, so tritt dieses Ergebnis dann auf, wenn sich die vom Täter angenommene Gefahr nur zum Teil im Kausalverlauf zum Erfolg wieder findet, und zwar zu einem Teil, der nur eine Fahrlässigkeitsgefahr und keine Vorsatzgefahr darstellt.[16] Im vorliegenden Fall bestand die vom Täter bewusst gesetzte Gefahr darin, dass Hausbewohner durch umfallende Möbel oder von der Decke stürzende Gegenstände (Deckenputz hätte dazu nicht ausgereicht), erschlagen werden könnten. Das ist keine taugliche Tötungsmethode, denn es setzt voraus, dass erstens tatsächlich Möbel umstürzen oder schwere Gegenstände von der Decke fallen und zweitens gerade in diesem Moment eine Person so daneben oder darunter steht, dass sie tödlich getroffen wird. Das Vertrauen darauf, dass dies nicht geschehen wird, ist nachvollziehbar und nicht unvernünftig.[17] Hätte der Täter dagegen mit dem Komplizen verabredet, dass dieser eine Explosion herbeiführt, die das Haus zum Einsturz bringt, so wäre dies eine taugliche Tötungsmethode und damit eine vorsatzbegründende Gefahrvorstellung gewesen. Aber das Gericht hatte dem Angeklagten ja attestiert, dass er den Einsturz des Hauses nicht vorausgesehen hat. In dem Tod der Bewohner durch Einsturz des Hauses hat sich also nur eine vom Angeklagten verursachte Fahrlässigkeitsgefahr realisiert. Geht man mit dem BGH davon aus, dass die Gefahr von Nägeln oder Deckenteilen erschlagen zu werden eine Vorsatzgefahr darstellt, so liegt eine sog wesentliche Kausalabweichung vor.[18]

### b) Der Fall Rudi Dutschke

Für die Realisierung der Vorsatzgefahr gilt, ebenso wie für die der Fahrlässigkeitsgefahr, das Durchgängigkeitserfordernis,[19] dh die Vorsatzgefahr muss von der Beendigung der Täterhandlung an bis zum Eintritt des Erfolges bestehen und zur Bildung der Kausalkette erforderlich sein. Das ist dann nicht der Fall, wenn der Kausalverlauf zwischen Handlung und Erfolg in einen Zustand übergeht, der keine Vorsatzgefahr mehr darstellt. Hierfür ein Beispiel:

▶ Der Studentenführer Rudi Dutschke wurde von einem Attentäter mit Tötungsvorsatz durch einen Schuss in den Kopf verletzt. Er genas von dieser Verletzung, aber die Narben, die im Gehirn zurückblieben, verursachten, wie nach medizinischer Erkenntnis zu erwarten war, die Gefahr epileptischer Anfälle. Jahre später erlitt er einen solchen epileptischen Anfall in der Badewanne und ertrank. ◀

Da der Todesfall erst Jahre nach der Tat eintrat, war der Täter bereits wegen Totschlagsversuchs verurteilt und konnte schon deshalb für den Tod strafrechtlich nicht

---

15 NK-*Puppe* § 16 Rn. 75 f.; *dies.* (1992), 34; *dies* GA 2008, 569 (571).
16 NK[6]-*Puppe* § 16 Rn. 80; *dies.* (1992), 49; *dies* GA 2008, 569 (572 f.); *Kindhäuser* Hruschka-FS (2005), 527 (540).
17 *Puppe* GA 2008, 569 (574).
18 *Puppe* GA 2008, 569 (571 ff.).
19 Vgl. dazu o. 4/1 ff.; NK[6]-*Puppe* Vor § 13 Rn. 237 ff.; *dies.* ZStW 99 (1987), 595 (610 ff.).

mehr verantwortlich gemacht werden. In der Literatur wird vertreten, dass ein solcher sog Spätschaden auch materiellrechtlich nicht zurechenbar ist, weil das gesellschaftliche Interesse an der Tat mit der Zeit erlahmt.[20] Dies wollen wir an dieser Stelle nicht diskutieren (vgl. dazu die Voraufl. 7/2 ff.). Wir stellen uns also vor, der Tod wäre wenige Monate nach der Tat eingetreten, um zu untersuchen, ob dem Attentäter, der das Opfer ja unmittelbar durch den Kopfschuss töten wollte, der Kausalverlauf über den Unfall in der Badewanne nach den Regeln der allgemeinen Zurechnung (Fahrlässigkeitszurechnung) zuzurechnen ist und wenn ja, ob sich in diesem Kausalverlauf auch eine Vorsatzgefahr verwirklicht hat. Eine wesentliche Abweichung im Kausalverlauf würde vorliegen, wenn der Kausalverlauf dem Täter zwar zur Fahrlässigkeit zurechenbar wäre, aber nicht zum Vorsatz. Dann läge ein Tötungsversuch in Tateinheit mit einer fahrlässigen Tötung vor.

19    Die durch Kopfverletzungen begründete Gefahr epileptischer Anfälle sowie die Gefahr, wegen der durch solch einen Anfall verursachten Hilflosigkeit ums Leben zu kommen, ist sicherlich eine unerlaubte. Der Tod des Studentenführers ist dem Attentäter also zunächst zur Fahrlässigkeit zuzurechnen. Einen Menschen dadurch umzubringen, dass man bei ihm eine Epilepsie verursacht, ist aber sicherlich keine taugliche Tötungsmethode. Die Vorsatzgefahr des Kopfschusses hat sich im Erfolg nicht realisiert. Das Opfer war von den Kopfverletzungen genesen, die mit ihnen verbundene unmittelbare Lebensgefahr war also beendet. Übrig geblieben war allein die Gefahr, einen epileptischen Anfall in einer Situation zu erleiden, in der Hilflosigkeit tödlich ist, wie zB im Wasser. Diese ist aber keine Vorsatzgefahr. Der Tod des Studentenführers ist also dem Attentäter nicht zum Vorsatz zuzurechnen, wohl aber zur Fahrlässigkeit.

### c) Mitverschulden als Kausalabweichung – Der Hochsitzfall, BGHSt 31, 96[21] (Abwandlung)

20    Die Frage nach der Durchgängigkeit der Vorsatzgefahr stellt sich insbesondere in solchen Fällen, in denen zwischen die Täterhandlung und den Erfolg die Handlung eines anderen, insbesondere eine ebenfalls schuldhafte Handlung tritt. Hat der Täter dem Opfer mit Tötungsvorsatz eine lebensgefährliche Verletzung beigebracht, so unterbricht ein dessen Tod bedingender Kunstfehler die Zurechnung des Erfolges nur dann, wenn bei seinem Eintritt die Körperverletzung nicht mehr lebensgefährlich war oder ihre Lebensgefährlichkeit für die weitere Erklärung des Kausalverlaufs zum Tode nicht mehr gebraucht wird. Sie wird auch dann gebraucht, wenn sie der Grund dafür war, dass der Arzt zur Rettung des Patienten ein besonders hohes Behandlungsrisiko eingehen durfte und musste, das sich dann im Tod des Patienten realisiert hat. Stirbt das Opfer nach einem hohen Blutverlust an einer Transfusionshepatitis, so hat sich das vorsätzliche Erfolgsrisiko auch dann realisiert, wenn diese durch noch sorgfältigere Kontrolle der Blutkonserven möglicherweise hätte verhindert werden können. Denn große Bluttransfusionen sind stets gefährlich und werden nur im Notfall vorgenommen, und es war im vorliegenden Fall der lebensgefährliche Blutverlust, der die Ärzte zu dieser gefährlichen Behandlungsart zwang.[22]

---

20  *Gómez Rivero* GA 2001, 283 (289 ff.); *Roxin* Gallas-FS (1973), 241 (254); *Silva Sanchez* GA 1990, 207 (213 f.).
21  BGHSt 31, 96 = MDR 1982, 1034 = NJW 1982, 2831 = NStZ 1983, 21 mit Bespr. *Puppe* = JZ 1983, 73 = JR 1983, 77 mit Bespr. *Hirsch* = StV 1983, 61 mit Bespr. *Schlapp*; Bespr. *Maiwald* JuS 1984, 439, vgl. dazu jetzt auch BGH NStZ-RR 2000, 265.
22  Zum Problem der Entlastung des Ersttäters durch hinzutretendes Drittverschulden, s. o. 5/14 ff.

Hat der Täter dem Opfer mit Tötungsvorsatz ein schweres Schädel-Hirn-Trauma bei- 21
gebracht, so realisiert sich diese Vorsatzgefahr auch dann, wenn der Tod des Opfers
unter anderem dadurch bedingt war, dass der behandelnde Arzt die Gehirnblutung
nicht rechtzeitig erkannt und deshalb falsche Maßnahmen getroffen hat, denn das
schwere Hirntrauma wird auch weiterhin zur Erklärung des Kausalverlaufs zum Tode
gebraucht. Die Lebensgefahr hat sich auch nicht dadurch auf das Niveau einer einfachen Fahrlässigkeitsgefahr reduziert, dass der Verletzte in ärztliche Behandlung gelangt
ist, denn es ist diagnostisch schwierig, die Symptome einer Hirnblutung von denen
einer Hirnprellung zu unterscheiden, die entgegen gesetzte therapeutische Maßnahmen
erfordert.[23]

Ist dagegen der intermittierende Fehler des zweiten Beteiligten, der den Tod direkt 22
verursacht, ein grober und leicht vermeidbarer, und wird für den weiteren Kausalverlauf die Lebensgefährlichkeit der Ersthandlung nicht mehr gebraucht, so realisiert
sich nicht die ursprünglich bestehende Vorsatzgefahr. Dies sei an einer Abwandlung
des berühmten Hochsitzfalles demonstriert. In diesem Fall konnte dem Täter ein Tötungsvorsatz nicht nachgewiesen werden, aber wir wollen uns vorstellen, er habe mit
Tötungsvorsatz gehandelt, um zu fragen, ob dann eine wesentliche Abweichung im
Kausalverlauf vorliegt, die die Zurechnung des Erfolges zu diesem Vorsatz ausschließen würde.

▶ Der Angeklagte hatte einen 3 m hohen Hochsitz umgestürzt, auf dem sein Onkel, ein 23
älterer Mann, saß, um die Jagd auszuüben. Dieser brach sich dabei einen Knöchel. Bei
seiner Entlassung aus dem Krankenhaus versäumten die Ärzte die Prophylaxe gegen eine
Embolie. Sie belehrten den Patienten nicht darüber, dass er sich täglich bewegen müsse
und verschrieben ihm auch keine blutverflüssigenden Mittel. Durch das mehrwöchige Krankenlager, das der Patient nicht verließ, entstand eine Lungenentzündung und eine Embolie,
woran er verstarb. Würde man hier einen Tötungsvorsatz annehmen, so würde sich die
Frage stellen, ob dieser Erfolg dem Täter als Verwirklichung seines Vorsatzes zuzurechnen
ist. ◀

Dieser Täter hat wissentlich eine Vorsatzgefahr verursacht. Einen älteren Mann von
einem 3 Meter hohen Hochsitz zu stürzen, ist eine taugliche Tötungsmethode, denn
dieser kann sich dabei leicht den Schädel, das Genick oder das Rückgrat brechen. Da
es aber nur zu einem Knöchelbruch kam, hat sich diese Gefahr nicht realisiert. Der
einzige Gefahrfaktor, der für die weitere Erklärung des Kausalverlaufs zum Tode noch
gebraucht wird, ist die durch den Knöchelbruch bedingte wochenlange Bettlägerigkeit
des alten Mannes.

Einen älteren Menschen zu einem mehrwöchigen Krankenlager zu zwingen, um bei 24
ihm eine Lungenentzündung und eine Embolie zu verursachen, ist keine taugliche Tötungsmethode, wohl aber die Verursachung einer unerlaubten Gefahr. Daran ändert
auch die Tatsache nichts, dass die Realisierung dieser Gefahr im vorliegenden Fall
durch einen, wohl als grob zu beurteilenden, ärztlichen Kunstfehler mitbedingt war.[24]
Im Massenbetrieb einer Klinik ist auch mit solchen Versäumnissen zu rechnen und niemand darf einen anderen einer Gefahr aussetzen im Vertrauen darauf, dass andere sie
durch Erfüllung ihrer Sorgfaltspflichten abwenden werden (s. dazu o. 5/14 ff.). In un-

---

23   BGH MDR 1976, 16.
24   Siehe die Voraufl 5/26 ff.; *Puppe* NStZ 1983, 22 (23 f.).

serer Fallabwandlung hat der Neffe also seinen Onkel zu töten verursacht, dessen Tod aber nur durch Fahrlässigkeit verursacht.

### 3. Verspäteter Erfolgseintritt (sog. dolus generalis) – Der Jauchegrubenfall, BGHSt 14, 193

25 ▶ Um ihr Opfer am Schreien zu hindern, stopfte die Täterin diesem zwei Hände voll Sand in den Mund, wobei sie nach der Feststellung des Tatgerichts mit bedingtem Tötungsvorsatz handelte. Sie glaubte, dass das Opfer daran erstickt und bereits tot sei und warf es in eine Jauchegrube, um die vermeintliche Leiche zu beseitigen. Dort trat der Tod des Opfers durch Ertrinken ein. ◀

Zunächst setzt der BGH sich mit der überlieferten Doktrin des sog dolus generalis auseinander, wonach der Tötungsvorsatz auch auf die zweite Handlung auszudehnen sei, mit der die vermeintliche Leiche beiseite geschafft werden sollte. Diese Doktrin wird als überholt abgelehnt. Das ändert nach Ansicht des BGH aber nichts an dem Ergebnis, dass die Täterin wegen vollendeter vorsätzlicher Tötung strafbar ist. Dies wird wie folgt begründet:

> „Wie das Schwurgericht rechtlich einwandfrei darlegt, hatte die Angeklagte den bedingten Tötungsvorsatz, als sie Frau B. zwei Hände voll Sand in den Mund stopfte, um sie am Schreien zu hindern. Dadurch verursachte sie den Tod zwar nicht unmittelbar, aber mittelbar. Denn die Folge war, dass Frau B. schließlich regungslos da lag, von der Angeklagten für tot gehalten und deshalb von ihr in die Jauchegrube geworfen wurde. Zu diesem Vorgang, der den Tod unmittelbar bewirkte, wäre es ohne die früheren Handlungen, die die Angeklagte mit bedingtem Tötungsvorsatz ausgeführt hatte, nicht gekommen. Diese sind daher Ursache des Todes. Die Angeklagte hat ihn also mit bedingtem Vorsatz herbeigeführt. Er ist zwar auf eine andere Weise eingetreten, als die Angeklagte es für möglich gehalten hatte. Diese Abweichung des wirklichen vom vorgestellten Ursachenablauf ist aber nur gering und rechtlich ohne Bedeutung."[25]

26 Mit diesen klaren Worten widerlegt der BGH die in der Literatur bis heute vertretene Meinung, es komme nur eine Strafbarkeit wegen Versuchs und fahrlässiger Tötung in Betracht und man könne aus einer Tateinheit zwischen Versuch und fahrlässiger Tötung kein vollendetes Delikt machen.[26] Da nur die erste Handlung mit Tötungsvorsatz begangen wurde, kommt nur sie als Grundlage der Zurechnung in Betracht, denn eine vermeintliche Leiche kann man nicht töten wollen. Aber diese Ersthandlung reicht als Grundlage der Zurechnung auch vollkommen aus. Sie stellt nicht nur einen Anfang der Ausführung, sondern einen beendeten Versuch dar. Diejenigen Tatsachen, die den beendeten Versuch begründen und damit auch die Vorsatzgefahr, kommen in der Kausalerklärung des Erfolges sämtlich vor, und zwar durchgängig. Die Täterin hat ihr Opfer in die Jauchegrube geworfen, weil sie es für tot hielt, sie konnte das tun, weil sich das Opfer nicht mehr wehren konnte. Diesen Zustand des Opfers hat sie durch Anwendung einer generell tauglichen Tötungsmethode herbeigeführt, nämlich durch Ersticken mit Sand. Da der Täter nicht alle Faktoren des Kausalverlaufs vorausgesehen haben muss, verschlägt es nichts, wenn im tatsächlich eingetretenen Kausalverlauf

---

25 BGHSt 14, 193 (194).
26 *Jakobs* AT 8/76; *Kühl* AT 13/48; *Maurach/Zipf* AT/1, 23/39; *Schmidhäuser* AT 10/46; *Frisch* (1988), 620 ff.; *Hettinger* FS Spendel (1992), 237 (252 f.); *Schlehofer* (1996), 177; *Maiwald* ZStW 78 (1966), 30 (54 ff.); *Hruschka* JuS 1982, 317 (319 f.).

auch solche Faktoren vorkommen, die der Täter nicht mehr für kausal hielt, hier das Ertrinken in der Jauchegrube. Dass diese Faktoren vom Täter selbst ohne Vorsatz gesetzt worden sind, macht aus der zuvor geschehenen vorsätzlichen Verursachung des Erfolges nicht eine fahrlässige. Die unvorsätzlich vom Täter gesetzten Ursachen sind wie natürliche Ursachen zu behandeln.

In der Urteilsbegründung heißt es weiter:      27

> „Dass die Angeklagte bei ihrem Angriff nur mit bedingtem Tötungsvorsatz gehandelt hat, ist jedenfalls im vorliegenden Falle kein Grund, etwas anderes anzunehmen. Denn der Unterschied zwischen beiden Arten des Vorsatzes hat mit der Ursächlichkeit nichts zu tun. Er ändert auch nichts daran, dass das Maß in dem der wirkliche Ursachenverlauf von der Vorstellung der Angeklagten abwich, gering und daher rechtlich bedeutungslos ist."[27]

Hier legt der BGH die Gründe dar, aus denen die später von *Roxin* zu diesen Fällen entwickelte sog Tatplantheorie[28] abzulehnen ist. Nach dieser Theorie haftet der Täter für den Erfolg nur dann, wenn er den Tod des Opfers beabsichtigt hat und außerdem seinen Vorsatz als Wunsch bis zur Begehung der zweiten unmittelbar tödlichen Handlung aufrechterhält.[29] Letzteres ist schon deshalb nicht richtig, weil die zweite unmittelbar tödliche Handlung im Zurechnungszusammenhang nur als natürlicher Kausalfaktor auftaucht. Außerdem ist es für die Zurechnung des Erfolges zum Vorsatz nicht erforderlich, dass der Täter den Wunsch, der Erfolg möge eintreten, über die Beendigung des Versuchs hinaus aufrechterhält. Da es für die Zurechnung eines Erfolges grundsätzlich nicht von Belang ist, ob der Eintritt des Erfolges den Zielen und Wünschen des Täters entspricht, ist für die Bedingungen der Zurechnung in den Fällen des dolus generalis ebenso wenig wie in anderen Fällen ein Unterschied danach zu machen, ob der Täter den Erfolg mit Absicht, mit dolus directus oder dolus eventualis herbeigeführt hat.

## 4. Erfolgseintritt durch vorsätzliches Handeln eines Dritten – Der Freundschaftsdienstfall, BGH NStZ 2001, 29[30]

▶ Die Angeklagte hatte ihr Opfer mit 16 Messerstichen in den Leib und das Gesicht so      28
schwer verletzt, dass sie sie für tot hielt. Sie rief ihren Freund zu Hilfe, der mit ihr an den Tatort zurückkehrte, um Spuren zu beseitigen. Während die Angeklagte draußen blieb, fand der Freund das Opfer noch röchelnd und verblutend vor. Um es endgültig zu töten, schlug er mit einer Wasserflasche auf dessen Kopf ein und würgte es. Der medizinische Sachverständige konnte nicht eindeutig feststellen, ob das Opfer verblutet oder an dem durch die Schläge mit der Wasserflasche zugefügten Schädelbruch gestorben war. ◀

Das Tatgericht nahm zugunsten der Angeklagten das letztere an und sprach sie vom Vorwurf einer vollendeten Tötung mit der Begründung frei, dass die Kausalität ihrer

---

27  BGHSt 14, 193 (194).
28  *Roxin/Greco* AT/1 12/164 ff.; *ders.* Würtenberger-FS (1977), 109 (120 ff.).
29  *Roxin/Greco* AT/1 12/177 ff.; *ders.* Würtenberger-FS (1977), 109 (124 f.).
30  = BGHR StGB § 1 / Kausalität Doppelkausalität 2; = Kriminalistik 2001, 270; = JA 2001, 365 m. Besprechung *Trüg*.

Handlung für den Todeserfolg nicht erwiesen sei. Dies erklärt der BGH mit folgenden Worten für rechtsfehlerhaft:

> „Es kommt nicht darauf an, ob die Messerstiche oder die Schläge mit der Wasserflasche jeweils für sich genommen den Tod des Opfers bewirkt hätten oder J erst in Folge des Zusammenwirkens der ihr von beiden Angeklagten beigebrachten Verletzungen gestorben ist. Die Angeklagte hat mit den von ihr geführten Messerstichen jedenfalls eine Bedingung für den Tod des Opfers gesetzt; denn ohne diese, ihr von der Angeklagten beigebrachten Verletzungen wäre es nicht dazu gekommen, dass der Angeklagte eingriff und – an das Handeln seiner Freundin anknüpfend – J mit der Wasserflasche auf den Kopf schlug, um das von der Angeklagten begonnene Tötungswerk zu vollenden. Für die Annahme, der Angeklagte habe mit seinen Schlägen die todesursächliche Wirkung der von seiner Freundin gesetzten Messerstiche beseitigt und stattdessen einen neuen, davon unabhängig zum Tod führenden Kausalverlauf in Gang gesetzt, ist hiernach kein Raum."[31]

Ebenso wie im Fall BGHSt 14, 193, ist hier das Erfordernis der Kausalität und auch das Durchgängigkeitserfordernis erfüllt. Dass die Angeklagte ihr Opfer lebensgefährlich verletzt hatte, ist ein unerlaubter Zustand und auch eine Vorsatzgefahr und diese Vorsatzgefahr wird bis zum Eintritt des Todes für die Erklärung des weiteren Kausalverlauf gebraucht. Denn der Freund hat sich deshalb entschlossen, das Opfer durch die Schläge mit der Wasserflasche endgültig zu töten, weil die Angeklagte es bereits tödlich verletzt hatte und er ihr helfen wollte. Ob er sich auch dazu entschlossen hätte, wenn er das Opfer nicht für tödlich verletzt gehalten hätte, ist unerheblich, denn dies wäre ein anderer Kausalverlauf.

29   Es stellt sich damit nur noch die Frage, ob die Abweichung im Kausalverlauf, die darin bestand, dass die Angeklagte ihr Opfer bereits für tot hielt, als sie den Freund einschaltete, die Zurechnung des Erfolges zu ihrem Vorsatz ausschließt. Dazu heißt es im Urteil des BGH:

> „Die strafrechtliche Haftung der Angeklagten iS eines vollendeten Tötungsverbrechens entfällt auch nicht unter dem Gesichtspunkt einer Abweichung des tatsächlichen Kausalverlaufs vom vorgestellten. Eine solche Abweichung ist zwar zu bejahen, soweit zugunsten der Angeklagten unterstellt werden muss, dass die dem Tatopfer vom Angeklagten W zugefügten Verletzungen den Eintritt des Todes beschleunigt haben. Abweichungen vom vorgestellten Kausalverlauf sind jedoch rechtlich bedeutungslos, wenn sie sich innerhalb der Grenzen des nach allgemeiner Lebenserfahrung Voraussehbaren halten und keine andere Bewertung der Tat rechtfertigen. So liegt es hier. Der Tod des Opfers ist nicht etwa Folge einer außerhalb jeder Wahrscheinlichkeit liegenden Verkettung unglücklicher Umstände, bei der eine Haftung der Angeklagten für den Erfolg ausscheiden würde. Die Abweichung vom vorgestellten Kausalverlauf ist vielmehr unwesentlich und rechtfertigt auch keine andere Bewertung der Tat."[32]

30   Auch diese Entscheidungsbegründung macht deutlich, warum die hL von der Wesentlichkeit einer Kausalabweichung nie zur Bejahung dieser Rechtsfigur kommt also zu einer fahrlässigen Erfolgsverursachung in Tateinheit mit einem Versuch. Hält sich der wirkliche Kausalverlauf nämlich nicht „innerhalb der Grenzen des nach allgemeiner

---

31   BGH NStZ 2001, 29 (30).
32   BGH NStZ 2001, 29 (30).

Lebenserfahrung Vorhersehbaren" so ist er dem Täter auch objektiv, also zur Fahrlässigkeit nicht zuzurechnen.

Vom Fall BGHSt 14, 193 unterscheidet sich der vorliegende Fall in zwei Punkten: Erstens hat nicht die Angeklagte selbst die unmittelbar tödliche Handlung ausgeführt, sondern ein Dritter, zweitens hat dieser Dritte bei Ausführung dieser Handlung gewusst, dass das Opfer noch lebte und mit Tötungsvorsatz gehandelt. Da aber auch dieser Kausalverlauf nicht außerhalb aller Lebenserfahrung liegt, ist dem BGH darin zuzustimmen, dass die Abweichung des wirklichen Kausalverlaufs von der Vorstellung der Täterin nach dem schwachen Zurechnungskriterium der hL die Zurechnung des Erfolges zu ihrer vorsätzlichen Tat nicht hindert. Denn es liegt nicht außerhalb aller Lebenserfahrung, dass ein Täter, der glaubt, sein Opfer getötet zu haben, zur Verwischung der Spuren einen Freund hinzuzieht, der sich, in der Erkenntnis, dass das Opfer noch lebt, zu seiner endgültigen Tötung entschließt.

Für uns stellt sich jedoch die Frage, ob das strengere Kriterium der Realisierung einer     31
von der Täterin gesetzten Vorsatzgefahr ebenfalls erfüllt ist. Zunächst steht fest, dass die Angeklagte mit den 16 Messerstichen eine taugliche Tötungsmethode angewandt, also eine vorsatzbegründende Gefahr für das Leben ihres Opfers geschaffen hat. Es wäre nun ein Missverständnis des Erfordernisses der Realisierung einer Vorsatzgefahr, wenn man diese nun davon abhängig machen würde, dass die Abweichung im Kausalverlauf bei Begehung der Tat hinreichend wahrscheinlich war, um eine Vorsatzgefahr zu begründen. Dies kann man im vorliegenden Fall mit guten Gründen bezweifeln. Zu dieser Abweichung gehört, dass die Täterin nach der Tat das Opfer irrtümlich bereits für tot hielt, dass sie ihren Freund hinzuzog, dass dieser ihren Irrtum erkannte und sich daraufhin entschloss, das Opfer endgültig zu töten. All dies ist zwar generell vorhersehbar, aber doch nicht so wahrscheinlich, dass es eine taugliche Tötungsmethode begründen würde.

Aber der vorsätzlich handelnde Täter muss nicht jeden einzelnen Faktor des Kausal-     32
verlaufs mit hinreichender Wahrscheinlichkeit vorsehen können. Alle Einzelheiten des Kausalverlaufs kann er niemals vorsehen, geschweige denn mit hinreichender Wahrscheinlichkeit. Eine Vorsatzgefahr hat sich dann realisiert, wenn diejenigen Gefahrfaktoren, die die taugliche Tötungsmethode begründen, in der wahren Erklärung des Kausalverlaufs vorkommen, die Vorstellung des Täters mit der Wirklichkeit also in Bezug auf diese Faktoren übereinstimmt. Dann ist es irrelevant, ob die gleichwohl bestehenden Abweichungen zwischen Wirklichkeit und Tätervorstellung vorhersehbar oder gar wahrscheinlich waren. Im vorliegenden Fall stimmt der wirkliche Kausalverlauf mit dem von der Täterin angenommenen darin überein, dass sie das Opfer mit ihren Messerstichen tödlich verletzt hat. Denn wie oben gezeigt, ist die Tatsache, dass das Opfer durch die Messerstiche der Angeklagten bereits tödlich verletzt war, ein notwendiger Bestandteil derjenigen Kausalerklärung, die letztlich zu seinem Tode geführt hat. Der hinzugezogene Freund hat ja die endgültig tödlichen Schläge mit der Wasserflasche nicht nur deshalb geführt, weil das Opfer hilflos und bewusstlos war, sondern weil es so schwer verletzt war, dass er es, wohl mit Recht, für ohnehin verloren hielt. Damit hat sich die von der Täterin durch ihre tödlichen Stiche gesetzte Lebensgefahr im Erfolg, wenn auch auf einen Umweg, doch noch realisiert.

### 5. Vorzeitiger Erfolgseintritt

### a) Erfolgsverursachung durch Vorbereitungshandlungen – Der Haschischkurierfall, BGH NStZ 1991, 537

33 ▶ Der Täter wollte als Kurier 50 kg Haschisch auf einer Busreise via Spanien und Frankreich nach Deutschland einführen. Während einer Rast in Spanien entwendete ein Mitreisender ihm das Haschisch und führte es seinerseits über die Grenze nach Deutschland ein. In dem Glauben, dass sich das Haschisch immer noch in seinem Gepäck befinde, überquerte der Täter die Grenze. ◀

Im wirklichen Fall hatte der Täter die Entwendung des Haschischs bereits in Spanien bemerkt. Trotzdem verurteilte der BGH einen anderen Beteiligten, den er als Mittäter ansah, wegen versuchter Einfuhr von Betäubungsmitteln in nicht geringer Menge nach § 29 Abs. 1 Ziff. 1 BtMG. Die versuchte Einfuhr von Betäubungsmitteln beginnt erst dann, wenn sich der Schmuggler mit dem Betäubungsmittel der Grenze nähert. Ein solcher Versuch hat seitens des Kuriers nicht stattgefunden, sondern nur von Seiten des Diebes des Haschischs.

34 Deshalb erörtern wir den Fall in der Abwandlung, dass der Kurier beim Übertritt über die deutsche Grenze glaubte, das Haschisch befinde sich noch in seinem Gepäck. Dann hätte er einen Versuch der Einfuhr von Betäubungsmitteln begangen, dieser wäre aber untauglich gewesen. Er wäre auch nicht kausal dafür gewesen, dass das Haschisch durch den Dieb nach Deutschland gelangte. Kausal dafür war allein der Transport des Haschischs durch den Kurier bis zu der Raststätte in Spanien. Dieser stellt nur eine Vorbereitungshandlung dar. Verursacht der Täter den Erfolg durch eine Vorbereitungshandlung, so kommt eine Zurechnung des Erfolges zum Vorsatz von vornherein nicht in Betracht, auch wenn er den deliktischen Plan bis zu einem nicht kausalen Versuch fortsetzt. Es bedarf nicht einer Lehre von der wesentlichen Abweichung im Kausalverlauf, um zu begründen, dass die Zurechnung eines Erfolges zum Vorsatz dessen Verursachung durch eine Handlung voraussetzt, die mindestens ein Anfang der Ausführung, also Versuch ist.[33]

### b) Erfolgsverursachung durch Versuch – Der Kofferraumfall, BGH NStZ 2002, 309[34]

35 ▶ Nach einer der möglichen Versionen des Tathergangs hatte der Angeklagte seine Ehefrau in der gemeinsamen Wohnung überwältigt, betäubt oder gefesselt und geknebelt und dann in den Kofferraum eines Autos gelegt, um sie an einen anderen Ort zu fahren, wo er ihr erst eine Unterschrift unter eine Generalvollmacht abpressen und sie dann töten wollte. Als er den Kofferraum öffnete, stellte er fest, dass seine Frau bereits tot war. Die medizinische Todesursache konnte nicht festgestellt werden, weil die Leiche nicht gefunden wurde. In Betracht kommt beispielsweise Ersticken an dem Knebel, durch Einatmen von erbrochenem Mageninhalt oder aus Mangel an Luft in dem Kofferraum, aber auch Herzversagen, als Folge der Todesangst, oder auch Tod in Folge der Verwendung des unbekannten Betäubungsmittels. Die geplante zweite Handlung zur unmittelbaren Tötung des Opfers entfiel damit. ◀

---

33  NK[6]-*Puppe* § 16 Rn. 90; *dies.* (1992), 37; *Stratenwerth/Kuhlen* AT 8/94; *Welzel* StrafR § 13 I 3d); *Schlehofer* (1996), 37 f.
34  NJW 2002, 1057; StV 2002, 538; JA 2002, 745.

Die Entscheidungsbegründung beginnt mit den folgenden Ausführungen:

> „Bewirkt der Täter, der nach seiner Vorstellung vom Tatablauf den Taterfolg erst durch
> eine spätere Handlung herbeiführen will, diesen tatsächlich bereits durch eine frühere,
> so kommt eine Verurteilung wegen vorsätzlicher Herbeiführung des Taterfolges über
> die Rechtsfigur der unerheblichen Abweichung des tatsächlichen vom vorgestellten Kau-
> salverlauf nur dann in Betracht, wenn er bereits vor der Handlung, die den Taterfolg
> verursacht, die Schwelle zum Versuch überschritten hat oder sie zumindest mit dieser
> Handlung überschreitet." [35]

Das ist zunächst der richtige Ansatz. Eine Vorbereitungshandlung mag eine Zurech-   36
nung des Erfolges zur Fahrlässigkeit begründen, eine Zurechnung zum Vorsatz begründet sie nicht. Auch dann nicht, wenn der Täter in Unkenntnis des Erfolgseintritts
seinen Tatplan bis ins Versuchsstadium fortsetzt. Davon ist auch das Tatgericht ausgegangen. Es war aber der Ansicht, dass der Täter schon durch das Betäuben bzw.
Fesseln und Knebeln seiner Ehefrau und das Verbringen der wehrlosen oder bewusstlosen Frau in den Kofferraum in das Versuchsstadium eingetreten ist. Dem widerspricht
der BGH unter Hinweis darauf, dass nach dem Plan des Täters die Frau diesen Angriff
überleben, von ihm zu einer Unterschriftleistung gezwungen und erst danach durch
eine zweite Handlung getötet werden sollte, mit den folgenden Worten:

> „Vor dem Hintergrund eines derartigen Tatplans kann der erste Zugriff des Angekl. auf
> seine Ehefrau im Wohnhaus der Familie noch nicht als unmittelbares Ansetzen zu deren
> vorsätzlicher Tötung gewertet werden. Durch die Fesselung, Knebelung oder Betäubung
> seiner Ehefrau hat der Angekl. nach seiner Vorstellung noch keine tatbestandliche Hand-
> lung iS der §§ 211, 212 StGB ausgeführt. Denn das LG hat nicht festgestellt, dass er es
> für möglich hielt und zumindest billigend in Kauf nahm, seine Ehefrau könnte bereits
> hierdurch zu Tode kommen. Er hat im Rahmen seines Tatplanes aber auch noch keine
> Handlung vorgenommen, die in unmittelbarem örtlichen und zeitlichen Zusammenhang
> mit der vorgestellten Tatbestandsverwirklichung stand oder in diese ohne wesentliche
> Zwischenakte einmünden sollte." [36]

Geht man von dem Kausalverlauf aus, den der Täter sich wünschte und der in sein   37
Konzept passte, so ist das richtig, danach sollte der erste Angriff auf das Opfer noch
nicht unmittelbar die Tötungshandlung darstellen. Aber dem Täter wird nicht nur der
Kausalverlauf zum Vorsatz zugerechnet, der in seine Wünsche und Pläne passt oder
der, den er in seinen Einzelheiten billigend in Kauf genommen hat. Billigend in Kauf
nehmen muss er nur den Erfolg. Den hat er im vorliegenden Fall sogar beabsichtigt
und auch durch die erste Handlung schon mitverursachen wollen. Ob dies bereits eine
Versuchshandlung ist, richtet sich zwar laut § 22 nach Vorstellung des Täters von der
Tat, aber nicht nach seinen Wünschen. Legt man die Anforderungen zugrunde, die die
herrschende Lehre an das Vorsatzwissen stellt, so musste der Täter lediglich als möglich und nicht ganz fern liegend erkennen, dass seine Frau auch schon an dem Betäubungsmittel, an dem Knebel oder an dem Transport im Kofferraum in bewusstlosem
Zustand sterben würde. Dass er dies nicht erkannt haben sollte, sondern all dies für
harmlos gehalten haben könnte, ist schwer vorstellbar. Einen Menschen bewusstlos
oder geknebelt einige Zeit in einem Kofferraum zu transportieren stellt eine große und

---

35  NStZ 2002, 309.
36  NStZ 2002, 310.

unmittelbare Gefahr des Erstickens dar, also auch eine Vorsatzgefahr. Es ist also dem Instanzgericht darin Recht zu geben, dass dem Täter der Tod seines Opfers als Verwirklichung seines Tötungsvorsatzes zuzurechnen ist.

### 6. Die sog. aberratio ictus

### a) Der Schusswechselfall, BGHSt 38, 295

38   ▶ Der Angeklagte, ein Mitglied der RAF, floh nach einem Banküberfall in ein unter dem Bahnhof gelegenes Einkaufszentrum, wo es zu einem Schusswechsel mit der Polizei kam. Ein auf den Polizisten P gezielter Schuss verfehlte diesen und traf die Kundin K tödlich. ◀

In der Begründung heißt es:

> „Das Oberlandesgericht hat ohne Rechtsfehler eine vorsätzliche Tötung der Passantin Kl. verneint. Es ist nicht zu beanstanden, dass das Tatgericht einen bedingten Vorsatz deswegen nicht angenommen hat, weil es nicht festzustellen vermochte, dass der Schütze des fehlgegangenen tödlichen Schusses erkannt hatte, dass sich im Schussfeld neben dem Polizeibeamten P. auch noch Frau Kl. und möglicherweise der Zeuge F. befunden hatte. Dass er diese Personen hätte sehen müssen, reicht für ein Wissen über die konkrete Gefährlichkeit des abgegebenen Schusses für unbeteiligte Passanten, das einen Schluss auf die Inkaufnahme ihrer Tötung rechtfertigt, ebenso wenig aus wie die generelle Kenntnis von der Belebtheit der Einkaufspassage, solange der Schütze meint, wenigstens sein Schussfeld sei frei."[37]

Dem BGH ist die Maßgeblichkeit der Konkretisierung des Vorsatzes auf die Person P so selbstverständlich, dass er es nicht mehr für nötig hält, sie zu begründen. Bemerkenswert ist aber, dass er sogleich die Frage prüft, ob nicht ein zweiter auf die Person der K konkretisierter Vorsatz in Form des dolus eventualis vorhanden sein könnte. Diese beiden Vorsätze werden allerdings sorgfältig getrennt gehalten.

39   Der Fall, dass der Täter auf eine Person P mit einer Schusswaffe oder einem Wurfgeschoss zielt und eine andere Person trifft, ist der einzige, in dem sich die verschiedenen Versionen der Lehre von der Vorsatzkonkretisierung einig sind. Die Wahrnehmung der Gestalt einer Person oder auch einer Sache mit den Augen führt zur Einschränkung des Vorsatzes auf dieses Objekt als von Natur aus vorgegebenes Lebenskonkretum, das im Bewusstsein des Täters unmittelbar, also ohne jede begriffliche Abstraktion anwesend ist.[38] Ob, falls eine solche visuelle Wahrnehmung im Moment der Tat fehlt, der Vorsatz auch in einer anderen Weise auf ein bestimmtes Objekt konkretisiert werden kann oder nicht, ist innerhalb der Lehre von der Vorsatzkonkretisierung heillos streitig (s. dazu u. 10/44 ff.). Ist aber eine Konkretisierung durch den Anblick des Objekts vorhanden, so verdrängt sie jedenfalls jede andere.[39] Die Maßgeblichkeit der Konkretisierung des Vorsatzes auf ein bestimmtes Objekt durch den Anblick dieses Objekts soll von Natur aus bestehen und keiner weiteren theoretischen Erklärung oder normativen

---

37   BGHSt 38, 295 (296 f.).
38   *Hettinger* GA 1990, 531 (549); Schönke/Schröder-*Sternberg-Lieben/Schuster* § 15 Rn. 57; *Fischer* § 16 Rn. 5; Lackner/Kühl-*Kühl* § 15 Rn. 12; MüKo-*Joecks* § 16 Rn. 104; *Roxin/Greco* AT/1 12/160 ff.; *Jakobs* AT 8/80; *Jescheck/Weigend* AT 29 V 6 c; *Stratenwerth/Kuhlen* AT 8/95 f.; *Otto* AT 7/94 ff.; *Kindhäuser* AT 27/54, 57; *Wessels/Beulke/Satzger* AT Rn. 378.
39   *Roxin/Greco* AT/1 12/196.

Begründung bedürfen.[40] Deshalb soll es auch nicht in der Macht des Gesetzgebers stehen, daran etwas zu ändern. Was aber Inhalt des Vorsatzes ist, ein bestimmtes Verbrechen zu begehen und worin demgemäß die Vorstellung des Täters mit der Wirklichkeit übereinstimmen muss, damit ihn diese als Verwirklichung seines Vorsatzes also als Deliktsvollendung zuzurechnen ist, das hat weder „das Leben" noch „die Natur" zu bestimmen, sondern das Gesetz. In § 212 steht aber „wer einen Menschen tötet", von einem durch visuelle oder sonstige Wahrnehmung „konkretisierten" Menschen ist da nicht die Rede. Nun ist aber in jeder wie auch immer auf eine bestimmte Person konkretisierten Vorstellung, diese zu töten, logisch die Vorstellung enthalten, einen Menschen zu töten.[41] Da aber diese Vorstellung für den Vorsatz nach § 212 erforderlich und jede weitere Konkretisierung überflüssig ist, kann auch die Zurechnung der Tötung eines Menschen zum Tötungsvorsatz nicht davon abhängig gemacht werden, das irgendeine weitere Konkretisierung des Opfers in der Vorstellung des Täters objektiv erfüllt ist.[42]

Wenn eine Falllösung, und viel mehr als eine Falllösung ist die Lehre von der aberratio ictus nicht, sich in Theorie und Praxis hartnäckig behauptet, obwohl sie zu ihrer normativen Begründung nicht viel mehr zu bieten hat, als die Berufung auf die „vorstrafrechtliche Intuition" oder „den Protest des Rechtsgefühls",[43] und obwohl sie sich der Kritik an ihren theoretischen Defiziten nicht anders zu erwehren vermag als dadurch, dass sie ihren Kritikern Fehler unterschiebt, die diese nicht begangen haben,[44] so ist es nicht damit getan, ihre Fehler und theoretischen Defizite immer wieder aufzuzeigen. Wenn es die Lehre von der aberratio ictus nicht für erforderlich hält, das Rechtsgefühl, auf das sie sich allenthalben beruft, zu hinterfragen, so müssen sich ihre Kritiker dieser Aufgabe unterziehen. Eine Quelle, aus der sich dieses Gefühl speist, ist offenbar jene archaische Vorstellung, dass der Gesichtssinn uns befähigt, die Wirklichkeit unmittelbar zu erfassen. Untersuchen wir aber den klassischen Fall der aberratio ictus anhand der oben aufgezeigten Erfordernisse der Zurechnung eines Erfolges zum Vorsatz, so zeigt sich, dass hier auch eine List der Vernunft am Werke ist, freilich einer Vernunft, die bisher weit davon entfernt ist, sich allgemein durchzusetzen und von den Anhängern der Vorsatzkonkretisierung anerkannt zu wenden.

Das gezielte Schießen auf den Kopf oder auf die Brust eines Menschen stellt eine taugliche Tötungsstrategie dar. Das ungezielte Schießen in die Luft ist aber, auch wenn es an einem belebten Platz geschieht, keine taugliche Methode, einen Menschen zu töten. Wer so handelt, begründet nur eine Fahrlässigkeitsgefahr für beliebige Opfer, selbst

40

---

40 *Hettinger* GA 1990, 531 (549); *Hruschka* AT, S. 8; *Roxin/Greco* AT/1 12/196; *Frisch* (1988), 599; *Stratenwerth* Baumann-FS (1992), 57 (62), *Fischer* § 16 Rn. 3, 5; LK-*Vogel/Bülte* § 15 Rn. 25 ff., 50; *Walter* (2006), 247 nennt dies den „Subsumtionsstoff." Dieser sei als Gegenstand des Vorsatzes „für sich zu nehmen, dh ohne das Prädikat, diesem oder jenem Begriff zu unterfallen". Kritisch zu diesem Begreifen ohne Begriffe, *Kuhlen* ZStW 120 (2008), 140 (144).

41 Deshalb ist es schlicht logisch falsch, wenn die Vertreter der Lehre von der Maßgeblichkeit der aberratio ictus ihren Gegnern vorhalten, dass sie einem Täter, der einen irgendwie konkretisierten Vorsatz hat, einen generellen Vorsatz unterstellen. S/S-*Sternberg-Lieben/Schuster* § 15 Rn. 57; *Frisch* (1988), 598 ff.; *Baumann/ Weber/Mitsch/Eisele* AT 11/90 im Widerspruch zu 11/85; *Wessels/Beulke/Satzger* AT Rn. 378.

42 *Puppe* (1992); *dies.* GA 1982; SK-Stein § 16 Rn. 39 f.; *Frister* AT 11/57 ff.; *Heuchemer* v. Heintschel-Heinegg-FS (2015), 189 (198).

43 *Kühl* AT 13/32; *Schlehofer* (1996), 17; *Herzberg* JA 1981, 369 (374); *Prittwitz* GA 1983, 110 (128); *Schreiber* JuS 1985, 875; *Koriath* JuS 1997, 901 (902).

44 S. die Nachweise in Fn. 41 und noch krasser *Koriath* JuS 1997, 901 ff., dazu *Puppe* JuS 1998, 287 f.

wenn er hoffen sollte, dass er irgendeinen oder auch einen bestimmten Menschen treffen wird.[45]

Zielt nun der Täter auf eine bestimmte Person und trifft er, etwa durch einen Querschläger, eine davon entfernt stehende andere,[46] so realisiert sich in dem Erfolg nicht die Gefahr des Zielens auf einen Menschen, sondern nur die Fahrlässigkeitsgefahr des Schießens an belebten Orten. Denn zur Erklärung dieses Kausalverlaufs wird die Tatsache nicht gebraucht, dass sich in der Richtung, in die der Täter zielte, einer oder mehrere Menschen befanden. Für diesen Fall ist also das Ergebnis der Lehre von der aberratio ictus, aber nur das Ergebnis, richtig, und dies nur, sofern man die Unterscheidung zwischen Vorsatzgefahr und Fahrlässigkeitsgefahr voraussetzt.[47]

41   Das ändert sich, wenn sich in der Richtung, in die der Täter zielt, eine Gruppe oder eine Menge von Menschen befindet. Denn dann begründet er eine Vorsatzgefahr für jeden, der sich in der Nähe des anvisierten Opfers befindet. Das erforderliche Bewusstsein von dieser Vorsatzgefahr ist auch dann gegeben, wenn der Täter so fest auf seine Schießkünste und die Zielsicherheit seiner Waffe vertraut hat, dass er davon überzeugt war, ganz bestimmt nur das vorgesehene Opfer zu treffen. Denn diese Überzeugung ist nicht notwendiger Bestandteil des Vorsatzes. Entscheidend ist, dass er die für eine Vorsatzgefahr hinreichende Wahrscheinlichkeit erkannt hat, dass er überhaupt einen Menschen treffen wird. Da aber keine Waffe und kein Schütze so zielsicher ist, dass sich die Vorsatzgefahr auf das anvisierte Ziel beschränkt, und da der Täter das in der Regel auch weiß, ist nicht zwischen einer Gefahr für das anvisierte Opfer und einer anderen für die Umstehenden zu unterscheiden.

42   Die herrschende Lehre wird sich in solchen Fällen meist damit helfen, dass sie außer der Absicht, das anvisierte Opfer zu töten, auch einen dolus eventualis hinsichtlich der Tötung der Umstehenden annimmt. Sie spaltet damit die vom Täter gesetzte Gefahr der Tatbestandsverwirklichung in zwei verschiedene Gefahren auf.

43   Der Vorsatz und die Zurechnung des Erfolges zum Vorsatz reduzieren sich nur dann und nur deshalb auf ein bestimmtes Objekt, weil der Täter nur für dieses Objekt eine Vorsatzgefahr wissentlich geschaffen hat. In diesem Fall, und nur in diesem, kommt die Lehre von der Vorsatzgefahr zu dem gleichen Ergebnis wie die Lehre von der aberratio ictus. Die Vermutung liegt nahe, dass sich unterschwellig auch in der Lehre von der aberratio ictus dieser Gedanke geltend macht. Aber ihre Anhänger stellen die Lehre von der Vorsatzkonkretisierung, wie ausgeführt, auf ganz andere theoretische Grundlagen. Deswegen wäre es ein Missverständnis, in dieser Feststellung der Übereinstimmung von Einzelergebnissen eine Konzession an die Lehre von der Vorsatzkonkretisierung oder gar von den Lebenskonkreta zu sehen.[48] Die Anhänger der Lehre von der Vorsatzkonkretisierung und der Maßgeblichkeit der aberratio ictus sind weit davon entfernt, die Vorsatzzurechnung auf die Realisierung einer qualifizierten Gefahr einzuschränken. Sie lehnen diese Konzeption als „zutiefst ungerecht" ab.[49]

---

45   NK⁶-*Puppe* § 16 Rn. 106; *dies.* (1992), 31, 49 f.
46   Vgl. den Fall LG München JZ 1988, 565 ff.
47   *Puppe* (1992), 30 f., 49 f.; NK-*dies.* § 16 Rn. 106.
48   Mißverständlich daher *Burkhardt* in *Eser/Hassemer/Burkhardt* (2000), 111 (143); *Herzberg* NStZ 1999, 217 (219).
49   Zur Begründung dafür wird, in mehr oder weniger verkürzter oder abgeschwächter Form, das Verdikt von *Prittwitz* (1993), 357 zitiert: „Die offene Zuschreibung subjektiver Verantwortlichkeit je nach dem objektiven Grad der Gefahr ist zutiefst ungerecht und widerspricht dem Prinzip individueller Vorwerfbarkeit." So verfahren *Kühl* AT, 5/68a; *Roxin/Greco* AT/1 12/47 ff.; *Köhler* AT S. 165 Fn. 94.

### b) Zur Unterscheidung von aberratio ictus und error in objecto – Die Sprengfalle, Abwandlung BGH NStZ 1998, 294 f.

Die Fälle, in denen die Unterscheidung zwischen aberratio ictus und error in objecto  44
problematisch wird, lassen sich wie folgt allgemein charakterisieren: Der Täter stellt
eine Falle, in die nach seinem Tatplan eine bestimmte Person hineingehen soll, tatsächlich gerät aber eine andere Person in diese Falle. Der Täter hat also seinen Vorsatz
in gewissem Sinne auf eine bestimmte Person konkretisiert, jedoch nicht mit einer
unmittelbaren sinnlichen Wahrnehmung des Opfers im Moment der Tat. Zweifelhaft
ist also, ob diese Konkretisierung ein Lebenskonkretum darstellt, bzw. ob sie zu dem
Tatplan gehört, auf dessen Erfüllung es nach einer normativen Betrachtungsweise ankommt. Das Problem wird in der Wissenschaft vor allem an zwei Standardbeispielen
diskutiert, dem Enzianfall und dem Bombenlegerfall.

In der Entscheidung BGH NStZ 1998, 294 ging es um eine Sprengfalle. Da die  45
Sprengfalle nicht funktionierte, kam ohnehin nur eine Strafbarkeit wegen Versuchs
in Betracht. Trotzdem hat der BGH die Gelegenheit genutzt, zu der Frage Stellung
zu nehmen, ob in einem solchen Fall ein error in objecto oder eine aberratio ictus
vorliegt, falls statt derjenigen Person, die die Täter töten wollten, eine andere in die
Sprengfalle gerät und getötet wird. Deshalb behandeln wir den Fall in der Abwandlung, dass die Sprengfalle funktioniert.

▶ Die Täter wollten den R töten, indem sie eine Handgranate in einem Radkasten von
dessen Auto anbrachten und deren Abzug mit einer Schnur dergestalt mit dem Rad verbanden, dass bei einer Umdrehung des Rades der Abzug herausgezogen wurde und die
Handgranate auslöste. Sie brachten aber die Sprengfalle am Auto von dessen Nachbarn St
an, das sie für den Wagen des R hielten. Als St in das Auto stieg und anfuhr, explodierte die
Handgranate und tötete ihn. ◀

Der BGH kommt zu dem Ergebnis, dass hier ein unbeachtlicher error in objecto
vorliegt, und begründet dies wie folgt:

> „Es handelt sich um eine Verwechslung des angegriffenen Tatopfers („error in persona"),
> die wegen tatbestandlicher Gleichwertigkeit der Rechtsgüter als Motivirrtum unerheblich
> ist. Die Unbeachtlichkeit der Personenverwechslung für den Vorsatz des Täters hatte der
> BGH bisher zwar nur für Fälle zu beurteilen, bei denen der Täter sein Opfer unmittelbar
> gesehen und angegriffen, sich jedoch über dessen Identität geirrt hatte. Im vorliegenden
> Fall haben die Täter das Opfer zwar nicht selbst optisch wahrgenommen, aber durch das
> zur Sprengfalle umfunktionierte Fahrzeug mittelbar individualisiert. In einem solchen Fall
> gilt im Ergebnis nichts anderes als bei optischer Wahrnehmung des Opfers selbst. Die
> Angeklagten haben das als Tatmittel benutzte Fahrzeug der falschen Person zugeordnet.
> Bei Herstellen einer Autobombe mag zudem eine Konkretisierung des Tötungsvorsatzes
> durch den Täter von vornherein nur auf diejenige Person erfolgen können, welche zuerst
> das Auto benutzt."[50]

Der BGH nimmt also nicht etwa einen generellen, auf kein bestimmtes Lebenskonkre-  46
tum konkretisierten Vorsatz an, schlägt aber zur Bestimmung der Vorsatzkonkretisierung zwei verschiedene Individualisierungen des Opfers vor. Er lässt es offen, welche
dieser beiden nun das maßgebliche Lebenskonkretum ist, weil beide im vorliegenden
Fall erfüllt sind. *Herzberg* erklärt in seiner Besprechung dieser Entscheidung keine

---

50  BGH NStZ 1998, 294 (295).

der beiden Individualisierungen für relevant. Nach seiner Meinung liegt hier eine die Erfolgszurechnung zum Vorsatz ausschließende aberratio ictus vor. Es heißt bei ihm:

> „Was die Täter „bei Begehung der Tat" verkennen, ist die Gefahr, dass B ins Auto steigt, und die Realisierung dieser Gefahr ist es, die konkret den Tatbestand „wer einen Menschen tötet" verwirklicht. Nehmen wir nun zum Vergleich an, die Täter hätten B in seinem Auto „optisch wahrgenommen", für A gehalten und erschossen. Der von ihnen verkannte Vorgang, dass nicht A, sondern B ins Auto steigt, wäre dann bereits Vergangenheit. Sein tatbestandlich allein relevantes Ergebnis, dh den Umstand eines im Auto sitzenden Menschen, hätten die Täter bei Begehung der Tat gekannt. Ihr Irrtum beträfe allein die Entstehungsgeschichte eines den Tatbestand konkret verwirklichenden Umstandes, die Umstände selbst hätten sie richtig erfasst. So klein der Unterschied wirken mag und so sehr man ihn zu vernachlässigen geneigt scheint, bei genauem Hinsehen erweist er sich als das, worauf § 16 I 1 abstellt."[51]

47    Für welche Individuenbeschreibung hier der Buchstabe B (gemeint ist offenbar St) steht, wird aus dem Text nicht klar. Je nachdem, welche Individuenbeschreibung man an die Stelle des schematischen Buchstabens setzt, kann man bei jedem Irrtum, der die Identität des Opfers irgendwie betrifft die Behauptung aufstellen, der Täter habe nicht erkannt, dass er „den B" töten wird. Legt man eine der beiden Individualisierungen zugrunde, die der BGH als maßgeblich in Betracht zieht, setzt man also für den schematischen Buchstaben B die Bestimmung des Opfers als Eigentümer des Autos oder die Bestimmung als diejenige Person, die das Auto als erste benutzen wird ein, so ist der Satz, die Täter hätten sich darüber geirrt, dass sie eine Gefahr für B setzen, nicht mehr wahr. Das gilt auch für den von *Herzberg* herangezogenen Hilfsfall, in dem der Täter das wirkliche Opfer optisch wahrgenommen hat. Denn dadurch, dass er den A ins Auto steigen sieht, hört ja sein Irrtum, dass es der B ist, nicht auf zu existieren. Er wird offenbar nach der Auffassung von *Herzberg* nur dadurch irrelevant, dass nun ein anderes Lebenskonkretum, nämlich die unmittelbare visuelle Wahrnehmung, das zunächst als relevant bezeichnete Lebenskonkretum in seiner Maßgeblichkeit für die Zurechnung verdrängt. Dasjenige Lebenskonkretum, auf das es ankommen soll, wenn der Täter das Opfer im Moment der Tat nicht visuell wahrnimmt, wird nicht allgemein bestimmt. In einer anderen Arbeit erklärt *Herzberg* aber für den Fall, dass es an einer Wahrnehmung des Opfers im Moment der Tat fehlt, die „geistige Individualisierung" für maßgebend.[52] Damit ist wohl diejenige Individualisierung gemeint, auf die es dem Täter persönlich ankommt.

48    Auch *Roxin* gibt das Individualisierungskriterium, auf das es bei der Sprengfalle ankommen soll, nicht an, sondern versucht den Fall durch einen Vergleich mit dem Fall zu lösen, dass der Täter das Opfer im Moment der Tat wahrnimmt und die Bombe nach ihm wirft. Er kommt aber mit der folgenden Begründung zu dem gegenteiligen Ergebnis:

> „Denn ob der im Auto sitzende C zu Tode kommt, weil A eine Bombe auf ihn wirft in der Meinung, es handele sich um B, oder aber deshalb, weil A die Bombe im Auto in der Annahme befestigt hat, dass B und nicht C den Wagen besteigen werde, ist ein so subtiler Unterschied, dass er eine abweichende rechtliche Beurteilung noch nicht trägt."[53]

---

51    *Herzberg* NStZ 1999, 217 (221).
52    *Herzberg* JA 1981, 470 (473).
53    *Roxin/Greco* AT/1 12/197.

Im Gegensatz zu diesen beiden Autoren lehnt *Stratenwerth* eine Sonderstellung der   49
sinnlichen Wahrnehmung eines Tatopfers als maßgebliches Kriterium der Individualisierung ab und bemüht sich, ein solches maßgebliches Individualisierungskriterium
anzugeben, das das Sichtbarkeitskriterium zwar impliziert, aber eine Unterscheidung
zwischen aberratio ictus und error in objecto auch für die Fälle ermöglicht, in denen
Täter und Opfer sich nicht gegenüberstehen. Er erläutert dieses Kriterium anhand
unseres Autobombenfalls wie folgt:

> „Diese Auffassung hat zunächst den unbezweifelbaren Vorzug, nur ein Kriterium zu
> verwenden: Die vom Täter tatsächlich vollzogene Identifizierung seines Opfers. Ob dies
> durch sinnliche Wahrnehmung oder auf andere Weise, durch die Form des Angriffs
> geschieht, ist belanglos. Im Unterschied zur erstgenannten Auffassung kommt es deshalb
> bei Abwesenheit des eigentlich gemeinten Opfers nicht auf die Identitätsvorstellung des
> Täters, sondern allein auf die Voraussetzungen an, auf die er den Angriff „programmiert"
> hat. Sie erfüllt im Bombenlegerfall der erste Benutzer des abgestellten Autos.

> Damit ist zugleich gesagt, dass diese dritte Auffassung, [...], error in objecto und aber-
> ratio ictus auch beim sinnlich nicht wahrgenommenen Angriffsobjekt von einander abzu-
> grenzen erlaubt, eben danach, ob das tatsächlich getroffene Objekt den Vorgaben des
> Täters entspricht, wie das beim ersten Benutzer des Autos nach Installation der Bombe,
> nicht aber beim gänzlich unbeteiligten Passanten der Fall ist."[54]

Auch dieses Kriterium ist nicht eindeutig. Wenn alle Voraussetzungen, die der Täter   50
bei Ausführung seiner Tat macht, richtig sind, so kann es weder einen error in objecto
noch eine aberratio ictus geben. Es fragt sich also, welche der von ihm gemachten
Voraussetzungen mit *Stratenwerth* gesprochen zur „Form des Angriffs" gehören, bzw.
welches diejenigen Voraussetzungen sind, „auf die er den Angriff programmiert hat".
Offenbar kommen dafür nur solche Voraussetzungen in Frage, gegen deren Nichter-
füllung der Täter durch die Gestaltung seines Tatplans irgendwelche Vorkehrungen
getroffen hat. Diese Vorkehrungen dürfen aber nicht absolut zuverlässig sein, denn
gerade im Fall ihres Versagens soll ja eine aberratio ictus vorliegen. Wie zuverlässig
müssen sie also sein, um als Bestandteil des Tatprogramms anerkannt zu werden?
Beispielsweise mag sich der Täter davon überzeugt haben, dass der Eigentümer des
Autos seinen Wagen nicht an andere zu verleihen pflegt. Gehört dann die Annahme,
dass es allein der Eigentümer sein kann, der den Wagen benutzen wird, zu den Voraussetzungen, auf die der Täter seinen Angriff programmiert hat oder nicht? Läge
also eine aberratio ictus oder ein error in objecto vor, wenn der Fahrzeugeigentümer
durch ein plötzliches unerwartetes Ereignis genötigt wird, seinen Wagen gegen seine
Gewohnheit einer anderen Person zu überlassen? Wieso ist die Tat nicht auch auf die
Möglichkeit programmiert, dass ein zufällig vorbeikommender Passant von der Bombe
getötet wird? Nach dem Tatplan ist diese Möglichkeit keineswegs ausgeschlossen, und
je nach der Dichte des Fußgängerverkehrs am Abstellplatz des Autos auch mehr oder
weniger wahrscheinlich.

Wenn es noch eines Beweises bedarf, dass es jene Lebenskonkreta, jene von Natur   51
aus vorgegebenen ganz konkreten Tatsachen, die zunächst einmal und unabhängig
vom Wortlaut des Gesetzes Gegenstand des Vorsatzes sein sollen, gar nicht gibt, dass
das Leben uns keine Konkreta liefert,[55] so sollte der Nachweis durch diese Demons-

---

54  *Stratenwerth* Baumann-FS (1992), 57 (61).
55  NK[6]-*Puppe* § 16 Rn. 34 ff.; *dies.* GA 1981, 1 (12).

tration des Streites um auch nur einen einzigen Fall erbracht sein. Dabei erschöpft diese Demonstration die in der Literatur zu diesem Problem gemachten Vorschläge bei weitem nicht, sondern beschränkt sich auf wenige repräsentative Autoren aus neuester Zeit. Trotzdem wird es bei der Unterscheidung zwischen maßgeblichen und nicht maßgeblichen Individualisierungen des Tatopfers, zwischen aberratio ictus und error in objecto in Wissenschaft und Rechtsprechung bleiben, und zwar aus ganz praktischen Gründen. Wird diese Unterscheidung nämlich prinzipiell aufgegeben, so werden viele Monographien, Festschriftenbeiträge und Zeitschriftenaufsätze die im letzten halben Jahrhundert zu diesem Problem geschrieben worden sind, obsolet. Außerdem würde die Strafrechtslehre eines der wenigen Probleme verlieren, die auch denjenigen Studenten zu Übungszwecken gestellt werden können, die den Besonderen Teil des Strafrechts noch nicht gehört haben.

### 7. Hinweise zur praktischen Anwendung

52 Wenn die Frage zu prüfen ist, ob eine Differenz zwischen dem wirklichen Kausalverlauf und dem Kausalverlauf, den der vorsätzlich handelnde Täter sich vorgestellt hat, in dem Sinne wesentlich ist, dass sie die Zurechnung des Erfolges zum Vorsatz hindert, so führt es nicht weiter, diejenigen Faktoren zu betrachten, in denen Tätervorstellung und Wirklichkeit auseinander fallen. Man muss vielmehr diejenigen Gefahrfaktoren, in denen sie übereinstimmen, daraufhin untersuchen, ob sie eine Zurechnung zum Vorsatz begründen oder nicht. Stimmen Tätervorstellung und Wirklichkeit in so vielen Faktoren überein, wie erforderlich sind, um eine Vorsatzgefahr zu begründen, so hat sich eine Vorsatzgefahr im Kausalverlauf zum Erfolg realisiert.

53 Wenn es überhaupt zu einer Prüfung dieser Frage kommt, muss bereits dreierlei feststehen: Erstens steht fest, dass der Täter eine unerlaubte Gefahr verursacht hat. Eine unerlaubte Gefahr hat der Täter dann verursacht, wenn er Tatsachen kennt, aus denen er den Schluss von Rechts wegen ziehen muss, dass der Eintritt des Erfolges möglich und nicht ganz fern liegend ist und dies eine unerlaubte Gefahr darstellt, so dass er so wie geplant nicht handeln darf. Zweitens steht fest, dass er den Schluss aus diesen Gefahrfaktoren dass der Erfolgseintritt nicht ganz fern liegt, tatsächlich gezogen hat. Das Bewusstsein, dass der tatbestandsmäßige Erfolg (möglicherweise) eintreten wird gehört nach § 16 zum Vorsatz. Drittens steht fest, dass sich diese unerlaubte Gefahr im Erfolg realisiert hat, denn das ist bereits in der Station der sog objektiven Zurechnung geprüft worden. Ein Irrtum, der sich nur auf den Kausalverlauf bezieht, kann also nach der herrschenden Vorsatzlehre niemals zu dem Ergebnis führen, dass dem Täter der Erfolg zur Fahrlässigkeit zugerechnet werden kann, aber nicht zum Vorsatz. Denn die hL begnügt sich auch beim Vorsatz wie bei der bewussten Fahrlässigkeit mit der Vorstellung, dass der Erfolgseintritt möglich „und nicht ganz fernliegend" ist. Deshalb kommt die hL bei einem reinen Irrtum über den Kausalverlauf auch praktisch nie zu einer Ablehnung der Zurechnung des Erfolges zum Vorsatz. Das können Sie sich getrost auch als Faustregel merken.

54 Das Ergebnis, Tateinheit zwischen fahrlässiger Herbeiführung eines Erfolges und versuchter Herbeiführung des gleichen Erfolges ist nur dann denkmöglich, wenn man an den Zusammenhang zwischen Täterhandlung und Erfolg, der die Zurechnung des Erfolges zum Vorsatz begründen soll, höhere Anforderungen stellt, als an denjenigen, der die Zurechnung des Erfolges zur Fahrlässigkeit begründet. Das ist aber nur dann möglich, wenn man auch an die den Vorsatz begründende Vorstellung des Täters von

diesem Zusammenhang, also von der Gefahr des Erfolgseintritts höhere Anforderungen stellt, als sie für die bewusste Fahrlässigkeit gelten. Eben das tut die Lehre von der Vorsatzgefahr. Wenn man diese Lehre auf den Vorsatz angewandt hat, so steht mit dessen Bejahung auch fest, dass der Täter sich eine solche gesteigerte Gefahr vorgestellt hat. Die Übereinstimmung zwischen Tätervorstellung und Wirklichkeit ist aber bei der Prüfung der objektiven Zurechnung nur insoweit festgestellt worden, als sich eine unerlaubte Gefahr, also eine Fahrlässigkeitsgefahr realisiert hat. Es ist also nun zu prüfen, ob sich im Kausalverlauf solche und so viele Gefahrvorstellungen des Täters wieder finden, wie zur Begründung der Vorsatzgefahr erforderlich sind. Dann und nur dann ist dem Täter der Erfolg auch zum Vorsatz zuzurechnen.

Dabei ist das Durchgängigkeitserfordernis zu beachten. In jedem Stadium des Kausalverlaufs müssen die eine Vorsatzgefahr begründenden Faktoren als notwendige Bestandteile der hinreichenden Bedingung für das folgende Stadium des Kausalprozesses vorkommen. Nur dann hat sich die Vorsatzgefahr im Erfolg realisiert. Daran kann es fehlen, wenn der Eintritt des Erfolges durch einen hinzutretenden Faktor, beispielsweise ein weiteres menschliches Fehlverhalten zu erklären ist, das seinerseits nicht durch die Größe der vom Täter gesetzten Erfolgsgefahr bedingt war. Kommt man auf diese Weise zu einer Ablehnung der Zurechnung des Erfolges zum Vorsatz, nachdem man die Zurechnung zur Fahrlässigkeit bereits bejaht hat, so kann es notwendig sein, sich erst an dieser Stelle, und nicht bereits bei der Feststellung des Vorsatzes zwischen der herrschenden Lehre, die auch in diesem Fall zu einer Zurechnung des Erfolges zum Vorsatz kommen muss und der Lehre von der Vorsatzgefahr, die die Zurechnung des Erfolges zum Vorsatz ablehnt, zu entscheiden.    55

Der Fall des sog dolus generalis, der verspätete Erfolgseintritt ist nach den gleichen Regeln zu behandeln. Er ist nichts weiter als ein Fall der Abweichung im Kausalverlauf. Dabei kommt als Vorsatzdelikt nur die erste Handlung in Betracht, denn bei der zweiten konnte der Täter nicht mehr den Vorsatz haben, den Erfolg herbeizuführen, weil er ihn bereits für eingetreten hielt. In diesem Fall kommt sowohl die herrschende Lehre als auch die Lehre von der Vorsatzgefahr in aller Regel zur Bejahung der Zurechnung des Erfolges zum Vorsatz. Denn der Täter vollzieht die zweite unmittelbar tödliche Handlung an dem Opfer nur deshalb, weil er es zuvor einer Behandlung unterzogen hat, die eine hochgradige Lebensgefahr darstellte und die er selbst für erfolgreich hielt. Damit ist, entgegen dem ersten Anschein, auch das Durchgängigkeitserfordernis erfüllt, denn der lebensgefährliche Charakter der Ersthandlung wird bis zuletzt zur Erklärung des Kausalverlaufs gebraucht. Dabei spielt die Zweithandlung lediglich die Rolle eines Kausalfaktors, sie begründet als Handlung nicht die Zurechnung des Erfolges zum Vorsatz. Man darf sich also nicht dadurch irritieren lassen, dass diese letzte unmittelbare Ursache des Erfolges ausgerechnet eine unvorsätzliche Handlung des Täters selbst ist.    56

Auch beim vorzeitigen Erfolgseintritt kann nur die erste Handlung das vorsätzliche Handlungsdelikt darstellen, weil nur sie kausal für den Erfolg war. Die Besonderheit dieser Fallkonstellation besteht darin, dass die Handlung, durch die der Täter den Erfolg wissentlich verursacht hat, eine Versuchshandlung sein muss und nicht nur eine Vorbereitungshandlung. Das ist immer dann der Fall, wenn der Täter diese Handlung in dem Bewusstsein gesetzt hat, dadurch eine Vorsatzgefahr zu schaffen. Hält der Täter es nicht nur für möglich und nicht ganz fern liegend, sondern für wahrscheinlich, dass schon durch diese Handlung der Erfolg eintreten wird, so steht es der Zurechnung    57 des Erfolges nicht entgegen, dass er einen Kausalverlauf anstrebt, plant und wünscht, bei dem der Erfolg erst durch eine spätere Handlung eintreten würde. Nur wenn die Handlung, durch die der Täter den Erfolg tatsächlich verursacht hat, noch im Vorbereitungsstadium liegt, begründet diese Erfolgsverursachung nur die Zurechnung des Erfolges zur Fahrlässigkeit und es bleibt ein Versuch übrig, wenn der Täter in Unkenntnis des Erfolgseintritts noch eine Einführungshandlung vornimmt.

58    Eine Sonderstellung in der Lehre von der Zurechnung des Erfolges zum Vorsatz nimmt die sog aberratio ictus ein. Ob dieser Irrtum überhaupt ein Irrtum im Kausalverlauf ist oder ein eigenständiger Irrtum ist streitig. Streitig ist vor allem, ob er die Zurechnung des wirklich eingetretenen Erfolges zum Vorsatz ausschließt, sog Konkretisierungstheorie, oder sie, sofern alle anderen Zurechnungsvoraussetzungen gegeben sind, unberührt lässt, sog Gleichwertigkeitstheorie. Der Standardfall der aberratio ictus ist der, dass der Täter ein Opfer anvisiert und ein anderes trifft. Ist nach den vom Täter erkannten Tatsachen die Wahrscheinlichkeit hinreichend groß, dass der Täter statt des ausersehenen Opfers ein anderes trifft, das sich in unmittelbarer Nähe des Opfers befindet, so können Sie die Entscheidung dieses heillosen Streits vermeiden. Nach der Lehre von der Vorsatzgefahr besteht dann nämlich auch für dieses andere Opfer eine die Zurechnung des Erfolges zum Vorsatz begründende Gefahr. Die hL begründet die Irrelevanz der Vorsatzkonkretisierung in solchen Fällen damit, dass sie dem Täter unterstellt, er habe billigend in Kauf genommen, auch das andere Opfer zu treffen, so dass neben dem auf das anvisierte Opfer „konkretisierten", ein zweiter, auf das tatsächliche Opfer „konkretisierter" Vorsatz gegeben ist.

59    Aber auch, wenn es unwahrscheinlich war, dass der Täter statt des anvisierten Opfers ein anderes treffen würde, besteht zwischen der Lehre von der Vorsatzkonkretisierung und der Lehre von der Vorsatzgefahr im Ergebnis kein Unterschied. Die Lehre von der Vorsatzkonkretisierung würde es hier ablehnen, einen alternativen Vorsatz in Bezug auf das getroffene Opfer, das der Täter womöglich gar nicht wahrgenommen hat, zu unterstellen. Nach der Lehre von der Vorsatzgefahr hat sich eine solche im Kausalverlauf nicht realisiert, wenn sich das getroffene Opfer nicht in unmittelbarer Nähe des anvisierten befand. Denn dann realisiert sich im Erfolg nicht eine Gefahr, die daraus resultiert, dass der Täter in eine bestimmte Richtung geschossen hat, sondern nur die Gefahr, die darin besteht, dass er an einem Ort von seiner Schusswaffe Gebrauch gemacht hat, an dem sich Menschen aufzuhalten pflegen. Das ist keine taugliche Tötungsmethode.

60    In den Fällen, in denen der Täter für eine bestimmte Person eine Falle stellt, aber eine andere in diese Falle geht, ist unter den Anhängern der Vorsatzkonkretisierung heillos streitig, ob ein unbeachtlicher error in objecto oder eine die Zurechnung des Erfolges zum Vorsatz ausschließende aberratio ictus vorliegt. Da Sie, jedenfalls in der Klausur, nicht in der Lage sein werden, alle in diesen Fällen einschlägigen Vorschläge zur Unterscheidung von aberratio ictus und error in objecto zu referieren, halten Sie sich an zwei von ihnen. Der erste ist das Visualisierungskriterium, das die Rechtsprechung und wohl auch die herrschende Lehre anwendet. Danach konkretisiert sich der Vorsatz des Täters nur dann auf ein bestimmtes Objekt, wenn er das Objekt sinnlich, insbesondere mit den Augen wahrnimmt und darauf zielt, also diese seine Wahrnehmung bei der Tatausführung ausnutzt. Nach dem Visualisierungskriterium wird der Vorsatz durch Stellen einer Falle überhaupt nicht auf eine bestimmte Person konkretisiert, es liegt also nur ein error in objecto vor. Nach einer anderen Bestimmung der Vorsatzkonkreti-

sierung konkretisiert sich der Vorsatz in einem solchen Fall auf diejenige Person, die in die Falle geht. Auch danach liegt nur ein unbeachtlicher error in objecto vor, wenn dies ein anderer ist, als vom Täter gewünscht. Auch die Lehre von der Vorsatzgefahr kommt zu keinem anderen Ergebnis. Denn, wenn das Stellen einer Falle eine Vorsatzgefahr begründet, so verwirklicht sich diese Vorsatzgefahr immer, wenn irgendeine Person in diese Falle geht. Da alle diese Auffassungen letztlich zum gleichen Ergebnis kommen, können Sie in diesen Fällen den Streit um die Vorsatzkonkretisierung vermeiden.

## III. Die Rechtfertigung der Tatbestandsverwirklichung

### § 11 Handeln im Interesse des Inhabers des betroffenen Rechtsguts

#### 1. Handeln mit Einwilligung – Der Medizinalpraktikantenfall BGHSt 16, 309

1 Im Gegensatz zu den Rechtfertigungsgründen geht es bei der Einwilligung nicht um die Entscheidung eines Konflikts. Deshalb wird die Einwilligung auch nicht als echter Rechtfertigungsgrund verstanden, sondern als Unrechtsausschließungsgrund.[1] Das Unrecht ist deshalb ausgeschlossen, weil der Rechtsgutsträger, indem er in die Veränderung des Rechtsgutsobjekts einwilligt, das von Rechts wegen geschützte Interesse selbst ausgeübt hat. Rechtsgutsobjekte werden nämlich nicht um ihres Bestandes Willen geschützt, sondern um des Interesses ihres Inhabers Willen, über ihre Gestalt zu verfügen und sie gemäß seinen Präferenzen und Wertvorstellungen zu verwenden. Aber der Rechtsgutsinhaber muss diese Verfügung wirklich treffen, es genügt nicht, dass er allgemeine Präferenzen oder Interessen hat, die die Rechtsgutsveränderung erfüllen würde. Auch der großzügigste Spender, der jedem Bettler am Straßenrand zwei Euro zu geben pflegt, wird bestohlen, wenn der Bettler sich das Zwei-Euro-Stück heimlich nimmt. Die Entscheidung des Rechtsgutsträgers über sein Rechtsgut muss geäußert werden, nicht nur deshalb, weil es unmöglich ist, in das Innere eines Menschen zu schauen, um seine Präferenzen und Einstellungen zu etwaigen Veränderungen seiner Güter zu erkennen, sondern vor allem deshalb, weil der Entschluss als solcher erst dann in der Welt ist, wenn er geäußert wird und dadurch eine, wenn auch widerrufliche, Endgültigkeit erlangt.

2 Der Rechtsgutsinhaber kann seine Einwilligung mit der Objektsveränderung unter jede beliebige Bedingung stellen, denn eben dadurch übt er sein geschütztes Interesse aus.[2] Nur sittenwidrige Bedingungen schränken von Rechts wegen die Einwilligung nicht ein. Wenn an der Ladentür steht, „Ausländer unerwünscht" oder „Testkäufern ist das Betreten des Ladenlokals verboten", so begehen Ausländer oder Testkäufer, die gleichwohl den Laden betreten, keinen Hausfriedensbruch. Denn wer eine Lokalität der Öffentlichkeit zugänglich macht, verstößt gegen das Diskriminierungsverbot, wenn er Ausländer davon ausschließt und wer Testkäufern das Betreten seines Ladengeschäfts verbietet, verhält sich wettbewerbswidrig.

3 Darüber hinaus sollen nach einer in der Literatur vertretenen Ansicht aber alle die Einwilligungsbedingungen irrelevant sein, die nicht „rechtsgutsbezogen" sind.[3] Der Grund dafür ist das Bestreben, die aufgrund einer wegen eines Irrtums unwirksamen Einwilligung erfolgte Rechtsgutsverletzung gegen die Verwirklichung anderer Tatbestände, insbesondere des Betruges abzugrenzen. Nur wegen Betruges, nicht auch wegen Körperverletzung soll sich strafbar machen, wer beispielsweise eine Blutspende durch das falsche Versprechen einer Geldleistung erschleicht. Nur der Bestandswert, nicht der Tauschwert eines Rechtsgutsobjekts soll durch den Tatbestand geschützt werden.[4]

---

[1] *Schmidhäuser* AT 5/106; *Roxin/Greco* AT/1 13/12 ff.; *Kindhäuser/Zimmermann* AT 12/5.
[2] *Kindhäuser/Zimmermann* AT 12/15; *ders.* Rudolphi-FS (2004), 135 (146).
[3] *Arzt* (1970), 17 ff.; *Sternberg-Lieben* GA 1990, 289 (292).
[4] *Arzt* (1970), 20 f.

Aber der Sinn des Rechtsgüterschutzes besteht nicht in der Garantie eines positiv bewerteten Bestandes von Gütern, sondern in der Garantie der Dispositionsfreiheit des Rechtsgutsinhabers, seine Rechtsgüter nach seinem Belieben als Mittel seiner Lebensgestaltung einsetzen.[5] Besteht der Tauschwert in einem Vermögensvorteil, und handelt der Täter in Bereicherungsabsicht, so kann zwar der Betrug diesen Schutz partiell übernehmen, nicht aber dann, wenn der Tauschwert ein Nichtvermögenswert ist. Ein Beispiel dafür ist der Arzt, der eine Mutter zu einer Nierenspende mit der Vorspiegelung veranlasst, die Niere werde zur Rettung ihres Kindes gebraucht, während er sie in Wirklichkeit einem anderen Patienten implantieren will. Wo der Schutz der Dispositionsfreiheit über ein Rechtsgutsobjekt mit dem Betrugstatbestand zusammentrifft, muss die Kollision auf der Ebene der Konkurrenzen erledigt werden.[6] Auch der BGH hat eine Einschränkung der Relevanz von Irrtümern des Einwilligenden auf solche, die im obigen Sinne rechtsgutsbezogen sind, nicht anerkannt, wie folgender Fall zeigt.

▷ Die Angeklagten waren Medizinstudenten und praktizierten als sog Famuli in einem Landkrankenhaus, wo sie verschiedene Eingriffe an Patienten vornahmen, die aufgrund ihres Auftretens glaubten, dass sie fertig ausgebildete Ärzte seien. ◁    4

Zur Wirksamkeit der Einwilligung der Patienten in die von den Famuli vorgenommenen Eingriffe führt der BGH folgendes aus.    5

> „Mit der Strafkammer ist davon auszugehen, dass Willensmängel der Einwilligung regelmäßig die rechtfertigende Kraft nehmen. Wenn daher der Patient denjenigen, dem er den Heileingriff gestattet und anvertraut, irrtümlich für einen approbierten Arzt hält, so fehlt es an einer wirksamen Einwilligung, weil die Erklärung nicht dem wahren Willen des Patienten entspricht."[7]

Mit diesen Worten bekennt sich der BGH eindeutig zum Rechtsgüterschutz als Schutz der Dispositionsfreiheit des Rechtsgutsinhabers. Aber nun folgt eine bedenkliche Einschränkung:    6

> „Dies gilt indessen nicht ausnahmslos. Auch darin ist der Strafkammer beizupflichten, dass nicht jede die Einwilligungserklärung begleitende oder motivierende irrige Vorstellung den Rechtfertigungsgrund ausschließt; der Irrtum des Patienten über die Approbation des ihn Behandelnden kann in Ausnahmefällen bedeutungslos sein.
>
> Nicht alle Heileingriffe erfordern die besonderen Kenntnisse des Arztes. In medizinisch ganz einfach liegenden Fällen, zB bei geringfügigen Schnitt- und Stoßverletzungen, bei äußerlicher Versorgung einer Wunde oder bei der Anlegung eines Verbandes kann ein anderer Sachkundiger, ein Heilgehilfe oder eine Krankenschwester, die erforderliche Hilfe genau so gut und sicher wie ein Arzt leisten. Weil hier nach allgemeiner, in der Sache begründeter Auffassung die Frage der ärztlichen Approbation des Behandelnden ganz in den Hintergrund tritt und unwesentlich bleibt, schließt ein Irrtum des Patienten darüber die Rechtfertigung nicht aus. In solchen Fällen umfasst die Einwilligung ihrem objektiven Sinn nach auch die Behandlung durch einen Nichtarzt. Das gilt insbesondere, wenn sich der Patient zur Versorgung einer geringfügigen Verletzung in ein Krankenhaus begibt.[8]

---

5   *Amelung* ZStW 109 (1997), 490 (499 f.).
6   Es handelt sich nämlich um das Zusammentreffen zweier unrechtsverwandter Tatbestandsverwirklichungen, die eine Unrechtseinheit bilden, (s. dazu u. 34/6 ff.).
7   BGHSt 16, 309 (310).
8   BGHSt 16, 309 (310 f.).

Dieser Text liest sich, als handele es sich um eine Einschränkung der Autonomie des Patienten kraft besserer Einsicht und höherer Vernunft. Erscheint die Bedingung der Einwilligung in einen Heileingriff, dass dieser von einem Arzt und nicht von einem Heilgehilfen vorgenommen wird unvernünftig oder unüblich, so soll sie irrelevant sein.[9]

7    Aber so kann diese Einschränkung nicht gemeint sein, denn an späterer Stelle sagt das Gericht ausdrücklich:

> „Dass sich im Übrigen der Nichtarzt jedes Eingriffes zu enthalten hat, wenn der Patient ausdrücklich die Behandlung durch einen Arzt verlangt, bedarf keiner weiteren Erörterung.[10]

Die Relevanz einer Bedingung, unter die der Rechtsgutsinhaber die Einwilligung in den Rechtgutseingriff stellt, kann nicht davon abhängig sein, ob er sie dem Eingreifenden gegenüber ausdrücklich äußert oder ob dieser aus anderen Gründen Kenntnis davon hat.

8    Der BGH hat hier zwei Fragen miteinander konfundiert, die sorgfältig zu trennen sind.[11] Die Vernünftigkeit oder die Üblichkeit einer Einwilligungsbedingung spielt nicht eine Rolle bei der Frage, ob sie für die Einwilligung relevant ist, wohl aber bei der Frage, ob sie in der Einwilligung hinreichend zum Ausdruck kommt und wer dafür verantwortlich ist, wenn der Einwilligungsempfänger sich über sie irrt. Wenn der Patient einer jungen Frau mit einem Häubchen auf dem Kopf den Arm hinhält, damit sie ihm eine Spritze geben kann, so hat er sich damit einverstanden erklärt, die Spritze von einer Krankenschwester zu bekommen. Dasselbe gilt im Ergebnis, wenn ein gesetzter Herr in weißem Anzug mit der Spritze an das Krankenbett tritt, der in Wirklichkeit ein Krankenpfleger ist. Hält der Patient ihn für einen Arzt und will er sich nur von einem Arzt spritzen lassen, so ist die Spritze durch den Krankenpfleger zwar nicht durch seinen Willen, also seine Einwilligung gerechtfertigt, der Irrtum des Pflegers darüber ist aber nicht diesem, sondern dem Patienten zuzurechnen.[12] Der Patient kann verlangen dass ihm die Spritze von einem Arzt gegeben wird. Da es aber in Krankenhäusern allgemein üblich ist, das Schwestern und Pfleger dies tun, muss er diesen Willen eben eindeutig zum Ausdruck bringen.

## 2. Die mutmaßliche Einwilligung – Der Myomfall BGHSt 11, 111

9    ▶ Der Angeklagte, Chefarzt eines gynäkologischen Krankenhauses, behandelte eine 46 jährige Patientin wegen Unterleibsbeschwerden und stellte fest, dass sie an der Gebärmutter ein doppelfaustgroßes Myom hatte. Dies ist eine gutartige Geschwulst, die aber bösartig werden kann. Auf seinen Rat hin willigte sie in die operative Entfernung des Myoms ein. In der Operation stellte sich heraus, dass das Myom so fest mit der Gebärmutter verwachsen war, dass es nicht ohne sie entfernt werden konnte. Daraufhin räumte der Arzt den gesamten Gebärmutterkörper aus.

---

9    Es ist deshalb erstaunlich, das auch die konsequentesten Verfechter des Privatautonomie dieser Entscheidung ohne Weiteres zustimmen, vgl. *Kindhäuser* Rudolphi-FS (2004), 135, (147); *Amelung* (1998), 61 ff.; *ders.* JuS 2001, 937 (944).
10    BGHSt 16, 309 (313).
11    *Amelung* ZStW 109 (1997) 490 (511 ff.).
12    *Amelung* ZStW 109 (1997) 490 (512); NK-*Paeffgen/Zabel* § 228 Rn. 31 f.

Er hatte die Patientin über diese Möglichkeit nicht aufgeklärt und ihre Einwilligung mit der Ausräumung der Gebärmutter nicht eingeholt, weil er angesichts der eindeutigen Interessenlage der Patientin, sie stand kurz vor dem Klimakterium, eine solche Aufregung nicht für nötig hielt. Ob er dabei die Wahrscheinlichkeit, dass das Myom nicht ohne die Gebärmutter entfernt werden könnte, unterschätzt hat, ist dem Sachverhalt nicht zu entnehmen. Der BGH kam zu dem Ergebnis, dass er sich einer fahrlässigen Körperverletzung schuldig gemacht hat. ◀

Der Senat teilt die Rechtsansicht des Angeklagten nicht, dass er nicht zu einer Aufklärung der Patientin über die Möglichkeit dieses Befundes verpflichtet gewesen sei. Mit Nachdruck betont er das Recht des Patienten, selbst über seine Behandlung zu entscheiden und die Pflicht des Arztes, den Willen des Patienten auch dann zu respektieren, wenn er ihm aus medizinischer Sicht unvernünftig erscheint. Es heißt dann weiter in den Gründen:

> „Dem Urteil des Landgerichts ist die Auffassung zu entnehmen, dass der Angeklagte nicht bei dem Eingriff selbst – unabhängig von seinem vorausgegangenen Verhalten – sich einer fahrlässigen Körperverletzung schuldig gemacht hat. Hiergegen bestehen keine Bedenken. Denn nach Beginn der Operation bot sich ihm ein Zustand der Leidenden, bei dem er dann, wenn er ihm unvermittelt gegenübergestellt gewesen wäre, ohne Fahrlässigkeit mit der Einwilligung der Kranken in die Entfernung des ganzen Gebärmutterkörpers hätte rechnen dürfen. Hätte er sich doch dann ihres Einverständnisses mit der Beseitigung des von einer Geschwulst durchwucherten Organs nur dadurch vergewissern können, dass er die bereits eingeleitete Operation unterbrach, um das Erwachen der Kranken aus der Betäubung abzuwarten und sie dann nach ihrem Einverständnis mit der Entfernung der Gebärmutter zu fragen. Dass der Angeklagte ein solches Vorgehen vom ärztlichen Standpunkt aus für bedenklich halten und deshalb ablehnen durfte, ist angesichts der Gefahren, die daraus der Patientin hätten erwachsen können, ohne Weiteres einleuchtend.

10

Die Rechtfertigung durch mutmaßliche Einwilligung dient zwar dem Interesse des betroffenen Rechtsgutsträgers, aber im Gegensatz zur wirklichen Einwilligung ist sie ein Notrecht und fordert eine Güterabwägung durch den Handelnden selbst. Allein die Mutmaßung, dass eine bestimmte Verfügung über ein fremdes Rechtsgutsobjekt den Wünschen oder Interessen des Rechtsgutsträgers entspricht, berechtigt noch nicht zu dieser Verfügung, oder allenfalls dann, wenn es sich um eine Lappalie handelt. Der Verfügende darf nur dann die Entscheidung für den Rechtsgutsträger treffen, wenn sich der Rechtsgutsinhaber in einem Interessenkonflikt befindet, der sich durch Zeitablauf zugunsten eines Interesses entscheiden würde, und er selbst nicht in der Lage ist, eine Entscheidung zugunsten des anderen Interesses zu treffen (sog interner Rechtsgüterkonflikt). Nur dann darf und manchmal muss ein anderer diesen Konflikt für ihn entscheiden. Im vorliegenden Fall bestand der Interessenkonflikt in dem Moment, als der Arzt während der Operation festgestellt hatte, dass er entweder die ganze Gebärmutter entfernen oder das Myom bestehen lassen muss, mit der Folge, dass die erste Operation und die mit ihr verbundenen Belastungen und Gefahren für die Patientin umsonst sein würden, falls sie sich später für die Entfernung der Gebärmutter entscheidet.

11

Der BGH ist zu dem Ergebnis gekommen, dass die erforderliche Interessenabwägung die Ausräumung der Gebärmutter ohne Einwilligung der Patientin rechtfertigt. Aber er hat diese Abwägung nicht expressis verbis durchgeführt. Welches sind also die

12

abzuwägenden Interessen, Chancen und Gefahren? Es wäre falsch, zu formulieren, es sei das Risiko, dass die Patientin die Entfernung der Gebärmutter abgelehnt hätte, wenn man sie in diesem Moment hätte fragen können, abzuwägen gegen die Chance, dass sie ihr zugestimmt hätte. Denn die Frage, wie die Patientin sich entschieden hätte, ist aus prinzipiellen Gründen nicht beantwortbar, nicht weil man das nicht feststellen kann, sondern weil es objektiv nicht feststeht, sofern man mit dem Konzept der Willensfreiheit des Rechtsgutsträgers ernst macht.[13]

13   Zwar hat die Patientin im vorliegenden Fall später behauptet, dass sie in die Entfernung ihrer Gebärmutter nicht eingewilligt hätte, aber wörtlich verstanden hat diese Aussage keinen Sinn, denn die Situation, in der sie diese Entscheidung hätte treffen können ist vorbei. Auch aus der Tatsache, dass sie mit dem Ergebnis der Operation im Nachhinein offensichtlich nicht zufrieden ist, lässt sich kein zwingender Schluss darauf ziehen, dass sie die Entfernung der Gebärmutter auch vor der Operation abgelehnt hätte, als sie den Beschwerden des Myoms und der Krebsgefahr noch ausgesetzt war. Gefahren, denen man entgangen ist, pflegt man gering zu schätzen und die Opfer, die man dafür bringen musste hoch. Das gilt insbesondere dann, wenn sie einem aufgezwungen worden sind. Auch mag die so apodiktische Äußerung der Patientin darüber, wie sie sich entschieden hätte, wenn sie sich hätte entscheiden können, davon beeinflusst sein, dass sie sich über die Art und Weise empörte, wie sich der Arzt bei der Aufklärung über ihr Entscheidungsrecht hinweggesetzt hat mit der doch etwas fadenscheinigen Begründung, ihr unnötige Aufregung ersparen zu wollen. Die einzige Aussage, die sich über die Interessenlage der Patientin machen lässt, ist die, dass sie im Nachhinein mit der Ausräumung der Gebärmutter nicht einverstanden ist. Abzuwägen ist also das Risiko, den nachträglichen Willen des Patienten zu verfehlen gegen die Chance ihn zu treffen.

14   Dabei sind zwei Abwägungsebenen zu unterscheiden. Zunächst ist für beide Handlungsalternativen das Gewicht der für den Patienten eintretenden Nachteile zu vergleichen für den Fall, dass die Entscheidung dessen späteren Willen verfehlt. Räumt der Arzt die Gebärmutter aus, so besteht für diesen Fall der Nachteil für die Patientin im Verlust der Gebärmutter gegen ihren Willen. Bricht er die Operation ab, so besteht der Nachteil, für den Fall, dass er den späteren Willen der Patientin verfehlt darin, dass sie sich einer zweiten Operation und den mit dieser verbundenen Belastungen und Risiken unterziehen muss, um die Gebärmutter loszuwerden. Danach würde das Interesse, die Gebärmutter zu behalten wohl das Interesse, sich keiner Zweitoperation unterziehen zu müssen überwiegen. Diese Abwägung für sich allein würde also für die Unterlassung der Ausräumung sprechen.

15   Nun ist aber weiter zu prüfen, wie hoch bei den beiden Handlungsalternativen das Risiko ist, dass der Arzt den späteren Willen der Patientin verfehlt. Der einzige Anhaltspunkt, den der Arzt im vorliegenden Fall dafür hat, ist die tatsächliche Interessenlage der Patientin. Danach war es unwahrscheinlich, dass die Ausräumung der Gebärmutter nicht dem späteren Willen der Patientin entsprechen würde. Denn sie stand kurz vor dem Klimakterium, so dass dieses Organ in nächster Zeit sowieso seine Funktion verlieren würde und das mit der Gebärmutter verwachsene Myom verursachte Beschwerden und eine gewisse Krebsgefahr. Das „Verrechnen" dieser beiden Abwägungsebenen führt zu dem Ergebnis, zu dem auch der BGH gekommen ist. Das

---

13   *Puppe* GA 2003, 764 (769).

Risiko, dass der Arzt durch die Ausräumung der Gebärmutter den späteren Willen der Patientin verfehlt, war geringer als das Risiko, dass er den späteren Willen der Patientin im Falle eines Abbruchs der Operation verfehlen würde.

Bei der mutmaßlichen Einwilligung genügt es, wenn das vom Handelnden gewahrte Interesse bzw. das von ihm beseitigte Risiko das verletzte Interesse und das eingegangene Risiko überwiegt, im Gegensatz zum aggressiven Notstand nach § 34, braucht es nicht wesentlich zu überwiegen. Das liegt daran, dass der Träger des verletzten Interesses mit dem des gewahrten identisch ist, sog interner Rechtsgüterkonflikt. Beim externen Rechtsgüterkonflikt, also beim Handeln im Drittinteresse schlägt zugunsten des vom Eingriff Betroffenen noch zu Buche, dass ihm ein Opfer zugunsten eines anderen aufgezwungen wird, was nur in eng begrenzten Ausnahmefällen von Rechts wegen erlaubt sein kann.

Wie alle Notrechte hat auch die mutmaßliche Einwilligung den Zweck, einen Konflikt durch Wahl des kleineren Übels von Rechts wegen zu entscheiden. Das bedeutet nicht, dass die Entstehung dieses Konflikts von der Rechtsordnung gebilligt wird. Wenn also der diesen Konflikt im Sinne der mutmaßlichen Einwilligung Entscheidende rechtmäßig handelt, so folgt daraus nicht, dass auch die Herbeiführung dieser Konfliktsituation rechtmäßig ist. Deshalb hat das Gericht im vorliegenden Fall dem Arzt eine fahrlässige Körperverletzung vorgeworfen, weil er durch unzureichende Aufklärung der Patientin die Notsituation, in der er sich dann richtig entschieden hat, selbst herbeigeführt hat. Darauf werden wir unten (15/1 ff.) noch zurückkommen.

### 3. Die hypothetische Einwilligung, ein neuer Rechtfertigungsgrund für ärztliche Heileingriffe – Der Pseudarthrosefall, BGHR § 223 Abs. 1 Heileingriff 2

▶ Der Patient hatte in dem Angeklagten endlich einen Arzt gefunden, der bereit war, die Fehlstellung seiner Beine, O-Beine, operativ zu korrigieren. Zuvor hatten ihm mehrere andere Ärzte von einer solchen Operation abgeraten, weil diese sehr kompliziert sein würde und in keinem Verhältnis zu dem zu erwartenden Gewinn stehe. Die Operation war mit einer Knochenverletzung verbunden, die das Risiko einer Pseudarthrose, der Bildung eines sog Falschgelenks durch unvollständige Verheilung der Knochen, barg. Außerdem bestand, wie bei anderen großen Knochenoperationen die Gefahr einer Osteomyelitis, Knochenentzündung. Über diese Risiken hatte der Arzt den Patienten vor der Operation nicht aufgeklärt, bzw. nicht von seiner Stationsärztin aufklären lassen. Aufgrund dieser unvollständigen Aufklärung erklärte der Patient seine Einwilligung in den umfangreichen Eingriff. Dieser hatte eine Pseudarthrose und eine Osteomyelitis zur Folge, weshalb der Patient seine Beine kaum noch gebrauchen konnte. ◀

Obwohl der BGH davon ausgeht, dass die Aufklärungspflicht des Arztes sich auch auf diese Risiken erstreckte und die Einwilligung des Patienten ohne deren Kenntnis demnach mangelhaft und unwirksam war, fährt er wie folgt fort:

> „Dennoch muss es beim Freispruch verbleiben, weil die Strafkammer mit fehlerfreier Begründung die Auffassung vertreten hat, dass diese Pflichtwidrigkeit für die Körperverletzung nicht ursächlich gewesen sei. Sie stützt dies auf die Erwägung, dass der Nebenkläger in dem Angeklagten endlich einen Arzt gefunden habe, der seinem dringlichen Wunsch nachgekommen sei, die störende Fehlstellung der Beine operativ zu korrigieren, dass er ein weitgehend bedingungsloses Vertrauen in das ärztliche Können und die operative

16

17

18

Kunst des Angeklagten gehabt habe und dass er deshalb in die Operation auch dann eingewilligt hätte, wenn er über alle damit verbundenen Risiken aufgeklärt worden wäre."[14]

19   Der BGH geht also davon aus, dass es sich hier um ein Kausalitätsproblem handelt[15] und entscheidet dies nach der Conditio-sine-qua-non-Formel, von der wir wissen, dass sie falsch ist (s. o. 2/1 ff.). In einer älteren Entscheidung des BGH, im berühmten Referendarfall (s. dazu o. 2/43) heißt es dazu:

> „Der tatsächliche Verlauf der Willensbildung verliert sein Dasein und seine rechtliche Bedeutung nicht dadurch, dass an seiner Stelle ein anderer getreten wäre, aber nicht getreten ist." Er bleibt dennoch die wirkliche Grundlage der Vermögensverfügung. Die innere Verknüpfung zwischen dem Irrtum und der von ihm verursachten oder mitverursachten Vermögensverfügung wird nicht dadurch aufgehoben, dass der Getäuschte sonst andere Erwägungen angestellt hätte, die er in Wirklichkeit nicht angestellt hat."[16]

Wenn es wirklich auf die Entscheidung der Frage ankäme, ob ein falsch oder unvollständig aufgeklärter Patient die Einwilligung auch erteilt hätte, wenn er richtig und vollständig aufgeklärt worden wäre, so wäre sie immer zugunsten des Arztes zu entscheiden. Denn, wie wir oben gezeigt haben (11/12 ff.), steht objektiv nicht fest, wie sich ein Wesen, dessen Wille frei ist, entschieden hätte, wenn es vor eine Situation gestellt worden wäre, vor der es tatsächlich nicht gestanden hat.

20   Die Anhänger der Rechtfertigung durch hypothetische Einwilligung wollen das allerdings nicht wahr haben, sondern halten es für ein probates Mittel, diese Frage im Einzelfall zu entscheiden, indem man den Patienten nachträglich fragt, ob er sich bei richtiger Aufklärung für oder gegen den Heileingriff entschieden hätte.[17] Aber auch der Patient kann keine, wie man heute zu sagen pflegt, belastbare Aussage darüber machen, wie er sich entschieden hätte, zumal ja nicht einmal feststeht, in welcher Form ihm die Aufklärung erteilt worden wäre und wie ihn der Arzt sonst beeinflusst hätte, wenn er ihn vollständig aufgeklärt hätte.[18] Jedenfalls für Heileingriffe, die noch im Rahmen der lex artis liegen, kann also niemals ausgeschlossen werden, dass der Patient auch bei richtiger Aufklärung in sie eingewilligt hätte. Wenn es darauf wirklich ankäme, könnte also der Arzt dem Patienten jede Heilbehandlung aufzwingen, die von der lex artis noch gedeckt wird.[19] Auch die Bedingung der mutmaßlichen Einwilligung, dass der Arzt sich auf diese nur dann berufen kann, wenn eine Einholung der wirklichen Einwilligung des Patienten unmöglich oder untunlich ist, würde dadurch obsolet, dass die mutmaßliche Einwilligung durch die hypothetische Einwilligung völlig verdrängt würde.[20] Wirkungsvoller als alle erkenntnistheoretischen und systematischen

---

14   BGHR § 223 Einwilligung 2, 3.
15   Ebenso *Kuhlen* Roxin-FS (2001), 331 (337); *ders.* JR 2004, 227 f.
16   BGHSt 13, 13 (15), dazu o. 2/43 ff.
17   BGH JR 2004, 469 = NStZ 2004, 442; StV 2004, 376= NStZ-RR 2004, 16 (17); *Kuhlen* JR 2004, 227 (228).
18   *Puppe* GA 2003, 764 (769 f.); *dies.* JR 2004, 470; *dies.* ZIS 2016, 366 (367 f.).
19   *Puppe* JR 2004, 470 (471); *dies.*, GA 2003, 764 (769); zust. *Duttge* Schroeder-FS (2006), 179 (188 ff.); *Otto* Jura 2004, 679 (683); NK-*Paeffgen/Zabel* Vor § 32 Rn. 168a.
20   *Böse* ZIS 2016, 495 f.; *Puppe* ZIS 2016, 366 (368 f.); MüKo-*Schlehofer* Vor § 32 Rn. 205; *Kuhlen* will der Einschränkung der Rechtfertigung durch mutmaßliche Einwilligung auf Notsituationen eine gewisse Relevanz neben der Rechtfertigung durch hypothetische Einwilligung dadurch erhalten, dass er bei hypothetischer Einwilligung nur die Zurechnung des Erfolges ablehnt und den Täter wegen Versuchs bestraft, JR 2004, 227 (228). Das ist ein Trugschluss. Wenn objektiv die Voraussetzungen einer Zurechnung des Erfolges zur Täterhandlung nicht gegeben sind und der Täter dies weiß, begeht er auch keinen Versuch den Erfolg zurechenbar herbeizuführen.

Einwände gegen eine Rechtfertigung durch hypothetische Einwilligung dürfte heutzutage der Hinweis auf Art. 2 Abs. 1 GG sein. Indem die wirkliche Einwilligung des Patienten durch eine fingierte ersetzt wird, wird sein Selbstbestimmungsrecht missachtet. Selbst wenn mit Sicherheit feststünde, dass er bei vollständiger Aufklärung in ein Behandlungsrisiko eingewilligt hätte, wird das Selbstbestimmungsrecht des Patienten verletzt, wenn ihm eben dieses Risiko durch falsche oder unvollständige Aufklärung aufgezwungen wird.[21]

Die Lehre von der hypothetischen Einwilligung ist nicht von den Strafsenaten des BGH entwickelt worden, sondern von dem für Arzthaftungsrecht zuständigen 6. Zivilsenat. Dieser hat dem wegen eines Aufklärungsfehlers auf Schadensersatz verklagten Arzt die Einwendung eröffnet, dass der Patient auch bei vollständiger und richtiger Aufklärung in den Heileingriff eingewilligt hätte. Dabei hat er das Interesse des beklagten Arztes, nicht wegen geringfügiger Aufklärungsmängel zu Schadensersatz verurteilt zu werden mit dem Interesse des Patienten, dass sein Selbstbestimmungsrecht nicht durch fehlerhafte oder unvollständige ärztliche Aufklärung umgangen wird, durch ein fein austariertes System von Beweislastregeln miteinander zum Ausgleich gebracht. Der Patient muss zunächst die Relevanz des Aufklärungsmangels für seine Entscheidung dartun. Dafür genügt es, dass er plausibel macht, er wäre in einem ernsthaften Entscheidungskonflikt gewesen, wenn er die vollständige Aufklärung erhalten hätte. Danach obliegt es dem Arzt zu beweisen, dass der Patient gleichwohl genauso entschieden hätte, wie er tatsächlich entschieden hat.[22] An dieser Beweisaufgabe scheitert der Beklagte regelmäßig. Da es aber im Strafprozess keine Beweislastregeln geben darf, sondern stets der Zweifelsgrundsatz gilt, führt die Übernahme der Rechtsfigur der hypothetischen Einwilligung in das Strafrecht wie oben dargetan zur praktischen Aufhebung des strafrechtlichen Schutzes des Selbstbestimmungsrechts des Patienten.

Aber zwingt die Rechtsprechung des BGH zum Schadensersatzanspruch bei unzureichender Aufklärung nicht das Strafrecht dazu, die hypothetische Einwilligung als Zurechnungsausschließungsgrund anzuerkennen, gleichgültig was für Konsequenzen das für das Selbstbestimmungsrecht des Patienten hat? Inzwischen hat der Gesetzgeber die vom 6. Zivilsenat entwickelten Regeln über den Schadensersatzanspruch des unrichtig aufgeklärten Patienten und seine Geltendmachung im Prozess eins zu eins in die Regelung des ärztlichen Behandlungsvertrages übernommen, § 630h Abs. 2 BGB. Nun darf das Strafrecht den wegen Körperverletzung angeklagten Arzt nicht nach strengeren Regeln behandeln, als das Zivilrecht den auf Schadensersatz Verklagten behandelt. Offenbar war es dieser Gedanke, der die Strafsenate des BGH bewogen hat, die dem Arzt im Zivilrecht gewährte Einwendung, dass der Patient auch bei richtiger Aufklärung in den Heileingriff eingewilligt hätte, in die Frage nach der Kausalität des Aufklärungsfehlers für den Heileingriff zu integrieren.

Dem liegt nun aber ein grundlegendes Missverständnis der zivilrechtlichen Regelung zugrunde. Diese betrifft nämlich nicht die haftungsbegründende Kausalität, sondern die haftungsausfüllende.[23] Dass der Arzt sich falsch verhalten hat und dass Hypothesen über die Einwilligung des Patienten sein Verhalten nicht rechtfertigen, würde kein

21

22

23

---

21  *Puppe* ZIS 2016, 366 ff.; *dies.* JR 2017, 513 (517); *Böse* ZIS 2016, 495 f.; Schönke/Schröder/*Sternberg-Lieben* § 223 Rn. 40h; LK-*Grünewald* § 223 Rn. 106; NK-*Paeffgen/Zabel* Vor § 32 Rn. 168a; *Roxin/Greco* AT/1 13/125.
22  BGHZ 29, 176 (187); BGH NJW 1992, 2351 (2353).
23  Schon die erste Entscheidung des 6. Zivilsenats des BGH zur hypothetischen Einwilligung führt diese nicht im Zusammenhang mit der Verursachung des (rechtswidrigen) Heileingriffs ein, sondern erst bei der Frage, ob der Aufklärungsmangel beim Patienten zu einem Schaden geführt hat, BGHZ 29, 176 (187).

Zivilrechtler bestreiten. Kein Zivilrechtler würde eine für ein Rechtsgeschäft erforderliche Zustimmung oder Genehmigung mit der Begründung für im einzelnen Fall entbehrlich erklären, dass der Berechtigte zugestimmt oder genehmigt hätte, wenn man ihm pflichtschuldig Gelegenheit dazu gegeben hätte oder gar, dass nach Beweislastregeln davon auszugehen sei. Aber um den Schaden festzustellen, der durch das rechtswidrige Verhalten einem anderen erwachsen ist, schreibt § 249 BGB vor, dass er so zu stellen ist, wie er gestanden hätte, wenn der Beklagte sich richtig verhalten hätte, in unserem Fall also vollständig und richtig aufgeklärt hätte. Nur in diesem Zusammenhang stellt sich die Frage, ob der Patient in diesem Falle dem Eingriff ebenfalls zugestimmt hätte oder nicht. Die haftungsbegründende Kausalität ist dagegen schon deshalb gegeben, weil der Arzt ohne wirksame Einwilligung des Patienten gehandelt hat.

24    Es ist also ein grundlegendes Missverständnis, wenn die Strafsenate des BGH die Bedeutung des Aufklärungsmangels darin suchen, dass er den ärztlichen Heileingriff verursacht hat. Es mag sein, dass auch das der Fall ist, denn ganz ohne Einwilligung würde der Arzt wohl nicht operieren. Die strafrechtliche Bedeutung des Aufklärungsmangels besteht aber darin, dass er die wirklich gegebene Einwilligung des Patienten teilweise unwirksam macht. Hat der Arzt den Patienten über ein Behandlungsrisiko nicht aufgeklärt, über das er ihn hätte aufklären müssen, so deckt die Einwilligung des Patienten in den Eingriff dieses Risiko nicht, es sei denn, der Patient hat es bereits aus anderen Informationsquellen gekannt. Realisiert sich nun bei der Durchführung des Heileingriffs gerade dieses Risiko, so ist dieser Erfolg eben nicht durch die Einwilligung des Patienten in den Heileingriff gerechtfertigt und Spekulationen darüber, ob er in dieses Risiko eingewilligt hätte, wenn der Arzt ihn darüber aufgeklärt hätte, ändern daran gar nichts.[24] In unserem Beispielfall könnte der BGH gleichwohl im Ergebnis richtig entschieden haben. Denn der Patient hatte schon bei mehreren Ärzten um diese Operation nachgesucht und war mit der Begründung abgewiesen worden, dass diese große Risiken berge und geringe Erfolgschancen habe. Fand sich unter diesen Risiken, die dem Patienten bekannt waren, auch dasjenige, das sich dann tatsächlich realisiert hat, so hat sich der Mangel der Aufklärung auf die Entscheidung des Patienten nicht ausgewirkt, so dass die wirkliche Einwilligung des Patienten, nicht eine hypothetische, die Realisierung dieses Risikos gedeckt hat.

### 4. Die hypothetische richterliche Anordnung als Rechtfertigung einer polizeilichen Zwangsmaßnahme – Der Fall Jalloh, BGHSt 59, 292

25    Das im Folgenden zu behandelnde Problem tritt zwar nicht nur bei Handeln im Interesse des Inhabers des verletzten Rechtsguts auf, sondern typischerweise gerade dann, wenn staatliche Zwangsmaßnahmen nicht im Interesse des Betroffenen, sondern im Interesse Dritter oder der Allgemeinheit stattfinden, trotzdem ist es hier zu erörtern, weil es um die Konsequenzen der vom BGH zunächst bei der Einwilligung vorgenommenen Ersetzung einer wirklichen Willensbildung durch eine hypothetische geht, insbesondere bei prozessualen Rechtfertigungsgründen.[25]

▶ Der angeklagte Dienstgruppenleiter hatte die Verantwortung für die Aufrechterhaltung des Gewahrsams des Jalloh, der von seinen Kollegen wegen der Gefahr der Selbstverletzung gemäß § 37 Abs. 1 Nr. 1 SOG LSA in Schutzgewahrsam genommen worden war, weil er in

---

24    *Puppe* GA 2003, 764 (770 ff.); *dies.* ZIS 2016, 366 (370 f.); *Roxin/Greco* AT/1 13/126.
25    Zu weiteren Konstellationen, in denen die Rechtmäßigkeit eines Eingriffs von einer Genehmigung abhängt s. *Böse* ZIS 2016, 495 (497 ff.).

schwer betrunkenem Zustand versucht hatte, sich selbst zu verletzen und gegen die Polizisten aggressiv geworden war. Der Angeklagte versäumte es, unverzüglich eine richterliche Genehmigung für diese Maßnahme einzuholen. Jalloh, der in einer Gewahrsamszelle auf einer Pritsche fixiert worden war, zündete die Matratze an, um die Polizisten zu zwingen, ihn loszumachen. Da diese nicht rechtzeitig eintrafen, kam er infolge einer Rauchvergiftung ums Leben. ◀

Der BGH führt zunächst aus, dass der Angeklagte dadurch seine gegenüber Jalloh bestehende Garantenpflicht verletzt hat und stellt dann fest: „jedoch fehlt es nach den vom Schwurgericht getroffenen Feststellungen an der Kausalität des Unterlassens des Angeklagten für eine rechtswidrige Freiheitsberaubung."[26]  26

Ebenso wie der BGH die Bedeutung des ärztlichen Aufklärungsfehlers darin gesehen hat, dass er den ärztlichen Eingriff verursacht, sieht er nun die Bedeutung der Unterlassung der Einholung einer richterlichen Anordnung darin, dass sie die Fortdauer des Freiheitsentzugs verursacht hat und wendet auf diese Unterlassung die Lehre von der Quasikausalität an, fragt also, ob die Fortdauer der Freiheitsberaubung verhindert worden wäre, wenn die Polizeibeamten die vorgeschriebene richterliche Genehmigung ihrer Zwangsmaßnahme beantragt hätten[27]. Dies wird dann mit folgender Begründung verneint:  27

> „Da die gebotene Handlung des Angeklagten bei Fortführung des Gewahrsams das Veranlassen der unverzüglichen Vorführung des J beim zuständigen Richter bzw. das unverzügliche Herbeiführen von dessen Entscheidung war, entfällt die Kausalität, wenn diese Handlung vorgenommen worden wäre und der Richter den Gewahrsam jedenfalls bis einschließlich zum Zeitpunkt des Todes von J mit an Sicherheit grenzender Wahrscheinlichkeit angeordnet hätte. ... Hierbei ist eine Recht und Gesetz entsprechende Entscheidung des Richters zugrunde zu legen. Soweit dem Richter dabei jedoch Beurteilungsspielräume eingeräumt sind, gebietet es der Grundsatz in dubio pro reo, diese zugunsten des Angeklagten auszuschöpfen."[28]

Bei allem Verständnis für das Bestreben des Senats, dem Polizeibeamten den ihm doch drohenden schweren Vorwurf der Freiheitsberaubung mit Todesfolge zu ersparen, muss man sich fragen, ob der Senat die Konsequenzen, die diese Rechtsauffassung für die Rechtfertigung von Zwangsmaßnahmen hat, die ohne eine erforderliche richterliche Genehmigung angeordnet oder fortgesetzt werden, wirklich bedacht hat. Sie bestehen darin, dass der die Zwangsmaßnahme anordnende Beamte auf die Einholung einer richterlichen Genehmigung jedenfalls dann getrost verzichten kann, wenn diese von Rechts wegen unter Ausschöpfung aller Entscheidungsspielräume des Richters möglich wäre. Nimmt der Beamte dies irrtümlich an, so fehlt es jedenfalls am Vorsatz, eine rechtswidrige Zwangsmaßnahme herbeizuführen. Es läge insoweit ein Erlaubnistatbestandsirrtum vor. Eine Strafbarkeit nur wegen Versuchs kommt in Betracht, wenn der Beamte irrtümlich annimmt, dass die Voraussetzungen für eine von Rechts wegen mögliche richterliche Genehmigung nicht gegeben sind.  28

Auch hier liegt der Grundfehler darin, das Problem bei der Kausalität einzuordnen. Die Unterlassung der Einholung der richterlichen Anordnung verursacht den Zwangseingriff nicht, sie bewirkt, dass er nicht gerechtfertigt ist. Er ist nur dann gerechtfertigt,  29

---

26  BGHSt 59, 292 (301).
27  BGHSt 59, 292 (301).
28  BGHSt 59, 292 (303).

wenn der Richter die Anordnung der Zwangsmaßnahme wirklich getroffen hat. Das Fehlen dieser richterlichen Anordnung kann nicht durch Hypothesen darüber ersetzt werden, ob der Richter sie getroffen hätte, wenn er pflichtgemäß darum ersucht worden wäre. Insofern gilt für den Richter dasselbe, wie für den nicht richtig aufgeklärten Patienten. Die Fortsetzung der Freiheitsberaubung des Jalloh über den Zeitpunkt hinaus, zu dem eine richterliche Genehmigung hätte eingeholt werden können, war also rechtswidrig. Ob damit auch eine Zurechnung der Todesfolge iS von § 239 Abs. 4 begründet ist, ist eine andere Frage.

### 5. Hinweise zur praktischen Anwendung

30   Die Frage, ob eine Tatbestandsverwirklichung durch Einwilligung des Rechtsgutsträgers gedeckt ist, wird typischerweise bei ärztlichen Heileingriffen problematisch. Bei Verletzung anderer Rechtsgüter, insbesondere von Vermögenswerten, ist sie in der Regel einfach zu entscheiden. Die Einwilligung muss in irgendeiner Form geäußert werden. Dabei müssen nicht alle Bedingungen, unter denen der Rechtsgutsträger mit dem Eingriff einverstanden ist, ausdrücklich genannt werden. Eine solche Bedingung ist insbesondere auch dann verbindlich, wenn der Einwilligungsadressat sie aus anderen Quellen kennt, oder wenn sie der Verkehrssitte entspricht.

31   Wenn das tatsächliche Geschehen mit dem wirklichen Willen des Rechtsgutsträgers nicht übereinstimmt, so ist zunächst zu prüfen, ob die Abweichung rechtsgutsbezogen ist. Ist sie dies, beispielsweise weil der Eingriff tiefer oder für das rechtlich geschützte Interesse gefährlicher ist, als vom Einwilligenden vorausgesetzt, so deckt die Einwilligung den Eingriff nur teilweise, so dass der überschießende Teil von vornherein nicht gerechtfertigt ist. Betrifft die Abweichung des wirklichen Geschehens von den Bedingungen, unter denen der Rechtsgutsträger seine Einwilligung erteilen wollte, nicht unmittelbar den Umfang oder die Gefährlichkeit des Rechtsgutseingriffs, so ist der Streit um das Erfordernis der Rechtsgutsbezogenheit des Irrtums des Einwilligenden auszutragen.

32   Ist eine Bedingung, unter die der Rechtsgutsträger seine Einwilligung gestellt hat, nicht erfüllt, so ist der Eingriff zwar nicht durch diese Einwilligung gerechtfertigt, daraus folgt aber nicht notwendig eine Zurechnung des Erfolges zum Einwilligungsadressaten. Denn es ist die Obliegenheit des Einwilligenden, seinen Willen eindeutig zum Ausdruck zu bringen. Der Irrtum des Einwilligungsadressaten, dass es dem Einwilligenden auf diese Bedingung nicht ankomme, ist systematisch gesehen ein Erlaubnistatbestandsirrtum. Hat der Einwilligende nicht hinreichend zum Ausdruck gebracht, dass sein Einverständnis nur unter einer Bedingung gilt, so ist dieser Erlaubnistatbestandsirrtum unvermeidbar und schließt die Strafbarkeit des Täters nach dem Vorsatzdelikt nach § 16 analog oder nach § 17 aus (vgl. dazu u. 13/16 ff.). Die Strafbarkeit nach einem Fahrlässigkeitsdelikt scheitert am Fehlen einer Sorgfaltspflichtverletzung.

33   Fehlt es an einer wirksamen Einwilligung des Rechtsgutsträgers, so kann die Tatsache, dass der Eingriff in seinem wohlverstandenen Interesse liegt, nur dann den Eingriff rechtfertigen, wenn eine wirkliche Einwilligung nicht eingeholt werden konnte, sog mutmaßliche Einwilligung. Es ist also zunächst festzustellen, warum die wirkliche Einwilligung des Betroffenen nicht eingeholt werden konnte oder durfte. Eine weitere Voraussetzung der Rechtfertigung durch mutmaßliche Einwilligung ist, dass dem Rechtsgutsträger eine andere Beeinträchtigung seiner Rechtsgüter droht, die der Täter durch seinen Eingriff verhindert. Diese Gefahr ist dann gegen diejenige Rechtsgutsverletzung

bzw. -gefährdung abzuwägen, die durch den Eingriff verursacht wird. Dabei sind bei beiden Alternativen je zwei Komponenten zu berücksichtigen: 1. Wie schwer wiegt der vorzunehmende Eingriff im Vergleich zu der drohenden anderweitigen Verletzung. 2. Wie hoch ist die Wahrscheinlichkeit, dass der Eingriff dem späteren Willen des Betroffenen widerspricht im Vergleich zu der Wahrscheinlichkeit, dass die Unterlassung des Eingriffs dem späteren Willen des Betroffenen widerspricht. Der Täter ist gerechtfertigt, wenn die von ihm abgewendete Gefahr die von ihm eingegangene überwiegt. Sie braucht nicht wesentlich zu überwiegen, weil die Tat im mutmaßlichen Interesse des Trägers des verletzten Rechtsguts selbst liegt, sog interner Rechtsgüterkonflikt.

Sind die Voraussetzungen einer mutmaßlichen Einwilligung nicht erfüllt, weil es möglich war, die wirkliche Einwilligung des Verletzten einzuholen, so ist die Tat nicht deshalb gerechtfertigt, weil der Verletzte (möglicherweise) in den Eingriff eingewilligt hätte, wenn er in korrekter Weise danach gefragt worden wäre. Der für Arzthaftungsrecht zuständige Zivilsenat des BGH hat dem Arzt zwar eine solche Einwendung unter engen Voraussetzungen eröffnet, daran ist das Strafrecht aber nicht gebunden, denn die Einwendung betrifft die haftungsausfüllende, nicht die haftungsbegründende Kausalität. Die fehlende Entscheidung des Rechtsgutsträgers, ein Rechtsgut preiszugeben, darf nicht durch Hypothesen ersetzt werden, es sei denn, es liegt die Notsituation einer mutmaßlichen Einwilligung vor. Denn solche Mutmaßungen sind nicht eindeutig und würden das Selbstbestimmungsrecht des Rechtsgutsinhabers verletzen.

34

## § 12 Die Notwehr

### 1. Die erforderliche Verteidigung –
### Der Fußballspielerfall, BayObLG NStZ 1988, 408

1 Das Notwehrrecht stellt die Entscheidung eines Rechtsgüterkonflikts durch die Rechtsordnung dar, die die prinzipiell rechtlich geschützten Interessen des Angreifers der Rechtsverteidigung des Angegriffenen aufopfert. Deshalb ist die Notwehr ein echter Rechtfertigungsgrund. Manche Autoren stellen auch diese Entscheidung als Rechtsgüterabwägung dar, indem sie auf Seiten des Verteidigers außer seinem Eigeninteresse an seinen rechtlich geschützten Gütern auch noch das Interesse der Allgemeinheit in die Waagschale legen, dass die Rechtsordnung verteidigt wird.[1] Aber der Angegriffene verteidigt nicht „die Rechtsordnung", sondern allein sein rechtlich anerkanntes Interesse. Wie sollte die Tatsache, dass dieses Interesse von der Rechtsordnung anerkannt und geschützt ist, als Abwägungsposten gegen das Interesse des Angreifers an der Unversehrtheit seiner Güter verrechnet werden? Der Grund für die Entscheidung des Rechtsgüterkonflikts zulasten des Angreifers ist nicht eine Abwägung von Gütern und Interessen, sondern eine Verantwortungszuweisung. Der Angreifer hat den Rechtsgüterkonflikt, den die Rechtsordnung nun entscheiden muss, nicht nur rechtswidrig herbeigeführt, es ist auch in seiner Hand, ihn jeder Zeit ohne Aufopferung von Rechtsgütern zu beenden, indem er seinen Angriff abbricht. Und das ist ihm von Rechts wegen auch geboten. Deshalb hat sich der Angreifer vom Beginn seines Angriffs bis zu seiner Beendigung den Verlust seiner Rechtsgüter durch die Verteidigung allein selbst zuzuschreiben.[2] Das ist der genaue Sinn des markigen Satzes, das Recht braucht dem Unrecht nicht zu weichen.

2 Aber das Notwehrrecht ist kein Bestrafungsrecht. Es hat ausschließlich den Zweck, den Angriff zu verhindern bzw. zu beenden. Deshalb besteht es nur, wenn der Angriff unmittelbar bevorsteht, begonnen hat oder noch andauert und rechtfertigt Eingriffe in die Rechtsgüter des Angreifers nur soweit, als sie zur Abwehr des Angriffs erforderlich sind. Die Verteidigungshandlung muss also zur Abwehr des Angriffs geeignet sein und sie muss unter mehreren gleichermaßen geeigneten Mitteln dasjenige sein, das die Rechtsgüter des Angreifers am wenigsten beeinträchtigt. Hat aber der Angreifer keinen festen Angriffsplan, so ist die Frage, ob das gewählte Verteidigungsmittel zur Abwehr des Angriffs erforderlich war, nicht eindeutig entscheidbar, denn die tatsächlich ausgeübte Verteidigung hat ja den Angriff tatsächlich abgewendet. Ob der Angreifer sich durch ein milderes Verteidigungsmittel von der Fortsetzung seines Angriffs hätte abschrecken lassen oder vielleicht im Gegenteil seinen Angriff intensiviert hätte, steht objektiv nicht fest. Hat sich zB der Angegriffene mit einem Messer zur Wehr gesetzt, so ist die Frage, ob eine bloße Drohung mit dem Messer den Angreifer abgeschreckt hätte oder ihn im Gegenteil zu dem Versuch motiviert hätte, dem Angegriffenen das Messer aus der Hand zu winden und es womöglich selbst gegen ihn einzusetzen. Das demonstriert der Fußballspielerfall.

---

1 Schönke/Schröder-*Perron/Eisele* § 32 Rn. 1a; Lackner/Kühl-*Kühl* § 32 Rn. 1; *Roxin/Greco* AT/1 15/1; *Wessels/Beulke/Satzger* AT Rn. 492; *Kühl* AT 7/6 ff.; *Jescheck/Weigend* AT § 30 I 2; ablehnend *Stratenwerth/Kuhlen* AT 9/61; *Frister* AT 16/3.
2 *Jakobs* AT 12/46; *Frister* AT 16/4; *ders.* GA 1988, 291 (301 f.); *Greco* GA 2018, 665 (679 ff.).

▶ Der Angeklagte, ein Fußballspieler, war während eines Spiels vom Trainer ausgewechselt worden und dabei sich in die Umkleidekabine zu begeben. Im Publikum herrschte eine gereizte Stimmung. Einer der Zuschauer trat auf den Angeklagten zu und packte ihn mit der linken Hand am Hals, während er in der rechten ein Bierglas hielt. Nach den Feststellungen des Tatgerichts schlug der Angeklagte mit der rechten Faust gegen den linken Arm des Angreifers, traf aber dessen Gesicht, so dass dieser hinstürzte und eine Gehirnerschütterung erlitt. Obwohl der Angreifer dem Angeklagten körperlich deutlich unterlegen war, attestierte das BayObLG diesem die Rechtfertigung seines Verhaltens durch Notwehr mit der folgenden Begründung: ◀

> „Unter dem Gesichtspunkt der Geeignetheit zur sofortigen und endgültigen Beendigung des Angriffs hat der Angeklagte durch den von ihm nach den Feststellungen des AG gegen den linken Arm des Nebenkl. geführten Faustschlag die Grenzen der erforderlichen Verteidigung nicht überschritten. Hätte der Angeklagte, wie es das AG meint, versucht, mit einer Hand oder beiden Händen den Griff des Nebenkl. zu lösen, wäre die sofortige und endgültige Beendigung des Angriffs nicht hinreichend gewährleistet gewesen, zumal durchaus im Bereich des Wahrscheinlichen liegt, dass der Nebenkl. in diesem Falle die andere, ein Bierglas haltende Hand eingesetzt hätte. Dem Risiko einer derart unzureichenden Abwehr brauchte sich der Angekl. nicht auszusetzen."[3]

Zu Recht weist das Gericht darauf hin, dass der Angreifer dem Fußballspieler das Bierglas auf den Kopf hätte schlagen können, wenn er es gewollt hätte. Ob er es aber getan hätte, falls der Fußballspieler versucht hätte, seine Hand mit sanfter Gewalt von seinem Hals zu lösen, oder ob er sich dadurch hätte bewegen lassen, von weiteren Angriffen auf den Fußballspieler Abstand zu nehmen, steht objektiv gar nicht fest. Deshalb kann die Erforderlichkeit der Verteidigung auch nicht davon abhängig gemacht werden. Ein Verteidigungsmittel ist nur dann zur Abwehr des Angriffs geeignet, wenn es dem Angreifer dessen Fortsetzung unmöglich macht. Das ist der Sinn des viel zitierten Satzes, dass der Angegriffene ein Mittel wählen darf, das den Angriff sofort und endgültig beendet und sich nicht auf einen Kampf mit ungewissem Ausgang einlassen muss.[4]

In diesem Zusammenhang ist häufig davon die Rede, dass die Entscheidung über die Erforderlichkeit der Verteidigung zur Abwehr des Angriffs „ex ante" aus der Perspektive eines objektiven Beobachters zu fällen ist,[5] nicht „ex post". Das ist mindestens missverständlich. Es handelt sich nicht um die Frage, ob eine Beurteilung im Voraus, also bei Beginn des Angriffs vorzunehmen sei oder im Nachhinein, also nach dessen Abwehr. Denn wie weit der Angreifer gegangen wäre, wenn er nicht durch den Verteidiger gestoppt worden wäre, ist im Nachhinein ebenso wenig entscheidbar, wie im Vorhinein. Die Frage kann sinnvollerweise nur lauten, welche weiteren Angriffshandlungen dem Angreifer noch möglich gewesen wären, wenn sich der Angegriffene mit einem milderen Mittel verteidigt hätte. In unserem Fußballspielerfall kann also der Angreifer den Verteidiger nicht dadurch ins Unrecht setzen, dass er behauptet, er hätte das Bierglas auf keinen Fall gegen ihn eingesetzt, nicht nur weil der Verteidiger das nicht wissen kann, sondern weil es objektiv nicht fest steht.

---

3  BayObLG NStZ 1988, 408 (409).
4  Z.B.: BGH NStZ 2002, 140 (140); NStZ 2003, 425 (427); NStZ 2006, 152 (153); Zuletzt BGH NStZ 2009, 626 (627); *Kindhäuser/Zimmermann* AT 16/32.
5  *Kühl* AT 7/107; *Kindhäuser/Zimmermann* AT 16/32; *Roxin/Greco* AT/1 15/46.

### 2. Notwehr gegen Putativnotwehr – Der scheinbare Diebstahl OLG Hamm NJW 1977, 590[6]

### a) Die Putativnotwehrlage

6   ▶ In einer Spitzenfabrik waren Diebstähle von Spitzenballen vorgefallen. Die Geschäftsleitung hatte einen Arbeiter gebeten auf verdächtige Vorfälle acht zu geben. Dieser beobachtete während der Spätschicht, also offenbar nach Schluss der Bürozeit, einen Angestellten, der mit seinem Fahrzeug auf dem Fabrikhof auftauchte und zwei Kartons in seinen Kofferraum lud. Der Arbeiter bezichtigte den Angestellten des Diebstahls und forderte ihn auf, ihm den Inhalt der Kartons zu zeigen. Diese waren leer und wurden in der Fabrik nicht mehr gebraucht. Der Angestellte nahm sie mit Einwilligung der Geschäftsleitung an sich. Er hielt es jedoch offenbar für unter seiner Würde sich einem Arbeiter gegenüber wegen des Verdachts des Diebstahls zu rechtfertigen. Deshalb weigerte er sich, der Aufforderung des Arbeiters nachzukommen, setzte sich ans Steuer seines Wagens und machte Anstalten loszufahren. Der Arbeiter versuchte dies dadurch zu verhindern, dass er ins Steuer griff und als der Angestellte trotzdem anfuhr, ein Stück mitlief. Daraufhin versetzte ihm der Angestellte einen Faustschlag ins Gesicht, so dass der Arbeiter auf das Pflaster des Hofes stürzte und sich Prellungen und Hautabschürfungen zuzog. ◀

In seinem Urteil, das die Frage nach der Strafbarkeit des Angestellten behandelt, äußert sich das OLG Hamm zur Rechtfertigung des Arbeiters wie folgt:

> „Der Rechtfertigungsgrund der Notwehr nach § 32 scheidet hierbei aus. Nach den Feststellungen des angefochtenen Urteils hat sich der Zeuge C zwar einen Sachverhalt vorgestellt, der ihn – hätten seine Vorstellungen der Wirklichkeit entsprochen – zur Nothilfe für das bedrohte Eigentum seines Arbeitgebers berechtigt hätte. Nach den vom BerGer. getroffenen Feststellungen ist jedoch zugunsten des Angekl. davon auszugehen, dass er nichts gestohlen hatte. Der Zeuge C befand sich somit lediglich in einer Putativnotwehrlage, die ihn zwar entschuldigen, nicht aber rechtfertigen konnte und daher an sich auch die Abwehrrechte des betroffenen Angekl. unberührt ließ."[7]

7   Das OLG hat es also abgelehnt, zu prüfen, ob aus der Perspektive des Arbeiters ex ante ein Angriff auf das Eigentum des Fabrikanten vorlag. Offenbar geht das Gericht mit der übrigen Rechtsprechung davon aus, dass die Voraussetzungen eines Rechtfertigungsgrundes nicht aus der Perspektive des Täters ex ante festzustellen sind, sondern aus der sog Perspektive ex post, dh dass die Voraussetzungen des Rechtfertigungstatbestandes wirklich gegeben sein müssen. Der Anschein ihres Vorhandenseins hat also keine rechtfertigende Kraft, auch dann nicht, wenn der Handelnde ihm auch bei sorgfältigster Prüfung erliegen muss.

8   In der Literatur wird dagegen die Ansicht vertreten, dass alle Voraussetzungen der Rechtfertigung „ex ante" zu prüfen sind,[8] dh, dass es nicht auf die wirklich gegebenen Tatsachen ankommt, sondern auf denjenigen Anschein, der sich dem Täter bei sorgfältiger Prüfung unter Einbeziehung seines gegebenenfalls vorhandenen Sonderwissens darstellt. Das wird norm-theoretisch damit begründet, dass die Normen vom Täter

---

6   = JZ 1977, 195 = JuS 1977, 476.
7   OLG Hamm NJW 1977, 590 (591).
8   *Arm. Kaufmann* Welzel-FS (1974), 393 (401); *Rudolphi* Schröder-GS (1978), 73 (81); *ders.* Arm. Kaufmann-GS (1989), 371 (381 ff., 386); *Wolter* (1981), 137 ff.; *Frisch* (1983), 424 ff.; *Herzberg* JA 1989, 243 (247 ff.); *Freund* GA 1991, 387 (406 f.); *Mitsch* JuS 1992, 289 (291).

nichts unmögliches Verlangen dürfen, also auch nicht, etwas zu erkennen, was in seiner konkreten Situation für ihn nicht erkennbar ist.[9] Die Handlungsfreiheit, die ihm der Erlaubnissatz des Rechtfertigungsgrundes gewährt, würde wieder zurückgenommen, wenn er das Risiko eines unvermeidlichen Irrtums über die Rechtfertigungssituation tragen müsste.[10] Nach dieser Ansicht wäre der Arbeiter im vorliegenden Fall durch Notwehr gerechtfertigt. Angesichts des verdächtigen Auftauchens des Angestellten zu später Stunde auf dem Fabrikhof und seines abweisenden Benehmens gegenüber dem Arbeiter musste dieser annehmen, dass der Angestellte im Begriff war, in den verschlossenen Kartons verbotenerweise Waren abzutransportieren und dies vor dem Arbeiter verheimlichen wollte.

Ein Rechtfertigungsgrund gibt aber nicht nur dem Handelnden eine Erlaubnis, sondern er legt einem anderen die Pflicht auf, dessen Eingriff in seine Rechte zu dulden. Deshalb sind bei einer scheinbaren Rechtfertigungssituation zwei Fragen zu unterscheiden: Sind dem Handelnden die rechtsverletzenden Folgen seiner Handlung strafrechtlich zuzurechnen, auch wenn er den falschen Anschein durch sorgfaltsgemäße Prüfung nicht vermeiden konnte? Muss der von seiner Handlung Betroffene den Eingriff in seine Rechte dulden, obwohl objektiv die Voraussetzungen der Rechtfertigung nicht gegeben sind, ihr Zweck also nicht erfüllbar ist?  9

Die erste Frage ist damit zu beantworten, dass dem Arbeiter keine Sorgfaltspflichtverletzung vorzuwerfen ist. Damit fehlt eine Voraussetzung der objektiven Zurechnung im Strafrecht.[11] Daraus folgt aber nur, dass der Arbeiter im vorliegenden Fall nicht wegen versuchter oder vollendeter Nötigung strafbar ist und auch nicht wegen eines fahrlässigen Delikts, etwa fahrlässiger Körperverletzung strafbar wäre, wenn er bei der Abwehr des scheinbaren Angriffs auf das Eigentum seines Chefs den Angestellten auch körperlich verletzt hätte.  10

Daraus folgt aber noch nicht, dass der Angestellte den Angriff auf seine Freiheit zu dulden verpflichtet ist. Entgegen der Meinung von *Rudolphi*[12] ist es nicht die Funktion der Rechtfertigungsgründe, den Handlungsspielraum des Gerechtfertigten zu erweitern, sondern in einem Rechtsgüterkonflikt dem nach der Rechtsordnung vorrangigen Interesse zum Durchbruch zu verhelfen. Das unterscheidet das gerechtfertigte Risiko vom generell erlaubten, also sozialadäquaten Risiko. Ein sozialadäquates Risiko darf zu beliebigen Zwecken verursacht werden, eben weil diese Risikoerlaubnis dem Täter freien Handlungsspielraum gewährt. Ein gerechtfertigtes Risiko darf nur dann gesetzt werden, wenn es den Zweck erfüllt, um dessentwillen der Rechtfertigungsgrund besteht, wobei es freilich nicht darauf ankommt, dass der Handelnde durch diesen Zweck auch motiviert wird (s. dazu u. 13/5). Nur soweit objektiv die Zweckmittelbeziehung zwischen Eingriff und Beförderung des vorrangigen Interesses besteht, um derentwillen der Rechtfertigungsgrund gilt, ist der von dem Eingriff Betroffene zur Duldung verpflichtet.[13] Eine weitergehende Duldungspflicht mag dann gelten, wenn  11

---

9   *Rudolphi* Arm. Kaufmann-GS (1989), 371 (383 f.); *Wolter* (1981), 137 ff.; *Frisch* (1983), 424 ff.; *Freund* GA 1991, 387 (406 ff.).

10  *Arm. Kaufmann* Welzel-FS (1974), 393 (401 f.); *Rudolphi* Arm. Kaufmann-GS (1989), 371 (383 f.); *Frisch* (1983), 425.

11  Schönke/Schröder-*Lenckner/Sternberg-Lieben* Vor §§ 32 ff. Rn. 21; *Paeffgen* Arm. Kaufmann-GS (1989), 399 (420); *Jakobs* AT 12/18; *Roxin/Greco* AT/1 15/14 f.

12  *Rudolphi* Arm. Kaufmann-GS (1989), 371 (377).

13  NK-*Paeffgen/Zabel* Vor § 32 Rn. 81 ff.

der Betroffene selbst für den unvermeidlichen Irrtum des Handelnden verantwortlich ist.

### b) Die Verteidigung gegen Putativnotwehr

12   Zu Recht hat also das OLG Hamm im vorliegenden Fall dem Angestellten ein Abwehrrecht zugebilligt. Es wird sich aber noch zeigen, dass dieses Abwehrrecht nicht das Notwehrrecht sein kann (s. dazu u. 12/13 f.). Es hat ihm auch zu Recht attestiert, dass er nicht für den Irrtum des Arbeiters verantwortlich ist, weil er sich entgegen dem Anschein völlig rechtmäßig verhalten hatte. Trotzdem wirft es ihm mit der folgenden Begründung eine Überschreitung seines Notwehrrechts vor:

> „Denn im vorliegenden Fall hatte der Angekl. selbst ein durch den Willen zu rechtstreuem Verhalten motiviertes Tun des Zeugen C ausgelöst, mit dem zum Zeitpunkt der den Angriff veranlassenden Handlung zu rechnen war und das für den Angekl. im Augenblick der Vornahme der Verteidigungshandlung als von ihm ausgelöst und von irrigen tatsächlichen Vorstellungen getragen offenkundig war. Unter diesen Umständen durfte der Angekl. nicht zu einer Verteidigung greifen, die den Zeugen nach den Urteilsfeststellungen in Lebensgefahr brachte, während von ihm selbst mit der Öffnung des Kofferraums und dem hiermit verbundenen Verzicht auf eine sofortige Wegfahrt lediglich eine minimale Einbuße an Betätigungsfreiheit verlangt wurde, die seine Interessen kaum berührte. Bei einem solchen krassen Missverhältnis zwischen der Ranghöhe des angegriffenen Rechtsgutes und der durch die Verteidigung herbeigeführten Gefährdung ist die Verteidigung rechtsmissbräuchlich."[14]

13   Es erscheint inkonsequent, wenn das Gericht einerseits dem Angestellten attestiert, dass er in keiner Weise für den Irrtum des Arbeiters verantwortlich war, weil er sich völlig korrekt und rechtstreu verhalten hatte, andererseits gerade mit der Tatsache, dass er diesen Irrtum durch sein Handeln verursacht hat, eine Einschränkung seines Notwehrrechts begründet. Wer einem anderen eine Rechtfertigungssituation, beispielsweise einen Angriff vortäuscht oder wer über die Gefährlichkeit seines eigenen Angriffs täuscht, beispielsweise in dem er einen anderen mit einer ungeladenen Waffe bedroht, ist für die durch diese Täuschung veranlasste Putativnotwehr des anderen selbst als mittelbarer Täter verantwortlich. Er ist also mittelbarer Täter seiner eigenen Selbstverletzung, falls die Abwehr ihn trifft. Deshalb ist er auch zu ihrer Duldung verpflichtet und hat gegen sie kein Notwehrrecht.[15] Dasselbe gilt, wenn der Angreifer ohne Täuschungsabsicht den Anschein einer größeren Gefahr hervorruft. Die Intensität des Angriffs liegt ex ante objektiv nicht fest und selbst wenn das ausnahmsweise anders ist, ist der Angreifer dafür verantwortlich, dass der Anschein einer größeren Gefahr besteht.[16] Dem Räuber mit dem Messer geschieht kein Unrecht, wenn sich der Überfallene auf seine treuherzige Versicherung „ich will nur Geld" nicht verlässt und sich so wehrt, wie man sich gegen einen Angriff auf sein Leben wehren darf.

14   Ein solcher Fall liegt hier aber nicht vor, weil der Angestellte für den Irrtum des Arbeiters nicht verantwortlich ist. Trotzdem hat das OLG Hamm darin Recht, dass der Angestellte dem Arbeiter die leeren Kartons hätte vorweisen müssen. Das wäre

---

14   OLG Hamm NJW 1977, 590 (592).
15   *Jakobs* AT 11/9; vgl. dazu den Fall OLG Düsseldorf NJW 1994, 1971 (rechtswidriges Fotografieren mit leerer Kamera).
16   *Jakobs* AT 11/10.

nämlich eine geeignete und mildere Maßnahme gewesen, seinen Angriff sofort zu beenden. Dieses Ansinnen ist nicht mit dem Verlangen zu vergleichen, einem Angriff auszuweichen. Wer ausweicht, gibt sein Recht preis, wer aufklärt nicht. Diese geringfügige Einbuße an Handlungsfreiheit verlangt die Rechtsordnung von demjenigen, der durch ein scheinbar gerechtfertigtes Handeln betroffen ist deshalb, weil sie einen unlösbaren Rechtfertigungskonflikt soweit als möglich vermeiden muss. Wenn zwei miteinander kämpfen oder sich gegenseitig verletzen, sollte entweder einer oder beide im Unrecht sein. Diese Aufklärungspflicht ist ein Teil der allgemeinen Bürgerpflicht zur Friedenswahrung und knüpft an kein Vorverschulden und an keine Sonderverantwortung an.

Ein echter Rechtfertigungskonflikt würde allerdings in dem Fall entstehen, dass eine Aufklärung des Irrtums nicht möglich ist. Man denke sich den vorliegenden Fall so abgewandelt, dass der Angestellte tatsächlich Spitzenballen in den Kartons abtransportieren will, die der Prinzipal ihm geschenkt hat, und der Arbeiter ihm diese in der Tat wenig überzeugende Erklärung für sein Verhalten nicht glaubt. In diesem Fall kann von dem Angestellten nicht verlangt werden, dass er um des Friedens willen solange wartet, bis der Chef erscheint und alles aufklärt. Er hat also gegen den Versuch des unvermeidbar irrenden Arbeiters, ihn für einige Zeit der Freiheit zu berauben, ein Abwehrrecht, wenn man von der Problematik der Festnahme auf Verdacht nach § 127 Abs. 1 StPO absieht. Dies ist aber nicht das Notwehrrecht, denn dieses gilt nur gegen einen schuldhaft handelnden Angreifer.[17] Die Rücksichtslosigkeit des Notwehrrechts gegenüber den Interessen des Angreifers hat ihren Grund nicht nur darin, dass der Angegriffene sein Recht wahrt, erst Recht nicht darin, dass er daneben auch noch die Rechtsordnung verteidigt,[18] denn beides ist der Sache nach dasselbe. Sie hat ihren Grund darin, dass der Angreifer dem Angegriffenen den Konflikt aufzwingt und Herr dieses Konfliktes ist, solange er angreift.[19] Er kann sich dem „scharfen Schwert" der Notwehr jederzeit entziehen, indem er das tut, was die Rechtsordnung ohnehin von ihm verlangt, nämlich mit dem Angriff aufzuhören. Deshalb gilt das Notwehrrecht nur dann und solange, als die Rechtsordnung dies von ihm verlangen kann. Von dem unvermeidbar über die Rechtmäßigkeit seines eigenen Handelns irrenden Angreifer kann sie es nicht verlangen.

Andererseits würde man den Angegriffenen rechtlos stellen, wenn man ihn auf den Notstand nach § 34 verweist.[20] Denn nicht der von einer objektiv fehlerhaften Handlung Betroffene hat die Risiken des Irrtums zu tragen, sofern nicht der Betroffene selbst diesen Irrtum zurechenbar verursacht hat. Deshalb kann das Abwehrrecht des Betroffenen nicht auf den aggressiven Notstand beschränkt sein, der für jeden gilt, der in fremde Rechtsgüter eingreift, und deshalb nicht nur ein wesentliches Überwiegen des verteidigten Interesses erfordert, sondern auch eine besondere Solidaritätspflicht des Betroffenen (s. dazu u. 13/1). Das Abwehrrecht, das für den Fall konzipiert ist, dass ein anderer als der von Natur aus von dem Risiko Betroffene dieses Risiko von Rechts wegen zu tragen hat, ohne es verschuldet zu haben, ist der defensive Notstand nach § 228 BGB. Der von dem unvermeidbar Irrenden Angegriffene kann also den An-

15

16

---

17  *Jakobs* AT 12/16 ff.; *Hruschka* Dreher-FS (1977), 189 (202); *Frister* GA 1988, 291 (305); *Hoyer* JuS 1988, 89 (95 f.); *Schmidhäuser* GA 1991, 97 (129); *Renzikowski* (1994), 283 ff.; NK-*Kindhäuser* § 32 Rn. 65 f.; aA MüKo-*Erb* § 32 Rn. 61; Schönke/Schröder-*Perron/Eisele* § 32 Rn. 24.

18  So aber Schönke/Schröder-*Perron/Eisele* § 32 Rn. 1, 1a; LK[11]-*Spendel* § 32 Rn. 11 ff.; *Fischer* § 32 Rn. 2; *Roxin/ Greco* AT/1 15/1 f.; *Wessels/Beulke/Satzger* AT Rn. 518 f.; *Rudolphi* GS-Arm. Kaufmann (1989), 371 (386).

19  *Mitsch* GA 1986, 533 (545); *Frister* GA 1988, 291 (301).

20  Schönke/Schröder-*Perron/Eisele* § 32 Rn. 21; so aber *Jakobs* AT 11/13; *Roxin/Greco* AT/1 15/14.

griff nach § 228 BGB analog abwehren, soweit die dadurch dem Angreifer zugefügte Verletzung nicht außer Verhältnis zu dem von ihm gewahrten Interesse steht. Der unvermeidbar irrende Angreifer ist im Unrecht. Der etwa dadurch verursachte Unrechtserfolg kann ihm nur nach den allgemeinen Regeln deshalb nicht zugerechnet werden, weil er nicht durch eine Sorgfaltspflichtverletzung von ihm verursacht worden ist. Im vorliegenden Fall stand die die Gesundheit und in geringerem Maße auch das Leben des Arbeiters gefährdende Gegenwehr des Angestellten außer Verhältnis zu dem von ihm gewahrten Interesse, eine kurzfristige Freiheitsberaubung zu verhindern.

### 3. Das Erfordernis der Gebotenheit der Notwehr

### a) Drei Einschränkungen des Notwehrrechts praeter legem

17    Ursprünglich hatte die Formulierung „durch Notwehr geboten" im Tatbestand des Notwehrparagraphen nur die Funktion, die nachfolgende Definition der Notwehr grammatisch einzuleiten. Heute versteht man es als selbstständiges Merkmal des Notwehrtatbestandes, das die sog rechtsethischen Einschränkungen des Notwehrrechts legitimiert, die in vier Ausnahmefällen anwendbar sein sollen. Die erste dieser Einschränkungen ist das Missbrauchsverbot. Jedes Recht kann missbraucht werden, indem es entweder zweckentfremdet oder in seiner eigenen Zwecksetzung ad absurdum geführt wird. Dann verliert die Rechtsausübung ihre Legitimität. Das Notwehrrecht wird missbraucht, wenn das gegen den Angreifer verteidigte Interesse außer allem Verhältnis zu dem zu seiner Verteidigung erforderlichen Eingriff in dessen Rechtsgüter steht.[21] Es ist beispielsweise rechtsmissbräuchlich, den Diebstahl einer Colaflasche durch Schüsse auf den fliehenden Dieb abzuwenden, auch wenn das das einzige Mittel ist, den Verlust der Colaflasche zu verhindern.[22] Bei welchem Verhältnis zwischen bewahrtem und verletztem Rechtsgut die Missbrauchsgrenze erreicht ist, ist allerdings zweifelhaft und umstritten. Es wird vertreten, dass es grundsätzlich missbräuchlich ist, die Erhaltung von Sachwerten durch lebensgefährliche Mittel zu verteidigen, beispielsweise auf den fliehenden Dieb zu schießen.[23] Zu einer so allgemeinen Festlegung hat sich die Rechtsprechung bisher nicht durchgerungen, vielleicht weil sie die Diebe nicht derart in Sicherheit wiegen will. Trotzdem ist dem Verteidiger eines Sachwerts dringend davon abzuraten, lebensgefährliche Verteidigungsmittel gegen den Angreifer einzusetzen, insbesondere auf ihn zu schießen. Kommt der Angreifer nämlich wirklich zu Tode, so wird der Richter Mittel und Wege finden, den Verteidiger dafür verantwortlich zu machen.[24]

18    Eine zweite Einschränkung des Notwehrrechts haben wir bereits oben (12/11 ff.) kennengelernt, die Rücksicht auf den vermeintlich rechtmäßig handelnden Angreifer. Weil er selbst glaubt rechtmäßig zu handeln, kann dieser nicht darauf verwiesen werden, den Angriff zu beenden, um einer Verletzung seiner eigenen Rechtsgüter durch Notwehr zu entgehen. Damit entfällt die Begründung dafür, dass der Konflikt allein dem Angreifer zugerechnet wird und deshalb keine Güterabwägung stattfindet. Einen vergleichbaren Fall regelt § 228 BGB, der auf diesen Fall analog Anwendung finden kann.

---

21  *Fischer* § 32 Rn. 39; *Wessels/Beulke/Satzger* AT Rn. 519 ff.; vgl. auch *Kindhäuser/Zimmermann* AT 16/41.

22  Vgl. auch die Entscheidung des OLG Stuttgart v. 21. 4. 1948 – Ss 30/48 = Höchstrichterliche Entscheidungen Bd. I, 254 (255).

23  *Schroeder* Maurach-FS (1972), 127 (139).

24  Vgl. etwa bei LG München JZ 1988, 565 mit Bespr. *Puppe* JZ 1989, 728.

Diese klare Regelung ist einer diffusen Einschränkung des Notwehrrechts vorzuziehen. Sie gilt auch gegenüber einem kindlichen oder schuldunfähigen Angreifer.

Eine dritte Einschränkung des Notwehrrechts wird aus einer Garantenpflicht abgeleitet, die der Angegriffene gegenüber dem Angreifer hat. Wenn das zur sofortigen und endgültigen Abwehr erforderliche Mittel lebensgefährlich ist, so soll aus der Garantenstellung die Pflicht folgen, gewisse Verletzungen hinzunehmen, ehe der Garant es einsetzt. Diese Einschränkung des Notwehrrechts wird insbesondere auf Ehefrauen angewandt, die sich gegen die Schläge ihres, meist betrunkenen, Ehemanns wehren und dabei aus Erfahrung wissen, dass es bei blauen Flecken und sonstigen kleineren Blessuren bleiben wird.[25] Dem liegt eine grundsätzliche Verkennung des Sinnes einer Garantenpflicht zu Grunde. Die Pflicht, aufgrund einer Garantenstellung etwas zu tun, zu Unterlassen oder gar zu Dulden, greift nämlich erst ein, wenn der Schutzbefohlene außerstande ist, sich gegen eine Gefahr selbst zu schützen. Auf einen Angreifer trifft diese Voraussetzung der Garantenpflicht niemals zu, es sei denn er ist während des Angriffs schuldunfähig. Denn er kann der Gefahr, vom Verteidiger verletzt zu werden jederzeit wirkungsvoll begegnen, indem er den Angriff abbricht bzw. ihn gar nicht beginnt. Es besteht also keine Notwendigkeit dafür, dass der Garant zur Abwendung der Gefahr für den Angreifer seine Rechtsgüter aufopfert. Auch eine Flucht oder ein Ausweichen kann dem Garanten nur zugemutet werden, wenn es geeignet ist, den Angriff endgültig zu beenden und nicht nur zu unterbrechen. Wenn der Angreifer völlig schuldunfähig ist, kann eine Einschränkung des Notwehrrechts im Sinne einer analogen Anwendung des § 228 BGB in Betracht kommen. Diese analoge Anwendung deckt notfalls aber auch eine lebensgefährliche Abwendung des Angriffs, solange diese nicht außer Verhältnis zu der dem Angegriffenen drohenden Körperverletzung steht.

### b) Einschränkung des Notwehrrechts durch Angriffsprovokation – Der Eisenbahnabteilfall BGHSt 42, 97

Die vierte und problematischste Einschränkung soll gegen den Verteidiger gelten, der zuvor den Angriff provoziert hat. Dabei tritt zunächst die Frage auf, was überhaupt eine Provokation sein soll. Allein die Tatsache, dass sich ein anderer durch ein Verhalten provoziert fühlt, begründet nicht den Vorwurf der Provokation. Nach der Rechtsprechung ist jedes anstößige Verhalten eine Provokation, die das Notwehrrecht einschränkt,[26] nach aA kann es nur ein solches Verhalten sein, das selbst eine Rechtsverletzung ist und nur deshalb kein Notwehrrecht mehr begründet, weil der Angriff abgeschlossen ist.[27]

Nur für den Fall, dass die Provokation selbst eine abgeschlossene Rechtsverletzung ist, ist als Einschränkung des Notwehrrechts zu akzeptieren, dass der Angegriffene darauf verwiesen werden kann, dem Angriff auszuweichen, notfalls auch die Flucht zu ergreifen. Denn der Grund dafür, dass der Angegriffene grundsätzlich zum Ausweichen nicht verpflichtet ist besteht nicht, wie früher oft behauptet wurde, darin, dass ihm

19

20

21

---

25 BGH GA 1969, 117; NJW 1969, 802; JZ 1975, 35. In BGH JZ 2003, 50 (51) dazu Anm. *Walther*, wurde es als eine zum Ausweichen vor dem zu erwartenden Angriff verpflichtende Provokation durch eine Ehefrau anerkannt, dass sie ihren gewalttätigen Mann, von dem sie sich getrennt hatte, immer wieder besuchte.
26 BGHSt 42, 97; NStZ 2003, 425 (428); 2005, 85 (87); 2006, 332 (333); vgl. auch *Schünemann* JuS 1979, 275 (279).
27 Schönke/Schröder-*Perron/Eisele* § 32 Rn. 59; MüKo-*Erb* § 32 Rn. 232 ff.; *Roxin/Greco* AT/1 15/73; *Kühl* AT 7/215 ff.; *Köhler* AT S. 273 f.; *Otto* Würtenberger-FS (1977), 145.

„schimpfliche Flucht" nicht zugemutet werden darf.[28] Das wäre die Sozialmoral der alten Rittersleut oder des Westernsalons. Eine nüchterne und aufgeklärte Sozialmoral wertet ein Ausweichen vor der Gewalt eher als Zeichen von Besonnenheit und Selbstbeherrschung als von Feigheit. Der Angegriffene wird aber deshalb grundsätzlich zum Ausweichen nicht verpflichtet, weil er nicht nur das angegriffene Recht wahren darf, sondern auch seine anderen Rechte, zB das Recht, sich dort aufzuhalten, wo er sich aufhalten will und das zu tun, was er rechtmäßigerweise tun will. Das ist der Inhalt des Rechtsfriedens, den die Rechtsordnung dem Einzelnen garantieren soll. Hat dieser aber seinerseits kurz zuvor den Frieden gebrochen und damit die Aggression mitverursacht, so kann ihm ein besonnenes Ausweichen oder auch das Verlassen des Schauplatzes zugemutet werden.[29]

22  Die hL mutet ihm aber darüber hinaus für den Fall, dass er keine Ausweichmöglichkeit hat zu, auf die Verteidigung zu verzichten, die zur sofortigen und sicheren Abwendung des Angriffs erforderlich wäre und sich mit einer weniger effektiven und sicheren Verteidigungsmaßnahme zu begnügen, bei der er gewisse Beeinträchtigungen des angegriffenen Rechtsguts riskiert. Zunächst ist wenig klar, wie weit sich der Verteidiger bei der Ausübung des Notwehrrechts zurück halten und welche Risiken er eingehen muss.[30] Dazu heißt es in BGH NStZ 2002, 425 (426):

> „Allein aus dem Umstand, dass der Angegriffene seine Lage (mit-)verschuldet hat, lässt sich allerdings keine allgemeine Aussage ableiten, in welchem Maße er sich im Vergleich zu einem schuldlos in eine Notwehrsituation Geratenen bei der Abwehr des Angriffs zurückzuhalten hat. Dies hängt vielmehr von den Umständen des konkreten Einzelfalles ab. Je schwerer einerseits die rechtswidrige und vorwerfbare Verursachung der Notwehrlage durch den Angegriffenen wiegt, um so mehr Zurückhaltung ist ihm bei der Abwehr zuzumuten; andererseits sind die Beschränkungen des Notwehrrechts um so geringer, je schwerer das durch den Angriff drohende Übel einzustufen ist."

Außerdem tritt das Phänomen des provozierten Angriffs in der Praxis in der Regel nicht in der Form auf, dass der spätere Verteidiger dem späteren Angreifer solange zusetzt, bis diesem „der Kragen platzt" und er zum Angriff übergeht. Vielmehr ist in der Regel der Provokateur seinerseits zuvor vom Provozierten selbst provoziert worden, so dass man die Eskalation des Streits bis zur körperlichen Auseinandersetzung beiden Kontrahenten anlasten muss. In welche Unbestimmtheiten dies führt, zeigt die folgende Entscheidung.[31]

23  ▶ Der Angeklagte fuhr 1. Klasse in einem überfüllten Zug. Außer ihm befand sich in dem Abteil der später geschädigte J, der leicht bis mittelgradig alkoholisiert war. Dieser hatte, vom Schaffner ohne Fahrschein angetroffen, eine Fahrkarte 2. Klasse gekauft Daraufhin hatte er das Abteil verlassen, war jedoch sofort wieder in das Abteil zurückgekehrt, als der Schaffner weiter gegangen war. Um J aus dem Abteil zu vertreiben öffnete der Angeklagte das Fenster, das J sofort wieder schloss. Nachdem sich dieser Vorgang mehrfach wiederholt hatte, drohte J dem Angeklagten Schläge an, falls er das Fenster erneut öffne. Der Angeklagte zeigte dem J, dass er ein Fahrtenmesser bei sich führte, öffnete das Fenster erneut

---

28  BGH GA 1965, 147; JuS 1981, 151 = NJW 1980, 2263.
29  MüKo-*Erb* § 32 Rn. 225.
30  Vgl. dazu einerseits BGHSt 24, 356 (358 f.), andererseits BGHSt 26, 143 (147). In beiden Fällen wehrte sich der Provokateur mit einem Messerstich gegen den mit bloßen Fäusten angreifenden Provozierten.
31  BGHSt 42, 97.

und nahm dann seine halb liegende Stellung auf den beiden Fensterplätzen des Abteils wieder ein. Nun sprang J auf, kam drohend auf den Angeklagten zu und griff ihn mit beiden Händen ins Gesicht, um ihn am Aufstehen zu hindern. Daraufhin zog der Angeklagte das Fahrtenmesser und stach es ungezielt in Richtung des Oberbauchs des J. An diesem Stich verstarb J später, aber zunächst ging der Kampf weiter, bis ein beherzter Mitreisender die Kämpfenden trennte. ◀

Gegenstand des Urteils ist der tödliche Stich in den Oberbauch, nicht die nachfolgenden Auseinandersetzungen. Das Urteil des LG, dass dieser Stich durch Notwehr gerechtfertigt war, hob der BGH auf, weil das Notwehrrecht des Angeklagten durch sein Vorverhalten eingeschränkt gewesen sei. Dieses Vorverhalten wird wie folgt beurteilt:

> „Das Vorverhalten des Angeklagten war nach den Umständen sozialethisch zu beanstanden. Der Angeklagte hatte kein Recht und mit Rücksicht auf die verbleibende Reisezeit von wenigen Minuten keinen verständlichen Anlass, seinen Mitreisenden durch die Zufuhr kalter Luft aus dem Abteil „herauszuekeln". Unter diesen Umständen drückte das wiederholte Öffnen des Fensters eine Missachtung des J. aus, die ihrem Gewicht nach einer schweren Beleidigung gleichkommt, auch wenn der alkoholisierte J. durch sein Verhalten seinerseits Anlass für den Ärger des Angeklagten gegeben hatte. Ihm war es zuzumuten, einem Streit mit dem Angeklagten aus dem Wege zu gehen, indem er das Abteil verließ, zumal da er zu dessen Benutzung als Inhaber einer Fahrkarte zweiter Klasse nicht berechtigt war. Keinesfalls durfte J als Reaktion auf das Öffnen des Fensters körperliche Gewalt anwenden. Das Vorverhalten des Angeklagten war indes nicht ohne Bedeutung für die Beurteilung der Frage, ob die Stiche, zumal der tiefe Stich in den Oberbauch, als gebotene Verteidigung durch Notwehr gerechtfertigt waren. Ein für den Umfang des Notwehrrechts bedeutsames Vorverhalten, das „von Rechts wegen vorwerfbar" ist, liegt jedenfalls auch dann vor, wenn dieses Vorverhalten seinem Gewicht nach einer schweren Beleidigung gleichkommt. Welches Maß der Beschränkung der Verteidigung von dem Provokateur zu verlangen ist, hängt von den Umständen ab.[32]

Das Urteil erkennt zwar an, dass auch J sich nicht korrekt verhalten hat und dass er das Abteil eigentlich hätte verlassen müssen, es würdigt das Verhalten des J aber nicht als Provokation, sondern nur als „Anlass für den Ärger des Angeklagten". Diese Würdigung kann man bestreiten, denn J nahm mit einiger Dreistigkeit eine unberechtigte Fahrt erster Klasse in Anspruch, indem er erst bei der Kontrolle durch den Schaffner einen Fahrschein zweiter Klasse löste, das Abteil verließ und dann seinen Platz dort wieder einnahm sobald der Schaffner weitergegangen war. Damit hat er zwar nicht dem Angeklagten gegenüber rechtswidrig gehandelt, aber auch diesem gegenüber war eine solche Inanspruchnahme der Fahrt erster Klasse „sozialethisch zu beanstanden." Außerdem drohte er dem Angeklagten auch Schläge an. Danach ist es auch zweifelhaft, ob der Versuch des Angeklagten, sich der unerwünschten und unberechtigten Reisegesellschaft eines Betrunkenen zu entledigen, wirklich „seinem Gewicht nach einer schweren Beleidigung gleichkommt". Es ist also weitgehend Geschmacksache, wie man hier die Gewichte der Provokation verteilt.

24

---

32  BGHSt 42, 97 (101).

25    Dass der Angeklagte dem Angriff des J nicht hätte ausweichen können, erkennt der BGH zwar an, verweist ihn aber mit folgenden Worten darauf, dass er hätte um Hilfe rufen sollen, statt sich mit dem Messer zu verteidigen:

> „Hätte der Angeklagte, als J. ihn ins Gesicht fasste, seinerseits laut um Hilfe gerufen, so hätten die Mitreisenden dies ebenfalls wahrgenommen. Jedenfalls in dieser Anfangsphase der Gewalttätigkeiten bestand die Aussicht, dass ein Hilferuf des Angeklagten seine Lage verbessern würde. [...] Hilferufe des Angeklagten waren überdies geeignet, insofern mäßigend auf J. einzuwirken, als sie ihm deutlich machten, dass ihm der Fluchtweg versperrt war."[33]

Danach hätte der Angeklagte den Griff mit beiden Händen ins Gesicht und womöglich auch noch ein paar Faustschläge von Rechts wegen hinnehmen müssen, denn selbst wenn andere Reisende ihm entschlossen und schnell zur Hilfe gekommen wären, hätte J noch zu einigen Schlägen Gelegenheit gehabt. Vor allem aber lehren zahllose Untersuchungen und Erfahrungsberichte von in öffentlichen Verkehrsmitteln angegriffenen Reisenden, dass andere Passagiere sich in der Regel hüten, in eine tätliche Auseinandersetzung einzugreifen. Dies wäre also ein wenig aussichtsreiches Mittel, weitere Schläge des Angreifers zu verhindern.

26    Der Fall zeigt, dass man kein überzeugendes Ende findet, wenn man sich einmal darauf einlässt, den an einer tätlichen Auseinandersetzung Beteiligten Schuld an deren Zustandekommen aufgrund ihres Vorverhaltens zuzuweisen um mit dieser Schuld die Einschränkung ihres Notwehrrechts zu begründen. In der Regel kann man beiden eine solche Mitschuld anlasten und man weiß auch nicht, an welcher Stelle man mit der Würdigung des Vorverhaltens aufhören soll, wenn die Auseinandersetzung eine lange konfliktbeladene Vorgeschichte hat.[34]

27    Es ist auch völlig unklar, wie weit die Einschränkung des Notwehrrechts des Provokateurs gehen soll, wenn er dem Angriff nicht durch Flucht entgehen kann. Einige Entscheidungen bestimmen diese Einschränkung wie folgt:

> „Solange ihm (dem angegriffenen Provokateur) Schutzwehr Aussicht bieten kann, darf er nicht zur Trutzwehr übergehen. Dabei wird er geringe Beeinträchtigungen und Verletzungen hinzunehmen haben."[35]

Schutzwehr wird aber selten geeignet sein, den Angriff eines Provozierten sofort und endgültig zum Stehen zu bringen. Der Hinweis auf die Schutzwehr hilft also nicht weiter, bei der Entscheidung der Frage, wie viel der Provokateur einstecken muss, ehe er zur Trutzwehr übergehen und was er bei dieser Trutzwehr dem Angreifer antun darf.

28    Eine Einschränkung des Notwehrrechts, die dazu führt, dass er Beeinträchtigungen seiner Rechtsgüter, beispielsweise seiner körperlichen Unversehrtheit, von Rechts wegen hinnehmen soll, ist daher abzulehnen.[36] Denn auch der provozierte Angreifer handelt

---

33    BGHSt 42, 97 (102 f.).

34    *Mitsch* GA 1986, 533 (545).

35    BGHSt 24, 356 (359); ähnlich BGHSt 26, 143 (256); 39, 374; JZ 2001, 661; NStZ 2002, 425; *Wessels/Beulke/Satzger* AT Rn. 535; *Maurach/Zipf* AT/1 26/45; LK-*Rönnau/Hohn* § 32 Rn. 256.

36    Anders die hM: BGHSt 24, 356 (359); 26, 143 (146); Schönke/Schröder-*Perron/Eisele* § 32 Rn. 46, 54 ff.; *Wessels/Beulke/Satzger* AT Rn. 536 f.; *Lenckner* GA 1961, 299 (303 ff.); *Roxin* ZStW 75 (1963), 541 (556 ff.); *Rudolphi* JuS 1969, 461 (464, Fn. 26).

rechtswidrig und schuldhaft und ist darauf zu verweisen, dass er sich von Rechts wegen nicht provozieren lassen darf[37] und dass er von Rechts wegen jederzeit mit seinem Angriff aufhören soll.[38] Neuerdings lehnt auch der BGH eine Notwehreinschränkung ab, wenn beide Kontrahenten sich gegenseitig provoziert haben, ehe es zum tätlichen Angriff kommt.[39]

### 4. Hinweise zur praktischen Anwendung

Der objektive Tatbestand eines Notrechts hat zwei Elemente: Die Notlage und die Notmaßnahme, so auch die Notwehr. Die Notlage besteht in einem rechtswidrigen Angriff, der unmittelbar bevorstehen oder noch andauern muss. Denn nur die Tatsache, dass der Angreifer dem Angegriffenen den Konflikt aufzwingt und ihn jederzeit durch Rückkehr zu rechtmäßigem Verhalten beseitigen kann, berechtigt den Angegriffenen, den Konflikt ohne Rücksicht auf die Belange des Angreifers zu dessen Lasten zu lösen.

29

Das zweite Element des objektiven Tatbestandes der Notwehr ist die Abwehrhandlung. Dass sie erforderlich sein muss, um den Angriff abzuwehren, bedeutet zweierlei: Erstens muss sie geeignet sein, den Angriff sofort und endgültig zu stoppen, zweitens muss sie unter den Mitteln, die dazu geeignet sind, dasjenige sein, das am wenigstens in die Rechtsgüter des Angreifers eingreift. Ob ein Verteidigungsmittel zur Abwehr eines Angriffs geeignet ist, hängt von der Intensität ab, mit der der Angriff vorgetragen wird. Diese steht aber vielfach objektiv nicht fest, denn es ist nicht eindeutig bestimmbar, wie weit der Angreifer gegangen wäre, wenn er durch das tatsächlich angewandte Verteidigungsmittel nicht am weiteren Angriff gehindert worden wäre. Deshalb kommt es bei der Bestimmung der Geeignetheit des Verteidigungsmittels nicht darauf an, wie weit der Angreifer, seinen eigenen späteren Angaben nach, gegangen wäre, wenn er nicht gehindert worden wäre, sondern wie weit er hätte gehen können. Das ist der Sinn der üblichen Formulierung, dass der Angegriffene sich nicht auf einen Kampf mit ungewissem Ausgang einzulassen braucht, sondern das Mittel wählen darf, das den Angriff sofort und endgültig beendet.

30

Dass das angewandte Abwehrmittel nicht das mildeste unter den dazu geeigneten Mitteln war, lässt sich nur dadurch begründen, dass man ein milderes Mittel konkret beschreibt und dartut, dass es ebenso geeignet zur Abwehr des Angriffs gewesen wäre, wie das vom Verteidiger angewandte. Allgemeine Hinweise wie etwa, der Verteidiger hätte sich mehr zurückhalten sollen oder er hätte das Verteidigungsmittel androhen sollen, genügen dazu nicht. Insbesondere zur vorherigen Androhung etwa eines Waffeneinsatzes, kann der Verteidiger nur dann verpflichtet sein, wenn er dadurch seine Chancen, das Mittel einzusetzen, nicht verschlechtert. Denn die Androhung für sich allein ist nie ein hinreichend sicheres Mittel, den Angreifer abzuschrecken, sondern nur die Androhung in Verbindung mit dem nachfolgenden Einsatz des Abwehrmittels. Dieses Mittel ist nur dann ebenso geeignet zur Abwehr, wie der sofortige Einsatz der

31

---

37 NK-*Paeffgen/Zabel* Vor § 32 Rn. 147 ff.

38 Eine klarere Lösung als die des BGHs ist der Vorschlag von *Kindhäuser* (1989), 117 f., dem Provokateur statt des Notwehrrechts das defensive Notwehrrecht nach § 228 BGB zuzuerkennen. Diese Lösung haben wir gegenüber dem irrenden und schuldlosen Angreifer oben (12/16 ff.) akzeptiert. Aber der provozierte Angreifer handelt weder rechtmäßig noch schuldlos, kann also darauf verwiesen werden, dass er nicht angreifen darf. Außerdem wäre diese Lösung jedenfalls dann unangemessen, wenn, wie in der Regel, beide Kontrahenten an der Eskalation des Streits beteiligt waren, sich also gegenseitig provoziert haben.

39 BGH StV 2018, 727.

Waffe, wenn nicht die Gefahr besteht, dass der Angreifer dem Angegriffenen die Waffe abnimmt oder seine Verteidigung mit der Waffe auf andere Weise unwirksam macht.

32  Eine Einschränkung der Notwehr ist nur dann zu erörtern, wenn festgestellt ist, dass die Verteidigungshandlung bei uneingeschränktem Notwehrrecht rechtmäßig wäre. Die Einschränkung des Notwehrrechts durch das Missbrauchsverbot führt dazu, dass der Angegriffene den Verlust seines Rechtsguts hinnehmen muss. Bei den übrigen Einschränkungen des Notwehrrechts, gegenüber dem schuldlosen Angreifer und dem provozierten Angreifer ist zunächst zu prüfen, ob der Rechtsgüterverlust durch Ausweichen oder auch Fliehen hätte vermieden werden können, ohne wesentliche andere Belange des Angegriffenen zu beeinträchtigen. Eine solche Ausweichpflicht ist das äußerste, was einem Garanten zur Vermeidung einer lebensgefährlichen Abwehr gegen den Angreifer zugemutet werden kann. Eine Verpflichtung, Verletzungen hinzunehmen, kann aus einer Garantenpflicht dem Angreifer gegenüber niemals folgen, weil der Angreifer selbst für den Schutz seiner Rechtsgüter sorgen kann, indem er den Angriff, wie es ihm von Rechtswegen geboten ist, abbricht bzw. gar nicht beginnt.

33  Gegenüber einem schuldlosen insbesondere einem irrenden oder einem kindlichen Angreifer wird das Notwehrrecht auf das Maß des § 228 BGB eingeschränkt bzw. durch die analoge Anwendung des § 228 BGB ersetzt. Beides kommt im Ergebnis auf das Gleiche hinaus. Der Grund dafür besteht darin, dass der Angreifer nicht darauf verwiesen werden kann, durch Abbruch des Angriffs den Konflikt seinerseits zu beenden, dass er aber gleichwohl für die Entstehung des Konflikts von Rechts wegen einzustehen hat, ebenso wie der Eigentümer einer gefährlichen Sache. Denn die Gefahren und Risiken die aus dem eigenen Verhalten erwachsen, sei es auch schuldlos oder durch Irrtum bedingt, muss jeder selbst tragen.

34  Am Unsichersten und Unbestimmtesten ist die Einschränkung eines Notwehrrechts wegen vorhergegangener Provokation des Angriffs, weil in praxi meistens beide Kontrahenten die Eskalation eines Streits bis zur körperlichen Auseinandersetzung getrieben haben, so dass nicht klar ist, wer der Provokateur und wer der Provozierte sein soll. Darüber hinaus ist auch nicht klar, in welchem Ausmaß das Notwehrrechts des Provokateurs eingeschränkt werden soll. Es soll unter anderem von der Schwere seiner Provokation abhängen. Die in der Ausbildung oder im Examen gestellten Fälle liegen dagegen meist so, dass nur einer der Beteiligten, nämlich der Angegriffene der Provokateur ist. In diesem Fall ist zunächst der Grundsatz anzuwenden, dass der alleinige Provokateur dem Angriff ausweichen und notfalls das Feld räumen muss, weil er es war, der den Frieden gebrochen hat. Besteht eine Ausweichmöglichkeit nicht, so sollte ihm das volle Notwehrrecht erhalten bleiben. Denn die Tatsache, dass der Angreifer provoziert worden ist, entschuldigt ihn nicht, so dass er nach wie vor darauf verwiesen werden kann, dass er von Rechts wegen jederzeit den Angriff abbrechen muss. Die Rechtsprechung schränkt allerdings das Notwehrrecht des Provokateurs über die Ausweichpflicht hinaus in unbestimmter Weise weiter ein. Gerade in diesem Zusammenhang ist immer wieder von der Schutzwehr die Rede, die er zunächst üben muss, ehe er zur Trutzwehr übergeht. Es bleibt aber offen, welche Beeinträchtigungen seiner eigenen Rechtsgüter er dabei gegebenenfalls hinnehmen muss.

## § 13 Der Notstand und die Irrtümer bei der Rechtfertigung

### 1. Drei Arten des rechtfertigenden Notstands

Der allgemeine Notstand, sog aggressiver Notstand, rechtfertigt den Eingriff in beliebige Rechtsgüter eines Unbeteiligten, die zufällig geeignet sind, eine Gefahr abzuwenden, sofern die Gefahr die zu ihrer Abwendung verletzten Interessen und eingegangener Gefahren wesentlich überwiegt. Aber dies allein kann nicht genügen, den Eingriff in die Rechtsgüter eines am Zustandekommen der Gefahr völlig Unbeteiligten zu rechtfertigen. Sonst hätten wir über den Notstand eine Art von Kommunismus eingeführt, wonach jeder fremde Rechtsgüter in Anspruch nehmen dürfte, wenn er sie eindeutig dringender braucht, als ihr Inhaber. Das ist der Grund für die sog Angemessenheitsklausel des § 34, die allerdings nicht klar ausdrückt, wann der Eingriff in fremde Rechtsgüter ein „angemessenes Mittel" zur Rettung anderer Rechtsgüter sein soll. Der aggressive Notstand ist das Gegenstück der Hilfeleistungspflicht nach § 323c.[1] Nur bei Unglücksfällen, gegen die der Gefährdete grundsätzlich keine Vorsorge treffen kann und Katastrophen darf er ausnahmsweise Güter anderer zur Rettung seiner eigenen Rechtsgüter in Anspruch nehmen. Im Übrigen gilt der Grundsatz, dass jeder sein Schicksal selbst zu tragen und gegen die Gefährdungen seiner Rechtsgüter selbst Vorsorge zu treffen hat.

Bei einem Eingriff in Sachen wird § 34 durch § 904 BGB als lex specialis verdrängt. Aber das ist nur eine Formalität, denn § 904 BGB ist nach den gleichen Maßstäben auszulegen wie § 34.[2] Für § 904 BGB gilt also auch die Angemessenheitsklausel.

Den sog defensiven Notstand nach § 228 BGB haben wir bereits in analoger Anwendung auf den irrenden Angreifer kennen gelernt. Er unterscheidet sich vom aggressiven Notstand dadurch, dass derjenige, in dessen Rechtsgüter eingegriffen werden darf, für die Gefährdung der fremden Rechtsgüter, die durch den Eingriff abgewendet werden soll, verantwortlich ist oder sonst für sie einzustehen hat ohne dass er an ihr Schuld sein oder sie selbst abzuwenden fähig sein muss. Dann ist der von der Gefahr Betroffene dem für diese Verantwortlichen gegenüber nicht verpflichtet die Realisierung der drohenden Rechtsgutsverletzung hinzunehmen, sondern kann sie zu dessen Lasten abwenden, wenn der damit verbundene Eingriff nicht außer Verhältnis zu der abgewendeten Gefahr steht.

Schließlich gibt es noch einen Notstand kraft Pflichtenkollision. Dabei treffen den Handelnden ursprünglich zwei Pflichten, von denen er die eine nur erfüllen kann, indem er die andere verletzt. Hier steht also nicht ein Eingriff dem Unterlassen eines Eingriffs gegenüber, sondern zwei Eingriffe. Da also keine der beiden Handlungsalternativen von Rechts wegen vorzugswürdig ist, darf und muss der Betroffene das kleinere Übel wählen, also denjenigen Eingriff, der weniger verletzt als der andere. Ein wesentliches Überwiegen des gewahrten Interesses kann dabei nicht verlangt werden.

Eine solche Pflichtenkollision ist von Rechts wegen grundsätzlich zu vermeiden. Kommt sie dadurch zustande, dass der Verpflichtete selbst oder ein anderer zuvor einen Fehler begangen hat, kann er auch für die Rechtsgutsverletzung verantwortlich gemacht werden, die er nun rechtmäßig herbeiführt, sog actio illicita in causa (s. dazu u. 15/1 ff.).

---

1 *Puppe* (2012), 165 (176); *Jakobs* AT 11/3a; NK-*Neumann* § 34 Rn. 9; *Kühl* Hirsch-FS (1999), 259 (266).
2 *Jakobs* AT 13/6; *Kindhäuser/Zimmermann* AT 17/48.

### 2. Pflichtenkollision und Rettungswille – Der Geisterfahrerfall, OLG Karlsruhe JZ 1984, 240

4  ▶ Der Angeklagte war auf der Autobahn in die falsche Richtung geraten, also zum sog Geisterfahrer geworden. Um wieder in die richtige Fahrtrichtung zu kommen, die auch zu seinem Ziel führte, machte er an einer geeigneten Stelle ein Wendemanöver auf der Autobahn. ◀

Das OLG prüft die Rechtfertigung des Verstoßes gegen das Wendeverbot nach § 16 OWiG, der dem § 34 StGB entspricht. Es stellt sich daher die Frage, ob die vom Angeklagten abgewendete Gefahr für den Verkehr auf der Autobahn die durch das Wendemanöver verursachte überwiegt. Aber es handelt sich nicht um einen Fall des aggressiven Notstandes, sondern um einen der Pflichtenkollision.[3] Nachdem der Angeklagte einmal zum Geisterfahrer geworden war, hatte er keine Möglichkeit mehr, sich vorschriftsgemäß zu verhalten, sondern er musste gegen eine Vorschrift verstoßen, wenn er eine andere einhalten wollte. Er hätte die Geisterfahrt bis zur nächsten Autobahnausfahrt fortsetzen und sodann die Autobahn mit einem halben Wendemanöver verlassen können. Er hätte auch das Fahrzeug auf der Überholspur, auf der er in verkehrter Richtung fuhr anhalten können. Seine dritte Möglichkeit war, durch das Wendemanöver in die richtige Fahrtrichtung zu kommen. Das OLG verweist die Sache an das Tatgericht zurück, das nach den näheren Umständen des Falles feststellen soll, ob dies die am wenigsten gefährliche Handlungsalternative war. Dann durfte und musste der Angeklagte sie wählen.

5  Bemerkenswert ist der Hinweis, den das OLG Karlsruhe dem neuen Tatrichter sodann zum subjektiven Tatbestand des Rechtfertigungsgrundes gibt:

> Weiter ist darauf hinzuweisen, dass das zur Rechtfertigung gem. § 16 OWiG erforderliche subjektive Moment, des Handelns mit Rettungswillen im vorliegenden Fall so nahe liegt, dass dessen Verneinung über die im Urteil enthaltenen Wendungen „aus Gründen der Bequemlichkeit" und „um möglichst schnell zu seinem Ausgangsort zurückzukommen" weiterer tatsächlicher Feststellungen bedurft hätte. Zu berücksichtigen ist hier, dass der Rettungswille schon dann anzunehmen ist, wenn der Täter im Bewusstsein der Gefahrensituation handelt und weiß, dass sein Handeln das einzige Mittel zum Schutz des bedrohten Rechtsguts ist. Dass die Rettung Motiv oder auch nur Zweck seines Handelns gewesen ist, ist nicht erforderlich."[4]

Wenn die Rettung weder Motiv noch Ziel der Handlung des Täters ist, so hat er keinen Rettungswillen. Statt ihm einen solchen Rettungswillen zu unterstellen hätte das OLG Karlsruhe besser daran getan, klarzustellen, dass ein Rettungswille, Verteidigungswille oder im vorliegenden Falle ein Pflichterfüllungswille nicht subjektive Voraussetzung der Rechtfertigung ist. Es genügt vielmehr, dass der Täter die Tatsachen kennt, die im Einzelfall die Rechtmäßigkeit seines Handelns begründen. Handelt ein Bürger rechtswidrig, so mögen die Gründe und Motive, die ihn dazu getrieben haben, für den Vorwurf, den man ihm von Rechts wegen macht, beispielsweise für die Strafzumessung eine Rolle spielen. Solange der Bürger aber rechtmäßig handelt, gehen die Motive, aus denen er dies tut, den Staat nichts an. Deshalb bedarf es für die Rechtfertigung keines guten Willens. Es genügt die Kenntnis der Tatsachen, die die objektive

---

3  *Hruschka* JR 1984, 241 (242).
4  OLG Karlsruhe JZ 1984, 240 (241).

Rechtmäßigkeit des Handelns begründen.[5] Unser Geisterfahrer wäre also auch dann gerechtfertigt, wenn er das Wendemanöver nur ausgeführt hätte, um so schnell wie möglich in die richtige Fahrtrichtung und an sein Ziel zu kommen, sofern er nur wusste, dass dies der für die anderen Verkehrsteilnehmer am wenigsten gefährliche Ausweg aus seiner Geisterfahrt war.

### 3. Der allgemeine Notstand und der Erlaubnistatbestandsirrtum

### a) Der Putativnotstand – Der Augenverletzungsfall, OLG Koblenz NJW 1988, 2316 (Abwandlung)

▶ Der Angeklagte traf in einer Diskothek einen Freund, der nach ausgiebigem Alkoholge- 6 nuss und Einnahme von Valiumtabletten mit dem Kopf auf einen Tisch gestürzt war, wobei ein Glas zu Bruch ging. Der Freund hatte sich eine stark blutende Verletzung am rechten Auge zugezogen und fürchtete, dass ihm Glassplitter ins Auge gedrungen sein könnten. Nachdem er mehrere ihm flüchtig bekannte Gäste vergeblich gebeten hatte, den Freund in das 12 km entfernte Krankenhaus zu fahren und auch die Angestellten der Diskothek sich geweigert hatten per Telefon einen Krankenwagen anzufordern (Handys gab es damals noch nicht), entschloss er sich, die Fahrt selbst durchzuführen, obwohl er ebenfalls schon wegen Alkoholgenusses fahruntüchtig war. Es stellte sich heraus, dass keine Splitter in das Auge eingedrungen waren und lediglich eine stark blutende Augenbrauenverletzung vorlag. ◀

Da das Auge des Freundes objektiv nicht in Gefahr war, sondern nur eine stark blutende Augenbrauenverletzung vorlag, war keine Notstandslage gegeben. Das OLG prüft also, ob der Angeklagte sich auf einen Erlaubnistatbestandsirrtum berufen kann, sog Putativnotstand. Ein solcher ist nur dann gegeben, wenn die tatsächlichen Vorstellungen des Täters die Voraussetzungen eines Notstandes vollständig erfüllen.

Dies lehnt das OLG im vorliegenden Fall mit der folgenden Begründung ab: 7

> „Bei dieser Abwägung ist die abstrakte Gefährdung der Allgemeinheit durch alkoholbedingt fahruntüchtige Kraftfahrer der nach der Vorstellung des Angekl. bestehenden Gefahrenlage einer gesundheitlichen Beeinträchtigung seines Freundes gegenüberzustellen. Der Angekl. war in hohem Maße alkoholisiert. Seine Blutalkoholkonzentration zum Tatzeitpunkt lag deutlich über dem Grenzwert der absoluten Fahruntüchtigkeit von 1,3 ‰. Er hatte eine lange Wegstrecke von 12 km bis zum Stadtkrankenhaus zurückzulegen. Unter diesen Voraussetzungen bestand ein hohes Maß an Gefährdung für die Allgemeinheit. Andererseits hatte sich W aus der Sicht des Angekl. eine nicht unerhebliche Verletzung des Auges zugezogen. Diese Verletzung war aber weder lebensbedrohend noch bedurfte sie unmittelbaren ärztlichen Eingreifens, denn sowohl W als auch der Angekl. sahen noch genügend Zeit, Bedienstete der Diskothek und anwesende Gäste wegen eines Transportes zur ärztlichen Behandlung anzusprechen. Bei dieser Sachlage ist ein wesentliches Überwiegen des Interesses, W in ärztliche Behandlung seiner Verletzung zu bringen, nicht festzustellen. Der Rechtfertigungsgrund würde auch dann nicht eingreifen, wenn sich die irrige Annahme des Angekl. als richtig herausgestellt haben würde."[6]

An diesen Ausführungen befremdet zunächst, dass das Gericht dem Angeklagten aus- 8 gerechnet daraus einen Strick dreht, dass er, ehe er die grundsätzlich verbotene und

---

5  *Rudolphi* Maurach-FS (1972), 51 (57); *Kindhäuser/Zimmermann* AT 17/45; *Kühl* AT 8/183 f.; *Frister* AT 14/24 f.
6  OLG Koblenz NJW 1988, 2316 (2317).

gefährliche Trunkenheitsfahrt mit seinem Freund unternahm, versuchte, ihm durch andere Gäste oder die Angestellten der Diskothek ärztliche Hilfe zuteil werden zu lassen. Denn wer eine Rechtfertigung durch Notstand für sich in Anspruch nimmt, hat die Pflicht, sorgfältig zu prüfen, ob es nicht eine Möglichkeit gibt, die Gefahr abzuwenden, ohne fremde Rechtsgüter zu verletzen oder zu gefährden. Dass der Angeklagte dieser Pflicht nachgekommen ist und dadurch einen Zeitverlust in Kauf genommen hat, spricht nicht dafür, dass er nicht an eine unmittelbare Gefährdung der Sehkraft seines Freundes geglaubt hat. Erst recht spricht es nicht, wie in den Entscheidungsgründen behauptet, dafür, dass die von ihm angenommene Gefahr die eingegangene Verkehrsgefährdung nicht wesentlich überwiegt. Das Gericht hat weder eine Abwägung der involvierten Interessen und ihrer Gefährdungen ausdrücklich vorgenommen, noch dem Täter eine Handlungsalternative aufgezeigt, bei der er die Gefährdung des Straßenverkehrs hätte vermeiden können. Eine solche Handlungsalternative gab es, wie wir noch sehen werden, in Wirklichkeit, aber nicht nach der Vorstellung des Täters.

9    Bei einer solchen Abwägung ist zwar zu bedenken, dass sich der Angeklagte nach den Umständen nicht sicher sein konnte, dass wirklich Splitter in den Augapfel oder zwischen Lid und Augapfel eingedrungen waren, dass dies aber nicht unwahrscheinlich war. Nur eine ärztliche Untersuchung konnte dies aufklären und sie war deshalb zur Verhinderung eines möglichen Verlusts der Sehkraft des Auges so schnell wie möglich durchzuführen. Zwar bestand, wie das Gericht ausdrücklich betont, keine Lebensgefahr für den Verletzten, wohl aber nach der Vorstellung des Angeklagten eine erhebliche konkrete Gefahr einer irreparablen Gesundheitsschädigung, die das Gesetz immerhin in § 226 als schwere Körperverletzung bewertet, nämlich des Verlustes der Sehkraft eines Auges. Diese konkrete Gefahr überwiegt die abstrakte Gefährlichkeit einer mit Vorsicht durchgeführten Trunkenheitsfahrt auf nächtlichen Straßen wesentlich, auch wenn sich diese Trunkenheitsfahrt über 12 km erstreckt. Wenn die Vorstellung des Angeklagten von der konkreten Gefahr für die Sehfähigkeit des Auges seines Freundes richtig gewesen wäre, so wäre diese Trunkenheitsfahrt auch das angemessene Mittel ihr zu begegnen. Denn es handelte sich um einen Unglücksfall, der geeignet ist, Solidaritätspflichten der Allgemeinheit auszulösen.

Die Vorstellungen des Angeklagten erfüllen also alle Voraussetzungen eines Notstandes nach § 34. Wenn er diesen Irrtum nicht vermeiden konnte, so kommt weder eine Strafbarkeit wegen vorsätzlicher noch wegen fahrlässiger Trunkenheitsfahrt nach § 316 in Betracht. Darüber besteht Einigkeit.

### b) Die Erfüllung einer Prüfungspflicht als selbstständiges Element der Rechtfertigung durch Notstand

10    Darüber, dass für das Auge seines Freundes in Wirklichkeit gar keine Gefahr bestand, konnte sich der Angeklagte keine Gewissheit verschaffen, trotzdem war sein Erlaubnistatbestandsirrtum vermeidbar und zwar aus Gründen, die wir bisher aus dem Sachverhalt weg gelassen haben. In fußläufiger Entfernung von der Diskothek lag nämlich die Wohnung des Angeklagten. Von hier aus hätte er für seinen Freund telefonisch ein Taxi bestellen können, das diesen ins Krankenhaus gebracht hätte. Seine Einlassung, dass er an diese Möglichkeit nicht gedacht habe, akzeptiert das Gericht als nicht

widerlegbar.[7] Der Täter hätte aber bei genauem und sorgfältigem Nachdenken auf diese Möglichkeit verfallen müssen. Der Irrtum, dass eine Trunkenheitsfahrt die einzige Möglichkeit sei, seinem Freund die erforderliche ärztliche Hilfe zu verschaffen, war also vermeidbar.

Dieser Irrtum war ihm vorzuwerfen, weil er, ehe er zur Beseitigung der vermeintlichen Gefahr für das Auge seines Freundes fremde Rechtsgüter in Gefahr brachte, sorgfältig hätte prüfen müssen, ob es nicht noch andere Möglichkeiten gab, die Gefahr zu beseitigen. Wegen Verletzung dieser Prüfungspflicht verweigert die Rechtsprechung dem Täter die Berufung auf die Rechtfertigung durch Notstand. In einer früheren Entscheidung, die zu einer Zeit erging, als der Notstand noch nicht ausdrücklich gesetzlich geregelt war und deshalb als übergesetzlicher Notstand bezeichnet wurde, heißt es dazu: 11

> „Für einen solchen Fall ist jedoch in der Rechtsprechung anerkannt, dass der Täter vor der Notstandshandlung die im Widerstreit stehenden Güter pflichtgemäß abwägen und gewissenhaft prüfen muss, ob der Widerstreit nur durch Verletzung des einen Gutes gelöst werden kann. Dieses subjektive Rechtfertigungselement des übergesetzlichen Notstandes tritt zusätzlich zu dessen übrigen (objektiven) Voraussetzungen. Fehlt es an einer solchen Prüfung, besteht der Rechtfertigungsgrund selbst dann nicht, wenn nachträglich festgestellt wird, dass seine sonstigen Voraussetzungen gegeben waren. Sind die objektiven Voraussetzungen jedoch – wie im vorliegenden Fall – nicht gegeben, scheidet eine Rechtfertigung der Tat aus."[8]

Unbestreitbar hat der Täter eine solche Prüfungspflicht. Ein Jeder hat jederzeit die Pflicht, sich davon zu überzeugen, dass er durch sein Handeln die Rechtsordnung nicht verletzt. Die Frage ist nur, ob von der Erfüllung dieser Prüfungspflicht die Rechtmäßigkeit seines Handelns abhängen soll. Bejaht man diese Frage mit der Rechtsprechung jedenfalls beim Notstand,[9] so stellt die Erfüllung der Prüfungspflicht ein objektives Element der Rechtfertigung dar, denn sie ist ja eine Art Handlung des Täters und nicht nur eine subjektive Befindlichkeit. Die Konsequenz, die das OLG Hamm denn auch zieht, wäre die, dass der Täter, der dieser Prüfungspflicht gar nicht oder nur unzureichend nachgekommen ist, auch dann nicht gerechtfertigt wäre, wenn alle übrigen objektiven Voraussetzungen der Rechtfertigung gegeben sind, so dass auch eine sorgfältige Prüfung kein anderes Ergebnis gehabt hätte als dasjenige, zu dem der Täter durch seine unsorgfältige Prüfung gelangt ist.[10] 12

Nun gibt es in der Tat Rechtfertigungsgründe, die in ihrem objektiven Tatbestand die Erfüllung einer Prüfungspflicht enthalten, nämlich die prozeduralen Rechtfertigungsgründe (s. dazu u. 14/1 ff.). Hierher gehört vor allem die Rechtfertigung kraft hoheitlichen Handelns. Bei diesen Rechtfertigungsgründen legt das Gesetz die objektiven Voraussetzungen der Rechtmäßigkeit des Eingriffs nicht selbst abschließend fest, sondern überlässt ihre Bestimmung teilweise einer sorgfältigen Beurteilung oder dem pflichtge- 13

---

7 Möglicherweise hat der Verdacht, dass der Angeklagte in Wahrheit nur seinem Freund oder auch sich die Kosten einer immerhin 12 km langen Taxifahrt ersparen wollte, unterschwellig eine Rolle bei der Güterabwägung zwischen der vermeintlichen Gefahr für die Sehkraft des Auges und der Gefährdung des Straßenverkehrs gespielt.
8 OLG Hamm VRS 36, 27 (28).
9 Schon RGSt 62, 137 (138); 64, 101 (104); BGHSt 2, 111 (114); 3, 7 (8).
10 NK-*Paeffgen/Zabel* Vor § 32 Rn. 137 ziehen diese Konsequenz unter Hinweis auf ihre „kriminalpolitische" Unrichtigkeit nicht.

mäßem Ermessen des handelnden Amtsträgers. Danach ist der Eingriff nicht deshalb gerechtfertigt, weil er bestimmte objektive Voraussetzungen erfüllt, sondern weil er das Resultat einer sorgfältigen Beurteilung oder pflichtgemäßen Ermessensausübung durch den zuständigen Amtsträger ist. Aus diesem Grunde ist die Erfüllung der Beurteilungs- oder Ermessensausübungspflicht des Amtsträgers unverzichtbare Voraussetzung dieser Rechtfertigung. Fehlt diese Pflichterfüllung oder war sie unvollkommen, so kann sie nicht durch Spekulationen darüber ersetzt werden, ob der Amtsträger zu dem gleichen oder zu einem anderen Ergebnis hätte kommen können, wenn er seiner Beurteilungs- oder Ermessensausübungspflicht genügt hätte (s. dazu u. 14/5 ff.).

14  Die Notrechte des Bürgers sind keine solchen prozeduralen Rechtfertigungsgründe. Hier hat der Gesetzgeber die objektiven Voraussetzungen der Rechtfertigung, wenn auch nicht eben exakt, so doch abschließend festgelegt. Soweit Wertungsspielräume bleiben, hat sie der Richter, nicht der Täter, auszufüllen. Das richtige Ergebnis steht von vornherein objektiv fest, so dass die Prüfungspflicht des Bürgers lediglich dazu dient, ihm zu der Erkenntnis dieses Ergebnisses zu verhelfen. Ist er zu dem richtigen Ergebnis gelangt, so hängt seine Rechtfertigung nicht mehr davon ab, ob dies durch eine pflichtgemäße Prüfung geschehen ist oder nicht.

15  Das wird dann deutlich, wenn, wie im Augenverletzungsfall, der durch das Notstandsrecht Begünstigte nicht mit dem Handelnden identisch ist. Wäre die Trunkenheitsfahrt wirklich die einzige Möglichkeit gewesen, dass Auge des Verletzten zu retten, so könnte dieser die Begünstigung durch das Notrecht nicht deshalb verlieren, weil sein Freund, bevor er dieses Recht zu seinen Gunsten in Anspruch nahm, die Voraussetzungen seines Vorliegens nicht gewissenhaft geprüft hat.

### c) Der vermeidbare Erlaubnistatbestandsirrtum

16  Im wirklichen Augenverletzungsfall hatte der Angeklagte aber nicht das objektiv richtige getan, weil er eine Möglichkeit übersehen hatte, seinem Freund auch ohne eine Trunkenheitsfahrt ärztliche Hilfe zu verschaffen. Lehnt man bei § 34 eine pflichtgemäße Prüfung als eigenständiges objektives Rechtfertigungselement ab so stellt sich diese Fehlleistung des Täters als vermeidbarer Erlaubnistatbestandsirrtum dar.

Die Rechtsprechung behandelt seit den Tagen des Reichsgerichts einen solchen vorwerfbaren Erlaubnistatbestandsirrtum genauso wie einen Tatbestandsirrtum, so dass der Täter nur nach einem Fahrlässigkeitsdelikt strafbar ist.[11] Diese Rechtsansicht ist in der Praxis schon so gefestigt, dass man kein Urteil aus neuerer Zeit mehr finden wird, dass sie ausdrücklich begründet. In der Literatur wird aber nach wie vor darum gestritten, ob ein vermeidbarer Erlaubnistatbestandsirrtum wie ein Tatbestandsirrtum zu behandeln ist, sog Lehre vom Gesamtunrechtstatbestand oder auch eingeschränkte Schuldtheorie, oder wie ein Verbotsirrtum, sog strenge Schuldtheorie. Diese Bezeichnungen sind historisch bedingt und passen auf den heutigen Streitstand nicht mehr.[12]

---

11  BGH NStZ 2000, 603 (604); NStZ 2001, 530 (530); NStZ-RR 2002, 73; NJW 2000, 885 (887).
12  Dass beide Theorien heute als Schuldtheorien bezeichnet werden, hat nichts mit dem Streit um den Erlaubnistatbestandsirrtum zu tun, sondern mit dem um den Verbotsirrtum. Da beide Theorien das Unrechtsbewusstsein zur Schuld und nicht zum Vorsatz zählen, heißen beide Schuldtheorien im Gegensatz zu einer früher vertretenen Theorie, wonach das Unrechtsbewusstsein zum Vorsatz gehört. Diese sog Vorsatztheorie ist durch § 17 StGB obsolet geworden. Eingeschränkte Schuldtheorie heißt die hL nur deshalb, weil sie im Gegensatz zur sog strengen Schuldtheorie den vermeidbaren Irrtum über die Voraussetzungen der Rechtfertigung aus dem Anwendungsbereich des § 17 ausnimmt, obwohl sie das Problem nach wie vor zur Schuld zählt. Obwohl diese Terminologie das Gemeinte nur sehr unzulänglich bezeichnet und auf den

Befreit man diesen Streit von seinem terminologischen und auch historischen Ballast, indem man sich auf die Frage konzentriert, welcher Rechtsatz auf einen vermeidbaren Erlaubnistatbestandsirrtum anwendbar ist, lautet die Kernfrage: Ist auf einen vermeidbaren Erlaubnistatbestandsirrtum § 16 analog anwendbar oder nicht?[13]

Heute besteht zunächst Einigkeit darüber, dass eine direkte Anwendung von § 16, wie sie früher einmal in Bezug auf die Vorgängervorschrift, § 59 aF vertreten wurde, sog Lehre von den negativen Tatbestandsmerkmalen, nicht in Betracht kommt.[14] Die Ablehnung einer analogen Anwendung von § 16 auf den vermeidbaren Erlaubnistatbestandsirrtum führt dazu, dass der Erlaubnistatbestandsirrtum nur insofern von Rechts wegen beachtlich ist, als er zu einem Verbotsirrtum führt, der nach § 17 die Strafbarkeit nach dem Vorsatzdelikt nur bei Unvermeidbarkeit ausschließt bei Vermeidbarkeit lediglich mildert.    17

Wer eine Norm analog anwenden will, also auf einen Sachverhalt anwenden will, auf den sie ihrem Wortlaut nach nicht passt, muss dartun, dass der nicht von dieser Norm erfasste Sachverhalt mit dem von ihr erfassten in denjenigen Eigenschaften übereinstimmt, die die Rechtsfolge materiell begründen. Er muss die Ausgangsnorm also über ihren Anwendungsbereich hinaus verallgemeinern.[15] § 16 bezieht sich auf Tatumstände, also auf Tatsachen, die zum gesetzlichen Tatbestand gehören. Die zu begründende These ist, dass die Rechtsfolge des Ausschlusses der Strafbarkeit nach dem Vorsatzdelikt nicht nur auf Irrtümer über Tatsachen angewandt werden soll, die zum gesetzlichen Tatbestand gehören, sondern auf alle Irrtümer über Tatsachen, die das Unrecht der Tat begründen bzw. ausschließen, also auch auf die irrtümliche Annahme solcher Tatsachen, die die Tatbestandsverwirklichung rechtfertigen würden. Begründet wird das damit, dass die Tatsachen, die zum gesetzlichen Tatbestand gehören und das Fehlen von Tatsachen, die die Tatbestandsverwirklichung rechtfertigen, gleichermaßen das Unrecht der Tat begründen. Deshalb gehört zur vorsätzlichen Begehung von Unrecht außer dem Wissen um die Tatsachen, die zum gesetzlichen Tatbestand gehören, auch das Fehlen von Vorstellungen von Tatsachen, die diese Tatbestandsverwirklichung rechtfertigen würden, sog Lehre vom Gesamtunrechtstatbestand.[16]    18

Dem widerspricht die strenge Schuldtheorie mit der Begründung, dass die Tatbestandsverwirklichung einen eigenständigen Unwertgehalt besitze, der durch die Rechtfertigung nicht aufgehoben werde. Er soll darin bestehen, dass eine Norm verletzt wird, deren Verletzung nur ausnahmsweise erlaubt ist und dass in fremde, durch die Norm geschützte Rechtsgüter vorsätzlich eingegriffen wird.[17]    19

Aber der Ausnahmecharakter der Rechtfertigungsgründe ändert nichts daran, dass sie den Unrechtsgehalt der Tatbestandsverwirklichung vollständig aufheben. Der Unterschied zwischen der Tatbestandsmäßigkeit und der Rechtswidrigkeit besteht lediglich darin, dass mit der Tatbestandsmäßigkeit nur ein vorläufiges Urteil über die Unvereinbarkeit des Verhaltens mit dem Recht gefällt wird, nämlich ein Urteil nur aufgrund einer einzigen Rechtsnorm. Bei Prüfung der Rechtswidrigkeit wird dieses Urteil an    20

---

heutigen Streitstand gar nicht mehr passt, muss man sich diese Bezeichnungen merken, weil sie immer noch gebräuchlich sind.

13  *Grünwald* Noll-GS (1984), 183 (189).
14  *Grünwald* Noll-GS (1984), 183 (187).
15  *Puppe* (2019), 196 f.
16  *Puppe* Stree/Wessels-FS (1993), 184 (187 ff.); *dies.* NK Vor § 13 Rn. 12 ff., § 16 Rn. 137 f.; *Kindhäuser* (1989), 111 ff.; *Kindhäuser/Zimmermann*. AT 29/20 f.; SK-*Stein* § 16 Rn. 12 f.; LK-*Rönnau* Vor § 32 Rn. 11 f.
17  NK-*Paeffgen/Zabel* Vor § 32 Rn. 114.

der Gesamtrechtsordnung überprüft und gegebenenfalls revidiert.[18] Die Prüfung der Rechtswidrigkeit eines Verhaltens muss zwar stets mit einer einzelnen Rechtsnorm beginnen, die das Verhalten verletzt, dass verschafft dieser einzelnen Norm aber keine Sonderstellung gegenüber den anderen Normen, von denen das endgültige Urteil über die Rechtswidrigkeit noch abhängt.

21    Dem hält die strenge Schuldtheorie entgegen, dass das Wissen um die Verletzung einer Norm für den Täter die Pflicht begründet, die tatsächlichen Bedingungen des von ihm in Anspruch genommenen Rechtfertigungsgrundes sorgfältig zu prüfen und nicht ohne Weiteres vorauszusetzen.[19] Das ist richtig, unterscheidet aber das Wissen um die Verletzung einer Norm nicht von anderem Wissen, dass den Vorwurf von Fahrlässigkeit begründet. Jeder Fahrlässigkeitstäter kennt Tatsachen, die ihm von Rechts wegen Anlass geben sollten, sorgfältig zu prüfen, ob sein Verhalten mit der Rechtsordnung im Einklang steht (s. dazu o. 13/11). Die Prüfungspflicht, die denjenigen trifft, der weiß, dass er einen Straftatbestand verwirklicht, aber die tatsächlichen Voraussetzungen eines Rechtfertigungsgrundes annimmt, ist, wie oben (13/10 ff.) gezeigt, keine grundsätzlich andere, als diejenige, die den Fahrlässigkeitstäter trifft. Die Verletzung einer Prüfungspflicht in Bezug auf Tatsachen begründet grundsätzlich nicht den Vorwurf des Vorsatzes, sondern nur den der Fahrlässigkeit.

22    Die strenge Schuldtheorie sieht das allerdings anders. Sie räumt der Erfüllung der Prüfungspflicht die Stellung einer selbstständigen Voraussetzung der Rechtfertigung ein. Wer die Prüfung der Voraussetzungen eines Rechtfertigungsgrundes, zu der ihn die Erkenntnis der Verwirklichung des Tatbestandes verpflichtet, nicht mit der nötigen Sorgfalt ausführt, erfüllt danach schon eine objektive Voraussetzung der Rechtfertigung nicht. Die Konsequenz wäre, dass er auch dann nicht rechtmäßig handelt, wenn die pflichtgemäße Prüfung zu dem Ergebnis geführt hätte, dass die Voraussetzungen der Rechtfertigung gegeben sind. Er würde danach selbst dann rechtswidrig handeln, wenn der Grund dafür, dass eine pflichtgemäße Prüfung zu keinem anderen Ergebnis geführt hätte, darin besteht, dass die Voraussetzungen der Rechtfertigung tatsächlich gegeben sind. Diese Konsequenz ihrer These wollen die Anhänger der strengen Schuldtheorie aber keinesfalls ziehen.[20] Dass damit ihre Ausgangsthese widerlegt ist, dass der Täter, der ohne pflichtgemäße Prüfung die tatsächlichen Voraussetzungen eines Rechtfertigungsgrundes annimmt, objektiv rechtswidrig handelt, gestehen sie aber nicht zu.

23    Zwar ist die Ausübung eines Notrechts, wie *Paeffgen* es ausdrückt ein „riskantes Verhalten",[21] insofern als der Täter schlechtere Möglichkeiten hat, die tatsächlichen Voraussetzungen der Rechtfertigung zu ermitteln, als sie sonst, etwa auch bei der Entscheidung ob man einen Tatbestand verwirklicht, zur Verfügung stehen. Er muss sich meistens sehr schnell aufgrund beschränkter Informationen und in einer Situation psychischer Belastung entscheiden. Aber das ist, entgegen *Paeffgen*, nicht ein Grund ihn für einen dabei begangenen Tatsachenirrtum strenger zu beurteilen als etwa den, der über die zum Tatbestand gehörenden Tatsachen irrt, eher im Gegenteil. Das durch die Notsituation „gesteigerte Irrtumsrisiko" (*Paeffgen* aaO) trifft den Handelnden zwar insofern, als er sich einem Abwehrrecht nach § 228 BGB analog aussetzt (s. dazu o. 12/15), aber er sollte nicht auch noch dem Risiko einer Vorsatzstrafe ausgesetzt sein,

---

18  NK⁶-*Puppe* Vor § 13 Rn. 8 ff.
19  NK-*Paeffgen/Zabel* Vor § 32 Rn. 132, 136.
20  NK-*Paeffgen/Zabel* Vor § 32 Rn. 132, 137.
21  NK-*Paeffgen/Zabel* Vor § 32 Rn. 132, 136.

denn er handelt nach seiner tatsächlichen Vorstellung nicht nur erlaubt, er ist „an sich rechtstreu",[22] sondern er übt ein vermeintliches Recht aus,[23] seine eigenen, oder fremde Rechtsgüter zu verteidigen oder zu retten. Erfüllt er damit zugleich eine wirkliche oder vermeintliche Rechtspflicht, etwa als Garant des gefährdeten Rechtsguts oder als Hilfspflichtiger nach § 323c, so hat er von Rechts wegen nicht einmal die Möglichkeit, den Folgen eines Irrtums dadurch zu entgehen, dass er auf die Ausübung des Notrechts verzichtet.

Eine letzte Begründung dafür, dass die irrtümliche Annahme einer tatsächlichen Voraussetzung eines Rechtfertigungsgrundes die Strafbarkeit nach dem Vorsatzdelikt ausschließt, ergibt sich aus der Lehre von den subjektiven Rechtfertigungselementen, die gerade von den Anhängern der strengen Schuldtheorie mit besonderem Nachdruck vertreten wird.[24] Sie besagt, dass der Täter einer objektiv gerechtfertigten Tatbestandsverwirklichung gleichwohl wegen Versuchs oder sogar Vollendung dieser Tatbestandsverwirklichung strafbar ist, wenn er die Voraussetzungen der Rechtfertigung nicht kennt, weil ihm das subjektive Rechtfertigungselement fehlt. Damit ist das Fehlen des subjektiven Rechtfertigungselements, also das Fehlen der Vorstellung der tatsächlichen Voraussetzung eines Rechtfertigungsgrundes zu einer notwendigen Voraussetzung der Strafbarkeit erklärt.[25] Jede notwendige Voraussetzung einer Rechtsfolge gilt unabhängig von anderen. Das Fehlen der subjektiven Rechtfertigungselemente ist also für die Strafbarkeit notwendig, unabhängig davon, ob die objektiven Voraussetzungen der Rechtfertigung gegeben sind oder nicht. Befindet sich aber der Täter in einem Erlaubnistatbestandsirrtum, nimmt er also Umstände an, die seine Tatbestandsverwirklichung rechtfertigen würden, so ist das Fehlen des subjektive Rechtfertigungselements also eine Voraussetzung der Strafbarkeit nicht erfüllt.[26] Die strenge Schuldtheorie ist also mit der Lehre von den subjektiven Rechtfertigungselementen logisch unvereinbar.

### 4. Der Abwägungsirrtum als Erlaubnisirrtum – Der Wellensittichfall, OLG Düsseldorf NJW 1990, 2264

▶ Der Betroffene wollte eine Frau mit deren im Koma liegenden Wellensittich so schnell wie möglich mit seinem Auto zu einem Tierarzt bringen und überschritt deshalb die auf der von ihm gefahrenen Strecke zulässige Geschwindigkeit um 54 km/h. Gegen den wegen dieser Geschwindigkeitsüberschreitung erlassenen Bußgeldbescheid machte er geltend, dass diese Geschwindigkeitsüberschreitung durch Notstand nach § 16 OWiG gerechtfertigt gewesen sei, weil sie zur Rettung des Lebens des Wellensittichs erforderlich gewesen sei. Dieser Ansicht sei er auch schon zur Zeit der Ordnungswidrigkeit gewesen. ◀

Das Gericht bestätigt den Bußgeldbescheid mit der folgenden Begründung:

> „Der Betroffene wollte zwar nach seiner unwiderlegten Einlassung einen im Koma liegenden Wellensittich retten. Die Geschwindigkeitsüberschreitung war deshalb jedoch nicht wegen Notstands gem. § 16 OWiG gerechtfertigt. Diese Vorschrift setzt voraus, dass bei

---

22  BGHSt 3, 105 (107).
23  *Puppe* Stree/Wessels-FS (1993), 184 (191).
24  Sie wollen den Täter, der um die tatsächlich gegebenen Voraussetzungen eines Rechtfertigungsgrundes nicht weiß nicht nur wegen Versuchs, sondern wegen Vollendung des Delikts bestrafen. NK-*Paeffgen/Zabel* Vor § 32 Rn. 128; *Welzel* (1969), § 14 i 3 b.
25  Alle Elemente der Straftat sind Notwendige, dh sie können nicht durch andere ersetzt werden.
26  *Puppe* Herzberg-FS (2008), 275 (286 f.); *dies.* NK § 16 Rn. 130 f. Das ist die logische Schlussform der Kontraposition, *Puppe* Lackner-FS (1987), 199 (210) = Analysen (2006), 309 (319 f.); *dies.* (2008), 131 ff.

Abwägung der widerstreitenden Interessen das geschützte Interesse das beeinträchtigte wesentlich überwiegt. In diese Erwägungen sind auch die Rangordnungen der betroffenen Rechtsgüter einzubeziehen. Steht zB – wie hier – die Beeinträchtigung der Sicherheit des Straßenverkehrs und damit die Gefahr für Leib und Leben von Menschen auf dem Spiel, so tritt demgegenüber die Rettung eines Tieres grundsätzlich zurück. Der Beweggrund, ein erkranktes Tier möglichst rasch behandeln zu lassen, rechtfertigt daher die Verletzung von Sicherheitsvorschriften im Straßenverkehr, zu denen auch die Geschwindigkeitsbeschränkungen gehören, regelmäßig nicht ...

Den Urteilsgründen ist zu entnehmen, dass der Betroffene schon zur Tatzeit der Auffassung war, in Fällen vorliegender Art sei eine Geschwindigkeitsüberschreitung gerechtfertigt. Dieser Verbotsirrtum führt jedoch zu keiner anderen Beurteilung seiner Schuld.“[27]

27    Über die tatsächlichen Voraussetzungen, die seiner Bewertung der Situation zugrunde lagen, hat sich der Angeklagte nicht geirrt. Er nahm aber irrtümlich an, dass die offensichtlich große Lebensgefahr für den Wellensittich die durch ihn verursachte Gefährdung des Straßenverkehrs iS v. § 16 OWiG wesentlich überwiege. Er befand sich also in einem Wertungsirrtum. Dieser wird vom Gericht ohne Weiteres als reiner Verbotsirrtum eingestuft, was der ganz hL entspricht.[28] Wie für den subjektiven Tatbestand (s. dazu o. 8/13 ff.) gilt auch für den subjektiven Rechtfertigungstatbestand, dass die im objektiven Tatbestand enthaltenen wertenden Merkmale nicht zu ihm gehören, sondern nur die Tatsachen, die diese Wertung im Einzelfall begründen.

28    Das Werturteil selbst ist keine Tatsache, also nicht Gegenstand von Wissen. Zwar ist es eine Tatsache, dass die Rechtsordnung einen bestimmten Sachverhalt in einem bestimmten Sinne wertet, und diese Tatsache kann vom Täter gewusst werden. Aber diese Tatsache ist kein Merkmal des Rechtfertigungstatbestandes, sondern das Werturteil selbst.[29] Die Rechtsordnung erwartet vom Bürger, dass er ihre Werturteile teilt oder mindestens nachvollzieht. Sie kann die Gültigkeit ihres Werturteils nicht davon abhängig machen, dass er es im Einzelfall auch tut.[30] Wenn also der Täter die Tatsachen, die die Rechtsordnung eben nicht i.S. einer wertenden Voraussetzung eines Rechtfertigungsgrundes bewertet, richtig erkannt hat, aber irrtümlich i.S. der Rechtfertigungsvoraussetzung bewertet, entlastet ihn dieser Wertungsirrtum nicht. Dass der Betroffene den Rechtsgüterkonflikt im vorliegenden Fall dahin bewertet hat, dass das Interesse an der Rettung des Tieres das Interesse an der durch Einhaltung der Höchstgeschwindigkeit bedingten Sicherheit im Straßenverkehr wesentlich überwiegt, entlastet ihn also nicht vom Vorwurf einer vorsätzlichen Höchstgeschwindigkeitsüberschreitung.

### 5. Der sogenannte umgekehrte Erlaubnistatbestandsirrtum – Der Wohnwageneinbrecherfall BGH NJW 2017, 1186

29    ▶ Auf einem Autobahnparkplatz wurde in die dort abgestellten Wohnwagen immer wieder eingebrochen, während die Eigentümer darin schliefen. Um die Täter zu überführen, stellte

---

27  OLG Düsseldorf NJW 1990, 2264.
28  BGH MDR 1975, 723; BGHR StGB § 34, Gefahrenabwehr 2; BGHSt 35, 347 (350); OLG Düsseldorf NJW 1990, 2264; AK-*Neumann* § 17 Rn. 27 47; Schönke/Schröder-*Sternberg-Lieben/Schuster* § 17 Rn. 10; *Jakobs* AT 11/36; *Jescheck/Weigend* AT § 41 III 1; *Roxin/Greco* AT/1 21/21.
29  NK[6]-*Puppe* § 16 Rn. 58 f.
30  BGHSt 2, 194 (200 f.); NK[6]-*Puppe* § 16 Rn. 59; *dies.*, GA 1990, 145 (167, 181); *Jescheck/Weigend* AT § 37 I 2 b; *Art. Kaufmann* (1982), 4 ff.; *Maiwald* (1984), 41.

die Polizei einen Wohnwagen, der dem Land gehörte, dort ab und legte ein Portemonnaie gut sichtbar vor die Windschutzscheibe. Sodann wurde der Wagen observiert. Es erschienen drei Täter, von denen einer das Türschloss aufbrach und dadurch beschädigte. ◄

Der BGH änderte den Schuldspruch von einer Verurteilung wegen vollendeter Sachbeschädigung in eine Verurteilung wegen versuchter Sachbeschädigung mit folgenden Gründen:

> „Zwar ist durch das Aufbrechen des Türschlosses ein erheblicher Sachschaden entstanden. Das Aufbrechen des Fahrzeugs war jedoch wegen der insoweit bestehenden, für den Eigentümer, den Freistaat Bayern, seitens der eingesetzten Polizeibeamten erteilten Einwilligung objektiv gerechtfertigt. Denn das „Lockfahrzeug" war von der Polizei gerade als Diebesfalle aufgestellt worden. Die Polizeibeamten willigten in das Aufbrechen des Fahrzeugs ein, um die Angekl. beim Versuch, die hinter der Windschutzscheibe platzierte Geldbörse zu entwenden, beobachten und sie wegen dieser Tat überführen zu können. Im Hinblick darauf, dass die Angekl. von der Einwilligung keine Kenntnis hatten, fehlt es jedoch am subjektiven Rechtfertigungselement. Tateinheitlich zum versuchten Diebstahl im besonders schweren Fall (§§ 242, 243 I 2 Nr. 1, 22 StGB) haben sich die Angekl. daher trotz Substanzbeschädigung lediglich wegen versuchter Sachbeschädigung (§ 303 III StGB) strafbar gemacht."[31]

Darüber, dass der Täter, der um die tatsächlichen Voraussetzungen eines Rechtfertigungsgrundes, die tatsächlich erfüllt sind, nicht weiß, sogenannter umgekehrter Erlaubnistatbestandsirrtum, jedenfalls wegen Versuchs strafbar ist, besteht heute Einigkeit. Streitig ist, ob er nicht sogar wegen vollendeter Tatbestandsverwirklichung strafbar ist. In Lehrbüchern wird die Ablehnung dieser Ansicht damit begründet, dass der Erfolgswert des Rechtfertigungsgrundes den Erfolgsunwert des Tatbestandes aufwiege, während der Handlungsunwert des Tatbestandes in Ermangelung des Handlungswerts des Rechtfertigungsgrundes bestehen bleibt.[32] Das ist ein wenig grobschlächtig. Hier werden nicht einfach irgendwelche Werte und Unwerte gegeneinander verrechnet, sondern es wird der Tatsache Rechnung getragen, dass die objektiven Merkmale des Rechtfertigungsgrundes zu den objektiven Merkmalen des Tatbestandes genau in der Beziehung stehen, die die Rechtfertigung voraussetzt.[33] Die Einwilligung bezieht sich genau auf die vom Täter vorgenommene Tatbestandsverwirklichung, die Tatbestandsverwirklichung des Täters war genau diejenige, die erforderlich war, den gegenwärtigen rechtswidrigen Angriff abzuwehren oder sie war genau die, die erforderlich und angemessen war, um eine gegenwärtige Gefahr für ein wesentlich höherwertiges Rechtsgut abzuwenden. Deshalb, und nicht nur wegen einer Saldierung von Werten, war die Tatbestandsverwirklichung in diesen Fällen objektiv erlaubt.

Dennoch wird von einer Mindermeinung, die früher wohl einmal die herrschende war, immer noch vertreten, dass ein Täter, der in einem Erlaubnistatbestandsirrtum handelt, wegen vollendeten Delikts strafbar ist, weil er tatsächlich das Delikt ja vollendet hat und eine analoge Anwendung der Strafmilderung des § 22 unangebracht ist, denn der Täter hat nicht die ihm von der Rechtsordnung in diesem Fall erteilte Befugnis ausge-

30

31

---

31  BGH NJW 2017, 1186 (1188).
32  *D. Bock* AT 6/6; *Wessels/Beulke/Satzger* AT Rn. 1351.
33  *Puppe* Stree/Wessels-FS (1993), 183 (185).

übt, weil er die Voraussetzungen seiner Rechtfertigung nicht kannte.[34] Aber es bedarf keiner analogen Anwendung von § 22, denn in jedem vollendeten Delikt ist der Versuch begrifflich enthalten.[35] Es bleibt aber das Argument, dass der Täter keine Befugnis ausgeübt hat. Aber das ändert nichts daran, dass dem Opfer durch seine Tat kein Unrecht geschehen ist, weil die objektiven Voraussetzungen der Rechtfertigung erfüllt waren. Deshalb bleibt nichts mehr übrig, was dem Täter objektiv zugerechnet werden könnte, und das Opfer hat natürlich gegen die Rechtsguteinbuße auch kein Notwehrrecht.[36] Der BGH hat die Angeklagten also zu Recht nur wegen versuchter Sachbeschädigung bestraft.

### 6. Hinweise zur praktischen Anwendung

32    Ehe man den allgemeinen Notstand nach § 34 anwendet, sollte man sich Gewissheit darüber verschaffen, dass keiner der Spezialfälle des Notstandes einschlägig ist. Dabei beginnt man zweckmäßigerweise mit denjenigen Notständen, die die geringsten Anforderungen an die Güter und Gefahrendifferenz zwischen Erhaltungsgut und Eingriffsgut stellen, also mit der sog mutmaßlichen Einwilligung, besser interner Rechtsgüterkonflikt und der Pflichtenkollision. Dann folgt der defensive Notstand nach § 228 BGB und schließlich, falls es um einen Eingriff in das Eigentum geht, § 904 BGB. Dabei ist allerdings zu bedenken, dass die Angemessenheitsklausel des § 34 auch für den Sachnotstand gilt.

33    Bei der Abwägung gilt es vor allem die „Waagschalen" sorgfältig zu füllen. Nicht nur die Qualität der kollidierenden Rechtsgüter, sondern auch die Quantität der ihnen drohenden Verletzung ist möglichst genau zu beschreiben. Dabei sind nicht nur der unmittelbare Eingriff und dessen unmittelbarer Rettungseffekt zu berücksichtigen, sondern auf beiden Seiten der Waage auch zusätzliche mittelbare Nachteile und Vorteile des Eingriffs. Außer dem Wert der betroffenen Rechtsgüter ist auch das Maß der ihnen bei dem Eingriff bzw. seiner Unterlassung drohenden Gefahren zu berücksichtigen. Die Angemessenheitsklausel des § 34 ist erfüllt bei Unglücksfällen, bei denen der Inhaber des Eingriffsgutes nach § 323c hilfspflichtig ist oder hilfspflichtig wäre, wenn er sich am Unfallort befände. Durch die Angemessenheitsklausel ausgeschlossen sind vor allem zwei Fallkonstellationen: Erstens der Fall, dass es zur Erledigung des Konflikts ein Rechtsverfahren gibt, denn die Ergebnisse eines solchen Rechtsverfahren haben die Beteiligten zu akzeptieren, zweitens, dass der Notstand in einem Mangel an finanziellen Mitteln besteht.

34    Subjektiv gerechtfertigt ist der Täter, wenn er die objektiven Voraussetzungen des erfüllten Rechtfertigungsgrundes kennt. Kennt er diese, weiß er also, dass seine Handlung objektiv gerechtfertigt ist, so ist ein besonderer Rettungswille oder eine Rettungsmotivation nicht erforderlich. Solange der Bürger das von Rechts wegen Richtige tut, gehen seine Ziele und Motive die Rechtsordnung nichts an. Die Rechtsprechung hilft sich hier meistens damit, dass sie aufgrund der Kenntnis des Täters um die rechtfertigende Lage und die Eignung seiner Handlung zur Rettung des Rechtsguts einen Rettungswillen unterstellt.

---

34   NK-*Paeffgen/Zabel* Vor § 32 Rn. 128; *Schmidhäuser* AT 9/106; *Köhler* AT S. 323 f. Prinzipiell ebenso NK-*Zaczyk* § 22 Rn. 57; *Gallas* Bockelmann-FS (1979), 155 für die Notrechte, also die Eingriffsrechte, während bei einer dem Täter unbekannten Einwilligung des Opfers dieser nur wegen Versuchs strafbar sein soll.

35   S.u. 33/11; näher NK⁶-*Puppe* Vor § 52 Rn. 10; ebenso MüKo-*Schlehofer* Vor § 32 Rn. 108.

36   *Puppe* Stree/Wessels-FS (1993), 183 (185, 195).

Ein Erlaubnistatbestandsirrtum liegt nur dann vor, wenn der Täter sich alle Voraus-    35
setzungen des Rechtfertigungsgrundes als gegeben vorgestellt hat. Die Vorstellungen
des Täters sind also unter den vollständigen objektiven Tatbestand des Rechtfertigungsgrundes zu subsumieren. Fehlt es an einem Element dieses Tatbestandes in der
Vorstellung des Täters, so kommt allenfalls noch ein Verbotsirrtum in Betracht. Das
Abwägungsverhältnis der kollidierenden Rechtsgüter und Gefahren ist keine Tatsache,
sondern eine Wertung. Ein falsches Abwägungsergebnis begründet also nur einen Verbotsirrtum und keinen Erlaubnistatbestandsirrtum.

Liegt ein Erlaubnistatbestandsirrtum vor, so ist der Streit um dessen Behandlung zu er-    36
örtern. Dieser ist am einfachsten und klarsten als Frage nach einer analogen Anwendung von § 16 auf den Erlaubnistatbestandsirrtum zu formulieren. Da die analoge Anwendung einer Vorschrift stets einer sachlichen Begründung bedarf, sollte man sich
hier nicht mit dem Hinweis darauf begnügen, dass die Rechtsprechung und die ganz
überwiegende Lehre sie vornimmt. Die einfachste Begründung für diese Analogie besteht darin, dass der Erlaubnistatbestandsirrtum mit dem Tatbestandsirrtum gemeinsam hat, dass es ein Irrtum über Tatsachen ist, die das tatbestandsmäßige Unrecht begründen, sog Lehre vom Gesamtunrechtstatbestand.

In der Literatur ist streitig, ob die Frage nach den rechtlichen Konsequenzen eines Er-    37
laubnistatbestandsirrtums zum subjektiven Unrecht gehört oder zur Schuld. Die sogenannte strenge Schuldtheorie behandelt diesen Irrtum als Verbotsirrtum, kann ihn also
nach § 17 nur bei der Schuld einordnen. Nach der hier vertretenen Lehre vom Gesamtunrechtstatbestand schließt der Erlaubnistatbestandsirrtum das subjektive Unrechtselement des Vorsatzdelikts aus.[37] Die wohl hL schließt nicht das Vorsatzunrecht, sondern
die Vorsatzschuld aus, sogenannte rechtsfolgenverweisende eingeschränkte Schuldtheorie.[38] Die Frage nach der systematischen Verortung des Problems ist also für seine Lösung nicht präjudiziell. Sie braucht und soll also in einem Fallgutachten, insbesondere
in einem Kurzgutachten, also einer Klausur nicht selbstständig erörtert werden. Um
eine Festlegung in dieser Frage schon durch eine Überschrift im Gutachten zu vermeiden, verzichtet man darauf, nach der Feststellung der objektiven Rechtswidrigkeit der
Tatbestandsverwirklichung eine neue Überschrift einzufügen. Oder wählt als Überschrift das Wort „Erlaubnistatbestandsirrtum". Hat man sodann dargelegt, dass die
Vorstellungen des Täters alle objektiven Voraussetzungen eines Rechtfertigungsgrundes enthalten, demgemäß also ein Erlaubnistatbestandsirrtum vorliegt, kann man die
Frage nach seinen rechtlichen Konsequenzen so formulieren, wie es hier geschehen ist,
als Frage nach einer analogen Anwendung von § 16 oder einer direkten Anwendung
von § 17 auf diesen Irrtum. Innerhalb dieser Fragestellung kann man alle Sacharg-
mente behandeln, die von der strengen Schuldtheorie, von der eingeschränkten Schuldtheorie und von der Theorie des Gesamtunrechtstatbestandes vorgebracht werden.

---

37   Es besteht Einigkeit darüber, dass die subjektive Rechtfertigung fehlt, wenn der Täter sich in einem sogenannten umgekehrten Erlaubnistatbestandsirrtum befindet, also in Unkenntnis der tatsächlich gegebenen
Voraussetzungen eines Rechtfertigungsgrundes handelt. Wird also das subjektive Rechtfertigungselement
eben als Rechtfertigungselement behandelt, wenn es fehlt, um mit dessen Fehlen die Versagung der
Rechtfertigung zu begründen, so kann sich dies nicht plötzlich in Schuldelement verwandeln, sofern es im
Einzelfall gegeben ist, *Puppe* Stree/Wessels-FS (1993), 183 (190).
38   So ursprünglich *Gallas* ZStW 67 (1955), 1 (45, Fn. 89).

## § 14 Rechtfertigung durch Verfahren

### 1. Rechtfertigung durch Verwaltungsakt – Der Sondermüllfall, BGHSt 39, 381

1 ▶ Der H (in Wahrheit handelt es sich um eine AG) erhielt die Genehmigung, Abfälle, die wegen ihres Schwermetallgehalts das Grundwasser und den Boden gefährdeten, in einer städtischen Deponie abzulagern, die nur für Hausmüll geeignet war. Die Genehmigung erfolgte aufgrund eines sachlich unrichtigen abfalltechnischen Gutachtens eines Angestellten der Abfallbehörde. Aufgrund dieser Genehmigung lagerte H den grundwassergefährdenden Abfall in der städtischen Mülldeponie ab. ◀

2 In dem Urteil, das sich mit der Strafbarkeit des Gutachters befasst, heißt es unter der Voraussetzung, dass H im guten Glauben an die Rechtmäßigkeit dieser Genehmigung gehandelt hat:

> „Dann fehlt es, was die H-AG als unmittelbar Ausführende angeht, entweder schon an einer tatbestandsmäßigen Handlung oder sie handelte bei Anwendung der Grundsätze über die Verwaltungsakzessorietät, wie sie überwiegend vertreten werden, befugt, mithin nach hM objektiv gerechtfertigt.“[1]

3 Die Entscheidung lässt es offen, ob diese systematische Einordnung der Erlaubnis richtig ist. Folgen wir ihr aber, so haben wir einen prozeduralen Rechtfertigungsgrund vor uns.[2] Den Konflikt zwischen dem Allgemeininteresse an der Erhaltung der Umwelt und ihrer Ressourcen und den Einzelinteressen der Nutzer dieser Ressourcen regelt das Gesetz nicht selbst, wie es etwa bei den Notrechten geschieht. Dieser Konflikt wird durch Behörden verwaltet, die in einem bestimmten Verfahren entscheiden, welchem Interesse im Einzelfall der Vorzug gegeben werden soll. Der durch eine Erlaubnis Begünstigte, der von dieser Gebrauch macht, wird um des Willen gerechtfertigt, weil diese Erlaubnis das Ergebnis einer in dem vorgeschriebenen Verfahren getroffenen Entscheidung über diesen Konflikt ist.

4 Dies gilt selbst dann, wenn die Entscheidung den Rechtsnormen widerspricht, an die sich die Behörde bei der Ausfüllung ihres Ermessens- oder Beurteilungsspielraums zu halten hat, sogar dann, wenn dies, wie im vorliegenden Fall, vorsätzlich von einem an dem behördlichen Verfahren beteiligten Beamten verursacht wurde. Ob dieser Beamte sich dann seinerseits eines Umweltdelikts in mittelbarer Täterschaft schuldig macht, ist eine andere Frage (s. dazu u. 15/13 ff.). § 330 d Abs. 5 bestimmt die Grenzen dieser Rechtfertigung durch Verfahren dahin, dass auch der äußerlich ordnungsgemäß und unter Einhaltung des Verfahrens zustande gekommene Verwaltungsakt erst dann nicht mehr rechtfertigt, wenn er durch Drohung, Bestechung, Kollusion oder Täuschung herbeigeführt worden ist.

Deswegen kommt es nach heute geltendem Recht auch nicht mehr auf die Gutgläubigkeit oder Bösgläubigkeit des Adressaten der Erlaubnis in Bezug auf deren materielle Rechtmäßigkeit an, sondern nur auf seinen guten Glauben, dass das Genehmigungsverfahren nicht an einem Verfahrensfehler iS v. § 330 d Abs. 5 leidet. Zum Zeitpunkt

---

1 BGHSt 39, 381 (387 f.).
2 Eine Ansicht in der Literatur knüpft das Problem an das Erfordernis des Handelns außerhalb eines Zulassungsverfahrens an und macht damit den prozeduralen Charakter der Rechtfertigung noch deutlicher, NK-*Ransiek* § 326 Rn. 44; Lackner/Kühl-*Heger* § 326 Rn. 11; SK-*Schall* § 326 Rn. 172. Eine Gegenmeinung behandelt die Genehmigung nach wie vor als Rechtfertigungsgrund, S/S/W-*Saliger* Vor § 324 Rn. 25; Schönke/Schröder-*Heine/Schittenhelm* § 326 Rn. 16.

der vorliegenden Entscheidung galt diese Vorschrift noch nicht, so dass unklar war, wie weit die Rechtfertigungswirkung des Genehmigungsverfahrens geht.

## 2. Rechtfertigung durch Amtshandeln und pflichtgemäßes Ermessen – Der Flugblattverteilerfall, BGHSt 21, 334

▶ Ein Bahnpolizist hatte den Angeklagten daran gehindert, auf dem Bahnhofsvorplatz    5
ein Flugblatt zu verteilen. Gegen die Anklage wegen Widerstandes gegen Vollstreckungs-
handlungen verteidigte sich dieser mit dem Vorbringen, diese Amtshandlung sei deshalb
rechtswidrig gewesen, weil von seiner Flugblattverteilung keinerlei Gefahr für den Verkehr
auf dem Bahnhofsvorplatz ausgegangen sei. ◀

Dieses Verteidigungsvorbringen weist der BGH mit folgender Begründung zurück:

> „Wenn, wie hier, die Vornahme einer Amtshandlung von dem Vorhandensein bestimmter
> sachlicher Voraussetzungen abhängt, weist das Gesetz dem Beamten auch die Prüfung
> zu, ob diese Voraussetzungen im Einzelfall gegeben sind, und stellt damit die Vornahme
> der Amtshandlung letztlich in sein Ermessen. Rechtmäßig ist in solchen Fällen die Amts-
> ausübung dann, wenn der Beamte das ihm eingeräumte Ermessen pflichtgemäß ausübt
> und sein amtliches Handeln nach dem Ergebnis dieser Prüfung einrichtet. Ob dieses
> Ergebnis richtig oder falsch ist, ist für die Frage der Rechtmäßigkeit ohne Bedeutung,
> wenn der Beamte aufgrund sorgfältiger Prüfung in der Annahme gehandelt hat, zu der
> Amtshandlung berechtigt und verpflichtet zu sein." [3]

Das Handeln in Ausübung des Amtes stellt also einen prozeduralen Rechtfertigungs-    6
grund dar. Der Eingriff in die Freiheit des Bürgers ist deshalb gerechtfertigt, weil er
das Ergebnis einer pflichtgemäßen Prüfung des Beamten ist[4] und dies auch dann, wenn
das Ergebnis dieser Prüfung materiell falsch ist. Für eine solche Rechtfertigung kraft
pflichtgemäßer Prüfung ist da Raum, wo das Gesetz den Konflikt nicht selbst abschließend regelt, sondern seine Entscheidung in die Kompetenz des Beamten legt. Solche
prozeduralen Rechtfertigungsgründe sind auch die strafprozessualen Zwangseingriffe,
die eben auch einen Unschuldigen treffen können, sowie die Prozessbeendigung durch
rechtskräftiges Urteil. Ein solches Urteil muss um des Rechtsfriedens willen von der
benachteiligten Partei auch dann hingenommen werden, wenn es materiellrechtlich
falsch ist.

## 3. Die Wahrnehmung berechtigter Interessen nach § 193 StGB – Der Fall Stolpe, BVerfGE 114, 339

▶ Der Beschwerdeführer Stolpe war zu Zeiten der DDR Konsistorialpräsident der evan-    7
gelischen Kirche und unterhielt in dieser Eigenschaft auch Kontakte zu hauptamtlichen
Mitarbeitern des Ministeriums für Staatssicherheit, welches ihn unter dem Decknamen
IM-Sekretär als inoffiziellen Mitarbeiter registriert hatte. Er hatte gegen den Beklagten im
Zivilprozess auf Unterlassung der folgenden Behauptung geklagt: „Die Tatsache, dass Herr
S., wie wir alle wissen, IM-Sekretär, über 20 Jahre im Dienste des Staatssicherheitsdienstes

---

3  BGHSt 21, 334 (363).
4  RGSt 72, 305 (311); BGHSt 4, 161 (164); 24, 125 (130 ff.); BayObLG JR 1989, 24; LK-*Rosenau* § 113 Rn. 49;
   Schönke/Schröder-*Eser* § 113 Rn. 27; Lackner/Kühl-*Heger* § 113 Rn. 10; *Fischer* § 113 Rn. 18; *Jescheck/Weigend*
   AT § 35 I 3; aA SK-*Wolters* § 113 Rn. 11 f.; NK-*Paeffgen* § 113 Rn. 57; *Roxin* Pfeiffer-FS (1988), 48 ff.; *Küper* NJW
   1971, 1681 (1683).

tätig, dass der die Chance erhält, 1999 hier in Berlin, auch über Berlin Ministerpräsident zu werden, dh dass ich sein Landeskind werde, zusammen mit anderen, das verursacht mir doch erhebliche Kopfschmerzen." ◄

8    Nachdem die Klage, vom Landgericht abgewiesen, ihr vom Oberlandesgericht stattgegeben und sie vom BGH wiederum abgewiesen worden war, legte Stolpe unter Berufung auf sein Persönlichkeitsrecht nach Art. 2 Abs. 1 iVm Art. 1 Abs. 1 GG gegen das Urteil des BGH Verfassungsbeschwerde ein. Der Beklagte berief sich auf sein Recht auf freie Meinungsäußerung nach Art. 5 GG. Das BVerfG hob das klageabweisende Urteil des BGH auf. Die Kernsätze der Begründung lauten:

> Für die Verbreitung von Tatsachenbehauptungen, deren Wahrheitsgehalt nicht endgültig festgestellt werden kann, prüft die Rechtsprechung der Zivilgerichte den Ausgleich zwischen den Anforderungen der Meinungsfreiheit und den Belangen des Persönlichkeitsschutzes daran, ob der Äußernde die Anforderungen erfüllt hat, die bei der Verbreitung von Tatsachenbehauptungen ungeklärten Wahrheitsgehalts an eine Rechtfertigung durch Wahrnehmung berechtigter Interessen (§ 193 StGB) zu stellen sind. Jedenfalls in Fällen, in denen es um eine die Öffentlichkeit wesentlich berührende Angelegenheit geht, kann nach dieser Rechtsprechung auch eine möglicherweise unwahre Behauptung demjenigen, der sie aufstellt oder verbreitet, so lange nicht untersagt werden, wie er vor der Aufstellung und Verbreitung seiner Behauptung hinreichend sorgfältige Recherchen über den Wahrheitsgehalt angestellt hat. Gegen die Entwicklung derartiger Pflichten bestehen verfassungsrechtlich keine Einwände, sofern der Umfang dieser Sorgfaltspflichten von den Fachgerichten im Einklang mit den grundgesetzlichen Anforderungen bemessen wird. Die Fachgerichte dürfen deshalb einerseits an die Wahrheitspflicht im Interesse der Meinungsfreiheit keine Anforderungen stellen, die die Bereitschaft zum Gebrauch des Grundrechts herabsetzen und so auf die Meinungsfreiheit insgesamt einschnürend wirken können. Sie haben andererseits aber auch zu berücksichtigen, dass die Wahrheitspflicht Ausdruck der Schutzpflicht ist, die aus dem allgemeinen Persönlichkeitsrecht folgt. Liegt ein schwerwiegender Eingriff in das Persönlichkeitsrecht vor, sind deshalb hohe Anforderungen an die Erfüllung der Sorgfaltspflicht zu stellen. Diese sind verletzt, wenn sich der Äußernde selektiv und ohne dass dies für die Öffentlichkeit erkennbar wäre, allein auf dem Betroffenen nachteilige Anhaltspunkte stützt und hierbei verschweigt, was gegen die Richtigkeit seiner Behauptung spricht.[5]

9    Der Rechtfertigungsgrund des § 193 ist nur für den Fall überhaupt einschlägig, dass die behauptete Tatsache sich nicht beweisen lässt. Ist sie wahr und beweisbar, so bedarf der sie behauptende Täter keiner Rechtfertigung, ist dagegen ihre Falschheit beweisbar, so kann die Behauptung auch nicht durch die Wahrnehmung berechtigter Interessen gerechtfertigt sein. Die Frage nach einer Rechtfertigung der Behauptung einer ehrenrührigen Tatsache durch Wahrnehmung berechtigter Interessen stellt sich also nur dann, wenn nicht mit Sicherheit festgestellt werden kann, ob die Behauptung wahr ist oder falsch. Dies war hier auch der Fall, denn eine Akte über die Kontakte des Beschwerdeführers mit dem Ministerium für Staatssicherheit der DDR war nicht mehr vorhanden.

10    Welche Überlegungen sind nun bei der Entscheidung der Frage anzustellen, ob die Behauptung, dass Stolpe über 20 Jahre als IM-Sekretär im Dienste des Ministeriums für Staatssicherheit der DDR gestanden habe, durch Wahrnehmung berechtigter Inter-

---

5    BVerfGE 114, 339 (353 f.).

essen gedeckt ist? Für den Fall, dass diese Behauptung wahr ist, hat die Öffentlichkeit ein eminentes Interesse daran, diese Tatsache zu erfahren, denn Stolpe kandidierte damals für das Amt des Ministerpräsidenten des Landes Berlin-Brandenburg. Dagegen könnte Stolpe für diesen Fall kein gegenläufiges Interesse geltend machen, dass die Öffentlichkeit dies nicht erfährt. Für den Fall, dass die Behauptung falsch ist, hätte dagegen Stolpe ein eminentes Interesse daran, nicht dieser öffentlichen Beschuldigung ausgesetzt zu werden, die seine politische Karriere ruiniert. Ein gegenläufiges Interesse der Öffentlichkeit an dieser Behauptung gibt es für diesen Fall nicht.

Es muss also gegeneinander abgewogen werden, das Risiko, dass die Behauptung falsch ist gegen die Chance, dass sie wahr ist. Das Gewicht der Behauptung fällt, wie es bei einer Anschuldigung im politischen Leben in der Regel der Fall ist, auf beiden Seiten gleichermaßen in die Waagschale. Je gewichtiger eine Anschuldigung gegen eine Person ist, die im gegenwärtigen politischen Leben eine Rolle spielt, desto größer ist das Interesse der Öffentlichkeit daran sie zu erfahren, sofern sie wahr ist, und desto größer ist das Interesse des Betroffenen daran, nicht mit ihr überzogen zu werden, falls sie falsch ist. Anders mag es sich bei Sensationsmeldungen, etwa aus dem Privatleben von Filmstars oder Spitzensportlern verhalten. Hier ist das Interesse des Betroffenen, nicht von solchen Skandalgeschichten überzogen zu werden, für den Fall, dass sie falsch sind, erheblich größer, als das Interesse eines gewissen Publikums mit solchen Skandalgeschichten unterhalten zu werden, für den Fall, dass sie wahr sind. Da im vorliegenden Fall das Gewicht der aufgestellten Behauptung auf beiden Seien der Abwägung in die Waagschale fällt, bleibt nur noch das Risiko abzuwägen, dass diese Behauptung falsch ist gegen die Chance, dass sie wahr ist. **11**

Da nun der Rechtfertigungsgrund des § 193 gerade für den Fall eingreifen soll, dass die Behauptung falsch ist, also objektiv keinem berechtigten Interesse dient, sondern nur nach der Vorstellung des Täters, kann diese Vorstellung des Täters nur dann sein Verhalten rechtfertigen, wenn er sie aufgrund einer sorgfältigen Prüfung der Chancen und Risiken seiner Behauptung gewonnen hat, insbesondere sorgfältig recherchiert hat, wie hoch die Wahrscheinlichkeit ist, dass seine Behauptung wahr ist. Eine solche Prüfungspflicht hat zwar jeder Täter, der sich auf einen Rechtfertigungsgrund, beispielsweise den Notstand beruft, aber bei den Notrechten ist die Erfüllung dieser Prüfungspflicht keine selbstständige Voraussetzung der Rechtfertigung (s. o. 13/21 ff.). Ihre Vernachlässigung wirkt sich nur dahin aus, dass dem Täter Fahrlässigkeit vorgeworfen wird, sofern die objektiven Voraussetzungen des Rechtfertigungsgrundes nicht gegeben sind. Sind sie gegeben, so wäre der Täter bei Erfüllung der Prüfungspflicht auch zu dem Ergebnis gekommen, dass seine Handlung objektiv rechtmäßig ist. Dann hat seine Verletzung dieser Prüfungspflicht keinen ihm zurechenbaren Unrechtserfolg und kann deswegen keine Fahrlässigkeit begründen (s. o. 13/23). **12**

In Fällen der Behauptung einer ungewissen ehrenrührigen Tatsache zur Wahrnehmung berechtigter Interessen, also bei Ungewissheit über die Wahrheit der ehrenrührigen Behauptung, ist aber gar nicht feststellbar, dass es einen Unrechtserfolg gibt, der dem Täter bei Vernachlässigung seiner Prüfungspflicht zugerechnet werden könnte, weil nicht mit Gewissheit feststellbar ist, ob die Behauptung wahr und deshalb legitimen Interessen dienlich ist, oder ob sie objektiv falsch ist und deshalb nur die legitimen Interessen des Betroffenen verletzt. Auch steht angesichts der Vielfalt der Recherchemöglichkeiten des Täters objektiv nicht fest, zu welchem Ergebnis eine gewissenhafte Prüfung der Risiken geführt hätte. Sie kann, je nachdem, welche Quellen der Täter zu Rate zieht, das **13** eine oder das andere Ergebnis haben. Deshalb bleibt als einzige Möglichkeit, sein Verhalten unter Ungewissheit zu legitimieren, die Gewissenhaftigkeit der Prüfung selbst übrig. Danach ist die gewissenhafte Prüfung eine selbstständige objektive Voraussetzung der Rechtfertigung einer derartigen Behauptung durch Wahrnehmung berechtigter Interessen nach § 193.[6] Insofern ist § 193 ein prozeduraler Rechtfertigungsgrund, wie das Verwaltungshandeln nach Ermessen, bei dem das Ergebnis ja auch nicht objektiv feststeht, sondern nur durch pflichtgemäße Ermessensausübung legitimiert ist (s. o. 14/5 ff.). Hat also der Täter, nachdem er zu dem Ergebnis gekommen ist, dass er die Wahrheit seiner Behauptung nicht beweisen kann, nicht gewissenhaft geprüft, ob ihre Wahrscheinlichkeit und das Interesse der Öffentlichkeit, sie für den Fall, dass sie wahr ist, zu erfahren so hoch ist, dass das Interesse des Betroffenen, nicht mit dieser Anschuldigung überzogen zu werden für den Fall, dass sie falsch ist, dahinter zurücktritt, so ist er selbst dann nicht gerechtfertigt, wenn eine gewissenhafte Prüfung möglicherweise auch dieses Ergebnis gehabt hätte. Denn welches Ergebnis sie gehabt hätte, steht objektiv nicht fest.

### 4. Hinweise zur praktischen Anwendung

14   Die Rechtfertigung durch Verfahren wirkt in zwei Richtungen: Zugunsten des Entscheidungsträgers, der das Verfahren durchzuführen hat und zugunsten des Bürgers, der das Ergebnis des Verfahrens exekutieren darf. Rechtfertigende Verfahren sind alle hoheitlichen Entscheidungsverfahren, zB gerichtliche Prozesse aller Art, der Erlass von Verwaltungsakten sowie die Durchführung von Vollstreckungsakten durch die Entscheidungsträger selbst oder ihre Beauftragten. Hierher gehören insbesondere polizeiliche Sofortmaßnahmen sowie prozessuale Zwangseingriffe. Hat sich der Entscheidungsträger an die Verfahrensregeln gehalten, insbesondere sein Ermessen oder seine Beurteilungsbefugnis pflichtgemäß ausgeübt, so rechtfertigt dies das Ergebnis seiner Entscheidung auch dann, wenn es materiell falsch ist, also materiell betrachtet einen Eingriff in fremde Rechtsgüter darstellt. Der durch diese Entscheidung Benachteiligte muss sie auch dann dulden, wenn sie ihrem materiellen Inhalt nach seine Rechte verletzt.

15   Voraussetzung der Rechtfertigung des Entscheidungsträgers ist aber, dass er innerhalb des Verfahrens seinen Rechtspflichten, insbesondere seinen Prüfungspflichten und Ermessensausübungspflichten nachgekommen ist. Der Grund für die Rechtfertigung des Ergebnisses besteht eben darin, dass es das Ergebnis eines ordnungsgemäßen Verfahrens und einer pflichtgemäßen Prüfung durch den Beamten ist.

16   Ist die Entscheidung nicht durch den Amtsträger selbst, sondern durch einen begünstigten Bürger zu exekutieren, zB eine Genehmigung oder sonst ein begünstigender Verwaltungsakt, so wirkt die Rechtfertigung durch Verfahren zugunsten dieses Bürgers auch dann, wenn der Entscheidungsträger nicht gerechtfertigt ist, weil er seiner Prüfungspflicht nicht ausreichend nachgekommen ist. Das gilt selbst dann, wenn der Bürger dies weiß. Die Rechtfertigung des Begünstigten Bürgers entfällt erst dann, wenn er selbst in unzulässiger Weise Einfluss auf die Entscheidung des Amtsträgers genommen hat, zB durch Täuschung, Bestechung, Nötigung oder sonst kollusives Zusammenwirken.

---

6  *Lenckner* H. Mayer-FS (1966), 165 (181).

Für den Rechtfertigungsgrund der Wahrnehmung berechtigter Interessen nach § 193 17
gilt, dass die Rechtfertigung hier ausnahmsweise von einer pflichtgemäßen Prüfung
durch den Bürger abhängig ist, obwohl dieser Rechtfertigungsgrund kein prozeduraler
ist. Er hat aber mit den prozeduralen Rechtfertigungsgründen zweierlei gemeinsam:
Erstens hat er gerade den Zweck, solche Entscheidungen zu rechtfertigen, die materiell
nicht richtig sind, zweitens steht oft nicht objektiv fest, was das Ergebnis einer pflichtgemäßen Prüfung wäre. Deshalb muss hier die pflichtgemäße Prüfung als selbstständiges Rechtfertigungselement an die Stelle der objektiven Richtigkeit des Prüfungsergeb-
nisses treten.

## § 15 Die actio illicita in causa

### 1. Verursachung einer Notstandslage – Nochmals der Myomfall, BGHSt 11, 111

1 ▶ Der Angeklagte, Chefarzt eines gynäkologischen Krankenhauses, behandelte eine 46-jährige Patientin wegen Unterleibsbeschwerden und stellte fest, dass sie an der Gebärmutter ein doppelfaustgroßes Myom hatte. Dies ist eine gutartige Geschwulst, die aber bösartig werden kann. Auf seinen Rat hin willigte sie in die operative Entfernung des Myoms ein. In der Operation stellte sich heraus, dass das Myom so fest mit der Gebärmutter verwachsen war, dass es nicht ohne sie entfernt werden konnte. Daraufhin räumte der Arzt den gesamten Gebärmutterkörper aus.
Er hatte die Patientin über diese Möglichkeit nicht aufgeklärt und ihre Einwilligung mit der Ausräumung der Gebärmutter nicht eingeholt, weil er angesichts der eindeutigen Interessenlage der Patientin, sie stand kurz vor dem Klimakterium, eine solche Aufregung nicht für nötig hielt. Ob er dabei die Wahrscheinlichkeit, dass das Myom nicht ohne die Gebärmutter entfernt werden könnte, unterschätzt hat, ist dem Sachverhalt nicht zu entnehmen. Der BGH kam zu dem Ergebnis, dass er sich einer fahrlässigen Körperverletzung schuldig gemacht hat. ◀

2 Der Senat teilt die Rechtsansicht des Angeklagten nicht, dass er nicht zu einer Aufklärung der Patientin über die Möglichkeit dieses Befundes verpflichtet gewesen sei. Mit Nachdruck betont er das Recht des Patienten, selbst über seine Behandlung zu entscheiden und die Pflicht des Arztes, den Willen des Patienten auch dann zu respektieren, wenn er ihm aus medizinischer Sicht unvernünftig erscheint. Dennoch kommt der BGH zu dem Ergebnis, dass die Entfernung des Uterus durch mutmaßliche Einwilligung gerechtfertigt war, weil die Wahrscheinlichkeit, dass die Patientin, die kurz vor dem Klimakterium stand, mit ihr nachträglich nicht einverstanden sein würde, so gering war, dass dieses Risiko hinter dem anderen Risiko zurücktrat, dass die Patientin sich später doch für die Entfernung der Gebärmutter entscheiden würde und dann die Belastungen und Gefahren einer zweiten Operation auf sich nehmen müsste. Dann fährt der Senat aber fort:

> „Fahrlässig aber konnte er (der Arzt) dadurch gehandelt haben, dass er es vor der Operation versäumte, sich der Zustimmung der Nebenklägerin zu der möglicherweise erst während des Eingriffs offenbar werdenden Notwendigkeit der Entfernung der Gebärmutter zu vergewissern. Durch dieses Versäumnis war er nach Beginn der Operation in eine Lage geraten, in der er die Nebenklägerin vernünftiger- und zumutbarerweise nicht mehr nach ihrem Einverständnis fragen konnte, sondern in diesem Zeitpunkt ohne Fahrlässigkeit glauben durfte, so wie geschehen, handeln zu dürfen."[1]

3 Soll für eine gerechtfertigte Tatbestandsverwirklichung derjenige verantwortlich gemacht werden, der die rechtfertigende Situation vorsätzlich oder fahrlässig herbeigeführt hat, so muss die Tatbestandsverwirklichung vorverlagert werden. Dazu werden zwei verschiedene, aber naturgemäß miteinander eng verwandte dogmatische Konstruktionen vorgeschlagen: die mittelbare Täterschaft und die actio illicita in causa. Ob bei einer fahrlässigen Verursachung der Rechtfertigungslage mittelbare Täterschaft überhaupt in Betracht kommt, ist zweifelhaft, denn wie soll man jemanden fahrlässig

---

1 BGHSt 11, 111 (114 f.).

zu seinem Werkzeug machen?[2] Nun ist eine Vorverlagerung der kausalen Handlung bei der Fahrlässigkeit aber auch unproblematisch. Also prüfen wir zunächst, ob die Konstruktion der mittelbaren Täterschaft durch ein sog gerechtfertigtes Werkzeug geeignet ist, das Problem bei vorsätzlicher Herbeiführung des Rechtsgüterkonflikts zu lösen. Stellen wir uns also unseren Ausgangsfall wie folgt abgewandelt vor: Der Arzt hat erkannt, dass das Myom mit dem Uterus dergestalt verwachsen ist, dass es nicht ohne diesen entfernt werden kann. Da er weiß, dass manche Frauen, seiner Ansicht nach unvernünftigerweise, eine Ausräumung auch unter den gegebenen Umständen ablehnen würden, unterlässt er die Aufklärung, um die Frau, wie er sich ausdrückt, „notfalls zu ihrem Glück zu zwingen".

Auch in diesem Fall wäre der Arzt bei seinem Handeln in der Operation gerechtfertigt, solange er nicht positiv weiß, dass die Frau mit der Ausräumung nicht einverstanden ist. Es kommt aber eine mittelbare Täterschaft aufgrund eines Handelns durch ein gerechtfertigtes Werkzeug in Betracht.[3] Zwar erwähnt § 25 Abs. 1, der heute als gesetzliche Legitimation dieser Form der Täterschaft gilt, nur das Handeln „durch einen anderen", aber es ist damit nicht gesagt, dass das Handeln durch einen anderen der einzige Fall der mittelbaren Täterschaft sein müsste. War doch diese Rechtsfigur auch schon allgemein anerkannt, bevor § 25 in seiner heutigen Fassung eingeführt wurde. In der Sache kann es keinen Unterschied machen, ob der Täter sich selbst oder einen anderen in die Rechtfertigungslage manövriert hat, im Beispiel, ob er selbst oder ein Kollege die Operation nach unzureichender Aufklärung durchführt. Das Problem der mittelbaren Täterschaft durch ein gerechtfertigtes Werkzeug liegt darin, dass die Klassifikation des gerechtfertigt Handelnden unmittelbaren Täters als Werkzeug eines anderen zweifelhaft ist.[4]

4

Diese Klassifikation wird damit begründet, dass der Verursacher der gerechtfertigten Situation den unmittelbar Handelnden in eine Zwangslage bringt, vergleichbar der eines Genötigten, in der er die Tatbestandsverwirklichung als kleineres Übel wählen muss, um ein größeres Übel von sich oder Angehörigen fernzuhalten.[5] Aber das trifft nur auf einige Fälle gerechtfertigten Handelns zu. Setzt sich der Gerechtfertigte für die Rechtsgüter Fremder ein, so handelt er in jeder Hinsicht freiwillig und es kann von seiner Beherrschung durch psychischen Zwang nicht die Rede sein. In anderen Fällen ist der unmittelbar Handelnde zwar psychologisch frei, aber von Rechts wegen verpflichtet, von dem Erlaubnissatz des Rechtfertigungsgrundes auch Gebrauch zu machen. So muss der Operateur im vorliegenden Fall die Operation fortsetzen. Er ist als Garant aus Übernahme dazu verpflichtet und hat nicht etwa die Wahl zwischen Abbruch und Fortsetzung nach seinem Gutdünken. Hier kann immerhin in einem normativ begründeten Sinne von seiner Beherrschung durch denjenigen gesprochen werden, der zugleich mit der Rechtfertigungslage die Voraussetzungen dieser Handlungspflicht hergestellt hat. Aber es gibt auch Fälle der willkürlichen Herbeiführung einer Rechtfertigungslage, in denen es sowohl an einem psychologischen als auch an einem rechtlichen Zwang fehlt. Die mit einer Pistole bewaffnete, aber tierfreundlich gesinnte Dame, auf deren wertvollen Pelzmantel es ein kleiner Hund abgesehen hat, darf diesen nach

5

---

2 Vgl. *Johannes* (1963), 39 ff.
3 BGHSt 3, 4 (5 f.); 10, 306 (307); Schönke/Schröder/*Heine/Weißer* § 25 Rn. 31 ff.; Lackner/Kühl-*Kühl* § 25 Rn. 4; *Fischer* § 25 Rn. 8; *Baumann/Weber/Mitsch/Eisele* AT 25/125 ff.; *Jakobs* AT 21/81 ff.; Maurach/Gössel/Zipf-*Renzikowski* AT/2 48/32 ff.; *Roxin* TuT, 167 f.; *Welzel* StrafR, § 15 II 4 a.
4 Vgl. *Johannes* (1963), 39 ff.; *Stratenwerth/Kuhlen* AT 12/42 ff.
5 *Randt* (1997), 47 (58 f.); *Welzel* StrafR, § 15 II 4 a; *Stratenwerth/Kuhlen* AT 12/44.

§ 228 BGB erschießen, sie ist aber dazu weder tatsächlich noch rechtlich genötigt. Hat der böse Nachbar den kleinen Hund aufgehetzt, um zu erreichen, dass sie ihn erschießt, so muss eine mittelbare Täterschaft an mangelnder Beherrschung des Werkzeugs scheitern. Das Beispiel lehrt, dass die Rechtfertigung der Tatbestandsverwirklichung durch den unmittelbar Handelnden per se noch nicht seine Werkzeugeigenschaft und noch nicht die Tatbeherrschung durch denjenigen begründet, der die Rechtfertigungssituation willkürlich herbeigeführt hat. Eine mittelbare Täterschaft kraft Willensherrschaft mag also mit unserer Problemkonstellation oft einhergehen, trotzdem ist die Rechtsfigur der mittelbaren Täterschaft kraft Willensherrschaft nicht geeignet, das Problem allgemein zu lösen.

6    Die zweite Rechtsfigur, die zur Lösung dieses Problems vorgeschlagen wird, die sog actio illicita in causa, beruht auf dem Gedanken, dass die willkürliche Verursachung einer Rechtfertigungslage per se für die gerechtfertigte Tatbestandsverwirklichung, durch den Täter selbst oder einen anderen, verantwortlich macht, ohne dass es zur Begründung dieser Verantwortung eines Herrschaftsverhältnisses zwischen dem mittelbar und dem unmittelbar Handelnden bedarf. Dieser Gedanke ist in der rechtswissenschaftlichen Diskussion weitgehend dadurch diskreditiert worden, dass er fast ausschließlich an einem falschen Beispiel diskutiert wurde, der Provokation eines Angriffs, mit dem Ziel, dass der Angreifer durch den überlegenen Verteidiger in Notwehr verletzt wird.[6] Wie wir sehen werden, ist gerade die Notwehrprovokation kein Fall der verantwortlichen Herbeiführung einer Rechtfertigungslage durch den Provokateur (s. u. 15/19 ff.).

7    Gegen die actio illicita in causa wird eingewandt, dass sie widersprüchlich sei, indem sie die unmittelbare Tatbestandsverwirklichung gleichzeitig für rechtmäßig und für rechtswidrig erkläre. Die gerechtfertigte Tatbestandsverwirklichung durch den unmittelbaren Täter könne nicht gleichzeitig als Vollendung der Tatbestandsverwirklichung durch einen Vortäter rechtswidrig sein.[7] Der Widerspruch besteht nicht, weil die Lehre von der actio illicita in causa nicht besagt, dass die unmittelbare Tatbestandsverwirklichung rechtswidrig sei. Sie ist nach der Lehre von der actio illicita in causa gerade nicht die die Rechtswidrigkeit und die Zurechnung begründende Handlung, sondern nur ein Kausalfaktor, der zwischen der actio praecedens und dem Erfolg liegt. Das von mehreren an einer Erfolgsherbeiführung Beteiligten einer tatbestandsmäßig und rechtswidrig handelt, der andere aber rechtmäßig, ist ein alltägliches Phänomen. Man denke nur an den Verkehrsunfall, bei dem nur einer der Beteiligten seine Verkehrspflichten verletzt hat, der andere aber ohne Schuld durch seine bloße Teilnahme am Straßenverkehr den Unfall mitverursacht hat. Die Besonderheit der actio illicita in causa liegt aber darin, dass die rechtmäßige Verursachung nicht neben der rechtswidrigen steht, sondern ihr in der Ursachenkette nachfolgt, also selbst durch sie verursacht ist. Da-

---

6   NK-*Paeffgen/Zabel* Vor § 32 Rn. 145 ff.; Schönke/Schröder/*Perron/Eisele* § 32 Rn. 61; *Fischer* § 32 Rn. 46; *Maurach/Zipf* AT/1 26/42; *Hirsch* BGH-FG (2000), Bd. IV, 199 (211 f.); *Otto* AT 8/83; *Roxin/Greco* AT/1 15/75.

7   *Roxin/Greco* AT/1 15/68; ders. ZStW 75 (1963), 541 (545 ff.); ders. ZStW 93 (1981), 68 (91); ders. JZ 2001, 667; *Jäger* JR 2001, 512 (514) hält diese Unrechtsbegründung durch ein nicht gerechtfertigtes Vorverhalten ganz grundsätzlich deshalb für ausgeschlossen, weil es an einem zurechenbaren Erfolgsunwert fehlt. Er ist der Grobschlächtigkeit des Saldierungsmodells von Handlungs- und Erfolgsunwert erlegen. Das objektive Unrecht wird nicht allein durch den Erfolg konstituiert, sondern durch die objektiven Bedingungen, unter denen er herbeigeführt wird. Diese sind für den unmittelbar Handelnden, der in einer Konfliktlage ein Notrecht ausübt, anders als für den Vortäter, der zurechenbar die Konfliktlage geschaffen hat. So kann ein und derselbe Verletzungserfolg für den einen objektives Unrecht mitkonstituieren und für den anderen nicht.

mit stellt sich die Frage, ob nicht die Rechtmäßigkeit der Tatbestandsverwirklichung durch den unmittelbaren Täter es ausschließt, hinter diese Tatbestandsverwirklichung zurückzugehen, um diese als rechtswidrige einem vorher in der Kausalkette stehenden Täter anzulasten, also die Frage nach einem Regressverbot.

Ein solches Regressverbot gibt es bei Verursachung des Erfolges durch Herbeiführung eines allgemeinen Lebensrisikos. Hier gilt das von mir sog Durchgängigkeitserfordernis (s. o. 4/4).[8] Standardbeispiel dafür ist der, womöglich mit Tötungsvorsatz, Verletzte, der auf der Fahrt mit der Taxe ins Krankenhaus durch einen Verkehrsunfall ums Leben kommt. Hier mag der Täter durch den Messerstich eine Lebensgefahr gesetzt haben, die seine Verantwortung für Vorsatz oder Fahrlässigkeit begründet hätte, wenn sie sich im Erfolg realisiert hätte. Die einzige Folge seines Verhaltens, die im weiteren Kausalverlauf als notwendiger Bestandteil vorkommt, deren Gefährlichkeit sich also realisiert hat, ist die Tatsache, dass das Opfer um eine bestimmte Zeit auf einer bestimmten Strecke mit einem bestimmten Taxi gefahren ist. Das allgemeine Risiko einer Taxifahrt ist aber in dem Sinne unbeschränkt erlaubt, dass es jedermann aufgezwungen werden darf, gleichgültig aus welchen Gründen und gleichgültig mit welchen Mitteln. Deshalb bewirkt die Erlaubnis dieses Risikos ein Regressverbot auch dann, wenn es im Einzelfall auf unerlaubte Weise, beispielsweise durch einen lebensgefährlichen Messerstich, herbeigeführt worden ist.[9] **8**

Die Lehre von der actio illicita in causa wäre widerlegt, wenn dieses Regressverbot auch für das gerechtfertigte Risiko begründbar wäre. Das gerechtfertigte Risiko unterscheidet sich vom allgemein erlaubten dadurch, dass es nicht um der allgemeinen Handlungsfreiheit willen bedingungslos gewährt wird, sondern zur Entscheidung eines Konflikts zwischen rechtlich geschützten Interessen, bei dem der Handelnde die Befugnis erhält, das im Sinne der Rechtsordnung kleinere Übel zu wählen, um das größere zu verhindern. Durch die Erteilung einer solchen Befugnis billigt die Rechtsordnung aber nicht die Herbeiführung der Konfliktsituation selbst.[10] Diese ist also nicht erlaubt. Deshalb ist trotz der Rechtfertigung der unmittelbaren Tatbestandsverwirklichung das Durchgängigkeitserfordernis erfüllt.[11] Denn zur Erklärung dieses gerechtfertigten Handelns wird ja die Konfliktsituation, die ein unerlaubter Zustand ist, weiterhin gebraucht. **9**

Bei Herbeiführung einer Rechtfertigungslage ist also kein Raum für ein Regressverbot. Mit einer Beherrschung eines menschlichen Werkzeugs hat das nichts zu tun, auch nicht damit, dass der Täter einem anderen Handlungsalternativen nimmt.[12] Der Täter manipuliert nicht eine Person, sondern das Recht selbst. Deshalb steht es seiner Verantwortlichkeit für die Folgen des durch diese Situation gerechtfertigten Handelns eines anderen auch nicht entgegen, wenn der andere bei der Entscheidung für dieses Handeln völlig frei war, also es auch hätte unterlassen können. Nicht die mittelbare Täterschaft, sondern die actio illicita in causa ist die richtige Bezeichnung für diese **10**

---

8    NK[6]-*Puppe* Vor § 13 Rn. 237 ff.; *dies.* ZStW 99 (1987), 595 (608 ff.); *dies.* Bemman-FS (1997), 227 (231) = Analysen (2006), 169 (174).
9    Die hL löst dieses Problem mit der Figur der wesentlichen Abweichung des Kausalverlaufs, BGHSt 23, 133 (135); 7, 325 (329); *Frisch* (1988), 575 ff.; *Maurach/Zipf* AT/1 23/28.
10   NK[6]-*Puppe* Vor § 13 Rn. 15.
11   Näher dazu *Puppe* Küper-FS (2007), 433 (444 f.) auch schon *Küper* (1983), 42 f.
12   So aber *Jakobs* AT 21/81.

Konstellation.[13] Man mag darüber streiten, ob es auch bei fahrlässiger Verursachung der Rechtfertigungslage notwendig ist, von einer besonderen Zurechnungsfigur der actio illicita in causa zu reden, weil beim Fahrlässigkeitsdelikt die haftungsbegründende Handlung theoretisch beliebig weit vor den Erfolgseintritt vorverlegt werden kann. Immerhin erklärt der Ausdruck actio illicita in causa auch beim Fahrlässigkeitsdelikt, warum hier kein Regressverbot Platz greift.

11   Im Ausgangsfall ist also der Arzt für den Verlust der Gebärmutter seiner Patientin als fahrlässig verursachte Körperverletzung deshalb verantwortlich, weil er sich selbst fahrlässig in eine rechtfertigende Lage manövriert hat, nämlich in einen internen Rechtsgüterkonflikt, in dem er das vergleichsweise geringe Risiko, mit der Ausräumung den Willen der Patientin zu verfehlen, eingehen durfte, um das wesentlich größere Risiko zu vermeiden, für den Fall ihrer Einwilligung eine zweite Operation durchführen zu müssen. Die unvollständige Aufklärung der Patientin, durch die er diese Rechtfertigungslage herbeigeführt hat, war ihrerseits nicht rechtmäßig.

12   Von der Verursachung eines gerechtfertigten Handelns durch Herbeiführung einer Rechtfertigungslage zu unterscheiden ist die Verursachung ebendieses Handelns durch einen Beitrag zur Lösung des Konflikts. Wer den Retter auf die Gefahr aufmerksam macht, zu deren Beseitigung dieser fremde Rechtsgüter opfern darf, ist seinerseits schon durch Notstand gerechtfertigt.

### 2. Actio illicita in causa bei Rechtfertigung durch Verfahren – Nochmals: Der Sondermüllfall, BGHSt 39, 381

13   ▶ Der H (in Wahrheit war es eine GmbH) erhielt die Genehmigung, Abfälle, die wegen ihres Schwermetallgehalts das Grundwasser und den Boden gefährdeten, in einer städtischen Hausmülldeponie abzulagern. Ein technischer Angestellter der Abfallbehörde hatte ein Verfahren vorgeschlagen, diesen Abfall so zu entgiften, dass er zur Ablagerung auf einer Hausmülldeponie geeignet war. Dieses Gutachten war technisch unrichtig und deshalb die Genehmigung abfallrechtlich rechtswidrig. Aufgrund dieser Genehmigung lagerte H den Abfall auf der Hausmülldeponie ab. ◀

Das Urteil behandelt die Strafbarkeit des Gutachters und nimmt für den Fall eines kollusiven Zusammenwirkens zwischen ihm und dem Antragsteller iS von § 330d Ziff. 5 eine Mittäterschaft an. Zur Alternative, dass der Antragsteller im guten Glauben von der Genehmigung Gebrauch machte, heißt es im Urteil weiter:

„In diesem Falle ist der Angeklagte mittelbarer Täter (§ 25 Abs. 1 2. Altern.).

Der Senat folgt insoweit dem Ansatz der herrschenden Meinung, die bei Erteilung einer zwar materiell fehlerhaften, aber verwaltungsrechtlich gültigen Genehmigung den unmittelbar Ausführenden – allerdings überwiegend unter der hier offengelassenen Prämisse, er handele rechtmäßig – als Werkzeug des genehmigenden Amtsträgers ansieht, weil der Amtsträger durch die Genehmigung unter vorsätzlicher Missachtung des materiellen Umweltrechts die entscheidende „Rechtsschranke" für die Herbeiführung des tatbestands-

---

13   Die actio illicita in causa ist also weder eine mittelbare Täterschaft noch eine actio libera in causa. Das ist aber, entgegen *Küper* (1983), 61, noch kein Grund, eine Vorverlagerung des Versuchs auf die actio illicita abzulehnen und deshalb nur eine Fahrlässigkeitszurechnung der Tatbestandsverwirklichung anzuerkennen. Die Manipulation des Rechts durch unerlaubte Verursachung einer Notlage, in der das Recht die Verletzung geschützter Interessen als kleineres Übel notgedrungen erlaubt begründet, wenn sie vorsätzlich geschieht auch schon den Vorwurf eines Versuchs, *Puppe* Küper-FS (2007), 443 (449).

mäßigen Erfolgs öffne. Die Gegenansicht meint, es fehle an der erforderlichen Tatherrschaft des Amtsträgers, weil es allein von dem Empfänger der Genehmigung abhänge, ob er von dieser auch wirklich Gebrauch mache. Dieser Einwand greift hier jedoch nicht durch.

Unter welchen Voraussetzungen die Begehung einer Straftat „durch einen anderen" vorliegt, ist ein offenes Wertungsproblem, bei dem die Übergänge fließend sind. Bei wertender Beurteilung ist aber kein überzeugender Grund dafür ersichtlich, es einem Amtsträger, mit dessen Genehmigung die Durchführung eines Umweltverstoßes steht und fällt, nicht als Täterschaft zuzurechnen, wenn er vorsätzlich unter Verstoß gegen das Umweltrecht die Tatbestandsverwirklichung durch einen gutgläubigen Unternehmer „freigibt". Denn dadurch stellt sich aus der Sicht des Amtsträgers und auch objektiv der in Gang gesetzte Umweltverstoß als „sein Werk" dar; er ist zwar nicht unbedingt die treibende Kraft, aber infolge seines tatsächlichen und rechtlichen Überblicks über das Geschehen dessen Zentralgestalt."[14]

Weder das suggestive Bild von der aufgehobenen Schranke,[15] noch die ebenso suggestive Formel, dass mit der Erlaubnis die Tat „steht und fällt,"[16] noch der Appell an eine wertende Betrachtung, die, wie auch immer, zu dem Ergebnis führen soll, dass der die Erlaubnis rechtswidrigerweise erteilende Amtsträger „die Zentralgestalt" des deliktischen Geschehens ist, sollte darüber hinwegtäuschen, dass hier keine der allgemein anerkannten Formen mittelbarer Täterschaft vorliegt. Der Erlaubnisadressat unterliegt nicht der Willensherrschaft des Erlaubnisgebers, weil er in der Entscheidung, ob er von dieser Erlaubnis Gebrauch machen will oder nicht, völlig frei ist.[17] Er unterliegt auch keiner Irrtumsherrschaft, selbst dann nicht, wenn er durch die Erlaubniserteilung in den Irrtum versetzt worden ist, sein Verhalten sei mit dem materiellen Umweltrecht vereinbar. Denn von diesem Irrtum hängt die Rechtmäßigkeit seines Handelns nicht ab. Es ist rechtmäßig, kraft der Wirksamkeit der ihm erteilten Erlaubnis. Sein Irrtum mag moralisch für ihn bedeutsam sein, strafrechtlich ist er ein irrelevanter Motivirrtum.[18] Mit dieser Begründung ist das Ergebnis der vorliegenden Entscheidung in der Wissenschaft abgelehnt worden.[19]

Aber daraus, dass die Rechtsfigur der mittelbaren Täterschaft hier nicht zutrifft,[20] folgt noch nicht die Unrichtigkeit des Ergebnisses. Es gibt eine andere Möglichkeit, das „Regressgebot" hinter die rechtmäßige Handlung des unmittelbaren Erfolgsverursachers zu begründen: die actio illicita in causa. Mag das Verhalten des Erlaubnisadressaten rechtmäßig sein, so ist doch die Erlaubnis selbst, die dessen Rechtmäßigkeit begründet ihrerseits auf rechtswidrige Weise entstanden, wenn ihre Erteilung den Normen des Umweltstrafrechts widerspricht, die das Entscheidungsermessen des Amtsträgers begrenzen. Auch hier entscheidet die Rechtsordnung einen Konflikt, des-

14 BGHSt 39, 381 (388 f.).
15 BGHSt 39, 381 (388); vgl. ferner OLG Frankfurt NJW 1987, 2753 (2757); *Rudolphi* Dünnebier-FS (1982), 561 (565 f.); *Horn* NJW 1981, 1 (4); *Winkelbauer* NStZ 1986, 149 (151).
16 BGHSt 39, 381 (389); vgl. ferner *Horn* JZ 1994, 636.
17 Vgl. *Immel* (1987), 161; *ders.* ZRP 1989, 105 (107); *Tröndle* Meyer-GS (1990), 609 (614); *Otto* Jura 1991, 308 (314 f.); *Schall* JuS 1993, 719 (721); *Michalke* NJW 1994, 1693 (1697); *Schirrmacher* JR 1995, 386 (389).
18 *Schünemann* wistra 1986, 235 (240); *Schall* JuS 1993, 719 (721).
19 *Randt* (1997), 101 f.; *Schirrmacher* JR 1995, 386 (389 f.); *Wohlers* ZStW 108 (1996), 61 (71 f.); vgl. ferner *Immel* (1987), 153; *ders.* ZRP 1989, 105 (107).
20 Schönke/Schröder/Heine/Schittenhelm Vor § 324 Rn. 37; *Wohlers* ZStW 108 (1996), 61 (64 ff.); *Schirrmacher* JR 1995, 386 (389 ff.).

sen Zustandekommen sie nicht billigt, indem sie den Erlaubnisadressaten um der Bestandskraft der Erlaubnis willen rechtfertigt. Der Konflikt besteht zwischen der Bestandskraft der in einem förmlichen Verfahren ergangenen Entscheidung und dem materiellen Recht, das dieses Verfahren verwirklichen soll. Es ist klar, dass die Verwirklichung von Recht durch formalisierte Entscheidungsverfahren insgesamt unmöglich werden würde, wenn die Bestandskraft der einzelnen Entscheidung von ihrer materiellen Richtigkeit abhinge, die jeder nachzuprüfen befugt und verpflichtet wäre. Indem die Rechtsordnung diesen Konflikt notgedrungen zugunsten der Bestandskraft der im förmlichen Verfahren ergangenen Entscheidung löst, legitimiert sie nicht auch die Rechtsverletzung durch den Entscheidungsträger. Der ist also nicht um dessentwillen für das materiell rechtswidrige Resultat seiner Entscheidung verantwortlich, weil er den Erlaubnisadressaten, der sie ausführt, beherrscht und manipuliert, sondern weil er die Rechtsordnung beherrscht und manipuliert, indem er seinerseits ohne Not jenen Konflikt verursacht, in dem die Rechtsordnung sich notgedrungen für die Verletzung eines allgemein geschützten Rechtsguts entscheiden muss.[21]

16    Bei Rechtfertigung durch Verfahren gibt es längst anerkannte Fälle des Regressgebots, die allerdings ebenfalls fälschlicherweise unter eine Kategorie des Handelns eines mittelbaren Täters durch ein gerechtfertigtes Werkzeug gefasst werden und nicht unter die der actio illicita in causa. Hier ist es der im formalisierten Verfahren entscheidende Amtsträger selbst, der als Werkzeug eines ihn täuschenden Hintermannes gelten soll. Deshalb ist die Rede von Freiheitsberaubung in mittelbarer Täterschaft,[22] wenn der Richter, der ein Strafurteil oder einen Haftbefehl erlässt, über die Schuld des Täters oder den Tatverdacht von einem Hintermann getäuscht wird. Der Prozessbetrug wird als Betrug in mittelbarer Täterschaft bezeichnet, weil der Täter den Richter, den er über die tatsächlichen Voraussetzungen seines Anspruchs täuscht, zum Werkzeug der Schädigung seines Prozessgegners gemacht hat. Diese Beschreibung trifft allenfalls dann zu, wenn der Richter oder Beamte aufgrund der Täuschung wie geschehen entscheiden muss. Hat er aber ein Einschreitermessen oder sonst noch einen Entscheidungsspielraum, so wird er als Person von dem ihn täuschenden Hintermann nicht beherrscht, ist also nicht sein Werkzeug.

17    In Wahrheit ist auch dies ein Fall der actio illicita in causa.[23] Auch hier verursacht der Täuschende einen Konflikt zwischen dem materiellen Recht und seiner Verwirklichung durch das formelle Verfahren, in dem die Rechtsordnung um der allgemeinen Verwirklichungsmöglichkeit des Rechts willen zulasten der Rechtsverwirklichung im Einzelfall entscheiden muss. Dieser Konflikt kann zwar auch gewissermaßen auf natürliche Weise, also ohne rechtswidriges Verhalten der Beteiligten entstehen, das ändert aber nichts daran, dass er auf rechtswidrige Weise herbeigeführt wird, wenn die Voraussetzungen der formellen Rechtmäßigkeit einer Entscheidung, die der materiellen Rechtslage nicht entspricht, durch falsche Behauptungen vorsätzlich geschaffen werden.

18    Gerade bei der Rechtfertigung durch Verfahren erweist sich also der Gedanke der actio illicita in causa als unentbehrlich, um zu begründen, dass hier kein Regressverbot gilt, sondern im Gegenteil ein Gebot des Regresses hinter die gerechtfertigte Handlung. Dieses Regressgebot ist allein durch die rechtswidrige Herbeiführung des Konfliktes

---

21  *Puppe* Küper-FS (2007), 443 (450).
22  BGHSt 3, 4 (5); 10, 306 (307); Schönke/Schröder/*Eisele* § 239 Rn. 10; *Baumann/Weber/Mitsch/Eisele* AT 25/127; *Jescheck/Weigend* AT § 62 II 3; *Kühl* AT 20/57 f.; *Welzel* StrafR § 15 II 4 a.
23  *Puppe* Küper-FS (2007), 443 (450 f.).

begründet und gilt deshalb unabhängig davon, ob durch diese Konfliktherbeiführung die nachfolgend handelnden Personen in irgendeinem Sinne beherrscht werden, etwa, weil sie dann zu der materiell falschen Entscheidung oder dem materiell falschen Verhalten von Rechts wegen verpflichtet sind. Hierin liegt der sowohl praktische als auch theoretische Gewinn der Konstruktion der actio illicita in causa im Vergleich zur mittelbaren Täterschaft durch ein sog gerechtfertigtes Werkzeug. Die Konstruktion der actio illicita in causa ist gegen den Einwand immun, dass der Täter das gerechtfertigte Werkzeug nicht beherrsche.

### 3. Actio illicita in causa und Notwehr – Der Totschlägerfall, BGH NStZ 2001, 143[24]

▶ Der Angeklagte hatte den Auftrag angenommen, das spätere Opfer (M) ins Bein zu schießen. Der Auftraggeber wollte sich an M für eine Verletzung rächen, die er selbst bei einer Schlägerei mit ihm erlitten hatte. Der Angeklagte lockte den M unter dem Vorwand eines illegalen Zigarettengeschäfts an einen einsamen Ort. In der Erkenntnis, dass M ihm körperlich überlegen war, wollte A diesen zunächst mit einem unerwarteten heftigen Faustschlag zu Boden werfen, ehe er ihm mit der Schrotflinte ins Knie schoss. M durchschaute jedoch sein Vorhaben rechtzeitig und schlug den A seinerseits mit seinem Totschläger zu Boden. Mit dem Totschläger ausholend und mit den Worten „Du Schwein, dich bringe ich um" beugte er sich über den am Boden Liegenden. Dieser wusste sich nicht anders zu retten, als dadurch, dass er dem M mit der schussbereiten Schrotflinte aus nächster Nähe in die Brust schoss. M war sofort tot. ◀   19

Der BGH konzediert dem Angeklagten, dass sein tödlicher Schuss auf den M durch Notwehr gerechtfertigt war. Er war erforderlich, um den unmittelbar bevorstehenden rechtswidrigen Angriff des M auf sein Leben abzuwehren. In dieser Situation kommt auch eine Einschränkung des Notwehrrechts wegen Provokation des Angriffs nicht in Frage. Niemand ist von Rechts wegen verpflichtet, sich totschlagen zu lassen. Deshalb hob der BGH die Verurteilung des Angeklagten wegen Körperverletzung mit Todesfolge auf.

Der BGH hält den Angeklagten aber deshalb einer fahrlässigen Tötung für schuldig,   20
weil er selbst den Angriff des M provoziert hat. Das wird wie folgt begründet:

> „Der Bestrafung wegen fahrlässiger Tötung steht nicht entgegen, dass der zum Tode führende Schuss in Notwehr abgegeben worden ist. Zwar können die einem zulässig eingesetzten Verteidigungsmittel anhaftenden Gefahren als solche keinen Fahrlässigkeitsvorwurf begründen. Denn ein und dieselbe Handlung kann nicht sowohl rechtmäßig als auch rechtswidrig sein. Etwas anderes gilt aber dann, wenn für den Fahrlässigkeitsvorwurf auf ein vor dieser Handlung liegendes rechtswidriges Verhalten abzustellen ist. Wer durch ein rechtswidriges Vorverhalten die Gefahr einer tätlichen Auseinandersetzung mit tödlichem Ausgang herbeigeführt hat, kann auch dann wegen fahrlässiger Tötung bestraft werden, wenn er den zum Tode führenden Schuss in Notwehr abgibt. Eine derartige Gefahr lag hier vor, weil nach dem gemeinsamen Tatplan M an eine einsam gelegene Stelle unter dem Vorwand eines illegalen Zigarettenverkaufs gelockt und ihm durch den Schuss mit der Schrotflinte eine schwere Körperverletzung zugefügt werden sollte."[25]

---

24  BGH Urteil v. 22.11.2000 – 3 StR 331/00, Anm. *Eisele* NStZ 2001, 416; Anm. *Martin* NStZ 2001, 512; Anm. *Roxin* JZ 2001, 667; Anm. *Jäger* JR 2001, 510; Anm. *Engländer* Jura 2001, 534; Anm. *Utsumi* Jura 2001, 538.
25  BGH NStZ 2001, 143 (145).

21    Bisher hat der BGH die Rechtsfigur der actio illicita in causa expressis verbis verworfen, insbesondere bei der Notwehrprovokation.[26] Im vorliegenden Fall aber wendet er sie nun an, ohne sie allerdings beim Namen zu nennen. Denn die fahrlässige Verursachung der Notwehrsituation durch den Angriff des Angeklagten auf den M ist nichts anderes, als die illicita causa der Tötung in Notwehr. Damit widerlegt der BGH zugleich jenen Einwand gegen die Lehre von der actio illicita in causa, dass sie auf den Widerspruch hinauslaufe, die Notwehrhandlung des Täters oder den Verletzungserfolg zugleich als rechtmäßig und als rechtswidrig zu qualifizieren (s. dazu o. 15/7 f.). Der Regress auf die illicita causa erfolgt hier allerdings nur zur Begründung der Zurechnung des Notwehrerfolgs zur Fahrlässigkeit, aber konsequenterweise müsste der BGH bei der Vorsatzprovokation genauso verfahren. Denn er stellt an die Zurechnung des Erfolges zum Vorsatz keine höheren Anforderung als an die zur Fahrlässigkeit.

22    Der Grund für diese, vom BGH selbst nicht deutlich gemachte, Kehrtwendung dürfte darin bestehen, dass hier die in der Rechtsprechung und der Literatur sonst angewandten Mittel, durch die der Konflikt zwischen dem Notwehrrecht und der Mitverantwortung des Angegriffenen für den Angriff selbst entschärft werden soll, offensichtlich versagen. So wird man dem um sein Leben fürchtenden Angeklagten den Notwehrwillen sicherlich nicht absprechen können.[27] Dieser Vorschlag zur Konfliktentschärfung versagt übrigens schon deshalb, weil die Rechtfertigung der Notwehr von einem solchen Willen nicht abhängt (s. o. 13/5). Außerdem dürfte die Aberkennung des Notwehrwillens als mindestens mitwirkendes Motiv der Verteidigung auch in weniger verzweifelten Situationen auf eine Unterstellung contra reum hinauslaufen. Eine Absichtsprovokation, durch die der Angeklagte sein Notwehrrecht verwirkt haben könnte, liegt hier, wie das Gericht darlegt,[28] nicht vor, denn der Angeklagte wollte den M zwar verletzen, aber nicht erst nachdem dieser ihn lebensgefährlich angegriffen hatte. Außerdem kann eine solche Verwirkung des Notwehrrechts, selbst wenn man sie grundsätzlich anerkennt,[29] nicht dazu führen, den Absichtsprovokateur rechtlos einem Angriff auf sein Leben auszusetzen. Schließlich kommt auch eine Ausweichpflicht oder eine sonstige Einschränkung des Notwehrrechts wegen Vorverschuldens unter dem Gesichtspunkt der Gebotenheit[30] hier nicht in Betracht. Es war dem Angeklagten unmöglich, dem lebensgefährlichen Angriff des M auszuweichen oder ein weniger gefährliches Verteidigungsmittel einzusetzen, ohne dabei sein Leben zu riskieren. Die Rechtsfigur der fahrlässigen actio illicita in causa stellt also die einzige Möglichkeit dar, den Angeklagten für den tödlichen Ausgang der von ihm in Verletzungsabsicht begonnenen Auseinandersetzung mit dem M verantwortlich zu machen.

23    Aber gerade bei der Notwehrprovokation ist die Anwendung der Rechtsfigur der actio illicita in causa auf den größten Widerstand in Rechtsprechung und Schrifttum gestoßen. Während bei anderen Rechtfertigungsgründen ohne Weiteres der Regress hinter die gerechtfertigte Situation vollzogen wird, ohne dies allerdings als actio illicita in causa zu bezeichnen (s. o. 15/1 ff.), ist die Rechtsfigur der actio illicita in

---

26    BGH NJW 1983, 2267; NStZ 1988, 405 (401); NStZ 1989, 113 (114).

27    Am Mangel des Notwehrwillens des angegriffenen Provokateurs wollen das Notwehrrecht grundsätzlich scheitern lassen: BGH MDR 1954, 335; BGH NJW 1983, 2267; *Blei* AT § 39 II 1; *Kratzsch* (1968), 39.

28    BGH NStZ 2001, 143.

29    So SK-*Hoyer* § 32 Rn. 84 ff.; NK-*Kindhäuser* § 32 Rn. 121 ff.; Schönke/Schröder/*Perron/Eisele* § 32 Rn. 55 ff.; *Kratzsch* (1968), 39; *Roxin/Greco* AT/1 15/65 ff.; *ders.* JZ 2001, 667; *Wessels/Beulke/Satzger* AT Rn. 533 f. Eingehend zu Entwicklung und Meinungsstand der Lehre von der Notwehreinschränkung wegen Angriffsprovokation *Stuckenberg* JA 2001, 894.

30    So *Jescheck/Weigend* AT § 32 III 3 a.

causa fast ausschließlich bei der Notwehr erörtert und dort von der ganz herrschenden Lehre abgelehnt worden.[31] Die Notwehrprovokation unterscheidet sich von der Verursachung anderer Rechtfertigungssituationen dadurch, dass zwischen der Provokation und der gerechtfertigten Rechtsgutsverletzung immer noch die Entscheidung des später Verletzten selbst steht, sich zu einem Angriff und damit zu einem Rechtsbruch provozieren zu lassen. Die Tatsache, dass der Provokateur den Provozierten nicht als ein Werkzeug beherrscht, ist allerdings kein Grund, den Provokateur nicht dafür verantwortlich zu machen, dass er die Rechtfertigungslage, in der er selbst oder ein anderer den provozierten Angreifer verletzt hat, selbst willkürlich herbeigeführt hat. Denn, wie oben (15/3 ff.) gezeigt, ist die Erfolgszurechnung zur illicita causa kein Fall der mittelbaren Täterschaft. Auch die Tatsache, dass der Provokateur die Notwehrsituation nicht unmittelbar herbeiführt, sondern der Provozierte selbst noch einen Beitrag zum Zustandekommen des Konflikts leistet, muss die Verantwortung des Provokateurs noch nicht ausschließen. Hat man den Regress hinter die gerechtfertigte Handlung einmal eröffnet, so ist kein Grund ersichtlich, bei der letzten Handlung, die den rechtfertigenden Konflikt unmittelbar verursacht, halt zu machen. Wenn mehrere Beteiligte, nacheinander handelnd eine Notstandssituation herbeiführen, in der einer von ihnen oder ein Dritter ein fremdes Recht zum Schutz eines überwiegenden Interesses verletzen darf, so können beide wegen vorsätzlicher oder fahrlässiger actio illicita in causa für den Erfolg verantwortlich sein.

Zwischen diesem Fall und der Provokation eines notwehrbegründenden Angriffs gibt es aber zwei wesentliche Unterschiede: Erstens ist der Provozierte, der selbst an der Herbeiführung der rechtfertigenden Konfliktsituation maßgeblichen Anteil hat, identisch mit dem, der durch die Anwendung der Zurechnungsfigur der actio illicita in causa geschützt würde. Er würde also vor einer Selbstgefährdung geschützt. Zweitens ist dieser Akt der Selbstgefährdung unabhängig von dem Selbstgefährdungseffekt unbedingt verboten, weil sie zugleich fremde Rechte verletzt. Vor solcher Selbstgefährdung schützt die Rechtsordnung den Angreifer schon durch dieses Verbot hinreichend. Ihm geschieht kein Unrecht, wenn der Verteidiger die erforderlichen Mittel ergreift, um seine Rechtsverletzung zu verhindern.[32] Das ist der Grund dafür, dass die Zurechnungsfigur der actio illicita in causa auf einen provozierten Angriff nicht anwendbar ist. Ist der Provozierte allerdings schuldunfähig, so liegt ein Fall der mittelbaren Täterschaft vor.[33] 24

Im vorliegenden Fall ist also der Angeklagte für den Tod des M nicht nach den Regeln der actio illicita in causa verantwortlich zu machen, sofern der zweite Schlag, zu dem der M mit dem Totschläger ausholte, nicht mehr durch Notwehr gerechtfertigt war, weil der Angriff des Angeklagten auf ihn endgültig beendet war. Er ist wegen versuchter schwerer Körperverletzung strafbar. Aber gegen einen Notwehrexzess ist er nur insoweit schutzlos, als dieser nach § 33 durch einen asthenischen Affekt entschuldigt ist. Denn für einen asthenischen Affekt wäre der Erstangreifer auch verantwortlich.[34] Ra- 25

---

31 BGH NJW 1983, 2267; BGH JR 1984, 205 (206); BGH NStZ 1988, 405 (401); NStZ 1989, 113 (114); NK-*Paeffgen/Zabel* Vor § 32 Rn. 145a ff., 147 f.; NK-*Kindhäuser* § 32 Rn. 123, 130; LK-*Rönnau/Hohn* Vor § 32 Rn. 104; *Otto* AT 8/83; *Constadimidis* (1982), 52 ff.; *Roxin* ZStW 75 (1963), 541 (568); *ders.* ZStW 93 (1981), 68 (91); *ders.* AT/1 15/68; *ders.* JZ 2001, 667; *Rudolphi* JuS 1969, 461 (465).

32 Ähnlich *Roxin* JZ 2001, 667 (668); *ders.* AT/1 15/65 ff., der sich allerdings fragen lassen muss, wie dies mit seiner sonstigen Auffassung zur Einschränkung des Notwehrrechts bei Angriffsprovokation und zu dessen Ausschluss bei Absichtsprovokation vereinbar sein soll. Vgl. dazu LK-*Rönnau/Hohn* § 32 Rn. 251 mwN.

33 Schönke/Schröder-*Heine/Weißer* § 25 Rn. 46; *Jakobs* AT 21/99.

34 *Jakobs* AT 20/34.

cheakte, die über den nach § 33 entschuldigten Notwehrexzess hinausgehen, hat der Erstangreifer nicht zu verantworten. Deswegen sind ihm auch die Folgen einer Abwehr solcher Angriffe, die sich im Rahmen seines eigenen Notwehrrechts halten, nicht nach den Regeln der actio illicita in causa zuzurechnen.

26    Täuscht der Provokateur den Provozierten über die von dem Angegriffenen zu erwartende Gegenwehr, sei er selbst dieser Angegriffene oder ein Dritter, auf den er den Provozierten gewissermaßen hetzt, so kommt immerhin noch die Zurechnungsfigur der mittelbaren Täterschaft in Betracht, weil der Provozierte über das Ausmaß seiner Selbstgefährdung irrt. Aber wie bei jeder Beteiligung an fremder Selbstgefährdung wie auch bei einverständlicher Fremdgefährdung hängt die Verantwortlichkeit des anderen Beteiligten davon ab, ob der sich selbst Gefährdende eines Schutzes würdig und bedürftig ist. Ein Wissensdefizit im Vergleich zu dem anderen Beteiligten kann eine solche Schutzwürdigkeit und Schutzbedürftigkeit begründen, tut dies aber nicht immer.[35] Hier steht einer solchen Schutzwürdigkeit und Schutzbedürftigkeit die Tatsache entgegen, dass das Verhalten, durch das sich der Provozierte selbst gefährdet, unabhängig von der Selbstgefährdung verboten ist, weil es fremde Rechte verletzt. Dieses Verbot schützt ihn ausreichend vor der Selbstgefährdung, auch wenn er sie nicht richtig einschätzt. Mit dem Angriff hat er sich des Schutzes gegen jede Verletzung seiner Rechtsgüter begeben, die im Rahmen der Angriffsabwehr erforderlich ist. Sein Vertrauen darauf, dass der Verteidiger nicht die Fähigkeit oder Möglichkeit haben werde, sein Notwehrrecht auszuschöpfen, ist nicht schutzwürdig.[36]

27    Ist aber der Angreifer allein für jenen Konflikt verantwortlich, den die Rechtsordnung dann dadurch löst, dass sie seine Rechtsgüter dem Notwehrrecht preisgibt, soweit deren Verletzung zur Abwehr des Angriffs erforderlich ist, so gibt es auch keine normative Grundlage für Einschränkungen des Notwehrrechts wegen einer Angriffsprovokation.[37] Das Ärgernis, dass es der Provokateur selbst sein kann, der dieses Notwehrrecht im eigenen Interesse oder im fremden Interesse gegen den Provozierten ausübt, ändert daran nichts. Denn ob diesem Unrecht geschieht oder nicht, hängt nicht davon ab, ob der Notwehrausübende das Recht mit „reinen Händen" verteidigt,[38] sondern nur davon, ob er es mit den erforderlichen und damit zulässigen Mitteln verteidigt. Hält er sich in diesem Rahmen, so geschieht dem Angreifer kein Unrecht, gleichgültig, in welcher Gesinnung der angegriffene Provokateur von seinem Notwehrrecht Gebrauch macht.

28    Die einzige Einschränkung, die aus einer vorhergegangenen Provokation des Angriffs ableitbar ist, ist eine Ausweichpflicht des Provokateurs, sofern sich der Angriff ausschließlich gegen seine Rechtsgüter richtet. Diese Pflicht, sich zurückzuziehen, hat ihren Grund darin, dass er selbst dem Provozierten gegenüber den Rechtsfrieden gebrochen hat (s. dazu o. 12/19 ff.), sie gilt also nur dann, wenn die Provokation auch eine Rechtsverletzung dem Provozierten gegenüber darstellt.[39]

---

35   NK⁶-*Puppe* Vor § 13 Rn. 188.
36   *Puppe* Küper-FS (2007), 443 (451 f.).
37   Kritisch zu dieser Einschränkung: NK-*Paeffgen/Zabel* Vor § 32 Rn. 146 f.; *Baumann/Weber/Mitsch/Eisele* AT 15/56 f.
38   So aber BGHSt 24, 356 (359); NK-*Kindhäuser* § 32 Rn. 122; *Otto* Würtenberger-FS (1977), 129 (144 f.); *Roxin/Greco* AT/1 15/71; *ders.* ZStW 75 (1963), 541 (566 f.).
39   OLG Hamm NJW 1977, 590 (591); Schönke/Schröder/*Perron/Eisele* § 32 Rn. 59; *Jescheck/Weigend* AT § 32 III 3 a; *Kühl* AT 7/215; *Lenckner* JZ 1973, 253 (254 f.); *Schumann* JuS 1979, 559 (564); *Roxin* ZStW 93 (1981), 68 (93); *ders.* AT/1 15/69.

### 4. Hinweise zur praktischen Anwendung

Die A.i.i.c. ist eine eigenständige Zurechnungsfigur und kein Sonderfall der mittelba-   29
ren Täterschaft. Der Täter einer A.i.i.c. manipuliert nicht den rechtmäßig handelnden
„Vordermann", sondern das Recht selbst, indem er die Notsituation zurechenbar
verursacht, in der das Recht dem Vordermann die Verletzung geschützter Interessen
notgedrungen erlaubt oder gar gebietet. Deshalb ist es kein Einwand gegen die Zurechnung des Erfolges als rechtswidrig durch den Hintermann verursacht, dass der
Vordermann ihn rechtmäßig verursacht (Regressgebot). Es ist auch kein Einwand gegen diese Zurechnung, dass der Hintermann den Vordermann nicht als sein Werkzeug
beherrscht, sondern der Vordermann etwa als Inhaber des gefährdeten Rechtsguts frei
entscheiden kann ob er von dem Rechtfertigungsgrund Gebrauch macht oder nicht.

Eine Strafbarkeit aufgrund einer actio illicita in causa kommt nur dann in Betracht,   30
wenn ein Verursacher des Erfolges in einem Rechtsgüterkonflikt gehandelt hat und
diese seine Handlung durch ein Notrecht gerechtfertigt ist. Es ist also zunächst
die Rechtfertigung dieses Vordermanns zu prüfen. Nur wenn sie vorliegt ist die Verantwortlichkeit des Handelnden selbst oder eines anderen aufgrund vorhergehender
Handlungen nach den Regeln der actio illicita in causa zu prüfen.

Es ist sodann danach zu fragen, ob der Handelnde selbst oder ein Dritter für die   31
Entstehung der Konfliktsituation verantwortlich ist. Denn die Rechtsordnung erlaubt
oder gebietet zwar dem Vordermann, die Konfliktsituation zulasten des Eingriffsgutes
zu lösen, billigt aber die Konfliktsituation selbst nicht. Diese Missbilligung der Notlage
begründet ein Regressgebot hinter die gerechtfertigte Handlung. Für die Konfliktsituation verantwortlich ist also derjenige, der die Notstandslage vorsätzlich oder fahrlässig
herbeigeführt hat.

Die Rechtsfigur der actio illicita in causa passt nicht auf die Provokation eines An-   32
griffs, solange der Angreifer schuldfähig ist. Denn der rechtswidrig und schuldhaft
handelnde Angreifer ist für die Herbeiführung des Rechtsgüterkonflikts, den der Angegriffene zu seinen Lasten lösen darf, auch dann verantwortlich, wenn er zu seinem
Angriff provoziert worden ist. Das gilt auch dann, wenn der Provokateur mit dem
Verteidiger identisch ist.

## IV. Schuld und Entschuldigung

### § 16 Tatschuld und Tatzeit – Die actio libera in causa

#### 1. Konstruktion der actio libera in causa – Der Trunkenheitsfahrtfall, BGHSt 42, 235[1]

1 ▶ Während einer Fernfahrt hatte sich der Angeklagte größere Mengen Alkohol gekauft und diese getrunken. Er setzte dann die Fahrt, wie von vornherein geplant, in fahruntüchtigem Zustand fort. Der BGH ging davon aus, dass er zu diesem Zeitpunkt auch schuldunfähig war. Er lehnt die Anwendung der actio libera in causa in beiden Versionen auf den Tatbestand des Fahrens in fahruntüchtigem Zustand ab. ◀

Für die Fälle, in denen der Täter in der Erwartung, in schuldunfähigem Zustand eine Straftat zu begehen, seine Schuldfähigkeit selbst durch willkürliches Verhalten, insbesondere durch die Einnahme von Rauschmitteln, beseitigt, werden zwei ganz verschiedene Konstruktionen vorgeschlagen, um seine Strafbarkeit zu begründen. Nach dem sog Ausnahmemodell soll lediglich die Schuld des Täters auf den Zeitpunkt der Selbstberauschung vorverlegt, also auf die zeitliche Koinzidenz von Schuld und tatbestandsmäßiger Handlung verzichtet werden.[2] Zu diesem Modell äußert sich der BGH grundsätzlich wie folgt:

2 „Das Ausnahmemodell ist mit dem eindeutigen Wortlaut des § 20, nach dem die Schuldfähigkeit „bei Begehung der Tat" vorliegen muss, nicht in Einklang zu bringen. Aus diesem Grunde kann die actio libera in causa auch nicht als richterrechtliche Ausnahme von dem Koinzidenzprinzip oder als Gewohnheitsrecht anerkannt werden. Beide Erklärungsversuche sind mit Art. 103 Abs. 2 GG, der strafbarkeitsbegründendes Gewohnheitsrecht verbietet nicht vereinbar. Art. 103 Abs. 2 GG gilt nicht nur dann, wenn es um die Auslegung einzelner Straftatbestände geht, sondern in gleicher Weise bei der Auslegung von Bestimmungen des Allgemeinen Teils des Strafgesetzbuches."[3]

3 Aber diese Ausnahme widerspricht nicht nur dem Wortlaut des Gesetzes, sondern sie ist mit dem Begriff der Schuld als Tatschuld selbst unvereinbar. Gegenstand des Schuldvorwurfs ist die Tat mit ihrem objektiven und subjektiven Tatbestand. Eine von der Tatbestandsverwirklichung getrennte Schuld muss sich auf irgendetwas anderes beziehen, als auf die Tatbestandsverwirklichung, etwa auf die Verletzung einer Obliegenheit oder Pflicht des Bürgers seine Fähigkeit zu verantwortlichem Handeln nicht zu zerstören. Indem man, wie es die Anhänger des sog Ausnahmemodells vielfach tun, mit der Verletzung dieser Obliegenheit begründet, dass der Täter sich nicht mehr auf § 20 und damit seine fehlende Schuldfähigkeit während der Tat berufen darf, gelingt es zwar, den logischen Widerspruch zu § 20 formal durch Aufstellen einer Metaregel zu

---

1 = MDR 1996, 1276 = NZV 1996, 500 = NJW 1997, 138 = StV 1997, 21 mAnm *Neumann* = JuS 1997, 377 mAnm *Martin* = VRS 92, 211 = NStZ 1997, 228 = JR 1997, 21. Dazu Urteilsbesprechungen von *Ambos* NJW 1997, 2296; *B. Hardtung* NZV 1997, 97; *Horn* StV 1997, 264; *Hruschka* JZ 1997, 22; *Spendel* JR 1997, 133; *Wolff* NJW 1997, 2032; *Otto* Jura 1999, 217.
2 LK-*Verrel/Linke/Koranyi* § 20 Rn. 195; Lackner/Kühl-*Kühl* § 20 Rn. 25; *Neumann* (1985), 275 (276 ff.).; *ders.* Art. Kaufmann-FS (1993), 581 (590); *Kindhäuser* (1989), 300; *Jescheck/Weigend* AT § 40 VI 2; *Stratenwerth/Kuhlen* AT 10/48; *Kühl* AT 11/18; *Otto* Jura 1986, 426 (429 f., 431); *ders.* AT 13/24 ff.; *Hruschka* JZ 1989, 310 (311); *ders.* StrafR, 294.
3 BGHSt 42, 235 (241).

vermeiden, aber was dabei herauskommt, ist nicht mehr eine schuldhafte Tatbestands-verwirklichung.[4]

Symptomatisch dafür ist, dass aus diesem Modell nicht ableitbar ist, welche Beziehung 4 zwischen der Tatbestandsverwirklichung und dem Täter im Moment der Herbeiführung der Schuldunfähigkeit eigentlich bestehen muss. Muss er die Tat schon planen oder muss er sie als mehr oder weniger sicher vorhersehen oder genügt es gar, dass er sie hätte vorhersehen können? Schließlich eröffnet dieses Modell, wonach der Täter durch Verletzung seiner Pflicht zur Erhaltung seiner Schuldfähigkeit das Recht verwirkt, sich auf § 20 zu berufen, auch die Möglichkeit, eine fahrlässige Verletzung dieser Pflicht als Grund dieser Verwirkung genügen zu lassen.[5] Eine schuldhafte Verwirklichung des Tatbestandes ist also mit diesem Modell nicht zu begründen.

Das klassische Modell der actio libera in causa besteht in der Vorverlagerung der ge- 5 samten Tatbestandsverwirklichung auf den Zeitpunkt der willkürlichen Herbeiführung der Schuldunfähigkeit unter der Voraussetzung, dass der Täter zu diesem Zeitpunkt den Vorsatz zur Tatbestandsverwirklichung bereits gefasst hat, sog Tatbestandsmodell. Unter dieser Voraussetzung wird eine Parallele zur mittelbaren Täterschaft in dem Sinne gezogen, dass der Täter sich selbst zu seinem eigenen schuldunfähigem Werkzeug macht.[6] Dieses Modell hat der BGH bisher zur Begründung der Strafbarkeit anerkannt.[7] Er nimmt in der vorliegenden Entscheidung nicht abschließend dazu Stellung, sondern hält es nur für unanwendbar auf Strafgesetze, deren objektiver Tatbestand sich nicht in der Verursachung eines Unrechtserfolges erschöpft, sondern die Beschreibung einer bestimmten Handlung aufweist. Es heißt dazu in der Begründung:

> „Bei Tatbeständen aber, die wie die §§ 315 c, 316 und § 21 StVG ein Verhalten verbieten, 6 das nicht auch als die Herbeiführung eines dadurch verursachten, von ihm trennbaren Erfolges begriffen werden kann, kann sie (die a.l.i.c.) die Annahme schuldhafter Taten trotz schuldausschließenden Vollrausches bei der eigentlichen Tathandlung nicht rechtfertigen.

> Die Verkehrsstraftaten nach den §§ 315 c, 21 StVG setzen voraus, dass der Täter das Fahrzeug „führt". Führen eines Fahrzeugs ist aber nicht gleichbedeutend mit Verursachen der Bewegung. Es beginnt erst mit dem Bewegungsvorgang des Anfahrens selbst. Dazu genügt nicht einmal, dass der Täter in der Absicht, alsbald wegzufahren, den Motor seines Fahrzeugs anlässt und das Abblendlicht einschaltet. Um so mehr muss eine Ausdehnung auf zeitlich vorgelagerte Handlungen nach der gesetzlichen Umschreibung der Tathandlung ausscheiden. Auch im Sich-Berauschen in Fahrbereitschaft liegt dementsprechend noch nicht der Beginn der Trunkenheitsfahrt.

> Im wesentlichen aus denselben Erwägungen kommt die Heranziehung der Grundsätze der actio libera in causa auf die Trunkenheitsfahrt und die Straßenverkehrsgefährdung auch dann nicht in Betracht, wenn man die Rechtsfigur als einen Sonderfall der mittelbaren Täterschaft begreift, bei dem der Täter sich zur Ausführung der Tat seiner eigenen Person als Werkzeug bedient. Sieht man von den grundsätzlichen Bedenken gegen dies

---

4 *Puppe* JuS 1980, 346 (347); *Roxin* Lackner-FS (1987), 307 (309 f.).

5 *Hruschka* JZ 1989, 310 (314); *ders.* JZ 1997, 22 (25 f.); *ders.* AT, 304 ff., 310.

6 SK-*Rogall* § 20 Rn. 72; NK-*Schild* § 20 Rn. 112; *Roxin* Lackner-FS (1987), 307 (314 f.); *ders.* AT/1 20/61; *Hirsch* JR 1997, 391 (392); *ders.* NStZ 1997, 230 (232); *ders.* Nishihara-FS (1998), 88 (95 f.); *Spendel* JR 1997, 133 (134); *Puppe* JuS 1980, 346 (348 f.); *Baumann/Weber/Mitsch/Eisele* AT 17/33 ff.; *Jakobs* AT 17/57 u. 64.

7 RGSt 22, 413 (415 f.); BGHSt 17, 333 (334); 21, 381 f.; 34, 29 (33); BGH NStZ 1999, 448 f.; NStZ 2000, 548 (585). Die Prognose *Horns* StV 1997, 264, dass die vorliegende Entscheidung der Anfang vom Ende der a.l.i.c. sei, wird sich wohl nicht erfüllen.

Begründungsmodell ab, so ist auch nach ihm die tatbestandsmäßige Handlung letztlich das Sich-Berauschen. Indem der Täter sich berauscht, führt er aber – wie ausgeführt – kein Fahrzeug."[8]

7   Dies ist nicht viel mehr als eine Paraphrase über den Satz: „Trinken ist nicht Autofahren". Aber trinken ist auch nicht nötigen, wegnehmen, einen anderen körperlich misshandeln, eine Sache beschädigen oder ein Gebäude in Brand setzen.[9] Wäre es anders, so wäre die Konstruktion der actio libera in causa nicht nötig. Diese geht davon aus, dass die tatbestandlichen Handlungsbeschreibungen zerlegt werden können in einen Erfolg und dessen Verursachung. Freilich ist nicht jede Verursachung des Erfolges schon eine Tatbestandsverwirklichung, sonst gäbe es keinen Unterschied zwischen Vorbereitung und Versuch. Es ist die Funktion der Handlungsbeschreibungen, sicher zu stellen, dass nur erfolgsnahe Verursachungen als Anfang der Ausführung eines Vorsatzdelikts gelten, eben solche, die unter die Handlungsbeschreibung wegnehmen, nötigen, körperlich misshandeln oder in Brand setzen subsumiert werden können.[10]

8   Genau an diesem Punkt setzt das klassische Modell der actio libera in causa an, indem es zu begründen versucht, dass der Täter, der sich bewusst in einen schuldunfähigen Zustand versetzt, während er eine Straftat plant, die Herrschaft über seinen eigenen Tatentschluss bewusst preisgibt und deshalb schon ins Ausführungsstadium tritt, obwohl das Trinken unter keine der tatbestandlichen Handlungsbeschreibungen subsumierbar ist.[11] Dabei wird eine Parallele zur Zurechnungsfigur der mittelbaren Täterschaft gezogen, bei der eine ähnliche Vorverlagerung des Anfangs der Ausführung auf eine das Werkzeug beeinflussende Handlung geschieht (s. dazu u. 20/28 ff.), die auch nicht unter die tatbestandsmäßige Handlungsbeschreibung subsumiert werden kann. Zwar hat diese Vorverlagerung des Ausführungsstadiums durch die ausdrückliche Erwähnung der mittelbaren Täterschaft in § 25 eine positiv-rechtliche Legitimation erfahren, sie war aber auch vorher schon allgemein anerkannt. Nichts spricht dafür, dass eine solche Vorverlagerung, wenn sie schon gestattet ist, sofern der Täter die Tat „durch einen anderen" begeht, dann ausgeschlossen sein soll, wenn er sie durch sich selbst als Werkzeug begeht.[12]

*Paeffgen* wendet dagegen ein, dass der Täter sich selbst als Werkzeug nicht hinreichend beherrsche, weil er sich unter dem Einfluss des Rauschmittels auch ganz anders verhalten kann als er in nüchternem Zustand beschlossen oder erwartet hat.[13] Aber dieser Einwand würde auch in den meisten Fällen der Begehung durch einen anderen Tatmittler gelten. Wenn der mittelbare Täter den Tatmittler nicht gerade mit gegenwärtiger Gefahr für Leib oder Leben bedroht, sondern ihn etwa täuscht oder ihn bis zur Schuldunfähigkeit trunken macht, beherrscht er dessen Entschluss meist weniger vollkommen als der tatentschlossene Täter bei der a.l.i.c. seinen eigenen.

---

8   BGHSt 42, 235 (239 f.).

9   Vgl. dazu *Hirsch* NStZ 1997, 230 (231); *Otto* Jura 1999, 217 (218 f.).

10   *Otto* Jura 1999, 217 (218).

11   *Puppe* JuS 1980, 346 (348 f.); *Hirsch* NStZ 1997, 230 (231); *ders.* Nishihara-FS (1998), 88 (97 ff.); *Jakobs* Nishihara-FS (1998), 105 (119); *Roxin* Lackner-FS (1987), 307 (313 ff.); *ders.* AT/1 20/61; *Schlüchter* Hirsch-FS (1999), 345 (355 ff.).

12   *Puppe* JuS 1980, 346 (348 f.); *Roxin* Lackner-FS (1987), 307 (315); *Hirsch* NStZ 1997, 230 (231); *ders.* Nishihara-FS (1998), 88 (97 ff.).

13   NK-*Paeffgen* Vor § 323 a Rn. 7 mwN; *ders.* ZStW 97 (1985), 513 (518 f.).

Grundsätzlich wendet der BGH in der vorliegenden Entscheidung gegen diese Kon-    9
struktion auch nichts ein, weshalb seine Darlegung, dass das Führen eines Fahrzeugs
nicht schon mit dem Anlassen des Motors und dem Einschalten des Abblendlichts beginnt, sondern erst dann, wenn der Täter das Fahrzeug in Bewegung setzt, neben der
Sache liegt. Er ist nur der Ansicht, dass jene Aufspaltung der tatbestandsmäßigen
Handlungsbeschreibung in Erfolg und Erfolgsverursachung gerade beim Führen eines
Fahrzeugs in fahruntüchtigem Zustand unstatthaft ist. Diese entscheidende These wird
aber ihrerseits nicht begründet, das Gericht hat es sogar verschmäht, sich auf diejenigen Autoren zu stützen, die § 315 c als eigenhändiges Delikt bezeichnen.[14] Dabei ist
der Zustand, dass ein fahruntüchtiger Fahrer ein Fahrzeug führt, zunächst einmal ein
Unrechtserfolg, nämlich eine abstrakte Gefahr für Leben, Gesundheit und Eigentum
anderer Verkehrsteilnehmer, die sich durch puren Zufall in eine konkrete Gefahr oder
eine Verletzung verwandeln kann.[15] Ein solcher Zustand ist ein objektives Unrecht,
gleichgültig, durch wen er herbeigeführt wird. Dieser Tatbestand ist also mit demselben Recht wie die meisten Verletzungsdelikte als Erfolgsdelikt zu verstehen, dessen Unrechtsgehalt in nichts anderem besteht, als in einem tatbestandlich beschriebenen Unrechtserfolg und einer Handlung, durch die der Täter diesen verursacht hat. Deshalb
verfehlt auch die vom BGH nicht übernommene Begründung für die Unanwendbarkeit
der actio libera in causa auf den Tatbestand des § 315 c, dass § 315 c ein eigenhändiges Delikt sei, den Unrechtsgehalt dieses Tatbestandes.[16]

Da § 315 c kein Sonderdelikt ist, käme nur diejenige Form des eigenhändigen Delikts    10
in Betracht, die auf einem spezifischen erfolgsunabhängigen Aktunwert,[17] früher
sprach man von einem unreinen Akt, beruhen soll. Lassen wir hier dahingestellt, ob
diese Deliktsart in einem aufgeklärten Strafrecht überhaupt noch eine Existenzberech-
tigung hat;[18] das Führen eines Kraftfahrzeugs in fahruntüchtigem Zustand ist jedenfalls kein unreiner Akt, sondern nüchtern betrachtet eine Gefährdung von Leib, Leben
und Gesundheit der Verkehrsteilnehmer. Der Ausdruck „ein Kraftfahrzeug führt, obwohl er nicht in der Lage ist, das Fahrzeug sicher zu führen", hat keine andere Funktion, als die abstrakte Gefahr zu beschreiben, die darin besteht, dass am Steuer eines
fahrenden Kraftfahrzeugs ein fahruntüchtiger Fahrer sitzt. Es ist denn auch kein
Grund ersichtlich, die Strafbarkeit nach § 315 c in mittelbarer Täterschaft abzulehnen,
wenn jemand einem ahnungslosen Kraftfahrer ein Mittel appliziert, das seine Fahr-
tüchtigkeit beseitigt, ohne dass er es bemerkt. Ebenso gibt es keinen Grund, ausgerechnet beim Tatbestand des § 315 c die actio libera in causa abzulehnen, während man sie
bei anderen Tatbeständen anerkennt.

Im Übrigen sind die Voraussetzungen der actio libera in causa kaum in einem Fall so    11
eindeutig gegeben, wie in dem vorliegenden. Der Täter begab sich, indem er seine
Schuldfähigkeit aufhob, der Herrschaft über seine Entscheidung, in fahruntüchtigem
Zustand weiterzufahren. Dadurch hat er sein späteres Verhalten auch verursacht.
Denn das Verhalten eines Schuldunfähigen gehorcht anderen Gesetzen, als das eines

---

14   LK-*König* § 315 c Rn. 2; Lackner/Kühl-*Heger* § 315 c Rn. 4; *Roxin* Lackner-FS (1987), 307 (317 f.); *B. Hardtung*
     NZV 1997, 97 (100) mwN; *Neumann* StV 1997, 23 (25); *Jakobs* AT 17/67.
15   *Spendel* JR 1997, 133 (136).
16   *Roxin* AT/2 25/295; *Stäcker* (1991), 107; *Hirsch* NStZ 1997, 230 (231); *Otto* BGH-FG (2000), 111 (122); SK-
     *Rogall* § 20 Rn. 74; *Gerhold/Kuhne* ZStW 124 (2012), 943 (988 ff.).
17   LK-*Schünemann/Greco* § 25 Rn. 67 ff.; Schönke/Schröder-*Heine/Weißer* § 25 Rn. 50; *Jakobs* AT 21/21; *Wes-*
     *sels/Beulke/Satzger* AT Rn. 56; vgl. ferner *Herzberg* ZStW 82 (1970), 896 (913 ff.).
18   Dagegen NK⁶-*Puppe* §§ 28/29 Rn. 75; *dies.* ZStW 120 (2008), 505 (514 ff.); *Schubarth* SchwZStr 114, 333 ff.;
     zweifelnd auch SK-*Rogall* § 20 Rn. 75.

Schuldfähigen (s. dazu u. 16/14 f.). Hinzu kommt bei diesem Tatbestand noch die Besonderheit, dass durch die Verursachung der Schuldunfähigkeit auch die Fahruntüchtigkeit verursacht wird. Dabei war sich der Täter im Zeitpunkt des Trinkens praktisch sicher, dass er in fahruntüchtigem Zustand weiterfahren, also den Tatbestand des § 316 verwirklichen wird. Deshalb stellt das Trinken die Verwirklichung des Tatbestandes des § 315 c in quasi mittelbarer Täterschaft mit dem Täter selbst als seinem eigenen Werkzeug dar.

### 2. Actio libera in causa und Betätigung des Tatentschlusses – Der Trinkerbandenfall, BGHSt 21, 381

12 ▶ Die Angeklagten hatten sich zur Begehung von Einbrüchen verabredet und zu diesem Zweck nach H begeben. Dort sprachen sie zunächst so kräftig dem Alkohol zu, dass sie möglicherweise völlig schuldunfähig, möglicherweise auch nur vermindert schuldfähig waren, als sie die Taten wie ursprünglich geplant ausführten. Es ist nicht festgestellt, dass sie sich systematisch Mut angetrunken haben, um die geplanten Diebstähle ausführen zu können. Es spricht vielmehr alles dafür, dass sie nur aus Langeweile oder zum Vergnügen Alkohol in großen Mengen zu sich genommen haben, ehe sie ihren Tatplan gemeinsam ausführten. ◀

13 Der Sachverhalt konnte aus den Gründen nur rekonstruiert werden, er wird im Urteil nicht angegeben. Der BGH sah sich durch diesen Fall zu folgenden Ausführungen veranlasst.

> „Das Landgericht hat sich rechtsirrtumsfrei davon überzeugt, dass die drei Angeklagten den Plan zur Begehung der dann später tatsächlich ausgeführten Straftaten spätestens während ihrer Fahrt nach H. gefasst hatten, zu einem Zeitpunkt also, zu dem sie noch nicht unter dem Einfluss des erst nach ihrem Eintreffen in H. so reichlich genossenen Alkohols standen. Durch die Verabredung und Planung der Diebstähle in voll verantwortlichem Zustand haben die drei Angeklagten die entscheidende Ursache für die dann folgende Ausführung ihrer Taten gesetzt, die sie dann ganz im Rahmen der Planung ausgeführt haben. Nach den Grundsätzen des verantwortlichen In-Gang-Setzens der Ursachenreihe (actio libera in causa) tragen daher die drei Angeklagten die volle Verantwortung für die Begehung der drei Diebstähle, gleichviel ob dann zur Tatzeit ihre Verantwortlichkeit durch Alkoholgenuss vermindert oder sogar ausgeschlossen war.
>
> Die Annahme eines verantwortlichen In-Gang-Setzens der Ursachenreihe in der Form der vorsätzlichen Begehung setzt allerdings voraus, dass sich der Täter in noch nicht berauschtem Zustand zu der Ausführung einer bestimmten Tat, die er dann später nach dem Eintritt des Rausches tatsächlich begeht, mindestens mit bedingtem Vorsatz entschlossen hat."[19]

14 Der BGH begründet also die Anwendbarkeit der actio libera in causa auf den vorliegenden Fall mit dem Satz: „Durch die Verabredung und Planung der Diebstähle in vollverantwortlichem Zustand haben die drei Angeklagten die entscheidende Ursache für die dann folgende Ausführung ihrer Taten gesetzt". Wäre es so, so läge jedenfalls kein Fall der actio libera in causa vor. Aber die Verabredung einer Tat ist gerade noch kein Anfang der Ausführung. Die Zurechnungsfigur der actio libera in causa besagt, dass gerade in der Beseitigung der Schuldfähigkeit die „entscheidende Ursache", also der Anfang der Ausführung der Tat liege. Dagegen wird eingewandt, dass nicht einmal

---

19 BGHSt 21, 381 (382 f.).

die Kausalität dieses Verhaltens für die spätere Handlung vorliege, wenn die Täter, wie es im vorliegenden Fall durchaus nahe liegt, die Handlung auch im nüchternen Zustand begangen hätten.[20] Hier wiederholt sich der Fehler der Conditio-sine-qua-non-Theorie, als Ursache nur anzuerkennen, was absolut notwendige Bedingung für die Herbeiführung des Erfolges ist. Die hypothetische Frage, ob der Täter, der die Tat in schuldunfähigem Zustand ausgeführt hat, sie auch in schuldfähigem Zustand ausgeführt hätte, ist prinzipiell unbeantwortbar, und gänzlich irrelevant. Mit der Anerkennung des Unterschiedes zwischen dem Handeln eines schuldfähigen und dem eines schuldunfähigen Täters wird auch anerkannt, dass das Handeln beider verschiedenen Gesetzen gehorcht. Der Schuldfähige ist in irgendeinem Sinne zur freien Entscheidung und zur Selbststeuerung fähig, der Schuldunfähige nicht. Führt der Schuldfähige einen strafbaren Erfolg herbei, so ist zur Erklärung des Zustandekommens dieses Erfolges die Angabe seiner Schuldunfähigkeit notwendig. Die etwa mögliche Begehung der gleichen Tat in schuldfähigem Zustand wäre eine unbeachtliche, weil nicht verwirklichte, Ersatzursache.[21]

Das Problem des Falles liegt nicht in der Kausalität, sondern im Bewusstsein des Täters   15
davon. In der Regel weiß der vorsätzlich handelnde Täter, durch welche Handlung er den Erfolg verursacht. Wenn aber der Täter, wie es hier offenbar der Fall war, in den Zustand der Schuldunfähigkeit, in dem er die Herrschaft über das wie und ob der Tat verloren und sich gewissermaßen zu seinem eigenen Werkzeug gemacht hat, nach und nach durch fortgesetztes Trinken gerät, gewissermaßen in diesem Zustand hineinschliddert, so kann es sein, dass er sich darüber nicht klar ist. Das Bewusstsein, durch den Alkoholkonsum seine Schuldunfähigkeit herbeizuführen ist aber eine unerlässliche Voraussetzung dafür, dass dies im Sinne des Tatbestandsmodells als Anfang der Ausführung der Tat angesehen werden kann. Denn sonst ist dies keine Betätigung des Tatentschlusses. Das Wissen um die Herbeiführung der eigenen Schuldunfähigkeit kann auch nicht durch das Wissen um die bevorstehende Straftat ersetzt werden.

Gleichwohl ist auch das Wissen um die bevorstehende Straftat eine Voraussetzung   16
dafür, dass die Herbeiführung der Schuldunfähigkeit die Versuchshandlung ist. Dabei genügt nach der hier vertretenen Auffassung, im Gegensatz zu der des BGH, nicht ein billigendes Inkaufnehmen der Möglichkeit einer späteren Straftat. Der Täter muss sich ihrer Begehung vielmehr so sicher sein, dass bereits im Zeitpunkt der Selbstberauschung eine Vorsatzgefahr vorliegt, die sich dann in der Ausführung der Tat realisiert (s. dazu o. 9/11 ff). Ein Faktor dieser Gefahr ist die Tatsache, dass der Täter die Rauschtat bereits als wahrscheinlich vorhersieht, was praktisch nur dann der Fall sein wird, wenn er sie bei der Berauschung bereits plant. Ein weiterer Faktor ist die Beeinflussung des späteren Verhaltens durch den die Schuldfähigkeit beseitigenden Rausch. Hier liegt die eigentliche Crux der Zurechnungsfigur der actio libera in causa. Sie wird oft am Fehlen einer hinreichend bestimmten oder hinreichend sicheren Erwartung der späteren Tatbegehung im schuldunfähigen Zustand scheitern.[22] Der ängstliche Täter, der sich systematisch „Mut antrinkt", um seine Schuldfähigkeit und seine Hemmungen abzubauen, um die ersehnte Tat begehen zu können, gehört eher zum Kreis der Lehrbuchkriminellen.

---

20  *Neumann* (1985), 26 ff.
21  *Puppe* JuS 1980, 346 (348); *Roxin* Lackner-FS (1987), 307 (313).
22  *Roxin/Greco* AT/1 20/67.

17    Ist sich aber der Täter im Zeitpunkt der Selbstberauschung der Begehung einer hinreichend bestimmten Tat hinreichend sicher, was in der Regel dann der Fall ist, wenn er sie fest geplant oder mit Komplizen verabredet hat, und ist er sich dessen bewusst, dass er seine Schuldfähigkeit beseitigt, so liegt in dieser Handlung der vollständige, die Zurechnung des Erfolges zum Vorsatz begründende Versuch. Denn dann hat er durch die Selbstberauschung nicht nur die Schwelle zum Versuch bewusst überschritten, sondern auch bewusst eine vorsatzbegründende Gefahr gesetzt. Dass der Täter selbst sein Verhalten nicht als Überschreitung der Schwelle zum Versuch erlebt, verschlägt nichts. Es genügt, dass es in der Tatentwicklung einen Zeitpunkt gegeben hat, den er so hätte erleben können und sollen.[23] Der hartgesottene Gewohnheitstäter kann sich auch nicht damit entlasten, dass er das Erlebnis dieser Schwellenüberschreitung gar nicht mehr habe.

### 3. Actio libera in causa und verminderte Schuldfähigkeit – Der Verabredungsfall, BGH NStZ 2000, 584

18    ▶ Der Angeklagte hatte sich am Mittag des 10.5.1998 gegenüber zwei anderen Tatbeteiligten bereiterklärt, mit Ihnen gemeinsam am späten Abend das Opfer an einen einsamen Ort zu verschleppen und dort schwer zu misshandeln. Am frühen Abend dieses Tages nahm er erhebliche Mengen Alkohol zu sich, so dass das Gericht zur Tatzeit von einer erheblichen Verminderung seiner Schuldfähigkeit iS von § 21 ausging. Am 11.5.1998 gegen 0.30 Uhr beging er gemeinsam mit den Komplizen die verabredete Tat. ◀

Das Landgericht war bei der Bestimmung der Strafe von der Strafrahmenverschiebung nach § 49 Abs. 1 iVm § 21 ausgegangen. Dies hält der BGH mit folgender Begründung für rechtsirrig:

> „Den größten Teil des Alkohols, den das LG der Berechnung der BAK zugrundelegte, hat er (der Angeklagte) erst ab dem frühen Abend zu sich genommen. Bereits am Mittag war aber das gegen den Zeugen W beabsichtigte Vorgehen so genau geplant, dass der Tatentschluss des Angeklagten alle Merkmale der später verwirklichten Taten umfasste und nicht nur eine allgemeine Tatbereitschaft vorlag. Bei dieser Sachlage musste die Strafkammer davon ausgehen, dass die möglicherweise zur Tatzeit gegebene Einschränkung der Steuerungsfähigkeit nach den Grundsätzen der actio libera in causa ohne Bedeutung war."[24]

19    Hat sich der Angeklagte, wovon der BGH ausgeht, nur bis zu einem Grade betrunken, der die sog Verminderung der Schuldfähigkeit nach § 21 begründet, so ist die Zurechnungsfigur der actio libera in causa nicht anwendbar. Denn solange der Täter im Rausch noch zurechenbar handelt, kann er nicht als sein eigenes Tatwerkzeug angesehen werden. Damit ist der Vorverlagerung der Tatbestandsverwirklichung auf die Herbeiführung dieses Zustands die Grundlage entzogen.[25]

Die Anwendung der Rechtsfigur der actio libera in causa ist aber auch nicht notwendig, um in solch einem Fall die Ablehnung einer Strafmilderung nach § 21 zu begründen. Das Gesetz gibt dem Richter hier einen Entscheidungsspielraum, indem es die Strafmilderung nicht zwingend vorschreibt. Diesem Entscheidungsspielraum steht auch

---

23    *Puppe* JuS 1980, 346 (349).
24    BGH NStZ 2000, 584 (585).
25    NK-*Paeffgen* Vor § 323 a Rn. 7, 10; SK-*Rogall* § 20 Rn. 78 und § 21 Rn. 22; *Roxin/Greco* AT/1 20/69; *ders.* Lackner-FS (1987), 307 (322 f.); *Puppe* JuS 1980, 346 (349); *Neumann* (1985), 38; aA: OLG Hamm NJW 1956, 274; Schönke/Schröder-*Perron/Weißer* § 21 Rn. 11; vgl. ferner LK-*Verrel/Linke/Koranyi* § 21 Rn. 33.

das Schuldprinzip nicht entgegen. Im Gegensatz zu § 20 ist § 21 kein Schuldaus-schließungsgrund, sondern ein Strafzumessungsgrund.[26] Die Frage, ob ein Täter zum Zeitpunkt der Tat fähig war, das Unrecht der Tat einzusehen und nach dieser Einsicht zu handeln, kann nur mit ja oder nein beantwortet werden, der Täter kann nicht mehr oder weniger fähig dazu sein.[27]

Nach § 21 wird dem Richter die Möglichkeit eingeräumt, dem Täter strafmildernd zu-gute zu halten, dass es ihm wegen seiner psychischen Verfassung schwerer als anderen gefallen wäre, seine Motivation zu rechtswidrigem Handeln zu unterdrücken.[28] Aus dem Schuldprinzip ergibt sich aber kein Anspruch des Täters auf solche Strafmilde-rung. Denn solange er überhaupt noch fähig war, das Unrecht der Tat einzusehen und nach dieser Einsicht zu handeln, verstößt es nicht gegen das Schuldprinzip, ihn voll für seine Entscheidung verantwortlich zu machen;[29] es verstößt möglicherweise allerdings gegen das Gebot gerechter und schuldangemessener Strafe. Dies ist dann der Fall, wenn der Täter für den Zustand, durch den ihm die pflichtgemäße Entscheidung für das Recht und gegen das Unrecht besonders erschwert wurde, nicht verantwortlich ist, beispielsweise bei einer psychischen Krankheit. [20]

Deshalb gilt gegen die actio libera in causa auch der Einwand nicht, dass sie nur eine Verurteilung mit Strafmilderung nach § 21 ermögliche, weil der Täter, kurz bevor er in den Zustand der Schuldunfähigkeit verfällt und sich damit zu seinem eigenen Tatwerk-zeug macht, stets nur vermindert schuldfähig ist.[30] [21]

Bleibt wie wohl auch im vorliegenden Fall nach dem Beweisergebnis zweifelhaft, ob der Täter sich im Bewusstsein der bevorstehenden Tatbegehung bis zur völligen Schuldunfähigkeit berauscht hat, oder nur bis zum Zustand der sogenannten vermin-derten Schuldfähigkeit, so ist er wegen eindeutiger Verwirklichung des Tatbestandes auf mehrdeutiger Tatsachengrundlage zu verurteilen, und zwar nach dem Regelstraf-rahmen des Delikts ohne Strafmilderung nach § 21. War er nämlich bei der Tatbege-hung noch nicht schuldunfähig, so kann er keinen Anspruch auf eine Strafmilderung nach § 21 machen, weil er den Zustand der sogenannten verminderten Schuldfähigkeit mutwillig selbst herbeigeführt hat. Hat er seine Schuldfähigkeit vor Tatbegehung völlig beseitigt, liegt eine actio libera in causa vor, bei der er aus den gleichen Gründen kei-nen Anspruch auf die Strafmilderung nach § 21 hat. [22]

## 4. Hinweise zur praktischen Anwendung

Das Ziel, dem Straftäter, der sich, bevor er seine Straftat begeht, selbst schuldunfähig macht, die Berufung auf den Entschuldigungsgrund des § 20 im Ergebnis zu verlegen, wird mit zwei gänzlich verschiedenen Deliktskonstruktionen verfolgt: Mit dem sog Ausnahmemodell, das die Strafbarkeit auf die unmittelbar tatbestandsmäßige Hand-lung gründet und nur die Schuld auf den Zeitpunkt der Selbstberauschung vorverlegt, und mit dem Tatbestandsmodell, das nach dem Vorbild der mittelbaren Täterschaft die Tatbestandsverwirklichung auf den Moment vorverlagert, in dem der Täter sich wis-sentlich und im Bewusstsein der bevorstehenden Straftat seiner Schuldfähigkeit begibt. Vergleicht man diese beiden Konstruktionen lediglich in ihren Ergebnissen, so unter- [23]

---

26 NK-*Schild* § 21 Rn. 4; SK-*Rogall* § 21 Rn. 1.
27 *Arm. Kaufmann* Eb. Schmidt-FS (1961), 319 (330 f.).
28 *Arm. Kaufmann* Eb. Schmidt-FS (1961), 319 (331).
29 MüKo-*Streng* § 21 Rn. 20.
30 *Neumann* (1985), 36 ff.; *ders.* Art. Kaufmann-FS (1993), 581 (586).

scheiden sie sich nur für den Fall, dass der Täter bei der Selbstberauschung lediglich fahrlässig handelt, während er bereits eine hinreichende Vorstellung von der von ihm später begangenen Straftat hat. In diesem Fall kann das Tatbestandsmodell nur zu einer Strafbarkeit nach einem Fahrlässigkeitsdelikt kommen, das Ausnahmemodell aber auch zu einer Strafbarkeit nach dem Vorsatzdelikt. Dennoch muss man die Vorteile und Nachteile beider Konstruktionen auch dann diskutieren, wenn sie zu dem gleichen Ergebnis kommen, weil der Täter sich vorsätzlich seiner Schuldfähigkeit begibt, während er den Plan zur späteren Straftat bereits gefasst hat. Denn es gibt eine dritte Rechtsansicht, die beide Konstruktionen aus prinzipiellen Gründen ablehnt und den Täter nur nach § 323a für strafbar hält.[31]

24   Dabei kann man nicht, wie man es sonst gewohnt ist, zunächst beide Meinungen nacheinander auf den Fall anwenden und dann anhand des Falles ihre Vor- und Nachteile miteinander vergleichen. Das liegt daran, dass die beiden Konstruktionen an völlig verschiedenen Subsumtionsgegenständen ansetzen, das Ausnahmemodell an der Tatbestandsverwirklichung in schuldunfähigem Zustand, das Tatbestandsmodell an einer vorhergehenden Handlung, durch die der Täter seine eigene Schuldfähigkeit beseitigt hat. Würde man beide Konstruktionen nebeneinander diskutieren, so müsste man gleichzeitig zwei verschiedene Subsumtionsgegenstände erörtern. Das verstößt gegen die wohl elementarste Regel des Gutachtenaufbaus. Nach den allgemeinen Regeln des Gutachtenaufbaus ist stets mit der Handlung zu beginnen, die unmittelbar den Tatbestand verwirklicht. Auf eine frühere Handlung darf erst zurückgegriffen werden, wenn die Begründung der Strafbarkeit nach der unmittelbar tatbestandsverwirklichenden Handlung an irgendeinem Erfordernis, beispielsweise an der Schuldunfähigkeit des Täters gescheitert ist.

25   Es ist also mit der unmittelbar tatbestandsmäßigen Handlung zu beginnen, die der Täter in schuldunfähigem Zustand ausgeführt hat, um anhand dieser Handlung das sog Ausnahmemodell zu prüfen, also zu prüfen, ob es mit dem Schuldprinzip und dem Wortlaut des § 20 vereinbar ist, die Schuld des Täters auf eine vorhergehende Handlung, die Selbstberauschung zu gründen, während man die übrigen Voraussetzungen der Straftat, insbesondere die Tatbestandsmäßigkeit mit der im schuldunfähigen Zustand begangenen Handlung begründet. Dabei kann man die Alternative des Tatbestandsmodells abstrakt erörtern, ohne sie schon auf den Einzelfall anzuwenden, etwa in folgender Weise: „Lehnt man dieses Ausnahmemodell ab, so könnte man die Strafbarkeit des Täters nur noch im Sinne des sog Tatbestandsmodells auf die Selbstberauschung als tatbestandsmäßige Handlung gründen. Das ist aber aus den folgenden Gründen ausgeschlossen …". So muss jedenfalls derjenige verfahren, der dem Ausnahmemodell den Vorzug gibt. Denn erst wenn die Strafbarkeit der unmittelbaren tatbestandsverwirklichenden Handlung am Fehlen der Schuldfähigkeit scheitert, stellt sich überhaupt die Frage, ob es eine vorhergehende Handlung des Täters gibt, die man unter den Tatbestand subsumieren kann.

26   Hat man das Ausnahmemodell abgelehnt, so muss man die Prüfung der Tatbestandsmäßigkeit mit der actio praecedens, also der Selbstberauschung völlig von vorne beginnen. Da das Ausnahmemodell bereits abgelehnt ist, besteht nun nur noch die Alternative, entweder das Tatbestandsmodell zu akzeptieren, oder es abzulehnen mit der Konsequenz, dass nur noch eine Strafbarkeit nach § 323a übrig bleibt.

---

31  NK-*Paeffgen* Vor § 323a Rn. 29.

## § 17  Der entschuldigende Notstand nach § 35

### 1.  Der Grubenunglücksfall, RG 72, 246

▷ Der Angeklagte tat als Wettermann in einem Bergwerk Dienst. Er hatte es versäumt, dem   1
diensttuenden Steiger davon Meldung zu machen, dass er in einem Quergang eine gefährliche Schlagwetterkonzentration festgestellt hatte. Als er diesen Quergang zwei Stunden
später wieder betrat, hatte sich die Schlagwetterentwicklung derart verstärkt und ausge-
breitet, dass der Angeklagte die dort arbeitenden Bergleute zum sofortigen Verlassen des
Stollens hätte auffordern müssen. Stattdessen verließ er seinerseits den Stollen, um sich
selbst in Sicherheit zu bringen. Eine Viertelstunde später trat eine Schlagwetterexplosion
ein, durch die sechs Bergleute den Tod fanden und sieben weitere verletzt wurden. Der Angeklagte wurde wegen fahrlässiger Tötung und fahrlässiger Körperverletzung verurteilt.[1] ◁

Als Wettermann war der Angeklagte Garant für die Sicherheit der Kumpel vor Ort.
Diese seine Garantenpflicht hatte er zweimal verletzt: 1., indem er bei der ersten Begehung des Querganges die sich bereits abzeichnende Schlagwetterkonzentration dem
Steiger nicht gemeldet hat, zweitens, indem er bei der zweiten Begehung, bei der er
nunmehr eine unmittelbare Explosionsgefahr festgestellt hatte, nicht die Evakuierung
des Stollens veranlasst hat, um sich selbst schneller in Sicherheit zu bringen. Durch
beide Unterlassungen hat er den Tod von sechs Bergleuten und eine Körperverletzung
von sieben weiteren verursacht. Die erste Unterlassung kann ihm wohl nur zur Fahrlässigkeit vorgeworfen werden, weil zu dieser Zeit noch keine unmittelbare Gefahr für
die Bergleute bestand, denn aus der Perspektive des Wettermanns stand noch nicht
fest, dass sich die Gasentwicklung bis zu einer bedrohlichen Konzentration fortsetzen
würde. Das RG hat auch für die zweite Unterlassung nur Fahrlässigkeit geprüft, offenbar in dem Gedanken, dass der Angeklagte den Tod seiner Kumpel nicht billigend in
Kauf genommen habe. Aber hier liegt schon Vorsatz in der Form der Wissentlichkeit
vor. Denn als der Wettermann, ohne die Kumpel zu warnen, das Revier verließ und
ausfuhr, war für ihn sicher, dass binnen kürzester Zeit eine Schlagwetterexplosion
in diesem Bereich, in dem sich die Kumpel befanden, stattfinden werde. Damit war
eine Tötung und Verletzung von Bergleuten zu diesem Zeitpunkt nahezu sicher, mag
auch die Zahl der Getöteten und Verletzten noch nicht feststehen. Eine vorsätzliche
Erfolgsverursachung durch Unterlassen steht mit einer vorhergehenden fahrlässigen
Verursachung des gleichen Erfolges im Konkurrenzverhältnis der Erfolgseinheit (s. dazu u. 34/7 ff.). Die hL nimmt Subsidiarität der Fahrlässigkeitstat an. Das erübrigt aber
in keinem Fall deren Prüfung, denn wer einen Erfolg sowohl durch eine vorsätzliche
als auch durch eine vorhergehende fahrlässige Tat verursacht, begeht sicher größeres
Unrecht als der, der ihn nur durch eine Vorsatztat verursacht.

Für die zweite Unterlassung stellt sich die Frage, ob sie wegen eines Notstandes nach   2
§ 35 entschuldigt ist. Zur Zeit der Entscheidung war der entschuldigende Notstand in
§ 54 geregelt, der zwar einen unverschuldeten Notstand voraussetzte, aber die Entschuldigung nicht ausdrücklich für den Fall einschränkte, dass der Täter von Rechts
wegen dazu verpflichtet war, die Gefahr selbst zu tragen. Diese Einschränkung des entschuldigenden Notstandes hat das RG in diese Entscheidung selbst entwickelt.

---

1  Als Schlagwetter bezeichnet der Bergmann ein explosives Gasgemisch aus Methan und Luft, das in Koh-
legruben entstehen kann. Wettermann wird der Bergmann genannt, der das Revier unter Tage ständig
begeht, um gefährliche Schlagwetterkonzentrationen festzustellen. Früher benutzte man dazu eine speziell
konstruierte Grubenlampe mit offenem Feuer. Steiger heißt der Vorgesetzte unter Tage.

Es führt dazu aus:

> „Der Notstand war zunächst nicht unverschuldet. Dieses Merkmal ist nicht bereits dann gegeben, wenn der Täter die Gefahr für seinen Leib und sein Leben nicht selbst verschuldet hat, sondern erst dann, wenn er die Lage nicht schuldhaft verursacht hat, die ihm nur noch den Weg übrig lässt, in fremde Rechte einzugreifen, falls er sein durch die Gefahr bedrohtes Leben oder seine Gesundheit retten will. Hier traf aber den M. eine Mitschuld an dieser Lage, wie aus den früheren Ausführungen hervorgeht; denn hätte er dem Th. Seine Feststellungen über die Ausbreitung der Schlagwetter gemeldet, so wären die Leute zurückgezogen worden. Er wäre daher nicht in die Lage gekommen, sein eigenes Leben und seine Gesundheit dadurch zu retten, dass er seine Pflicht, die Belegschaft zu warnen, nicht nachkam.
>
> Darüber hinaus kann aber der § 54 StGB seinem Grundgedanken nach unter den vorstehenden Umständen überhaupt nicht auf den Angeklagten angewandt werden. Die Bestimmung will für besondere Lagen einen Schuldausschließungsgrund schaffen, in denen bei Berücksichtigung des Selbsterhaltungstriebes oder des Fürsorgestrebens für Angehörige ein „normgemäßes Verhalten nicht zumutbar" ist. Besteht die berufliche Aufgabe aber gerade darin, eine bestimmte Tätigkeit unter Einsatz von Leib und Leben auszuführen, so kann sich der Verpflichtete dieser Aufgabe nicht mit der Begründung entziehen, es sei ihm nicht zuzumuten, sich dieser Gefahr auszusetzen. Das ist ausdrücklich ausgesprochen für Soldaten (§§ 49, 84, 85, 87 MStGB) und Seeleute (§§ 3, 41 SeemD). Es gilt aber in ähnlichem Sinn auch für Polizeibeamte, Feuerwehrmänner ua, wie sich aus dem Wesen ihrer Dienstaufgaben ohne Weiteres ergibt. Dieselben Grundsätze müssen auch auf den Angeklagten angewandt werden. Denn seine Aufgabe als Wettermann war es, zum Schutze der Belegschaft auch die gefährlichen Strecken im Grubenfelde ständig zu befahren, sie auf den Schlagwetterbestand hin zu untersuchen und bei Feststellung gefahrdrohender Wetter die Belegschaft, deren Sicherung der Zweck seiner Tätigkeit war, schnellstens zu warnen. Ein Rettungsversuch war nach den Feststellungen des Urteils in keiner Weise aussichtslos. Er hätte sogar sicher zum Erfolge geführt. Der Angeklagte hat auch, wie bereits oben ausgeführt worden ist, keine Aussichtslosigkeit angenommen. Er kann daher keinesfalls aufgrund des § 54 StGB als frei von Schuld angesehen werden."[2]

3   Würde es sich beim entschuldigenden Notstand um einen Fall der psychischen Unmöglichkeit rechtmäßigen Verhaltens also um eine partielle Schuldunfähigkeit handeln, so würde es gegen das Schuldprinzip verstoßen, den Entschuldigungsgrund des Notstandes einzuschränken, wenn der Täter die Gefahr verursacht hat oder wenn er sich verpflichtet hat, sie auszuhalten. Ist die Grenze der psychischen Unmöglichkeit rechtmäßigen Verhaltens erreicht, wie beispielsweise bei heller Panik, so wird man dem Täter nach § 20 Schuldunfähigkeit wegen einer tiefgreifenden Bewusstseinsstörung zubilligen müssen.

4   Dass der Täter nach § 35 entschuldigt sein kann, auch wenn es ihm nicht psychisch unmöglich war, sich rechtmäßig zu verhalten, erklärt die hL heute mit zwei Milderungsgründen: Außer dem Motivationsdruck, der es dem Täter erschwert, den Eingriff in ein fremdes Rechtsgut zu unterlassen, um das eigene zu retten, soll der Täter als Unrechtsminderungsgrund geltend machen können, dass er das eigene Rechtsgut aus einer Gefahr gerettet hat.[3] Beides zusammen soll dann reichen, die Straflosigkeit des

---

2  RGSt 72, 246 (249 f.).
3  *Jescheck/Weigend* AT 44 I 1; *Kühl* AT 12/18 ff.; SK-*Rogall* § 35 Rn. 2 ff.

Täters zu rechtfertigen, wenn er nicht besonders verpflichtet war, die Gefahr hinzunehmen und sie auch nicht zurechenbar verursacht hat. Aber niemand kann einen Vorteil für sich oder einen Anderen als Unrechtsmilderung geltend machen, den er widerrechtlich erlangt hat. Oder soll der Betrüger oder Dieb eine Minderung des Unrechts, dass er dem Opfer durch Schädigung seines Vermögens angetan hat, damit begründen können, dass er eben durch diese Handlung einen großen Vermögensvorteil für sich oder seine Angehörigen erlangt hat?[4]

Die bewegliche Grenze der Entschuldigung nach § 35 ist damit zu erklären, dass es    5
sich hier nicht um den Gedanken der Unmöglichkeit, sondern um den der Unzumutbarkeit der Normbefolgung handelt. Das Gesetz bewertet das Verhalten des Täters zwar nach wie vor als rechtswidrig, weil er eine Gefahr auf einen anderen abgewälzt hat, die er von Rechts wegen selbst hätte tragen müssen, mutet ihm aber in extremen Notsituationen wegen seiner existenziellen Betroffenheit nicht zu, sich nach den Präferenzen der Rechtsordnung zu richten, sondern hat Verständnis dafür, dass er sich nach seinen persönlichen Präferenzen gerichtet hat, indem er beispielsweise der eigenen Gesundheit einen höheren Rang eingeräumt hat, als dem Leben eines anderen oder dem Leben eines Angehörigen einen höheren Rang, als dem Leben eines Fremden. Der Täter kann gewissermaßen sagen, ich weiß, dass das Recht mein Handeln nicht billigt, ich müsste aber wieder so handeln, falls ich nochmals in einen solchen Konflikt geraten sollte.[5]

Das hat die Konsequenz, dass die Gefahr für Leib, Leben oder Freiheit, die der Tä-    6
ter von sich oder einem Angehörigen abwendet, ihn existentiell betreffen muss, also keine Lappalie sein darf. Wer einen anderen in Lebensgefahr bringt, um eine leichte Körperverletzung oder eine kurzfristige Freiheitsberaubung zu verhindern, wird nicht wegen eines Notstandes entschuldigt. Weiter folgt daraus, dass der Täter wirklich aus den Präferenzen heraus gehandelt haben muss, für die die Rechtsordnung Verständnis aufbringt. Er muss also das Motiv gehabt haben, die Gefahr von sich oder seinem Angehörigen abzuwenden.[6] Im Gegensatz zu rechtmäßigem Handeln auch zum rechtfertigenden Notstand, gehen die Motive des Täters bei nur entschuldigtem rechtswidrigem Handeln die Rechtsordnung durchaus etwas an.

Wie viel Nachsicht das Recht mit dem Bürger üben will, der statt nach den Präferenzen    7
des Rechts nach seinen eigenen Präferenzen handelt, ist der Entscheidung des Gesetzgebers anheim gegeben. Es gibt allerdings eine äußerste Grenze der Zumutbarkeit, die im abendländischen Rechtsdenken tief verankert ist: Unter keinen Umständen darf dem Täter von Rechts wegen abverlangt werden, sich dem sicheren Tod auszuliefern, wenn er die Lebensgefahr auf einen anderen abwälzen kann. Das klassische Beispiel dafür ist das sog Brett des Karneades: Zwei Schiffbrüchige klammern sich an eine Planke, die nur einen tragen kann. Stößt jetzt der Stärkere den Schwächeren von der Planke, so dass er sich selbst retten kann, der andere aber ertrinkt, so darf er dafür nicht bestraft werden.[7]

---

4  *Neumann* (1985), 209 ff.; kritisch zur Lehre von der „doppelten Schuldminderung" auch: NK-*Neumann* § 35 Rn. 4a; *Frister* AT 20/3 ff.; *ders.* (1993), 208 f.; *Roxin/Greco* AT/1 22/72; MüKo-*Müssig* § 35 Rn. 8; *Hörnle* JuS 2009, 873 (875 f.).
5  *Frister* AT 20/5; *ders.* (1993), 210 ff.; *Hörnle* JuS 2009, 879 (876 f.).
6  *Fischer* § 35 Rn. 8; Schönke/Schröder-*Perron* § 35 Rn. 16; *Wessels/Beulke/Satzger* AT Rn. 692; *Kühl* AT 12/56 f.; *Frister* AT 20/16; *Kindhäuser/Zimmermann* AT 24/15; *Stratenwerth/Kuhlen* AT 10/115.
7  *Kindhäuser/Zimmermann* AT 24/1 f.; *Stratenwerth/Kuhlen* 10/99.

8   Da die Grenze der Unzumutbarkeit nicht von Natur aus festliegt, kann sie auch für verschiedene Personen variieren. Wer, wie unser Wettermann, sich verpflichtet hat, um der Sicherheit anderer willen bestimmte Gefahren auf sich zu nehmen, kann sich nicht mit einem Notstand entschuldigen, wenn er in der Erfüllung dieser Pflicht versagt. Denn er hat nicht nur einen Vertrauenstatbestand geschaffen, in dem er versprochen hat, andere vor dieser Gefahr zu schützen, sondern auch einen Platz eingenommen, den sonst ein anderer hätte einnehmen können, der in seiner Pflichterfüllung nicht versagt hätte. Aber auch hier gilt noch jene äußerste Grenze der Unzumutbarkeit, die durch das Brett des Karneades symbolisiert wird. Auch ein Wettermann, ein Feuerwehrmann, Polizist oder Soldat kann von Rechts wegen nicht dazu verpflichtet sein, in seinen sicheren Tod zu gehen.[8] Aber diese Grenze war im vorliegenden Fall noch nicht erreicht. Denn der Wettermann hatte gute Chancen, auch selbst dem Tode zu entgehen, wenn er die Kumpel vor Ort noch gewarnt hätte. Schließlich fand die Explosion erst eine Viertelstunde, nachdem er den Stollen verlassen hatte statt.

9   Der zweite Grund, der die Zumutbarkeitsgrenze zulasten des Täters verschiebt, ist schwerer zu beurteilen, das schuldhafte Vorverhalten. Dabei geht es nicht um eine Vorverlagerung der Schuld, deshalb können die Anhänger des sog Ausnahmemodells bei der actio libera in causa sich nicht auf die Regelung des § 35 berufen. Es geht vielmehr darum, dass man vom Täter mehr Opferbereitschaft, Selbstbeherrschung und Mut verlangt, weil er die Gefahr selbst verursacht hat. Dies ist aber nur dann ein Grund für die Erhöhung der Unzumutbarkeitsgrenze zulasten des Täters, wenn er die Gefahr in zurechenbarer Weise verursacht hat. Er muss dabei also pflichtwidrig in Bezug auf diese Gefahr gehandelt haben. Dies gilt beispielsweise nicht für einen Retter, der bei der gemeinsamen sorgfaltsgemäß durchgeführten Rettungsaktion einen anderen Retter einer Gefahr aussetzt und auch nicht für denjenigen, der nach Eintritt der Gefahr den Rettungsdienst alarmiert hat. Im vorliegenden Fall war der Täter für die Situation, in der er nur noch durch Eigengefährdung das Leben und die Gesundheit der Kumpel vor Ort hätte retten können, selbst verantwortlich. Denn er hatte zuvor die Gelegenheit versäumt, dem Steiger von der erhöhten Schlagwetterkonzentration Meldung zu machen, als dies noch ohne jegliche Eigengefährdung möglich gewesen wäre. Auch aus diesem Grunde ist ihm also die Hinnahme größerer Gefahren zuzumuten, als demjenigen, der zufällig in die Notstandssituation geraten ist.

10   Die Behandlung des Entschuldigungstatbestandsirrtums nach § 35 Abs. 2 ist schwer zu erklären. Die vermeintliche Gefahr für Leib, Leben oder Freiheit des Täters selbst oder einer nahe stehenden Person versetzt diesen in genau die gleiche psychische Situation wie die wirkliche und seine Entscheidung gegen die Präferenzen des Rechts und für seine eigenen ist inhaltlich genau die gleiche, wie bei einer wirklichen Notstandslage. Mit dem Erlaubnistatbestandsirrtum, den die ganz hL wie einen Tatbestandsirrtum behandelt, hat dieser Irrtum auch gemeinsam, dass er Tatsachen und nicht die für den Täter geltenden Normen betrifft. Immerhin unterscheidet sich die Situation des Täters von derjenigen eines im Erlaubnistatbestandsirrtum Handelnden dadurch, dass der Täter weiß, dass er Unrecht tut, indem er die vermeintliche Gefahr auf unbeteiligte Dritte abwälzt. Dem Täter, der die Konfliktsituation fahrlässig angenommen hat und nicht sorgfältig geprüft hat, ob die Gefahr für seine persönlichen Interesse nicht anders als durch Verletzung der Interessen Unbeteiligter abgewendet werden konnte, verweigert

---

[8]   In anderen Kulturkreisen, beispielsweise im fernen Osten konnte der Lehnsherr einem Lehnsmann befehlen, sich selbst zu töten.

das Gesetz eben die Nachsicht mit seinen persönlichen Präferenzen, die sie dem Täter gewährt, der sich wirklich in einem entschuldigenden Notstand befindet, seine Not also nicht durch eine sorgfältige Betrachtung der Situation abwenden kann.

## 2. Hinweise zur praktischen Anwendung

In Lehr- und Anleitungsbüchern wird meist der Rat erteilt, zunächst die Voraussetzungen des allgemeinen entschuldigenden Notstandes vollständig zu prüfen und erst dann die Frage zu stellen, ob in der Person des Täters die besonderen Umstände vorlagen, um derentwillen ihm das Gesetz die Hinnahme der Gefahr zumutete.[9] Die Formulierung des Gesetzes als Regel und Ausnahme legt dieses Vorgehen nahe, aber es würde eine doppelte Zumutbarkeitsprüfung erfordern. Im Wortlaut des Gesetzes kommt nicht deutlich zum Ausdruck, dass nicht jeder Versuch, eine Gefahr für Leib, Leben oder Freiheit des Täters oder einer nahe stehenden Person zulasten eines anderen zu beseitigen, entschuldigt ist. Auch hier hat vielmehr eine gewisse Güterabwägung stattzufinden. Ist die Gefahr, die der Täter von sich oder einem Angehörigen abwendet, eine geringe, ohne Weiteres zumutbare, wie beispielsweise die Gefahr einer kurzfristigen Freiheitsentziehung oder einer geringfügigen Körperverletzung, so kommt eine Entschuldigung nach § 35 überhaupt nicht in Betracht. Ist die Gefahr erheblich, aber doch nicht per se schon unzumutbar, so ist der Täter, der zu ihrer Abwendung eine erheblich schwerere Schädigung anderer, beispielsweise die Tötung vieler Menschen verursacht, auch nicht nach § 35 entschuldbar. Eine gewisse Güterabwägung findet aber auch noch dann statt, wenn der Täter besonders zur Hinnahme der Gefahr verpflichtet war. Denn auch dann kann ihm unter Umständen nicht zugemutet werden, sie hinzunehmen, beispielsweise wenn es sich um eine unmittelbare Todesgefahr handelt. Würde man also wie beschrieben vorgehen, so müsste man unter Umständen zwei Zumutbarkeitsprüfungen vornehmen, die erste nach dem allgemeingültigen Maßstab, der für jedermann gilt, die zweite nach einem strengeren Maßstab, der für den besonders Verpflichteten gilt. Die erste Zumutbarkeitsprüfung wäre dann überflüssig.

11

Das wird bei dem folgenden Vorgehen vermieden: Zunächst wird auch hier die sog Notstandslage geprüft, die darin besteht, dass eine Gefahr für die in § 35 aufgezählten Rechtsgüter des Täters oder einer nahe stehenden Person bestand, zu deren Abwendung die Handlung des Täters erforderlich war. Dann ist festzustellen, ob das Handlungsmotiv des Täters darin bestand, dass er das gefährdete Rechtsgut retten wollte. Kommt eine persönliche Beziehung des Täters zu der Gefahr in Betracht, die ihn nach § 35 in stärkerem Maße verpflichten könnte, sie auszuhalten, so ist zunächst diese Beziehung zu prüfen. Je nach dem, ob sie bejaht oder verneint wird, kommt man zu verschiedenen Maßstäben bei der nun erforderlichen Zumutbarkeitsprüfung. Selbst wenn, wie in unserem Grubenunglücksfall, beide Voraussetzungen für erhöhte Anforderungen an den Täter erfüllt sind, kann sich immer noch die Frage stellen, ob die Gefahr nicht von einer Art ist, die einem Rechtsunterworfenen unter keinen Umständen zumutbar ist. Besteht der Grund für erhöhte Anforderungen an den Täter darin, dass er die Gefahr zurechenbar verursacht hat, so kann das Maß der Zumutbarkeit auch vom Ausmaß seines Verschuldens am Zustandekommen dieser Gefahr abhängig sein.

12

---

9 *Kindhäuser/Zimmermann* AT 24/16.

## § 18 Der entschuldigende Notwehrexzess nach § 33

### 1. Der intensive Notwehrexzess

1   Man unterscheidet zwischen einem intensiven und einem extensiven Notwehrexzess. Ein intensiver Notwehrexzess liegt vor, wenn der Täter während des Angriffs aus „Verwirrung, Furcht oder Schrecken", sog asthenische Affekte, über das zur Abwehr erforderliche Maß der Verteidigung hinausgeht. Einigkeit besteht darüber, dass § 33 jedenfalls dann Anwendung findet, wenn der Täter sich in einem Irrtum über das Ausmaß der erforderlichen Verteidigung befindet. Das ist ein Erlaubnistatbestandsirrtum, der nach ganz hL nur noch eine Strafbarkeit wegen Fahrlässigkeit zulässt, sofern der Täter den Irrtum hätte vermeiden können. Schon bei der Entscheidung dieser Frage ist zu berücksichtigen, dass der Täter sich in einem asthenischen Affekt befindet, der seine Urteilsfähigkeit und Entscheidungsfähigkeit beeinträchtigen kann. Ist ihm deshalb sein Irrtum schon nach allgemeinen Vermeidbarkeitskriterien nicht vorzuwerfen, so bedarf es der Anwendung des § 33 nicht. § 33 hat also die Wirkung, den Irrtum des Täters auch dann zu entschuldigen, wenn er ihm nach allgemeinen Vermeidbarkeitskriterien trotz seines asthenischen Affekts noch vorgeworfen werden könnte.[1] Der Grund für diese Entlastung des Notwehrtäters besteht darin, dass der Angreifer nicht nur für dessen objektive Notlage, sondern auch für seine Furcht, seine Verwirrung oder seinen Schrecken verantwortlich ist.[2]

2   Streitig ist, ob § 33 auch auf den Notwehrtäter anwendbar ist, der aus dem asthenischen Affekt heraus das für die sofortige Beendigung des Angriffs erforderliche Maß der Gegenwehr bewusst überschreitet. Dafür wird zunächst die Gesetzgebungsgeschichte angeführt. Der Sonderausschuss für die Strafrechtsreform hat es abgelehnt, in § 33 das Merkmal einzufügen, dass der Täter in Folge seines Affekts nicht erkennen konnte, dass er über die erforderliche Verteidigung hinausgeht.[3] Aber der Sonderausschuss für die Strafrechtsreform ist nicht der Gesetzgeber. In der Sache wird dafür angeführt, dass auch eine bewusste Notwehrüberschreitung auf einen asthenischen Affekt zurückgehen kann.[4] Das ist jedoch zu bezweifeln. Wenn der Täter sich wirklich darüber im Klaren ist, dass er über das zur Abwehr des Angriffs erforderliche Maß

---

1   *Frister* AT 16/0; *ders.* (1993), 230 f.
2   Die hL erklärt die Straflosigkeit des Notwehrexzesses ähnlich wie die des entschuldigenden Notstandes mit einer „doppelten Schuldminderung", genauer mit einer Kombination aus Unrechtsminderung und zusätzlicher Schuldminderung, Schönke/Schröder-*Perron/Eisele* § 33 Rn. 2; MüKo-*Erb* § 33 Rn. 2; vgl. LK-*Zieschang* § 33 Rn. 1 mwN. Das Unrecht des Notwehrexzesses soll dadurch gemindert sein, dass die Exzesshandlung der Abwehr eines rechtswidrigen Angriffs gedient hat. Aus dieser Unrechtsminderung folgt zunächst auch eine Schuldminderung. Eine weitere Schuldminderung soll der asthenische Affekt begründen. Ist der Exzess von der durch Notwehr gebotenen Abwehrhandlung trennbar, versetzt also der Verteidiger dem Angreifer zwei Schläge oder zwei Messerstiche, obwohl einer genügt hätte, so kommt für die zur Abwehr nicht mehr erforderliche zweite Handlung eine Unrechtsminderung von vornherein nicht in Betracht. Ist es aber nicht möglich, aus der übermäßigen Abwehrhandlung einen Teil, etwa einen Teilerfolg abzuspalten, der zur Abwehr des Angriffs erforderlich war, versetzt beispielsweise der Verteidiger dem Angreifer einen Messerstich, obwohl etwa eine Drohung mit dem Messer oder eine Verteidigung mit bloßen Fäusten zur Abwehr des Angriffs genügt hätte, so war die Verteidigung eben nicht dazu erforderlich. Eine Verletzung des Angreifers ist aber durch Notwehr nur insoweit gerechtfertigt, als sie zur Abwehr des Angriffs erforderlich ist. Ein Verhalten ist entweder rechtmäßig oder rechtswidrig, es kann nicht ein bisschen rechtmäßig und ein bisschen rechtswidrig sein. Deshalb ist die Lehre von der doppelten Schuldminderung auch beim entschuldigenden Notwehrexzess abzulehnen. Was die Schuld des Exzedenten allein mildert, ist seine Furcht oder Verwirrung, die der Angreifer durch sein rechtswidriges Verhalten verursacht hat.
3   ProtSondBT V, 1821 (91. Sitzung v. 14. 12. 1967).
4   *Roxin/Greco* AT/1 22/83; *Frister* AT 16/40 f.; MüKo-*Erb* § 33 Rn. 15.

hinausgeht, so mag er dabei aus einem verständlichen Affekt der Wut, Empörung, des Ekels oder des verletzten Ehrgefühls handeln, aber nicht aus Verwirrung, Furcht oder Schrecken.[5] Ein solcher, sog sthenischer Affekt, mag verständlich sein und die Schuld des Täters mildern, gänzlich entschuldigen kann er ihn aber nicht. Ist die Situation aber dazu angetan, den Täter in Furcht, Verwirrung oder Schrecken zu versetzen, so muss er in existenziellen Rechtsgütern betroffen sein, beispielsweise in seiner Freiheit, seiner Körperintegrität oder seiner sexuellen Integrität und er muss sich dem Täter unterlegen fühlen. Überschreitet er in einer solchen Situation die Grenzen der Notwehr, so wird man schwerlich feststellen oder gar beweisen können, dass er dies bei klarem Bewusstsein getan hat. Die praktische Bedeutung dieses Meinungsstreits ist also gering.

Der Erlaubnistatbestandsirrtum darf sich nicht auf die Tatsache erstrecken, dass ein   3
Angriff überhaupt vorliegt. Für diesen Irrtum muss es bei den allgemeinen Anforderungen an die Vermeidbarkeit verbleiben.[6] Denn der scheinbare Angreifer ist für den asthenischen Affekt des Täters nicht verantwortlich. Er unterscheidet sich von dem wirklichen Angreifer auch dadurch, dass dieser sich durch Abbruch des Angriffs jederzeit nicht nur den Folgen der Notwehr, sondern auch denen einer Notwehrüberschreitung entziehen kann.

## 2. Der extensive Notwehrexzess – Der Messerstecherfall, BGH NStZ 2002, 141

▶ Der Angeklagte fürchtete sich vor der Rache des Nebenklägers, weil er eine Gruppe von   4
Drogendealern darüber informiert hatte, dass dieser Hintermann eines Raubes war, bei dem den Dealern Rauschgift abgenommen worden war. Dem Angeklagten war bekannt, dass der Nebenkläger eine scharfe Schusswaffe besaß. Bei einer Begegnung auf einem Stadtfest vertrat der Nebenkläger dem Angeklagten den Weg, packte ihn bei der Schulter und schlug ihm ins Gesicht, wobei er etwas rief wie, jetzt rechnen wir ab. Als der Nebenkläger in seine Jackentasche griff glaubte der Angeklagte, dass er seine Schusswaffe ziehen und auf ihn schießen wollte. Deshalb zog er seinerseits sein Anglermesser und stieß es dem Nebenkläger sofort in den Leib. Danach versetzte er ihm weitere Stiche so dass der Nebenkläger zu Boden ging. Obwohl dieser nicht mehr in der Lage war, sich gegen den Angeklagten zu wehren oder gar seine Waffe zu ziehen, versetzte dieser ihm, indem er ihn zugleich festhielt, weitere Stiche und nachdem er ihn losgelassen hatte auch noch Fußtritte. ◀

Da das Tatgericht zugunsten des Angeklagten davon ausgegangen war, dass der Nebenkläger tatsächlich eine Pistole gegen ihn ziehen und schießen wollte, hat es die ersten Stiche als durch Notwehr gerechtfertigt angesehen und prüft nur noch, ob diejenigen Stiche und Tritte, die der Angeklagte dem Nebenkläger versetzte, als dieser schon zu Boden gegangen war, nach § 33 entschuldigt sind.

Der BGH war dabei an die Feststellung des Tatgerichts gebunden, dass der Angeklagte   5
auch zu diesem Zeitpunkt noch fürchtete, der Nebenkläger werde auf ihn schießen, wozu dieser physisch nicht mehr in der Lage war. Es bleibt also nur noch eine Strafbarkeit wegen fahrlässiger Körperverletzung übrig, sofern er diesen Irrtum hätte vermeiden können. Das hatte das Tatgericht dahinstehen lassen mit der Begründung, dass der Angeklagte unabhängig davon nach § 33 entschuldigt ist. Obwohl in den Urteilsgründen ständig von der „großen Angst" des Angeklagten die Rede ist, kann bezweifelt werden, ob er wirklich noch aus Verwirrung, Furcht oder Schrecken handelte, als er

---

5  So *Roxin/Greco* AT/1 22/83.
6  MüKo-*Erb* § 33 Rn. 18; Schönke/Schröder-*Perron/Eisele* § 33 Rn. 6.

auf den bereits offensichtlich wehrlosen Gegner weiter einstach und schließlich mit den Füßen eintrat. Aber auch das ist eine Tatfrage, über die der BGH nicht mehr entscheiden konnte. Dennoch lehnt er eine Entschuldigung des Angeklagten nach § 33 mit der folgenden Begründung ab:

> „Jedenfalls soweit das LG den Angeklagten gemäß § 33 StGB wegen der Messerstiche für entschuldigt hält, die er führte, als der Nebenkläger bereits am Boden lag und nicht mehr in der Lage war, etwas gegen den Angeklagten zu unternehmen und sich diesem zu widersetzen, ist seine rechtliche Beurteilung des Geschehens fehlerhaft. In diesem Zeitpunkt lag kein gegenwärtiger rechtswidriger Angriff des Nebenklägers gegen den Angeklagten mehr vor. Es entschuldigt den Angeklagten nicht, dass er dies aus panischer Angst und Verwirrung nicht erkannte. § 33 StGB kommt dem Täter, der aus einem der dort genannten asthenischen Affekte handelt, nur solange zugute, bis die Notwehrlage und Angriffsgefahr endgültig beseitigt sind."[7]

6    Dies entspricht der ständigen Rechtsprechung des BGH, die mit dem Wortlaut des § 33 begründet wird. Die „Grenzen der Notwehr" könne der Täter nur überschreiten, solange noch eine Notwehrlage gegeben ist.[8] Dem hält eine Gegenmeinung in der Literatur entgegen, dass eine Überschreitung der Grenzen der Notwehr dem Begriffe nach auch eine zeitliche Überschreitung sein kann.[9]

7    Klar sollte zunächst sein, dass eine bewusste Fortsetzung der Verletzungshandlungen gegen einen Angreifer nach endgültiger Beendigung des Angriffs nicht als Notwehrexzess entschuldigt sein kann. Was für die bewusste Überschreitung der Erforderlichkeit während des Angriffs gilt, gilt für einen bewussten „Nachschlag" gegen den Angreifer nach Beendigung des Angriffs erst recht. Wenn der Täter erkannt hat, dass der Angriff endgültig beendet ist, der Gegner also nicht mehr angreifen kann oder will, so ist ein solcher Nachschlag nicht mehr von Verwirrung, Furcht oder Schrecken vor dem gerade beendeten Angriff motiviert. Wenn sie überhaupt von Angst motiviert ist, wie im vorliegenden Urteil so oft betont wird, dann allenfalls von der Angst vor künftigen Racheakten des unter schweren Verletzungen abgewehrten Gegners. Auch im vorliegenden Fall liegt die Vermutung allzu nahe, der Angeklagte habe die günstige Gelegenheit nutzen wollen, sich seines gefürchteten Gegners endgültig zu entledigen.

8    Danach bleibt nur noch offen, ob der Täter, der sich in einem vermeidbaren Irrtum darüber befand, dass der Angriff beendet war, sich gegen den Vorwurf der fahrlässigen Tatbestandsverwirklichung auf eine Entschuldigung nach § 33 berufen kann. Aber auch die Bedeutung dieser Rechtsfrage ist begrenzt. Der Angriff ist erst beendet, wenn der Angreifer zur Fortsetzung des Angriffs unfähig geworden ist oder wenn er seinen Entschluss den Angriff zu beenden in die Tat umgesetzt hat, indem er sich vom Angegriffenen zurückgezogen hat. Eine nachträgliche Erklärung des Angreifers, dass er den Angriff auch dann nicht fortgesetzt hätte, wenn er vom Verteidiger nicht daran gehindert worden wäre, begründet keine Beendigung des Angriffs (s. dazu o. 12/5). Dass der Angreifer unfähig geworden ist, den Angriff fortzusetzen oder sich entschlossen hat,

---

7  BGH NStZ 2002, 141.
8  BGHSt 27, 336 (339); BGH NStZ 1987, 20; NStZ 2002, 141. Ebenso *Jescheck/Weigend* AT § 45 II 4; *Frister* AT 16/41 f.; SK-*Rogall* § 33 Rn. 12.
9  Schönke/Schröder-*Perron/Eisele* § 33 Rn. 7; MüKo-*Erb* § 33 Rn. 14; LK-*Zieschang* § 33 Rn. 10; *Roxin/Greco* AT/1 22/88; *Jakobs* AT 20/31.

dies nicht zu tun, muss für den Angegriffenen auch erkennbar sein sonst ist sein Erlaubnistatbestandsirrtum unvermeidbar.

Für eine Entschuldigung des vermeidbaren Irrtums des Angegriffenen über die Fortdauer des Angriffs nach § 33 spricht zunächst, dass sich der Täter in Folge seines Irrtums in genau der gleichen psychischen Belastungssituation befindet, in der er sich befunden hätte, wenn seine Vorstellung wahr wäre. Das allein genügt aber für den Schuldausschluss nach § 33 nicht. Hinzukommt nun, dass für diese psychische Belastungssituation der Angreifer verantwortlich ist, weil er sie durch seinen Angriff verursacht hat.[10] Das unterscheidet diese Konstellation von einem Putativnotwehrexzess. Mit diesem hat sie allerdings gemeinsam, dass sich der Angreifer nicht mehr dadurch vor weiteren Beeinträchtigungen seiner Rechtsgüter schützen kann, dass er mit seinem Angriff aufhört, denn das hat er ja bereits getan. Deshalb sollte man den Täter, der immerhin fahrlässig nicht erkannt hat, dass der Angriff endgültig beendet war, auch bei Handeln aus einem asthenischen Affekt nicht völlig entschuldigen. War der asthenische Affekt so stark, dass er ihn außer Stand gesetzt hat, die Situation richtig zu beurteilen, so ist er schon nach allgemeinen Kriterien der Vermeidbarkeit des Erlaubnistatbestandsirrtums entlastet. Hinzu kommt das praktische Argument, dass man vielfach einem Angeklagten die Schutzbehauptung nicht wird widerlegen können, er habe aus Furcht, Verwirrung oder Schrecken nicht erkannt, dass sein Gegner zum Angriff nicht mehr fähig oder nicht mehr willens gewesen war, als er ihm noch einen „Nachschlag" erteilte. Auch der vorliegende Fall bietet ein Beispiel dafür.

### 3. Hinweise zur praktischen Anwendung

Jeder Prüfung eines Notwehrexzesses geht die Prüfung einer Notwehr voraus. Fehlt es schon an einem rechtswidrigen Angriff, so kommt allenfalls die umstrittene analoge Anwendung von § 33, sog Putativnotwehrexzess in Betracht. Liegt eine Notwehrlage und eine Verteidigungshandlung vor, so ergibt sich aus der Prüfung der Rechtfertigung dieser Handlung durch Notwehr, die stets Vorrang hat,[11] inwieweit und durch welche Handlung der Täter seine Notwehrbefugnis überschritten hat und damit auch, ob ein intensiver oder extensiver Notwehrexzess vorliegt.

Ob diese überschießende Verteidigungshandlung als Notwehrexzess entschuldigt ist, ist aber nur dann zu prüfen, wenn ein asthenischer Affekt in Betracht kommt. Hat sich der Verteidiger von Anfang an in einer überlegenen Kampfposition befunden, so sollte § 33 allenfalls mit einem Satz abgelehnt werden.[12] Kommt nach dem bisherigen Ergebnis ein intensiver Notwehrexzess in Betracht, so stellt sich nun die Frage, ob der Täter sich in Folge seines asthenischen Affekts in einem Erlaubnistatbestandsirrtum über die Intensität des von seinem Gegner ausgehenden Angriffs befand. Ist dies zu bejahen, so muss noch festgestellt werden, dass er infolge dieses Irrtums über das erforderliche Maß der Verteidigung hinausgegangen ist. Entschuldigt ist er jedenfalls dann, wenn die überschießende Verteidigung nach seiner irrigen Vorstellung zur Abwehr des Angriffs erforderlich war. Hat der Täter sich nicht in einem Erlaubnistatbestandsirrtum über die Intensität des Angriffs befunden, so ist der Streit um die Entschuldigung des bewussten Notwehrexzesses einschlägig.

---

10  *Jakobs* AT 20/31.
11  Vgl. MüKo-*Erb* § 33 Rn. 6.
12  Vgl. dazu die Fälle BGH NJW 1992, 516; JuS 2000, 717.

12    Kommt nach dem bisherigen Ergebnis nur ein extensiver Notwehrexzess in Betracht, so ist wiederum zunächst der asthenische Affekt festzustellen. Dann stellt sich die Frage, ob sich der Täter in einem Erlaubnistatbestandsirrtum darüber befand, dass der Gegner seinen Angriff noch fortsetzen konnte bzw. wollte und ob dieser Irrtum auf den asthenischen Affekt zurückzuführen ist. Sind beide Fragen zu bejahen, so ist der Streit zwischen der Rechtsprechung und einem Teil der Literatur um die Anwendbarkeit des § 33 auch auf den extensiven Notwehrexzess zu entscheiden.

13    Auch für den Fall, dass der Täter sich nicht in einem Erlaubnistatbestandsirrtum befunden hat, wird die Anwendung des § 33 auf seinen extensiven Notwehrexzess in der Literatur vertreten. Hier ist zunächst mit besonderer Sorgfalt zu untersuchen, ob der Täter überhaupt noch von einem asthenischen Affekt beherrscht wurde. Dass jemand aus Verwirrung, Furcht oder Schrecken bewusst zum Gegenangriff übergeht, obwohl er erkannt hat, dass der Angriff des Täters bereits abgeschlagen ist, ist schwerlich vorstellbar.

14    Auch wenn der Notwehrexzess des Angegriffenen nach § 33 entschuldigt ist, so ist er doch rechtswidrig, so dass der ursprüngliche Angreifer nun seinerseits ein Notwehrrecht dagegen hat. Hat er sich gegen den Notwehrexzess zur Wehr gesetzt, so muss also geprüft werden, ob seine Handlung noch eine Fortsetzung des Angriffs war oder eine Verteidigung gegen den Gegenangriff, soweit dieser rechtswidrig war. Diese Frage hätte sich in unserem Messerstecherfall etwa dann gestellt, wenn der Nebenkläger, nachdem er bereits zu Boden gegangen war, der Angeklagte aber fortfuhr, mit seinem Anglermesser auf ihn einzustechen, doch noch irgendwie seine Pistole zu fassen bekommen und nun auf den Angeklagten geschossen hätte. Beim extensiven Notwehrexzess, wie er in diesem Fall vorgelegen hat, muss zwischen dem ursprünglichen Angriff und der späteren Notwehr des Angreifers gegen den Exzess des Angegriffenen eine Phase liegen, in der der ursprüngliche Angreifer nicht mehr gegen den Angegriffenen vorgeht. In dieser Phase verwandeln sich die ursprünglichen Verteidigungshandlungen des Angegriffenen in einen Angriff seinerseits. Erst dann hat der ursprüngliche Angreifer ein Notwehrrecht. Schwieriger ist die Entscheidung, ob der ursprüngliche Angreifer gegen einen intensiven Notwehrexzess Notwehr übt oder seinen ursprünglichen Angriff fortsetzt.

## § 19 Unrechtsbewusstsein, Verbotsirrtum und Vermeidbarkeit des Verbotsirrtums

### 1. Das Unrechtsbewusstsein als Schuldelement

Das Unrechtsbewusstsein bezieht sich nicht auf die Handlung des Täters in irgendeinem „natürlichen" Sinne, sondern auf die Tatbestandsverwirklichung. Das wird mit einem nicht gerade treffenden Ausdruck als „Teilbarkeit des Unrechtsbewusstseins" bezeichnet.[1] Denn geteilt wird hier überhaupt nichts, schon gar nicht ein Unrechtsbewusstsein. Wenn man schon darauf besteht, dass hier irgendetwas geteilt wird, so wäre das allenfalls die Handlung im natürlichen Sinne. Aber es geht auch nicht um einen Teil der Handlung, sondern um die Verwirklichung eines bestimmten Tatbestandes. Wenn beispielsweise der Täter gestohlene Autos in ein Land exportiert, über das ein Embargo verhängt ist, dass sich auch auf Kraftfahrzeuge erstreckt, so fehlt ihm, wenn er dies nicht wusste, das Unrechtsbewusstsein in Bezug auf den Embargo-Verstoß nach § 34 Abs. 4 AWG. Sein Unrechtsbewusstsein in Bezug auf die Verwirklichung des Tatbestandes der Hehlerei ersetzt dieses fehlende Unrechtsbewusstsein in Bezug auf den Embargo-Verstoß nicht.[2] Das bedeutet der Ausdruck dass das Unrechtsbewusstsein teilbar ist.

§ 17 stellt zunächst klar, dass das Unrechtsbewusstsein nicht zum Vorsatz gehört,[3] aber auch, dass es kein notwendiges Element der Schuld ist. Fehlt dem Täter das Unrechtsbewusstsein, so kann er gleichwohl nach dem Vorsatztatbestand und dem vollen Strafrahmen verurteilt werden, es gibt lediglich eine fakultative Strafmilderung, es sei denn, dass er den Verbotsirrtum nicht vermeiden konnte. Der Grund dafür besteht darin, dass das Recht die Verbindlichkeit seiner Normen gegenüber dem Täter nicht davon abhängig machen kann, ob der Täter beliebt sie zur Kenntnis zu nehmen.[4] Der Bürger hat eine allgemeine Pflicht, sich bei seinem Handeln darüber kundig zu machen, ob es erlaubt oder verboten ist.[5]

Die hL bezeichnet deshalb nicht das Unrechtsbewusstsein, aber das sog potenzielle Unrechtsbewusstsein als ein notwendiges Element der Schuld.[6] Das ist ungenau und missverständlich. Denn die Entschuldigung des Täters wegen eines unvermeidbaren Verbotsirrtums ist nicht nur dann ausgeschlossen wenn er den Irrtum im Moment der Handlung vermeiden konnte, sondern auch dann, wenn er vorher einen Anlass und die Möglichkeit dazu hatte, sich über die für sein Verhalten geltenden Normen zu informieren. Wer zB beruflich auf einem bestimmten Gebiet tätig ist, für das besondere, nicht allgemein bekannte Straftatbestände gelten, ist verpflichtet, sich über diese zu informieren, sobald er diese Tätigkeit aufnimmt. Hat er dies versäumt, so kann er sich nicht darauf berufen, dass er in dem Moment, in dem er einen solchen Straftatbestand vorsätzlich verwirklicht hat, keine Gelegenheit mehr hatte, seinen Verbotsirrtum aufzuklären, also im Moment der Tat auch kein „potenzielles Unrechtsbewusstsein"

1

2

3

---

1   LK-*Vogel/Bülte* § 17 Rn. 21; *Roxin/Greco* AT/1 21/16 f.; BGHSt 10, 35 (40); BGH NJW 1963, 1931; BGH MDR 1958, 738 (739); BGH StV 1982, 218.
2   BGH StV 1995, 632 mit Bespr. *Puppe* Vorauf. 32/1 ff.; ebenso *Jakobs* AT 19/27.
3   Vor und teilweise auch noch nach Einführung von § 17 wurde dies unter der Bezeichnung Vorsatztheorie vertreten ua von *Schmidhäuser* AT 10/56.
4   BGHSt 2,194 (201); NK-*Neumann* § 17 Rn. 54; *Jakobs* AT 19/33; *Roxin/Greco* AT/1 21/ 9.
5   So schon die berühmte Entscheidung des großen Senats BGHSt 2, 194 (201).
6   *Wessels/Beulke/Satzger* AT Rn. 680; *Frister* AT 19/2; Kritisch dazu NK-*Neumann* § 17 Rn. 53.

hatte.[7] Die Anhänger der sog Ausnahmemodelle der actio libera in causa haben dies als Argument dafür angeführt, dass man die Schuld, ganz oder teilweise, auf einen Zeitpunkt vor der Tatbestandsverwirklichung vorverlagern kann.[8] Das ist aber bei vermeidbarem Verbotsirrtum ebenso wenig richtig, wie bei der actio libera in causa.[9] Tatschuld kann sich nur auf die Tat beziehen, nicht auf ein vorhergehendes Versäumnis. Das potenzielle Unrechtsbewusstsein kann also kein Element der Tatschuld sein.

4    Es gibt aber nach § 17 zwei Arten oder Stufen der Vorsatzschuld: die mit Unrechtsbewusstsein und die ohne Unrechtsbewusstsein.[10] Bei Vorsatz ohne Unrechtsbewusstsein ist eine Strafmilderung nach § 49 immerhin möglich. Der Grund dafür, dass ein unvermeidbarer Verbotsirrtum die Strafbarkeit des Täters ausschließt besteht also nicht darin, dass ein „potenzielles Unrechtsbewusstsein" Element der Schuld ist, sondern in einem Gedanken, der außerhalb der Schuld liegt. Es bleibt zunächst dabei, dass die Rechtsnormen Gültigkeit auch demgegenüber beanspruchen, der sie nicht kennt. Aber niemand darf für die Verletzung einer Rechtsnorm bestraft werden, wenn er nicht die Chance hatte, diese zu vermeiden, sei es auch durch ein vor der Tat vorzunehmendes Verhalten.[11] Mit der Tatschuld hat das nichts zu tun, wohl aber mit der allgemeinen Pflicht des Bürgers, sich über die für ihn geltenden Rechtsvorschriften zu informieren. Die Grenzen dieser Pflicht sind auch die Grenzen der Unvermeidbarkeit des Irrtums. Dieser Pflicht korrespondiert ein Anspruch des Bürgers darauf, dass stets klar und eindeutig bestimmt ist, ob ihm ein Handeln erlaubt oder verboten ist und dass ihm die Rechtsordnung stets die Möglichkeit eröffnet dies mit Gewissheit festzustellen, s. dazu u. 29/11 ff.

5    Maßgeblich für die Bestimmung des Norminhalts ist die sog „gelebte Rechtsordnung". Gemeint ist damit diejenige Interpretation der Rechtsnormen, die die obersten Gerichte vornehmen.[12] Die Informationspflicht des Bürgers bezieht sich also auch auf den Inhalt von Gerichtsentscheidungen. Kennt er den Inhalt der einschlägigen Norminterpretation der Gerichte oder hätte er ihn kennen sollen, so kann er sich nicht damit entlasten, dass er selbst mit dieser Interpretation nicht einverstanden ist. Wenn beispielsweise ich als geschworene Gegnerin der ständigen Rechtsprechung, wonach der Aussteller einer Urkunde eine Urkundenfälschung begeht, sofern er sie nachträglich ändert,[13] eine solche Handlung vornehme, so kann ich mich nicht auf einen Verbotsirrtum berufen, wenn ich diese Rechtsprechung kenne und nicht auf einen unvermeidbaren Verbotsirrtum, wenn ich sie nicht kenne.

---

7   *Rudolphi* (1969), 254 ff.; SK-*Rogall* § 17, Rn. 92; NK-*Neumann* § 17 Rn. 58; Schönke/Schröder-*Sternberg-Lieben/Schuster* § 17 Rn. 17; *Jakobs* AT 19/37; *Roxin/Greco* AT/1 21/49.

8   *Jescheck/Weigend* AT Rn. 445 ff.; *Neumann* (1985), 24 ff.; *Hruschka* JuS 1968, 554.

9   *Roxin* Lackner-FS, 307 (310 f.).

10  SK-*Rudolphi* (8. Aufl.), § 17 Rn. 3 ff.; *Puppe* Rudolphi-FS (2004), 231 (239).

11  *Puppe* Rudolphi-FS (2004), 231 (234). Dieser Grundsatz ist verwandt mit dem Garantieprinzip nula poene sine lege. Dieses Garantieprinzip nützt dem Bürger nur, wenn ihm auch die Möglichkeit garantiert ist, selbst zu erkennen, wodurch er sich strafbar machen würde.

12  NK-*Neumann* § 17 Rn. 51 f., 68; *Puppe* Rudolphi-FS (2004), 231 (236); *Naucke* Roxin-FS (2001), 503 (516); *Jakobs* AT 19/25.

13  Vgl. NK-*Puppe/Schumann* § 267 Rn. 89 ff. mwN.

## 2. Das sog. bedingte Unrechtsbewusstsein und die Vermeidbarkeit des Verbotsirrtums – Der Preisempfehlungsfall, BGHSt 27, 197

▶ Der Betroffene des Bußgeldverfahrens hatte als Betriebsleiter einer großen Backwaren-    6
herstellerin den von dieser belieferten Einzelhändlern einen Rundbrief geschrieben. Darin
hatte er ihnen zur Wahl gestellt, entweder ihre Abgabepreise selbst zu bilden oder die Lie-
ferfirma zu beauftragen, die Waren mit einem Preis auszuzeichnen, der aus dem Lieferpreis
der Herstellerfirma und einem 25 %igen Aufschlag als Handelsspanne für die Einzelhändler
gebildet war. Der BGH bestätigt die Ansicht des Bundeskartellamts, dass dieses Schreiben
einen Verstoß gegen die damals geltende Fassung des § 38 Abs. 1 Nr. 12 GWB darstellt. Dieser lautete: „Ordnungswidrig handelt wer Abnehmern seiner Ware empfiehlt, bei der Wei-
terveräußerung an Dritte bestimmte Preise zu fordern oder anzubieten, bestimmte Arten
der Preisfestsetzung anzuwenden oder..." Der Betroffene war der Ansicht, dass sein Verhalten den objektiven Tatbestand der Preisempfehlung nicht erfülle, weil er nicht beabsichtigt
habe, seine Abnehmer zur Akzeptanz seiner Preisvorschläge zu bestimmen, sondern lediglich seinen Auslieferungsbetrieb zu vereinfachen. ◀

Einen vermeidbaren Verbotsirrtum des Betroffenen lehnt das Gericht mit folgender
Begründung ab:

> „Die Ausführungen des Kammergerichts zur Vermeidbarkeit des Verbotsirrtums sind im
> Hinblick auf die getroffenen Feststellungen nicht zu beanstanden. Der Betroffene zu 2)
> hätte bei der ihm nach den Umständen des Falles – die kartellrechtliche Problematik
> der Preisgestaltungen war ihm bekannt – und seiner beruflichen Stellung in der Firma
> der Nebenbetroffenen zuzumutenden Anspannung seiner Erkenntniskräfte zumindest die
> Einsicht gewinnen müssen, dass es zweifelhaft sei, ob das Rundschreiben rechtmäßig
> oder gesetzeswidrig ist. Wer aber die Vorstellung hat, seine Verhaltensweise verstoße
> möglicherweise gegen gesetzliche Vorschriften, und diese Möglichkeit in seinen Willen
> aufnimmt, kann sich nicht auf fehlende Einsicht, Unerlaubtes zu tun, berufen."[14]

Das Gericht geht also davon aus, dass der Täter sich nicht in einem Verbotsirrtum be-    7
funden hätte, wenn er die Möglichkeit, dass sein Verhalten rechtswidrig war, erkannt
und „in seinen Willen aufgenommen" hätte. Dann liege ein sog bedingtes oder eventu-
elles Unrechtsbewusstsein vor, und die Frage nach der Vermeidbarkeit eines Irrtums
würde sich gar nicht mehr stellen. Nach der herrschenden Lehre vom eventuellen
Unrechtsbewusstsein, die der Senat hier offenbar zugrunde legt, ist das „in den Willen
aufnehmen" genauso zu bestimmen, wie beim dolus eventualis.[15] Nach der Auffassung
der Rechtsprechung hängt aber bei Ungewissheit des Täters über die Tatbestandsverwirklichung der dolus eventualis davon ab, ob er die Tatbestandsverwirklichung „billigend in Kauf nimmt oder ob er ernsthaft und nicht nur vage auf ihr Ausbleiben
vertraut".[16] Dies soll eine Willensentscheidung des Täters sein, sie hängt also nicht
allein von seiner Erkenntnis ab. Der BGH hat sich, insbesondere beim Tötungsvorsatz,
aber nicht nur bei diesem, immer wieder mit Nachdruck dagegen verwahrt, dass die

---

14  BGHSt 27, 197 (201 f.).
15  BGHSt 58, 15 (27); 45, 148 (156); 27, 196 (202); 4, 1 (4); BGH JR 1952, 285; BayObLG GA 1956, 124 (127);
    OLG Hamburg MDR 1978, 108 (109); OLG Düsseldorf MDR 1984, 866; OLG Braunschweig NStZ-RR 1998,
    251 (252); OLG Karlsruhe NStZ-RR 2000, 60 (61); Schönke/Schröder-*Sternberg-Lieben/Schuster* § 17 Rn. 5a;
    *Jakobs* AT 19/29; *Jescheck/Weigend* AT § 41 I 3b; *Rudolphi* (1969), 118 (120 ff.); *Welzel* StrafR, 171 (172); *Wol-*
    *ter* JuS 1979, 482 (484); *Arm. Kaufmann* ZStW 70 (1958), 64 (84); *Paeffgen* JZ 1978, 738 (745 f.).
16  Statt vieler: BGHSt 4, 1 (4); 21, 283 (284); 36, 1 (9); BGHSt GA 1979, 106 (107); NStE § 212 Nr. 18; NStZ 1992,
    587 (588); NStZ 1994, 483 (484).

Instanzgerichte aus der Erkenntnis einer noch so großen und nahe liegenden Gefahr auf die Inkaufnahme ihrer Realisierung geschlossen haben.[17]

8    Das Gericht geht aber nicht davon aus, dass der Angeklagte tatsächlich billigend in Kauf genommen hat, dass sein Verhalten gegen das Preisempfehlungsverbot verstieß, sondern davon, dass er dies hätte in Kauf nehmen können und auch sollen und dass sein Verbotsirrtum deshalb vermeidbar war. Danach ist der Täter, der nur zu der Möglichkeit der Rechtswidrigkeit der geplanten Handlung, nicht aber zu ihrer Gewissheit gelangen kann gehalten, die Rechtswidrigkeit billigend in Kauf zu nehmen, um den Mangel des Unrechtsbewusstseins zu vermeiden. Das kann normativ nicht richtig sein.

9    Auch die im Schrifttum vorgeschlagenen Bestimmungen des sog Willenselements des dolus eventualis lassen sich nicht auf das Unrechtsbewusstsein bei Ungewissheit übertragen. Soll der Täter Unrechtsbewusstsein haben, wenn er die Möglichkeit, dass sein Handlungsprojekt verboten ist, ernst nimmt? Soll, sofern er sie nicht ernst nimmt, sein Verbotsirrtum deshalb vermeidbar sein, weil er sie hätte ernst nehmen können? Das voluntative Vorsatzelement lässt sich also, von seiner grundsätzlichen Zweifelhaftigkeit abgesehen, jedenfalls nicht auf das Problem der Ungewissheit über die Rechtswidrigkeit übertragen.[18]

10    Die Frage, ob überhaupt und unter welchen Bedingungen der Unrechtszweifel dem gewissen Unrechtsbewusstsein gleichzusetzen ist, muss problemorientiert, also ohne voreilige Übertragung der Lösungen anderer Probleme entschieden werden. Diese Entscheidung hängt davon ab, wozu ein Bürger von Rechts wegen verpflichtet ist, wenn er sich über die Rechtmäßigkeit seines Handlungsprojekts im Unklaren ist und keine Gewissheit darüber erlangen kann. Nach einer Ansicht soll er dann (sofern ihm das nicht unzumutbar ist) von seinem Handlungsprojekt Abstand nehmen.[19] Der Zweifel an der Rechtmäßigkeit wird also der Gewissheit der Rechtswidrigkeit gleichgestellt.

11    Das hätte zur Folge, dass jede Unklarheit in der Rechtsanwendung zulasten des Bürgers ginge, der sich stets an diejenige Auslegung einer Verbots-, Gebots- oder Erlaubnisnorm halten müsste, die seine Handlungsfreiheit am stärksten einschränkt.[20] Aber der Bürger darf den ihm von der Rechtsordnung gewährten Handlungsspielraum ausschöpfen ohne Strafbarkeit zu riskieren, wenn er sich seinen Grenzen nähert. Die Rechtsordnung selbst hat dafür zu sorgen, dass seine Zweifel am Inhalt ihrer Verbote, Gebote und Erlaubnisse behebbar sind. Unrechtsbewusstsein hat der Täter also nur dann, wenn er weiß, dass sein Verhalten verboten ist. Ein ernsthafter und begründeter Zweifel an der Rechtswidrigkeit des eigenen Verhaltens steht also einem Verbotsirrtum gleich.[21]

---

17  S. dazu ausführliche Nachweise o. 9/5 ff.

18  NK-*Neumann* § 17 Rn. 33; SK-*Rogall* § 17 Rn 21; *Puppe* Rudolphi-FS (2004), 231 (235); *Leite* GA 2012, 688 (690); *Roxin* GA 2018, 494 (497 f.); *Roxin/Greco* AT/1 21/30. Für das kognitive Vorsatzverständnis gilt das ebenfalls, *Leite* GA 2012, 688 (690 f.).

19  NK-*Neumann* § 17 Rn. 33 f.; dagegen *Leite* GA 2012, 688 (699 f.).

20  Kritisch dazu *Roxin/Greco* AT/1 21/31; *Frister* AT 19/5; SK-*Rogall* § 17 Rn. 21 ff.; eingehend *Rudolphi* (1969), 118 ff.; *Warda* Welzel-FS (1974), 499 (524).

21  *Puppe* Rudolphi-FS (2004), 231 (235 f.); *Leite* GA 2012, 688 (695 f., 700); *Roxin* GA 2018, 494 (500 ff.); SK-*Rogall* § 17 Rn. 23 ff.; *Frister* AT 19/5; *Stratenwerth/Kuhlen* 10/85; *Roxin* GA 2018, 494 (506); *Roxin/Greco* AT/1 21/34 ff. Letztere wollen den Unrechtszweifel allerdings nur dann dem Mangel an Unrechtseinsicht gleichstellen, wenn er unvermeidbar ist. Diese Inkonsequenz ist nicht nötig, denn bei Vermeidbarkeit dieses Mangels sieht § 17 ohnehin nur eine fakultative Strafmilderung vor.

Das einzige, wozu der Unrechtszweifel den Bürger verpflichtet ist, sich nach Kräften und mit allen ihm verfügbaren Mitteln um die Behebung dieses Zweifels zu bemühen, ehe er sein Projekt in die Tat umsetzt.[22] Ist die Rechtsordnung eindeutig, so wird ihm das in aller Regel auch gelingen. Erhält er allerdings von einer Person, die er für kompetent und vertrauenswürdig halten darf, aufgrund von deren Fehler die falsche Auskunft, dass sein Verhalten rechtmäßig sei, so ist sein Irrtum unvermeidbar.

Die Gleichsetzung des Unrechtszweifels mit der Unrechtsgewissheit hat für § 17 zwei 12 Konsequenzen: Erstens trifft den zweifelnden Täter die volle Strafe des Vorsatzdelikts ohne Milderungsmöglichkeit nach § 17. Zweitens ist dann das Wissen, dass der Täter durch Ausschöpfung seiner Erkenntniskräfte und Erkenntnismittel erlangen können soll, lediglich das Wissen um die Möglichkeit, dass er Unrecht tut, so auch die vorliegende Entscheidung. Beide Konsequenzen und damit auch die Prämisse sind abzulehnen. Nur die volle Gewissheit des Täters, Unrecht zu tun, begründet auch den vollen Schuldvorwurf.[23] Sie ist auch der Normalfall der Straftat. Für die Vermeidbarkeit des Verbotsirrtums genügt es auch nicht, dass der Täter zu der Erkenntnis gelangen kann, sein Verhalten sei möglicherweise rechtswidrig. Der Staat ist es dem Bürger schuldig, ihm klar zu sagen, was er ihm verbietet und was er ihm erlaubt. Nur dann hat er Anspruch auf Gehorsam. Ein Verbotsirrtum ist also nur dann vermeidbar, wenn der Täter bei Erfüllung seiner Rechtserforschungspflicht zur Gewissheit darüber gelangen kann, dass sein Handlungsprojekt verboten ist.[24]

Im vorliegenden Fall hat der Betroffene offensichtlich versucht, das Verbot der Preis- 13 empfehlung zu umgehen, indem er seinen Abnehmern diese Empfehlung nur als eine von zwei Alternativen unterbreitete. Aber was heißt umgehen? Stand zum Zeitpunkt seiner Handlung objektiv noch nicht fest, dass auch diese alternative Preisempfehlung den Tatbestand erfüllt, war dies also noch nicht höchstrichterlich entschieden, so befand er sich nicht in einem Verbotsirrtum. Stand es objektiv fest, so hätte er durch Anspannung seiner eigenen Erkenntniskräfte zu dem Ergebnis kommen müssen, dass sein Vorgehen rechtlich zweifelhaft ist und hätte sodann Rechtsrat einholen müssen. Dieser hätte ihm, sofern der Ratgeber nicht seinerseits einen Fehler gemacht hätte, Gewissheit darüber verschafft. Dem Urteil ist nicht zu entnehmen, dass die Antwort auf die Frage, ob eine alternative Empfehlung tatbestandsmäßig ist, bereits vor der Tat feststand, also höchstrichterlich entschieden war. Wahrscheinlich war das nicht der Fall und das Gericht hat die Frage selbst entschieden, denn ein Präjudiz wird in den Urteilsgründen nicht aufgeführt. Trotzdem hat es dem Betroffenen deshalb keine Entschuldigung durch Verbotsirrtum zugebilligt, weil er durch „Anspannung seiner Erkenntniskräfte" wenigstens dazu gelangt wäre, an der Rechtmäßigkeit seines Vorgehens zu zweifeln. Dieser Unrechtszweifel wird dann dem sicheren Unrechtsbewusstsein gleichgestellt und damit die Vermeidbarkeit eines Verbotsirrtums begründet. In Wahrheit aber wäre sein Verbotsirrtum nur dann vermeidbar gewesen, wenn er durch Erfüllung seiner Rechtserforschungspflicht zur Gewissheit hätte gelangen können, dass sein Vorgehen gegen das Preisempfehlungsverbot verstößt.

---

22 Ebenso *Leite* GA 2012, 688 (698).
23 *Roxin* GA 2018, 494 (501); *Paeffgen* JZ 1978, 738 (745 f.), schlägt vor, dem durch eine analoge Anwendung der in § 17 angeordneten Strafmilderungsmöglichkeit Rechnung zu tragen.
24 *Puppe* Rudolphi-FS (2004), 231 (232 f.); zust. *Leite* GA 2012, 688 (695 f.); SK-*Rogall* § 17 Rn. 45. Für den Fall einander widersprechender höchstrichterlicher Entscheidungen auch NK-*Neumann* § 17 Rn. 72; dagegen MüKo-*Joecks/Kulhanek* § 17 Rn. 62.

### 3. Unrechtsbewusstsein bei unentschiedener Rechtsfrage – Der Parkkrallen-Fall, BGH NStZ 2017, 284 (vereinfachte Version)

14  ▶ Der Angeklagte war vertretungsberechtigter Kommanditist der PKG, deren Geschäftszweck die Beseitigung von Besitzstörungen auf Privatparkplätzen ist. Seine Kunden waren Supermarktbetreiber, Krankenhäuser und Hausverwaltungen, die ihn zu Maßnahmen gegen auf ihren Privatparkplätzen unberechtigt parkende Autofahrer ermächtigt hatten. Der Angeklagte legte unberechtigt parkenden Fahrzeugen sog. Parkkrallen an und entfernte diese erst, nachdem die Autofahrer die Geldansprüche seiner Auftraggeber wegen Besitzstörungen (§ 1004 BGB) erfüllt hatten. Dabei berief sich der Angeklagte auf ein Zurückbehaltungsrecht an den Kraftfahrzeugen. Ob ein solches Vorgehen rechtmäßig ist, also nicht unter den Tatbestand des § 240 StGB fällt, ist bisher höchstrichterlich noch nicht entschieden. Der Angeklagte hatte den Rechtsrat dreier Anwälte und das Gutachten eines Zivilrechtsprofessors eingeholt, die sämtlich zu dem Ergebnis kamen, dass sein Vorgehen rechtmäßig sei. Der BGH begründet den Freispruch des Angeklagten vom Vorwurf der Nötigung in diesen Fällen wie folgt: ◀

> „Ob das Handeln des Angeklagten rechtswidrig im Sinne von § 240 Abs. 2 StGB war, kann der *Senat* letztlich offenlassen. Das LG hat angenommen, dass jedenfalls in denjenigen Fällen, in denen es zum Einsatz einer Parkkralle kam, das Handeln des Angeklagten verwerflich im Sinne von § 240 Abs. 2 StGB gewesen sei (…). Unabhängig von der objektiven Rechtslage trägt den Freispruch (…) jedenfalls die Auffassung des LG, der Angeklagte habe in einem unvermeidbaren Verbotsirrtum gehandelt."[25]

15  Der BGH bestätigt also den Freispruch des LG auf einer wahldeutigen Grundlage: Entweder hat der Angeklagte bei Einsatz der Parkkralle rechtmäßig und deshalb tatbestandslos i.S. von § 240 Abs. 2 gehandelt, oder er handelte in einem unvermeidbaren Verbotsirrtum, weil er seiner Rechtserforschungspflicht voll genügt hat. So kommt der BGH zu einem eindeutigen Ergebnis im vorliegenden Fall, ohne die Frage zu entscheiden, ob der Einsatz der Parkkralle rechtmäßig war oder verwerflich i.S. von § 240. Auf diese Weise kann diese Rechtsfrage ad infinitum unentschieden bleiben. Aber ein oberstes Gericht hat nicht nur Einzelfälle zu entscheiden, sondern in dem einschlägigen Bereich für Rechtsklarheit und Rechtssicherheit zu sorgen: Der BGH hätte also klären müssen, ob der Angeklagte deshalb freizusprechen war, weil er kein Nötigungsunrecht begangen hat, oder deshalb, weil er sich bei der Begehung von Nötigungsunrecht in einem unvermeidbaren Verbotsirrtum befand, also ohne Schuld handelte. Sie als Gutachter dürfen in keinem Fall so vorgehen wie hier der BGH. Sie müssen die systematisch vorrangige Frage, ob der Täter Unrecht getan hat, entscheiden, ehe Sie feststellen können, ob er sich überhaupt in einem Verbotsirrtum befunden hat, und erst wenn dies festgestellt ist, können Sie die Frage aufwerfen, ob sein Verbotsirrtum vermeidbar war.

16  Die Frage, ob der Einsatz einer Parkkralle zur Beitreibung eines Anspruchs wegen Besitzstörungen aus § 1004 BGB rechtmäßig, also nicht besonders verwerflich ist, ist höchstrichterlich noch nicht entschieden. Trotzdem geht die hL davon aus, dass sie objektiv entschieden ist, nämlich in dem Sinne, in dem das höchste Gericht sie eines Tages entscheiden wird. Denn wenn das Gericht die Frage entschieden hat, so ist seine Entscheidung schon immer geltendes Recht gewesen, weil diese richtige Entscheidung

---

25  BGH NStZ 2017, 284 (288).

im Gesetz verborgen ist und das Gericht lediglich das Recht findet.[26] Wenn dann aber ein höchstes Gericht später anders entscheiden sollte, so hat eben diese andere Entscheidung seit eh und je gegolten und die erste Entscheidung ist falsch.

Diese Konzeption von Rechtsfindung ist schon logisch unhaltbar. Die moderne Methodenlehre hat längst erkannt, dass der Richter nicht nur das Recht herausfindet, das im Gesetz bereits verborgen ist, sondern in Zweifelsfällen selbst Recht schafft, indem er den Zweifel entscheidet.[27] Diese Rechtsetzung, also die Auslegung der Norm kann erst von dem Moment an gelten, in dem sie von dem höchsten Gericht vorgenommen worden ist.[28] Solange dies nicht geschehen ist, sind alle Auslegungsergebnisse, die methodisch korrekt ableitbar sind, gleichermaßen rechtens. Der Bürger befindet sich also gar nicht in einem Verbotsirrtum, wenn er eine von ihnen wählt.[29]     17

Anders die hL, sie verlangt vom Bürger, dass er sich so lange einer Ausübung seines möglicherweise bestehenden Rechts enthält, bis die Zweifelsfrage tatsächlich höchstrichterlich entschieden ist, es sei denn, eine solche Enthaltsamkeit wäre ihm unzumutbar, weil sie beispielsweise seine wirtschaftliche Existenz vernichten würde.[30] Will er nicht die Verurteilung wegen eines vermeidbaren Verbotsirrtums riskieren, so muss der Bürger also immer von derjenigen Rechtsauffassung ausgehen, die für ihn am ungünstigsten ist, seinen Freiheitsspielraum also am meisten beschränkt. Der Zweifel über die richtige Auslegung einer Rechtsnorm wird also, solange er nicht höchstrichterlich behoben ist, auf dem Rücken des Bürgers ausgetragen, bis zur Grenze der Unzumutbarkeit. *Roxin* will dem die Spitze dadurch nehmen, dass er dem Zweifelnden den Verzicht auf sein Handlungsprojekt nur dann zumutet, wenn das Interesse an der Durchsetzung von dessen Verbot für den Fall, dass dieses gilt, größer ist als das Interesse an seiner Handlungsfreiheit für den Fall, dass seine Handlung nicht verboten ist.[31] Ist das Zuwarten dem Täter in diesem Sinne nicht zumutbar, so soll ein Verbotsirrtum wohl unvermeidbar sein.     18

Eine Rechtsordnung, die vom Bürger bei Strafe Gehorsam fordert, muss dem Bürger klare Befehle erteilen. Das folgt aus dem Rechtsstaatsprinzip, Art. 20 Abs. 3 GG, und liegt auch Art. 103 Abs. 2 GG zugrunde. Der Bürger hat zwar die Pflicht, sich über die für sein Verhalten geltenden Normen kundig zu machen und kann sich deshalb auf einen Verbotsirrtum nur dann berufen, wenn er unvermeidbar ist. Aber der Staat hat die Pflicht, ihm die Möglichkeit zu geben, zu erfahren, was ihm von Rechts wegen, zu-     19

---

26 Schönke/Schröder-*Eser/Hecker* § 2 Rn. 7; *Pawlik* Neumann-FS (2017), S. 985 (991 f.). *Pawlik* begründet dies damit, dass der einzelne Richter, wenn er die Zweifelsfrage entscheidet, der Überzeugung ist, dass seine Entscheidung die einzig richtige, mindestens aber die beste ist. Deshalb war sie nach seiner Überzeugung schon immer die richtige. Aber es ist eben nicht seine Überzeugung, die die Entscheidung als Akt der Rechtsschöpfung wirksam macht, sondern die Tatsache, dass sie vom zuständigen Gericht in einem ordnungsgemäßen Verfahren ergangen ist. Auctoritas non veritas facit legem.

27 *Puppe* Rudolphi-FS (2004), 231 (234); NK-*Neumann* § 17 Rn. 51; *ders.* ZStW 103 (1991), S. 331 (340 ff.); *Naucke* Neumann-FS (2017), S. 955 (958 f.).

28 *Müller-Dietz* Maurach-FS (1972), 41 (45 ff.); *Puppe* Rudolphi-FS (2004), 231 (234); NK-*Neumann* § 17 Rn. 51; *ders.* ZStW 103 (1991), 331 (344 ff.); *Maurach/Zipf* AT/1 12/8; *Naucke* NJW 1968, 758 (759); *ders.* NJW 1968, 2321 (2324); *Schreiber* JZ 1973, 713 (717); differenzierend MüKo-*Schmitz* § 1 Rn. 37; dagegen wenig überzeugend SK-*Jäger* § 1 Rn. 16, obwohl er anerkennt, dass der Richter neues Recht schafft.

29 *Puppe* Rudolphi-FS (2004), 231 (236); *Naucke* Neumann-FS (2017), 955 (956 ff.); Schönke/Schröder-*Sternberg-Lieben/Schuster* § 17 Rn. 20; *Stratenwerth/Kuhlen* AT 10/92; NK-*Neumann* § 17 Rn 51, der allerdings die Konsequenzen daraus nicht zieht, § 17 Rn 52.

30 OLG Bremen NJW 1960, 163 f.; Schönke/Schröder-*Sternberg-Lieben/Schuster* § 17 Rn. 21; NK-*Neumann* § 17 Rn. 52; *ders.* JuS 1993, 793 (796); LK-*Vogel/Bülte* § 17 Rn. 28; *Warda* Welzel-FS (1974), 499 (506 ff., 526 ff.); *Kunz* GA 1983, 457 (469 ff.).

31 *Roxin* GA 2018, 494 (506 f.); ähnlich SK-*Rogall* § 17 Rn. 71.

mal bei Strafe, geboten ist (s. auch o. 19/11).[32] Solange die Gerichte eine Zweifelsfrage also nicht geklärt haben, hat der Staat diese seine Pflicht nicht erfüllt und kann vom Bürger keinen Gehorsam verlangen.[33] Deshalb ist im vorliegenden Fall auch die Ansicht, dass man Parkkrallen zur Durchsetzung von Ansprüchen gegen unberechtigte Parker einsetzen darf, rechtens. Der Angeklagte befand sich also gar nicht in einem Verbotsirrtum. Um diesen Zustand der Rechtsunsicherheit zu beenden, hätte das Gericht den Fall zum Anlass nehmen sollen, diese Rechtsfrage zu entscheiden, auch wenn es diese Entscheidung im vorliegenden Fall nicht anwenden konnte.

20 Die Frage, ob der Täter bei unentschiedener Rechtslage ein Unrechtsbewusstsein hat oder nicht, wurde in Literatur und Rechtsprechung lange vernachlässigt. Nachdem das Strafrecht, insbesondere das Nebenstrafrecht, immer unübersichtlicher und schwerer durchschaubar geworden ist, ist die Frage heute aktuell geworden und es sind zahlreiche Aufsätze dazu erschienen. Die Lösung des Problems wird aber meist nicht darin gesucht, dass man die Gesetzgebung und die Rechtsprechung zu klaren Anweisungen an den Bürger anhält, sondern darin, dass man die Anforderungen an den unvermeidlichen Verbotsirrtum oder dessen gesetzliche Regelung in § 17 aufweicht.[34]

### 4. Änderung der Rechtsprechung und Unrechtsbewusstsein – Der Fall Opus Pistorum, BGHSt 37, 55

21 ▶ Der Angeklagte vertrieb im Versandbuchhandel das Buch „Opus Pistorum" von Henry Miller. Er war deshalb wegen Vertriebs von Pornographie nach § 184 und wegen Verstoßes gegen § 6 Nr. 2 des GJS angeklagt. Der BGH ging davon aus, dass es sich bei dem Buch „Opus Pistorum" um ein Kunstwerk handelt. Nach der früheren Rechtsprechung des BGH und auch des BVerfG galten die Begriffe Kunst und Pornographie als miteinander unvereinbar. Mit dem vorliegenden Urteil bekennt sich der BGH zu der These, dass auch Kunst sog harte Pornographie sein kann, deren Vertrieb den objektiven Tatbestand des § 184 erfüllt. ◀

Zur Entscheidung der Frage, ob das Werk „Opus Pistorum" nach diesem Begriffsverständnis Pornographie ist oder nicht, hält der BGH sich nicht für befugt, weil dies eine Tatfrage sei. Trotzdem prüft das Gericht nun die Frage, ob der Angeklagte seiner Erkundigungspflicht über den Inhalt und die Tragweite des § 184 und des § 6 Abs. 2 GJS ausreichend nachgekommen ist, indem er festgestellt hatte, dass das Buch von anderen Verlagen seit zwei Jahren ohne Beanstandung vertrieben worden ist und bei der Bundesprüfstelle für jugendgefährdende Schriften eine negativ beschiedene Anfrage nach einer Indizierung des Werkes gestellt hat. Der BGH verneint die Frage mit der Begründung, der Angeklagte hätte ein Fachgutachten darüber in Auftrag geben müssen, ob dieses Werk pornographisch sei. Trotzdem hat der BGH mit der folgenden Begründung eine Zurückverweisung der Sache und eine Verurteilung des Angeklagten abgelehnt:

22 „Ein Schuldvorwurf setzt voraus, dass dem Angeklagten, hätte er die gebotene Sorgfalt beachtet und fachkundigen Rat eingeholt, die Auskunft erteilt worden wäre, eine Verbreitung des Buches „Opus Pistorum" verstoße gegen die Vorschriften des GJS. Denn Gegenstand des Schuldvorwurfs ist nicht die Unterlassung einer Erkundigung schlechthin,

---

32 *Puppe* Rudolphi-FS (2004), 231 (235 f.); zust. *Leite* GA 2012, 688 (695 f.); *Naucke* Neumann-FS (2017), 955 (960 f.).

33 *Puppe* Rudolphi-FS (2004), 231 (232 f.). Für den Fall einander widersprechender höchstrichterlicher Entscheidungen auch NK-*Neumann* § 17 Rn. 72; dagegen MüKo-*Joecks* § 17 Rn. 62.

34 MüKo-*Joecks* § 17 Rn. 42; NK-*Neumann* § 17 Rn. 34; Schönke/Schröder-*Sternberg-Lieben/Schuster* § 17 Rn. 21; kritisch dazu *Naucke* Neumann-FS (2017), S. 955 (960 ff.).

sondern nur eine solche, die, wenn sie eingeholt worden wäre, zum Tragen gekommen wäre …

Unter Zugrundelegung der Rechtsprechung des Bundesverfassungsgerichts wäre der Roman „Opus Pistorum" aller Wahrscheinlichkeit nach als Kunstwerk beurteilt worden. Bei diesem Ausgangspunkt hätte aber jeder fachkundige Berater vor der Situation gestanden, dass in der Kommentarliteratur durchweg die These von der Exklusivität der Begriffe Kunst und Pornographie vertreten wurde. Jeder Sachkundige hätte dem Angeklagten infolgedessen sagen müssen, dass es deswegen schon am Tatbestand des § 184 und § 6 Nr. 2 GjS fehle."[35]

Das Urteil ist im Ergebnis richtig. Der Angeklagte musste freigesprochen werden, aber nicht, weil sein Verbotsirrtum trotz Vernachlässigung seiner Erkundigungspflicht unvermeidbar war, sondern weil er sich gar nicht in einem Verbotsirrtum befand.[36] Wie das Gericht in den Gründen selbst darlegt, galt zur Zeit der zur Aburteilung stehenden Tat des Angeklagten noch die These von der Exklusivität zwischen Kunst und Pornographie und zwar sowohl in der Rechtsprechung des BGH als auch in der des Bundesverfassungsgerichts. Der Begriff Pornographie ist nicht eindeutig, er bedarf der Auslegung, dh der kasuistischen Präzisierung durch die Rechtsprechung. Wenn nun um der Rechtssicherheit willen irrtumsrechtlich allein die Auslegung der Strafgesetze durch die Gerichte maßgeblich ist und nicht die des betroffenen Bürgers (s. dazu o. 19/5 ff., 19/27), so ist es nicht konsequent und für den Bürger nicht zumutbar, eine Änderung der gefestigten Rechtsprechung als Akt nur der Rechtsfindung, nicht der Rechtssetzung aufzufassen. Sonst wäre der Bürger zwar zu seinen Lasten an den Stand der Rechtsprechung gebunden, könnte aber zu seinen Gunsten nicht darauf vertrauen und müsste stets von derjenigen Auslegung des Tatbestandes ausgehen, die seine Handlungsfreiheit am stärksten einschränkt.[37] Denn wenn die neue Rechtsprechung nur die bessere Erkenntnis eines Rechtsinhalts wäre, der immer schon gegolten hat, so müsste sich die Frage stellen, ob nicht auch der Bürger durch Rechtserforschung oder „Gewissensanspannung" zu dieser besseren Erkenntnis hätte gelangen sollen oder doch zum Zweifel an der Richtigkeit der bisherigen Rechtsprechung. Dann hätte man im vorliegenden Fall etwa fragen müssen, ob der Angeklagte nicht wie der BGH selbst angesichts der Ausuferung der Kunst und des Kunstbegriffs an der Richtigkeit der Exklusivität der Begriffe Kunst und Pornographie hätte zweifeln sollen. Ehrlicherweise ist zuzugeben, dass irrtumsrechtlich die höchstrichterliche Auslegung der Tatbestandsbegriffe Rechtssetzung ist.[38]

Indem der BGH die These von der Exklusivität von Kunst und Pornographie in der vorliegenden Entscheidung aufgegeben hat, hat er innerhalb der zulässigen Wortbedeutung den Anwendungsbereich des § 184 erweitert. Er hat damit Strafbarkeit begründet, die zuvor nach der Rechtsprechung und damit nach der Rechtslage nicht bestand. Auch für richterliche Begründung von Strafbarkeit gilt das Rückwirkungsverbot.[39] Der

23

24

---

35  BGHSt 37, 55 (67).
36  *Naucke* Neumann-FS (2017), 955 (961); *Puppe* Rudolphi-FS (2004), 231 (236).
37  *Naucke* Neumann-FS (2017), 955 (956 ff.); NK-*Neumann* § 17 Rn. 51, der allerdings die Konsequenzen daraus nicht zieht, § 17 Rn. 52; Schönke/Schröder-*Sternberg-Lieben/Schuster* § 17 Rn. 20; LK-*Vogel/Bülte* § 17 Rn. 28; *Stratenwerth/Kuhlen* AT 10/92; *Neumann* JuS 1993, 793 (798).
38  NK-*Neumann* § 17 Rn. 51 f.; NK-*Hassemer/Kargl* § 1 Rn. 51; *Schreiber* JZ 1973, 713 (715, 717).
39  *Puppe,* Rodolphi FS 2004, 231 (236); *Neumann* ZStW 103 (1991), 331 (336 ff.); *ders.* NK § 17 Rn. 51 f.; NK-*Hassemer/Kargl* § 1 Rn. 58 f.; *Maurach/Zipf* AT/1 12/8; *Naucke* NJW 1968, 758 (759); *ders.* NJW 1968, 2321 (2324); *Schreiber* JZ 1973, 713 (717); *Müller-Dietz* Maurach-FS (1972), 41 (45 ff.); aA: Schönke/Schröder-*He-*

Angeklagte befand sich also gar nicht in einem Verbotsirrtum, falls er richtig erkannt hat, dass das Werk Opus Pistorum Kunst ist und davon ausgegangen ist, dass Kunst und Pornographie sich ausschließen. Diese Vorstellung entsprach vielmehr der zur Zeit seiner Tat geltenden Rechtsordnung.

25 Es ist deshalb gar nicht nötig, die Frage aufzuwerfen, ob der Angeklagte seiner Erkundigungspflicht genügt hat und welche Auskünfte er erhalten hätte, sofern er ihr genügt hätte. Die zweite dieser Fragen mag im vorliegenden Fall relativ eindeutig beantwortbar sein, da bis zu der vorliegenden Entscheidung in Rechtsprechung und Literatur allgemein anerkannt war, dass Kunst keine Pornographie sein könne. Sind aber die Rechtsauffassungen zurzeit vor der Entscheidung weniger einhellig, so ist diese Frage prinzipiell unbeantwortbar, weil objektiv nicht feststeht, welchen Fachmann der Täter zu Rate gezogen hätte, wenn er dies pflichtschuldig getan hätte. Da der Täter sich nicht in einem Verbotsirrtum befand, sind alle Ausführungen der Entscheidung zur Vermeidbarkeit eines Verbotsirrtums ein obiter dictum.

26 Trotzdem, oder vielmehr gerade deshalb, müssen sich die höchsten Gerichte der Aufgabe stellen, die Auslegungszweifel zu beseitigen, auch wenn sie ihre neue Rechtsauffassung wegen des Rückwirkungsverbots auf den ihnen vorliegenden Fall noch nicht anwenden dürfen.[40] Sie dürfen die zweifelhafte Gesetzesauslegung nicht mit der Begründung dahinstehen lassen, dass der Täter entweder rechtmäßig gehandelt oder sich in einem unvermeidbaren Verbotsirrtum befunden hat (s. dazu o. 19/19 ff.). Sie müssen insbesondere bei unscharfen und wertenden Merkmalen, Urteile erlassen, die präjudizienfähig sind. Das heißt, sie dürfen sich nicht damit begnügen, in einem sog „Akt der Wertung unter Berücksichtigung aller Umstände des Einzelfalles" diesen Einzelfall unter ein solches Merkmal zu subsumieren, sondern müssen auf die zweifelhafte Auslegungsfrage eine verallgemeinerungsfähige Antwort, mindestens eine Teilantwort geben. Sie müssen also aus dem Einzelfall eine Fallgruppe abstrahieren, für die ihre Entscheidung als präjudiziell gelten soll. Solche Verallgemeinerungen geschahen früher in den amtlichen Leitsätzen der Entscheidungen. Diese sind heute zugunsten bloßer Themenangaben aus der Übung gekommen oder werden durch Leitsätze der Zeitschriftenredaktionen ersetzt. Auch in den Entscheidungsgründen entziehen sich unsere höchsten Gerichte oft dieser Aufgabe. Sie sollten sich wieder deutlicher dessen bewusst werden, dass es nicht nur und nicht einmal in erster Linie ihre Aufgabe ist, einen Einzelfall billig zu entscheiden, sondern für die Zukunft gültiges Recht zu sprechen.

---

cker § 2 Rn. 7; Erstaunlicherweise erkennt *Neumann* dieses Rückwirkungsverbot in der Strafrechtsdogmatik ausdrücklich nicht an, sondern vertritt einen „Rückwirkungsanspruch" der neuen Rechtsprechung mit der Folge, dass sich der Täter nach der neuen Rechtsprechung in einem, allerdings unvermeidbaren, Verbotsirrtum befindet, wenn er sich nach der bisherigen Rechtsprechung orientiert hat, NK § 17 Rn. 68.

40 *Neumann* NStZ 2003, 331 (355 f.); *Puppe* Rudolphi-FS (2004), 231 (234). Die Rückwirkung einer Rechtsprechungsänderung zulasten des Angeklagten wenigstens auf diesen Fall wird auch damit begründet, dass nur diese Rückwirkung es rechtfertigt, den Fall überhaupt anzuklagen. Nach der bisherigen Rechtsprechung hätte der Angeklagte nicht rechtswidrig gehandelt (*Neumann* NStZ 2003, 331 (352 ff.). Die Folge wäre, dass eine Rechtsprechungsänderung zulasten des Täters nicht möglich wäre. Aber dieses Problem ist durch die Rückwirkung der Rechtsprechungsänderung auch nicht lösbar. Denn dies würde nur dazu führen, dass die Handlung zwar normwidrig aber durch einen unvermeidbaren Verbotsirrtum entschuldigt wäre. Die Rückwirkung der Entscheidung würde also nichts daran ändern, dass der Freispruch des Täters nach dem Ermittlungsergebnis feststeht, also kein die Anklage rechtfertigender Tatverdacht vorliegt. Das Problem ist nur dadurch zu lösen, dass man bei der Bestimmung des hinreichenden Tatverdachts auch die Möglichkeit einer Rechtsprechungsänderung berücksichtigt und eine Anklage auch dann als zulässig behandelt, wenn sie mit dem Ziel einer Rechtsprechungsänderung erfolgt und notwendig mit einem Freispruch enden muss.

## 5. Hinweise zur praktischen Anwendung

Gegenstand des Unrechtsbewusstseins, soweit es strafrechtlich relevant ist, ist jeweils   27
der Sachverhalt, den ein Straftatbestand beschreibt. Die Einsicht Unrecht zu tun hat
der Täter dann, wenn er weiß, dass dieser Sachverhalt, den er zu verwirklichen im Begriff ist, unrecht, also verboten ist, nicht, dass er strafbar ist. Der Irrtum über die Strafbarkeit eines Verhaltens, das der Täter als rechtswidrig erkannt hat, entlastet ihn also
nicht. Da das Unrechtsbewusstsein sich auf einen vom Täter verwirklichten Tatbestand
beziehen muss (sog Teilbarkeit des Unrechtsbewusstseins), hat es zur Voraussetzung,
dass der Täter die Tatsachen kennt, die zum gesetzlichen Tatbestand gehören. Erst
wenn dies festgestellt ist, wenn also klar ist, dass sein Irrtum kein Tatbestandsirrtum
ist, kommt die Behandlung dieses Irrtums als Verbotsirrtum in Betracht. Die Frage, ob
ein bestimmter Irrtum ein Tatbestandsirrtum ist, hat also systematischen Vorrang vor
der, ob er ein Verbotsirrtum ist (zur Unterscheidung von Tatbestands- und Verbotsirrtums in strittigen Fällen s. o. 8/41 ff.).

Ein Verbotsirrtum kann theoretisch in vier verschiedenen Gestalten auftreten: Erstens,   28
der Täter kennt das Gebot oder Verbot das er verletzt überhaupt nicht. Zweitens, der
Täter kennt das Verbot oder Gebot zwar im Prinzip, gibt ihm aber fälschlicherweise
einen zu engen Sinn, so dass er nicht erkennt, dass auch sein Verhalten von diesem
Verbot oder Gebot seinem Sinn nach erfasst wird. Drittens, der Täter stellt sich einen
Erlaubnissatz vor, den es nicht gibt. Viertens, der Täter geht zwar von einem wirklich
geltenden Erlaubnissatz aus, gibt diesem aber fälschlich einen zu weiten Sinn und
meint deshalb, dass sein Verhalten von diesem Erlaubnissatz erfasst wird. In den ersten
beiden Fällen spricht man von einem direkten Verbotsirrtum, in den letzteren beiden
von einem Erlaubnisirrtum oder einem indirekten Verbotsirrtum.

Nach hL genügt es für das Unrechtsbewusstsein, wenn der Täter es für möglich hält,   29
dass sein Verhalten verboten ist. Die Rechtsprechung ergänzt dies noch mit dem Erfordernis, das der Täter billigend in Kauf genommen haben muss, dass er Unrecht tut.
Das entspricht nicht dem Wortlaut des § 17, dort ist nur die Rede von der Einsicht Unrecht zu tun und nicht vom Willen Unrecht zu tun. Auch ergibt es keinen Sinn, die
Willenstheorie des dolus eventualis auf das Unrechtsbewusstsein zu übertragen (s. dazu o. 19/6). Die Gleichstellung des Zweifels an der Rechtmäßigkeit des eigenen Verhaltens mit dem Bewusstsein von seiner Rechtswidrigkeit hat für den Bürger die Konsequenz, dass er sich im Zweifel über die Auslegung der für ihn einschlägigen Rechtsnorm stets an diejenige Auslegung halten muss, die seine Freiheit am stärksten einschränkt. Das kann nicht richtig sein, denn der Bürger hat ein Recht, die Grenzen seiner Handlungsfreiheit auszuschreiten. Deshalb kann ein Zweifel über die Rechtmäßigkeit seiner Handlung nur eine Pflicht begründen, diesen Zweifel durch Rechterfor-
schung zu beheben aber nicht das Unrechtsbewusstsein iS von § 17, das eine Strafmilderung ausschließt. Ist der Täter allerdings dieser seiner Pflicht nicht nachgekommen,
so verdient er die fakultative Strafmilderung nach § 17 nicht.

Die Doktrin, dass der Täter auch dann Unrechtsbewusstsein hat, sich also nicht in   30
einem Verbotsirrtum befindet, wenn er sein Handeln nur für möglicherweise rechtswidrig hält, wirkt sich aber praktisch auf die Vermeidbarkeit eines Verbotsirrtums aus.
Die Vermeidbarkeit ist danach nicht nur dann gegeben, wenn der Täter Gewissheit
darüber erlangen kann, dass sein Verhalten verboten ist, sondern bereits dann, wenn
er bei Erfüllung seiner Rechtserforschungspflicht lediglich zu dem Ergebnis kommen
kann, dass die Rechtmäßigkeit seines Handlungsprojekts zweifelhaft ist. Aber das

kann für die Vermeidbarkeit eines Verbotsirrtums nicht genügen. Denn der Rechts-erforschungspflicht des Bürgers korrespondiert sein Recht, mit Sicherheit erkennen zu können, ob sein Verhalten erlaubt ist oder verboten. Die Rechtsordnung kann Gehorsam, zumal bei Strafe, nur beanspruchen, soweit sie dem Bürger klare Befehle erteilt. Kann der Täter also die Zweifel an der Rechtmäßigkeit seines Verhaltens nicht beheben, so befindet er sich richtigerweise in einem unvermeidbaren Verbotsirrtum.

31 Maßgebend für den Inhalt des Unrechtsbewusstseins ist die „gelebte" Rechtsordnung, dh diejenige Rechtsauffassung, die von den höchsten Gerichten vertreten wird. Kennt der Täter diese, so kann er sich gegen sie nicht auf seine eigene Rechtsüberzeugung berufen, auch wenn für diese noch so gute Gründe sprechen. Kennt er sie nicht, so hat er die Pflicht, sie kennen zu lernen. Dieser Justizpositivismus ist notwendig, weil sich sonst die Auffassung der Rechtsprechung gegen Überzeugungstäter nicht mehr durchsetzen könnte. Wird der Justizpositivismus aber konsequent gehandhabt, so ist ein Zweifel über die Auslegung einer Rechtsnorm nicht entschieden, wenn die höchsten Gerichte sich dazu widersprüchlich oder überhaupt noch nicht geäußert haben. In diesem Falle steht nach der „gelebten" Rechtsordnung objektiv nicht fest, ob das Verhalten des Täters erlaubt oder verboten ist. Der Täter handelt also gar nicht rechtswidrig, wenn er eine der vertretbaren oder vertretenen Rechtsansichten befolgt, auch wenn es diejenige ist, die ihm einen größeren Freiheitsspielraum einräumt, als die andere.

32 Die hL behandelt diese Konstellation aber anders. Sie spricht nämlich derjenigen Ent-scheidung des höchsten Gerichts, durch die die Uneindeutigkeit der Verbots- oder Erlaubnisnorm beseitigt wird, eine Rückwirkung zu. Will sich der Täter also nicht an diejenige Normauslegung halten, die ihm den geringsten Handlungsspielraum lässt, so soll er sein Handlungsprojekt aufschieben, bis die objektive Mehrdeutigkeit des Justizrechts durch höchstrichterlichen Spruch beseitigt ist. Nur wenn ihm ein solches Zuwarten nicht zuzumuten ist und es ihm auch nicht zuzumuten ist, seinem Handeln ohne Gewissheit die strengere Rechtsauffassung zugrunde zu legen, wird ihm ein unvermeidbarer Verbotsirrtum zugebilligt. Aber was hat die Zumutbarkeit des Zuwar-tens oder der Verfolgung einer strengeren Rechtsauffassung mit einem Verbotsirrtum und seiner Vermeidbarkeit zu tun?

33 Diese Rückwirkung wird auch einer Entscheidung zugebilligt, mit der das höchste Gericht eine gefestigte Rechtsprechung dahin abändert, dass ein Verhalten, das nach der bisherigen Rechtsprechung als erlaubt gegolten hat, nun als verboten gilt. Der Täter, der sich nach der bisherigen Rechtsprechung gerichtet hat, hat danach rechts-widrig gehandelt, weil die neue Rechtsprechung eben immer schon richtig gewesen sei, die Gerichte das nur leider bisher nicht erkannt haben. Ist der Täter seiner Rechts-erforschungspflicht nachgekommen, indem er sich bei Fachleuten über die Rechtslage erkundigt hat, so erscheint allerdings sein Verbotsirrtum darüber als unvermeidbar, weil jeder Rechtskundige ihm gemäß der bisherigen Rechtsprechung die Auskunft erteilt hätte, dass sein Verhalten erlaubt sei. Um zu dem gleichen Ergebnis zu gelangen, falls der Täter seiner Rechtserforschungspflicht nicht nachgekommen ist, wird nun die Doktrin gebraucht, dass die Vermeidbarkeit seines Irrtums davon abhängt, dass er, wenn er eine vertrauenswürdige und sachkundige Person befragt hätte, eine richtige Rechtsauskunft erhalten hätte. Da sich auch die fiktive Auskunftsperson nach der bisher geltenden Rechtsprechung gerichtet hätte, ist diese Frage nämlich zu verneinen, so dass auch dieser Irrtum unvermeidbar ist. Lehnt man aber die Rückwirkung der

neuen Rechtsprechung ab, so bedarf es dieser Konstruktion nicht, weil der Täter, der sich nach der bisherigen ständigen Rechtsprechung orientiert hat, sich gar nicht in einem Verbotsirrtum befunden hat, sein Verhalten vielmehr objektiv rechtmäßig war.

# V. Der Versuch

## § 20 Der Tatbestand des Versuchs

### 1. Der sog. umgekehrte Tatbestandsirrtum – Der Arztbrieffall, BGHSt 42, 268[1]

1 ▶ Der Angeklagte, Chefarzt einer urologischen Klinik, hatte bei der Patientin S eine Nierenpunktion durchgeführt und es danach versäumt, einen Brief an den Hausarzt mit der Empfehlung einer Nierenfunktionsprüfung abzusenden. Später stellte sich heraus, dass die Niere erheblich geschädigt war und entfernt werden musste. S strengte gegen den Arzt einen Schadensersatzprozess an. Dieser erstellte nachträglich einen Arztbrief an den Hausarzt, dessen Kopie er in die Krankenakte legte, bevor er sie dem Anwalt der S übergab. Zu seinen Gunsten ging das Gericht davon aus, dass auch nach einer nach der Operation durchgeführten Nierenfunktionsprüfung die Niere nicht zu retten gewesen wäre, das Versäumnis also nicht kausal für den Schaden war. ◀

2 Der Angeklagte rechnete also damit, durch ein ärztliches Versäumnis den Verlust der Niere verursacht zu haben und der Patientin gegenüber schadensersatzpflichtig zu sein. Er versuchte, den Anwalt der S und später das Gericht darüber zu täuschen, dass ein ärztliches Versäumnis vorlag, um seine Inanspruchnahme auf Schadensersatz zu verhindern. Da auch die Ersparnis einer Aufwendung eine Bereicherung darstellt, handelte er also in der Absicht sich zu bereichern. Objektiv wäre diese Bereicherung jedoch rechtmäßig gewesen, da nach dem zugunsten des Angeklagten unterstellten Sachverhalt ein Schadensersatzanspruch gegen ihn gar nicht entstanden war. Der Angeklagte befand sich aber in einem Irrtum über die Rechtswidrigkeit der von ihm angestrebten Bereicherung, weil er einen solchen Anspruch für möglich hielt. In Bezug auf die Rechtswidrigkeit der beabsichtigten Bereicherung genügt dolus eventualis. Damit stand das Gericht vor der Frage, ob dieser Irrtum einen untauglichen Versuch oder ein Wahndelikt begründet. Dazu führt das Urteil folgendes aus:

> „Im umgekehrten Fall, in dem der erstrebte Vermögensvorteil tatsächlich objektiv rechtswidrig ist, der Täter ihn aber fälschlicherweise für rechtmäßig hält, ist ein Tatbestandsirrtum iS des § 16 I 1 gegeben: Der Täter kennt dann ein objektiv vorhandenes Tatbestandsmerkmal, nämlich die Rechtswidrigkeit des Vermögensvorteils, nicht und handelt somit nicht vorsätzlich. Wer mit Mitteln der Täuschung einen tatsächlich rechtswidrigen, nach seiner Vorstellung aber rechtmäßigen Anspruch durchsetzen will oder einen tatsächlich bestehenden, nach seiner Vorstellung aber unberechtigten Anspruch abwehren will, begeht daher keinen Betrugsversuch.

> Ist dagegen der erstrebte Vermögensvorteil – wie hier – tatsächlich rechtmäßig, hält der Täter ihn aber fälschlicherweise für rechtswidrig, so befindet er sich in einem sog „umgekehrten Tatbestandsirrtum". Er stellt sich einen nicht vorhandenen Umstand – nämlich die Rechtswidrigkeit des Vermögensvorteils -, an dessen Fehlen die Vollendung des vorgestellten Tatbestandes zwangsläufig scheitern muss, als gegeben vor. Diese Fallkonstellation erfüllt die Voraussetzungen des strafbaren untauglichen Versuchs. Das Bestehen eines geltend gemachten Anspruchs und damit die Rechtswidrigkeit des erstrebten

---

1  = NStZ 1997, 431 mAnm *Kudlich* NStZ 1997, 432 = MDR 1997, 182 = StraFo 1997, 22 = NJW 1997, 750 = wistra 1997, 62 = JuS 1997, 567 = StV 1997, 417 = JR 1997, 468 mAnm *Arzt* JR 1997, 469; Bespr. *Martin* JuS 1997, 567.

Vermögensvorteils ist ein tatsächlicher Umstand. Eine Fehlvorstellung hierüber ist daher ein Irrtum, der ein objektives Tatbestandsmerkmal betrifft, nicht aber das Verbotensein der Tat. Der Täter glaubt, einen von ihm nach Inhalt und Tragweite richtig beurteilten Straftatbestand zu verwirklichen. Es liegt daher kein „umgekehrter Verbotsirrtum" vor, der zur Straflosigkeit des Versuchs führen würde."[2]

Das Ergebnis, nur Versuch, kommt nur zustande, wenn man den Irrtum des Täters deliktssystematisch beim Schaden einordnet und nicht erst bei der Bereicherungsabsicht. Denn diese gilt ja als überschießende Innentendenz mit der Konsequenz, dass sie nur subjektiv erfüllt sein muss. Bei einem Täter, bei dem es lediglich am Bereicherungserfolg fehlt, den er aber irrtümlich erwartet, liegt vollendeter Betrug vor. 3

Ohne an dieser Stelle tiefer in die Dogmatik des Betrugstatbestandes einsteigen zu können, gehen wir also im folgenden davon aus, dass die irrige Annahme des Täters, es bestehe ein Rechtsanspruch gegen ihn, dessen Durchsetzung er durch eine Täuschung verhindern will, nicht nur die Absicht der Bereicherung betrifft, sondern bereits den Schaden. Wer durch Täuschung daran gehindert wird, in einem bereits angestrengten Prozess eine von Rechts wegen bestehende Geldforderung durchzusetzen, erleidet durch die Täuschung einen Vermögensschaden. Danach müsste ein Täuschender, der glaubt, durch seine Täuschung die Realisierung eines berechtigten Anspruchs zu verhindern, den Vorsatz haben, den Getäuschten zu schädigen, auch wenn dieser Anspruch in Wahrheit nicht besteht. 4

In der Literatur wird dies aber bestritten, weil ein solcher sog außerstrafrechtlicher Rechtsirrtum genauso wie ein strafrechtlicher Rechtsirrtum zu behandeln sei, mit der Folge, dass nur ein Wahndelikt und kein Versuch vorliegt, wenn der Täter ein Recht zu verletzen glaubt, das in Wahrheit aber nicht vorhanden ist.[3] Um diese Frage im vorliegenden Fall zu entscheiden, bedient sich der BGH einer klassischen Denkfigur, die schon das Reichsgericht entwickelt hat, des sog Umkehrschlusses der Irrtumslehre.[4] Auch die hL erkennt diese Methode zur Unterscheidung von Versuch und Wahndelikt an,[5] sie wird aber auch von einem beachtlichen Teil der Literatur als falsch angesehen.[6] Deshalb müssen wir sie näher analysieren. 5

Mit dem Ausdruck Umkehrschluss werden in der Methodenlehre und in der Dogmatik verschiedene Argumentationsformen bezeichnet, die dazu verwendet werden, abstrakte allgemeine Sätze der Dogmatik aus dem Gesetz abzuleiten. Im vorliegenden Fall geht es nicht um abstrakte allgemeine Sätze, sondern um die Frage, ob ein bestimmter spezieller Irrtum als sog umgekehrter Tatbestandsirrtum einen Versuch begründet oder als sog umgekehrter Verbotsirrtum nur ein Wahndelikt. Deshalb habe ich dieses Verfahren als Umkehrprobe bezeichnet. Es besteht darin, dass man einen Hilfsfall bildet, indem man davon ausgeht, dass der Täter sich die Lage vorstellt, die im Ausgangsfall objektiv 6

---

2  BGHSt 42, 268 (272 f.).
3  Schönke/Schröder-*Eser/Bosch* § 22 Rn. 89 ff.; NK-*Zaczyk* § 22 Rn. 37, 47 ff.; *ders.* (1989), 229 ff.; *Burkhardt* JZ 1981, 681 ff.; *Jakobs* AT 25/38 ff.
4  RGSt 42, 92 (94); 66, 124 (126); 72, 109 (112); vgl. auch die Rechtsprechungsübersicht dazu bei NK-*Zaczyk* § 22 Rn. 42 ff. und LK-*Murmann* § 22 Rn. 230 f.; BGHSt 2, 74 (76); 13, 235 (239 f.); 14, 345 (350); 15, 210 (213); 42, 268 (272 f.); BGH JR 1994, 510.
5  SK-*Jäger* § 22 Rn. 54; LK-*Murmann* § 22 Rn. 258; *Fischer* § 22 Rn. 43; Schönke/Schröder-*Eser/Bosch* § 22 Rn. 69; NK[6]-*Puppe* § 16 Rn. 140 ff.; *Kühl* AT 15/96 ff.; *Jescheck/Weigend* AT § 50 I 1; *Kindhäuser/Zimmermann* AT 30/30.
6  NK-*Zaczyk* § 22 Rn. 37 ff.; *ders.* (1989), 229 ff.; NK-*Paeffgen/Zabel* Vor § 32 Rn. 110 f., 256 ff.; *ders.* Armin Kaufmann-GS (1989), 399 (421 ff.); *Schlüchter* (1983), 153 ff.; *Roxin* AT/2 29/404 ff.

gegeben war, während objektiv die Lage besteht, die sich der Täter im Ausgangsfall vorgestellt hat, kurz, indem man zwischen der Vorstellung des Täters und der Wirklichkeit die Wahrheitswerte austauscht. Genauso ist der BGH im vorliegenden Fall verfahren, indem er den Hilfsfall bildete, dass der vom Täter vereitelte Rechtsanspruch tatsächlich bestand, der Täter ihn aber für unberechtigt hielt. In diesem Hilfsfall befand sich der Täter in einem Tatbestandsirrtum. Dass der Irrtum des Täters im Ausgangsfall eine Strafbarkeit wegen Versuchs begründet, ergibt sich allein hieraus noch nicht, sondern lediglich, dass er den Tatvorsatz hatte. Würde das Gesetz nur einen tauglichen Versuch bestrafen, also einen solchen, der objektiv die Gefährdung eines bestimmten tatbestandsmäßigen Rechtsgutsobjekts voraussetzt, so wäre unser Angeklagter nicht strafbar, denn einen Rechtsanspruch, den es nicht gibt, kann man nicht gefährden. Aber laut § 22 StGB richtet sich die Strafbarkeit des Versuchstäters ausschließlich nach seiner Vorstellung von der Tat. Ist diese seine Vorstellung unter einen Tatbestand subsumierbar und hat er gemäß seiner eigenen Vorstellung unmittelbar zu dessen Verwirklichung angesetzt, so ist er nach diesem Tatbestand wegen Versuchs strafbar. Es ist also zwar nicht aus der Umkehrprobe die Strafbarkeit des untauglichen Versuchs ableitbar, wohl aber aus der Strafbarkeit des untauglichen Versuchs die Gültigkeit der Umkehrprobe.[7]

7    Die Umkehrprobe beruht darauf, dass zwischen den objektiven und subjektiven Elementen eines Verbrechens nach dem Gesetz oder auch nach der hL ein eigenartiges Symmetrieverhältnis besteht: Ein Element ist entweder objektiv notwendige Bedingung der Strafbarkeit oder subjektiv. Objektiv unverzichtbar ist die Gültigkeit der Normen, die auf das Verhalten des Täters angewandt werden sollen. Daraus ergibt sich die Unbeachtlichkeit des sog umgekehrten Subsumtionsirrtums. Er besteht darin, dass der Täter deshalb glaubt, rechtswidrig zu handeln, weil er entweder ein Verbot annimmt, das überhaupt nicht gilt, oder einem Verbot, das tatsächlich gilt, einen zu weiten Sinn unterlegt und deshalb sein Verhalten, das gar nicht unter dieses Verbot fällt, für unter dieses subsumierbar hält. Die irrige Vorstellung des Täters, dass eine Verbotsnorm bestimmten Inhalts für ihn gilt, macht diese Norm nicht für ihn gültig. Die Umkehrprobe ergibt die Unbeachtlichkeit des Subsumtionsirrtums. Aber diese folgt nicht logisch aus der Unbeachtlichkeit des umgekehrten Subsumtionsirrtums. Es ist eine Rechtsordnung denkbar, in der zum Vorsatz das Bewusstsein gehört, gegen eine bestimmte Verbotsnorm zu verstoßen oder sogar das Bewusstsein, sich strafbar zu machen. Die Unbeachtlichkeit des Subsumtionsirrtums wie des Verbotsirrtums folgt ausschließlich aus § 17 StGB. Wir werden noch ein Beispiel dafür kennen lernen, dass ein bestimmtes Verbrechenselement sowohl im objektiven als auch im subjektiven Bereich bestehen muss, dies ist die Gültigkeit einer blankettausfüllenden Norm (s. u. 20/23).

8    Da aber unser Strafrecht nun einmal so beschaffen ist, dass die Tatsachen, die einen Straftatbestand erfüllen, nur in der Vorstellung des Täters unverzichtbar sind, die Gültigkeit der Verbotsnorm aber objektiv unverzichtbar ist, können wir dieses eigenartige Phänomen dazu ausnutzen, einen Irrtum über die Tatsachen, die einen Tatbestand erfüllen, von einem Irrtum über den Inhalt der verletzten Norm mithilfe der Umkehrprobe zu unterscheiden, wie es der BGH im vorliegenden Fall vorgeführt hat. Das Bestehen oder Nichtbestehen eines Rechtsanspruchs ist, der BGH sagt es hier mit aller Deutlichkeit, eine Tatsache. Ist das Bestehen eines Rechtsanspruchs, wie im vorliegen-

---

7   *NK6 -Puppe* § 16 Rn. 154 ff.; *dies.* Lackner-FS (1987), 199 (210 f.) = Analysen (2006), 309 (320 f.); *dies.* Herzberg-FS (2008), 276 (285 f.).

den Fall eine Voraussetzung dafür, dass der Angeklagte den Betrugstatbestand erfüllt hat, so ist das Bestehen des Anspruchs nur im subjektiven Tatbestand, also in der Vorstellung des Täters unverzichtbar. Diese Vorstellung begründet dann eine Strafbarkeit wegen Versuchs, wenn sie unrichtig ist. Das bestätigt sich dadurch, dass im umgekehrten Fall, wenn also diese Tatsache objektiv gegeben ist, der Täter aber nicht um sie weiß, ein vorsatzausschließender Tatbestandsirrtum vorliegt. Unsere Analyse des sog Umkehrschlusses der Irrtumslehre, also der hier sog Umkehrprobe, hat ergeben, dass diese zwar nicht für alle denkbaren Rechtsordnungen, wohl aber nach dem in Deutschland geltenden positiven Recht gültig ist. Dies ergibt sich aus § 16 iVm § 22, sowie aus § 17 iVm dem allerdings für jede Rechtsordnung gültigen Grundsatz, dass die Vorstellung eines Täters, es gelte für ihn eine bestimmte Norm, eine solche Norm nicht in Geltung setzen kann, wenn sie in Wahrheit nicht gilt.[8] Also lässt sich mithilfe der Umkehrprobe auch die These widerlegen, dass ein Irrtum über ein Recht oder Rechtsverhältnis nur ein Wahndelikt und keinen Versuch begründet. Da die Unkenntnis eines für die Verwirklichung eines Tatbestandes notwendigen Rechts oder Rechtsverhältnisses einen Tatbestandsirrtum begründet, begründet dessen irrtümliche Annahme einen sog umgekehrten Tatbestandsirrtum und damit einen Versuch.[9]

Im vorliegenden Fall hat der Täter sich nicht nur das nicht bestehende Rechtsverhältnis eines Schadensersatzanspruches gegen ihn vorgestellt, sondern auch Tatsachen, die einen solchen begründet hätten. Er nahm nämlich fälschlich an, dass er durch seinen Kunstfehler den Verlust der Niere verursacht hat. Wäre diese Vorstellung richtig gewesen, so hätte in der Tat ein Schadensersatzanspruch gegen ihn bestanden. Der Angeklagte hat also nicht nur irrtümlich ein Rechtsverhältnis angenommen, sondern auch einen Sachverhalt, der dieses Rechtsverhältnis von Rechts wegen begründet hätte.[10] Im vorliegenden Fall ist also ein Streit um den Vorsatzinhalt bei sog normativen Tatbestandsmerkmalen nicht einschlägig, der in der Literatur aus Anlass dieses Falles aufgeworfen worden ist:[11] In der Literatur wird eine für den untauglichen Versuch ausreichende Vorstellung über das Bestehen eines Rechts oder eines Rechtsverhältnisses abgelehnt, wenn der Täter sich falsche oder auch von Rechts wegen unmögliche Entstehungsgründe dieses Rechtverhältnisses vorgestellt hat. Der Täter stellt sich beispielsweise vor, es bestehe gegen ihn ein Schadensersatzanspruch schon aus Gefährdungshaftung, während in Wirklichkeit ein solcher nur aus Verschuldenshaftung entstehen könnte, oder er stellt sich vor, bereits mit dem Kaufvertrag Eigentum übertragen zu haben, so dass er die Sache, die noch in seinem Eigentum steht bereits für fremd hält.[12] Dies ist unvereinbar mit der Bestimmung des Vorsatzinhalts durch das Gesetz selbst. Denn in den Tatbeständen ist nur von Rechten und Rechtsverhältnissen die Rede, nicht von deren Entstehungsgründen. Demgemäß geht die Vorsatzlehre auch davon aus, dass der Täter sich keinerlei Vorstellung über die Entstehung eines Rechts

---

8 Dieses positiv-rechtliche Symmetrieverhältnis ist die von *Zaczyk* NK § 22 Rn. 44 vermisste materielle Begründung der Umkehrprobe und der Grund dafür, dass die Probe, entgegen *Roxin* AT/2 29/404 eine de lege lata taugliche Methode zur Unterscheidung zwischen Irrtümern über Tatsachen und Irrtümern über die einschlägige Strafrechtsnorm ist und nicht wie *Paeffgen/Zabel* in NK Vor § 32 Rn. 261 und *Zaczyk* in NK § 22 Rn. 35 meinen bloß eine „Faustregel", oder gar „Merkregel", so *Schmitz* Jura 2003, 593 (596). Wäre die Umkehrprobe nur eine Faustregel oder Merkregel, so könnte man mit ihr kein Ergebnis im Einzelfall begründen, wie dies RG und BGH getan haben.
9 NK-*Puppe* § 16 Rn. 144 ff.; *dies.* Herzberg-FS (2008), 275 (285); *Kindhäuser/Zimmermann* AT 30/30.
10 *Kudlich* NStZ 1997, 433.
11 *Streng* GA 2009, 529 (536).
12 NK-*Paeffgen/Zabel* Vor § 32 Rn. 269 ff. nehmen hier bloß ein Wahndelikt an; s. auch *Jakobs* AT 25/37 ff.; *Burkhardt* JZ 1981, 681 ff.; *ders.* wistra 1982, 178 ff.; *Dopslaff* GA 1987, 1 (26); *Streng* GA 2009, 329 (537).

oder eines Rechtsverhältnisses zu machen braucht, sondern lediglich die Existenz dieses Rechtsverhältnisses zum Vorsatz gehört (s. o. 8/12). Sofern das Rechtsverhältnis tatsächlich besteht, ist dies allgemein anerkannt.[13]

Allgemein anerkannt ist auch, dass Vorsatz und Tatentschluss inhaltlich identisch sind. Hier ist eine Form des Umkehrschlusses anwendbar, die logisch allgemeingültig ist: Die Negation der Kontraposition. Wenn die Vorstellung vom Entstehungsgrund eines Rechtsverhältnisses nicht notwendige Bedingung des Vorsatzes ist, so schließt eine falsche Vorstellung von solchen Entstehungsgründen den Vorsatz nicht aus.[14] Nicht der BGH hat hier „In Folge Abstützens auf das Umkehrprinzip die Frage nach den Anforderungen an einen tragfähigen Versuchstatentschluss aus den Augen verloren",[15] sondern seine Kritiker.

### 2. Der umgekehrte Subsumtionsirrtum –
### Der Fotomontagefall, OLG Düsseldorf, NStZ 2001, 482[16]

10   ▶ Um einen Wohnungsvermieter, mit dem er einen Mietvertrag abschließen wollte, über sein Einkommen zu täuschen, legte der Angeklagte diesem die Fotokopie einer Einkommensbescheinigung seines Steuerberaters vor, die er dadurch hergestellt hatte, dass er den Text der Bescheinigung selbst entworfen hat, diesen auf ein Schriftstück gelegt hat, das die Unterschrift des Steuerberaters trug und beides zusammen kopiert hat, sog Fotomontage. Das Gericht lehnte eine Strafbarkeit des Angeklagten wegen vollendeter Urkundenfälschung aus rechtlichen, seine Strafbarkeit wegen versuchter Urkundenfälschung aus tatsächlichen Gründen ab. ◀

Die Ablehnung einer vollendeten Urkundenfälschung wird damit begründet, dass eine Fotokopie nach der Rechtsprechung keine Urkunde ist und nur ein Original eine solche sein kann. Zwar kann nach der Rechtsprechung von einem fotokopierten Original durch Vorlage der Kopie ein sog mittelbarer Gebrauch von dem Original gemacht werden, der die dritte Alternative des § 267 Abs. 1 erfüllen soll, aber auch dieses mittelbare Gebrauchmachen setzt ein Original voraus. Zwei zusammengelegte Blätter sind aber kein solches. Sodann prüft das Gericht die Möglichkeit, dass der Täter eine versuchte Urkundenfälschung begangen haben könnte mit folgenden Worten:

> „Das Tatbestandsmerkmal „Urkunde" in § 267 I ist nicht sinnlich wahrnehmbar, sondern ein „Gebilde der Gedankenwelt". Bei solchen Tatbestandsmerkmalen ist Voraussetzung der Strafbarkeit, dass der Täter eine „Parallelwertung in der Laiensphäre" vorgenommen und die Erfüllung des Tatbestands zumindest für möglich gehalten und billigend in Kauf genommen hat. Das *LG* hat keine tatsächlichen Umstände festgestellt, die den Schluss zulassen, dass der Angekl. es für möglich gehalten und billigend in Kauf genommen hat, durch seine Manipulation eine Urkunde im Rechtssinne herzustellen oder zu gebrauchen. Dass er dem Vermieter vortäuschen wollte, sein Steuerberater habe ihm sein Einkommen bescheinigt, steht außer Frage. Auch konnte aus der Sicht des Angekl. nicht zweifelhaft sein, dass sein Vorgehen zu missbilligen war. Ein allgemein gehaltenes Unrechtsbewusstsein des Täters reicht aber nicht aus, um sein Verhalten strafbar zu machen.

---

13  NK[6]-*Puppe* § 16 Rn. 21, 40.
14  NK[6]-*Puppe* § 16 Rn. 73, 140; *dies.* Herzberg-FS (2008), 275 (287), vgl. auch *Kudlich* NStZ 1997, 433 (434).
15  So der Vorwurf von *Streng* GA 2009, 529 (536).
16  Mit Anm. *Puppe* = NJW 2001, 167 = VRS 99, 428 = wistra 2001, 67 = StraFo 2001, 99 = StV 2001, 237 mAnm *Sättele*; Anm. *Vahle* Kriminalistik 2001, 280; Anm. *Erb* NStZ 2001, 317, dazu auch *Puppe* AT/1 15/26 ff.

Hinzukommen muss, dass der Täter zumindest nach seiner subjektiven Vorstellung einen konkreten Straftatbestand zu verwirklichen sucht. Hier ist nach den Feststellungen jedoch nicht auszuschließen, dass der Angekl. nur ein Original für eine Urkunde im Rechtssinne gehalten und – vergeblich – gehofft hat, der Vermieter werde sich mit einer Fotokopie, die als solche zu erkennen war, begnügen."[17]

Der Irrtum, den das Gericht hier hypothetisch prüft, besteht darin, dass der Täter fälschlich geglaubt oder billigend in Kauf genommen hat, dass auch eine Fotokopie unter den Begriff der Urkunde fällt, und er sich demgemäß wegen Herstellung und Gebrauchs einer Urkunde nach § 267 Abs. 1 strafbar gemacht hat. Auf diesen Irrtum hält das OLG die Lehre von der Parallelwertung in der Laiensphäre für anwendbar, weil das Tatbestandsmerkmal Urkunde ein „Gebilde der Gedankenwelt" ist. Ein Gebilde der Gedankenwelt ist jeder Begriff, somit auch jedes Tatbestandsmerkmal, gleichgültig, ob es normativ oder deskriptiv ist. Nun gilt aber gerade das Merkmal Urkunde als Standardbeispiel für ein normatives Tatbestandsmerkmal, auf das die Lehre von der Parallelwertung in der Laiensphäre anzuwenden sei.[18] Wenn das richtig wäre, so würde sich jedenfalls nach der hL von der Parallelwertung in der Laiensphäre ein sog umgekehrter Tatbestandsirrtum ergeben, weil die Parallelwertung, ob richtig oder falsch, nach dieser Lehre zum Vorsatz gehört.[19]   **11**

Überprüfen wir dieses Ergebnis nun anhand der Umkehrprobe, so müssen wir den Umkehrfall dadurch bilden, dass wir die Vorstellung des Täters und die objektive Lage gegeneinander austauschen. Wir müssen also annehmen, dass die Fotokopie tatsächlich unter den Urkundenbegriff fällt. Das setzt einen anderen, nämlich weiteren Urkundenbegriff voraus, als er nach der Auslegung des § 267 Abs. 1 durch die Rechtsprechung gilt. Weiter müssen wir unterstellen, dass der Täter sich die Rechtslage so vorgestellt hat, wie sie tatsächlich ist, also geglaubt hat, dass eine Fotokopie nicht unter den Urkundenbegriff fällt. Wäre die These des OLG richtig, dass im Ausgangsfall die irrige Annahme des Täters, dass auch eine Fotokopie eine Urkunde sei, aufgrund der damit getroffenen Parallelwertung in der Laiensphäre den subjektiven Tatbestand der Urkundenfälschung also einen Versuch begründet, so müsste sich der Täter im umgekehrten Fall auf einen vorsatzausschließenden Tatbestandsirrtum berufen können, weil die Parallelwertung in der Laiensphäre, die den Vorsatz begründen soll, gerade fehlt. In Wahrheit wäre dies aber ein unbeachtlicher Subsumtionsirrtum. Denn der Irrtum würde ausschließlich darin bestehen, dass der Täter dem Tatbestand der Urkundenfälschung einen engeren Urkundenbegriff unterstellt, als er tatsächlich gilt, und deshalb den richtig von ihm erfassten Sachverhalt, dass er eine unechte Fotokopie hergestellt und gebraucht hat, nicht unter den Tatbestand subsumiert. Daraus folgt nach dem Umkehrschluss, dass die irrige Annahme, auch eine Fotokopie sei eine Urkunde, einen sog umgekehrten Subsumtionsirrtum und damit nur ein (strafloses) Wahndelikt begründet.   **12**

---

17 OLG Düsseldorf NStZ 2001, 482.
18 Lackner/Kühl-*Kühl* § 15 Rn. 14; Schönke/Schröder-*Sternberg-Lieben/Schuster* § 15 Rn. 43a; *Baumann/Weber/ Mitsch/Eisele* AT 11/65; *Jescheck/Weigend* AT § 26 IV 2; *Roxin/Greco* AT/1 12/102; *Maurach/Zipf* AT/1 23/37.
19 Schönke/Schröder-*Sternberg-Lieben/Schuster* § 15 Rn. 43 f.; *Fischer* § 16 Rn. 14; *Baumann/Weber/Mitsch/ Eisele* AT 11/62 f.; *Blei* AT 120; *Roxin/Greco* AT/1 12/104; *Welzel* Lb (1969), 73; *ders.* JZ 1954, 276 (279); *Kaufmann, Arthur* (1982), 20 (37 f.); *Kunert* (1958), 73; *Maurach/Zipf* AT/1, 22/49; *Mezger* Lb (1949), 325 ff.; *ders.* JZ 1951, 179 f.; *Schlüchter* (1983), 67 ff.; *Otto* GS Meyer (1990), 583 (587); aA *Jakobs* AT 25/41 f.

13    Das Ergebnis lässt sich auf weniger komplizierte Weise anhand der Unterscheidung des Reichsgerichts zwischen einem strafrechtlichen und einem außerstrafrechtlichen Rechtsirrtum ableiten. Die Frage, ob der Urkundenbegriff des § 267 Abs. 1 so weit ist, dass er auch Fotokopien umfasst, oder ob die Originalität der verkörperten Erklärung ein Merkmal dieses Begriffs ist, ist eine Frage der Auslegung des § 267 Abs. 1 und damit des Strafrechts. Ein Irrtum des Täters über die Auslegung eines Strafgesetzes, ist ausschließlich ein strafrechtlicher und als solcher für den Vorsatz irrelevant. Mag die Entscheidung der Frage, ob das Interesse des Rechtsverkehrs an der Zuverlässigkeit des Beweises mit Fotokopien schutzwürdig ist oder nicht, einen Akt der Wertung erfordern, so ist es doch nicht der Täter, der diese Wertung zu treffen hat, sondern der Gesetzgeber und der das Gesetz auslegende Richter. Die etwas grobschlächtig formulierte Unterscheidung zwischen strafrechtlichem und außerstrafrechtlichem Rechtsirrtum (s. dazu schon o. 20/6 ff.) bewährt sich also auch in diesem Fall.

### 3. Der sog. umgekehrte Wertungsirrtum – Der Schiffsführerfall, BGH JR 1994, 510[20]

14    ▶ Der Angeklagte lebte als Schiffsführer auf einem Rheinschiff zusammen mit seiner schizophrenen Ehefrau. Eines Abends im Januar, als das Schiff angelegt war, geriet er mit seiner Ehefrau in einen heftigen Streit, in dessen Verlauf sie erklärte, dass sie sich durch einen Sprung über Bord umbringen wolle. Sie war Nichtschwimmerin; es herrschte starke Strömung, Dunkelheit und große Kälte. Der Angeklagte konnte ihren Sprung über Bord nicht verhindern. Er sprang ihr nicht nach, um sie zu retten, obwohl er glaubte, dazu von Rechts wegen verpflichtet zu sein. ◀

Grundsätzlich ist ein Ehegatte als sog Garant verpflichtet den anderen aus Lebensgefahr zu retten. Tut er dies nicht, obwohl es ihm möglich und nach den Umständen auch zumutbar war, wird er gemäß § 13 ebenso bestraft, als hätte er seinen Ehegatten durch eine Handlung getötet. Der BGH bewertete aber die Situation dahin, dass der Angeklagte nicht dazu verpflichtet gewesen sei, seiner Frau nachzuspringen, weil dies erstens nahezu aussichtslos und ihm zweitens wegen der durch die Kälte des Wassers, die starke Strömung des Rheins und die Dunkelheit bedingten erheblichen Lebensgefahr nicht zuzumuten gewesen sei. Den sich daraus ergebenden Irrtum des Angeklagten über die Zumutbarkeit der Rettungshandlung würdigt der BGH dann wie folgt:

> „Der Umstand, dass der Angeklagte glaubte, handeln zu müssen, begründet nicht ohne Weiteres seine Strafbarkeit wegen Versuchs. Eine solche wäre in Betracht zu ziehen, wenn er sich irrtümlich Umstände vorstellte, die bei zutreffender rechtlicher Bewertung ein Unterlassungsdelikt mit all seinen objektiven und subjektiven Merkmalen ergibt. Erkannte er dagegen alle tatsächlichen Gegebenheiten zutreffend, zog er aus der Sachlage aber den irrigen Schluss auf ein rechtliches Gebot, läge lediglich ein sogenanntes Wahndelikt vor."[21]

15    Der Angeklagte befand sich nicht nur in einem Irrtum über das Bestehen einer Garantenpflicht, was eindeutig ein strafrechtlicher Irrtum gewesen wäre. Dieser beruhte vielmehr auf einem Wertungsirrtum. Er hielt den gefährlichen Rettungsversuch für von Rechts wegen ihm zumutbar, was er nach der Wertung des BGH nicht war. Würde man auf diesen Fall die Lehre von der Parallelwertung in der Laiensphäre anwenden,

---

20    Mit Anm. *Loos* JR 1994, 511 ff.
21    BGH JR 1994, 510 (511).

so käme man zu einem umgekehrten Wertungsirrtum, der nach dieser Lehre den Vorsatz begründen würde. Aber der BGH wendet auf diesen Wertungsirrtum die Lehre von der Parallelwertung gerade nicht an. Wo es also wirklich um eine falsche Wertung des Täters geht, gilt diese Lehre gerade nicht, (s. dazu o 8/13 ff.) Es gilt vielmehr der Grundsatz, dass es den Angeklagten nicht belasten darf, wenn er strengere Wertmaßstäbe an sein Verhalten anlegt als die Rechtsordnung. Umgekehrt wird er auch nicht dadurch entlastet, dass er laxere Maßstäbe an sein Verhalten anlegt, als die Rechtsordnung es tut (s. dazu o. 8/23). Es kommt vielmehr nach der Begründung der Entscheidung allein darauf an, dass der Täter die Tatsachen, die die Bewertung der Rettungshandlung als für ihn unzumutbar begründen, richtig erkannt hat. (s. dazu näher o. 8/7 ff.) Ein Versuch käme nur dann in Betracht, wenn der Täter sich irrtümlich einen Sachverhalt vorgestellt hätte, bei dessen Vorliegen ihm die Rettungshandlung von Rechts wegen zumutbar gewesen wäre.

### 4. Der sog. umgekehrte Irrtum über ein Blankettmerkmal – Der Bewerbungsfall, BGHSt 1, 13

▶ Bei seiner Bewerbung um die Stelle eines Eisenbahnsekretärs hatte der Angeklagte der   16
Eisenbahndirektion ein Schriftstück eingereicht, das er als „eidesstattliche Versicherung"
bezeichnete und in dem er falsche Angaben über seinen Werdegang und seine Qualifikation machte. Die Eisenbahndirektion ist von Rechts wegen nicht befugt, in einem Bewerbungsverfahren eidesstattliche Versicherungen dieses Inhalts zu verlangen oder entgegenzunehmen. Deshalb kam eine Strafbarkeit wegen vollendeter falscher Versicherung an Eides Statt nicht in Betracht, das Landgericht hatte den Angeklagten aber wegen Versuchs nach § 156 verurteilt, der damals strafbar war. ◀

Der Ausdruck Versicherung an Eides Statt bedeutet nicht mehr und nicht weniger, als dass derjenige, der eine solche Versicherung abgibt, bei Strafe des § 156 zur Wahrheit verpflichtet ist. Ob eine solche Verpflichtung besteht, kann weder vom Willen des Erklärenden noch von dem des Erklärungsempfängers abhängig sein. Sie muss vielmehr gesetzlich festgelegt sein. Das geschieht durch Verfahrensregeln, in denen einer Behörde oder einem Gericht in bestimmten Verfahren die Befugnis verliehen wird, über bestimmte Tatsachen eidesstattliche Versicherungen zu verlangen. Diese Verfahrensvorschriften begründen die Wahrheitspflicht des Versichernden. Deshalb sind beispielsweise all die als Versicherungen an Eides Statt bezeichneten Schriftstücke, die Politiker zur Beteuerung ihrer Unschuld bei Notaren hinterlegen, keine Versicherungen an Eides Statt im Rechtssinne. Nach Rechtsprechung und herrschender Lehre gilt dasselbe aber auch für einen Eid, selbst wenn er vor einem Gericht geleistet worden ist, das ja allgemein zur Abnahme von Eiden zuständig ist. Wenn beispielsweise ein beauftragter oder ersuchter Richter einen Zeugen oder Antragssteller die Wahrheit seiner Erklärung in einem Verfahren beschwören lässt, in dem die Abnahme eines Eides nicht vorgesehen ist, so liegt kein Eid iSd § 154 und demgemäß auch keine Falschaussage iSd § 153 vor.[22]

---

22  RGSt 73, 144 (145); 74, 125 (126); 75, 399 (400); BGHSt 3, 248; 3, 309 (311); 5, 111 (113 f.); 10, 272 (273); 12, 56 (58); 17, 303 (305); Schönke/Schröder-*Bosch/Schittenhelm* § 154 Rn. 8; SK-*Rudolphi* § 154 Rn. 5.

17 Mit der folgenden Begründung hob der BGH die Verurteilung des Angeklagten wegen versuchter falscher Versicherung an Eides Statt auf:

> „Die Strafkammer stellt nun fest, der Angeklagte habe die Direktion der BGE zur Entgegennahme solcher Versicherungen für befugt gehalten. Deshalb nimmt sie einen untauglichen, nach den §§ 156 I, II, 43 StGB strafbaren Versuch an. Das ist rechtsirrig. Der Glaube, die BGE dürfe eidesstattliche Versicherungen entgegennehmen, reicht für den inneren Tatbestand des § 156 StGB nicht aus. Die zuständige Behörde im Sinne dieser Vorschrift ist eine Stelle, der einmal die allgemeine Zuständigkeit zukommt, überhaupt eidesstattliche Versicherungen anzunehmen, und die zum anderen weiterhin die Zuständigkeit besitzt, über diesen Gegenstand und in diesem Verfahren derartige Versicherungen entgegenzunehmen (RGSt 73,144; 74, 125; 75, 399). Zuständig in diesem Sinne könnte die BGE nach der Vorstellung des Angeklagten nur gewesen sein, wenn er Tatsachen angenommen hätte, die den dargelegten Inhalt des Begriffs der zuständigen Behörde ausmachen. An einer solchen Feststellung fehlt es. Sie kann nach der Sachlage auch aufgrund einer neuen Verhandlung nicht getroffen werden, weil der BGE die nicht einmal eine Behörde ist, schon die allgemeine Zuständigkeit gefehlt hat."[23]

18 Die hL versteht das Merkmal der Zuständigkeit zur Abnahme von Versicherungen an Eides Statt als Bezeichnung eines Rechtsverhältnisses, dessen Gegebensein Voraussetzung des Tatbestandes des § 156 ist, also als sog normatives Tatbestandsmerkmal. Wäre das richtig, dann müsste der Täter nur wissen, beziehungsweise sich fälschlich vorstellen, dass die Behörde oder Stelle, gegenüber der er die Versicherung an Eides statt abgibt, in diesem Verfahren zur Entgegennahme einer solchen Versicherung befugt ist, ohne sich irgendwelche Vorstellungen über die gesetzlichen Voraussetzungen dieser Befugnis zu machen, geschweige denn, dass diese Vorstellungen richtig sein müssten. Denn wenn ein Rechtsverhältnis zum gesetzlichen Tatbestand iS v. § 16 gehört, erfordert der Vorsatz nur das Wissen, dass ein solches Rechtsverhältnis im Einzelfall besteht. Über die Tatsachen, die das Rechtsverhältnis in concreto begründen oder die es in abstracto begründen können, braucht der Vorsatztäter sich keinerlei Vorstellungen zu machen (s. o. 8/12). Deshalb würde es einem Versuch auch nicht entgegenstehen, dass er sich im vorliegenden Fall falsche Vorstellungen darüber macht (s. o. 20/9).[24] Aber der BGH begnügt sich bei § 156 nicht mit der Vorstellung des Täters, die BGE sei zur Abnahme einer eidesstattlichen Versicherung zuständig, sondern verlangt für den Vorsatz nach § 156, dass der Täter sich Tatsachen vorstellt, „die den Inhalt des Begriffs der zuständigen Behörde ausmachen." Dieser Inhalt ist die Tatsache, dass der Adressat der eidesstattlichen Erklärung eine Behörde ist, die ein bestimmtes Verfahren betreibt, für das die Zuständigkeit zur Abnahme von Versicherungen an Eides statt kraft Gesetzes besteht. Solche Tatsachen hat der Angeklagte sich nicht vorgestellt. Er wusste, dass er seine Erklärung vor der BGE in einem Bewerbungsverfahren abgab. Diese Tatsachen „machen den Inhalt des Begriffs zuständige Behörde" eben nicht aus, denn in diesem Verfahren ist eine Versicherung an Eides statt von rechts wegen nicht vorgesehen. Nimmt der Täter diese Zuständigkeit nur irrtümlich an, so begeht er nur ein Wahndelikt.[25]

---

23  BGHSt 1, 13 (16).
24  Eine Vorstellung, die für den Vorsatz nicht notwendig ist, begründet dessen Ablehnung auch dann nicht, wenn sie falsch ist NK6-*Puppe* § 16 Rn. 73, 140; *dies.* Herzberg-FS (2008), 275 (285, 287 f.).
25  NK-*Vormbaum* § 154 Rn. 51; SK-*Zöller* § 154 Rn. 11; S/S/W-*Sinn* § 154 Rn. 13.

Dies ist aber nur damit zu erklären, dass nach Auffassung des BGH die Zuständigkeit 19 zur Abnahme von eidesstattlichen Versicherungen ein Blankettmerkmal ist, das auf diejenigen Verfahrensarten verweist, für die ein außerhalb des Strafrechts bestehendes Gesetz als blankettausfüllendes Gesetz diese Zuständigkeit anordnet. Wie oben (8/35 ff.) gezeigt, ist das richtig. Die Bestimmungsnorm der Eidesdelikte wird nämlich tautologisch, sobald man verstanden hat, dass die Begriffe zur Abnahme von Eiden zuständig oder zur Abnahme von Versicherungen an Eides statt zuständig nichts anderes bedeuten, als dass derjenige, der eine solche Erklärung abgibt, bei Strafe zur Wahrheit verpflichtet ist. Die Bestimmungsnorm, die dabei herauskommt lautet also: Du sollst vor Gericht oder vor einer Behörde in bestimmten Verfahren die Wahrheit sagen, wenn du aufgrund besonderer Vorschriften über diese Verfahren dazu verpflichtet bist, die Wahrheit zu sagen. Normen, die ein Blankettmerkmal aufweisen, bekommen erst dann einen Sinn, wenn man die tatsächlichen Voraussetzungen, unter denen das Blankettmerkmal im Einzelfall erfüllt ist, in diese Norm hineinschreibt, sog Lehre vom Zusammenschreiben.[26] Das vorliegende Urteil hat also zu Recht die Tatbestände dieser Normen zum Bestandteil des Vorsatzes erklärt. Dass sich unser Stellenbewerber in einem umgekehrten Subsumtionsirrtum und nicht in einem umgekehrten Tatbestandsirrtum befand, lässt sich nun zeigen, indem man die Technik des Zusammenschreibens auf seine Vorstellungen anwendet. Man erhält dann eine Verhaltensnorm, die der Täter nach seiner Vorstellung verletzt hat. Sie lautet: Wenn du in einer Stellenbewerbung bei der BGE eine als eidesstattliche Versicherung bezeichnete Erklärung abgibst, sollst du die Wahrheit sagen. Eine solche Verhaltensnorm, die mit Strafe bewehrt wäre, gilt von Rechts wegen nicht.

## 5. Der Irrtum über die Geltung eines blankettausfüllenden Gesetzes – Der Wiedergutmachungsfall, BGHSt 3, 248

▶ Die Angeklagten machten als ehemalige KZ-Häftlinge Anspruch auf Wiedergutmachung 20 nach dem Wiedergutmachungsgesetz geltend. Im Feststellungsverfahren gaben sie fälschlich einen längeren Haftzeitraum an. Dies geschah in einer Vernehmung durch einen ersuchten Richter, der das Verfahren nicht kannte und ihnen deshalb unzulässigerweise einen Eid abnahm. ◀

Der BGH lehnt einen vollendeten Meineid ab, weil der Eid in diesem Verfahren unzulässig und deshalb ungültig gewesen sei, hält aber eine Strafbarkeit wegen versuchten Meineids mit der folgenden Begründung für möglich:

> „Es ist zwar richtig, dass die Zuständigkeit der Behörde für den Vernommenen die Pflicht begründet, unter Eid die Wahrheit zu sagen. Aber welches Verhalten rechtlich geboten oder verboten ist, ergibt sich – sofern nicht besondere Rechtfertigungsgründe vorliegen – grundsätzlich eben aus den Merkmalen, die in den einzelnen Strafgesetzen aufgeführt sind. Diese Merkmale sind im Sinne des § 59 StGB die zum gesetzlichen Tatbestand gehörigen Tatumstände, und es macht dabei keinen Unterschied, ob sie rein tatsächlicher oder wie hier rechtlicher Art sind. Mit dem Reichsgericht ist daher daran festzuhalten, daß die

---

26 BGHSt 3, 400 ff.; 9, 164 ff.; *Welzel* Lb (1969), 168; *ders.* MDR 1952, 584 (586); *Warda* (1955), 36 ff.; NK-*Puppe* § 16 Rn. 18, 67; *dies.* GA 1990, 145 (162) = Analysen (2006), 265 (285); LK-*Vogel/Bülte* § 16 Rn. 37; Schönke/ Schröder-*Sternberg-Lieben/Schuster* § 15 Rn. 100/101; SK-*Stein* § 16 Rn. 22; *Kindhäuser/Zimmermann* AT 27/33; *Jescheck/Weigend* AT § 12 III 2; *Bachmann* (1993), 25; *Fissenewert* (1993), 148 ff.; *Heidingsfelder* (1991), 157; *Reiß* wistra 1986, 193 (197); *Weber* (1975), 227 f.; kritisch zu diesem Verfahren *Kuhlen* (1987), 429 f.; *Herzberg* GA 1993, 439 f.

Zuständigkeit der Behörde in § 154 StGB ein zum gesetzlichen Tatbestande gehöriger Tatumstand ist. Deshalb ist der Täter, der dieses Merkmal irrig als gegeben ansieht, wegen versuchten Meineids zu bestrafen, sofern die übrigen Voraussetzungen des § 154 StGB gegeben sind."[27]

21  Das Gericht behandelt also das Merkmal „zur Abnahme von Eiden zuständig" als ein solches, das ein vom Tatbestand des § 154 unabhängiges Rechtsverhältnis bezeichnet. Der Senat erkennt, dass dies mit der vorstehenden Entscheidung im Widerspruch steht und setzt sich mit den folgenden Worten von dieser ab:

> „Hinsichtlich der Frage, wie die Vorstellung des Täters über die Zuständigkeit der den Eid abnehmenden Stelle beschaffen sein muss, wenn er bestraft werden soll, hat zum § 156 StGB die oben angeführte Entscheidung BGHSt 1, 13 angenommen, es sei nicht mehr und nicht weniger erforderlich, als dass er sich „Tatsachen vorstelle, die den Inhalt des Begriffes der zuständigen Behörde ausmachen"; nur unter dieser Voraussetzung könne eine vor einer unzuständigen Stelle abgegebene eidesstattliche Versicherung als versuchtes Vergehen nach § 156 StGB strafbar sein. Trifft diese Auffassung zu, so hätte umgekehrt ein Täter, der vor einer zuständigen Behörde eine wissentlich falsche eidesstattliche Versicherung abgegeben hat, den Tatbestand des § 156 schon dann vorsätzlich verwirklicht, wenn er jene Tatsachen kannte, jedoch von der Unzuständigkeit der Behörde überzeugt war. Dieser Auffassung könnte der Senat nicht beitreten."[28]

22  Der Senat geht offenbar davon aus, dass er nur zwischen zwei Möglichkeiten die Wahl hat: Entweder er verlangt für den Vorsatz des Täters die Vorstellung, dass das Gericht oder die Behörde, vor der er aussagt, zur Abnahme von Eiden bzw. Versicherungen an Eides statt zuständig ist, dann kann er nicht gleichzeitig verlangen, dass der Täter die rechtlichen Voraussetzungen dieser Zuständigkeit im Einzelfall richtig erkannt hat. Oder man verlangt für den Vorsatz die Vorstellung von Voraussetzungen, die eine solche Zuständigkeit von Rechts wegen begründet, dann kann man nicht gleichzeitig die Vorstellung von dieser Zuständigkeit verlangen. Da der Senat nun aber nicht bereit ist, für den Vorsatz auf die Vorstellung des Täters zu verzichten, dass er in diesem Verfahren zur Wahrheit verpflichtet ist, verzichtet er auf die Vorstellung von den rechtlichen Voraussetzungen dieser Pflicht.

Aber es lässt sich begründen, dass beide Vorstellungen Voraussetzung für den Vorsatz bei den Aussagedelikten sind. Man darf sich nämlich bei Blankettgesetzen nicht mit dem sog Zusammenschreiben begnügen, also damit, dass man den Tatbestand der blankettausfüllenden Norm in den Straftatbestand hineinschreibt (s. dazu o. 20/19), der Täter muss darüber hinaus auch die Gültigkeit der blankettausfüllenden Norm kennen.[29] Das hat wie gezeigt (s. o. 8/36), seinen Grund darin, dass der Tatbestand

---

27  BGHSt 3, 248 (254).
28  BGHSt 3, 248 (254).
29  *Puppe* Herzberg-FS (2008), 275 (291); *dies.* GA 1990, 145 (166 ff.) = Analysen (2006), 265 (291 f.); *Frister*, der die Zuständigkeit zur Abnahme von Eiden ebenfalls für ein Blankettmerkmal hält (vgl. AT 11/39), wendet dagegen ein, es sei doch nur ein äußerlicher Unterschied, ob ein mit Strafe bewehrtes Gebot im StGB steht oder in einem anderen Gesetz, AT 11/38. Aber wenn es dem Gesetzgeber nicht möglich ist, ein solches Gesetz in wenigen Sätzen zu formulieren und sich der Bürger dessen Inhalt aus verschiedenen Rechtsquellen zusammensuchen muss, so ist das ein gutes Indiz dafür, dass diese einzelnen Gebotstatbestände kein spezifisches tatbestandsmäßiges Unrecht indizieren, sondern ihren Unrechtscharakter erst aus der Gebotsnorm selbst empfangen, der Täter also auch gut kennen muss, um vorsätzlich zu handeln. Kritisch zu der hM auch *Tiedemann*, Wirtschaftsstrafrecht Rn. 402 ff.

der blankettausfüllenden Normen nicht wie ein Straftatbestand das Unrecht der Tat vollständig beschreibt oder, wie man auch sagt, die Rechtswidrigkeit indiziert. Das Unrecht von Aussagedelikten lässt sich allgemein nicht anders beschreiben denn als ein Verstoß gegen in verschiedenen Gesetzen und Verordnungen statuierte Pflichten zur Wahrhaftigkeit. Deshalb muss der Täter, um vorsätzlich zu handeln, nicht nur die tatsächlichen Voraussetzungen dieser Pflichten kennen, sondern auch die in den blankettausfüllenden Normen angeordnete Pflicht zur Wahrhaftigkeit selbst. Der BGH hat also im vorliegenden Urteil zu Recht auf diese Kenntnis des Täters nicht verzichtet.

Aber daraus folgt nicht die Notwendigkeit, auf die Kenntnis der tatsächlichen Voraussetzungen zu verzichten, die die Pflicht nach der blankettausfüllenden Norm im Einzelfall begründen. Bei einem Blankettgesetz, dass durch außerstrafrechtliche Normen auszufüllen ist, ist für den Vorsatz eben beides erforderlich: Sowohl die Kenntnis der Tatbestände der blankettausfüllenden Norm als auch die ihrer Rechtsfolge, auch wenn diese Rechtsfolge mit dem tatbestandlichen Verbot identisch ist. Da der Täter also dieses tatbestandliche Verbot kennen muss, läuft dies auf eine partielle Anwendung der sog Vorsatztheorie hinaus, also auf eine Ausnahme von der allgemein anerkannten Regel, dass das Bewusstsein, eine bestimmte Norm zu missachten, nicht zum Vorsatz gehört. Diese Ausnahme hat ihren Grund darin, dass ein Blankettstrafgesetz ohne den Tatbestand der blankettausfüllenden Norm keinen deskriptiven Sinn hat und ohne die im blankettausfüllenden Gesetz aufgestellte Verhaltensnorm keinen normativen Sinn (s. dazu o. 8/30 ff.).

23

Die Pflicht, die die blankettausfüllende Norm aufstellt, muss natürlich auch objektiv gelten. Stellt sich der Täter eine Wahrheitspflicht vor, die das Gesetz in Wirklichkeit nicht kennt, so begeht er ein Wahndelikt. Der vorliegende Fall ist ein Beispiel dafür. Da der ersuchte Richter, der offenbar die Akten nicht genau gelesen hatte, die Angeklagten unzulässigerweise vereidigt hatte, glaubten nun diese, als Antragssteller im Wiedergutmachungsverfahren bei Strafe zur Wahrheit verpflichtet zu sein. Dieser Glaube kann die wirkliche Verpflichtung nicht ersetzen. Die Konsequenz ist, dass die Umkehrprobe bei blankettausfüllenden Normen nicht funktioniert, denn diese müssen sowohl objektiv, als auch subjektiv, also in der Vorstellung des Täters existieren. Die Unkenntnis des Täters über die Gültigkeit dieser Norm schließt den Vorsatz in Bezug auf das Blankettstrafgesetz aus, gleichwohl bewirkt die falsche Vorstellung, dass eine solche Norm für ihn gilt keine Strafbarkeit wegen Versuchs. Viele Blankettstrafgesetze finden sich im Nebenstrafrecht, aber auch in Teilen des StGB, vor allem im Umweltstrafrecht (s. dazu o. 8/38).[30]

24

## 6. Der Beginn des Versuchs bei unmittelbarer Täterschaft – Der Gubener Hetzjagdfall, BGH JR 2003, 122[31]

▶ Die Angeklagten verfolgten, zunächst in Fahrzeugen und dann zu Fuß, einen jungen Ausländer, um ihn zusammenzuschlagen. Nachdem sie aus ungeklärten Gründen von seiner weiteren Verfolgung abgelassen hatten, was er jedoch nicht wusste, trat er mit dem Fuß die Glasscheibe einer Haustür ein, um sich in dem Hausflur in Sicherheit zu bringen. Er zog sich dabei eine tiefe Oberschenkelwunde zu, an der er verblutete. ◀

25

---

30  Vgl. die Beispiele bei *Puppe* Herzberg-FS (2008), 275 (289 ff.).
31  Mit Anm. *Puppe* JR 2003, 123 = BGHSt 48, 34 = NJW 2003, 150 = StraFo 2003, 23 = StV 2003, 74 = NStZ 2003, 149 = mAnm *Hardtung*, NStZ 2003, 261.

Von der Entscheidung der Frage, ob die Verfolgung des Opfers, in der Absicht, es zusammenzuschlagen, bereits ein unmittelbares Ansetzen zur Körperverletzung darstellt, hängt im vorliegenden Fall nicht nur die Verurteilung der Täter wegen versuchter gemeinschaftlicher Körperverletzung ab, sondern auch die wegen Körperverletzung mit Todesfolge. Denn nach der Auffassung des BGH genügt für diese ein Körperverletzungsversuch und für den Zusammenhang zwischen diesem Versuch und der Todesfolge ist nach heutiger Ansicht des BGH nicht mehr erforderlich, als deren Vorhersehbarkeit.[32] Der BGH hat denn auch im vorliegenden Fall wegen Körperverletzung mit Todesfolge verurteilt. Zu der entscheidenden Frage, ob bereits ein Körperverletzungsversuch vorlag, als die Täter die Verfolgung aufgaben, sagt er nur die folgenden wenigen Worte:

> „Spätestens mit dem zweiten Halt, der Verfolgung der Flüchtenden zu Fuß und dem weiteren, dem Verhalten der Flüchtenden angepassten arbeitsteiligen Vorgehen haben die Angeklagten die Schwelle zum „jetzt geht es los" überschritten; eines weiteren „Willensimpulses" oder „Willensrucks" zur Umsetzung ihrer Pläne bedurfte es hiernach nicht mehr, was auch durch die unmittelbar folgende Misshandlung des Geschädigten Be. belegt wird."[33]

26    Stellt man für das unmittelbare Ansetzen allein auf den psychischen Befund ab, dass es für die Täter keines weiteren „Willensrucks" bedurfte, um die eigentliche tatbestandsmäßige Handlung auszuführen, hier also den Verfolgten zusammenzuschlagen, so ist das Ergebnis richtig. Wer einem anderen nachläuft, um ihn zusammenzuschlagen, muss sofort mit dem Zuschlagen beginnen, wenn er ihn erreicht, sonst entkommt ihm das Opfer wieder. Die Täter haben sich also in eine Art Zugzwang gesetzt. Solche Fälle sind nicht selten.[34]

27    Wenn aber dieser Zugzwang schon längere Zeit vor der eigentlichen Ausführungshandlung beginnt, also längere Zeit andauert, so führt dieses Kriterium zu einer allzu weiten Vorverlagerung des Versuchsbeginns. Um der in der Rechtsprechung vorhandenen Tendenz zu einer solchen Vorverlagerung entgegenzutreten, hat der Gesetzgeber in § 22 ein Unmittelbarkeitserfordernis aufgestellt, das die Rechtsprechung denn auch im Sinne eines engen zeitlichen und örtlichen Zusammenhangs mit der eigentlich tatbestandsmäßigen Handlung, hier also der Körperverletzung interpretiert hat.[35] Danach liegt ein Anfang der Ausführung im vorliegenden Fall erst dann vor, wenn die Täter den Verfolgten erreicht haben und im nächsten Moment damit anfangen können ihn zusammenzuschlagen.

Erst dann besteht ihr Vorsatz die Feuerprobe der kritischen Situation und sie überschreiten die Schwelle zum „Jetzt geht es los". Denn es kommt nicht darauf an, wann die Täter ein solches Schwellenerlebnis tatsächlich haben, sondern wann sie es hätten haben sollen.[36] Jene kritische Situation, in der sie sich gegen das Weiterhandeln hätten

---

32    Siehe dazu die 1. Aufl. AT/1 10/2 ff.
33    BGH JR 2003, 122 (123).
34    Unmittelbares Ansetzen wurde bejaht: Zum Diebstahl durch Einsteigen in die Räumlichkeit RGSt 54, 182 (183); 70, 201 (202); jedoch verneint bei bloßem Betreten des umzäunten Vorgartens RGSt 54, 42; Nachsprechen der Eidesformel BGHSt 1, 241 (243); Klingeln an der Tür BGHSt 26, 201; Auflauern des Opfers BGH NJW 1962, 645; Verfolgen eines Opfers in Reichweite RG JW 1925, 1495; Verfolgen eines Opfers außerhalb der Reichweite BGHSt 48, 34.
35    BGHSt 22, 81 (82); 26, 201 (203); 28, 162 (163); 31, 178 (182); 37, 294 (297); 40, 259 (268); 40, 299 (301); BGH NStZ 1999, 395 (396); JR 2003, 122 (123).
36    Siehe dazu die Voraufl. (35/36); *Puppe* JuS 1980 346, (349).

entscheiden müssen, um nicht den Vorwurf einer vorsätzlichen Rechtsgutsverletzung zu verdienen, ist erst in dem Moment gekommen, in dem sie dem Opfer von Angesicht zu Angesicht gegenüber stehen. Ob sie in diesem Moment etwas empfunden haben oder nicht, ist dabei nicht entscheidend. Im vorliegenden Fall ist dieser Moment nicht eingetreten. Die Täter hätten also nicht wegen eines Körperverletzungsversuchs und demgemäß auch nicht wegen Körperverletzung mit Todesfolge, sondern nur wegen fahrlässiger Tötung verurteilt werden dürfen.

### 7. Der Beginn des Versuchs bei mittelbarer Täterschaft – Der Bärwurzfall, BGHSt 43, 177[37]

▶ Bei dem Täter, einem Apotheker, waren Unbekannte eingebrochen und hatten in der Wohnung Nahrungsmittel verzehrt und dort vorhandenen Alkohol getrunken. Sie hatten offensichtlich weitere Diebesbeute zum Abholen in ein höher gelegenes, offenbar von außen leichter erreichbares Stockwerk gebracht, so dass mit ihrer Wiederkehr zu rechnen war. Der Angeklagte füllte eine Steingutflasche mit der Aufschrift „Echter Hiekes Bayerwaldbärwurz" mit Gift, verkorkte sie und stellte sie in den Flur, damit die Diebe, falls sie wiederkommen sollten, daraus trinken und daran sterben. Erst später fiel ihm ein, dass in dem Hause die Nacht über Polizisten Wache halten sollten. Damit diese nicht zu Schaden kamen warnte er sie und die Bärwurzflasche wurde sichergestellt. ◀

28

Der BGH betrachtet den Fall als einen solchen der mittelbaren Täterschaft, bei dem die Opfer selbst als Werkzeuge ihre Tötung dadurch hätten bewirken sollen, dass sie in die Wohnung zurückkehrten, die vermeintliche Schnapsflasche dort fanden und von ihrem Inhalt tranken. Bei einer Tatbegehung in mittelbarer Täterschaft ist streitig, wann der Versuch beginnt, bereits dadurch, dass der Täter zur Einwirkung auf den Tatmittler, beispielsweise zu seiner Täuschung unmittelbar ansetzt,[38] damit, dass er diese Einwirkung beendet und damit den Tatmittler aus seinem Einflussbereich entlässt,[39] oder erst dann, wenn der Tatmittler selbst unmittelbar zur Tatbestandsverwirklichung ansetzt.[40] Spätestens in dem Moment, in dem er seine Einwirkung auf den Tatmittler beendet, hat der mittelbare Täter das seinerseits Erforderliche getan und muss das Weitere den Entschlüssen des Tatmittlers und dem Zufall überlassen. Der BGH differenziert zwischen den verschiedenen Bestimmungsmöglichkeiten für den Versuchsbeginn bei mittelbarer Täterschaft wie folgt:

> „Zwar setzt der Täter bereits zur Tat an, wenn er seine Falle aufstellt, doch wirkt dieser Angriff auf das geschützte Rechtsgut erst dann unmittelbar, wenn sich das Opfer in den Wirkungskreis des vorbereiteten Tatmittels begibt. Ob das der Fall ist, richtet sich nach dem Tatplan. Steht für den Täter fest, das Opfer werde erscheinen und sein für den

---

37  = NJW 1997, 3453 = StV 1997, 632 = JZ 1998, 209 mAnm *Roxin* = NStZ 1998, 241 mAnm *Otto* = JR 1998, 291 mAnm *Gössel* = NStZ 1999, 79; s. dazu Besprechungen von *Baier* JA 1999, 771, 963; *Böse* JA 1999, 342; *Derksen* GA 1998, 592; *Kudlich* JuS 1998, 596; *Martin* JuS 1998, 273; *Wolters* NJW 1998, 578.

38  *Fischer* § 22 Rn. 26 f.; *Jakobs* AT 21/105; *Baumann* JuS 1963, 84 (92 f.); *Bockelmann* JZ 1954, 468 (473); *Puppe* JuS 1989, 361 (362); *dies.* Dahs-FS (2005), 173 (186); *Schilling* (1975), 104 ff. und früher auch *Herzberg* MDR 1973, 89 (94).

39  *Roxin* AT/2 29/244; *ders.* Maurach-FS (1972), 213 (218); LK-*Schünemann/Greco* § 25 Rn. 170 ff.; SK-*Jäger* § 22 Rn. 39; *Jescheck/Weigend* AT § 62 IV; *Wessels/Beulke/Satzger* AT Rn. 972 f.; *Herzberg* JuS 1985, 1 (9); *Saliger* JuS 1995, 1004 (1009).

40  NK-*Zaczyk* § 22 Rn. 30 f.; *Baumann/Weber/Mitsch/Eisele* AT 22/78; *Kadel* GA 1983, 299 (303 ff.); *Kühl* JuS 1983, 180 (182); Lackner/Kühl-*Kühl* § 22 Rn. 9; *Küper* JZ 1983, 361 (369); *Krack* ZStW 110 (1998), 611 (638); *Rath* JuS 1999, 140 (143).

Taterfolg eingeplantes Verhalten bewirken, so liegt eine unmittelbare Gefährdung (nach dem Tatplan) bereits mit Abschluss der Tathandlung vor (etwa wenn der Täter eine Zeitbombe an einem belebten Platz deponiert). Hält der Täter – wie hier – ein Erscheinen des Opfers im Wirkungskreis des Tatmittels hingegen für lediglich möglich, aber noch ungewiss oder gar für wenig wahrscheinlich (etwa beim Wegwerfen einer mit Gift gefüllten Schnapsflasche im Wald), so tritt eine unmittelbare Rechtsgutsgefährdung nach dem Tatplan erst dann ein, wenn das Opfer tatsächlich erscheint, dabei Anstalten trifft, die erwartete selbstschädigende Handlung vorzunehmen, und sich deshalb die Gefahr für das Opfer verdichtet."[41]

29   Wenn die Erfolgsgefahr, die der Täter geschaffen hat, nicht für den Versuch ausreicht, so dürfte sie konsequenterweise auch nicht für die Vollendung ausreichen, wenn durch diese Gefahr der Erfolg verursacht wird, der Täter aber die Fortentwicklung der geringen Gefahr bis hin zu einer hundertprozentigen Gefahr und schließlich zum Erfolg nicht mehr beeinflussen kann bzw. will, insbesondere wenn er ihre Fortentwicklung zu einer hundertprozentigen Gefahr gar nicht zur Kenntnis nimmt.[42] Um die Fallabwandlung des BGH aufzugreifen: Das Wegwerfen einer vergifteten Schnapsflasche im Walde reicht nicht aus, um eine Vorsatzgefahr zu begründen, sondern allenfalls für eine Fahrlässigkeitsgefahr. Realisiert sich diese nun dadurch, dass ein alkoholsüchtiger Spaziergänger die Flasche findet, davon trinkt und stirbt, so ist dem Wegwerfer sein Tod selbst dann nicht zum Vorsatz zuzurechnen, wenn er sich einen solchen Geschehensablauf wünschte, als er die Flasche wegwarf, sondern allenfalls zur Fahrlässigkeit (vgl. die Voraufl. AT/1, 16/41).

30   Erfolgt nun die erforderliche Gefahrsteigerung durch das Handeln eines Tatmittlers, den sich der Täter zuvor, beispielsweise durch Täuschung, zum Werkzeug gemacht hat, so soll ihm diese Gefahrsteigerung nach § 25 Abs. 1 wie eigenes Handeln zugerechnet werden.[43]

Es fragt sich aber, ob die Zurechnung der Handlung des Werkzeugs nach § 25 Abs. 1 dazu ausreicht, das Erfordernis des unmittelbaren Ansetzens zu ersetzen. Dies erkennt der BGH, meint sich aber mit folgender Argumentation darüber hinwegsetzen zu können:

> „Zwar wird gegen diese Lösung der beachtliche Einwand vorgebracht, dabei müsse – entgegen § 22 StGB – nicht mehr der Täter, sondern das Opfer zur Tat ansetzen. Doch ist hier nicht die Frage des Ansetzens zur Tatbestandsverwirklichung, sondern diejenige der Unmittelbarkeit angesprochen. Mit der Aufnahme dieses Merkmals in die gesetzlichen Voraussetzungen des § 22 StGB hat sich der Gesetzgeber dazu bekannt, dass die Strafbarkeit des Versuchs nicht völlig losgelöst von einer Gefährdung des geschützten Rechtsguts einsetzt. Wollte man darauf verzichten, wäre die Strafbarkeit des Versuchs weit vorverlagert und müsste auch Fälle erfassen, in denen der Täter seine Tathandlungen in einem frühen Stadium abschließt, ohne das angegriffene Rechtsgut damit zunächst konkret zu gefährden, und das weitere Geschehen danach ungesteuert aus der Hand gibt. Eine so weite Vorverlagerung der Versuchsstrafbarkeit erscheint nicht sachgerecht."[44]

---

41  BGHSt 43, 177 (181).
42  Siehe dazu die 1. Aufl. AT/1, 20/2.
43  LK[12]-*Hillenkamp* § 22 Rn. 141; *Gössel* JR 1976, 249 (250); *Otto* JA 1980, 641 (646); dagegen *Roxin* AT/2 29/197 ff.; LK-*Murmann* § 22 Rn. 143.
44  BGHSt 43, 177 (181).

Im Gegensatz zu der vorstehenden Entscheidung nimmt also der BGH hier das Unmittelbarkeitserfordernis ernst. Er verkennt aber den Kontext, in dem es in § 22 steht. Dort heißt es ja nicht, „eine Straftat versucht, wer zur Tatbestandsverwirklichung ansetzt und dadurch nach seiner Vorstellung eine unmittelbare Gefahr der Vollendung verursacht", sondern es heißt „wer zur Tatbestandsverwirklichung unmittelbar ansetzt".[45] Die Unmittelbarkeit bezieht sich also nicht auf einen von der Handlung des Täters lediglich verursachten Gefahrerfolg,[46] sondern auf die Versuchshandlung selbst. Diese Handlung muss also nach dem Unmittelbarkeitserfordernis selbst unmittelbar die vorsatzbegründende Erfolgsgefahr verursachen, dergestalt, dass diese Gefahrverursachung die Überschreitung der Schwelle zur Tatbestandsverwirklichung darstellt. Diese Überschreitung der Schwelle zum „Jetzt geht es los", das Bestehen der Feuerprobe der kritischen Situation, kann dem Täter nicht durch ein Werkzeug abgenommen werden, denn dies ist die Entscheidung des Täters für die Ausführung der Tat, auf der die Zurechnung des Werkzeughandelns nach § 25 Abs. 1, 2. Alt. erst beruht.[47]

31

Der Versuch muss also spätestens dann beginnen, wenn der Täter selbst zu handeln aufhört. Das gilt auch für den Versuch in mittelbarer Täterschaft.[48] Dabei ist es ohne Belang, ob diese letzte Handlung unmittelbar auf das Werkzeug einwirken soll oder auch eine andere Zurüstung zur Ermöglichung des Erfolges darstellt. In diesem Moment ist zu entscheiden, ob die vom Täter selbst geschaffene Gefahr zur Begründung des Vorsatzes und des Versuchs ausreicht. Tut sie das nicht, so liegt kein vorsätzliches Versuchsdelikt und im Fall der verwirklichten Gefahr konsequenterweise auch kein vorsätzliches Vollendungsdelikt vor. Es kommt dann nur noch ein Versuch durch Unterlassen in Betracht, wenn der Täter das Anwachsen der Gefahr wahrnimmt und entgegen seiner Garantenpflicht aus Ingerenz nicht einschreitet. Bei der Entscheidung der Frage, ob die Gefahr für Vorsatz hinreichend groß ist, spielt die Tatsache, dass der Täter mehr oder weniger leicht einschreiten und die Gefahr beseitigen kann, keine Rolle. Auch beim Versuch in unmittelbarer Täterschaft wird eine unmittelbare Gefährdung des Rechtsgutsobjekts aufgrund des Handelns des Täters ja nicht deshalb verneint, weil dem Täter eine Möglichkeit geblieben ist, die Gefahr abzuwenden. Es kann lediglich ein strafbefreiender Rücktritt vorliegen, wenn er diese Möglichkeit freiwillig und erfolgreich nutzt.

32

Hat der Täter eine für eine vorsätzliche Erfolgszurechnung hinreichend große Gefahr geschaffen, dass das Werkzeug in seinem Sinne handelt, so steht es weder dem Anfang der Ausführung noch der Zurechnung des Erfolges entgegen, wenn zwischen seiner Handlung und deren Einwirken auf das Werkzeug oder auch das Opfer längere Zeit vergeht.[49] Vergiftet beispielsweise der Täter ein Medikament, das das Opfer regelmäßig zu nehmen pflegt, während dieses sich auf einer Reise befindet, von der es erst nach mehreren Wochen zurückkehren wird, so liegt ein Anfang der Ausführung vor. Ein unmittelbarer zeitlicher oder örtlicher Zusammenhang muss nach § 22 nicht zwischen der Täterhandlung und dem Eintritt des Erfolges bestehen und auch nicht zwi-

33

---

45 *Böse* JA 1999, 342 (344).
46 So aber jetzt *Herzberg* Roxin-FS (2001), 749 (762); dagegen *Böse* JA 1999, 342 (345).
47 *Puppe* Dahs-FS (2005), 173 (180 ff.); *dies.* GA 2013, 514 (530 ff.).
48 So BGHSt 30, 363 (365) „In mittelbarer Täterschaft versucht eine Straftat derjenige, der nach seiner Vorstellung die erforderliche Einwirkung auf den Tatmittler abgeschlossen hat"; ebenso BGHSt 40, 257 (269); LK-*Murmann* § 22 Rn. 197 ff. mwN.
49 BGH NStZ 1998, 294 (295); 2001, 475 (476); *Fischer* § 22 Rn. 26 f.; *Puppe* JuS 1989, 361 (364); anders BGHSt 4, 270 (273); 40, 257 (269); NK-*Zaczyk* § 22 Rn. 30 f.; Schönke/Schröder-*Eser/Bosch* § 22 Rn. 54a; *Jescheck/ Weigend* AT, § 62 VI 1; *Roxin* Maurach-FS (1972), 213 (217 ff.); *ders.* JuS 1979, 1 (10 f.); *ders.* JZ 1998, 211.

schen der Täterhandlung und der unbewussten Mitwirkung des Werkzeugs, sondern allein zwischen der Täterhandlung und dem Eintritt einer vorsatzbegründenden Gefahr, mag diese sich auch erst später realisieren.[50] Daran ändert sich auch nichts dadurch, dass der Täter jederzeit leicht in der Lage wäre, das Gift zu beseitigen.

### 8. Hinweise zur praktischen Anwendung

34    Die Prüfung eines Versuchs beginnt mit dem subjektiven Tatbestand. Um sich das zu merken, brauchen Sie keine Aufbauschemata auswendig zu lernen, es ergibt sich unmittelbar aus § 22. Danach ist für den Tatbestand, den der Täter zu verwirklichen versucht, ausschließlich seine eigene Vorstellung von der Tat maßgebend. Allein aus dieser Vorstellung ergibt sich also, welcher Tatbestand in Betracht kommt. Da bei einem Versuch der objektive Tatbestand nicht bzw. nicht vollständig erfüllt ist, basiert jeder Versuch auf einem Irrtum des Täters darüber, welche Tatsachen im Moment seiner Handlung gegeben sind bzw. zukünftig eintreten werden. Hat sich also herausgestellt, dass der Tatbestand objektiv nicht erfüllt ist, so ist die Prüfung eines Versuchs nur dann angebracht, wenn die Vorstellung des Täters von der objektiven Wirklichkeit abweicht. Diese Abweichung muss darin bestehen, dass die tatsächlichen Vorstellungen den Tatbestand erfüllen, während die objektiven Tatsachen ihn nicht, bzw. nicht vollständig erfüllen, sog umgekehrter Tatbestandsirrtum.

35    Wenn der Täter fälschlich glaubt, einen bestimmten Straftatbestand zu erfüllen, so kann das zweierlei Gründe haben: Entweder er nimmt irrtümlich Tatsachen an, die den Tatbestand erfüllen, oder er nimmt irrtümlich an, dass der Tatbestand einen anderen Begriffsinhalt m.a.W. einen anderen Sinn hat, als er von Rechts wegen hat. Im letzteren Fall befindet er sich in einem sog umgekehrten Subsumtionsirrtum, der keine Strafbarkeiten begründen kann, weil es die Norm, die der Täter für den Inhalt des Straftatbestandes hält, in Wahrheit gar nicht gibt. Der umgekehrte Subsumtionsirrtum muss also vom umgekehrten Tatbestandsirrtum unterschieden werden. Das ist relativ einfach, sofern der Irrtum des Täters natürliche Tatsachen betrifft, also Sachverhalte, die unabhängig von der Rechtsordnung und den gesellschaftlichen Einrichtungen wahr oder falsch sind. Ein solcher Irrtum kann kaum mit einem Subsumtionsirrtum über den Inhalt der Verhaltensnorm eines Tatbestands verwechselt werden.

36    Anders kann das bei einem Irrtum sein, der Rechte und Rechtsverhältnisse betrifft, die als Merkmale in einem Straftatbestand vorkommen, sog normative Tatbestandsmerkmale. Diese Rechtsverhältnisse des Zivilrechts oder öffentlichen Rechts sind die Rechtsfolgen von Normen, die, mit einer Ausnahme,[51] außerhalb des Strafgesetzes stehen und nicht in der Strafbarkeit einer Person bestehen. Um den subjektiven Tatbestand des Strafgesetzes zu erfüllen, in dem diese Rechtsfolgen vorkommen, muss der Täter nur diese Rechtsfolgen kennen, er muss nichts darüber wissen oder sich vorstellen, aufgrund welchen außerhalb des Strafrechts liegenden Tatbestandes sie im Einzelfall eingetreten sind oder möglicherweise eintreten können. Deshalb bewährt sich auch hier die Unterscheidung des RG zwischen einem strafrechtlichen und einem

---

50  BGHSt 40, 257 (269); BGH NStZ 1998, 294 (295); 2001, 475 (476).

51  Diese Ausnahme ist der Straftatbestand der sog Vortat bei der Strafvereitelung nach § 258. Der Vorsatz iS v. § 258 enthält die Rechtstatsache, dass ein Anderer sich strafbar gemacht hat und man ihn der Strafverfolgung entzieht. Nimmt der Täter eine solche Strafbarkeit irrtümlich an, weil er einen Straftatbestand zu weit auslegt, so begeht er einen Strafvereitelungsversuch, der mangels Strafbarkeit der vermeintlichen Vortat aber auch nicht strafbar ist, s. hierzu *Puppe* GA 1990, 145 (159) = Analysen (2006), 265 (282).

sog außerstrafrechtlichen Rechtsirrtum (vgl. dazu schon o. 8/55). Der Ausdruck außerstrafrechtlicher Rechtsirrtum ist allerdings, wie oben schon gezeigt, missverständlich. Der entscheidende Unterschied besteht nicht darin, dass der Täter sich bei einem außerstrafrechtlichen Irrtum über Normen irrt, die nicht im Strafgesetzbuch stehen, sondern darin, dass er sich aufgrund von falschen Vorstellungen, sei es über Tatsachen, sei es über Normen, darüber irrt, dass ein bestimmtes Rechtsverhältnis besteht, das in einem Tatbestand als Merkmal vorkommt, wie beispielsweise fremdes Eigentum oder ein Pfandrecht an einer bestimmten Sache oder ein bestimmter Zahlungsanspruch, der für oder gegen den Täter besteht.

In einer Prüfungsarbeit sollte man sich aber auf die Unterscheidung zwischen strafrechtlichem und außerstrafrechtlichem Rechtsirrtum nicht berufen, ohne daran zu erinnern, dass sie über Jahrzehnte in Literatur und Rechtsprechung verpönt war, inzwischen aber wieder Vertreter in der Literatur gefunden hat.

Gar nicht verwenden sollten Sie die Formel von der Parallelwertung in der Laiensphäre. Sie richtet bei der Unterscheidung zwischen Umgekehrten Tatbestandsirrtum und umgekehrten Subsumtionsirrtum wie oben, 20/10 ff. gezeigt, noch größere Verwirrung an, als bei der Unterscheidung zwischen Tatbestandsirrtum und Subsumtionsirrtum. Denn als sog umgekehrte Parallelwertung in der Laiensphäre wird sowohl ein Irrtum über ein Recht oder Rechtsverhältnis, das in einem Tatbestand als Merkmal vorkommt, als auch ein Irrtum über eine Bewertung, die in einem Tatbestand als Merkmal vorkommt als auch ein Subsumtionsirrtum bezeichnet. Wenn es wirklich um ein wertendes Tatbestandsmerkmal geht, ist die Wertung des Täters stets unbeachtlich, wenn er das Wertungsmerkmal verneint, weil er zu laxe Wertmaßstäbe anlegt, ebenso wie wenn er es bejaht, weil er zu strenge Maßstäbe anlegt. Maßgeblich für die Beurteilung seines Verhaltens als strafbar oder straflos ist stets die Bewertung der Rechtsordnung.

Die Unterscheidung zwischen einem umgekehrten Tatbestandsirrtum über ein normatives Tatbestandsmerkmal einerseits, einem umgekehrten Wertungsirrtum oder umgekehrten Subsumtionsirrtum andererseits ist das Hauptanwendungsgebiet des sog Umkehrschlusses des RG, der hier als Umkehrprobe bezeichnet wurde. Die Umkehrprobe beruht darauf, dass alle Voraussetzungen von Strafbarkeit entweder nur als objektive unverzichtbar sind oder nur als subjektive. Objektiv unverzichtbar ist die Geltung des Straftatbestandes in seinem genauen Inhalt sowie die Bewertung der Tat nach den Maßstäben der Rechtsordnung. Ein Irrtum des Täters darüber kann Strafbarkeit weder begründen noch ausschließen. Subjektiv unverzichtbar sind die Tatsachen, die zum gesetzlichen Tatbestand gehören. Der Täter muss sie sich vorstellen, um vorsätzlich zu handeln. Ihr Fehlen im objektiven Tatbestand hat lediglich zur Folge, dass keine vollendete, sondern nur eine versuchte Tatbestandsverwirklichung vorliegt. Deshalb kann man die Einordnung eines bestimmten Irrtums als umgekehrter Tatbestandsirrtum oder umgekehrter Subsumtionsirrtum dadurch begründen oder überprüfen, dass man zwischen der Vorstellung des Täters und der Wirklichkeit die Wahrheitswerte umkehrt, also einen Hilfsfall bildet, in dem objektiv das richtig ist, was sich der Täter vorgestellt hat und der Täter sich das vorstellt, was im Ausgangsfall objektiv richtig ist. Hat man im Ausgangsfall einen umgekehrten Tatbestandsirrtum angenommen, so muss sich im umgekehrten Fall ein Vorsatz ausschließender Tatbestandsirrtum ergeben. Hat man im Ausgangsfall einen umgekehrten Subsumtionsirrtum angenommen, so muss sich im umgekehrten Fall ein Subsumtionsirrtum ergeben, der die Strafbarkeit

37

38

nicht hindert. Hat man im Ausgangsfall eine zu strenge Tatbewertung, also einen umgekehrten Wertungsirrtum angenommen, so muss sich im umgekehrten Fall ein ebenfalls unbeachtlicher Wertungsirrtum ergeben. Diese Umkehrprobe wird von der Rechtsprechung bis heute in zweifelhaften Fällen angewandt.

39  Das unmittelbare Ansetzen zur Verwirklichung des Tatbestandes markiert die entscheidende Grenze zwischen strafloser Vorbereitung und strafbarem Versuch. Aber diese Grenze ist fließend. Man braucht das Problem ihrer genauen Markierung jedoch zur Entscheidung eines Falles dann nicht zu lösen, wenn dieser Fall eindeutig diesseits oder jenseits der Grenze liegt. Ein eindeutiger Fall des Versuchs liegt etwa dann vor, wenn der Täter eine im Tatbestand beschriebene Handlung, beispielsweise die Drohung bei den Nötigungsdelikten oder die Täuschung bei den Betrugsdelikten bereits ausgeführt hat. Ein weiterer eindeutiger Fall des Versuchs ist der, dass der Täter bereits alle Handlungen ausgeführt hat, die nach seiner Vorstellung von der Tat eine Vorsatzgefahr für den Eintritt des Erfolges begründen. Das ist die Definition des beendeten Versuchs. Wenn Sie sie zur Entscheidung der Frage verwenden, ob bereits ein Anfang der Ausführung vorliegt, sollten Sie klarstellen, dass diese Definition des beendeten Versuchs eine hinreichende, aber nicht notwendige Bedingung für den Versuch darstellt, dass Sie sie also nicht für die allgemeine Definition des Anfangs der Ausführung halten.

40  Nur in Grenzfällen müssen Sie also gemäß der Definition des § 22 entscheiden, ob der Täter nach seiner Vorstellung schon unmittelbar zur Tatbestandsverwirklichung angesetzt hat. Das ist nicht erst dann der Fall, wenn er mit derjenigen Handlung begonnen hat, die unter den Tatbestand subsumierbar ist, sondern bereits dann, wenn er mit einer Handlung begonnen hat, die nach seiner Vorstellung von der Tat unmittelbar in die tatbestandsmäßige Handlung übergeht. Denn wenn sein Plan zur Tatbestandsverwirklichung keine Zäsur mehr vorsieht, so dass er keine weitere Zeit mehr zur Überlegung hat, so hat er sich damit für die Ausführung der Tat entschieden, sein Vorsatz hat die Feuerprobe der kritischen Situation bestanden oder, wie der BGH sich ausdrückt, er hat die Schwelle zum „Jetzt geht's los" überschritten. Dabei kommt es aber nicht darauf an, dass der Täter subjektiv eine Feuerprobe der kritischen Situation erlebt oder, wie der BGH sich ausdrückt, durch einen „Willensruck" die Schwelle zum „Jetzt geht's los" überschreitet, sondern allein darauf, ob er nach normativen Maßstäben ein solches Erlebnis der Feuerprobe der kritischen Situation hätte haben sollen.

41  Bei der mittelbaren Täterschaft kommt es zur Bestimmung dieser Grenze nicht auf das Handeln des Werkzeugs an, sondern auf das des Täters. Denn es ist der Vorsatz des Täters, der die Feuerprobe der kritischen Situation bestehen muss, diese Entscheidung kann dem Täter also auch vom Tatwerkzeug nicht abgenommen werden. Ein Versuch in mittelbarer Täterschaft beginnt also spätestens dann, wenn der Täter nach seiner Vorstellung alles zur Tatbestandsverwirklichung erforderliche getan hat, genauer, wenn er nach seiner Vorstellung eine Vorsatzgefahr für den Erfolgseintritt geschaffen hat. In der Regel wird das dadurch geschehen, dass der Täter auf das Werkzeug einwirkt. Aber bereits der Beginn der Einwirkung auf das Werkzeug kann ein Anfang der Ausführung sein, wenn er ohne Zäsur in das Stadium des beendeten Versuchs übergeht.

# § 21 Der strafbefreiende Rücktritt vom Versuch

## 1. Einzelaktstheorie und Theorie von der natürlichen Versuchseinheit – Der Gattinnenmörderfall, BGH NStZ 1986, 264

▶ Um seine Frau umzubringen, überschüttete der Angeklagte sie mit Benzin und versuchte, dieses anzuzünden. Nachdem dies misslungen war, würgte er die Frau bis zur Bewusstlosigkeit, dann ließ er von ihr ab. Die Frau überlebte. ◀  1

Ob das Ablassen von weiterem Würgen ein Aufgeben der Tat iS v. § 24 Abs. 1 war, hängt davon ab, was im Sinne dieser Vorschrift eine Tat, also ein Versuch ist. Nach der sog Einzelaktstheorie stellt einen Versuch jeder Mitteleinsatz dar, der nach der Vorstellung des Täters zu Beginn der Handlung zur Vollendung geeignet ist. Hat der Einsatz eines solchen Mittels nicht zum Erfolg geführt, so ist der Versuch danach beendet und fehlgeschlagen. Im vorliegenden Fall wäre ein solcher Mitteleinsatz das Übergießen des Opfers mit Benzin und das anschließende Anzünden des Benzins. Der Versuch in diesem Sinne war fehlgeschlagen. Es käme also nach der Einzelaktstheorie kein Rücktritt von diesem Versuch mehr in Betracht, sondern allenfalls ein Rücktritt von einem zweiten Versuch, der durch das Würgen begonnen und nicht bis zur Erfolgsverursachung weitergeführt worden ist. Mag der Täter also von diesem zweiten Versuch zurückgetreten sein, so hindert das nach der Einzelaktstheorie nicht seine Strafbarkeit wegen des ersten Versuchs.

Die Lehre von der natürlichen Versuchseinheit betrachtet im Gegensatz dazu auch den Einsatz mehrerer vom Täter für tauglich gehaltener Mittel als einen einzigen Versuch, sofern ihr Einsatz im unmittelbaren zeitlichen und situativen Zusammenhang steht. Ist eines dieser Mittel fehlgeschlagen, ist aber ein gleichartiges oder andersartiges unmittelbar nach diesem Fehlschlag dem Täter noch zur Hand, so bilden beide Mitteleinsätze eine natürliche Versuchseinheit. Der Täter kann von diesem einheitlichen Versuch also dadurch zurücktreten, dass er auf den Einsatz des zweiten Mittels verzichtet oder ihn vor Eintritt der Erfolgsverursachung abbricht. Dies hat der Täter im vorliegenden Fall getan. Nachdem sein erster Versuch, die Frau durch Anzünden mit Benzin zu töten, fehlgeschlagen war, setzte er in unmittelbarem zeitlichen Zusammenhang damit ein zweites Mittel, nämlich das Würgen, ein. Indem er diesen Mitteleinsatz abbrach, hat er also den Versuch iSd Theorie von der natürlichen Versuchseinheit (auch Gesamtbetrachtungslehre genannt) insgesamt aufgegeben.  2

Mit der folgenden Begründung entscheidet sich der BGH für diese sog Gesamtbetrachtungslehre:  3

> „Zwar glaubte der Angeklagte, den Tod seiner Ehefrau unwiderruflich bewirken zu können, als er mit einigen aufflammenden und glühenden Zündhölzern – aus ungeklärter Ursache erfolglos – versuchte, seine mit Benzin übergossene Ehefrau und die um sie entstandene Benzinlache anzuzünden. Dennoch hat er die weitere Ausführung der Tat – insgesamt gesehen – aufgegeben. Sein Vorhaben war nämlich nach dem „unverdienten Glück" des misslungenen Brandanschlags noch nicht endgültig gescheitert. Vielmehr hat der Angeklagte in unmittelbar weiterer Verfolgung seines Ziels ohne tatbestandlich relevante Zäsur ein nächstes Tatmittel eingesetzt, indem er seine Ehefrau würgte. Er wusste auch, dass er mit diesem einsatzbereiten Mittel seine Tat noch vollenden konnte. Obwohl sein Tötungsvorhaben noch nicht endgültig fehlgeschlagen war, nahm er dann aber von der Vollendung der Tat Abstand.

Der Senat verkennt nicht, dass ein Täter, dem nach dem misslungenen Brandanschlag ein weiteres Tatmittel nicht zur Verfügung gestanden hätte, wegen beendeten Totschlagsversuchs zu bestrafen ist. Das rechtfertigt aber nicht, ein einheitliches Geschehen, bei dem zur Verwirklichung eines Tatbestandes mehrere Mittel eingesetzt werden, in Einzelakte zu zergliedern, so als lägen rechtlich mehrere Taten vor. Im Interesse des geschützten Rechtsgutes ist es eine „honorierfähige Umkehrleistung", wenn der Täter nach – für ihn unverdient – glücklicher Erfolglosigkeit des ersten Tatmittels von der Vollendung der Tat mit einem weiteren geeigneten Tatmitteln Abstand nimmt."[1]

4    Der Fall zeigt in aller Deutlichkeit, was für die sog Einzelaktstheorie spricht. Hat der Täter ein Mittel eingesetzt, das nach seiner Vorstellung zu Beginn der Tat geeignet zur Erfolgsherbeiführung war und hat er diesen Mitteleinsatz vollständig durchgeführt, so hat er nach seiner Vorstellung endgültig über den Untergang des Rechtsgutsobjekts entschieden. Er hat damit bewiesen, dass er zur Tat fähig ist und die volle Schuld eines Versuchs auf sich geladen. Damit ist nach der Einzelaktstheorie seine Strafbarkeit wegen Versuchs besiegelt, auch wenn der Versuch wider Erwarten des Täters nicht erfolgreich war. Sein „unverdientes Glück" soll ihm nicht zugute kommen.

5    Der Einzelaktstheorie liegt folgendes allgemeine Prinzip zu Grunde: Nur wenn der Täter gemäß seiner eigenen Vorstellungen noch nicht endgültig über das Schicksal des Opfers entschieden hat, soll er die Möglichkeit haben, diese Entscheidung durch Abbrechen seines Vorhabens zurückzunehmen um sich dadurch Straffreiheit zu verdienen. Hat er dagegen ein Handlungsprogramm abgewickelt, von dem er zu Beginn glaubte, dass es das Schicksal des Opfers besiegeln werde, so soll ein Rücktritt nicht mehr möglich sein. Das bedeutet nicht etwa, dass die Möglichkeit des Rücktritts nicht vom Zufall abhängig wäre. Der Täter ist auch dann wegen Versuchs strafbar, wenn er bei dem Einsatz des ersten für tauglich gehaltenen Mittels wider Erwarten scheitert oder durch ein äußeres Ereignis unterbrochen wird. Dann ist der Versuch zwar nicht beendet, aber es ist doch zum Anfang der Ausführung gekommen. Das spricht indessen nicht unbedingt gegen die Einzelaktstheorie, denn der Zufall lässt sich aus den Bedingungen des Rücktritts ebenso wenig eliminieren wie aus denen des Anfangs der Ausführung. Scheitert der Täter mit seinem Tatplan, bevor er in das Versuchsstadium vorgedrungen ist, so bleibt er straffrei, auch wenn dieses Scheitern Zufall und keineswegs sein Verdienst ist. Gelingt es dem Täter nach beendetem Versuch trotz intensiven Bemühens nicht, den Erfolg zu verhindern, so ist er strafbar wegen Vollendung. Rücktritt ist und bleibt also Glückssache.

6    Aber ein anderer Einwand erhebt sich gegen die Einzelaktstheorie: Hat der Täter bei dem ersten Mitteleinsatz iSd Einzelaktstheorie das Opfer tatsächlich gefährdet, hat er also Gelegenheit, durch sog tätige Reue den Erfolg zu verhindern, so ist dies ein strafbefreiender Rücktritt nach § 24 Abs. 1 S. 1 2.Alt. Ist ihm dagegen der erste Mitteleinsatz so gründlich misslungen, dass das Opfer gar nicht in Gefahr ist, so gibt es die Möglichkeit des Rücktritts durch tätige Reue nicht und nach der Einzelaktstheorie auch nicht die Möglichkeit des Rücktritts durch Aufgeben. Der Täter, der sein Opfer tatsächlich gefährdet hat, steht also günstiger, als derjenige, der es nicht einmal zu diesem Zwischenerfolg gebracht hat. Das ist offensichtlich ungerecht. Deshalb schränken Anhänger der Einzelaktstheorie auch den Rücktritt durch Erfolgsverhinderung dadurch ein, dass sie behaupten, ein Rücktritt von einem Versuch sei schon dann nicht

---

1   BGH NStZ 1986, 264 ff.

mehr möglich, wenn ein Mitteleinsatz noch nicht unmittelbar zum Erfolg geführt hat, sondern nur zu einer Gefährdung des Opfers, denn dann sei der Versuch bereits fehlgeschlagen.[2] Das ist eine konsequente Anwendung des Grundprinzips der Einzelaktstheorie, dass ein Täter die Rücktrittsmöglichkeit nicht mehr haben soll, wenn er nach seiner Vorstellung einmal endgültig über das Schicksal des Opfers entschieden hat. Aber der Wortlaut des Gesetzes erlaubt eine solche weitere Einschränkung des Rücktritts nicht. Im Gesetz ist von einem fehlgeschlagenen Versuch nirgends die Rede. § 24 Abs. 1 2. Alt. fordert lediglich, dass der Täter den drohenden Erfolg abgewendet hat. Diese Einschränkung des Rücktritts durch tätige Reue ist also mit dem Wortlaut des Gesetzes nicht zu vereinbaren.

Die Theorie von der natürlichen Versuchseinheit vermeidet die aufgezeigte Unstimmigkeit, indem sie dem Täter, dessen erster Mitteleinsatz wider Erwarten versagt hat, so dass eine Erfolgsabwendungsmöglichkeit mangels Gefährdung des Rechtsgutsobjekts gar nicht besteht, die Möglichkeit des Rücktritts durch Aufgeben der Tat offen hält. Darüber hinaus spricht für diese Theorie weniger die vom BGH angeführte Floskel, dass man ein „einheitliches Geschehen" nicht zerlegen dürfe, als vielmehr das ebenfalls vom BGH ins Feld geführte Argument, dass auch der Verzicht auf ein weiteres dem Täter zur Hand liegendes Tatmittel nach Fehlschlag eines Mitteleinsatzes eine Umkehrleistung ist, die dem Täter mit Strafbefreiung honoriert werden kann und im Interesse des Opfers honoriert werden sollte.

7

## 2. Rücktritt trotz Erreichung des Handlungszwecks – Der Denkzettelfall, BGHSt GS 39, 221[3]

▶ Um einem Mitbewohner eines Asylantenheims einen „Denkzettel" zu verpassen und ihm unmissverständlich klar zu machen, dass er keinen Widerstand dulden werde, stieß der Täter diesem mit bedingtem Tötungsvorsatz ein zwölf Zentimeter langes spitzes Messer so tief in den Leib, dass er den Brustraum öffnete, das Zwerchfell zerstieß und die Leber verletzte. Nachdem er das Messer herausgezogen hatte, verließ er den Raum, während das Opfer, offenbar unter dem Einfluss des Schocks schmerzunempfindlich, stehen blieb. ◀

8

Nach der Tatplantheorie[4] wäre dieser Versuch beendet gewesen, weil der Täter von vornherein nicht vorhatte, mehr als einen Stich zu führen. Er hörte aber auch deshalb auf weiter zuzustechen, weil er glaubte, sein Ziel, das Opfer einzuschüchtern und ihm

---

2 *Jakobs* AT 26/16.

3 NJW 1993, 2061 = MDR 1993, 776 = StV 1993, 408 = NStZ 1993, 433 = JZ 1993, 894 = BGHR StGB § 24 Abs. 1 S. 1 Versuch, unbeendeter; Anm. *Roxin* JZ 1993, 896; Anm. *Nix* NJ 1993, 567; Anm. *Bauer* NJW 1993, 2590; Bespr. *Hauf* MDR 1993, 923; Bespr. *Jung* JuS 1994, 82; Bespr. *Bauer* MDR 1994, 132; Bespr. *Pahlke* GA 1995, 72; Bespr. *Schroth* GA 1997, 151.

4 Nach dieser Theorie hatte der BGH früher den beendeten Versuch dahin bestimmt, dass der Täter alles getan hat, was er sich bei Handlungsbeginn zur Erfolgsherbeiführung vorgenommen hat, vgl. BGHSt 21, 319 (322); 22, 176 (177); 23, 356 (359); NStZ 1981, 342; 1984, 116. Nur wenn der Täter keinen festen Tatplan hatte, sollten nach der Lehre von der natürlichen Versuchseinheit alle Mittelanwendungen, die dem Täter in der Handlungssituation zur Verfügung standen, einen einzigen Versuch darstellen. Der BGH hat die Tatplantheorie aufgegeben, weil sie den Täter, der sich bewusst in seinen Mitteln beschränkt ungerechterweise benachteiligt, BGHSt 33, 295. Dies hat nun aber zur Folge, dass der Täter, der sich in seinen Mitteln beschränkt und sich trotz des Versagens der nach seinem Tatplan vorgesehenen Mitteln an diese Beschränkung hält, stets strafbefreiend zurücktritt, vgl. BGH NStZ 2009, 688 (689). Mit beschränkten Mitteln kann man es also ruhig einmal versuchen.

einen „Denkzettel" zu verpassen, durch diesen einen Stich erreicht zu haben. Der mit der Sache befasste Senat legte deshalb dem großen Senat die folgende Rechtsfrage vor:

> „Ist ein mit bedingtem Tötungsvorsatz begangener Totschlagsversuch unbeendet und freiwilliger Rücktritt vom Totschlagsversuch noch möglich, wenn der Täter, der nach der letzten Tathandlung nicht mehr mit dem Tod des Opfers rechnet, von weiteren ihm möglichen Tötungshandlungen allein deshalb absieht, weil er sein Handlungsziel „Verabreichung eines Denkzettels" erreicht hat?"[5]

9   Der Große Senat bejaht die Rechtsfrage mit der folgenden Begründung:

> „Tat iS von § 24 I StGB ist die Tat im sachlich-rechtlichen Sinne, also die in den gesetzlichen Tatbeständen umschriebene tatbestandsmäßige Handlung und der tatbestandsmäßige Erfolg. Hierauf bezieht sich der strafbegründende Vorsatz des Versuchstäters. Dementsprechend beschränkt sich beim unbeendeten Versuch der Entschluss, die weitere Tatausführung aufzugeben, auf die Verwirklichung der gesetzlichen Tatbestandsmerkmale. Auf weitergehende, außertatbestandliche Beweggründe, Absichten oder Ziele stellen weder der die Strafbarkeit des Versuchs begründende § 22 StGB noch der spiegelbildlich dazu Strafbefreiung durch Rücktritt ermöglichende § 24 StGB ab."[6]

10   Diese Argumentation von der Verwirklichung des gesetzlichen Tatbestandes aus passt nur zur Einzelaktstheorie. Geht man nämlich allein vom gesetzlichen Tatbestand aus, so bildet jeder Einzelversuch iSd sog Einzelaktstheorie eine vollständige Verwirklichung des Versuchstatbestandes, sie müsste also konsequenterweise auch eine Tat iSd § 24 bilden. Die Einzelaktstheorie hat aber der BGH immer abgelehnt.[7] Er geht vielmehr grundsätzlich davon aus, dass eine Tat iSv § 24 auch eine Mehrheit von Verwirklichungen des Versuchstatbestandes sein kann, sofern sie nach natürlichen Maßstäben eine Einheit bildet. Es ist in sich widersprüchlich, die Bestimmung des Einzelversuchs nach dem Tatbestand, also die sog Einzelaktstheorie zugunsten einer „natürlichen Versuchseinheit" abzulehnen, um dann die Kriterien des Versuchs nach einer „natürlichen Betrachtungsweise" mit der Begründung zurückzuweisen, dass es nur auf den Tatbestand ankomme. Danach bleiben überhaupt keine Kriterien zur Trennung mehrerer Versuche übrig.

11   Bei der Bildung einer solchen natürlichen Versuchseinheit ist die Berücksichtigung der äußeren und inneren Situation des Täters notwendig und damit auch die Gründe und Motive, aus denen der Täter handelt. Eine Versuchseinheit bilden danach mehrere Verwirklichungen des Versuchstatbestandes, also mehrere Einzelakte iSd Einzelaktstheorie, nicht schon dann, wenn sie zeitlich unmittelbar aufeinander folgen, sondern erst dann, wenn sie außerdem aus der gleichen Situation und Motivation heraus vorgenommen werden.[8] Hat aber der Täter sein außertatbestandliches Ziel wider Erwarten ohne Herbeiführen des tatbestandsmäßigen Erfolges erreicht, so ist der ursprüngliche Grund zur Vornahme weiterer Erfolgsherbeiführungsversuche weggefallen. Er müsste, um weiter tatbestandsmäßig zu handeln, einen neuen Tatentschluß aus einem neuen Motiv heraus fassen.[9] Damit hat der BGH nach der Tatplantheorie und der sog Ein-

---

5   BGHSt 39, 221 (223).
6   BGHSt 39, 221 (230).
7   Vgl. BGHSt 23, 356 (359); 31, 170 (175); 35, 90 (91 ff.); BGH NStZ 1981, 342.
8   *Roxin* JR 1986, 424 (426); *Herzberg* JR 1991, 158 (160 f.); *Otto* Jura 1992, 423 (430); *Puppe* NStZ 1990, 433; *dies.* JZ 1993, 361.
9   *Puppe* NStZ 1990, 433 (434); *Otto* Jura 1992, 423 (430); *Roxin* AT/2 30/59.

zelaktstheorie in der Sache auch die Lehre von der natürlichen Versuchseinheit als Bestimmung der Tat iS v. § 24 zurückgewiesen. Damit ist der sog unbeendete Versuch, also derjenige, bei dem der Täter nach seiner Vorstellung weder den Erfolg herbeigeführt noch seine Tatmittel völlig erschöpft hat, unbegrenzt. Allenfalls bleibt noch das vage Kriterium einer gewissen zeitlichen Nähe des dem Täter noch möglichen Mitteleinsatzes zu den bereits durchgeführten übrig.

Auch stellt sich die Frage, wie diese Auffassung des BGH mit dem Wortlaut des Gesetzes zu vereinbaren ist, wenn in § 24 ausdrücklich davon die Rede ist, dass der Täter die Tat „aufgibt". Der vorlegende Senat meinte, Aufgeben sei nichts anderes als Aufhören.[10] Aber wer nur aufhört, weil er erreicht hat, was er wollte, gibt überhaupt nichts auf.[11] Rechtsethisch und auch kriminalpolitisch ist in einem solchen Fall auch kein Grund gegeben, den Täter für sein Aufhören mit Strafbefreiung von der bereits verwirkten Versuchsstrafe zu belohnen.  **12**

Der BGH führt hierfür das Argument an, dass es in jedem Fall im Interesse des Opfers ist, dem Täter dieses Angebot zu machen, damit er sich nicht zu einem Verdeckungsmord entschließt. Auf den ersten Blick scheint der Opferschutzgedanke nicht nur zweckrational, sondern auch wertrational zu sein. Das Interesse des einzelnen Opfers an seiner Verschonung oder Rettung ist, insbesondere wenn es um sein Leben geht, sicherlich höher zu veranschlagen, als das Interesse der Allgemeinheit an der Bestrafung des Täters wegen Versuchs. Aber bei dieser Abwägung wird das Interesse anderer Opfer außer Acht gelassen und schließlich auch die Interessenlage des einzelnen Opfers selbst, wie sie vor Beginn der Tat besteht. Je größer die Rücktrittsmöglichkeiten des Täters sind, desto geringer ist das Risiko seiner Strafbarkeit wegen Versuchs. Jedenfalls in den Fällen, in denen der Eintritt des Erfolges nicht geradezu das Ziel des Täters ist, wird er sich leichter dazu entschließen, ihn zu riskieren, wenn er weiß, dass er sich leicht Straffreiheit verschaffen kann, sofern der Erfolg wider Erwarten nicht eintritt. Der Räuber wird es eher riskieren, das Opfer mit einem kräftigen, möglicherweise tödlichen Schlag auf den Kopf zu betäuben, wenn er weiß, dass er sich auf Rücktritt vom Versuch berufen kann, wenn er, nachdem er das betäubte Opfer ausgeraubt hat, nicht ein zweites Mal zuschlägt, beispielsweise um das Opfer als Zeugen auszuschalten.[12] Das Opferschutzargument erweist sich also als zweischneidig.  **13**

Außerdem muss sich das Opferschutzargument, da es seinem Ansatz nach zweckrational ist, der empirischen Überprüfung stellen. Dabei erweist sich nun, dass die meisten Täter die Rücktrittsvorschrift gar nicht kennen und deshalb von ihr auch nicht beeinflusst werden können. Dem könnte man durch Aufklärung vielleicht abhelfen. Aber das Opferschutzkalkül ist auch in sich unstimmig. Der kaltblütig berechnende Täter, der seine Tat plant und zielstrebig durchführt, wird sich von einem Verzicht auf die Versuchsstrafe kaum davon abbringen lassen, die Tat zu Ende zu führen, hat er sich doch zuvor entschlossen, das Risiko der Strafbarkeit um seiner Ziele willen auf sich zu nehmen. Der aus einem Trieb oder aus einem Affekt heraus handelnde Täter lässt sich erst recht nicht durch Überlegungen über sein Strafrisiko beeinflussen, weder bei Beginn der Tat, noch bei ihrer Beendigung. Er hört auf, weil sein Aggressionstrieb  **14**

---

10  Vgl. BGH (1. Strafsenat) NStZ 1990, 30 ff.; JZ 1993, 358 (359 f.).
11  *Herzberg* JR 1991, 158 (169 f.); *Puppe* NStZ 1990, 430 (433); *dies.* JZ 1993, 361 f.; *Roxin* JZ 1993, 896; *ders.* AT/2 30/59.
12  *Puppe* JZ 1993, 358 (362).

befriedigt ist, er also ganz einfach keine Lust mehr hat weiter zu machen[13] oder auch aus einem ebenso spontanen Anflug von Mitleid oder Entsetzen. Nach all dem ist das Opferschutzkalkül für sich alleine weder geeignet den Rücktritt zu rechtfertigen, noch ihn zu begrenzen.

15  Für einen Rücktritt durch Aufhören nach Zielerreichung ohne Tatbestandserfolg hatte der vorlegende Senat auch geltend gemacht, dass so die Privilegierung des Täters, der den tatbestandsmäßigen Erfolg beabsichtigt, gegenüber dem, der seinen Eintritt nur als mögliche Nebenfolge seiner Zielerreichung in Kauf nimmt, verhindert werden könne und auch müsse.[14] Sonst müsste der Täter, der den Erfolg nur als mögliche Nebenfolge seiner Zielerreichung in Kauf genommen hat, als Schutzbehauptung vorbringen, er habe auch den Erfolg, etwa zwecks Beseitigung der Zeugen, beabsichtigt und sei dann von dieser Absicht zurückgetreten. Dabei sei der mit dolus eventualis Handelnde weniger schuldig als der Absichtstäter. Aber abgesehen davon, dass man das mit guten Gründen bestreiten kann,[15] stimmt der Vergleich nicht. Nur bei einem Täter, der sich den tatbestandsmäßigen Erfolg als Endziel und einziges Ziel gesetzt hat, ist es ausgeschlossen, dass er sein Ziel erreicht, ohne diesen Erfolg herbeizuführen. Setzt der Täter aber den tatbestandsmäßigen Erfolg als Mittel zu weiteren Zielen ein und erreicht er diese wider Erwarten ohne den Erfolgseintritt, so kann auch er nicht mehr durch Aufgeben zurücktreten, obwohl er den Erfolg beabsichtigt hat.[16]

16  Zu den praktischen Konsequenzen seiner Ansicht, dass auch der Täter, der wider Erwarten sein Handlungsziel ohne Herbeiführung des tatbestandsmäßigen Erfolges erreicht hat, strafbefreiend zurücktritt, wenn er nicht aus einer neuen Motivation heraus den Erfolg weiter herbeizuführen versucht, schreibt der BGH:

> „Dies führt nicht zu unzuträglichen und kriminalpolitisch bedenklichen Ergebnissen: Zum einen wird in vielen der in Frage kommenden Fällen, in denen schon eine konkrete Gefährdung des Opfers eingetreten ist, das Vorliegen eines beendeten Versuchs anzunehmen sein. In diesem Sinne hält den Erfolgseintritt auch für möglich, wer die tatsächlichen Umstände erkennt, die diesen Erfolgseintritt nach der Lebenserfahrung nahelegen; er braucht weder die Gewißheit des Erfolgseintritts zu haben noch muß er den Erfolgseintritt jetzt noch wollen oder billigen. Der Bundesgerichtshof hat in einer Reihe von Entscheidungen hierzu ausgeführt, bei gefährlichen Gewalthandlungen und schweren Verletzungen, deren Wirkungen der Täter wahrgenommen hat, liege es auf der Hand, daß er die lebensgefährdende Wirkung und die Möglichkeit des Erfolgseintritts erkennt […]. An die für die Annahme eines unbeendeten Versuchs erforderliche Voraussetzung, daß der Täter den Erfolgseintritt (noch) nicht für möglich hält, sind nach dieser Rechtsprechung daher strenge Anforderungen zu stellen."[17]

17  Schon an einer früheren Stelle der Entscheidung heißt es allerdings dazu:

> „Rechnet der Täter dagegen nach der letzten Ausführungshandlung nach seinem Kenntnisstand (noch) nicht mit dem Eintritt des tatbestandsmäßigen Erfolgs, und sei es auch nur in Verkennung der durch seine Handlung verursachten Gefährdung des Opfers, so ist der Versuch unbeendet, wenn die Vollendung aus der Sicht des Täters noch möglich

---

13  *Roxin* Heinitz-FS (1972), 251 (272); *ders.* AT/2 30/17; *Bockelmann* (1957), 175 ff.
14  BGH (1. Strafsenat) in BGHR § 24 I 1 Versuch, unbeendeter 20; NStZ 1989, 317; 1990, 31.
15  *Puppe* NStZ 1990, 433.
16  *Puppe* JZ 1993, 361 (362).
17  BGHSt 39, 221 (231).

ist. Dabei kommt auch der Fall in Betracht, daß der Täter nach der letzten Ausführungshandlung zunächst irrig angenommen hat, diese Handlung reiche zur Herbeiführung des Erfolgs aus, und nunmehr in unmittelbarem Zusammenhang nach seiner korrigierten Vorstellung zu der Auffassung gelangt, daß er weiterhandeln könnte und müßte, um den tatbestandlichen Erfolg herbeizuführen."[18]

Wie also die „strengeren" Anforderungen aussehen sollen, die der Große Senat des BGH an die Vorstellungen des Täters bei jenem Aufhören stellen will, das stets auch ein Aufgeben iS v. § 24 Abs. 1 S. 1 1.Alt. sein soll, ist danach gänzlich unklar. Folgende Fragen sind offen: Genügt es, wenn der Täter Tatsachen kennt, aus denen sich für einen sorgfältigen und vernünftigen Beobachter an seiner Stelle ergibt, dass er eine Erfolgsgefahr geschaffen hat oder muss er persönlich zu diesem Gefahrurteil kommen? Welche Anforderungen sind an den Inhalt des Gefahrurteils zu stellen? Was heißt es, dass der Täter nach seinem Kenntnisstand mit dem Erfolgseintritt „noch nicht rechnet"? Wenn eine Korrektur dieses Urteils möglich sein soll, geht diese nur von beendeten zum unbeendeten Versuch oder auch in der umgekehrten Richtung und wie lange ist dieser Wechsel möglich? Die folgende Entscheidung wird diese Fragen beantworten.

18

### 3. Die Korrektur des Rücktrittshorizonts – Der Zigarettenpausefall, BGH NStZ 2017, 459[19]

▶ Der Angeklagte war in der Wohnung des Geschädigten eingeschlafen und von dem lautgestellten Fernseher erwacht. Als es zwischen den beiden deshalb zum Streit kam, schlug der Angeklagte den Nebenkläger mit der Faust nieder, führte weitere wuchtige Schläge erst mit den Fäusten und sodann mit einer 2–3 kg schweren Personenwaage auf den Kopf des Klägers, schlug ihn mit einem Hammer auf den Kopf, wobei sich der Hammerkopf löste, und brachte ihm schließlich mit einem Brotmesser eine 20 cm lange stark blutende Schnittwunde vom linken Ohr bis in die Mitte der rechten Halsseite bei. Er wollte ihn dadurch töten, aber der Schnitt war nicht tief genug, um die Luftröhre, den Kehlkopf oder die Halsschlagader zu verletzen. Sodann ging der Angeklagte in die Küche und rauchte eine Zigarette. Er kehrte zu dem Geschädigten zurück und drückte ihm ohne Tötungsvorsatz zweimal ein Kissen auf das Gesicht, „um die störenden Laute des Nebenklägers zu unterbinden". Es handelte sich dabei um Hilfeschreie. In dubio pro reo ging das LG dabei von der Einlassung des Angeklagten aus, er habe das Gesicht des Geschädigten freigegeben, sobald er merkte, dass sich sein Körper versteifte. ◀

19

Der BGH hob die Verurteilung des Angeklagten wegen Totschlagsversuch mit folgender Begründung auf:

> „Rechtsfehlerhaft hat das LG die zur „Korrektur des Rücktrittshorizonts" entwickelten Grundsätze nicht beachtet, obwohl die Feststellungen zum unmittelbaren Nachtatgeschehen zur Prüfung dieser Frage drängten. (...) Ein unbeendeter Versuch kommt auch dann in Betracht, wenn der Täter nach seiner letzten Tathandlung den Eintritt des Taterfolges zwar für möglich hält, unmittelbar darauf aber zu der Annahme gelangt, sein bisheriges Tun könne diesen doch nicht herbeiführen, und er nunmehr von weiteren fortbestehenden Handlungsmöglichkeiten zur Verwirklichung des Taterfolges absieht. Die Frage, ob nach diesen Rechtsgrundsätzen von einem beendeten oder unbeendeten Versuch auszu-

---

18  BGHSt 39, 221 (227 f.).
19  Mit Anm. *Jäger* NStZ 2017, 460.

gehen ist, bedarf bei versuchten Tötungsdelikten insbesondere dann eingehender Erörterung, wenn das angegriffene Tatopfer nach der letzten Ausführungshandlung noch zu vom Täter wahrgenommenen körperlichen Reaktionen fähig ist, die geeignet sind, Zweifel daran aufkommen zu lassen, das Opfer sei bereits tödlich verletzt. (…) Zur eingehenden Erörterung hätte indes Anlass bestanden, weil – anders als zunächst vom Angeklagten angenommen – der Nebenkläger nicht alsbald an den mit Tötungsvorsatz beigebrachten Verletzungen verstarb, sondern noch zu Hilferufen in der Lage war und sich sein – tatsächlich nicht konkret lebensbedrohlicher – Zustand eine geraume Zeitspanne, in der der Angeklagte die Lebenszeichen vernehmen konnte, nicht wesentlich verschlechterte."

20    Diese Urteilsbegründung wirft eine ganze Reihe von Fragen auf. Was versteht der BGH darunter, dass der Zustand des Nebenklägers „tatsächlich nicht lebensbedrohlich" war, wenn dieser eine klaffende und stark blutende Wunde am Hals hatte, an der er ohne ärztliche Hilfe ohne Weiteres hätte verbluten können? Mit dieser Begründung hatte das LG die Annahme eines unbeendeten Versuchs abgelehnt. Dem BGH genügt sie nicht. Wie viele Zigaretten kann der Täter rauchen, bevor er den beendeten Versuch durch Korrektur seines Rücktrittshorizonts wieder in einen unbeendeten verwandelt, so dass er wegen dieses Versuchs nicht bestraft wird?

21    Nach Auffassung des BGH kommt es nicht auf die Gefahrvorstellung an, die der Täter durch sorgfältige Prüfung der Situation hätte erlangen müssen, sondern allein auf die, die er tatsächlich hatte. An diese Gefahrvorstellung wollte aber der Große Senat noch „strenge Anforderungen" stellen.[20] In späteren Entscheidungen hat der BGH es als ausreichend erachtet, wenn die Vorstellung des Täters, das Opfer lebensgefährlich verletzt zu haben, dadurch „erschüttert" war, dass das Opfer noch versuchte wegzulaufen.[21] Inzwischen genügt für eine solche Erschütterung der Gefahrvorstellung, die in dubio pro reo zu ihrer Verneinung führen muss, schon, dass das Opfer noch Lebenszeichen von sich gibt.[22] Aber auch das Sterben dauert seine Zeit.

22    Was bezweckt der BGH mit seiner Rechtsprechung zum korrigierten Rücktrittshorizont? Die Ablehnung der Einzelakttheorie hat er noch damit begründet, dass der Täter auch nach dem ersten misslungenen Einzelakt eine honorierfähige Umkehrleistung erbringt, wenn er auf weitere ihm mögliche Einzelakte verzichtet. Von honorierfähiger Umkehrleistung ist seit der Entscheidung des Großen Senats nicht mehr die Rede. Dafür wäre erforderlich, dass der Täter mindestens im Zeitpunkt des Rücktritts dem Opfer gegenüber die Pflichten erfüllt, die ihm aus seinem Tötungsversuch erwachsen und mit Strafe bewehrt sind, also seine Garantenpflicht aus Ingerenz. Dass er bei unbeendetem Versuch durch bloßes Aufgeben weiterer möglicher Versuchshandlungen zurücktreten kann, liegt allein daran, dass er zur Verhinderung des Erfolges nichts Besseres für sein Opfer tun kann, als es in Ruhe zu lassen.[23] Hat er aber ausreichende

---

20    In der Entscheidung des Großen Senats hieß es noch: „In diesem Sinne hält den Erfolgseintritt auch für möglich, wer die tatsächlichen Umstände erkennt, die diesen Erfolgseintritt nach der Lebenserfahrung nahelegen", BGHSt 39, 221 (231). Nun hat der BGH endgültig klargestellt: „Dabei ist die Feststellung der tatsächlichen Vorstellungen des Täters entscheidend; nicht ausreichend sind Feststellungen, die sich auf einen Fahrlässigkeitsvorwurf beschränken, etwa die Wertung, der Täter habe den Erfolg für möglich halten müssen", BGH NStZ 2017, 459; ebenso schon BGH NStZ 2007, 634 f.

21    BGH NStZ 1997, 593 (mit Bespr. *Puppe* in der Vorauflage, 21/19 ff.); 1999, 499 (500); 2005, 331 (332); 2009, 25; ähnliche Konstellation in BGH NStZ-RR 2008, 335 (336).

22    BGH, Urteil vom 21.2.2018, 5 StR 347/17.

23    *Weinhold* (1990), 79; *Puppe* ZIS 2011, 524 (526).

Hinweise dafür, dass das Opfer möglicherweise doch in Lebensgefahr ist, so ist es seine erste Pflicht, sich darüber möglichst Gewissheit zu verschaffen. Eine Rückkehr zur Rechtsordnung kann nicht darin bestehen, dass er unter Vernachlässigung dieser Pflicht die Vorstellung fasst, das Opfer werde sicher oder auch nur möglicherweise überleben und es deshalb unter Missachtung seiner Garantenpflicht im Stich lässt.

Die Entwicklung der Rechtsprechung des BGH zum unbeendeten Versuch, also zum **23** Rücktritt durch Aufgeben, ist geradlinig. Der BGH hat nacheinander alle möglichen Begrenzungen des Versuchs niedergelegt, so dass er jetzt theoretisch erst dadurch beendet wird, dass der Erfolg eintritt. Zunächst hat der BGH die Einzelakttheorie mit der Begründung abgelehnt, dass auch nach Vollzug des ersten erfolgstauglichen Aktes der Verzicht auf weitere solche Akte noch eine honorierfähige Umkehrleistung darstellt. Dann hat er die Begrenzung des Versuchs durch die natürliche Versuchseinheit niedergelegt, indem er dem Täter die Rücktrittsmöglichkeit auch dann noch offengehalten hat, wenn er das handlungsbestimmende Ziel erreicht hat. Schließlich hat er auch noch die letzte Grenze, wonach der Versuch jedenfalls dann beendet ist, wenn der Täter glaubt das seinerseits Erforderliche zur Erfolgsherbeiführung getan zu haben, beseitigt, indem er dem Täter die Möglichkeit zugestanden hat, durch sog. Korrektur des Rücktrittshorizonts den nach der allgemeinen Definition schon beendeten Versuch wieder in einen unbeendeten zu verwandeln. Wann und unter welchen Bedingungen ein Versuch nach der Rechtsprechung des BGH nun endgültig beendet sein soll, so dass der Täter nicht mehr durch Aufhören davon zurücktreten kann, ist völlig unklar.

Der einzige Sinn und Zweck, den ich in der Rechtsprechung des BGH zur Unterschei- **24** dung zwischen beendetem und unbeendetem Versuch und erst recht in seiner Rechtsprechung zur Korrektur des Rücktrittshorizonts zu sehen vermag, besteht darin, den Täter mit Straffreiheit für den Versuch zu belohnen, weil er, nachdem er erkannt hatte, dass das Opfer jedenfalls noch nicht tot ist, sich nicht zu einem ihm noch möglichen Verdeckungsmord entschlossen hat. Zu dieser Zweckbestimmung passen alle Kriterien des BGH zur Korrektur des Rücktrittshorizonts: Wenn der Täter sieht, dass das Opfer noch Lebenszeichen von sich gibt, so hat er jedenfalls einen Anlass, es zur Verdeckung der Tat endgültig zu töten, um sicher zu sein, dass er keine Zeugen hat. Dieser Anlass besteht auch dann, wenn der Täter das Opfer schon für möglicherweise lebensgefährlich verletzt hält. Ob das wirklich der Grund ist, aus dem der BGH die Anwendung des Rücktritts durch Aufgeben derart weit fasst, können wir nicht wissen. Denn der BGH darf das nicht zugeben, weil das weder mit dem Zweck noch mit dem Wortlaut des § 24 vereinbar wäre. Man kann nicht „die Tat" aufgeben, indem man darauf verzichtet, eine weitere Tat zu begehen.

### 4. Die Freiwilligkeit des Rücktritts – Der „Zeitmangel"-Fall, BGHSt 35, 184[24]

▶ Der Angeklagte hatte beschlossen, den Zeugen M, den neuen Freund seiner geschiede- **25** nen Ehefrau B, sowie diese selbst umzubringen, weil beide sich weigerten, an ihn eine „Ablösesumme" von DM 100.000,- zu zahlen. Zu diesem Zweck begab er sich zur Arbeitsstelle der B, wo er den ahnungslosen M auf dem Parkplatz antraf. Als M auf den Angeklagten zuging, um nochmals mit ihm über die „Ablöseforderung" zu verhandeln, versetzte dieser ihm einen wuchtigen Stich mit einem Fleischermesser in den Unterleib. M konnte sich mit

---

24 = JZ 1988, 518 mAnm *Jakobs* = NStZ 1988, 404 mAnm *Lackner* = NJW 1988, 1603 = MDR 1988, 508 = StV 1988, 200; Anm. *Lampe* in JuS 1989, 610.

einem Sprung über eine breite Hecke außer Reichweite bringen, woraufhin A versuchte, mit seinem PKW die Hecke zu durchbrechen, um M zu überfahren. Der PKW blieb in der Hecke stecken. Der Angeklagte erkannte, dass er seine Frau verpassen werde, falls er den Tötungsversuch fortsetze, und ließ deshalb von M ab. Er eilte zu dem abgestellten Fahrzeug der B, wo er sie bei ihrem Eintreffen mit mehreren Messerstichen tötete. ◀

26   Obwohl der Angeklagte sein offensichtlich lebensgefährlich verletztes Opfer ohne Hilfe seinem Schicksal überlassen hat, hält der BGH auch in diesem Fall ein Aufgeben der Tat iSv § 24 Abs. 1 S. 1, 1. Alt. für gegeben und bejaht mit der folgenden Begründung auch die Freiwilligkeit des Aufgebens:

> „Nach der ständigen Rechtsprechung ist für das Vorliegen dieses Merkmals entscheidend, ob der Angeklagte noch Herr seiner Entschlüsse blieb, und die Ausführung seines Verbrechensplans noch für möglich hielt [...], also weder durch eine äußere Zwangslage daran gehindert, noch durch einen seelischen Druck unfähig wurde, die Tat zu vollbringen. [...] Es kommt darauf an, ob sich der betreffende Umstand für den Täter als ein zwingendes Hindernis darstellt. [...] Der Senat verkennt nicht, dass die von der Rechtsprechung vertretene Auffassung nicht immer zu befriedigenden Ergebnissen führt. Das erklärt auch, weshalb sich ein erheblicher Teil des Schrifttums gegen die psychologisierende Betrachtungsweise der Rechtsprechung gewandt hat und eine normative Betrachtungsweise des Rücktrittsmotivs für geboten ansieht. Auf die [...] verschiedenen Lehren [...] braucht hier nicht eingegangen zu werden. Der Senat beschränkt sich insoweit auf den Hinweis, dass der in § 24 StGB verwendete Begriff der Freiwilligkeit zur Abgrenzung nach psychologischen Kriterien zwingt."[25]

27   Das Gesetz stellt das Erfordernis der Freiwilligkeit für jede Form des Rücktritts auf. Es wird aber in der Regel beim Rücktritt durch Aufgeben problematisch. Wendet der Täter den Erfolg ab, oder bemüht er sich ernstlich darum, so handelt er entweder unter unwiderstehlichem Zwang, und dann ist Freiwilligkeit ausgeschlossen, oder er handelt doch aus mindestens teilweise anerkennenswerten Motiven, dann ist Freiwilligkeit gegeben. Deshalb soll die Frage, ob ein freiwilliger Rücktritt vorliegt, wenn der Täter zwar ohne äußeren Zwang, aber aus verbrecherischen Motiven mit der Tatbestandsverwirklichung aufhört, an dieser Stelle an einem Beispiel des Rücktritts vom unbeendeten Versuch erörtert werden. Dabei müssen wir von der Auffassung des BGH ausgehen, dass die offensichtlich lebensgefährliche Verletzung, die der Täter dem Opfer bereits zugefügt hat, dem Rücktritt durch Aufgeben der Tat nicht entgegensteht.

28   Wie der BGH formuliert, handelt der Täter freiwillig, wenn er noch „Herr seiner Entschlüsse ist und die Ausführung der Tat noch für möglich hält, also weder durch eine äußere Zwangslage daran gehindert wird, noch durch einen seelischen Druck unfähig wurde, die Tat zu vollbringen." Dies erinnert an die berühmte Frank'sche Formel, wonach der Täter dann unfreiwillig aufhört, wenn er sich sagt: „Ich kann nicht weiterhandeln, selbst wenn ich es wollte".[26] Die Formel ist längst als falsch erkannt. Wenn der Täter sich sagt, ich kann nicht mehr, selbst wenn ich möchte, dann ist sein Versuch fehlgeschlagen und ein Rücktritt nicht mehr möglich.[27] Die Frage nach der Freiwilligkeit stellt sich also entgegen einer weiteren Formulierung des BGH nur dann, wenn sich der Umstand, der den Täter zum Aufhören veranlasst, gerade nicht

---

25  BGHSt 35, 184 (186 f.).
26  *Frank* (1931) § 46 Anm. II; vgl. NK-*Zaczyk* § 24 Rn. 64.
27  NK-*Zaczyk* § 24 Rn. 64; *Roxin* AT/2 30/79; SK-*Jäger* § 24 Rn. 63.

als „zwingendes Hindernis" für die Fortsetzung des Versuchs darstellt. Jenseits dieses absoluten Zwanges gibt es aber keine Grenze, die den Unterschied zwischen einer erzwungenen und einer freiwilligen Entscheidung des Täters markieren könnte.[28] Soll die Frage, ob der Täter, wie der BGH sich ausdrückt, „Herr seiner Entschlüsse" bleibt, davon abhängen, ob er selbst die Situation als zwanghaft empfindet und das Gefühl hat, dass ihm keine andere Wahl bleibt? Genau genommen gibt es keinen einigermaßen eindeutigen psychologischen Begriff von Freiwilligkeit.

Der BGH räumt selbst ein, dass eine ausschließlich psychologische Bestimmung der     29
Freiwilligkeit unter Verzicht auf alle rechtsethischen Kriterien nicht zu befriedigenden Ergebnissen führt, hält dies aber für das einzig mögliche Verständnis des Begriffes freiwillig und daher für durch den Wortlaut des Gesetzes unabweisbar geboten. In der praktischen Philosophie gibt es nun eine lange Tradition des Freiheitsverständnisses, wonach frei nur der handelt, der aus Einsicht in das Rechte handelt, nicht der, der sich ausschließlich von seinen Trieben und Bedürfnissen bestimmen lässt.[29] Der herausragendste Vertreter dieses Freiheitsverständnisses hieß Immanuel Kant. Es ist bedauerlich, dass unsere höchsten Strafrichter davon gar nichts zu wissen scheinen.

Nun kommt allerdings gerade aus der Tradition der Kant'schen Philosophie ein Ein-     30
wand gegen die Berücksichtigung moralischer Maßstäbe im Recht. Das Recht verlange nur äußeren Gehorsam gegenüber seinen Normen. Solange der Bürger rechtmäßig handele, gehe es also die Rechtsordnung nichts an, ob er dies aus moralischen oder unmoralischen Gründen tut.[30] Aber beim Rücktritt geht es nicht nur darum, dem Täter zu attestieren, dass er rechtmäßig gehandelt hat, als er den Versuch abbrach, sondern dass dies eine honorierfähige Umkehrleistung darstellt. Bei der Entscheidung der Frage, ob sich der Täter durch sein Verhalten Freiheit von einer bereits verwirkten Versuchsstrafe verdient hat, ist ohne rechtsethische Maßstäbe nicht auszukommen.

Wenn der Täter von brennender Scham, Mitleid mit dem Opfer, Reue oder Ekel vor     31
seinem eigenen Tun dergestalt überwältigt wird, dass er sich nicht mehr fähig fühlt, seinen Versuch fortzusetzen und diese Situation als psychischen Zwang erlebt, so muss ihm dies gleichwohl als strafbefreiender Rücktritt zugute gehalten werden, weil die heftige Gemütsregung, die ihn zur Tat psychisch unfähig gemacht hat, eben jene Abkehr von seinem eigenen deliktischen Plan darstellt, um die es beim Rücktritt geht, und dies in einer besonders ausgeprägten Form.[31] Wenn dagegen der Täter aus bloßem verbrecherischen Nützlichkeitskalkül nach den „Regeln des Verbrecherhandwerks"[32] von der Tat Abstand nimmt, beispielsweise weil er sie zwar formell noch vollenden, aber den angestrebten rechtswidrigen Zustand nicht aufrecht erhalten kann, oder sonst sein eigentliches Tatziel nicht mehr erreichen kann, so handelt er iSd § 24 auch dann nicht freiwillig, wenn er selbst dies als eine freie und vernünftige Entscheidung für sich erlebt. Wenn der Bankräuber, von einem als Kunden erschienenen Polizisten überrascht, die ihm hingehaltene Geldtüte nicht nimmt, in der Erkenntnis, dass er sie zwar noch ergreifen, aber nicht länger als eine Minute behalten kann, so tritt er nicht freiwillig vom Raubversuch zurück. Wenn, wie im vorliegenden Fall, das Ablassen des Täters von einem Opfer ausschließlich den Grund hatte, dass ihm die Tötung eines anderen

---

28  *Dohna* ZStW 59 (1940), 541 (544); *Maiwald* Zipf-GS (1999), 255 f. (260 f.); *Grasnick* JZ 1989, 821 f.
29  *Jakobs* JZ 1988, 519 (520).
30  NK-*Zaczyk* § 24 Rn. 68.
31  *Jakobs* JZ 1988, 519.
32  *Roxin* AT/2 30/383 ff.; *ders.* Heinitz-FS (1972), 251 (254).

Opfers wichtiger war, mag er die Entscheidung zwischen beiden Opfern subjektiv als mehr oder weniger frei erlebt haben, so kann man sich doch durch eine solche Entscheidung nicht die Aufhebung der bereits verwirkten Versuchsstrafe verdienen.

32   Unbestreitbar ist auch damit noch keine trennscharfe Grenze zwischen iSd § 24 freiwilliger und unfreiwilliger Aufgabe gewonnen. Denn rechtsethisch hochstehend braucht das Motiv des Täters nicht zu sein. Insbesondere genügt auch die Angst vor Strafe,[33] denn es ist ja der Sinn sowohl der Strafandrohung als auch ihrer Zurücknahme nach § 24, den Täter durch eben diese Angst zum Aufgeben der Tat zu veranlassen. Verlässt also den Täter vor Beendigung des Versuches der Mut, obwohl sein Risiko nicht größer ist, als er es zu Beginn des Versuchs erwartet hat, so liegt eine honorierfähige Umkehrleistung vor. Das ist allerdings dann anders, wenn sich sein Risiko durch Umstände, mit denen er zu Beginn der Tat nicht gerechnet hat, wesentlich erhöht.[34] Auch für das Kriterium der Freiwilligkeit, ebenso wie für das der natürlichen Versuchseinheit ist also die Konsequenz nicht zu vermeiden, dass der Täter umso mehr Rücktrittschancen hat, je entschlossener er den Versuch begonnen hat. Dieser Effekt liegt nun einmal in der Natur des Rücktritts.

### 5. Der Rücktritt durch Verhinderung des Erfolges

### a) Die Entwicklung der Rechtsprechung

33   Hat der Versuchstäter eine Gefahr des Erfolgseintritts geschaffen, so dass er nicht mehr durch Aufgeben der Tat zurücktreten kann, so kann er nach § 24 Abs. 1 2. Alt. sich immer noch dadurch Straffreiheit verdienen, dass er den Erfolg verhindert. Von dem Moment an, in dem er durch rechtswidriges Verhalten die Erfolgsgefahr verursacht hat, ist er auch als Garant aus Ingerenz dazu verpflichtet, alles ihm Mögliche zu tun, um die Gefahr abzuwenden. Besteht die Verhinderung des Erfolges darin, dass er dies getan hat, so hat er sich gemäß § 24 Abs. 1 S. 1 2. Alt. Straffreiheit durch sog tätige Reue verdient. Aber der Versuchstäter kann, obwohl er den Erfolg verhindern will, Gründe dafür haben, weniger dafür zu tun, als ihm möglich ist. Der wichtigste dieser Gründe ist die Vermeidung seiner Entdeckung. Wenn nämlich der Täter alles tut, um sein Opfer zu retten, so muss er sich oft als Täter zu erkennen geben oder doch das Risiko eingehen, das er erkannt wird. Da er sich aber nicht sicher sein kann, dass seine Abwendungsbemühungen erfolgreich sein werden, riskiert er damit seine Bestrafung. Es stellt sich also das Problem, ob man in dem Fall, dass die suboptimalen Bemühungen des Täters in Verbindung mit glücklichen Zufällen zur Erfolgsabwendung führen, nach dem „grobschlächtigen Prinzip Ende gut alles gut"[35] den Täter wegen Rücktritts durch Erfolgsabwendung vom Versuch freispricht, oder ob man dies unter Hinweis darauf ablehnt, dass er durch seinen „halbherzigen Rücktritt"[36] nicht einmal seine Garantenpflicht erfüllt hat.

34   Die Formulierung des Gesetzes legt es näher, als Abwendung des Erfolges jede Handlung anzuerkennen, die kausal dafür ist, dass der Erfolg schließlich nicht eingetreten ist. Unter Umständen wäre das aber sehr wenig verlangt. So hatte der BGH den Fall zu entscheiden, dass der Täter, der seinen Vater mit Tötungsvorsatz mit einem Messer verletzt hatte diesem auf seine Aufforderung hin, den Rettungsdienst anzurufen, nur

---

33   Schönke/Schröder-*Eser/Bosch* § 24 Rn. 44; *Roxin* AT/2 30/389; *Wessels/Beulke/Satzger* AT Rn. 1068.
34   BGH NStZ 1993, 279; 1993, 76 f.; NK-*Zaczyk* § 24 Rn. 69; *Roxin* AT/2 30/393.
35   *Jakobs* AT 26/21.
36   *Puppe* NStZ 1984, 488 ff.

das Telefon hinhielt, so dass der Vater den Rettungsdienst selbst anrufen konnte. Der BGH begründete die Ablehnung eines Rücktritts durch Erfolgsabwendung damit, dass er das Anreichen des Telefons als nicht kausal für die Erfolgsverhinderung ansah, weil der Vater sich das Telefon notfalls selbst hätte holen können.[37] Das ist zwar das Ergebnis der Anwendung der Conditio-sine-qua-non Formel, aber offensichtlich deshalb falsch, weil das Holen des Telefons durch den Vater eine Ersatzursache gewesen wäre. In einem anderen Fall hatte der BGH dem Täter einen Rücktritt durch Erfolgsabwendung ebenfalls abgesprochen, obwohl seine Handlung zweifellos für die Rettung des Opfers kausal war, weil er die Abwendungsmöglichkeit nicht „ausgeschöpft" hatte, sondern dem Zufall unnötig Raum gab. Der Angeklagte hatte seine von ihm mit bedingtem Tötungsvorsatz lebensgefährlich verletzte Frau in die Nähe des Krankenhauses gefahren, sie dort aber aussteigen lassen, um ungesehen zu verschwinden. Die Frau wurde später von Spaziergängern bewusstlos in einem Gebüsch aufgefunden und ins Krankenhaus transportiert.[38] In einem anderen Fall, in dem der Täter ebenfalls seine Möglichkeiten zur Erfolgsabwendung nicht ausgeschöpft, sondern es weitgehend dem Zufall überlassen hatte, ob der Erfolg ausbleiben werde, hat der BGH dagegen einen Rücktritt angenommen. Der Täter hatte sein Haus angezündet und dabei den Tod von zwei kleinen Kindern in Kauf genommen, die sich allein im Dachgeschoss befanden. Er rief dann anonym in dem Lokal an, in dem sich die Mutter der Kinder auf einem Betriebsfest fand und forderte sie ohne weitere Begründung auf, sofort nach Hause zu kommen. Die Mutter, die zufällig selbst ans Telefon gegangen war, nahm den Anruf ernst, weil sie seine Stimme erkannte. Sie fuhr sofort nach Hause, bemerkte das Feuer und alarmierte die Feuerwehr.[39]

Die beiden Entscheidungen widersprechen einander offensichtlich, in zweiten Fall hätte der entscheidende Senat also eigentlich den großen Senat anrufen müssen. Aber erst aus Anlass einer späteren Entscheidung, in der erneut das Problem auftauchte, ob ein halbherziger Rücktritt strafbefreiend wirkt, wenn er dank glücklicher Zufälle erfolgreich ist, hat der entscheidende Senat nach einem sogenannten Anfrageverfahren, das inzwischen weitgehend an die Stelle des Vorlagebeschlusses getreten ist,[40] erneut und diesmal wohl endgültig dahin entschieden, dass der Täter auch dann strafbefreiend zurücktritt, wenn er seine Abwendungsmöglichkeiten nicht voll ausnutzt.     35

## b) Der Gashahnfall, BGH NStZ 2003, 308[41]

▶ Der Angeklagte wollte sich selbst dadurch töten, dass er in seiner Wohnung die Gashähne aufdrehte, um das Gas einzuatmen. Erst als er die Gashähne aufgedreht hatte, fiel ihm ein, dass durch eine Gasexplosion das Haus einstürzen und andere Hausbewohner verletzt oder gar getötet werden könnten. Dies nahm er zunächst billigend in Kauf. Dann wurde er jedoch anderen Sinnes und rief die Feuerwehr und die Polizei an. Deren Aufforderung, die Gashähne zu schließen, kam er jedoch nicht nach, um seinen Suizid zu Ende zu führen. Die Feuerwehr evakuierte daraufhin etwa 50 Personen einschließlich des inzwischen bewusstlos gewordenen Angeklagten aus dem explosionsgefährdeten Haus. ◀     36

---

37  BGH NJW 1986, 1001 (1002); BGH JR 1986, 423; dazu die 1. Aufl. AT/2 36/52 ff.
38  BGHSt 31, 46 dazu die 1. Aufl. AT/2 36/64 ff.
39  BGH NJW 1985, 813 dazu die 1. Aufl. AT/2 36/67 ff.
40  Vgl. § 132 Abs. 2 GVG.
41  = BGHSt 47, 147; JA 2003, 836; JR 2004, 160; JuS 2003, 619; JZ 2003, 741; StV 2003, 214.

Der 2. Senat begründet nun den strafbefreienden Rücktritt des Angeklagten wie folgt:

> „Die im Ergebnis ungleiche Behandlung des Rücktritts vom beendeten untauglichen Versuch, bei welchem mangels Kausalität der Bemühungen stets der Maßstab des § 24 I 2 StGB anzuwenden ist, sieht der *Senat;* dies rechtfertigt es aber nicht, diesen Maßstab über den Wortlaut des § 24 I 1 Halbs. 2 StGB hinaus auf Fälle kausaler Verhinderung anzuwenden. Erforderlich ist danach allein, dass der Täter seinen Vollendungsvorsatz vollständig aufgibt, im Fall bedingten Vorsatzes also den als weiterhin möglich erkannten Taterfolg nicht mehr billigt; und dass er – erfolgreich – eine solche Rettungsmöglichkeit wählt, die er für geeignet hält, die Vollendung zu verhindern."[42]

37   Damit dürfte der Streit um die Frage, was Verhindern des Erfolges iSv § 24 bedeutet, für die Rechtsprechung endgültig dahin entschieden sein, dass jede Mitverursachung eines tatsächlich den Erfolg verhindernden Kausalverlaufs genügt.[43] Darüber hinaus wird nur noch verlangt, dass der Täter in dem Moment, in dem er die erfolgsverhindernde Handlung vornimmt, den Vollendungsvorsatz aufgibt, also „den weiterhin als möglich erkannten Taterfolg nicht mehr billigt". So wie die Rechtsprechung die Unterscheidung zwischen bewusster Fahrlässigkeit und bedingtem Vorsatz als Billigen im Rechtssinne unter Einschluss des Dogmas von der hohen Hemmschwelle vornimmt, ist dieses Nicht-Billigen vereinbar mit dem Bewusstsein höchster Erfolgsgefahr (s. o. 9/16 ff.).[44] Es ist lediglich eine innere negative Einstellung zu dem Erfolg, die auf die Handlung des Täters, also auf die Wahl seiner Erfolgsabwendungsmethode keinerlei Einfluss zu haben braucht.[45] Der Täter kann, wie die Beispiele zeigen, die verschiedensten Gründe haben, die sicherste Abwendungsmethode zu verschmähen und eine unsichere zu wählen, auch wenn er den Erfolg nicht mehr billigt. Tritt der Erfolg trotz seiner unzureichenden Abwendungsbemühungen ein, so ist er ihm auch dann zum Vorsatz zuzurechnen, wenn er den Tatvorsatz inzwischen aufgegeben hat, denn er muss diesen nicht bis zum Erfolgseintritt durchhalten.[46] Das Aufgeben des Vorsatzes trägt also zur Begründung des Rücktrittsprivilegs wenig bei.

38   Aber auch die Mitverursachung eines rettenden Kausalverlaufs kann unter Umständen marginal, geradezu eine Lappalie sein. In diesem Sinne wendet auch derjenige Täter den Erfolg selbst ab, der an die Stelle eines bereits angelegten rettenden Kausalverlaufs einen anderen setzt. Der Sohn, der seinem von ihm mit Tötungsvorsatz schwer verletzten Vater das Telefon hinschiebt, damit dieser den Rettungsdienst über Notruf alarmieren kann, verursacht seine Rettung, falls sie gelingt, auch wenn der Vater notfalls selbst hätte zum Telefon kriechen können.[47] Ob der Täter, der einem anderen eine Kugel in den Kopf geschossen hat, dessen Tod in diesem Sinne verhindert, indem er dessen Angestellten zuruft, sie sollten nach ihrem Chef sehen, hängt davon ab, ob diese bereits zu dem Chef unterwegs waren oder noch nicht.[48] Entgegen der Auffassung des 2. Senats zwingt aber der Wortlaut des Gesetzes nicht dazu, den Begriff des Verhinderns mit jeder beliebigen Mitverursachung eines rettenden Kausalverlaufs

---

42  BGH NStZ 2003, 308 (309).
43  Vgl. auch BGH NStZ 2008, 393 f.
44  Vgl. die Rechtsprechungsnachweise bei NK[6]-*Puppe* § 15 Rn. 88 ff.
45  Vgl. zum umgekehrten Fall der erfolgsherbeiführenden Handlung NK[6]-*Puppe* § 15 Rn. 37 ff., 50.
46  Schönke/Schröder-*Eser/Bosch* § 24 Rn. 61; *Jakobs* AT 26/19a; *Köhler* AT S. 476; *Roxin* AT/2 30/37; NK[6]-*Puppe* § 15 Rn. 103.
47  Vgl. BGH NJW 1986, 1001.
48  Vgl. BGHSt 33, 295, dazu die 1. Aufl. AT/2 36/9 ff.

gleichzusetzen. Der 1. Senat hat das ja auch weder in seiner Entscheidung BGHSt 31, 46, noch in deren nachträglicher Interpretation getan.[49]

Soweit die Literatur sich nicht an der Garantenpflicht aus Ingerenz orientiert und dem- 39 gemäß vom zurücktretenden Täter verlangt, dass er wenigstens in diesem Augenblick seine strafrechtlich bewehrte Rechtspflicht erfüllt, also zur Verhinderung des Erfolges sein Bestes tut,[50] sucht sie einen Mittelweg zwischen dieser Position und der alten und vermutlich auch neuen Auffassung des BGH. Es erweist sich aber als schwierig, in dem Kontinuum von mehr oder weniger zuverlässigen Rettungsmaßnahmen, das zwischen diesen beiden Extrempositionen liegt, eine Grenze oder einen Maßstab zu finden. So soll der Täter ein „aus seiner Sicht verlässliches" Mittel zur Erfolgsabwendung wählen.[51] Aber für sich allein ist die Verlässlichkeit kein verlässliches Kriterium. Es wird versucht, hierfür die Unterscheidung zwischen Täterschaft und Gehilfenschaft fruchtbar zu machen. Danach darf der Beitrag des Täters im Vergleich zu dem anderer Retter, auch des Opfers, keine ganz untergeordnete Bedeutung haben.[52] Gegen das Kriterium spricht jedoch, dass die optimale Abwendungsmöglichkeit unter Umständen gerade darin besteht, andere Personen zur Rettung hinzuzuziehen, die im Gegensatz zum Täter selbst die dazu erforderlichen Fachkenntnisse, Fertigkeiten und Mittel besitzen. Dass dies als Rücktrittsleistung genügen muss, ist allgemein anerkannt.[53] Deswegen ist es aber auch nicht richtig, denjenigen Täter, der andere Hilfspersonen zuzieht, schlechter zu stellen als denjenigen, der die Rettung des Opfers allein vollbringt, indem man bei ersterem, nicht aber bei letzterem optimales Handeln verlangt.[54]

Andere sehen eine Möglichkeit, die Maßstäbe der objektiven Zurechnung strafbarer 40 Erfolge dergestalt auf das Problem zu übertragen, dass dem Täter die Verhinderung des Erfolges als sein Werk zurechenbar sein soll.[55] Aber eine solche Übertragung ist nicht möglich. Die strafrechtliche Lehre von der objektiven Zurechnung ist für Unrechtserfolge entwickelt worden, knüpft also an negative Werturteile über das Verhalten des Täters an, beispielsweise an die Schaffung eines unerlaubten Risikos und an dessen Realisierung im Kausalverlauf zum Erfolg (s. dazu die 1. Aufl. AT/1, 3/1 ff.). Was soll bei der positiven Zurechnung der Erfolgsabwendung an die Stelle der Sorgfaltspflichtverletzung, der Schaffung eines unerlaubten Risikos und der Realisierung eines unerlaubten Risikos treten?

Es bleib danach nichts anders übrig, als sich daran zu orientieren, wozu der Täter 41 im Moment der Rücktrittshandlung bei Strafe verpflichtet ist, also an seiner Garantenpflicht aus Ingerenz. Als Garant aus Ingerenz ist er verpflichtet zur Abwendung des Erfolges sein Bestes zu tun, ohne Rücksicht auf seine eigenen Interessen, etwa das Interesse sein Vorhaben durchzuführen oder das Interesse unentdeckt zu bleiben. Ein Abwendungsverhalten, durch das der Täter nicht einmal seine strafbewehrte Garan-

---

49  NJW 2002, 3720 dazu die 1. Aufl. AT/2 36/70 f.
50  LK-*Murmann* § 24 Rn. 332, 339 ff; *Herzberg* NJW 1989, 862 (867); *Baumann/Weber/Mitsch/Eisele* AT 23/40; *Jakobs* AT 26/21; *Schmidhäuser* AT 15/89 ff.; *Puppe* NStZ 2002, 309; *dies.* NStZ 1995, 403 (404); *Weinhold* (1990), 84 ff.
51  NK-*Zaczyk* § 24 Rn. 61; LK[12]-*Lilie/Albrecht* § 24 Rn. 339 f.; anders jetzt LK-*Murmann* § 24 Rn. 339 ff.
52  *Roxin* Hirsch-FS (1999), 327 (342); *ders.* AT/2 30/250; SK-*Rudolphi* (8. Aufl.) § 24 Rn. 27d; *ders.* NStZ 1989, 508 (514); *Bloy* JuS 1987, 528 (534 f.).
53  BGH NStZ 2003, 308 (309) mAnm *Puppe*; BGH NJW 1973, 632; StV 1992, 62 f.; NK-*Zaczyk* § 24 Rn. 57, Rn. 90 f.; Schönke/Schröder-*Eser/Bosch* § 24 Rn. 66; SK-*Jäger* § 24 Rn. 92; *Maiwald* Wolff-FS (1998), 337 (347); *Roxin* Hirsch-FS (1999), 327 (338); *ders.* AT/2 30/256.
54  So aber *Roxin* Hirsch-FS (1999), 327 (335); vgl. Lackner/Kühl-*Kühl* § 24 Rn. 19b.
55  SK-*Jäger* § 24 Rn. 92 ff.; *Wessels/Beulke/Satzger* AT Rn. 1076; *Bloy* JuS 1987, 528 ff.

tenpflicht erfüllt, kann ihn nicht von der durch den Versuch verwirkten Strafe wieder befreien, auch wenn es durch glückliche Zufälle erfolgreich ist.[56]

42   Zwei Einwende liegen dagegen nahe: Erstens wird damit dem Bedürfnis, den Täter für seine Reue zu belohnen anscheinend nicht genügend Rechnung getragen, zweitens wird ihm auch kein genügender Anreiz geboten erfolgsabwendend tätig zu werden, insbesondere dann, wenn diese Tätigkeit mit einem Entdeckungsrisiko verbunden ist. Bei genauerem Zusehen erweisen sich beide Einwände als nicht so durchschlagend, wie sie auf den ersten Blick erscheinen. Unter der Voraussetzung, dass eine vollständige Strafbefreiung nur dann erfolgt, wenn der Täter seine Garantenpflicht erfüllt, ergibt sich nämlich ein abgestuftes „Belohnungssystem" für halbherzige Rücktrittsbemühungen.

43   Selbst wenn eine halbherzige Rücktrittsbemühung erfolglos war, kann sie dem Täter als strafminderndes Nachtatverhalten nach § 46 zugute kommen. Hat die halbherzige Rücktrittsbemühung zu einer Reduzierung der Erfolgsgefahr vom Niveau einer Vorsatzgefahr auf das eine Fahrlässigkeitsgefahr geführt, so kann dem Täter der Erfolg nicht mehr zum Vorsatz, sondern nur noch zur Fahrlässigkeit zugerechnet werden. Hat der Täter durch halbherzige Bemühungen den Erfolg verhindert, so wird er jedenfalls dadurch belohnt, dass er nur wegen Versuchs, nicht aber wegen Vollendung bestraft werden kann. Im Rahmen der Strafmilderung des § 23 hat der Richter den Spielraum, die Rücktrittsleistung des Täters angemessen zu honorieren. War die Rücktrittsleistung des Täters, wie im Telefonfall, marginal, so kann er von einer Strafmilderung nach dem Schlüssel des § 49 ganz Abstand nehmen, war sie trotz ihrer Unvollkommenheit eine honorierfähige Umkehrleistung, so kann der Richter den Milderungsschlüssel des § 49 anwenden und innerhalb dieses Strafrahmens nach dem Maß der Rücktrittsleistung des Täters differenzieren.

44   Man mag dagegen einwenden, dass im Sinne einer ökonomischen Analyse des Rechts bzw. im Sinne des Opferschutzgedankens dies als Anreiz für eine Rettungshandlung des Täters nicht genügt. Jedenfalls sobald die Rettungsbemühungen das Risiko der Tatentdeckung mit sich bringen, könne man sie nur dann erreichen, wenn man dem Täter völlige Straffreiheit dafür verspricht. Aber wenn man dem Täter bereits die volle Strafbefreiung für eine halbherzige Verhinderungsleistung anbietet, reduziert man den Anreiz für ihn mehr zur Erfolgsabwendung zu leisten. Das Opferschutzargument erweist sich auch beim Rücktritt durch Erfolgsabwendung als zweischneidig.

c) Der vorausgeplante Rücktritt durch Erfolgsabwendung – der **Lebensmittelerpresserfall, BGH JR 2021, 125**

45   ▶ Der Angeklagte hatte fünf Gläser mit tödlich vergifteter Babynahrung in Filialen verschiedener Supermarktketten verteilt. Er schickte sodann eine E-Mail an das Bundeskriminalamt und an eine Verbraucherschutzorganisation, in der er mitteilte, welche Supermarktketten betroffen waren sowie Hersteller und Geschmacksrichtung der Babynahrung. Er forderte von den Supermarktbetreibern ein Lösegeld von 11,75 Mio. € . In welchen der Filialen der betroffenen Supermarktkette sich die vergifteten Gläser befanden, teilte er nicht mit. Bei der polizeilichen Suchaktion in den zahlreichen Filialen der betroffenen Lebensmittelketten wurden drei der Gläser gefunden, die zwei weiteren wurden erst einen bzw. zwei Tage später von Angestellten der betreffenden Supermarktfilialen entdeckt. Der BGH bestätigte die

---

56 S. Fn. 50.

Ansicht des Tatgerichts, dass der Täter, als er die vergifteten Gläser deponierte, einen Tötungsvorsatz hatte. Trotzdem hob er die Verurteilung wegen Mordes (Habgier, Heimtücke) mit der Begründung auf, dass der Täter von diesem Mordversuch mit strafbefreiender Wirkung zurückgetreten sei, indem er Informationen über den Standort der vergifteten Gläser dem Bundeskriminalamt gegeben hatte, obwohl diese Informationen unzureichend waren und die Entdeckung der Gläser nicht sicherstellten. ◄

Zur Begründung weist der Senat zunächst darauf hin, dass es für einen Rücktritt  46
durch Erfolgsabwendung nicht erforderlich ist, dass der Täter die beste und sicherste
Möglichkeit dazu wählt, obwohl er aufgrund seiner Garantenpflicht aus Ingerenz dazu
ja verpflichtet ist. Dies ist inzwischen gefestigte Rechtsprechung. Es genügt,

> „Dass der Täter eine neue Kausalkette in Gang gesetzt hat, die für die Nichtvollendung
> der Tat ursächlich oder jedenfalls mitursächlich geworden ist".

Später heißt es in der Begründung:                                             47

> „Zwar ist es für einen Rücktritt erforderlich, dass der Täter den Tatvorsatz vollständig
> aufgibt, deshalb reicht es nicht aus, wenn der Täter den Taterfolg weiterhin billigend
> in Kauf nimmt. [...] Indem er angab, dass sich in F. in fünf Märkten namentlich bezeich-
> neter Einzelhandelskonzerne fünf mit einer tödlichen toxischen Menge versetzte und
> nach Marke und Geschmacksrichtung konkret bezeichnete Produkte befänden, machte er
> jedoch so genaue Angaben zur Ermöglichung von deren Sicherstellung, dass damit eine
> Wertung, er habe eine mögliche Tötung von Kleinkindern mit diesen Produkten weiterhin
> gebilligt, nicht mehr zu vereinbaren wäre."

Es ist bemerkenswert, dass der BGH hier das Urteil, dass der Angeklagte seinen  48
Tötungsvorsatz aufgegeben hat, ausdrücklich als „Wertung" bezeichnet. In vielen
anderen Entscheidungen bezeichnet er es ausdrücklich als reine Feststellung einer
psychischen Tatsache.[57] Wenn das Letztere richtig ist, so genügt es für die Aufgabe
des Vorsatzes, dass der Täter auf einen Zettel schreibt: „Von nun an billige ich den
Erfolg nicht mehr, ich finde mich nicht mit seinem Eintritt ab, von nun an vertraue
ich ernsthaft und nicht nur vage darauf, dass er nicht eintreten wird". Versteht man
aber dieses Urteil, wie es der Senat im vorliegenden Fall tut, als eine Wertung, so stellt
sich die Frage, wie diese Wertung mit der zuvor getroffenen Wertung vereinbar ist,
wonach der Täter den Tod von Kleinkindern billigend in Kauf genommen hat, als er
die vergifteten Gläser deponierte. Denn schon zu diesem Zeitpunkt hatte er den festen
Plan, genau das zu tun, was ihm nunmehr als Aufgeben des Vorsatzes zugutegehalten
wird.

Auch stellt der Fall die Frage, ob es für den Rücktritt durch Erfolgsverhinderung ge-  49
nügt, dass der Täter diese unabsichtlich herbeiführt, während er einen anderen Zweck
verfolgt. Schließlich hatte der Angeklagte in seiner Email nur die Angaben über den
Standort der Giftgläser gemacht, die notwendig waren, um von den betroffenen Ein-
zelhandelsfirmen die 11,75 Mio. Lösegeld zu fordern. Dabei hätte er ohne weiteres ge-
nauere Angaben machen können, die die Auffindung und Beseitigung der Giftgläser

---

57  BGH NStZ 2013, 581 (582); BGH NStZ-RR 2013, 75 (77); BGH NStZ-RR 2013, 89 (90); BGH, Urt. v. 4.4.2013 –
    3 StR 37/13 = BeckRS 2013, 07323; BGH NStZ-RR 2013, 343 (Ls.) = BeckRS 2013, 15925; BGH NStZ 2018, 37
    (38 f.); BGH NStZ 2016, 668 (669 f.); BGH NStZ 2016, 670 (671 f.); BGH NStZ 2013, 581 (582); BGH NStZ-RR
    2013, 75 (77); BGH NStZ-RR 2013, 89 (90); BGH, Urt. v. 17.7.2013 – 2 StR 139/13; BGH, Urt. v. 4.4.2013 – 3
    StR 37/13.

sichergestellt hätten. Dass er gleichwohl in der Absicht handelte, den Erfolg zu verhindern, entnimmt der Senat seiner Äußerung, dass niemand zu Schaden kommen werde, wenn seine Geldforderung vollumfänglich erfüllt werde.

50   Dass der Angeklagte nach seinem Tatplan keinen Grund mehr hatte, die von den Giftgläsern ausgehende Lebensgefahr für kleine Kinder aufrecht zu erhalten, kann nach der Rechtspr. des BGH auch kein Grund sein, ihm das Rücktrittsprivileg zu versagen. Schließlich hatte der BGH für den Rücktritt durch Aufgeben der Tat ausgesprochen, dass der Täter auch dann straffrei wird, wenn er die weitere Erfolgsverursachung nur deshalb nicht mehr betreibt, weil er sein motivierendes Handlungsziel, wider Erwarten ohne die Erfolgsverursachung, erreicht hat (s.o. 21/8 ff.), oder weil er erkannt hat, dass er es durch die Erfolgsherbeiführung nicht erreichen kann. Das muss denn konsequenterweise auch für den Fall gelten, dass er eine Erfolgsverhinderung vornimmt, weil sie seinem tatmotivierenden Ziel nunmehr besser dient als der Erfolgseintritt, z.B. wenn er die zur Sicherstellung der vergifteten Nahrungsmittel beitragenden Angaben erst macht, nachdem er das geforderte Lösungsgeld erhalten hat. Der strafbefreiende Rücktritt wird damit vollends zur Farce. Dieses Ergebnis kann man nur dadurch vermeiden, dass man das Dogma aufgibt, dass der Täter auch dann noch mit strafbefreiender Wirkung von einem Tötungsversuch zurücktreten kann, wenn er sein die Tat motivierendes Ziel erreicht hat, ohne einen Todeserfolg herbeizuführen. Der Fall zeigt, dass die honorierbare Umkehrleistung nicht nur für eine aus rechtsethischer, sondern auch für eine aus „kriminalpolitischer" Sicht sinnvolle Handhabung des Rücktritts vom Versuch unverzichtbar ist.

### 6. Späte Erfolgsabwendung und Rücktritt durch ernstliches Bemühen – Der Asylbewerberfall, BGH NStZ-RR 2000, 42

51   ▶ Um auf seine unbefriedigende Situation als Asylbewerber aufmerksam zu machen und sein Anerkennungsverfahren zu beschleunigen, hatte der Angeklagte beschlossen, in dem von ihm bewohnten Raum in einer Containeranlage für Asylbewerber Feuer zu legen. Er wollte dann die Stadtverwaltung benachrichtigen, damit diese das Löschen des Brandes durch die Feuerwehr veranlasst, zugleich aber auch die Presse erscheint. Das Gericht geht davon aus, dass der Angeklagte dabei einen bedingten Vorsatz hatte, andere Bewohner der Containeranlage durch den Brand zu töten. Nachdem der Angeklagte mit Dieselbrennstoff das Feuer gelegt und seine Wohnungstür abgeschlossen hatte, begegnete ihm auf dem Flur ein Mitbewohner, den er bewusst nicht warnte. Er fuhr etwa 10 min. mit dem Fahrrad zur Stadtverwaltung und erklärte dort einem Zeugen, dass er in der Wohnanlage Feuer gelegt habe. Dieser alarmierte die Feuerwehr, bei deren Eintreffen hatten allerdings Bewohner den Brand bereits bemerkt und mit Feuerlöschern erstickt. ◀

Da also die Lebensgefahr für die Heimbewohner ohne Zutun des Angeklagten von diesen selbst abgewendet worden ist, prüft der BGH die Alternative des Rücktritts durch ernstliches Bemühen und weist dazu das Tatgericht auf folgendes hin:

> „Unter diesen Umständen liegt es nicht fern, dass der Angeklagte bei der Meldung des Brandes in der Stadtverwaltung davon ausgegangen sein könnte, dass sein Bemühen geeignet war, die Tatvollendung (Tötung) noch abzuwenden. Dann aber lägen die Voraussetzungen strafbefreienden Rücktritts (§ 24 Abs. 1 S. 2 StGB) vor. [...] Der Rücktritt

scheitert nicht daran, dass der Angeklagte objektiv schon eher etwas und möglicherweise noch mehr hätte tun können."[58]

Der Formulierung der Entscheidung, dass ein Rücktritt durch ernstliches Bemühen 52 schon dann vorliegt, wenn der Täter davon ausgeht, „dass sein Bemühen geeignet war, die Tatvollendung noch abzuwenden", wird man kaum zustimmen können. Für wie geeignet muss der Täter sein Bemühen denn noch halten? Trotzdem ist die Entscheidung im Ergebnis richtig. Denn in dem Moment, in dem der Täter den Brand bei der Stadtverwaltung meldete, war dies tatsächlich das Beste, was er zur Abwendung des Erfolges noch tun konnte. Geht man davon aus, dass nach der Vorstellung des Täters die Lebensgefahr für die Mitbewohner noch bestand, so gab es zu diesem Zeitpunkt keine schnellere und wirkungsvollere Möglichkeit sie abzuwenden. Das muss für ein ernstliches Bemühen genügen, ebenso wie es für eine Erfolgsabwendung hätte genügen müssen, falls die Erfolgsgefahr noch bestanden hätte. Denn das Gesetz gibt dem Täter bis zu dem Moment, wo der Erfolg eingetreten ist oder die Gefahr in Wirklichkeit oder nach Vorstellung des Täters nicht mehr besteht, die Möglichkeit, durch ihre Abwendung oder durch ein ernstliches Bemühen darum, von dem Versuch zurückzutreten.[59] Daran kann es auch nichts ändern, dass der Täter zuvor bessere Abwendungschancen ungenutzt hat verstreichen lassen. Mag er dadurch sogar einen weiteren Versuch durch Unterlassen begehen, so ist er auch von diesem zuletzt durch seine Abwendungshandlung zurückgetreten.[60]

Aber der Fall wirft noch ein weiteres Problem auf. Der Täter hatte von vornherein 53 vor, zur Abwendung der Lebensgefahr für die Mitbewohner genau das zu tun, was er tatsächlich getan hat. Trotzdem akzeptiert der BGH die Würdigung des Tatgerichts, dass er mit bedingtem Tötungsvorsatz gehandelt habe. Er meint also, dass die Gefahr für das Leben der Mitbewohner, die nach der Vorstellung des Täters trotz der von ihm geplanten Abwendungshandlung übrig bleiben würde, für Vorsatz ausreicht. Aber die Mindestanforderung an einen Rücktritt, erst recht einen solchen durch ernstliches Bemühen, ist die, dass der Täter wenigstens im Moment des Bemühens den Vorsatz aufgibt.[61] Wann der Angeklagte dies getan haben sollte, ist nicht ersichtlich. Auch ist es widersprüchlich, ein Verhalten als für einen Rücktritt durch ernstliches Bemühen um die Erfolgsabwendung ausreichend zu erklären, nachdem man davon ausgegangen ist, dass die Planung eben dieses Verhaltens zu Beginn der Tatausführung der Annahme eines dolus eventualis in Bezug auf jenen Erfolg nicht entgegensteht.

Hat der Täter schon bei Beginn der Versuchshandlung eine Abwendungsmaßnahme 54 geplant, der er so viel Aussicht auf Erfolg beigemessen hat, dass keine Vorsatzgefahr mehr übrig bleibt, so ist konsequenterweise der Vorsatz abzulehnen. Das war hier der Fall. Denn angesichts des Vorhabens des Täters, den Brand binnen 10 Minuten zu melden, war die Wahrscheinlichkeit, dass zuvor Menschen durch das Feuer umkommen könnten äußerst gering. Auch war die Wahrscheinlichkeit gering, dass der Täter durch unglückliche Zufälle an der Meldung des Brandes bei der Asylbehörde gehindert werden könnte. Ist dagegen die trotz einer geplanten Abwendungsmaßnahme nach der Vorstellung des Täters verbleibende Erfolgsgefahr so groß, dass sie mit Vorsatz

---

58  BGH NStZ-RR 2000, 42 (43).
59  BGH NStZ 2003, 252.
60  *Jakobs* AT 29/119; *Puppe* NStZ 1984, 488 (490); *Rudolphi* NStZ 1989, 508 (512).
61  BGH NStZ 2003, 308 (309) mAnm *Puppe* = BGH NJW 2003, 1058; vgl. auch *Maiwald* Wolff-FS (1998), 337 (353); *Puppe* NStZ 1984, 488 (489).

vereinbar ist, so liegt keine ernstliche Abwendungsbemühung vor. Um sich ernstlich um die Abwendung zu bemühen, muss der Täter nicht nur sein Bestes dafür tun, er muss auch in der Vorstellung handeln, dass er durch seine Bemühung den Erfolg mit hoher Wahrscheinlichkeit abwenden kann. Misst er seinen Abwendungsbemühungen nur eine geringe Erfolgschance bei, so kann diese Bemühung nicht mehr ernsthaft sein. Es ist dann auch für einen Rücktritt durch ernstliches Bemühen zu spät.

### 7. Hinweise zur praktischen Anwendung

55    Ob die Alternative des Rücktritts durch Aufgeben oder die des Rücktritts durch Erfolgsabwendung oder die durch ernstliches Bemühen zu prüfen ist, hängt davon ab, ob der Täter zur Erfolgsabwendung etwas getan hat und wenn ja, ob er für die Abwendung des Erfolges ursächlich geworden ist. Hat er nichts getan, so kommt nur die erste Alternative des Aufgebens in Betracht, hat er einen kausalen Beitrag für die Abwendung des Erfolges geleistet, so kommt die zweite Alternative in Betracht, hat er einen solchen Beitrag zu leisten versucht, ist aber der Erfolg ohne sein Zutun ausgeblieben, so kommt die dritte Alternative in Betracht. Die drei Rücktrittsalternativen schließen einander aus. Die erste Alternative, das Aufgeben der Tat kommt nur in Betracht, wenn der Täter im Moment des Aufhörens davon überzeugt ist, dass noch keine Erfolgsgefahr besteht. Glaubt er, dass eine Erfolgsgefahr besteht, so kann er nur durch tätige Reue von seinem Versuch zurücktreten. Besteht die Erfolgsgefahr auch in Wirklichkeit, so muss er den Erfolg abwenden, besteht sie nur vermeintlich, so muss er sich ernstlich um die Abwendung bemühen. Ein ernstliches Bemühen kann aber auch darin bestehen, dass der Täter nach gewissenhafter und erschöpfender Prüfung feststellt, dass in Wahrheit keine Gefahr für das Opfer bestand.

56    Bei der Prüfung eines Rücktritts durch Aufgeben, ist es üblich, statt unter die Begriffe des Gesetzes, insbesondere unter den Begriff des Aufgebens der weiteren Ausführung der Tat zu subsumieren, unter Hilfsbegriffe zu subsumieren, die in der Rechtsprechung und Literatur entwickelt worden sind, insbesondere unter den Begriff des beendeten oder des unbeendeten Versuchs. Das sieht dann so aus: „Der Täter könnte von dem Versuch dadurch zurückgetreten sein, dass er nicht weiter gehandelt hat. Dann müsste der Versuch unbeendet sein. Ein Versuch ist beendet, wenn der Täter alles seinerseits Erforderliche getan hat."

57    Dieser Prüfungsansatz ist aus mehreren Gründen nicht empfehlenswert. Zunächst ist die übliche Definition des beendeten Versuchs teils falsch und teils unvollständig. Falsch ist sie insofern, als sie nur eine hinreichende, nicht aber notwendige Bedingung dafür angibt, dass der Täter den Versuch nicht mehr aufgeben kann. Denn das kann er auch dann nicht mehr, wenn er zur Herbeiführung des Erfolges keine Mittel mehr zur Verfügung hat, auch wenn er noch nicht das nach seiner Vorstellung zur Erfolgsherbeiführung Erforderliche getan hat, sog fehlgeschlagener Versuch. Außerdem ist die Formulierung, das seinerseits Erforderliche getan, viel zu ungenau und unbestimmt. Sie lässt nämlich offen: zweierlei wozu das Getane erforderlich sein soll, dazu, dass der Erfolg möglicherweise eintritt oder dazu, dass er mit Sicherheit eintritt. Aber die gängige Definition des beendeten Versuchs ist nicht nur fehlerhaft, unvollständig und ungenau, sie trägt auch zur Begründung einer Entscheidung über die Rechtsfrage nichts bei, weil sie diese von Wortlaut und Sinn des Gesetzes abkoppelt. Die Frage ist allein die, ob man dem Täter die Tatsache, dass er nicht weiter gehandelt hat, als Aufgeben der weiteren Ausführung der Tat (des Versuchs) zugute halten soll, den er bereits begonnen hat, oder ob dies lediglich einen Verzicht darauf

darstellt, einen neuen Versuch zu beginnen, oder ob es mit einem Aufgeben weiterer Versuchshandlung schon deshalb nicht getan sein kann, weil nach dem gewissenhaften Urteil einer sorgfältigen Person in der Situation des Täters bereits eine Erfolgsgefahr besteht, die abzuwenden er nun bei Strafe verpflichtet ist; m.a.W. ein Versuch kann nicht deshalb nicht mehr aufgegeben werden, weil er beendet ist, sondern ein Versuch ist deshalb beendet, weil er nicht mehr aufgegeben werden kann.

Zweckmäßigerweise geht man wie folgt vor: Man stellt fest, ob es eine Handlung gibt, die    58
der Täter noch hätte ausführen können, um den Erfolg herbeizuführen. Dann ist zu prüfen, ob ein Aufgeben durch Verzicht auf diese Handlung deshalb nicht in Frage kommt, weil nach dem gewissenhaften Urteil einer Person in der Situation des Täters bereits eine Erfolgsgefahr besteht. Nur wenn dies nicht der Fall ist, stellt sich die Frage, ob der Verzicht des Täters auf eine ihm noch mögliche Versuchshandlung ein Aufgeben der Ausführung der Tat ist. Sie Lautet: Hat der Täter, indem er diese Handlung nicht vorgenommen hat, den bereits begonnenen Versuch iSv § 24 aufgegeben? Das hängt davon ab, ob die Handlung, auf die der Täter verzichtet hat, mit der bereits vorgenommenen ein und denselben Versuch darstellt, oder lediglich den Verzicht auf einen weiteren Versuch. Nach der Einzelaktstheorie besteht ein Versuch in der Vornahme derjenigen Handlungen, die der Täter zu Beginn für mindestens erforderlich gehalten hat, um den Erfolg herbeizuführen. Dann subsumieren Sie unter diesen Begriff. Bildet die Handlung, auf die der Täter verzichtet hat, nach dieser Definition mit der, die er vorgenommen hat, nur einen Versuch, so steht fest, dass der Verzicht auf diese Handlung ein Aufgeben dieses Versuchs darstellt, denn wenn dies nach der Einzelaktstheorie der Fall ist, so ist es nach der Theorie von der natürlichen Versuchseinheit erst recht der Fall. Kommen Sie zu dem Ergebnis, dass die Handlung, auf die der Täter verzichtet hat, nach der Einzelaktstheorie ein neuer Versuch gewesen wäre, so müssen Sie feststellen, ob dies auch nach der Lehre von der natürlichen Versuchseinheit der Fall gewesen wäre. Nach dieser Lehre bildet die unterlassene Handlung mit der bereits vorgenommenen dann einen einzigen Versuch, wenn sie im engen zeitlichen Zusammenhang und aufgrund des ursprünglichen Tatentschlusses hätte vorgenommen werden können. Nur wenn Sie diese Frage bejaht haben, müssen Sie jetzt den Streit zwischen der Einzelaktstheorie und der Lehre von der natürlichen Versuchseinheit diskutieren und entscheiden.

Der Rücktritt durch Erfolgsabwendung setzt zunächst voraus, dass aufgrund der    59
Handlung des Täters eine hinreichende Bedingung für den Eintritt des Erfolges gegeben war. Für die Abwendung des Erfolges ist der Täter dann kausal geworden, wenn er durch sein Handeln ein notwendiges Element dieser hinreichenden Bedingung beseitigt hat. Das ist die Mindestanforderung eines Rücktritts durch sog tätige Reue, über die in Rechtsprechung und Literatur Einigkeit besteht. Hat der Täter mit dieser Handlung auch seine Garantenpflicht aus Ingerenz erfüllt, also das Beste getan, was ihm zur Erfolgsabwendung im Moment der Rücktrittshandlung möglich war, so ist unstreitig eine Erfolgsabwendung iS v.§ 24 gegeben. Ist er aber hinter seinen Möglichkeiten bewusst zurückgeblieben, waren seine Abwendungsbemühungen also zwar erfolgreich, aber halbherzig, so muss der Streit um die Anforderungen an die Erfolgsabwendung diskutiert und entschieden werden.

Hat der Täter sich zwar um die Abwendung des Erfolges bemüht, ist er aber dafür    60
nicht im oben dargestellten Sinne kausal geworden, so kommt nur die dritte Rücktrittsalternative in Betracht. Ebenso wenig wie dem Rücktritt durch Erfolgsabwendung steht dem Rücktritt durch ernstliches Bemühen entgegen, dass der Täter zuvor bessere

Abwendungsmöglichkeiten ungenutzt gelassen hat. Aber in dem Moment, in dem er zur Abwendung des Erfolges tätig wird, muss er alles in seiner Macht stehende dafür tun. Bleibt er bewusst dahinter zurück, so liegt kein ernstliches Bemühen vor. Darüber besteht Einigkeit. Außerdem muss der Täter seinen Abwendungsbemühungen eine ernsthafte Aussicht auf Erfolg beimessen. Gibt er ihnen nur eine geringe Chance, so ist es auch für einen Rücktritt durch ernstliches Bemühen zu spät.

61    Für jede Form des Rücktritts gilt das Erfordernis der Freiwilligkeit. Aber die Frage nach der Freiwilligkeit stellt sich nicht mehr, wenn der Täter sein ursprüngliches Handlungsmotiv verloren hat, weil er erkennt, dass er das motivierende Ziel bereits erreicht hat oder dass er es durch die Erfolgsherbeiführung nicht erreichen kann. Der Täter muss also sein Handlungsmotiv noch haben und es aufgeben. Das tut er freiwillig, wenn er eine honorierfähige Umkehrleistung erbringt. Eine honorierfähige Umkehrleistung ist zunächst jede Umkehr aus einem ethisch anerkennenswerten Motiv, wie zB Mitgefühl mit dem Opfer, Abscheu vor der eigenen Tat oder Einsicht in das richtige Verhalten.

62    Aber auch Furcht vor der Strafe wird als freiwilliges Rücktrittsmotiv anerkannt, denn darauf beruht das kriminalpolitische Kalkül des Rücktrittsangebots. Das gilt jedoch nur, wenn die Aussichten des Täters sein Ziel zu erreichen und der Strafe zu entgehen sich nach Versuchsbeginn nicht wesentlich verschlechtert haben. Das hat zwar zur Folge, dass der Täter umso eher strafbefreiend zurücktreten kann je höher seine Risikobereitschaft bei Versuchsbeginn war. Aber das liegt im Wesen des Rücktritts als Umkehrleistung.

# VI. Die Formen der Beteiligung an der Straftat

## § 22 Die Systematik der Beteiligungsformen

Drei Grundformen der Beteiligung unterscheidet das StGB, die Täterschaft, die Anstiftung und die Beihilfe. Begriffslogisch ist die Beihilfe der allgemeinste Fall der Beteiligung. Sie umfasst sowohl die Anstiftung als auch die Täterschaft, wird aber von diesen nach dem Grundsatz des Vorrangs des spezielleren Gesetzes verdrängt. Die Beteiligungsformen können auch aufeinander angewandt werden. Man kann in Mittäterschaft oder mittelbarer Täterschaft einen Anderen anstiften oder ihm Hilfe leisten, die Beihilfe zu einer Beihilfe ist Beihilfe zur Haupttat. Ob man ausgehend von einem extensiven Täterbegriff § 26 und § 27 als eine Einschränkung, oder ausgehend vom sog restriktiven Täterbegriff als Erweiterung der Strafbarkeit auffasst, ist eine akademische Frage. Für Tatbestände, die nur von Tätern erfüllt werden können, die besondere Eigenschaften aufweisen oder in besonderen Verhältnissen stehen, sog Sonderdelikte, bedeuten die Teilnahmeformen jedenfalls eine Erweiterung der Strafbarkeit. Denn als Anstifter oder Gehilfe eines Sonderdelikts kann sich auch strafbar machen, wer das Tätermerkmal selbst nicht erfüllt, sog Akzessorietät der Teilnahme (s. dazu u. 27/5 ff.). 1

Dasselbe gilt nach der hL für die sog überschießenden Innentendenzen. Wer die Zueignungsabsicht, die Bereicherungsabsicht, die Vorteilserlangungsabsicht selbst nicht hegt, soll nicht Täter, wohl aber Teilnehmer einer Tat nach § 242, § 263 oder § 257 sein können, vorausgesetzt, dass er um die Absicht des Täters weiß.[1]

Innerhalb der Täterschaft unterscheidet das Gesetz zunächst zwei Formen, das Selbstbegehen nach § 25 Abs. 1 1. Alt. und das Begehen durch einen Anderen nach § 25 Abs. 1 2. Alt., mittelbare Täterschaft. Durch einen Anderen begeht der Täter die Tat, wenn er die tatbestandsmäßige Handlung durch eine andere Person ausführen lässt, die wegen eines Wissensmangels nicht in der Lage ist, über die Tatbestandsverwirklichung selbst zu entscheiden, oder die wegen eines anderen Zurechnungsmangels für diese Entscheidung nicht verantwortlich ist. Die Verantwortung des mittelbaren Täters wird dann dadurch begründet, dass er das Defizit des unmittelbar handelnden Werkzeugs verursacht oder zur Beeinflussung seines Handelns ausnutzt. Dass das Gesetz ausdrücklich nur von einer Begehung durch einen Anderen spricht, bedeutet nicht, dass eine Benutzung der eigenen Person des Täters als Werkzeug ausgeschlossen ist, etwa durch planmäßige Verursachung der eigenen Schuldunfähigkeit, sog actio libera in causa. In diesem Fall begeht der Täter die Tat eben selbst, so dass es einer besonderen Erwähnung dieser Konstellation in § 25 nicht bedarf (s. o. 15/4; 16/8). 2

Nach § 25 Abs. 2 sind mehrere Personen Täter, nämlich Mittäter, die eine Tat gemeinschaftlich begehen. Bei Mittäterschaft ist es also nicht erforderlich, dass jeder Mittäter den gesamten Tatbestand selbst verwirklicht. Es werden ihm vielmehr die Tatbeiträge der anderen Mittäter wie eigenes Handeln zugerechnet. Dabei besteht die Gefahr eines Zirkelschlusses, indem man die Mittäterschaft oder einzelne ihrer Voraussetzungen, beispielsweise einen kausalen Beitrag des Mittäters, damit begründet, dass ihm die Tat- 3

---

1 BGH StV 1983, 329 (330); 1988, 527; 1989, 250; NK-*Kindhäuser* § 242 Rn. 130; § 263 Rn. 385; *Fischer* § 242 Rn. 43, 58.

beiträge der anderen nach § 25 Abs. 2 zugerechnet werden.[2] Es sind also zunächst die Voraussetzungen der Mittäterschaft sorgfältig zu prüfen, ehe diese Zurechnungsregel als Rechtsfolge der Mittäterschaft angewandt werden kann. Man ist nicht kausal, weil man Mittäter ist, sondern Mittäter, weil man kausal ist.

4 Anstifter ist nach § 26 derjenige, der einen anderen zu dessen vorsätzlicher Tat bestimmt, ohne selbst an der Tatausführung teilzunehmen. Tut er letzteres, so ist er in der Regel Mittäter. Die Anstiftung wird dann von der Mittäterschaft verdrängt. Eine Strafmilderung sieht das Gesetz für die Beihilfe vor, während der Anstifter nach demselben Strafrahmen zu bestrafen ist wie der Täter. Das sollte eigentlich dazu führen, strenge Anforderungen an den Begriff des Bestimmens zur Tat zu stellen und die Anstiftung ihrem Unrechtsgehalt nach der Täterschaft möglichst anzunähern. Aber das Gegenteil geschieht in Lehre und Rechtsprechung. Es wird ein deutliches Unrechtsgefälle zwischen Täterschaft und Anstiftung postuliert[3] und demgemäß der Begriff des Bestimmens sehr weit gefasst. Der Grund für die tätergleiche Strafbarkeit des Anstifters soll allein darin bestehen, dass der Anstifter die Tat initiiert hat.[4] Hat er dies getan, sei es durch Schaffung einer Tatgelegenheit, sei es durch eine verbale Anregung des Täters (Verbrechensvorschlag), so hat er beim Täter den Tatentschluss wie man sagt „verursacht" und darüber hinaus wird ein bestimmender Einfluss auf das Verhalten des Täters, insbesondere im Ausführungsstadium nicht gefordert.[5] Dies führt im System der Beteiligungsformen zu erheblichen Verwerfungen. Hat nämlich der Anstifter wirklich bestimmenden Einfluss auf den oder die Täter ausgeübt, ohne sich jedoch an der Tatausführung selbst zu beteiligen, so entsteht das Bedürfnis, das im Vergleich zu einer bloßen unverbindlichen Verbrechensanregung erhöhte Unrecht dieses Verhaltens dadurch auszudrücken, dass man ihn zum Mittäter oder zum mittelbaren Täter erklärt (s. dazu u. 23/5 ff.; 24/21 ff.).[6] Das führt dann dazu, dass bei der Mittäterschaft auf die Beteiligung an der Tatausführung verzichtet wird.[7] Das ist mit dem Wortlaut des Gesetzes unvereinbar, denn in § 25 Abs. 2 ist von der Tat die Rede, die gemeinsam begangen wird, und diese beginnt erst mit dem unmittelbaren Ansetzten iSv § 22.[8]

5 Standardbeispiel für diese Konstellation ist der sog Bandenchef, der den Verbrechensplan entwirft, jedem Tatgenossen seine Rolle zuweist und genaue Instruktionen gibt, die Ausführung der Tat aber ausschließlich diesen Tatgenossen überlässt. Dieser gilt geradezu als Prototyp des Mittäters, er ist aber der Prototyp des Anstifters.[9] Mit dem Verzicht auf eine Beteiligung des Mittäters an der Tatausführung bei bestimmendem

---

2 So geschehen in BGHSt 37, 106 (126 ff.) „Lederspray-Fall"; ebenso *Kuhlen* NStZ 1990, 566 (570); *Brammsen* Jura 1991, 533 (537); *Beulke/Bachmann* JuS 1992, 737 (743 ff.); *Dencker* (1996), 120 ff.; *Hilgendorf* NStZ 1994, 561 (563); *Otto* WiB 1995, 929 (934); dagegen NK[6]-*Puppe* Vor § 13 Rn. 94; *dies.* JR 1992, 30 (32); *Hoyer* GA 1996, 160 (173); *ders.* SK § 25 Rn. 125.

3 LK-*Schünemann/Greco* § 26 Rn. 7 ff.; Schönke/Schröder-*Heine/Weißer* § 26 Rn. 3; *Schulz* JuS 1986, 933 (939).

4 MüKo-*Joecks* § 26 Rn. 5.

5 So zB Lackner/Kühl-*Kühl* § 26 Rn. 2; *Fischer* § 26 Rn. 3, 6; *Roxin* AT/2 26/89, 26/182; *Kühl* AT 20/172 ff.; *Baumann/Weber/Mitsch/Eisele* AT 26/2 f., 26 f.; *Widmaier* JuS 1970, 243; *Herzberg* (1977), 146 f.

6 *Puppe* GA 2013, 514 (515 ff.).

7 Ständige Rechtsprechung: RGSt 53, 138; 63, 101 (103 f.); BGHSt 11, 268 (271 f.); 14, 123, (128 f.); 16, 12; 37, 289 (292); BGHR § 25 Abs. 2 StGB Tatinteresse 5; BGH wistra 1999, 386 (387); StV 1988, 205; 530; 1994, 22; NStZ 1995, 122; 2000, 194 (195); 2001, 323 (324); 2002, 200 (201); 2003, 253 (254); Schönke/Schröder-*Heine/Weißer* § 25 Rn. 66 f.; *Fischer* § 25 Rn. 32; *Blei* AT § 78 III 1; *Wessels/Beulke/Satzger* AT Rn. 822 f.; *Otto* Jura 1987, 246 (253); *Seelmann* JuS 1980, 571 (573).

8 *Puppe* GA 2013, 514 (522 f.).

9 *Puppe* GA 1984, 101 (111); *dies.* Spinellis-FS (2001), 915 (931) = ZIS 2007, 234 (241); *dies.* GA 2013, 514 (515 f.); völlig missverstanden von *Roxin* AT/2 25/258.

Einfluss auf die Tatgenossen im Vorbereitungsstadium wird auch die Grenze zur mittelbaren Täterschaft verwischt. Die Rechtsfigur der mittelbaren Täterschaft wird ja gerade deshalb gebraucht, weil es ohne sie nicht möglich ist, eine Person zum Täter zu machen, die nicht an der Ausführung der Tat teilgenommen hat. Um dies zu rechtfertigen, bedarf es eben jenes besonderen Herrschaftsverhältnisses dieser Person zum Tatausführenden, das diesen zum Werkzeug und jenen zum Täter macht. Wenn schon jeder maßgebende Einfluss des an der Tatausführung nicht Teilnehmenden genügt, ihn zum Mittäter zu machen, so wäre die Figur der mittelbaren Täterschaft und damit auch § 25 Abs. 1 2. Alt. überflüssig.[10]

Dass dem Mittäter das Verhalten seiner Tatgenossen wie eigenes Handeln zugerechnet   6
wird, ist nicht leicht zu begründen. Früher wurde es damit begründet, dass die Tatgenossen sich bei der Tatausführung gegenseitig als Werkzeuge benutzen, also nicht nur unmittelbare, sondern in Bezug auf die Tatbeiträge der anderen auch mittelbare Täter sind.[11] Das ist nicht richtig. Keiner der Mittäter beherrscht das Verhalten seiner Tatgenossen wie das eines Werkzeugs. Erklären lässt sich die Zurechnung aber damit, dass die Mittäter im Verhältnis zueinander Anstifter sind, denn sie begehen die Tat unter dem Einfluss des von ihnen allen beschlossenen gemeinsamen Tatplans.[12] Diese Erkenntnis wird verstellt durch das Dogma, dass jemand, der vor Tatbeginn bereits fest zur Tat entschlossen ist, sog omnimodo facturus, nicht mehr angestiftet werden kann.[13]

Aber einen solchen omnimodo facturus gibt es nicht.[14] Das partizipium futuri ist nur auf solche Ereignisse anwendbar, die im Moment der Aussage objektiv feststehen. Ob jemand, der sich ein Verbrechen irgendwie vorgenommen hat, es dann wirklich ausführen wird, steht bis zum Beginn der Ausführungshandlung objektiv nicht fest. Die Rechtsfigur des omnimodo facturus steht auch im Widerspruch zu den Grundprinzipien der Versuchslehre. Danach sind Pläne und Vorhaben strafrechtlich irrelevant, solange sie im Vorbereitungsstadium sind. Nicht nur die tatbestandsmäßige Handlung, sondern auch der Vorsatz konstituiert sich erst mit dem unmittelbaren Ansetzen zur Tatbestandsverwirklichung. Konsequenterweise ist für die Strafbarkeit des Anstifters entscheidend, welchen Einfluss er im Moment der Tatausführung auf den Täter hatte.[15] Diesen bestimmenden Einfluss üben die Mittäter aufgrund des gemeinsam verabredeten Tatplans in der Situation der Tatausführung aufeinander aus. Sie sind also gegenseitige Anstifter und zwar unabhängig davon, wer von ihnen als Erster angefangen hat, von dem späteren gemeinsamen Tatplan zu reden.

Die Anstiftung unterscheidet sich von der Mittäterschaft nur dadurch, dass der Anstif-   7
ter nicht an der Tatausführung teilnimmt. Er hat aber eine Tatplangemeinschaft mit den Ausführenden dergestalt, dass diese die Tat unter anderem deshalb ausführen,

---

10   *Rudolphi* Bockelmann-FS (1979), 369 ff; *Roxin* JR 2021, 650 (651); *Puppe* GA 2013, 514 (516).
11   RGSt 54, 144 f.; 56, 329 ff.; 58, 207, 279; 63, 101 (103); 66, 236 (240); 71, 23 (24); *Kohlrausch/Lange* (1961), Vor § 47 I 5 C, 163; *Sax* ZStW 69 (1957), 417 (434 ff.).
12   *Puppe* GA 1984, 101 (112); *dies.* Spinellis-FS (2001), 915 (917 ff.) = ZIS 2007, 234 (235); *dies.* GA 2013, 514 (522); SK-*Hoyer* § 25 Rn. 127.
13   BGH wistra 1988, 108; NStZ-RR 1996, 1; Lackner/Kühl-*Kühl* § 26 Rn. 2a; Schönke/Schröder-*Heine/Weißer* § 26 Rn. 6; *Roxin* AT/2 26/65; *Fischer* § 26 Rn. 4; *Jakobs* AT 22/24; *Otto* AT 22/37; *Stratenwerth/Kuhlen* AT 12/144; *Wessels/Beulke/Satzger* AT Rn. 883.
14   *Puppe* GA 1984, 101 (117); *dies.* Spinellis-FS (2001), 915 (918 ff.) = ZIS 2007, 234 (235 f.); *Altenhain* (1994), 127 ff.; NK-*Schild* § 26 Rn. 8 f.
15   *Puppe* GA 1984, 101 (118 f.); *dies.* Spinellis-FS (2001), 915 (919) = ZIS 2007, 234 (241); SK-*Hoyer* § 26 Rn. 8 f.; *Altenhain* (1994), 129; *Jakobs* AT 22/22.

weil sie sie mit dem Anstifter verabredet haben. Wer also dem Täter lediglich eine Anregung zu einer Straftat gegeben hat, um es ihm dann anheim zu stellen, ob er dieser Anregung folgt oder nicht, ist nicht Anstifter sondern nur Gehilfe.[16]

8     Daraus ergibt sich folgendes systematisches Stufenverhältnis der Beteiligungsformen: Alleintäter ist, wer unter den Voraussetzungen strafrechtlicher Zurechenbarkeit den Tatbestand selbst vollständig erfüllt. Dies gilt auch dann, wenn er sich dabei freiwillig dem Willen eines Anderen unterordnet. Mittelbarer Täter ist, wer sich zur Verwirklichung des Tatbestandes einer Person bedient, bei der die Voraussetzungen strafrechtlicher Zurechenbarkeit, aus welchem Grund auch immer, nicht erfüllt sind, sofern er wegen dieses Zurechnungsmangels das Verhalten dieser Person in Bezug auf die Tatbestandsverwirklichung beherrscht. Mittäter sind Tatgenossen, die aufgrund eines gemeinsam beschlossenen Tatplans eine Straftat gemeinsam ausführen. Wer nicht an der Tatausführung teilnimmt, kann nur mittelbarer Täter oder Anstifter sein, nicht aber Mittäter. Anstifter ist, wer mit dem oder den Tätern einen gemeinsamen Tatplan verabredet und festgelegt hat, aber nicht an der Tatausführung teilnimmt. Im Fehlen dieser Beteiligung an der Ausführung besteht der Unterschied zwischen dem Unrecht des Mittäters und dem des Anstifters, der es rechtfertigt, den Anstifter in der Regel milder zu bestrafen als den Täter. Wer weder an der Tatausführung noch an einer Plangemeinschaft Anteil hat, kann nur Gehilfe sein, das gilt auch dann, wenn er die erste Anregung zur Tat gegeben hat.

---

16 *Puppe* GA 1984, 101 (113); *dies.* Spinellis-FS (2001), 915 (920 f.); = ZIS 2007, 234 (241); SK-*Hoyer* § 26 Rn. 14; wohl auch *Köhler* AT, S. 527.

# § 23 Die Mittäterschaft

### 1. Tatbestandsverwirklichung und Mittäterschaft – Der Rauschgifteinfuhrfall, BGHSt 38, 315

▶ Der Angeklagte war mit seinem PKW gemeinsam mit dem als Täter anderweitig Verurteilten nach Holland gefahren. Auf der Rückfahrt, bereits in Sichtweite der deutschen Grenze und des Zollgebäudes, eröffnete der Mitfahrer dem Angeklagten, dass er ein Kilo Haschisch bei sich habe, das man mit über die Grenze nehmen wolle. Der Angeklagte, von dieser Erklärung überrascht und vor die Frage gestellt, kurz vor der Grenze ein auffälliges Wendemanöver zu fahren, oder das nicht mit Beamten besetzte Zollgebäude mit dem Haschisch zu passieren, entschied sich für das Passieren der Grenze. Der Andere erstattete ihm die Benzinkosten und übergab ihm zur Belohnung Rauschmittel zum Eigenverbrauch. ◀

1

Auf die Revision der Staatsanwaltschaft erklärt der BGH die Ansicht des Landgerichts, dass nur eine Beihilfe zur Rauschgifteinfuhr des Tatgenossen vorliege, mit folgender Begründung für rechtsirrig:

> „Nach Auffassung des LG hat der Angeklagte nur Beihilfe zur unerlaubten Einfuhr von Betäubungsmitteln in nicht geringer Menge geleistet, weil er eine ganz untergeordnete Tätigkeit ausgeübt und wegen der Unterrichtung erst in Sichtweite der Grenze weder Tatherrschaft noch den Willen, als Täter zu handeln, gehabt habe und weil die Initiative zur Fahrt und die Bestimmung des Fahrtablaufs vom Haupttäter ausgegangen sei. Diese Wertung hält rechtlicher Nachprüfung nicht stand. Nach § 25 I StGB wird als Täter bestraft, wer die Straftat selbst begeht, also in seiner Person alle Tatbestandsmerkmale rechtswidrig und schuldhaft verwirklicht. Nach ihrer Fassung bezieht sich diese Bestimmung nur auf die Alleintäterschaft; der Fall, dass einer von mehreren, die gemeinschaftlich die Straftat begehen, alle Tatbestandsmerkmale erfüllt, ist nicht ausdrücklich geregelt. In diesem Falle gilt jedoch für den Mittäter, der selbst alle Tatbestandsmerkmale rechtswidrig und schuldhaft verwirklicht, dem Grundsatz nach nichts anderes. Auch er ist unmittelbarer Täter iS des § 25 I StGB. In aller Regel leistet er nicht lediglich Hilfe zu einer Straftat eines anderen, sondern er begeht sie – gemeinschaftlich mit anderen, möglicherweise lediglich in deren Interesse – selbst.“[1]

Das Landgericht stand offenbar auf dem Boden der subjektiven Täterlehre, wonach nur Gehilfe ist, wer sich bei der Tatausführung dem Willen eines Anderen unterordnet, beziehungsweise wer kein eigenes unmittelbares Tatinteresse hat. Nach beiden Kriterien kann der Angeklagte nur Gehilfe sein, denn das Interesse an irgendeiner Belohnung für seinen Tatbeitrag ist kein unmittelbares Interesse am Taterfolg, und der Angeklagte fügte sich offenbar dem Willen seines Mitfahrers, als er mit dem Haschisch über die Grenze fuhr. Nach diesen Maßstäben hatte der BGH im berühmten Stachynskij-Urteil einen Angeklagten zum Gehilfen erklärt, obwohl er ganz allein den Tatbestand vom Anfang der Ausführung bis zum Erfolgseintritt verwirklicht hat.[2] Diesem Urteil hat der BGH also hier eine eindeutige Absage erteilt.

2

Dabei beruht im vorliegenden Fall die Unterlegenheit des Angeklagten gegenüber dem Mitfahrer nicht nur auf freiwilliger Unterordnung, sondern auch darauf, dass dieser ihn planmäßig in eine überraschende und seine Entscheidungsfreiheit beeinträchtigen-

3

---

1  BGHSt 38, 315 f.
2  BGHSt 18, 87.

de Konfliktsituation gebracht hatte. Der Angeklagte stand vor der Frage, entweder sofort zu wenden und dadurch gegebenenfalls anderen Kraftfahrern aufzufallen, oder mit dem Haschisch in seinem Wagen die Grenze zu passieren, was angesichts der Tatsache, dass das Zollgebäude unbesetzt war, als weniger riskant erschien. Dieser Entscheidungsdruck, den der Beifahrer auf den Angeklagten ausgeübt hat, reicht freilich noch nicht aus, den Angeklagten zum Werkzeug in dessen Hand zu machen. Denn er war immer noch fähig, diejenige Entscheidung zu treffen, die das Recht von ihm in dieser Situation verlangte, den Wagen anzuhalten und den Beifahrer mit seinem Haschischpaket „im Stich zu lassen". Deshalb war der Angeklagte hier voll für die Verwirklichung des Tatbestandes der Einfuhr von Betäubungsmitteln verantwortlich. Ein Entscheidungsdruck, der diese Verantwortung nicht aufhebt, kann denjenigen, der den Tatbestand selbst verwirklicht, nicht zum Gehilfen herunterstufen.

4    Hier sollte man den BGH beim Wort nehmen. Wer den Tatbestand vollständig selbst verwirklicht und dafür von Rechts wegen voll verantwortlich ist, ist Täter, gleichgültig, ob er dabei in seinem eigenen unmittelbaren Interesse handelt, oder in einem Fremdinteresse, gleichgültig, ob er seinen Tatentschluss vom Willen eines Anderen abhängig gemacht hat oder nicht.[3] Im vorliegenden Fall ist der Beifahrer nicht deshalb Mittäter der Betäubungsmitteleinfuhr, weil er das Tatinteresse und den Täterwillen hatte, sondern weil er genau wie der Fahrer den Tatbestand der Einfuhr von Betäubungsmitteln vollständig selbst verwirklicht hat, indem er das Rauschgift beim Übertritt über die Grenze bei sich führte. Die Konsequenz dieser Absage an einen subjektiven Täterbegriff sollte eigentlich sein, dass weder das Eigeninteresse an der Tat noch eine Unterordnung des unmittelbar und voll verantwortlich den Tatbestand verwirklichenden Täters unter den Willen des anderen Tatgenossen diesen zum Täter machen kann, sofern er an der Tatausführung nicht teilnimmt. Zwar ist es definitionstechnisch möglich, einen junktorischen Begriff des Mittäters zu bilden, wonach Mittäter ist, wer entweder die Tat selbst mit ausführt oder ein unmittelbares Eigeninteresse am Taterfolg hat und den freiverantwortlichen Willen des Ausführenden maßgeblich beeinflusst. Logisch ist gegen einen solchen Begriff von Mittäterschaft nichts einzuwenden, wohl aber axiologisch. Für die gleiche Rechtsfolge, hier die gegenseitige Zurechnung der Tatbeiträge, muss es auch einen gleichen Grund geben. Die eigenhändige Tatausführung und das unmittelbare Interesse am Taterfolg haben aber nichts miteinander gemein.

## 2. Mittäterschaft ohne Beteiligung an der Tatausführung – Der Landmaschinenfall, BGH Wistra 2012, 433

5    ▶ Das Landgericht hatte den Angeklagten wegen Anstiftung zum Diebstahl und Hehlerei in Tatmehrheit verurteilt, weil er mit seinen Komplizen verabredet hatte, dass diese bestimmte Landmaschinen und Baumaschinen, die zum Teil von ihm selbst, zum Teil von den Komplizen ausfindig gemacht worden waren, stehlen sollten. Diese machten den Diebstahl stets von der Zusage des Angeklagten abhängig, ihnen die Maschinen gegen einen Festpreis von 1500 EUR abzunehmen. Der BGH hob das Urteil mit der Begründung auf, dass der Angeklagte nicht Anstifter, sondern Mittäter der Diebstähle sei. ◀

---

3    Leider hat sich inzwischen der 2. Senat des BGH über diese Entscheidung des 3. Senats ohne Auseinandersetzung hinweggesetzt, indem er für eine Tätergruppe, die gemeinsam eine unter den Truppenmitgliedern aufgeteilte Heroinmenge in einen PKW über die deutsche Grenze brachten, folgende Regel aufstellte: Jeder ist Täter nur in Bezug auf die Teilmenge, die ihm gehört, in Bezug auf die übrigen Teilmengen ist er nur Gehilfe, weil ihm das unmittelbare Interesse an deren Einfuhr, dem Taterfolg, fehlt (BGH NStZ 2003, 90 [91]).

Dazu heißt es im Urteil: 6

> „Bei Beteiligung mehrerer Personen, von denen nicht jede sämtliche Tatbestandsmerkmale verwirklicht, handelt mittäterschaftlich, wer seinen eigenen Tatbeitrag so in die Tat einfügt, dass er als Teil der Handlung eines anderen Beteiligten und umgekehrt dessen Handeln als Ergänzung des eigenen Tatanteils erscheint. Ob danach Mittäterschaft oder nur Teilnahme an fremder Tat anzunehmen ist, hat der Tatrichter aufgrund einer wertenden Gesamtbetrachtung aller festgestellten Umstände zu prüfen; maßgebliche Kriterien sind der Grad des eigenen Interesses an der Tat, der Umfang der Tatbeteiligung und die Tatherrschaft oder wenigstens der Wille dazu, so dass die Durchführung und der Ausgang der Tat maßgeblich auch vom Willen des Betreffenden abhängen. Sofern sich die Handlung des sich Beteiligenden nach seiner Willensrichtung als Teil der Tätigkeit aller darstellt, braucht sie auch nicht zwingend das Kerngeschehen zu betreffen; ausreichen kann etwa auch ein die Tatbestandsverwirklichung fördernder Beitrag der sich auf eine Vorbereitungs- oder Unterstützungshandlung beschränkt. Dementsprechend steht es der Annahme von Mittäterschaft auch nicht entgegen, dass der Beteiligte am Tatort nicht anwesend ist und sich zur unmittelbaren Tatausführung Dritter bedient."

Wie sich danach die Mittäterschaft von der Beihilfe unterscheiden soll, bleibt unklar. 7 Fügt denn nicht auch der Gehilfe, der einen die Tat fördernden Beitrag leistet, diesen so in die Tat ein, dass er „als Teil der Handlung eines anderen Beteiligten und umgekehrt dessen Handeln als Ergänzung des eigenen Handelns erscheint"? Was soll es unter der Voraussetzung, dass der betreffende Beteiligte an der Tatausführung gar nicht teilnimmt, sondern nur einen „fördernden Beitrag" im Vorbereitungsstadium leistet bedeuten, dass er die Tatherrschaft (oder wenigstens den Willen dazu) hat, „so dass die Durchführung und der Ausgang der Tat maßgeblich auch vom Willen des Betreffenden abhängen"? Bestand doch der Sündenfall der Tatherrschaftslehre, genauer eines Teiles ihrer Vertreter, darin, unter bestimmten, wenn auch sehr engen Voraussetzungen bei der Mittäterschaft auf die Teilnahme an der Ausführung zu verzichten.[4]

Dazu heißt es im Urteil:

> „Ebenso hätte das Landgericht bei der Prüfung, inwieweit der Angeklagte Anteil an der Tatherrschaft hatte, nicht außer Betracht lassen dürfen, dass die Ausführung der Diebstähle jeweils absprachegemäß von seiner Entscheidung und von seiner Zusage abhing, die Maschinen zu übernehmen und dafür die vereinbarte pauschale Entlohnung zu bezahlen."

Nach der Lehre von der Tatherrschaft begründet dies jedoch die Tatherrschaft nicht. Der Auftrag, eine bestimmte Straftat zu begehen und das Versprechen, den Täter dafür zu entlohnen, ist typischerweise Anstiftung. Schließlich hat das Instanzgericht auch zu Recht darauf hingewiesen, dass das Interesse an der Möglichkeit, Dieben ihre Beute „abkaufen" zu können kein unmittelbares Interesse am Taterfolg im Sinne der subjektiven Täterlehre ist.

Der Angeklagte hatte im Verhältnis zu seinen Komplizen nicht einmal die Stellung 8 eines Bandenchefs. Diese haben von ihm nur Informationen darüber erhalten, wo die von ihm gewünschten Landmaschinen zu finden sind, und auch das war nicht bei jeder der abgeurteilten Taten der Fall. Auf seine planerischen Fähigkeiten und sein

---

4  *Puppe* GA 2013, 514 (521 ff.).

Organisationstalent als „Bandenchef", waren die Diebe in keiner Weise angewiesen. Sie bestimmten vielmehr allein über das Ob und Wie der Tatausführung. Wer einen anderen zur Tat bestimmt, indem er ein bestimmtes Verbrechen bei ihm gewissermaßen in Auftrag gibt und ihm dafür eine Belohnung verspricht, ist Anstifter, nicht Mittäter.[5] Würde für Mittäterschaft der bloße Auftrag zur Begehung einer Straftat ohne Beteiligung an der Tatausführung genügen, so würden wir die Rechtsfigur der mittelbaren Täterschaft nur noch für das unvorsätzlich handelnde Tatwerkzeug brauchen. Handelt das Tatwerkzeug nur gerechtfertigt, entschuldigt oder schuldunfähig, so wäre der Hintermann ja schon als Mittäter strafbar.[6] Das Beispiel demonstriert deutlich, dass alle Konturen und Unterscheidungskriterien der Lehre von der Beteiligung mehrerer an einer Straftat verloren gehen, wenn man bei der Mittäterschaft auf die Beteiligung im Ausführungsstadium verzichtet.[7]

9    Aus der Ansicht des BGH, dass der Angeklagte nicht (nur) Anstifter, sondern Mittäter der Diebstähle war, folgt auch, dass seine Verurteilung wegen Hehlerei am Diebesgut aufgehoben werden musste, denn im Gegensatz zu einem Beteiligten kann ein Mittäter nicht Hehler der Diebesbeute sein, auch wenn er sie sich verschafft.[8] Auch kann der Grund dafür, dass der BGH auf mittäterschaftliche Beteiligung am Bandendiebstahl bestand, nicht darin liegen, dass er den Angeklagten wegen Bandendiebstahls bestrafen wollte. Denn es ist hL, dass wegen Bandendiebstahls auch der bestraft wird, der sich als Gehilfe oder Anstifter an den von einer Bande begangenen Diebstählen beteiligt.[9] Als Erklärung bleibt also wiederum nur übrig, dass der BGH den Unwertgehalt einer Anstiftung im Vergleich zur Mittäterschaft als so geringfügig einstuft, das eine Verurteilung des Angeklagten bloß als Anstifter seiner maßgeblichen Rolle bei der Festlegung und Vorbereitung der Taten nicht gerecht wird (s. o. 22/4). Aber nach dem Wortlaut des Gesetzes „zur Tat bestimmt", nach dem Strafrahmen, der dem des Täters gleich ist und nach der Unrechtspakttheorie kommt der Unrechtsgehalt einer Anstiftung dem einer Täterschaft nahe, wenn er diesem auch nicht völlig gleich ist. Die vorliegende Entscheidung ist ein weiteres Beispiel dafür, wie verhängnisvoll es sich auswirkt, dass die herrschende Lehre die Anstiftung zur kleinen Münze herabgestuft hat.

### 3. Mittäterschaft durch Förderung außertatbestandlicher Ziele – Der Fall Zschäpe, BGH JR 2021, 644

10    ▷ Die Angeklagte bildete zusammen mit zwei Männern eine terroristische Vereinigung namens „nationalsozialistischer Untergrund". Sie verfolgten das Ziel, in Deutschland einen nationalsozialistischen Umsturz herbeizuführen, indem sie Mordanschläge auf Personen mit Migrationshintergrund und auf Polizeibeamte ausführten. Die Angeklagte beteiligte sich an der Planung dieser Mordanschläge, war aber nicht am Tatort. Während die beiden Männer die Mordanschläge ausführten, hielt sich die Angeklagte in der gemeinsamen Wohnung oder in deren Nähe auf, um auf Fragen nach den beiden Männern unverfängliche Antworten zu geben. Außerdem hatte sie den beiden Männern versprochen, falls diese von

---

5  *Puppe* GA 2013, 514 (517 ff.).
6  *Puppe* GA 2013, 514 (516).
7  *Puppe* GA 2013, 514 (514 ff.); *Rudolphi*, Bockelmann-FS (1979), 369 ff.
8  BGHSt 7, 134 (137 ff.); BGHSt 8, 390 (392); BGHSt 33, 50 (52); BGH StraFo 2005, 214; *S/S-Stree/Hecker* § 259 Rn. 50.
9  So auch die vorl. Entscheidung wistra 2012, 433 (435).

einer „Aktion" nicht zurückkehren sollten, die in der Wohnung vorhandenen Beweismittel zu vernichten und ein vorbereitetes Bekennervideos des nationalsozialistischen Untergrundes zu verbreiten. Der Senat bestätigte die Verurteilung der Angeklagten als Mittäterin der Mordanschläge. Dazu heißt es zunächst in der Begründung: ◀

> „Mittäter im Sinne des § 25 II StGB ist nach allgemeinen Grundsätzen, wer einen eigenen Tatbeitrag leistet und diesen so in die Tat einfügt, dass er als Teil der Handlung eines anderen Beteiligten und umgekehrt dessen Handeln als Ergänzung des eigenen Tatanteils erscheint. Mittäterschaft erfordert aber nicht zwingend eine Mitwirkung im Kerngeschehen selbst, ebenso wenig eine Anwesenheit am Tatort; ausreichen kann vielmehr auch ein die Tatbestandsverwirklichung fördernder Beitrag, der sich auf eine Vorbereitungs- oder Unterstützungshandlung beschränkt. Stets muss sich die objektiv aus einem wesentlichen Tatbeitrag bestehende Mitwirkung aber nach der Willensrichtung des sich Beteiligenden als Teil der Tätigkeit aller darstellen."[10]

Die Formulierung, dass der Tatbeitrag des Mittäters als Teil der Tathandlung eines anderen Beteiligten und umgekehrt dessen Handlung als Ergänzung des eigenen Tatanteils erscheint, hätte einen klaren Sinn, wenn unter der Handlung bzw. dem Tatanteil die tatbestandsmäßige Handlung zu verstehen wäre.[11] Aber das meint der BGH offenbar nicht, sonst würde er sich nicht mit einer Mitwirkung außerhalb des Kerngeschehens begnügen. Zur Begründung der Mittäterschaft der Angeklagten im vorliegenden Fall sagt der BGH zunächst:    11

> „Indem sie als gleichberechtigtes Mitglied der Vereinigung an der Tatplanung mitwirkte, nahm sie bestimmenden Einfluss darauf, ob, wann, wo und wie die Taten ausgeführt wurden".[12]

Mit Tatsachen belegt wird diese Wertung freilich nicht, was auch schwer möglich sein dürfte, da bei der Planung der einzelnen Taten keine Zeugen zugegen waren.

Sodann würdigt der Senat die Tatsache, dass die Angeklagte sich in der Nähe der Wohnung aufhielt, während die beiden Männer die Taten ausführten, um im Falle einer Nachfrage deren Abwesenheit unverfänglich zu erklären, wie folgt:    12

> „Nicht ersichtlich ist, wie ein solches Verhalten die Deliktsverwirklichung noch hätte beeinflussen können. Die Präsenz der Angeklagten im Nahbereich der Wohnung ist nicht vergleichbar mit einem „Schmiere stehen", das es dem in Tatortnähe anwesenden Wachtposten ermöglicht, auf die Tatbegehung einzuwirken, indem er den Tatausführenden warnt."[13]

Aber im nächsten Absatz heißt es:

> „Zu Recht hat der Generalbundesanwalt allerdings hinsichtlich der Tatherrschaft auf die Bedeutung der von der Angeklagten gemäß dem Vereinigungskonzept erteilten Zusagen abgestellt. Insbesondere sicherte sie zu, die tatbedingte Abwesenheit ihrer Komplizen zu legendieren, und gab, wie seit der Gründung des NSU vorgesehen war, [...] das

---

10   BGH JR 2021, 644 (647).
11   *Roxin*, Anm. zum obigen Urteil JR 2021, 650 (651); *Rudolphi*, Bockelmann-FS (1979), 369 f.
12   BGH JR 2021, 644 (647).
13   BGH JR 2021, 644 (648).

Versprechen, das Bekennervideo in der aktuellen Version zu verbreiten und die auf die Vereinigung hinweisenden Beweismittel zu vernichten."[14]

13   Mit dem Vorhergehenden ist diese Begründung von Tatherrschaft allenfalls insofern vereinbar, als man die Tatherrschaft in der Zusage sieht, Beweismittel zu vernichten und das Bekennervideo zu verbreiten. Die Vernichtung von Beweismitteln ist eine typische Strafvereitelungshandlung. Nach § 257 a.F. stellte die vor der Tat zugesagte Strafvereitelung eine Beihilfe dar. Bleibt also die Zusage, das Bekennervideo zu veröffentlichen. Hierzu heißt es im weiteren Text:

14   „Die Angeklagte und ihre Komplizen vertraten die Ansicht, erst durch dieses Vorgehen könne eine Staats- und Gesellschaftsform Deutschlands entsprechend ihren nationalsozialistisch-rassistischen Vorstellungen herbeigeführt werden. Infolgedessen war die Angeklagte entscheidend dafür verantwortlich, dass das über die Deliktsverwirklichung hinausgehende Ziel der Taten erreicht werden konnte; ihre Zusagen waren für ihre Komplizen sinnstiftend und handlungsleitend. Der Zweck der gesamten Deliktsserie stand und fiel mit den von der Angeklagten zugesagten Handlungen. Sie übte daher eine wesentliche Funktion aus, von der das Gelingen des Gesamtvorhabens abhing."[15]

15   Auch diese letztere Feststellung sagt aber gar nichts über die Abhängigkeit des Gelingens jeder einzelnen Tat von Handlungen der Angeklagten aus, sondern nur über die Abhängigkeit des Gelingens der politischen Bestrebungen der Täter. Dies liegt aber außerhalb der Tatbestandsverwirklichungen.[16] Auf die einzelnen Tatbestandsverwirklichungen wirkte sich die Zusage der Angeklagten, das Bekennervideo zu verbreiten, falls ihre Komplizen von einer „Aktion" nicht zurückkehren sollten, nur insofern aus, als sie die Motivation der unmittelbar tatausführenden Komplizen bestärkte. Eine Mittäterschaft an der einzelnen Tat i.S. einer Tatbestandsverwirklichung begründet das nicht. Aber eben die Straftat, nicht irgendein Handlungsprojekt, das die Straftat enthält, ist das, was nach § 25 II der Mittäter gemeinsam mit anderen tun muss. Daraus folgt, dass nach dem Gesetz nicht Mittäter sein kann, wer sich nicht an der Ausführung der im Tatbestand beschriebenen Tat beteiligt hat.[17]

Sicherlich ist es bitter, wenn eine Mörderbande jahrelang rassistisch und staatsfeindlich motivierte Mordtaten begangen hat, und am Ende das einzige Mitglied dieser Bande, dessen die Justiz habhaft werden konnte, mit einer Strafe wegen Beihilfe davonkommt. In der Öffentlichkeit würde das zweifellos auf Unverständnis und auf Empörung stoßen. Aber das darf ein richterliches Urteil natürlich nicht beeinflussen.

### 4. Mittäterschaft durch konkludente Tatverabredung – Der Polizistenmordfall, BGHSt 37, 289[18]

16   ▶ Der Angeklagte war von dem späteren Täter D überredet worden, aus einem Hafturlaub nicht zurückzukehren und bei ihm Unterkunft zu nehmen, weil er ihn für gemeinsame Rauschgiftdelikte gewinnen wollte. Er übergab ihm DM 20.000,-- sowie eine scharf gela-

---

14   BGH JR 2021, 644 (648).
15   BGH JR 2021, 644 (648).
16   *Roxin*, Anm. zum obigen Urteil JR 2021, 650 (651).
17   *Roxin*, Anm. zum obigen Urteil JR 2021, 650 (651); *Rudolphi*, Bockelmann-FS (1979), 369.
18   BGHSt 37, 289= BGHR StGB § 25 Abs. 2 Mittäter 10; NJW 1991, 1068; NStZ 1991, 280 mit Anm. *Puppe* NStZ 1991, 571; mit Anm. *Hauf* NStZ 1994, 263; JZ 1991, 890; MDR 1991, 456; JR 1991, 205 mit Anm. Roxin JR 1991, 206; StV 1993, 410 mit Anm. *Stein* StV 1993, 411; Anm. *Erb* JuS 1992, 197.

dene Pistole. D wollte gegebenenfalls eine Festnahme durch die Polizei durch tödlichen Schusswaffengebrauch verhindern, und ging davon aus, dass der Angeklagte im Falle einer drohenden Festnahme das Gleiche tun würde. Einen tatsächlichen Verständigungsvorgang zwischen D und dem Angeklagten, der unter den Begriff der Verabredung eines gemeinsamen Tatplans dieses Inhaltes subsumiert werden könnte, konnte das Tatgericht nicht ermitteln. Als D und der Angeklagte bei einer Autofahrt von zwei Polizisten kontrolliert wurden, hinter denen zwei weitere Polizisten mit gezogener Dienstwaffe standen, eröffnete D mit bedingtem Tötungsvorsatz das Feuer auf diese und tötete zwei der Beamten. Der Angeklagte zog seine Waffe nicht, sondern ließ sich zum Zeichen der Aufgabe mit erhobenen Händen niedersinken. Auf die später ihm von D gestellte Frage, warum er nicht auch geschossen habe, entgegnete der Angeklagte wörtlich: „Du, der stand vor mir mit gezogener Waffe, ich habe tierische Angst gehabt. Ich schieße nicht." ◄

Mit der folgenden Begründung bestätigt der BGH die Verurteilung des Revisionsführers wegen mittäterschaftlich begangenen Mordes und Mordversuchs an den Polizeibeamten, auf die sein Komplize geschossen hatte: 17

> „Der Angeklagte hat gemeinschaftlich (§ 25 II) mit D. gehandelt. Er hat nicht nur fremdes Tun gefördert, sondern einen eigenen Tatbeitrag derart in eine gemeinschaftliche Tat eingefügt, dass sein Beitrag als Teil der Tätigkeit des anderen und umgekehrt dessen Tun als Ergänzung seines eigenen Tatanteils erscheint. Ob ein Beteiligter ein so enges Verhältnis zur Tat hat, ist nach den gesamten Umständen, die von seiner Vorstellung umfaßt sind, in wertender Betrachtung zu beurteilen. Wesentliche Anhaltspunkte können der Grad des eigenen Interesses am Taterfolg, der Umfang der Tatbeteiligung und die Tatherrschaft oder wenigstens der Wille zur Tatherrschaft sein. D. und der Angeklagte waren übereingekommen, sich gegenseitig „Unterstützung und Schützenhilfe" zu geben, um sich auf jeden Fall der Verhaftung zu entziehen. Zu dem gemeinsamen Tatplan hatte der Beschwerdeführer einen wesentlichen Beitrag geleistet, indem er D. die Sicherheit gab, bei einer Konfrontation mit der Polizei nicht allein zu stehen, sondern einen Schicksalsgenossen zur Seite zu haben, der in gleicher Weise wie er bereit war, notfalls durch Erschießung von Polizeibeamten die Festnahme zu verhindern. Die „Schützenhilfe" sollte jeweils auch dem Schutz des anderen dienen. Der zur Mittäterschaft erforderliche gemeinschaftliche Tatentschluß kann durch ausdrückliche oder auch durch konkludente Handlungen gefasst werden. Zwar konnte das Schwurgericht eine wörtliche Verständigung zwischen dem Angeklagten und D., im Falle einer drohenden Festnahme Schusswaffen einzusetzen, nicht feststellen. Die im Urteil mitgeteilten Umstände – das gezielte Anwerben des Angeklagten durch D. zur Durchführung von D. geplanter schwerer Straftaten mit einem „fast kriegsmäßig ausgestatteten" PKW, die Bewaffnung des Angeklagten, die Schenkung von 20 000 DM und seine besondere, mit D. gleichberechtigte Stellung in der Gruppe – tragen aber die Annahme des Tatrichters, dass zumindest ein konkludent vereinbarter gemeinschaftlicher Tatplan vorhanden war, der hier angesichts der von beiden bemerkten Observation konkretisiert wurde. Der Angeklagte hat in diesem Augenblick deutlich gemacht, dass er an der Verständigung, zum eigenen Schutz und zum Schutz des jeweils anderen zu schießen, festhalten wollte."[19]

Durch welches Verhalten der Angeklagte in dem Moment, als die Polizisten auf den Wagen zutraten, deutlich gemacht haben soll, „dass er an der Verständigung zum eigenen Schutz und zum Schutz des jeweils anderen zu schießen, festhalten wolle", ist 18

---

19 BGHSt 37, 289 (291 f.).

nicht erfindlich. Auch gibt der BGH zu, dass die Beweisaufnahme keinen konkreten Vorgang ergeben hat, durch den eine solche Verabredung überhaupt getroffen wurde. Er hält einen solchen Verabredungsvorgang offenbar für entbehrlich, da ein gemeinsamer Tatplan auch durch „konkludentes Handeln gefasst werden" könne, das der Senat im Gesamtverhalten des Angeklagten sieht.

19    Der Ausdruck konkludentes Handeln stammt aus der zivilrechtlichen Rechtsgeschäftslehre und besagt, dass ein bestimmtes Verhalten einer Person im Rechtsverkehr einen anderen Beteiligten nach den Regeln von Treu und Glauben dazu berechtigt, es als Ausdruck einer bestimmten Erklärung zu interpretieren. Aber welche Regeln von Treu und Glauben soll es geben, wenn es darum geht, ob jemand sich dazu bereit erklärt, mit einem Anderen gemeinsam ein Verbrechen zu begehen? Die Regeln von Treu und Glauben sind nicht dazu angetan, einem Angeklagten durch Interpretation seines Verhaltens eine Verabredung zu einem Verbrechen oder die Fassung eines gemeinsamen Tatplans oder sonst eine strafbare Erklärung zu unterstellen.[20] Dem Angeklagten muss vielmehr ein bestimmter Kommunikationsvorgang nachgewiesen werden, durch den er den Tatplan, sei es durch Worte, sei es durch andere Zeichen, mit den Tatgenossen tatsächlich verabredet hat. Dabei genügt es auch nicht, dass die Tatgenossen sein Verhalten im Sinne einer Zustimmung zu ihrem Tatplan gedeutet haben, es muss vom Angeklagten tatsächlich so gemeint gewesen sein.[21]

20    Geht man mit dem BGH davon aus, dass irgendwann vor der Tat ein gemeinsamer Tatplan zur Tötung von Polizisten im Fall einer drohenden Festnahme verabredet worden war, so stellt sich die Frage, ob ein Beteiligter auch dann Mittäter der von einem anderen Beteiligten ausgeführten Tat wird, wenn er aus irgendeinem Grunde nicht dazu gekommen ist, den ihm zugewiesenen Tatbeitrag zu erbringen. Die Rechtsprechung ist seit je der sog Gesamtlösung gefolgt, wonach mit der ersten Ausführungshandlung eines Mittäters alle anderen ebenfalls Mittäter werden.[22] Vom Standpunkt der Rechtsprechung aus ist das nur konsequent, da diese ohnehin auf den Tatbeitrag des Mittäters im Ausführungsstadium verzichtet, sofern er nur bei der Vorbereitung eine mit den anderen Tatgenossen gleichberechtigte Stellung einnimmt.[23]

21    Während dieses Dogma viele Jahrzehnte lang auch in der Literatur nicht angezweifelt wurde, wird ihm nunmehr eine sog Einzellösung entgegengehalten, wonach jeder Beteiligte erst dadurch Mittäter wird, dass er selbst einen Tatbeitrag leistet, durch den er selbst ins Stadium des Versuchs tritt.[24] An dieser Einzellösung wird kritisiert, dass dem Tatbeteiligten die Tatsache, dass er seinen Beitrag später zu erbringen hat als seine Tatgenossen, nicht dadurch zugutekommen soll, dass er im Gegensatz zu ihnen nicht als Mittäter bestraft wird, wenn der Plan nach Erbringung von deren Tatbeitrag und vor Erbringung seines eigenen zufällig fehlschlägt.[25] Man mag einen solchen Fehlschlag als unverdientes Glück für den Tatbeteiligten bezeichnen, der nicht mehr zur Erbringung seines Tatbeitrags gekommen ist. Aber dass Strafbarkeit oder Straflosigkeit nach einem bestimmten Dogma auch von Glück und Zufall abhängen, spricht noch

---

20  *Puppe* NStZ 1991, 571 (573).
21  *Puppe* NStZ 1991, 571 (574).
22  BGHSt 11, 268; 36, 249; 39, 236 (238); 40, 299 (301); BGH NJW 1980, 1759; NStZ 1981, 99; 1999, 609 f.; 2000, 422 ff.
23  S. dazu o. 22/5 ff.
24  *Roxin* Odersky-FS (1996), 489 (492); *ders.* JR 1991, 206 (207); SK-*Jäger* § 22 Rn. 35; *Rudolphi.* Bockelmann-FS (1979), 369 (384 ff); *Bloy* (1985), 265 ff.; *Schilling* (1975), 104 ff.
25  Schönke/Schröder-*Eser/Bosch* § 22 Rn. 55; LK-*Murmann* § 22 Rn. 211 f.

nicht gegen dieses Dogma. Denn diese Abhängigkeit der Strafbarkeit auch vom Zufall ist ohnehin nicht zu vermeiden. Schließlich entgeht auch der Einzeltäter der Strafbarkeit wegen Versuchs, wenn er durch zufällige Ereignisse am unmittelbaren Ansetzen zur Tatbestandsverwirklichung gehindert wird. Entscheidend sollte also auch hier die Frage sein, ob der Tatbeteiligte etwas getan hat, was den Vorwurf der Mittäterschaft gegen ihn begründet, oder ob er, und sei es durch Zufall, daran gehindert worden ist.

Die Richtigkeit der sog Einzellösung ergibt sich aus der Lehre vom Versuch. Der Versuch ist diejenige Handlung, durch die der Täter die „Schwelle zum Jetzt geht es los" überschreitet.[26] Durch diese Schwellenüberschreitung wird nicht nur der objektive Tatbestand, sondern auch der subjektive, nämlich der Vorsatz konstituiert, denn Vorsatz ist tatmächtiger Wille zur Verwirklichung des Tatbestandes. Deshalb kann dem Täter die Überschreitung jener Schwelle des unmittelbaren Ansetzens zur Tatbestandsverwirklichung von niemandem abgenommen werden, von keinem Tatwerkzeug und auch nicht von einem Mittäter. Erst in dem Moment, in dem der Tatgenosse seinen eigenen Tatbeitrag im Ausführungsstadium erbringt, wird er also Mittäter und erst von diesem Moment an werden ihm die Handlungen der Anderen nach § 25 Abs. 2 wie eigenes Handeln zugerechnet.[27]

22

Nach der sog Gesamtlösung, der die Rechtsprechung folgt, ist das einzige Erfordernis, dass ein Mittäter in seiner Person verwirklichen muss, die Verabredung eines gemeinsamen Tatplans. Indem der BGH, nachdem er auf eine Beteiligung des Mittäters am Ausführungsstadium verzichtet hat, nun auch noch den gemeinsamen Tatplan durch ein nachträgliches Konstrukt einer sog „konkludenten" Verabredung aufgrund einer Deutung des Gesamtverhaltens eines Angeklagten ersetzt, ist von der Mittäterschaft kaum noch etwas übrig. Wie die Entwicklung der Rechtsprechung zum Rücktritt (s. o. 21/1 ff.), ist auch die zur Mittäterschaft dadurch gekennzeichnet, dass alle begrifflichen und dogmatischen Schranken, die den Spielraum richterlicher Einzelfallbeurteilung begrenzt haben, Schritt für Schritt niedergelegt worden sind. In der Rechtsprechung zum Rücktritt hat dies zu schrankenloser Milde geführt, in der Rechtsprechung zur Mittäterschaft zu ebenso schrankenloser Härte. Im vorliegenden Fall bestätigt der BGH das Urteil des Landgerichts, wonach der Angeklagte, der sich geweigert hatte zu schießen, nur weil sein Komplize anderes von ihm erwartet hatte, wegen Mittäterschaft an den von diesem begangenen beiden Morden und weiteren beiden Mordversuchen zu lebenslanger Freiheitsstrafe verurteilt wurde. Hier gilt also offenbar immer noch das alte Rechtsprichwort „mit gegangen, mit gefangen, mit gehangen".[28]

23

## 5. Mittäterschaft bei Äußerungsdelikten – Der Fall „Radikal", BGHSt 36, 363

▶ Der Angeklagte wirkte bei der Herstellung und dem Vertrieb der Zeitschrift „Radikal" mit, in der Artikel erschienen, die zu Straftaten aufforderten, Straftaten billigten und für eine kriminelle Vereinigung namens „Revolutionäre Zellen" warben. Der Angeklagte kannte den Inhalt dieser Artikel bevor er zum Vertrieb der jeweiligen Ausgaben von „Radikal" beitrug. Das Kammergericht Berlin verurteilte ihn als Mittäter der durch diese Artikel begangenen Äußerungsdelikte. ◀

24

---

26  BGHSt 26, 201 (203); 28, 162 (163); 37, 294 (297); 40, 257 (268); *Fischer* § 22 Rn. 10; vgl. *Wessels/Beulke/Satzger* AT Rn. 947.
27  *Rudolphi*, Bockelmann-FS (1979), 369 (384 f); *Roxin* AT/2 25/198 ff.; *ders.* Frisch-FS (2013) 613 (627); *Puppe* GA 2013, 514 (526).
28  *Erb* JuS 1992, 197 (201).

25    Der BGH rezitiert zunächst auch in dieser Entscheidung die bekannten Formeln zur Feststellung von Mittäterschaft wie folgt:

> „Ob ein Beteiligter das Mittäterschaft begründende enge Verhältnis zu einer Tat hat, ist nach den gesamten Umständen, die von seiner Vorstellung umfaßt sind, in wertender Betrachtung zu beurteilen. Wesentliche Anhaltspunkte sind der Grad des eigenen Interesses am Erfolg der Tat, der Umfang der Tatbeteiligung und die Tatherrschaft oder wenigstens der Wille zur Tatherrschaft, so dass Durchführung und Ausgang der Tat maßgeblich auch von seinem Willen abhängen. Für die Annahme von Mittäterschaft reicht es dagegen nicht, dass der Beteiligte die durch andere verwirklichten Tatumstände kennt, sie billigt und durch eigenes Einschreiten verhindern könnte; dies spricht für Beihilfe."[29]

26    Täter eines Äußerungsdelikts ist also nur derjenige, der den inkriminierten Inhalt als seine Meinung äußert, wer sonst zum Zustandekommen dieser Äußerung beiträgt ist nur Gehilfe. Bei den Äußerungsdelikten praktiziert der BGH also einen engen, geradezu formal-objektiven Täterbegriff auch für die Mittäterschaft. Damit stellt sich die Frage, für welche anderen Delikte dieser enge Mittäterbegriff noch gelten soll. Muss bei den Nötigungsdelikten der Täter selbst drohen? Muss er bei den Betrugsdelikten selbst täuschen? Muss er bei den Bestechungsdelikten selbst den Vorteil anbieten oder annehmen? Soll sich der enge Mittäterbegriff auf Äußerungsdelikte beschränken oder auch für andere verhaltensgebundene Delikte gelten, beispielsweise die Wegnahme beim Diebstahl, die Fälschung oder das Gebrauchmachen bei den Fälschungsdelikten? Ein materielles Kriterium zur Entscheidung dieser Fragen wird sich nicht finden lassen. Aber auch der Wortlaut dieser Tatbestände rechtfertigt keine unterschiedliche Behandlung im Vergleich zu den Erfolgsdelikten, denn auch diese beschreiben eine Handlung, die mit dem unmittelbaren Ansetzen zur Tatbestandsverwirklichung beginnt. Wenn derjenige, der nicht seine eigene Meinung kundgibt, sondern nur einem anderen zur Kundgabe seiner Meinung verhilft, deshalb nicht Mittäter eines Äußerungsdelikts sein kann, weil er sich nicht äußert, warum kann dann derjenige Mittäter eines Tötungsdelikts sein, der sich an der Tötungshandlung nicht beteiligt, sondern nur an deren Vorbereitung. Die Diskrepanz ist nur dadurch zu beseitigen, dass man auch für die sog Erfolgsdelikte eine Beteiligung des Mittäters an der Ausführung der tatbestandsmäßigen Handlung fordert.

## 6. Hinweise zur praktischen Anwendung

27    In manchen Anleitungsbüchern und Lehrbüchern wird der Rat erteilt, Mittäter jedenfalls in bestimmten Fällen gemeinsam zu prüfen.[30] Dieser Rat verstößt gleich gegen eine Reihe elementarer Regeln systematischen Vorgehens. Erstens fragt der Jurist niemals nach zwei verschiedenen Rechtsfolgen gleichzeitig, die Strafbarkeit des A und die des B sind aber zwei verschiedene Rechtsfolgen. Zweitens subsumiert man niemals gleichzeitig zwei verschiedene Sachverhalte unter einen Begriff, der Tatbeitrag des A und der Tatbeitrag des B sind aber zwei verschiedene Sachverhalte. Drittens setzt man niemals das Ergebnis einer Prüfung voraus, die noch vorgenommen werden soll. Die Frage, ob A und B Mittäter sind, oder ob B etwa Gehilfe oder Anstifter von A ist, soll ja im Laufe des Gutachtens noch untersucht werden. Verstößt man gegen diese

---

29  BGHSt 36, 363 (367).
30  Vgl. etwa *Rengier* AT 8/17; *Kindhäuser/Zimmermann* AT 40/24, 26; *Jäger Examens-Repetitorium* AT Rn. 305 f.; *Hilgendorf* Fälle III Fall 7 Rn. 8; *Rotsch* Klausurenlehre Fall 12 Rn. 8 ff.

letztere Regel, so besteht die oben (22/3) dargestellte Gefahr eines Zirkelschlusses. Man begründet beispielsweise die Kausalität mit der Mittäterschaft und dann die Mittäterschaft mit der Kausalität. Außerdem hat man keine Gelegenheit mehr, die Mittäterschaft überhaupt ernsthaft zu prüfen, wenn man die präsumtiven Mittäter von vornherein gemeinsam geprüft hat. Würde die ernsthafte Prüfung nämlich zu einer Ablehnung der Mittäterschaft führen, so würde man sich mit dem bisherigen Vorgehen in einen Widerspruch verwickeln oder müsste das gesamte Gutachten von vorn beginnen, diesmal mit einer logisch richtigen Prüfungsreihenfolge.

Bei mehreren an der Tat Beteiligten, die als Mittäter, mittelbare Täter, Anstifter oder Gehilfen in Betracht kommen, beginnt man die Prüfung mit demjenigen, der der Tatbestandsverwirklichung am nächsten steht. Bei einem Erfolgsdelikt ist das der Beteiligte, der durch seine Handlung die letzte Erfolgsursache gesetzt hat, bei Handlungsdelikten derjenige, der rein äußerlich die tatbestandsmäßige Handlung ausgeführt hat, bei mehraktigen Delikten einer von den Beteiligten, der einen der im Tatbestand beschriebenen Akte vorgenommen hat. Stellt sich dann heraus, dass dieser aus irgendeinem Grunde nicht Täter ist, so mag man auf die Suche nach einem mittelbaren Täter gehen. Stellt sich heraus, dass er Täter ist, so kann man die Tatbeiträge anderer Beteiligter daraufhin prüfen, ob sie ebenfalls Mittäter oder nur Teilnehmer sind. Dabei lässt man zweckmäßigerweise zunächst offen, ob der zweite Beteiligte Täter oder Gehilfe ist und formuliert die Ausgangsfrage beispielsweise so: „An der Tat des A könnte sich B dadurch beteiligt haben, dass er …." **28**

Also auch diese gewissermaßen akzessorische Prüfung beginnt mit der Handlung des Tatbeteiligten. Die meisten Kandidaten beginnen mit dem gemeinsamen Tatplan und kommen auf das, was der Beteiligte selbst getan hat, erst bei der Frage zu sprechen, ob er Mittäter oder Gehilfe ist, oder sie kommen überhaupt nicht darauf zu sprechen. Aber abgesehen von § 30 wird ein Täter immer noch für das bestraft, was er getan hat, nicht für das, was er, allein oder gemeinsam mit einem anderen, geplant hat. Die Handlung wird zunächst, genau wie die eines Alleintäters, daraufhin geprüft, ob sie für die Tatbestandsverwirklichung kausal war und ob der Täter den Vorsatz hatte, diesen Tatbestand zu verwirklichen. Erst dann folgen Feststellungen zum gemeinsamen Tatentschluss, der die gleiche Tatbestandsverwirklichung zum Inhalt haben muss. Nun ist der Boden bereitet für die Frage, ob der Tatbeitrag des zweiten Teilnehmers ihn zum Täter oder nur zum Gehilfen qualifiziert. **29**

In den Lehrbüchern wird die Frage nach der richtigen Unterscheidung zwischen Täter und Gehilfen meist so dargestellt, dass zwei verschiedene Täterlehren oder Täterbegriffe einander gegenüberstehen, ein subjektiver, der von der Rspr. vertreten wird und wonach derjenige Täter ist, der die Tat „als eigene wollte", und ein materiell objektiver, wonach derjenige Täter ist, der Mitinhaber der Tatherrschaft und „Zentralgestalt des deliktischen Geschehens" ist.[31] Sodann wird abstrakt diskutiert, was für oder gegen diese Täterbegriffe spricht. Das wird dem heutigen Streitstand nicht mehr gerecht. Die Täterlehre der Rechtsprechung ist längst nicht mehr eine rein subjektive, sie hat vielmehr in ihren Katalog von Kriterien, anhand deren durch eine „wertende Betrachtung" die Entscheidung zwischen Täterschaft und Beihilfe im Einzelfall zu treffen sein soll, mittlerweile auch objektive Kriterien wie die Tatherrschaft und das Ausmaß der Beteiligung aufgenommen. Die subjektiven Kriterien haben bei dieser Gesamtbetrach- **30**

---

31  *Roxin* AT/2 25/10 ff.; *Stratenwerth/Kuhlen* AT 12/3 ff.

tung allerdings im Ergebnis das Übergewicht. Auch die Lehre von der Tatherrschaft kann schwerlich noch als rein objektive aufgefasst werden. Sie hat, wie das Beispiel des Bandenchefs zeigt, der Mittäter sein soll, auch wenn er sich nicht an der Tatausführung beteiligt und bei der Tatausführung nicht gegenwärtig ist,[32] auch subjektive Elemente, wie die beherrschende Stellung des Bandenchefs im Vorbereitungsstadium, in sich aufgenommen. Die Lage ist ähnlich, wie beim Streit um den dolus eventualis (vgl. dazu o. 9/1 ff.). Der Streit ist also nicht mehr in zwei miteinander konkurrierende abstrakte Begriffe zu fassen, unter die jeder Fall subsumierbar ist, sondern nur als Streit um die für oder gegen Täterschaft sprechenden Indikatoren und deren relatives Gewicht zueinander. Die Uneinigkeit zwischen beiden Richtungen, der subjektiven und der objektiven besteht vor allem darin, welches relative Gewicht die Beteiligung am Ausführungsstadium für die Mittäterschaft hat.

31    Deshalb sollte man bei der Entscheidung eine Einzelfalls wie folgt vorgehen: Man stellt zunächst fest, ob der Tatbeitrag des zu prüfenden Beteiligten im Ausführungsstadium oder im Vorbereitungsstadium liegt. Liegt er im Ausführungsstadium, so stellt sich nach der Tatherrschaftslehre nur noch die Frage, ob seine Bedeutung für das Gelingen der Tat so gering ist, dass den Handelnden dennoch nicht als Mittäter qualifiziert. Hier wurde die These vertreten, dass jeder Beitrag im Ausführungsstadium dazu ausreicht. Nach der subjektiven Täterlehre ist noch zu fragen, ob sich der Beteiligte dergestalt dem Willen und den Weisungen anderer untergeordnet hat, dass er die Tat im Sinne dieser Theorie nicht als eigene wollte. Stellt man eine solche Unterordnung fest, so ist zwar ein Streit zwischen der objektiven und der subjektiven Täterlehre relevant, er reduziert sich aber auf die Frage, ob die freiwillige Unterordnung des Beteiligten unter fremden Willen und fremde Weisungen ein Grund dafür ist, ihn nur als Gehilfen zu behandeln, obwohl er einen Beitrag im Ausführungsstadium geleistet hat.

32    Liegt der Tatbeitrag des zu prüfenden Beteiligten vor Beginn der Tatausführung, so stellt sich die Frage, ob sein Einfluss im Vorbereitungsstadium auf die Gestaltung der Tat und auf seine Tatgenossen so groß war, dass dennoch seine Qualifikation als Mittäter in Betracht kommt. Nach der hiesigen Ansicht gibt es einen solchen überragenden Einfluss abgesehen von der mittelbaren Täterschaft, also zur Begründung von Mittäterschaft nicht. Nach der Rechtsprechung genügt, wie wir an Beispielen gesehen haben, „irgendeine Förderung der als gemeinsam gewollten Tat" im Vorbereitungsstadium zur Begründung von Mittäterschaft (s. o. 23/5 ff.).

33    Es dürfte danach klar sein, dass nach dem Kriterium der Rechtsprechung jeder, der sich irgendwie an einer Tat beteiligt, zum Mittäter erklärt werden kann. Geschieht dies aber ohne Begründung und ohne Auseinandersetzung mit Gegenargumenten, so hat der Gutachter seine Aufgabe nicht erfüllt. Auch bei der Entscheidung der Frage, ob Mittäterschaft oder Beihilfe gegeben ist, ist gewiss Phantasie gefragt, aber auch Sorgfalt und eine gewisse Disziplin. Das gilt nicht nur für die Auswahl der Entscheidungskriterien, sondern auch für ihre Anwendung auf den Einzelfall. Dass auch diese unplausibel, geradezu unstimmig sein kann, haben wir an Beispielen gesehen (s. dazu 23/5 ff.).

---

32   *Roxin* AT/2 25/200 ff.

# § 24 Die mittelbare Täterschaft

## 1. Grundprinzipien der mittelbaren Täterschaft – Der Salzsäurefall, BGHSt 30, 363[1]

▷ Um seinen Nebenbuhler J mit hochkonzentrierter Salzsäure umzubringen, überredete der Angeklagte den G und weitere Personen durch den Hinweis auf zu erwartende hohe Beute, einen Raubüberfall auf J zu begehen. Er übergab ihnen eine Flasche mit hochkonzentrierter Salzsäure, von der er behauptete, dass sie ein starkes Schlafmittel (vermutlich sog K.O. Tropfen) enthalte, und riet ihnen, den Inhalt dem J gewaltsam einzuflößen. Die Einnahme der Salzsäure hätte zum Tod des J durch Magenbluten führen können. Als G und seine Genossen die Flasche aus Neugier öffneten, schlug ihnen ein ätzender Geruch entgegen. Sie erkannten die Täuschung und nahmen von dem geplanten Raubüberfall Abstand. ◁

1

Die Verurteilung des Angeklagten wegen versuchten Mordes in mittelbarer Täterschaft bestätigt der BGH mit folgender Begründung:

> „Der Tatplan des Angeklagten war auf eine Tatbestandsverwirklichung in mittelbarer Täterschaft gerichtet. Mittelbarer Täter ist, wer eine Straftat „durch einen anderen begeht" (§ 25 I), der selbst nicht Täter dieser Straftat ist. Das ist ua der Fall, wenn der Tatmittler infolge eines vom mittelbaren Täter erregten oder ausgenutzten Irrtums nicht vorsätzlich handelt, aber auch, wenn der Tatmittler infolge des Irrtums glaubt, eine minderschwere Straftat zu begehen. So liegt der Fall hier. Der Angeklagte täuschte die von ihm ausgewählten Tatmittler zwar nicht darüber, dass sie eine strafbare Handlung begehen sollten. Er verheimlichte ihnen aber Tatumstände, die den Tatbestand einer schwereren Straftat begründeten, als die Tatmittler sie sich vorstellten. G und C wollten einen Raub mittels einer Körperverletzung begehen, nicht aber eine Tötung."[2]

Dass außer dem Täter noch andere Personen, darunter etwa auch das Opfer selbst, unwissentlich den Taterfolg mitverursachen, ist geradezu die Regel und noch kein Grund, eine besondere Rechtsfigur der mittelbaren Täterschaft zu bemühen, solange der Täter die Versuchshandlung iSv § 22 selbst ausführt. Die Rechtsfigur der mittelbaren Täterschaft wird notwendig nur für den Fall, dass die Ausführungshandlung iSv § 22 von einer nicht verantwortlichen Person, einem sog Werkzeug, vorgenommen wird. Wie jede Form der Täterschaft ist auch die mittelbare Täterschaft tatbestandsbezogen. Ein Beteiligter kann in Bezug auf den einen Tatbestand Täter, in Bezug auf den anderen Gehilfe oder gar nur Werkzeug sein. Aber auch innerhalb eines Tatbestandes kann eine Differenzierung zwischen einem vorsätzlich als Täter und einem unvorsätzlich als Werkzeug verursachten Unrecht notwendig werden. Hätte in unserem Fall der Angeklagte den J lediglich durch gewaltsame Verabreichung eines Giftes an der Gesundheit beschädigen, aber nicht töten wollen, und demgemäß dem G und dem C vorgespiegelt, es handele sich um harmlose K.O. Tropfen, die das Opfer zwar sofort bewusstlos machen, aber nicht weiter schädigen würden, so hätte er eine Körperverletzung in mittelbarer Täterschaft begangen, obwohl die Tatmittler selbst einen Körperverletzungsvorsatz hatten. Schließlich ist auch die Versetzung einer Person in den Zustand der Bewusstlosigkeit eine Gesundheitsbeschädigung, wenn auch eine bei weitem weniger gravierende, als diejenige, die der Angeklagte mithilfe der Tatmittler ins Werk setzten

2

---

1 = NJW 1982, 1164; NStZ 1982, 197; JZ 1982, 379; JuS 1982, 703; MDR 1982, 418.
2 BGHSt 30, 363 (364 f.).

wollte. Für diese weitergehende Gesundheitsbeschädigung tragen die Tatmittler die Verantwortung nicht.

3 Das ist das sog Verantwortungsprinzip, wonach als Werkzeug eines mittelbaren Täters der unmittelbar Handelnde in Betracht kommt, der, sei es mangels Vorsatz oder mangels Schuld nicht für das Unrecht der Tat verantwortlich ist. „So gesehen aber muss Tatherrschaft durch Benutzung eines anderen als Werkzeug dort ihre Grenzen finden, wo das Recht das Tun des unmittelbar Handelnden als freies und damit persönliche Verantwortung begründendes wertet."[3] „Denn eine Rechtsordnung, die wie die unsere an den Begriffen Freiheit und Verantwortung und damit sozialethisch orientiert ist, kann nicht, ohne mit sich selbst in Widerspruch zu geraten, einerseits den unmittelbar Handelnden als Täter zur vollen Verantwortung ziehen und damit die Freiheit seines Tatentschlusses voraussetzen, andererseits sein Verhalten als vom Hintermann beherrscht und damit als unfrei ansehen."[4]

4 Irgendein die Strafbarkeit ausschließendes Defizit beim Tatmittler genügt aber nicht, einen anderen Beteiligten zum mittelbaren Täter zu machen, nur weil er das unverzichtbare, subjektive Unrechtsmerkmal mitbringt. Nach diesem Prinzip wurde die Figur des sog absichtslos dolosen Werkzeugs entwickelt. Danach ist mittelbarer Täter, wer sich eines vorsätzlich und schuldhaft handelnden Mittlers bedient, dem eine im Tatbestand geforderte Absicht fehlt.[5] Vor Inkrafttreten des 6. Strafrechtsreformgesetzes war das Standardbeispiel dafür der Wegnehmende, der nicht die Absicht hatte, sich die Sache selbst zuzueignen. Mit der Einführung der Alternative der Fremdzueignungsabsicht hat sich das Problem erledigt. Die Figur des absichtslos dolosen Werkzeugs wird noch in Anspruch genommen, um einen Täter, nämlich einen mittelbaren, zu erhalten, wenn der unmittelbar Handelnde in Bezug auf eine vom Gesetz geforderte Absicht nur dolus eventualis aufweist.[6] Aber auch das ist nicht richtig und auch nicht nötig. Denn für die überschießenden Innentendenzen gilt durchweg, dass dolus eventualis ausreicht, weil der Verzicht des Gesetzgebers auf die objektive Erfüllung dieser Merkmale kein Grund dafür ist, die Anforderungen an den Vorsatz im Sinne einer Absicht im technischen Sinne zu verschärfen.[7] Wer also einen Tatbestand mit überschießender Innentendenz, beispielsweise einen Betrug oder eine Erpressung verwirklicht, und dabei weiß, dass ein anderer sich dadurch sicher oder möglicherweise bereichert, ist nicht dessen Werkzeug sondern selbst voll verantwortlicher Täter.

5 Nach dem Verantwortungsprinzip kommt als Werkzeug nur in Betracht, wer objektiv tatbestandsmäßiges Unrecht verwirklicht, aber aus subjektiven Gründen dafür nicht verantwortlich ist, mögen diese Gründe im Mangel am Vorsatz oder im Mangel an der Schuld liegen. Deshalb gehören die Fälle eines sog gerechtfertigten Werkzeugs nicht hierher. In diesen Fällen fehlt es weder an der Verantwortlichkeit noch an der Herrschaft des unmittelbar Handelnden über die gerechtfertigte Tat. Und der Grund dafür, weshalb er dafür nicht bestraft wird, besteht nicht etwa darin, dass er durch die Rechtfertigungssituation, beispielsweise einen Notstand oder eine Notwehr, in eine Zwangslage gebracht wird, in der er für die Folgen seines Handelns nicht verantwortlich gemacht wird. Seine Handlung ist vielmehr rechtmäßig und dies ganz unabhängig

---

3 *Gallas* Gutachten (1954), 134 ff. = Beiträge (1968), 78 (99); ihm folgend *Roxin* TuT, 149 ff., *ders.* AT/2 25/40; SK-*Hoyer* § 25 Rn. 42 f.; *Bloy* GA 1996, 424 (437).
4 *Gallas* Sonderheft ZStW 69 (1957), 3 = Beiträge (1968), 130 (141).
5 Schönke/Schröder-*Heine/Weißer* § 25 Rn. 19.
6 *Roxin* AT/2 25/156; *Wessels/Hillenkamp/Schuhr* BT/2 Rn. 168 ff.
7 *Puppe* (1992), 67; *dies.* NK § 15 Rn. 108 f.; §§ 28/29 Rn. 45 f.

davon, ob er durch die rechtfertigende Situation unter Druck ist oder nicht. Wer einen Konflikt herbeiführt, den die Rechtsordnung durch Aufopferung eines grundsätzlich rechtlich geschützten Interesses löst, manipuliert nicht denjenigen, der von der Erlaubnis Gebrauch macht, er manipuliert das Recht selbst. Es liegt dann ein Fall der actio illicita in causa vor, nicht einer der mittelbaren Täterschaft (s. dazu o. 15/3 ff.). Deshalb stellt das Handeln durch ein sogenanntes „gerechtfertigtes Werkzeug" auch keine Ausnahme vom Verantwortungsprinzip dar.[8]

Das Verantwortungsprinzip allein reicht zur Begründung von mittelbarer Täterschaft nicht aus. Mittelbarer Täter ist nicht ohne Weiteres derjenige, der das für die Verantwortlichkeit unerlässliche subjektive Merkmal mitbringt, wie wir am Beispiel des sog absichtslos dolosen Werkzeugs gesehen haben. Auch der mittelbare Täter muss in einem spezifischen Sinne Herr der Tatbestandsverwirklichung sein. Diese mittelbare Tatherrschaft kann ihm nur aus dem Verantwortungsdefizit des Werkzeugs zuwachsen. Indem er dieses Verantwortungsdefizit beherrscht, beispielsweise durch Erregung oder Ausnutzung eines Tatbestandsirrtums, beherrscht er eben mittelbar die Tatbestandsverwirklichung. Verantwortungsprinzip und Herrschaftsprinzip müssen einander ergänzen. Sie konkurrieren bei der Begründung von mittelbarer Täterschaft nicht miteinander.   6

Da diese Herrschaftsbeziehung sich nur auf das konkrete Unrecht bezieht und nicht auf das gesamte Handeln des Tatmittlers, ist es nicht erforderlich, dass der mittelbare Täter über den Tatmittler wie über ein mechanisches Werkzeug verfügen kann. Im vorliegenden Fall standen die Tatmittler immer noch vor der freien und verantwortlichen Entscheidung, ob sie einen Raubüberfall begehen wollten oder nicht. Der Plan des Angeklagten enthielt schließlich das Risiko, dass sie auch ohne Aufdeckung seiner Täuschung als Werkzeuge nicht „funktionieren" würden, weil sie der Mut verlassen könnte, den Raubüberfall zu begehen. Trotzdem hat der BGH ihn zu Recht als mittelbaren Täter eines Mordversuchs verurteilt.   7

Obwohl im vorliegenden Fall die Tatmittler nicht zur Ausführung des Mordanschlages schritten, weil sie die Täuschung entdeckt hatten, bejaht der BGH einen Anfang der Ausführung beim mittelbaren Täter mit folgender Begründung:   8

> „In mittelbarer Täterschaft verursacht eine Straftat derjenige, der nach seiner Vorstellung die erforderliche Einwirkung auf den Tatmittler abgeschlossen hat, so dass nach dem Tatplan dieser im unmittelbaren Anschluss die Tat ausführen soll und das geschützte Rechtsgut damit bereits in diesem Zeitpunkt gefährdet ist. Denn wer die Tat durch einen anderen begehen will, setzt zur Verwirklichung des Tatbestandes der geplanten Straftat unmittelbar an, wenn er den Tatmittler zur Tatausführung bestimmt hat und ihn aus seinem Einwirkungsbereich in der Vorstellung entlässt, dass er die tatbestandsmäßige Handlung nunmehr vornehmen werde."[9]

Mit unmittelbar ist hier offensichtlich keine zeitliche Unmittelbarkeit gemeint, denn G und C sind ja nicht unmittelbar, nachdem der Angeklagte sie zu dem Raubüberfall überredet und ihnen die Flasche mit den angeblichen K.O. Tropfen übergeben hat, zur Tat geschritten. Dem BGH ist hier zuzustimmen. Das unmittelbare Ansetzen ist eine Handlung, die der Täter selbst vornehmen muss und sich nicht durch das Werkzeug

---

8  *Puppe* Küper-FS 448 (447 ff.); dies. GA 2013, 514 (528 f.).
9  BGHSt 30, 363 (365); ähnlich BGHSt 40, 257 (269); anders aber BGHSt 43, 177 (181).

abnehmen lassen kann. Deswegen muss es diejenige Handlung sein, durch die der Täter das Werkzeug wirklich oder vermeintlich tatbereit macht (s. o. 20/28 ff.).

9   Das Verantwortungsprinzip bedeutet nicht, dass das Werkzeug in keiner Weise für den Erfolg verantwortlich sein darf. Auch wenn etwa sein von einem anderen erregter oder ausgenutzter Tatbestandsirrtum fahrlässig ist, ist dieser Andere mittelbarer Täter einer vorsätzlichen Erfolgsverursachung.[10] Es genügt also, dass zwischen mittelbarem Täter und Tatmittler ein Stufengefälle in der Verantwortung besteht, wie es ja auch zwischen dem Sonderpflichtigen als mittelbarem Täter und seinem qualifikationslos dolosen Werkzeug als Gehilfen besteht. Für die hL vom Vorsatz stellt sich danach die Frage, ob die Differenz der inneren Einstellung zum Erfolgseintritt, die nach der hL den Vorsatz ausmacht, also das billigende Inkaufnehmen bzw. das Ernstnehmen der Möglichkeit des Erfolgseintritts, ausreicht, um den diese Einstellung aufweisenden Hintermann zum mittelbaren Täter zu machen, wenn der Vordermann sie nicht hat. *Roxin* hat diese Frage früher verneint und auch ein Wissensdefizit beim Tatmittler verlangt.[11] Nun bejaht er sie mit der Begründung, dass bei fahrlässig handelndem Vordermann ein Hemmungsmotiv fehle. Schon dadurch erlange der vorsätzlich handelnde Hintermann die Herrschaft über die Tatbestandsverwirklichung.[12]

10   Ob der im Sinne der hL vorsätzlich Handelnde ein größeres Hemmungsmotiv zu überwinden hat als der bewusst fahrlässig Handelnde, wenn beide über das gleiche Wissen um die Gefahr verfügen, wird tatsächlich davon abhängen, wie ängstlich oder skrupulös die Beteiligten im Einzelfall sind. Die Differenzierung zwischen Vorsatz und Fahrlässigkeit im Sinne der hL taugt also nicht dazu, ein Herrschaftsverhältnis zwischen dem vorsätzlich und dem fahrlässig handelnden Beteiligten psychologisch zu begründen, wenn beide das gleiche Gefahrwissen haben. Denn sie besteht dann lediglich darin, wie sie dieses Gefahrwissen und ihre eigene Entscheidung, sich darüber hinwegzusetzen psychisch verarbeiten.[13] Aber auch normativ taugt sie nicht dazu. Denn die Verdrängung des Gefahrwissens, das leichtfertige Vertrauen auf einen guten Ausgang reduziert zwar nach hL die Verantwortlichkeit des Täters auf bloße Fahrlässigkeit, aber über diese inneren Vorgänge im Gemüt des unmittelbar Handelnden hat der Hintermann weder eine Herrschaft, noch wächst ihm daraus eine Herrschaft über das Verhalten des ersteren zu.

11   Damit also nicht nur das Verantwortungsprinzip sondern auch das Herrschaftsprinzip eine mittelbare Täterschaft begründet, muss auch ein Wissensgefälle zwischen mittelbarem Vorsatztäter und bewusst fahrlässig handelndem Werkzeug bestehen. Für die hL stellt sich damit die Frage, wie groß dieses Gefälle sein muss. Nach der hier vertretenen Vorsatztheorie ergibt sich die Antwort aus dem Begriff des Vorsatzes selbst. Denn der Vorsatz ist danach das Wissen um eine qualifizierte Gefahr, die eine taugliche Methode der Erfolgsherbeiführung darstellt bzw. die von einem vernünftig Handelnden anstelle des Täters nur unter Billigung des Erfolgseintritts eingegangen würde. Wer eine solche qualifizierte Gefahr des Erfolgseintritts kennt, hat gegenüber dem Beteiligten, der sich eine geringere Erfolgsgefahr vorstellt, eine überlegene Position in Bezug auf den Erfolgseintritt auch und gerade dann, wenn er nicht mit ihm gemeinsam handelt,

---

10   *Herzberg* (1977), 20 ff.
11   Vgl. *Roxin* TuT, 180 ff., 220 ff.
12   *Roxin* AT/2 25/65.
13   NK6-*Puppe* § 15 Rn. 44, 55; *dies.* ZStW 103 (1991), 1 (12 ff.).

sondern ihn, etwa durch Täuschung über das Ausmaß der Gefahr, zum Handeln veranlasst.

## 2. Das Opfer als genötigtes Werkzeug einer mittelbaren Täterschaft – Der Lehrlingsfall, RGSt 26, 242

Für eine mittelbare Täterschaft durch Nötigung eines Anderen zur Verwirklichung eines Straftatbestandes kommt nach dem Verantwortungsprinzip nur der Fall in Betracht, dass der Tatmittler nach § 35 entschuldigt ist. Ist er wegen des Nötigungsnotstandes nach § 34 gerechtfertigt, so liegt kein Fall der mittelbaren Täterschaft, sondern ein Fall der actio illicita in causa vor (s. o. 15/1 ff.). Die Verantwortlichkeit des Nötigers für den von ihm verursachten Konflikt hängt dann nämlich nicht davon ab, dass der Genötigte sich psychisch dergestalt unter Druck gesetzt fühlt, dass der Nötiger ihn in Bezug auf die Entscheidung, den Tatbestand zu verwirklichen, tatsächlich beherrscht (s. 15/3 ff.). Aber das Verantwortungsprinzip ist direkt nur dann anwendbar, wenn der Genötigte selbst einen Tatbestand verwirklicht, so dass in seiner Person nicht das tatbestandsmäßige Unrecht sondern nur nach § 35 die Schuld und damit die Verantwortung für dieses Unrecht ausgeschlossen ist. Das Verantwortungsprinzip scheint zu versagen, wenn der unmittelbar Handelnde nicht zur Verletzung eines Dritten, sondern zu einer Selbstschädigung genötigt wird. Zu der aufwändigen theoretischen Diskussion, die zur Lösung dieser Konstellation geführt wird, steht ihre Seltenheit in der Praxis im krassen Gegensatz. Deswegen musste hier zur Illustration des Problems auf eine vergleichsweise alte Reichsgerichtsentscheidung zurückgegriffen werden.

▶ Der angeklagte Fleischermeister befahl seinem Lehrling, ein nur unvollständig gereinigtes Stück Darm zu essen. Der Lehrling bekam davon körperliche Beschwerden.[14] ◀

Mit der folgenden Begründung verurteilte das Reichsgericht den Angeklagten wegen vorsätzlicher Körperverletzung in mittelbarer Täterschaft:

> „Das vorliegende Vergehen kann entweder in der Weise begangen werden, dass ein Dritter als Werkzeug benutzt oder dass der Verletzte selbst durch Täuschung, oder sonstwie durch rechtswidrige Einwirkung auf seinen Willen dazu gebracht wird, sich eine Körperverletzung zuzufügen. Und in letzterem Fall ist nicht erforderlich, dass ein Widerstand gegen die rechtswidrige Einwirkung auf den Willen unmöglich ist."

Nach dem Wortlaut der Entscheidung ist die mittelbare Täterschaft schon damit begründet, dass die Methode, durch die der Täter das Opfer zu einer Selbstschädigung bringt, per se rechtswidrig ist, was bei jeder Nötigung der Fall ist. Den von dem Vorgesetzten an den untergebenen Arbeitnehmer erteilten Befehl sieht das Reichsgericht unter den damals obwaltenden Arbeitsverhältnissen offenbar als Androhung eines empfindlichen Übels an. In der Lehre herrscht heute Streit darum, in welcher Weise das Verantwortungsprinzip bei der Nötigung zu einer tatbestandslosen und aus diesem Grunde ohnehin nicht zu verantwortenden Selbstschädigung fruchtbar gemacht werden kann.

Ein Vorschlag geht dahin, § 35 analog anzuwenden, das Opfer also von seiner Selbstverantwortung dann und nur dann freizustellen, wenn es nach § 35 entschuldigt wäre,

12

13

14

15

---

14  RGSt 26, 242.

sofern es einen Anderen verletzt, also tatbestandsmäßig gehandelt hätte.[15] Sicher ist, dass die analoge Anwendbarkeit des § 35 jedenfalls eine hinreichende Bedingung für die Entlastung des Opfers und die mittelbare Täterschaft des Nötigenden ist. Es ist aber fraglich, ob es auch eine notwendige ist. Denn der Unterschied zwischen dem sich selbst verletzenden und dem einen anderen verletzenden Genötigten besteht darin, dass letzterer nicht über seine eigenen Rechtsgüter verfügt, indem er das nach seiner Ansicht kleinere Übel wählt, sondern das ihm drohende Übel auf einen Unbeteiligten gewissermaßen abwälzt, indem er in dessen Rechtsgüter eingreift. Deshalb stellt die Rechtsordnung an die Standhaftigkeit des Bedrohten hohe Anforderungen, ehe sie ihn nach § 35 entschuldigt.[16] Es ist auch bei einer Fremdverletzung nicht der Sinn dieser hohen Anforderungen, den Nötigenden mit dem Vorwurf der mittelbaren Täterschaft zu verschonen. Diese Verschonung ergibt sich vielmehr aus dem Verantwortungsprinzip selbst, wonach die Verantwortlichkeit des unmittelbaren Täters die Verantwortlichkeit eines mittelbaren Täters ausschließt.[17] Bei der Nötigung zur Selbstgefährdung ist aber das Verantwortungsprinzip unmittelbar nicht einschlägig. Es zwingt also nicht zu einer gleichen Verantwortungsverteilung, wie das Gesetz sie bei der Nötigung zur Fremdverletzung vornimmt.

16    Den Besonderheiten der Selbstverletzung soll nach einer anderen Lehre dadurch Rechnung getragen werden, dass statt des Verantwortungsprinzips die Regeln der fehlerhaften Einwilligung analog angewandt werden. Der Drohende sei genau so zu behandeln, als hätte er den Bedrohten nicht zu einer Selbstverletzung, sondern zur Einwilligung in seine Fremdverletzung genötigt. Beide Fälle dürften nicht unterschiedlich behandelt werden.[18] Das bedeutet, dass jede Nötigung von einigem Gewicht mittelbare Täterschaft begründet, eben weil sie den Willen des Genötigten in unzulässiger Weise beeinflusst. Die vorliegende Entscheidung entspricht dieser Rechtsauffassung.

17    Der Einwilligungslösung wird vorgeworfen, dass sie zu unbestimmt sei, weil die Kriterien für die Unwirksamkeit einer Einwilligung wegen eines Willensmangels nicht eindeutig sind.[19] Aber ist der Maßstab des § 35 mit seinem Unzumutbarkeitserfordernis so viel eindeutiger? Selbst wenn er den Vorzug der Eindeutigkeit hätte, dürfte er nur dann angewandt werden, wenn der Vergleich der Nötigung zur Selbstverletzung mit der zur Fremdverletzung besser zutrifft als der mit der Nötigung zur Einwilligung in die Verletzung durch einen anderen.

18    Inzwischen hat sich auf einem anderen Gebiet eine Lösung des Problems angebahnt, nämlich in der Lehre von der freiverantwortlichen Selbstgefährdung bei der objektiven Zurechnung. Auch hier geht es um Verteilung von Verantwortung. Diese Lehre hat zunächst zu der Erkenntnis geführt, dass der Unterschied zwischen einer Teilnahme an fremder Selbstgefährdung und einer einverständlichen Fremdgefährdung nur ein äußerlicher ist (vgl. o. 6/1 ff.).[20] Unabhängig von der äußeren Gestalt, in der die Gefährdung des Opfers ins Werk gesetzt wird, stellt es einen selbstständigen Grund

---

15   LK-*Schünemann/Greco* § 25 Rn. 89; *Roxin* TuT, 161 ff.; *ders.* AT/2 25/48, 54; *Stratenwerth/Kuhlen* AT 12/68 f.; *Bottke* GA 1983, 22 (30 ff.).

16   *Amelung*, Coimbra-Symposium für Roxin (1995), 247 (251).

17   *Amelung*, Coimbra-Symposium für Roxin (1995), 247 (256).

18   *Herzberg* (1977), 35 f.; *ders.* JuS 1974, 378 f.; *Freund* AT 10/97; *Otto* AT 21/100 ff.; *ders.* Jura 1987, 256 f.; *Wessels/Beulke/Satzger* AT Rn. 848, 275 ff.

19   *Roxin* AT/2 25/57; vgl. SK-*Hoyer* § 25 Rn. 60.

20   *Dach* NStZ 1985, 24 (25); *Frisch* NStZ 1992, 1 (5); *Otto* JZ 1997, 521 (522); *ders.* Tröndle-FS (1989), 157 (172); *Hardtung* NStZ 2001, 206; *Cancio Meliá* ZStW 111 (1999), 357 (375 ff.); NK⁶-*Puppe* Vor § 13 Rn. 185, 196 f.; *Hellmann* Roxin-FS (2001), 271 (281 ff.).

für den Ausschluss der Zurechnung an den anderen Beteiligten dar, wenn das Opfer für seine Gefährdung selbst verantwortlich ist. In diesem Sinne kann das Verantwortungsprinzip von der Selbstgefährdung auf die Selbstverletzung übertragen werden. Die Motivierung eines Anderen zu einer Selbstverletzung schließt die Verantwortung des Motivierenden nur dann aus, wenn der sich selbst Verletzende freiverantwortlich handelt.

So verstanden ist das Verantwortungsprinzip unmittelbar und nicht nur analog auf die   19
Nötigung zur Selbstgefährdung und zur Selbstverletzung anwendbar. Der sich selbst Gefährdende und demgemäß auch der sich selbst Verletzende handelt nur dann frei verantwortlich, wenn seine Entscheidung Ausdruck seiner Willkür ist. Handelt er dagegen im Sinne seiner eigenen Rechtsgüterverwaltung vernünftig, indem er dem Druck des Nötigenden nachgibt, wählt er also aus seiner Perspektive vernünftigerweise das kleinere Übel, so handelt er im Rechtssinne nicht mehr frei und ist für seine Selbstschädigung von Rechts wegen nicht verantwortlich (s. o. 6/10 ff.).[21] Die Konsequenz daraus ist, dass die äußerlich als Selbstschädigung erscheinende Rechtsgutsbeeinträchtigung dem Nötigenden zuzurechnen ist, so dass er sie als mittelbarer Täter verursacht, wenn er vorsätzlich handelt. Im Ergebnis kommt dies der Einwilligungstheorie nahe. Die Strafbarkeit des zu einer Selbstverletzung Nötigenden wegen Nötigung schöpft entgegen *Roxin*[22] das Unrecht seiner Tat nicht aus. Denn in der Strafbarkeit wegen Nötigung kommt nicht zum Ausdruck, dass er den Anderen nicht zu einer beliebigen Handlung, sondern zur Preisgabe eines strafrechtlich geschützten Gutes nötigt. Auch stellt die Tatsache, dass der sich selbst Verletzende sein Rechtsgut bewusst endgültig preisgibt, während der sich Gefährdende noch darauf hoffen kann, dass die Gefahr sich nicht realisieren wird, keinen Grund dar, den ersteren prinzipiell weniger zu schützen. Dieser Unterschied schlägt bei der Entscheidung der Frage zu Buche, ob es im Sinne einer rationalen Rechtsgüterverwaltung vernünftig ist, die Selbstverletzung als kleineres Übel zu wählen.

Dafür, dass eine Nötigung zu einer Selbstschädigung genügt, um den Nötigenden für   20
diesen Erfolg verantwortlich zu machen, auch wenn sie nicht das Niveau des § 35 erreicht, gibt es einen Beleg im positiven Recht: den Tatbestand der Erpressung. Diese ist nichts anderes als eine Selbstschädigung eines Genötigten, deren Erfolg dem Nötigenden als quasi mittelbarem Täter zugerechnet wird,[23] sie ist als besonderer Tatbestand nur deshalb nötig, weil die selbstschädigende Vermögensverfügung des Genötigten auch äußerlich keinen Straftatbestand erfüllt. Wie der Lehrlingsfall nach dem Kriterium des Ausschlusses der freiverantwortlichen Selbstverletzung zu entscheiden ist, hängt von Umständen ab, die in der Entscheidung nicht mitgeteilt sind. Hat der Meister den Lehrling zum Aufessen des ungereinigten Darmstücks etwa dadurch gebracht, dass er ihm erklärt hat, er werde ihn andernfalls als Feigling betrachten, so war die Entscheidung des Lehrlings, sich selbst körperlich zu verletzen, um nicht als Feigling verspottet zu werden, unvernünftig und demgemäß der Lehrling allein dafür verantwortlich. Hat der Meister dem Lehrling ausdrücklich oder konkludent mit Entlassung gedroht, und war dieser bei der damaligen Arbeitsmarktsituation nicht in der Lage, sich gegen dieses Übel wirksam zu wehren, so stellte sich das Aufessen des Darmstücks als das kleinere Übel dar. Hat der Meister dem Lehrling dies streng und autoritär be-

---

21  NK⁶-*Puppe* Vor § 13 Rn. 191; *Rudolphi* JuS 1969, 549 (557); *Frisch* NStZ 1992, 62 (65).
22  *Roxin* AT/2 25/54, 58.
23  *Kindhäuser/Böse* BT/2 17/29.

fohlen, und war dieser wegen seiner Jugend und seiner untergeordneten Stellung nicht in der Lage, sich gegen dieses Ansinnen zur Wehr zu setzen, so kann von einer freiverantwortlichen Selbstgefährdung ebenfalls nicht die Rede sein.

### 3. Mittelbare Täterschaft durch Ausnutzung regelhafter Abläufe – Der Konkursverschleppungsfall, BGH NStZ 1998, 568

21   ▶ Die Angeklagten waren Gesellschafter einer zahlungsunfähig gewordenen GmbH. Sie beschlossen am 15.9.1994 die Weiterführung der Gesellschaft, obwohl sie zu diesem Zeitpunkt verpflichtet gewesen wären, Konkurs anzumelden. Von dieser Zeit an bis zur Anmeldung des Konkurses am 7.12.1994 gaben die Angestellten der Gesellschaft weiterhin Lieferaufträge an Zuliefererbetriebe, deren Gegenforderungen nicht mehr erfüllt wurden. Ob die Angestellten wussten, dass ihre Firma zahlungsunfähig war, konnte das LG nicht feststellen. ◀

22   Gegenstand des Urteils ist die Verantwortlichkeit der Gesellschafter wegen Betruges. Nach der klassischen Teilnahmelehre liegt ein Betrug in mittelbarer Täterschaft nur dann vor, wenn die Angestellten gutgläubig waren. Waren sie bösgläubig, so kommt eine Anstiftung durch ausdrückliche oder konkludente Erklärung der Gesellschafter in Betracht, denn indem sie beschlossen, die Geschäfte der Gesellschaft weiterzuführen, brachten sie zum Ausdruck, dass sie von den Angestellten den Abschluss der dafür erforderlichen Einzelgeschäfte erwarteten. Sofern nicht feststellbar war, ob die Angestellten bösgläubig oder gutgläubig waren, kommt Wahlfeststellung zwischen mittelbarer Täterschaft und Anstiftung in Betracht mit der Folge, dass bei der Festsetzung der Strafe von Anstiftung auszugehen ist, weil diese trotz des gleichen Strafrahmens im Vergleich zur Täterschaft als mildere Beteiligungsform gilt. Die Entscheidung kommt aber zur eindeutigen Verurteilung wegen Täterschaft mit der folgenden Begründung:

23   „Bei der gegebenen Sachlage hängt eine Strafbarkeit wegen Betruges nicht davon ab, ob die in Bezug auf die Bestellungen unmittelbar Handelnden – was das angefochtene Urteil nicht mitteilt – dabei gutgläubig waren oder ob sie die Bestellungen in Kenntnis der Zahlungsunfähigkeit der Firma SI-Holz GmbH vornahmen. Nach den in der Rechtsprechung zur strafrechtlichen Verantwortlichkeit des Hintermannes entwickelten Grundsätzen kommt als Täter kraft Tatherrschaft auch derjenige in Betracht, der durch Organisationsstrukturen bestimmte Rahmenbedingungen ausnutzt, die regelhafte Abläufe auslösen, die ihrerseits zu der vom Hintermann erstrebten Tatbestandsverwirklichung führen. Dies hat der Bundesgerichtshof auch für unternehmerische Betätigungen bejaht. Ebenso liegt es hier. Die getroffenen Feststellungen belegen auch hinreichend, dass beide Angeklagten auf die tatsächliche Geschäftsführung – und zwar selbst gegenüber dem Zeugen Ba. als dem „formelle(n) Geschäftsführer" – den dafür notwendigen überragenden Einfluss ausübten."[24]

24   Die Rechtsfigur der mittelbaren Täterschaft durch Ausnutzung regelhafter Abläufe ist erst in jüngster Zeit vom BGH entwickelt worden.[25] Sie ist erwachsen aus der Rechtsfigur der mittelbaren Täterschaft kraft Beherrschung eines organisatorischen Machtapparats. Für diese war es charakteristisch, dass die unmittelbar Handelnden zwar auch als Täter und nicht nur als Werkzeuge agierten, aber jederzeit durch andere

---

24   NStZ 1998, 568.
25   BGH NJW 1994, 2703 (2706); BGHSt 40, 218 (236, 237 f.); BGHSt aaO S. 236; vgl. auch BGH NStZ 1996, 296 (297).

Täter hätten ausgetauscht werden können, falls sie sich weigern sollten, die Tat auszuführen.[26] Auf dieses Kriterium hat nun der BGH verzichtet, indem er Tatherrschaft des Hintermannes schon dann bejaht, wenn dieser sich auf einen von ihm organisierten oder erwarteten regelhaften Ablauf verlässt. Die Anforderungen, die der BGH an die Organisationsform stellt, die eine solche Erwartung begründen soll, sind offenbar gering. Es muss sich nicht um einen staatlich organisierten Machtapparat, eine verbrecherische Großorganisation oder auch nur einen Großbetrieb handeln, in dem sich der einzelne Ausführende als „Rädchen im Getriebe" fühlt. Der BGH hat diese Rechtsfigur inzwischen auf Kleinbetriebe wie zB eine Tierarztpraxis mit mehreren angestellten Tierärzten angewandt.[27]

Diese neue Rechtsfigur der mittelbaren Täterschaft wird nicht mehr durch das Verantwortungsprinzip begründet. Denn die Tatausführenden sind vollverantwortliche Täter und werden von der Rechtsprechung auch als solche bestraft. Es ist also unklar, worauf der BGH die Tatherrschaft gründet, die er in solchen Fällen den Hintermännern zuspricht. Wer einen vollverantwortlich handelnden Täter dahin beeinflusst, einen Straftatbestand bewusst und ohne Zwang zu erfüllen, ist normalerweise Anstifter oder gar nur psychischer Gehilfe des Täters. Aber der BGH ist offenbar der Ansicht, dass der Hintermann, angesichts seines beherrschenden Einflusses im Vorbereitungsstadium, auch auf die Entschließung des Vordermannes, damit zu billig wegkommt, obwohl der Strafrahmen für Anstifter und Täter gleich ist.[28] 25

Nimmt man § 26 wörtlich, so bezeichnet er mit dem Wort „Bestimmen" einen wesentlichen Einfluss des Anstifters auf die Entschließung des Täters. Aber die hL und Rechtsprechung hat die Anstiftung, uneingedenk der Strafrahmengleichheit mit der Haupttat, klein gemacht, indem sie den Begriff „Bestimmen" gleichsetzt mit einer sog „Verursachung" des Tatentschlusses und diese wiederum gleichsetzt mit jedem ersten Anstoß zur Tat (s. o. 25/1 ff.). Die von der hL durchaus akzeptierte Konsequenz ist, dass jeder Anstifter ist, der als erster von der Tat spricht, auch wenn sein Vorschlag noch so unverbindlich und beiläufig erfolgt. So entsteht ein Bedürfnis, jeden, dessen Einfluss auf den Täter über einen solchen unverbindlichen Verbrechensvorschlag hinausgeht, zum Täter zu erklären, mal zum mittelbaren Täter, mal zum Mittäter (s. dazu o. 23/5 ff.). So verschwimmen nicht nur die Grenzen zwischen Anstiftung und mittelbarer Täterschaft, sondern auch die zwischen mittelbarer Täterschaft und Mittäterschaft. Befreit man aber die Anstiftung aus ihrem Aschenputtel-Dasein und gibt ihr den Rang eines Bestimmens eines anderen zur Tat zurück, der ihr von Gesetzes wegen zukommt, so entfällt auch das Bedürfnis, den Firmenchef, der von seinen Untergebenen strafbare 26

---

26 *Roxin* AT/2 25/107.
27 Bezeichnend für das Zustandekommen dieser Erweiterung der Rechtsfigur der mittelbaren Täterschaft ist ein Bericht des an ihr beteiligten Bundesrichters *Nack* in GA 2006, 342 (343): „Der 5. Strafsenat des BGH hat den Fall zum Anlass genommen, die mittelbare Täterschaft weitergehend als Roxin (Machtapparat mit Fungibilität des unmittelbaren Täters) zu definieren. Der Verf. – er hat an der Entscheidung mitgewirkt – erinnert sich noch gut an sein Gespräch mit seinem Senatskollegen Gerhard Schäfer während einer Beratungspause. Wir waren uns beide einig, dass eine – die praktisch bedeutsamste – Fallgruppe mit einbezogen werden müsse; die vom Chef eines Unternehmens veranlasste Straftat, insbesondere der Betrug, bei der der Mitarbeiter des Unternehmens „weisungsgemäß" handelt. Weiter heißt es dazu an späterer Stelle (344): „Das Kriterium der „regelhaften Abläufe" hat sich seitdem in der Rechtsprechung insgesamt und auch beim BGH durchgesetzt. Die Gerichte haben das so definierte Institut der mittelbaren Täterschaft schlicht angewandt und nicht weiter hinterfragt, was sicher daran liegt, dass es den Problemen der Praxis am besten Rechnung trägt."
28 *Nack* GA 2006, 342 (344); ausdrücklich gegen diese Ausdehnung *Roxin* AT/2 25/138.

Handlungen erwartet und ihnen dies ausdrücklich oder konkludent erklärt, statt als Anstifter als Täter hinter dem Täter bestrafen zu wollen.[29]

### 4. Hinweise zur praktischen Anwendung

27    § 25 Abs. 1 2. Alt. bestimmt die mittelbare Täterschaft als Begehung „der Tat durch einen anderen". Mit der Tat ist dabei nicht der gesamte Tatbestand gemeint, sondern nur der objektive, also die im Tatbestand angegebene Beschreibung der äußeren Gestalt der Handlung, das Töten, Wegnehmen, Beschädigen usw. Die Rechtsfigur der mittelbaren Täterschaft hat die Funktion, diese Handlungsbeschreibung auf den mittelbaren Täter zu übertragen, obwohl dieser sie selbst nicht erfüllt. Deshalb muss auch dann, wenn mittelbare Täterschaft offensichtlich vorliegt, die Prüfung des Einzelfalles mit dem Tatnächsten, also dem Werkzeug beginnen. Denn dieses allein erfüllt den objektiven Tatbestand. Bei der Prüfung der Strafbarkeit des Werkzeugs wird sich dann herausstellen, welches Defizit es aufweist. Ein Vorsatzmangel des Werkzeugs erweist sich bei der Prüfung des subjektiven Tatbestandes, ein Handeln durch ein sog gerechtfertigtes Werkzeug bei den objektiven Voraussetzungen der Rechtfertigung, ein Erlaubnistatbestandsirrtum bei den subjektiven Voraussetzungen der Rechtfertigung, das Fehlen von Schuldvoraussetzungen nach §§ 19 und 20, sowie Entschuldigungsgründe, zB § 35, stellen sich bei der Prüfung der Schuld heraus.

28    An diese Defizite muss die Prüfung der mittelbaren Täterschaft anknüpfen. Sie ist nur dann begründet, wenn aus diesem Defizit dem mittelbaren Täter die Beherrschung des Werkzeugs zuwächst. Der mittelbare Täter muss also das Defizit kennen und nutzen, er braucht es nicht unbedingt verursacht zu haben. Da der mittelbare Täter die tatbestandsmäßige Handlung nicht selbst ausführt sondern diese ihm nach § 25 zugerechnet wird, entsteht das Problem, welche Handlung des mittelbaren Täters diese Zurechnung, also die mittelbare Täterschaft begründet. Dies ist die Einwirkung auf das Opfer. Rein äußerlich hat diese die Gestalt einer Verursachung des Defizits des Werkzeugs, beispielsweise durch Täuschung über die Tatbestandsverwirklichung, oder einer Ausnutzung des Defizits beispielsweise durch Anstiftung eines Schuldunfähigen. Beides zugleich liegt bei einer Nötigung zur Tatbestandsverwirklichung vor, sofern diese eine mittelbare Täterschaft begründet. Das ist dann der Fall, wenn das Werkzeug nach § 35 entschuldigt ist.

29    Da die Handlung, durch die die mittelbare Täterschaft begründet wird im Gesetz selbst nicht beschrieben ist, kann die gesetzliche Definition des Versuches, „wer nach seiner Vorstellung von der Tat zur Tatbestandsverwirklichung unmittelbar ansetzt" in § 22 auf die mittelbare Täterschaft nicht angewandt werden. Demgemäß besteht, wie wir oben (20/28 ff.) gesehen haben, ein Streit um die Frage, wann bei mittelbarer Täterschaft die Ausführung beginnt. Dieser Streit ist für eine Fallbearbeitung natürlich nur dann einschlägig, wenn es nicht zur Vollendung der Tat durch das Werkzeug gekommen ist. Bei der Begutachtung eines Einzelfalls ist zunächst von dem spätesten dieser Zeitpunkte auszugehen. Das ist der Anfang der Ausführung durch das Werkzeug. Ist dieser erfüllt, so sind es auch alle früheren. Hat das Werkzeug noch nicht mit der Ausführung der Tat begonnen, so ist der nächst frühere Zeitpunkt zugrunde zu legen. Das ist der Moment, in dem der Täter die Einwirkung auf das Werkzeug begründet und es in der Erwartung der Tatbegehung aus seinem Einflussbereich entlässt. Hat der

---

29 *Puppe* GA 2013, 514 (529 f.).

mittelbare Täter dies getan, das Werkzeug aber noch nicht mit der Tatausführung begonnen, so ist zwischen diesen beiden Ansichten zur Bestimmung des Anfangs der Ausführung zu entscheiden. Erst wenn beide nicht erfüllt sind, ist die dritte Bestimmung des Anfangs der Ausführung zu prüfen. Dies ist der Zeitpunkt, in dem der Täter mit derjenigen Einwirkung auf das Werkzeug beginnt, durch die er es zur Tatbestandsverwirklichung veranlassen will.

Die umgekehrte Vorgehensweise, zunächst mit dem frühesten Zeitpunkt zu beginnen, und sich dann bis zum letzten Zeitpunkt vorzukämpfen, ist bei Kandidaten beliebt, weil sie glauben, dass ihre Falllösung umso besser sei, je mehr Subsumtionen oder gar Streitentscheidungen sie enthält. Richtig ist das Gegenteil. Wenn der mittelbare Täter das Werkzeug dahin gebracht hat, dass es mit dem Anfang der Ausführung beginnt, hat er auch alle anderen diskutierten Voraussetzungen eines Versuchs der mittelbaren Täterschaft erfüllt. Er hat auf das Werkzeug mit dem Ziel, es zur tatbestandsmäßigen Handlung zu motivieren eingewirkt und er hat das Werkzeug auch aus seinem Machtbereich entlassen. Dann erübrigt sich jede Diskussion der Frage, ob auch diese Verhaltensweisen den Begriff des Anfangs der Ausführung erfüllen, sowie jede Subsumtion der Verhaltensweisen unter diese Begriffe.

30

## § 25 Die Anstiftung

### 1. Der objektive Tatbestand der Anstiftung –
### Der Bank- oder Tankstellenfall, BGHSt 34, 63[1]

1 ▶ Der spätere Haupttäter W war unter Mitnahme einer Pistole und eines Kraftwagens aus seinem Elternhaus ausgerissen und wandte sich an den Angeklagten wegen falscher Papiere, um sich ins Ausland abzusetzen. Der Angeklagte erklärte ihm, dass die falschen Papiere etwa 10.000 DM kosten würden und dass er ohnehin ohne Geld nicht ins Ausland fliehen könne. Nachdem W seinen Vorschlag, die Pistole oder das Fahrzeug zu verkaufen, abgelehnt hatte, sagte der Angeklagte „ ... dann müsstest du eine Bank- oder Tankstelle machen." W äußerte sich dazu nicht. Am Morgen des Tages, an dem er sich mit A wegen der falschen Papiere wieder treffen wollte, überfiel er die Filiale einer Kreissparkasse, offenbar um sich das für die falschen Papiere und die Flucht ins Ausland erforderliche Geld zu verschaffen. ◀

Mit der folgenden Begründung spricht der BGH den Angeklagten vom Vorwurf einer Anstiftung zum Raub, bzw. zur räuberischen Erpressung frei:

> „Der Vorsatz des Anstifters muss sich auf die Ausführung einer zwar nicht in allen Einzelheiten, wohl aber in ihren wesentlichen Merkmalen oder Grundzügen konkretisierten Tat beziehen. (...) Da der Anstifter für die Tat des Angestifteten ebenso wie dieser selbst einstehen muss, ist zu verlangen, dass die Tat nicht nur nach Tatbestandstypus und allgemeinen Gattungsmerkmalen des Tatobjekts festgelegt ist, sondern in der Vorstellung des Anstifters in ihrem tatsächlichen, freilich noch nicht bis „ins Detail" ausgeführten Bild als wenigstens umrisshaft individualisiertes Geschehen erscheint."[2]

2 Bemerkenswert ist zunächst, dass der BGH das Problem im subjektiven Tatbestand verortet. Die Anstiftung ist ein erfolgskongruentes Delikt, so dass der subjektive Tatbestand inhaltlich über den objektiven Tatbestand nicht hinausgeht. Muss der Vorsatz des Täters sich auf ein irgendwie individualisiertes Delikt beziehen, so muss dies also auch für den objektiven Tatbestand, also die Erregung des Tatentschlusses gelten. Es liegt also schon objektiv keine Anstiftung vor, wenn der Anstifter es dem Täter überlässt, die Tatbestandsverwirklichung zu konkretisieren. Dies gilt natürlich auch dann, wenn der Täter den unbestimmten Vorschlag zufällig so konkretisiert hat, wie der Anstifter es sich vorgestellt hat, wenn also in unserem Beispiel der A bei seinem Vorschlag, eine Bank- oder eine Tankstelle zu machen, insbesondere an die von W tatsächlich überfallene Kreissparkasse in X gedacht hatte.[3]

3 Aber würde es für eine Anstiftung wirklich genügen, wenn A zu W gesagt hätte: „Da müsstest du eben eine Bank- oder Tankstelle machen, beispielsweise die Kreissparkasse in X"? In diesem Zusammenhang wird nur eine sehr alte Reichsgerichtsentscheidung zitiert,[4] in der das Reichsgericht den Rat an eine Dienstmagd, der ihre Herrin Bargeld anvertraute, sie sei dumm, wenn sie sich nicht heimlich „Geld macht", nicht als Anstiftung hat ausreichen lassen, weil der Vorschlag der Unterschlagung zu unbestimmt sei. Dabei war dieser Vorschlag nach der Identität des Opfers der Ausnutzung einer beson-

---

1 = MDR 1986, 685 = JZ 1986, 906 mAnm *Roxin* JZ 1986, 908 = NJW 1986, 2770 = NStZ 1986, 407 = StV 1988, 419 mAnm *Günther* StV 1988, 421; Bespr. *Herzberg* JuS 1987, 617.
2 BGHSt 34, 63 (66).
3 *Herzberg* JuS 1987, 617 (620).
4 RGSt 1, 110 f.

deren Tatgelegenheit und der Art der Ausführung durchaus konkret. Fälle, in denen jemand einem anderen einen unverbindlichen Verbrechensvorschlag macht, ohne ihn weiter zu beeinflussen oder sonst ein Interesse an der Tatbegehung zu wecken, beschäftigen unsere Gerichte wohl kaum. In der Lehre geht der Streit hauptsächlich darum, ob auch die bewusste Schaffung einer zu Straftaten provozierenden oder verführenden Situation als Anstiftung ausreicht, wenn dadurch der Tatentschluss eines Haupttäters „verursacht" wird,[5] oder ob der Anstifter dem Täter, sei es ausdrücklich, sei es auch konkludent, einen Verbrechensvorschlag machen oder ihn zur Tat aufgefordert haben muss.[6] Im Gesetz steht aber, dass Anstifter ist, wer den Täter zur Tat „bestimmt". Er muss also einen bestimmenden Einfluss auf den Täter ausüben und zwar bei Begehung der Tat, also in dem Moment, in dem der Täter den Bereich strafloser Vorbereitung verlässt und zur Ausführung der Tat unmittelbar ansetzt.[7] Da der Angestiftete nicht Werkzeug des Anstiftenden, sondern eine sich frei zur Tatbegehung entscheidende Person ist, kann die Bestimmung zur Tat nur darin bestehen, dass der Anstifter mit dem Täter einen Unrechtspakt schließt, durch den der Täter sich dem Anstifter gegenüber zu der bestimmten Tat verpflichtet. – Es versteht sich, dass es sich dabei nicht um eine Verpflichtung im Rechtssinne handelt. Der Erfolg der Bestimmung tritt aber erst dadurch ein, dass der Haupttäter die Tat begeht, um diesen Unrechtspakt zu erfüllen, mag das auch nicht sein einziges Motiv sein.[8] Der Täter ordnet sich also freiwillig dem Anstifter unter, entwickelt also genau die Geisteshaltung, die die subjektive Täterlehre als animus socii bezeichnet.[9] Das entlastet ihn nicht, weil er es freiwillig tut und die Tat selbst ausführt. Die Stellung des Anstifters unterscheidet sich von der des Mittäters nur dadurch, dass er nicht an der Tatausführung teilnimmt, von der des mittelbaren Täters dadurch, dass er den Haupttäter nicht als Werkzeug beherrscht (s. dazu schon o. 22/6 ff.).

Diese Bestimmung und Einschränkung des objektiven Tatbestandes der Anstiftung wird der Tatsache gerecht, dass der Anstifter prinzipiell nach dem Strafrahmen des Täters, wenn auch in der Regel milder bestraft wird. Obwohl in der Lehre die tätergleiche Strafbarkeit des Anstifters immer wieder beklagt wird, wird die hier vorgeschlagene Einschränkung des Begriffs der Anstiftung von der hL abgelehnt, ohne dass zur Begründung mehr angeführt wird, als dass sie zu weitgehend sei und die Anstiftung der Mittäterschaft zu stark annähere.[10] Aber aus der herrschenden Lehre, wonach für die Anstiftung jeder unverbindliche Verbrechensvorschlag genügen soll, lässt sich keine Begründung dafür ableiten, dass der Anstifter schwerer bestraft wird

4

---

5  BGH GA 1980, 184; Lackner/Kühl-*Kühl* § 26 Rn. 2; *Herzberg* (1977), 4. Teil II 2b; *Bloy* (1985), 329; *Widmaier* JuS 1970, 241 (242); *Heghmanns* GA 2000, 473 (487).
6  *Roxin* AT/2 26/74; *ders.* Stree/Wessels-FS (1993), 365 (376 f.); Schönke/Schröder-*Heine/Weißer* § 26 Rn. 3 f.; *Fischer* § 26 Rn. 3; *Schmidhäuser* StudB, 10/113; *Jescheck/Weigend* AT § 64 II 1; *Otto* AT 22/35; *ders.* JuS 1982, 557 (560); *Wessels/Beulke/Satzger* AT Rn. 881; *Baumann/Weber/Mitsch/Eisele* AT 26/26 f.; *Meyer* MDR 1975, 982.
7  *Puppe* GA 1984, 101 (113, 117); *Jakobs* AT 22/22; *Köhler* AT S. 521.
8  *Puppe* GA 1984, 101 (112 ff.); *dies.* GA 2013, 514 (517); SK-*Hoyer* § 26 Rn. 8 f., 13 f.; *Jakobs* AT 22/22; *Köhler* AT 521.
9  *Jakobs* AT 22/22.
10 NK-*Schild* § 26 Rn. 6; MüKo-*Joecks/Scheinfeld* § 26 Rn. 20; Schönke/Schröder-*Heine/Weißer* § 26 Rn. 3 f.; *Jescheck/Weigend* AT § 64 II 1, Fn. 11; Maurach/Gössel/Zipf-*Renzikowski* AT/2 51/18; *Otto* AT 22/35; *Schulz* JuS 1986, 933 (939 ff.); *Stein* (1988), 171 ff.; *Joerden* Puppe-FS (2011), 563 (567). Nur *Roxin* wendet gegen sie ein, sie sei mit dem Gesetzeswortlaut nicht vereinbar, denn eine „Bestimmung" sei keine „Verpflichtung" AT/2, 26/89. Aber wie sonst soll man eine frei handelnde Person zu einer späteren Handlung bestimmen, als dadurch dass man sie dazu (natürlich nicht im Rechtssinne) verpflichtet? Oder ist „bestimmen" etwa das Gleiche wie „auffordern"?, so *Roxin* AT/2 26/74.

als der Gehilfe, außer der, dass der Anstifter den ersten Anstoß zur Tat gegeben hat. Diese Begründung ist dürftig und vermag die tätergleiche Bestrafung des Anstifters nicht zu rechtfertigen, weil der Einfluss, den man durch einen bloßen unverbindlichen Vorschlag, ein Verbrechen zu begehen, auf den Täter ausübt, gering ist, auch wenn der Täter das angesonnene Verbrechen später begeht. Es fällt sogar schwer, in diesem Fall von Kausalität für den Tatentschluss überhaupt zu sprechen, da der Täter in seiner Entscheidung ja frei ist.[11] Was hier als Kausalität angesehen wird, ist ein diffuser und schwacher Motivationszusammenhang, der lediglich daraus abgeleitet wird, dass der Täter genau die Tat begangen hat, die der Anstifter ihm vorgeschlagen hat. Im Schrifttum sind inzwischen verschiedene Vorschläge zur Einschränkung des Begriffs der Anstiftung unterbreitet worden, die unter vorgängiger Ablehnung der Lehre vom Unrechtspakt und sorgfältiger Vermeidung ihrer Terminologie nahezu auf dasselbe hinauslaufen.[12] Man kann dieses Phänomen in der heutigen Strafrechtsliteratur nicht selten beobachten.

5    Deshalb ist es auch eine Kardinalfrage für die herrschende Lehre, in welchen Eigenschaften die Täterhandlung mit dem Vorschlag des Anstifters übereinstimmen muss, damit wenigstens dies behauptet werden kann. Nun gibt es aber abgesehen vom ungefähren Ausmaß der Rechtsgutsverletzung, dass beispielsweise bei einem Banküberfall auch nicht genau festliegen kann, keine allgemeingültigen abstrakten Identitätskriterien einer Tatbestandsverwirklichung, anhand deren entschieden werden könnte, ob der Täter diejenige Tat begangen hat, die der Anstifter ihm vorgeschlagen hat, oder eine andere. Weder der genaue Zeitpunkt noch der Ort der Tat lässt sich als unabdingbares Identitätskriterium normativ legitimieren, nicht einmal die Identität des Tatopfers. Würde man in unserem Beispielsfall die Identität ablehnen, wenn der A dem W ganz genaue Ratschläge darüber gegeben hätte, wie er die Tat ausführen, wie er sich maskieren, wie er die Pistole verwenden, was er bei der Tatausführung sagen solle, zu welchem Zeitpunkt er die Tat begehen solle usw und W sich an alle diese Ratschläge gehalten hätte, nur dass er statt der von A vorgeschlagenen Sparkasse in X die in Y überfallen hätte? Die herrschende Lehre kann also gar nicht angeben, durch was für Eigenschaften der Anstifter die Tat konkretisieren muss um sie ausreichend zu bestimmen. Sie kann demzufolge auch nicht angeben, in welchen Bestimmungsstücken die vom Täter wirklich begangene Tat mit der vom Anstifter vorgeschlagenen übereinstimmen muss, damit der Anstifter für sie haftet und kein Täterexzess vorliegt. Es bleibt der herrschenden Lehre nichts anderes übrig, als intuitiv zu entscheiden, ob der Anstifter die Tat ausreichend konkretisiert hat, sodann alle Eigenschaften der Tat zu sammeln, die mit dem Vorschlag des Anstifters übereinstimmen und wiederum intuitiv zu entscheiden, ob diese Übereinstimmungen ausreichen, um noch davon zu sprechen, dass es ein und dieselbe Tat ist.

6    Für die hier vertretene Lehre vom Unrechtspakt stellt sich das Problem nicht, jedenfalls nicht in der gleichen Schärfe. Wenn der Anstifter den Täter wirklich zu einer Tat bestimmt, die in seinem, bzw. in gemeinsamem Interesse ist, so wird er die Tat in der Regel auch ausreichend individualisieren. Soweit er dem Haupttäter Entscheidungsfreiheit in den Einzelheiten der Tatausführung lässt, auch wenn es sich beispielsweise

---

11    *Puppe* GA 1984, 101 (103 ff.); *Köhler* AT S. 521.
12    MüKo-*Joecks/Scheinfeld* § 26 Rn. 20; *Amelung* Schroeder-FS (2006), 147 (148, 163); *Joerden* Puppe-FS (2011), 563 (570 ff.); ihm folgend *Nepomuck* Anstiftung und Tatinteresse (2008), 167 ff.; näher dazu *Puppe* GA 2013, 514 (518 ff.).

um die Auswahl des Opfers handelt, berühren diese Tatelemente die Identität der Tat nicht. Ändert der Täter eines der Details der Tatbestandsverwirklichung, die der Anstifter festgelegt hat, so liegt auch darin nicht notwendig ein Täterexzess. Denn entscheidend für den objektiven Tatbestand, insbesondere den Erfolg der Anstiftung, ist, dass der Täter die Tat begeht, um die Verabredung mit dem Anstifter zu erfüllen. Solange er glaubt, dass die Planänderung im gemeinsamen Interesse liegt, hält er sich im Rahmen der Anstiftung. Ein Exzess liegt erst dann vor, wenn er sich bewusst über den gemeinsamen Tatplan und über das gemeinsame Tatinteresse hinweg setzt.[13] Nehmen wir in unserem Beispielsfall an, A und W hätten tatsächlich eine Verabredung des Inhalts getroffen, dass W im beiderseitigen Interesse eine Sparkasse überfallen soll und A hätte ihm beiläufig die Kreissparkasse in X als mögliches Objekt genannt. Dann liegt kein den Anstifter entlastender Exzess vor, wenn W stattdessen die Sparkasse in Y überfällt, in der Überzeugung, dass dies dem gemeinsamen Interesse ebenso entspreche. Dies gilt auch dann, wenn es dem A gerade auf die Sparkasse in X angekommen wäre, weil er mit deren Direktor ein Hühnchen zu rupfen hatte, sofern er dem W dies verschwiegen hat.

Wer dem späteren Haupttäter einen unverbindlichen Vorschlag macht, eine bestimmte Tat zu begehen, oder eine Tat in einer bestimmten Weise zu begehen, ist nur Gehilfe, sog Ratgehilfe, wenn der Täter diesem Vorschlag folgt. Aber im vorliegenden Fall kommt nicht einmal eine solche Ratgehilfenschaft in Betracht, da A dem W keinerlei Rat oder Information gegeben hat, die er bei der Ausführung der Tat hätte verwerten können. Das einzige, was er ihm gesagt hat, war, dass ein Überfall auf eine Tankstelle oder Bank eine Möglichkeit ist, sich Geld zu verschaffen. Das wusste A sicher ohnehin. Im Ergebnis hat also der BGH den Angeklagten zu Recht völlig frei gesprochen. Dieses Ergebnis wäre auch dann richtig, wenn sich im Einzelfall feststellen ließe, dass A durch diese Äußerung des W erst auf die Idee gebracht worden ist, eine Bank oder Tankstelle zu überfallen.

**2. Die sog. Umstiftung – Der Knüppelfall, BGHSt 19, 339**

▶ Der Angeklagte hatte gemeinsam mit O und M einen Raubüberfall auf eine alte Frau geplant. An der Ausführung wollte er sich nicht beteiligen, weil er bereits wegen schweren Diebstahls vorbestraft war, er sollte aber einen Anteil an der Beute erhalten. Er erteilte den ausführenden O und M den Rat, einen Knüppel mitzunehmen und damit die Beraubte durch Schläge auf den Hinterkopf bewusstlos zu machen. Das Opfer starb an solchen Schlägen mit einem Knüppel. ◀

Der amtliche Leitsatz des Urteils spricht dafür, dass O und M die Tat bereits geplant hatten, ehe der Angeklagte zu ihnen stieß. Er lautet:

> „Auch wenn der Täter bereits zum Raub fest entschlossen ist, macht sich der Anstiftung zum schweren Raub schuldig, wer ihn bestimmt, bei der Tat eine Waffe zu verwenden."[14]

Nach den heute in der Rechtsprechung üblichen Maßstäben hätte der Angeklagte ohne Weiteres als Mittäter zum Raub mit Todesfolge verurteilt werden können, weil er einen Anteil der Beute erhalten sollte und im Vorbereitungsstadium einen fördernden Tatbeitrag geleistet hat (s. o. 22/5 ff.). Zur Zeit der Entscheidung war man mit der

---

13  *Altenhain* (1994), 116 f.
14  BGHSt 19, 339.

Mittäterschaft, insbesondere bei fehlender Beteiligung an der Tatausführung, offenbar noch vorsichtiger. An der Planung des Raubes selbst war der Angeklagte offenbar nicht beteiligt, weil sie zur Zeit seines Ratschlages bereits vorhanden war. Nach der herrschenden Lehre ist damit die Anstiftung zum Raub eigentlich ausgeschlossen, weil die Täter den Vorsatz zum Raub bereits gefasst hatten. Man nennt einen solchen Täter im Vorbereitungsstadium einen omnimodo facturus, und nach herrschender Lehre kann ein solcher nicht mehr angestiftet werden.[15] Trotzdem hat der BGH im vorliegenden Fall eine Verurteilung des Angeklagten wegen Anstiftung zum bewaffneten Raub mit Todesfolge mit der folgenden Begründung bejaht:

10 „Die Bedenken der Revision gegen die Verurteilung wegen A n s t i f t u n g zum Raub sind unbegründet; wenn die Täter auch bereits entschlossen waren, den Raub zu begehen, so hat doch der Angeklagte sie bestimmt, die Tat unter Verwendung eines Knüppels in einer Art und Weise auszuführen, durch die ihr Unwertgehalt gegenüber dem ursprünglichen Plan erheblich erhöht worden ist; er hat damit ihren Tatentschluß übersteigert. Weil die Täter zu dieser Ausführungsart von sich aus noch nicht bereit waren, der Angeklagte sie dazu erst verleitet hat, liegt nicht nur psychische Beihilfe, sondern Anstiftung vor. Der Senat ist der Auffassung, daß es für diese Beurteilung nicht entscheidend darauf ankommt, ob die Täter zur Verwirklichung eines anderen mit schwererer Strafdrohung bewehrten Tatbestandes veranlaßt werden, sondern auf den erheblich erhöhten Unrechtsgehalt, der auch in der gefährlichen Ausführungsart liegen kann, ohne daß sich an der rechtlichen Beurteilung der Tat etwas ändert. Diese Frage bedarf indessen hier keiner weiteren Erörterung. Wer die zum Raub entschlossenen Täter bestimmt, statt des einfachen Raubes einen Raub mit Waffen zu begehen, macht sich jedenfalls der Anstiftung zu einem Verbrechen nach § 250 Abs. 1 Nr. 1 StGB schuldig. Ob und unter welchen Voraussetzungen Anstiftung vorliegen kann, wenn die Täter zu einer Ausführungsart veranlasst werden, die im Unwertgehalt geringer ist als die zunächst geplante, ist hier ebenfalls nicht zu entscheiden.“[16]

11 Die Rede von der Übersteigerung des Tatentschlusses und vom erheblich erhöhten Unwertgehalt kann aber nicht darüber hinwegtäuschen, dass es hier einen abtrennbaren Teil des Unrechts gibt, für den der Angeklagte nach der Lehre vom omnimodo facturus nicht als Anstifter verantwortlich gemacht werden kann, nämlich den bereits verabredeten einfachen Raub.[17] Es kommt also nach der Lehre vom omnimodo facturus zu dem Raub mit Todesfolge nur eine Beihilfe in Betracht in Verbindung mit einer Anstiftung zur gefährlichen Körperverletzung mit Todesfolge. Für die Lehre vom omnimodo facturus tritt damit das Problem auf, wann ein von den bereits im Planungsstadium befindlichen Tatgenossen angenommener Ratschlag die ursprünglich geplante Tat dergestalt verändert, dass man von einer anderen Tat sprechen muss. Die Schwierigkeit, allgemeine Maßstäbe für die Identität einer Tat zu entwickeln, haben wir bereits kennen gelernt.

12 Trotzdem ist die Entscheidung des BGH im Ergebnis richtig. Denn die Lehre vom omnimodo facturus ist sowohl psychologisch falsch als auch normativ unhaltbar. Sie geht von der Vorstellung aus, dass es im Vorbereitungsstadium einen Augenblick gibt,

---

15 Lackner/Kühl-*Kühl* § 26 Rn. 2a; LK-*Schünemann/Greco* § 26 Rn. 17 ff.; *Roxin* AT/2 26/65; Schönke/Schröder-*Heine/Weißer* § 26 Rn. 6; *Fischer* § 26 Rn. 4; *Jescheck/Weigend* AT § 64 II 2c; *Otto* AT 22/37; *Wessels/Beulke/Satzger* AT Rn. 883.

16 BGHSt 19, 339 (340 f.).

17 Zur Kausalität für abtrennbare Erfolgsteile s. die 1. Aufl. AT/1 9/1 ff.

in dem der die Tat Vorbereitende durch einen geheimnisvollen inneren Akt den Tatentschluss fasst, dergestalt, dass er danach die Tat wie ein Automat ausführt. Die eigene psychische Erfahrung lehrt uns etwas anderes. Wann immer wir vor einer Handlung stehen, zu deren Ausführung etwas Mut oder Entschlossenheit gehört, erfahren wir, dass wir den wirklichen tatmächtigen Entschluss in dem Moment fassen, in dem wir die Handlung ausführen. Vor diesem Zeitpunkt steht noch gar nicht fest, ob wir uns dazu entschließen werden. Mancher, der sich im Vorbereitungsstadium fest zur Tat entschlossen fühlt, macht in der Feuerprobe der kritischen Situation die Erfahrung, dass sein Entschluss ins Wanken gerät oder gar zur Tatausführung nicht ausreicht. Das gilt, jedenfalls prinzipiell, auch für den routinierten Straftäter. Einen omnimodo facturus gibt es also schon im psychologischen Sinne nicht.[18]

Aber auch normativ ist ein solches Modell vom Täter nicht akzeptabel. Der Täter wird vom Beginn bis zum Ende der Ausführung seiner Tat als freie Person angesehen. Als Entscheidung für die Tat im Rechtssinne gilt der Beginn ihrer Ausführung. Was zuvor geschieht, gedacht oder geplant wird, ist als bloße Vorbereitung straflos. Deshalb konstituiert sich auch der Vorsatz im Rechtssinne erst im Moment der Tatausführung (s.o 10/26).[19] Dieser Gedanke liegt der Unterscheidung zwischen Vorbereitung und Versuch und letztlich der Strafbarkeit des Versuches zugrunde. Einen omnimodo facturus gibt es also auch von Rechts wegen nicht. — 13

Daraus folgt, dass es für die Anstiftung nicht entscheidend ist, welchen Einfluss der Anstifter irgendwann im Vorbereitungsstadium gehabt hat, sondern allein, welchen Einfluss er im Moment der Tatausführung auf das Verhalten des Täters und seine Motivation hat. Der Unrechtspakt, der die Anstiftung begründet, kann also auch mit einem sog omnimodo facturus noch geschlossen werden. Entscheidend ist allein, dass er im Moment der Tatausführung durch die Verabredung mit dem Anstifter bestimmt wird.[20] — 14

Daraus ergibt sich für den vorliegenden Fall, dass der Angeklagte Anstifter zur gesamten Raubtat gewesen ist, unabhängig davon, ob er den ursprünglichen Tatplan initiiert hat oder erst später dazugestoßen ist. Denn der später ausgeführten Tat, inklusive der Verwendung des Knüppels, lag eine mit ihm getroffene Verabredung zugrunde, die die Täter unter anderem auch deshalb ins Werk setzten, weil sie sie mit ihm verabredet hatten. Die Tatsache, dass er an der Beute beteiligt werden sollte, gibt jedenfalls darauf einen Hinweis. — 15

Lehnt man die Lehre vom omnimodo facturus, der nicht mehr angestiftet werden kann, grundsätzlich ab, so stellt sich das Problem der Aufstiftung als solches nicht mehr. Eine Anstiftung zur gesamten Tat liegt dann vor, wenn sie von den Tätern aufgrund einer Verabredung mit dem Anstifter in dieser Form begangen worden ist. Auch ein Problem der Herunterstiftung stellt sich nicht. Denn der bloße Rat, die Tat in einer weniger schweren Form zu begehen, ist ohnehin nicht geeignet, den Ratgeber zum Anstifter zu machen. Es käme allenfalls eine Strafbarkeit als Gehilfe in Betracht. Diese scheitert aber daran, dass er den Erfolg der Tat reduziert hat. Wer eine Ursache dafür setzt, dass ein geringerer Schaden eintritt als ohne seine Handlung, wird dadurch — 16

---

18  *Puppe* GA 1984, 101 (117 ff.); *dies.* Spinellis FS (2001), 915 (918 f.) = ZIS 2007, 234 (235); *dies.* GA 2013, 514 (520 f.).

19  *Puppe* GA 1984, 101 (117); *dies.* Spinellis FS (2001), 915 (919) = ZIS 2007, 234 (235); *dies.* NK § 15 Rn. 101; Maurach/Gössel/Zipf-*Renzikowski* AT/2 51/11.

20  *Puppe* GA 1984, 101 (119); *dies* GA 2013, 514 (521); SK-*Hoyer* § 26 Rn. 8 f., 14.

für den verbleibenden Rest weder kausal noch verantwortlich (s. o. 1/10 f.). Hätte der Angeklagte, umgekehrt wie im vorliegenden Fall, den Tätern von der Mitnahme einer Waffe abgeraten, so wäre er allein um dieses Rates Willen nicht Anstifter des Raubes und auch nicht Gehilfe. Etwas anderes würde nur dann gelten, wenn er zugleich in die Gemeinschaft des Tatplans als Mitträger des gemeinsamen Tatentschlusses dergestalt eingetreten wäre, dass die Täter den Plan auch deshalb ins Werk gesetzt hätten, weil sie ihm dies zugesagt haben.

17    Da es keinen omnimodo facturus gibt, und es allein auf den psychischen Einfluss des Anstifters auf den Täter im Moment der Tatausführung ankommt (s. dazu u. 25/3), sind Mittäter gegenseitige Anstifter. Daraus rechtfertigt sich, dass jedem die Handlungen des Tatgenossen wie eigene zugerechnet werden, obwohl er die Tatgenossen nicht wie Werkzeuge beherrscht (s. o. 22/3 ff.). Kommt ein Mittäter nicht dazu, seinen Tatbeitrag zu erbringen, weil der Versuch bereits fehlschlägt, nachdem ein Tatgenosse ihn begonnen hat, so bleibt er also als Anstifter zu dessen Versuch strafbar.[21] Ihn nach der sog Gesamtlösung auch als Mittäter für den Versuch des Tatgenossen verantwortlich zu machen, besteht danach weder eine Berechtigung noch ein praktisches Bedürfnis.

### 3. Hinweise zur praktischen Anwendung

18    Bei der Darstellung der Anstiftung ist in den Lehrbüchern immer wieder vom doppelten Anstiftervorsatz die Rede. Aber es geht hier nicht primär um einen doppelten Vorsatz, sondern um einen doppelten Erfolg der Anstiftung, auf den sich dann auch der Vorsatz beziehen muss. Der erste Erfolg jeder Anstiftungshandlung ist der Versuch des Haupttäters die ihm angesonnene Tat auszuführen. Da auch dieser Versuch eine Tat iSv § 26 ist, begründet zunächst er die Strafbarkeit der Anstiftung zum Versuch. Der zweite Erfolg ist die Vollendung der Tat durch den Haupttäter, also der tatbestandsmäßige Erfolg der Haupttat. Er begründet die Strafbarkeit wegen Anstiftung zum vollendeten Delikt. Fehlt es an beidem, ist also der Haupttäter gar nicht zum Versuch gekommen, sei es dass er den Vorschlag des Anstifters abgelehnt hat, sei es dass er vor Beginn der Ausführung an der Verwirklichung des gemeinsamen Plans gehindert wurde, so kommt für den Anstifter nur eine Strafbarkeit wegen versuchter Anstiftung nach § 30 in Betracht und dies nur dann, wenn die Haupttat ein Verbrechen ist.

19    Dass sich auf diesen doppelten Erfolg der Anstiftung auch der Vorsatz der Anstiftung beziehen muss, ist nichts Besonderes. Der subjektive Tatbestand eines Vorsatzdelikts muss sich stets auf alle Merkmale des objektiven Tatbestands beziehen. Das ist in Fällen der Anstiftung vor allem dann von Bedeutung, wenn der Täter eine Vorsatzgefahr für den Erfolgseintritt setzt, der Anstifter aber weiß, dass sich diese Gefahr nicht realisieren kann oder sie selbst abwenden will, sog agent provocateur. Für einen solchen agent provocateur ist nicht nur die Strafbarkeit wegen Anstiftung zum vollendeten Delikt nicht begründet, sondern nach ganz hL ist er auch nicht wegen Anstiftung zum Versuch zu bestrafen. Das wird damit begründet, dass der Strafgrund der Teilnahme nicht in der Verführung des Täters besteht, sondern in der Beteiligung an dem von diesem verwirklichten Unrecht.[22] Wie beim Haupttäter ist auch beim Anstifter (oder Gehilfen) der Versuch ein Delikt mit überschießender Innentendenz, dh er ist nur unter der Voraussetzung gegeben, dass sich

---

21    *Puppe* Spinellis-FS (2001), 915 (933) = ZIS 2007 234 (242).
22    LK-*Schünemann/Greco* Vor § 26 Rn. 1 ff.

der Vorsatz auch auf den Erfolg der Haupttat bezieht. Das gilt für die Anstiftung zum Versuch wie auch für die versuchte Anstiftung nach § 30.

Die Tat des Haupttäters wird dem Anstifter nur dann als Erfüllung des Anstiftervorsatzes zugerechnet, wenn sie mit derjenigen identisch ist, zu der er den Täter bestimmt hat. Ist es eine andere Tat, so liegt ein sog Täterexzess vor. Ob die Tatbestandsverwirklichung des Haupttäters diejenige ist, zu der der Anstifter ihn bestimmt hat, hängt davon ab, ob der Täter beim Versuch in der Vorstellung handelt, die vom Anstifter angesonnene Tat zu begehen. Die Identität des Versuchs, den der Täter tatsächlich ausführt, mit dem, zu dem der Anstifter ihn bestimmt hat, ist die Grundlage der Akzessorietät der Anstiftung zur Haupttat. Das bedeutet, dass die Tat dem Anstifter so zugerechnet wird, wie sie vom Täter begangen worden ist. Wenn ein Irrtum des Täters über das Tatobjekt oder den Kausalverlauf die Zurechnung des Erfolges zu seiner Handlung nicht hindert, so hindert er auch nicht die Zurechnung des Erfolges zum Anstifter.    20

Zum objektiven Tatbestand der Anstiftung gehört auch der Streit um die Frage, welche Beziehung zwischen der Anstifterhandlung und dem Tatentschluss des Haupttäters bestehen muss, um das Erfordernis des Bestimmens zur Tat iSv § 26 zu erfüllen. Die strengsten Voraussetzungen an den objektiven Tatbestand stellt die Lehre vom Unrechtspakt, die ein erfolgreiches Bestimmen des Täters zur Tat nur dann annimmt, wenn der Täter dem Anstifter die Begehung der Tat zugesagt hat und diese dann begeht, um diesen Unrechtspakt zu erfüllen, mag dies auch nicht sein ausschließliches Tatmotiv sein. Die hL nimmt ein Bestimmen zur Tat bereits dann an, wenn der Anstifter dem Täter den Vorschlag gemacht hat, die Straftat zu begehen. Voraussetzung ist aber, dass der Haupttäter nicht bereits vorher, wie es heißt, zu dieser Tat entschlossen gewesen ist. Noch weiter ist ein Begriff des Bestimmens zur Tat, wonach auch die Herrichtung einer zur Tat verführenden Situation genügen soll, weil sie, wie es heißt, den Tatentschluss „verursacht hat", was dann der Fall ist, wenn der Täter diesen Entschluss angesichts der verführerischen Situation gefasst hat.    21

Der Begriff der Anstiftung als Unrechtspakt steht, bis auf eine noch zu besprechende Ausnahme, im Verhältnis der Spezialität zum Begriff der Anstiftung als Verbrechensvorschlag und dieser wiederum im Verhältnis der Spezialität zum Begriff der Verursachung des Tatentschlusses. Ist der engste Anstiftungsbegriff erfüllt, so sind es auch die beiden anderen. Es genügt dann dies festzustellen, um sich sowohl die Subsumtion unter die beiden anderen Begriffe als auch die Streitentscheidung zu ersparen. Dasselbe gilt im Verhältnis der Lehre vom Verbrechensvorschlag zu der von der Verursachung des Tatentschlusses. Liegt also ein Verbrechensvorschlag, aber kein Unrechtspakt vor, so muss man nur zwischen der Lehre vom Unrechtspakt einerseits und den beiden anderen Theorien andererseits entscheiden.    22

Nur für den Fall, dass der Haupttäter sich bereits vor der Anstiftung mit dem Gedanken getragen hat, genau die Tat zu begehen, die ihm der Anstifter dann ansinnt, ist der Begriff des Bestimmens im Sinne des Unrechtspakts weiter als der im Sinne der beiden anderen Auffassungen. Einen Unrechtspakt kann man auch über eine Tatbestandsverwirklichung schließen, die der „Geschäftspartner" bereits plant. Auch liegt ein Tatentschluss erst dann vor, wenn der Täter zur Tat schreitet. Einen omnimodo facturus der den Tatvorsatz gewissermaßen mit sich herumträgt und deshalb nicht mehr zur Tat bestimmt werden kann gibt es nach der Lehre vom Unrechtspakt nicht, wohl aber nach der hL Der Streit zwischen der Unrechtspakttheorie und den anderen Auffassungen vom Bestimmen zur    23

Tat geht also darum, was der Tatentschluss ist und ob es demgemäß einen Tatentschluss unabhängig von der Tatausführung gibt.

## § 26 Die Beihilfe

### 1. Der Erfolg der Beihilfe – Der Staubhemdfall RGSt 8, 267

▶ Der Haupttäter wollte jemanden auf der Straße verprügeln. Damit das Opfer ihn nicht    1
so leicht erkenne, lieh ihm der Angeklagte ein blaues Staubhemd, das der Täter über seiner
städtischen Kleidung während der Tat trug. ◀

Schon damals hatte das Reichsgericht die später sog Förderungsformel entwickelt,
wonach für die Beihilfe Kausalität der Gehilfenhandlung für den Erfolg nicht erforderlich ist, sondern es genügt, dass der Gehilfe die Tatbegehung irgendwie fördert.[1] Dies
bejaht nun das Reichsgericht im vorliegenden Fall mit der folgenden Begründung:

> „Eine solche Förderung oder Erleichterung der That bedingt aber weder, daß die Bei-
> hilfe sich auf eine zum Thatbestande des Rates selbst gehörige Handlung des Thäters
> beziehen und, wie die Revision sich ausdrückt, „die Nüancen der Mißhandlung" selbst
> betreffen, noch daß die Beihilfe eine so wesentlich mitwirksame sein muß, daß ohne
> dieselbe der Thäter die Hauptthat nicht hätte begehen können: es können vielmehr
> auch außerhalb des Rahmens der unmittelbaren verbrecherischen Thätigkeit liegende,
> selbst bloße Vorbereitungshandlungen als Beihilfe zur That jedenfalls dann erscheinen,
> wenn sie in irgend einer Weise für die Verübung der That förderlich gewesen sind, was
> insbesondere auch dann der Fall ist, wenn die Handlung des Gehilfen den Entschluß des
> Thäters bestärkt und hierdurch die Verübung der That gefördert hat. Eine Bestärkung des
> Thäterentschlusses kann sehr wohl auch in einer Handlung gefunden werden, welche die
> Furcht des Thäters vor Entdeckung vermindert oder beseitigt, bzw. seine Hoffnung, die
> That unerkannt und demnächst unbestraft verüben zu können, bestärkt und hiermit auch
> allenfallsige Zweifel, ob er die That verüben solle, beseitigt."[2]

*Roxin* hält die Frage, ob für die Beihilfe eine Förderung der Tat genügt, letztlich für ein    2
Scheinproblem,[3] und beruft sich dafür auf die folgenden Ausführungen von *Mezger*:

> „Dieser ganzen Unterscheidung zwischen Verursachung und Förderung liegt Unklarheit
> über den Gedanken der Kausalität zugrunde: Was nämlich die Modalität (Art und Weise
> im besonderen Fall) der Handlung mitbestimmt hat, ist in Wahrheit auch kausal für den
> Erfolg. Denn auf den Erfolg in seiner ganz konkreten Gestalt kommt es entscheidend
> an."[4]

Dass es bei einer Körperverletzung entscheidend darauf ankommt, welche Kleidung    3
der Täter dabei getragen hat, wird weder von *Mezger* noch von seinen Gefolgsleuten
begründet (s. dazu o. 1/1 ff.). Die Körperverletzungen des Opfers sind kausal dadurch
zu erklären, dass der Täter es geschlagen hat, das blaue Staubhemd, das er dabei trug,
kommt in dieser Kausalerklärung nicht als notwendiger Bestandteil vor. Um dennoch
in diesem Fall eine Beihilfe zu bejahen, musste das Reichsgericht auf das Erfordernis
der Kausalität als notwendige Bedingung für Beihilfe verzichten. Deshalb hat es die
These aufgestellt, dass wegen vollendeter Beihilfe strafbar ist, wer die Tatbegehung

---

1  RGSt 8, 267 (268); 13, 265; 28, 266; 51, 136 (141); 58, 113 (114 f.); 67, 191 (193); 71, 176 (178); 73, 53 (54).
2  RGSt 8, 267 (268 f.).
3  *Roxin* AT/2 26/187.
4  *Mezger* Lb (1949), S. 413; *ders.* StuB AT/1, S. 224.

irgendwie fördert. Und dieser sog Förderungsformel ist die Rechtsprechung bis heute gefolgt.[5]

4　Will man aber anhand dieser Förderungsformel die Beihilfe zur Vollendung von der Beihilfe zum Versuch und vor allen Dingen von der versuchten Beihilfe überhaupt noch unterscheiden, so muss man irgendeinen Erfolg der Förderung bezeichnen, für den der Gehilfe kausal geworden sein muss, wenn er schon nicht kausal für den tatbestandsmäßigen Erfolg der Haupttat selbst gewesen ist. Damit zerfällt das Förderungskriterium in verschiedene Einzelerfolge.

5　Ein solcher Erfolg ist die Absicherung der Tatausführung gegen Störungsmöglichkeiten, die entweder objektiv oder doch nach der Vorstellung von Täter und Gehilfen bestehen. Deshalb ist das sog Schmierestehen mindestens eine Beihilfe, auch wenn keine Schmiere (Polizei) auftaucht, die die Tatausführung wirklich stört oder gar verhindern würde. Jeder Beitrag der die Tatausführung aus der Sicht des Täters sicherer, leichter oder weniger riskant macht, stellt einen Beihilfeerfolg dar,[6] dadurch wird die Beihilfe nicht etwa ein konkretes[7] oder gar abstraktes[8] Gefährdungsdelikt, denn die Absicherung oder Erleichterung ist nur ein Zwischenerfolg durch den die Zurechnung des Enderfolges der Haupttat, also die Rechtsgutverletzung an den Gehilfen vermittelt wird.

6　Einen weiteren solchen Förderungserfolg sieht das Reichsgericht im vorliegenden Fall in einer Bestärkung des Tatentschlusses. Dies wird bis heute von der hL als Tatförderung auch anerkannt.[9] Damit begibt sich die Rechtsprechung und die hL aber auf schlüpfriges Terrain. Was dieser Bestärkungserfolg, verstanden als psychischer Befund, eigentlich sein soll, ist unklar, noch unklarer, wie er im Einzelfall festgestellt werden soll. Es wird denn auch erst gar nicht danach gefragt, ob ein solcher Bestärkungseffekt in der Psyche des Täters wirklich eingetreten ist. Er wird vielmehr immer dann angenommen, wenn der Gehilfe ihn in seinem Tatentschluss bestätigt hat oder sich mit ihm, wie es heißt, „solidarisiert" hat. (s. dazu auch u. 26/9).[10]

7　Es wäre daher klarer, die verschiedenen fördernden Beiträge genauer zu bezeichnen. Einer davon ist die vorgeleistete Begünstigung des Täters, also sein Schutz vor etwaiger Entdeckung und Bestrafung. Eine solche Leistung hat der Angeklagte im vorliegenden Fall dadurch erbracht, dass er die Entdeckung des Täters durch die Verkleidung erschwert hat. In § 257 Abs. 3 aF hieß es ausdrücklich: „Die Begünstigung ist als Beihilfe zu bestrafen, wenn sie vor Begehung der Tat zugesagt worden ist". Dabei war in § 257 Abs. 1 unter dem Begriff der Begünstigung sowohl die Sicherung der Vorteile der Tat, sog sachliche Begünstigung, als auch die Sicherung des Täters vor Strafverfolgung, sog persönliche Begünstigung, zusammengefasst. Es ist vielleicht bedauerlich, dass der Gesetzgeber den § 257 Abs. 3 gestrichen hat, weil er ihn für überflüssig hielt. Denn dadurch wurde von Gesetzes wegen klar gestellt, dass auch die Sicherung des Täters vor Verlust der Tatvorteile und vor der Strafverfolgung ein Beihilfeerfolg ist. Wir sind nun genötigt, diesen Erfolg unmittelbar unter den Begriff des Hilfeleistens in § 27 zu subsumieren. Was für die nur zugesagte Begünstigung oder Strafvereitelung gilt, muss natür-

---

5　BGHSt 2, 129 (130); BGH VRS 8, 199 (201); MDR 1972, 16; NStZ 1985, 318; 1995, 27 (28); StV 95, 524.
6　*Puppe* GA 2013, 514 (533 f.); *Osnabrügge* (2001), 230 f.
7　*Schaffstein* Honig-FS (1970), 169 (179); *Lüderssen* Grünwald-FS (1999), 337 ff.
8　*Herzberg* GA 1971, 1 (4 ff.).
9　*Roxin* AT/2 26/199 ff.; LK-*Schünemann/Greco* § 27 Rn. 14 f.; Schönke/Schröder-*Heine/Weißer* § 27 Rn. 15; *Fischer* § 27 Rn. 11 ff.; MüKo-*Joecks* § 27 Rn. 7 ff.; SK-*Hoyer* § 27 Rn. 12 ff.; *Jescheck/Weigend* AT § 64 III 2c.
10　*Schumann* (1986), 51.

lich erst recht für die bereits vor der Tat geleistete gelten. Beides ist per se ein Beihilfe-erfolg, ohne dass es dazu noch einer weiteren Begründung mit der Behauptung bedarf, dass der Gehilfe auf diese Weise den Tatentschluss bestärkt habe.

## 2. Berufstypisches Verhalten als Beihilfe – Der Broschürenfall, BGH NStZ 2000, 34

▶ Der Angeklagte, ein Rechtsanwalt und Unternehmensberater, hatte für ein Unternehmen, dessen ausschließlicher Zweck der betrügerische Vertrieb von Warenterminoptionen an private Geldanleger war, eine Broschüre erarbeitet, in der die wirtschaftlichen Zusammenhänge und auch die Risiken des Handels mit Warenterminoptionen richtig dargestellt waren. Die Gewinnchancen der Geldanleger wurden dadurch minimiert, dass nur 60 % des Anlagekapitals überhaupt an der Warenterminbörse platziert wurden, während die restlichen 40 % von der Verkaufsfirma von vornherein als Gebühr einbehalten wurde. ◀    8

Den objektiven Tatbestand der Beihilfe zum Betrug der Anleger sieht der BGH dadurch erfüllt, dass den Anlegern mit Übersendung der inhaltlich korrekt abgefassten Broschüre der Einwand abgeschnitten werden sollte, sie seien von den Anbietern der Warenterminoptionen nicht ordnungsgemäß aufgeklärt worden. Darüber hinaus gab die Broschüre dem Unternehmen „den Anschein der Seriosität". Indessen zählten die Verkäufer der Rohstoffterminoptionen, die die potenziellen Kunden durch telefonische Verkaufsgespräche zu überreden suchten, mit Recht darauf, dass diese die Broschüre nicht vollständig sorgfältig lesen würden. Es heißt dann zum subjektiven Tatbestand im Urteil:

> „Für den Beihilfevorsatz eines herangezogenen firmenexternen Beraters wie des Angekl.      9
> sind grundsätzlich folgende – allgemein für berufstypische „neutrale" Handlungen geltende – Grundsätze zu beachten: Zielt das Handeln des Haupttäters ausschließlich darauf ab, eine strafbare Handlung zu begehen, und weiß dies der Hilfeleistende, so ist sein Tatbeitrag als Beihilfehandlung zu werten. In diesem Fall verliert sein Tun stets den „Alltagscharakter"; es ist als „Solidarisierung" mit dem Täter zu deuten und dann auch nicht mehr als „sozialadäquat" anzusehen. Weiß der Hilfeleistende dagegen nicht, wie der von ihm geleistete Beitrag vom Haupttäter verwendet wird, hält er es lediglich für möglich, dass sein Tun zur Begehung einer Straftat genutzt wird, so ist sein Handeln regelmäßig noch nicht als strafbare Beihilfehandlung zu beurteilen, es sei denn, das von ihm erkannte Risiko strafbaren Verhaltens des von ihm Unterstützten war derart hoch, dass er sich mit seiner Hilfeleistung „die Förderung eines erkennbar tatgeneigten Täters angelegen sein" ließ."[11]

Diese Anforderungen an den subjektiven Tatbestand hielt der BGH im vorliegenden Fall noch nicht für ausreichend dargetan.

Was der BGH hier unter dem Stichwort Beihilfevorsatz erörtert, gehört systematisch      10
an eine viel frühere Stelle des Deliktsaufbaus, nämlich in die Prüfung der Sozialadäquanz des Verhaltens. Da die Broschüre selbst völlig korrekt formuliert war, stellt sich die Frage, ob der angeklagte Jurist überhaupt dafür verantwortlich gemacht werden kann, dass seine Auftraggeber sie zu betrügerischen Zwecken missbraucht haben. Es wird die Ansicht vertreten, dass den beruflichen Dienstleister dies nichts angehe, solange er seine Dienstleistung korrekt erbringt. Er könne sich dann auf sei-

---

11  BGH NStZ 2000, 34.

ne soziale Rolle, hier als Rechtsberater, zurückziehen.[12] Dass andere seine Leistung missbrauchen, sei für ihn ein erlaubtes Risiko. Der BGH hat diesen Gedanken im vorliegenden Fall, wenn auch an systematisch falscher Stelle, zu Recht abgelehnt. Welche Risiken der Einzelne eingehen darf, hängt immer auch von dem Wissen ab, das er im Einzelfall hat, gleichgültig, wie er es erlangt hat.[13] Die Rechtsordnung wendet sich mit ihren Sorgfaltsanforderungen nicht an die Träger vorgestanzter Rollen, sondern an intelligente Personen, die ihr Wissen auch dafür einzusetzen haben, rechtswidrige Folgen ihres Handelns zu vermeiden (s. dazu o. 5/21).

11    Dies gilt nicht nur für das Verhalten im privaten Bereich, sondern auch im Beruf. Niemand wird daran zweifeln, dass der Freund, der aus Gefälligkeit die Brandstifter mitsamt ihren Benzinkanistern zum Ort der Brandstiftung fährt, sich einer Beihilfe zu dieser schuldig macht. Dann muss dasselbe auch für den Taxifahrer gelten, auch wenn er sich insofern an seine berufliche Rolle hält, als er für die Fahrt nur das auf seinem Taxameter ausgewiesene Fahrgeld verlangt, zuzüglich eines Gepäckzuschlags für die Benzinkanister. Es gibt kein Privileg der ordnungsgemäßen Berufsausübung.

12    Es stellt sich damit die Frage, welches Risiko des Missbrauchs einer Leistung für den Leistenden ein unerlaubtes ist. Der BGH beantwortet sie zunächst dahin gehend, dass es jedenfalls unerlaubt ist, eine Leistung zu erbringen, von der der Leistende positiv weiß, dass sie ausschließlich zu deliktischen Zwecken verwendet werden soll. Weiß er dies nicht positiv, so ist seine Leistung dagegen sozialadäquat, „es sei denn, das von ihm erkannte Risiko strafbaren Verhaltens des von ihm Unterstützten war derart hoch, dass er sich mit seiner Hilfeleistung die Förderung eines erkennbar tatgeneigten Täters angelegen sein lässt." Damit wird nun wieder eine jener Formeln geprägt, die zwar auf den ersten Blick eindrucksvoll sind, von denen man aber bei genauem Zusehen nicht recht weiß, wie man sie mit Inhalt füllen soll. Das einzige Kriterium, das dafür in Frage kommt, ist, dass nach dem Wissensstand des Täters die Wahrscheinlichkeit, dass seine Leistung zu deliktischen Zwecken missbraucht werden wird, hoch ist.

13    Der Begriff des berufsadäquaten oder sozialadäquaten Verhaltens, der im Zusammenhang mit der Beihilfe heute geradezu ein Modethema ist,[14] ist in Wahrheit gar keine selbstständige Kategorie der Beihilfedogmatik. Ob ein Verhalten wegen Beihilfe strafbar ist, hängt nicht davon ab, ob es außer gegebenenfalls gegen das Verbot der Beihilfe zu einer Straftat noch gegen ein anderes Verbot verstößt. Um das klassische Beispiel aufzugreifen,[15] ob der Bäcker, dem der Kunde törichterweise erzählt hat, dass er mit dem Brötchen, das er kaufen will, noch am gleichen Abend seine Frau vergiften will, diesem Kunden das Brötchen noch verkaufen darf, kann nicht davon abhängig gemacht werden, ob er sich dabei an die Ladenschlusszeiten hält. Sieht man einmal von wenigen Ausnahmefällen ab, wie etwa der Lieferung einer Schusswaffe an einen nicht zum Waffenbesitz Berechtigten oder der Lieferung eines einem Handelsverbot unterliegenden Giftes, so erscheinen nahezu alle klassischen Beihilfehandlungen als durchaus sozialadäquat, wenn man sie für sich, also ohne Zusammenhang mit der Straftat betrachtet, die sie verursachen oder sichern. Was ist sozial inadäquat an dem Verhalten eines Schmierestehers, der vor einer Türe steht und die Straße auf und ab schaut, ob jemand kommt? Sozial inadäquat wird es ausschließlich dadurch, dass

---

12   *Jakobs* Armin Kaufmann-GS (1989), 271 (273); *ders.* AT 7/50.
13   NK⁶-*Puppe* Vor § 13 Rn. 157; *Amelung* Grünwald-FS (1999), 9 (28).
14   *Amelung* Grünwald-FS (1999), 9; *Roxin* AT/2 26/221.
15   *Jakobs* AT 24/17.

es der Sicherung eines Einbruchsdiebstahls dient. Die Information, dass der reiche Nachbar für sechs Wochen verreist ist, ist für sich betrachtet durchaus sozial adäquat. Trotzdem ist sie eine Beihilfe zum Einbruch, wenn sie jemandem gegeben wird, von dem man weiß oder für wahrscheinlich hält, dass er sie zur Begehung eines Einbruchs in das Nachbarhaus nutzen wird.

Das Problem ist also nicht, ob ein Gehilfenverhalten isoliert betrachtet sozial adäquat, berufstypisch oder alltäglich ist, sondern, wie eng der Zusammenhang zwischen diesem Verhalten und der dadurch mitverursachten Straftat sein muss. Ist dieser Zusammenhang eng und offenkundig, wie beim Schmiersteher, so wird die Frage nach der Sozialadäquanz oder Alltäglichkeit seines Verhaltens erst gar nicht gestellt. Der danach erforderliche „deliktische Sinnbezug"[16] der Beihilfehandlung besteht darin, dass sie unmittelbar einer Täterhandlung dient, die ausschließlich deliktischen Charakter hat. An der Unmittelbarkeit fehlt es beispielsweise, wenn der Besteller einen Handwerker beauftragt und bezahlt, von dem er positiv weiß, dass er Schwarzarbeiter beschäftigt, oder dass er die Umsatzsteuer für den erhaltenen Werklohn hinterziehen wird. An der Ausschließlichkeit fehlt es, wenn die Handlung des Haupttäters außer ihrem deliktischen Sinn noch einen sozialen hat. Der Lieferant von Rohstoffen an einen Fabrikanten ist nicht für dessen Umweltdelikte als Gehilfe mitverantwortlich, auch wenn er weiß, dass der Fabrikant bei der Verarbeitung des von ihm gelieferten Materials den Tatbestand der Wasserverunreinigung nach § 324 StGB oder der Luftverunreinigung nach § 325 StGB erfüllen wird.

### 3. Hinweise zur praktischen Anwendung

Ist zweifelhaft, ob ein Beteiligter Gehilfe oder Mittäter ist, so kann sein Tatbeitrag stets akzessorisch, dh im Anschluss an eine bereits festgestellte Tatbestandsverwirklichung eines Haupttäters geprüft werden. Wie eine solche akzessorische Prüfung aussieht haben wir oben (23/22 ff.) gezeigt. Hier ist also nur noch von den Fällen zu sprechen, in denen Mittäterschaft nicht in Betracht kommt. Dass es solche Fälle überhaupt gibt, kann man angesichts der Beschreibung der Mittäterschaft in manchen höchstrichterlichen Urteilen mit einigem Recht bezweifeln. Nach der oben (23/7) zitierten Begründung des BGH für die Annahme einer Mittäterschaft genügt als objektives Element „irgendeine Förderung der als gemeinsam gewollten Tat". Das ist identisch mit der ursprünglich zur Bestimmung des objektiven Tatbestandes der Beihilfe von der Rechtsprechung entwickelten sog Förderungsformel. Immerhin wird aber auch in dieser Entscheidung zuvor von einer „gemeinsamen Herrschaft über die Tat" gesprochen, wenn auch in dem vorliegenden Fall nicht recht verständlich ist, aus welchen Tatsachen dem nicht am Tatort anwesenden Angeklagten eine solche Herrschaft hätte erwachsen sollen. Vielleicht ist damit die verbreitete Unart der Kandidaten zu erklären, eine jede, noch so marginale Beteiligung an einer Straftat beispielsweise die Erteilung einer bei der Tat verwendeten Information oder die Lieferung eines Werkzeugs an die bereits zur Tat entschlossenen Ausführenden, zunächst einmal unter dem Gesichtspunkt der Mittäterschaft zu prüfen. Aber dass es Beteiligungen an einer Straftat gibt, für die nur Beihilfe, nicht aber Mittäterschaft in Betracht kommt, erkennt grundsätzlich auch die richterliche Praxis an. In solchen Fällen macht ein Kandidat einen unsicheren Eindruck, der zunächst einmal Mittäterschaft untersucht, statt sofort mit der Prüfung der Beihilfe zu beginnen.

---

16  *Frisch* (1988), 284; *Roxin* AT/2 26/221; vgl. *Jakobs* AT 24/15; *Ransiek* wistra 1997, 41 (46).

16    Die Anforderungen an den objektiven Tatbestand der Beihilfe erfüllt jedenfalls ein solcher Tatbeitrag, der für die Tatausführung kausal war, den also die Haupttäter bei der Tatausführung verwertet haben. Ist die Kausalität des Gehilfenbeitrags zweifelhaft, so wird in der Literatur, vor allem von *Roxin*, empfohlen, sie dadurch zu begründen, dass man den Tatbeitrag selbst in die Beschreibung des Erfolges „in seiner konkreten Gestalt" hineinschreibt, zB indem man beispielsweise die Kausalität des Schmierestehers für den von einem anderen ausgeführten Einbruch damit begründet, dass es sich um eine von zwei Personen ausgeführte Tat handele, für die selbstverständlich auch die zweite Person kausal ist. Wer dies nicht glauben will, lese es nochmals oben (1/2) nach. Das ist offensichtlich ein Zirkelschluss, kann also kein Ergebnis begründen. Es ist der Rechtsprechung zu attestieren, dass sie dieser Empfehlung, Beihilfe zu begründen, auch niemals gefolgt ist, obwohl sie den gleichen Zirkelschluss an anderer Stelle begangen hat (s. o. 1/1 ff.). Aber dieser Zirkelschluss würde bei der Entscheidung der Frage, ob der objektive Tatbestand der Beihilfe erfüllt ist, auch nicht weiterbringen. Denn gerade *Roxin*, der das Problem der Kausalität der Beihilfe auf diese Weise lösen will, fordert, in der intuitiven Erkenntnis, dass diese Lösung irgendwie leer läuft,[17] dass der Tatbeitrag des Gehilfen das Risiko des Erfolgseintritts erhöht hat.[18] Die Feststellung der Kausalität für den Erfolg „in seiner konkreten Gestalt" unter Einschluss des Gehilfenbeitrags führt Sie also auch bei der Entscheidung der Frage, ob ein für Beihilfe hinreichender Tatbeitrag vorliegt, überhaupt nicht weiter.

17    Stellen Sie also die Frage nach der Kausalität der Beihilfe methodisch korrekt, indem Sie fragen, ob die Handlung des Gehilfen ein notwendiger Bestandteil derjenigen hinreichenden Bedingung des Erfolgseintritts war, die tatsächlich eingetreten ist (s. o. 2/1 ff.). Wichtig dabei ist auch, dass die hinreichende Bedingung wahr sein muss. So löst sich der viel diskutierte Fall des Einbrecherlehrlings, der dem Meister die Leiter zum Tatort trägt, die dieser notfalls auch selbst getragen hätte. Um diesen Fall zu lösen ist es also nicht erforderlich, die Beihilfe in ein konkretes oder gar abstraktes Gefährdungsdelikt zu verwandeln.[19] Nur wenn die Handlung des präsumtiven Gehilfen in diesem Sinne nicht kausal ist, muss man auf die sog Förderungsformel der Rechtsprechung zurückgreifen. Sie lässt sich näher dahin konkretisieren, dass Gehilfe jeder ist, der die Tatausführung ex ante betrachtet sicherer macht. Das läuft auf dasselbe hinaus, wie die von *Roxin* verlangte Risikoerhöhung, denn auch diese ist ex ante zu bestimmen.[20] Unter diesen Begriff der Sicherung fällt insbesondere das sog Schmierestehen, auch wenn keine Schmiere (Polizei) am Tatort erscheint, auch die vorgeleistete Strafvereitelung oder Begünstigung stellt eine Förderung der Tat, mindestens eine psychische Förderung dar.

18    Umstritten und zeitweilig viel diskutiert ist die Frage, ob auch die bloße Erleichterung der Tatausführung die nicht kausal für die Tatbestandsverwirklichung ist, als Beihilfe genügt. Das meist diskutierte Beispiel dafür war die Versorgung des schwer arbeitenden Bankeinbrechers mit Erfrischungsgetränken.[21] Diese Diskussion wurde dann durch die Debatte um die sog neutralen oder sozialadäquaten Beihilfehandlungen (s. dazu o. 26/8 ff.) abgelöst.

---

17  Vgl. dazu die 1. Aufl. AT/2 42/4 ff.
18  *Roxin* AT/2 26/210, ihm folgend: *Otto* AT 22/53; *Rudolphi* StV 1982, 518 (519 f.); *Murmann* JuS 1999, 548 (552).
19  So aber *Schaffstein* Honig-FS (1970), 169 (179); *Lüderssen* Grünwald-FS (1999), 337 ff.; *Herzberg* GA 1971, 1 (4 ff.).
20  *Roxin* AT 2 26/214.
21  *Herzberg* GA 1971, 6.

## § 27 Gemeinsame Regeln der Zurechnung an den Tatbeteiligten

### 1. Der Täterexzess – Der Räuberfall, BGH NStZ 1992, 537

▶ Der Angeklagte hatte gemeinsam mit einem Komplizen namens M einem Gastwirt aufgelauert, um ihn zu berauben. Als dieser nach zwanzig Minuten noch nicht am Tatort erschienen war, besann sich der Angeklagte eines besseren und schlug M vor, die Sache aufzugeben. Beide verließen daraufhin den Tatort. Später unternahm M gemeinsam mit anderen Komplizen noch mehrere erfolglose Versuche, dem Gastwirt aufzulauern und ihn zu berauben. ◀

1

Da er in dem Auflauern noch keinen Anfang der Ausführung eines Raubversuchs sieht, prüft der BGH, ob der Angeklagte nach § 31 mit strafbefreiender Wirkung von einer Verbrechensverabredung mit M zurückgetreten ist. Dabei stößt er auf die Frage, ob es für diesen Rücktritt genügt, dass der Angeklagte den mit M gemeinsam gefassten Verbrechensplan aufgegeben hat, oder ob es erforderlich gewesen wäre, dass er auch die Raubversuche verhindert, die M danach mit anderen Komplizen noch unternommen hat. Dies hängt davon ab, ob diese weiteren Raubversuche mit der von M und dem Angeklagten ursprünglich verabredeten Tat identisch sind. Dies lehnt der BGH mit folgender Begründung ab:

„Selbst wenn aber M seinen Plan zu keinem Zeitpunkt aufgegeben, sondern sich von vornherein vorbehalten hatte, die geplante Tat bei geeigneter Gelegenheit mit anderen Personen weiterzuführen, ist diese nicht mehr mit der mit dem Angekl. verabredeten Tat identisch: denn die Beachtlichkeit des Rücktritts von der Verabredung eines Verbrechens hängt davon ab, ob und inwieweit es den Tatbeteiligten auf eine exakte Konkretisierung der Haupttat nach Ort, Zeit und Begehungsart ankam. Ein Tatbeteiligter kann daher auch dann ohne Weiteres Verhinderungsbemühen Straffreiheit erlangen, wenn nach Neutralisierung seines Tatbeitrages der ursprüngliche Handlungsplan in abgewandelter Form fortgeführt wird, das weitere Tatgeschehen jedoch hinsichtlich Objekt, Mittel oder sonstigen räumlich-zeitlichen Modalitäten so wesentlich von dem zunächst verabredeten Tatplan abweicht, daß es sich aus der Sicht des Zurücktretenden als Exzeß des Tatausführenden darstellt. Den Feststellungen ist nicht zu entnehmen, daß der Angekl. mit M ohne zeitliche oder örtliche Einschränkung verabredet hätte, von P in Zukunft mit Waffengewalt Geld zu erpressen. Es ist nicht ausgeschlossen, daß seine Vorstellung ausschließlich auf eine Tatbegehung in der auf die Verabredung folgenden Nacht gerichtet war. Für einen strafbefreienden Rücktritt würde es dann ausreichen, wenn er die konkret für jene Nacht geplante Tat freiwillig verhindert hat."[1]

2

Auf die Frage, ob M und der Angeklagte die geplante Tat nach Ort und Zeit konkretisiert hatten, hätte sich der BGH gar nicht einzulassen brauchen. Entscheidend war allein die Frage, ob sie *einen* Raubversuch verabredet hatten oder mehrere. Hatten sie nur einen Raubversuch verabredet, so wären weitere Raubversuche des M in jedem Fall ein Exzess, und zwar ein quantitativer. Für diesen Exzess kann der Angeklagte nicht verantwortlich sein, auch nicht als Anstifter oder psychischer Gehilfe. Das gilt selbst dann, wenn man, entgegen der hier vertretenen Auffassung, für die Anstiftung jede sog Erregung des Tatentschlusses genügen lässt und der Entschluss des M zu den weiteren Raubversuchen tatsächlich auf die ursprüngliche Tatverabredung mit dem

3

---

1 BGH NStZ 1992, 537 f.

Angeklagten zurück zu führen ist, denn diese weiteren Raubversuche sind vom Vorsatz des Angeklagten nicht gedeckt.

4   Ein quantitativer Exzess liegt immer vor, wenn ein Täter quantitativ über das mit dem Anstifter oder Mittäter verabredete Unrecht hinausgeht. Das ist dann der Fall, wenn er bei der Begehung der mit den Tatgenossen verabredeten Tat mehr Unrecht tut, als verabredet wurde, aber auch, wenn er mehrere Taten oder mehrere Versuche begeht, obwohl nur einer verabredet wurde. Hat beispielsweise der Anstifter mit dem Haupttäter verabredet, dass dieser in ein Textilgeschäft einbricht und dort zehn Oberhemden für den Anstifter wegnimmt, nimmt der Täter aber stattdessen zwanzig weg, so kann der Anstifter nur für den Erfolg verantwortlich gemacht werden, der in der Wegnahme von zehn Oberhemden besteht. Welche „konkreten" Oberhemden das dann sind, lässt sich nicht festlegen. Besteht man auf einer solchen Festlegung, so mögen es in Gottes Namen die zehn Ersten sein, die der Täter weggenommen hat. Damit ist dann der gemeinsame Tatplan „verbraucht". Das gleiche gilt, wenn der Täter mehrere vollendete oder versuchte Delikte begeht, die alle genau der Verabredung mit dem Anstifter entsprechen, dieser aber nur eines mit ihm verabredet hat. Hier können dem Anstifter natürlich nicht alle vom Täter begangenen Delikte zugerechnet werden, es wäre aber auch falsch, ihm keines zuzurechnen, nur weil man nicht festlegen kann, welches davon dasjenige ist, das ihm zugerechnet werden soll, weil jedes für sich mit dem gemeinsamen Tatplan völlig übereinstimmt. Mag es in Gottes Namen das Erste sein.

## 2. Das Prinzip der akzessorischen Zurechnung bei der Teilnahme – Der Hoferbenfall, BGHSt 37, 214[2]

5   ▶ Der Angeklagte, ein Altbauer, der den Hof bereits seinem Sohn K übergeben hatte, hatte dessen Tod beschlossen, aus Furcht, der Sohn werde anderenfalls durch Trunksucht und Gewalttätigkeit die Familie und den Hof ruinieren. Gegen das Versprechen einer Geldsumme sagte der S dem Angeklagten zu, den K zu erschießen. Der Angeklagte gab ihm ein Lichtbild sowie eine genaue Personenbeschreibung des K. An einem Winterabend gegen 19.00 Uhr lauerte der S dem K im Pferdestall auf, den dieser beim Nachhausekommen zu durchqueren pflegte. Der Widerschein des Schnees war das einzig vorhandene Licht. Als der Nachbar B die Scheune betrat, der ungefähr die gleiche Statur hatte wie K, und wie dieser es zu tun pflegte, eine Plastiktüte bei sich trug, hielt der S ihn für K und erschoss ihn. ◀

Dass die Personenverwechslung des Täters keinen Grund darstellt, ihm den Tod des B nicht zuzurechnen, weil er doch nicht den B, sondern den K habe töten wollen, ist allgemein anerkannt (s. dazu o. 10/44 ff.). Ob und wie sich dieser Irrtum auf die Verantwortlichkeit des Anstifters auswirkt, ist aber seit je und bis auf den heutigen Tag in der Wissenschaft heillos umstritten.

Es wird die Auffassung vertreten, dass der Anstifter für die vorsätzliche Tat des Täters überhaupt nicht verantwortlich ist, obwohl er sie durch seinen Verbrechensvorschlag verursacht hat und, jedenfalls im vorliegenden Fall, auch einen Unrechtspakt mit ihm darüber geschlossen hat, weil weder der Versuch noch der Erfolg an einem iSd Vorstellung des Anstifters falschen Objekt, diesem zum Vorsatz zuzurechnen sei. Allenfalls soll eine fahrlässige Mitverursachung des Erfolges in Betracht kommen, sowie eine

---

2   NJW 1991, 933 ff. = NStZ 1991, 123 mAnm *Puppe* = JZ 1991, 678 mAnm *Roxin* = JR 1992, 293 mAnm *Küpper* = MDR 1991, 169 m. Bspr. *Müller* = JuS 1991 m. Bspr. *Streng* = JA 1991, 103 m. Bspr. *Sonnen*; siehe auch *Puppe* AT/1 1. Aufl. 20/22 ff.; *Roxin* Spendel-FS (1992), 289.

versuchte Anstiftung, sofern die Haupttat ein Verbrechen ist. Der Anstifter wird also wegen des error in objecto des Täters so behandelt, als habe der Täter ihn von vornherein mit seinem Verbrechensvorschlag abgewiesen.[3] Nach einer anderen Ansicht ist der Anstifter zwar für den Versuch des irrenden Täters verantwortlich, nicht aber für die Vollendung.[4]

Mit der folgenden Begründung lehnt der BGH diese beiden Problemlösungen ab und verurteilt den Angeklagten wegen Anstiftung zu einer vollendeten Tötung:    6

> „Der Anstifter greift das geschützte Rechtsgut durch seine Einwirkung auf den Täter mittelbar an. [...] Hiernach bedarf es einer besonderen Rechtfertigung, wenn ein in der Person des Täters unbeachtlicher Umstand im Gegensatz dazu bei dem Anstifter als rechtserheblich behandelt werden soll. Der Senat vermag eine solche Rechtfertigung in der unterschiedlichen Vorsatzrichtung der beiden Angeklagten nicht zu erblicken. Allerdings ist die rechtliche Verknüpfung von Täterschaft und Teilnahme nicht absolut. Der Anstifter muß nach dem Gesetz vorsätzlich handeln. Er haftet strafrechtlich nicht, wenn die Haupttat von seinem Vorstellungsbild abweicht. Der Senat vermag nicht anzuerkennen, dass der Irrtum von S die Tat für den Angekl. sachlich zu einem anderen, von seinem Vorsatz nicht umfassten Geschehen gemacht habe."[5]

Genauso hatte schon das Preußische Obertribunal den vergleichbaren Fall Rose/Rosahl entschieden.[6] Der Widerspruch gegen diese Lösung in der Wissenschaft stützt sich vor allem auf die These, dass der error in objecto des Täters für den Anstifter eine aberratio ictus sei.[7] Der Täter sei aus der Perspektive des Anstifters gesehen nichts weiter als ein Pfeil, den er auf das Opfer abschießt.[8] Verfehle dieser sein Ziel und treffe er ein anderes tatbestandsmäßiges Objekt, so könne dem Schützen das nach den Grundsätzen der Beachtlichkeit der aberratio ictus nicht zugerechnet werden. Nun ist die aberratio ictus schon für sich genommen eine Fehlkonstruktion (s. dazu o. 10/44 ff.). Sie beruht auf dem Gedanken, dass eine Konkretisierung des Tatobjekts, die der Täter durch sinnliche Wahrnehmung eines Tatobjekts vornimmt, Bestandteil des Vorsatzes sei, und ihm deshalb ein von ihm durch eine vorsätzliche Handlung verursachter Erfolg nicht zum Vorsatz zugerechnet werden kann, wenn er nicht an dem so konkretisierten Tatobjekt eingetreten ist.[9]

Nun gehört aber zum Vorsatz gar keine solche Konkretisierung und in jedem in irgendeinem Sinne konkretisierten Vorsatz ist der generelle Vorsatz den Tatbestand zu verwirklichen enthalten. Dieser genügt zur Erfüllung des Tatbestandsmerkmals vorsätzlichen Handelns und demgemäß auch für die Zurechnung eines Erfolges als vorsätzlich verursacht. Hat nun der Täter eine für den Vorsatz durchaus überflüssige Konkretisierung des Tatobjekts in irgendeinem Sinne vorgenommen, so kann die Zurechnung des Erfolges zum Vorsatz nicht davon abhängig gemacht werden, dass diese

---

3 *Binding* Normen Bd. 3, S. 214; *Roxin* AT/2 26/120; *ders.* Spendel-FS (1992), 300 f.; *Bemmann* Stree/Wessels-FS (1993), 399; *Geppert* Jura 1992, 167; *Schlehofer* GA 1992, 307; *Streng* JuS 1991, 910 f.; für seine Ansicht mittlerweile jedoch in ZStW 109 (1997), 896 aufgegeben hat!

4 *Blei* AT S. 285; *Streng* ZStW 109 (1997), 862 (896 f.).

5 BGHSt 37, 214 (217 f.).

6 GA 1859, 322 (337).

7 *Müller* MDR 1991, 830 (831); *Jescheck/Weigend* AT § 64 II 4; *Bemmann* Stree/Wessels-FS (1993), 395 (398 f.); *Roxin* Spendel-FS (1992), 289 (296); *ders.*, JZ 1991, 680 (681).

8 *Roxin* AT/2 26/120.

9 *Hettinger* GA 1990, 531 (543); *Koriath* JuS 1997, 901 (907); *Saliger* JuS 1995, 1004; *Stoffers* JuS 1994, 948 (952); *Toepel* JA 1997, 886 ff.; *Wessels/Beulke/Satzger* AT Rn. 375 ff.

Konkretisierung mit der Wirklichkeit übereinstimmt (s. dazu o. 10/50 f.).[10] Außerdem ist unter den Anhängern der Lehre von der aberratio ictus heillos streitig, welche Konkretisierung iS dieser Lehre maßgeblich ist, und welche als bloßer error in objecto irrelevant (s. dazu 10/44 ff.).

9  Aber der Streit um die Relevanz der aberratio ictus ist im vorliegenden Fall nur dann einschlägig, wenn die These richtig ist, dass der error in objecto des Haupttäters für den Anstifter eine aberratio ictus ist. Der BGH hat dies mit dem Hinweis darauf abgelehnt, dass der Anstifter das Rechtsgutsobjekt nicht unmittelbar angreift, sondern mittelbar durch den Täter, den er für sich handeln lässt. Der Täter ist also für den Anstifter gerade das nicht, was *Roxin* in ihm sieht, ein Pfeil, den der Anstifter auf das Opfer abschießt und dessen Fehlgehen nach den Regeln der Abweichung im Kausalverlauf zu beurteilen ist. Deshalb hat der BGH auch einen Fehler gemacht, als er sich auf die Frage einließ, ob der error in objecto des Täters für den Anstifter vorhersehbar war.[11] Dem Anstifter wird nicht direkt der Erfolg sondern zunächst die Handlung des Täters als von ihm zu verantwortendes objektives Unrecht zugerechnet, wenn der Täter diejenige Handlung begangen hat, zu der der Anstifter ihn bestimmt hat und keine andere. Ist dies aber der Fall, so muss ihm auch der Erfolg dieser Handlung zugerechnet werden, sofern er dem Täter selbst zugerechnet wird. Das ist die Bedeutung des Ausdrucks Akzessorietät der Teilnahme.

10  Es ist also systematisch nicht richtig, mit der Frage zu beginnen, ob dem Anstifter der Erfolg des Täters zuzurechnen sei, oder ob dies etwa nicht der Fall sei, weil der error in objecto des Täters für den Anstifter eine aberratio ictus ist, um dann gegebenenfalls in zweiter Linie zu fragen, ob ihm nicht wenigstens der Versuch zuzurechnen ist. Systematisch richtig ist das umgekehrte Vorgehen. Es ist mit der Frage zu beginnen, ob der Versuch, den der Täter begangen hat, derjenige ist, zu dem der Anstifter ihn bestimmt hat, oder ein anderer.[12] Dazu heißt es im Urteil des BGH:

> „Der Senat vermag nicht anzuerkennen, dass der Irrtum von S die Tat für den Angeklagten sachlich zu einem anderen, von seinem Vorsatz nicht umfassten Geschehen gemacht habe."

Das ist richtig. Die Haupttat ist diejenige, zu der der Anstifter den Haupttäter bestimmt hat, sofern der Haupttäter in der Vorstellung handelt, die Verabredung mit dem Anstifter zu erfüllen. Nur wenn er bewusst von dieser abweicht, kommt ein Exzess in Betracht. Die Annahme eines unvorsätzlichen Täterexzesses[13] widerspricht dem Grundsatz der Akzessorietät der Teilnahme. Als S auf den B schoss, in der Überzeugung, den K vor sich zu haben, machte er den Versuch genau das zu tun, was der Angeklagte von ihm verlangt hatte, nämlich den K zu töten. Deshalb ist dem Angeklagten zunächst einmal diese Versuchshandlung nach dem Grundsatz der Akzessorietät als sein Unrecht zuzurechnen.

11  Dies soll dadurch ad absurdum geführt werden, dass man darauf hinweist, der S habe ohne Zweifel einen Versuch begangen, den B zu töten, der sogar zur Vollendung führte. Für diesen könne der Angeklagte nicht verantwortlich gemacht werden, weil es nicht der Versuch sei, zu dem er angestiftet hat. Der BGH begehe also den Fehler, zwei

---

10  NK[6]-*Puppe* § 16 Rn. 95 ff.; *dies.* (1992), 10.
11  BGHSt 37, 214 (219).
12  *Puppe* (2019), 306 f. ff.
13  So *Roxin* AT/2 26/119; vgl. auch *ders.* Spendel-FS (1992), 289 (298 ff.); *Haft/Eisele* Keller-GS (2003), 81, 94.

Versuche anzunehmen, einen, der an B begangen wurde und einen weiteren, der an K begangen wurde, während der Haupttäter doch in Wirklichkeit nur einen Versuch begangen hat.[14] Diesem argumentum ad absurdum liegt ein falsches Verständnis des Versuchsbegriffs zugrunde. Was für eine Tat der Täter versucht, richtet sich laut § 22 „nach seiner Vorstellung von der Tat", nicht nach irgendwelchen objektiven Gegebenheiten. Wenn er auf eine Vogelscheuche schießt, in der Meinung, einen Mensch vor sich zu haben, begeht er einen Mordversuch an einem Menschen und nicht an einer Vogelscheuche. Es kann also nicht davon gesprochen werden, dass der S einen Versuch begangen hätte, den B zu töten. Er hat einen Versuch begangen, die Person zu töten, auf die er gezielt hat und die nach seiner Vorstellung mit K identisch war. Dass es in Wirklichkeit der B und nicht der K war, auf den er geschossen hat, ist für die Bestimmung des Inhalts des Tatentschlusses und damit für den Versuch iSv § 22 ebenso irrelevant, wie es irrelevant wäre, wenn er auf eine Vogelscheuche geschossen hätte, in der Vorstellung, einen Menschen zu töten. Er hat also einen Versuch gemacht, den K zu töten. Dieser stimmt mit dem Versuch überein, zu dem der Anstifter ihn bestimmt hat, ist diesem also zuzurechnen.[15]

Letztlich das gleiche Argument und daher der gleiche Fehler ist in folgender Begründung dafür enthalten, dass dem Anstifter nicht einmal der Versuch des Täters zugerechnet werden kann, wenn dieser einen error in objecto begeht. Es sei ja möglich, dass der Anstifter selbst Opfer des error in objecto wird, dann müsste er wegen eines an ihm selber begangen Versuchs bestraft werden. In einer berühmten und zu Unrecht verspotteten Entscheidung hat der BGH ein Mitglied einer Einbrecherbande wegen mittäterschaftlich begangenem Tötungsversuch bestraft, weil ein anderes Gruppenmitglied auf ihn selbst geschossen hatte. Dies geschah in der Meinung, einen Verfolger vor sich zu haben und in Erfüllung der Verabredung der Gruppe, auf jeden Verfolger sofort scharf zu schießen.[16] Der einzige Fehler dieser Entscheidung besteht darin, dass der Verletzte wegen mittäterschaftlicher Begehung des Tötungsversuchs bestraft wurde, obwohl er an der Ausführungshandlung nicht teilnahm, statt wegen Anstiftung.[17] Natürlich ist der verletzte Täter nicht für den Körperverletzungserfolg verantwortlich, der an ihm selbst eingetreten ist, weil dieser für ihn kein Unrecht ist.[18] Aber gemäß der Versuchsbestimmung des § 22 hat der Komplize den Versuch unternommen, einen Verfolger unschädlich zu machen, und demgemäß die mit dem Verletzten getroffene Verabredung zu erfüllen. Zu diesem Versuch hat ihn der Verletzte angestiftet. Wer anderen eine Grube gräbt, und dadurch den Versuch einer Körperverletzung oder Tötung begeht, gewinnt auch dadurch seine Unschuld nicht wieder, dass er selbst hineinfällt.[19]

Steht nun aber fest, dass der von S begangene Versuch genau der ist, zu dem der Angeklagte ihn angestiftet hat, so bedarf es, wie der BGH richtig betont, einer besonderen Rechtfertigung, wenn ein in der Person des Täters unbeachtlicher Umstand im Gegensatz dazu bei dem Anstifter als rechtserheblich behandelt werden soll. Dass ein

14  *Roxin* AT/2, 26/122; *ders.* Spendel-FS (1992), 289 (300 f.); *Bemmann* Stree/Wessels-FS (1993), 399; *Haft/ Eisele* Keller-GS (2003), 81 (85); *Geppert* Jura 1992, 167; *Schlehofer* GA 1992, 307; *Streng* JuS 1991, 910 f.; anders jetzt ZStW 109 (1997), 862 (896).
15  *Puppe* NStZ 1991, 123 (125 f.); jetzt auch *Streng* ZStW 109 (1997), 862 (896).
16  BGHSt 11, 268.
17  *Puppe* Spinellis-FS (2001), 915 (932 f.). = *dies.* ZIS 2007, 242.
18  BGHSt 11, 268 (271).
19  NK[6]-*Puppe* § 16 Rn. 111; *dies.* (2019), 227 f.

Irrtum, der die Zurechnung des Erfolges zum Täter nicht hindert, die Zurechnung zum Teilnehmer hindert, widerspricht dem Grundsatz der Akzessorietät der Teilnahme.

14    Aber auch diesem Ergebnis wird ein argumentum ad absurdum entgegen gehalten, das von *Binding* stammende „Blutbadargument", das noch heute für das stärkste Argument gegen die Zurechnung des Erfolges und letztlich auch des Versuchs zum Anstifter bei einem error in objecto des Täters gehalten wird.[20] Es heißt bei *Binding*, diese Meinung komme zu dem „ungeheuerlichen Ergebnis, auch wenn Rose dutzende von falschen Schliebes erschlagen hätte, immer in der Meinung nun endlich den richtigen zu treffen, so sei Rosahl der Anstifter zu dem ganzen Gemetzel."[21] Da man natürlich den Anstifter nicht für das ganze Gemetzel verantwortlich machen kann, wenn er nur zu einer Tötung angestiftet hat, aber auch nicht entscheiden kann, welche der vielen Tötungen nun diejenige sein soll, die ihm zugerechnet wird, soll ihm keine zugerechnet werden. Dies soll im Falle einer aberratio ictus auch dann gelten, wenn der Täter nur einen einzigen Versuch begangen hat.[22]

15    Das *Bindingsche* Blutbadargument, so traditionsreich und beliebt es auch ist, liegt neben der Sache. Wie der oben (27/1 ff.) besprochene Räuberfall zeigt, kann das Phänomen, dass der Angestiftete unter dem Einfluss der Anstiftung mehrere Handlungen begeht, die inhaltlich zu dieser passen und sogar den Unrechtspakt mit dem Anstifter erfüllen, ganz unabhängig von einem error in objecto des Täters auftreten. Der error in objecto mag das Motiv des Täters sein, weitere Versuche zu begehen, er ist dazu aber nicht notwendig. Deshalb kann dieses Problem auch nicht dadurch gelöst werden, dass man dem Anstifter den Erfolg und den Versuch des Täters dann und deshalb nicht zurechnet, weil dieser einem error in objecto erlegen war. Die einschlägige Kategorie zur Lösung dieses Problems kann nur der quantitative Täterexzess sein.[23] Hat der Anstifter den Täter nur zu einer Tat bestimmt, so kann ihm nur eine zugerechnet werden, auch wenn der Täter mehrere begangen hat, die den Vorgaben des Anstifters entsprechen (s. o. 27/3 f.). Bei einem solchen quantitativen Täterexzess ist es allerdings nicht ohne eine gewisse Willkür möglich, die Frage zu beantworten, welche der mehreren Taten des Täters nun diejenige sein soll, die dem Anstifter als Erfüllung seines Vorsatzes zugerechnet wird. Wenn man diese Frage unbedingt beantworten will, was jedenfalls aus praktischen Gründen nicht nötig ist, so mag man die erste der Taten nehmen und davon ausgehen, dass mit ihr der Anstiftervorsatz „verbraucht ist" (s. o. 27/4). Jedenfalls kann die Tatsache, dass der Haupttäter mehr Taten begangen hat, als mit dem Anstifter verabredet war, oder, dass er dies theoretisch hätte tun können, nicht die Konsequenz haben, dass diesem keine davon zugerechnet wird und er entweder überhaupt nicht, oder allenfalls wegen versuchter Anstiftung bestraft wird, so als habe der Täter seinen Verbrechensvorschlag zurückgewiesen, so dass es gar nicht zum Versuch einer Haupttat gekommen ist.

---

20   *Roxin* TuT, S. 215; *ders.* Spendel-FS (1992), 289 (296 f.); *Bemmann* MDR 1958, 817 (821).
21   *Binding* Normen Bd. 3, S. 214 Fn. 9; *Roxin* AT/2 26/121.
22   *Schlehofer* GA 1992, 307; *Bemmann* Stree/Wessels-FS (1993), 397; *Köhler* AT S. 528 f.; *Jescheck/Weigend* AT § 64 II 4; *Roxin* AT/2, 26/119; *ders.* Spendel-FS (1992), 289 (298 ff.); SK-*Hoyer* Vor § 26 Rn. 53.
23   *Jakobs* AT 21/45; Schönke/Schröder-*Heine/Weißer* § 26 Rn. 25; *Puppe* NStZ 1991, 123 (125).

### 3. Die Lockerung der Akzessorietät nach § 28 f. – Der Steuerhinterziehungsfall, BGHSt 41, 1[24]

#### a) Was ist ein strafbegründendes besonderes persönliches Merkmal?

Tatbestände, die eine besondere Eigenschaft des Täters voraussetzen, sog Sonderdelikte, können nur von dem erfüllt werden, der diese Eigenschaft selbst aufweist, sog intraneus. Nur ein Richter kann durch seine Entscheidung das Recht beugen, nur wer befugt ist, einen anderen zu verpflichten oder über dessen Vermögen zu verfügen, kann diese Befugnis zu dessen Schädigung missbrauchen, also Untreue begehen. Nur wer vor Gericht als Zeuge vernommen wird, kann falsch aussagen und einen Meineid schwören. Nur der Berufsgeheimnisträger, etwa der Arzt oder Anwalt, kann das Geheimnis verraten. Dagegen kann jedermann als Anstifter oder Gehilfe an einem Sonderdelikt teilnehmen. Auch wer dem geschädigten Vermögen gegenüber nicht treupflichtig ist, kann den Treupflichtigen zum Missbrauch seiner Rechtsstellung anstiften. Der Anwalt, der dem eine Falschaussage planenden Zeugen Informationen aus den Prozessakten gibt, durch deren Verwertung der Zeuge seine Falschaussage glaubwürdiger gestalten kann, leistet zu dieser Beihilfe. Dies erscheint auf den ersten Blick widersprüchlich und bedarf der Erklärung. 16

Dass die Täterschaft des extraneus am Sonderdelikt schon deshalb ausgeschlossen ist, weil er die im Tatbestand geforderte Tätereigenschaft selbst nicht aufweist, ergibt sich nur auf den ersten Blick zwingend aus dem Wortlaut des Sondertatbestandes. Denn dieser schließt nicht aus, dass sich der extraneus eines intraneus als Werkzeug bedient. Dann geschieht jedenfalls äußerlich genau dasselbe, was geschehen würde, wenn der intraneus wissentlich und verantwortlich den Tatbestand erfüllt. Trotzdem wird eine mittelbare Täterschaft des extraneus am Sonderdelikt durchweg abgelehnt.[25] Wer den Treupflichtigen durch Täuschung über den schädigenden Charakter einer Vermögensverfügung dazu bringt, dass ihm anvertrautes Vermögen zu mindern, begeht einen Dreiecksbetrug, aber keine Untreue in mittelbarer Täterschaft. Wer dem Arzt ein Patientengeheimnis etwa durch die Vorspiegelung entlockt, er sei ein Kollege, der den Patienten ebenfalls behandele, kann dafür ebenso wenig bestraft werden, wie derjenige, der dem Arzt die Krankenakte stielt. Wer einen Zeugen durch Täuschung zu einer Falschaussage bringt, wird zwar nach § 160 wegen Verleitung zur Falschaussage bestraft, aber wesentlich milder, als er als mittelbarer Täter einer Falschaussage nach §§ 153 oder 154 bestraft werden würde. Dies ist damit zu erklären, dass den mittelbaren Täter die besondere Pflicht nicht trifft, deren Verletzung durch den intraneus zum Tatbestand gehört.[26] 17

Danach bedarf es nun aber auch der Erklärung, dass der extraneus, der das Sonderdelikt gar nicht selbst erfüllen kann, gleichwohl als Teilnehmer daran bestraft wird, wenn er mit einem intraneus zusammenarbeitet. Der intraneus ist vor dem extraneus nicht nur dadurch ausgezeichnet, dass ihn eine besondere Pflicht trifft, mit dieser Pflicht ist stets auch eine besondere Machtstellung verbunden, die ihm von Rechts 18

---

24 = MDR 1995, 617 = WiB 1995, 525 mAnm *Cramer* = NJW 1995, 1764 = wistra 1995, 189 = NStZ 1995, 405 = StV 1995, 409 = JZ 1995, 1184 mAnm *Ranft* = JR 1996, 161 mAnm *Hake* = BGHR StGB § 28 Abs. 1 Merkmal 6; *Schmidt* JuS 1995, 841; *Grunst* NStZ 1998, 548.

25 Lackner/Kühl-*Kühl* § 25 Rn. 3; Schönke/Schröder-*Heine/Weißer* Vor § 25 Rn. 89; § 25 Rn. 49; *Jescheck/Weigend* AT § 62 I 2; *Kühl* AT 20/13; *Stratenwerth/Kuhlen* AT 12/22 f.

26 LK[11]-*Roxin* § 25 Rn. 37, § 28 Rn. 62; NK[6]-*Puppe* §§ 28/29 Rn. 60 f., 70; NK-*Vormbaum* § 153 Rn. 111; SK-*Zöller* Vor § 153 Rn. 9; SK-*Hoyer* § 28 Rn. 37; *Jakobs* AT 23/25; *Langer* Wolff-FS (1985), 335 (345).

wegen verliehen ist. Der Richter kann das Recht beugen, weil sein Urteil als Recht gilt. Der Treupflichtige kann das ihm anvertraute Vermögen unmittelbar schädigen, weil er befugt ist, darüber zu verfügen. Der Zeuge, der bewusst falsch aussagt, verletzt nicht nur seine Sonderpflicht, sondern er greift auch die Rechtspflege in einer Art und Weise an, wie es ein Nichtzeuge gar nicht vermag. Zu dieser Machtstellung verschafft sich der Anstifter oder auch der Gehilfe dadurch einen mittelbaren Zugang, dass er den Sonderpflichtigen zum Missbrauch dieser Machtstellung bestimmt, oder sonst zu diesem Missbrauch verhilft.[27]

19    Besondere Pflichtenstellungen haben also als Tatbestandsmerkmale einen spezifischen Doppelcharakter. Sie eröffnen dem intraneus eine Möglichkeit des Zugriffs auf das geschützte Rechtsgut, die der extraneus zwar selbst nicht hat, an der er sich aber als Anstifter oder Gehilfe mittelbar Anteil verschaffen kann. Es geschieht ihm also kein Unrecht, wenn ihm dieses Unrechtselement des Machtmissbrauchs nach den Regeln der Akzessorietät der Teilnahme zugerechnet wird. Daneben, aber empirisch nicht trennbar von dem Machtmissbrauch enthält das Sonderdelikt die Verletzung einer höchstpersönlichen, nur den intraneus treffenden Pflicht, die sich auf den extraneus nicht übertragen lässt. Das Gesetz trägt diesem Doppelcharakter in § 28 Abs. 1 dadurch Rechnung, dass es dem extraneus das Tätermerkmal zwar zurechnet, aber in einer abgemilderten Form.[28] Die strafbegründenden besonderen persönlichen Merkmale, die nach dieser Vorschrift semiakzessorisch behandelt werden, sind, wie sich zeigen wird, gerade die persönlichen Pflichtenstellungen der Sonderdelikte (s. u. 27/23 ff.).

20    ▶ Dem Haupttäter wurde eine Steuerhinterziehung durch Unterlassen nach § 370 Abs. 1 Nr. 2 AO vorgeworfen, dem Angeklagten eine Beihilfe dazu. Worin genau das Gericht die Beihilfehandlung sieht, ist aus dem Urteil nicht zu erkennen. ◀

Nach § 370 Abs. 1 Nr. 2 AO wird bestraft „wer die Finanzbehörde pflichtwidrig über steuerlich erhebliche Tatsachen in Unkenntnis lässt und dadurch Steuern verkürzt oder für sich oder einen Anderen nicht gerechtfertigte Steuervorteile erlangt." Steuererklärungspflichtig war nur der Haupttäter, nicht der Angeklagte. Der BGH sah sich damit vor die Frage gestellt, ob eine steuerrechtliche Erklärungspflicht nach § 370 Abs. 1 Nr. 2 AO ein besonderes persönliches Tätermerkmal ist, das nach § 28 Abs. 1 dem nicht erklärungspflichtigen Gehilfen nur in gemilderter Form zugerechnet werden darf, so dass sich beim Gehilfen eine doppelte Strafmilderung ergibt. Der Senat verneinte die Frage mit der folgenden Begründung:

21    „Die Abgrenzung hängt davon ab, ob das betreffende Merkmal im Schwergewicht die Tat oder die Persönlichkeit des Täters kennzeichnet. ... Umschreibt es eine vorstrafrechtliche Sonderpflicht, wird eher die Persönlichkeit des Täters gekennzeichnet, das Merkmal ist täterbezogen. Handelt es sich dagegen um ein „strafrechtliches Jedermann-Gebot", wird eher die Tat gekennzeichnet, und das Merkmal ist tatbezogen. ... Die Wertung ergibt, daß die im Tatbestand des § 370 Abs. 1 Nr. 2 AO angesprochene Pflicht ein tatbezogenes persönliches Merkmal ist, das im Sinne des § 28 Abs. 1 StGB weder mit der besonderen Pflicht des Amtsträgers oder des Täters der Untreue noch mit der des Garanten eines der sonstigen unechten Unterlassungsdelikte vergleichbar ist. ... Diese steuerrechtlichen Pflichten knüpfen an objektive Vorgänge des täglichen Lebens an. Sie treffen jeden, bei dem die tatsächlichen Voraussetzungen vorliegen, an die das Gesetz eine Erklärungs-

---

27  *Gallas* bei *Grebing* ZStW 88 (1967), 175; *Wagner* (1975), 391 ff.; NK[6]-*Puppe* §§ 28/29 Rn. 8 f.
28  *Gallas* bei *Grebing* ZStW 88 (1976), 175; NK-*Puppe* §§ 28/29 Rn. 7 ff.

pflicht anknüpft. Eine vorrechtliche Pflichtenstellung oder eine „besondere Pflichtenstellung höchstpersönlicher Art", wie sie die besonderen Merkmale im Sinne des § 28 Abs. 1 StGB kennzeichnen, vermag der Senat bei diesen steuerrechtlichen Pflichten nicht zu erkennen."[29]

Die Alternative tatbezogen oder täterbezogen ist nicht geeignet, akzessorische Tä- 22
termerkmale von nicht akzessorischen klar zu unterscheiden. Insofern sie überhaupt Tatbestandsmerkmale sind, müssen diese Merkmale tatbezogen sein, denn Tatbestandsmerkmale, die nicht die Tat charakterisieren sondern nur den Täter, sind in einem Tatstrafrecht illegitim, insofern sind alle Tatbestandsmerkmale tatbezogen. Insofern es Eigenschaften oder Verhältnisse des Täters sind, charakterisieren sie diesen, sind also täterbezogen.[30] Aber der Vorschlag, den Ausdruck „tatbezogen" durch „rechtsgutsbezogen" zu ersetzen,[31] schafft hier keine Abhilfe. Wie wir gesehen haben, sind gerade solche Merkmale, die allgemein als persönliche Merkmale iSv § 28 Abs. 1 anerkannt sind, nämlich die Amtsstellungen auch rechtsgutsbezogen, weil die Amtsdelikte auch das Amt selbst vor Missbrauch schützen sollen. Bei der Begrenzung der Akzessorietät geht es nicht um den Gegensatz zwischen tatbezogen beziehungsweise rechtsgutsbezogen und täterbezogen, sondern um den zwischen Unrechtsmerkmalen und Schuldmerkmalen.[32]

Ein Sonderpflichtmerkmal iSv § 28 Abs. 1 enthält außer dem Unrechtselement des 23
Missbrauchs einer dem Täter von Rechts wegen verliehenen besonderen Macht das Schuldelement der Verletzung einer dem Täter auferlegten besonderen Pflicht. Das Letztere wird nach § 28 Abs. 1 dem Teilnehmer nicht zugerechnet, der nicht in dieser Pflicht steht. Charakteristisch für ein Pflichtmerkmal ist also, dass es sich nicht um die Jedermanns-Pflicht handelt, fremde Rechtsgüter nicht zu verletzen oder nicht gegen die Strafgesetze zu verstoßen, sondern um eine besondere Pflicht, die gerade den Täter trifft aber nicht den extranen Teilnehmer. Deshalb hat der BGH damit Recht, dass er zwischen Sonderpflichten, die besondere persönliche Merkmale iSv § 28 sind und Jedermanns-Pflichten unterscheidet. Diese Sonderpflichten müssen, auch darin hat der BGH Recht, außerhalb des Strafrechts begründet sein.

Das bedeutet aber nicht, dass nur bestimmte Personen Träger einer solchen Sonder- 24
pflicht sein können, die von der Rechtsordnung irgendwie durch besonderes Vertrauen ausgezeichnet sind. Die Sonderdelikte sind nicht als ein besonderes Standesrecht aufzufassen. Richter, Beamter, Arzt oder Anwalt kann nach Art. 12 und Art. 33 Abs. 2 GG heute jeder Bürger werden, der die erforderliche Ausbildung absolviert hat. Jeder kann treupflichtig iSv § 266 Abs. 1 sein, wenn er eine entsprechende Rechtsstellung übernimmt.

Auch die Freiwilligkeit der Pflichtübernahme ist kein notwendiges Merkmal der Son- 25
derpflicht. Eine Sonderpflicht ist auch die Aussagepflicht des Zeugen.[33] Diese kann je-

---

29  BGHSt 41, 1 (2).
30  NK[6]-*Puppe* §§ 28/29 Rn. 16; *Roxin* AT/2 27/23.
31  *Blauth* (1968), 63 ff.; *Gallas* ZStW 88 (1976), 175; *Geppert* ZStW 82 (1970), 40 (64 ff.); *Grünwald* Kaufmann-GS (1989), 555 (559 ff.); kritisch dazu *Roxin* AT/2 27/35 ff.; NK[6]-*Puppe* §§ 28/29 Rn. 16.
32  NK[6]-*Puppe* §§ 28/29 Rn. 14 ff.
33  NK[6]-*Puppe* §§ 28/29 Rn. 7 f.; *dies.* ZStW 120 (2008), 504 (511 f.); NK-*Vormbaum* § 153 Rn. 111; LK-*Schünemann/Greco* § 28 Rn. 64 f.; SK-*Hoyer* § 28 Rn. 37; SK-*Zöller* Vor § 153 Rn. 9; *Jakobs* AT 23/25; *Langer* Wolf-FS (1985), 335 (355); *Herzberg* ZStW 88 (1976), 68 (103); *ders.* GA 1991, 145 (181 ff.). Einige Autoren begründen den Ausschluss einer mittelbaren Täterschaft damit, dass die §§ 153 ff. eigenhändige Delikte seien, Schönke/Schröder-*Lenckner/Bosch* Vor § 153 Rn. 33; Lackner/Kühl-*Heger* Vor § 153 Rn. 7. Dies ist ein Atavis-

den Bürger von ungefähr treffen, der eine für einen Prozess erhebliche Wahrnehmung gemacht hat, diese Pflicht wird ihm also von Rechts wegen aufgezwungen. Sonderpflichten sind auch die Garantenpflichten iSv § 13,[34] unabhängig davon, ob sie freiwillig eingegangen worden sind, wie die Garantenpflicht aus Übernahme, oder dem Garanten von der Rechtsordnung zwangsweise auferlegt werden, wie die Garantenpflicht aus Ingerenz. Auch die Eigenschaft als Soldat ist als besonderes persönliches Pflichtmerkmal des Wehrstrafrechts allgemein anerkannt, auch wenn der Soldat nicht freiwillig, sondern aufgrund seiner Wehrpflicht dient. Eine solche dem Bürger von Rechts wegen aufgezwungene Sonderpflicht ist auch die steuerrechtliche Erklärungspflicht.

26    Der Sondercharakter der außerhalb des Strafrechts begründeten Pflicht besteht also nicht darin, dass der Täter einem abgeschlossenen Personenkreis angehört, sondern darin, dass er in dem konkreten Fall, in dem der Tatbestand verwirklicht wird, zu diesem Geschehen in einer besonderen außerstrafrechtlich begründeten Pflichtbeziehung steht. Im vorliegenden Fall stand der wegen Beihilfe Angeklagte zu diesem konkreten Steuervorgang nicht in dieser Pflichtbeziehung, weil er nicht derjenige war, der die Ware in das Wirtschaftsgebiet der EG eingeführt hat und demgemäß deklarationspflichtig war. Er hat nicht seine eigene Erklärungspflicht verletzt, sondern einem Andern geholfen, die seine zu verletzen. Das spezifische höchstpersönliche Element der Verletzung einer Sonderpflicht ist also in seinem Verhalten nicht enthalten. Auch die steuerrechtlichen Erklärungspflichten sind also strafbegründende höchstpersönliche Merkmale iSv § 28 I.

27    Was für öffentlich-rechtlich begründete Sonderstellungen gilt, gilt auch für zivilrechtlich begründete. Die Rechtsstellung des Schuldners beim Bankrott oder der Vereitelung der Zwangsvollstreckung ist also ein höchstpersönliches Merkmal. Nur der Schuldner und nicht sein Gehilfe oder Anstifter verletzt die spezifische Rechtspflicht gegenüber dem Gläubiger. Aber eben diese Rechtspflicht, also der Anspruch des Gläubigers gegen den Schuldner ist das Rechtsgut des Bankrotts und der Vereitelung der Zwangsvollstreckung.[35] Danach können wir auch die umstrittene Frage entscheiden, ob die Stellung als Unfallbeteiligter in § 142 ein strafbegründendes besonderes persönliches Merkmal ist. Bei der Auslegung des § 142 wird immer wieder betont, dass diese Vorschrift nicht etwa der Strafverfolgung dient und auch nicht dem Gemeininteresse an der Sicherheit des Straßenverkehrs vor ungeeigneten Kraftfahrern, sondern ausschließlich dem zivilrechtlichen Interesse des anderen Unfallbeteiligten an der Aufklärung des Unfallgeschehens.[36] Die Unfallbeteiligten und nur diese sind einander zur Mitwirkung an dieser Aufklärung verpflichtet, unabhängig davon, ob sie an dem Unfall Schuld, also letztendlich schadensersatzpflichtig sind oder nicht. Zum Tatbestand der Unfallflucht gehört die Verletzung dieser gegenseitigen Mitwirkungspflicht. Das ist der Grund dafür, dass ein nicht am Unfall Beteiligter nicht nach § 142 bestraft wird, wenn er den Unfallbeteiligten gegen seinen Willen wegbringt, nicht etwa die seltsame Vor-

---

mus, der aus der Zeit stammt, als man den Meineid als Frevel gegen Gott ansah und dem Meineidigen zur Strafe dafür die Schwurfinger abhackte.

34  NK⁶-*Puppe* §§ 28/29 Rn. 61, 72 ff.; *Baumann/Weber/Mitsch/Eisele* AT 26/151;; *Wessels/Beulke/Satzger* Rn. 801; Schönke/Schröder-*Heine/Weißer* § 28 Rn. 19; aA Lackner/Kühl-*Heger* § 28 Rn. 6; *Geppert* ZStW 82 (1970), 40 ff.

35  Zu § 283: NK-*Kindhäuser* Vor § 283 Rn. 19 ff.; zu § 288: NK-*ders.* § 288 Rn. 1; Schönke/Schröder-*Heine/Hecker* § 288 Rn. 1; *Fischer* § 288 Rn. 1; Lackner/Kühl-*Heger* § 288 Rn. 1; *Maurach/Schröder/Maiwald* BT/1 47/3.

36  BVerfGE 16, 191 (193); BGHSt 24, 382 (385); Lackner/Kühl-*Kühl* § 142 Rn. 1; Schönke/Schröder-*Sternberg-Lieben* § 142 Rn. 1a; *Fischer* § 142 Rn. 2 f.; *Herzberg* GA 1991, 145 (170 f.).

stellung, dass § 142 ein „eigenhändiges Delikt" sei.[37] Dementsprechend ist die Sonderstellung des Unfallbeteiligten auch ein besonderes persönliches Pflichtmerkmal iSv § 28 I.[38]

Unser Ergebnis ist also, dass alle Rechtsstellungen des Täters, die in einem Straftatbestand vorkommen, besondere persönliche Merkmale sind. Besonders deutlich kommt das in denjenigen Tatbeständen zum Ausdruck, in denen ausdrücklich eine verletzte Pflicht benannt wird, beispielsweise die Unterhaltspflicht oder die Fürsorgepflicht. Es gibt nur sehr wenige Tatbestandsmerkmale, die Eigenschaften des Täters angeben und doch keine höchstpersönlichen Tätermerkmale sind. Das Standardbeispiel dafür ist das Merkmal „Mann" im Tatbestand des Exhibitionismus nach § 183. Der Grund dafür, dass nur ein Mann diesen Tatbestand als unmittelbarer Täter erfüllen kann, ist nicht der, dass er eine besondere Rechtsstellung oder gar Rechtsmacht hat, sondern der, dass nur ein Mann durch exhibitionistische Handlungen den objektiven Effekt erzielen kann, um dessen Vermeidung es sich bei § 183 handelt. Weiblicher Exhibitionismus wirkt, je nach Attraktivität der Frau, aufreizend oder lächerlich, nur männlicher Exhibitionismus wirkt auch bedrohlich. Die Einschränkung der Strafbarkeit auf Männer hat also ihren Grund nicht darin, dass diese eine ihnen besonders auferlegte Pflicht verletzen. Deswegen gibt es auch keinen Grund, eine Frau nicht wegen Exhibitionismus in mittelbarer Täterschaft zu bestrafen, wenn sie beispielsweise einen geisteskranken Mann zu exhibitionistischen Handlungen veranlasst.[39] Wie gesagt, kennt unser Strafgesetz nur sehr wenige Merkmale dieser Art. *Herzberg* nennt sie „funktionell sachliche Merkmale".[40] Man kann also die Faustregel aufstellen, dass eine Tätereigenschaft, die in einem Tatbestand als strafbegründendes Merkmal auftritt, in der Regel ein höchstpersönliches Merkmal iSv § 28 Abs. 1 ist.

28

### b) Die sog. unechten Amtsdelikte – Der Blutprobenaustauschfall, BGHSt 5, 76

Aber nach hL werden nicht alle Sonderpflichtmerkmale semiakzessorisch behandelt. Es wird vielmehr unterschieden zwischen den echten und den sog unechten Sonderdelikten. Unechte Sonderdelikte sind solche, zu denen es ein Allgemeindelikt als Pendant gibt. Beispiele dafür sind die Körperverletzung im Amt und die Strafvereitelung im Amt. Beispiele für echte Amtsdelikte sind etwa die Bestechlichkeit, die Aussageerpressung oder die Rechtsbeugung. Es wird nun als selbstverständlich angesehen, dass bei den unechten Amtsdelikten die Amtsträgereigenschaft kein strafbegründendes Merkmal iSv § 28 Abs. 1 ist, sondern ein strafschärfendes Merkmal iSv § 28 Abs. 2.[41] Strafschärfende besondere persönliche Merkmale werden nach § 28 Abs. 2 dem Teilnehmer, der sie selbst nicht erfüllt, überhaupt nicht zugerechnet, sie sind nicht akzessorisch. Bei den unechten Sonderdelikten führt das dazu, dass der Täter nach dem Sonderdelikt,

29

---

37 So aber *Arloth* GA 1985, 492; *Engelstädter* (1997), 43.

38 NK[6]-*Puppe* §§ 28/29 Rn. 71; SK-*Hoyer* § 28 Rn. 34; LK-*Schünemann/Greco* § 28 Rn. 62; *Arzt/Weber* BT 38/57; *Arloth* GA 1985, 492 (504); dagegen: NK-*Kretschmer* § 142 Rn. 115; Schönke/Schröder-*Sternberg-Lieben* § 142 Rn. 85; Lackner/Kühl-*Kühl* § 142 Rn. 39; *Maurach/Schroeder/Maiwald* BT/1 49/65; *Otto* BT 80/47; *Herzberg* GA 1991, 145 (170 f.).

39 NK[6]-*Puppe* §§ 28/29 Rn. 58; deswegen lehnt die hL es ab, der beteiligten Frau als Anstifterin auch noch die Strafmilderung nach § 28 Abs. 1 zugute kommen zu lassen, *Herzberg* GA 1991, 145 (169); Lackner/Kühl-*Heger* § 183 Rn. 1a; MüKo-*Joecks/ Scheinfeld* § 28 Rn. 14; aA: Schönke/Schröder-*Eisele* § 183 Rn. 7.

40 *Herzberg* GA 1991, 143 (169 ff.).

41 LK-*Schünemann/Greco* § 28 Rn. 70; SK-*Stein/Deiters* Vor § 331 Rn. 35; Lackner/Kühl-*Kühl* § 28 Rn. 9, Vor § 331 Rn. 2; *Fischer* § 28 Rn. 9; Schönke/Schröder-*Heine/Eisele* Vor § 331 Rn. 6; *Jescheck/Weigend* AT § 61 VII 4a, aa); s. dazu NK[6]-*Puppe* §§ 28/29 Rn. 31 ff.

der Teilnehmer aber nach dem Allgemeindelikt bestraft wird. Das Fehlen ein und desselben Merkmals, meist der Amtsträgereigenschaft, wird danach völlig verschieden behandelt, je nachdem, ob es in einem echten oder einem unechten Amtsdelikt auftritt. Dabei ist es für den teilnehmenden extraneus keineswegs immer von Vorteil, wenn er nach § 28 Abs. 2 behandelt wird. Der großzügige Milderungsschlüssel des § 49, auf den § 28 Abs. 1 verweist, kann sehr viel günstiger sein, als die Anwendung des Strafrahmens des Allgemeindelikts, in Einzelfällen kann er allerdings auch ungünstiger sein.[42]

30  Auch ist die Entscheidung der Frage, ob ein bestimmtes Delikt ein echtes oder ein unechtes Amtsdelikt ist, meistens umstritten und unsicher. Das zeigt die folgende Entscheidung, die eine Anstiftung zur Strafvereitelung im Amt zum Gegenstand hatte, damals § 346, heute § 258a.

▶ Der Angeklagte hatte in trunkenheitsbedingt fahruntüchtigem Zustand einen Unfall verursacht. Ihm war eine Blutprobe entnommen worden. Er überredete den ermittelnden Polizisten diese Blutprobe gegen eine andere auszutauschen, die einen wesentlich geringeren Alkoholgehalt aufwies. So versuchte der Polizist, den Angeklagten der Bestrafung nach § 315c zu entziehen. ◀

Der BGH bestätigt die Verurteilung des Angeklagten wegen Anstiftung zur Begünstigung im Amt (heute Strafvereitelung im Amt) mit folgenden Worten:

> „Mit Recht hat das LG die Begünstigung im Amt als ein eigentliches Amtsdelikt angesehen ...; denn der Tatbestand des § 346 (heute § 258a) unterscheidet sich von dem des § 257 (heute § 258) nicht etwa durch die besonderen persönlichen Eigenschaften des Täters. Diese sind nicht nur ein Strafschärfungsgrund gegenüber § 257. Der § 346 stellt vielmehr einen anderen selbstständigen Tatbestand auf."

Heute sieht die hL die Nachfolgevorschrift des § 346, den § 258a als unechtes Amtsdelikt an, bei dem die Amtsträgereigenschaft nicht strafbegründend, sondern strafschärfend iSv § 28 Abs. 2 ist, mit der Folge, dass der beteiligte extraneus nach dem Grunddelikt des § 258 zu bestrafen ist. Der Grund für diese Diskrepanz besteht ausschließlich darin, dass § 346 aF den objektiven Tatbestand der Begünstigung im Amt etwas weiter gefasst hatte als § 258, so dass nicht jede Begünstigung im Amt gleichzeitig den Tatbestand der einfachen Begünstigung erfüllte. Damit hatte der BGH seine Rechtsansicht begründet, dass die Amtsträgereigenschaft in § 346 aF kein strafschärfendes Merkmal iSd damaligen § 50 war, sondern ein strafbegründendes. Die Folgen waren damals noch einschneidender, als sie es heute sind, denn auf strafbarkeitsbegründende Merkmale erstreckte sich damals die Einschränkung der Akzessorietät nicht, sie wurden dem Beteiligen vielmehr voll zugerechnet. § 258a nF unterscheidet sich von § 258 nur noch dadurch, dass der Täter ein für die Verfolgung des Begünstigten zuständiger Amtsträger ist. Deshalb ist nach heute ganz herrschender Ansicht die Amtsträgereigenschaft in § 258a ein strafschärfendes Merkmal, wird also gemäß § 28 Abs. 2 dem Extraneus überhaupt nicht zugerechnet.

31  Nach hL unterscheiden sich strafbegründende und strafschärfende besondere persönliche Merkmale also nur dadurch, dass eine Strafbarkeit nach einem Grundtatbestand (lex generalis) übrig bleibt, wenn bei einem Beteiligten ein strafschärfendes Merkmal fehlt, während die Streichung eines strafbegründenden Merkmals zur Tatbestandslosig-

---

42  NK6-*Puppe* §§ 28/29 Rn. 35 f.

keit führen würde, sofern man es nicht dem Beteiligten, bei dem es fehlt, zurechnet. Die hL erklärt denn auch die gegensätzliche Behandlung der strafschärfenden und der strafbegründenden höchstpersönlichen Merkmale ausschließlich damit, dass es gelte, Strafbarkeitslücken zu vermeiden.[43] Deswegen nimmt sie keinen Anstoß daran, dass ein und dasselbe Merkmal, nämlich der Missbrauch einer Amtsstellung zur Tatbegehung, bei manchen Tatbeständen als strafbegründendes behandelt, dem Extraneus also halb zugerechnet wird, bei anderen Tatbeständen als strafmodifizierendes, dem Extraneus also gar nicht zugerechnet wird. Der Wortlaut des Gesetzes und seine Entstehungsgeschichte legen diese Interpretation auch nahe, denn das Gesetz benutzt für beide Merkmalsarten den Ausdruck besondere persönliche Merkmale, und was sollte man unter dem Begriff strafschärfend anderes verstehen, als dass das Merkmal einen Grundtatbestand qualifiziert?

Gegen diese Interpretation spricht aber die Verschiedenheit der Rechtsfolgen, die sich aus ihr für ein und dasselbe Merkmal ergibt, je nachdem, ob es im Sinne der hL ein strafbegründendes oder ein strafschärfendes ist. Die Vermeidung von Strafbarkeitslücken ist im Strafrecht kein gutes Argument für eine ungleiche Behandlung des gleichen Tatbestandsmerkmals. Hier, wenn irgendwo, ist der Grundsatz vom fragmentarischen Charakter des Strafrechts einschlägig. Vor allem aber setzt das Argument voraus, was es begründen soll. Wenn es nicht gerechtfertigt ist, dass ein besonderes persönliches Merkmal einem Beteiligten zugerechnet wird, der es nicht erfüllt, so entsteht keine Strafbarkeitslücke, wenn er deshalb nicht bestraft wird, weil er es nicht erfüllt. 32

Wir haben für die semi-akzessorische Behandlung strafbarkeitsbegründender besonderer persönlicher Merkmale nach § 28 eine andere Erklärung gefunden als die, dass die Limitierung der Akzessorietät durch § 28 keine Strafbarkeitslücken aufreißen darf. Sie besteht darin, dass diese Merkmale besondere Rechts- und Pflichtstellungen sind. Der extraneus kann die Pflicht nicht verletzen, aber er kann die Rechtsstellung des intraneus als Täter ausnutzen, indem er ihn zur Tat anstiftet oder ihm dabei hilft (s. dazu o. 27/18 f.).Die strafbarkeitsbegründenden Merkmale sind also nicht nur formal, sondern auch inhaltlich von den strafschärfenden wesentlich unterscheiden. Während die strafschärfenden Merkmale reine Schuldmerkmale sind, die nach dem allgemeinen Grundsatz des § 29, dass jeder nach seiner Schuld strafbar ist, nur dem Beteiligten angelastet werden dürfen, der sie in seiner Person erfüllt, sind die strafbegründenden Merkmale solche, die, begrifflich ungeschieden, Unrecht und Schuldmomente enthalten.[44] Zu diesen gemischten Merkmalen gehört insbesondere der Missbrauch einer Amtsträgerstellung zur Verwirklichung eines Straftatbestandes. 33

Daraus ergibt sich für die Interpretation des § 28 Abs. 2, dass nicht jedes besondere persönliche Merkmal, bei dessen Nichtzurechnung eine Strafbarkeit nach einer lex generalis übrig bleibt, schon deshalb ein strafschärfendes ist. Dies ist zwar eine notwendige Bedingung für die Einordnung des Merkmals als strafschärfendes, nicht aber eine hinreichende.[45] Ein solches Qualifikationsmerkmal bleibt ein strafbegründendes, sofern es dem Grundtatbestand nicht nur ein Schuldelement, sondern auch ein Unrechtselement zufügt.[46] Um es prägnant zu formulieren: Der Missbrauch einer Amtsstellung ist, unabhängig davon, ob es zu dem Amtsdelikt ein Allgemeindelikt als lex generalis 34

---

43  *Frister* AT 25/37.
44  *Puppe* ZStW 120 (2008), 504 (505); *dies.* NK § 28/29 Rn. 10 ff., 81.
45  *Neumann* Lampe-FS (2003), 643 (645 ff.); *Puppe* ZStW 120 (2008), 504 (518 f.), *dies.* NK §§ 28/29, Rn. 30.
46  *Puppe* ZStW 120 (2008), 504 (517 ff.); *dies.* NK §§ 28/29 Rn. 35 ff., insbesondere Rn. 39 f.

gibt, ein strafbegründendes Tatbestandsmerkmal, weil dieses Merkmal semiakzessorisch zu behandeln ist, es ist nicht deshalb semiakzessorisch zu behandeln, weil es ein strafbegründendes Merkmal ist.[47]

35 Um die Amtsträgerschaft als strafbegründendes Merkmal darstellen zu können, muss allerdings das Amtsdelikt von dem dementsprechenden Gemeindelikt abgekoppelt werden. Man mag das Amtsdelikt dann als delictum sui generis bezeichnen. Sehr aussagekräftig ist diese Bezeichnung allerdings nicht, weil sie in anderen Zusammenhängen zur Begründung anderer Ergebnisse verwendet wird.[48] Der BGH hat diese Technik der Abkoppelung des Spezialtatbestandes von der lex generalis nur einmal angewandt, nämlich zur Begründung seiner These, dass die besonderen persönlichen Mordmerkmale strafbegründende, nicht strafschärfende Merkmale sind. Gerade in diesem Fall ist die Abkoppelung aber unangebracht, weil die höchstpersönlichen Mordmerkmale reine Schuldmerkmale sind, die dem Unrecht der Tat nichts hinzufügen (s. dazu u. 27/43 ff.).

### c) Gibt es strafbegründende Schuldmerkmale? – Ein moderner Leinenfängerfall[49]

36 Es gibt einige wenige strafbegründende Tatbestandsmerkmale, die von der hL als Schuldmerkmale angesehen werden. Dies sind: Die Böswilligkeit in § 90a, § 130 und § 225,[50] die Rohheit in § 225 und die Rücksichtslosigkeit in § 315c.[51] Zur Demonstration des Problems, wie solche strafbegründenden Schuldmerkmale zu behandeln sind, wenn der Teilnehmer sie erfüllt, der Täter aber nicht, oder umgekehrt, der Täter sie erfüllt, aber nicht der Teilnehmer, hat sich kein praktischer Fall finden lassen, wir müssen also auf einen fiktiven Fall zurückgreifen.

▶ Um bei einer Konferenz nicht 5 bis 10 Minuten zu spät zu erscheinen, verlangt der Chef von seinem Chauffeur unter Androhung der Entlassung, bei schlechter Sicht zu schnell zu fahren und verkehrswidrig einen anderen Verkehrsteilnehmer zu überholen. Aus Furcht vor einer Entlassung kommt der Chauffeur dem Verlangen nach. ◀

37 Als rücksichtslos bestimmt die hL ein verkehrswidriges Verhalten, bei dem sich der Verkehrsteilnehmer aus eigensüchtigen Motiven oder aus Gleichgültigkeit über seine Pflicht im Straßenverkehr hinwegsetzt.[52] In diesem Sinne rücksichtslos hat sich in unserem Beispielsfall der Chef verhalten, nicht aber der Chauffeur, der unter Zwang gehandelt hat. Würde man auf diesen Fall § 29 anwenden, also den Grundsatz, jedem nach seiner Schuld, so könnte man den Chef als Anstifter zu einer Verkehrsgefährdung bestrafen. Auf diesen Fall wird jedoch § 29 nicht angewandt, weil es eine strafbare Teilnahme an einer tatbestandslosen Haupttat nicht geben darf.[53] Das Beispiel zeigt, dass ein strafbegründendes Schuldmerkmal in unserem Strafrechtssystem ein Fremdkörper ist.

---

47 NK⁶-*Puppe* §§ 28/29 Rn. 40; *dies.* ZStW 120 (2008), 505 (519); *Neumann* Lampe-FS (2003), 643 (648).

48 So wird § 249 als delictum sui generis im Verhältnis zu § 242 bezeichnet, weil die Qualifikation und Privilegierungen des Diebstahls auf den Raub keine Anwendung finden. Das hat mit der Akzessorietät und ihrer Limitierung nach § 28 nichts zu tun.

49 Der klassische Leinenfängerfall findet sich in RGSt 30, 25.

50 Lackner/Kühl-*Kühl* § 28 Rn. 5; *Roxin* AT/2 27/53.

51 Schönke/Schröder-*Heine/Weißer* § 28 Rn. 6; *Roxin* AT/2 27/53.

52 NK-*Zieschang* § 315 c; Rn. 35; Schönke/Schröder-*Hecker* § 315 c, Rn. 28; auch die Rspr. BGHSt 5, 392; BGH VRS 23, 289; 30, 286: 50, 242.

53 NK-*Schild* Vor §§ 26/27, Rn. 10.

Auch der umgekehrte Fall, dass der Täter rücksichtslos handelt, der Teilnehmer aber 38
nicht, lässt sich nicht widerspruchsfrei in unser System der limitierten Akzessorietät
einordnen. Die hL behandelt strafbarkeitsbegründende Schuldmerkmale semiakzessorisch, indem sie § 28 Abs. 1 auf sie anwendet.[54] Das führt dann zu dem Ergebnis, dass
der Teilnehmer strafbar ist, obwohl er ein strafbegründendes Schuldmerkmal in seiner
Person nicht erfüllt. Diese Lösung widerspricht aber dem Grundsatz des § 29. Denn
die Strafbarkeit des Teilnehmers wird ausschließlich damit begründet, dass der Täter
ein Schuldmerkmal erfüllt. Deshalb wird in der Lehre auch die Auffassung vertreten,
dass gemäß § 29 dieser Teilnehmer straflos bleibt.[55]

Die Regelung der limitierten Akzessorietät in §§ 28/29 unseres Strafgesetzbuches geht 39
also offenbar davon aus, dass es strafbegründende Schuldmerkmale nicht gibt. Sie sind
auch mit einem Tatstrafrecht nicht vereinbar, denn ihre Einführung bedeutet, dass der
Gesetzgeber das Unrecht der Tat noch nicht für hinreichend hält, um es unter Strafe zu
stellen, es aber gleichwohl unter Strafe stellt, wenn das Motiv oder die Gesinnung, die
aus der Tat sprechen (vgl. § 46) verwerflich sind.[56]

Die einzelnen Tatbestände sind also so zu interpretieren, dass sie keine strafbegründen- 40
den Schuldmerkmale enthalten. Das ist auch durchaus möglich und legitim. Danach ist
unter böswillig verächtlich machen in § 90a und § 130 nicht ein Handeln aus übler
Gesinnung zu verstehen, sondern eine Äußerung, in der eine böswillige Einstellung zur
Bundesrepublik oder zu einem ihrer Länder bzw. zu einer Bevölkerungsgruppe wirklich zum Ausdruck kommt. Unter böswilliger Vernachlässigung iSv § 225 ist eine Vernachlässigung von einigem Ausmaß zu verstehen, die nicht durch einen triftigen Grund
erklärbar ist. Eine rohe Misshandlung iSv § 225 ist nicht eine Misshandlung aus roher
Gesinnung, sondern eben eine Misshandlung, die als solche roh ist, also ein gewisses
Ausmaß erreicht, das über die Mindestanforderungen des § 223 hinausgeht. Rücksichtslos iSv § 315c handelt der Verkehrsteilnehmer nicht dann, wenn er aus krassem
Egoismus handelt, sondern dann, wenn sein Verhalten nicht nur in abstracto grob verkehrswidrig ist, beispielsweise eine besonders krasse Geschwindigkeitsüberschreitung,
sondern auch in der konkreten Situation einen krassen Mangel an Rücksicht auf andere Verkehrsteilnehmer darstellt.

Für die vorgeschlagene Interpretation der angeführten Merkmale als Unrechtsmerkma- 41
le spricht auch, dass sie jeweils nur in einzelnen Alternativen der betreffenden Tatbestände auftreten. Sollte für bestimmte Alternativen eines Tatbestandes eine besonders
verwerfliche Gesinnung als strafbegründendes Merkmal notwendig sein, für andere
aber nicht?

Die ganz hL interpretiert die angeführten Merkmale aber als Gesinnungsmerkmale 42
und damit als Schuldmerkmale. Die Widersprüche, zu denen die Annahme solcher
Schuldmerkmale angesichts der gesetzlichen Regelung der §§ 28/29 zwingt, sprechen
aber jedenfalls dagegen, Schuldmerkmale als strafbegründende zu interpretieren, wo es
möglich ist, sie als strafschärfende zu behandeln, vgl. dazu sogleich 27/43 ff.

---

54 Schönke/Schröder-*Heine/Weißer* § 28 Rn. 8 f.; LK-*Schünemann/Greco* § 28 Rn. 22.
55 *Küper* ZStW 104 (1992), 559 (587 ff.); *Vogler* Lange-FS (1976), 267; *Jakobs* AT 23/5.
56 *Puppe* ZStW 120 (2008), 504 (521); *dies.* NK §§ 28/29 Rn. 20.

### 4. Die höchstpersönlichen Mordmerkmale – Der Erschießungsfall, BGHSt 1, 369

43 ▶ Als amerikanische Truppen am Ende des Krieges einen Ort besetzt hatten, forderte der Angeklagte sie auf, einen Gendarmeriemeister zu verhaften und zu erschießen, weil dieser Fremdarbeiter getötet habe, was nicht stimmte. Die amerikanischen Soldaten erschossen den Gendarmeriemeister ohne Verfahren. Der Angeklagte handelte aus niedrigen Beweggründen. ◀

Das Schwurgericht hatte den Angeklagten wegen Anstiftung zum Mord verurteilt. Der BGH erklärt dies für rechtsfehlerhaft und verurteilte den Angeklagten nur wegen Anstiftung zum Totschlag mit dem an sich überflüssigen Hinweis, dass die niedrigen Beweggründe bei der Strafzumessung berücksichtigt werden dürfen. In den Gründen erklärt er die Regelung des § 50 aF (heute § 28) wie folgt:

> „Das Ziel dieser Änderung war, jeden Beteiligten nach seiner Schuld ohne Rücksicht auf die Schuld des Täters strafen zu können, ein Grundsatz, der in § 50 Abs. 1 StGB noch besonders zum Ausdruck kam. Hingegen war es nicht Zweck der Strafrechtsangleichungsverordnung, die Abhängigkeit der Strafbarkeit des Teilnehmers von der Tatbestandsmäßigkeit und Rechtswidrigkeit der Haupttat zu beseitigen (…). Daraus folgt, dass der Anstifter aufgrund des § 48 StGB (heute § 26) nur nach dem Strafgesetz bestraft werden darf, dessen Tatbestand der Haupttäter rechtswidrig, wenn auch schuldlos erfüllt."[57]

44 Der BGH geht also, wie es die heute herrschende Auslegung des § 29 auch tut, davon aus, dass der Grundsatz, jeder nach seiner Schuld, nicht dazu führen kann, den Anstifter nach einem Tatbestand zu bestrafen, wenn beim Täter ein strafbegründendes Merkmal dieses Tatbestandes fehlt, mag es auch ein Schuldmerkmal sein. Anschließend begründet er die These, dass die Merkmale des Mordtatbestandes, auch die Gesinnungsmerkmale, strafbegründend und nicht etwa nur strafschärfend sind, mit folgenden Worten:

> „Das Gesetz kennzeichnet eben die in § 211 StGB aufgeführten Begehungsweisen nicht als schwere Fälle des Totschlages, sondern als eine andere Straftat, als Mord. (…) § 50 Abs. 2 StGB (heute § 28 Abs. 2) kann jedoch auf die Beweggründe des § 211 StGB schon deshalb nicht zutreffen, weil sie nicht die Strafe schärfen, sondern die Strafbarkeit des Täters als Mörder erst begründen."[58]

Der BGH ist also mit den Mordmerkmalen genauso verfahren, wie wir mit dem Missbrauch einer Amtsstellung bei den sog unechten Amtsdelikten. Er hat den Tatbestand des Mordes von dem des Totschlags abgekoppelt und dadurch die höchstpersönlichen Mordmerkmale zu strafbegründenden erklärt. Deshalb bezeichnet er den Mordtatbestand auch als delictum sui generis.[59] Die Begründung, die er dafür anführt ist die Bezeichnung der Tat nach § 211 als Mord und die Bezeichnung des Täters als „Mörder" („Mörder ist wer …"),[60] sowie der „Wille des Gesetzgebers".[61] Dies ist der nationalso-

---

57  BGHSt 1, 369 (370).

58  BGHSt 1, 369 (371 f.).

59  Seit BGHSt 1, 369 ständige Rspr., BGHSt 22, 375 (377); 36, 231 (233); 50, 1 (5); BGH StV 1984, 69; BGH NStZ 2006, 288 (290).

60  Dazu schon *Welzel* JZ 1952, 72. Der auch daran erinnert, dass das RG sich weder durch die Bezeichnungen Mord für § 211 aF und Totschlag für § 212 aF noch durch deren Stellung im Gesetz gehindert sah, § 211 als Qualifikation von § 212 zu behandeln. Es bleibt zur Begründung der damals neuen Auffassung des BGH also nur die Worte „aber Mörder" und „ohne Mörder zu sein" in der Gesetzesfassung von 1943.

61  *Rissing-van Saan* in Jahn/Nack (2010), 26 (33, 40).

zialistische Gesetzgeber des Jahres 1941, auf dessen Ideologie die eigenartige Formulierung des § 211 („Mörder ist wer …") und des § 212 („ohne Mörder zu sein") zurückgeht.[62]

Aber wenn es eine Gruppe von Merkmalen gibt, bei der eine solche Entkoppelung unangebracht ist, so sind es die besonderen persönlichen Mordmerkmale. Sie betreffen ausschließlich die Gesinnung des Täters und seine Tatmotive, sind also reine Schuldmerkmale. Und wie gezeigt (s. o. 27/37 ff.) passen strafbegründende reine Schuldmerkmale nicht in das System der limitierten Akzessorietät. Daran lässt sich auch dadurch nichts ändern, dass man diese Merkmale als subjektive Unrechtsmerkmale bezeichnet,[63] denn wenn es Merkmale gibt, die sich der Zurechnung an einen Beteiligten, der sie selbst nicht erfüllt, widersetzen, dann sind es die Motive und Gesinnungen des Täters.

Der BGH hat es denn auch vermieden, die Konsequenzen aus seiner Rechtsansicht zu ziehen. Die erste dieser Konsequenzen wäre, dass der Teilnehmer, der das strafbegründende höchstpersönliche Mordmerkmal, beispielsweise niedrige Beweggründe, nicht erfüllt, gemäß § 29 überhaupt nicht bestraft werden darf (s. dazu o. 27/38). Die zweite wäre, dass der Teilnehmer, der ein solches Mordmerkmal erfüllt, gleichwohl nicht bestraft werden darf, wenn der Täter es nicht erfüllt. Denn dann fehlt es an einer tatbestandsmäßigen Haupttat (s. dazu o. 27/37). In beiden Fällen bestraft jedoch der BGH den Teilnehmer nach § 212, obwohl nach seiner Doktrin vom delictum sui generis der Durchgriff auf diesen Tatbestand versperrt sein sollte.

Darüber hinaus verordnet der BGH den Instanzgerichten weitere Remeduren, um die Konsequenzen aus seiner Rechtsansicht, dass die höchstpersönlichen Mordmerkmale strafbegründende Merkmale sind, nicht ziehen zu müssen. Sie alle halten rechtlicher Nachprüfung nicht stand.[64] Die erste dieser Remeduren ist die Lehre von den sog gekreuzten Mordmerkmalen. Nach dieser Lehre ist der Teilnehmer nach dem Mordtatbestand strafbar, sofern er ein höchstpersönliches Mordmerkmal erfüllt und der Täter ein anderes.[65] Aber nach der Lehre von den strafbegründenden Mordmerkmalen kann dem Teilnehmer das von ihm selbst erfüllte Mordmerkmal deshalb nicht zugerechnet werden, weil es der Täter nicht erfüllt, und das vom Täter erfüllte Merkmal nicht, weil er selbst es nicht erfüllt.[66] Das gilt selbst dann, wenn es das gleiche Merkmal ist, das Täter und Teilnehmer erfüllen. Denn zuzurechnen ist nicht ein abstraktes Tatbestandsmerkmal, sondern ein Sachverhalt, der es erfüllt. Die Beweggründe eines Beteiligten, die das Merkmal niedrig oder habgierig erfüllen, sind nicht dasselbe, wie die eines anderen Beteiligten, die das gleiche Merkmal erfüllen.[67] Das ist auch nicht

45

46

47

---

62  Vgl. NK6-*Puppe* §§ 28/29 Rn. 27 mit Fn. 18; *dies.*, JZ 2005, 902 (903); NK-*Neumann* Vor § 211 Rn. 150 mit Fn. 653; *Schneider* in: Jahn/Nack (2010), 44 (47 f.); *Frommel* JZ 1980, 559; *dies.* in: Nack/Jahn (2010), 63 f.; LK-*Rissing-van Saan* Vor § 211 Rn. 118. Zwar meint *Rissing-van Saan*, dass man dieses Argument nicht mehr gegen die Formulierung des Gesetzes ins Feld führen kann, da der Gesetzgeber des 3. Strafrechtsänderungsgesetzes vom 4.8.1953 den Wortlaut unangetastet gelassen hat, LK Vor § 211 Rn. 120. Aber das geschah nur unter dem Vorbehalt einer bis heute nicht erfolgten Gesamtreform der Tötungsdelikte. Deshalb war es vielmehr bis zu jener Gesamtreform der Rechtsprechung aufgegeben, die §§ 211 f. so auszulegen, dass sie einem rechtsstaatlichen Tatstrafrecht genügen (vgl. *Schneider* in: Jahn/Nack [2010], 44 [47 f.]) und nicht zu sehr am Wortlaut und überlieferten Auffassungen zu haften.

63  So LK-*Rissing-van Saan* Vor § 211 Rn. 146 ff.; *Otto* Jura 1994, 141 (143); SK-*Sinn* § 211 Rn. 4.

64  *Puppe* ZIS 2008, 1, Fn. 4.

65  BGHSt 23, 39; 50, 1, (9 f.); *Rissing-van Saan* in Jahn/Nack (2010), 26 (38 f.).

66  Statt vieler *Fischer* § 211 Rn. 96 f.; *Küper* JZ 1991, 862 (865 f.); NK-*Neumann/Saliger* § 211 Rn. 121; NK6-*Puppe* § 28/29 Rn. 28; MüKo-*Schneider* § 211 Rn. 269; Schönke/Schröder-*Eser/Sternberg-Lieben* § 211 Rn. 54.

67  NK6-*Puppe* §§ 28/29 Rn. 28; *dies.* JZ 2005, 902 (903 f.).

bloß graue Theorie, sondern in der Strafzumessung praktisch, wo der den Teilnehmer vorgeworfene niedrige Beweggrund seinem Unwertgehalt nach beurteilt und gewichtet werden muss. Eine weitere Remedur besteht in der Annahme, dass ein Auftragsmörder stets heimtückisch handelt und der Auftraggeber das auch weiß. Deshalb gilt jeder Mordauftrag als Anstiftung zum Heimtückemord und, sofern der Täter ausnahmsweise nicht heimtückisch vorgeht, als versuchte Anstiftung zum Mord, die gegebenenfalls in Idealkonkurrenz zur vollendeten Anstiftung zum Totschlag stehen soll.[68]

48  Dass wir eine so alte Entscheidung zur Demonstration der Auffassung des BGH gewählt haben, hat seinen Grund darin, dass der BGH in späteren Entscheidungen niemals eine materielle Begründung für seine Auffassung der Mordmerkmale als strafbegründende geliefert hat. Stattdessen hat er sich gegen alle Versuche von Instanzgerichten, ihn zu einer Überprüfung dieser Rechtsansicht zu bewegen und auch gegen die einhellige Kritik der Literatur an dieser Rechtsansicht[69] lediglich auf diese Entscheidung und später auf seine „ständige Rechtsprechung" berufen.[70]

49  Einen praktisch bedeutsamen Anlass zu einer solchen Revision seiner Rechtsansicht hat der Gesetzgeber dem BGH durch die Einführung des heutigen § 28 Abs. 1 gegeben.[71] Denn dieser sieht eine Strafrahmenmilderung nach dem Milderungsschlüssel des § 49 für strafbegründende höchstpersönliche Merkmale vor. Nun führt die Auffassung des BGH dazu, dass ein Anstifter oder Gehilfe, der selbst kein höchstpersönliches Mordmerkmal erfüllt, besser gestellt ist, wenn der Täter ein solches Merkmal aufweist. Denn die Anstiftung zum Mord führt nach der Rechtsauffassung des BGH zu einer Mindeststrafe von 3 Jahren, die Beihilfe und die versuchte Anstiftung zum Mord zu einer Mindeststrafe von 6 Monaten. Dagegen gilt für die Anstiftung zum Totschlag eine Mindeststrafe von 5 Jahren, für die Beihilfe und die versuchte Anstiftung zum Totschlag eine von 2 Jahren. Die Höchststrafen bleiben jeweils gleich. Um diese Konsequenz seiner Rechtsansicht zu vermeiden begründet neuerdings der BGH ein Verbot der Unterschreitung der Mindeststrafen der Teilnahme am Totschlag auch bei Teilnahme am Mord unter Berufung auf das konkurrenzrechtliche Institut der Sperrwirkung des milderen Tatbestandes.[72]

50  Damit straft der BGH seine Rechtsansicht erneut Lügen, denn nach dieser Ansicht ist eben nun einmal nicht die Teilnahme am Todschlag der mildere Tatbestand, sondern die Teilnahme am Mord.[73] Das Rechtsinstitut der Sperrwirkung des milderen Tatbestandes wurde eingeführt, um einen Fehler des Gesetzgebers zu korrigieren, nicht einen der Rechtsprechung. Die Rechtsprechung kann ihre Fehler selbst korrigieren. Der

---

68  BGHSt 50, 1 (6 f.); BGH NStZ 2006, 288 (289).

69  *Küper* JZ 1991, 761 (862, 910); *ders.* JZ 2006, 1157 ff.; *Chr. Jäger* JR 2005, 477; *Kraatz* Jura 2006, 616; *Puppe* JZ 2005, 902 f.; *dies.* NStZ 2006, 290; *dies.* ZStW 120 (2008), 504 (524); *Geppert* Jura 2008, 37 f.; *Gössel* ZIS 2008, 153; NK-*Neumann* Vor § 211 Rn. 154 ff.; MüKo-*Schneider* Vor § 211 Rn. 189 f.; *Fischer* § 211 Rn. 98; Lackner/Kühl-*Kühl* Vor § 211 Rn. 22; LK[11]-*Jähnke* Vor § 211 Rn. 39 ff.; Schönke/Schröder-*Eser/Sternberg-Lieben* Vor § 211 Rn. 5; als einer der ersten *Welzel* JZ 1952, 72 ff. = *ders.* (1975), 265 (266 ff.); anders nur LK-*Rissing-van Saan* Vor § 211 Rn. 151.

70  BGHSt 22, 375 (377); BGHSt 50, 1 (5); BGH StV 1984, 69.

71  Durch das EG-OWiG von 1968, damals § 50 Abs. 2.

72  BGH NStZ 2006, 34 f.; 288 (290); *Rissing-van Saan* in Jahn/Nack (2010), 26 (38 f. und 41).

73  Aus der Auffassung des BGH, dass die Mordmerkmale strafbegründende iSv § 28 I seien, ergeben sich unter Anwendung von § 49 folgende Strafrahmen: Anstiftung zum Mord: 3 Jahre bis 15 Jahre, Anstiftung zum Totschlag: 5 Jahre bis 15 Jahre; Beihilfe und versuchte Anstiftung zum Mord: 6 Monate bis 11 Jahre 3 Monate, Beihilfe oder versuchte Anstiftung zum Totschlag: 2 Jahre bis 11 Jahre 3 Monate. Konsequent ist dies, weil das Gesetz nach § 28 Abs. 1 und 2 im Fehlen eines strafbegründenden Merkmals einen Grund zu größeren Milderung sieht als im Fehlen eines bloß -schärfenden (NK[6]-*Puppe* §§ 28/29 Rn. 27).

Fehler des Gesetzgebers, der aus Mangel an Überblick auftreten kann, besteht darin, einen Qualifikationstatbestand aufzustellen, der zwar eine höhere Höchststrafe hat als der Grundtatbestand, aber eine geringere Mindeststrafe. Der Täter soll nun aus der Tatsache, dass er außer dem Grundtatbestand auch noch den Qualifikationstatbestand erfüllt hat, nicht den Vorteil einer niedrigeren Mindeststrafe ziehen. Deshalb soll die Mindeststrafe des Grundtatbestandes eine sog Sperrwirkung entfalten, die es verbietet, sie zu unterschreiten.[74] Nach der Rechtsansicht des BGH ist aber die Beihilfe zum Mord ohne eigene Mordmerkmale im Vergleich zur Beihilfe zum Totschlag nicht der mildere Tatbestand, sondern der strengere..

Vielleicht besteht ja die Hoffnung, dass dieses Elend, mit dem Generationen von Jura-studenten sich in der Anfängerübung herumschlagen mussten, bald ein Ende haben wird. Denn der BGH hat in einem obiter dictum eine gewisse Tendenz erkennen lassen, seine Rechtsansicht ernsthaft zu überprüfen.[75] Danach hat er aber diese Rechtansicht erneut bestätigt.[76] Stellungnahmen von Bundesrichtern lassen die Hoffnung auf Besserung schwinden. *Jähnke* berichtet nicht ohne Stolz, dass er den 2. Senat von einer Vorlage der Rechtsfrage an den Großen Senat mit dem Hinweis abgebracht habe, dass KZ-Wächter als Mordgehilfen verfolgt werden können, auch wenn sie selbst keine niedrigen Beweggründe aufweisen, während bei Anwendung des § 212 ihre Taten verjährt wären.[77] *Rissing-van Saan* lastet die Schuld an den Problemen, die durch die Anwendung des § 28 Abs. 1 auf Mordmerkmale entstehen, dem Gesetzgeber des § 28 Abs. 1 an, der sich bei Erlass dieser Vorschrift nicht an der Rechtsprechung des BGH zu den Mordmerkmalen orientiert hat.[78] Sie kommt zu folgender Prognose: „Dennoch sollte mE niemand erwarten, dass die Rechtsprechung ohne Änderung des Gesetzes ihre – vertretbare und gesetzeskonform begründbare – Auslegung ohne Weiteres über Bord wirft und den in seiner Fassung unveränderten § 211 StGB schlicht zur Qualifikation des § 212 StGB erklärt! [...] Ohne äußeren Anlass bzw. sachlich überzeugenden Grund für einen solchen Sinneswandel würde der Rechtsprechung zudem zu Recht vorgehalten werden können, nicht nur über Jahrzehnte hinweg einem Irrtum nachgejagt, sondern auch tausendfach Fehlurteile abgesegnet und Ursachen für neue Fehlurteile gesetzt zu haben."[79] Dies wird sich also in absehbarer Zeit nicht ändern. Wenn der Nachweis, dass man von seiner Gesetzesinterpretation aus nur dadurch zu haltbaren Ergebnissen kommen kann, dass man sich mehrfach selbst widerspricht, kein „überzeugender Grund" für eine Sinnesänderung ist, was könnte dann noch ein überzeugender Grund dafür sein?

51

---

74   LK-*Rissing-van Saan* § 52 Rn. 50; BGH NStZ 2003, 440 (441).

75   BGH JZ 2006, 629 (632) = NJW 2006, 1008 1012 f., m.Bespr. *Küper* JZ 2006, 608.

76   BGH NStZ 2008, 273 (274 f.).

77   *Jähnke* in Jahn/Nack (2010), 62 f.; dazu *Frommel* ebenda, 63 f.

78   *Rissing-van Saan* in: Jahn/Nack (2010), 26 (34 f., 40 f.).

79   *Rissing-van Saan* in: Jahn/Nack (2010), 26 (41). Nachdem die Reform der Tötungstatbestände auf unbestimmte Zeit vertagt worden ist, versucht *Rissing-van Saan* der Rechtsprechung nun eine goldene Brücke zu bauen, indem sie vorschlägt, bei den persönlichen Mordmerkmalen bei Festlegung des Tenors § 28 Abs. 1, bei Festlegung des Strafrahmens § 28 Abs. 2 anzuwenden, LK § 211 Rn. 159 ff. Der Wortlaut des § 28 StGB trägt diese Brücke nicht. Ein besonderes persönliches Merkmal ist entweder ein strafbegründendes, dann ist es nach § 28 Abs. 1 semiakzessorisch zu behandeln, oder ein strafmodifizierendes, dann ist es nach § 28 Abs. 2 nonakzessorisch zu behandeln.

### 5. Hinweise zur praktischen Anwendung

52    In § 28 ist ausdrücklich von „besonderen persönlichen Merkmalen" die Rede. Nicht jedes persönliche Merkmal unterfällt also dieser Vorschrift. Es ist zwischen drei Arten von persönlichen Merkmalen zu unterscheiden: Den akzessorischen, den semiakzessorischen und den nonakzessorischen. Akzessorisch sind der Vorsatz des Haupttäters sowie die Vorsatzannexe. Das sind die sog überschießenden Innentendenzen, beispielsweise die Zueignungsabsicht, die Bereicherungsabsicht oder die Täuschungsabsicht. Wie der Vorsatz des Haupttäters gehören auch sie für den Anstifter zum Erfolg seiner Tat (s. dazu o. 25/18) aber auch dem Gehilfen werden sie voll zugerechnet, denn es sind reine Unrechtsmerkmale, die das tatbestandsmäßige Unrecht bestimmen. Sie gehören zu der Tat, zu der er Hilfe geleistet hat. Voraussetzung für diese Zurechnung ist allerdings, dass der Anstifter oder Gehilfe um den Vorsatz des Täters weiß.

53    Semiakzessorisch sind die besonderen Rechtsstellungen und Pflichtenstellungen des Haupttäters, die er zur Begehung seiner Tat ausnutzt. Nach der hier vertretenen Auffassung unterfallen sie stets als strafbegründende besondere persönliche Merkmale dem § 28 I, weil sie nicht nur die Schuld, sondern auch das Unrecht der Haupttat mitcharakterisieren, das dem Täter und dem Teilnehmer gemeinsam zuzurechnen ist. Die herrschende Lehre behandelt diese Merkmale aber nach § 28 Abs. 2 als nur strafschärfende, sofern es ein Gemeindelikt gibt, das durch die besondere Pflichtenstellung des Haupttäters qualifiziert ist. Das sind die sog unechten Amtsdelikte. Ob ein bestimmtes Amtsdelikt ein unechtes ist, hängt freilich davon ab, wie genau man es mit dem Erfordernis nimmt, dass die Amtsträgereigenschaft des Haupttäters lediglich eine Qualifikation eines Gemeindelikts begründet.

54    Von Natur aus nonakzessorisch sind Schuldmerkmale. Das sind Merkmale, die die Motivation oder die Gesinnung des Täters kennzeichnen. Die Mordmerkmale der ersten und dritten Gruppe des § 211 sind die praktisch wichtigsten Beispiele dafür. Aber der BGH behandelt diese Mordmerkmale semiakzessorisch, indem er sie dem Regime des § 28 Abs. 1 unterwirft. Danach bleibt für die Anwendung von § 28 Abs. 2 außer der Gewerbsmäßigkeit und vielleicht der Bandenmäßigkeit nichts mehr übrig. In der Lehre besteht Einigkeit darüber, dass die Mordmerkmale der ersten und dritten Gruppe strafschärfende persönliche Merkmale sind und daher nach § 28 Abs. 2 für einen Teilnehmer nicht gelten, der sie in seiner Person nicht erfüllt, aber für den sie erfüllenden Teilnehmer auch dann gelten, wenn sie der Täter nicht erfüllt.

55    Nicht in das System der limitierten Akzessorietät einzuordnen sind strafbegründende Schuldmerkmale. Ihre semiakzessorische Behandlung nach § 28 widerspricht dem Grundsatz des § 29, wonach jeder nach seiner eigenen Schuld zu bestrafen ist, nicht nach der seines Komplizen. Die Anwendung des § 29 auf diese Art von Merkmalen würde aber dazu führen, dass der Teilnehmer, der sie in seiner Person erfüllt, auch dann strafbar wäre, wenn der Täter sie nicht erfüllt. Solche Strafbarkeit des Teilnehmers ohne strafbare Haupttat wird von der hL abgelehnt. Die hL geht dahin, die Strafbarkeit des Teilnehmers abzulehnen, wenn der Haupttäter das strafbegründende Schuldmerkmal nicht erfüllt, auch dann, wenn der Teilnehmer selbst es erfüllt. Für den Fall, dass der Täter das Merkmal erfüllt, der Teilnehmer aber nicht, behandelt die hL das Merkmal nach § 28 Abs. 1, also semiakzessorisch, während eine Minderheitsmeinung auch für diesen Fall die Strafbarkeit des Teilnehmers gemäß dem Grundsatz des § 29, jeder nach seiner Schuld, ablehnt. Nach der hiesigen Ansicht darf es keine strafbegründenden Schuldmerkmale geben.

## § 28 Zur Unterscheidung von Tun und Unterlassen

### 1. Unterlassen durch Tun – Der Küchenbrandfall, BGH NStZ 1999, 607

▶ Die Angeklagte hatte ihr dreijähriges Kind allein in der Wohnung zurückgelassen, um unter anderem ein längeres Gespräch mit dem Jugendamt zu führen. Obwohl das Kind schon einmal die Herdplatte eingeschaltet hatte, traf die Mutter keine technischen Vorkehrungen, dies unmöglich zu machen. Im Laufe des Tages schaltete das Kind erneut die Herdplatte ein. Durch ein Stück Papier, das Feuer fing, entstand ein Küchenbrand, in dem das Kind erstickte. ◀

1

Der BGH verwies die Sache an das Landgericht zurück mit dem Auftrag, zu entscheiden, ob ein Tun oder Unterlassen vorliege, weil davon die Möglichkeit einer Strafmilderung nach § 13 Abs. 2 abhänge. Dazu wird im Beschluss folgendes ausgeführt:

> „Für die Entscheidung der Frage, ob ein Tun oder ein Unterlassen vorliegt, kommt es auf den Schwerpunkt des Täterverhaltens an. Darüber ist in wertender Würdigung vom Tatrichter zu entscheiden. Hier wäre abzuwägen gewesen, dass zwar das Verlassen der Wohnung ein aktives Tun darstellt, das dies für sich genommen aber unschädlich gewesen wäre, wenn es die Angeklagte nicht unterlassen hätte, für eine anderweitige Aufsicht zu sorgen oder zumindest den Herd technisch zu sichern. Das Revisionsgericht kann in Fällen, in denen ein unterschiedliches Ergebnis der Würdigung vertretbar wäre, eine vom Tatrichter unterlassene Würdigung nicht durch eine eigene ersetzen."[1]

Der BGH sieht in dem Sachverhalt sowohl ein Tun als auch ein Unterlassen verwirklicht und erteilt dem Tatrichter die Kompetenz, durch „wertende Würdigung" darüber zu entscheiden, wo der „Schwerpunkt des Täterverhaltens" liegt. In anderen Entscheidungen ist vom „Schwerpunkt der Vorwerfbarkeit" die Rede.[2] Abgesehen davon, dass keine Kriterien dafür angegeben werden, wann der Schwerpunkt der Vorwerfbarkeit beim Tun und wann er beim Unterlassen liegen soll,[3] weist der BGH hier dem Tatrichter eine Kompetenz zu, die dieser nach dem Gesetz nicht hat und nicht haben kann. Die Ausübung dieser Kompetenz würde nämlich dazu führen, dass trotz der Verwirklichung eines Tatbestandes durch positives Tun der Angeklagte in den Genuss der Strafmilderung nach § 13 Abs. 2 kommen kann, wenn er den Tatbestand außer durch ein positives Tun auch noch durch ein Unterlassen verwirklicht hat, sofern das Gericht bei wertender Würdigung den Schwerpunkt beim Unterlassen sieht. Aber der Gesetzgeber selbst hat dahin entschieden, dass der „Schwerpunkt der Vorwerfbarkeit" stets beim positiven Tun liegt, wenn tatbestandsmäßiges positives Tun mit ebenfalls tatbestandsmäßigem Unterlassen zusammentrifft, indem er die fakultative Strafmilderung nur für das Unterlassen vorgesehen hat.[4]

2

Liegt also ein positives Tun vor, das alle Voraussetzungen der Tatbestandsverwirklichung erfüllt, insbesondere für den Erfolg kausal ist, so mag daneben ein ebenfalls erfolgskausales und auch sonst tatbestandsmäßiges Unterlassen vorliegen, zB die Missachtung einer Garantenpflicht aus Ingerenz, es tritt wegen seines geringeren Unwertes hinter dem positiven Tun als subsidiärer Grund der Strafbarkeit zurück. Das ist der

3

---

1   BGH NStZ 1999, 607.
2   BGHSt 6, 46 (59); 40, 257 (266); 51, 100 (118); BGH NStZ 2004, 152 (153); 2010, 92; StV 2005, 24 (26).
3   Zur Kritik an der Schwerpunktformel NK-*Gaede* § 13 Rn. 7.
4   LK-*Weigend* § 13 Rn. 7.

Grund dafür, dass für die Frage, ob ein Begehungsdelikt oder ein Unterlassungsdelikt vorliegt, die Feststellung der Kausalität von Tun oder Unterlassen so entscheidend ist.

4    Aber Voraussetzung für den Vorrang des positiven Tuns vor einem kausalen Unterlassen ist, dass das positive Tun ohne das Unterlassen eine Ursache des Erfolges darstellt, dh dass das Unterlassen dieses Tuns hinreichende Bedingung für das Ausbleiben des Erfolges oder doch des Kausalverlaufs war. Das war hier nicht der Fall. Wäre die Mutter in der Wohnung geblieben, so wäre der gleiche Unfall eingetreten, wenn sie das Kind nicht beaufsichtigt hätte, für keinen Babysitter gesorgt hätte und die Stromzufuhr zum Herd nicht unterbrochen hätte. Das Tun ist also nicht unmittelbar und für sich allein kausal für den Erfolg, sondern kausal nur insofern, als es der Mutter die Garantenpflichterfüllung unmöglich gemacht hat.

5    Deshalb ist dieses Tun, das Verlassen des Kindes, auch nicht unabhängig von der Garantenpflicht der Mutter sorgfaltswidrig, sondern aus ihrer Garantenpflicht erwuchs ihr die sekundäre Pflicht, sich zur Abwendung der Gefahr bereit zu halten. Wenn ihr Eintritt für ihn vorhersehbar ist und sich der Garant die Erfüllung seiner Garantenpflicht durch positives Tun unmöglich macht, so handelt er dadurch nicht gegen die allgemeine Bürgerpflicht, niemanden zu verletzen, sondern nur gegen seine Sonderpflicht, man spricht deshalb von Unterlassung durch Begehen.[5] Es wäre deshalb ungerecht ihn als Täter durch Begehen zu behandeln und ihm dadurch das Benefiz der fakultativen Strafmilderung nach § 13 zu entziehen.

6    Im vorliegenden Fall hätte die Täterin also nicht wegen Tötung ihres Kindes durch positives Tun, nämlich durch das Weggehen verurteilt werden dürfen, sondern nur wegen Verursachung des Todes durch pflichtwidriges Unterlassen. Für eine wertende Würdigung des Einzelfalles oder ein Abwägung der zusammentreffenden Verhaltensweisen danach, wo man den Schwerpunkt der Vorwerfbarkeit legen will, ist also auch in diesen Fällen kein Raum.

### 2. Die Unterlassungskomponente im sorgfaltspflichtwidrigen Tun – Der Chirurgenfall, BGH NStZ 2003, 657

7    ▶ Der Angeklagte führte als Direktor einer Universitätsklinik für Herzchirurgie Herzoperationen durch. Da er an einer unerkannten Hepatitis-B-Infektion litt, steckte er mehrere seiner Patienten dabei mit dieser Krankheit an. Es war bekannt, dass Ärzte und anderes medizinisches Personal in Krankenhäusern einer erhöhten Infektionsgefahr auch mit Hepatitis B ausgesetzt sind und ihrerseits ihre Patienten, insbesondere bei Operationen, leicht mit dieser Krankheit anstecken können. Dem Angeklagten wurde vorgeworfen, dass er sich nicht an den von der Klinik angebotenen Vorsorgeuntersuchungen und Vorsorgemaßnahmen beteiligt hat, durch die er seine Infektion hätte verhindern, mindestens aber erkennen können. Hätte er seine Infektion erkannt, so hätte er gewusst, dass er bis zu ihrer Ausheilung nicht mehr operieren darf. ◀

---

5   LK-*Weigend* § 13 Rn. 10; Lackner/Kühl-*Heger* § 13 Rn. 3; *Roxin* Engisch-FS (1969), 380 (384); *ders.* AT/2 31/103 ff.; *Struensee* Stree/Wessels-FS (1993), 133 (146), *Kühl* AT 18/22; umfassend dazu *Stoffers* (1992), 380 ff.

Zu der Frage, ob der Angeklagte der fahrlässigen Körperverletzung durch positives Tun oder nur durch Unterlassen schuldig ist, macht der BGH die folgenden Ausführungen:

> „Im vorliegenden Fall ist der Schwerpunkt des strafrechtlich relevanten Verhaltens in der Vornahme der Herzoperationen zu sehen, welche unmittelbar und ohne weitere Zwischenschritte zur Infektion der Patienten führte. Die Argumentation der Revision, die Operationen als solche seien lege artis erfolgt und stellten daher keinen geeigneten Anknüpfungspunkt für die Strafbarkeit dar, beschränkt sich auf den rein operativ-handwerklichen Vorgang und greift insofern zu kurz. Geht man vielmehr – wie es die StrK auf der Grundlage rechtsfehlerfrei getroffenen Feststellungen tut – davon aus, dass ein Chirurg mit hochgradig ansteckender HBV-Infektion nicht operieren darf, so stellt sich gerade die Durchführung der Operation im infektiösen Zustand als nicht ordnungsgemäß und damit strafrechtlich relevant dar. Die Ursache der Infektionen liegt in einem tätigen Handeln des Angeklagten begründet. Das Unterlassen der gebotenen Kontrolluntersuchungen – für sich genommen – vermag demgegenüber nicht ohne Weiteres zu einer Strafbarkeit zu führen, da erst bei Vornahme der Operation die Infektion eintritt, die unmittelbar zur Tatbestandsverwirklichung der Gesundheitsschädigung führt."

Auch in diesem Urteil spricht der BGH mehrfach von einem „Schwerpunkt des Verhaltens". Was er aber in Wirklichkeit tut, um die Frage zu entscheiden, ob dem Angeklagten ein Tun oder ein Unterlassen vorzuwerfen ist, das ist eine Prüfung der Frage, wodurch der Angeklagte für den Körperverletzungserfolg ursächlich war. Dabei stellt sich heraus, dass die Ursache der Infektion des Patienten eben die Operation durch einen mit Hepatitis infizierten Chirurgen war, also ein positives Tun. Ob dem Täter ein Tun oder ein Unterlassen vorzuwerfen ist, hängt danach davon ab, ob ein Tun oder ein Unterlassen unmittelbar kausal für den Erfolg war. War ein Tun unmittelbar kausal, so tritt ein etwa zusätzlich gegebenes erfolgsursächliches Unterlassen hinter dem Tun in jedem Fall zurück.[6] Für eine richterliche Festlegung des Schwerpunkts der Vorwerfbarkeit ist dann kein Raum mehr. 8

Da nun in jedem sorgfaltswidrigem Tun die Negation des sorgfaltsgemäßen enthalten ist, kann man jede Sorgfaltspflichtverletzung auch als Unterlassen darstellen. Man könnte in unserem Fall sagen, der Arzt habe es vor der Operation unterlassen, Vorsorge dafür zu treffen, dass er sich nicht infiziert oder er habe es unterlassen, vor der Operation untersuchen zu lassen, ob er infiziert ist. Eine solche Komponente des Unterlassens ist in jedem sorgfaltswidrigem Tun enthalten.[7] Das ändert aber nichts daran, dass das positive Tun selbst eine Eigenschaft aufweist, die mit der Erfüllung der Sorgfaltspflicht unvereinbar ist und dass diese Eigenschaft kausal für den Erfolg war. Im vorliegenden Fall war es die Eigenschaft des operierenden Arztes, Träger von Hepatitis B zu sein. Es war ihm also die Handlung vorzuwerfen, in diesem Zustand zu operieren. Deshalb hat der BGH hier zu Recht eine Strafbarkeit wegen fahrlässiger Körperverletzung durch positives Tun angenommen. 9

Mit der Erkenntnis, dass jedem, der sorgfaltswidrig handelt, auch der Vorwurf gemacht werden kann, die sorgfaltswidrige Eigenschaft seines Handelns nicht verhindert zu haben, also etwas unterlassen zu haben, und dass diese Unterlassungskomponente 10

---

6  BGHSt 39, 166; LK-*Weigend* § 13 Rn. 7; *Kindhäuser/Zimmermann* AT 46/10; widersprüchlich *Baumann/Weber/Mitsch/Eisele* AT 21/27 f.

7  NK-*Gaede* § 13 Rn. 6.

hinter der positiven Handlung zurücktritt, lassen sich auch die Fälle lösen, in denen der Täter sich bei seiner Handlung eines Kraftfahrzeugs oder einer anderen Maschine bedient. Der Autofahrer, der mit mehr als 50 km/h eine Ortschaft durchfährt, wird für einen dadurch verursachten Verkehrsunfall nicht deshalb verantwortlich gemacht, weil er es unterlassen hat, am Ortseingang zu bremsen, sondern deshalb, weil er mit mehr als 50 km/h durch eine Ortschaft gefahren ist.

### 3. Hinweise zur praktischen Anwendung

11    Ob sich ein Täter einer Tatbestandsverwirklichung durch positives Tun oder durch Unterlassen schuldig gemacht hat, hängt davon ab, ob er die Jedermanns-Pflicht missachtet hat, niemanden zu verletzen, oder eine Sonderpflicht als Garant, andere vor einer ihnen drohenden Verletzung zu bewahren. Die Jedermanns-Pflicht des neminem laede missachtet der Täter, wenn er durch positives Tun in den Kausalverlauf derart eingreift, dass er eine hinreichende Bedingung für den Erfolgseintritt herstellt. Ist eine solche Kausalität durch positives Tun festzustellen, so tritt eine daneben vorhandene Verursachung des Erfolges durch Unterlassen zurück, denn der Vorwurf der Verursachung eines Erfolges durch positives Tun wiegt nach der Beurteilung des Gesetzgebers schwerer, als der der Verursachung durch Unterlassung. Nur für den Letzteren sieht § 13 eine fakultative Strafmilderung vor. Wenn beispielsweise der Täter durch positives rechtswidriges Tun die Gefahr der Verletzung eines anderen verursacht und dann, ebenfalls fahrlässig, seine Garantenpflicht aus Ingerenz nicht erfüllt, diese Gefahr abzuwenden, so ist er wegen Verletzung durch positives Tun zu verurteilen. Die ebenfalls gegebene Verletzung durch Unterlassen tritt dahinter zurück. Anderes gilt allerdings, wenn die Verletzung der Garantenpflicht aus vorangegangenem Tun vorsätzlich geschehen ist, die Verletzung der allgemeinen Sorgfaltspflicht aber nur fahrlässig.

12    Vom Vorrang der Kausalität durch positives Tun vor der durch Unterlassen gibt es allerdings eine Ausnahme. Wenn der Garant zu einem Zeitpunkt, zu dem die Gefahr, die er abzuwenden verpflichtet ist, noch nicht eingetreten ist, durch positives Tun die spätere Abwendung dieser Gefahr unmöglich macht, so setzt er zwar durch dieses positive Tun eine hinreichende Bedingung für den Erfolgseintritt, aber dieses Tun ist nur unter der Voraussetzung rechtswidrig, dass er eine Pflicht zur Abwendung des Erfolges hat. Um es an unserem Beispiel zu erläutern: Wenn die Mutter, die das Kind in der Wohnung mehrere Stunden allein gelassen hat, nicht Garantin für das Kind gewesen wäre, hätte sie nicht die Verpflichtung gehabt, es nicht allein zu lassen. Man spricht von Unterlassen durch Begehen.

13    Von einer Kausalität durch Unterlassen ist zu unterscheiden eine Kausalität durch ein positives Tun, das einen Sorgfaltsmangel aufweist, auch wenn der Sorgfaltsmangel durch eine Negation ausgedrückt wird, nämlich durch das Fehlen der erforderlichen Sorgfalt. Das gilt auch dann, wenn der Mangel der Handlung seinen Ursprung in einer vorherigen Unterlassung des Täters hatte, die Handlung so vorzubereiten, wie es seiner Sorgfaltspflicht entsprach. Wir hatten dies ua am Beispiel einer sachlich unrichtigen fachmännischen Äußerung demonstriert, die darauf zurückzuführen war, dass der Fachmann die fachgerechte Untersuchung, die Voraussetzung für eine pflichtgemäße Expertise ist, nicht vorgenommen hat. Hier liegt nicht nur ein Unterlassen vor, sondern ein mangelhaftes positives Tun.

14    Es gibt bei der Entscheidung der Frage, ob dem Täter ein erfolgskausales positives Tun vorzuwerfen ist, oder lediglich ein Unterlassen, keinen Wertungsspielraum für den

Richter. Die Formel der Rechtsprechung vom „Schwerpunkt der Vorwerfbarkeit", den das Gericht nach seiner Gesamtwürdigung des Sachverhalts auf ein positives Tun oder auf ein Unterlassen legen kann, ist also falsch und irreführend. Da aber die Rechtsprechung, sofern sie ihre Entscheidung für ein Tun oder ein Unterlassen substantiiert begründet, auch nichts anderes tut, als die Kausalität von Tun oder Unterlassen zu prüfen, um das Ergebnis dann als Schwerpunkt der Vorwerfbarkeit oder Schwerpunkt des vorwerfbaren Verhaltens zu bezeichnen, machen Sie nichts falsch, wenn Sie in der Klausur genau so verfahren.

## § 29 Die Garantenpflichten

### 1. Garantenpflicht aus Ingerenz – Der Notwehrfall, BGH NStZ 2000, 414[1]

1 ▶ Der Angeklagte war von dem später Getöteten mit einem Messer angegriffen worden, als er versuchte seinem von dem Angreifer hartnäckig verfolgten Freund zur Hilfe zu kommen. Als die beiden Gegner zusammenstießen, fielen sie zu Boden und dem Angreifer fiel das Messer aus der Hand. Es gelang dem Angeklagten das Messer zu ergreifen und er begann, auf seinen Gegner einzustechen. Diese Stiche waren zunächst durch Notwehr gerechtfertigt. Aber als der Angreifer bereits hilflos auf dem Boden lag, fuhr der Angeklagte aus Wut fort, auf dessen Beine einzustechen, während er rittlings auf seinem Rücken saß. Dann verließ der Angeklagte gemeinsam mit seinem Freund den Tatort in der Vorstellung, dass der Angreifer möglicherweise lebensgefährlich verletzt, aber noch zu retten sei. Als dieser später ins Krankenhaus gebracht wurde, war sein Blutverlust bereits so groß, dass er nicht mehr gerettet werden konnte. In Bezug auf die Vorstellung des Angeklagten, seinen Tod noch verhindern zu können, nahm das Tatgericht bedingten Vorsatz an. ◀

2 Zugunsten des Angeklagten geht der BGH davon aus, dass der Angreifer an den Stichen verblutet ist, die ihm der Angeklagte noch in Notwehr beigebracht hat und nicht an den weiteren Stichen, die nicht mehr durch Notwehr gerechtfertigt und auch nicht durch Notwehrexzess entschuldigt waren. Mit der folgenden Begründung lehnt der BGH es ab, eine Garantenpflicht aus Ingerenz mit der Lebensgefährdung durch die ersten Messerstiche zu begründen, die nach dem Beweisergebnis zwar für den Tod durch das Verbluten kausal, aber durch Notwehr gerechtfertigt waren:

> „Da die ersten Stiche in Notwehr erfolgten, haben sie hier zu keiner Garantenstellung des Angekl. geführt. Denn das Bestehen einer Garantenstellung aus vorangegangenem Verhalten setzt jedenfalls eine Pflichtwidrigkeit voraus. Die Verletzung des Angreifers in Notwehr macht daher in der Regel den Angegriffenen nicht zum Garanten für das Leben des Angreifers."[2]

3 Der Rechtsgedanke, dass die unfreiwillige Garantenpflicht aus Ingerenz nur durch rechtswidriges Vorverhalten begründet werden kann, hat sich in der Rechtsprechung erst nach und nach durchgesetzt.[3] In der Literatur wurde er schon viel früher vertreten.[4] Die Garantenpflicht aus Ingerenz ist zwar keine Sanktion für vorangegangenes rechtswidriges Verhalten, aber sie ist eine Ausprägung der Schadenstragungspflicht desjenigen, der den Schaden oder die Schadensgefahr bei einem anderen rechtswidrig verursacht hat. Deshalb kann ein rechtmäßiges Verhalten eine solche Pflicht nicht auslösen, auch wenn es einen anderen in Gefahr bringt. Mit der durch Notwehr gebotenen Abwehr seines Angriffs tut der Verteidiger dem Angreifer kein Unrecht. Gerät der Angreifer dadurch in die Gefahr, dass ihm aus der Verteidigungshandlung weiterer Schaden erwächst, so ist er allein für die Entstehung und damit auch für die Abwendung dieser Gefahr verantwortlich. Den Verteidiger trifft allenfalls eine Hilfeleistungspflicht nach § 323c. Anderes gilt nur für den aggressiven Notstand nach § 34 und § 904 BGB. Für den Notstand nach § 904 BGB ergibt sich das schon aus der Schaden-

---

1  M. Anm. *Schröder* JA 2001, 191 ff.; *Engländer* JuS 2001, 958 ff.
2  BGH NStZ 2000, 414.
3  BGHSt 23, 327; BGH NJW 1999, 69 (71); 1998, 1568 (1573); 1986, 2516; NStZ 1987, 171; 1998, 83 (84).
4  Vgl. schon *Rudolphi* (1966), 151 (180); *Pfleiderer* (1968), 149; *Welzel* Lb (1969), 194 f.; *Schünemann* (1971), 314.

ersatzpflicht, die auch hier eine Schadensminderungspflicht impliziert. Auf die Notstandshandlung nach § 34 ist dies analog anwendbar. Wer einem Unbeteiligten ausnahmsweise die Aufopferung eines Gutes zumutet, um ein wesentlich überwiegendes Interesse zu wahren, muss dieses Opfer so gering halten, wie möglich.

Die Ablehnung der Garantenpflicht aus Ingerenz beruht allerdings auf der Voraussetzung, dass die letzten nicht mehr durch Notwehr gerechtfertigten Stiche den Tod durch Verbluten nicht mitverursacht haben. Mit allgemeinen Erfahrungssätzen wäre das allerdings nur vereinbar, wenn diese Stiche so oberflächlich waren, dass sie nicht geblutet haben. Andernfalls waren sie mitursächlich für den Tod durch Verbluten auch dann, wenn das Opfer ohne sie später auch verblutet wäre. Der BGH weist zwar später im Urteil darauf hin, dass in diesem Fall eine Körperverletzung mit Todesfolge in Betracht käme.[5] Aber es käme dann auch eine vorsätzliche Tötung durch Unterlassen in Frage, da der Angeklagte wusste, dass das Opfer in Lebensgefahr, aber noch zu retten war, als er es verließ.

### 2.  Die Garantenpflicht zur Überwachung einer Gefahrenquelle

### a)  Die Pflicht des Fahrzeughalters nach § 7 Abs. 3 StVG als Garantenpflicht – Der Scheunenfestfall, OLG Hamm NJW 1983, 2456[6]

▶ Der Angeklagte war gemeinsam mit einem Freund, der keine Fahrerlaubnis besaß, mit seinem PKW zu einem Scheunenfest gefahren. Um reichlich Alkohol trinken zu können, verabredeten die Freunde, in ihrem Wagen zu übernachten. Deshalb gab der Angeklagte seine Fahrzeugschlüssel nicht ab. Beide tranken so viel Alkohol, dass der Angeklagte an der Theke einschlief, und sein Freund schuldunfähig war. Dieser schaffte den Angeklagten unter Mithilfe anderer Gäste in das Auto, setzte sich selbst ans Steuer und verursachte dann aufgrund seiner Trunkenheit einen tödlichen Verkehrsunfall mit einer Radfahrerin. Von diesem ganzen Vorgang nahm der Angeklagte nichts war. Wie der Freund an die Fahrzeugschlüssel gekommen war ließ sich nicht mehr feststellen. Möglicherweise hatte er sie dem schlafenden Angeklagten einfach aus der Tasche genommen. ◀

Mit der folgenden Begründung bestätigt das OLG Hamm die Verurteilung des Angeklagten wegen fahrlässiger Tötung durch Unterlassen:

> „In der Rechtsprechung ist anerkannt, dass jeder, der aufgrund besonderer Umstände damit rechnen muß, nach erheblichem Alkoholgenuß selbst ein Kraftfahrzeug zu führen, rechtzeitig Vorsorge gegen die Benutzung des Fahrzeugs in fahruntauglichem Zustand treffen muß. Ergreift er, solange er noch schuldfähig ist, keine geeigneten Vorsorgemaßnahmen, trifft ihn der Vorwurf der Fahrlässigkeit, … Der Kraftfahrer muß grundsätzlich alles in seinen Kräften Stehende tun, um seinen Wagen vor einer Benutzung durch Unbefugte zu bewahren. Da hierdurch erfahrungsgemäß erhebliche Gefahren für den Verkehr verursacht werden, sind die Anforderungen an die Obhutspflicht desjenigen Kraftfahrers, der seinen Wagen verlässt, besonders streng. … Dies gilt besonders dann, wenn die Gefahr besteht, dass Betrunkene den Wagen benutzen können."[7]

In Betracht kommt hier eine Garantenpflicht zur Überwachung einer Gefahrenquelle, nämlich des Kraftfahrzeugs. Ein Kraftfahrzeug ist eine Gefahrenquelle, für deren Über-

---

5  BGH NStZ 200, 414 (415).
6  = JuS 1984, 149.
7  OLG Hamm NJW 1983, 2456.

wachung Fahrer und Halter verantwortlich sind. Diese Verantwortung begründet jedenfalls insofern eine Garantenpflicht, als von dem Fahrzeug selbst, ohne hinzutretendes Verhalten Dritter, Gefahren ausgehen. Wenn der Autofahrer sein Fahrzeug auf einer abschüssigen Straße abstellt und vergisst, die Handbremse anzuziehen, so haftet er auch strafrechtlich nach § 229 iVm § 13 I, wenn das Auto ins Rollen kommt und einen Anderen verletzt. Die Gefahren, die von einem Kraftfahrzeug ausgehen, sind per se nicht erlaubt, sondern nur unter der Bedingung, dass der Fahrer beziehungsweise der Halter Sicherungsmaßnahmen dagegen ergreift, dass Andere durch das Fahrzeug verletzt werden. Nur der Fahrer kann diese Sicherungsmaßnahmen ergreifen, die anderen Verkehrsteilnehmer sind also auf die Erfüllung seiner Pflicht unbedingt angewiesen. Deshalb ist dies eine Garantenpflicht iSv § 13 I.

7    Eine Garantenpflicht, Vorkehrungen dagegen zu treffen, dass andere dem eigenen Herrschaftsbereich Mittel zur Begehung von Straftaten entnehmen, indem sie das Eigentum verletzen, gibt es grundsätzlich nicht. Eine Ausnahme gilt nur für die Herrschaft über solche Gegenstände, deren Besitz dem Bürger grundsätzlich gerade deshalb nicht gestattet ist, weil die Gefahr zu groß ist, dass Straftaten mit ihnen begangen werden. Das gilt vor allem für Waffen,[8] für giftige Substanzen und für Betäubungsmittel im Sinne des Betäubungsmittelgesetztes. Wer aufgrund einer besonderen behördlichen Erlaubnis Schusswaffen besitzt, haftet als Garant für die Straftat, die ein anderer mit einer seiner Waffen verübt, wenn er sie nicht ausreichend gegen fremden Zugriff gesichert hat. Ein Kraftfahrzeug ist nicht ein derart generell gefährlicher Gegenstand, dass der Besitz nur ausnahmsweise und nur bei besonderen Interessenlagen erlaubt wird. Jeder darf ein Kraftfahrzeug benutzen und führen, sofern er die dazu erforderlichen Fähigkeiten erlangt und durch eine Fahrprüfung nachgewiesen hat. Deshalb ist die Pflicht, sein Fahrzeug vor dem Zugriff durch Unbefugte und ungeeignete Personen zu schützen, keine Garantenpflicht zur Verhinderung fremder vorsätzlicher Straftaten. Eine strafrechtliche Verantwortung des Angeklagten für das Verhalten seines Freundes und dessen tödliche Folgen, ist also nicht allein aus § 7 Abs. 3 StVG abzuleiten.

8    Das OLG Hamm knüpft die Garantenverantwortung des Angeklagten für das Verhalten seines Freundes an die Pflicht des Kraftfahrers an, dafür Vorsorge zu treffen, dass nicht er selbst in fahruntüchtigem und womöglich schuldunfähigem Zustand das Fahrzeug benutzt. Eine solche Garantenpflicht ist anzuerkennen, denn jeder haftet als Garant für sich selbst.[9] Auf dieser Pflicht beruht sowohl die Strafbarkeit nach § 323a, als auch die nach den Regeln der actio libera in causa. Notfalls muss ein Fahrzeughalter sich von seinem Kraftfahrzeug trennen, wenn er wegen seiner Alkoholsucht keine andere Möglichkeit hat, zu verhindern, dass er das Fahrzeug in fahruntüchtigem und schuldunfähigem Zustand benutzt.[10] Gegen diese Garantenpflicht hat der Angeklagte dadurch verstoßen, dass er den Schlüssel bei sich behalten hat. Aber entgegen der Auffassung des OLG Hamm folgt daraus nicht ohne Weiteres, dass er als Garant auch dafür verantwortlich ist, dass ihm sein Freund den Schlüssel abnimmt, um das Fahrzeug im Zustand der Fahruntüchtigkeit und Schuldunfähigkeit zu fahren. Denn für die Gefahren, die von ihm in schuldunfähigem Zustand ausgehen, ist der Täter selbst zunächst Garant. Ein anderer kann neben ihm oder statt seiner nur dann als Garant ver-

---

8    Vgl. BGHSt 24, 342 ff.; OLG Schleswig-Holstein VersR 1995, 103; OLG Düsseldorf VersR 1990, 903 f.; NK[6]-*Puppe* Vor § 13 Rn. 169.
9    BayObLG JR 1979, 289 (290); Schönke/Schröder-*Bosch* § 13 Rn. 43;. LK-*Weigend* § 13 Rn. 50.
10    BayObLG JR 1979, 289 (290).

antwortlich sein, wenn er nicht nur verpflichtet ist, sein Fahrzeug zu überwachen, sondern auch den schuldunfähigen Täter.

Eine solche Garantenpflicht zur Überwachung einer Person besteht nur dann, wenn die zu überwachende Person dem anderen gegenüber eine unterlegene Stellung hat und seiner Obhut anvertraut ist. Eine solche Überwachungsgarantenstellung haben Ärzte und Pfleger gegenüber den Patienten einer geschlossenen Anstalt,[11] Eltern gegenüber ihren Kindern,[12] Lehrer und Erzieher gegenüber ihren minderjährigen Schülern,[13] sie wird auch für Vollzugsbeamte gegenüber den Strafgefangenen angenommen.[14] Die Tatsache, dass der Angeklagte mit seinem Freund gemeinsam ein Fest besuchte, um dort ausgiebig zu trinken, begründet keine gegenseitige Überwachungsgarantenstellung. Eine Garantenpflicht aus Zechgemeinschaft wird heute abgelehnt, sowohl im Sinne einer Beschützergarantenstellung als auch im Sinne einer Überwachungsgarantenstellung.[15] Auch aus dem Gedanken der Pflicht zur Überwachung von Personen ist also eine Verantwortlichkeit des Angeklagten für den von seinem Freund im schuldunfähigen Zustand verursachten Unfall nicht zu begründen.

### b) Der Wohnungsinhaber als Garant – Der Rauschgiftdealerfall, BGH HRRS 2016 Nr. 378[16]

▶ Die Angeklagte hatte ihren Freund in ihre Wohnung aufgenommen, beide waren heroinsüchtig. Der Freund ließ sich an die Adresse dieser Wohnung zwei größere Lieferungen Heroin schicken. Die Hälfte davon konsumierte er gemeinsam mit der Angeklagten, mit der anderen Hälfte trieb er in der gemeinsamen Wohnung Handel. Die Angeklagte gestattete dies, weil der Freund auch ihren Heroinbedarf deckte und sie außerdem am Gewinn seiner Rauschgiftgeschäfte beteiligte. Mit der folgenden Begründung hob der BGB ihre Verurteilung wegen Beihilfe zum Handeltreiben mit Betäubungsmitteln in nicht geringer Menge auf: ◀

> „Eine Strafbarkeit wegen Beihilfe durch Unterlassen scheidet mangels Garantenstellung der Angeklagten aus. Denn der Inhaber einer Wohnung hat grundsätzlich nicht rechtlich dafür einzustehen, dass in seinen Räumen durch Dritte keine Straftaten begangen werden. Ein Ausnahmefall, in welchem die Wohnung wegen ihrer besonderen Beschaffenheit oder Lage – über ihre Eigenschaft als nach außen abgeschirmten Bereich hinaus – eine Gefahrenquelle darstellt, ist nicht festgestellt. Dass die Angeklagte aus den durch den Mitangeklagten begangenen Taten Vorteile zog, mag strafrechtlich unter dem Aspekt der Geldwäsche nach § 261 StGB bedeutsam sein, für die Frage des Bestehens einer Garantenpflicht der Angeklagten ist dieser Umstand entgegen der Ansicht der Strafkammer indes ohne jede Relevanz."

Die frühere höchstrichterliche Rechtsprechung begründete eine Garantenpflicht des Wohnungsinhabers dafür, dass keine Straftaten in der Wohnung stattfinden, mit der

---

11  OLG Stuttgart NJW 1997, 3103.
12  BGH NStZ 1984, 164; FamRZ 2003, 450; *Roxin* AT/2 32/33.
13  OLG Oldenburg StV 1997, 133; *Schönke/Schröder-Bosch* § 13 Rn. 30.
14  Siehe § 2 S. 2 StVollzG; RGSt 1953, 292; BGHSt 43, 82; OLG Hamburg NStZ 1996, 102; *Schönke/Schröder-Bosch* § 13 Rn. 30.
15  BGH NJW 1954, 1047 (keine Garantenpflicht für das Geleit Betrunkener); OLG Düsseldorf NJW 1966, 1175 (1176); LK-*Weigend* § 13 Rn. 40; *Roxin* AT/2 32/60.
16  BGH, Beschluss vom 16.2.2016, 4 StR 459/15.

Abgeschlossenheit der Wohnung vor fremden Einwirkungen und fremden Blicken.[17] Davon ist der BGH schon seit längerer Zeit abgekommen.[18] Mag die Abgeschlossenheit der Wohnung Straftaten begünstigen, so stellt die Wohnung selbst noch keine besondere Gefahrenquelle dar. Der Inhaber ist also nicht verantwortlich dafür, dass in seiner Wohnung keine Gesetzesbrüche geschehen. Er soll nicht quasi als Hilfspolizist in seiner eigenen Wohnung in Anspruch genommen werden. Bemerkenswert ist, dass der BGH ausdrücklich darauf hinweist, dass sich an diesen Grundsätzen auch nicht dadurch etwas ändert, dass die Wohnungsinhaberin am Gewinn der Straftaten beteiligt war, also ein Eigeninteresse an ihnen hatte. Dem ist zuzustimmen.

Anders ist der Fall zu beurteilen, dass der Wohnungsinhaber seine Wohnung einem Nichtinhaber zur Begehung von Straftaten, etwa der Produktion von Rauschgift oder Falschgeld, oder zur Aufbewahrung verbotener Gegenstände zur Verfügung stellt. Dann wird allerdings in aller Regel eine Beihilfe durch positives Tun vorliegen.

### 3. Garantenpflicht aus Übernahme

#### a) Das Wuppertaler Schwebebahnunglück, BGH NStZ 2002, 421

12    ▶ Bei der Jungfernfahrt der neu errichteten Wuppertaler Schwebebahn kollidierte der erste Zug mit einer an der Leitung verbliebenen Stahlkralle und stürzte in die Wupper. Dabei fanden 5 Insassen den Tod. An dieser Stelle befanden sich insgesamt vier Stahlkrallen und die Bauleitung hatte die Arbeiter W und I beauftragt, diese abzubauen. Nachdem sie die ersten beiden Stahlkrallen abgebaut hatten, tauchten die Arbeiter L und S auf und boten ihre Hilfe an. W und I gingen davon aus, dass auch diese beiden von der Bauleitung beauftragt waren und überließen ihnen, während sie selbst die dritte Kralle abbauten, den Abbau der vierten. W und I verließen gemeinsam mit L und S die Baustelle im Vertrauen darauf, dass L und S die vierte Kralle entfernt hatten. Der BGH begründet die Verantwortung von W und I für den Unfall wegen einer Garantenstellung aus Übernahme wie folgt: ◀

> „Die Staatsanwaltschaft beanstandet zu Recht, daß das Landgericht den einheitlichen Arbeitsvorgang unter Anwendung des Vertrauensgrundsatzes in einzelne Verantwortungsbereiche aufgeteilt und demgemäß ein pflichtwidriges Unterlassen allein in dem Verhalten desjenigen Angeklagten gesehen hat, der als letzter die Arbeitsbühne verließ und dessen Identität nicht festgestellt werden konnte. Damit hat sich das Landgericht den Blick dafür verstellt, daß nach den bisherigen Feststellungen in Betracht kommt, daß jeder der Angeklagten – unbeschadet der Aufteilung einzelner Arbeitsschritte – für die Abwendung der von der abzubauenden Dilatationsüberbrückung ausgehenden Gefahren für die Allgemeinheit einzustehen hatte, und daß jeder die ihm insoweit obliegenden Sorgfaltspflichten verletzt und dadurch den eingetretenen Erfolg gemäß §§ 222, 230 StGB fahrlässig mitverursacht hat.“

13    Das entscheidende Wort in dieser Begründung ist „einheitlicher Arbeitsvorgang"[19]. Aber eine effektive Arbeitsteilung beruht gerade darauf, dass ein, in welchem Sinne auch immer, einheitlicher Arbeitsvorgang zwischen mehreren Beteiligten aufgeteilt werden kann. Stehen diese hierarchisch auf der gleichen Stufe und gelten keine Sonderregeln zur gegenseitigen Überwachung, so gilt für jeden von ihnen der sog. Vertrau-

---

17  BGHSt 27, 10 (12); BGH NJW 1966, 1763.
18  BGHSt 30, 391 (394 ff.); BGH NStZ 1999, 451; NStZ-RR 2003, 153; aus jüngster Zeit BGH JR 2022, 311.
19  Ebenso Schönke/Schröder-*Sternberg-Lieben/Schuster* § 15 Rn. 151; *Bußmann* NStZ 2009, 386.

ensgrundsatz, sie können also darauf vertrauen, dass die anderen Beteiligten die von ihnen übernommenen Aufgaben erfüllen. Anders wäre eine effektive Arbeitsteilung nicht möglich.[20] L und S standen in der Hierarchie der die Arbeiten durchführenden Firma auf der gleichen Stufe wie W und I. W und I gingen auch davon aus, dass L und S genau wie sie vom zuständigen Bauleiter beauftragt waren, sich an dem Abbau der Krallen zu beteiligen. Das L und S nicht gleichzeitig mit I und W mit den Abbauarbeiten begonnen hatten, sondern erst nachträglich dazu gekommen waren, ist kein Grund, W und I bei dieser Arbeit gewissermaßen als Vorgesetzte von L und S zu behandeln, die dazu verpflichtet waren, deren Arbeit zu kontrollieren. Sie konnten vielmehr davon ausgehen, dass der Bauleiter den Auftrag an sie dahin geändert hat, dass einen Teil davon die hinzugekommenen Arbeiter S und L übernehmen sollten.

Ganz anders verhält es sich mit der Verantwortung dreier Vorgesetzter der Arbeitsgruppe, die das Gericht deshalb wegen fahrlässiger Tötung durch Unterlassen verurteilt hatte, weil sie ihrer Pflicht nicht nachgekommen waren, vor der Einweihungsfahrt nochmals zu kontrollieren, ob die Strecke hindernisfrei ist. Vorgesetzte, die verpflichtet sind, die Arbeit Untergebener zu kontrollieren, können sich selbstverständlich nicht auf den Vertrauensgrundsatz berufen. 14

Schließlich erörtert der BGH auch die Frage nach einer Garantenstellung von S und L, von denen nicht geklärt werden konnte, ob sie von der Bauleitung beauftragt waren oder ihre Hilfe spontan angeboten hatten. Dass sie im ersteren Fall ebenso wie I und W Garanten sind, bedarf keiner weiteren Erörterung. Aber auch für den Fall, dass sie keinen Auftrag der Bauleitung hatten, bejaht der BGH eine Garantenpflicht mit folgenden Gründen: 15

> „In Betracht kommt aber auch eine freiwillige Beteiligung an den noch ausstehenden Arbeiten. Erfolgt die – auch konkludent mögliche – Mitübernahme einer Pflicht gegenüber Personen, die, wie die Angekl. W und I, ihrerseits Garanten sind, so rückt der Übernehmende in vollem Umfang in die Garantenstellung ein. Allerdings reicht hierfür nicht jedes allgemein gehaltene, ersichtlich unverbindliche Hilfsangebot aus. Erforderlich ist vielmehr, dass durch die Wahrnehmung bestimmter Aufgaben in zurechenbarer Weise das Vertrauen der übrigen Garanten in die verantwortliche Mitwirkung des Hilfswilligen bei der Gefahrabwendung begründet wird."[21]

Aber ganz so einfach ist das nicht. Zwar ist die Garantenpflicht aus Übernahme nicht davon abhängig, dass ein sie begründender Vertrag rechtlich wirksam ist, aber die Pflicht muss doch einem Garanten gegenüber übernommen werden. I und W waren zwar Garanten, aber nicht befugt, ihre Garantenstellung auf andere zu übertragen.[22] Hätten also I und W gewusst, dass L und S keinen Auftrag der Bauleitung hatten, so hätten sie nicht davon ausgehen können, dass ein Teil ihrer Garantenpflicht auf L und S übergegangen ist. Sie hätten also deren Arbeit kontrollieren müssen. Eine Garanten- 16

---

20  *Freund* NStZ 2002, 424; *Kudlich* JR 2002, 468 Fn. 3; *Duttge* ZIS 2011, 349 (352).

21  BGH NStZ 2002, 421 (423 f.).

22  Nach *Freund* NStZ 2002, 424 (425) soll auch jeder gleichrangige Garant befugt sein, seine Garantenstellung auf einen anderen zu übertragen, der als ebenso zuverlässig erscheint. Das ist schon zivilrechtlich unrichtig, § 415 Abs. 1 S. 1 BGB. Hier hat der Vorgesetzte, der den Arbeitsauftrag erteilt hat, die Stellung eines Gläubigers. Man könnte den Vorgesetzten auch nicht für die Arbeitsorganisation verantwortlich machen, wenn man jedem Untergebenen die Befugnis erteilen würde, einen anderen an seine Stelle zu setzen. Der Schuldner kann sich zwar zur Erfüllung seiner Leistung eines Erfüllungsgehilfen bedienen, er bleibt aber weiterhin dem Gläubiger gegenüber für die richtige Leistung verantwortlich, § 278 S. 1 BGB.

pflicht von L und S wäre danach nur noch aus vorangegangenem gefährlichen und rechtswidrigen Tun zu begründen gewesen. Sie hätten ohne das Placet der Bauleitung diese verantwortungsvollen Arbeiten nicht übernehmen dürfen. Indem sie es gleichwohl getan haben, haben sie die Gefahr begründet, dass die eigentlich verpflichteten Arbeiter I und W sich auf sie verlassen.

### b) Die Garantenstellung des Compliance-Beauftragten – Der Gebührenüberhebungsfall, BGHSt 54, 44

**17**   ▶ Der Angeklagte war bei den Stadtreinigungsbetrieben Berlin, einer Anstalt des öffentlichen Rechts, Leiter der Rechtsabteilung und der Innenrevision. Früher war er auch Vorsitzender der Tarifkommission gewesen, die aufgrund eines Rechtsfehlers den Straßenanliegern viel zu hohe Straßenreinigungsgebühren berechnet hatte. Die Kommission, die für die darauffolgende Tarifperiode die Gebühren neu festzusetzen hatte, entdeckte diesen Fehler und wollte ihn bei der neuen Tariffestsetzung vermeiden. Ein Mitglied des Vorstandes wies jedoch die Tarifkommission an, die Tarife weiterhin aufgrund der rechtlich fehlerhaften Grundlage, also bei weitem zu hoch, zu berechnen. Der Angeklagte erfuhr davon, unterließ es aber, die Tarifberechnung zu beanstanden. Der BGH zog zunächst eine Garantenstellung aus Ingerenz in Erwägung, weil der Angeklagte ja an der ersten fehlerhaften Tariffestsetzung beteiligt war, und lehnt diese mit den folgenden Gründen ab: ◀

**18**   „Ein (pflichtwidriges) Vorverhalten begründet aber nur dann eine Garantenstellung, wenn es die nahe liegende Gefahr des Eintritts des konkret untersuchten tatbestandsmäßigen Erfolgs verursacht (…) Eine solche nahe Gefahr bestand hier nicht. Der Umstand, dass die vorherige Tariffestsetzung fehlerbehaftet war, bedeutet nämlich nicht, dass sich dieser Fehler auch in die nächste Tarifperiode hinein fortsetzt."[23]

Der Begriff nahe Gefahr ist ziemlich unbestimmt. Der Senat präzisiert ihn auch nicht weiter. Immerhin kommt hier eine gewisse Scheu zum Ausdruck, eine Person zum Garanten dafür zu machen, dass eine andere Person nicht voll verantwortlich und vorsätzlich eine Straftat begeht. Im Allgemeinen gilt das sog. Selbstverantwortungsprinzip, das es in der Regel ausschließt, für die freiverantwortliche vorsätzliche Handlung eines Täters eine weitere Person als Täter durch Unterlassen verantwortlich zu machen.[24] Im vorliegenden Fall ist der BGH nicht bereit, unter dem Gesichtspunkt der Ingerenz eine Ausnahme von dem Selbstverantwortungsprinzip zu machen, weil die durch die Ingerenz bedingte Gefahr, dass andere sich zur Begehung einer Straftat veranlasst sehen, nicht nahe genug liegt.

---

23  BGHSt 54, 44 (47).
24  Der Begriff Selbstverantwortungsprinzip wurde auch verwendet, um die These zu begründen, dass von mehreren, die nacheinander und unabhängig voneinander für einen Erfolg kausal sind, nur der Täter ist, der als letzter gehandelt hat (dazu zuerst *Lenckner* Engisch-FS (1969), 496 (504); Schönke/Schröder-*Eisele* Vor § 13 Rn. 101; *Schumann* (1986), 42 ff; *Diel* (1997), 315 ff; *Renzikowski* (1997), 72 ff.; OLG Stuttgart JR 2012, 163 mit abl. Anm. *Puppe*; dagegen auch OLG Celle NZV 2012, 345 [347]), die anderen aber allenfalls Gehilfen. Das ist hier nicht gemeint, sondern der Grundsatz, dass derjenige, der es unterlässt, vollverantwortliches deliktisches Handeln eines Anderen zu unterbinden, grundsätzlich nicht für dieses Handeln verantwortlich ist, auch wenn er es unterbinden könnte.

Unter einem anderen Gesichtspunkt ist der BGH allerdings in diesem Fall bereit, eine   19
Ausnahme vom Selbstverantwortungsprinzip zu machen. Es heißt dazu in der weiteren
Begründung:

> „Eine Garantenpflicht wird weiterhin dadurch begründet, dass der Betreffende eine ge-
> setzlich vorgesehene Funktion als Beauftragter übernimmt, etwa als Beauftragter für Ge-
> wässerschutz (§§ 21 a ff. WHG), Immissionsschutz (§§ 53 ff. BImSchG) oder Strahlen-
> schutz (§§ 31 ff. StrahlenschutzVO). Die Übernahme entsprechender Überwachungs- und
> Schutzpflichten kann aber auch durch einen Dienstvertrag erfolgen. (…) Allerdings be-
> gründet nicht jede Übertragung von Pflichten auch eine Garantenstellung im strafrechtli-
> chen Sinne. Hinzutreten muss regelmäßig ein besonderes Vertrauensverhältnis, das den
> Übertragenden gerade dazu veranlasst, dem Verpflichteten besondere Schutzpflichten zu
> überantworten. Ein bloßer Austauschvertrag genügt hier ebenso wenig wie ein Arbeits-
> verhältnis. Im vorliegenden Fall kann nicht zweifelhaft sein, dass der Angeklagte auf-
> grund des übernommenen Aufgabenbereichs eine Garantenstellung innehatte. Entgegen
> der Auffassung der Verteidigung und des Generalbundesanwalts beschränkte sich seine
> Einstandspflicht jedoch nicht nur darauf, Vermögensbeeinträchtigungen des eigenen Un-
> ternehmens zu unterbinden, sondern sie kann auch die Verhinderung aus dem eigenen
> Unternehmen kommender Straftaten gegen dessen Vertragspartner umfassen. (…)
>
> Eine solche, neuerdings in Großunternehmen als »Compliance« bezeichnete Ausrichtung,
> wird im Wirtschaftsleben mittlerweile dadurch umgesetzt, dass sogenannte »Compliance
> Officers« geschaffen werden. Deren Aufgabengebiet ist die Verhinderung von Rechtsver-
> stößen, insbesondere auch von Straftaten, die aus dem Unternehmen heraus begangen
> werden und diesem erhebliche Nachteile durch Haftungsrisiken oder Ansehensverlust
> bringen können. Derartige Beauftragte wird regelmäßig strafrechtlich eine Garanten-
> pflicht im Sinne des § 13 Abs. 1 StGB treffen, solche im Zusammenhang mit der Tätigkeit
> des Unternehmens stehende Straftaten von Unternehmensangehörigen zu verhindern.
> Dies ist die notwendige Kehrseite ihrer gegenüber der Unternehmensleitung übernomme-
> nen Pflicht, Rechtsverstöße und insbesondere Straftaten zu unterbinden."[25]

Obwohl das Institut des Compliance-Beauftragten hier eigentlich nur obiter dictu
erwähnt wird, gilt diese Entscheidung in der Literatur als Anerkennung der Garantenpflicht des Compliance-Beauftragten gegenüber den durch Unternehmensangehörige
geschädigten Außenstehenden. Diese Garantenpflicht sei „die notwendige Kehrseite
ihrer gegenüber der Unternehmensleitung übernommenen Pflicht."

Aber Pflicht ist nicht gleich Garantenpflicht.[26] Ein Bürger kann dem anderen alle mög-   20
lichen Pflichten vertraglich auferlegen, wenn dieser sie zu übernehmen bereit ist, auch
zum Schutz von Rechtsgütern Dritter. Aber diese Pflichten zu Garantenpflichten i.S.
von § 13 StGB zu erheben, ist nicht in seiner Macht, das vermag nur das Recht.[27] Und
wenn diese Garantenpflicht eine Verantwortung des Compliance-Beauftragten für
Schäden begründen soll, die Dritten aus dem Unternehmen heraus zugefügt werden, so
müsste es eine Garantenpflicht gegenüber diesen Dritten sein.

Aber zwischen dem Compliance-Officer und diesem Dritten besteht keinerlei Rechts-
beziehung. Ein besonderes Vertrauensverhältnis, das eine Garantenpflicht begründet,
muss aber zwischen dem Garanten und dem Schutzbefohlenen bestehen. Es genügt

---

25  BGHSt 54, 44 (49 f.).
26  BGHSt 39, 392 (399); 46, 196 (203); *Berndt* StV 2009, 689 (691).
27  *Spring* GA 2010, 222 (225 f.); *Berndt* StV 2009, 689 (690).

also nicht, dass derjenige, der mit einem anderen einen Vertrag zugunsten eines Dritten schließt, besonders auf dessen Erfüllung vertraut. Ein Vertrag zugunsten Dritter, den der Unternehmer mit dem Compliance-Beauftragten schließt, könnte eine Garantenpflicht gegenüber Dritten also nicht begründen, er könnte nur eine Garantenpflicht des Unternehmers, die bereits besteht, auf den Compliance-Beauftragten übertragen. Das wäre die sog. Geschäftsherrenhaftung.[28] Ob eine solche Geschäftsherrenhaftung besteht, die eine Garantenpflicht des Unternehmers gegenüber Dritten begründet, dafür zu sorgen, dass aus dem Unternehmen keine Straftaten gegen Außenstehende begangen werden, ist hoch umstritten.[29] Anders als beim Gewässerschutzbeauftragten, beim Immissionsschutzbeauftragten und beim Strahlenschutzbeauftragten gibt es auch keine gesetzliche Pflicht für Unternehmen etwa ab einer bestimmten Größe einen Compliance-Beauftragten einzusetzen. Eine positivrechtliche Grundlage hat also eine Garantenpflicht des Geschäftsherren, aus der dann eine Garantenpflicht des Compliance-Beauftragten abzuleiten wäre, nicht.[30]

21    Nun sind aber auch die bisher allgemein anerkannten Garantenstellungen nicht gesetzlich bestimmt, sondern praeter legem, also durch Gewohnheitsrecht, entwickelt worden. Auch § 13 StGB sagt nichts darüber aus, unter welchen Voraussetzungen eine Person rechtlich dafür einzustehen hat, dass ein tatbestandsmäßiger Erfolg nicht eintritt. Aber in keine der bisher entwickelten Garantenstellungen passt die Geschäftsherrenhaftung. Jede Garantenstellung setzt eine besondere Gefahrensituation und Schutzbedürftigkeit des durch den Pflichtigen zu schützenden Rechtsguts voraus.[31] Sei es, dass der Garant wie bei der Garantenpflicht aus Ingerenz rechtswidrig eine besondere Gefahrensituation für das zu schützende Rechtsgut geschaffen hat, sei es, dass er eine besondere Gefahrenquelle eröffnet hat, deren Verursachung nur unter der Bedingung erlaubt ist, dass er sie beherrscht und die Realisierung der Gefahren verhindert, sei es, dass sich das Opfer, wie bei der Garantenpflicht aus Übernahme, gerade im Vertrauen darauf, dass der Garant es vor einer besonderen Gefahr schützen wird, in diese Gefahr begeben hat, sei es, dass eine besondere Gefahr von Natur aus besteht, wie bei Kindern oder sonst hilfsbedürftigen Personen, mit denen der Garant in enger Lebensgemeinschaft steht und deshalb von Rechts wegen zu ihrem Schutz besonders berufen ist. Man wird nicht behaupten können, dass von der Tätigkeit von Unternehmen als solchen eine besondere Gefahr der Begehung von Straftaten gegenüber Dritten ausgeht.[32]

22    Das Bedürfnis nach einer Geschäftsherrenhaftung entsteht vielmehr dadurch, dass es bei Straftaten, die aus Unternehmen, zumal aus Großunternehmen, heraus begangen worden sind, oft schwierig ist, den verantwortlichen Täter zu ermitteln. Das gilt anscheinend selbst für so aufwendige Rechtsverletzungen wie die Entwicklung und Installation einer Software zur Vortäuschung falscher Abgaswerte bei Autos. Wir hätten es also hier mit einer völlig neuartigen Begründung von Garantenpflicht zu tun. Exzeptionell wäre die Garantenpflicht des Geschäftsherren auch deshalb, weil sie

---

28  *Berndt* StV 2009, 689 (690 f.).
29  *S/S/W-Kudlich* § 13 Rn. 31 f.; SK-*Stein* § 13 Rn. 43 f.; *Roxin* Beulke-FS (2015), S. 239; *Spring* GA 2010, 222 (225 ff.); *Berndt* StV 2009, 689 (690 f.).
30  *Berndt* StV 2009, 689 (690).
31  *Spring* GA 2010, 222 (225); *Berndt* StV 2009, 689 (690).
32  SK-*Stein* § 13 Rn. 44. Deshalb ist der Vergleich *Roxins* mit der Verpflichtung der Unternehmensleitung vor von bestimmten Unternehmen ausgehenden Sachgefahren zu schützen, *Roxin* Beulke-FS (2015), 239 (247), nicht treffend. Anderes gilt nur dann und insofern, als ein Unternehmen wegen seines gefährlichen Betätigungsfeldes nicht nur sachlichen, sondern auch persönlichen Sonderpflichten unterliegt, wie etwa ein Arzneimittelhersteller, ein Abfallentsorger oder ein Waffenhändler, *Kretschmer* JR 2009, 474 (477).

den Geschäftsherren für volldeliktisches verantwortliches Handeln seiner Untergebenen strafrechtlich haftbar machen würde, also gegen das Selbstverantwortungsprinzip verstieße.[33] Zu rechtfertigen wäre das allenfalls damit, dass der Geschäftsherr der Nutznießer der Straftaten seiner Untergebenen ist und dass eine besondere Gefahr besteht, dass Untergebene im Schutz der Unübersichtlichkeit der Arbeitsabläufe und der Einzelzuständigkeiten solche Straftaten zugunsten des Unternehmens begehen. Die Frage, ob solche Gründe für die Einführung einer neuartigen Garantenpflicht des Geschäftsherren genügen, kann hier nicht entschieden werden. Es ist allerdings angesichts der Leichthändigkeit, mit der der BGH in der vorliegenden Entscheidung eine Garantenpflicht des Compliance-Officers angenommen hat, die ja nur aus der Geschäftsherrenhaftung abgeleitet werden kann, zu prognostizieren, dass die Rechtsprechung in absehbarer Zeit eine solche Geschäftsherrenhaftung als Garantenpflicht allgemein anerkennen wird.

Dann stellt sich allerdings die Frage, unter welchen Voraussetzungen der Geschäftsherr     23
bzw. dessen leitende Organe sich von dieser Garantenstellung dadurch befreien können, dass sie sie auf einen Compliance-Beauftragten übertragen. Es kann dafür nicht genügen, dass sie einen Mitarbeiter damit beauftragen, auf Rechtsverstöße innerhalb des Unternehmens zu achten und sie an seine Vorgesetzten oder gar an die Strafverfolgungsorgane zu melden. Der Compliance-Beauftragte darf nicht ein bloßer Denunziationsbeauftragter sein.[34] Auch ist der Gefahr vorzubeugen, dass der Geschäftsherr einen Compliance-Beauftragten nur als Sündenbock oder Bauernopfer bereitstellt, um die für die Straftat ursprünglich Verantwortlichen zu decken. Der Compliance-Beauftragte muss also eine leitende Position im Betrieb einnehmen, die es ihm ermöglicht, direkten Einfluss auf die Mitarbeiter, insbesondere die leitenden auszuüben.[35] Er muss das Recht haben, Rechtsverstöße im Unternehmen selbst zu ermitteln. Der Angeklagte im vorliegenden Fall hatte als Leiter der Rechtsabteilung und der Innenrevision eine ausreichend starke Position. Aber diese Frage und damit das gesamte Rechtsinstitut des Compliance-Beauftragten bedürfen dringend der gesetzlichen Regelung. Dabei wäre auch an einen besonderen Kündigungsschutz für den Compliance-Beauftragten zu denken, um seine Unabhängigkeit insbesondere gegenüber Vorgesetzten oder höher gestellten Betriebsangehörigen zu sichern.

Eine starke und einflussreiche Stellung des Compliance-Beauftragten zur Begründung     24
seiner Garantenpflicht ist auch deshalb erforderlich, weil diese nicht auf dem Umweg über den Gedanken sichergestellt werden kann, dass er sich, falls er seine Pflicht verletzt, gegen rechtswidrige Praktiken im Unternehmen einzuschreiten, zu seiner Entlastung nicht darauf berufen kann, dass sein Einfluss nicht ausgereicht hätte, sie zu verhindern.[36] Denn wer seine Rechtspflicht, Rechtsverletzungen durch Einschaltung weiterer Personen zu verhindern, verletzt hat, kann sich zu seiner Entlastung nicht darauf berufen, dass diese Personen ihre Rechtspflicht ihrerseits verletzt hätten, wenn

---

33  *Spring* GA 2010, 222 (226).
34  So sieht ihn allerdings *Momsen* Puppe-FS (2011), 751 (756).
35  Zu weit dürfte es allerdings gehen, die Funktion des Compliance-Beauftragten davon abhängig zu machen, dass er gegenüber dem Unternehmensangehörigen, der strafbar handelt, ein direktes Weisungsrecht hat, so aber *Roxin* Beulke-FS (2015), 239 (247). Sonst müsste er auf der höchsten Weisungsebene des Unternehmens angesiedelt sein, was zB der Angeklagte in unserem Fall nicht war. Das Vorstandsmitglied, das die Anweisung erteilt hatte, die Straßenreinigungsgebühren weiter auf der rechtswidrigen Grundlage zu berechnen, stand in der Betriebshierarchie über ihm. Deshalb war die Strafbarkeit des Angeklagten nicht nach § 357 zu begründen.
36  Vgl. dazu auch *Berndt* StV 2009, 689 (691).

er die seine erfüllt hätte (s. dazu u. 30/15). Aus alledem geht hervor, dass sowohl die Geschäftsherrenhaftung, als auch ihre Übertragung auf einen Compliance-Beauftragten dringend einer gesetzlichen Regelung bedarf.

25    *Dannecker/Dannecker* versuchen, eine Garantenpflicht des Angeklagten zur Unterbindung falscher Gebührenfestsetzungen der Berliner Straßenreinigung aus deren Charakter als Anstalt des öffentlichen Rechts und dem für die Anlieger bestehenden öffentlich-rechtlichen Anschluss- und Benutzungszwang abzuleiten.[37] Sie folgern zu Recht aus diesem öffentlich-rechtlichen Rechtsverhältnis, dass die Berliner Stadtreinigung anders als private Leistungsanbieter die Rechtspflicht hatte, die von ihr angeforderten Gebühren gemäß der geltenden Rechtsgrundlage richtig zu berechnen.[38] Diese Pflicht war der Tarifkommission übertragen und diese hat sie durch positives Tun verletzt. Für diese Amtspflichtverletzung haftet die Anstellungskörperschaft. Aber das ist kein Grund, neben dieser Amtspflicht noch eine Garantenstellung der Anstalt des öffentlichen Rechts zu installieren, die sie dann auf andere Organe, beispielsweise den Leiter der Rechtsabteilung oder der Innenrevision übertragen könnte. Daran ändert, entgegen der Ansicht von *Dannecker/Dannecker*,[39] auch die Tatsache nichts, dass der angeklagte Leiter der Rechtsabteilung ein Tarifexperte war. Denn er gehörte der Tarifkommission nicht mehr an, als sie die unrichtigen Gebührenfestsetzungen beschloss.

### 4. Amtsträger als Garanten

### a) Eine Garantenpflicht des Polizeibeamten zur Verhinderung von Straftaten – Der Kneipenbesuchfall, BGHSt 38, 388

26    ▶ Die angeklagten Angehörigen der Schutzpolizei besuchten in ihrer Freizeit ein Lokal, in dem sie Beobachtungen machten, die den Verdacht auf Zuhälterei begründeten. Sie unternahmen nichts, um den vermuteten unerlaubten Prostitutionsbetrieb zu verhindern oder ein Ermittlungsverfahren gegen den Gaststättenbetreiber einzuleiten. ◀

Der Fall stellt zwei Rechtsfragen: Erstens, haben Polizeibeamte grundsätzlich eine Garantenpflicht, Straftaten zu verhindern? Zweitens, erstreckt sich diese Garantenpflicht, sofern sie besteht, auch auf solche Straftaten, von denen sie außerdienstlich Kenntnis erlangt haben?

27    Zur ersten Frage führt die Entscheidung folgendes aus:

„Nach den Polizeigesetzen der Länder obliegt Polizeibeamten die Aufgabe, Gefahren für die öffentliche Sicherheit oder Ordnung abzuwehren. Sicherheit und Ordnung sind jedoch nicht nur dann betroffen, wenn Rechtsgüter der Allgemeinheit gefährdet sind, sondern auch, wenn Individualrechtsgüter durch Straftaten bedroht werden. Damit dient die öffentlich-rechtliche Pflicht des Polizeibeamten, Straftaten zu verhindern, zumindest auch dem Zweck, das von dem jeweiligen Straftatbestand geschützte Rechtsgut vor der ihm konkret drohenden Gefahr zu bewahren. Beide Schutzzwecke – Verhinderung oder Beseitigung normwidriger Zustände im Interesse der Allgemeinheit und Sicherung von Individualrechtsgütern im Interesse des einzelnen – sind untrennbar miteinander verbunden. Die Aufgabe, den einzelnen Bürger vor Straftaten zu schützen, ist damit nicht nur Reflex- oder Nebenwirkung einer Berufspflicht anderen Inhalts, sondern sie ist wesentli-

---

37  *Dannecker/Dannecker* JZ 2010, 981 (986).
38  *Dannecker/Dannecker* JZ 2010, 981 (986).
39  Sowohl der BGHSt 54, 44 (51) als auch *Dannecker/Dannecker* JZ 2010, 981 (986 f.) bezeichnen ihn deshalb als das „juristische Gewissen" des Unternehmens. Mit solchen Qualifikationen sollte man vorsichtig sein.

cher Bestandteil der Berufspflicht des Polizeibeamten. Dies ergibt sich schon daraus, daß der Bürger Träger subjektiver Rechte gegen den Staat ist. Somit hat er einen Anspruch darauf, daß die Polizei zum Schutz seiner Rechtsgüter eingreift. Daß der bedrohte Bürger grundsätzlich über Möglichkeiten verfügt, seine Rechtsgüter selbst zu verteidigen, läßt eine „Obhuts"- oder „Beschützer"garantenstellung schon deshalb nicht entfallen, weil Polizeibeamte kraft ihrer hoheitlichen Eingriffsrechte wirksamere Maßnahmen der Gefahrenabwehr treffen können."[40]

Dass die Schutzpolizei nicht nur im Allgemeininteresse an Sicherheit und Ordnung tätig ist, sondern auch im Interesse des einzelnen Bürgers, den sie insbesondere vor strafbaren Handlungen zu schützen hat, steht außer Zweifel, denn sie erfüllt die Pflicht des Staates, den Bürger vor der Verletzung seiner Rechte durch einen anderen Bürger zu bewahren. Die Frage ist nur, ob diese Schutzpflicht des Staates eine Garantenpflicht ist. Wenn sie das ist, so ist es jedenfalls eine Garantenpflicht sui generis, denn keines der Kriterien einer Garantenpflicht, die sonst in der Rechtsprechung und der Wissenschaft entwickelt worden sind, passt auf diese Pflicht. Der Polizist hat, ehe er die Straftat bemerkt hat, weder als Überwachergarant zum Täter, noch als Beschützergarant zum Opfer eine besondere Beziehung. 28

*Pawlik* leitet die Garantenpflicht des Staates und des Polizeibeamten als dessen Vertreter, innerhalb seines Dienstes Straftaten zu verhindern, daraus ab, dass die Bürger um ihres Schutzes willen sich dem Staat und seiner Rechtsordnung unterworfen haben. „Es ist also nicht bloß *eine*, sondern es ist die grundlegendste Aufgabe des Staates überhaupt, einen gesellschaftlichen Zustand zu garantieren, in dem Straftaten als Ausnahmen (…) wahrgenommen werden, die das ‚Grundgefühl der Ordnung, das alle haben', *in concreto*: die Überzeugung der Gesellschaftsmitglieder, in einem Zustand realer Freiheitlichkeit zu leben, nicht nennenswert erschüttern können."[41] Damit hat er aber nur einen Anspruch des Bürgers darauf begründet, in einer grundsätzlich friedlichen Gesellschaft zu leben, nicht aber darauf, dass im Einzelfall gerade seine Rechtsgüter gegen Übergriffe anderer Bürger geschützt werden. Der Staat hätte auch gar nicht die Mittel dazu, diesen Anspruch einigermaßen flächendeckend zu erfüllen.[42] Dass ein Polizist eine Straftat beobachtet und deshalb Gelegenheit hat, sie zu unterbinden, ist purer Zufall und eine Ausnahme. Deshalb gehen wir ja auch nicht im Vertrauen darauf auf die Straße, dass, falls wir angegriffen werden, ein Polizist da sein wird, uns zu schützen. Anderes gilt nur, wenn für besonders gefährdete Personen oder auch Objekte polizeilicher Schutz angeordnet ist. 29

In der Regel ist der Bürger selbst primär für den Schutz seiner Rechtsgüter vor rechtswidrigen Eingriffen Dritter zuständig. Zu diesem Zweck ist ihm das Notwehrrecht als ausnahmsweise Befugnis zur Verletzung der Rechtsgüter des Angreifers gegeben. Tatsächlich sorgt er auch für diesen Schutz in aller Regel wohlweislich selbst.[43] Ist er dazu etwa wegen jugendlichen Alters oder wegen geistiger oder körperlicher Krankheit nicht in der Lage, so kann freilich der Staat ebenso wie private Organisationen seinen Schutz übernehmen. Eine solche Garantenpflicht haben Lehrer und Erzieher für Kinder und Schüler, solange sie ihnen anvertraut sind, sowie das Personal geschlossener 30

---

40  BGHSt 38, 388 (389 f.); zust. NK-*Gaede* § 13 Rn. 64.
41  *Pawlik* ZStW 111 (1999), 335 (351 f.).
42  Vgl. auch *Zaczyk* Rudolphi-FS (2004), 361 (369).
43  SK-*Stein* § 13 Rn. 76; *Rudolphi* JR 1987, 336 (338 f.).

Anstalten, in denen solche Personen verwahrt werden.[44] Auch Strafvollzugsbeamte sind zum Schutz der Gefangenen verpflichtet, weil diese sich Angriffen von anderen Gefangenen nicht entziehen können.[45]

31    Es bleibt aber festzuhalten, dass die Rechtsprechung ohne Weiteres davon ausgeht, dass alle Amtsträger, die zur Bekämpfung von Gefahren berufen sind, Garanten dafür sind, dass sich solche Gefahren nicht realisieren, sofern sie im Einzelfall in der Lage sind, dies zu verhindern.[46] Die Rechtsprechung lässt diese Garantenhaftung allerdings oft am fehlenden Nachweis dieser Verhinderungsmöglichkeit, also der Kausalität scheitern.[47]

32    Geht man mit dem BGH davon aus, dass Amtspflichten zur Bekämpfung von Gefahren Garantenpflichten sind, so stellt sich im vorliegenden Fall die Frage, ob eine solche Garantenpflicht auch dadurch begründet sein kann, dass der Polizeibeamte außerhalb seines Dienstes vom Verdacht auf eine Straftat Kenntnis erhält. Dazu führt das Gericht aus:

> „Zum anderen trifft eine Garantenstellung für strafrechtlich geschützte Rechtsgüter einen Polizeibeamten nur im Rahmen seiner Dienstausübung. Wird er in seiner Freizeit Zeuge einer Straftat – etwa einer Körperverletzung (§ 223 StGB) –, so haftet er wie jeder Bürger grundsätzlich nur im Rahmen der echten Unterlassungsdelikte, im Beispielsfall nach § 323 c StGB. Ihm ist, wie dies für das Delikt der Strafvereitelung im Amt bereits anerkannt ist, im Rahmen seines allgemeinen Persönlichkeitsrechts aus Art. 1, 2 GG ein geschützter Bereich menschlicher Beziehungen zuzubilligen, der durch Berufspflichten jedenfalls nur begrenzt eingeschränkt werden kann. (…) Besonderheiten können sich jedoch ergeben, wenn ein Polizeibeamter außerdienstlich Kenntnis von Straftaten erlangt, die – wie Dauerdelikte, fortgesetzte oder auf ständige Wiederholung angelegte Handlungen – während seiner Dienstausübung fortwirken."

33    Wie so oft behandelt der Senat hier ein prinzipielles Problem als Frage der Güterabwägung. Der Erweiterung der Garantenpflicht des Beamten auf Gefahren, von denen er außerhalb seines Dienstes erfährt, wird als Ausnahme von seiner Garantenpflicht eingeführt und mit seinem allgemeinen Persönlichkeitsrecht begründet. So ist eine Abwägung eröffnet zwischen dem Interesse des Beamten auf ein ungestörtes Privatleben und dem Interesse am Schutz des bedrohten Rechtsguts. Im vorliegenden Fall ging die Abwägung des Gerichts zugunsten des Privatlebens der angeklagten Polizeibeamten aus, weil das bedrohte Rechtsgut hier nicht das Übergewicht habe. Aber das ist nicht der richtige Denkansatz. Außerhalb seines Dienstes oder seiner Zuständigkeit ist der Beamte nicht mehr der Repräsentant des Staates, dessen Pflichten er zu erfüllen hat. Es fehlt also schon die Grundlage für die Annahme einer Garantenstellung, nämlich eine Rechtspflicht zum Handeln, die zu einer Garantenpflicht aufgewertet werden könnte.[48] Dem Interesse des Bürgers an der Hilfe durch einen zufällig anwesenden Polizisten bei akuter Gefahr genügt § 323c. Im Rahmen der schuldigen Hilfeleistung muss der Polizist auch seine besonderen Fähigkeiten und rechtlichen Möglichkeiten einsetzen.

---

44   BGH NJW 1983, 462 f.; BGH NStZ-RR 2008, 9 f.; SK-*Stein* § 13 Rn. 40; Schönke/Schröder-*Bosch* § 13 Rn. 30.
45   Schönke/Schröder-*Bosch* § 13 Rn. 30; NK-*Gaede* § 13 Rn. 52; SK-*Stein* § 13 Rn. 76.
46   Neben den bisher genannten etwa LG Bremen NStZ 1982, 164; OLG Rostock NStZ 2001, 199 (200).
47   BGH NJW 2000, 2754 (2757); OLG Düsseldorf NStZ 2001, 199 (200 f.).
48   *Pawlik* ZStW 111 (1999), 335 (353 f.).

## b) Der Verwaltungsbeamte als Garant – Der Abwasserbeseitigungsfall BGHSt 38, 325[49]

▶ Der Angeklagte, Bürgermeister einer nicht kreisfreien Gemeinde, in die verschiedene  34
Orte eingemeindet worden waren, war damit zuständig auch für die Abwasserbeseitigung
in den eingemeindeten Orten. Diese geschah durch Teilortskanalisationsanlagen, die in
verschiedene Bäche mündeten. Die in diese Kanalisationsanlagen eingeleiteten Abwässer
waren nicht vorgeklärt, ihre Schadstoffbelastung überschritt daher die nach dem gültigen
Einleitungsbescheid zulässigen Höchstwerte. Nach der geltenden Abwassersatzung waren
die Grundstückseigentümer der neu eingemeindeten Orte verpflichtet, zur Vorreinigung
ihrer Abwässer Hauskläranlagen zu errichten und zu betreiben. Der Landrat als untere
Wasserbehörde forderte den Angeklagten als Betreiber der gemeindlichen Teilortskanalisationen auf, dafür zu sorgen, dass die Eigentümer dieser Verpflichtung nachkamen. Da der
Angeklagte die Planung und den Bau einer Großkläranlage für die gesamte Gemeinde
in Angriff genommen hatte, behandelte er diese Aufforderung delatorisch, offenbar um
seinen neuen Bürgern die Investition für eine Hauskläranlage, die nur wenige Jahre bis zum
Anschluss an die Großkläranlage benötigt wurde, zu ersparen. Einige Jahre lang wurden
deshalb die zulässigen Schadstoffbelastungen durch die Einleitung der Abwässer aus den
Teilortskanalisationen in verschiedene Bäche weiterhin überschritten. ◀

Der BGH bestätigte die Verurteilung des Bürgermeisters wegen Gewässerverunreini-  35
gung nach § 324 durch Unterlassen. Er war der Ansicht, dass der Angeklagte unbedingt und ohne Ermessensspielraum verpflichtet war, den von der Wasserbehörde als
rechtswidrig festgestellten Zustand, dass die in die Bäche eingeleiteten Abwässer zu
hohe Schadstoffbelastungen aufwiesen, so schnell wie möglich zu beenden. Die Möglichkeit, die Aufnahme der nicht vorgeklärten Abwässer in die Kanalisation kurzer-
hand zu verweigern, hatte er von Rechts wegen nicht, da er nach dem Landeswasserge-
setz verpflichtet war, die Abwässer zu entsorgen. Deshalb bestand für ihn die einzige
Möglichkeit, den rechtswidrigen Zustand so schnell wie möglich abzustellen, darin,
die Grundstückseigentümer zu ermitteln, die keine Hauskläranlagen besaßen, sie durch
Verwaltungsverfügung zur Errichtung und Betreibung solcher Hauskläranlagen zu verpflichten und diese Verpflichtung notfalls mit Verwaltungszwangsmitteln schnellst-
möglich durchzusetzen. In der Unterlassung dieser Maßnahmen sieht der BGH mit der
folgenden Begründung die Verletzung einer Garantenpflicht des Bürgermeisters.

> „Nach dem zu beurteilenden Sachverhalt steht allein zur Entscheidung, ob der Bürger-  36
> meister einer hessischen Gemeinde für Gewässerverunreinigungen im Rahmen der Ab-
> wasserbeseitigung als Garant strafrechtlich haftet. Das ist zu bejahen. Er nimmt eine
> Garantenstellung ein, kraft derer ihn die Verpflichtung trifft, rechtswidrige Gewässer-
> verunreinigungen abzuwenden, die dadurch entstehen, dass ortsansässige Grundstücks-
> eigentümer nicht vorgeklärte Abwässer der Ortskanalisation zuführen und damit den
> Vorfluter verschmutzen. Grund dieser Garantenstellung ist eine entsprechende Pflicht der
> Gemeinde, deren Erfüllung dem Bürgermeister zufolge seiner dienstlichen Aufgaben als
> Amtsträger der Gemeinde obliegt."[50]

---

49  = NStZ 1993, 285 mAnm *Schwarz* NStZ 1993, 285 = MDR 1992, 1170 = wistra 1993, 62 = JuS 1993, 346
    m.Bespr. *Jung* JuS 1993, 346; *Schall* JuS 1993, 719 = NJW 1992, 3247 m.Bespr. *Michalke* NJW 1994, 1693;
    Bespr. *Nestler* GA 1994, 514; BGHR StGB § 13 Abs. 1 Garantenstellung 9; BGHR StGB § 324 Abs. 1 Verunrei-
    nigung 1; BGHR StGB § 326 Abs. 1 Nr. 3 Konkurrenzen 1.
50  BGHSt 38, 325 (330).

37 Diese Entscheidung wird in der Literatur für die Rechtsansicht in Anspruch genommen, dass Amtsträger als Garanten dazu verpflichtet sind, gegen Straftaten der Bürger in ihrem Zuständigkeitsbereich einzuschreiten.[51] Dies geschieht zu Unrecht. Der Bürgermeister wurde hier nicht dafür verantwortlich gemacht, dass er gegen eine durch die Grundeigentümer begangene Wasserverunreinigung nicht eingeschritten war, die darin bestanden hätte, dass diese ihre Abwässer ungeklärt in die Kanalisation leiteten. Er wurde vielmehr unmittelbar als Vorsteher der Gemeinde dafür verantwortlich gemacht, dass diese zu hoch belastetes Abwasser durch ihre Teilortskanalisation in Gewässer einleitete. Der Angeklagte als Gemeindevorstand ist also Überwachergarant für diese von der Gemeinde betriebene Anlage, nicht für die Bürger, die ungeklärtes Abwasser in diese Anlage geleitet haben.

Diese Garantenpflicht unterscheidet sich nicht von derjenigen einer Privatperson, die eine Schadstoffe ausstoßende Anlage betreibt, beispielsweise eine Zellstofffabrik. Sie unterscheidet sich prinzipiell auch nicht von der Garantenpflicht, die die Gemeinde beispielsweise als Betreiberin eines Schwimmbads oder eines Krankenhauses treffen würde. Der einzige Unterschied besteht darin, dass die Gemeinde beziehungsweise der Bürgermeister diese Anlage nicht einfach stilllegen kann und die Abnahme der ungeklärten Abwässer nicht einfach verweigern kann. Er muss daher zur Erfüllung seiner Überwachergarantenpflicht für die Kläranlage genau die gleichen Schritte tun, die er tun müsste, wenn er Garant für die Überwachung der Grundstückseigentümer wäre, die verbotenerweise nicht vorgeklärte Abwässer in die Kanalisation leiten. Das ändert aber nichts daran, dass sich seine Garantenpflicht aus seiner Stellung als Betreiber der Kläranlage ergibt. Er wird also selbst als „Umweltsünder" in Anspruch genommen, nicht als Überwacher von Umweltsündern in seiner Eigenschaft als Polizei- und Ordnungsbehörde.

### 5. Garantenpflicht und freiverantwortliche Selbstgefährdung beim Drogenkonsum – Der GBL-Fall, BGHSt 61, 21

38 ▶ Der Angeklagte feierte zusammen mit anderen Rauschgiftkonsumenten eine Drogenparty. Als alle bereits Alkohol und verschiedene Drogen zu sich genommen hatten, stellte der Angeklagte eine Flasche mit unverdünntem Gammabutyrolacton (GBL) für alle zugänglich zur Verfügung. Er wies aber darauf hin, dass dieses Mittel auf keinen Fall unverdünnt und auch verdünnt nur in kleinen Mengen konsumiert werden dürfe. GBL setzt sich bei Aufnahme in den menschlichen Körper in die Substanz um, die für gewöhnlich Ecstasy genannt wird. Dennoch setzte alsbald einer der Gäste die Flasche an den Mund und trank daraus ein paar Schlucke. Als dieser das Bewusstsein verlor, legte der Angeklagte ihn in eine stabile Seitenlage, benachrichtige aber nicht den Rettungsdienst, auch nachdem sich die Atemfrequenz des Bewusstlosen erheblich verlangsamte. Hätte der Angeklagte alsbald den Rettungsdienst alarmiert, so wäre der Bewusstlose noch gerettet worden. Als der Angeklagte dies dann doch tat, war es zu spät. ◀

---

51 AG Hanau wistra 1988, 199 f.; Schönke/Schröder-*Heine/Schittenhelm* Vor §§ 324 ff. Rn. 39 f.; NK-*Gaede* § 13 Rn. 60 Fn. 360; *Horn* JZ 1994, 1097; *Nestler* GA 1994, 514 ff.; *Schall* JuS 1993, 719 (722 f.); *Schwarz* NStZ 1993, 285.

Obwohl der BGH davon ausging, dass der Verstorbene sich freiverantwortlich selbst in Lebensgefahr gebracht hatte, bestätigt er die Verurteilung des Angeklagten wegen Totschlags durch Unterlassen mit folgenden Worten:

> „Eine eigenverantwortliche Selbstgefährdung seines Lebens durch den Verstorbenen A. schloss jedoch die aus der Herrschaft über eine Gefahrenquelle resultierende Pflicht des Angeklagten zur Abwendung des drohenden Todeserfolgs gerade nicht aus, als sich nach der unverdünnten Einnahme von GBL gerade das Gefahrenpotential für das Leben A.s zu realisieren begann, das der Angeklagte durch das dem Zugriff seiner Gäste offene Abstellen der Flasche mit dem genannten Stoff gerade eröffnet hatte. (…) Entgegen in der Strafrechtswissenschaft geäußerter Kritik ist es in diesen Konstellationen nicht wertungswidersprüchlich, zwar jegliche Beteiligung an der eigenverantwortlichen Selbstgefährdung selbst für einen Garanten straffrei zu stellen, bei Realisierung des von dem betroffenen Rechtsgutsinhaber eingegangenen Risikos aber eine strafbewehrte Erfolgsabwendungspflicht aus § 13 Abs. 1 StGB anzunehmen. Denn anders als in den Selbsttötungsfällen erschöpft sich im Fall der Selbstgefährdung die Preisgabe des eigenen Rechtsguts gerade darin, dieses in einem vom Betroffenen jedenfalls in seinem wesentlichen Grad zutreffend erkannten Umfang einem Risiko auszusetzen. Eine Hinnahme des als möglich erkannten Erfolgseintritts bei Realisierung des eingegangenen Risikos ist mit der Vornahme der Selbstgefährdung gerade nicht notwendig verbunden. Entwickelt sich das allein auf Selbstgefährdung angelegte Geschehen erwartungswidrig in Richtung auf den Verlust des Rechtsguts, umfasst die ursprüngliche Entscheidung des Rechtsgutsinhabers für die (bloße) Gefährdung seines Rechtsguts nicht zugleich den Verzicht auf Maßnahmen zum Erhalt des nunmehr in einen Zustand konkreter Gefahr geratenen Rechtsguts."[52]

Es wäre eine Garantenpflicht aus Ingerenz in Betracht zu ziehen gewesen, wenn schon das Bereitstellen der GBL enthaltenden Flasche unerlaubt gewesen wäre. Der BGH hat bereits entschieden, dass der Handel mit GBL gegen das Arzneimittelgesetz verstößt.[53] Außerdem wäre zu erwägen gewesen, ob die Bereitstellung des hochgefährlichen GBL durch den Angeklagten deshalb eine unerlaubte Gefährdung der Gäste war, weil diese bereits unter dem Einfluss von Alkohol und anderen Drogen standen und deshalb nicht mehr in der Lage waren, die Selbstgefährdung durch Konsum von unverdünntem GBL richtig einzuschätzen.[54] Das würde freilich darauf hinauslaufen, dass dem möglicherweise selbst berauschten Lieferanten eines Mittels zur Selbstgefährdung aus dem Rauschzustand der sich selbst Gefährdenden eine Art Obhutspflicht erwächst. 39

Der BGH hätte also im vorliegenden Fall durchaus von einem rechtswidrigen Vorverhalten und damit von einer Garantenpflicht aus Ingerenz ausgehen können. Das hat er aber nicht getan, sondern das Bereitstellen der Flasche mit GBL zum Konsum als erlaubtes Verhalten behandelt, allerdings als ein solches, das eine Garantenpflicht aus Beherrschung einer Gefahrenquelle begründet. Diese Beherrschung der Gefahrenquelle hat das Gericht darin gesehen, dass der Täter Eigentümer und Besitzer dieser Flasche GBL war. Aber daraus erwuchs ihm gar keine besondere Herrschaft über die Gefahrenquelle, nachdem er die Flasche seinen Gästen zur Verfügung gestellt hatte. Denn von diesem Moment an hatte er keine bessere Herrschaft über die Gefahrenquelle als jede andere Person im Raum. Das einzige, was der Angeklagte leichter hätte tun 40

---

52  BGHSt 61, 21 (25 ff.).
53  BGHSt 54, 243 = NJW 2010, 2528.
54  Vgl. BGHSt 61, 318 = NJW 2017, 418.

können, wäre, das GBL zu entfernen. War er dazu verpflichtet, so liegt nicht eine Garantenpflicht aus Beherrschung einer Gefahrenquelle vor, sondern aus Ingerenz, also unerlaubter Schaffung einer Gefahrenquelle. Diese Garantenpflicht wurde aber nur dazu gebraucht, eine Strafbarkeit wegen vorsätzlicher Tötung durch Unterlassen zu begründen, nachdem ein Gast sich durch Konsum von unverdünntem GBL in Lebensgefahr gebracht hatte. Eine Strafbarkeit wegen fahrlässiger Tötung wäre schon durch positives unerlaubtes Tun begründet. Unter der Voraussetzung, dass die Bereitstellung des GBL erlaubt war, von der der BGH ausgeht, bestand die einzige Pflicht des Angeklagten darin, seine Gäste darüber aufzuklären, dass sie dieses Mittel auf keinen Fall unverdünnt zu sich nehmen dürfen. Diese Pflicht hat er erfüllt.

41    Nachdem der BGH, ohne großen Begründungsaufwand, eine Garantenpflicht des Angeklagten aus Herrschaft über eine Gefahrenquelle angenommen hat, prüft er nun, gewissermaßen nachträglich, ob der Zurechnung des Todeserfolges etwa eine freiverantwortliche Selbstgefährdung des Opfers entgegensteht und lehnt dies mit der zu Beginn zitierten Begründung ab. Diese wäre nur dann schlüssig, wenn das Gericht das Bereitstellen des GBL als unerlaubtes Vorverhalten qualifiziert hätte.

Aber die Rechtsprechung hat den Gedanken der freiverantwortlichen Selbstgefährdung auch für den Fall anerkannt, dass die Bereitstellung oder Überlassung des Mittels der Selbstgefährdung per se verboten ist. Sie hat nämlich den Lieferanten verbotener Betäubungsmittel grundsätzlich nicht nach § 222 für den Tod eines Konsumenten verantwortlich gemacht, dies obwohl § 30 BtMG eine solche Verantwortung des Dealers für den Fall seiner Leichtfertigkeit ausdrücklich begründet.[55] Anderes gilt nach der Rechtsprechung des BGH nur dann, wenn der Lieferant des Betäubungsmittels dieses dem Kunden nicht nur zum Eigenkonsum zur Verfügung stellt, sondern es ihm mit seinem Einverständnis eigenhändig beibringt, indem er ihm beispielsweise eine Spritze gibt.[56] Denn das wurde nicht mehr als Fall einer freiverantwortlichen Selbstgefährdung angesehen, sondern als einverständliche Fremdgefährdung. Nur bei der einverständlichen Fremdgefährdung, nicht aber bei der Beteiligung an einer Selbstgefährdung solle es von Rechts wegen möglich sein, eine Strafbarkeit durch ein ausdrückliches gesetzliches Verbot oder die Maßstäbe der Sittenwidrigkeit zu begründen.[57]

42    Wenn aber der Gesetzgeber bei Strafe verbietet, dem Bürger eine Selbstgefährdung durch Überlassung von Betäubungsmitteln zu ermöglichen, so setzt er voraus, dass der Bürger oder mindestens eine erhebliche Zahl von Bürgern nicht in der Lage sind, kompetent über die mit dem Konsum von Drogen verbundenen Gefahren selbst zu entscheiden und hat deshalb beschlossen, den Bürger gerade vor solcher Selbstgefährdung auch gegen seinen Willen von Rechts wegen zu schützen.[58] Die logische Konsequenz

---

55  BGH NStZ 1984, 452 (obiter dictum); NStZ 2001, 205 f. m. abl. Anmerkung *Hardtung* (207 f.).
56  BGH NStZ 2004, 204. Diese Unterscheidung zwischen unbedingt strafloser Beteiligung an fremder Selbstgefährdung und möglicherweise strafbarer einverständlicher Fremdgefährdung ist nicht sinnvoll. Sie knüpft an eine nur äußerliche Differenz des Geschehensablaufs an, s.o. 6/8; NK[6]-*Puppe* Vor § 13 Rn. 198 f.; vgl. auch *dies.* Androulakis-FS (2003), 555 (562); zust. *Stratenwerth* Puppe-FS (2011), 1017 (1019); *Kretschmer* NStZ 2012, 177 (180). Stattdessen sollte die Entlastung des anderen Beteiligten durch freiverantwortliche Selbstgefährdung davon abhängig gemacht werden, ob der sich selbst Gefährdende des Schutzes der Rechtsordnung vor dieser Selbstgefährdung bedürftig und würdig ist.
57  Vgl. NK[6]-*Puppe* Vor § 13 Rn. 182.
58  NK[6]-*Puppe* Vor § 13 Rn. 192; *dies.* Androulakis-FS (Fn. 5), 555 (567 f.); *Hardtung* NStZ 2001, 206 (207 f.); *Zaczyk* (1993), S. 60; *Köhler* MDR 1992, 739. Allerdings gibt es in Deutschland gewichtige Stimmen, die jeglichen staatlichen Paternalismus ablehnen, *Murmann* Puppe-FS (2011), 767 (779); *Sternberg-Lieben* Puppe-FS (2011), 1283 (1284 ff.).

ist, dass der Lieferant von Drogen sich zu seiner Entlastung grundsätzlich nicht auf eine freiverantwortliche Selbstgefährdung des Konsumenten berufen kann. Damit stellt sich die Frage, ob dieser Grundsatz auch für die Überlassung von GBL gilt, obwohl dieser chemische Stoff noch nicht unter das BtMG fällt, sein Inverkehrbringen aber nach Auffassung des BGH durch das Arzneimittelgesetz verboten ist.

In unserem Zusammenhang bleibt aber festzuhalten, dass der BGH bisher auf dem Standpunkt steht, dass der Gesichtspunkt der freiverantwortlichen Selbstgefährdung die Haftung des Lieferanten eines gefährlichen Stoffes für die Selbstschädigung eines Konsumenten ausschließt, solange es sich eben um eine Beteiligung an dessen Selbstgefährdung und nicht um eine einverständliche Fremdgefährdung handelt. Damit steht es aber im direkten Widerspruch, dass der BGH nun die Verantwortlichkeit des Lieferanten des GBL für den Tod des Konsumenten damit begründet, dass sich gerade die Gefahr realisiert hat, die aus der freiverantwortlichen Selbstgefährdung des Konsumenten erwachsen ist. Aber der BGH sagt dazu: 43

> „Die Straflosigkeit des auf die Herbeiführung des Risikos gerichteten Verhaltens ändert nichts daran, dass für den Täter Garantenpflichten in dem Zeitpunkt bestehen, in dem aus dem allgemeinen Risiko eine besondere Gefahrenlage erwächst. Mit dem Eintritt einer solchen Gefahrenlage ist der Täter verpflichtet, den drohenden Erfolg abzuwenden."[59]

Wenn jedoch der an einer Gefahrschaffung Beteiligte deshalb nicht als Garant für die Abwendung dieser Gefahr verantwortlich ist, weil sie sich nur durch eine freiverantwortliche Selbstgefährdung des Opfers realisieren konnte, so wird er auch nicht dadurch für sie verantwortlich, dass sie sich steigert und sich am Ende zu realisieren beginnt.[60] Je größer die Gefahr wird, umso unmoralischer ist es freilich, ihre Abwendung zu verweigern. Aber das hat nichts mit Recht zu tun. Wer nicht durch sein eigenes Verhalten Garant für das Leben eines anderen geworden ist, wird es auch nicht dadurch, dass das Opfer vor seinen Augen stirbt. Natürlich macht er sich nach § 323c strafbar. 44

Wenn der Senat sich für das gegenteilige Ergebnis darauf beruft, dass der Verunglückte sein Leben ja nicht preisgeben wollte, sondern in der Hoffnung gehandelt hat, dass sich die Lebensgefahr nicht realisieren werde oder dass andere sie notfalls abwenden werden, so ist dies mit dem Gedanken der freiverantwortlichen Selbstgefährdung nicht vereinbar. Dieser beruht nämlich nicht auf dem Prinzip volenti non fit iniuria, sondern auf dem Grundsatz, dass der Rechtsgutsträger primär für den Schutz seines Rechtsguts verantwortlich ist und den Schutz durch andere, zumal durch einen Garanten, nur dann von Rechts wegen in Anspruch nehmen kann, wenn er sich selbst nicht ausreichend schützen kann.[61] Wer sich selbst freiverantwortlich gefährdet, will sein Rechtsgut in aller Regel nicht verlieren. Wenn man also dieses Argument gegen das Prinzip der freiverantwortlichen Selbstgefährdung anerkennt, kann man dieses Prinzip ad acta legen.[62] 45

Die Rechtsprechung muss sich entscheiden, ob sie die Überlassung von Drogen oder Ersatzdrogen zum Konsum als gegenüber den freiverantwortlich handelnden Konsu- 46

---

59 BGHSt 61, 21 (26).
60 *Murmann* NStZ 2012, 387 (389); *Fahl* GA 2018, 418 (433); *Puppe* ZIS 2013, 45 (48 f.).
61 NK6-*Puppe* Vor § 13 Rn 185, 189; *dies.* ZIS 2007, 247 (251); *dies.* ZIS 2013, 46 (48); *Cancio Melia* ZStW 111 (1999), 357 (373 f.).
62 *Fahl* GA 2018, 418 (436).

menten rechtswidriges Verhalten behandelt oder nicht. Behandelt sie es als rechtswidrig, so ist damit die Verantwortung des Drogenlieferanten für eine Lebensgefahr des Konsumenten schon durch positives Tun begründet und es bedarf einer Garantenpflicht aus Ingerenz allenfalls zur Begründung von Vorsatz. Sieht sie dagegen die Gefährdung eines Konsumenten durch Bereitstellung von Rauschmitteln als erlaubt an, weil sie sich nur durch eigenverantwortliche Selbstgefährdung des Konsumenten realisieren kann, so lässt sich die Verantwortung des Lieferanten auch nicht damit begründen, dass sich die Selbstgefährdung des Konsumenten vor seinen Augen realisiert, von der Strafbarkeit wegen unterlassener Hilfeleistung abgesehen. Solange unser höchstes Gericht diese Entscheidung nicht klar und allgemeingültig trifft, läuft es Gefahr, im Einzelfall ins Moralisieren zu verfallen, wie das in der vorliegenden Entscheidung auch geschehen ist.

### 6. Hinweise zur praktischen Anwendung

47    Jede Garantenpflicht hat eine Rechtsgrundlage in einer Sonderpflicht, aber nicht jede Sonderpflicht ist eine Garantenpflicht. Zunächst muss also festgestellt werden, dass eine Pflicht besteht etwas Bestimmtes zu tun, was zur Abwendung eines Erfolges geeignet ist. Rechtsgrundlage einer solchen Pflicht kann sowohl das Zivilrecht, als auch das Öffentliche Recht sein. Sie kann unmittelbar aus dem Gesetz folgen, wie beispielsweise die familienrechtlichen Fürsorgepflichten oder Amtspflichten, sie kann aber auch erst durch einen Vertrag begründet werden. Auch die Garantenpflicht aus Ingerenz ist ihrem Ursprung nach keine strafrechtliche, da das rechtswidrige Vorverhalten, das sie begründet, nicht notwendig strafbar sein muss. Sie fließt aus dem Deliktsrecht, insbesondere aus § 823, der allerdings in seinem zweiten Absatz auch die Strafgesetze mit einbezieht. Gründet man eine Garantenpflicht auf die Verwirklichung eines Straftatbestandes, so muss man darauf achten, dass dieser gerade das Rechtsgut schützt, das durch Erfüllung der Garantenpflicht vor einer Gefahr bewahrt werden soll.

48    Eine Garantenpflicht folgt aus einer Sonderpflicht dann, wenn der Begünstigte auf die Erfüllung dieser Pflicht im besonderen Maße angewiesen ist. So ist das Kind auf die Fürsorge seiner Eltern von vornherein und stets angewiesen, bis es für sich selbst sorgen kann. Bei einer Garantenpflicht aus Vertrag tritt diese Angewiesenheit erst dadurch ein, dass der Vertragspartner im Vertrauen auf die Vertragserfüllung andere Vorsorgemaßnahmen unterlässt bzw. dass er sich in diesem Vertrauen in eine bestimmte Gefahr begibt. Deshalb tritt die Garantenpflicht beispielsweise des Bergführers erst dann ein, wenn die Touristen mit ihm gemeinsam die Tour antreten. Tun sie dies ohne ihn, weil er nicht am Treffpunkt erschienen ist, so ist er für ihr nachfolgendes Unglück nicht als Garant verantwortlich.

49    Erwächst eine Garantenpflicht aus der Beziehung des Garanten zum Schutzbefohlenen, so hat sie in der Regel den Inhalt, ihn vor allen Gefahren zu schützen, gleichgültig, aus welcher Quelle diese fließen. Das gilt beispielsweise für die Garantenpflicht der Eltern. Bei der Garantenpflicht aus Übernahme kommt es auf den Inhalt des Vertrages an. Der Babysitter hat eine Pflicht zum Rund-um-Schutz des Babys vor Gefahren für die Zeit seiner Wache. Dagegen hat ein Bergführer seine Touristen nur vor Berggefahren zu schützen, nicht aber beispielsweise davor, von anderen Touristen auf der Hütte angegriffen oder gar von solchen betrogen zu werden.

50    Andere Garantenpflichten sind durch die Quelle definiert, von der Gefahren ausgehen, für deren Abwendung der Garant verantwortlich ist, man spricht von Überwacher-

garanten im Gegensatz zu Beschützergaranten. Hierher gehört vor allem die Verantwortlichkeit für gefährliche Betriebe, beispielsweise Atomkraftwerke und gefährliche Gegenstände, beispielsweise Waffen, Gifte oder, wie wir gesehen haben, auch Kraftfahrzeuge. Durch diese Garantenpflichten sind beliebige Personen begünstigt, die in den Bereich der Gefahrenquelle geraten. Auch die Garantenpflicht aus Ingerenz ist eine Pflicht zur Überwachung einer Gefahrenquelle, nämlich derjenigen Gefahrenquelle, die aus dem eigenen rechtswidrigen Vorverhalten für andere erwächst.

Eine Garantenpflicht tritt nur dann ein, wenn der Gefährdete physisch oder auch psychisch nicht mehr fähig ist, sich selbst vor der Gefahr zu schützen. Deshalb gilt auch in diesem Zusammenhang das Prinzip, dass jeder für eine mutwillige Selbstgefährdung allein verantwortlich ist, auch wenn am Ende die Gefahr ein Stadium erreicht, in dem der sich selbst Gefährdende ihr ohne Hilfe nicht mehr begegnen kann. Dann ist allenfalls die allgemeine Hilfspflicht nach § 323c einschlägig. Eine mutwillige Selbstgefährdung begründet also keine Garantenpflicht. Daran scheitert auch der Versuch des BGH eine Pflicht der Ehefrau, die Schläge ihres betrunkenen Mannes ohne wirksame aber lebensgefährliche Gegenwehr zu dulden, aus ihrer Garantenpflicht aus ehelicher Verbundenheit abzuleiten, s. o. 12/19.

Falls nicht schon bei der Entscheidung der Frage, ob ein Tun oder ein Unterlassen als Verursachung des Erfolges in Betracht kommt, eine genaue Bestimmung desjenigen Verhaltens erfolgt ist, durch das der Täter den Kausalverlauf zum Erfolg verhindert hätte, muss dies spätestens am Ende der Bestimmung der Garantenpflicht geschehen. Diese Garantenpflicht muss auf den Fall hin so konkretisiert werden, dass feststeht, zu welchem Verhalten der Täter verpflichtet wäre. Erst danach kann festgestellt werden, ob dieses Verhalten den Kausalverlauf, der tatsächlich zum Erfolg geführt hat, verhindert hätte.

## § 30 Die Kausalität des Unterlassens

### 1. Mehrfachkausalität von Unterlassungen – Der Politbürofall, BGHSt 48, 77[1]

1 ▶ Die Angeklagten waren ehemalige Mitglieder des Politbüros der DDR. Sie hatten ihre Ämter zu einer Zeit angetreten, als das sog Grenzregime an der Grenze zur Bundesrepublik bereits in Geltung war. Während ihrer Amtszeit wurden mehrere Flüchtlinge gemäß dem geltenden Schießbefehl zur Verhinderung eines sog Grenzdurchbruchs erschossen. Die Mitglieder des Politbüros wurden dafür wegen vorsätzlicher Tötung verantwortlich gemacht. ◀

Die Probleme des intertemporalen bzw. interlokalen Strafrechts, die dieser Fall aufwirft, interessieren im vorliegenden Zusammenhang nicht. Im Folgenden wird nur der Teil der Urteilsbegründung behandelt, der auf dem materiellen Strafrecht der Bundesrepublik Deutschland basiert. Der BGH geht davon aus, dass die Grenzsoldaten, die nach den Regeln und Befehlen des sog Grenzregimes auf die Flüchtlinge geschossen haben, Werkzeuge der Befehlshaber und letztlich der Politbüromitglieder waren. Diese wurden als mittelbare Täter durch Unterlassen angesehen, weil sie als Garanten verpflichtet waren, das Grenzregime jederzeit abzuschaffen, jedenfalls aber so abzumildern, dass es zu keinen Tötungen an der Grenze mehr kommen würde. Jedes einzelne Politbüromitglied habe eine Garantenpflicht gehabt, einen solchen Beschluss des Politbüros jederzeit zu beantragen, sowie für dessen Annahme zu plädieren und zu stimmen. Keines der angeklagten Mitglieder des Politbüros hat einen derartigen Versuch gemacht. Zur Kausalität dieses Unterlassens für den Tod der Flüchtlinge heißt es in der Begründung weiter:

2 „Für die Beurteilung der „Quasi-Kausalität" des Unterlassens der Angeklagten kommt es nicht darauf an, welche Wirkung das Handeln gehabt hätte, das jedem einzelnen von ihnen geboten war. Vielmehr ist auf das parallele Unterlassen aller derjenigen abzustellen, die ebenso wie die Angeklagten pflichtwidrig untätig geblieben sind, also auf die Untätigkeit aller Mitglieder des Politbüros im hier relevanten Zeitraum. Deshalb bleibt es ohne Bedeutung, daß jeder der Angeklagten möglicherweise im Politbüro mit der ihm gebotenen Initiative an der entgegenstehenden Mehrheit gescheitert wäre. Kann die zur Schadensabwendung erforderliche Maßnahme nur durch das Zusammenwirken mehrerer Beteiligter zustande kommen, so setzt jeder, der es trotz seiner Mitwirkungskompetenz unterläßt, seinen Beitrag dazu zu leisten, eine Ursache dafür, daß die Maßnahme unterbleibt; innerhalb dieses Rahmens haftet er für die sich daraus ergebenden tatbestandsmäßigen Folgen. Dabei kann er sich nicht damit entlasten, daß sein Bemühen, die gebotene Kollegialentscheidung herbeizuführen, erfolglos geblieben wäre, weil ihn die anderen Beteiligten im Streitfalle überstimmt hätten. Sonst könnte sich jeder Garant allein durch den Hinweis auf die gleichartige und ebenso pflichtwidrige Untätigkeit gleichgeordneter Garanten von jeder strafrechtlichen Haftung freizeichnen." [2]

3 Sicherlich muss es vermieden werden, dass ein Garant oder auch ein Begehungstäter sich durch den Hinweis auf eine gleichartige Pflichtverletzung eines anderen „von jeder strafrechtlichen Haftung freizeichnen" kann, was ja dann auch für die anderen

---

1 = NStZ 2003, 141 = JZ 2003, 575 mAnm *Ranft* JZ 2003, 582 = StraFo 2003, 135 mAnm *Arnold* StraFo 2003, 109; Bespr. *Knauer* NJW 2003, 3101; Anm. *Dreher* JuS 2004, 17; BGHR StGB § 13 Abs. 1 Garantenstellung 21; BGHR StGB § 25 Abs. 1 Mittelbare Täterschaft 10.
2 BGHSt 48, 77 (94).

Pflichtverletzer gelten müsste, so dass keiner von ihnen für den Erfolg verantwortlich wäre. Aber ebendies ist das Ergebnis der herkömmlichen Methode zur Feststellung der Kausalität (oder Quasi-Kausalität) von Unterlassen. Danach ist die sog conditio-sine-qua-non-Formel beim Unterlassen wie folgt umzukehren: eine Unterlassung ist dann kausal oder quasi kausal für den Erfolg, wenn die pflichtgemäße Handlung nicht hinzugedacht werden kann, ohne dass der Erfolg entfiele. Wäre nämlich zur Verhinderung eines Erfolges erforderlich, dass mehrere Garanten, die ihre Pflicht tatsächlich verletzt haben, sie erfüllt hätten, so kann von keiner dieser Pflichtverletzungen behauptet werden, dass der Erfolg entfiele, wenn man sich an ihrer Stelle die Pflichterfüllung hinzudenkt. Um diese Konsequenz nicht ziehen zu müssen, hat der BGH in dem sog Ledersprayurteil eine Mittäterschaft der einen rechtswidrigen Beschluss fassenden Gremiumsmitglieder angenommen, bevor er die Kausalität prüfte, um dann die Kausalität all dieser Mittäter gemeinsam damit zu begründen, dass der rechtswidrige Beschluss, entfallen wäre, wenn alle zusammen pflichtgemäß abgestimmt hätten.[3] Dieser Vorschlag hat in der Literatur viel Zustimmung gefunden.[4]

Aber das ist keine Lösung des Problems. Erstens ist es schon ein grundsätzlich methodischer Fehler, Voraussetzungen der Strafbarkeit für verschiedene Personen zugleich zu prüfen (s. o. 22/3). Zweitens eignet sich die Mittäterschaft nicht zur Begründung von Kausalität, sie setzt diese nämlich voraus. Man ist nicht kausal, weil man Mittäter ist, sondern man ist unter weiteren Voraussetzungen Mittäter, weil man kausal ist (s. o. 2/12). Es ist also nachdrücklich zu begrüßen, dass der BGH nun diese Begründung der Kausalität mit der Annahme von Mittäterschaft mit den folgenden Worten ablehnt:

> „Die kollektive Verweigerung gebotenen Handelns durch gleichermaßen verpflichtete Garanten, nämlich die Angeklagten und die übrigen untätig gebliebenen Mitglieder des Politbüros, stellt sich als Nebentäterschaft, auch Mehrtäterschaft genannt, dar. Der Annahme einer Mittäterschaft bedarf es hier nicht, da es nicht erforderlich ist, – wie typischerweise in Fällen aktiver Mittäterschaft – jedem Mittäter aktive Tatbeiträge anderer Mittäter zuzurechnen."[5]

Wie aber, wenn nicht mithilfe der Mittäterschaft, ist es zu erreichen, dass mehrere Beteiligte, die alle ihre Pflicht verletzt haben sich nicht gegenseitig mit den Hinweis entlasten können, dass der Erfolg auch nicht verhindert worden wäre, wenn der Einzelne seine Pflicht erfüllt hätte, weil die Pflichterfüllung der anderen ebenfalls als Bedingung für die Verhinderung des Erfolgs notwendig war. Auch hier liegt der Fehler in der logischen Bestimmung der Beziehung zwischen Einzelhandlung und Erfolg. Eine Kausalitätsformel, die zu dem Ergebnis führt, dass von mehreren Personen keiner kausal für den Erfolg ist, wohl aber alle zusammen, kann nicht richtig sein. Bei der Prüfung der Kausalität von positivem Tun hatten wir gesehen, dass die sog conditio-sine-qua-non-Formel, wonach eine Ursache eine notwendige Bedingung für den Eintritt des Erfolges sein muss, den Begriff der Einzelursache logisch falsch bestimmt. Sie versagt offensichtlich bei Vorhandensein sog Ersatzursachen, die die Rolle der Einzelursache im Falle ihres Hinwegdenkens übernommen hätten (s. o. 2/2) und auch im Falle der Mehrfachkausalität (auch alternative oder kumulative Kausalität

4

5

6

---

3 BGHSt 37, 106 (113).
4 SK-*Hoyer* § 25 Rn. 154; *Roxin* AT/2 25/241.
5 BGHSt 48, 77 (95).

genannt) in der mehrere Faktoren im wirklichen Kausalverlauf vorhanden sind, die sich gegenseitig ersetzen können (s. o. 2/11).

7   Gerade eine solche Konstellation der Mehrfachkausalität ist im vorliegenden Fall gegeben. Das ist der Grund dafür, dass man mit der Formel von der notwendigen Bedingung zur Ablehnung der Kausalität der Unterlassung jedes einzelnen Politbüromitglieds kommt, obwohl die Unterlassung aller für den Eintritt des Erfolges notwendig zu sein scheint. Die Lösung des Problems der kumulativen Kausalität von Unterlassungen liegt in der gleichen Korrektur der Formel von der notwendigen Bedingung wie beim positiven Tun (s. o. 2/4 ff.). Auch hier ist nicht erforderlich, dass das Verhalten schlechthin notwendige Bedingung für den Erfolgseintritt ist, sondern lediglich dass es notwendiger Bestandteil einer hinreichenden Bedingung des Erfolgseintritts ist, die keine überflüssigen Bestandteile enthält (sog Minimalbedingung) und außerdem wahr ist, (s. o. 2/13).[6] Eine Unterlassung ist dann Bestandteil einer hinreichenden Bedingung für den Eintritt eines Erfolges, wenn sie, und sei es auch in Verbindung mit anderen Unterlassungen hinreichend dafür ist, dass der Erfolg eintritt, also nicht verhindert wird. Eine hinreichende Bedingung dafür, dass das Grenzregime nicht aufgehoben wird, die Todesschüsse an der Grenze also weitergehen, ist, dass die Mindestmehrheit der Politbüromitglieder es unterlässt, für die Aufhebung des Schießbefehls zu stimmen.

8   Nehmen wir an, das Politbüro bestehe aus fünf Mitgliedern, so stellt das Unterlassen von dreien von ihnen eine hinreichende Bedingung dafür dar, dass das Grenzregime bestehen bleibt. Mehr als eine solche Mindestbedingung darf ich nicht formulieren, weil ich sonst bei Mehrfachkausalität zu falschen Ergebnissen komme (s. o. 2/13).[7] Eine solche Mindestbedingung bildet das Unterlassen des jeweiligen Angeklagten zusammen mit dem von zwei weiteren seiner Genossen. Über das Verhalten der anderen Politbüromitglieder muss nichts ausgesagt werden, um diese hinreichende Mindestbedingung festzulegen, und es darf nichts darüber ausgesagt werden, weil es sonst keine Mindestbedingung wäre.[8] Streiche ich nun das Unterlassen des jeweiligen Angeklagten aus dieser Mindestbedingung, so bleibt nur noch das Unterlassen zweier Politbüromitglieder übrig, das reicht zur Erklärung des Resultats nicht aus, dass das Grenzregime bestehen bleibt. Genauso verfahre ich mit jedem anderen Politbüromitglied. Auf diese Weise ist die Kausalität des Unterlassens jedes einzelnen Politbüromitglieds für das Fortbestehen des Grenzregimes darzutun.

9   Der BGH deutet noch eine andere Möglichkeit zur Begründung der Kausalität jedes einzelnen Politbüromitglieds mit den folgenden Worten an, ohne sie allerdings auszuführen:

> „Die Beurteilung der „Quasi-Kausalität" des Unterlassens erfolgt allein nach normativen Kriterien. In diesem Zusammenhang ist rechtmäßiges Verhalten der parallelen Garanten zu unterstellen; denn das Recht hat von der Befolgung seiner Regeln auszugehen."[9]

10   Mithilfe einer solchen normativ begründeten Unterstellung rechtmäßigen Verhaltens lässt sich allerdings, entgegen der Meinung des BGH, nicht das Problem der kumulativen Kausalität lösen, weder beim Tun, noch beim Unterlassen. Denn wenn einmal

---

6   NK[6]-*Puppe* Vor § 13 Rn. 103 - 105, 108, 122; *dies.* ZStW 92 (1980), 863 (875, 878) = Analysen (2006), 101 (111 ff.); *dies.* GA 2004, 129 (138).

7   *Puppe* ZStW 92 (1980), 863 (876 ff.) = Analysen (2006), 101 (112 ff.); *dies.* GA 2004, 129 (138).

8   *Puppe* GA 2004, 129 (138); *dies.* in NK Vor § 13 Rn. 122.

9   BGHSt 48, 77 (95).

feststeht, dass ein anderer Beteiligter sich rechtswidrig verhalten hat, so ist es nicht mehr erlaubt, zulasten des Täters entgegen der Wahrheit ein rechtmäßiges Verhalten des anderen zu unterstellen.

Aber in einem anderen Zusammenhang lässt sich der Gedanke des BGH fruchtbar machen. Im Gegensatz zum klassischen Lederspray-Fall hat ja im vorliegenden Fall eine Sitzung des Politbüros und eine Abstimmung über die Aufhebung des Grenzregimes gar nicht stattgefunden. Die einzelnen Politbüromitglieder haben ihre Pflicht schon dadurch verletzt, dass sie eine solche Sitzung und Abstimmung nicht veranlasst haben. Um einen Kausalverlauf in Gang zu bringen, der bei rechtmäßigem Verhalten aller Beteiligten schließlich zur Aufhebung des Schießbefehls und damit zum Unterbleiben weiterer Todesschüsse an der Grenze geführt hätte, hätte die Einberufung dieser Sitzung durch jedes einzelne Politbüromitglied genügt. Wie sich nun die anderen Politbüromitglieder verhalten hätten, wenn einer unter ihnen eine solche Sitzung einberufen und für die Aufhebung des Grenzregimes plädiert hätte, steht objektiv nicht fest. Und damit kommt der vom BGH ausgesprochene Rechtsgedanke ins Spiel, dass die Rechtsordnung von pflichtgemäßem Verhalten der Bürger auszugehen hat (vgl. dazu sogleich 30/14 f.) Damit lässt sich begründen, dass jedes Politbüromitglied schon dadurch kausal für die Schüsse an der Grenze geworden ist, dass es es unterlassen hat, in einer Sitzung des Politbüros die Aufhebung des Schießbefehls zu beantragen. Denn nach dem vom BGH ausgesprochenen Rechtsgedanken, dass die Rechtsordnung jedenfalls bei der Unterstellung fiktiven Verhaltens von ihrer Befolgung auszugehen hat, ergibt sich die Unterstellung, dass alle Politbüromitglieder für die Aufhebung des Schießbefehls gestimmt hätten, weil sie dazu verpflichtet gewesen wären.

## 2. Die Kausalität der Unterlassung andere Handlungspflichtige einzuschalten – Der Blutbankfall, BGH NJW 2000, 2754

▶ Die Angeklagte war stellvertretende Direktorin eines Instituts für Blutgerinnungswesen, das auch als Blutbank fungierte. Dort war es üblich, Blutkonserven, die von den Abnehmern als nicht benötigt zurückgeschickt worden waren und denen deshalb ein getrenntes Röhrchen mit einer Probe zur Testung der Übereinstimmung mit dem Empfängerblut fehlte, „abzuquetschen". Dabei wurde die Konserve geöffnet, um ihr eine neue Blutprobe zu entnehmen. Die Sterilitätsbedingungen waren dabei nicht optimal, so dass mehrere Blutproben mit einem Erreger infiziert wurden. Fünf von sechs Empfängern solcher infizierten Blutproben verstarben. Der Angeklagten wurde vorgeworfen, diese Praxis nicht durch eine Anzeige bei der vorgesetzten Behörde unterbunden zu haben. ◀

Zur Frage der Kausalität dieses Unterlassens für die nachfolgenden Todesfälle führt der BGH aus:

> „Schließlich ist auch die Ursächlichkeit des Unterlassens für den Eintritt des Erfolgs nicht ausreichend belegt. Bei der Prüfung der Ursächlichkeit des Pflichtenverstoßes ist hypothetisch zu fragen, was geschehen wäre, wenn sich der Täter pflichtgemäß verhalten hätte. Nach feststehender Rechtsprechung des BGH kann eine pflichtwidrige Unterlassung der Bf. grundsätzlich nur angelastet werden, wenn der strafrechtlich relevante Erfolg bei pflichtgemäßem Handeln mit an Sicherheit grenzender Wahrscheinlichkeit verhindert worden wäre."[10]

---

10   BGH NJW 2000, 2754 (2757).

13    Hier hat der BGH die sog Vermeidbarkeitstheorie angewendet. Diese hat die Konsequenz, dass jeder Beteiligte sich zu seiner Entlastung darauf berufen kann, dass ein anderer Beteiligter ebenfalls seine Pflicht verletzt hat, oder dass er sie möglicherweise verletzt hätte, wenn er vom Täter mit der pflichtbegründenden Situation konfrontiert worden wäre. Diese Konsequenz wird im vorliegenden Urteil denn auch mit den folgenden Worten gezogen:

> „Der Mitangekl. kannte und billigte die Praxis des „Abquetschens". Bei einer Anzeige an eine höhere Behörde wäre zu erwarten gewesen, dass diese sich mit dem Mitangekl. als Institutsleiter in Verbindung setzt, um dessen Auffassung zu erfahren und gegebenenfalls bei der zu treffenden Entscheidung zu berücksichtigen. Der fachlichen Autorität der Bf. hätte dann die als höher einzustufende fachliche Autorität des Mitangekl. gegenübergestanden. Ob die höhere Behörde unter diesen Umständen zu dem von der StrK dargestellten Ergebnis gelangt wäre, versteht sich jedenfalls nicht von selbst. Hinzu kommt, dass nach den Feststellungen die übergeordneten Stellen auch sonst bei Entscheidungen die angespannte Haushaltslage berücksichtigt haben und es an der gebotenen personellen und sachlichen Ausstattung der Blutbank fehlen ließen."[11]

Danach kann sich die Angeklagte zu ihrer Entlastung also auf zwei fiktive Sorgfaltspflichtverletzungen anderer Beteiligter berufen: Erstens auf die Möglichkeit, dass der Klinikdirektor das Verfahren des „Abquetschens" pflichtwidrig der Behörde gegenüber verteidigt hätte, zweitens auf eine Pflichtverletzung der Behörde, die darin bestanden hätte, dass sie das fehlerhafte Verfahren des „Abquetschens" nicht beanstandet hätte. Rein faktisch ist die Möglichkeit solcher Pflichtverletzungen nicht auszuschließen.[12] Das Urteil beruft sich denn auch darauf, dass sowohl der Klinikdirektor, als auch die vorgesetzte Behörde ähnliche Pflichten bereits vernachlässigt haben.

14    Aber die Berufung auf fremde Pflichtwidrigkeit ist mit der zeitlich nachfolgenden Politbüroentscheidung unvereinbar.[13] Interessant ist nun, dass bereits die Strafkammer im vorliegenden Fall schon den Grundsatz der Politbüroentscheidung angewandt hat. Damit setzt sich der BGH wie folgt auseinander:

> „Die *StrK* führt schließlich unter Hinweis auf die vom BGH in der Entscheidung BGHSt 37, 106 [...], entwickelten Grundsätze[14] [...] aus, die Bf. könne sich nicht dadurch entlasten, dass ihr Bemühen, die Entscheidung einer höheren Behörde herbeizuführen, möglicherweise erfolglos geblieben wäre. Könne die zur Schadensabwendung gebotene Maßnahme nur durch Zusammenwirken mehrerer Beteiligter zu Stande kommen, so setze jeder, der es trotz seiner Mitwirkungspflicht unterlasse, seinen Beitrag dazu zu leisten, eine Ursache dafür, dass die gebotene Maßnahmen unterbleibe. Dabei verkennt die *StrK*, dass sich der vorliegende Sachverhalt von demjenigen, welcher der genannten Entscheidung zu Grunde lag, maßgeblich unterscheidet. Dort ging es um die gemeinsame und gleichstufige Verantwortung mehrerer Geschäftsführer einer GmbH für den Rückruf eines Produkts [...]. So liegt es hier nicht. Das von der Bf. unterlassene Handeln sollte nicht gemeinsam und in gleichstufiger Verantwortung mit dem Mitangekl. gefordert wer-

---

11  BGH NJW 2000, 2754 (2757).
12  NK[6]-*Puppe* Vor § 13 Rn. 133.
13  NK[6]-*Puppe* Vor § 13 Rn. 133 f.
14  Vgl. dazu o. 2/9 ff.

den, sondern vielmehr durch sie allein an Stelle des in erster Linie verantwortlichen, aber pflichtwidrig untätigen Leiters des Instituts."[15]

Der richtige Schluss führt in die umgekehrte Richtung und ist ein argumentum a maiore ad minus. Kann sich ein Täter zu seiner Entlastung schon nicht darauf berufen, dass er den strafbaren Erfolg mit Sicherheit nicht hätte verhindern können, weil andere ihre Garantenpflichten ebenfalls verletzt haben, so muss dies erst recht für den Fall gelten, dass die Pflichtverletzungen der anderen Garanten, die den Erfolgseintritt unvermeidlich machen sollen, in Wirklichkeit nicht geschehen sind, weil die Unterlassung des Täters gerade darin besteht, ihnen keine Gelegenheit zur Pflichterfüllung gegeben zu haben. Dies gilt umso mehr, da objektiv gar nicht feststeht, ob die potenziellen Garanten ihre Pflicht wirklich verletzt hätten oder nicht. Ohne sich dessen recht bewusst zu sein, geht die Praxis in Fällen, in denen dem Angeklagten vorgeworfen wird, pflichtwidrig eine andere Person nicht zur Hilfe hinzugezogen zu haben, davon aus, dass diese andere Person ihrerseits ihre Pflicht erfüllt hätte, wenn sie hinzugezogen worden wäre. Die Möglichkeit, dass der hinzuzuziehende Helfer, zB ein Arzt, nicht gekommen wäre, oder einen Fehler begangen hätte, wird in den Urteilen gar nicht erst in Erwägung gezogen.[16] Dabei ist diese Möglichkeit als faktische nie auszuschließen. Ist sie allerdings im Einzelfall nahe liegend, weil die hinzuzuziehende Person sich in einer anderen Situation als pflichtvergessen gezeigt hat, so wird der prinzipiell unmögliche Nachweis verlangt, dass diese Person diesmal ihre Pflicht mit Gewissheit erfüllt hätte, um dann den Angeklagten nach dem Grundsatz in dubio pro reo freizusprechen (s. o. 2/35 ff.).[17]

15

Dabei ist es nicht zweifelhaft, dass ein Garant, der es unterlässt einem anderen Garanten die Gelegenheit zur Erfolgsabwendung zu geben, eine iVm anderen Tatsachen hinreichende Bedingung dafür setzt, dass der Erfolg eintritt. Solange in unserem Fall die Behörde um den Missstand des „Abquetschens" der Blutkonserven nicht weiß, kann sie nicht dagegen einschreiten. Ein notwendiger Bestandteil der hinreichenden Bedingung ist die Unterlassung der Angeklagten aber nur, wenn davon auszugehen ist, dass die Behörde eingeschritten wäre, wenn sie um den Missstand gewusst hätte. Dies ist nun aber aus normativen Gründen zu unterstellen, weil niemand sich damit entlasten kann, dass ein anderer möglicherweise seine Pflicht verletzt hätte wenn er ihm pflichtgemäß die Gelegenheit gegeben hätte, sie zu erfüllen (s. dazu o. 2/27 ff.). Mit den oben (30/9) zitierten Worten hat der BGH nun klargestellt, dass es bei der Unterstellung pflichtgemäßen Verhaltens anderer Garanten nicht um eine faktische sondern um eine normative Festsetzung geht. Deshalb ist der Grundsatz in dubio pro reo nicht einschlägig.[18] Die Ungewissheit über das Verhalten der nicht hinzugezogenen Person ist eine prinzipielle und unterliegt schon deshalb nicht dem Zweifelsgrundsatz. Um den Eindruck zu beseitigen, es würden hier zulasten des Angeklagten Tatsachen fingiert, kann man dieses Prinzip dahin umformulieren, dass bei der Entscheidung der Frage, ob die Unterlassung der Einschaltung eines Abwendungspflichtigen ein

16

---

15 BGH NJW 2000, 2754 (2757); vgl. auch BGH NJW 2010, 1087 (1092).
16 Vgl. BGH NStZ 1986, 217; Bespr. *Kahlo* GA 1987, 66 und *Ranft* JZ 1987, 895. Wenn die Gerichte daran zweifeln, dass die pflichtgemäße Inanspruchnahme von insbesondere ärztlicher Hilfe den Erfolg abgewendet hätte, so deshalb, weil auch der Arzt nicht mehr hätte helfen können. Dass er pflichtgemäß sofort am Unglücksort erschienen wäre, wird dabei ohne Weiteres unterstellt, vgl. BGHSt 21, 59 (60 f.); 23, 327; 34, 82 (83); BGH NStZ 1981, 218 (219), 1984, 164; 2000, 414 (415); 2003, 252.
17 Vgl. BGH NStZ 1986, 217 (218); kritisch dazu NK[6]-*Puppe* Vor § 13 Rn. 133.
18 NK[6]-*Puppe* Vor § 13 Rn. 134a.

notwendiger Bestandteil der hinreichenden Erfolgsbedingung war, die für den Abwendungspflichtigen geltenden Rechtsgesetze als Kausalgesetze anzuwenden sind (s. dazu o. 2/31 ff.; 2/36 f.).

17   Eine andere Frage ist, ob die Garantenpflicht zur Aktualisierung der Rechtspflicht eines Anderen deshalb entfällt, weil es sicher, wahrscheinlich oder gar nur möglich ist, dass dieser seine Pflicht missachtet hätte. Denn dann wäre es dem Garanten (sicher oder vielleicht) nicht möglich gewesen, den Erfolg zu verhindern. *Dencker* erinnert die Annahme einer solchen Garantenpflicht an „Gesslers-Hut".[19] Aber der Gedanke an Gessler ist in einem ganz anderen Sinne einschlägig, als *Dencker* meint. Es war und ist seit eh und je die Verteidigung der Gefolgsleute und Mitläufer Gesslers, sei dieser nun ein Diktator, ein Schreibtischtäter, ein Wirtschaftsboss, ein Gangsterboss oder eben ein Institutsdirektor, dass ihre Pflichterfüllung den Opfern nichts genützt hätte, weil die zu deren Rettung notwendige Pflichterfüllung anderer ausgeblieben wäre. So funktioniert die Herrschaft Gesslers reibungslos weiter. Weil objektiv nicht feststeht, dass die hinzuzuziehende Person sich geweigert hätte, ihre Pflicht zu erfüllen, ist die Pflicht sie aufzurufen, sinnvoll und keineswegs ein Gessler-Hut. Erst wenn sie sich endgültig geweigert hat, so dass sie ihre Pflicht gar nicht mehr erfüllen kann, verliert auch die Pflicht, sie dazu aufzufordern ihren Sinn und entfällt deshalb.[20] Allenfalls unter dem Gesichtspunkt der Zumutbarkeit der Pflichterfüllung kann bei der Abwägung der Interessen die Tatsache relevant werden, dass die Chance, den Erfolg durch Pflichterfüllung wirklich abzuwenden gering war. Deshalb mag sich ein untergeordneter Befehlsempfänger auf Unzumutbarkeit eines Protests gegen einen rechtswidrigen Befehl berufen, wenn er damit seine Freiheit oder gar sein Leben riskiert hätte. Für eine stellvertretende Institutsleiterin ist es wohl zumutbar, ein Zerwürfnis mit ihrem Chef zu riskieren, um die Chance zu nutzen, eine für Patienten lebensgefährliche Verfahrensweise mit Blutkonserven zu beenden.

### 3. Mitverschulden durch Unterlassen vollständiger Informationen – Der Bremsenfall, BGHSt 52, 159

18   ▶ Der Angeklagte hatte als eine Art Werkstattleiter eines Fuhrunternehmens die Aufgabe, dessen Lastkraftwagen regelmäßig sicherheitstechnisch zu überprüfen und zu warten. Er teilte dem Firmenchef mit, dass eine der Vorderradbremsen der Zugmaschine eines Gespanns nicht funktionierte und der LKW insgesamt daher „nicht mehr beherrschbar" sei. Er hatte es aber versäumt, auch die Bremsen der Hinterachse der Zugmaschine sorgfältig zu kontrollieren und deshalb nicht festgestellt, dass deren Bremsbeläge völlig abgefahren waren. Obwohl das Fahrzeug bereits aufgrund des dem Chef bekannten Bremsendefektes hätte stillgelegt werden müssen, ließ dieser im Vertrauen auf die Geschicklichkeit und Erfahrung seines Fahrers den LKW weiter laufen. Der LKW raste auf einer abschüssigen Strecke ungebremst in ein Kaufhaus, wobei der Fahrer und zwei weitere Personen zu Tode kamen. Man vermutet, dass auch die Bremsen des Aufliegers wegen Undichtigkeit der Bremsschläuche funktionsuntüchtig waren. ◀

---

19   *Dencker* (1996), 170.
20   NK[6]-*Puppe* Vor § 13 Rn. 124.

Die Verurteilung des Angeklagten wegen fahrlässiger Tötung hebt der BGH mit fol-   19
genden Gründen auf:

> „Indes hätte der Angeklagte seiner übernommenen Verantwortung nur dann genügt,
> wenn er den Mitangeklagten S im Rahmen des ihm Möglichen und Zumutbaren vollstän-
> dig auf den erkennbaren Zustand der Bremsen, hier mithin auch auf die nahezu abgefah-
> renen Bremsen der Hinterachse hingewiesen hätte. Dass er dies nicht getan hat, belegt
> jedoch nicht ohne Weiteres, dass dieses Versäumnis sich auch kausal in dem tödlichen
> Verkehrsunfall ausgewirkt hat. Insofern mag es – wovon das Landgericht im Rahmen
> der rechtlichen Würdigung ausgegangen ist – zwar grundsätzlich nahe liegen, dass eine
> umfassende Aufklärung über den desolaten Zustand der Bremsen nicht nur an den Vor-
> der-, sondern auch an den Hinterrädern der Zugmaschine „auch einen zaudernden Chef
> überzeugt hätte" und hätte erwarten lassen, „dass S die kaufmännischen Überlegungen
> aufgibt". Ob der Mitangeklagte S sich durch einen Hinweis des Angeklagten, dass auch
> die Hinterachsbremsen defekt sind, tatsächlich hätte „umstimmen" lassen, ist aber nicht
> belegt und bedarf deshalb weiterer Aufklärung."

Wie stets, wenn die Pflichtverletzung eines Angeklagten darin besteht, einen anderen   20
Beteiligten nicht richtig oder nicht vollständig informiert zu haben, macht also der
BGH die Verantwortlichkeit dieses Angeklagten auch hier davon abhängig, ob der
schlecht informierte sich anders verhalten hätte, wenn er richtig und vollständig über
die Sachlage informiert gewesen wäre (s. dazu schon o. 28/12 ff. und 2/27 ff.). Wenn
man sich auf eine solche Frage, wie sich ein freier Mensch verhalten hätte, wenn er in
einer anderen Lage gewesen wäre, als er wirklich gewesen ist, überhaupt einlässt, so
spricht hier viel dafür, dass der Chef den LKW mit drei kaputten Bremsen nicht auf
die Straße geschickt hätte. Denn dazu gehört erheblich mehr Verantwortungslosigkeit
als dazu, einen LKW mit nur einer kaputten Bremse auf die Straße zu schicken. Aber
das genügt dem BGH offensichtlich nicht, er stellt an den Beweis der Feststellung, dass
der Chef das Fahrzeug stillgelegt hätte, wenn er gewusst hätte, dass auch die Bremsen
der Hinterachse des Zugfahrzeugs nicht mehr funktionierten, eben sehr hohe Anforderungen. Dabei ist, wie wir schon mehrfach festgestellt haben, diese Frage prinzipiell
unbeweisbar, weil unter der Voraussetzung der Freiheit menschlicher Entscheidungen
objektiv nicht feststeht, wie sich eine Person in einer kritischen Situation entschieden
hätte, in der sie in Wahrheit nie gestanden hat (s. dazu o. 2/29).[21]

Im vorliegenden Fall hilft aber auch der Gedanke nicht weiter, dass ein pflichtgemäßes   21
Verhalten des anderen Beteiligten zu unterstellen ist, wenn der Vorwurf gegen den
Täter darin besteht, dessen Sorgfaltspflicht nicht durch ausreichende Informationen
zur Entstehung gebracht zu haben (s. dazu o 28/12 ff.). Denn eine Pflicht des Fuhrun-
ternehmers, dass Fahrzeug still zu legen, hat dieser tatsächlich verletzt. Diese Pflicht
wurde schon durch die Tatsache begründet, dass er um die Funktionsunfähigkeit der
Vorderradbremse wusste. Dennoch hilft auch hier der Gedanke weiter, dass sich niemand zu seiner Entlastung auf eine fiktive Sorgfaltspflichtverletzung eines anderen
Beteiligten berufen kann. Hätte nämlich der Fuhrunternehmer gewusst, dass nicht nur
eine Vorderradbremse sondern auch beide Hinterradbremsen des LKWs funktionsuntüchtig waren und hätte er das Fahrzeug gleichwohl auf die Straße geschickt, so wäre
seine Sorgfaltspflichtverletzung viel schwerwiegender gewesen. Das genügt, um den
Erfolg auch dem Werkstattleiter zuzurechnen, der durch seine Fehlinformation eine

---

21   NK[6]-*Puppe* Vor § 13 Rn. 125 f., 133 ff.

Bedingung dafür gesetzt hat, dass der Fuhrunternehmer durch eine geringere Sorgfaltspflichtverletzung ursächlich für den Unfall geworden ist (s. dazu schon o. 28/18).
Der Angeklagte hat seinem Chef dadurch, dass er die Gefahr, die von dem LKW
ausging, pflichtwidrig nicht in ihrem vollen Ausmaß dargestellt hat, einen Teil seiner
Sorgfaltspflichtverletzung gewissermaßen abgenommen. Beide sind für den Erfolg als
fahrlässige Nebentäter verantwortlich.

### 4. Hinweise zur praktischen Anwendung

22    Eine Unterlassung ist die Tatsache, dass eine bestimmte Person eine bestimmte Handlung nicht vorgenommen hat. Weil sie eine Tatsache ist, ist sie genauso wirklich wie
die Tatsache, dass eine bestimmte Person eine bestimmte Handlung vorgenommen hat.
Als Tatsache kann die Unterlassung genau wie die Handlung notwendiger Bestandteil
einer hinreichenden Erfolgsbedingung, also eine Ursache sein. Das ist in der Literatur
zwar umstritten, und manche Autoren ziehen es vor, von einer Quasikausalität des
Unterlassens zu sprechen, aber dieser Streit braucht Sie nicht zu kümmern, denn
er ist rein terminologischer Natur und hat keinerlei praktische Konsequenzen. Die
Kausalität eines Unterlassens, also der Tatsache, dass eine Person etwas Bestimmtes
nicht getan hat, ist genau nach der gleichen Methode festzustellen, wie die des positiven Tuns. Eine Unterlassung ist dann kausal für einen Erfolg, wenn es eine nach
allgemein gültige Erfahrungssätzen hinreichende Bedingung dieses Erfolges gibt, in der
diese Unterlassung als notwendiger Bestandteil enthalten ist und die wahr ist. Hat
man eine solche hinreichende Bedingung aufgestellt, so kann man die Notwendigkeit
der Unterlassung innerhalb dieser Bedingung dadurch prüfen, dass man sie aus der
Bedingung streicht um dann festzustellen, ob diese nun aufhört eine nach allgemeinen
Erfahrungssätzen hinreichende Bedingung für den Erfolg zu sein (s. o. 2/5 f.). Dabei
erübrigt sich jedes Hinzudenken des nicht geschehenen pflichtgemäßen Verhaltens.
Die hL, die ebenso wie beim Tun die Kausalität des Unterlassens als schlechthin notwendige Bedingung bestimmt, ist dagegen genötigt, an die Stelle des Unterlassens das
pflichtgemäße Tun zu setzen, um zu fragen, ob dieses Tun in Verbindung mit anderen
gegebenen Tatsachen eine hinreichende Bedingung für den Nichteintritt des Erfolges
gewesen wäre.

23    Bei der Kausalität des Unterlassens treten genau die gleichen Probleme auf, wie bei
der des Tuns, sie sind auch auf die gleiche Weise zu lösen. Eines dieser Probleme ist
die Mehrfachkausalität von Unterlassungen. Sie ist dann gegeben, wenn es mehrere
hinreichende Bedingungen für den Eintritt des Erfolges gibt, die je eine andere Unterlassung eines Beteiligten als notwendige Bestandteile enthalten. Dann gilt zwar der
Satz nicht mehr, dass der Unterlassende durch sein Tun den Erfolg hätte verhindern
können, aber dies kann beim Unterlassen ebenso wenig verlangt werden, wie beim
positiven Tun in Fällen der Doppelkausalität. Hängt die Verhinderung eines Erfolges
davon ab, dass mehrere Beteiligte ihre Pflicht erfüllen, so kann sich keiner von ihnen
mit der Pflichtverletzung des anderen entlasten. Man kann also in solchen Fällen die
Kausalität auch dadurch begründen, dass man hypothetisch (genauer fiktiv) von der
Pflichterfüllung der anderen Beteiligten ausgeht. So verfährt die Rechtsprechung.

24    Ein Kausalitätsproblem, das auch bei pflichtwidrigem positiven Tun auftreten kann,
meistens aber beim Unterlassen auftritt, ist die Frage, wie die Kausalität eines Verhaltens zu begründen ist, dass darin besteht, eine andere Person nicht zur Verhinderung eines Schadens veranlasst zu haben. In diesem Fall ist es rein faktisch niemals

ausgeschlossen, dass diese andere Person ihrerseits ihre Pflicht verletzt hätte, sofern der Täter sie pflichtgemäß eingeschaltet hätte. Die einfachste Darstellung der Lösung dieses Problems geht von dem Satz aus, dass niemand, der seine Pflicht selbst verletzt hat sich mit der Pflichtverletzung eines anderen entlasten kann. Was für eine wirkliche Pflichtverletzung des anderen gilt, muss für eine fiktive erst recht gelten. Deshalb kann sich derjenige, der es versäumt hat, einen anderen zur Abwendung einer Gefahr verpflichteten einzuschalten, zu seiner Entlastung nicht darauf berufen, es sei faktisch nicht ausgeschlossen, dass der andere seine Pflicht verletzt hätte. Es ist vielmehr zur Begründung der Kausalität der wirklichen Pflichtverletzung des ersteren davon auszugehen, dass der andere seine Pflicht erfüllt hätte, sofern er eingeschaltet worden wäre.

Ebenso wie beim positiven Tun, tritt auch beim Unterlassen das Problem nicht determinierter Prozesse auf. Hierher gehören außer dem rechtlich nicht gebundenen Verhalten Dritter auch Krankheitsprozesse. In diesen Fällen kann eine Verantwortlichkeit desjenigen, der eine gebotene Hilfeleistung unterlassen hat, beispielsweise eines Arztes, nur mithilfe der kausalitätsersetzenden Risikoerhöhungstheorie begründet werden. Nach dieser Theorie gilt für nichtdeterminierte Prozesse, dass derjenige, der eine reale Chance für die Abwendung eines Erfolges zunichte gemacht hat oder es pflichtwidrig unterlassen hat, sie zu nutzen, für den Erfolg verantwortlich ist.  25

## § 31 Die Garantenpflicht im subjektiven Tatbestand

### 1. Der Irrtum über die Garantenstellung und der Irrtum über die Garantenpflicht – Der Vergewaltigungsfall, BGHSt 16, 155

1 ▶ Der Angeklagte hatte seine Freunde und ein Mädchen mit seinem Auto an einen einsamen Ort gefahren. Dort wollte man mit dem Mädchen geschlechtlich verkehren. Der Angeklagte wusste nicht, dass dies notfalls auch mit Gewalt geschehen sollte. Nachdem er das Auto verlassen hatte, erfuhr er, dass einer der Freunde das Mädchen gewaltsam zum Geschlechtsverkehr zwang. Obwohl er dies hätte verhindern können, griff der Angeklagte nicht ein, sondern ließ die Vergewaltigung geschehen. Er hielt sich zum Eingreifen nicht für verpflichtet. ◀

Nach heutiger Rechtsauffassung war der Angeklagte nicht Garant für die Verletzung der sexuellen Selbstbestimmung des Mädchens geworden, obwohl er sie durch die Autofahrt ermöglicht hatte. Denn diese war unter den gegebenen Umständen ein erlaubtes Verhalten. Eine Garantenpflicht wird aber nur durch eine unerlaubte Gefährdung des Rechtsguts begründet (s. o. 4/1 ff.). Nach heute herrschender Rechtsauffassung hätte der Angeklagte also nur wegen unterlassener Hilfeleistung verurteilt werden können. Zur Zeit der Entscheidung war aber die Lehre herrschend, dass jede Gefährdung eines Rechtsguts durch positives Tun eine Garantenpflicht aus Ingerenz begründet. Um das Urteil zu verstehen, muss von dieser Auffassung ausgegangen werden. Mit den folgenden Worten begründet der Große Senat die Unbeachtlichkeit des Irrtums des Täters über seine Garantenpflicht:

2 „Zum Tatbestand eines unechten Unterlassungsdelikts gehören die zu einem tatbestandsmäßigen Erfolg führende Unterlassung und die Garantenstellung des Unterlassenden, nicht dagegen die Garantenpflicht. Dass auch die Schuldtheorie normative Tatbestandsmerkmale anerkennt und dass die Umstände, welche die Garantenpflicht ergeben, auch normative Merkmale sein können, ist hierbei ohne Bedeutung. Die Garantenpflicht selbst als normatives Tatbestandsmerkmal zu kennzeichnen, scheitert nach Ansicht des Großen Senats daran, dass sie nicht gleichgeordnet neben den Merkmalen der Garantenstellung steht, sondern aus dieser Garantenstellung und ihrer Kenntnis folgt. Es geht bei ihr nicht um ein einzelnes, den Tatbestand mitbegründendes Merkmal, sondern um dessen Gesamtbewertung. Indem die Rechtsordnung den Garanten verpflichtet, zur Erfolgsabwendung tätig zu werden, fällt sie zugleich das Unwerturteil über das Verhalten dessen, der die Garantenstellung innehat, untätig bleibt und es hierdurch zum tatbestandsmäßigen Erfolge kommen lässt.“[1]

3 Der BGH sieht also die Garantenpflicht als ein gesamttatbewertendes Merkmal an. Der Irrtum des Täters ist danach ein reiner Wertungsirrtum, der den Vorsatz nicht ausschließt, (s. dazu o. 8/13 ff.).[2] Danach sind aber die Tatsachen, die als Begründung einer Garantenpflicht von Rechts wegen bewertet werden, die Tatbestandsmerkmale, die den Vorsatz begründen.[3] Der Täter kannte die Tatsachen, die nach damaliger Rechtsauffassung die Garantenpflicht aus Ingerenz begründen. Er wusste, dass er das

---

1 BGHSt 16, 155 (158).
2 Lackner/Kühl-*Kühl* § 15 Rn. 7; Schönke/Schröder-*Sternberg-Lieben/Schuster* § 15 Rn. 22; *Fischer* § 13 Rn. 88, § 16 Rn. 17; *Roxin* AT/2 31/190.
3 Lackner/Kühl-*Kühl* § 15 Rn. 7; Schönke/Schröder-*Sternberg-Lieben/Schuster* § 15 Rn. 22; *Jescheck/Weigend* AT S. 296; *Wessels/Beulke/Satzger* AT Rn. 1205 ff.

Mädchen an einen einsamen Ort gebracht hatte, wo es den Angriffen seiner Freunde schutzlos preisgegeben war. Er wusste auch, dass die Freunde im Begriff waren, diese Situation zu einer Vergewaltigung auszunutzen. Den Komplex der Tatsachen, die eine Garantenpflicht begründen bezeichnet man seit dieser Entscheidung des Großen Senats als Garantenstellung im Unterschied zu dem gesamttatbewertenden Merkmal Garantenpflicht.[4]

Obwohl der Sachverhalt nicht unbedingt Anlass dazu gibt, weist der BGH darauf hin, dass die Merkmale, die eine Garantenpflicht begründen, auch „normative" sein können. Nach dem Sprachgebrauch der Rechtsprechung und der herrschenden Lehre sind normative Tatbestandsmerkmale solche, die ein Recht oder Rechtsverhältnis bezeichnen. Dazu gehören also auch Rechtspflichten, die außerhalb des Strafrechts begründet worden sind und aufgrund der durch das gesamttatbewertende Merkmal Garantenpflicht ausgedrückten Bewertung die Dignität einer Garantenpflicht erhalten. Diese Rechtspflicht ist iS der Entscheidung des Großen Senats ein normatives Tatbestandsmerkmal, in unserer Terminologie eine institutionelle Tatsache. Auch institutionelle Tatsachen sind iS von § 16 „Umstände, die zum gesetzlichen Tatbestand gehören", die der Täter kennen muss, um vorsätzlich zu handeln (s. o. 8/7 ff.). Dass eine solche Rechtspflicht die Dignität einer Garantenpflicht gewinnt, ergibt sich aber nicht aus dem geschriebenen außerstrafrechtlichen Recht, sondern wird vom Großen Senat des BGH als eine reine Wertung aufgefasst. Wertungen, auch wenn sie die Tatbestandsverwirklichung begründen, gehören im Gegensatz zu Tatsachen nicht zum für den Vorsatz notwendigen Täterwissen (s. o. 8/13 ff.).

4

Zur Begründung seines Ergebnisses, dass die Garantenpflicht als solche nicht zum Vorsatz des Unterlassungsdelikts gehört, führt der Große Senat noch folgendes an:

5

> „Schließlich führt die Gegenmeinung im Bereich des Versuchs zu einem Ergebnis, das die Strafbarkeit der Unterlassungen gegenüber den für Begehungsdelikte geltenden Grundsätzen nicht unwesentlich erweitern und deshalb mit der Gerechtigkeit kaum vereinbar sein würde. Der Unterlassungstäter, der – irrigerweise – eine Garantenpflicht annimmt, obwohl der – ihm bekannte – Sachverhalt diese Pflicht nicht ergibt, muss, wenn man der Gegenmeinung folgt, wegen eines versuchten unechten Unterlassungsdelikts bestraft werden. In Wahrheit muss dieser Fall als strafloses Wahnverbrechen beurteilt werden."[5]

Dies ist keine Anwendung des Umkehrschlusses. Aus logischen Gründen ist das Recht nicht daran gehindert, für den Vorsatz sowohl die Kenntnis einer Tatsache als auch die Kenntnis ihrer rechtlichen Bewertung zu verlangen (s. dazu o. 8/13 ff.). Wie gerade dieser Fall zeigt, sind die Wertungen des Rechts keineswegs so selbstverständlich und unabänderlich, wie es die hL zur Unterscheidung von Tatbestands- und Verbotsirrtum voraussetzt. Diese geht nämlich davon aus, dass diese Wertungen so einfach und elementar sind, dass ihr Nachvollzug von jedem Bürger erwartet werden darf. Unser Beispiel zeigt nun aber, dass eine solche Wertung sich durchaus ändern kann. Während die Rechtsprechung zur Zeit der vorliegenden Entscheidung davon ausgegangen ist, dass jedes gefährliche Tun, auch ein erlaubtes, eine Garantenpflicht zur Abwendung der Gefahr begründet, ist sie heute mit der Literatur der Ansicht, dass nur die Schaffung einer unerlaubten Gefahr, also ein rechtswidriges Vorverhalten eine Garantenpflicht begründen kann (s. dazu o. 29/7 f.). Dennoch ist die hL, dass ein

6

---

4  *Roxin* AT/2 31/190; *Stratenwerth/Kuhlen* AT 13/73 f.; *Wessels/Beulke/Satzger* AT Rn. 1174, 1205 f.
5  BGHSt 16, 155 (160).

Wertungsirrtum den Vorsatz nicht ausschließt, notwendig, um zu verhindern, dass ein Täter sich gegen den Vorwurf der vorsätzlichen Erfüllung eines Tatbestandes, der ein gesamttatbewertendes Merkmal enthält, auch auf die krasseste Fehlbewertung berufen kann.

7    Die vorliegende Argumentation des Großen Senates ist aber eine Anwendung der Umkehrprobe (s. dazu o. 20/38). Wie wir oben (20/14 ff.) gesehen haben, liegt nur ein Wahndelikt und kein untauglicher Versuch vor, wenn ein Garant den Umfang seiner Pflicht weiter auffasst, als er in Wirklichkeit gilt. Die Umkehrprobe ergibt nun, dass durch den sog umgekehrten Irrtum über das Bestehen der Garantenpflicht der Vorsatz des unechten Unterlassungsdelikts nicht ausgeschlossen wird. Denn die Umkehrprobe macht sich die, vielleicht zufällige, Tatsache zu nutze, dass eine Voraussetzung der Strafbarkeit entweder im objektiven oder im subjektiven Tatbestand gegeben sein muss. Die Bewertung einer Rechtspflicht als Garantenpflicht muss objektiv richtig sein. Also muss sie, sofern die Umkehrprobe gilt, im subjektiven Tatbestand, also in der vorsatzbegründenden Vorstellung des Täters, nicht notwendig enthalten sein. So ist die zitierte Aussage des Großen Senats zu verstehen, mit der er seine Rechtsauffassung begründet, dass die Verkennung der Garantenpflicht in Kenntnis der sie begründenden Garantenstellung den Vorsatz nicht ausschließt.

## 2. Zur Unterscheidung der Rechtspflichten, die eine Garantenstellung begründen, von der Garantenpflicht als gesamttatbewertendes Merkmal
### Der Steuererklärungsfall, OLG Bremen StV 1985, 282

8    ▶ Dem Angeklagten wurde vorgeworfen, eine unvollständige Steuererklärung abgegeben zu haben, also iS von § 370 Abs. 1 Nr. 1 AO „die Finanzbehörde pflichtwidrig über steuerlich erhebliche Tatsachen in Unkenntnis" gelassen zu haben. Er hat dabei die Vorschriften nicht gekannt oder falsch ausgelegt, aus denen sich die steuerliche Erheblichkeit dieser Tatsachen ergab. ◀

Das OLG Bremen sieht diese Alternative des § 370 als ein unechtes Unterlassungsdelikt an,[6] denn in dem Urteil ist von einer Garantenpflicht und einer Garantenstellung die Rede. Zur Begründung seines Ergebnisses, dass der Täter hier allenfalls einer leichtfertigen, nicht aber einer vorsätzlichen Steuerhinterziehung schuldig ist, hält das OLG Bremen die folgenden Ausführungen für notwendig:

> „Insoweit liegen – bei echten oder unechten Unterlassungsdelikten – die Verhältnisse im Steuerstrafrecht anders als im allgemeinen Strafrecht, wo die tatsächlichen Umstände, die die Rechtspflicht begründen (Garantenstellung), nicht aber die aus diesen Umständen sich ergebenden Pflichten (Garantenpflicht) zum Tatbestand gehören. Diese Grundsätze gelten jedoch nicht im Rahmen des § 370 AO für die Rechtspflichten zum Handeln, die aus den steuerlichen Erklärungs- und Handlungspflichten folgen. Hier genügt es nicht, dass der Täter sich der tatsächlichen Umstände bewusst ist, aus denen sich seine Garantenstellung ergibt. Er muss vielmehr darüber hinaus auch Kenntnis von seiner Garantenpflicht haben. Damit gilt im Steuerstrafrecht der Irrtum über das Bestehen und den Umfang der steuerrechtlichen Erklärungs- und Handlungspflichten im Rahmen des § 370 AO als Tatbestandsirrtum."[7]

---

6   BGHSt 14, 280 (282), ebenso *Kohlmann* § 370 AO Rn. 71, 73 mwN.
7   OLG Bremen StV 1985, 282 (284).

Da das OLG Bremen im vorliegenden Urteil der Rechtsprechung des BGH zur Unterscheidung zwischen Garantenpflicht und Garantenstellung beim Irrtum ausdrücklich widerspricht, hätte es die Sache nach § 121 Abs. 2 GVG dem BGH zur Entscheidung vorlegen müssen. Aber das OLG Bremen hätte es nicht nötig gehabt, dem BGH zu widersprechen, um das von ihm angestrebte Ergebnis zu erzielen, wenn es sorgfältig zwischen einem Irrtum über die Garantenpflicht und einem Irrtum über die eine Garantenpflicht begründenden institutionellen Tatsachen (sog normative Tatbestandsmerkmale) unterschieden hätte. Die Steuererheblichkeit der Tatsache, deren Angabe der Angeklagte entgegen seiner Garantenpflicht unterlassen hat, ist die steuerrechtliche Voraussetzung dafür, dass die ebenfalls steuerrechtlich begründete Erklärungspflicht entsteht, die dann durch § 370 AO zu einer Garantenpflicht erhoben wird. Der Täter irrte sich also nicht über die Bewertung einer ihm bekannten Pflicht als Garantenpflicht, sondern über das Bestehen der steuerrechtlichen Erklärungspflicht selbst. Ein Irrtum über eine außerstrafrechtliche Rechtspflicht ist ein Irrtum über eine Tatsache, die iS von § 16 zum gesetzlichen Tatbestand gehört (vgl. zum Irrtum über einen Steueranspruch und die daraus folgende steuerrechtliche Erklärungspflicht schon o. 8/10 ff.).

### 3. Hinweise zur praktischen Anwendung

Wie wir oben (29/1 ff.) gezeigt haben, hat jede Garantenpflicht eine außerstrafrechtliche Rechtsgrundlage in einem besonderen Rechtsverhältnis des Garanten. Um zu beurteilen, ob die Unkenntnis der Garantenstellung ein Tatbestandsirrtum oder nur ein Irrtum über ein sog gesamttatbewertendes Merkmal, also ein Verbotsirrtum ist, gilt es zunächst klarzustellen, auf welcher besonderen Rechtsstellung die jeweilige Garantenpflicht beruht. Diese Rechtsstellung kann durch Gesetz begründet sein, wie beispielsweise bei den familienrechtlichen Fürsorgepflichten, aber auch beispielsweise bei steuerrechtlichen Erklärungspflichten. Sie ist bei der Garantenpflicht aus Übernahme durch einen zivilrechtlichen Vertrag oder ein öffentlich-rechtliches Sonderrechtsverhältnis begründet. Die Garantenpflicht aus Ingerenz leitet sich aus dem zivilrechtlichen Deliktsrecht ab. Kennt man den Rechtsgrund der Garantenpflicht, so ist zu entscheiden, ob der Täter den Rechtsgrund nicht kannte, dann liegt ein Tatbestandsirrtum vor, oder ob er lediglich aus der Kenntnis dieses Rechtsgrundes nicht die Konsequenz gezogen hat, dass seine Rechtspflicht eine Garantenpflicht iS von § 13 StGB ist. Auch hier bewährt sich die Unterscheidung des Reichsgerichts zwischen einem vorsatzausschließenden Irrtum über die zivilrechtliche oder öffentlich-rechtliche Rechtslage und dem sog strafrechtlichen Rechtsirrtum über deren strafrechtliche Bewertung (s. dazu schon o. 8/55; 20/13).

## § 32 Sonderformen des Verbrechens durch Unterlassen

### 1. Der Anfang der Ausführung beim Unterlassungsdelikt – Der Bahngleisfall, BGHSt 38, 356

1 ▶ Der Angeklagte R hatte gemeinsam mit einem Tatgenossen H auf dem Bahnsteig einer S-Bahn-Linie einen Fremden so schwer körperlich misshandelt, dass dieser bewusstlos und blutend am Boden liegen blieb. Mit den Worten „der muss weg" machte H dem R klar, dass er den Verletzten zum Zwecke der Verdeckung der Tat töten wolle. Er kehrte deshalb auf den Bahnsteig zurück und legte den Verletzten so auf die Bahnschienen, dass sein Kopf von einem Zug überfahren werden konnte. Der R sah dem Geschehen zu, ohne einzugreifen, obwohl er H durch Worte und notfalls auch handgreiflich an der Ausführung seines Tötungsplanes hätte hindern können. Auf die Aufforderung des H sprang er auf den Gleiskörper, um ihm zu helfen, fasste aber das Opfer nicht mehr an, weil H es schon in die gewünschte Stellung gebracht hatte. Dann verließen beide gemeinsam den Tatort. Das Opfer wurde durch das Eingreifen eines Zeugen gerettet. ◀

Der BGH geht davon aus, dass der Angeklagte Täter durch Unterlassen und nicht etwa nur Gehilfe war (s. dazu u. 32/12 ff.). Nach der hier vertretenen sog Einzellösung (s. o. 23/21 f.) kommt es für seine Strafbarkeit nicht darauf an, ob der Tatgenosse zur tatbestandsmäßigen Handlung unmittelbar angesetzt hat, sondern darauf, ob er selbst unmittelbar zur Tötung durch Unterlassen angesetzt hat. Folgendermaßen begründet der BGH sein Ergebnis, dass der Angeklagte selbst unmittelbar zum Tötungsversuch durch Unterlassen angesetzt hat:

2 „Der Angeklagte R. hat mit seinem Verhalten die Schwelle zum Versuch überschritten. Auf den Streit in der Strafrechtswissenschaft, wann der Versuch eines unechten Unterlassungsdeliktes beginnt, kommt es dabei nicht an. Allerdings wird einerseits vertreten, dass schon das Verstreichenlassen der ersten Rettungschance den Versuch begründe, andererseits angenommen, dass erst im Auslassen der letzten vermeintlichen Rettungsgelegenheit der Versuchsbeginn liege. Schließlich wird mit beachtlichen Gründen darauf abgestellt, ob die Untätigkeit des Garanten nach dessen Vorstellung zu einer Gefahrerhöhung für das zu schützende Rechtsgut führe. Insbesondere werden solche Gefahrerhöhung oder generell der Versuchsbeginn darin gefunden, dass der Täter die Herrschaft über das Geschehen aus der Hand gibt. Als beide Angeklagte zum zweiten Mal den Bahnhof verließen, während das Opfer auf dem Gleis lag, begab der Angeklagte R. sich jeder Möglichkeit des Einflusses auf das weitere Geschehen, ließ er die letzte Rettungsgelegenheit ungenutzt verstreichen, womit zugleich objektiv und nach der Vorstellung des Beschwerdeführers die Todesgefahr für das Opfer massiv erhöht wurde."[1]

3 Es ist tatsächlich unrichtig, dass der Angeklagte sich mit dem Verlassen des Bahnhofs „jeder Möglichkeit des Einflusses auf das weitere Geschehen" begeben und damit „die letzte Rettungsmöglichkeit ungenutzt gelassen" hat. Solange der nächste Zug noch nicht einfuhr, hätte er zurücklaufen, das Opfer von den Schienen ziehen oder den Zug anhalten können. Auch aus der Ferne hätte er manches für das Opfer tun, zB die Polizei oder die Verkehrsleitzentrale anrufen können. Nach diesem Kriterium hätte der BGH also einen Anfang der Ausführung ablehnen müssen. Es wird sich aber

---

[1] BGHSt 38, 356 (360).

herausstellen, dass die Entscheidung im Ergebnis richtig ist, wenn auch aus anderen Gründen.

Das für das Begehungsdelikt entscheidende Kriterium des Anfangs der Ausführung ist 4 das unmittelbare Ansetzen zur tatbestandsmäßigen Handlung. Eine tatbestandsmäßige Handlung in diesem Sinne gibt es beim Unterlassungsdelikt nicht. Trotzdem kann es Handlungen geben, durch die der Täter seinen Vorsatz, den drohenden Erfolg nicht abzuwenden, eindeutig ausdrückt, also die Schwelle zum „Jetzt geht es los", überschreitet (zu dieser Formel der Rspr. s. o. 20/25 ff.). Die wichtigste besteht darin, dass der Täter sich vom Ort der Gefährdung entfernt und sich dadurch psychisch selbst vom Opfer distanziert. Dies ist im vorliegenden Fall geschehen und damit war subjektiv für den Angeklagten „der Fall erledigt". Das Kriterium ist aber nicht allgemeingültig, denn nicht jeder unterlassende Garant verlässt das Opfer räumlich, vgl. etwa den Kindesmisshandlungsfall (s. u. 32/8 ff.) Wenn aber der Garant den Ort der Handlung verlässt, so vergibt er damit in der Regel zwar nicht die letzte Rettungschance, aber doch die beste, so auch im vorliegenden Fall. Der Angeklagte hätte vom Bahnsteig der S-Bahn aus den Verunglückten sehr viel schneller in Sicherheit bringen können und auch von der dort befindlichen Notfallsäule aus sehr viel schneller die Verkehrsleitstelle alarmieren können.

Bei der Beurteilung der Frage, ob der Täter die beste Chance versäumt hat, ist nicht 5 von der wirklichen Lage, sondern entsprechend den allgemeinen Regeln der Versuchsbestimmung nach § 22 von seiner Vorstellung von der Tat auszugehen. Der Angeklagte wusste nicht, zu welchem Zeitpunkt der nächste Zug einlaufen würde, ob in einer Minute oder in einer Stunde.

Der Ansicht der herrschenden Lehre, dass der Versuch dann beginnt, wenn der Täter 6 die nach seiner Vorstellung beste Rettungschance vergibt, ist zuzustimmen. Denn die beste Rettungschance ist stets eine solche, die möglicherweise auch die letzte sein kann. Wenn also der Täter die nach seiner Vorstellung beste Rettungschance vergeben hat, so hat er das Opfer durch sein Unterlassen bereits unmittelbar gefährdet. Deshalb hat er damit iSv § 22 auch unmittelbar zur Tatbestandsverwirklichung angesetzt.

Da die beste Rettungschance stets möglicherweise auch die letzte ist, trägt der Täter 7 von dem Moment an, in dem er sie vergeben hat, die Gefahr des Erfolgseintritts. Der Versuch ist also im gleichen Moment, in dem er begonnen wird, beendet. Denn beendet ist der Versuch bereits dann, wenn der Täter die Vorstellung hat, dass aufgrund seines bisherigen Verhaltens, hier eines Unterlassens, der Erfolg möglicherweise eintreten wird (s. dazu o. 21/24 ff.). Ergreift er nun aufgrund eines neuen Entschlusses entgegen seines ursprünglichen Vorsatzes die noch verbliebene letzte Rettungsmöglichkeit und gelingt es ihm dadurch, den Erfolg doch noch abzuwenden, so ist er strafbefreiend von seinem Unterlassungsversuch zurückgetreten (s. dazu u. 32/8 ff.).

## 2. Der Rücktritt vom Versuch des Unterlassungsdelikts – Der Kindesmisshandlungsfall, BGH NStZ 2003, 252

▷ Die Angeklagte wohnte zusammen mit ihrem „in seiner Steuerungsfähigkeit erheblich 8 eingeschränkten" Freund und ihren beiden kleinen Kindern, darunter dem erst vier Monate alten P. Der Freund pflegte gegen P gewalttätig zu werden, wenn er von seinem Schreien gestört wurde. Die Angeklagte duldete dies und trennte sich nicht von dem Freund, um nicht allein sein zu müssen. In seiner Wut über das Schreien des P schlug der Freund ihn mit der flachen Hand ins Gesicht und mit der Faust gegen die Stirn. Einige Stunden später würgte er den schreienden P bis er rot anlief und schlug ihm wieder ins Gesicht. In beiden Fällen schritt die Angeklagte nicht ein. Sie ließ das Kind zunächst ohne ärztliche Hilfe und fand sich dabei damit ab, dass es an den Verletzungen sterben oder schwere Dauerschäden erleiden würde. Erst am Abend des darauf folgenden Tages, als das Kind nur noch röchelte, alarmierten beide Angeklagten den Notarzt. Das Leben des Kindes konnte durch intensiv-medizinische Maßnahmen gerettet werden. Es ist jedoch infolge der durch die Misshandlungen erlittenen Hirnverletzungen dauerhaft geistig behindert. Ob dies durch eine frühere ärztliche Behandlung hätte verhindert werden können, konnte nicht festgestellt werden. ◄

Ausgehend von einem Tötungsversuch durch Unterlassen bejaht der BGH einen strafbefreienden Rücktritt der Angeklagten von diesem mit der folgenden Begründung:

> „Der Rücktritt des Unterlassungstäters ist nach den Grundsätzen des beendeten Versuchs beim Begehungsdelikt gem. § 24 I 1 Alt. 2 StGB zu beurteilen. Gelingt es dem Täter, die Vollendung der Tat zu verhindern, kommt es nicht darauf an, wann er sich zur Rettung des Opfers entschloss, was er in der Zwischenzeit tat oder unterließ und welche Vorstellungen oder Beweggründe insbesondere dafür maßgeblich waren, dass er zunächst keine Rettungsmaßnahmen ergriff."[2]

9   Die Begriffe unbeendeter und beendeter Versuch sind dogmatische Hilfsbegriffe, die in § 24 nicht vorkommen. Sie dienen beim Begehungsdelikt der Entscheidung der Frage, ob ein Rücktritt durch Aufgeben noch in Betracht kommt, oder eine Erfolgsabwendung erforderlich ist. Da der Unterlassungstäter von vornherein nur dadurch straffällig wird, dass er den Erfolg nicht abwendet, kommt für ihn die erste Alternative des § 24 von vornherein nicht in Betracht.[3] Er muss in jedem Fall handeln, um seine Garantenpflicht zu erfüllen, also von einem Unterlassungsversuch zurückzutreten. In diesem Kontext hat also eine Unterscheidung zwischen unbeendetem und beendetem Unterlassungsversuch keinen Sinn. Zu Recht wird in den Urteilsgründen auch darauf hingewiesen, dass die Erfolgsabwendung nach § 24 strafbefreiende Wirkung hat, auch wenn sie sehr spät erfolgt. Ist sie erfolgreich, so erfasst sie alle vorausgegangenen Verwirklichungen des Versuchstatbestandes, auch die durch weiteres Unterlassen (s. dazu o. 21/47 ff.).

10   Nach Aufhebung der Verurteilung der Angeklagten wegen Tötungsversuchs gibt der BGH noch den folgenden Hinweis:

> „Der neu entscheidende Tatrichter wird jedoch zu prüfen haben, inwieweit eine Verurteilung wegen vollendeter schwerer Körperverletzung durch Unterlassen nach § 226 Abs. 1 Nr. 3, 13 StGB in Betracht kommt. Denn … es liegt nahe, dass die Angeklagte nicht erst nach den am 15.3.2001 verabreichten Faustschlägen mit weiteren Misshandlungen … rechnete, sondern schon zuvor auch mit solchen Körperverletzungen, denen nach Art, Ausmaß und Schwere die spezifische Gefahr der Folge einer geistigen Krankheit oder Behinderung iS des § 226 Abs. 1 Nr. 3 StGB anhaftet."[4]

---

2   BGH NStZ 2003, 252 (253); dazu Anm. *Freund* NStZ 2004, 326.
3   So auch Schönke/Schröder-*Eser/Bosch* § 24 Rn. 30; *Roxin* AT/2 29/278; *Stratenwerth/Kuhlen* AT 14/6; *Freund* NStZ 2004, 326.
4   BGH NStZ 2003, 252 (253).

Der Rücktritt vom Tötungsversuch durch Unterlassen befreit nicht von der Verantwortung für die Körperverletzung durch Unterlassen und für deren Folgen nach § 226. Da der Lebensgefährte der Mutter das Kind schon oft schwer misshandelt hatte, weil es schrie, kann bei der Mutter von einem Körperverletzungsvorsatz in Form der Wissentlichkeit ausgegangen werden, da sie es unterließ das Kind vor den mit Sicherheit bevorstehenden weiteren Attacken des Mannes in Sicherheit zu bringen. Nachdem dieser mit der Misshandlung begonnen hatte, war sie nur als Gehilfin durch Unterlassen daran beteiligt, sofern sie ihn daran hätte hindern können. Aber in der Zeit vorher hatte sie die Stellung einer Nebentäterin, weil der Mann noch keine Tatherrschaft ausübte, sog Lehre vom Tatherrschaftswechsel (s. dazu u. 32/22 ff.)

**3. Zur Unterscheidung zwischen Mittäterschaft und Beihilfe durch Unterlassen – nochmals der Bahngleisfall, BGHSt 38, 356**

Zum Sachverhalt, s. o. 32/1. Der BGH bestätigt die Richtigkeit der Verurteilung des R. als Mittäter einer vorsätzlichen Tötung durch Unterlassen mit den folgenden Ausführungen:

> „Die für die Abgrenzung von Täterschaft und Beihilfe in diesen Fällen maßgeblichen Kriterien (vgl. BGH StV 1986, 59) hat das Schwurgericht rechtsfehlerfrei angewendet. Es hat dabei insbesondere darauf abgestellt, dass der Angeklagte R. „dasselbe Interesse am Tod des Opfers hatte wie H. und die Tat deshalb im Rechtssinne als eigene wollte" und zudem der „gewandtere", „erkennbar überlegene", „deutlich weniger betrunken(e)" der beiden Angeklagten war."[5]

Unter der Prämisse der hier angewandten sog subjektiven Täterlehre, dass es keinen objektiven Unterschied zwischen dem Tatbeitrag eines Täters und dem eines Gehilfen gibt, hat aber der Ausdruck „die Tat als eigene wollen" keinen Sinn. Denn wollen kann man nur das, was man auch in die Tat umsetzen kann. Die beiden klassischen Kriterien der subjektiven Täterlehre, das Interessenkriterium und das Unterordnungskriterium haben denn auch mit einem Willen nichts zu tun.[6]

Der BGH wendet das Interessenkriterium an und begründet die Täterschaft des Unterlassenden damit, dass er ebenso wie der positiv Handelnde ein Interesse daran hatte, die Vortat durch den Tod des Opfers zu verdecken. Aber, dass er dieses Interesse hatte, kann ihm nicht einmal zum Vorwurf gemacht werden. Allenfalls kann ihm zum Vorwurf gemacht werden, dass er aus diesem Interesse heraus, nämlich um die Vortat zu verdecken, es unterlassen hat, seinem Tatgenossen in den Arm zu fallen. Ausdrücklich ist im Urteil aber gar nichts dazu festgestellt, ob R im Eigeninteresse nicht eingriff oder nur dem H zu Gefallen. Wie dem aber auch sei, die Eigennützigkeit kann schon deshalb kein unterscheidendes Kriterium zwischen Täterschaft und Gehilfenschaft sein, weil auch der Alleintäter im Fremdinteresse einen Tatbestand verwirklichen kann, eine Möglichkeit, die in manchen Tatbeständen sogar ausdrücklich erwähnt wird, so das „einem anderen zueignen", in § 242 und § 246 oder das Handeln „um einen anderen zu bereichern" in § 263.

Das Unterordnungskriterium der subjektiven Täterlehre hat der BGH im vorliegenden Fall nicht richtig angewendet. Daraus, dass der R „der Gewandtere, erkennbar

---

5  BGHSt 36, 356 (360).
6  S. hierzu die 1. Aufl. AT/2 38/11 f.

Überlegene, deutlich weniger Betrunkene" war, folgt nicht, dass er sich nicht bei der Ausführung der Tat dem Willen des anderen untergeordnet hat. H hatte die Initiative ergriffen, die Tat vorgeschlagen und auch allein ausgeführt. R war zwar auf Aufforderung des H schließlich bereit ihm durch Tun zu helfen, es kam aber nicht dazu. Der Tatbeitrag des R beschränkte sich also darauf, entgegen seiner Garantenpflicht aus Ingerenz dem Tun des H nicht Einhalt zu gebieten.

16    Aber das Unterordnungskriterium ist beim Unterlassungstäter aus den gleichen Gründen abzulehnen wie beim Begehungstäter. Niemand, der für seine Entscheidung zur Begehung einer Straftat voll verantwortlich ist, kann sich zur Reduktion seiner Verantwortung auf das Niveau der Gehilfenschaft darauf berufen, dass er sich dem Willen eines anderen deliktisch handelnden Beteiligten freiwillig untergeordnet habe.

17    In der Literatur wird ebenso wie beim Begehungsdelikt auch beim Unterlassungsdelikt das Tatherrschaftskriterium zur Unterscheidung zwischen Täter und Gehilfen angewandt. Allerdings ist es beim Unterlassungsdelikt bei weitem nicht so unumstritten wie beim Begehungsdelikt. Daraus wird die Konsequenz gezogen, dass der nur Unterlassende neben dem Begehungstäter lediglich Gehilfe ist, solange dieser handelt und jener sich auf das Unterlassen beschränkt. Danach wäre im vorliegenden Fall der Angeklagte nur Gehilfe, weil er sich von dem Moment an, als der H die eigentliche Tötungshandlung begann, nur noch passiv verhielt. Dies wird damit begründet, dass der positiv Handelnde weil und solange er die Tat beherrscht und den Kausalverlauf steuert den nur Unterlassenden von der Tatherrschaft verdrängt.[7]

18    Dagegen wird, und zwar durchaus auch von prinzipiellen Anhängern der Tatherrschaftslehre, bei den Begehungsdelikten eingewendet, dass es für den Unwert einer Garantenpflichtverletzung keinen Unterschied machen könne, ob sie die Abwendung einer Gefahr zum Gegenstand hat, die dem Rechtsgut von Natur aus droht, oder einer solchen, die dem Rechtsgut von einer anderen Person droht. Stets muss der Garant die Möglichkeit haben, den Schadensverlauf zu verhindern, sonst entsteht seine Garantenpflicht nicht. Mehr als diese Möglichkeit hat er aber niemals, deshalb soll das Tatherrschaftskriterium auf den Unterlassungstäter nicht anwendbar sein.[8] Daraus wird die Konsequenz gezogen, dass der Unterlassende stets Täter ist, wenn auch seine Tat weniger schwer wiegt, als die eines Begehungstäters.[9]

19    Ein anderer Versuch Täter und Gehilfen beim Unterlassungsdelikt zu unterscheiden knüpft an den Inhalt der Garantenpflicht an. Geht sie dahin, einen positiv handelnden Täter zu überwachen, so soll der sie verletzende Garant, sog Überwachungsgarant, nur Gehilfe sein, jedenfalls dann, wenn der positiv handelnde Täter voll verantwortlich für seine Tat ist. Wurzelt die Pflicht in der Beziehung des Garanten zum geschützten Rechtsgut und hat sie dessen Schutz vor allen möglichen Gefahren zum Inhalt, sog Beschützergarant, so soll der Garant durch ihre Verletzung zum Täter werden, gleichgültig ob die Gefahr von der Straftat eines Dritten ausgeht oder von einem Naturprozess.[10] Aber es ist nicht konsequent, die Differenzierung zwischen der Nichthinderung eines natürlichen und der Nichthinderung eines deliktischen Kausalprozesses bei der Unterlassung abzulehnen, um sie dann beim Inhalt der Garantenpflicht wieder

---

7   *Gallas* JZ 1960, 649 (687); Lackner/Kühl-*Kühl* § 27 Rn. 5; *Kühl* AT 20/230; *Jescheck/Weigend* AT § 64 III 5.

8   *Roxin* AT/2 31/140; *Grünwald* GA 1959, 110 (114).

9   *Roxin* AT/2 31/140; *Bloy* JA 1987, 490 (491 f.).

10   *Herzberg* (1972), 257 ff.; *ders.* (1977), 82 ff.; 96 ff.; *ders.* JuS 1975, 171; Schönke/Schröder-*Heine/Weißer* Vor § 25 Rn. 96; LK-*Schünemann/Greco* § 25 Rn. 235 f.; *Geppert* JuS 1999, 271; *Langrock* JuS 1971, 529 (532).

einzuführen. Wenn es für die Beurteilung der Pflichtverletzung des Garanten keinen Unterschied macht, ob er einen Naturprozess oder ein deliktisches Geschehen nicht verhindert hat, so kann dies auch für das Gewicht der von ihm verletzten Pflichten keinen Unterschied begründen. Außerdem stößt die Unterscheidung zwischen Überwachergarant und Beschützergarant bei verschiedenen Garantenstellungen auf Schwierigkeiten. Ist der bewaffnete Begleiter eines Geldtransports oder der Kaufhausdetektiv Beschützergarant für das Eigentum oder Überwachergarant für Räuber oder diebische Kunden?[11] Vor allem aber gibt es keinen Grund, die Verletzung einer Überwachergarantenpflicht grundsätzlich milder zu beurteilen, als die einer Beschützergarantenpflicht.

Die Begründung, mit der die Anwendung des Tatherrschaftskriteriums auf die Unterlassungsdelikte auch von dessen prinzipiellen Anhängern abgelehnt wird, ist im Grunde genau die gleiche, mit der das Reichsgericht jegliche objektive Unterscheidung zwischen Täter und Gehilfen für unmöglich erklärt hat. Sie besteht darin, dass auf der Ebene der Kausalität eine solche Unterscheidung nicht möglich ist, weil alle Ursachen des Erfolges als notwendige Bedingung, bzw. als notwendige Bestandteile der wahren hinreichenden Erfolgsbedingung, logisch gleichwertig sind. Das gilt freilich auch für eine Unterlassung als Ursache, aber ebenso wenig wie beim Begehungsdelikt ergibt sich beim Unterlassungsdelikt aus der Äquivalenz der Ursachen die Konsequenz, dass eine Unterscheidung zwischen Täter und Gehilfe nach dem Tatherrschaftskriterium nicht möglich ist.     20

Die Tatherrschaft ist nämlich keine natürliche und unmittelbare Beziehung zwischen der Tathandlung und dem Erfolg, sondern ein gruppendynamisches Verhältnis unter mehreren Tatbeteiligten. Der Grundgedanke ist, dass der Tatbeitrag eines Genossen für den einzelnen Beteiligten nicht nur die Bedeutung eines Kausalfaktors hat, den er mehr oder weniger gut und sicher in seinen eigenen Handlungsplan einfügt, sondern die Bedeutung der Zusammenarbeit vernünftig planender und zielstrebig handelnder Personen, die gemeinsam ein Ziel verfolgen. Innerhalb einer solchen Gruppe können die einzelnen Beteiligten je nach dem Maß ihrer Herrschaft über das Geschehen im Verhältnis zu den anderen unterschieden werden.     21

Dabei mögen auch gewisse Über- und Unterordnungsverhältnisse innerhalb der Gruppe eine Rolle spielen, aber nur, soweit sie sich im Tatgeschehen ausprägen und sich nicht auf die innere Befindlichkeit eines Beteiligten beschränken. Ebenso wie ein im Ausführungsstadium Handelnder den nur im Vorbereitungsstadium Tätigen von der Tatherrschaft verdrängt (s. dazu o. 22/5 f.), verdrängt danach der positiv Handelnde den Unterlassenden von der Tatherrschaft, weil und solange er den Tatablauf steuert. Hat aber der Garant noch die Möglichkeit, den Erfolg abzuwenden, nachdem der andere aufgehört hat zu handeln und sich aus dem Geschehen zurückgezogen hat, so sieht sich der Garant einem Naturprozess gegenüber, über dessen Fortgang oder Unterbrechung er allein entscheiden kann. Daraus ergibt sich die sog Lehre vom Tatherrschaftswechsel.[12] Die Lehre vom Tatherrschaftswechsel ist auch im umgekehrten Fall anwendbar, dh wenn der Garant zur Verhinderung eines Angriffs auf das Schutzgut tätig werden kann und soll, ehe dieser Angriff begonnen hat. Auch dann hat der Garant bis zum Beginn des Angriffs die Tatherrschaft (s. dazu schon o. 32/11).     22

---

11  Vgl. *Roxin* AT/2 31/140.
12  BGHSt 32, 367 (373); *Jescheck/Weigend* AT S. 696; *Gallas* JZ 1960, 649 (689).

23    Die Lehre vom Tatherrschaftswechsel ist zu Unrecht dadurch in Misskredit geraten, dass sie vorzugsweise am Problem der Unterscheidung zwischen strafloser Beihilfe zum Selbstmord und strafbarer Tötung auf Verlangen durch Unterlassen demonstriert wird. Unter der Voraussetzung, dass ein Garant verpflichtet ist, auch einen freiverantwortlichen Selbstmord zu verhindern, führt die Lehre vom Tatherrschaftswechsel zu dem lächerlichen Resultat, dass der Garant dem Suizidenten jede Hilfe leisten kann, ihm beispielsweise den Strick zum Erhängen an der Decke befestigen und den Stuhl hinstellen kann, aber bei Strafe der Tötung auf Verlangen verpflichtet ist, den Selbstmord zu verhindern, sobald der Selbstmörder handlungsunfähig geworden ist, im Beispiel ihn loszuschneiden, sobald er hilflos am Strick hängt.[13] Aber die Konsequenz, die aus diesem Befund zu ziehen ist, ist nicht die generelle Ablehnung der Lehre vom Tatherrschaftswechsel, auch für die Beteiligung an der Verletzung eines Dritten durch Unterlassen, sondern die Ablehnung einer Garantenpflicht zur Verhinderung eines freiverantwortlichen Selbstmords.[14] Handelt allerdings der Suizident nicht freiverantwortlich, so wächst dem Garanten die Tatherrschaft als mittelbarer Täter über das gesamte Tatgeschehen zu.[15] Er würde sie ja auch dann innehaben, wenn der schuldunfähige oder auch vermindert schuldfähige Schützling einen Dritten angreifen würde.

24    Im vorliegenden Fall führt die Lehre vom Tatherrschaftswechsel zu dem Ergebnis, dass R zunächst nur Gehilfe der Tat war, aber von dem Moment an, als er gemeinsam mit H den Bahnhof verließ zum Täter durch Unterlassen wurde. Als die beiden Angeklagten den Bahnhof verließen, nachdem der Mitangeklagte das Opfer auf die Gleise gelegt hatte, hatten beide die Pflicht, sofort dafür zu sorgen, dass das Opfer von den Schienen kommt. Diese Pflicht bestand für beide solange, bis andere dafür gesorgt hatten. Jeder von ihnen hätte sie unabhängig von dem anderen erfüllen können. Also hatte von diesem Moment an auch der Angeklagte die Tatherrschaft. Anders wäre dies allenfalls, wenn der Angeklagte von dem Tatgenossen an der Erfüllung dieser Pflicht gehindert worden wäre. In diesem Zusammenhang spielt in der Tat die Feststellung des Urteils eine Rolle, dass der Angeklagte der Überlegene war.

25    Das für das Begehungsdelikt entscheidende Kriterium des Anfangs der Ausführung, das unmittelbare Ansetzen zur tatbestandsmäßigen Handlung fehlt beim Unterlassungsdelikt. Trotzdem gibt es Verhaltensweisen, durch die der Täter seinen Vorsatz, den drohenden Erfolg nicht abzuwenden, eindeutig ausdrückt. Die wichtigste davon besteht darin, dass der Täter sich vom Ort der Gefährdung entfernt und sich dadurch psychisch selbst vom Opfer distanziert. Dies ist im vorliegenden Fall geschehen und damit war subjektiv für den Angeklagten „der Fall erledigt". Das Kriterium ist aber nicht allgemeingültig, denn nicht jeder unterlassende Garant verlässt das Opfer räumlich, vgl. etwa den Kindesmisshandlungsfall (s. o. 32/8 ff.). Wenn aber der Garant den Ort der Gefahr verlässt, so vergibt er damit in der Regel zwar nicht die letzte Rettungschance, aber doch die beste, so auch im vorliegenden Fall. Der Angeklagte hätte vom Bahnsteig der S-Bahn aus den Verunglückten sehr viel schneller in Sicherheit bringen können und auch von der dort befindlichen Notrufsäule aus sehr viel schneller die Verkehrsleitstelle alarmieren können.

26    Bei der Beurteilung der Frage, ob der Täter die beste Chance versäumt hat, ist nicht von der wirklichen Lage, sondern entsprechend den allgemeinen Regeln der Versuchs-

---

13  *Heinitz* JR 1954, 405; *Roxin* TuT, S. 474 f; vgl. *Gallas* JZ 1960, 649 (689); NK-*Neumann* Vor § 211 Rn. 73 ff.
14  *Gallas* JZ 1960, 649 (689); NK-*Neumann* Vor § 211 Rn. 80 ff.; LK-*Weigend* § 13 Rn. 28, 64.
15  NK-*Neumann* Vor § 211 Rn. 87.

bestimmung nach § 22, von seiner Vorstellung von der Tat auszugehen. Der Angeklagte wusste nicht, zu welchem Zeitpunkt der nächste Zug einlaufen würde, ob in einer Minute oder in einer Stunde.

Der Ansicht der hL, dass der Versuch dann beginnt, wenn der Täter die nach seiner Vorstellung beste Rettungschance vergibt, ist zuzustimmen. Denn die beste Rettungschance ist stets eine solche, die möglicherweise auch die letzte sein kann. Wenn also der Täter die nach seiner Vorstellung beste Rettungschance vergeben hat, so hat er das Opfer durch sein Unterlassen bereits unmittelbar gefährdet. Deshalb hat er damit iS von § 22 auch unmittelbar zur Tatbestandsverwirklichung angesetzt. 27

Da die beste Rettungschance stets möglicherweise auch die letzte ist, trägt der Täter von dem Moment an, in dem er sie vergeben hat, die Gefahr des Erfolgseintritts. Der Versuch ist also im gleichen Moment, indem er begonnen wird, beendet. Denn beendet ist der Versuch bereits dann, wenn der Täter die Vorstellung hat, dass aufgrund seines bisherigen Verhaltens, hier eines Unterlassens, der Erfolg möglicherweise eintreten wird. Ergreift er nun aufgrund eines neuen Entschlusses entgegen seines ursprünglichen Vorsatzes die noch verbliebene letzte Rettungsmöglichkeit und gelingt es ihm dadurch, den Erfolg doch noch abzuwenden, so ist er strafbefreiend von seinem Unterlassungsversuch zurückgetreten (s. dazu o. 32/8 ff.). 28

### 4. Hinweise zur praktischen Anwendung

Auch für den Versuch, den Rücktritt vom Versuch und die Unterscheidung zwischen Täter und Gehilfen sollten beim Unterlassungsdelikt möglichst die gleichen Kriterien angewandt werden, wie beim Begehungsdelikt. Abgesehen von der fakultativen Strafmilderung stellt nämlich das Gesetz selbst das Unterlassen des Garanten dem Begehen durch positives Tun gleich und erteilt damit der Strafrechtsdogmatik den Auftrag diese Gleichstellung im Detail auszuarbeiten. Allerdings stößt diese Gleichstellung da an ihre Grenzen, wo die Dogmatik des Begehungsdelikts an die äußere Gestalt der Ausführungshandlung anknüpft, durch die der Tatbestand des Begehungsdelikts verwirklicht wird, denn gerade die fehlt beim Unterlassungsdelikt. 29

Das Problem tritt zunächst bei der Unterscheidung zwischen Vorbereitung und Versuch auf. Ein äußeres Verhalten, durch das der Täter seinen Tatentschluss zum Ausdruck bringt und, wie es in der Rechtsprechung heißt, die Schwelle zum „Jetzt geht es los" überschreitet, ist für das Unterlassungsdelikt nicht notwendig. Sie kann allerdings gleichwohl vorhanden sein. Das ist insbesondere dann der Fall, wenn der Täter in der Absicht, nichts zur Rettung des Gefährdeten zu tun, diesen verlässt und dadurch seine Rettungsmöglichkeiten reduziert. Fehlt es an einem solchen äußerlichen Verhalten, so bleibt als Kriterium des Anfangs der Ausführung nur die Reduktion der Rettungsmöglichkeiten selbst. Demgemäß bestimmt die hL den Anfang der Ausführung dahin, dass der Täter die nach seiner Vorstellung beste Rettungsmöglichkeit ungenutzt vorübergehen lässt. Dieses Unterscheidungskriterium ist in jedem Fall anwendbar. 30

Beim Rücktritt vom Unterlassungsdelikt ist eine Unterscheidung zwischen der ersten und der zweiten Alternative des § 22 nicht möglich. Einen Unterlassungsversuch kann der Täter nur dadurch aufgeben, dass er seine Garantenpflicht nunmehr erfüllt. Deshalb gibt es bei einem Unterlassungsdelikt keinen Rücktritt durch Passivität, der Täter muss vielmehr stets den Erfolg abwenden. Da das Gesetz dem Rücktritt durch Erfolgsabwendung keine zeitliche Grenze setzt, ist es auch ein wirksamer Rücktritt, wenn der 31

Garant im letzten Moment die verbliebene Erfolgsabwendungsmöglichkeit ergreift, sofern er dadurch den Erfolg tatsächlich abwendet.

32  Auch für die Unterscheidung zwischen Täterschaft und Beihilfe gilt, dass sie beim Unterlassungsdelikt möglichst nach den gleichen Kriterien durchzuführen ist, wie beim Begehungsdelikt, also nach der Tatherrschaftslehre. Das führt beim Unterlassungsdelikt dazu, dass zwischen mehreren Beteiligten, die lediglich Unterlassen, keine Differenzierung möglich ist. Sie haben alle die Möglichkeit den Kausalverlauf zum Erfolg abzuwenden und mehr Möglichkeiten hat keiner von ihnen. Trifft eine Unterlassung mit einer Begehung zeitlich zusammen, so hat die Tatherrschaft der Begehungstäter inne, so dass der Unterlassungstäter nur Gehilfe ist. Hat dagegen der Unterlassungstäter bereits vor oder nach der Handlung des Begehungstäters die Möglichkeit und die Garantenpflicht, dessen Tat abzuwenden, so ist er dessen Nebentäter. Denn solange der andere nicht handelt, ist die von ihm ausgehende Erfolgsgefahr genauso zu behandeln, wie eine von Natur aus bestehende Erfolgsgefahr, sog Lehre vom Tatherrschaftswechsel.

# VII. Die Lehre von den Konkurrenzen

## § 33 Funktion und Systematik der Lehre von den Konkurrenzen

### 1. Die Konkurrenzformen

Wenn mehrere, gleichartige oder verschiedenartige, Tatbestandsverwirklichungen Gegenstand einer Strafzumessung in einem Strafprozess sind, so kann mit ihnen rein logisch auf dreierlei Weise verfahren werden: Man kann erstens alle Tatbestandsverwirklichungen einzeln und unabhängig voneinander beurteilen und für jede eine Strafe zumessen. Die Form des Zusammentreffens mehrerer Tatbestandsverwirklichungen, bei denen so zu verfahren ist, nennt man Realkonkurrenz. Nach § 53 ist bei Realkonkurrenz für jede Tatbestandsverwirklichung zunächst unabhängig von den anderen eine Strafe, sog Einsatzstrafe, festzusetzen. Sodann sind die Einsatzstrafen zu einer Gesamtstrafe zusammenzufassen, die niedriger liegen muss, als die Summe der Einzelstrafen. Den Grund für diesen Strafrabatt bei Mehrbezug sieht man darin, dass das Strafübel nicht linear, sondern exponentiell wächst. Der wahre Grund dürfte auch in der Verlegenheit bestehen, dass bei einer großen Anzahl mittelschwerer Straftaten die Summe der Einzelstrafen leicht die Strafhöhe erreichen kann, die für schwerste Verbrechen vorgesehen ist, bis hin zu einer in der Praxis lebenslangen Freiheitsstrafe. **1**

Zweitens kann man die zusammentreffenden Tatbestandsverwirklichungen zunächst zusammenfassen und für sie alle eine gemeinsame Strafe festsetzen, man nennt diese Konkurrenzform Idealkonkurrenz. § 52 sieht für sie vor, dass der Strafrahmen des schwersten anwendbaren Tatbestandes zugrunde zu legen ist, und die übrigen Tatbestandsverwirklichungen sich innerhalb der Strafzumessung, in der Regel strafschärfend, auswirken. **2**

Drittens kann man eine oder mehrere Tatbestandsverwirklichungen völlig unberücksichtigt lassen. Dies ist dann richtig, wenn nach allgemeinen Prinzipien der Gesetzgebungstechnik der zurücktretende Tatbestand neben dem dominanten nicht anwendbar ist. Man nennt diese Konkurrenzform Gesetzeskonkurrenz oder auch scheinbare Konkurrenz, sie ist im Gesetz nicht ausdrücklich geregelt. **3**

Für die Entscheidung der Frage, welche Konkurrenzform anzuwenden ist, gelten zwei Prinzipien, das Doppelverwertungsverbot, und das Ausschöpfungsgebot.[1] Das Doppelverwertungsverbot besagt, dass ein und dieselbe Strafzumessungstatsache nicht mehrfach bei der Strafzumessung verwertet werden darf. Das Ausschöpfungsgebot besagt, dass bei der Strafzumessung alle Unrechtsmerkmale zu berücksichtigen sind, die der Täter verwirklicht hat auch wenn sie in verschiedenen Tatbeständen enthalten sind. Es darf dem Täter nicht zum Vorteil gereichen, dass er neben dem einen Tatbestand noch einen anderen, etwa einen mit höherer Strafe bedrohten, erfüllt hat. **4**

Einen Sonderfall der Doppelverwertung verbietet § 46 Abs. 3 ausdrücklich, was eigentlich überflüssig ist, denn wer eine Tatsache mehrfach anrechnet, die nur einmal gegeben ist, begeht einen Rechenfehler, also einen logischen Fehler. Die Gefahr einer Doppelverwertung von Strafzumessungstatsachen besteht dann, wenn ein und dieselbe **5**

---

1 NK⁶-*Puppe* Vor § 52 Rn. 2 ff.; *dies.*, JuS 2017, 637 f.; *Duttge/Sotelsek* NJW 2002, 3756; *Rudolphi* JZ 1998, 471; MüKo-*von Heintschel-Heinegg* Vor § 52 Rn. 15 ff.

Strafzumessungstatsache innerhalb der Verwirklichung verschiedener Tatbestände auftaucht, zB die Täuschung als Element sowohl des Betruges als auch der Urkundenfälschung oder die Gewaltanwendung bei einem Raub oder einer Vergewaltigung, die gleichzeitig eine Körperverletzung darstellt. Enthalten zwei Tatbestände gemeinsame Unrechtsmerkmale und gehört deren Realisierung zu beiden Tatbestandsverwirklichungen, so ist es ausgeschlossen, für beide Tatbestandsverwirklichungen gesondert eine Strafe zu bestimmen ohne dieses gemeinsame Unrechtsmerkmal doppelt zu verwerten.

6 Es wäre aber auch ungerecht, um des Doppelverwertungsverbots Willen, eine der beiden Tatbestandsverwirklichungen völlig zu ignorieren. Deshalb muss die Strafzumessung für beide Tatbestandsverwirklichungen gemeinsam erfolgen. Da das Gesetz hierfür keine Sonderstrafrahmen zur Verfügung stellt, muss von dem Strafrahmen des schwerwiegendsten der verwirklichten Tatbestände ausgegangen werden. Die übrigen Tatbestandsverwirklichungen, die in einzelnen Unrechtselementen mit dieser zusammentreffen, müssen sich naturgemäß straferhöhend auswirken. Auch darf die Mindeststrafe keines der anwendbaren Gesetze unterschritten werden und Nebenfolgen sind zu verhängen bzw. dürfen verhängt werden, wenn einer der erfüllten Straftatbestände sie vorschreibt oder zulässt. Der Unrechtsgehalt aller zusammentreffenden Tatbestände muss bei der Strafzumessung in Rechnung gestellt werden. Das besagt das Ausschöpfungsgebot. Genau dies ist die Verfahrensweise, die § 52 für die sog Idealkonkurrenz vorschreibt.

## 2. Die Idealkonkurrenz

7 Die Gefahr einer Doppelverwertung besteht nur dann, wenn die zusammentreffenden Tatbestände überhaupt gemeinsame Unrechtsmerkmale aufweisen und diese durch den gleichen Sachverhalt erfüllt sind. Die Täuschung über die Echtheit der Urkunde durch Vorlage des Falsifikats muss eben gerade diejenige betrügerische Täuschung sein, durch die der Täter das Opfer zu einer selbstschädigenden Vermögensverfügung bringen wollte. Die Schläge, die die Körperverletzung darstellen, müssen gerade diejenige Gewaltanwendung sein, durch die der Täter das Opfer zur Duldung der Wegnahme einer Sache beim Raub oder der sexuellen Handlung nach § 177 genötigt hat. Anderenfalls haben die verschiedenen Tatbestandsverwirklichungen nichts miteinander gemein. Um diese Frage zu entscheiden, muss man bestimmen, was eine Täuschung, eine Gewaltanwendung und eine Körperverletzung ist.

8 § 52 drückt das wie folgt aus: „Verletzt dieselbe Handlung mehrere Strafgesetze …",
sog Handlungseinheit. Zur Entscheidung der Frage, ob die Verwirklichungen mehrerer Tatbestände im Verhältnis der Handlungseinheit zueinander stehen, gibt es ein einfaches, wenn auch vielleicht etwas vergröberndes Kriterium, die Gleichzeitigkeit der tatbestandsmäßigen Handlungen. Die hL besteht zwar darauf, dass der Täter mehrere Handlungen gleichzeitig vornehmen kann, sofern er verschiedene Teile seines Körpers dabei bewegt.[2] Sie beruft sich dabei auf die sog Formel des RG, wonach Handlungseinheit nur dann vorliegt, wenn die „Willensbetätigungsakte", die zu den Tatbestandsverwirklichungen gehören ganz oder teilweise identisch sind.[3] Danach läge beispielsweise Handlungsmehrheit also Realkonkurrenz vor, wenn der Täter ein und dieselbe

---

2 Schönke/Schröder-*Sternberg-Lieben/Bosch* § 52 Rn. 9; *Fischer*, Vor § 52 Rn. 27; *Stratenwerth/Kuhlen* AT 18/31; *Roxin* AT/2 22/82; *Jakobs* AT 32/4.
3 RGSt 32 137 (139 f.).

Person gleichzeitig mit der Hand ins Gesicht schlägt und mit dem Mund beleidigt.[4] Kein Gericht würde heute noch so verfahren. Da zu einem Unterlassungsdelikt keine Körperteilbewegung gehört, hat das RG damals ausdrücklich eine Tateinheit zwischen Unterlassungsdelikt und Begehungsdelikt abgelehnt.[5] Inzwischen wird aber von der Rechtsprechung eine solche Handlungseinheit ganz selbstverständlich angenommen, beispielsweise zwischen Fahrerflucht und unterlassener Hilfeleistung oder zwischen einer Freiheitsberaubung durch Unterlassen und einer während dieser Unterlassung an dem Opfer verübten Vergewaltigung.[6] Danach bleibt als Einheitskriterium der Verwirklichung verschiedener Tatbestände durch Handlungseinheit nichts anderes mehr übrig, als die Identität der Zeit, in der die tatbestandsmäßigen Verhaltensweisen, seien es Begehungen oder Unterlassungen, vorgenommen worden sind.[7]

Nun besteht aber eine Tatbestandsverwirklichung nicht nur aus dem tatbestandsmäßi-    9 gen Verhalten (Tun oder Unterlassen), sondern auch aus einem tatbestandsmäßigen Erfolg. Die Notwendigkeit einer gemeinsamen Beurteilung mehrerer Tatbestandsverwirklichungen in der Strafzumessung besteht also auch dann, wenn sie der Herbeiführung des gleichen Unrechtserfolges dienen, unabhängig davon, ob sie gleichzeitig, also durch ein und dieselbe Handlung, verwirklicht werden oder nacheinander. Da aber in § 52 nur von Handlungseinheit, nicht aber von Erfolgseinheit die Rede ist, wird das Phänomen der Erfolgseinheit in der Konkurrenzlehre auf andere Weise berücksichtigt. Wird der gleiche Tatbestand mehrmals oder verschiedene Alternativen des gleichen Tatbestandes nacheinander verwirklicht, um den gleichen Erfolg herbeizuführen, so spricht man von einer tatbestandlichen Handlungseinheit. Solche tatbestandlichen Handlungseinheiten können sich über einen großen Zeitraum erstrecken (s. dazu u. 34/7 ff.). Erfüllen die verschiedenen Handlungen, die der Herbeiführung, der Vorbereitung und der Sicherung ein und desselben Unrechterfolges dienen, verschiedene Tatbestände, so sieht sich die hL genötigt, eine Form der Gesetzeskonkurrenz anzunehmen, weil sie Handlungseinheit nicht annehmen kann. Man spricht dann von einer mitbestraften Vor- oder mitbestraften Nachtat oder von einer Konsumtion einer Tatbestandsverwirklichung durch eine andere (s. dazu u. 33/19 f.).

### 3. Die scheinbare Konkurrenz von Tatbestandsverwirklichungen, sog. Gesetzeskonkurrenz

### a) Die Spezialität von Tatbestandsverwirklichungen

Von Gesetzeskonkurrenz oder scheinbarer Konkurrenz spricht man, wenn ein Straftat-    10 bestand neben einem anderen überhaupt nicht angewandt, also völlig von diesem verdrängt wird. Das Doppelverwertungsverbot gebietet diese Konsequenz dann, wenn die Verwirklichung eines Tatbestandes vollständig in der eines anderen enthalten ist, dieser andere Tatbestand aber darüber hinaus noch weitere Merkmale aufweist. Das pflegt man mit dem Satz auszudrücken, die lex specialis verdrängt die lex generalis. Dieser Satz ist insofern missverständlich, als es nicht allein darum geht, dass ein abstrakter Tatbestand spezieller ist als der andere, vielmehr die Verwirklichung des spezielleren

---

4  So BGHSt 16, 320; 18, 379; Schönke/Schröder-*Sternberg-Lieben/Bosch* Vor §§ 52 ff. Rn. 11, 22; *Jakobs* AT 32/4; *Roxin* AT/2 33/18; *Stratenwerth/Kuhlen* AT 18/30; kritisch dazu NK[6]-*Puppe* § 52 Rn. 35 ff.

5  RGSt 32, 137 (139).

6  BGH NStZ 1999, 83; NStZ-RR 1998, 324 f.; BGHR StGB § 177 Abs. 1 Konkurrenzen 10; BGHR StGB § 239 Abs. 1 Konkurrenzen 6.

7  NK[6]-*Puppe* § 52 Rn. 37 f.

Tatbestandes die des generelleren vollständig enthalten muss. Das speziellere Gesetz verdrängt das generelle nur dann bzw. insoweit, als beide Tatbestände durch den gleichen Sachverhalt erfüllt werden. In einem Spezialitätsverhältnis stehen also nicht Tatbestände sondern Tatbestandsverwirklichungen.[8] Ein solches Verhältnis der Spezialität besteht beispielsweise zwischen dem Tatbestand der Erpressung und dem der Nötigung. Der Tatbestand der Erpressung bezeichnet den Sonderfall, in dem der Genötigte zu einem Vermögensopfer gezwungen wird. Die Tatbestandsverwirklichung der Nötigung wird aber durch die Tatbestandsverwirklichung der Erpressung nur dann und insoweit verdrängt, wie die Nötigung in beiden Tatbestandsverwirklichungen identisch ist. Wird der Tatbestand der Nötigung außer durch den Zwang zu einer nachteiligen Vermögensverfügung auch noch durch den Zwang zu einer weiteren Handlung verwirklicht, so würde das Ausschöpfungsgebot verletzt, wenn man den Tatbestand der Nötigung völlig hinter dem der Erpressung zurücktreten ließe. Beide Tatbestände sind also in diesem Fall nebeneinander anwendbar, es liegt Idealkonkurrenz zwischen Nötigung und Erpressung vor (s. auch u. 34/11). Der Grundsatz, lex specialis derogat legi generali gilt im eben dargelegten Sinne nicht nur für das Strafrecht, er wird vielmehr auf alle Gesetze angewandt. Ohne einen solchen allgemeinen Grundsatz könnte der Gesetzgeber gar keine Sonderregelungen für Spezialfälle eines Tatbestandes treffen. Insbesondere wäre es nicht möglich, Privilegierungstatbestände zu schaffen, weil sich bei Anwendung der Regel des § 52 das strengere Gesetz immer durchsetzen würde.

### b) Die sog. stillschweigende Subsidiarität

11    Eine sog stillschweigende Subsidiarität nimmt die hL in verschiedenen Fällen an, die sich bei genauerem Zusehen als Fälle der Spezialität herausstellen.[9] So bedarf es zB bei einem erfolgreichen Deliktsbegehungsversuch nicht einer Figur der stillschweigenden Subsidiarität um zu begründen, dass der Täter nur wegen einer Vollendung und nicht zusätzlich wegen eines Versuchs bestraft werden darf, wenn der Erfolg nicht hinter dem Vorsatz des Täters zurückbleibt. Denn in jeder Vollendung ist der Versuch notwendig enthalten. Die Täterschaft ist ein Sonderfall der Beihilfe, der durch die Täterkriterien der Tatherrschaft bzw. des animus auctoris qualifiziert ist. Liegt Täterschaft vor, so gehört zu der Täterhandlung auch die Vorbereitung. Wie oben (22/6 ff.) gezeigt, stiften sich Mittäter gegenseitig an, auch wenn sie den Verbrechensvorschlag nicht selbst gemacht, sondern den Vorschlag eines Tatgenossen angenommen haben. Diese Anstiftung geschieht durch den gemeinsamen Tatplan und realisiert sich in der Ausführung. Deshalb bedarf es keines Instituts der stillschweigenden Subsidiarität der Anstiftung gegenüber der Mittäterschaft um zu begründen, dass die Strafbarkeit einer solchen Anstiftung hinter der Bestrafung der Mittäterschaft zurücktritt. Es liegt ein Fall der Spezialität vor. Das gilt auch für den Initiator des Tatplans.[10] Aber die hL nennt das eben nicht Spezialität sondern Subsidiarität. Natürlich tritt auch die Beihilfe als lex generalis hinter die Täterschaft und die Anstiftung zurück, ebenso die fahrlässige Erfolgsherbeiführung hinter die vorsätzliche, die unterlassene Hilfeleistung hinter die Garantenpflichtverletzung, ohne dass es dazu der Figur der stillschweigenden Subsidiarität bedarf.

---

8  *Puppe* JuS 2016, 961 (969).
9  LK-*Rissing-van Saan* Vor § 52 Rn. 150 f.; Schönke/Schröder-*Sternberg-Lieben/Bosch* Vor §§ 52 ff. Rn. 109 ff.
10  NK[6]-*Puppe* Vor § 52 Rn. 10, 21.

Als annähernde Spezialität lassen sich die Fälle der von der hL sog stillschweigenden    12
Subsidiarität charakterisieren, in denen eine der Tatbestandsverwirklichungen aus tatsächlichen Gründen zwar nicht notwendig, aber in aller Regel mit einer anderen zusammentrifft, sog. mitbestrafte Begleittat. Man kann zwar theoretisch das fremde Kfz
erst betanken, ehe man es unbefugt gebraucht, aber praktisch ist die Gebrauchsan-
maßung stets mit einer Zueignung von Kraftstoff verbunden. Deshalb tritt der Diebstahl an diesem hinter § 248 b zurück, obwohl er nach § 242 mit höherer Strafe bedroht ist. Neben § 243 Abs. 1 Ziff. 2 und § 244 Abs. 1 Ziff. 3 braucht § 123 nicht besonders erwähnt zu werden und nach hL und bis vor kurzem einheiliger Rechtsprechung auch § 303 nicht, soweit er durch die Beschädigung der Tür oder des Fensters
erfüllt ist, durch die der Täter eingedrungen ist.[11] Das gilt freilich nicht für Sachbe-
schädigungen, die der Täter in der Wohnung anrichtet, weil er sich über die geringe
Beute ärgert. Diese Form der sog stillschweigenden Subsidiarität hat keinen tieferen
Sinn als eine Vereinfachung des Urteilstenors. Man will den Richter eben nicht dazu
zwingen, immer wieder die gleiche Paragrafenkette zu zitieren.

Aber die Tenorvereinfachung hat ihren Preis. Sie weicht die Unterscheidung zwischen    13
Gesetzeskonkurrenz und Idealkonkurrenz auf. Wenn nämlich ein Tatbestand nur aus
empirischen, nicht aus begrifflichen Gründen notwendig oder regelmäßig mit einem
anderen miterfüllt ist, so kommt in einem Schuldspruch nur nach dem dominanten
Tatbestand nicht zum Ausdruck, in welchem Ausmaß der andere erfüllt ist. Man kann
einen Menschen nicht töten, ohne seine Gesundheit zu beschädigen. Trotzdem macht
es einen Unterschied, ob der Täter sein Opfer schnell tötet oder es langsam zu Tode
quält. Deshalb tritt im letzteren Fall die Körperverletzung mit dem Tötungsdelikt in
Idealkonkurrenz.[12] Ist der Schaden, den der Täter beim Aufbrechen des schützenden
Behältnisses anrichtet weit größer als der Wert der entnommenen Beute, so tritt nach
neuerer Rechtsprechung § 303 nicht hinter § 243 Abs. 1 Ziff. 2 zurück.[13]

### c) Die Aufgabe der Rechtsfigur der stillschweigenden Subsidiarität – Der Einbrecherfall NStZ 2018, 708

Der 2. Senat des BGH hat in einem Anfragebeschluss nach § 132 III GVG das Einver-    14
ständnis der anderen Senate für eine Änderung dieser Rechtsprechung dahin erwirkt,
dass § 303 mit § 244 Abs. 1 in Idealkonkurrenz steht, unabhängig davon, in welchem
Wertverhältnis der durch das Eindringen entstandene Sachschaden zur Diebesbeute
steht.

Zunächst weist der Senat zur Begründung dafür darauf hin, dass die Alternativen des    15
Nachschlüsseldiebstahls, des Einsteigediebstahls und des Verbergensdiebstahls ohne
Sachbeschädigung durchführbar sind und dass in manchen Fällen auch eine Türe geöffnet werden kann, ohne dass ein Sachschaden entsteht. Weiter führt er zur Begründung an, dass durch die Sachbeschädigung und den Diebstahl verschiedene Rechtsgutsträger betroffen sein können, beispielsweise wenn in eine Mietwohnung eingebro-

---

11  RGSt 40, 430; 53, 279; BGHSt 22, 127 (129); *Jescheck/Weigend* AT 69 II 3 b; *Heintschel-Heinegg* Jakobs-FS
    (2007), S. 131 (138 ff.), der eine „Sperrwirkung des Regeltatbestandes" postuliert; LK[12]-*Rissing-van Saan* Vor
    § 52 Rn. 146; anders jetzt LK-*Rissing-van Saan* Vor § 52 Rn. 166.
12  *Jakobs* NJW 1969, 437; Schönke/Schröder-*Eser/Sternberg-Lieben* § 212 Rn. 20; NK-*Neumann/Saliger* § 212
    Rn. 31 ff. mwN.; aA MüKo-*Schneider* § 212 Rn. 99 und SK-*Sinn* § 212 Rn. 67, die das überschießende Körper-
    verletzungsunrecht aber gleichwohl in der Strafzumessung berücksichtigen wollen.
13  BGH NStZ 2001, 642 (643 f.); 2014, 40.

chen wurde.[14] Die letztere Begründung ist nicht überzeugend, schließlich sind auch beim Raub verschiedene Rechtsgutsträger betroffen, wenn der zur Duldung der Wegnahme Genötigte nicht der Eigentümer der weggenommenen Sache ist. Trotzdem erfolgt die Bestrafung des Raubes nur aus § 249 und nicht auch noch aus § 240.[15] Dass dieser Gesichtspunkt auch für den BGH letztlich gar nicht maßgeblich ist zeigt sich in seinen nachfolgenden Ausführungen:

16
„Auch eine Beschränkung der Annahme von Idealkonkurrenz auf die häufigen Fälle fehlender Identität betroffener Rechtsgutsträger erscheint nicht sachgerecht. Sie führt je nach Zahl der Betroffenen Rechtsgutsträger zu zufälligen Ergebnissen im Schuldspruch, ohne das sich Handlung- und Erfolgsunrecht, letzteres mit Ausnahme der Rechtsgutsträgerschafft, unterscheiden. Die konsequente Annahme von Idealkonkurrenz in Fällen des Einbruchsdiebstahls stellt demgegenüber die erschöpfende Erfassung des verwirklichten Tatunrechts zum Nachteil aller Geschädigten im Schuldspruch sicher und trägt dadurch der Klarstellungsfunktion des Schuldspruchs Rechnung."[16]

17
Es geht also gar nicht um die Betroffenheit verschiedener Rechtsgutsträger, sondern um die erschöpfende Darstellung des Unrechtsgehalts der Tat, soweit sie in den Straftatbeständen erfasst ist, also um das Ausschöpfungsgebot. Auch wenn aus empirischen, nicht aus begrifflichen, Gründen ein Einbruchsdiebstahl in den meisten Fällen mit einer Sachbeschädigung an Türen oder Fenstern des Hauses verbunden ist, so kann dieses Unrechtselement im Vergleich zu dem des Diebstahls im Einzelfall ein kleines oder großes Gewicht haben. In den meisten Fällen übersteigt der durch den Einbruch angerichtete Schaden den Wert der Diebesbeute bei weitem. Dann spielt der Unrechtsgehalt der Sachbeschädigung bei der Strafzumessung wegen des Einbruchsdiebstahls eine entscheidende Rolle. Deshalb darf das Ausmaß der Verwirklichung des § 303 bei der Strafzumessung niemals vernachlässigt werden. Daraus folgt, dass § 303 auch im Urteilstenor, im Anklagesatz und im Eröffnungsbeschluss anzuführen ist.[17] Es liegt in der Konsequenz dieses, vom BGH akzeptierten Gedankens, auf die stillschweigende Subsidiarität ganz zu verzichten. Nur wenn die Verwirklichung eines Tatbestandsmerkmals aus begrifflichen, nicht nur aus empirischen Gründen, notwendig mit der Verwirklichung eines anderen verbunden ist, tritt ersterer als lex generalis hinter letzterem zurück. Ein Beispiel dafür ist das Verhältnis von § 243 Abs. 4 zu § 123. Es ist begrifflich ausgeschlossen, in eine dauerhaft genutzte Privatwohnung einzubrechen, ohne Hausfriedensbruch zu begehen.

### d) Die formelle Subsidiarität

18
Ein weiterer Fall der Gesetzeskonkurrenz liegt vor, wenn der Gesetzgeber ausdrücklich anordnet, dass ein Tatbestand neben anderen nicht angewandt werden soll, sog Subsidiaritätsklausel. Der Gesetzgeber kann anordnen, dass ein Tatbestand nur hinter bestimmten anderen Tatbeständen zurücktreten soll. Auch wenn die Subsidiari-

---

14 ZStW 2018, 708 (710).
15 Darauf weist der BGH selbst in NStZ 2018, 708 (710); vgl. auch *Grosse-Wilde* HRRS 2019, 160 (161 f.).
16 BGH NStZ 2018, 708 (710).
17 Indem *Mitsch* (NJW 2019, 1091) dieser Lösung einen Verstoß gegen das Doppelverwertungsverbot entgegenhält, weil der Einbruchsdiebstahl die strafzumessungsrelevanten Faktoren der Sachbeschädigung „komplett absorbiert", verkennt er das Doppelverwertungsverbot und den Sinn der Unterscheidung von Gesetzeskonkurrenz und Idealkonkurrenz, vgl. *Grosse-Wilde* HRRS 2019, 160 (162 f.); NK[6]-*Puppe* Vor § 52 Rn 5.

tätsklausel nicht auf bestimmte andere Tatbestände begrenzt ist, tritt der subsidiäre Tatbestand nicht hinter jeden anderen zurück, der zur gleichen Zeit vom gleichen Täter verwirklicht worden ist, sondern nur hinter einen Tatbestand, der den gleichen Unrechtssachverhalt beschreibt. Denn dieser Unrechtssachverhalt ist „die Tat" iS einer Subsidiaritätsklausel.[18] Der subsidiäre Tatbestand ist nur dann unanwendbar, wenn der dominante im Einzelfall wirklich angewandt werden kann. Scheitert dessen Anwendung, zB an Beweisschwierigkeiten, „so lebt der subsidiäre Tatbestand auf".[19]

### 4. Die scheinbare Gesetzeskonkurrenz, sog. mitbestrafte Vor- und Nachtat

Die hL kennt noch eine dritte Form der Gesetzeskonkurrenz, die sog Konsumtion. Das sind Fälle, in denen der Erfolg zweier Straftaten materiell identisch ist, nicht aber die Handlungen. Der Täter bereitet beispielsweise die Herstellung von Falschgeld durch die nach § 149 Abs. 1 Ziff. 2 bereits strafbare Herstellung geeigneten Papiers vor und stellt dann aus diesem Papier tatsächlich Falschgeld her oder der Täter unterschlägt eine fremde Sache und verhindert ihre Rückforderung durch den Eigentümer dadurch, dass er ihren Besitz ableugnet, also einen Betrug, sog. Sicherungsbetrug, begeht. Obwohl die hL die strafbare Vorbereitung bzw. die strafbare Sicherung eines Unrechtserfolgs in der Strafzumessung mitberücksichtigt,[20] sieht sie sich daran gehindert, die dementsprechende Vorschrift, nämlich § 52, anzuwenden, weil zwei verschiedene Handlungen vorliegen. Aber auch eine getrennte Strafzumessung nach § 53 ist hier ausgeschlossen, weil dadurch der Unrechtserfolg, der durch die eine Handlung vorbereitet und durch die andere verwirklicht worden ist bzw. durch die eine Handlung verwirklicht und durch die andere abgesichert worden ist, doppelt verwertet würde. Sie löst das Problem dadurch, dass sie eine besondere Form der Gesetzeskonkurrenz akzeptiert, eben die sog. Konsumtion. Danach tritt die jeweils weniger schwerwiegende der beiden in Erfolgseinheit stehenden Tatbestandsverwirklichungen hinter der schwerwiegenderen zurück, also das Vorbereitungsdelikt hinter das Ausführungsdelikt, man spricht dann von mitbestrafter Vortat bzw. das der Erfolgssicherung dienende Delikt hinter das Erfolgsherbeiführungsdelikt, man spricht von mitbestrafter Nachtat. Wenn man es mit der Ansicht der hL, dass ein Verbrechen nur eine Handlung sein kann, genau nimmt, dann steht der hL bei der Vortat oder Nachtat auch der Weg zur Gesetzeskonkurrenz nicht offen, weil auch das Verhältnis der Gesetzeskonkurrenz voraussetzt, dass beide Tatbestände durch ein- und dieselbe Handlung verwirklicht werden.[21]

Das Problem löst sich durch die Erkenntnis, dass zu einer Tatbestandsverwirklichung nicht nur eine Willensbetätigung bzw. Körperbewegung oder die Unterlassung einer solchen gehört, sondern auch ein Unrechtserfolg. Idealkonkurrenz wird also auch dadurch begründet, dass sich die Tatbestandsverwirklichungen in ihrem Unrechtsgehalt teilweise decken, so erfüllt gerade die Verursachung ein und desselben Unrechtserfolges durch mehrere Tatbestandsverwirklichungen die Voraussetzungen der Idealkonkur-

19

20

---

18 NK[6]-*Puppe* Vor § 52 Rn. 22 f.; *Freund/Putz* NStZ 2003, 242 (243); *Hoyer* JR 2002, 517 (518); *Küpper* JZ 2002, 1115 (1116); anders aber BGHSt 47, 243 (244).

19 BGHSt 19, 188 (189); NJW 1968, 2114; GA 1971, 83 (84); BGH bei *Dallinger* MDR 1955, 269; BayObLG NJW 1978, 2563; OLG Celle NJW 1980, 2205; LK-*Rissing-van Saan* Vor § 52 Rn. 160; Schönke/Schröder-*Sternberg-Lieben/Bosch* Vor § 52 Rn. 138; *Baumann/Weber/Mitsch/Eisele* AT 27/9.

20 Lackner/Kühl-*Kühl* Vor § 52 Rn. 29; LK-*Rissing-van-Saan* Vor § 52 Rn. 140 ff.; Schönke/Schröder-*Sternberg-Lieben/Bosch* Vor § 52 Rn. 124 ff., 141 ff.; *Fischer* Vor § 52 Rn. 45; *Geppert* Jura 1982, 418 (427, 429); Maurach/Gössel/Zipf-*Laue* AT/2 55/5, 56/22.

21 NK[6]-*Puppe* Vor § 52 Rn. 27 ff.

renz. Ich habe diese Form der Idealkonkurrenz Erfolgseinheit genannt.[22] Sofern die Handlungen, die in der Erfolgseinheit zueinander stehen den gleichen Tatbestand erfüllen, bildet die Rechtsprechung daraus eine tatbestandliche Handlungseinheit. Sie bezeichnet das wenig klar als Bewertungseinheit (s.u. 34/6). Die zu solch einer Bewertungseinheit zusammengefassten Verwirklichungen des gleichen Tatbestands können zeitlich weit auseinanderliegen. Auch wenn die verschiedenen Willensbetätigungen, die ein und denselben strafbaren Erfolg herbeiführen verschiedene Alternativen des gleichen Tatbestandes erfüllen, zB die Herstellung und der Gebrauch einer unechten Urkunde, fasst die hL sie zu einer Deliktseinheit zusammen und nennt diese tatbestandliche Handlungseinheit.

### 5. Die prozessrechtlichen Konsequenzen der Idealkonkurrenz und der Gesetzeskonkurrenz

21    Das Ausschöpfungsgebot gilt auch im Prozessrecht und zwar für den Anklagesatz, den Urteilstenor und die Belehrungspflichten des Richters im Falle einer Veränderung des rechtlichen Gesichtspunktes nach § 265 StPO. Der Anklagesatz und der Urteilstenor sollen die dem Angeklagten gemachten Tatvorwürfe ihrem Unrechts- und Schuldgehalt nach vollständig beschreiben, dh alle Tatbestandsverwirklichungen enthalten, die von Gesetzes wegen für die Strafzumessung erheblich sind. Dies dient nicht nur der Offenheit und Rechtsklarheit, sondern vor allem den Verteidigungsinteressen des Angeklagten, der erschöpfend darüber informiert werden soll, gegen welche Vorwürfe er sich zur Wehr setzen muss, sei es in der Hauptverhandlung, sei es in einem Rechtsmittelverfahren. Deswegen gehört in den Urteilstenor nicht nur der Tatbestand, aus dem der Strafrahmen zu entnehmen ist, der also die Tat am prägnantesten charakterisiert, sondern sämtliche Tatbestandsverwirklichungen, die mit diesem ideal konkurrieren, weil auch sie Einfluss auf die Strafzumessung haben. Dass Anklagesatz und Urteilstenor dadurch oft ziemlich geschraubt klingen, muss in Kauf genommen werden.

22    Die einzige Konstellation, in der ein zusätzlich verwirklichter Tatbestand gar keinen Einfluss auf die Strafzumessung hat, ist, wie wir gesehen haben, die der Spezialität. Deshalb ist der zurücktretende generelle Tatbestand neben dem speziellen weder im Urteil noch im Anklagesatz zu erwähnen. Nach der hL ist aber auch ein konsumierter Tatbestand weder im Urteil, noch im Anklagesatz zu erwähnen.[23] Das hat die Konsequenz, dass bei nachträglichem Auftreten einer konsumierten Tatbestandsverwirklichung der Richter den Angeklagten auch nicht auf diesen Tatbestand hinzuweisen braucht, obwohl er bei der Strafzumessung ebenso eine Rolle spielen soll wie eine idealkonkurrierende Tatbestandsverwirklichung (s. o. 33/19).[24] Deshalb wurde die Konsumtion hier als scheinbare Idealkonkurrenz bezeichnet. Die einzige praktische Konsequenz, die die hL daraus zieht, dass sie die Konsumtion als einen Fall der Gesetzeskonkurrenz und nicht der Idealkonkurrenz betrachtet, besteht also in einer Schmälerung der Rechte des Angeklagten. Auch dies spricht dafür, die sogenannte mitbestrafte Vortat bzw. Nachtat als einen Fall der Idealkonkurrenz zu behandeln, nicht nur wie es die hL tut, materiellrechtlich sondern auch prozessrechtlich.

---

22   NK[6]-*Puppe* Vor § 52 Rn. 25; *dies.* Mangakis-FS (1999), 226 ff. = ZIS 2007, 254 (255 f.).
23   Meyer-Goßner/Schmitt-*Schmitt* § 260 Rn. 26; SK-StPO-*Velten* § 260 Rn. 27; Löwe/Rosenberg-*Stuckenberg* § 260 Rn. 83.
24   Kritisch dazu NK[6]-*Puppe* Vor § 52 Rn. 57 ff.; S/S/W-*Eschelbach* § 52 Rn. 7.

### 6. Zusammentreffen des Versuchs einer schweren mit der Vollendung einer minderschweren Deliktsvariante – Der Kindesaussetzungsfall, BGH NStZ 2017, 90

▶ Nachdem es der Angeklagten gelungen war, ihre ungewollte Schwangerschaft zu verheimlichen, brachte sie das Kind stehend in einem abgelegenen Rohbau zur Welt, wobei sich das Kind durch einen Sturz eine Schädelfraktur zuzog. Sie tat das nackte Kind in eine Tragetasche und legte diese an einer schlecht einsehbaren Stelle auf einem Parkplatz ab. Das Kind überlebte, weil es einige Stunden später von Passanten entdeckt wurde. Das LG hatte die Angeklagte wegen versuchter Tötung in Tateinheit mit Aussetzung und gefährlicher Körperverletzung verurteilt. Der BGH begründet seine Rechtsansicht, dass die vollendete Aussetzung gegenüber der versuchten Tötung subsidiär ist wie folgt: ◀    23

> „Der BGH hat bereits zu § 221 StGB a.F. entschieden, dass, wer den äußeren Tatbestand der Aussetzung mit wenn auch nur bedingtem Tötungsvorsatz verwirklicht, nur wegen versuchter oder vollendeter Tötung bestraft werden kann, nicht aber wegen Aussetzung (BGH vom 27.3.1953 – BGHSt 4, 113,116). (…) Der Senat braucht aus Anlass des vorliegenden Falles nicht zu entscheiden, ob der Auffassung, zwischen einem versuchten Tötungsdelikt und dem Tatbestand der Aussetzung bestehe Gesetzeskonkurrenz, in dieser Allgemeinheit zu folgen ist. Jedenfalls in Fällen, in denen – wie hier – die – mit direktem Vorsatz ausgeführte – versuchte Tötungshandlung gerade im Verbringen des Opfers in eine hilflose Lage im Sinne des § 221 StGB besteht, ist an dieser Rspr. festzuhalten.“[25]

Die ältere Rechtsprechung, auf die sich der Senat hier beruft, stammt aus einer Zeit, da das RG der Auffassung war, dass Tötungsvorsatz und Körperverletzungsvorsatz einander ausschließen, so dass eine Verurteilung wegen versuchter Tötung in Tateinheit mit Körperverletzung von vornherein nicht in Betracht kam, sog. Gegensatztheorie.[26] Später hat der BGH sich dann zu der gegenteiligen Ansicht bekannt, dass der Tötungsvorsatz ein Spezialfall des Körperverletzungsvorsatzes ist, diesen also einschließt. Daraus hat der BGH dann die Konsequenz gezogen, dass eine versuchte Tötung jede Form der vollendeten Körperverletzung, inklusive der schweren Körperverletzung nach § 226 verdrängt.[27] Auch von dieser Rechtsauffassung hat sich der BGH inzwischen getrennt, weil er erkannt hat, dass eine Verurteilung wegen versuchter Tötung im Falle einer vollendeten Körperverletzung nicht zum Ausdruck bringt, dass ein Verletzungserfolg eingetreten ist.[28] Die hL bezeichnet das als „Klarstellungsfunktion“.[29] Aber es ist hier gar nicht nötig, einen neuen Begriff einzuführen, um dieses Konkurrenzverhältnis zu rechtfertigen, es handelt sich schlicht um die Erfüllung des Ausschöpfungsgebots.    24

Nun fällt der BGH im vorliegenden Urteil auf seine frühere Rechtsauffassung zurück, indem er das Konkurrenzverhältnis zweier Tatbestandsverwirklichungen ausschließlich nach deren subjektivem Tatbestand bestimmt. Dabei bleibt die sog. Klarstellungsfunktion unberücksichtigt, indem im Urteilstenor nicht zum Ausdruck kommt, dass eines der Delikte vollendet worden ist, während das andere im Versuch stecken geblieben ist. Hier ist es der Erfolgsunwert der Aussetzung, der in der konkreten Lebensgefährdung des Opfers besteht. Ein Tötungsversuch liegt ja auch dann vor, wenn es wegen    25

---

25   BGH NStZ 2017, 90 (91).
26   RGSt 61, 375 f.
27   BGHSt 16, 122; 21, 265 (266 f.); 22, 248 mit abl. Anm. *Jakobs* NJW 1969, 437.
28   BGHSt 44, 196 (199 ff.); siehe auch die Nachweise bei *Altvater* NStZ 2001, 19 (25 mit Fn. 84).
29   NK-*Neumann/Saliger* § 212 Rn. 37; Lackner/Kühl-*Kühl* § 212 Rn. 9.

dessen Untauglichkeit gar nicht zu einer konkreten Gefährdung des Opfers kommt. Der Urteilstenor des landgerichtlichen Urteils ist also richtig.

26   Gemäß dem Ausschöpfungsgebot ist also nicht nur der schwerwiegendste oder der charakteristische Tatbestand, der durch eine Handlung erfüllt ist, im Tenor anzuführen, sondern alle durch die Handlung erfüllten Tatbestände, die dem Unrechtsgehalt der Handlung etwas hinzufügen. Das kann zur umständlichen Formulierung des Tenors führen, aber es ist die Funktion des Urteilstenors und des von diesem mitbestimmten Anklagesatzes, den Angeklagten genau darüber zu informieren, welche Tatbestandsverwirklichungen ihm vorgeworfen werden, gegen welche Unrechtsvorwürfe er sich also verteidigen muss. Erscheint ein solcher Vorwurf neben anderen als völlig unbedeutend, so kann die Staatsanwaltschaft und später das Gericht ihn nach § 153 StPO aus dem Prozess herausnehmen, dann darf es ihn allerdings konsequenterweise auch bei der Strafzumessung nicht berücksichtigen.

27   Auf den juristischen Laien und auch auf unsere Angeklagte mag es vielleicht befremdlich wirken, wenn man ihr erklärt, wir werfen Ihnen vor, dass Sie erstens versucht haben, ihr Kind durch Unterlassen seiner Versorgung, zu der Sie als Mutter verpflichtet waren, zu töten, zweitens es dadurch in eine hilflose Lage versetzt und sein Leben gefährdet zu haben, drittens es dadurch in einer lebensgefährlichen Weise körperlich misshandelt zu haben. Denn offensichtlich decken sich diese Beschreibungen eines Unrechts in großen Teilen und jede fügt der anderen nur noch etwas hinzu. Diesem Verhältnis der idealkonkurrierenden Tatbestandsverwirklichungen, dass sie sich nämlich in wesentlichen Teilen ihres Unrechts decken, trägt die von § 52 vorgesehene Art der Strafzumessung Rechnung, indem sie den Strafrahmen dem schwersten der verwirklichten Tatbestände entnimmt und die Verwirklichungen der übrigen nur als Straferhöhungsgründe innerhalb dieses Rahmens verwertet. So kann jedem beliebigen Grad der Deckung der Unrechtsgehalte der zusammentreffenden Tatbestandsverwirklichungen Rechnung getragen werden.

## § 34 Die Bildung der Tateinheit

### 1. Die tatbestandliche Verbrechenseinheit kraft natürlicher Handlungseinheit

Mehrere Sachverhalte, die je für sich unter einen Tatbestand subsumiert werden können, können gleichwohl zu einer einzigen Tat, einer sog tatbestandlichen Handlungseinheit zusammengefasst werden, dies aus zweierlei Gründen: Erstens wegen des engen zeitlichen und situativen Zusammenhangs der Handlungen, zweitens wegen der Identität des Erfolges, der durch mehrere tatbestandsmäßige Handlungen herbeigeführt worden ist (s. dazu o. 33/20). Eine „Tracht Prügel" ist nur eine Körperverletzung, obwohl jeder einzelne Schlag für sich allein den Tatbestand verwirklicht, das Ausräumen eines Tresors durch mehrere Diebesgriffe ist nur ein Diebstahl, obwohl jeder einzelne Griff für sich allein den Tatbestand erfüllt. Auch eine Freiheitsberaubung, die sich über längere Zeit hinzieht, kann in beliebig viele Tatbestandsverwirklichungen zerlegt werden, die teils durch Tun, teils durch Unterlassen begangen werden können, denn der Täter hat jederzeit die Pflicht, dem Opfer die Freiheit wieder zu geben, er verwirklicht also den Tatbestand der Freiheitsberaubung durch Unterlassen, solange die Gefangenschaft des Opfers andauert, sog Dauerdelikt. Ein anderes wichtiges Beispiel für ein Dauerdelikt ist der Hausfriedensbruch, der ebenfalls durch Unterlassen begangen wird, solange der Täter den Raum, in dem er sich unbefugt aufhält, nicht verlässt. Dasselbe gilt für die Besitzdelikte, beispielsweise den unerlaubten Waffenbesitz, für die Organisationsdelikte z.B., § 129, und für Delikte mit pauschaler Handlungsbeschreibung, z.B. § 99 (s. dazu u. 34/17 ff.).  1

Betreffen aber die mehreren Tatbestandsverwirklichungen, die in einem engen zeitlichen und situativen Zusammenhang stehen, die höchstpersönlichen Rechtsgüter verschiedener Träger, so werden sie nicht zu einer Tateinheit verbunden. Nach hL bildet dann jede Körperbewegung, beispielsweise jedes Krümmen des Fingers am Abzug der Waffe, die sich gegen ein anderes Opfer richtet, eine Tat für sich, die mit den anderen Körperbewegungen in Handlungsmehrheit steht.[1] Man erkennt daran, dass der enge zeitliche Zusammenhang mehrerer Tatbestandsverwirklichungen ein relativ schwaches Einheitskriterium ist, das bei Bedarf suspendiert werden kann.  2

Nicht suspendiert werden kann nach der hL aber die Identität der Körperteilbewegung. Das führt dann dazu, dass keine Handlungsmehrheit, sondern Handlungseinheit vorliegt, wenn der Täter durch ein und dieselbe Körperbewegung, etwa den Wurf einer Bombe oder einer Handgranate die höchstpersönlichen Rechtsgüter mehrerer Träger verletzt, beispielsweise mehrere Menschen zugleich tötet. Da die hL die Identität der Körperteilbewegung für ein schlechthin unverbrüchliches Kriterium der Identität der Tat hält, nimmt sie in diesem Fall nur eine Straftat an.  3

Gleichwohl hat sie das Bedürfnis, die Tatsache auszudrücken, dass es sich um die Verletzung höchstpersönlicher Rechtsgüter verschiedener Träger handelt. Deshalb wird dies nicht einfach als eine Tatbestandsverwirklichung, sondern als mehrfache Verwirklichung des gleichen Tatbestandes durch eine Handlung bezeichnet.[2] Der Gesetzgeber hat nun diese Redeweise mit den Worten in den § 52 übernommen „verletzt dieselbe Handlung ... dasselbe Strafgesetz mehrfach". Die Formulierung ist allerdings insofern  4

---

1  BGH NStZ 2006, 284; LK-*Rissing-van Saan* Vor § 52 Rn. 43; *Fischer* Vor § 52 Rn. 27; *Jakobs* AT 32/19; *Warda* Oehler-FS (1985), 241 (247); *Wolter* StV 1986, 315 (321); dagegen *Wagemann* Jura 2006, 580 (582 f.).

2  Schönke/Schröder-*Sternberg-Lieben/Bosch* § 52 Rn. 25/26; *Baumann/Weber/Mitsch/Eisele* AT 27/31; *Jescheck/Weigend* AT 67 II; vgl. auch BGHSt 1, 20 (22); 16, 397 (398).

unrichtig, als man nach der hL, die die Handlung mit der Körperteilbewegung gleichsetzt, durch ein und dieselbe Handlung nicht mehrmals einen Tatbestand vollständig verwirklichen kann, weil zu einer Tatbestandsverwirklichung nicht nur der Erfolg gehört, sondern auch die Handlung.[3] Man bezeichnet die Verletzung höchstpersönlicher Rechtsgüter verschiedener Träger durch ein und dieselbe Handlung in diesem Sinne als gleichartige Idealkonkurrenz, während man bei der Verletzung von nicht höchstpersönlichen Rechtsgütern durch ein und dieselbe Handlung einfach nur von einer Tatbestandsverwirklichung spricht. Sonst hat diese Unterscheidung keinerlei praktische Bedeutung.

## 2. Idealkonkurrenz kraft Erfolgseinheit – Der sog. Scheunentorfall BGH NStZ 2016, 721

5   Ein weiterer Grund für die Verbindung mehrerer Tatbestandsverwirklichungen zu einer Tat iS von § 52 ist die Identität des tatbestandsmäßigen Erfolges. Die Rechtsprechung bezeichnet diese Form der Verbindung mehrerer Tatbestandsverwirklichungen als „Bewertungseinheit", wobei sie allerdings nicht angibt, aus welchem Grunde die mehreren Tatbestandsverwirklichungen nur einheitlich bewertet werden dürfen.[4] Ich habe sie als Idealkonkurrenz kraft Erfolgseinheit bezeichnet.[5]

Der Angeklagte war mit seinem Freund vor einem Scheunentor in Streit geraten und hatte beschlossen, ihn zu töten. Er schlug ihm mehrfach mit einer Eisenstange auf den Kopf und hielt ihn danach für tot oder sterbend. Nachdem er den Tatort verlassen hatte, beschloss er, zurückzukehren, um sich vor der Polizei als Finder der Leiche auszugeben. Er musste dann jedoch feststellen, dass sein Opfer immer noch lebte. Um den Tod endgültig herbeizuführen, schnitt er ihm die Kehle durch. Daran verstarb das Opfer. Nachdem sich der BGH ausführlich mit der Frage auseinandergesetzt hatte, ob die erste von den beiden für den Erfolg kausalen Tötungshandlungen dem Täter deshalb nicht zum Vorsatz zuzurechnen sei, weil der Kausalverlauf unvorhersehbar gewesen sei, und dies schließlich abgelehnt hatte, heißt es nun ganz lapidar:

„Der Angeklagte hat sich durch die mit der Metallstange geführten Schläge gegen das Tatopfer damit eines vollendeten Mordes in der Tatbestandsalternative der heimtückischen Tötung schuldig gemacht. Der durch die Messerschnitte nach Auffassung des LG gleichfalls verwirklichte Todschlag nach § 212 Abs. 1 StGB tritt, da die Herbeiführung des Todeserfolges dem Angeklagten strafrechtlich nur einmal angelastet werden kann, konkurrenzrechtlich hinter dem Mord zurück."[6]

6   Aber um welche Konkurrenzform soll es sich hier denn handeln? Hätten die Messerstiche nicht zum Tod des Opfers geführt, so wäre der Täter ohne weiteres wegen vollendeten Mordes in Tatmehrheit mit versuchtem Totschlag zu verurteilen gewesen, denn die zweite Handlung beruhte auf einem neuen Tatentschluss. Soll nun die Tatsache, dass auch die zweite Handlung kausal für den Tod, also ein vollendeter Todschlag war, es rechtfertigen, sie vollständig hinter der ersten zurücktreten zu lassen? Und warum soll eigentlich die zweite Handlung hinter der ersten zurücktreten und nicht umgekehrt?

---

3   Das verkennt *Roxin* AT/2 33/75.
4   BGHSt 31, 163 (165); 40,73; NStZ 1999, 451; StV 1991, 105; 1994, 22; BGHR BtMG § 29 Abs. 1 Nr. 1 Konkurrenzen 3).
5   NK⁶-*Puppe* § 52 Rn. 18 ff.; *dies.* JR 1996, 513 (514); *dies.* Mangakis-FS (1999), 225 (232 f.) = ZIS 2007, 254.
6   BGH NStZ 2016, 721 (723).

Beurteilt man beide Tötungshandlungen getrennt als vollendete Taten, was sie ja auch 7
sind, so würde man gegen das Doppelverwertungsverbot verstoßen, indem man ein
und denselben Erfolg dem Täter mehrfach zurechnet. Würde man aber eine der beiden
Handlungen, wie es der BGH hier tut, völlig zurücktreten lassen, so würde man gegen
das Ausschöpfungsgebot verstoßen. Die einzige Möglichkeit, beide Gebote zu befolgen, besteht darin, die beiden Tötungshandlungen mit dem einen Erfolg zu einer Deliktseinheit also zu Idealkonkurrenz zusammenzufassen. Der Fall zeigt eben, dass ein
Verbrechen nicht nur aus einer Handlung besteht, die bestimmte Eigenschaften hat,
sondern dass der Erfolg ein selbstständiges Unrechtselement ist. Mit dem Wortlaut von
§ 52 StGB ist dies vereinbar, wenn man unter ein und derselben Handlung nicht, wie
es die h.L. immer noch tut, die äußerliche Körperbewegung versteht, sondern die Tatbestandsverwirklichung. Dann kann man mit dieser ebenso verfahren, wie es die h.L.
mit den Körperbewegungen tut: ein und dieselbe Handlung im Sinne von § 52 StGB
liegt nämlich nach der h.L. nicht nur dann vor, wenn die die beiden Tatbestände verwirklichenden Körperbewegungen völlig identisch, sondern auch wenn sie teilweise
identisch sind. Verfährt man mit den Tatbestandsverwirklichungen, verstanden als
Handlungen im Sinne von § 52, ebenso, so genügt es eben, wenn zwei Tatbestandsverwirklichungen teilweise identisch sind, beispielsweise, weil sie denselben Erfolg verursachen.

### 3. Idealkonkurrenz kraft Absichtseinheit[7]

▶ Der Angeklagte hatte sich in Polen 100 falsche 100 DM Scheine beschafft und sie in 8
Deutschland als Falschgeld an verschiedene Abnehmer weitergegeben. Einer von diesen
war ein Vertrauensmann der Polizei. ◀

Der BGH begründet sein Urteil, dass nur eine einzige Tat nach § 146 Abs. 1 Ziff. 2
und 3 vorliegt wie folgt:

> „Verschafft sich der Täter durch eine einheitliche Handlung Falschgeld, um dieses im An-
> schluss entweder bei günstiger Gelegenheit oder an bereits feststehende Abnehmer abzu-
> setzen, so liegt auch dann nur eine Tat iS des § 146 I Nr. 3 StGB vor, wenn das Inverkehr-
> bringen in mehreren Einzelakten erfolgt. Deshalb kommt es nicht darauf an, dass das LG
> auch nicht bedacht hat, dass die Übergabe von Falschgeld an eine polizeiliche „Vertrau-
> ensperson" lediglich eine versuchte Straftat nach § 146 I Nr. 3 StGB darstellt."[8]

Der BGH geht offenbar davon aus, dass auch derjenige, der das Falschgeld an einen
Eingeweihten weitergibt, es iSv § 146 Abs. 1 Ziff. 2 „als echt in Verkehr bringt", sofern der Abnehmer seinerseits das Falschgeld in Verkehr bringen will. Nach dem Wortlaut des Gesetzes ist diese Auslegung durchaus zweifelhaft.[9] Es sei aber zur Erörterung
des Konkurrenzproblems von ihrer Richtigkeit ausgegangen. Weiter nimmt der BGH
an, dass kein in Verkehr bringen als echt vorliegt, wenn der Täter an einen Vertrauensmann der Polizei gerät, der das Geld sicherstellen will. Dann liegt nur ein Versuch des
§ 146 Abs. 1 Ziff. 2 vor.

Würde man unter einer Handlung iSv § 52 eine Willensbetätigung oder Körperteilbe- 9
wegung verstehen, die zur Erfüllung eines Straftatbestandes gehört, so lägen hier meh-

---

7  = StV 2000, 306.
8  BGH NStZ-RR 2000, 105.
9  NK-*Puppe/Schumann* § 146 Rn. 34 f.

rere Geldfälschungsdelikte vor. Das erste wäre das sich Verschaffen des Falschgeldes in Polen, das strafbar nach § 146 Abs. 1 Ziff. 2 ist. Außerdem wäre jede einzelne Absatzhandlung als Verwirklichung des Tatbestandes des § 146 Abs. 1 Ziff. 3 ein weiteres Geldfälschungsdelikt. Würde man aber so verfahren, so würde man den Täter nach § 146 Abs. 1 Ziff. 2 dafür bestrafen, dass er sich das Falschgeld in der Absicht verschafft hat, dass es als echt in Verkehr gebracht wird, oder ein solches in Verkehr bringen ermöglicht wird, und ein zweites Mal dafür, dass er das Geld vorsätzlich als echt in Verkehr gebracht hat. Damit würde sein Vorsatz, das Geld als echt in Verkehr zu bringen, zweimal bestraft. Es darf also für das sich Verschaffen von Falschgeld und für das in Verkehr bringen dieses Falschgeldes nur eine Strafe verhängt werden. Der Grund dafür ist die Identität des Erfolges, der durch beide Handlungen angestrebt wird, (s. o. 34/6). Dass es sich dabei um zwei verschiedene Tatbestände handelt, nämlich den § 146 Abs. 1 Ziff. 2 und Ziff. 3, darf dem nicht entgegenstehen (s. o. 33/5).

Die Konsequenz daraus ist, dass die mehreren Willensbetätigungen, durch die der Täter verschiedene Teile des nach § 146 Abs. 1 Ziff. 2 strafbar erlangten Postens Falschgeld nun in einer nach Abs. 1 Ziff. 3 strafbaren Weise in Verkehr bringt, auch untereinander in Tateinheit stehen müssten. Das Tatbestandsmerkmal der Absicht des Inverkehrbringens in § 146 Abs. 2 entfaltet also eine Art Klammerwirkung für die in Realisierung dieser Absicht vorgenommenen Verwirklichungen des Abs. 1 Ziff. 3.[10] Es ist logisch unmöglich zwischen diesen Verwirklichungen des Abs. 1 Ziff. 3 Tatmehrheit anzunehmen und gleichzeitig Tateinheit einer jeden von ihnen mit einer Verwirklichung des Abs. 1 Ziff. 2.

10    Dasselbe gilt für den Versuch der Verwirklichung des Abs. 3, den der Angeklagte dadurch begangen hat, dass er einen Schein aus dem Falschgeldposten an eine Vertrauensperson der Polizei weitergegeben hat. Denn auch dieser Versuch ist mit der Intention begangen worden, das Falschgeld in Verkehr zu bringen, das der Täter sich mit der gleichen Intention in Polen verschafft hat. Das gilt jedoch nur für den ersten Versuch, den der Täter begeht, um die zur Verwirklichung des Tatbestandes des § 146 Abs. 1 Ziff. 2 erforderliche Absicht zu realisieren. Damit ist das Absichtsmerkmal des § 146 Abs. 1 Ziff. 1 gewissermaßen verbraucht. Man kann ein und dieselbe deliktische Absicht zwar nur einmal verwirklichen, dies aber mehrmals versuchen. Die inhaltliche Identität dieser Absicht bewirkt die Tateinheit kraft Erfolgseinheit noch nicht, denn es ist nicht die Absicht als solche, die strafbar ist, sondern die Handlung, die in dieser Absicht begangen wird. Die Absicht des in Verkehr bringen als echt, die Tatbestandsmerkmal des § 146 Abs. 1 Ziff. 2 ist, bezieht sich auf eine spätere vom Täter oder einem anderen vorzunehmende Handlung. Sonst ist es keine Absicht, sondern nur ein Wunsch. § 146 Abs. 1 Ziff. 2 gehört zu den sog kupiert zweiaktigen Delikten. Deshalb gehört die Handlung, durch die der Täter die tatbestandsmäßige Absicht ins Werk setzt noch zur Verwirklichung dieses Tatbestandes. Erst mit dieser Handlung ist das Delikt materiell beendet. Das gilt aber nur für den ersten Versuch, die tatbestandsmäßige Absicht zu realisieren. (zu weiteren Beispielen für Tateinheit kraft Erfolgseinheit s. o. 33/8).

---

10   Lackner/Kühl-*Heger* § 146 Rn. 14; Schönke/Schröder-*Sternberg-Lieben* § 146 Rn. 26; *Stree* JuS 1978, 236 (239); *Zielinski* JZ 1973, 193 (195).

### 4. Aufspaltung statt Entklammerung – Der Fall Freundeskreis Rade, BGH JZ 2016, 473[11]

Nach der sog. Formel des RG (s. dazu o. 33/8) besteht Idealkonkurrenz zwischen den Verwirklichungen zweier verschiedener Tatbestände dann, wenn die Ausführungshandlungen beider vollständig oder doch teilweise identisch sind, Realkonkurrenz, wenn die beiden Tatbestandsverwirklichungen keine gemeinsamen Ausführungshandlungen haben. Diese Regel führt zu einem Widerspruch, wenn die Ausführungshandlungen einer Tatbestandsverwirklichung zum Teil mit denen einer weiteren Tatbestandsverwirklichung identisch sind und zu einem anderen Teil mit denen einer dritten, dergestalt, dass die zweite und die dritte Tatbestandsverwirklichung keine gemeinsamen Ausführungshandlungen haben. Nimmt man zwischen allen drei Tatbestandsverwirklichungen Idealkonkurrenz an, so verstößt man gegen die Regel, dass zwei Tatbestandsverwirklichungen, nämlich die zweite und die dritte, nicht in Idealkonkurrenz stehen, weil sie keine gemeinsamen Ausführungshandlungen haben. So verfährt die Rechtsprechung, wenn das mittlere Delikt entweder das schwerste oder das mittelschwere ist. Dann werden alle drei Delikte als Tateinheit behandelt, sog. Klammerwirkung.[12] Ist aber das verklammernde Delikt das leichteste, so ist es nach der Rechtsprechung zu schwach, um die anderen beiden Delikte zu einer Tateinheit zu verklammern. Es findet eine sog. Entklammerung statt, wobei das verklammernde Delikt nach Belieben dem einen oder dem anderen äußeren Delikt zugeschlagen wird.[13] Das Problem tritt insbesondere auf bei Dauerdelikten, beispielsweise Freiheitsberaubung, Hausfriedensbruch oder unerlaubter Waffenbesitz, und bei Delikten mit pauschalierter Handlungsbeschreibung, wie beispielsweise Betätigung für eine kriminelle oder terroristische Vereinigung. Da es nun aber im Belieben des Gerichts steht, welchem der beiden äußeren Delikte es das verklammernde Delikt bei Entklammerung zuschlägt, dürfte die Entklammerung eigentlich nichts daran ändern, dass die drei Delikte eine Tat im prozessualen Sinne bilden, so dass die Strafklage für alle drei verbraucht ist, wenn das verklammernde Delikt abgeurteilt worden ist.

Nun beschreitet der BGH aber einen völlig neuen Weg, das Problem der Entklammerung zu lösen, der sowohl Widersprüche zwischen den verschiedenen Regeln zur Bildung von Idealkonkurrenz, als auch den Strafklageverbrauch vermeidet, wenn nur der Teil eines Dauerdelikts abgeurteilt worden ist, der nur mit einer der beiden äußeren Delikte gemeinsame Ausführungshandlungen hat, während der andere Teil der Anklage bisher entgangen ist. Dieser neue Weg besteht darin, dass man die Verklammerung durch das Dauerdelikt oder das Pauschaldelikt nicht nachträglich beseitigt, sondern dass Dauerdelikt oder Pauschaldelikt von vornherein in so viele Tatbestandsverwirklichungen aufspaltet, wie mit anderen Tatbestandsverwirklichungen in Idealkonkurrenz stehen.

▶ Der sog. Freundeskreis Rade war ein Zusammenschluss junger Rechtsradikaler, der das Ziel verfolgte, Ausländer und Andersdenkende aus „ihrem Revier" zu vertreiben und einzuschüchtern. Zu diesem Zweck griffen die Mitglieder des Freundeskreises Personen, die

11

12

13

---

11  = BGHSt 60, 308 = NStZ 2016, 464.
12  RGSt 56, 329 (330); 68, 216 (218); BGHSt 18, 26; 31, 29; 33, 4; BGH NStZ 1993, 39 (40); vgl zuletzt BGH NStZ 2008, 209 f.; Schönke/Schröder-Sternberg-Lieben/Bosch § 52 Rn 14 ff.; Fischer Vor § 52 Rn. 30 ff.; Jescheck/Weigend AT 67 II 3; Wessels/Beulke/Satzger AT Rn. 1284; Geerds (1961), 280 ff.
13  BGHSt 29, 288 (292); 31, 29 (31); BGH NStZ 1993, 133; Fischer Vor § 52 Rn. 30; Wessels/Beulke/Satzger AT Rn. 1284 f.

ausländisch aussahen oder die sie für „Linke" hielten, körperlich an und bedrohten sie bei verschiedenen Gelegenheiten. Der BGH stufte den Freundeskreis Rade als kriminelle Vereinigung ein. Da die Angeklagten die Körperverletzungen und Nötigungen im Rahmen ihrer Tätigkeit für diese Vereinigung begangen hatten, stellte sich für den BGH die Frage, ob die untereinander in Handlungsmehrheit stehenden Körperverletzungen und Nötigungen dadurch zu einer Handlungseinheit zusammengefasst werden, dass sie alle mit der Betätigung für eine kriminelle Vereinigung, die für sich betrachtet eine Handlungseinheit ist, in Handlungseinheit stehen. Dies würde zu einer wesentlichen Bevorzugung derjenigen Täter führen, die ihre Taten im Rahmen eines Organisationsdelikts begehen, im Vergleich zu denjenigen, die sie je für sich begehen. Außerdem hätte es die Folge, dass alle Straftaten, die die Angeklagten im Rahmen ihrer Betätigung für die Vereinigung begangen haben, nicht mehr anklagbar wären, wenn auch nur eine einzige von ihnen oder die reine Betätigung für die kriminelle Vereinigung rechtskräftig abgeurteilt ist. ◀

14    Mit der folgenden Entscheidung löst der BGH das Problem auf eine völlig neue Weise, und zwar auf eine, die Widersprüche vermeidet:

> „Der Senat gibt seine bisherige Rechtsprechung auf, wonach *alle* mitgliedschaftlichen Beteiligungsakte an einer kriminellen (oder terroristischen) Vereinigung zu einer tatbestandlichen Handlungseinheit zusammengefasst werden. Vielmehr unterbleibt diese Verknüpfung jedenfalls mit solchen Handlungen, die auch den Tatbestand einer anderen Strafvorschrift erfüllen und der Zwecksetzung der Vereinigung oder sonst deren Interessen dienen. Diese stehen zwar gemäß § 52 Abs. 1 Alt. 1 StGB in Tateinheit mit der jeweils gleichzeitig verwirklichten mitgliedschaftlichen Beteiligung i.S. des § 129 Abs. 1 Var. 2 StGB, jedoch – soweit sich nach allgemeinen Grundsätzen nichts anderes ergibt – sowohl untereinander als auch zu der Gesamtheit der sonstigen mitgliedschaftlichen Beteiligungsakte in Tatmehrheit. Damit bleibt vorliegend kein Raum für eine Klammerwirkung."[14]

15    Diese Lösung des Problems, die ich erstmalig vor 40 Jahren vorgeschlagen habe,[15] ist auch auf die „Verklammerung" bei Dauerdelikten, beispielsweise der Freiheitsberaubung, der Trunkenheitsfahrt oder dem Hausfriedensbruch, sowie bei Delikten mit pauschalierter Handlungsbeschreibung anwendbar. Obwohl bei diesen Delikten der zeitliche Zusammenhang der einzelnen Deliktsverwirklichungen enger ist als bei den Organisationsdelikten, so haben sie doch mit diesen gemeinsam, dass sie in Teile aufspaltbar sind, die je für sich den Tatbestand vollständig erfüllen. Diese Teile ändern aber ihren Deliktscharakter, wenn sie mit anderen Tatbestandsverwirklichungen zusammentreffen.[16]

16    Bisher hat die Rechtsprechung die Aufspaltung eines Dauerdelikts, beispielsweise einer Trunkenheitsfahrt nach Hinzutreten eines Unfalls oder des unerlaubten Waffenbesitzes bei Hinzutreten eines Tötungsdelikts mit der betreffenden Schusswaffe damit begründet, dass der Täter wegen der veränderten Situation oder dem hinzutretenden schweren Delikt einen neuen Tatentschluss habe fassen müssen.[17] Will die Rechtsprechung aber diesen Tatentschluss nicht einfach unterstellen, so macht sie sich von den

---

14    BGH JZ 2016, 473 (475). Ähnlich jetzt BGH, Beschl. v. 18.12.2018 – StB 52/18, Rn. 18, mit dem ausdrücklichen Hinweis, dass danach auch kein Strafklageverbrauch des nur mit einem Teil des Dauerdelikts ideal-konkurrierenden Zustandsdelikts stattfindet, das bisher nicht Gegenstand des Prozesses war, Rn. 22.
15    *Puppe* (1979), S. 210 ff.
16    NK6-*Puppe* § 52 Rn. 44 f.; *dies.* JZ 2016, 478 (479 f.).
17    BGH VRS 13, 120 (121 f.); BGHSt 21, 203 (204 ff.); 36, 151 (154); BGH NStZ-RR 1999, 8 (9); NStZ 1999, 347; dagegen jetzt BGH JZ 2016, 473 (477).

psychischen Befindlichkeiten des Täters und in der Praxis von seiner Einlassung im Strafprozess abhängig. Lässt sich der Täter dahin ein, dass er von vornherein so fest zur Fortsetzung der Trunkenheitsfahrt entschlossen war, dass ihn der Eintritt eines, wenn auch schweren, Unfalls von diesem Entschluss nicht abgebracht hat, beruft er sich auf seine eigene Schlechtigkeit und verhindert dadurch die für ihn ungünstige Aufspaltung des Dauerdelikts.[18]

Noch hat der BGH nicht ausdrücklich erklärt, das Verfahren der Aufspaltung auch bei Dauerdelikten anwenden zu wollen, immerhin hat er es in einem Fall beim Dauerdelikt der Freiheitsberaubung tatsächlich angewandt, ohne die Neuartigkeit des Verfahrens deutlich zu machen. Der Täter hatte seine ehemalige Freundin in einen Karton gelockt, sie dort zuerst sexuell genötigt und später in gefährlicher Weise körperlich verletzt, ehe ihr schließlich während seiner Abwesenheit die Flucht gelang. Obwohl diese Freiheitsberaubung rein zeitlich eine Einheit darstellt, befürwortete der BGH eine Verurteilung wegen sexueller Nötigung in Idealkonkurrenz mit Freiheitsberaubung und wegen gefährlicher Körperverletzung in Idealkonkurrenz mit einer anderen Freiheitsberaubung.[19] Er hat also das zeitliche Kontinuum der Freiheitsberaubung in zwei verschiedene Handlungen aufgespalten. Eine solche Aufspaltung ist damit zu begründen, dass die Freiheitsberaubung ihren Deliktscharakter ändert, wenn sie mit jeweils einer anderen schwereren Tatbestandsverwirklichung zusammentrifft. Erkennt man aber diesen Grundsatz an, so kann man ihn auch auf einen Fall anwenden, in dem ein Dauerdelikt oder ein Delikt mit pauschalierter Handlungsbeschreibung nur mit einer anderen Tatbestandsverwirklichung zusammentrifft. Vielleicht besteht hierin die hauptsächliche Bedeutung der neuen Lehre von der Idealkonkurrenz mit Dauerdelikten.

17

### 5. Die Aufspaltung einer Zeiteinheit durch eine hinzutretende zweite Tatbestandsverwirklichung – Der Waffenbesitzfall, BGH NStZ-RR 1999, 8

Auch wenn ein Dauerdelikt mit nur einer anderen Tatbestandsverwirklichung idealiter konkurriert, kann das Problem des Strafklageverbrauchs auftreten.

18

▶ Der Angeklagte war wegen unerlaubten Waffenbesitzes verurteilt worden. Nach Rechtskraft dieses Urteils stellte sich heraus, dass er mit der unbefugt besessenen Waffe einen Mordversuch begangen hatte. ◀

Wenn dieser Mordversuch mit dem abgeurteilten unerlaubten Waffenbesitz in Tateinheit steht, so bilden beide notwendigerweise auch eine Tat im prozessualen Sinne. Denn wenn § 52 für mehrere in Tateinheit stehende Tatbestandsverwirklichungen nur eine einzige Straffestsetzung vorschreibt, so bilden sie notwendig auch nur einen Streitgegenstand im prozessualen Sinne und können nur einmal prozessual beurteilt werden. Art. 103 Abs. 3 GG verbietet es nicht nur, eine Person wegen ein und derselben Tat mehrfach zu bestrafen, sondern auch, ein und dieselbe Tat zum Gegenstand mehrerer Strafprozesse zu machen. Bleibt es also dabei, dass der gesamte Zeitraum, in dem der Täter die Schusswaffe besessen hat, eine einzige Tat darstellt, so ist durch das vorhergehende Urteil auch der mit der Waffe begangene Tötungsversuch abgeurteilt, weil er mit einem Teil dieses unerlaubten Waffenbesitzes in Tateinheit steht.

---

18  NK[6]-*Puppe* § 52 Rn. 46; *dies.* JZ 2016, 478 (479).
19  BGH NStZ 2008, 209 mit Bespr. *Puppe* in der Voraufl. 34/10 ff.

19    Die Gefahr eines solchen sog. Strafklageverbrauchs tritt typischerweise bei Dauerdelikten auf, wie unerlaubtem Waffenbesitz, unerlaubtem Besitz von Betäubungsmitteln, Hausfriedensbruch oder Freiheitsberaubung. Die einzige Möglichkeit, ihr zu begegnen, bietet nicht das Prozessrecht, sondern der materielle Begriff der Tateinheit i.S.v. § 52. Die zeitliche Kontinuität der Verwirklichung eines Tatbestandes ist zwar ein wichtiges Einheitskriterium, aber es ist nicht unverbrüchlich. Bei einem Dauerdelikt ist das zeitliche Kontinuum theoretisch in beliebige Teile aufspaltbar, die ihrerseits den Tatbestand des Dauerdelikts vollständig erfüllen. Das Zusammentreffen eines Teils dieses Dauerdelikts mit einer anderen schwereren Tatbestandsverwirklichung rechtfertigt eine solche Aufspaltung. Diesen Gedanken hat der BGH in der vorliegenden Entscheidung mit den folgenden Worten aufgegriffen:

> „Nach der neueren Rechtsprechung des BGH erfährt das Dauerdelikt des unerlaubten Waffenbesitzes (Ausüben der tatsächlichen Gewalt/Führen) materiellrechtlich eine Zäsur, wenn der Waffenbesitzer später einen neuen Entschluss zur Begehung eines Verbrechens mit dieser Waffe fasst. Das Dauerdelikt vor und nach der neuen Tat ist jeweils selbstständig zu beurteilen. Das Verbrechen selbst steht in Tateinheit mit dem Dauerdelikt des Vergehens nach dem Waffengesetz."[20]

20    Die neueste Rechtsprechung hat nun diese Aufspaltung eines Dauerdelikts unabhängig gemacht von dem psychischen Befund, dass der Täter einen neuen Tatentschluss gefasst hat. Der Grund für diese Aufspaltung ist nicht, dass die hinzutretende schwere Straftat einen neuen Tatentschluss zum Waffenbesitz erfordert hätte, sondern dass sie den Unrechtscharakter auch des Dauerdelikts als solches verändert hat.[21] Die Handlungseinheit eines Dauerdelikts kraft zeitlicher Kontinuität ist ein Fall der tatbestandlichen Handlungseinheit, denn das zeitliche Kontinuum des Dauerdelikts ist theoretisch beliebig in Teile zerlegbar, die ebenfalls den Tatbestand des Dauerdelikts vollständig erfüllen. Solange es aber keinen Grund für eine Aufspaltung gibt, behandelt man das zeitliche Kontinuum eben als Einheit, ebenso wie man mehrere Diebesgriffe in ein Schaufenster nur als einen Diebstahl und mehrere Schläge bei einer Tracht Prügel nur als eine Körperverletzung behandelt. Aber diese Handlungseinheit wird nicht nur durch die zeitliche Kontinuität begründet, sondern auch durch die Gleichartigkeit der so zusammengefassten Tatbestandsverwirklichungen. Entfällt diese Gleichartigkeit dadurch, dass zu einem Teil der kontinuierlichen Verwirklichungen eines Tatbestandes die Verwirklichung eines anderen, insbesondere schwereren, hinzutritt, so zerfällt auch die tatbestandliche Handlungseinheit kraft zeitlicher Kontinuität.[22]

21    Einen weiteren Fall der Aufspaltung des raumzeitlichen Kontinuums bei mehrfacher Verwirklichung ein und desselben Tatbestandes haben wir bereits kennengelernt, die Verletzung höchstpersönlicher Rechtsgüter mehrerer Rechtsgutsträger durch unmittelbar aufeinander folgende Handlungen. Trotz der zeitlichen Kontinuität nimmt die hL hier Tatmehrheit an, also für jede einzelne Verletzungshandlung, die einen anderen Rechtsgutträger betrifft, beispielsweise für die Tötung oder Verletzung mehrerer

---

20  BGH NStZ-RR 1999, 8 (9).

21  So zuerst *Puppe* (1979), 210 ff.; *dies.* GA 1982, 143 (159); *dies.* JR 1986, 205 (207); NK-*dies.* § 52 Rn. 45; *dies.* JZ 2016, 478; ebenso *Mitsch* MDR 1988, 1005 (1011); *Werle* (1981), 165 ff. (213) (ohne Angabe seiner Quelle); *Detmer* (1989), 258 ff.; *Schlüchter* JZ 1991, 1057 (1059 f.); *Paeffgen* JR 1999, 89 (96); auch BGHSt 36, 151 (153 f.); BGH NStZ-RR 1999, 8 (9); NStZ 1999, 347 (unerlaubter Waffenbesitz).

22  *Puppe* (1979), 214; *dies.* GA 1982, 143 (158); *dies.* JR 1986, 205 (207); NK-*dies.* § 52 Rn. 44 ff.; *dies.* JZ 2016, 478; BGHSt 36, 151 (153 f.).

Personen durch unmittelbar aufeinanderfolgende Schüsse. Auch daran zeigt sich, wie schwach das Kriterium der zeitlichen Kontinuität als Begründung von Verbrechenseinheit ist.

### 6. Hinweise zur praktischen Anwendung

In ein Konkurrenzverhältnis zueinander treten nicht Gesetze oder Tatbestände, sondern ausschließlich Tatbestandsverwirklichungen. Deshalb steht am Anfang jeder Konkurrenzprüfung die, wenn auch manchmal nur vorläufige, Bestimmung der tatbestandlichen Verbrechenseinheit.

22

Die kleinste Einheit einer Tatbestandverwirklichung bilden die Mindestvoraussetzungen der Erfüllung des Tatbestandes, zB ein schmerzhafter Faustschlag, ein Diebesgriff, ein beleidigendes Wort. Aber mehrere solche minimalen Tatbestandsverwirklichungen können zu einer Einheit zusammengefasst werden. Dafür gibt es zwei Kriterien: Die zeitliche Kontinuität der tatbestandsmäßigen Handlung, sog tatbestandsmäßige Handlungseinheit, und die Identität des durch mehrere tatbestandsmäßige Handlungen herbeigeführten Erfolges, Erfolgseinheit, von der Rechtsprechung Bewertungseinheit genannt.

23

Die Erfolgseinheit (sog Bewertungseinheit) kann nicht in mehrere realkonkurrierende Tatbestandsverwirklichungen aufgelöst werden, weil sonst der Täter für die Herbeiführung ein und desselben Erfolges mehrfach bestraft würde (Doppelverwertungsverbot). Sehr wohl aufgelöst werden kann dagegen die tatbestandliche Handlungseinheit kraft zeitlicher Kontinuität. Dies geschieht dann, wenn einzelne Tatbestandsverwirklichungen, die in einer zeitlichen Kontinuität zueinander stehen, mit verschiedenen anderen Tatbestandsverwirklichungen in Tateinheit stehen, die schwerer wiegen. Dann kann die zeitliche Kontinuität des Dauerdelikts oder Pauschaldelikts in mehrere Teile aufgespalten werden, die jeweils mit einem anderen Zustandsdelikt in Idealkonkurrenz, untereinander aber in Realkonkurrenz stehen.

24

Eine Tateinheit kraft Erfolgseinheit besteht auch dann, wenn ein und derselbe Erfolg durch die Verwirklichung verschiedener Tatbestände herbeigeführt bzw. gesichert wird. Auch in einer solchen Fallkonstellation gebietet das Doppelverwertungsverbot eine einheitliche Strafzumessung nach dem schwersten Tatbestand, wobei die Verwirklichung der übrigen Tatbestände straferhöhend berücksichtigt werden muss. Die Erfolgseinheit der Verwirklichung verschiedener Tatbestände wird also genau so behandelt, wie die Idealkonkurrenz von Tatbeständen, nämlich nach § 52. Da aber die hL den Begriff der Idealkonkurrenz der Handlungseinheit vorbehalten hat, wobei sie unter Handlung nicht die Erfüllung eines Tatbestandes versteht, sondern die Bewegung eines Körperteils, bezeichnet sie die Erfolgseinheit bei Verwirklichung verschiedener Tatbestände durch verschiedene Körperteilbewegungen als mitbestrafte Vor- bzw. Nachtat, je nachdem ob die Ausführungshandlung des schwerwiegenderen Tatbestandes die erste oder eine nachfolgende war. Verwenden Sie bei Feststellung einer Erfolgseinheit zwischen mehreren Tatbestandsverwirklichungen die Bezeichnungen mitbestrafte Nachtat bzw. Vortat. Die ebenfalls von der hL verwendeten Bezeichnungen Konsumtion, Subsidiarität, Gesetzeskonkurrenz oder auch Verdrängung sind, wie gezeigt, im Ergebnis falsch, weil nach diesen Bezeichnungen die nachrangige Tatbestandsverwirklichung überhaupt nicht, auch nicht in der Strafzumessung berücksichtigt werden dürfte. Außerdem werden diese Bezeichnungen im Schrifttum nicht einheitlich verwendet.

25

26   Außer der Identität des durch mehrere Tatbestandsverwirklichungen herbeigeführten oder gesicherten Erfolges bildet auch die Zeitgleichheit der Ausführungshandlungen bei Verwirklichung verschiedener Tatbestände ein Einheitskriterium, das diese zu einer Handlungseinheit zusammenfasst. Die hL spricht von Identität der Ausführungshandlungen und bestimmt diese nicht als Zeitgleichheit, sondern als Identität der Körperteilbewegungen, so dass verschiedene Tatbestände nach dieser Lehre in Handlungsmehrheit stehen, sofern der Täter zur Verwirklichung des einen Tatbestandes einen Teil seines Körpers bewegt, zur Verwirklichung eines anderen einen anderen Körperteil, ungeachtet der Tatsache, dass beide Körperteile durch das selbe Gehirn gesteuert werden. Mit diesem seltsamen Relikt der naturalistischen Strafrechtsdogmatik brauchen Sie sich aber nur dann auseinanderzusetzen, wenn der Täter zur Verwirklichung der verschiedenen Tatbestände tatsächlich verschiedene Teile seines Körpers in Bewegung versetzt hat. In der Regel können Sie die Gleichzeitigkeit mit der Identität der Ausführungshandlungen einfach gleichsetzen.

27   Die zweite Konstellation, in der Sie sich mit der Bestimmung der Handlung als Körperbewegung auseinandersetzen müssen, ist die Gleichzeitigkeit eines Begehungsdelikts mit einem Unterlassungsdelikt. In diesen Fällen können Sie daran erinnern, dass eine Idealkonkurrenz von Begehungsdelikt und Unterlassungsdelikt zwar ursprünglich vom Reichsgericht und früher auch vom BGH kategorisch abgelehnt wurde und in der Lehre teilweise immer noch abgelehnt wird, inzwischen aber von der Rechtsprechung ohne Weiteres angenommen und als unproblematisch behandelt wird. Bei Gleichzeitigkeit eines Dauerdelikts mit einem sog Zustandsdelikts wird die Idealkonkurrenz von der hL meist damit begründet, dass der Täter den Dauerzustand zur Begehung des Zustandsdelikts ausgenutzt hat oder umgekehrt das Zustandsdelikt zur Aufrechterhaltung des Dauerdelikts begangen hat (Mittel-Zweck-Relation).

28   Stehen zwei Verwirklichungen verschiedener Tatbestände im eben dargestellten Sinne in Handlungseinheit (Gleichzeitigkeit), so ist zu entscheiden, ob Idealkonkurrenz vorliegt, so dass beide Tatbestandsverwirklichungen in der Strafzumessung zu berücksichtigen und im Urteilstenor aufzuführen sind, oder Gesetzeskonkurrenz, so dass eine Tatbestandsverwirklichung die andere in der Strafzumessung und im Urteilstenor völlig verdrängt. Das letztere ist der Fall, wenn einer der beiden Tatbestände der speziellere ist, den generellen also begrifflich vollständig enthält, und dies im Einzelfall auch für die beiden Tatbestandsverwirklichungen gilt. Enthält dagegen die Verwirklichung des generellen Tatbestandes Tatsachen, die nicht unter den speziellen subsumierbar sind, so stehen beide Tatbestände in Idealkonkurrenz.

29   Im Verhältnis der Spezialität können auch die verschiedenen Verwirklichungsstufen des Verbrechens stehen, so der Versuch im Verhältnis zur Vollendung und die Beteiligung im Verhältnis zur Täterschaft. Auch hier liegt genau genommen eine Verdrängung des Versuchs kraft Spezialität der Vollendung bzw. eine Verdrängung der Beihilfe kraft Spezialität der Täterschaft vor. Die hL zieht es allerdings vor, von Subsidiarität des Versuches gegenüber der Vollendung, des Vorbereitungsdelikts gegenüber dem Ausführungsdelikt und der Beihilfe oder Anstiftung gegenüber der Täterschaft zu sprechen.

# Literaturverzeichnis

*Altenhain, Karsten*, Die Strafbarkeit des Teilnehmers beim Exzeß, Frankfurt am Main 1994.

*Alternativkommentar*, Rudolf Wassermann (Hrsg.) Kommentar zum Strafgesetzbuch, Band 1 1990.

*Altvater, Gerhard*, Rechtsprechung des BGH zu den Tötungsdelikten, NStZ 2001, 19.

*Ambos, Kai*, Der Anfang vom Ende der actio libera in causa?, NJW 1997, 2296.

*Ambrosius, Jürgen*, Untersuchungen zur Vorsatzabgrenzung, Neuwied 1966.

*Amelung, Knut*, Zum Verantwortungsmaßstab bei der mittelbaren Täterschaft durch Beherrschung eines nicht verantwortlichen Selbstschädigers, in: Schünemann (Hrsg.), Bausteine des europäischen Strafrechts, Coimbra-Symposium für Roxin, 1995, 247.

*ders.*, Willensmängel bei der Einwilligung als Tatzurechnungsproblem, ZStW 109 (1997), 490.

*ders.*, Die „Neutralisierung" geschäftsmäßiger Beiträge zu fremden Straftaten im Rahmen des Beihilfetatbestands, Festschrift für Gerald Grünwald, Baden-Baden 1999, 9.

*ders.*, Die Anstiftung als korrumpierende Aufforderung zu strafbedrohtem Verhalten, Festschrift für Friedrich-Christian Schroeder, Heidelberg et al. 2006, 147.

*Amelung, Knut / Eymann, Frieder*, Die Einwilligung des Verletzten im Strafrecht, JuS 2001, 937.

*Androulakis, Nikolaos*, Studien zur Problematik der unechten Unterlassungsdelikte, 1963.

*Arloth, Frank*, Verfassungsrecht und § 142 StGB – Grenzen extensiver Auslegung von Täterschaft und Teilnahme, GA 1985, 492.

*Arnold, Jörg*, DDR-Recht im Zeitgeist des BGH, StraFo 2003, 109

*Arzt, Gunther*, Willensmängel bei der Einwilligung, Frankfurt am Main 1970

*ders.*, Anmerkung zu BGH Urteil vom 17.10.1996 – 4 StR 389/96, JR 1997, 469.

*Arzt, Gunther / Weber, Ulrich*, Strafrecht Besonderer Teil, Lehrbuch, 2000.

*Ast, Stephan*, Die Manipulation der Organallokation, HRRS 2017, 500.

*Bachmann, Jochen*, Vorsatz und Rechtsirrtum im Allgemeinen Strafrecht und im Steuerstrafrecht, Berlin 1993.

*Baier, Helmut*, Die versuchte Tötung durch Einsatz einer Giftfalle – BGHSt 43, 177, JA 1999, 771.

*Bauer, Wolfram*, Die Bedeutung der Entscheidung des Großen Strafsenates des BGH vom 15.5.1993 für die weitere Entwicklung der Lehre vom strafbefreienden Rücktritt – Anmerkung, NJW 1993, 2590.

*ders.*, Außertatbestandsmäßiges Handlungsziel beim strafbefreienden Rücktritt – Zugleich Anmerkung zu BGH vom 24.6.1993 – 4 StR 33/93, MDR 1994, 132.

*Baumann, Jürgen*, Täterschaft und Teilnahme, Jus 1963, 85.

*Baumann, Jürgen / Weber, Ulrich / Mitsch, Wolfgang / Eisele, Jörg*, Strafrecht Allgemeiner Teil, 12. Auflage, Bielefeld 2016.

*Bemmann, Günter*, Zum Fall Rose-Rosahl, MDR 1958, 817.

*ders.*, Die Objektsverwechslung des Täters in ihrer Bedeutung für den Anstifter, Festschrift für Walter Stree und Johannes Wessels 1993, 395.

*Berndt, Markus*, Anmerkung zu BGH, Urt. v. 17.7.2009, 5 StR 394/08, StV 2009, 689.

*Bernsmann, Klaus / Zieschang, Frank*, Zur strafrechtlichen Haftung des Verursachers einer Gefahrenlage für Schäden eines Retters – BGHSt 39, 322, JuS 1995, 775.

*Beulke, Werner /Bachmann, Gregor*, Die „Lederspray-Entscheidung" – BGHSt 37, 106, JuS 1992, 737.

*Beulke, Werner / Fahl, Christian*, Prozessualer Tatbegriff und Wahlfeststellung – Strafprozessuale Probleme bei alternativer Tatsachenfeststellung, Jura 1998, 262.

*Binding, Karl*, Die Normen und ihre Übertretung, Band 3: Der Irrtum, Leipzig 1981.

*Binns, Martin*, Inus-Bedingung und strafrechtlicher Kausalbegriff, Baden-Baden 2001.

*Blauth, Peter*, „Handeln für einen anderen" nach geltendem und kommendem Strafrecht, Heidelberg 1968.

*Blei, Hermann*, Garantenpflichtbegründung beim unechten Unterlassen, Festschrift für Hellmuth Mayer, Berlin 1966, 119.

*ders.*, Strafrecht Allgemeiner Teil, 18. Auflage, München 1983.

*Bloy, René*, Die Beteiligungsform als Zurechnungstypus im Strafrecht, Berlin 1985.

*ders.*, Anstiftung durch Unterlassen?, JA 1987, 490.

*ders.*, Grenzen der Täterschaft bei fremdhändiger Tatausführung, GA 1996, 424.

*ders.*, Die strafrechtliche Produkthaftung auf dem Prüfstand der Dogmatik, Festschrift für Manfred Maiwald, Berlin 2010, 35.

*Bock, Dennis*, Strafrecht Allgemeiner Teil, 2. Auflage, Berlin 2021.

*Bockelmann, Paul*, Zur Abgrenzung der Vorbereitung vom Versuch, JZ 1954, 468.

*ders.*, Strafrechtliche Untersuchungen, Göttingen 1957.

*ders.*, Strafrecht Allgemeiner Teil, 3. Auflage, München 1979.

*Boehmer, Joh. Sam. Frid. v.*, Observationes selectae ad Bened. Carpzovii JC. practicam novam rerum criminalium imperialem Saxonicam, Francofurti ad Moenum 1759.

*Böhm, Alexander*, Die Rechtspflicht zum Handeln bei den unechten Unterlassungsdelikten, Frankfurt a. M. 1957.

*Böse, Martin*, Der Beginn des beendeten Versuchs: Die Entscheidung des BGH zur Giftfalle, JA 1999, 342.

*ders.*, Zum versuchten Totschlag durch Manipulation der Zuteilung von Spenderorganen, Entscheidungsanmerkung zu OLG Braunschweig, Beschl. v. 20.3.2013 – Ws 49/13, ZJS 2014, 117.

*ders.*, Unrechtsausschluss durch hypothetische Dispositionen über das geschützte Rechtsgut? Zum Verhältnis von formellen und materiellen Voraussetzungen der Rechtfertigung, ZIS 2016, 495.

*Bosch, Nikolaus*, Die Hypothese rechtmäßigen Verhaltens bei psychisch vermittelter Kausalität, Festschrift für Ingeborg Puppe, Berlin 2011, 373.

*Bottke, Wilfried*, Probleme der Suizidbeteiligung, GA 1983, 22.

*Brammsen, Joerg*, Kausalitäts- und Täterschaftsfragen bei Produktfehlern, Jura 1991, 533.

*Bung, Jochen*, Wissen und Wollen im Strafrecht, Frankfurt a. M. 2009.

*Burkhardt, Björn*, Rechtsirrtum und Wahndelikt, JZ 1981, 681.

*ders.*, Zur Abgrenzung von Versuch und Wahndelikt im Steuerstrafrecht, wistra 1982, 178.

*ders.*, Geglückte und folgenlose Strafrechtsdogmatik, in: Burkhardt/Eser/Hassemer (Hrsg.), Die deutsche Strafrechtswissenschaft vor der Jahrtausendwende: Rückblick und Ausblick, München 2000, 111.

*Bußmann, Heike*, Anmerkung zu BGH, Urt. v. 13.11.2008 – 4 StR 252/08, NStZ 2009, 386.

*Cancio Melià, Manuel*, Opferverhalten und objektive Zurechnung, ZStW 111 (1999), 357.

*Canestrari, Stefano*, Die Struktur des dolus eventualis, GA 2004, 210.

*Cantzler, Constantin / Zauner, Bernd*, Die Subsidiaritätsklausel in § 246 StGB: Zugleich eine Anmerkung zum Urteil des BGH vom 6. Februar 2002–1 StR 513/01, Jura 2003, 483.

*Cramer, Steffen*, Anmerkung zum BGH Urteil von 25.1.1995 – 5 StR 491/94, WiB 1995, 525.

*Dannecker, Gerhard / Dannecker, Christoph*, Die „Verteilung" der strafrechtlichen Geschäftsherrenhaftung im Unternehmen, JZ 2010, 981.

*Dencker, Friedrich*, Der praktische Fall, Strafrecht: Die erfolgreiche Fahrerflucht, JuS 1980, 210.

*ders.*, Kausalität und Gesamttat, Berlin u.a. 1996.

*Derksen, Roland*, Tatentschluß und Versuchsbeginn bei der Förderung von nicht vom Täter veranlassten unbewußten fremden Selbstgefährdungen, GA 1998, 592.

*Detmer, Hubert*, Der Begriff der Tat im strafprozessualen Sinn, Bonn 1989.

*Diel, Katja*, Das Regressverbot als allgemeine Tatbestandsgrenze im Strafrecht, Frankfurt am Main u.a. 1997.

*Dohna, Alexander Graf zu*, Die Freiwilligkeit des Rücktritts vom Versuch im Lichte der Judikatur des Reichsgerichts, ZStW 59 (1940), 541.

*Dölling, Dieter*, Fahrlässige Tötung bei Selbstgefährdung des Opfers, GA 1984, 71.

*Dopslaff, Ulrich*, Plädoyer für einen Verzicht auf die Unterscheidung in deskriptive und normative Tatbestandsmerkmale, GA 1987, 1.

*Dreher, Sonja*, Besprechung von BGH, Urteil vom 6. November 2002–5 StR 281/01 (LG Berlin), Mittelbare Unterlassungstäterschaft und Kausalität bei kollektivem Unterlassen, JuS 2004, 17.

*Duttge, Gunnar*, Die „hypothetische Einwilligung" als Strafausschlußgrund: wegweisende Innovation oder Irrweg?, Festschrift für Friedrich-Christian Schroeder, Heidelberg u.a. 2006, 179.

*ders.*, Arbeitsteilige Medizin zwischen Vertrauen und strafbarer Fahrlässigkeit, ZIS 2011, 349.

*Duttge, Gunnar / Sotelsek, Marc*, „Freifahrtschein" für Unterschlagungstäter?, NJW 2002, 3756.

*Eisele, Jörg*, Besprechung von BGH, Urteil vom 22. November 2000–3 StR 331/00, Strafbarkeit wegen fahrlässiger Tötung bei Notwehrprovokation, NStZ 2001, 416.

*Engelstädter, Regina*, Der Begriff des Unfallbeteiligten in § 142 Abs. 4 StGB, Frankfurt a. M. u.a. 1997.

*Engisch, Karl*, Die Kausalität als Merkmal der strafrechtlichen Tatbestände, Tübingen 1931.

*Engländer, Armin*, Vorwerfbare Notwehrprovokation – Strafbarkeit wegen fahrlässiger Tötung aufgrund rechtswidrigen Vorverhaltens trotz gerechtfertigten Handelns?, Jura 2001, 534.

*ders.*, Kausalitätsprobleme beim unechten Unterlassungsdelikt – BGH NStZ 2000, 414, JuS 2001, 958.

*Erb, Volker*, Rechtmäßiges Alternativverhalten und seine Auswirkungen auf die Erfolgszurechnung im Strafrecht, Berlin 1991.

*ders.*, Mord in Mittäterschaft – BGH NJW 1991, 1068, JuS 1992, 197.

*ders.*, Die Zurechnung von Erfolgen im Strafrecht, JuS 1994, 449.

*ders.*, Anmerkung zu OLG Düsseldorf, Beschl. v. 14.9.2000 – 2 b Ss 222/00–64/00 I, NStZ 2001, 317.

*Fahl, Christian*, 30 Jahre und kein bisschen weiter – eigenverantwortliche Selbstgefährdung im Strafrecht, GA 2018, 418.

*Fischer, Thomas*, Strafrechtswissenschaft und strafrechtliche Rechtsprechung – Fremde seltsame Welten, Festschrift für Rainer Hamm, Berlin 2008, 63.

*ders.*, Bewerten, Beweisen, Verurteilen, ZIS 2014, 97.

*ders.*, Kommentar zum Strafgesetzbuch mit Nebengesetzen, 69. Auflage, München 2022.

*Fissenewert, Peter*, Der Irrtum bei der Steuerhinterziehung – Alte und neue Probleme bei der Übernahme des bundesdeutschen Steuerstrafrechts in der ehemaligen DDR, Frankfurt am Main u.a. 1993.

*Frank, Reinhard*, Das Strafrecht für das Deutsche Reich, 18. Auflage 1931.

*Freund, Georg*, Richtiges Entscheiden – am Beispiel der Verhaltensbewertung aus der Perspektive des Betroffenen, GA 1991, 387.

*ders.*, Äußerlich verkehrsgerechtes Verhalten als Straftat? – BGH, NJW 1999, 3132, JuS 2000, 754.

*ders.*, Anmerkung zu BGH, Urt. v. 31.1.2002 – 4 StR 289/01, NStZ 2002, 424.

*ders.*, Zum Rücktritt vom Versuch bei einem mehraktigen Unterlassungsdelikt, NStZ 2004, 326.

*ders*, Strafrecht, Allgemeiner Teil: Personale Straftatlehre, 2. Auflage, Berlin, Heidelberg 2009.

*Freund, Georg / Putz, Sarah Antonia*, Materiellrechtliche Strafbarkeit und formelle Subsidiarität der Unterschlagung (§ 246 StGB) wörtlich genommen – Zugleich eine Besprechung des Urteils des BGH vom 6.2.2002 – StR 513/01, NStZ 2003, 242.

*Frisch, Wolfgang*, Vorsatz und Risiko – Grundfragen des tatbestandsmäßigen Verhaltens – zugleich ein Beitrag zur Behandlung außertatbestandlicher Möglichkeitsvorstellungen, Köln u.a. 1983.

*ders.*, Tatbestandsmäßiges Verhalten und Zurechnung des Erfolgs, Heidelberg 1988.

*ders.*, Gegenwartsprobleme des Vorsatzbegriffs und der Vorsatzfeststellung am Beispiel der AIDS-Diskussion, Gedächtnisschrift für Karlheinz Meyer, Berlin, New York 1990, 533.

*ders.*, Riskanter Geschlechtsverkehr eines HIV-Infizierten als Straftat? – BGHSt 36, 1, JuS 1990, 362.

*ders.*, Der Irrtum als Unrecht- und / oder Schuldausschluss im deutschen Strafrecht, Rechtfertigung und Entschuldigung, in: Eser, Albin u.a. (Hrsg.), Rechtfertigung und Entschuldigung III, Mannheim 1990, 217.

*ders.*, Selbstgefährdung im Strafrecht (Teil 1), NStZ 1992, 1.

*ders.*, Selbstgefährdung im Strafrecht (Teil 2), NStZ 1992, 62.

*ders.*, Die Conditio-Formel: Anweisung zur Tatsachenfeststellung oder normative Aussage?, Festschrift für Karl-Heinz Gössel, Heidelberg 2002, 51.

*ders.*, Zum gegenwärtigen Stand der Diskussion und zur Problematik der objektiven Zurechnungslehre, GA 2003, 719.

*ders.*, Defizite empirischen Wissens und ihre Bewältigung im Strafrecht, Festschrift für Manfred Maiwald, Berlin 2010, 239.

*Frister, Helmut*, Die Notwehr im System der Notrechte, GA 1988, 291.

*ders.*, Die Struktur des "voluntativen Schuldelements" – zugleich eine Analyse des Verhältnisses von Schuld und positiver Generalprävention, Berlin 1993.

*ders.*, Strafrecht, Allgemeiner Teil, 8. Auflage, München 2018.

*Frommel, Monika*, Die Bedeutung der Tätertypenlehre bei der Entstehung des § 211 StGB im Jahre 1941, JZ 1980, 559.

*dies.*, in: Jahn/Nack (Hrsg.) Rechtsprechung, Gesetzgebung, Lehre: Wer regelt das Strafrecht? Referate und Diskussionen auf 2. Karlsruher Strafrechtsdialog am 19. Juni 2009, Köln 2010, 63.

*Gallas, Wilhelm*, Zum gegenwärtigen Stand der Lehre vom Verbrechen, ZStW 67 (1955), 1.

*ders.*, Die moderne Entwicklung der Begriffe Täterschaft und Teilnahme im Strafrecht. Deutsche Beiträge zum VII. Internationalem Strafrechtskongress in Athen vom 26. September bis 02. Oktober 1957, Sonderheft der ZStW 69 (1957), 3.

*ders.*, Strafbares Unterlassen im Fall einer Selbsttötung, JZ 1960, 649.

*ders.*, Beiträge zur Verbrechenslehre, Berlin 1968.

*ders.*, Zur Struktur des strafrechtlichen Unrechtsbegriffs, Festschrift für Paul Bockelmann, München 1979.

*Geerds, Friedrich*, Zur Lehre von der Konkurrenz im Strafrecht, Hamburg 1961.

*Geppert, Klaus*, Zur Problematik des § 50 Abs. 2 StGB im Rahmen der Teilnahme am unechten Unterlassungsdelikt, ZStW 82 (1970), 40.

*ders.*, Grundzüge der Konkurrenzlehre, Jura 1982, 418.

*ders.*, Zum „error in persona vel obiecto" und zur „aberratio ictus", insbesondere vor dem Hintergrund der neuen „Rose-Rosahl-Entscheidung" (=BGHSt 37, 214 ff.), Jura 1992, 163.

*ders.*, Die Beihilfe (§ 27 StGB), Jura 1999, 266.

*ders.*, Die Akzessorietät der Teilnahme (§ 28 StGB) und die Mordmerkmale, Jura 2008, 37.

*Gerhold, Sönke / Kuhne, Elisa*, Über den bislang unbeachteten Einfluss des 2. Strafrechtsreformgesetzes auf die Eigenhändigkeitsdoktrin speziell im Rahmen der Straßenverkehrsdelikte, ZStW 124 (2012), 943.

*Gössel, Karl Heinz*, Anmerkung zum Urteil des BGH v. 16.9.1975 – 1 StR 264/75, JR 1976, 249.

*ders.*, Anmerkung zum Urteil des BGH v. 12.8.1997 – 1 StR 234/97, JR 1998, 293.

*ders.*, Empfiehlt sich eine Änderung der Rechtsprechung zum Verhältnis der Tatbestände der vorsätzlichen Tötungsdelikte (§§ 211 ff. StGB) zueinander?, ZIS 2008, 153.

*Grasnick, Walter*, Volens-nolens – Methodologische Anmerkungen zur Freiwilligkeit des Rücktritts vom unbeendeten Versuch, JZ 1989, 821.

*Grebing, Gerhardt*, Die Diskussionsbeiträge der Strafrechtslehrertagung 1975 in Göttingen, ZStW 88 (1976), 162.

*Greco, Luis*, Kausalitäts- und Zurechnungsfragen bei unechten Unterlassungsdelikten, ZIS 2011, 674.

*ders.*, Notwehr und Proportionalität, GA 2018, 665.

*Gropp, Walter*, Strafrecht Allgemeiner Teil, Berlin, Heidelberg 1997.

*ders.*, Die fahrlässige Verwirklichung des Tatbestandes einer strafbaren Handlung – miteinander oder nebeneinander? – Überlegungen zur so genannten „fahrlässigen Mittäterschaft", GA 2009, 265.

*Grossmann, Hans*, Die Grenze von Vorsatz und Fahrlässigkeit, Hamburg 1924.

*Grunst, Bettina*, § 370 I Nr. 2 AO – Sonderdelikt und besonderes persönliches Merkmal (§ 28 I StGB), NStZ 1998, 548.

*Grünwald, Gerald*, Die Beteiligung durch Unterlassen, GA 1959, 110.

*ders.*, Zu den Varianten der eingeschränkten Schuldtheorie, Gedächtnisschrift für Peter Noll, Zürich 1984, 183.

*ders.*, Zu den besonderen persönlichen Merkmalen (§ 28 StGB), Gedächtnisschrift für Armin Kaufmann, Köln u.a. 1989, 555.

*Günther, Hans-Ludwig*, Ist es zulässig, einen Irrtum des Beschuldigten bei seiner Vernehmung auszunutzen? – Anmerkung zu BGH, 2 StR 661/85, StV 1988, 421.

*Haft, Fritjof*, Grenzfälle des Irrtums über normative Tatbestandsmerkmale im Strafrecht, JA 1981, 281.

*Haft Fritjof / Eisele, Jörg*, Wie wirkt sich der error in persona des Haupttäters auf den Gehilfen aus?, Gedächtnisschrift für Rolf Keller, Tübingen 2003, 81.

*Hake, Manfred*, Anmerkung zu BGH, 5 StR 491/94, JR 1996, 161.

*Hall, Karl Alfred*, Über die Leichtfertigkeit – Ein Vorschlag de lege ferenda, Festschrift für Edmund Mezger, München u.a. 1954, 229.

*Hardtung, Bernhard*, Die "Rechtsfigur" der actio libera in causa beim strafbaren Führen eines Fahrzeugs und anderen Delikten – Möglichkeiten und Grenzen der Bestrafung, NZV 1997, 97.

*ders.*, Anmerkung zum Urteil des BGH v. 11.4.2000 – 1 StR 638/99, NStZ 2001, 205.

*ders.*, Anmerkung zum Urteil des BGH v. 9.10.2002 – 5 StR 42/02, NStZ 2003, 261.

*Hare, Richard*, Die Sprache der Moral, Originaltitel: The Language of Morals, Oxford 1952, deutsch von *von Morstein, Petra* Frankfurt a. M. 1972.

*Hassemer, Winfried*, Kennzeichen des Vorsatzes, Gedächtnisschrift für Armin Kaufmann, Köln u.a. 1989, 289.

*ders.*, Rechtsprechungsübersicht – Vermeidbarkeit des Verbotsirrtums, JuS 1989, 843.

*ders.*, Einführung in die Grundlagen des Strafrechts, 2. Auflage, München 1990.

*ders.*, Rechtsprechungsübersicht – Bedingter Tötungsvorsatz beim Unterlassen, JuS 1992, 524.

*Hauf, Hans-Jürgen*, Der Große Senat des BGH zum Rücktritt vom unbeendeten Versuch bei außertatbestandlicher Zielerreichung, MDR 1993, 923.

*ders.*, Neuere Entscheidungen zur Mittäterschaft unter besonderer Berücksichtigung der Problematik der Aufgabe der Mitwirkung eines Beteiligten während der Tatausführung bzw. vor Eintritt in das Versuchsstadium, NStZ 1994, 263.

*Heghmanns, Michael*, Überlegungen zum Unrecht von Beihilfe und Anstiftung, GA 2000, 473.

*Heidingsfelder, Thomas*, Der umgekehrte Subsumtionsirrtum, Berlin 1991.

*Heinitz, Ernst*, Teilnahme und unterlassene Hilfeleistung beim Selbstmord, JR 1954, 405.

*Heintschel-Heinegg, Bernd v.*, Die Konsumtion als eigenständige Form der Gesetzeskonkurrenz, Festschrift für Günther Jakobs, Köln 2007, 131.

*Helgerth, Roland*, Anmerkung zum Urteil des BGH v. 4.11.1988 – 1 StR 262/88, NStZ 1989, 117.

*Hellmann, Uwe*, Einverständliche Fremdgefährdung und objektive Zurechnung, Festschrift für Claus Roxin, Berlin, New York 2001, 271.

*Herzberg, Rolf Dietrich*, Eigenhändige Delikte, ZStW 82 (1970), 896.

*ders.*, Anstiftung und Beihilfe als Straftatbestände, GA 1971, 1.

*ders.*, Die Unterlassung im Strafrecht und das Garantenprinzip, Berlin, New York 1972.

*ders.*, Der Versuch beim unechten Unterlassungsdelikt, MDR 1973, 89.

*ders.*, Grundfälle zur Lehre von Täterschaft und Teilnahme, Teil 1, JuS 1974, 374; Teil 3, JuS 1975 574.

*ders.*, Die Problematik der „besonderen persönlichen Merkmale" im Strafrecht, ZStW 88 (1976), 68.

*ders.*, Täterschaft und Teilnahme – eine systematische Darstellung anhand von Grundfällen, München 1977.

*ders.*, Das Wahndelikt in der Rechtsprechung des BGH, JuS 1980, 469.

*ders.*, Aberratio ictus und error in obiecto, JA 1981, Teil 1: 369, Teil 2: 470.

*ders.*, Beteiligung an einer Selbsttötung oder tödlichen Selbstgefährdung als Tötungsdelikt, JA 1985, Teil 1: 131, Teil 2: 177, Teil 3: 265, Teil 4: 336.

*ders.*, Der Anfang des Versuchs bei mittelbarer Täterschaft, JuS 1985, 1.

*ders.*, Der Rücktritt durch Aufgeben der weiteren Tatausführung, Festschrift für Günter Blau, Berlin, New York 1985, 120.

*ders.*, Die Abgrenzung von Vorsatz und bewußter Fahrlässigkeit – ein Problem des objektiven Tatbestandes, JuS 1986, 249.

*ders.*, Anstiftung zur unbestimmten Haupttat – BGHSt 34, 63, JuS 1987, 617.

*ders.*, Erlaubnistatbestandsirrtum und Deliktsaufbau, JA 1989, Teil 1: 243, Teil 2: 294.

*ders.*, Aids: Herausforderung und Prüfstein des Strafrechts, JZ 1989, 470.

*ders.*, Problemfälle des Rücktritts durch Verhindern der Tatvollendung, NJW 1989, 862.

*ders.*, Akzessorietät der Teilnahme und persönliche Merkmale, GA 1991, 145.

*ders.*, Anmerkung zum Beschluss des BGH v. 26.11.1990 – 5 StR 480/90, JR 1991, 158.

*ders.*, Zur Eingrenzung des vorsatzausschließenden Irrtums (§ 16 StGB), JZ 1993, 1017.

*ders.*, Tatbestands- oder Verbotsirrtum?, GA 1993, 439.

*ders.*, Das vollendete vorsätzliche Begehungsdelikt als qualifiziertes Versuchs-, Fahrlässigkeits- und Unterlassungsdelikt, JuS 1996, 377.

*ders.*, Vollendeter Mord bei Tötung des falschen Opfers?, NStZ 1999, 217.

*ders.*, Der Vorsatz als "Schuldform", als "aliud" zur Fahrlässigkeit und als "Wissen und Wollen"?, 50 Jahre Bundesgerichtshof, Festgabe aus der Wissenschaft, Band IV, Strafrecht, Strafprozessrecht (Hrsg. Claus Roxin, Gunther Widmaier u.a.), München, 2000.

*ders.*, Der Versuch, die Straftat durch einen anderen zu begehen, Festschrift für Claus Roxin, Berlin, New York 2001, 749.

*ders.*, Zum Fahrlässigkeitsdelikt in kriminologischer Sicht und zum Gefahrmerkmal des Vorsatzdeliktes, Festschrift für Professor Dr. Hans-Dieter Schwind, Heidelberg 2006, 317.

*Hettinger, Michael*, Die Bewertung der „aberratio ictus" beim Alleintäter – Gedanken zum Verhältnis zwischen Sachverhalt und Gesetz, GA 1990, 531.

*ders.*, Der sog. dolus generalis: Ein Sonderfall eines „Irrtums über den Kausalverlauf"?, Festschrift für Günter Spendel, Berlin, New York 1992, 237.

*Heuchemer, Michael*, Zur Verabschiedung der Lehre vom konkreten Vorsatz und der Beachtlichkeit der aberratio ictus als Ausschnitt einer normativen Revision der Vorsatzlehre, Festschrift für Bernd von Heintschel-Heinegg, München 2015, 189.

*Hilgendorf, Eric*, Strafrechtliche Produzentenhaftung, Berlin 1993.

*ders.*, Fragen der Kausalität bei Gremienentscheidungen am Beispiel des Lederspray-Urteils, NStZ 1994, 561.

*ders.*, Zur Lehre vom „Erfolg in seiner konkreten Gestalt", GA 1995, 515.

*ders.*, Rezension zu Hassemer, Produktverantwortung im modernen Strafrecht, JZ 1997, 611.

*ders.*, Fälle zum Strafrecht III, 2. Auflage, München 2016.

*Hippel, Robert v.*, Die Grenze von Vorsatz und Fahrlässigkeit, Leipzig 1903.

*Hirsch, Hans Joachim*, Zur Kausalität zwischen Körperverletzung und Todesfolge – Anmerkung zu BGH, Urteil vom 30.6.1982 – 2 StR 226/82, JR 1983, 77.

*ders.*, Anmerkung zum Urteil des BGH vom 2.19.1997 – 3 StR 632/96, JR 1997, 391.

*ders.*, Anwendbarkeit der Grundsätze der actio libera in causa, NStZ 1997, 230.

*ders.*, Zur actio libera in causa, Festschrift für Naruo Nishihara, Baden-Baden 1998, 88.

*ders.*, Rechtfertigungsfragen und Judikatur des Bundesgerichtshofs, 50 Jahre Bundesgerichtshof, Festgabe aus der Wissenschaft, Band IV, Strafrecht, Strafprozessrecht (Hrsg. Claus Roxin, Gunther Widmaier u.a.), München, 2000.

*Hofmann, Edgar*, Kann ein Verkehrsunfall für einen nach Alkoholgenuß absolut fahruntüchtigen Kraftfahrer wegen seines Zustandes vermeidbar gewesen sein?, VersR 1971, 1103.

*Horn, Eckhard*, Anmerkung des Urteil des BayObLG v. 18.8.1978 – RReg. 1 St 147/77, JR 1979, 291.

*ders.*, Strafbares Fehlverhalten von Genehmigungs- und Aufsichtsbehörden?, NJW 1981, 1.

*ders.*, Anmerkung zum Urteil des BGH v. 14.2.1984 – 1 StR 808/83 (BGHSt 32, 262), JR 1984, 513.

*ders.*, Strafrechtliche Verantwortung von Amtsträgern für die Genehmigung umweltgefährdender Projekte- Anmerkung zu BGH, Urteil vom 3.11.1993, 2 StR 321/93, JZ 1994, 636.

*ders.*, Rechtsprechungsübersicht zum Umweltstrafrecht, JZ 1994, 1097.

*ders.*, Der Anfang vom Ende der actio libera in causa, StV 1997, 264.

*Hörnle, Tatjana*, Der entschuldigende Notstand (§ 35 StGB), JuS 2009, 873.

*Hoven, Elisa*, Praxiskommentar zu BGH NStZ 2017, 701, NStZ 2017, 707.

*Hoyer, Andreas*, Das Rechtsinstitut der Notwehr, JuS 1988, 89.

*ders.*, Die traditionelle Strafrechtsdogmatik vor neuen Herausforderungen: Probleme der strafrechtlichen Produkthaftung, GA 1996, 160.

*ders.*, Anmerkung zum Urteil des BGH v. 6.2.2002 – 1 StR 513/01, JR 2002, 517.

*ders.*, Zur Differenzierung zwischen Erfolgs-, Handlungs- und Unrechtszurechnung, GA 2006, 298.

*ders.*, Wozu brauchen wir eine fahrlässige Mittäterschaft?, Festschrift für Ingeborg Puppe, Berlin 2011, 515.

*Hruschka, Joachim*, Der Begriff der actio libera in causa und die Begründung ihrer Strafbarkeit – BGHSt 21, 381, JuS 1968, 554.

*ders.*, Extrasystematische Rechtfertigungsgründe, Festschrift für Eduard Dreher, Berlin, New York 1977, 189.

*ders.*, Die Herbeiführung eines Erfolges durch einen von zwei Akten bei eindeutigen und mehrdeutigen Tatsachenfeststellungen, JuS 1982, 317.

*ders.*, Zur Gehilfenschaft des Rechtsanwalts, der durch falsche Rechtsauskunft eine Straftat fördert, Anmerkung zu BGH, Urteil vom 6.9.1983, Az: 5 Ss (OWi) 307/83–275/83 I, JR 1984, 257.

*ders.*, Über Schwierigkeiten mit dem Beweis des Vorsatzes, Festschrift für Theodor Kleinknecht, München 1985, 191.

*ders.*, Strafrecht nach logisch-analytischer Methode, 2. Auflage, Berlin 1988.

*ders.*, Probleme der actio libera in causa heute, JZ 1989, 310.

*ders.*, Die actio libera in causa bei Vorsatztaten und bei Fahrlässigkeitstaten – Besprechung zu BGH, Urteil vom 22.8.1996, 4 StR 217/96, JZ 1997, 22.

*Immel, Burkhard*, Strafrechtliche Verantwortlichkeit von Amtsträgern im Umweltstrafrecht, Frankfurt 1987.

*ders.*, Die Notwendigkeit eines Sondertatbestandes im Umweltstrafrecht – Umweltuntreue, ZRP 1989, 105.

*Jäger, Christian*, Die Delikte gegen Leben und körperliche Unversehrtheit nach dem 6. Strafrechtsreformgesetz – Ein Leitfaden für Studium und Praxis, JuS 2000, 31.

*ders.*, Herbeiführung einer Gefahr durch rechtswidriges Vorverhalten- Anmerkung zu BGH, Urteil vom 22.11.2000 – 3 StR 331/00, JR 2001, 512.

*ders.*, Über die Problematik gekreuzter Mordmerkmale bei der Anstiftung – Anmerkung zu BGH, Urteil vom 12.1.2005 – 2 StR 229/04, JR 2005, 477.

*ders.*, Die notwendige Bedingung als ereignisbezogener Kausalfaktor, Festschrift für Manfred Maiwald, Berlin 2010, 345.

*ders.*, Examens-Repetitorium Strafrecht Allgemeiner Teil, 8. Auflage, Heidelberg 2017.

*ders.*, Praxiskommentar zu BGH, Beschl. v. 7.3.2017 – 3 StR 501/16, NStZ 2017, 460.

*Jahn, Matthias*, Selbst- und Fremdgefährdung bei tödlichen Autorennen, Anmerkung zu BGH, Urteil vom 20.11.2008 – 4 StR 328/98, JuS 2009, 370.

*Jähnke*, in: Jahn/Nack (Hrsg.) Rechtsprechung, Gesetzgebung, Lehre: Wer regelt das Strafrecht? Referate und Diskussionen auf 2. Karlsruher Strafrechtsdialog am 19. Juni 2009, Köln 2010, 62.

*Jakobs, Günther*, Anmerkung zum Urteil des BGH v. 8.10.1968 – 5 StR 462/68, NJW 1969, 437.

*ders.*, Probleme der Wahlfeststellung, GA 1971, 257.

*ders.*, Studien zum fahrlässigen Erfolgsdelikt, Berlin 1972.

*ders.*, Anmerkung zum Beschluß des BGH v. 13.1.1988 – 2 StR 665/87, JZ 1988, 519.

*ders.*, Tätervorstellung und objektive Zurechnung, Gedächtnisschrift für Armin Kaufmann, Köln u.a. 1989, 271.

*ders.*, Strafrecht, Allgemeiner Teil – die Grundlagen und die Zurechnungslehre, 2. Auflage Berlin 1991.

*ders.*, Die sogennante actio libera in causa, Festschrift für Haruo Nishihara, Baden-Baden 1998, 105.

*ders.*, Altes und Neues zum strafrechtlichen Vorsatzbegriff, Rechtswissenschaft 2010, 283.

*Jescheck, Hans Heinrich / Weigend, Thomas*, Lehrbuch des Strafrechts, Allgemeiner Teil, 5. Auflage, Berlin 1996.

*Joerden, Jan C.*, Anstiftung als Aufforderung zu freiverantwortlichem deliktischen Verhalten, Festschrift für Ingeborg Puppe, Berlin 2011, 563.

*Johannes, Hartmut*, Mittelbare Täterschaft bei rechtmäßigem Handeln des Werkzeugs, 1963.

*Jung, Heike*, Garantenstellung des Bürgermeisters für Abwasserbeseitigung – Anmerkung zu BGH, Urteil vom 19.8.1992 –2 StR 86/92, JuS 1993, 346.

*ders.*, Besprechung zum Beschluß des BGH v. 19.5.1993 – GSSt 1/93, JuS 1994, 82.

*Kadel, Bertold*, Versuchsbeginn bei mittelbarer Täterschaft – versuchte mittelbare Täterschaft, GA 1983, 299.

*Kahlo, Michael*, Das Bewirken durch Unterlassen bei drittvermitteltem Rettungsgeschehen – Zur notwendigen Modifikation der Risikoerhöhungslehre bei den unechten Unterlassungsdelikten, GA 1987, 66.

*Kahrs, Hans Jürgen*, Das Vermeidbarkeitsprinzip und die conditio-sine-qua-non-Formel im Strafrecht, Hamburg 1968.

*Kaufmann, Armin*, Der dolus eventualis im Deliktsaufbau – Die Auswirkungen der Handlungs- und der Schuldlehre auf die Vorsatzgrenze, ZStW 70 (1958), 64.

*ders.*, Die Dogmatik der Unterlassungsdelikte, Göttingen 1959.

*ders.*, Schuldfähigkeit und Verbotsirrtum- zugleich ein Beitrag zur Kritik des Entwurfs 1960, Festschrift für Eberhardt Schmidt, Göttingen, 1961, 319.

*ders.*, Tatbestandsmäßigkeit und Verursachung im Contergan-Verfahren, JZ 1971, 569.

*ders.*, Zum Stand der Lehre vom personalen Unrecht, Festschrift für Hans Welzel, Berlin, New York 1974, 393.

*Kaufmann, Arthur*, Die Parallelwertung in der Laiensphäre. Ein sprachphilosophischer Beitrag zur allgemeinen Verbrechenslehre, München 1982.

*Kindhäuser, Urs*, Der Vorsatz als Zurechnungskriterium, ZStW 96 (1984), 1.

*ders.*, Gefährdung als Straftat, Frankfurt am Main 1989.

*ders.*, Zur Unterscheidung von Einverständnis und Einwilligung, Festschrift für Rudolphi, Neuwied 2004, 135.

*ders.*, Objektive und subjektive Zurechnung beim Vorsatzdelikt, Festschrift für Hruschka, Berlin u.a. 2005, 527.

*ders.*, Gleichgültigkeit als Vorsatz?, Festschrift für Albin Eser, München 2005, 345.

*ders.*, Risikoerhöhung und Risikoverringerung, ZStW 120 (2008), 481.

*ders.*, Zurechnung bei alternativer Kausalität, GA 2012, 134.

*ders.*, Zur Alternativstruktur des strafrechtlichen Kausalbegriffs, ZIS 2016, 574.

*Kindhäuser, Urs / Böse, Martin*, Strafrecht Besonderer Teil II, 11. Auflage, Baden-Baden 2021.

*Kindhäuser, Urs / Zimmermann, Till*, Strafrecht Allgemeiner Teil, 10. Auflage, Baden-Baden, 2022

*Meyer-Goßner, Lutz / Schmitt, Bertram*, Strafprozessordnung, 58. Auflage, München 2015.

*Knauer, Christoph*, Anmerkung zu BGH, Urteil vom 11.6.2002 – 5 StR 281/01, NJW 2003, 3101.

*Köhler, Michael*, Die bewusste Fahrlässigkeit. Eine strafrechtlich-rechtsphilosophische Untersuchung, Heidelberg 1982.

*ders.*, Rechtsgut, Tatbestandsstruktur und Rechtswidrigkeitszusammenhang, MDR 1992, 739.

*ders.*, Strafrecht Allgemeiner Teil, Berlin 1997.

*Kohler, Josef*, Der deutsche und der österreichische Vorentwurf eines Strafgesetzbuches, GA 1909, 285.

*Kohlrausch, Eduard / Lange, Richard*, Strafgesetzbuch mit Erläuterungen und Nebengesetzen, 43. Aufl., Berlin 1961.

*König, Peter*, Gefährlicher Eingriff in den Straßenverkehr durch „verkehrsgerechtes Verhalten" – Ergänzende Anmerkung zu BGH NJW 1999, 3132, JA 2000, 777.

*Kopp, Thomas*, § 315b StGB: Gefährlicher Eingriff in den Straßenverkehr bei verkehrsgerechtem Verhalten, Anmerkung zu BGH, Urteil vom 22.7.1999 – 4 StR 90/99, JA 2000, 365.

*Koriath, Heinz*, Einige Gedanken zur aberratio ictus, JuS 1997, 901.

ders., Einige Gedanken zum Error in persona, JuS 1998, 215.

ders., Kausalität und objektive Zurechnung, Baden-Baden 2007.

*Kraatz, Erik*, Die Systematik der Tötungsdelikte und ihre Auswirkungen auf die Akzessoriotät der Teilnahme (§ 28 StGB), Jura 2006, 613.

*Krack, Ralf*, Der Versuchsbeginn bei Mittäterschaft und mittelbarer Täterschaft, ZStW 110 (1998), 611.

*Kratzsch, Dietrich*, Grenzen der Strafbarkeit im Notwehrrecht, Berlin 1968.

*Kretschmer, Joachim*, Anmerkung zu BGH, Urt. v. 17.7.2009, 5 StR 394/08, JR 2009, 474.

ders., Die Rechtfertigungsgründe als Topos der objektiven Zurechnung, NStZ 2012, 177.

*Krümpelmann, Justus*, Schutzzweck und Schutzreflex der Sorgfaltspflicht, Festschrift für Paul Bockelmann, München 1979, 443.

ders., Zur Kritik der Lehre vom Risikovergleich bei den fahrlässigen Erfolgsdelikten, GA 1984, 491.

ders., Die Verwirkung der Vertrauensgrundsatzes bei pflichtwidrigem Verhalten in der kritischen Verkehrssituation, Festschrift für Karl Lackner, Berlin, New York 1987, 289.

*Kubink, Michael*, Das Prinzip des Selbstverantwortung – ein neuer Strafrechtsparameter für Tatbestand und Sanktion, Festschrift für Günter Kohlmann, Köln 2003, 53.

*Kudlich, Hans*, Anmerkung zum BGH, Urteil vom 17.10.1996 – 4 StR 389/96, NStZ 1997, 432.

ders., Ein Schnäpschen in Ehren – die Giftfalle des Apothekers – BGH NJW 1997, 3453, JuS 1998, 596.

ders., Anmerkung zum Urteil des BGH vom 22.7.1999 – 4 StR 90/99, StV 2000, 23.

ders., Anmerkung zum Urteil des BGH vom 31.1.2002 – 4 StR 289/01, JR 2002, 468.

*Kühl, Kristian*, Versuch in mittelbarer Täterschaft, JuS 1983, 180.

ders., Freiheit und Solidarität bei den Notrechten, Festschrift für Hans Joachim Hirsch, Berlin 1999, 259.

ders., Strafrecht, Allgemeiner Teil, 8. Auflage, München 2017.

*Kuhlen, Lothar*, Die Unterscheidung von vorsatzausschließendem und nichtvorsatzausschließendem Irrtum, Frankfurt am Main 1987.

ders., Strafhaftung bei unterlassenem Rückruf gesundheitsgefährdender Produkte, NStZ 1990, 566.

ders., Zum Umweltstrafrecht in der Bundesrepublik Deutschland, Wirtschaft und Verwaltung, 1991, 183.

ders., Objektive Zurechnung bei Rechtfertigungsgründen, Festschrift für Claus Roxin, Berlin, New York 2001, 331.

ders., Ausschluß der objektiven Zurechnung bei Mängeln der wirklichen und der mutmaßlichen Einwilligung, Festschrift für Heinz Müller-Dietz, München 2001, 431.

ders., Ausschluss der objektiven Erfolgszurechnung bei hypothetischer Einwilligung des Betroffenen – Zugleich Besprechung des Beschlusses des BGHs vom 15.10.2003 – 1 StR 300/03, JR 2004, 227.

ders., Buchbesprechung zu Walter, Tonio: Der Kern des Strafrechts. Die allgemeine Lehre von Verbrechen und die Lehre vom Irrtum, ZStW 120 (2008), 140.

*Kunert, Karl-Heinz*, Die normativen Merkmale der strafrechtlichen Tatbestände, Berlin 1958.

*Kunz, Karl-Ludwig*, Strafausschluß oder –milderung bei Tatveranlassung durch falsche Rechtsauskunft?, GA 1983, 457.

*Küper, Wilfried*, „Pflichtgemäße Prüfung" bei Zuziehung von Durchsuchungszeugen- zugleich zum Rechtfertigungselement der pflichtgemäßen Prüfung bei Amtshandlungen, NJW 1971, 1681.

ders., Der Versuchsbeginn bei mittelbarer Täterschaft, JZ 1983, 361.

ders., Der "verschuldete" rechtfertigende Notstand – zugleich ein Beitrag zur "actio illicita in causa", Berlin 1983.

ders., Die Rechtsprechung des BGH zum tatbestandssystematischen Verhältnis von Mord und Totschlag – Analyse und Kritik I, JZ 1991, Teil 1: 761, Teil 2: 862, Teil 3: 910.

ders., „Besondere persönliche Merkmale" und „spezielle Schuldmerkmale", ZStW 104 (1992), 559.

ders., Grundfragen des neuen Aussetzungsdelikts, ZStW 111 (1999), 30.

ders., Blutrache, Heimtücke und Beteiligung am Mord, JZ 2006, 608.

ders., Im Dickicht der Beteiligung an Mord und Totschlag, JZ 2006, 1157.

*Küpper, Georg*, Zum Verhältnis von dolus eventualis, Gefährdungsvorsatz und bewußter Fahrlässigkeit, ZStW 100 (1988), 758.

ders., Anmerkung zu BGH, Urteil vom 25.10.1990 – 4 StR 371/90, JR 1992, 293.

ders., Anmerkung zu BGH, Urteil vom 6.2.2002 – 1 StR 513/01, JZ 2002, 1115.

*Lackner, Karl / Kühl, Kristian*, Strafgesetzbuch, Kommentar, 29. Auflage, München 2018.

*Lackner, Karl*, Anmerkung zum Beschluß des BGH v. 3.5.1988 – 1 StR 193/88 und v. 13.1.1988 – 2 StR 665/87, NStZ 1988, 404.

*Lacmann, W.* Über die Abgrenzung des Vorsatzbegriffs, GA 58 (1911), 109.

ders., Die Abgrenzung der Schuldformen in der Rechtslehre und im Vorentwurf zu einem deutschen Strafgesetzbuch, ZStW 31 (1911), 142.

*Lampe, Ernst-Joachim*, Rücktritt vom Versuch „mangels Interesses"? – BGHSt 35, 184, JuS 1989, 610.

*Langer, Winrich*, Zur Strafbarkeit des Teilnehmers gemäß § 28 Abs. 1 StGB, Festschrift für Ernst Wolff, Köln 1985, 335.

*Langrock, Günter*, Die willkommene Brandstiftung (Der praktische Fall), JuS 1971 529.

*Leipziger Kommentar*, Laufhütte u.a. (Hrsg.), Kommentar zum Strafgesetzbuch, Berlin, 12. Aufl.: Band 1 2007, Band 2 2006, Band 5 2009, Band 7 (1. Teilband) 2019, Band 11 2008; 11. Aufl.: Band 5 2005.

*Leite, Alaor*, Der Unrechtszweifel als Verbotsirrtum, GA 2012, 688.

*Leitmeier, Lorenz*, Bedingter Vorsatz – ein Wertbegriff, HRRS 2016, 243.

*Lenckner, Theodor*, Notwehr bei provoziertem und verschuldetem Angriff, GA 1961, 299.

ders., Die Rechtfertigungsgründe und das Erfordernis pflichtgemäßer Prüfung, Festschrift für Hellmuth Mayer, Berlin 1966, 165.

ders., Technische Normen und Fahrlässigkeit, Festschrift für Karl Engisch, Frankfurt a.M. 1969, 490.

ders., Anmerkung zum Urteil des BGH vom 14.6.1972 – 2 StR 679/71, JZ 1973, 253.

*Lesch, Heiko H.*, Dolus directus, indirectus und eventualis, JA 1997, 802.

*Ling, Michael A.*, Die Unterbrechung des Kausalzusammenhangs durch willentliches Dazwischentreten eines Dritten – eine dogmengeschichtliche Untersuchung, Berlin 1996.

*Loos, Fritz*, Anmerkung zum Beschluß des BGH v. 16.7.1993 – 2 StR 294/93, JR 1994, 511.

*Löwe, Ewald / Rosenberg, Werner*, StPO und GVG – Großkommentar, Band 6/Teil 2, 26. Auflage, Berlin 2013.

*Lüderssen, Klaus*, Beihilfe, Strafvereitelung und objektive Zurechnung, Festschrift für Gerald Grünwald, Baden-Baden 1999, 337.

*Luzón Peña, Diego-Manuel*, Alteriätsprinzip oder Identitätsprinzip vs. Selbstverantwortungsprinzip, GA 2011, 295. *Maiwald, Manfred*, Der „dolus generalis" – Ein Beitrag zur Lehre von der Zurechnung, ZStW 78 (1966), 30.

ders., Unrechtskenntnis und Vorsatz im Steuerstrafrecht, Heidelberg 1984.

ders., Anmerkung zu BGH, Urteil vom 30.6.1982 – 2 StR 226/82, JuS 1984, 439.

*ders.*, Das Erfordernis des ernsthaften Bemühens beim fehlgeschlagenen oder beendeten Versuch (§ 24 Abs. 1 Satz 2 StGB), Festschrift für E.A. Wolff, Berlin u.a. 1998, 337.

*ders.*, Psychologie und Norm beim Rücktritt vom Versuch, Festschrift für Heinz Zipf, Heidelberg 1999, 255.

*v. Mangoldt, Hermann / Klein, Friedrich / Starck, Christian*, Kommentar zum Grundgesetz, Band 3, 6. Aufl. München 2010.

*Martin, Siegmund*, Anwendbarkeit der Grundsätze der actio libera in causa – Besprechung von BGH, Urteil vom 22.8.1996 – 4 StR 217/96, JuS 1997, 377.

*ders.*, Besprechung zum Urteil des BGH v. 17.10.1996 – 4 StR 389/96, JuS 1997, 567.

*ders.*, Besprechung zum Urteil des BGH v. 12.8.1997 – 1 StR 234/97, JuS 1998, 273.

*ders.*, Besprechung zum Urteil des BGH v. 22.11.2000 – 3 StR 331/00, JuS 2001, 512.

*Matthes-Wegfraß, Ines*, Der Konflikt zwischen Eigenverantwortung und Mitverantwortung im Strafrecht, Berlin 2013.

*Maurach, Reinhart / Zipf, Heinz*, Strafrecht, Allgemeiner Teil, Teilband 1, 8. Auflage, Heidelberg 1992.

*Maurach, Reinhart / Gössel, Karl Heinz / Zipf, Heinz*, Strafrecht, Allgemeiner Teil, Teilband 2, 8. Auflage, Heidelberg 2014.

*Mayer, Hellmuth*, Strafrecht, Allgemeiner Teil, Stuttgart u.a. 1967.

*Meyer, Dieter*, Anstiftung durch Unterlassen?, MDR 1975, 982.

*Mezger, Edmund*, Vom Sinn der strafrechtlichen Tatbestände, Festschrift für Ludwig Traeger, Berlin 1926, 187.

*ders.*, Lehrbuch 3. Auflage, München, Berlin 1949.

*ders.*, Anmerkung zu BGH, JZ 1951, 177, JZ 1951, 179.

*ders.*, Strafrecht – Ein Studienbuch, 9. Auflage, München, Berlin 1960.

*Mezger, Edmund /Blei, Hermann*, Strafrecht Allgemeiner Teil, 11. Auflage, Berlin 1965.

*Michalke, Regina*, Die Strafbarkeit von Amtsträgern wegen Gewässerverunreinigung (§ 324 StGB) und umweltgefährdender Abfallbeseitigung (§ 326 StGB) in neuem Licht, NJW 1994, 1693.

*Mitsch, Wolfgang*, Nothilfe gegen provozierte Angriffe, GA 1986, 533.

*ders.*, Dauerdelikt und Strafklageverbrauch, MDR 1988, 1005.

*ders.*, Rechtfertigung einer Ohrfeige, JuS 1992, 289.

*ders.*, Grundfälle zu den Tötungsdelikten, JuS 1996, Teil 1: 26, Teil 2: 407.

*Möhl, Wolfgang*, Anmerkung zum Urteil des BGH v. 26.11.1970 – 4 StR 26/70, JR 1971, 249.

*Momsen, Carsten*, Der „Compliance-Officer" als Unterlassensgarant. Ein neues Zurechnungsmodell oder ein weiterer Schritt auf dem Weg der Evaporation von Zurechnungsparametern?, Festschrift für Ingeborg Puppe, Berlin 2011, 751.

*Montañés, Teresa Rodríguez*, Einige Bemerkungen über das Kausalitätsproblem und die Täterschaft im Falle rechtswidriger Kollegialentscheidungen, Festschrift für Claus Roxin, Berlin, New York, 2001, 307.

*Müller, Jürgen*, Das Urteil des BGH zur Anstiftung und „error in persona", MDR 1991, 830.

*Müller, Max Ludwig*, Die Bedeutung des Kausalzusammenhanges im Strafrecht und Schadensersatzrecht, Tübingen 1912.

*Müller-Dietz, Heinz*, Verfassungsbeschwerde und richterliche Tatbestandsauslegung im Strafrecht, Festschrift für Reinhart Maurach, Karlsruhe 1972, 41.

*Münch, Ingo v. / Kunig, Philip*, Grundgesetz Kommentar, Band 2, 6. Aufl. München 2012.

*Münchener Kommentar zum Strafgesetzbuch*, Erb/ Schäfer (Hrsg.), München, 4. Aufl.: Band 1: 2020, Band 2: 2020, Band 4: 2021.

*Murmann, Uwe*, Zum Tatbestand der Beihilfe, JuS 1999, 548.

*ders.*, Anmerkung zum Urteil des BGH v. 21.12.2011 – 2 StR 295/11, NStZ 2012, 387.

*ders.*, Zur Einwilligungslösung bei der einverständlichen Fremdgefährdung, Festschrift für Ingeborg Puppe, Berlin 2011, 767.

*Mylonopoulos, Christos*, Komparative und Dispositionsbegriffe im Strafrecht, Frankfurt a. M. (u.a.) 1998.

*ders.*, Vorsatz als Dispositionsbegriff, Festschrift für Wolfgang Frisch, Berlin 2013, 349.

*Nack, Armin*, Mittelbare Täterschaft durch Ausnutzung regelhafter Abläufe, GA 2006, 342.

*Naucke, Wolfgang*, Anmerkung zum Urteil OLG Karlsruhe vom 5.10.1967 – 1 Ss 132/67, NJW 1968, 758.

*ders.*, Rückwirkende Senkung der Promillegrenze und Rückwirkungsverbot (Art. 103 Abs. 2 GG), NJW 1968, 2321.

*ders.*, Staatstheorie und Verbotsirrtum, Festschrift für Claus Roxin, Berlin, New York 2001, 503.

*ders.*, Unklares Strafrecht und Verbotsirrtum, Festschrift für Ulfrid Neumann, Heidelberg 2017, 955.

*Nepomuck, Lutz*, Anstiftung und Teilnahme, Berlin 2008.

*Nestler, Cornelius*, Die strafrechtliche Verantwortlichkeit eines Bürgermeisters für Gewässerverunreinigungen der Bürger, GA 1994, 514.

*Neumann, Ulfrid*, Zurechnung und Vorverschulden – Vorstudien zu einem dialogischen Modell strafrechtlicher Zurechnung, Berlin 1985.

*ders.*, Die Strafbarkeit der Suizidbeteiligung als Problem der Eigenverantwortlichkeit des "Opfers", JA 1987, 244.

*ders.*, Rückwirkungsverbot bei belastenden Rechtsprechungsänderungen der Strafgerichte?, ZStW 103 (1991), 331.

*ders.*, Der Verbotsirrtum (§ 17 StGB), JuS 1993, 793.

*ders.*, Konstruktion und Argument in der neueren Diskussion zur actio libera in causa, Festschrift für Arthur Kaufmann, Heidelberg 1993, 581.

*ders.*, Gesetzeswidrigkeit der Rechtsfigur der actio libera in causa?, StV 1997, 21.

*ders.*, Die Schuldlehre des Bundesgerichtshofs – Grundlagen, Schuldfähigkeit, Verbotsirrtum, in: 50 Jahre Bundesgerichtshof. Festgabe aus der Wissenschaft, Bd. IV, Berlin 2000, 83.

*ders.*, Mord und Totschlag. Argumentationstheoretische Erwägungen zum Verhältnis von § 211 und § 212 StGB, Festschrift für Ernst-Joachim Lampe, Berlin 2003, 643.

*NOMOS Strafgesetzbuch Kommentar*, Urs Kindhäuser, Ulfrid Neumann, Hans-Ulrich Paeffgen, (Hrsg.), 5. Aufl., Baden-Baden 2017.

*Nix, Christoph*, Anmerkung zum Beschluß des BGH GS v. 19.5.1993 – GSSt 1/93, NJ 1993, 567.

*Osnabrügge, Stefan*, Die Beihilfe und ihr Erfolg, Berlin 2001.

*Otto, Harro*, Kausaldiagnose und Erfolgszurechnung im Strafrecht, Festschrift für Reinhart Maurach, Karlsruhe 1972, 91.

*ders.*, „In dubio pro reo" und Wahlfeststellung, Festgabe für Karl Peters, Tübingen 1974, 373.

*ders.*, Rechtsverteidigung und Rechtsmißbrauch im Strafrecht – Zum Zusammenhang zwischen den §§ 32, 34 StGB, Festschrift für Thomas Würtenberger, Berlin 1977, 129.

*ders.*, Fotografieren von Demonstranten durch die Polizei und Rechtfertigungsirrtum, JZ 1978, 738.

*ders.*, Risikoerhöhungsprinzip statt Kausalitätsgrundsatz als Zurechnungskriterium bei Erfolgsdelikten, NJW 1980, 417.

*ders.*, Versuch und Rücktritt bei mehreren Tatbeteiligten (1. Teil), JA 1980, 641.

*ders.*, Anstiftung und Beihilfe, JuS 1982, 557.

*ders.*, Actio libera in causa und § 323a StGB, ZStW 97 (1985), 513.

*ders.*, Actio libera in causa, Jura 1986, 426.

*ders.*, Täterschaft, Mittäterschaft, mittelbare Täterschaft, Jura 1987, 246.

*ders.*, Anmerkung zum Erlaubnistatbestandsirrtum, Gedächtnisschrift für Armin Kaufmann Köln u.a. 1989, 399.

*ders.*, Eigenverantwortliche Selbstschädigung und -gefährdung sowie einverständliche Fremdschädigung und -gefährdung, Festschrift für Herbert Tröndle, Berlin, New York 1989, 157.

*ders.*, Der vorsatzausschließende Irrtum in der höchstrichterlichen Rechtsprechung, Gedächtnisschrift für Karlheinz Meyer, Berlin, New York 1990, 583.

*ders.*, Grundsätzliche Problemstellungen des Umweltstrafrechts, Jura 1991, 308.

*ders.*, Fehlgeschlagener Versuch und Rücktritt, Jura 1992, 423.

*ders.*, Die Mordmerkmale in der Höchstrichterlichen Rechtsprechung, Jura 1994, 141.

*ders.*, Grundsätze der strafrechtlichen Produkthaftung nach dem „Holzschutzmittel"-Urteil, WiB 1995, 929.

*ders.*, Anmerkung zum Urteil des BayOblG v. 14.2.1997 – 4 St RR 4/97, JZ 1997, 522.

*ders.*, Anmerkung zum Urteil des BGH v. 12.8.1997 – 1 StR 234/97, NStZ 1998, 243.

*ders.*, BGHSt 42, 235 und die actio libera in causa – Besprechung zu dem Urteil v. 22.8.1996 – 4 StR 217/96, Jura 1999, 217.

*ders.*, Die Beurteilung alkoholbedingter Delinquenz in der Rechtsprechung des Bundesgerichtshofs, 50 Jahre Bundesgerichtshof, Festgabe aus der Wissenschaft, Band IV, Strafrecht, Strafprozessrecht (Hrsg. Claus Roxin und Gunther Widmaier), München, 2000, 111

*ders.*, Wahrscheinlichkeitsgrad des Erfolgseintritts und Erfolgszurechnung, Jura 2001, 275.

*ders.*, Grundlagen der strafrechtlichen Haftung für fahrlässiges Verhalten, Gedächtnisschrift für Ellen Schlüchter, Köln u.a. 2002, 77.

*ders.*, Anmerkung zu BGH,Urteil v. 6.2.2002 – 1 StR 513 / 01. 3, NStZ 2003, 87.

*ders.*, Einwilligung, mutmaßliche, gemutmaßte und hypothetische Einwilligung, Jura 2004, 679.

*ders.*, Grundkurs Strafrecht – Allgemeine Strafrechtslehre, 7. Auflage, Berlin 2004.

*ders.*, Grundkurs Strafrecht – Die einzelnen Delikte, 7. Auflage, Berlin 2005.

*ders.*, Dolus eventualis und Schaden bei der Untreue, § 266 StGB, Festschrift für Ingeborg Puppe, Berlin 2011, 1247.

*Pahlke, Bernd*, Rücktritt nach Zielerreichung, GA 1995, 72.

*Paeffgen, Hans-Ullrich*, Fotografieren von Demonstranten durch die Polizei und Rechtfertigungsirrtum, JZ 1978, 738.

*ders.*, Actio libera in causa und § 323a StGB, ZStW 97(1985), 513.

*ders.*, Anmerkungen zum Erlaubnistatbestandsirrtum, Gedächtnisschrift für Armin Kaufmann, Köln u.a. 1989, 399.

*ders.*, Unterbrechung der geheimdienstlichen Tätigkeit (§ 99 StGB) und konkurrenzrechtlicher Handlungsbegriff, JR 1999, 89.

*Pawlik, Michael*, Der Polizeibeamte als Garant zur Verhinderung von Straftaten, ZStW 111 (1999), 335.

*ders.*, Das Unrecht des Bürgers, Tübingen 2012.

*ders.*, Verbotsirrtum bei unklarer Rechtslage, Festschrift für Ulfrid Neumann, Heidelberg 2017, 986.

*Pérez-Barberá, Gabriel*, Vorsatz als Vorwurf – Zur Abkehr von der Idee des Vorsatzes als Geisteszustand, GA 2013, 454.

*Pfleiderer, Klaus*, Die Garantenstellung aus vorangegangenem Tun, Berlin 1968.

*Philipps, Lothar*, An der Grenze von Vorsatz und Fahrlässigkeit- Ein Model multikriterieller computergestützter Entscheidungen, Festschrift für Claus Roxin, Berlin, New York, 2001, 365.

*Preisendanz, Holger*, Strafgesetzbuch, 30. Auflage, Berlin 1978.

*Prittwitz, Cornelius*, Diskrepanz zwischen Tatgeschehen und Tätervorstellung, GA 1983, 110.

*ders.*, Das „Aids-Urteil" des Bundesgerichtshofs, StV 1989, 123.

*ders.*, Strafrecht und Risiko – Untersuchungen zur Krise von Strafrecht und Kriminalpolitik in der Risikogesellschaft, Frankfurt 1993.

*Puppe, Ingeborg*, Idealkonkurrenz und Einzelverbrechen, Berlin 1979.

*dies.*, Grundzüge der actio libera in causa, JuS 1980, 346.

*dies.*, Der Erfolg und seine kausale Erklärung im Strafrecht, ZStW 92 (1980), 863.

*dies.*, Zur Revision der Lehre vom „konkreten" Vorsatz und der Beachtlichkeit der aberratio ictus, GA 1981, 1.

*dies.*, Funktion und Konstitution der ungleichartigen Idealkonkurrenz, GA 1982, 143.

*dies.*, Zurechnung und Wahrscheinlichkeit, ZStW 95 (1983), 287.

*dies.*, Zurechenbarkeit der Todesfolge einer Körperverletzung – Anmerkung zum Urteil des BGH v. 30.6.1982 – 2 StR 226/82, NStZ 1983, 22.

*dies.*, Der objektive Tatbestand der Anstiftung, GA 1984, 101.

*dies.*, Exklusivität von Tatbeständen, JR 1984, 229.

*dies.*, Der halbherzige Rücktritt – Zugleich eine Besprechung von BGHSt 31, 46, NStZ 1984, 488.

*dies.*, Zum Schutzzweck von Geschwindigkeitsbegrenzungen und zum Ursachenzusammenhang zwischen Verkehrsverstoß und Verkehrsunfall – Anmerkung zum Urteil des BGH v. 6.11.1984 – 4 StR 72/84, JZ 1985, 295.

*dies.*, Anmerkung zum Beschluß des OLG Hamm v. 9.9.1985 – 1 WS 83/85, JR 1986, 205.

*dies.*, Die Beziehung zwischen Sorgfaltswidrigkeit und Erfolg bei den Fahrlässigkeitsdelikten, ZStW 99 (1987), 595.

*dies.*, Die logische Tragweite des sogenannten Umkehrschlusses, Festschrift für Karl Lackner, Berlin, New York 1987, 199.

*dies.*, Die strafrechtliche Verantwortlichkeit für Irrtümer bei der Ausübung der Notwehr und für deren Folgen – zugleich Besprechung des Urteils des LG (Schwurgericht) München I vom 10.11.1987 – Ks 121 Js 4866/86, JZ 1989, 728.

*dies.*, Urkundenechtheit bei Handeln unter fremden Namen und Betrug in mittelbarer Täterschaft – BayObLG, NJW 1988, 1401, JuS 1989, 361.

*dies.*, Juristische Methodenlehre für die Strafrechtshausarbeit, JA 1989, 345.

*dies.*, Tatirrtum, Rechtsirrtum, Subsumtionsirrtum, GA 1990, 145.

*dies.*, Kausalität, ein Versuch kriminalistisch zu denken, SchwZStr 107 (1990), 141.

*dies.*, Anmerkung zum Urteil des BGH v. 20.9.1989 – 2 StR 251/89, NStZ 1990, 433.

*dies.*, Der Vorstellungsinhalt des dolus eventualis, ZStW 103 (1991), 141.

*dies.*, Wie wird man Mittäter durch konkludentes Verhalten? – Zugleich eine Besprechung des Urteils des 5. Strafsenats des BGH v. 15.1.1991 – 5 StR 492/90, NStZ 1991, 571.

*dies.*, Welche Bedeutung hat der Irrtum des Täters über die Identität des Opfers für den Anstifter? Anmerkung zu BGH, Urt. v. 25.10.1990 – 4 StR 371/90, NStZ 1991, 123.

*dies.*, Die Logik der Hemmschwellentheorie des BGH, NStZ 1992, 576.

*dies.*, Anmerkung zum Urteil des BGH v. 6.7.1990 – 2 StR 549/89, JR 1992, 30.

*dies.*, Vorsatz und Zurechnung, Heidelberg 1992.

*dies.*, Zur Struktur der Rechtfertigung, Festschrift für Walter Stree und Johannes Wessels, Heidelberg 1993, 183.

*dies.*, Durchfuhr von Kriegswaffen, Anmerkung zum Urteil des BGH v. 22.7.1993 – 4 StR 322/93, NStZ 1993, 594.

*dies.*, Anmerkung zum Beschluß des BGH v. 27.10.1992 – 1 StR 273/92, JZ 1993, 359, JZ 1993, 361.

*dies.*, Naturalismus und Normativismus in der modernen Strafrechtsdogmatik, GA 1994, 297.

*dies.*, Exklusivität von Tatbeständen, JR 1994, 229.

*dies.*, „Naturgesetze" vor Gericht, JZ 1994, 1147.

*dies.*, Anmerkung zum Beschluß des BGH v. 2.11.1994 – 2 StR 449/94, NStZ 1995, 403.

*dies.*, Probleme der Kausalität und Zurechnung, insbesondere im Umweltstrafrecht, in: Neue Erscheinungsformen der Kriminalität in ihrer Auswirkung auf das Straf- und Strafprozessrecht, Bialystok 1996, 231.

*dies.*, Anmerkung zum Urteil des BGH v. 30.11.1995 – 5 StR 465/95, JR 1996, 513.

*dies.*, Anmerkung zum Beschluß des BayObLG v. 14.2.1994 – 1 St RR 222/93, NStZ 1997, 389.

*dies.*, Die adäquate Kausalität und der Schutzzweck der Sorgfaltsnorm, Festschrift für Günter Bemman, Baden-Baden 1997, 227.

*dies.*, Die Lehre von der objektiven Zurechnung – dargestellt an Beispielsfällen aus der höchstrichterlichen Rechtsprechung IV. Zurechnung bei mehreren Beteiligten, Jura 1998, 21.

*dies.*, Die Erfolgseinheit, eine verkappte Form der Idealkonkurrenz, Festschrift für Georgios Mangakis, Athen 1999, 225 = ZIS 2007, 254.

*dies.* Anmerkung zum Beschluss des BGH v. 11.3.1999 – 4 StR 56/99, JR 2000, 72.

*dies.*, Brauchen wir eine Risikoerhöhungstheorie?, Festschrift für Claus Roxin, Berlin, New York 2001, 287.

*dies.*, Anmerkung zum Urteil des OLG Düsseldorf v. 14.9.2000 – 2b Ss 222/00–64/00 I, NStZ 2001, 482.

*dies.*, Der gemeinsame Tatplan der Mittäter, Festschrift für Dionysios Spinellis, Athen 2001, 915 = ZIS 2007, 237.

*dies.*, Strafrecht Allgemeiner Teil im Spiegel der Rechtsprechung, Band 1: Die Lehre vom Tatbestand, Rechtswidrigkeit und Schuld, Baden-Baden 2002 (Vorauflage).

*dies.*, Anmerkung zum Beschluss des BGH v. 20.11.2002 – 2 StR 251/02, NStZ 2002, 309.

*dies.*, Die strafrechtliche Verantwortung des Arztes bei mangelnder Aufklärung über eine Behandlungsalternative – Zugleich Besprechung von BGH, Urteil vom 3.3.1994 und 29.6.1995, GA 2003, 764.

*dies.*, Anmerkung zum Urteil des BGH v. 9.10.2002 – 5 StR 42/02, JR 2003, 123.

*dies.*, Die Selbstgefährdung des Verletzten beim Fahrlässigkeitsdelikt – Das Auftauchen des Selbstgefährdungsgedankens in der deutschen Rechtsprechung, Festschrift für Nikolaos Androulakis, Athen 2003, 555 = ZIS 2007, 247.

*dies.*, Bemerkungen zum Verbotsirrtum und seiner Vermeidbarkeit, Festschrift für Hans-Joachim Rudolphi, Neuwied 2004, 231.

*dies.*, Anmerkung zu BGH, Beschluss v. 20.12.2002 – 2 StR 251/02, NStZ 2003, 309.

*dies.*, Wider die fahrlässige Mittäterschaft, GA 2004, 129.

*dies.*, Hypothetische Einwilligung bei medizinischen Eingriffen – Anmerkung zum Urteil des BGH v. 20.1.2004 – 1 StR 319/03, JR 2004, 470.

*dies.*, Der Versuch des mittelbaren Täters, Festschrift für Hans Dahs, Köln 2005, 173.

*dies.*, Zum Verhältnis von Mord und Totschlag – Die Strafbarkeit des Anstifters, Anmerkung zu BGH, Urt. v. 12.1.2005 – 2 StR 229/04, JZ 2005, 902.

*dies.*, Strafrecht Allgemeiner Teil im Spiegel der Rechtsprechung, Band 2: Sonderformen des Verbrechens, Baden-Baden 2005 (Vorauflage).

*dies.*, Strafrechtsdogmatische Analysen, Bonn 2006.

*dies.*, Begriffskonzeptionen des dolus eventualis, GA 2006, 65.

*dies.*, Das Verhältnis von Mord und Totschlag zueinander, Anmerkung zu BGH, Urt. v. 24.11.2005 – 4 StR 243/05, NStZ 2006, 290.

*dies.*, Das sog. gerechtfertigte Werkzeug, Festschrift für Wilfried Küper, Heidelberg, u.a. 2007, 443.

*dies.*, Vorsatz und Kausalabweichung – Zugleich Besprechung von BGH, Urteil vom 26.7.2007, GA 2008, 569.

*dies.*, Die Lehre von der objektiven Zurechnung und ihre Anwendung – Teil 2, ZJS 2008, 600.

*dies.*, Vorsatz und Rechtsirrtum, Strafrecht zwischen System und Telos, Festschrift für Rolf Dietrich Herzberg, Tübingen 2008, 275.

*dies.*, Eine strafrechtswissenschaftliche Bußpredigt – Replik auf *Rotsch*, ZIS 2008, 1, ZIS 2/2008, 67.

*dies.*, Jedem nach seiner Schuld: Die Akzessorietät und ihre Limitierung, ZStW 120 (2008), 504.

*dies.*, Anmerkung zum Urteil des BGH v. 20.2.2008 – 4 Ws 37/08, NStZ 2009, 331.

*dies.*, Die Selbstgefährdung des Verletzten beim Fahrlässigkeitsdelikt, Festschrift für Nikolaos K. Androulakis, Athens 2003,. 555 = ZIS 2007, 247.

*dies.*, Aberratio ictus und dolus alternativus, Online-Zeitschrift für Höchstrichterliche Rechtsprechung im Strafrecht 3/2009, 91.

*dies.*, Mitverantwortung des Fahrlässigkeitstäters bei Selbstgefährdung des Verletzten – Zugleich Besprechung von BGH, Urteil vom 20.11.2008, GA 2009, 486.

*dies.*, Zur strafrechtlichen Verantwortlichkeit eines Prüfungsingenieurs (Eishalle Bad Reichenhall) BGH, Urt. v. 20.1.2010 – BGH 1 StR 272/09, JR 2010, 353.

*dies.*, Lob der Conditio-sine-qua-non-Formel, GA 2010, 551.

*dies.*, Zum gegenwärtigen Stand der Lehre von der Verursachung im Recht, Rechtswissenschaft 2011, 400.

*dies.*, Die Rechtsprechung des BGH zum Rücktrittshorizont, ZIS 2011, 524.

*dies.*, Feststellen, zuschreiben, werten: semantische Überlegungen zur Begründung von Strafurteilen und deren revisionsrechtlicher Überprüfbarkeit, NStZ 2012, 409.

*dies.*, Anmerkung zu OLG Stuttgart, Beschl. v. 19.4.2011 – 2 Ss 14/11, JR 2012, 164.

*dies.*, Rechtfertigung und Bestimmtheit, in: Kudlich/Montiel/Schuhr (Hrsg.), Gesetzlichkeit und Strafrecht, Berlin 2012, 165.

*dies.*, Zu einem Zusammenstoß gehören zwei. Überlegungen zum Zusammentreffen mehrerer Sorgfaltspflichtverletzungen bei Unfällen im Straßenverkehr, Festschrift für Wolfgang Frisch, Berlin 2013, 447.

*dies.*, Anmerkung zum Urteil des BGH v. 21.12.2011 – 2 StR 295/11, ZIS 2013, 45.

*dies.*, Die Architektur der Beteiligungsformen, GA 2013, 514.

*dies.*, Kleine Schule des juristischen Denkens, 4. Auflage, Göttingen 2019.

*dies.*, Tötungsvorsatz und Affekt – Über die neue Rechtsprechung des BGH zum dolus eventualis in Bezug auf den möglichen Todeserfolg bei offensichtlich lebensgefährlichen Gewalthandlungen, NStZ 2014, 183.

*dies.*, Beweisen oder Bewerten – Zu den Methoden der Rechtsfindung des BGH, erläutert anhand der neuen Rechtsprechung zum Tötungsvorsatz, ZIS 2014, 66.

*dies.*, Das System der objektiven Zurechnung, GA 2015, 203.

*dies.*, Die hypothetische Einwilligung und das Selbstbestimmungsrecht des Patienten, ZIS 2016, 366.

*dies.*, Anmerkung zu BGH, Beschl. v. 9.7.2015 – 3 StR 537/14, JZ 2016, 478.

*dies.*, Was ist Gesetzeskonkurrenz?, JuS 2016, 961.

*dies.*, Die Lehre von der Tateinheit, JuS 2017, 637.

*dies.*, Tödliches Autorennen auf dem Kurfürstendamm – Mordurteile gegen Berliner Raser, Entscheidungsanmerkung zu LG Berlin, Urt. v. 27.2.2017 – 535 Ks 8/17, ZIS 2017, 439.

*dies.*, Die psychische Kausalität und das Recht auf die eigene Entscheidung, JR 2017, 513.

*dies.*, Das „Gremienproblem", die Kausalität und die Logik, ZIS 2018, 57.

*dies.*, Rasen im Straßenverkehr und Tötungsvorsatz, JR 2018, 323.

*dies.*, Verursachen durch Verhinderung rettender Kausalverläufe und durch Unterlassen, ZIS 2018, 484.

*Radtke, Henning*, Objektive Zurechnung von Erfolgen im Strafrecht bei Mitwirkung des Verletzten und Dritter an der Herbeiführung des Erfolges, Festschrift für Ingeborg Puppe, Berlin 2011, 831.

*Ragués I Vallès, Ramon*, Überlegungen zum Vorsatzbeweis, GA 2004, 257.

*Randt, Karsten*, Mittelbare Täterschaft durch Schaffung von Rechtfertigungslagen – Zugleich ein Beitrag zur Kritik am Verantwortungsprinzip, Baden-Baden 1997.

*Ranft, Otfried*, Berücksichtigung hypothetischer Bedingungen beim fahrlässigen Erfolgsdelikt?, NJW 1984, 1425.

*ders.*, Rechtsprechungsbericht zu den Unterlassungsdelikten – Teil 1, JZ 1987, 865.

*ders.*, Zur strafrechtlichen Verantwortlichkeit der Mitglieder des Politbüros – Anmerkung zu BGH, Urteil vom 6.11.2002 – 5 StR 281/01, JZ 2003, 582.

*Ransiek, Andreas*, Pflichtwidrigkeit und Beihilfeunrecht – Der Dresdner Bank-Fall und andere Beispiele, wistra 1997, 41.

*ders.*, Strafrecht, Verfassungsrecht, Regelungsalternativen, Heidelberg 1996.

*Rath, Jürgen*, Zur strafrechtlichen Behandlung der aberratio ictus und des error in objecto des Täters, Frankfurt 1993.

*ders.*, Grundfälle zum Unrecht des Versuchs, JuS 1999, 140.

*Reiß, Wolfram*, Zur Abgrenzung von untauglichem Versuch und Wahndelikt am Beispiel der Steuerhinterziehung, wistra 1986, 193.

*Rengier, Rudolf*, Strafrecht Allgemeiner Teil, 10. Auflage, München 2018.

*Renzikowski, Joachim*, Notstand und Notwehr, Berlin 1994.

*ders.*, Restriktiver Täterbegriff und fahrlässige Beteiligung, Tübingen 1997.

*Rissing-van Saan, Ruth*, in: Jahn/Nack (Hrsg.) Rechtsprechung, Gesetzgebung, Lehre: Wer regelt das Strafrecht? Referate und Diskussionen auf 2. Karlsruher Strafrechtsdialog am 19. Juni 2009, Köln 2010, 26.

*Rissing-van Saan, Ruth / Verrel, Torsten*, Das BGH-Urteil vom 28. Juni 2017 (5 StR 20/16) zum sog. Transplantationsskandal – eine Schicksalsentscheidung?, NStZ 2018, 57.

*Rivero, Gómez*, Zeitliche Dimension und objektive Zurechnung, GA 2001, 283.

*Röckrath, Luidger*, Kollegialentscheidung und Kausalitätsdogmatik – Zurechnung überbestimmter Erfolge in Straf- und Haftungsrecht, NStZ 2003, 641.

*Rosenau, Henning*, Die hypothetische Einwilligung im Strafrecht, Festschrift für Manfred Maiwald, Berlin 2010, 683.

*Rotsch, Thomas*, „Einheitstäterschaft" statt Tatherrschaft – zur Abkehr von einem differenzierenden Beteiligungsformensystem in einer normativ-funktionalen Straftatlehre, Tübingen 2009.

*ders.*, Objektive Zurechnung bei „alternativer Kausalität", Festschrift für Claus Roxin zum 80. Geburtstag, Band 1, Berlin (u.a.) 2011, 377.

*ders.*, Strafrechtliche Klausurenlehre, 2. Auflage, München 2016.

*ders.*, „Lederspray" redivivus – Zur konkreten Kausalität bei Gremienentscheidungen, ZIS 2018, 1.

*Roxin, Claus*, Offene Tatbestände und Rechtspflichtmerkmale, Berlin 1959.

*ders.*, Pflichtwidrigkeit und Erfolg bei fahrlässigen Delikten, ZStW 74 (1962), 411.

*ders.*, Die provozierte Notwehrlage, ZStW 75 (1963), 541.

*ders.*, Zur Abgrenzung vom bedingten Vorsatz und bewusster Fahrlässigkeit – BGHSt 7, 363 – JuS 1964, 53.

*ders.*, An der Grenze von Begehung und Unterlassung, Festschrift für Karl Engisch, Frankfurt a. M. 1969, 380.

*ders.*, Literaturbericht zu H. H. Jescheck, Lehrbuch des Strafrechts, ZStW 82 (1970), 675.

*ders.*, Gedanken zur Problematik der Zurechnung im Strafrecht, Festschrift für Richard M. Honig, Göttingen 1970, 133.

*ders.*, Über den Rücktritt vom unbeendeten Versuch, Festschrift für Ernst Heinitz, Berlin 1972, 251.

*ders.*, Der Anfang des beendeten Versuchs, Festschrift für Reinhart Maurach, Karlsruhe 1972, 213.

*ders.*, Zum Schutzzweck der Norm bei fahrlässigen Delikten, Festschrift für Wilhelm Gallas, Berlin, New York 1973, 241.

*ders.*, Gedanken zum „Dolus Generalis", Festschrift für Thomas Würtenberger, Berlin 1977, 109.

*ders.*, Tatentschluß und Anfang der Ausführung beim Versuch, JuS 1979, 1.

*ders.*, Die Mittäterschaft im Strafrecht, JA 1979, 519.

*ders.*, Die "sozialethischen Einschränkungen" des Notwehrrechts – Versuch einer Bilanz, ZStW 93 (1981), 68.

*ders.*, Anmerkung zum Urteil des BGH vom 5.12.1985 – 4 StR 593/85, JR 1986, 424.

*ders.*, Anmerkung zum Urteil des BGH vom 21.4.1986 – 2 StR 661/85, JZ 1986, 908.

*ders.*, Bemerkungen zur actio libera in causa, Festschrift für Karl Lackner, Berlin, New York 1987, 307.

*ders.*, Der strafrechtliche Rechtswidrigkeitsbegriff beim Handeln von Amtsträgern – eine überholte Konstruktion, Festschrift für Gerd Pfeiffer, Köln u.a. 1988, 45.

*ders.*, Bemerkungen zum Regreßverbot, Festschrift für Herbert Tröndle, Berlin, New York 1989, 177.

*ders.*, Anmerkung zum Urteil des BGH v. 15.1.1991 – StR 492/90, JR 1991, 206.

*ders.*, Anmerkung zum Urteil des BGH v. 25.10.1990 – 4 StR 371/90, JZ 1991, 680.

*ders.*, Rose-Rosahl redivivus, Festschrift für Günther Spendel, Berlin New York 1992, 289.

*ders.*, Anmerkung zum Urteil des Großen Senat v. 19.5.1993 – GSSt 1/93, JZ 1993, 896.

*ders.*, Was ist Beihilfe?, Festschrift für Koichi Miyazawa, Baden-Baden 1995, 501.

*ders.*, Die Abgrenzung von untauglichem Versuch und Wahndelikt, JZ 1996, 981.

*ders.*, Zur Mittäterschaft beim Versuch, Festschrift für Walter Odersky, Berlin 1996, 489.

*ders.*, Anmerkung zum Urteil des BGH v. 12.8.1997 – 1 StR 234/97, JZ 1998, 211.

*ders.*, Die Verhinderung der Vollendung als Rücktritt vom beendeten Versuch, Festschrift für Hans-Joachim Hirsch zum 70. Geburtstag, Berlin, New York 1999, 327.

*ders.*, Täterschaft und Tatherrschaft, 9. Auflage, Berlin 2015.

*ders.*, Zur Strafbarkeit bei einer Notwehrprovokation – Besprechung zu BGH, Urteil vom 22.11.2000 – 3 StR 331/00, JZ 2001, 667.

*ders.*, Zur Normativierung des dolus eventualis und zur Lehre von der Vorsatzgefahr, Festschrift für Hans Joachim Rudolphi, Neuwied 2004, 243.

*ders.*, Strafrecht, Allgemeiner Teil Band I – Grundlagen, der Aufbau der Verbrechenslehre, 4. Auflage, München 2006.

*ders.*, Strafrecht, Allgemeiner Teil Band II– Besondere Erscheinungsformen der Straftat, 1. Auflage, München 2003.

*ders.*, Zur einverständlichen Fremdgefährdung – Zugleich Besprechung von BGH, Urteil v. 20.11.2008 – 4 StR 328/08, JZ 2009, 399.

*ders.*, Der Verunglückte und Unglück bewirkende Retter im Strafrecht, Festschrift für Ingeborg Puppe, Berlin 2011, 909.

*ders.*, Einzelaktstheorie und Gesamtbetrachtungslehre, Festschrift für Hans-Ullrich Paeffgen, Berlin 2015, 255.

*ders.*, Geschäftsherrenhaftung für Personalgefahren, Festschrift für Werner Beulke, Heidelberg 2015, 239.

*ders.*, Die einverständliche Fremdgefährdung – eine Diskussion ohne Ende?, GA 2018, 250.

*ders.*, Die strafrechtliche Beurteilung unbehebbarer Unrechtszweifel, GA 2018, 494.

*Roxin, Claus / Greco, Luis*, Strafrecht, Allgemeiner Teil, Band I, 5. Auflage, im Erscheinen.

*Rudolphi, Hans-Joachim*, Die Gleichstellungsproblematik der unechten Unterlassungsdelikte und der Gedanke der Ingerenz, Göttingen 1966.

*ders.*, Unrechtsbewusstsein, Verbotsirrtum und Vermeidbarkeit des Verbotsirrtums, Göttingen 1969.

*ders.*, Notwehrexeß nach provoziertem Angriff – OLG Hamm, NJW 1965, 1928, JuS 1969, 461.

*ders.*, Vorhersehbarkeit und Schutzzweck der Norm in der strafrechtlichen Fahrlässigkeitslehre, JuS 1969, 549.

*ders.*, Inhalt und Funktion des Handlungsunwertes im Rahmen der Personalen Unrechtslehre, Festschrift für Reinhart Maurach, Karlsruhe 1972, 51.

*ders.*, Die pflichtgemäße Prüfung als Erfordernis der Rechtfertigung, Gedächtnisschrift für Horst Schröder, München 1978, 73.

*ders.*, Zur Tatbestandsbezogenheit des Tatherrschaftsbegriffs bei der Mittäterschaft, Festschrift für Paul Bockelmann, München 1979, 369.

*ders.*, Probleme der strafrechtlichen Verantwortlichkeit von Amtsträgern für Gewässerverunreinigungen, Festschrift für Hans Dünnebier, Berlin, New York 1982, 561.

*ders.*, Anmerkung zum Urteil des BGH v. 17.5.1982 – 2 StR 201/82 und v. 10.2.1982 – 3 StR 398/81, StV 1982, 518.

*ders.*, Anmerkung zu BGH, Beschl. v. 15.7.1986 – 4 StR 301/86, JR 1987, 336.

*ders.* Rücktritt vom beendeten Versuch durch erfolgreiches, wenngleich nicht optimales Rettungsbemühen – Zugleich Besprechung der Entscheidung des BGH vom 1.2.1989 – 2 StR 703/88, NStZ 1989, 508.

*ders.*, Rechtfertigung im Strafrecht, Gedächtnisschrift für Armin Kaufmann, Köln u.a. 1989, 371.

*ders.*, Zur Vermeidbarkeit des Verbotsirrtums, JR 1989, 387.

*ders.*, Anmerkung zum Beschluss des BGH v. 9.9.1997 – 1 StR 730/96, JZ 1998, 471.

*Saliger, Frank*, Der praktische Fall – Strafrecht, Mordanschläge mit Hindernissen, JuS 1995, 1004.

*Samson, Erich*, Hypothetische Kausalverläufe im Strafrecht, Frankfurt am Main 1972.

*ders.*, Kausalitäts- und Zurechnungsprobleme im Umweltstrafrecht, ZStW 99 (1987), 617.

*ders.*, Probleme strafrechtlicher Produkthaftung, StV 1991, 182.

*ders.*, Inus-Bedingung und strafrechtlicher Kausalbegriff, Festschrift für Hans Joachim Rudolphi, Neuwied 2004, 259.*Sättele, Alexander*, Anmerkung zum Urteil des OLG Düsseldorf v. 14.9.2000 – 2b Ss 222/00–64/00 I, StV 2001, 238.

*Sauer, Wilhelm*, Grundlagen des Strafrechts, Berlin, Leipzig 1921.

*Sax, Walter*, Dogmatische Streifzüge durch den Entwurf des Allgemeinen Teil eines Strafgesetzbuches nach Beschlüssen der Großen Strafrechtskommission, ZStW 69 (1957), 417.

*Schaffstein, Friedrich*, Soziale Adäquanz und Tatbestandslehre, ZStW 72 (1960), 369.

ders., Tatbestandsirrtum und Verbotsirrtum, Festschrift für das Oberlandesgericht Celle, Göttingen 1961, 175.

ders., Die Risikoerhöhung als objektives Zurechnungsprinzip im Strafrecht, insbesondere bei der Beihilfe, Festschrift für Richard M. Honig, Göttingen 1970, 169.

*Schaal, Alexander*, Strafrechtliche Verantwortlichkeit bei Gremienentscheidungen in Unternehmen, Berlin 2001.

*Schall, Hero*, Zur Strafbarkeit von Amtsträgern in Umweltverwaltungsbehörden – BGHSt 38, 325, JuS 1993, 719.

*Schilling, Georg*, Der Verbrechensversuch des Mittäters und des mittelbaren Täters, Berlin, Köln 1975.

ders., Abschied vom Teilnahmeargument bei der Mitwirkung zur Selbsttötung, JZ 1979, 159.

*Schirrmacher, Gesa*, Zur Strafbarkeit eines Amtsträgers als Mittäter oder mittelbarer Täter einer Umweltstraftat, JR 1995, 386.

*Schlapp, Thomas*, Anmerkung zu BGH, Urteil vom 30.6.1982 – 2 StR 226/82, StV 1983, 61.

*Schlehofer, Horst*, Der error in persona des Haupttäters – eine aberratio ictus für den Teilnehmer?, GA 1992, 307.

ders., Vorsatz und Tatabweichung, Köln u.a. 1996.

ders., Täterschaftliche Fahrlässigkeit, Festschrift für Rolf Dietrich Herzberg, Tübingen 2008, 355.

*Schlüchter, Ellen*, Irrtum über normative Tatbestandsmerkmale im Strafrecht, Tübingen 1983.

dies., Zusammenhang zwischen Pflichtwidrigkeit und Erfolg bei Fahrlässigkeitstatbeständen, JA 1984, 673.

dies., Von der Unabhängigkeitsthese zu materiell-rechtlich begrenzter Tatidentität beim Dauerdelikt, JZ 1991, 1057.

dies., Zur vorsätzlichen actio libera in causa bei Erfolgsdelikten, Festschrift für Hans Joachim Hirsch zum 70. Geburtstag, Berlin, New York 1999, 345.

*Schmidt, Thomas*, Anmerkung zum Urteil des BGH v. 25.1.1995 – 5 StR 491/94, JuS 1995, 841.

*Schmidhäuser, Eberhard*, Zum Begriff der bewußten Fahrlässigkeit, GA 1957, 305.

ders., Strafrecht, Allgemeiner Teil – Studienbuch, 2. Auflage, Tübingen 1984.

ders., Die Begründung der Notwehr GA 1991, 97.

*Schmidt, Eberhard*, Buchbesprechung zu Maurach, Reinhart, Deutsches Strafrecht Allgemeiner Teil, JZ 1956, 188.

ders., Lindenmaier-Möhring Nr. 4 zu § 13 StGB (1975)

*Schmitz, Roland*, Die Abgrenzung von strafbarem Versuch und Wahndelikt, Jura 2003, 593.

*Schneider, Hartmut*, Anmerkung zu BGH, Urteil vom 24.7.2003 – 3 StR 159/03, NStZ 2004, 202.

ders., in: Jahn/Nack (Hrsg.) Rechtsprechung, Gesetzgebung, Lehre: Wer regelt das Strafrecht? Referate und Diskussionen auf 2. Karlsruher Strafrechtsdialog am 19. Juni 2009, Köln 2010, 44.

*Schönke, Adolf / Schröder, Horst*, Kommentar zum StGB, 30. Auflage, München 2019.

*Schreiber, Hans-Ludwig*, Rückwirkungsverbot bei einer Änderung der Rechtsprechung im Strafrecht?, JZ 1973, 713.

ders., Grundfälle zu „error in objecto" und „aberratio ictus" im Strafrecht, JuS 1985, 873.

*Schroeder, Arno*, Anmerkung zu BGH, Urteil vom 16.2.2002 – 2 StR 582/99, JA 2001, 191.

*Schroeder, Friedrich-Christian*, Die Notwehr als Indikator politischer Grundanschauungen, Festschrift für Reinhart Maurach, Karlsruhe 1972, 127.

ders., Die Rechtsnatur des Grundsatzes „ne bis in idem", JuS 1997, 227.

*Schroth, Hans-Jürgen*, Rücktrittsnorm und außertatbestandliche Zweckerreichung, GA 1997, 151.

*Schroth, Ulrich*, Vorsatz als Aneignung der unrechtskonstituierenden Merkmale, Frankfurt a. M. 1994.

*ders.*, Der bedingte Tötungsvorsatz im Spiegel der Rechtsprechung, Festschrift für Gunter Widmaier, Köln (u.a.) 2008, 779.

*ders.*, Die strafrechtliche Beurteilung der Manipulationen bei der Leberallokation, NStZ 2013, 437.

*Schubarth, Martin*, Eigenhändiges Delikt und mittelbare Täterschaft, SchwZStr 114 (1996), 325.

*Schulz, Joachim*, Anstiftung oder Beihilfe, JuS 1986, 933.

*Schumann, Heribert*, Zum Notwehrrecht und seinen Schranken – OLG Hamm, NJW 1977, 590, JuS 1979, 559.

*ders.*, Strafrechtliches Handlungsunrecht und das Prinzip der Selbstverantwortung der anderen, Tübingen 1986.

*ders.*, Zur Wiederbelebung des „voluntativen" Vorsatzelements durch den BGH, JZ 1989, 427.

*Schünemann, Bernd*, Grund und Grenzen der unechten Unterlassungsdelikte, Göttingen 1971.

*ders.*, Moderne Tendenzen in der Dogmatik der Fahrlässigkeits- und Gefährdungsdelikte (Teil 2), JA 1975, 715.

*ders.*, Strafrecht – Liebhaber und Teilhaber, JuS 1979, 275.

*ders.*, Die Strafbarkeit von Amtsträgern im Gewässerstrafrecht, wistra 1986, 235.

*ders.*, Vom philologischen zum typologischen Vorsatzbegriff, Festschrift für Hans Joachim Hirsch, Berlin 1999, 363.

*ders.*, Spirale oder Spiegelei? Vom hermeneutischen zum sprachanalytischen Modell der Rechtsanwendung, Festschrift für Winfried Hassemer, Heidelberg (u.a.) 2010, 239.

*Schwarz, Andreas* Anmerkung zum Urteil des BGH v. 19.8.1992 – 2 StR 86/92, NStZ 1993, 285.

*ders.*, Anmerkung zum Urteil des BGH v. 7.11.1991 – 4 StR 451/91, JR 1993, 31.

*Searle, John*, Sprechakte, Frankfurt am Main 1973.

*Seelmann, Kurt*, Mittäterschaft im Strafrecht, JuS 1980, 571.

*Sickor, Andreas*, Die Übertragung der hypothetischen Einwilligung auf das Strafrecht, JA 2008, 11.

*Silva-Sanchez, Jesus Maria*, Aberratio ictus und objektive Zurechnung, ZStW 101 (1989), 352.

*ders.*, Zur strafrechtlichen Relevanz der Nicht-Unmittelbarkeit des Erfolgseintritts, GA 1990, 207.

*Sofos, Themistoklis J.*, Mehrfachkausalität beim Tun und Unterlassen, Berlin 1999.

*Sonnen, Bernd*, Anmerkung zu BGH, Urteil vom 25.10.1990 – 4 StR 371/90, JA 1991, 103.

*Spendel, Günter*, Actio libera in causa und Verkehrsstraftaten – Besprechung des Urteils des BGH v. 22.8.1996 – 4 StR 212/96, JR 1997, 133.

*Spring, Patrick*, Die Garantenstellung des Compliance Officers oder: Neues zur Geschäftsherrenhaftung, Zugleich Besprechung von BGH, Urteil vom 17.7.2009, GA 2010, 222.

*Stäcker, Hans Christian*, Mittelbare Täterschaft und actio libera in causa bei der Trunkenheit im Verkehr, § 316 StGB, Frankfurt am Main 1991.

*Stein, Ulrich*, Die strafrechtliche Beteiligungsformenlehre, Berlin 1988.

*ders.*, Mord in Mittäterschaft, Anmerkung zum Urteil des BGH vom 15.1.1991 – 5 StR 492/90, StV 1993, 411.

*Steinberg, Georg/Stam, Fabian*, Der Tötungsvorsatz in der Revision des BGH, NStZ 2011, 177.

*Sternberg-Lieben, Detlev*, Strafbarkeit eigenmächtiger Genomanalyse, GA 1990, 289.

*ders.*, Strafbarkeit nach §§ 222, 229 StGB durch Rauschgiftüberlassung an freiverantwortlichen Konsumenten, Festschrift für Ingeborg Puppe, Berlin 2011, 1283.

*Sternberg-Lieben, Detlev / Sternberg-Lieben, Irene*, Versuchter Totschlag durch Manipulation der Organzuteilung für Transplantationen?, JZ 2018, 32.

*Stoffers, Kristian*, Die Formel „Schwerpunkt der Vorwerfbarkeit" bei der Abgrenzung von Tun und Unterlassen?, Berlin 1992.

*ders.*, Reumütige Terroristen, JuS 1994, 948.

*Stratenwerth, Günter*, Bemerkungen zum Prinzip der Risikoerhöhungen, Festschrift für Wilhelm Gallas, Berlin, New York 1973, 227.

*ders.*, Objektsirrtum und Tatbeteiligung, Festschrift für Jürgen Baumann, Bielefeld 1992, 57.

*ders.*, Einverständliche Fremdgefährdung bei fahrlässigem Verhalten, Festschrift für Ingeborg Puppe, Berlin 2011, 1017.

*Stratenwerth, Günther / Kuhlen, Lothar*, Strafrecht, Allgemeiner Teil – die Straftat, 6. Auflage, München 2011.

*Stree, Walter*, Veräußerung einer nachgemachten Münze an einen Sammler, BGH JR 1976, 294, JuS 1978, 236.

*Streng, Franz*, Die Strafbarkeit des Anstifters bei error in persona des Täters (und verwandte Fälle) – BGHSt 37, 214, JuS 1991, 910.

*ders.*, Der Irrtum beim Versuch – ein Irrtum?, ZStW 109 (1997), 862.

*ders.*, Das „Wahndelikt"- ein Wahn? Überlegungen zum umgekehrten Irrtum über normative Tatbestandsmerkmale, GA 2009, 529.

*Struensee, Eberhard*, Handeln und Unterlassen – Begehungs- und Unterlassungsdelikt, Festschrift für Walter Stree und Johannes Wessels, Heidelberg 1993, 133.

*Stuckenberg, Carl-Friedrich*, Provozierte Notwehrlage und Actio illicita in causa – Der Meinungsstand im Schrifttum, JA 2001, 894.

*ders.*, Vorstudien zu Vorsatz und Irrtum im Völkerstrafrecht, Berlin 2007.

*ders.*, „Risikoabnahme" – Zur Begrenzung der Zurechnung in Retterfällen, Festschrift für Claus Roxin zum 80. Geburtstag, Band 1, Berlin (u.a.) 2011, 411.

*Systematischer Kommentar zum Strafgesetzbuch*, Wolter (Hrsg.), 9. Aufl.: Band 1: 2017, Band 2: 2016, Band 3: 2019, Band 4: 2017, Band 5: 2018, Band 6: 2016.

*Systematischer Kommentar zur Strafprozessordnung*, Wolter, Jürgen (Hrsg.), Band V, 5. Auflage, Köln 2016.

*Tiedemann, Klaus*, Wirtschaftsstrafrecht, 5. Auflage, Köln u.a. 2017.

*Tischler, Werner Georg*, Verbotsirrtum und Irrtum über normative Tatbestandsmerkmale, Berlin 1984.

*Toepel, Friedrich*, Kausalität und Pflichtwidrigkeitszusammenhang, Berlin 1992.

*ders.*, Error in persona vel objecto und aberration ictus, Jahrbuch für Recht und Ethik (1994), 413.

*ders.*, Grundlagen zu error in persona vel objecto und aberratio ictus, JA 1997, 556.

*Traeger, Ludwig*, Der Kausalbegriff im Straf- und Zivilrecht, Marburg 1904.

*Tröndle, Herbert*, Verwaltungshandeln und Strafverfolgung – konkurrierende Instrumente des Umweltrechts, Gedächtnisschrift für Karlheinz Meyer, Berlin, New York 1990, 607.

*Trück, Thomas*, Die Problematik der Rechtsprechung des BGH zum bedingten Tötungsvorsatz, NStZ 2005, 233.

*Trüg, Gerson*, Anmerkung zum Urteil des BGH v. 30.8.2000 – 2 StR 204/00, JA 2001, 365.

*Ulsenheimer, Klaus*, Erfolgsrelevante und erfolgsneutrale Pflichtverletzungen im Rahmen der Fahrlässigkeitsdelikte, JZ 1969, 364.

*Utsumi*, Tomoko, Fahrlässige Mittäterschaft – Besprechung zu BGH, Urteil v. 22.11.2000 – 3 StR 331/00, Jura 2001, 538.

*Vahle, Jürgen*, Anmerkung zum Urteil des OLG Düsseldorf v. 14.9.2000 – 2b Ss 222/00–64/00 I, Kriminalistik 2001, 280.

*Verrel, Torsten*, (Noch kein) Ende der Hemmschwellentheorie?, NStZ 2004, 309.

*Vogel, Joachim*, Norm und Pflicht bei den unechten Unterlassungsdelikten, Berlin 1993.

*Vogel, Joachim / Hocke, Peter*, Anmerkung zu BGH Urteil v. 21.12.2005, 3 StR 470/04, JZ 2006, 568.

*Vogeler, Theo*, Zur Bedeutung des § 28 StGB für die Teilnahme am unechten Unterlassungsdelikt, Festschrift für Richard Lange, Berlin, New York 1976, 265.

*Volk, Klaus*, Begriff und Beweis subjektiver Merkmale, 50 Jahre Bundesgerichtshof: Festgabe aus der Wissenschaft, Band IV, München 2000, 739.

*von Buri, Maximilian*, Über Kausalität und deren Verantwortung, Leipzig 1873.

*von Kreis, J.*, Über die Begriffe der Wahrscheinlichkeit und Möglichkeit und ihre Bedeutung im Strafrecht, ZStW 9 (1889), 528.

*Wagemann, Christian,* Natürliche Handlungseinheit bei Angriffen auf höchstpersönliche Rechtsgüter, Jura 2006, 580.

*Wagner, Joachim,* Selbstmord und Selbstmordverhinderung, Karlsruhe 1975.

*Walder, Hans,* Die Kausalität im Strafrecht, SchwZStR 93 (1977), 113.

*Walter, Tonio,* Der Kern des Strafrechts. Die allgemeine Lehre vom Verbrechen und die Lehre vom Irrtum, Tübingen 2006.

*Walther, Susanne,* Eigenverantwortlichkeit und strafrechtliche Zurechnung, Freiburg 1991.

*dies.,* Anmerkung zum Urteil des BGH v. 18.4.2002 – 3 StR 503/01, JZ 2003, 52.

*Warda, Heinz-Günter,* Die Abgrenzung von Tatbestands- und Verbotsirrtum bei Blankettstrafgesetzen, Berlin 1955.

*ders.,* Schuld und Strafe beim Handeln mit bedingtem Unrechtsbewusstsein, Festschrift für Hans Welzel 1974, Berlin, New York, 499.

*ders.,* Grundzüge der strafrechtlichen Irrtumslehre (2. Teil), Jura 1979, 71.

*ders.,* Funktion und Grenzen der natürlichen Handlungseinheit, Festschrift für Dietrich Oehler, Köln 1985, 241.

*Weber, Helmuth v.,* Die Bestrafung von Taten Volltrunkener, MDR 1952, 641.

*Wehrle, Stefan,* Fahrlässige Beteiligung am Vorsatzdelikt – Regreßverbot?, Basel, Frankfurt a. M. 1986.

*Weidemann, Jürgen,* Der „Rücktrittshorizont" beim Versuchsabbruch, GA 1986, 409.

*Weinhold, Ina Elisabeth,* Rettungsverhalten und Rettungsvorsatz beim Rücktritt vom Versuch, Baden-Baden 1990.

*Welzel, Hans,* Kausalität und Handlung, ZStW 51 (1931), 703.

*ders.,* Die Abgrenzung des Tatbestandsirrtums vom Verbotsirrtum, MDR 1952, 584.

*ders.,* Zur Systematik der Tötungsdelikte, JZ 1952, 72.

*ders.,* Anmerkung zu BGH, Urteil vom 28.10.1952, JZ 1953, 119.

*ders.,* Der Parteiverrat und die Irrtumsprobleme (Tatbestands-, Verbots- und Subsumtionsirrtum), JZ 1954, 276.

*ders.,* Das Deutsche Strafrecht, 11. Auflage, Berlin 1969.

*ders.,* Abhandlungen zum Strafrecht und zur Rechtsphilosophie, Berlin, New York 1975.

*Werle, Gerhard,* Die Konkurrenz bei Dauerdelikt, Fortsetzungstat und zeitlich gestreckter Gesetzesverletzung, Berlin 1981.

*Wessels, Johannes / Beulke, Werner / Satzger, Helmut,* Strafrecht, Allgemeiner Teil, Die Straftat und ihr Aufbau, 51. Auflage, Heidelberg (u.a.) 2021.

*Wessels, Johannes / Hillenkamp, Joachim / Schuhr, Jan C.,* Strafrecht, Besonderer Teil Band 2, 44. Auflage, Heidelberg 2021.

*Widmaier, Gunter,* Der missverständliche Bestechungsversuch, JuS 1970, 241.

*Windelbauer, Wolfgang,* Die strafrechtliche Verantwortung von Amtsträgern im Umweltstrafrecht, NStZ 1986, 149.

*Wohlers, Wolfgang,* Der Erlaß rechtsfehlerhafter Genehmigungsbescheide als Grundlage mittelbarer Täterschaft, ZStW 108 (1996), 61.

*Wolff, Matthias,* Das Ende der actio libera in causa, NJW 1997, 2032.

*Wolter, Jürgen,* Schuldhafte Verletzung einer Erkundigungspflicht, Typisierung beim Vermeidbarkeitsurteil und qualifizierte Fahrlässigkeit beim Verbotsirrtum – OLG Celle, NJW 1977, 1644, JuS 1979, 482.

*ders.,* Objektive und personale Zurechnung von Verhalten, Gefahr und Verletzung in einem funktionalen Straftatsystem, Berlin 1981.

*ders.,* Natürliche Handlungseinheit, normative Sinneinheit und Gesamtgeschehen, StV 1986, 315.

*ders.,* Wahlfeststellung und in dubio pro reo, Berlin 1987.

*Wolters, Gereon,* Versuchsbeginn bei Einsatz eines sich selbst schädigenden Tatmittlers, NJW 1998, 578.

*Yamanaka, Keiichi,* Kritisch-dogmatische Überlegungen zur hypothetischen Einwilligung, in Festschrift für Maiwald, Berlin 2010, 865.

*Zaczyk, Rainer,* Das Unrecht der versuchten Tat, Berlin 1989.

*ders.*, Der verschuldete Verbotsirrtum – BayObLG, NJW 1989, 1744, JuS 1990, 889.

*ders.*, Strafrechtliches Unrecht und die Selbstverantwortung des Verletzten, Heidelberg 1993.

*ders.*, Zur Garantenstellung von Amtsträgern, Festschrift für Hans-Joachim Rudolphi, Neuwied 2004, 361.

*Ziegert, Ulrich*, Vorsatz, Schuld und Vorverschulden, Berlin 1987.

*Zielinski, Diethart*, Geld- und Wertzeichenfälschung nach dem Entwurf eines Einführungsgesetzes zum Strafgesetzbuch, JZ 1973, 193.

*Ziethen, Jörg*, Grundlagen probabilistischer Zurechnung im Strafrecht, Frankfurt a. M. 2004.

# Entscheidungsverzeichnis

| Datum | Az. | Fundstelle | Titelstichwort | §/Rn. |
|-------|-----|-----------|----------------|-------|
| **RG** | | | | |
| 10.5.1883 | Rep 799/83 | RGSt 8, 267 | Staubhemdfall | 1/1; 26/1 |
| 30.11.1894 | Rep 3937/94 | RGSt 26, 242 | Lehrlingsfall | 23/12 |
| 20.1.1930 | II 230/29 | RGSt 63, 392 | Drei-Radfahrerfall | 3/5 |
| 14.6.1938 | 4 D 90/38 | RGSt 72, 246 | Grubenunglücksfall | 17/1 |
| **BGH** | | | | |
| 5.1.1951 | 2 StR 29/50 | BGHSt 1, 13 | Bewerbungsfall | 20/16 |
| 9.11.1951 | 2 Str 196/51 | BGHSt 1, 369 | Erschießungsfall | 27/43 |
| 28.10.1952 | 1 StR 450/52 | BGHSt 3, 248 | Wiedergutmachungsfall | 20/20 |
| 10.11.1953 | 5 StR 445/53 | BGHSt 5, 76 | Blutprobenaustauschfall | 27/29 |
| 13.11.1953 | 5 StR 342/53 | BGHSt 5, 90 | Kakaobutterfall | 8/7 |
| 25.1.1955 | 2 StR 366/54 | BGHSt 7, 112 | Motorradrennfall | 6/1 |
| 25.9.1957 | 4 StR 354/57 | BGHSt 11, 1 | Lastzug-Radfahrer-Fall | 3/18 |
| 28.11.1957 | 4 StR 525/57 | BGHSt 11, 111 | Myomfall | 11/9; 15/1 |
| 24.2.1959 | 5 StR 618/58 | BGHSt 13, 13 | Referendarfall | 2/43 |
| 26.4.1960 | 5 StR 77/60 | BGHSt 14, 193 | Jauchegrubenfall | 10/25 |
| 18.11.1960 | 4 StR 446/60 | BGH VRS 20, 129 | Fußgängerfall | 4/17 |
| 1.2.1961 | 5 StR 457/60 | BGHSt 16, 309 | Medizinalpraktikanten-fall | 11/1 |
| 29.5.1961 | GSStt 1/61 | BGHSt 16, 155 | Vergewaltigungsfall | 31/1 |
| 26.7.1963 | 4 StR 258/63 | BGH VRS 25, 262 | Bushaltestellenfall | 3/13 |
| 3.6.1964 | 2 StR 14/64 | BGHSt 19, 339 | Knüppelfall | 25/8 |
| 10.11.1967 | 4 StR 512/66 | BGHSt 21, 334 | Flugblattverteilerfall | 14/5 |
| 24.11.1967 | 4 StR 500/67 | BGHSt 21, 381 | Trinkerbandenfall | 16/12 |
| 26.11.1970 | 4 StR 26/70 | BGHSt 24, 31 | Trunkenheitsfahrerfall | 3/23 |
| 1.6.1977 | KRB 3/76 | BGHSt 27, 197 | Preisempfehlungsfall | 19/6 |
| 17.9.1980 | 2 StR 355/80 | BGHSt 29, 322 | Retterfall | 6/10 |
| 26.1.1982 | 4 StR 631/81 | BGHSt 30, 363 | Salzsäurefall | 24/1 |
| 30.6.1982 | 2 StR 226/82 | BGHSt 31, 96 | Hochsitzfall (Abwandlung) | 10/20 |
| 6.11.1984 | 4 StR 72/84 | BGHSt 33, 61 | Kreuzungsfall | 4/19 |
| 29.11.1985 | 2 StR 596/85 | NStZ 1986, 217 | Abszessfall | 2/35 |

| Datum | Az. | Fundstelle | Titelstichwort | §/Rn. |
|---|---|---|---|---|
| 7.2.1986 | 3 StR 25/86 | NStZ 1986, 264 | Gattinnenmörderfall | 21/1 |
| 21.4.1986 | 2 StR 661/85 | BGHSt 34, 63 | Bank- oder Tankstellen-fall | 25/1 |
| 8.7.1987 | 2 StR 269/87 | GA 1988, 184 | Metastasenfall | 2/18 |
| 13.1.1988 | 2 StR 665/87 | BGHSt 35, 184 | „Zeitmangel"-Fall | 21/25 |
| 4.11.1988 | 1 StR 262/88 | BGH 36, 1 | Aids-Fall | 9/22 |
| 20.2.1990 | 3 StR 278/89 | BGHSt 36, 363 | Fall „Radikal" | 23/ |
| 21.6.1990 | 1 StR 477/89 | BGHSt 37, 55 | Fall Opus Pistorum | 19/21 |
| 6.7.1990 | 2 StR 549/89 | BGHSt 37, 106 | Ledersprayfall | 2/9, 14, 27 |
| 25.9.1990 | 5 StR 342/90 | BGHR § 223 Abs. 1 Heileingriff 2 | Pseudoartrosefall | 11/18 |
| 25.10.1990 | 4 StR 371/90 | BGHSt 37, 214 | Hoferbenfall | 27/5 |
| 15.1.1991 | 5 StR 492/90 | BGHSt 37, 289 | Polizistenmordfall | 23/10 |
| 11.7.1991 | 1 StR 357/91 | BGH NStZ 1991, 537 | Haschischkurierfall | 10/33 |
| 15.5.1992 | 3 StR 535/91 | BGHSt 38, 295 | Schusswechselfall | 10/38 |
| 22.7.1992 | 3 StR 35/92 | BGHSt 38, 315 | Rauschgifteinfuhrfall | 23/1 |
| 23.7.1992 | 4 StR 209/92 | NStZ 1992, 537 | Räuberfall | 27/1 |
| 19.8.1992 | 2 StR 86/92 | BGHSt 38, 325 | Abwasserbeseitigungsfall | 29/34 |
| 22.9.1992 | 5 StR 379/92 | BGHSt 38, 356 | Bahngleisfall | 32/1, 12 |
| 29.10.1992 | 4 StR 358/92 | BGHSt 38, 388 | Kneipenbesuchfall | 29/26 |
| 19.5.1993 | GSSt 1/93 | BGHSt GS 39, 221 | Denkzettelfall | 21/8 |
| 16.7.1993 | 2 StR 294/93 | JR 1994, 510 | Schiffsführerfall | 20/14 |
| 22.7.1993 | 5 StR 322/93 | NStZ 1993, 594 | Fall Mig 21 | 8/22 |
| 3.11.1993 | 2 StR 321/93 | BGHSt 39, 381 | Sondermüllfall | 14/1; 15/13 |
| 25.1.1995 | 5 StR 491/94 | BGHSt 41, 1 | Steuerhinterziehungsfall | 27/16 |
| 21.3.1996 | 5 StR 432/95 | BGHSt 42, 97 | Eisenbahnabteilfall | 12/20 |
| 22.8.1996 | 4 StR 217/96 | BGHSt 42, 235 | Trunkenheitsfahrtfall | 16/1 |
| 17.10.1996 | 4 StR 389/96 | BGHSt 42, 268 | Arztbrieffall | 20/1 |
| 12.8.1997 | 1 StR 234/97 | BGHSt 43, 177 | Bärwurzfall | 20/28 |
| 7.10.1997 | 1 StR 635/96 | NStZ 1998, 294 f | Sprengfalle (Abwandlung) | 10/44 |
| 11.12.1997 | 4 StR 323/97 | NStZ 1998, 568 | Konkursverschleppungs-fall | 24/21 |
| 15.4.1998 | 2 StR 670/97 | NStZ-RR 1999, 8 | Waffenbesitzfall | 34/16 |

| Datum | Az. | Fundstelle | Titelstichwort | §/Rn. |
|---|---|---|---|---|
| 12.11.1998 | 4 StR 575/98 | NStZ-RR 2000, 42 | Asylbewerberfall | 21/55 |
| 3.12.1998 | 4 StR 569/98 | NStZ-RR 2000, 105 | Falschgeldfall | 34/6 |
| 22.7.1999 | 4 StR 90/99 | StV 2000, 22 | Unfallprovokationsfall | 7/4 |
| 17.8.1999 | 1 StR 390/99 | NStZ 1999, 607 | Küchenbrandfall | 28/1 |
| 20.9.1999 | 5 StR 729/98 | NStZ 2000, 34 | Broschürenfall | 26/8 |
| 16.2.2000 | 2 StR 582/99 | NStZ 2000, 414 | Notwehrfall | 29/1 |
| 11.4.2000 | 1 StR 638/99 | NStZ 2001, 205 | Heroinfall | 6/13 |
| 19.4.2000 | 3 StR 442/99 | NJW 2000, 2754 | Blutbankfall | 30/12 |
| 7.6.2000 | 2 StR 135/00 | NStZ 2000, 584 | Verabredungsfall | 16/18 |
| 20.6.2000 | 4 StR 162/00 | NStZ 2000, 583 | Feuerzeugfall | 9/30 |
| 30.8.2000 | 2 StR 204/00 | NStZ 2001, 29 | Freundschaftsdienstfall | 10/28 |
| 22.11.2000 | 3 StR 331/00 | NStZ 2001, 143 | Totschlägerfall | 15/19 |
| 24.10.2001 | 3 StR 272/01 | NStZ 2002, 141 f. | Messerstecherfall | 18/4 |
| 12.12.2001 | 3 StR 303/01 | NStZ 2002, 309 | Kofferraumfall | 10/35 |
| 31.1.2002 | 4 StR 289/01 | NStZ 2002, 421 | Wuppertaler Schwebe-bahnunglück | 29/12 |
| 9.10.2002 | 5 StR 42/02 | JR 2003, 122 | Gubener Hetzjagdfall | 20/25 |
| 29.10.2002 | 4 StR 281/02 | NStZ 2003, 252 | Kindesmisshandlungsfall | 32/8 |
| 6.11.2002 | 5 StR 281/01 | BGHSt 48, 77 | Politbürofall | 30/1 |
| 20.12.2002 | 2 StR 251/02 | NStZ 2003, 308 | Gashahnfall | 21/36 |
| 14.3.2003 | 2 StR 239/02 | NStZ 2003. 657 | Chirurgenfall | 28/7 |
| 13.11.2003 | 5 StR 327/03 | BGHSt 49, 1 | Psychiatriefall | 2/1 |
| 21.12.2005 | 3 StR 470/04 | NJW 2006, 522 | Fall Mannesmann | 8/15 |
| 26.7.2007 | 3 StR 221/07 | NStZ 2007, 700 | Hauseinsturzfall | 10/12 |
| 29.8.2007 | 5 StR 103/07 | NStZ 2008, 87 | Flutkoordinatorfall | 8/36 |
| 6.3.2008 | 4 StR 669/07 | BGHSt 52, 159 | Bremsenfall | 30/18 |
| 20.11.2008 | 4 StR 328/08 | BGHSt 53, 55 | Beschleunigungstestfall | 6/5 |
| 17.7.2009 | 5 StR 394/08 | BGHSt 54, 44 | Gebührenüberhebungs-fall | 29/17 |
| 29.7.2009 | 2 StR 91/09 | NStZ 2010,88 | Orgfall | 2/47 |
| 20.6.2012 | 5 StR 514/11 | NStZ 2013, 159 | Brandbeschleuniger-Fall | 9/35 |
| 5.7.2012 | 3 StR 119/12 | Wistra 2012, 433 | Landmaschinenfall | 23/5 |
| 27.8.2013 | 2 StR 148/13 | NStZ 2014, 35 | Türsteher-Fall | 9/39 |
| 4.9.2014 | 4 StR 473/13 | BGHSt 59, 292 | Jalloh-Fall | 11/25 |

| Datum | Az. | Fundstelle | Titelstichwort | §/Rn. |
|---|---|---|---|---|
| 13.1.2015 | 5 StR 435/14 | NStZ 2015, 216 | Ausländer-Fall | 9/43 |
| 9.7.2015 | 3 StR 537/14 | JZ 2016, 473 | Fall Freundeskreis Rade | 34/9 |
| 5.8.2015 | 1 StR 328/15 | BGHSt 61, 21 | GBL-Fall | 29/38 |
| 3.12.2015 | 4 StR 223/15 | NStZ 2016, 721 | Scheunentorfall | 21/45 |
| 16.2.2016 | 4 StR 459/15 | HRRS 2016 Nr. 37 | Rauschgiftdealerfal | 29/10 |
| 27.9.2016 | 4 StR 391/16 | NStZ 2017, 90 | Kindesaussetzungs-Fall | |
| 11.10.2016 | 1 StR 462/16 | NJW 2017, 1186 | Wohnwageneinbrecher-fall | 13/29 |
| 21.12.2016 | 1 StR 253/16 | NStZ 2017, 284 | Parkkrallen-Fall (vereinfacht) | 19/14 |
| 21.2.2017 | 1 StR 223/16 | NStZ 2017, 465 | Erpressungsfall | 8/10 |
| 7.3.2017 | 3 StR 501/16 | NStZ 2017, 459 | Zigarettenpausefall | 21/19 |
| 28.6.2017 | 5 StR 20/16 | NStZ 2017, 701 | Organspendeskandalfall | 2/57 |
| 6.3.2018 | 2 StR 481/17 | NStZ 2018, 708 | Einbrecherfall | 33/14 |
| 5.6.2019 | 1 StR 34/19 | JR 2021, 125 | Lebensmittelerpresserfall | 21/45 |
| 18.6.2020 | 4 StR 482/19 | NStZ 2020, 602 | Berliner Raserfall | 9/16 |
| 19.8.2021 | 3 StR 441/20 | JR 2021, 644 | Der Fall Zschäpe | 23/10 |

Oberlandesgerichte

*Naumburg*

| | | | | |
|---|---|---|---|---|
| 25.3.1996 | 2 Ss 27/96 | NStZ-RR 1996, 229 | Gasanschlussfall | 2/40 |

*Köln*

| | | | | |
|---|---|---|---|---|
| 9.11.1982 | 1 Ss 710/82 | VRS 64, 257 | Reifenfall | 3/10 |

*BayObLG*

| | | | | |
|---|---|---|---|---|
| 23.10.1968 | RReg. 1 a St 354/68 | NJW 1969, 565 | Kolonnenspringerfall | 8/13 |
| 27.7.1979 | 2 St 233/79 | VRS 57, 360 | erste Ortstafelfall | 4/8 |
| 7.12.1979 | 1 St 456/79 | VRS 58, 221 | zweite Ortstafelfall | 5/5 |
| 15.3.1988 | 1 St 49/88 | NStZ 1988, 408 | Fußballspielerfall | 12/1 |

*Stuttgart*

| | | | | |
|---|---|---|---|---|
| 21.11.1996 | 1 Ws 166/96 | JR 1997, 517 | Pyromanenfall | 5/1 |
| 20.2.2008 | 4 Ws 37/08 | NStZ 2009, 331 | Feuerehrfall | 5/14 |

*Hamm*

| | | | | |
|---|---|---|---|---|
| 24.11.1976 | 4 Ss 263/76 | NJW 1977, 590 | scheinbarer Diebstahl | 12/6 |
| 25.1.1983 | 5 Ss 1254/82 | NJW 1983, 2456 | Scheunenfestfall | 29/5 |

| Datum | Az. | Fundstelle | Titelstichwort | §/Rn. |
|-------|-----|-----------|----------------|-------|
| *Karlsruhe* | | | | |
| 22.8.1983 | 2 Ss 127/83 | JZ 1984, 240 | Geisterfahrerfall | 13/4 |
| *Koblenz* | | | | |
| 16.4.1987 | 1Ss 125/87 | NJW 1988, 2316 | Augenverletzungsfall | 13/6 |
| *Düsseldorf* | | | | |
| 18.4.1990 | 2 Ss 97/90 | NJW 1990, 2264 | Wellensittichfall | 13/25 |
| 14.9.2000 | 2b Ss 222/00 | NStZ 2001, 482 | Fotomontagefall | 20/10 |
| *Bremen* | | | | |
| 26.4.1985 | Ws 111/84 | StV 1985, 282 | Steuererklärungsfall | 31/8 |

**Landgerichte**

*Berlin*

| Datum | Az. | Fundstelle | Titelstichwort | §/Rn. |
|-------|-----|-----------|----------------|-------|
| 27.2.2017 | (535 Ks) 251 Js 52/16 (8/16) | NStZ 2017, 471 | Berliner Raser-Urteil | 9/16 |

**Weitere Gerichte**

*Schweizer Bundesgericht*

| Datum | Az. | Fundstelle | Titelstichwort | §/Rn. |
|-------|-----|-----------|----------------|-------|
| 8.6.1965 | 33. Urt. | BGE 91 IV 117 | Lawinenfall | 2/38 |

*Bundesverfassungsgericht*

| Datum | Az. | Fundstelle | Titelstichwort | §/Rn. |
|-------|-----|-----------|----------------|-------|
| 25.10.2005 | 1 BvR 1696/98 | BVerfGE 114, 339 | Fall Stolpe | 14/7 |

# Stichwortverzeichnis

Die Angaben verweisen auf die Paragrafen des Buches (**fette Zahlen**) sowie die Rand-nummern innerhalb der einzelnen Paragrafen (magere Zahlen).
Beispiel: § 9 Rn. 10 = 9 10

Zeitfracht Medien GmbH
Ferdinand-Jühlke-Straße 7
99095 Erfurt, Deutschland
produktsicherheit@kolibri360.de